Ingeborg Fleischhauer

Die Deutschen im Zarenreich

Zwei Jahrhunderte deutsch-russische Kulturgemeinschaft

Deutsche Verlags-Anstalt · Stuttgart

CIP-Kurztitelaufnahme der Deutschen Bibliothek

Fleischhauer, Ingeborg:
Die Deutschen im Zarenreich: 2 Jh. dt.-russ.
Kulturgemeinschaft / Ingeborg Fleischhauer. –
Stuttgart: Deutsche Verlags-Anstalt, 1986.
ISBN 3-421-06306-0

Lektorat: Margot Adrion
Typographische Gestaltung: Christine Wegener
Satz: IBV Satz- und Datentechnik GmbH, Berlin
Druck und Bindearbeit: May & Co, Darmstadt
Printed in Germany

»Nichts ist seltener, als einen hervorragenden
Deutschen in seinem Lande zu sehen;
alle gehen fort, um sich im Auslande auszuzeichnen,
die Mittelmäßigen bleiben zurück, vom
Schuster bis zum Philosophen.«

Johann Wolfgang von Goethe im Gespräch mit Soret
14. 2. 1830

»Deutsche gehen nicht zugrunde,
wie die Juden, weil es lauter Individuen sind.«

Johann Wolfgang von Goethe, Tagebuch
15. 3. 1808

»Goethe... versichert, der beste Rat, der zu geben sei,
sei die Deutschen wie die Juden in alle Welt zu
zerstreuen, nur auswärts seien sie noch erträglich.«

Brief Wilhelm von Humboldts an seine Frau
17./18. 11. 1808

Inhalt

Von GOttes Gnaden

Wir Catharina die Zweyte,

Kayserin und Selbstherrscherin aller Reußen,

zu Moscau, Kiow, Wlädimir, Nowgorod, Zaarin zu Casan, Zaarin zu Astrachan, Zaarin zu Sibirien, Frau zu Plescau und Großfürstin zu Smolensko, Fürstin zu Esthland und Liefland, Carelen, Twer, Jugorien, Permien, Wiatka, Bolgarien und mehr andern; Frau und Großfürstin zu Nowgorod des Niedrigen Landes, zu Tschernigow, Resan, Rostow, Jaroslaw, Belooserien, Udorien, Obdorien, Condinien, und der ganzen Nord-Seite Gebieterin und Frau des Iverischen Landes, der Cartalinischen und Grusinischen Zaaren und des Cabardinischen Landes, der Tscherkaßischen und Gorischen Fürsten und mehr andern Erb-Frau und Beherrscherin.

Da Uns der weite Umfang der Länder Unsers Reiches zur Gnüge bekannt; so nehmen Wir unter andern wahr, daß keine geringe Zahl solcher Gegenden noch unbebauet liege, die mit vortheilhafter Bequemlichkeit zur Bevölkerung und Bewohnung des menschlichen Geschlechtes nutzbarlichst könnte angewendet werden, von welchen die meisten Ländereyen in ihrem Schooße einen unerschöpflichen Reichthum an allerley kostbaren Erzen und Metallen verborgen halten; und weil selbige mit Holzungen, Flüssen, Seen und zur Handlung gelegenen Meeren gnugsam versehen, so sind sie auch ungemein bequem zur Beförderung und Vermehrung vielerley Manufacturen, Fabricken und zu verschiedenen andern Anlagen. Dieses gab Uns Anlaß zur Ertheilung des Manifestes, so zum Nutzen aller Unserer getreuen Unterthanen den 4ten December des abgewichenen 1762sten Jahres publiciret wurde. Jedoch, da Wir in selbigem denen Ausländern, die Verlangen tragen würden sich in Unserm Reiche häuslich niederzulassen, Unser Belieben nur summarisch angekündiget; so befehlen Wir zur bessern Erörterung desselben folgende Verordnung, welche Wir hiemit aufs feierlichste zum Grunde legen, und in Erfüllung zu setzen gebieten, jedermänniglich kund zu machen.

1.

Verstatten Wir allen Ausländern in Unser Reich zu kommen, um sich in allen Gouvernements, wo es einem jeden gefällig, häuslich niederzulassen.

2.

Dergleichen Fremde können sich nach ihrer Ankunft nicht nur in Unserer Residenz bey der zu solchem Ende für die Ausländer besonders errichteten Tutel-Canzelley, sondern auch in den anderweitigen Gränz-Städten Unsers Reichs nach eines jeden Bequemlichkeit bey denen Gouverneurs, oder, wo dergleichen nicht vorhanden, bey den vornehmsten Stadts-Befehlhabern melden.

3.

Da unter denen sich in Rußland niederzulassen Verlangen tragenden Ausländern sich auch solche finden würden, die nicht Vermögen genug zu Bestreitung der erforderlichen Reisekosten besitzen: so können sich dergleichen bey Unsern Ministern und Residenten an auswärtigen Höfen melden, welche sie nicht nur auf Unsere Kosten ohne Anstand nach Rußland schicken, sondern auch mit Reisegeld versehen sollen.

4.

So bald dergleichen Ausländer in Unserer Residenz angelanget und sich bey der Tutel-Canzelley oder auch in einer Gränz-Stadt gemeldet haben werden; so sollen dieselben gehalten seyn, ihren wahren Entschluß zu eröffnen, worinn nemlich ihr eigentliches Verlangen bestehe, und ob sie sich unter die Kaufmanschaft oder unter Zünfte einschreiben lassen und Bürger werden wollen, und zwar nahmentlich, in welcher Stadt; oder ob sie Verlangen tragen, auf freyem und nutzbarem Grunde und Boden in ganzen Colonien und Landflecken zum Ackerbau oder zu allerley nützlichen Gewerben sich niederzulassen; da sodann alle dergleichen

Manifest vom 22. Juli 1763 der Zarin Katharina II. zur Berufung ausländischer Kolonisten ins Russische Reich (Hessisches Staatsarchiv Marburg).

Vorwort

Die Geschichte der Deutschen unter dem Doppeladler zu schreiben, galt bisher als ein Unternehmen, das die Möglichkeiten eines einzelnen Forschers in vielen Aspekten überschreitet. Dabei war man sich durchaus des Desiderats einer solchen Untersuchung bewußt. Als die Stiftung Volkswagenwerk gegen Ende der siebziger Jahre der Erforschung der deutschen Minderheit in Osteuropa breitere Aufmerksamkeit zukommen ließ, konnten wir, zusammen mit meinem Kollegen an der Hebräischen Universität Jerusalem, Benjamin Pinkus, und unter kollegialer Unterstützung durch Herrn Prof. Richard Löwenthal in Berlin, die Aufarbeitung der Geschichte der Deutschen in der Sowjetunion in Angriff nehmen. Als dem Historiker dieses Teams fiel es mir dabei zu, die Fragen der geschichtlichen Kontinuitäten der Präsenz dieser nationalen Minderheit auf osteuropäischem Hintergrund zu klären und in geeigneter Weise darzustellen. Schon bei meinen ersten Versuchen, mich in die vorhandene Literatur einzulesen, wurde der Mangel an Vorarbeiten deutlich, die dem heutigen historischen Verständnis gerecht werden. Zwar fehlte es nicht an spezialisierten und gelehrten Einzelstudien – wobei die Arbeiten, die Prof. Erik Amburger über die letzten fünf Jahrzehnte vorgelegt hat, das breite Feld der Forschung an vielen Stellen in schöner Weise bestellt hatten. Doch mußten Leitlinien entdeckt werden, die durch mehrere Jahrhunderte russischer Geschichte führten, Verbindungen hergestellt werden, die von den Ostseeprovinzen des Russischen Reiches bis ins Schwarzmeerbecken und asiatische Rußland reichten, und damit Gemeinsamkeiten aufgedeckt werden, die – bisher ungesehen – die Geschichte der deutschen Volksgruppe im europäischen Osten charakterisierten und ihre Geschicke bis zu einem gewissen Grade bestimmten.

Unzählige Fragen mußten dabei aufgeworfen oder angeschnitten werden. Zahlreiche mußten beantwortet werden. Einige so gut wie unbeantwortet bleiben. Zu diesen gehört vor allem eine Frage, die sich durch die gesamte Betrachtung wie ein roter Faden hindurchzieht, nämlich die Frage, wer denn tatsächlich im europäischen Osten als ein »Deutscher« bezeichnet werden kann, wann und unter welchen Umständen sich ein Prozeß der Assimilation vollzog und wann dieser Prozeß als abgeschlossen betrachtet werden kann oder muß. Diese Frage ist auf merkwürdige und unerwartete Weise gegen Klärungsversuche immun. Aus welcher Sicht man sie auch zu lösen versucht – sie widersetzt sich einer einheitlichen Behandlung. Das russische Volksempfinden tut sich – wie dies in den Vielvölkerstaaten der Vergangenheit eine häufige Praxis war und noch heute in der Sowjetunion eine Fortsetzung findet – mit ihr nicht schwer, wenn es einen Menschen mit deutsch (oder einfach westlich fremd) klingendem Namen, einem (in der Regel) fremden Glaubensbekenntnis und gelegentlich fremden Sitten als *nemec* (der Deutsche), eine Gruppe solcher Personen als *nemcy* (die Deutschen) oder auch, meist wohlwollend, als *nashi nemcy* (unsere Deutschen) bezeichnet. Diese Redewendungen werden auch dann unbeirrt gebraucht, wenn diese Deutschen über einen langen Zeitraum hinweg im baltischen und slawischen Osten gelebt und sich mit dem russischen Volk oder anderen, im Russischen Reich und dann im Sowjetstaat lebenden Völkern, verbunden und vermischt haben. Dabei sind diese Ausdrücke meist von stereotypen Vorstellungen begleitet, die in der Regel ambivalent waren und sind, wobei im Laufe der Geschichte häufig, und heute wohl überwiegend, der positive Wertakzent dominiert. Solche Stereotype – sie würden eine besondere Betrachtung erfordern – sind meist beharrlicher als die sich wandelnden historischen Realitäten und garantieren die anhaltende Verständlichkeit und Funktionsfähigkeit dieser Bezeichnungen.

Der Historiker, der sich mit der Erforschung dieser nationalen Minderheit befaßt, hat es da schwerer. Die Vielfalt von Gruppen und Segmenten, die die deutsche Bevölkerung im Russischen Reich konstituierten, erlaubt es ihm nicht, mit den üblichen Kategorien und Kriterien zu arbeiten. Wenn die deutsche Bevölkerung der baltischen Ostseeprovinzen sich noch relativ leicht mit dem hergebrachten Instrumentarium der Volksgruppenforschung behandeln ließe, so werfen schon alle jene tatkräftigen Elemente der baltischen Ritterschaften und städtischen Bürger, die sich in die Tiefen des Reiches begaben und an den entlegensten Orten ihre Spuren hinterließen, die Frage auf, ob sie in erster, zweiter oder gar dritter Generation noch als Deutschbalten im eigentlichen Sinne zu bezeichnen sind. Traten familiäre Verbindungen zu anderen Volksgruppen auf, so kompliziert sich die Frage. Und wurde ein Übergang zur Orthodoxie – als Glauben oder Staatsreligion – vollzogen, dem gelegentlich eine Slawisierung des Namens folgte, so kann der Historiker die fraglichen Personen und Familien nur mit großer Beklommenheit der »deutschen« Bevölkerung des Zarenreiches zurechnen. Denn diese Personen haben sich ja selbst für andere nationale, religiöse und kulturelle Bindungen entschieden. Und sie hatten dafür – in der Regel gewichtige – Gründe. In diesen Fällen findet der historische Betrachter im russischen Volksempfinden einen versöhnlichen Verbündeten: Es scheint – trotz allen äußeren Anscheins – doch etwas erhalten geblieben zu sein, was diese Menschen noch immer und über lange Zeit im tagtäglichen Leben erkennbar macht. Und dieser Restbestand einer nationalen Identifikation – ob sie nun in dem Einzelnen selbst erhalten blieb oder von seiner andersethnischen Umwelt auf ihn projiziert wurde – konnte in besonderen Situationen (wie etwa den außenpolitischen Konflikten zwischen dem Russischen und Deutschen Reich) zum Ausgangspunkt besonderer Entwicklungen werden. Latent dürfte also die Frage der Zugehörigkeit zum deutschen Volke eine größere Rolle gespielt haben, als sie der Historiker heute aus den ihm zugänglichen Zeugnissen ablesen kann.

Eine vergleichbare Frage stellt sich neben den Deutschbalten auch für die deutsche kolonistische Bevölkerung. Solange diese noch in den relativ geschlossenen deutschen Siedlungsgebieten zusammenlebte, konnte sie zu Recht als deutsche Bevölkerung in Rußland bezeichnet werden. Mit dem Aufbruch aus den Kolonienbezirken und der gesellschaftlichen Mobilität, die auch diese ehemaligen Bauern und Handwerker in die etablierten Stände und Berufsgruppen sowie unterschiedlichsten Provinzen führte, tritt analog die Frage auf, wie lange man sie zu Recht als »Deutsche« bezeichnen kann. Und dies besonders in den Fällen, in denen eine bewußte und willentliche »Russifizierung« von Kultur, Namen und Religionszugehörigkeit vollzogen wurde. Eine nachträgliche nationale Rückbindung dieser Personen scheint bis zu einem gewissen Grade das Maß an Gewalt, das der Historiker, der diese Geschichte schreiben will, ihnen notwendig und wissentlich antun muß.

Dies betrifft *a fortiori* die deutschen Bevölkerungsteile, die weder über die Ostseeprovinzen noch auf dem Wege der Kolonisation ins Russische Reich gelangten, sondern vielmehr als Einzelne zielstrebig und direkt die russischen Städte, ein adliges Gut oder eine Forstei, die Bergwerke des Urals oder die Universitäten des Landes ansteuerten, um hier ein neues Milieu der Wirksamkeit und des Lebens zu suchen. Sie haben sich manchmal schon in der ersten, in vielen Fällen in der zweiten, häufig aber in der dritten Generation in der russischen Gesellschaft so heimisch gefühlt, daß sie sich selbst kaum mehr als Deutsche verstanden hätten.

Um alle diese fluktuierenden Identifikationen im Fluß zu erhalten und sie nicht zu fester Begrifflichkeit gerinnen zu lassen, wurde hier eine Terminologie gewählt, die zum Teil von diesen Deutschen selbst in den glücklicheren Zeiten ihres Aufenthaltes im baltischen und slawischen Osten (und das heißt: vor der Zuspitzung ihrer Lage vor dem Hintergrund außenpolitischer Konflikte) verwendet wurde: Ich habe die deutsche Bevölkerung der russischen Ostseeprovinzen als »Deutschbalten« und dort, wo sie außerhalb dieser Provinzen stark an ihre russische Umgebung assimiliert waren, als »Personen (mit bzw. von) deutschbaltischer Herkunft« bezeichnet. Ich spreche von den

»deutschen Kolonisten« beziehungsweise ab 1871 auch von den »deutschen Siedlern« und mache dort, wo ehemalige Kolonisten sich außerhalb der Kolonienbezirke betätigten und an andere nationale Gruppen anschlossen, sprachlich deutlich, wann in diesen Fällen Assimilationsprozesse vorliegen. Und ich verwende schließlich für die über das ganze Reich verstreute deutsche Bevölkerung, die (in der Regel) aus »Deutschland«, das heißt den deutschen Fürstentümern oder freien Reichsstädten sowie später dem Deutschen Reich kamen und sich im Russischen Reich bis zu einem gewissen Grade assimilierten, die Ausdrücke »Deutschrussen« (so spricht man ja auch von »Deutschamerikanern«) und »deutschrussische Bevölkerung«. In Fällen, in denen starke nationale Querverbindungen und deutliche Assimilationsvorgänge vorliegen oder die Verbindung zur deutschen Volksgruppe weit zurückliegt, werden die umschreibenden Ausdrücke von »Personen deutscher Herkunft« sowie »deutschstämmigen Personen« verwendet, ohne daß hiermit eine Wertung verbunden wäre. Im Hinblick auf die Gesamtheit der im Russischen Reich lebenden Deutschen fand und findet ferner der Ausdruck »(all)russische *(rossijskie)* Deutsche« Verwendung. Personen mit einem russischen und einem deutschen Elternteil werden Deutschrussen genannt. Diese Begrifflichkeit ist zwar keineswegs vollkommen, doch gibt sie wenig Anlaß zu Mißverständnissen. Andere, in der Literatur häufig verwendete Begriffe scheinen mir weniger geeignet und sind zudem häufig historisch zu stark belastet, um ein gültiges Äquivalent für die hier gewählten Ausdrücke abzugeben. Das Ziel größerer Allgemeinverständlichkeit wurde auch bei der Wahl der hier verwendeten Transkription der russischen Namen und Worte verfolgt. Aus wissenschaftlicher Warte ungenügend präzis, soll sie das Erkennen und die Aussprache der Namen erleichtern.

Bei Abschluß der Niederschrift dieser Geschichte, die die erste, die verschiedenen Segmente dieser Bevölkerungsgruppe umfassende Geschichte der Deutschen im Zarenreich ist, und die insofern auch zu Verbesserungen und Vertiefungen einladen will, möchte ich der Deutschen Forschungsgemeinschaft für ihre Unterstützung sowie jenen persönlich danken, die durch Gespräche oder Lesen des Textes in seinen verschiedenen Redaktionen zur Klärung vieler Fragen beigetragen haben. Es sind dies vor allem Herr Prof. Erik Amburger, I. D. Tatjana Fürstin Metternich, die Herren Staatssekretär a. D. Bernt von Staden, Dr. Nikolaus Fasolt, Henning von Wistinghausen und Prof. Dietrich Geyer. Ihren interessierten Fragen und Anregungen sind manche Konturen dieses Werkes zuzuschreiben, das dem Leser eine Vertiefung seiner Kenntnisse, ein neues Verständnis bestimmter Zusammenhänge und nicht zuletzt Freude an der russischen Geschichte bringen möge.

Ostern 1986 I. F.

I.
Zur Vorgeschichte der deutschen Präsenz im Zarenreich

Rußland, das geheimnisvolle Riesenreich im europäischen Osten, hat die Phantasie vieler Deutscher von alters her beschäftigt. Wenig Konkretes war bis zum Beginn der Neuzeit im Westen über Rußland bekannt. Die seltenen Reiseberichte, die man hören konnte, besagten aber zumindest, daß das Reich im Osten für einströmende, aktive Kräfte nahezu unbegrenzt aufnahmefähig sei. Je mehr die Bevölkerung in den mittel- und westeuropäischen Ländern zunahm, desto mehr erschien das Reich im Osten als »Raum ohne Volk«, das abenteuerliche Pläne und verführerische Spekulationen in wachsendem Maße beflügelte. Aus unterschiedlichsten Motiven brachen Einzelpersonen, Familien und kleinere oder größere Gruppen nach Rußland auf. Und ebenso unterschiedlich verlief die Geschichte ihrer Ansiedelung auf ostslawischem Boden. Im allgemeinen läßt sich feststellen, daß – ähnlich wie bei den Migrationen nach Amerika – die Auswanderer in ihrer Wahlheimat erfolgreich wurden. Eine merkwürdige Übereinstimmung, ja eine außerordentlich fruchtbare Ergänzung des deutschen und des slawisch-russischen Volkscharakters schienen über Jahrhunderte hinweg eine glückliche kulturelle Symbiose zu garantieren. Problematisch wurde dieses Zusammenspiel der Kräfte dann, wenn deutscher unternehmerischer Elan das stärker erdgebundene, eher passive slawische Element im Wettbewerb des täglichen Lebens zu überfordern drohte. Spannungen dieser Art haben im Zusammenwirken deutscher und russischer Kräfte latent wohl immer bestanden. Allzu selten aber wurden sie von deutscher Seite rechtzeitig erkannt. Häufig täuschte das Bewußtsein, »Kulturträger«, ja Angehöriger eines »Herrenvolkes« zu sein, über aufkommende Unstimmigkeiten hinweg. Aus deutscher Sicht entsteht rückblickend der wohlbegründete Eindruck, daß diese Spannungen dennoch über weite historische Strecken hinweg produktiv und kreativ wirkten. Erst als im Vorfeld des Ersten Weltkrieges ein außenpolitischer Konflikt zwischen dem Deutschen und dem Russischen Reich aufbrach, wurden auch die inneren Spannungen, die alltäglichen Reibungen zwischen Deutschen und Russen im

Zarenreich zu einem Problem für beide Teile. Das grauenvolle Morden des Ersten Weltkriegs – als Kampf auf Leben und Tod zwischen der germanischen und der slawischen Rasse apostrophiert – sollte tief auf das bis dahin friedliche Nebeneinander von Deutschen und Russen im slawischen Osten zurückwirken. Die Machtergreifung Lenins, die ohne die vorausgegangene Ausblutung des russischen Volkes in den Schützengräben des Ersten Weltkriegs kaum denkbar gewesen wäre, schuf dann die Voraussetzungen für eine zunehmende Entrechtung und Verarmung der im russisch-slawischen Osten lebenden Deutschen. Sie leitete das Ende der sichtbaren deutschen Präsenz in Rußland ein.

1. Deutsche im Kiewer Rußland

Die ersten deutschen Spuren, die in historischen Zeugnissen erhalten geblieben sind, reichen in die Zeit des Kiewer Rußland zurück. Die Kiewer Rus – der erste russische Staat – war ein Werk verwegenen Normannengeistes. Gegründet wurde das Kiewer Fürstentum von der Dynastie der Rurikiden, deren Stammvater Rurik 862 von der Nowgoroder Bevölkerung zur Schlichtung des dort entstandenen Streits aus Skandinavien herbeigerufen worden war. Nachfolger und Verwandter Ruriks war Oleg. Dieser war 882 aus Nowgorod aufgebrochen, um die südlichen Niederlassungen der Waräger (Normannen) mit den nördlichen in einem kühnen Feldzug zu vereinen. Er hatte sich in Kiew niedergelassen und den Ort auf den Hügeln des Dnjepr zum Stammsitz der auf ostslawischem Boden lebenden Normannen gemacht. Kiew wurde – nach den Worten des russischen Chronisten – zur »Mutter der russischen Städte«.

Oleg, regierender Fürst von Kiew (873–912/13), hatte die Statthalterschaft für Ruriks unmündigen Sohn Igor geführt. Nach seinem Tod übernahm Igor die Regentschaft über Kiew und regierte von 913 bis 945. In diesem ersten Jahrhundert des Kiewer Fürstentums, der Regierungszeit Olegs und Igors, sicherte die neue Macht ihren Platz unter den etablierten europäischen Fürstentümern und Reichen. Dies gelang durch innere Konsolidierung und äußere Expansion. Die Witwe Igors, Olga (Helena), die interimistisch (945–961) für ihren minderjährigen Sohn Swjatoslaw die fürstliche Macht ausübte, ging als die weiseste aller Frauen in die russische Chronik ein. Ihre politische Weisheit bestand vor allem darin, daß sie, die wie alle Mitglieder des Hauses Rurik aus normannischem Adel stammte, die Notwendigkeit erkannte, das junge russische Fürstentum geistig-institutionell an das Gravitationszentrum der politisch-zivilisatorischen Macht im damaligen Europa, die Kirche, anzulehnen. Ihr Taufakt (955/57) band Olga an die Ostkirche. Als gebürtige Skandinavierin wollte Olga offenbar aber auch der Westkirche die Möglichkeit zur

Missionierung von Slawen und Russen (Normannen) im Reich der Kiewer Fürsten bieten. Der Wunsch nach größerer kirchlicher Autonomie gegenüber Byzanz und politisch-kultureller Nähe zu den nord- und westeuropäischen Staaten veranlaßte Olga, sich mit einer Botschaft an Otto I. (912–973), der ab 962 als erster Kaiser des Heiligen Römischen Reiches Deutscher Nation regierte, zu wenden. Otto, der Unterwerfer zahlreicher Stämme, unter ihnen der slawischen Wenden und Tschechen, aber auch der Dänen und der für das Kiewer Fürstentum gefährlichen Ungarn, stellte vermutlich in den Augen der weitplanenden Kiewer Fürstin das Symbol jener einigenden Macht in Westeuropa dar, das in ihrer Dynastie für Osteuropa erstehen sollte. Folglich richtete Olga die Bitte um Entsendung geeigneter geistlicher Lehrer und kirchlicher Organisatoren für die junge Kiewer Christenheit nicht an Papst Johannes XII. (955–964, Oktavian), sondern an Otto d. Gr.[1] Otto I. kam der Bitte der Fürstin nach und entsandte Adalbert aus dem Kloster St. Maximin in Trier, den späteren Erzbischof von Magdeburg, nach Kiew. Wenn Adalbert und sein Gefolge, wie es die deutschen Chroniken nahelegen, als erste Kräfte deutscher Kultur und lateinischen Glaubens betrachtet werden können, die dem Ruf eines russischen Fürsten zur Niederlassung auf slawischem Boden folgten, so mag ihr weiteres Geschick als böses Omen über der deutschen Präsenz im ersten Jahrtausend des russischen Staats liegen: Bischof Adalbert traf 961 in Kiew ein, als Olga die Regierungsgewalt bereits an ihren Sohn Swjatoslaw abgetreten hatte. Dieser aber frönte gerade mit seiner normannischen *družina* (das heißt Gefolgschaft) und dem slawischen Fußvolk den letzten Exzessen ihres heidnischen Aberglaubens; sie bereiteten den tatkräftigen Mönchen einen schlechten Empfang: nur durch Flucht konnten sich Adalbert und seine Glaubensbrüder vor der wilden heidnischen Wut der Kiewer retten. Die Mission hatte ihr Ziel verfehlt.

Zur Taufe in der Kiewer Rus kam es unter dem Enkelsohn Olgas, Wladimir dem Heiligen (980–1014). Diese Taufe, die nach griechischem Ritus vollzogen wurde, sowie Wladimirs Ehe mit einer griechischen Prinzessin verbanden das aufstrebende Großfürstentum nunmehr unlösbar mit der griechisch-orthodoxen Kirche. Dies geschah zu der Zeit, als die Spannungen zwischen der Ost- und der Westkirche bereits dem Höhepunkt, der Kirchenspaltung (1054), zustrebten. Auch die antilateinische Polemik der byzantinischen Kirche war zu diesem Zeitpunkt bereits zu ihrem festen Kulturgut geworden. So wurde auch dem zweiten lateinisch-deutschen Kleriker auf russischem Boden ein unfreundlicher Empfang zuteil: der Adoptivsohn und Neffe Wladimirs, Großfürst Swjatopolk (1015–1019), eines zu eigenmächtigen Zusammengehens mit seinem Schwiegervater, dem polnischen König Bolesław, verdächtigt, wurde zusammen mit seiner Gemahlin und ihrem geistlichen Beistand, dem deutschen Bischof Reinberg, in den Kerker geworfen.[2]

Weniger betrüblich, aber ebenso episodenhaft scheinen die dynastischen Verbindungen verlaufen zu sein, durch die deutsche Edelfrauen an den großfürstlichen Hof nach Kiew gelangten. Unter Wladimirs Sohn, Jaroslaw dem Weisen (1019–1054), erlebte die Kiewer Rus ihre große Blüte. Jaroslaw war nicht nur einer der souveränsten Herrscher des damaligen Europa. Er verstand es auch, sein Reich durch eine wohlbedachte Heiratspolitik mit den führenden Häusern Europas zu verbinden: Neben Verbindungen seiner Töchter und Söhne mit den königlichen Häusern von Norwegen, Frankreich, Ungarn, England, Polen und Griechenland, schlossen zwei der Söhne[3] Ehen mit deutschen Adeligen. Der zweitjüngste Sohn Jaroslaws war Herrscher über Smolensk (vermutlich Wjatscheslaw); er ehelichte Oda, die Tochter Lipold (Leopold) Graf Glismodischs des Älteren und seiner Gemahlin Ida, der Nichte Kaiser Heinrichs III. und Papst Leos. Oda gebar dem Fürsten des Großraums Smolensk den Sohn Wjatscheslaw (Boris Wjatscheslawitsch). Als ihr Gemahl sehr früh (1057) verstarb, begab sich Oda mit ihrem Sohn in das heimatliche Sachsen zurück. Zuvor aber vergrub die weitsichtige Mutter einen beträchtlichen Schatz in russischer Erde[4], dessen sich der Sohn bedienen konnte, als er später (1077) nach Rußland zurückgerufen wurde, um die Thronfolge seines Vaters anzutreten. In der älteren deutschen historischen Literatur wurde Oda gelegentlich als Stammutter des russischen Herrscherhauses geehrt. Dieser nicht uneigennützigen Ansicht liegt die Annahme zugrunde, daß Oda dem vierten Sohne Jaroslaws, Wsewolod, angetraut wurde und ihm Wladimir – auch Wjatscheslaw genannt –, d. i. Wladimir Monomach, gebar. Die russische Nestorchronik hingegen ging davon aus, daß die Mutter Wladimir Monomachs griechischer Herkunft war. Die Frage, ob dies lediglich ein Tribut an die griechische Mutterkirche war, der sich der Chronist nach dem endgültigen Bruch mit Rom verpflichtet wußte, bleibt als Anregung der historischen Detailforschung überlassen.

Der jüngste Sohn Jaroslaws, Igor, der Herrscher über Wladimir und ab 1057 auch über Smolensk, freite die Tochter Ortrud des Grafen von Orlagemunde (Orlamind) und seiner Gemahlin Kunigunde, der Tochter des Markgrafen von Meißen. Ortrud gebar ihrem fürstlichen Gemahl in Rußland eine Tochter, mit der sie nach dem frühen Tod Igors (1059) nach Deutschland zurückkehrte.

Die für deutsche Fürsten und Chroniken sagenhaften Reichtümer Rußlands sind nicht nur in den Berichten über Oda betont worden. Odas Bruder Burchardt, ein Mann geistlichen Ranges aus Trier, wurde um 1075 vom deutschen Kaiser Heinrich IV. nach Kiew gesandt. Er sollte dort einen Streit schlichten, der zwischen den Söhnen des Großfürsten Jaroslaw ausgebrochen war und zur Flucht Isjaslaws, des Thronfolgers unter ihnen, geführt hatte. Burchardt sollte mit den Brüdern Isjaslaws die Bedingungen für dessen Wiederkehr und Wiedereinsetzung auf den Kiewer Großfürstenthron aushandeln. Doch Swjatoslaw, der nach der Flucht seines ältesten Bruders dessen Thron in Kiew usurpiert hatte, empfing die Gesandtschaft des deutschen Kaisers mit großer Freundlichkeit und entwaffnete die Mission durch überreiche Gaben. Dieser – nach den Worten des russischen Chronisten Nestor – in salomonischem Überfluß lebende Großfürst entließ die alsbald von seinem gerechten Anspruch überzeugten Boten mit so großzügigen Geschenken an Gold, Silber und Stoffen, wie sie zuvor im deutschen Kaiserreich noch niemals erblickt worden waren.[5] Heinrich IV., der von der Pracht der Geschenke überwältigt war, zog sein Versprechen der Waffenbrüderschaft, das er dem flüchtigen Isjaslaw gegeben hatte, zurück. Daraufhin wandte sich der Flüchtige mit weit größerem Erfolg an Papst Gregor VII.

Nicht nur die fürstlichen Familien des Heiligen Römischen Reiches Deutscher Nation schenkten dem reichen Land im Osten ihre wachsende Aufmerksamkeit. Auch mitteleuropäische Kaufleute begannen, nach Kiew zu reisen: »Kiew zog deutsche Handelsleute durch die Pracht und Fülle der russischen sowie orientalischen und byzantinischen Waren an.«[6] Wie stark diese deutsche Präsenz – neben der der ihr sprachlich und äußerlich verwandten Normannen – in Kiew war, bleibt uns unbekannt. Es ist anzunehmen, daß Deutsche kontinuierlich auf den Kiewer Handelsplätzen anwesend waren. Die Tatsache, daß sich in ihrer Nähe bald katholische Geistliche und Mönche niederließen, weist auf wachsende Aufgaben in der Seelsorge hin. Die Geistlichen wurden in der Ausübung ihres Amtes nur durch die Vorschrift eingeschränkt, daß sie Angehörigen anderer Bekenntnisse, allen voran den russischen und griechischen Orthodoxen, keine Glaubensunterweisung zuteil werden lassen, mithin nicht missionieren durften. Infolgedessen konzentrierte sich das religiöse und soziale Leben der in Kiew lebenden polnischen, italienischen und vor allem auch deutschen Katholiken, um ihre Gemeindekirche. Im Jahr 1233 wurde der polnische Prior der Kirche vom Kiewer Großfürsten Wladimir Rurikowitsch für eine Überschreitung seiner Befugnisse durch Ausweisung aus der Rus bestraft. Mit dem Einfall der Mongolen im südrussischen Raum und der Zerstörung Kiews (1240) verlieren sich schließlich alle Spuren deutscher Präsenz im Kiewer Großfürstentum.

2. Der Weg des Handels – Die Hanse

Während uns aus dem Kiewer Rußland nur sporadische Anzeichen deutscher Präsenz überliefert worden sind, geben uns wohlerhaltene Dokumente aus der Zeit der Nowgoroder Hanse Auskunft über das Leben und Treiben deutscher Handelsleute in den nordrussischen Städten. Sie sprechen auch von den

Bedingungen, unter denen sich die deutschen Gäste *(gosti)* in Nowgorod und in anderen Hansestädten bewegten. Vermutlich lebten auch in Nowgorod »von alters her«, das heißt seit den Anfängen der normannischen Präsenz, deutsche Handelsleute.[7] Allerdings ist uns wenig aus der Frühzeit des deutschen Handels in Nowgorod und seiner Vorstadt Pskow bekannt. Die meisten erhaltenen Dokumente, darunter Verträge der deutschen Hansestädte mit Nowgorod, stammen aus der Zeit nach der Gründung des Hansischen Bundes im Jahr 1241. Häufig kehrt in ihrem Wortlaut die Formel »wie schon seit alters her« wieder, was bezeugt, daß sie nur eine bereits seit langem bestehende Handelsordnung vertragsmäßig verankerten. Bekannt ist aus diesen Verträgen, daß es unter den deutschen Händlern *(mercatores teutonici)* sowohl Sommer- als auch Wintergäste gab *(letnie* beziehungsweise *zimnie gosti)*. Wenn man ihrer Schiffe von weitem gewahr wurde, sandte der Vorsteher der Nowgoroder Stadtverwaltung Boote auf die Ishora, auf die die Handelsleute gegen ein Entgelt, das in der Regel in Marderfellen bezahlt wurde, ihre mitgebrachten Waren umluden; denn sie fürchteten die Stromschnellen der Flüsse Newa und Wolchow, die ihren großen Schiffen und den wertvollen mitgeführten Waren gefährlich werden konnten. Ihre Ladung bestand aus kostbaren, vor allem flandrischen Tuchen, aus Salz, aus getrocknetem und eingesalzenem Fisch und Getreide, besonders Weizen. Wenn sie die russischen Handelsplätze verließen, führten sie in erster Linie Pelze mit sich – der Zobel gelangte über die deutschen hansischen Märkte bis nach Spanien und Portugal –, ferner Wachs, Honig, Häute, Hanf und Flachs. Den hansischen Kaufleuten war es bei Strafe verboten, Gold und Silber nach Rußland einzuführen, doch wußten sie dieses Verbot zu umgehen und lieferten die Edelmetalle dennoch an russische Fürsten, Würdenträger und reiche Bürger. Für die importierten Güter bezahlte der Handelsherr der Stadt Nowgorod eine Art Einfuhrsteuer, die er ebenfalls in Marderfellen entrichtete. Ein weiteres Aufgeld an die Stadt Nowgorod kostete ihn die Verladung der Waren aus dem Hafen in den Gästehof *(gostinyj dvor)* der Fremden. Im Gästehof eingetroffen, genoß der deutsche Handelsherr aber nahezu unbegrenzte Freiheit und unterlag – ließ er sich etwas zuschulden kommen – allein dem Recht und Urteilsspruch seiner Landsleute, denn der Gästehof besaß rechtliche Exterritorialität. Selbst Regierungsboten und Herolde hatten nicht das Recht, ihn zu betreten. Allein der fürstliche Bote durfte den deutschen Gästehof betreten. Streitfälle zwischen Russen und Gästen wurden vor dem Gerichtshof der Kirche des hl. Johannes durch den Fürsten selbst geschlichtet. Ein eigens erlassenes Reglement sollte aber solchen Streitigkeiten von vornherein vorbeugen. Es verbot zum Beispiel im näheren Umkreis des deutschen Gästehofs das Keulenschlagen, ein besonders wildes Vergnügen der Einheimischen, unter dem oft auch zufällige, wehrlose Passanten zu leiden hatten.

Verschaffte sich ein Einheimischer mit Gewalt Eingang in den Gästehof, so unterlag er nicht mehr dem russischen Rechtsschutz, und die deutschen Handelsleute konnten nach eigenem Gutdünken mit ihm verfahren. Für sonstige Vergehen gegenüber einem deutschen Gast war er zu Schadenszahlungen in Silber verpflichtet. Konnte der Schuldige, da er arm war, diese Zahlungen nicht selbst entrichten, so trat die Stadt Nowgorod für ihn ein.

Im Handelshof wie auch außerhalb konnten deutsche und einheimische Handelsleute immer freien Handel treiben. Dabei konnte geschäftlicher Streit natürlich nicht immer ausbleiben. Sollte aber einmal die gesamte Gruppe der Wintergäste mit den einheimischen Händlern in Streit verfallen, so wurden die Sommergäste davon nicht betroffen. Darüber hinaus sollte – ungeachtet dieses Streits – jeder ausländische Handelsherr weiterhin ungehindert das Recht auf freien Zu- beziehungsweise Weggang genießen. Wenn es aber im ersten und zweiten Jahr nicht gelungen sein sollte, einen Streit zwischen den Einwohnern der Stadt Nowgorod und den ausländischen Handelsherren zu schlichten, so erhielten die Nowgoroder das Recht, ihre Gäste im dritten Jahr als Feinde zu betrachten: es stand ihnen frei, das Vermögen der Gäste zu beschlagnahmen oder zu pfänden, die unliebsamen Gäste in Acht und Bann zu schlagen, ja sogar einzukerkern. Ein solcher Bann wird in den Quellen nur einmal erwähnt, er wurde für das Jahr 1188 ausgesprochen, währte jedoch nicht lange. Allzusehr waren die Nowgoroder an der Wiederaufnahme des Handels und am weiteren Zufluß der Waren interessiert. Die Gründe für einen derartigen Bann waren keinesfalls – wie dies die ältere deutsche Hanseforschung nur allzugern unterstellte – ausschließlich den russischen Handelsherren anzulasten. Längst hat sich in der russischen wie auch in der neueren deutschen historischen Forschung des Hansischen Bundes die Ansicht durchgesetzt, daß »die Triebfedern des Handels weitaus am häufigsten Habgier, Gewinnsucht, Abenteuerlust«[8] gewesen sind.

Schon zur Zeit der Gründung des Hansischen Bundes und der Eröffnung der Hansekontore hatten sich die deutschen Kaufleute das Recht gesichert, in Nowgorod die Kirche St. Peter und in Ladoga die Kirche des heiligen Nikolaus, beide mit Friedhöfen, zu errichten. Die Nowgoroder Niederlassung entwickelte sich bald zum Hauptkontor und wurde als die Mutter aller Hansekontore bezeichnet. Als Hauptumschlagplatz für alle Waren, die aus dem gewaltigen Rußland kamen und dorthin flossen, spielte Nowgorod tatsächlich die bedeutendste Rolle unter den neunzig Städten, in denen die Hanse zu ihrer Blütezeit Niederlassungen unterhielt. Das Nowgoroder Hansekontor kontrollierte den ablaufenden Handel, war um die Erhaltung hoher Handelsnormen bemüht und versuchte ebenso, Mißbrauch und jede Art von unlauterem Wettbewerb – auch von seiten der hanseatischen Kaufleute – zu unterbinden.

Heiraten zwischen Gästen und Einheimischen waren möglich, und so dürfte es auch zu festen Ansiedlungen gekommen sein. Es ist allerdings nie ermittelt worden, in welchem Umfang sich deutsche Hansekaufleute und ihr Gefolge in Nowgorod, Ladoga und Pskow dauerhaft niedergelassen haben.

3. Kriegsgefangene und Kriegstechniker – Deutsche Niederlassungen in russischen Städten

Unter Iwan III. (1462–1505) und Wassilij III. (1505–1533) begann das Moskauer Großfürstentum, das auf Rußland lastende tatarische Joch abzuwerfen und die in Teilfürstentümer zersplitterte »russische Erde zu sammeln«. Die historische Rolle von Moskau als dem »Dritten Rom« nahm ihren Anfang. Obwohl die Chroniken jener Zeit wenig über die Anwesenheit deutscher Fachkräfte auf Moskauer Boden berichten, besteht doch Grund zu der Annahme, daß zumindest die für die Kriegführung unentbehrlichen Berufe schon in dieser Zeit vielfach von Deutschen ausgeübt wurden.

Iwan III. benötigte zur erfolgreichen Durchführung seiner großangelegten kriegerischen Unternehmen – gegen die Litauer im Westen und die Goldene Horde im Osten – Geschütze und geeignete Munition in großem Ausmaß. Diese wurden vorwiegend von deutschen Waffenschmieden und anderen deutschen Handwerkern fabriziert. Deutsche Mineure, die Sprengsätze verfertigten, spielten von Anbeginn der russischen Kämpfe gegen die Tataren eine bedeutende Rolle bei der Schleifung und Sprengung der wohlgebauten tatarischen Festungen. Auch Kupfer, Blei und Salpeter, die zur Herstellung der Munition benötigt wurden, gelangten durch deutsche Hände nach Rußland. Mit oder ohne Erlaubnis ihrer Landesherren sorgten deutsche Handelsherren für die Zulieferung dieser unentbehrlichen Materialien. Um sich diese wichtigen Handelsverbindungen im Westen offenzuhalten, suchte der Moskauer Großfürst engeren Kontakt zum deutschen Kaiser. Iwan III. hatte mit der Unterwerfung Nowgorods einerseits und dem Abbruch des Handels mit der Hanse – mit der Begründung, sie habe den russischen Handel übervorteilt und unterdrückt – andererseits den Handel im Norden stark erschwert. Er entsandte den deutschen Ritter Nikolaus Koppel als persönlichen Boten in die deutschen Lande. Koppel berichtete im Jahre 1487 dem deutschen Kaiser Friedrich III. und den auf dem Reichstag zu Nürnberg versammelten deutschen Fürsten über das ferne und mächtige Moskowien, von dessen Besuch er soeben zurückkehrte. Zwei Jahre später, 1489, erschien Nikolaus Koppel wieder in Moskau, diesmal in der Eigenschaft eines kaiserlichen Sendboten. Er unterbreitete dem erstaunten Moskauer Großfürsten das Angebot des deutschen Kaisers, mit ihm einen Freundschaftsbund zu schließen und ihn mit der Königswürde auszustatten. Iwan III., der durch seine Ehe mit der griechischen Prinzessin Sophia Paleolog bereits ausreichende Legitimation besaß, dankte für die Ehre, in Freundschaft mit Seiner Kaiserlichen Majestät zu verkehren, lehnte aber das Angebot seiner Königskrönung unter Hinweis auf seine längst und ohnedies bestehende Macht ab. Das gute Verhältnis zum Kaiserreich deutscher Nation, das durch diesen Bund besiegelt wurde, ebnete in der darauffolgenden Zeit den Weg manches deutschen Reisenden ins ferne Moskowien. Die deutschen Kaufleute konnten nun auch auf dem Landweg über Rußland zu den berühmten Märkten in Indien und im Fernen Osten gelangen. Und zahlreiche Durchreisende oder zeitweilige Gäste mögen, durch günstige Bedingungen und Angebote angelockt, auf halbem Wege in Moskau haltgemacht und sich niedergelassen haben.

Als Nichtorthodoxe, aber Freie siedelten sie sich vermutlich bereits in dieser Zeit in einem schönen Landstreifen im Nordosten Moskaus an, der etwa eine Fußstunde vom Zentrum der Stadt an der Jausa, einem Nebenfluß der Moskwa, gelegen war. Dort konnten die fremden und andersgläubigen Deutschen mit ihren Sitten und Gebräuchen leben, ohne daß die orthodoxe Bevölkerung Anstoß nahm. Wann diese Vorstadt der Fremden, später die »deutsche Vorstadt« *(nemeckaja sloboda)* genannt, diesen Namen und ihren besonderen Status annahm, läßt sich nicht genau sagen. Fest steht, daß eine »sloboda« nach russischem Verständnis und Recht ein Ort war, an dem sich Freie niederlassen durften. Die »Fremdenvorstadt«, die aufgrund der Dominanz der deutschen und der ihr verwandten Sprachen tatsächlich eine »deutsche« Vorstadt war und wurde, dürfte wohl schon in der Zeit Iwans III. und seines Nachfolgers, Wassilij III., entstanden sein, da sie bereits um die Mitte des 16. Jahrhunderts urkundlich erwähnt wird. Unter Iwan Wassiljewitsch IV. (1533–1584), genannt der Schreckliche, wurde die »Nemezkaja Sloboda« neben deutschen Kriegsgefangenen aus dem russischen Nordwesten und dem Baltikum mit zahlreichen aus deutschen Landen eingewanderten Fachkräften besiedelt: Offizieren, Kaufleuten, Technikern, Handwerkern und Gelehrten. Wiederum dominieren in den Beschreibungen, wie sie etwa der österreichische Gesandte Sigismund Freiherr von Herberstein[9] hinterlassen hat, die deutschen Waffenschmiede, -schlosser und Mineure. Sie wurden insofern besonders benötigt, als Iwan IV. nahezu zeit seines Lebens in Kriege – gegen Livländer, Litauen-Polen und Schweden im Nordwesten und Norden und gegen die tatarischen Chanate im Osten – verwickelt war. Schon wenige Jahre nach seiner Inthronisierung bemühte sich daher der junge Zar, die deutsche Kolonie durch planmäßige Herbeiziehung nützlicher Kräfte aus Deutschland zu verstärken. Im Jahr 1547 beauftragte der siebzehnjährige Zar den Sachsen Hans Schlitte aus Goslar im Harz, nach Westen zu reisen, um eine möglichst große Zahl deutscher Fachhandwerker, Meister und Künstler anzuwerben. Der deutsche Kaiser hatte seine Zustimmung zu dieser ungewöhnlichen Mission – der ersten dieser Art in der Geschichte Rußlands – gegeben. Schlitte führte seinen Auftrag ordnungsgemäß aus und machte sich bald mit einer größeren Zahl angeworbener Kräfte auf den Weg. Doch die livländischen Ordensritter, die befürchteten, daß ein militärisch gestärktes Rußland bald eine Gefahr für die von ihnen beherrschten Ostseeprovinzen würde, unterbanden dieses Unternehmen. Ein großer Teil der Angeworbenen wurde auf ihre Veranlassung in Lübeck festgesetzt. Schlitte selbst wurde auf der Durchreise nach Rußland in Livland eingekerkert; und einer der ausreisefreudigen Meister mit dem Namen Ganz (oder Hanz), der versuchte, sich auf eigene Faust nach Rußland durchzuschlagen, wurde sogar auf ihr Geheiß abgefangen und hingerichtet. So endete die erste planmäßige Anwerbung deutscher Spezialisten nach Rußland mit einer Niederlage für den jungen Zaren.

Während seines Feldzuges gegen das Tatarenchanat von Kasan im Jahr 1550 wurde Iwan IV. erneut die erstaunliche Sprengkraft der deutschen Mineure vor Augen geführt. Die Festung von Kasan erwies sich trotz längerer Belagerung als uneinnehmbar, bis schließlich der zu diesem Zweck herbeigeholte deutsche Kriegsbaumeister die Sprengung der Feste vornahm. Die Tataren mußten weichen. Als zehn Jahre später der Tatarenchan als Kriegsgefangener im Triumphzug der Russen durch Moskau geführt wurde, entdeckte er unter seinen Leidensgenossen auch den in den livländischen Kriegen gefangengenommenen alten Ordensmeister Fürstenberg; diesem soll er zugerufen haben: »Euch deutschen Hunden geschieht es eben recht, denn ihr habt dem Moskowiter zuerst die Rute in die Hand gegeben, mit der er uns geschlagen hat, nun schlägt er euch selbst damit!«[10]

Um seinen Bedarf an »nützlichen« Ausländern zu decken, bediente sich der Zar deutscher Kriegsgefangener. Während des Feldzuges gegen Livland fielen 1558 die Städte Narwa und Dorpat in russische Hand. Viele ihrer Bürger wurden zwangsweise ins Innere Rußlands umgesiedelt. Ein protestantischer Prediger und einige Gemeindebrüder aus Dorpat mußten als Geiseln für Gehorsam und Unterwerfung ihrer Landsleute bürgen und wurden zu diesem Zweck nach Moskau gebracht.[11] Den größten Teil der deutschen evangelischen Gemeinde zu Dorpat, angeführt von Pastor Wettermann, verteilte man auf die Städte Wladimir, Nishnij Nowgorod sowie andere, kleinere Provinzstädte. Dort durften sie frei leben und auch ein protestantisches Gemeindeleben entfalten. Pastor Wettermann besuchte wiederholt die neu entstehenden Ortsgemeinden deutscher evangelischer Kriegsgefangener, setzte in ihnen Schulmeister ein und regelte ihr Gemeindeleben. Die gefangenen livländischen Deutschen, die bereit waren, in den Dienst des Zaren zu treten, durften sich in Moskau niederlassen. Sie erhielten das Recht, sich auf dem Boden der deutschen Vorstadt eigene Häuser zu bauen und genossen die gleichen Freiheiten wie die freiwillig eingewanderten Deutschen. Da mit ihrer Zuwanderung die Zahl der protestantischen Deutschen in der »Nemezkaja Sloboda« beträchtlich gestiegen war, erlaubte ihnen der Zar, die erste hölzerne deutsche Kirche in der Moskauer deutschen Vorstadt zu errichten.

Überhaupt scheint Iwan der Schreckliche, der mit Mitgliedern seiner Familie sowie mit Vertretern des entmachteten Adels der Teilfürstentümer in einem lebenslangen Kampf auf Leben und Tod lag, den fremden und in diesem Machtkampf unbeteiligten Deutschen auf Moskauer Boden zunächst viel Sympathie und Vertrauen entgegengebracht zu haben. Zwei deutsche Männer, die sein besonderes Gefallen gefunden hatten, waren die ehemaligen Kriegsgefangenen Kruse und Taube. Sie wurden beauftragt, in geheimer Mission nach Livland zu reisen, um den Ordensmeister Kettler dafür zu gewinnen, die Königskrone eines russischen Vasallenstaates aus der Hand des Zaren zu empfangen. Nach anfänglichen Erfolgen scheiterte dieser Plan; die deutschen Emissäre liefen aus Furcht vor dem Zorn des Zaren zu den feindlichen Polen über. Dort schrieben sie ein Pamphlet, das gegen ihren ehemaligen Wohltäter gerichtet war. Der Zar ordnete daraufhin offenbar einen Pogrom der deutschen Vorstadt an. Die Garde des Zaren, die Agenten der *opričina*, plünderte deutsche Häuser und zerstörte die Kirche der Deutschen. Öffentliche deutsche Gottesdienste durften nicht mehr abgehalten werden.

Die Furcht vor der Unberechenbarkeit der Deutschen scheint den Zaren nicht mehr verlassen zu haben. So sprach er zum Beispiel am 2. August 1578 einer Gemeinschaft von russischen Mönchen, die sich auf der Inselgruppe der Solowki im Weißen Meer niedergelassen hatten, in einem Gnadenbrief das Recht zu, sich durch den Bau von Palisaden und Befestigungsanlagen gegen die Möglichkeit eines Einfalls von »schwedischen Deutschen und Hamburgern«[12] abzusichern. Doch hat sich das Mißtrauen des Zaren nicht durchweg auf seine Untertanen übertragen. Zahlreiche Russen scheinen, besonders nach seinem Tode (1584), mit Vorliebe in die Lehre oder den Dienst von Deutschen getreten zu sein. So sah sich der Sohn Iwans IV., Zar Fjodor Ioannowitsch, 1593 veranlaßt, durch Gesetz zu verbieten, daß Russen bei Deutschen und Tataren Dienst taten und Wohnung nahmen.[13]

Fjodor Ioannowitschs Nachfolger auf dem Thron, Boris Godunow (1598–1605), weder ein Rurikide noch ein Romanow, war nicht nur betont friedliebend in seiner Außenpolitik, sondern auch äußerst ausländerfreundlich in seiner Innenpolitik. Er erkannte insbesondere den Wert der Aufklärung für das russische Volk und soll sich für die Gründung einer höheren Schule nach westlichem Vorbild und unter Leitung ausländischer Lehrer eingesetzt haben – ein Plan, der letztlich am Widerstand der Geistlichkeit scheiterte. Boris Godunow war der erste russische Herrscher, der russische

Jugendliche zum Studium ins Ausland schickte, allein, keiner von ihnen kehrte zurück. Der Zar entsandte ferner Boten nach Lübeck, die Ärzte, Erzkundige, Tuchmacher und andere Meister nach Rußland einladen sollten. Deutsche aus Livland und den deutschen Landen, die bereit waren, sich in Rußland niederzulassen, wurden mit Gütern und leibeigenen Bauern beschenkt. Ihre Söhne bildeten eine gesonderte Abteilung der Garde des Zaren. Auch die ausländischen Kaufleute in Moskau erfreuten sich des besonderen Schutzes des Zaren. So war es nicht verwunderlich, daß die ehemaligen deutschen Kriegsgefangenen, die nun das Recht auf freie Rückkehr in ihre Heimatländer erhielten, von diesem Recht kaum Gebrauch machten. Mit der Wiedererrichtung der evangelischen Kirche in der Moskauer deutschen Vorstadt im Jahr 1601 nahm auch das Gemeindeleben einen kräftigen Neuanfang. Da Zar Boris Godunow, der sich mit sechs hochbezahlten deutschen Leibärzten umgab, ganz offensichtlich die Moskauer Deutschen den Russen vorzog, löste der Neid bald Unwillen und Murren unter seinen Landsleuten aus.

Dem Tod Boris Godunows folgte die Zeit der sozialen Wirren. In dieser dunkelsten Zeit des Moskauer Zarentums gerieten auch die Deutschen nicht selten zwischen die Fronten des politischen und militärischen Kampfes. So standen sie – laut russischen Quellen – einmal unter dem besonderen Schutz des selbsternannten Zaren, des Pseudodemetrius I., ein andermal kämpften sie im Heere des Zaren gegen die Aufständischen, und schließlich sollen sie in großer Zahl in dem vom Schwedenkönig entsandten Heer dem schwachen Zaren W. I. Schujskij zu Hilfe gekommen sein.[14] Die deutsche Sloboda soll dabei von den Heeren des Zweiten Pseudodemetrius völlig niedergebrannt worden sein. Bis zur Mitte des 17. Jahrhunderts erwachte sie unter dem Namen »Nowoinosemskaja« (Neuausländer-) oder »Nowonemezkaja« (Neudeutsche) Vorstadt wieder zu neuem Leben.

Die Zeit der Wirren endete 1613 mit der Wahl des ersten Zaren der Dynastie Romanow, Michail Fjodorowitsch Romanow, durch das gesamtrussische Konzil. Die Romanows waren eine Familie des vornehmen Hofadels, deren Stammvater auf russischem Boden, Glanda-Kambila Diwonowitsch, mit Taufnamen Iwan genannt, im letzten Viertel des 13. Jahrhunderts aus Litauen oder aber »aus den Preußen« in Rußland eingewandert war. Vielleicht haben die Romanows aus diesem Grund nahezu die gesamte Zeit ihrer mehr als dreihundertjährigen Herrschaft über Rußland eine ausländerfreundliche Politik betrieben. Nach den Rurikiden, die stärker in das politische Kraftfeld zwischen Skandinavien und Byzanz eingespannt waren, kam mit der Dynastie der Romanows eine deutliche West-Ost-Orientierung zum Tragen – die Gebiete östlich und südöstlich des alten Zartums Moskau sollten bis hin zum Pazifischen Ozean erobert und durch Besiedelung urbar gemacht werden; die

Länder im Westen des russischen Zartums wurden durch regen Verkehr und Handel sowie durch eine geeignete Heiratspolitik im zweiten und dritten Jahrhundert der Herrschaft des Hauses Romanow mit den russischen Interessen verbunden. So war es nicht verwunderlich, daß der erste Zar der Romanows, der wieder Ruhe herstellte und den wirtschaftlichen Wiederaufbau in dem verwüsteten Land einleitete, auch auf die Ausländeransiedlung großen Wert legte. Fremde Wirtschaftskräfte (Kaufleute, Eisenhütten- und Bergwerksfachleute) und Militärs (Offiziere und Söldner), aber auch Ärzte und andere Vertreter der medizinischen und pharmazeutischen Wissenschaften jener Zeit wurden neben Handwerkern aller Art gern in den russischen Städten, vor allem aber in unmittelbarer Nähe des Zarenschlosses in Moskau, angesiedelt. Die auf russischem Boden verbliebenen Livländer erhielten mehr Rechte und einen größeren wirtschaftlichen Spielraum. Den Zuwanderern aus dem Ausland wurde große Bewegungsfreiheit eingeräumt. Neu errichtete lutherische Kirchen, wie etwa die Michaels-Kirche und die spätere Peter-und-Pauls-Kirche in Moskau, zeugten vom starken Zustrom protestantischer Einwanderer.

Der machtvollen Zunahme des ausländischen Handels in Rußland, die in der Regierungszeit Michail Fjodorowitschs (1613–1645) einsetzte, folgte bereits in den ersten Regierungsjahren seines Sohnes, des Zaren Alexej Michajlowitsch Romanow (1645–1676), auf Bitten und Proteste der russischen Handelsleute eine leichte gesetzliche Reglementierung. In mehreren Bittschriften hatte die russische Kaufmannschaft Klage darüber geführt, daß die in Rußland Handel treibenden Ausländer, vor allem Deutsche, Hamburger, Holländer und Engländer, ihre Privilegien zur Knechtung und Unterdrükkung der einheimischen Händler mißbrauchten. In diesen Klageschriften werden Handelsniederlassungen dieser Ausländer in vielen der damals aufblühenden russischen Städte erwähnt, unter anderem in Archangelsk, Cholmogory, Ustjug, Wologda, Jaroslawl, Kostroma, Kasan, Nishnij Nowgorod, Susdal, Murom, Pskow, Romanow, Galitsch, Uglitsch, Belosersk und Kargopol.

Am stärksten aber hatte die Zarenstadt Moskau vom Zustrom und Prosperieren der ausländischen Gäste und Ansiedler profitiert. Um die Mitte des 17. Jahrhunderts waren deutsche Fachkräfte, Soldaten und Handelsleute – wie dies der Reisende Adam Olearius ausführlich beschrieb – nicht nur auf die deutsche Vorstadt beschränkt, sie hatten sich auch in anderen Stadtteilen aufs beste etabliert. So beobachtete Olearius im Stadtviertel Kitajgorod, das unmittelbar an das Zarenschloß, den Kreml, anschloß, »die meisten und fürnembsten Gosen (das heißt »gosti«, Gäste, I. F.) oder Kaufleute/ wie auch etliche Knesen oder Mußcowitische Fürsten«.[15] In Zargorod, dem an der Neglina gelegenen Stadtteil, neben Edelleuten und Bojaren von vornehmen

Bürgern bewohnt, befand sich neben anderen wohlangesehenen Handwerken auch das Gießhaus, in dem Hans Falck (auch Falcken genannt) aus Nürnberg, ein erfahrener Gießmeister, sein Handwerk betrieb. Je nach Kriegs- oder Friedenszeiten konnte er Waffen oder Glocken gießen, und er galt dank seines Ruhmes, der bis nach Holland drang, als großer Lehrmeister der Russen. Denn von ihm – so berichtete Olearius – haben »etliche Russen/ nur von zu sehen/ das giessen zimlich gelernet«. Überhaupt waren die russischen Handwerksleute in den Augen des deutschen Reisenden

> »lehrhafft/ können/ was sie von den Deutschen sehen/ wol nachaffen/ vnd haben in wenig Jahren viel von ihnen gesehen und gelernet/ das sie zuvor nicht gewust haben... Insonderheit habe ich mich über die Goldschmiede verwundert/ daß sie jetzo ein silbern Geschirr so tieff vnd hoch/ auch zimlich förmlich/ treiben können/ als ein Deutscher tun mag. Darumb wer in Handarbeit sonderliche Wissenschafften vnd Griffe für sich alleine behalten wil/ lässet keinen Russen zusehen.«[16]

Im südlichen Stadtteil an der Moskwa, der »Streliza Sloboda« oder Strelitzen-Vorstadt genannt wurde, lebten die sogenannten großfürstlichen Soldaten; dies waren für die Dienste des Großfürsten angeworbene Söldner, die in dieser Zeit zum großen Teil aus Deutschen und Schotten bestanden. Olearius berichtete, daß dieser Stadtteil von

> »des Tyrannen (d. i. Iwan der Schreckliche, I. F.) Vater Wasili für die außländischen Soldaten/ als Polen/ Littawer und Deutschen haben bawen und sie Naleiki nennen lassen/ nemblich/ vom Zechen/ denn Nali heist auff ihre Sprache: Schencke ein. Und solches daher/ weil die Außländer mehr als die Moskowiter dem trincken oblagen/ und man nicht wol vermutete/ daß man solche von ihnen so lang getriebene oder gar angebohrne Laster außtreiben könte/ hat man ihnen die Freyheit zu trincken gelassen/ und damit (sie) gleichwol die Russen/... nicht möchten durch böse Exempel verführet werden/ musten die nassen Brüder über dem Wasser alleine wohnen.«[17]

Schon Herberstein hatte die Herkunft des Namens »Nali« der Strelitzen-Vorstadt in seiner Reisebeschreibung von 1567 so beschrieben.

Auf eine Anweisung des Moskauer Patriarchen aus dem Jahr 1653 waren die in Moskau lebenden Ausländer gehalten, sich in ihrer fremdartigen, für die Russen ungewöhnlichen Kleidung in den Moskauer Straßen zu zeigen. Bis zu diesem Zeitpunkt hatten die Deutschen, Holländer, Franzosen und anderen Landsleute, die in großfürstlichen Diensten standen oder aber eigenständig Handel trieben, »der Russen art Kleidungen vnd Trachten sich gebrauchet/ auch gebrauchen müssen/ damit sie nicht von frevelhafften Bösewichten geschimpffet und gefähret wurden«.[18] Denn Raub, Mord und Totschlag, vor allem des Nachts, herrschten in den Straßen Moskaus. Als allerdings der Patriarch während einer Straßenprozession eine Gruppe von Männern mitgesegnet hatte, die ihm darauf nicht die üblichen Ehren erwies, hatte der Patriarch im Zorn beschlossen, die »unwürdigen Ausländer« hinfort vom Segen auszuschließen. Somit erging »ein erster Befehl an alle Ausländer .../ daß jeglicher alsbald die Russischen Kleider ablegen/ vnd in seiner eigen Landes art Kleidung hinfort sich antreffen lassen solte«. Gleichzeitig setzte der Patriarch durch, daß vornehme Russen, die sich mit Vorliebe deutsche oder polnische Kleider machen ließen, von nun an russische Kleider und Trachten tragen mußten. Olearius berichtete, daß Nikita Iwanowitsch Romanow, der nach dem Zaren reichste und vornehmste Mann im Staat, ein Liebhaber deutscher Musik und Sitten, auf dieses Verbot des Patriarchen in höchst eigenwilliger Weise geantwortet habe. Für die Ausländer hingegen war es von nun an Gesetz, daß sie beim Ausgehen, vor allem aber bei ihrer täglichen Aufwartung am Hofe, ihre Landestracht anlegten.

In der zweiten Hälfte des 17. Jahrhunderts hatte sich die deutsche Vorstadt von Moskau zu einem lebendigen Zentrum des hauptstädtischen Lebens entwickelt. Die Häuser der reichen Deutschen und der anderen ausländischen Kaufleute besaßen steinerne Palatien, eine Bauweise, die neben ihnen nur von wenigen russischen Edelleuten verwendet wurde. Die allgemeine Bauweise war das leicht brennbare Holzhaus. In wachsendem Wohlstand und oft Luxus lebten hier Ärzte – vor allem die Leibmedici der Zaren –, Pharmazeuten, hohe russische Militärs deutscher Herkunft – unter ihnen Oberst Baumann, der als erster Deutscher 1660 zum russischen General ernannt wurde –, sowie Gelehrte, Lehrer und Hauslehrer. Aber auch Waffenfachleute und Handwerker aller Art ließen sich in diesem Stadtteil nieder, der bald zu einem sozialen Mikrokosmos, einer Art Stadt in der Stadt wurde. Mit den Deutschen siedelten sich auch andere, ihnen in Sprache und Herkunft nahestehende Ausländer in der deutschen Vorstadt an. Dabei handelte es sich vor allem um Holländer, Schotten, Engländer, Skandinavier und Schweizer. Unter diesen befand sich der Genfer Hugenotte Franz Lefort, der sich 1675 mit 19 Jahren zum russischen Militärdienst gemeldet hatte. Von 1690 an verkehrte in seinem Haus, das als eines der gastfreiesten in der deutschen Vorstadt galt, der Sohn des Zaren Alexej Michajlowitsch, der jugendliche Zar Pjotr Alexejewitsch. Zar Peter I. machte hier die ersten, entscheidenden Schritte aus dem gemessenen, steifen Zeremoniell des Hofes, der dunklen Kühle des kaiserlichen Palastes in die gesellige Atmosphäre fremder Sprachen und Sitten, die quicklebendige Welt der westeuropäischen Zivilisation.

II.
Zar Peter I.
Die Errichtung der deutschen Sonderstellung im Russischen Reich

Pjotr Alexejewitsch Romanow (1672–1725)[1], der als Zar Peter I. von 1689 bis zu seinem Tod regierte, hat das Moskowitische Zartum in das moderne Russische Reich transformiert und ihm zugleich einen ebenbürtigen Platz unter den europäischen Imperien gesichert. Um Rußland zu modernisieren, bedurfte es europäischer Kräfte, die fähig und bereit waren, auf russischem Boden an diesem Transformationsprozeß mitzuwirken. Diese Kräfte fand Pjotr Alexejewitsch ansatzweise in Moskau und anderen russischen Städten vor; je mehr er sich seiner gewaltigen innovatorischen Rolle bewußt wurde, desto gezielter und planmäßiger rekrutierte er sie auch in einigen europäischen Ländern. Unter den Ausländern, die in dem energischen Umwälzungsprozeß, den der ungestüme Monarch in Gang setzte, eine besonders aktive Rolle spielten, zeichnete sich neben einer kleineren Zahl von namhaften und hochqualifizierten Schotten, Holländern und Schweizern vor allem die starke Gruppe der Deutschen aus. Dank der großen Achtung und persönlichen Sympathie, die der Selbstherrscher den Deutschen – trotz mancher Enttäuschungen – entgegenbrachte[2], vermehrte sich ihr Ansehen und ihr Einfluß sowie bald auch ihre Zahl auf russischem Boden so stark, daß sie eine Sonderstellung einzunehmen begannen. Dieser Prozeß blieb nicht ohne Rückwirkungen auf das Bewußtsein breiter Kreise des russischen Volkes, die sich in dieser Krise der nach westlichen Leitbildern vollzogenen Transformation an den Ankern von Volksglauben und Volkskirche (die Altgläubigen), altmoskowitischem Herrschertum (die Strelitzen) und Patriarchentum (der Patriarch Joakim und seine Anhänger) festzuhalten versuchten. In den Augen dieser Schichten des russischen Volkes – das ohnehin dazu neigte, alle Westeuropäer aufgrund ihrer Kleidung und Sprache als »nemzy« (Deutsche) zu betrachten und zu bezeichnen – nahm die Vorherrschaft der »Deutschen« (d. i. westlichen Ausländer) in ihrem Land und ihrem Staat bald bedrohliche Formen an. Doch erreichte es der junge Zar durch rücksichtslose Härte im Durchgreifen gegen sein eigenes Volk sowie eine geschickte und wohldurchdachte Mischung aus Volksnähe beziehungsweise Volkstümlichkeit und kühn planender imperialer Weitsicht, daß diese Sonderstellung der Ausländer und besonders der Deutschen im petrinischen Rußland niemals ernsthaft in Frage gestellt wurde.

Die ersten siebzehn Jahre im Leben des zukünftigen Imperators waren von dem Kampf überschattet, den die Fürsten Miloslawskij und die aus ehemals krimtatarischem Adel stammende Bojarenfamilie Naryschkin um die Nachfolge auf dem russischen Herrscherthron führten. Aussichtsreiche Kandidatin der Miloslawskijs, der Angehörigen der ersten Frau des Zaren Alexej Michajlowitsch, und Vaters Peters des Großen, war die ältere Halbschwester Peters, Sophia. Kandidat der Familie Naryschkin (Natalja Naryschkina, Peters Mutter, war die zweite Frau Alexej Michajlowitschs gewesen) war der einzige Sohn aus dieser zweiten Ehe, der außergewöhnlich begabte und zum Regieren befähigte Pjotr Alexejewitsch. Die Machtprobe zwischen diesen beiden Parteien erfolgte nach höchst belastenden und für den jungen Zaren traumatischen Ereignissen im Jahr 1689.

Während sich Peter wie gewöhnlich in den Sommermonaten in der »Vergnügungsresidenz« *(potešnoe selo)* von Preobrashenskoe außerhalb Moskaus aufhielt, wollte sich seine Halbschwester Sophia mit Hilfe der Strelitzen zur Zarin krönen lassen. Die Strelitzen waren eine Art stehendes Heer, das von Iwan dem Schrecklichen als Elite- und Schutztruppe auf den soliden Bestand von 12000 Mann – 5000 lebten in Moskau, von denen 2000 Dienst als Schutztruppe des Zaren leisteten – gebracht worden war. Sie hatten durch Vermischung mit dem gemeinen Volk ihren früheren Status einer vom Adel geführten Elitetruppe verloren und waren zu einer »Art verbürgerlichter Janitscharen«[3] geworden. Als Schutztruppe des Moskauer Großfürsten entstanden, waren ihre Interessen mit der Erhaltung des Moskauer Zarentums verbunden, wie es von der Regentin Sophia und ihren Ratgebern und Favoriten symbolisiert wurde. Und dies um so mehr, als ihnen in den nach westlichem Vorbild aufgestellten »neuen Truppen«, besonders in den sogenannten Spiel- oder »Vergnügungsregimentern« *(potešnye polki)*, die der junge Zar Pjotr Alexejewitsch in seinen Sommerresidenzen exerzieren ließ (sie erhielten noch vor Ende des Jahrhunderts die Namen der »Vergnügungsdörfer«, in denen sie aufgestellt worden waren, nämlich Preobrashensker und Semjonowsches Regiment) existenzbedrohende Rivalen erwuchsen. Ihre Sympathie hatten daher die Kräfte des alten Moskau – die Regentin, der Patriarch und die Altgläubigen; ihre besondere Abwehr galt der für sie lebensbedrohenden Reform, die sie dem Einfluß der Ausländer zuschrieben. Wie stark westliche Ausländer zu dieser Zeit in den Strelitzenämtern vertreten waren, ist unbekannt. Fest steht, daß der epochale Umbruch für die Ausländer unter den Strelitzen eine beträchtliche Herausforderung bedeutete. Dies läßt sich am

Beispiel des bekannten Strelitzenobersten Zickler (russ. Zykler) verdeutlichen.

Zickler hatte bei der ersten Strelitzenerhebung zugunsten der Thronfolge der Miloslawskijs im Jahr 1682 eine Schlüsselrolle gespielt, der Sophia ihre Einsetzung als Regentin mitverdankte. Bald darauf erkannte er jedoch die Zeichen der Zeit und setzte auf Peter. Als Zar Peter in den Augusttagen des Jahres 1689 an seinem Fluchtort in der Troize-Sergejewa-Lawra (dem heutigen Kloster Sagorsk) Befehl nach Moskau gab, daß Zickler sich mit zwei Strelitzenregimentern zu seiner Bewachung herbeibegeben sollte, folgte Zickler diesem Befehl und löste damit den erdrutschartigen Zerfall der Machtposition Sophias aus. Dem einflußreichen und hervorragenden Obersten folgte bald auch der in Moskau verbliebene Rest der Strelitzen. Auch die in der deutschen Vorstadt angesiedelten ausländischen Militärs der regulären Truppen machten dem jungen Zaren ihre Aufwartung. Unter ihnen befand sich der Genfer François (eingedeutscht: Franz) Lefort, der durch seine wiederholt und unter Gefahr bewiesene Treue in diesen Wochen das Vertrauen und die Freundschaft des Monarchen gewann. Dank dieses Überlaufens der Strelitzen, deren Oberst Peter an Ort und Stelle über das ganze Ausmaß der von Sophia in Szene gesetzten Verschwörung in Kenntnis setzte, konnte Peter sich am 12. September 1689 zum Herrscher und seine Mutter zur Regentin ernennen. Sophia wurde im Neu-Jungfrauen-Kloster festgesetzt.

Für den Strelitzenobersten Zickler allerdings waren die politischen Entscheidungskämpfe noch nicht ausgestanden. Sieben Jahre später, als Zar Peter gerade zu seiner großen Auslandsreise aufbrechen wollte (1696), organisierte er mit Hilfe der Strelitzen eine Verschwörung, die Peter nach dem Leben trachtete. Der Grund dafür bestand offenbar darin, daß er sich vom Zaren nach seiner bravourösen Hilfsaktion nicht in gebührender Weise geehrt und bedacht fühlte. Diesmal wurde ihm sein Schwanken zwischen den Fronten von alt und neu zum Verhängnis. Unter Folter gab er seine Absicht einer Restaurierung der Miloslawskijs zu und die Namen weiterer fünf Verschwörer preis. Dieses Geständnis endete mit der öffentlichen Vierteilung der Verschwörer auf dem Roten (nach damaligem Wortverständnis: Schönen) Platz.

Während der ersten Monate seiner neuen Macht ging der junge Monarch zunächst umsichtig und behutsam vor. Denn die altmoskowitische Fraktion besaß in dem Patriarchen Joakim noch einen mächtigen Widersacher. Die kurze Zeit bis zum Tod des Patriarchen im März 1690 wurde aus diesem Grund zur letzten Ära des Triumphes der ausländerfeindlichen Kräfte im moskowitischen Staat. Unmittelbar nach seinem Machtantritt riet Joakim dem Zaren, Ausländer bei Hofe nicht zu begünstigen und in der Armee nicht in Führungspositionen einzusetzen. Die Niederlage in vorausgegangenen Feldzügen führte er auf die Verwendung von Ketzern an der Spitze des Heeres zurück. General von Gordon, der fähigste russische Heerführer dieser Jahre, ein Mann aus schottischem Hochadel, der in der deutschen Vorstadt in diesen Jahren das größte Ansehen genoß und zu einem väterlichen Freund des jungen Zaren wurde, durfte nicht mehr an der kaiserlichen Tafel erscheinen. Mit diesen Maßnahmen bei Hofe ging eine reichsweite Verschärfung der Zensur und der Briefkontrolle einher, die auch die diplomatische Post mit einbezog. Die Vertreibung der Jesuiten und ihre Verbannung aus Rußland erfolgten ebenfalls in diesem Jahr. Und auch der deutschen Sloboda wurde auf anschauliche Weise verdeutlicht, daß selbst der junge Zar nicht in der Lage war, gleichsam über Nacht – wie es Leibniz erwartungsvoll formulierte – »in Moskau die kultivierten Sitten Europas einzuführen«.

Im April 1689 hatte sich Quirin Kuhlmann (1651-1689)[4] aus Breslau, ein Adept Jakob Boehmes und der tschechischen Chiliasten, in der deutschen Vorstadt niedergelassen. Nach einer Reihe abenteuerlicher, theosophisch inspirierter Reisen, die mit einer wenig freundlichen Aufnahme beim Sultan in Konstantinopel begannen und ihn über England und Holland (wo er 1687 erbauliche Schreiben für »Ihre Czarische Majestaten« veröffentlichte, die er durch den Künstler Otto Genin [Henin] an den Moskauer Hof gelangen ließ) nach Moskau führten, fand er in der kleinen, aber aktiven deutschen Theosophengemeinde in der Moskauer Vorstadt ein dankbares Publikum. Sein besonderer Wohltäter und Anhänger wurde hier der Kaufmann Conrad Nordermann. Aber auch andere ernste Männer, die bisher der evangelischen Kirchengemeinde angehört hatten, ließen sich von dem Poeten und Schwarmgeist verwirren und bestricken. Dies veranlaßte Joachim Meinecke, den Pastor der lutherischen Kirche in Moskau, sich mit der Bitte um Hilfe an den Patriarchen Joakim zu wenden. Dieser übergab den Fall den Moskauer Rechtsinstanzen, die nun Kuhlmanns Sendschreiben aus Amsterdam entdeckten und böse politische Absichten vermuteten. Kuhlmann und Nordermann, die Anführer der Häresie, wurden unter Folter zum Widerruf ihres Glaubens aufgefordert, widerstanden aber. Am 4. Oktober 1689 wurden die beiden Sektierer in Moskau öffentlich als Häretiker verbrannt. Die Wirkung dieses Ereignisses auf die Bewohner der deutschen Vorstadt, die in den vorausgegangenen Jahren schon häufig durch aggressionsgeladene Prozessionen der Altgläubigen, unter Teilnahme der Strelitzen, in ihrem Wohnbezirk an der Jausa entlang zum Kreml, eingeschüchtert worden waren, war sicher groß. Selbst der katholische General Gordon warnte seinen in Schottland lebenden Sohn davor, jetzt, bevor sich die Umstände nicht geändert hätten, nach Rußland zu kommen.

Kurz vor seinem Tode verfaßte Patriarch Joakim ein politisches Bekenntnis, mit dem er Einfluß auf den jungen Zaren zu nehmen hoffte. In diesem Testament[5] ist der ganze Katalog der fremdenfeindlichen Befürchtungen enthalten, die zu dieser Zeit die konservativen Moskowiter erfüllten. Den »verfluchten Ketzern«, so formulierte das Testament, sei unter keinen Umständen der Oberbefehl über das Heer zu überlassen, denn dadurch werde der Zorn des gerechten Gottes wachgerufen. Insbesondere die Protestanten, die den Marienkult und Bilderdienst ablehnten, wären, sobald sie ins russische Leben einträten, eine Gefahr für die Reinheit des Glaubens. Deshalb sollte der junge Monarch um seiner Regententugenden wegen den Umgang mit »Lateinern, Lutheranern, Calvinisten« ebenso meiden wie mit den Tataren. Auch die bereits bestehenden ausländischen Kirchen wurden nicht verschont: Hatte der Patriarch schon früher in einer offiziellen Anfrage an die deutsche Vorstadt nach der Legitimation gefragt, mit welcher hier protestantische Kirchen erbaut worden seien, so betonte er jetzt, daß diese Kirchen der Ausländer als Versammlungsstätten der Werke des Teufels zu zerstören seien. Jeder Versuch der Ausländer, in Rußland Einfluß auszuüben, sei es durch Missionierung oder auch nur durch Verbreitung ihrer Sitten, sollte mit dem Tode bestraft werden. Auch Religionsgespräche sollten nicht mehr erlaubt sein. Ferner dürfe kein Ausländer als Ketzer irgendein Amt erhalten, wie auch die Kleidung der Ausländer den Russen unter Strafe verboten werden müsse. Das Wohl und Gedeihen des russischen Staates setze den Ausschluß alles Fremden voraus.

Die Empfehlungen des Patriarchen, die gewiß einen bedeutenden Teil der Stimmung im damaligen Moskau zum Ausdruck brachten, verfehlten ihre Wirkung auf den jungen Zaren völlig. Im Gegenteil werden sie die natürliche Neugier des Achtzehnjährigen auf alles Fremde nur beflügelt haben. Mit dem Tod des Patriarchen war die letzte Barriere gefallen, die Peter hindern konnte, sich vom Leben und Treiben der attraktiven Fremden auf seinem Territorium ein eigenes Bild zu machen.

1. Der junge Zar und die »deutsche Sloboda« (1690–1700)

Der junge Zar, der über seinen holländischen Lehrer in Festungsbau, Feuerwerken und Mathematik schon in seiner Kindheit einmal einen Blick in die »deutsche Vorstadt« gewagt haben mag, wurde nun durch seinen väterlichen Ratgeber Gordon in diese Ausländervorstadt eingeführt. Hier vertiefte sich bald auch die Freundschaft mit dem weit älteren Lefort, den Peter vom Hauptmann zum Admiral und General beförderte. An der Seite des vergnügten, immer zu Ausschweifungen bereiten Genfers löste sich der junge Zar von der strengen, puritanischen, formalistischen Starre des Kreml-Lebens. Die deutsche Vorstadt mit der ihr eigenen Art von kultureller und sozialer Exterritorialität hatte für den Zaren – in psychologisch-sozialer Hinsicht – die

Ventilfunktion einer Zone des Aufbruchs und des Neubeginns, in der er sich selbst – sowie seine Zeit und seine Umwelt – besser verstehen und seine künftigen Pläne konkretisieren lernte.

Die Sozialstruktur der deutschen Vorstadt im letzten Jahrzehnt des 17. Jahrhunderts, beim Übergang Rußlands in die Neuzeit, läßt sich am besten mit den religionssoziologischen Kategorien von Max Weber beschreiben. Es war die Welt des westeuropäischen Protestantismus, und zwar vielfach in seiner entschiedensten, fundamentalistischen Ausprägung; seine Verfechter hatten die heimatliche Enge wegen der mangelnden Duldsamkeit der heimischen Autoritäten verlassen. Und diese Welt war hier in einen rückständigen, überwiegend agrarischen, aber extrem aus- und aufbaufähigen Umkreis der orthodoxen, moskowitischen Sozialstruktur versetzt. Auf diesem – im Vergleich zu den entwickelten protestantischen Ländern Westeuropas – amorphen, rückständigen Hintergrund gediehen der protestantische Merkantilismus, das Manufakturwesen und die frühkapitalistischen Wirtschafts- und Gewinnformen nur um so rascher. Es waren die gleichen Deutschen, Schweizer, Elsässer, Holländer und französischen Protestanten, die sich seit den achtziger Jahren des 17. Jahrhunderts auch in Nordamerika niederließen und sich in einer für sie selbst und die neue Umwelt so vorteilhaften Weise in das soziale und Wirtschaftsleben des vom Calvinismus und Zwinglianismus geprägten Amerika einpaßten. Nur waren die Auswanderer nach Rußland vielleicht im Durchschnitt ärmer (es fehlte ihnen oft das beträchtliche Anfangskapital für eine Schiffsreise), dafür aber risikofreudiger. Denn das »barbarische« Rußland stellte besondere Anforderungen: Die Europäer sahen sich der sprichwörtlichen moskowitischen Xenophobie konfrontiert, der Launenhaftigkeit seiner Herrscher, der Prügelstrafe, der hier selbst Adelige unterzogen wurden, und dem gänzlich ungeschützten Rechtsstatus des Einzelnen; zudem mußten sie das Klima bedenken, Pest und Seuchen, die Unsauberkeit und den schwer erträglichen Geruch der russischen Menschen und ihrer Häuser. Diese und andere Unbilden verlangten viel Mut von dem einzelnen Ausreisenden. Es war also eine Auslese von religiös und vor allem ökonomisch hochmotivierten Personen, die hier binnen kurzem entweder unterging beziehungsweise zurückreiste oder sich aufs beste durchsetzte und prosperierte. Und selbst diejenigen, die sich nicht in kurzer Zeit aus eigener Kraft und Motivation durchsetzten, fanden im Militärdienst Aufnahme, in dem sie sich dank ihrer hergebrachten Arbeitstugenden, Disziplin und lutherisch-paulinischer Unterordnung schnell den Weg zu den höheren und oberen Kommandostellen erkämpfen oder erdienen konnten.

Etwa drei Jahrzehnte vor Max Weber beschrieb der Biograph Peters des Großen, Alexander Brückner, Professor an der Universität Dorpat, die Atmosphäre der »deutschen Sloboda« folgendermaßen:

»Das gesellige und häusliche Leben, Kirche und Schule, Handwerk und Handel, wissenschaftliche und literarische Interessen, wie sie hier in den Kreisen der Ausländer verschiedener Nationalität, Konfession und Berufsart verbreitet waren, entsprachen den gleichen Erscheinungen im westlichen Europa. Es gab hier vorherrschend Vertreter der germanischen Völker, denen das Reformationszeitalter seinen Stempel aufgedrückt hatte; hier waren Arbeitsfähigkeit und Unternehmungslust, Kenntnisse und Fähigkeiten, wie sie ›self made men‹ eigen zu sein pflegen, eine in die Augen fallende Erscheinung. Insofern hier Diplomaten residierten, die Industriellen und Kaufleute häufig von hier aus ins Ausland reisten, die meisten Bewohner überhaupt in lebhaftem Briefwechsel mit dem Westen standen, Zeitungen und Flugschriften von dorther zu erhalten pflegten, war man hier dem europäischen Kulturleben um ein gewaltiges Stück näher als in der Hauptstadt. Die Ungezwungenheit des geselligen Verkehrs, an welchem Peter wie ein Gleicher unter Gleichen Theil nahm, war eine bessere Schule, als das steife Ceremoniell des Kremls; die Toleranz und der Kosmopolitismus, welche hier herrschten, boten einen günstigen Ersatz für die Einseitigkeit, die religiösen und nationalen Vorurtheile, welche in Moskau, in specifisch russischen Kreisen üblich war. Daß Peter Gelegenheit hatte einen tiefen Blick zu thun in diesen auf den Grundlagen der westeuropäischen Civilisation aufgebauten Mikrokomos, daß er Jahre hindurch an diesem Modell eines höheren Kulturlebens das Wesen des Fortschritts, dessen Rußland bedurfte, kennen zu lernen Gelegenheit hatte, war von unberechenbarer Tragweite für alle ferneren Geschicke Osteuropas. Der Schritt aus dem Kreml in die ›Sloboda‹, welchen Peter im Jahre 1690 wagte, war vielleicht größer als die gewaltige Unternehmung der Reise ins Ausland 1697. Die deutsche Vorstadt war der Durchgangspunkt, eine Station auf dieser Reise; sie vermittelte zwischen Ost und West; sie schließt die Epoche der alten Geschichte Rußlands und eröffnet eine neue Aera in der Entwicklung dieses Reiches.«[6]

Eine der ersten Maßnahmen, die Peter nach Kenntnis dieses außergewöhnlichen sozio-ökonomischen Mikrokosmos ergriff, war die Ernennung seines Freundes Lefort zum Aufseher der deutschen Sloboda. Damit hatte sie auch administrativ einen Sonderstatus erhalten. In den wenigen Jahren, in denen Lefort dieses Amt bekleidete (er starb 1698), erwarb er sich durch seine liberale, freizügige Verwaltung große Verdienste. Denn – so berichtete der brandenburgische Gesandtschaftssekretär J. G. Korb – »auf seine Veranlassung wurde den Fremden die Freiheit zu gehen und zu kommen gewährt, die früher unter harter Strafe verwehrt war. Außergewöhnlich förderte er gewinnbringende Handelsgeschäfte, zur schätzbaren Vermehrung des Volksvermögens. Und nicht weniger lobwürdig ist es, daß die Fremden, die man in den verflossenen Jahren oftmals durch Hunger, Gefängnis, Drohungen und Folter zwang, zur russischen Religion überzutreten, nunmehr unbehindert bei ihrer Religion belassen werden. Der Glaube ist ja eine Gottesgabe, die von Gott geschenkt, nicht von Waffen aufgezwungen wird.«[7] Nach dem Tod Leforts setzte Peter den Bojaren Iwan Michajlowitsch Golowin, seinen Begleiter und Mitgesellen auf der großen Studienreise durch Westeuropa, der in Amsterdam und Venedig das Flottenwesen studiert hatte, als dessen Nachfolger ein. Diese Ernennung zum Aufseher der Deutschen erfolgte – in den Worten Korbs – deshalb, weil Golowin »nach dem Hingang des Generals Lefort am meisten von allen Geneigtheit gegen sie zu empfinden schien«.[8]

Unter der Aufsicht von Lefort und Golowin nahm die deutsche Vorstadt einen sprunghaften Wirtschaftsaufstieg. In dieser Zeit wurde auf dem Boden der deutschen Vorstadt eine der ersten Manufakturen in Rußland entwickelt, die Seidenmanufaktur A. Paulsen.[9] Auch die bereits etablierten Berufe der bürgerlichen Mittelschicht prosperierten nachhaltig. So konnte der Oberhofmeister den Preis der Lizenzen, die die Deutschen für ihr Privileg, Bier zu brauen, zu erwerben hatten, beträchtlich erhöhen, der Umsatz war erheblich gestiegen. Das Bier, das die deutschen Brauer auf den Markt brachten, durfte übrigens unter Strafandrohung nur an Ausländer verkauft werden; die Russen, denen der Alkoholgenuß nur an den wenigen hohen Feiertagen des Jahres erlaubt war, waren vom Getränkemarkt der Ausländer und des Gesandtschaftshofes ausgeschlossen. Neben der Alkohollizenz besaßen einzelne deutsche Kaufleute auch andere Lizenzen auf wichtige Produkte. So hatte ein deutscher Kaufmann vom Zaren das Alleinrecht auf den Handel mit Rhabarber erworben, dessen beste, aus China importierte Sorte für die Herstellung pharmazeutischer Heilmittel wichtig war. Der Erwerb solcher Exklusivrechte war ebenso kostspielig wie gewinnbringend; so zahlte ein holländischer Kaufmann dem Zaren beispielsweise jährlich 80000 Taler, um im Alleinvertrieb den in Venedig begehrten Caviaro (Kaviar) exportieren zu können.

Eine wichtige gesellschaftliche Funktion hatten die Vertreter der Heilberufe inne, von denen die Apotheker – nach Korb – »lauter Deutsche« und auch »fast alle Ärzte Ausländer, und zwar Deutsche«[10] waren. Die Lehrlinge der Apotheker, meist um ein Vielfaches älter als ihre Lehrmeister, waren in der Regel Russen. Die Apotheker, die die vom Zaren eingerichteten Apotheken leiteten, bezogen ein Jahresgehalt von 200 Rubel; die Apotheken befanden sich meist in der Stadt Moskau, eine Stunde zu Fuß von den Wohnhäusern der Apotheker entfernt. Daneben gab es zwei »Zarische Apotheken«, von denen eine im Kreml, die andere in der Stadt lag. Beide waren nach deutschen Vorschlägen vom Zaren errichtet und wurden mit großem Kostenaufwand unterhalten. Die erste private Apotheke wurde 1701 von Johann Gottfried Gregorii in der deutschen Vorstadt errichtet (die nach ihr benannte

Straße heißt noch heute *Aptekarskij pereulok*, das heißt Apothekerstraße). Unter den Ärzten der deutschen Vorstadt zeichneten sich besonders die Leibärzte des Zaren, die Doktoren Daniel und Gutbier, aus. Nach ihnen galten Carbonari von Bisenegg und Zopoth als die besten Ärzte, die deshalb auch den vornehmsten Patientenkreis besaßen. Auch die Doktoren Kellermann und Blumentrost[11] erfreuten sich eines guten Rufes.

Eine starke Gruppe der Sloboda bildeten die Militärs. Korb bemerkte: »Fast alle Offiziere sind Deutsche von Geburt oder der Abstammung nach.«[12] Allerdings scheint Korb in einigen Fällen nach dem äußeren Erscheinungsbild und der Sprache der Militärs auf ihre deutsche Herkunft geschlossen zu haben. Denn neben dem Schweizer Lefort und dem Schotten Patrick Gordon, die die nach ihnen benannten Eliteregimenter anführten, erwähnte Korb als dritten, ranghöchsten Offizier ausländischer Herkunft den »deutschen« Brigadegeneral Adam Weyd. In Wirklichkeit war Adam Adamowitsch (von der) Weyde (1667–1720) Sohn eines von Flandern nach Dänemark ausgewanderten und in russische Kriegsgefangenschaft geratenen Majors, der nach seiner Ansiedlung in der Moskauer Vorstadt eine Polin geheiratet hatte. Der Sohn, ein Autodidakt in der Kunst des Minenbaus, hatte sich bereits ganz dem deutschen Lebensstil der Vorstadt angepaßt. Der Zar beauftragte ihn während des ersten Feldzugs gegen das Osmanische Reich (1696) mit der Sprengung der türkischen Festung bei Asow. Die Sprengsätze wurden von Weyde aber so dilettantisch gelegt, daß die Sprengung auf russischer Seite erfolgte und Hunderte russischer Soldaten in den einbrechenden Wällen begrub. Doch der Zar, der selbst nach dem Umgang mit Minen oft mit geschwärzter Haut und versengten Gliedmaßen aus den Manövern seiner sogenannten Spielregimenter zurückgekehrt war, ließ sich durch einen solchen Mißerfolg nicht in seinen Sympathien beirren. Weyde wurde sein bevorzugter Minierer. Nachdem er 1698 einen »Woinskij ustaw« (Militärordnung) verfaßt und dem Zaren gewidmet hatte, wurde ihm nach dem Tod Leforts und Gordons (1699) die Oberleitung des Heereswesens übertragen.

Deutsche Militärs im Generalsrang (Jahresgehalt 600 Rubel, nur Lefort und Gordon bezogen 1000 Rubel!) waren Mengden und die Brüder Ri(g)emann aus Livland. Unter den zahlreichen deutschen Obersten befand sich der großkaiserliche Artillerieoberst Kasimir von Grage, der dem Zaren vom deutschen Kaiser überlassen worden war. Auch die Kommandeure der Garde- sowie anderer Eliteregimenter waren vielfach deutsche oder den Deutschen zugerechnete Militärs: So stand der »deutsche Protestant Schambers« – so Korb –, ein Schotte der zweiten in Rußland lebenden Generation mit dem Namen Chambers, dem Semjonowschen Regiment vor; Baron von Blomberg, ein Mann aus kurländischem Adel, gehörte dem Preobrashensker Regiment an. Und auch August Johann Gordon, der Sohn des berühmten Generals und

Anführer eines Eliteregiments, galt wie viele andere Ausländer im russischen Militärdienst, die sich in der deutschen Vorstadt niedergelassen hatten und sich dort mit den die Mehrheit bildenden Deutschen kulturell und familiär vermischten, im Bewußtsein seiner russischen Zeitgenossen als Deutscher.[13]

Neben diesen Obersten, die zum Teil eigene Regimenter anführten, gab es eine größere Zahl deutscher oder der deutschen Bevölkerung zugezählter Obersten ohne eigene Regimenter. Diese hatten in Friedenszeiten oder bei Nichtteilnahme an einem Feldzug zwar das Recht, ihre Titel zu führen, mußten aber, einstweilen unbeschäftigt, in Moskau leben. Korb lernte unter anderem die Obersten Balck, von Werden, Mews, Prüss (vermutlich: Bruce), Junckmann, Jungers (vermutlich: Jounger), Wörner, Westhof und von Delden kennen, die alle Angehörige der reformierten Gemeinden waren. Bei seiner Rückkehr vom ersten Sturm auf die Festung Asow zählte das russische Heer 80 deutsche Obersten. Bald darauf entließ der Zar 40 von ihnen, »um die Auslagen für dringlichere Zeiten zu sparen, dagegen sollten 50 russische Obersten ohne Besoldung in ihren Stellungen verbleiben«.[14]

Je niedriger die Ränge, desto geringer wurde prozentual der Anteil der Deutschen. Korb erwähnte namentlich 13 Oberstleutnants deutscher Herkunft, unter denen sich allerdings auch eingedeutschte Namen von Engländern und Franzosen befanden, ferner neun Oberwachtmeister und 40 Hauptleute. Ihre soziale Sicherheit war nicht groß, denn wenn selbst eine größere Zahl deutscher Obersten fristlos entlassen werden konnte, so waren auch die unteren Ränge deutscher Herkunft nicht vor unliebsamen Überraschungen sicher. Die Bitte eines kurländischen Adeligen und Leutnants um Abschied wurde zum Beispiel nicht angenommen; statt dessen wies man ihn dem Zug des Zaren zu. Daraufhin verbarg sich der Leutnant, bis er schließlich entdeckt wurde. Der Bojar Boris A. Golizyn, der zusammen mit L. K. Naryschkin die inneren Angelegenheiten am Hofe des jungen Zaren versorgte, ließ ihn verhaften, auspeitschen und dann an seinen Bestimmungsort in Marsch setzen.

Die Geschlossenheit der Deutschen im russischen Offizierskorps war so groß, daß sie in bestimmten Situationen gemeinsame Aktionen durchführen konnten. So haben beispielsweise nach dem ersten Asowschen Feldzug Peters die deutschen Offiziere öffentlich Klage darüber geführt, daß »im ganzen Feldzug des laufenden Jahres Dolgoruga nichts getan habe, was einem Soldaten anstehe«.[15] Diese Klage implizierte wohl, daß die deutschen Offiziere die Schuld am Versagen der russischen Armee bei Asow von sich abwälzten und einem russischen Heerführer zuschoben. Jakow F. Dolgorukow war eigentlich ein Zivilist, aber kein Unbekannter: Als alter loyaler Mitstreiter Peters in den Sukzessionskämpfen, der den flüchtigen Peter als einer der ersten in der Troize-Sergejewa-Lawra aufgesucht hatte und später von ihm zum Richter des Moskauer Stadtamtes ernannt worden war, hätte er gewiß ein rücksichtsvolleres Urteil verdient. Gegen den würdigen und geschätzten Diplomaten und Politiker in dieser Weise Klage zu führen hieß die gerechten, vaterländischen Empfindungen der Russen herauszufordern.

Es wäre ohnedies verfehlt, sich das Verhältnis von Deutschen und Russen in dieser Zeit allzu harmonisch vorzustellen. Von beiden Seiten her wurden Händel angefangen, Schimpfworte für die andere Seite verwendet, ja Überfälle durchgeführt, wobei die Russen die Deutschen wohl eher als bevorzugte Objekte von Diebstahl und Raubmord heimsuchten, während die Deutschen, häufig in angetrunkenem Zustand, hoch zu Roß mit unflätigen Ausdrücken die Wut der einfachen Russen entfachten, um sie – sobald diese tätlich wurden – mit der Klinge oder mit Schüssen zu traktieren. Nach solchen Episoden entlud sich oft sehr schnell der angestaute Unmut über die Deutschen, der in breiten russischen Volksschichten zu schlummern schien; denn diese, »von Natur aus dem Fremden Feind und Gegner fremden Ruhmes«, fanden – nach den Beobachtungen des Deutschen Korb – ihr Ergötzen darin, »gegen Deutsche wüten und toben zu können«.[16] Bei solchen Gelegenheiten konnte man die Russen sagen hören: »Ihr deutschen Hunde, ihr habt jetzt genug Freiheit gehabt, zu stehlen und zu rauben, aber nun ist die Stunde der Züchtigung und Bestrafung gekommen.« Tatsächlich ging in vielen Episoden, die mit Gewalttätigkeit endeten, die Aggression ursprünglich von den Deutschen aus. So konnte es geschehen, daß bei einem der großen Brände, die in den Sommermonaten gewöhnlich ganze Straßenzüge der aus Holz erbauten Stadt in Asche legten, eine Gruppe von Deutschen, erbost über die Nachlässigkeit der Russen bei den Löscharbeiten, diese »auf das Entsetzlichste (schlugen) und… in die Flammen (warfen), als Opfer ihrer Raserei und Nachlässigkeit«.[17] In einigen Fällen, besonders wenn deutsche Beamte oder Militärs an solchen Ausschreitungen beteiligt waren, wurde der Zar selbst um Schlichtung gebeten.

Ob der Zar, der im allgemeinen um Objektivität und Ausgleich bemüht war, in Streitfällen zwischen Deutschen und Russen immer das notwendige Verständnis für seine Landsleute walten ließ, sei dahingestellt. Denn als häufiger Gast der deutschen Sloboda, der in vielen Häusern ein und aus ging und in den vornehmen Häusern und Palais regelmäßig üppige Gastmahle abhielt, mag er sich in vielen Verhaltensfragen mit seinen deutschen Gästen identifiziert haben. So war es nicht verwunderlich, wenn er beim Leichenschmaus im Haus des verstorbenen Lefort in Anwesenheit der führenden deutschen Familien und Militärs das Benehmen seiner auf westeuropäische Tafelmanieren wenig vorbereiteten Notabeln mit Scham und den wegwerfenden Worten quittierte: »Hunde sind es, nicht meine Bojaren!«

Ein besonderes Motiv für sein Heimischwerden in der deutschen Vorstadt mag das langjährige innige Verhältnis zu Anna Margareta Mons gewesen sein. Anna Mons, der Tochter eines aus Deutschland zugereisten Goldwarenhändlers, machte Peter über zehn Jahre lang in stadtbekannter Weise den Hof. Der Familie Mons wurde in dieser Zeit ein massives, geräumiges Steinhaus in der Sloboda gebaut und ein schönes Gut außerhalb der Stadt geschenkt. Anna Mons wurde in die beste Gesellschaft aufgenommen. Als Peter schließlich die Scheidung von der ihm im Alter von siebzehn Jahren aus politisch-dynastischen Erwägungen angetrauten Gemahlin Jewdokia Lopuchina anstrebte, glaubte sein Entourage zu wissen, daß der Zar die schöne, kluge Goldschmiedetochter heiraten wolle. Doch Anna Mons schien nach zehnjähriger Freundschaft mit dem Zaren andere Wünsche zu hegen. Im Jahr 1704 erfolgte der endgültige Bruch in der Freundschaft des nervösen, leicht reizbaren Zaren mit der jungen Bürgerstochter aus der deutschen Sloboda. Zwei Jahre lang wurde diese daraufhin von ihrem Vater in strengem Hausarrest gehalten, bis man sie schließlich im April 1706 wieder in der lutherischen Kirche sah. Dieser Bruch hat häufig Anlaß zu Vermutungen gegeben. Die plausibelste Erklärung bestand darin, daß der eifersüchtige und eigensinnige Zar über den Wunsch Annas in Kenntnis gesetzt worden war, sich mit dem preußischen Gesandten Georg Johann Freiherr von Keyserlingk zu vermählen. Keyserlingk hatte jahrelang vergeblich um ihre Hand angehalten. Im Jahr 1711 hat Peter dann tatsächlich in die Schließung dieser Ehe eingewilligt. Doch wenig später verstarb Keyserlingk.

Der Einfluß dieser romantischen Beziehung zu Anna Mons auf die Einstellung des jungen Zaren zu Deutschen und Russen darf nicht unterschätzt werden. Es war bekannt, daß der Zar unmittelbar vor und nach jeder Reise, vor und nach größeren Entscheidungen oder besonderen Erlebnissen das Haus der Anna Mons in der deutschen Vorstadt aufsuchte. Daß er während dieser Besuche auch die Ansichten und Urteile, die Wünsche, Hoffnungen und Befürchtungen erfuhr, die die junge protestantische Bürgerin mit den anderen Bewohnern der Sloboda teilte, steht außer Zweifel. Der außergewöhnlich sensible und wißbegierige junge Zar hat sich auf diese Weise vermutlich bald ein genaues Bild vom inneren Leben dieser Klein-Gesellschaft machen können.

Es ist nicht auszuschließen, daß diese genaue Kenntnis der deutschen Vorstadt einen Einfluß auf gewisse politische Entscheidungen des Zaren gehabt hat. Dies könnte zum Beispiel bei der außerordentlich grausamen Bestrafung der Fall gewesen sein, die Zar Peter nach dem gescheiterten Strelitzenaufstand des Jahres 1698 vornahm. Wieder vermerkten aufmerksame Zeitgenossen, daß sich der Zar, der wegen des neu aufgeflackerten Strelitzenaufstandes von seiner langen Reise durch Mittel- und Westeuropa zurückgerufen wurde, bei seiner Ankunft in Moskau zunächst die Zeit nahm, einige Stunden im Hause Mons zu verweilen. Dabei kann ihm die Unruhe nicht entgangen sein, die sich in diesen Wochen der Bewohner der deutschen Vorstadt bemächtigt hatte. Denn dieser letzte Strelitzenaufstand hatte eine deutlich antideutsche Stoßrichtung angenommen. In Abwesenheit des Zaren kursierte in den Straßen der Hauptstadt das Gerücht, der ahnungslose Zar sei auf die verderblichen Ratschläge der Deutschen hin in die Fremde gereist und dort verstorben. Um das führerlose Staatsschiff zu lenken, bis der Zarewitsch, Peters Sohn Alexej Petrowitsch, Volljährigkeit erreicht haben würde, wollten die Strelitzen nun endlich Sophia auf den Thron bringen. Ein gut Teil der Gefühle der durch derartige Gerüchte aufgeputschten russischen Massen hatte sich deshalb seit den Anfängen der Revolte gegen die in Moskau lebenden Deutschen gerichtet. Als erste wurden die beiden Leibärzte des Zaren, Gutbier und Daniel (von Gaden) – letzterer ein Jude polnischer Herkunft, der zum lutherischen Glauben übergetreten war – ergriffen und unter Martern zu Geständnissen gezwungen, die den Gerüchten Glaubwürdigkeit verleihen sollten. Einem der beiden Ärzte gelang dabei aber die Flucht in die deutsche Vorstadt, wo er offenbar untertauchte. Daraufhin sollen die Strelitzen – nach Angaben Korbs – die gesamte deutsche Vorstadt mit Vergeltungsmaßnahmen bedroht haben: »Alles deutsche Blut wurde mit Schwert, Feuer und völligem Untergang bedroht, sofern man den Majestätsverbrecher noch länger zu beherbergen wage. Die Furcht der Deutschen verstärkte sich, sie könnten die Rettung eines einzelnen mit dem Untergang aller büßen müssen.«[18] Die Abrechnung, die der sechsundzwanzigjährige Zar nach seiner Rückkehr vornahm, soll in die »entsetzlichste Menschenschlächterei« ausgeartet sein. Bei den Verhören und Untersuchungen, die unter Anwendung grausamer Torturen erfolgten, sollen die Anführer dieses Aufstandes tatsächlich bekannt haben, »es sei ihr Vorsatz gewesen, die ganze deutsche Vorstadt in Brand zu stecken, zu plündern und zu vernichten, die Deutschen ausnahmslos niederzumachen«,[19] bevor sie die Stadt Moskau und den Kreml erobern wollten, um hier ihre politischen Ziele durchzusetzen.

Durch seine schnelle Rückkehr und sein gewalttätiges Eingreifen hatte Zar Peter I. nicht nur diesen letzten machtvollen Versuch einer Restauration des moskowitischen, vormodernen Rußland abgewehrt; er war auch zum Retter der deutschen Vorstadt geworden. Die in Rußland lebenden Ausländer haben – wie dies zum Beispiel Korb tat – die Maßnahmen Peters als einen Akt höchster politischer Weisheit gerechtfertigt. Die Diplomaten westeuropäischer Länder ließen in ihren Berichten keinen Zweifel darüber bestehen, daß dies der Zar sei, der die nachdrücklichste Hilfe und Unterstützung ihrer Länder verdiene. Demgegenüber hat sich in den altmoskowitischen Kreisen, insbesondere unter den altgläubigen Sektierern, mit der Niederwerfung dieses Strelitzenaufstandes die Ansicht verfestigt, daß Zar Peter I. der »Antichrist« sei, der die Kirche Gottes in die Irre und das heilige Rußland in den Abgrund ziehe. Als seine vornehmlichen Helfer und Ratgeber wurden, nicht zu Unrecht, die ketzerischen Ausländer, und zwar insbesondere die protestantischen Deutschen, betrachtet und verabscheut. Die Strelitzen wurden zwar liquidiert und die Altgläubigen in die Verbannung und den politischen Untergrund abgedrängt; doch blieben sie dort, gedemütigt und jeder realen Macht und Hoffnung beraubt, bestehen. Ihr Murren und Klagen über den zerstörerischen Einfluß der unheiligen Fremden dauerte an und wurde in Krisensituationen immer wieder laut.

2. Die Anwerbung ausländischer Kräfte

Die Jahrhundertwende markierte den Abschluß der Lehrjahre des jungen Zaren. Der katastrophale Ausgang der Schlacht von Narwa 1700, in der die neuen, nach westeuropäischem Vorbild aufgebauten russischen Regimenter von der Armee Karls XII. vernichtend geschlagen wurden, zwang den Zaren zu einer Reorganisierung der russischen Streitmacht. Zugleich mußten das gesamte Versorgungssystem, das inländische Transportwesen, kurz die gesamte Infrastruktur des russischen Staates den Bedürfnissen einer modernen Großmacht angepaßt werden. Um diese gigantischen Aufgaben zu bewältigen, benötigte der Zar vor allem tatkräftige Helfer. Und diese konnte er, wollte er nicht den langwierigen Weg der Ausbildung beschreiten, nur im Ausland für Rußland gewinnen.

Nach einer Reihe improvisierter Anwerbungen, die vor allem während der großen Auslandsreise des Monarchen durch seinen Begleiter Lefort erfolgten, wurde mit dem Berufungsmanifest vom 16. April 1702[20], dem ersten Berufungsmanifest des Zarenreichs, die systematische Herbeiführung der notwendigen ausländischen Fachkräfte eingeleitet.

Der Verfasser dieses ersten Berufungsmanifestes war der deutsch-livländische Adlige Johann Reinhold von Patkul (1660–1707).[21] Patkul gilt in russischer Sicht als eine Art negative Symbolfigur des Deutschbalten in der Übergangszeit der baltischen Provinzen von Polen und Schweden an Rußland. Er wurde 1660 in einem Stockholmer Gefängnis geboren, wohin seine Mutter den als deutschbaltischen Staatsverbrecher verhafteten Vater begleitet hatte. Im schwedischen Militärdienst großgeworden, wurde Patkul gegen Ende der achtziger Jahre des 17. Jahrhunderts zum Sprecher des livländischen Landadels, der sich gegen die Ansprüche der schwedischen Krone auf deutsches Adelsland in den baltischen Provinzen zur Wehr setzte. 1689 erschien er als Mitglied einer Adelsdeputation vor Karl XI., um diesen zur Wiederherstellung der Rechte und Privilegien des deutschbaltischen Adels zu veranlassen. Nach Jahren eines erbitterten Kampfes gegen die schwedischen Ansprüche wurde er 1694 in Stockholm als politischer Aufrührer zur Verantwortung gezogen; das Urteil lautete auf Konfiszierung seiner Güter und Abschlagen der rechten Hand. Durch eine bravouröse Flucht konnte sich Patkul der Vollstreckung dieses Urteils entziehen. Aus dem Ausland bat er den jungen schwedischen König Karl XII. um Revision des durch seinen Vater gefällten Urteilsspruchs. Doch diese Genugtuung blieb ihm verwehrt. 1698 trat er deshalb in die Dienste des sächsischen Kurfürsten August II. In den folgenden zwei Jahren setzte er sich mit Energie für den Abschluß der dänisch-sächsisch-russischen Bündnisse gegen Schweden ein. Sein offener Haß gegen Schweden war der treibende Motor dieser Bemühungen, der Wunsch, die baltischen Provinzen aus der Gewalt der Schweden zu befreien, sein erklärtes Ziel. Die Schlacht bei Narwa brachte die erste herbe Enttäuschung, doch zielte sein ganzes Interesse von nun an auf die Stärkung Rußlands als des mächtigsten Rivalen Schwedens im Ostseeraum ab. 1702 trat er in die Dienste Peters I. Er wurde hier zunächst zum wichtigsten Ratgeber Peters in der Frage der Ausländerberufungen und verfaßte in dieser Eigenschaft auch das genannte Manifest. Schon in der Zielsetzung der Anwerbungen wurden aber die Unterschiede in der Interessenlage der beiden Männer deutlich: Der Zar suchte in den ausländischen Fachkräften in erster Linie die Lehrmeister seiner Landsleute im Militärwesen, in der Diplomatie und allen möglichen nützlichen Werken und Künsten. Patkul hingegen machte bereits durch sein anmaßendes Auftreten und seine kühne Diktion deutlich, daß er die Russen für unbrauchbares Menschenmaterial hielt, das deshalb in allen wichtigen Positionen durch Ausländer ersetzt werden müsse. Russische Klagen über die dreisten Anmaßungen des Livländers blieben nicht aus. 1704 wurde Patkul von Peter I. als russischer Gesandter nach Warschau beordert und wenig später zum Führer des russischen Hilfskorps ernannt, das an der Seite des sächsischen Königs gegen die Schweden kämpfte. Durch sein eigenwilliges, durch persönlichen Haß gegen die Schweden motiviertes Verhalten überwarf er sich mit seinen sächsischen wie auch russischen Verbindungsleuten. Als die schwedische Seite im Frieden von Altrantädt (1706) die Auslieferung Patkuls durch die Polen forderte, wußten es diese so einzurichten, daß der in russischen Diensten stehende Generalleutnant im April 1707 in die Hände einer schwedischen Einheit fiel. Patkul wurde in Ketten gelegt und am 10. Oktober 1707 als Verräter gerädert und gevierteilt. Das unrühmliche Schicksal dieses ersten deutschbaltischen nationalen Aufrührers an der Wende zur Moderne ist wiederholt zum Gegenstand von Forschung und Belletristik geworden.

Das Berufungsmanifest von 1702, in dem die fortschrittlichsten Ideen Peters in der Sprache des weltgewandten Livländers Form annahmen, basierte auf den Prinzipien von politisch-ökonomischer Nützlichkeit und religiöser Toleranz. Die Präambel lautete:

»Es ist bekannt, wie seit unserer Thronbesteigung alle unsere Sorge darauf gerichtet war, den Staat so zu regieren, daß unsere Untertanen durch unsere Bemühungen um die allgemeine Wohlfahrt zu einem besseren Dasein gelangten; zu diesem Ende suchten wir die innere Ruhe zu erhalten, das Land vor Angriffen von außen zu bewahren und auf diese Weise den Handel zu heben. Zu diesem Ende haben wir einige Reformen angebahnt, damit unsere Untertanen mehr als früher verschiedenes Wissen erlangen und in Handelsgeschäften erfahrener würden. Da indessen diese Ziele nicht vollständig erreicht sind, und unsere Untertanen noch nicht in voller Ruhe die Früchte unserer Bemühungen zu genießen vermögen, müssen wir ferner Mittel zur Sicherung des Reiches und der Ruhe der Christenheit ersinnen. Dazu gehört die Vervollkommnung der Armee.«

Entsprechend dieser Priorität des militärischen Aufbaus wandte sich das Manifest in erster Linie an einwanderungswillige Militärs. Soldaten und Offiziere aller Ränge wurden aufgefordert, sich – mit dem Zeugnis eines russischen Vertreters ihres Heimatlandes ausgestattet – im russischen Grenzgouvernement oder der nächstgelegenen Statthalterei zu melden, wo ihnen, nebst Gefolge und Reisegepäck, freie Fuhrwerke in Aussicht gestellt wurden. Als zweite Gruppe lud das Manifest, entsprechend seiner deutlich merkantilistischen Zielrichtung, Kaufleute und Künstler aller Art ein, sich in Rußland niederzulassen. Und schließlich wurden ausländische Beamte aller Art zum Eintritt in den russischen Zivildienst aufgefordert. Das Manifest sicherte allen einreisenden Christen (Juden waren ausgeschlossen) Religionsfreiheit zu:

»Und wie bereits in unserer Residenz Moskau das freie *exercitium religionis* für alle anderen, obwohl mit unserer Kirche nicht übereinstimmenden Sekten eingeführt ist, so soll solches auch hiermit von Neuem bestätigt sein, dergestalt, daß wir bei der uns von dem Allerhöchsten verliehenen Gewalt uns keines Zwanges über das Gewissen der Menschen anmaßen und gerne zulassen, daß ein jeder Christ auf seine eigene Verantwortung sich die Sorge seiner Seligkeit lasse angelegen sein.«

Diese erste Formulierung des Grundsatzes der Glaubenstoleranz erfolgte ein halbes Jahrhundert vor der bekannten Maxime des Preußenkönigs Friedrich II., des Großen, derzufolge in seinem Reich jeder »auf seine Façon« selig werden könne.

Das Berufungsmanifest von 1702 sicherte – ein einzigartiger Fall in der modernen Rechtsgeschichte – den ausländischen Militärs, die in russischen Dienst treten wollten, die Bildung eines geheimen Kollegiums, des sogenannten Kriegsrats, zu; dieses Kollegium, das selbst aus Ausländern bestehen sollte, die eine genaue Kenntnis des Militärwesens besaßen, sollte die rechtlichen Belange der in Rußland aktiven ausländischen Militärs vertreten und sie in Entsprechung ihrer eigenen Landesgesetze vor unerwünschten Berührungen mit dem russischen Gesetz schützen. Der Vorsitzende dieses Kollegiums sollte direkt dem Zaren unterstehen; er war nur diesem gegenüber zur Rechenschaft verpflichtet und empfing von ihm seine Befehle. Mit der Gründung dieser Behörde sollten die Militärdienst leistenden Ausländer *de facto* von der russischen Gerichtsbarkeit ausgenommen werden. Ganz im Sinne eines aufgeklärten Staatsorgans sollte die Rechtsprechung dieses Kollegiums den »göttlichen Gesetzen, und dann dem römischen Zivilrecht und den anderen Volksbräuchen« folgen und in jeder Hinsicht dem eventuell Straffälligen »gnädig« sein. Mit dieser Vorsorge sollte auch die Unberechenbarkeit der russischen Justiz in Hinblick auf die ausländischen Militärs ausgeschaltet werden.

Das Manifest von 1702 wurde in den westlichen Ländern, vor allem auch in den deutschen Landen, in Landessprache veröffentlicht und hatte bald das gewünschte Echo. Daneben beauftragte der Zar seine Auslandsvertretungen, eine intensive Werbeaktivität in Gang zu setzen und insbesondere bekannte, hochqualifizierte Spezialisten gezielt anzusprechen. Zu diesem Zweck individueller Werbung wurden bald auch russische oder ausländische Agenten mit Spezialaufträgen in verschiedene europäische Länder entsandt. Als Frucht dieser konzertierten Bemühungen stellte sich bald ein Strom von Neueinwanderern ein, der zunächst auf dem Wasserweg über die russische Hafenstadt im Norden, Archangelsk, später aber auch über die nun in russischer Hand befindlichen Ostseehäfen sowie auf dem Landweg nach Rußland gelangte.

Die ersten Kontingente von Einwanderern brachten Ingenieure, Schiffsbauer, Schiffszimmerleute, Schmiede, Segelmacher, Ankerverfertiger, Seiler und andere Berufsgruppen nach Rußland, die für den Aufbau der russischen Ostseeflotte unentbehrlich waren. Für das Landheer wurden Feuerwerker, Ingenieure, Handwerker verschiedenster Art, Fechtmeister, Waffenschmiede, Schlosser und Vertreter anderer metallverarbeitender Berufe angeworben. Groß war auch der Bedarf an Bergspezialisten, Berg- und Zechenarbeitern aller Art, die Peter vor allem aus Sachsen holen ließ. Mit ihrer Hilfe setzte die mineralogische und metallurgische Erschließung des Landes, vorwiegend des Uralgebietes, ein, der bald, besonders nach Gewährung der Berg- und Hüttenprivilegien (1719), die Entwicklung der Bergindustrie folgte. An ihr hatten deutsche, und zwar vorzugsweise sächsische, Fachkräfte – Chemiker, Techniker und Hüttenmeister – einen führenden Anteil.[22] Ihr Einsatz hat in der Nomenklatur des russischen Bergbaus, in der die deutschen Fachtermini und Rangbezeichnungen dominierten, ihren Niederschlag gefunden.

In vielen Fällen war der Aktionsradius der neu herbeigerufenen Kräfte außerordentlich groß. So bauten zum Beispiel die Schleusenmeister, deren vorrangige Aufgabe im Ausbau der für die Kriegsflotte notwendigen Wasserwege bestand, auch Kanäle, die die russische Binnenschiffahrt beleben halfen.

Die Mediziner, die zunächst als Schiffs- und Feldärzte berufen wurden, leisteten bald über den Rahmen der Kriegschirurgie hinaus Erhebliches, um das allgemeine Niveau der Gesundheitspflege im Russischen Reich zu heben. Und ein begabter Botaniker, der zur Einrichtung eines Apothekergartens nach St. Petersburg berufen worden war, konnte – wie das Beispiel von Johann-Christian Buxbaum (1694–1730) zeigte – bald Vorlesungen in den ärztlichen Institutionen der Hauptstadt halten, botanische Exkursionen durch die entlegensten Teile Rußlands unternehmen und schließlich aufgrund einer stattlichen Zahl erstklassiger Arbeiten in die Kaiserliche Akademie der Wissenschaften berufen werden.

Neben dem Merseburger Botaniker Buxbaum hat eine große Zahl deutscher Gelehrter, Lehrkräfte und Ärzte seit jenen Jahren in der wissenschaftlich-technischen Erschließung des riesigen Reiches eine namhafte Rolle gespielt.[23] Einer der deutschen Ärzte, die auf persönliche Einladung des Zaren nach Rußland gelangten, war der aus Danzig stammende Dr. Daniel-Gottlieb Messerschmidt (1685–1735), Absolvent der Universität Halle. Nach seiner Ankunft in Petersburg (1716) unterzeichnete er einen Vertrag, in dem er sich verpflichtete, eine mehrjährige Erkundungsreise durch Sibirien durchzuführen. Die Reise Messerschmidts, die ursprünglich der Erforschung der Naturgeschichte, der Heilpflanzen, epidemischen Erkrankungen und der Geographie Sibiriens gelten sollte, weitete sich zu einer siebenjährigen Expedition aus, in der sich Messerschmidt, unterstützt durch den ihm nachgesandten schwedischen Kriegsgefangenen Tabbert (Strahlenberg), zunehmend den archäologischen und ethnographischen Gegebenheiten der Völker Sibiriens zuwandte. Als Kenner kalmykischer, tatarischer und mongolischer Altertümer kehrte Messerschmidt nach Petersburg zurück, wo er seine Aufzeichnungen und Messungen, Übersetzungen und Skizzen in zehn Folianten der Petersburger Akademie der Wissenschaften übergab. Als einer der ersten Gelehrten dieser Einwanderungswelle gründete Messerschmidt in der neuen Hauptstadt eine Familie und siedelte sich fest an.[24] Mit Buxbaum und Messerschmidt kamen andere, weniger namhafte Naturforscher, Ärzte und Gelehrte nach Rußland. Sie ließen sich, im Gegensatz zu den bereits seit längerer Zeit in Moskau ansässigen deutschen Ärztefamilien, allen voran der Ärztedynastie der Blumentrost, in der neuen Reichshauptstadt Sankt Petersburg nieder. Hier entwickelte sich die medizinische Wissenschaft und das Medizinalwesen von Anfang an unter starker deutscher Beteiligung.[25]

Auch das höhere Schulwesen wurde unter Mitwirkung neuangeworbener deutscher Kräfte aufgebaut. Grundstein dieser Entwicklung war die Lateinschule für russische Schüler, die Nikolaus Schwemmer und Propst Ernst Glück im Auftrag des Zaren 1703 in Moskau eröffneten.[26] Glück war zuvor Pastor von Marienburg in Livland gewesen und von russischen Truppen nach

Moskau verschleppt worden. Nach dem Tod Schwemmers 1705 wurde er Leiter der Schule und zog bald auch seinen Landsmann und Leidensgenossen Johann Gustav Wurm, den aus Sachsen gebürtigen Lehrer Christoph Buchner und den 1702 von Patkul für die russischen Dienste gewonnenen Magister Johann Werner Paus (Pause) zur Gründungsarbeit hinzu. Im gleichen Jahr gewann die Schule durch Vermittlung des Hallensers August Hermann Francke zwei weitere Lehrer: Peter Daniel Brettschneider und Johann Christian Büttner, ehemals Rektor in Preßburg. Nach dem Tod Glücks wurde die Schule zunächst von Pause, dann von Büttner und schließlich von Wurm geleitet. Zwischen 1715 und 1726 scheint sie nicht bestanden zu haben. Sie wurde dann vom neugegründeten Gymnasium an der Akademie der Wissenschaften in St. Petersburg ersetzt.

Eine neue, intensive Anwerbungskampagne deutscher Gelehrter setzte mit der Idee der Gründung einer kaiserlichen Akademie der Wissenschaften ein, die Zar Peter I. seit seinem Besuch der Pariser Académie des Sciences im Jahr 1717 entwickelte.[27] Im Herbst 1720 erging an den Hallenser Philosophen Christian Wolff der Ruf, sich nach Rußland zu begeben, um an der Gründung der Akademie teilzunehmen. Kurze Zeit darauf entsandte Peter seinen Bibliothekar Johann Daniel Schumacher nach Deutschland und Paris, um geeignete Gelehrte durch persönliche Verhandlungen für Rußland zu gewinnen. Nach längeren Gesprächen mit Wolff, der sich persönlich nicht für die Übersiedlung nach Petersburg entscheiden konnte, erklärte sich der berühmte Philosoph zumindest bereit, bei der Suche nach geeigneten »subjecta« behilflich zu sein. Es entwickelte sich bald eine umfangreiche Korrespondenz zwischen Wolff und dem nunmehrigen kaiserlichen Leibarzt Blumentrost, dem Gründungspräsidenten der geplanten Akademie der Wissenschaften, in der der Gang der Verhandlungen Wolffs mit namhaften deutschen Gelehrten seinen Niederschlag fand. Die ersten der von Wolff gewonnenen Gelehrten waren die jungen Mathematiker Martini und Glaser. Weitere erfolgreiche Verhandlungen wurden mit den Professoren Bilfinger aus Tübingen[28] und Hermann aus Frankfurt/Oder geführt. Bilfinger stellte gleichzeitig den Kontakt zwischen Wolff und dem Tübinger Anatomen Johann Georg Duvernoi her, der im November 1725 ebenfalls einen mehrjährigen Dienstvertrag für eine Lehrtätigkeit in St. Petersburg unterzeichnete.

Durch die Dienstverträge jener Jahre, die im Namen Seiner Kaiserlichen Majestät geschlossen wurden, wurden die Wissenschaftler in der Regel für fünf Jahre verpflichtet. In ihnen wurden die spezifischen Aufgaben bei der Akademie sowie eventuelle Sonderleistungen, wie etwa Expeditionen und Sonderforschungsgebiete, festgelegt. Die Verträge sicherten freie Wohnung, freies Holz und Licht sowie ein jährliches Gehalt von 500 bis 800 Rubel zu. Nach Ablauf des Vertrages wurde seine Verlängerung um weitere Jahre in Aussicht gestellt. Für das Ende dieser Zeit wurde freie Rückkehr garantiert.

Die großzügigen Bedingungen, mit denen der Zar aller Reussen die Möglichkeiten der deutschen Duodezfürsten bei weitem übertraf, verfehlten ihre Wirkung nicht. Georg-Bernhard Bilfinger (1693–1750), der in Begleitung der jungen Gelehrten Friedrich Christoph Mayer und Christoph Friedrich Groß in Petersburg eintraf, übernahm den Lehrstuhl für Moral, Metaphysik und Logik. Seine öffentliche Antrittsvorlesung (27. Dezember 1725) hielt der frisch ernannte »Professor der experimentellen und theoretischen Physik« in lateinischer Sprache. Auf Empfehlung des Erziehers des Zarewitsch, H. J. Ostermann, verfaßte Bilfinger eine Anweisung zur Erziehung des Thronfolgers, die in deutscher und russischer Sprache veröffentlicht wurde. Nach Ablauf seines Fünfjahresvertrages kehrte das Akademiemitglied an die Universität Tübingen zurück. Die Gründe lagen nicht zuletzt in den inneren Rivalitäten, die unter den verschiedenen deutschen Mitgliedern der Petersburger Akademie bestanden. Doch blieb Bilfinger weiterhin ein aktiver und interessierter Korrespondent der Akademie, der seine wissenschaftlichen Entdeckungen vorzugsweise in den Annalen der Petersburger Akademie, den *Commentarii academiae scientiarium petropolitanae*, publik machte. 1740 wurde er aufgrund eines Beitrags über das Befestigungswesen auf Empfehlung des neuen Präsidenten der Akademie, Johann-Albrecht Baron Korff aus Kurland, von der Kaiserin Anna Ioannowna mit einer Dotation von 1000 Rubeln ausgezeichnet.

Neben Bilfinger reisten der Tübinger Anatom Duvernoi in Begleitung – wie es das Petersburger Reglement verlangte – seiner beiden Studenten Josias Weitbrecht und Georg Wolfgang Krafft, der Altertumsforscher Bayer in Begleitung seines jungen Königsberger Kollegen Gottlieb Haschke und der Mathematiker Martini in Begleitung des Architekturstudenten Karl Friedrich Schesler in Petersburg an.

Die Bemühungen Peters, vielversprechende Gelehrte und Wissenschaftler zu verpflichten, wurde noch zu Lebzeiten von Erfolg gekrönt. In einer Zeit, in der die Berliner Akademie zum überwiegenden Teil aus französischen Gelehrten bestand, rekrutierte die entstehende Petersburger Akademie in erster Linie deutsche Gelehrte. Als die Akademie im Jahr 1725, dem Todesjahr Peters des Großen, offiziell eröffnet wurde, wies sie bereits einen soliden Bestand weltbekannter Mitglieder auf. Dieser starke Zustrom deutscher Wissenschaftler hielt auch in der nachpetrinischen Zeit an. So traf kurz nach dem Tod Peters des Großen auf Vermittlung Bilfingers der Tübinger Naturforscher und Chemiker Johann Georg Gmelin in St. Petersburg ein. Ihm folgten bald andere namhafte Mitglieder dieser bekannten Ärzte- und Pharmazeutenfamilie aus Württemberg. Allerdings entstand aufgrund der Kurzzeitverträge eine beträchtliche Fluktuation. Zwar verpflichtete sich jedes deutsche Akademiemitglied, das seinen Vertrag nicht erneuern und statt dessen in die Heimat zurückreisen wollte, durch Vorschlag eines geeigneten Nachfolgers Ersatz für die vakante Position zu finden. Doch trug diese Instabilität in der Besetzungspraxis ein Element der Unsicherheit und des Wandels in die neu entstehende Akademie, das sich für ihre Entwicklung wenig förderlich erwies. Mit dem Verlust ihres mächtigen Promotors, des Zaren Peter, stagnierte die Entwicklung der Akademie. Erst mit Erhebung einer deutschen Prinzessin auf den Zarenthron, mit Katharina II., die die großen reformatorischen Ideen ihres genialen Vorgängers erkannte und zu verwirklichen suchte, wurden auch die Grundideen dieser vorzüglichen Institution neu belebt und der Akademie die von Peter angestrebte Kontinuität und Bedeutung verliehen.

Die Bemühungen Peters des Großen um fähige Ausländer, seine Appelle an die »ehrlichen und rechtlich denkenden Menschen«, die sich – wie er – für die Erneuerung Rußlands einsetzen sollten, verliefen nicht ohne Rückschläge. Besonders schmerzlich mußte es den Zaren berühren, daß er, der mit so viel Kraft und Mut gegen die tiefsitzende Xenophobie der moskowitischen Russen zu Felde zog, auch von deutscher Seite her unqualifizierten Vorwürfen ausgesetzt war. Solche Vorwürfe wurden schon wenige Jahre nach Veröffentlichung des Berufungsmanifestes von 1702 von dem Danziger Offizier Martin Neugebauer, dem ehemaligen Erzieher des Zarewitsch Alexej Petrowitsch, gegen den Zaren selbst erhoben. In seinem zunächst anonym, später aber unter dem Autorennamen veröffentlichten und in zahlreiche westeuropäische Sprachen übersetzten Pamphlet »Vertrautes Schreiben eines vornehmen deutschen Offiziers an einen geheimen Rat eines hohen Potentaten wegen der üblen Hantierung der fremden Offiziere, so die Moskowiter in ihre Dienste locken«[29]– zeichnete Neugebauer ein düsteres Bild von den Lebensbedingungen, die den deutschen Offizier im russischen Dienst erwarteten. Neugebauer, der selbst in Ungnaden aus dem Dienst geschieden war, nahm in seiner Kampfschrift eine Art persönlicher Abrechnung mit dem russischen Kaiserhaus vor. Der Schaden, den dieses in zahlreichen Auflagen im Ausland erscheinende Pamphlet anrichtete, war beträchtlich. Die Vorwürfe, die Neugebauer nicht nur gegen die russische Verwaltung im allgemeinen, sondern auch gegen den Zaren persönlich erhob, bezogen sich unter anderem nämlich auf Wortbruch und mangelnden Rechtsschutz, auf die brutale Behandlung deutscher Offiziere, die häufig Stockschläge und sogar Hinrichtungen einschloß; sie stimmten nur allzu gut mit den naiven Vorurteilen überein, die in Mittel- und Westeuropa im Hinblick auf die moskowitischen Potentaten weit verbreitet waren und nun auch für das erneuerte Rußland Geltung zu erlangen drohten. Der Zar konnte daher die in dem

Pamphlet enthaltene dringende Warnung vor dem Eintritt in den russischen Militärdienst nicht unwidersprochen hinnehmen.

Es fiel Heinrich Baron von Huyssen zu, die Wirkung dieses Pamphlets in der europäischen Öffentlichkeit abzufangen. Huyssen[30], ein aus Westfalen gebürtiger deutscher Jurist, war 1702 durch Vermittlung Patkuls in russische Dienste getreten. Sein Aufgabenbereich bestand darin, aktiv Beziehungen zur aufgeklärten westlichen Presse zu unterhalten, russische Regierungsedikte zu übersetzen und wohlklingende Broschüren über das Neue Rußland abzufassen, um für die Regierungspolitik Peters I. um Verständnis zu werben. Seine Schriften »Der Staat von Moskau« (1704) und »Relation von dem gegenwärtigen Zustande des Moskowitischen Reichs« (1706) erschienen auf deutsch und appellierten an die tatkräftige deutsche Hilfe und Unterstützung für die Umgestaltung des russischen Reiches. Nach Veröffentlichung der Schrift Neugebauers verfaßte Huyssen, ebenfalls auf deutsch, eine »Ausfürliche Beantwortung des freventlichen und lügenhaften Pasquils« (1705), in der er sich bemühte, die Argumente Neugebauers zu entkräften. Darüber hinaus trug er nun seinerseits Klagen über die schlechten Elemente unter den Ausländern vor, die der Zar trotz der erteilten Privilegien und Vergünstigungen nicht zu brauchbaren Stützen seines neuen Heeres zu machen vermochte. Huyssen erwähnte die rohen Sitten, die in den Kreisen mancher ausländischer Offiziere und Mannschaften herrschten, ihre Neigung zu Trunksucht und üblen Gelagen, mit der sie den russischen Untergebenen ein schlechtes Beispiel gaben; er sprach von Morden und Gewalttätigkeiten, zu denen sich Ausländer in erhitztem Zustand hatten hinreißen lassen, und warb um Verständnis für die Maßnahmen von russischer Seite.

Die Kritik Neugebauers an den noch immer bestehenden Mißständen bei der Aufnahme und der Integrierung ausländischer Offiziere entbehrte sicher nicht einer realen Grundlage. Seine Anklagen an die Adresse des Monarchen waren aber verfehlt. Peter I. bemühte sich durch persönliches Eingreifen mit Nachdruck, alle Barrieren abzubauen, die Ausländer vom Übertritt in russische Dienste abhalten könnten. Seine persönliche Haltung war dabei so betont ausländerfreundlich, daß er nicht selten seine Landsleute brüskierte. Nicht ohne Grund lobte der hannoversche Gesandte am Zarenhof, Friedrich Christian Weber, Autor eines dreibändigen Werkes über »Das Veränderte Rußland«[31], des Monarchen »feste Entschließung, der russischen Bosheit ein deutsches Gegengewicht zu setzen und durch Hilfe dieses letzteren den alten russischen Sauerteig ganz auszufegen«. Weber nahm sogar Anstoß an der »Jalousie der Russen, welche den Ausländern das Heft aus der Hand drehen wollten«, betrachtete es also während seines Aufenthalts in St. Petersburg (1714–1719) bereits als eine Tatsache, daß in Rußland die Ausländer, und nicht die Einheimischen die Führung in Händen hielten.

Betrachtet man, wie stark im dritten Jahrzehnt der Herrschaft Peters I. die Vertretung der Ausländer in den Führungspositionen der russischen Institutionen war – sie lag bei etwa 30 Prozent –, so konnte dieser Eindruck nur allzu leicht entstehen. Und dies traf ganz besonders auf das russische Heer zu. In der Generalität und Admiralität waren sie zu mehr als 50 Prozent vertreten. Ein Russe benötigte in der Regel sechs Jahre länger als ein Ausländer, um die höheren Befehlsränge der russischen Armee zu erreichen. Diese verlängerte Anlaufzeit resultierte nicht nur aus einer etwaigen geringeren Vorbildung oder Leistungsfähigkeit. Vielmehr galt es als Regel, daß dem neu zugereisten Offizier, der zuvor in einem fremden Heer gedient hatte, in seinem Einstellungsvertrag, »Kapitulation« genannt, der nächsthöhere Rang zugebilligt wurde. Und selbst gemeine Soldaten wurden bei ihrem Dienstantritt im russischen Heer meist sofort auf höherer Stufe eingesetzt, während sich ein Russe zu dieser Zeit auf mühsame Weise und über einen längeren Zeitraum den Weg nach oben bahnen mußte.[32]

Ein wichtiger Schritt in der sozialen Förderung ausländischer Militärs war die Nobilitierung der Offiziere, die in einem Zarenukas an den Senat 1721 vorgenommen wurde; dieser Ukas sah vor, daß »alle Oberoffiziere, die nicht dem Adel entstammen, sie, ihre Kinder und Nachkommen, Adlige (sind) und man ihnen die Adelsbriefe ausstellen (muß)«. Dieser gesetzgeberische Schritt, der in westeuropäischen Ländern nicht seinesgleichen hatte, kam in erster Linie den neuzugereisten ausländischen Militärs zugute. Während russische Offiziere vorwiegend den Adelsfamilien entstammten, der Ukas also für sie keine Veränderung brachte, profitierten deutsche Bürgersöhne, die aufgrund solider Vorbildung oder guter Leistungen als Offizier eingestellt oder zum Offizier ernannt worden waren, nun in hohem Maße von dieser Regelung. Sie wurden automatisch in den Erbadel aufgenommen. Damit zeichnete sich bald ein starker Zustrom leistungsfähiger Kräfte in den russischen Adelsstand ab, während sich für die in den Adelsstand erhobenen deutschen Offiziere die Möglichkeiten einer relativ leichten Assimilation an den russischen Adel boten. Eheliche Verbindungen zu russischen Adelshäusern lagen nun, zumal wenn sie von der Konversion zur Orthodoxie begleitet wurden, im Bereich des Möglichen, der Eintritt in die russische Adelswelt immer im sozialen Interesse der strebsamen deutschen Offiziere.

Mit der Einführung der sogenannten Rangtafel, der »Tabelle von den Rängen aller militärischen, staatlichen und höfischen Dienstgrade«[33], in der die Ränge von Heer, Flotte, Zivil- und Hofdienst in ein einheitliches, aus 14 Stufen bestehendes System gebracht wurden, wurde dieser automatische Erwerb des Erbadelsprädikats auf die acht obersten Ränge dieser unterschiedlichen Dienstgruppen ausgedehnt. Dies bedeutete, daß die acht obersten Ränge im Heer (sie reichten vom Major hinauf bis zum General), in der Flotte (die

Ränge vom Kapitän III. Ranges bis zum Admiral), im Zivildienst (vom Hofrat über den Geheimrat, den Generalprokureur bis hin zum Wirklichen Geheimrat) und im Hofdienst (vom Oberschenk beziehungsweise Oberzeremonienmeister über die Ränge der Hofmeister, Oberkammerherren, Oberhofmeister, Oberstallmeister bis zum Obermarschall) automatisch dem Adelsstand zugerechnet wurden.[34] Wiederum profitierten die Deutschen in besonders hohem Maße von dieser Zwecknobilitierung. Die deutschen Träger der hohen und höchsten Ämter entstammten im Gegensatz zu den meisten ihrer russischen Kollegen nur in seltenen Fällen dem Adel ihrer Herkunftsländer. Mit der Zugehörigkeit zu den höheren Diensträngen war für sie auch diese, in den westeuropäischen Ländern in dieser Zeit fast unüberwindliche, soziale Schranke gefallen. Mit der beruflichen Agilität setzte somit auch eine soziale Mobilität ein, die für die weitere Entwicklung der Deutschen auf russischem Boden charakteristisch wurde.

3. Deutsche in St. Petersburg

Mit der Gründung der neuen Reichshauptstadt St. Petersburg im Sommer 1703 verlagerte sich das Schwergewicht der deutschen Präsenz in Rußland allmählich in das »Palmyra des Nordens«. Der Boden der Stadt wurde den Schweden im Verlauf der Jahre 1703 bis 1709 gewissermaßen Festung um Festung und Insel um Insel abgerungen. Sobald Teile dieser sumpfigen Inselgruppen im Newa-Delta erkämpft worden waren, mußten sie besiedelt und befestigt werden. Auch dazu benötigte der Zar neben Zehntausenden von Arbeitskräften vor allem Tausende von Fachkräften der unterschiedlichsten Berufszweige. Wiederum waren geeignete Ausländer höchst willkommen.

Von ihren Anfängen an erhielt die neue Hauptstadt ein deutlich westliches Gepräge. Die Anregungen zu ihrer Gestaltung hatte der junge Zar auf seiner Auslandsreise unter anderem in Riga, Lübeck, Hamburg, London, vor allem aber in Amsterdam empfangen. Die Namensgebung der Stadt und ihrer einzelnen baulichen Elemente war vorwiegend von deutschen und holländischen Vorbildern beeinflußt. In wenigen Jahren wurde die Stadt konzentrisch um die in der Mitte des Deltas gelegene befestigte Insel, die heutige Peter-und-Pauls-Festung, gebaut. Auf dieser Insel, die die Newa-Mündung kontrollierte, errichtete Zar Peter eigenhändig das erste »bolwerk«, dem sich bald die »bolwerky« seiner fünf engsten russischen Mitarbeiter, unter ihnen Menschikow und Golowin, anschlossen. Im Zentrum dieser sechs befestigten »Bollwerke« befand sich das »zejchgaus« (Zeughaus) oder »arsenal«. Gleichzeitig wurde 1704 auch die der Newa-Mündung vorgelagerte Insel Kotlin ausgebaut; es entstand die Festung »kronschlot« neben der bald die

»Kronstadt« entstand. Auf der Insel, die im Norden unmittelbar an die Peter-und-Pauls-Festung anschloß, der damaligen Birkeninsel und späteren Petersburger beziehungsweise Petrograder Seite, wurde zum Schutz der Festung die befestigte Anlage des »kronwerk« errichtet. Unweit davon standen die Holzhäuser Peters I. sowie das geräumigere Haus Menschikows, in dem die ersten Erfolge gefeiert wurden und der Zar den Staatsgästen Audienz gewährte. Neben diesen Gebäuden entstand noch vor 1705 eine Börse (»birsha«) und ein Gästehof für aus- und inländische Kaufleute. Gleichzeitig wurde auf dem linken Newa-Ufer das Gebäude der zu dieser Zeit noch in Holz gebauten Admiralität (»admiraltejstwo«) errichtet; daneben entstanden eine Werft (»werf«), Palisaden (»palissady«) und ein Erdwall (»wal«), um das Gebäude gegen Übergriffe von schwedischer Seite zu schützen. Hinter der Admiralität wurde ein großes Waldstück zur Anlage eines Parks (»park«, der spätere Alexanderpark) gerodet. Neben diesem Park, von dem aus eine gewaltige Lichtung in den Wald getrieben wurde – die sogenannte große Perspektive, der »Newskij prospekt«, – entstanden die ersten Holzhäuser der Ausländer, die Dienst in der Marine leisteten oder in der Werft angestellt waren. Dieser Komplex, der sich am unteren Ende des späteren Newskij Prospektes, auf dem Boden der späteren Millionaja Uliza (Millionenstraße), entwickelte, wurde auch hier bald als »Nemezkaja Sloboda« (deutsche Vorstadt) bezeichnet. Hier lebten ab 1705, wenn auch noch in Holzhäusern, wohlhabende Ausländer, vorwiegend deutscher Herkunft.

Wie in der alten Reichshauptstadt Moskau, so dominierte auch im neugeschaffenen St. Petersburg unter den Ausländern das evangelische Element. Evangelische deutsche Christen trafen sich in den ersten Kirchengemeinden der Stadt mit den von ihnen als »Reformierte« bezeichneten Calvinisten und Zwinglianern schweizerischer, holländischer und französischer Herkunft. Die Kirchengemeinden waren also zunächst gesamtevangelisch, bis sie später aufgrund des starken Zustroms der einzelnen konfessionell-nationalen Gruppen in Einzelgemeinden der unterschiedlichen Denominationen auseinanderfielen.

Die ersten beiden evangelischen Kirchen der neuen Reichshauptstadt entstanden schon im ersten Jahrzehnt ihres Bestehens. Die erste dieser Kirchen ließ der Zar innerhalb der Festung zwischen den Wohnbaracken errichten. Als wenige Jahre später die Wohngebäude aus der Festung entfernt wurden, wurde die kleine Kirche abgerissen und 1713 auf dem Mytnyj Dwor neben dem Kronwerk auf der Petersburger Seite wiedererrichtet. 1720 schenkte der Zar die bereits verfallende Kirche der beim Gießhaus (Stückhof) am Südufer der Newa entstandenen zweiten evangelischen Gemeinde der Stadt. 1722 erhielt das Kirchlein den Namen St. Petri-Kirche. 1740 wurde sie in St. Annen-Kirche umbenannt.

Auch die zweite evangelische Kirche der Stadt erhielt den Namen St. Petri-Kirche. Sie wurde 1704 auf dem Boden der Ausländersiedlung nahe der Admiralität von Vizeadmiral Cruys aus eigenen Mitteln und auf eigenem Grund (auf ihm befindet sich heute ein Teil der Ermitage) erbaut. Cornelius Cruys, ein aus Norwegen gebürtiger Lutheraner, dessen Frau und Kinder holländische Reformierte waren, stellte in dieser privaten »Admiralitätsgemeinde« den lutherischen Prediger Magister Wilhelm Tolle, den er 1704 von einer Werbereise aus dem Ausland mitgebracht hatte, als Geistlichen ein. Als Cruys, der sich selbst 1698 in Amsterdam in den Dienst Peters des Großen begeben hatte, 1710 in den Krieg gegen das Osmanische Reich zog, überließ er diese Kirche der inzwischen stark angewachsenen Gemeinde von Deutschen, Holländern und Skandinaviern. Als St. Petri-Gemeinde wurde sie für zwei Jahrhunderte das Zentrum des evangelisch-lutherischen Gemeindelebens in St. Petersburg[35], nachdem sich die niederländischen Reformierten 1717 und die französischen beziehungsweise französischsprachigen Calvinisten 1724 von ihr getrennt und eigene Gemeinden gebildet hatten. Am Ende der Regierungszeit Peters des Großen bestanden in der neuen Reichshauptstadt zwei lutherische und zwei reformierte Gemeinden; auch die anglikanische Gemeinde war 1718 aus Moskau in die neue Hauptstadt übergesiedelt.

Die evangelischen deutschen Gemeinden der russischen Reichshauptstadt begannen frühzeitig, Kirchenschulen und Einrichtungen zur Förderung der Armenpflege zu unterhalten. Ihre Waisenhäuser, Erziehungsanstalten, Frauenasyle und Altenheime, die von umsichtigen und wohlhabenden protestantischen Bürgern der Stadt gefördert und von ausgebildetem Personal betreut wurden, zeichneten sich in der Folgezeit durch eine im russischen Rahmen fortschrittliche und anspruchsvolle Führung aus.[36]

Neuen Zustrom erhielt die deutsche Bevölkerung der Stadt, die sich zuerst vorwiegend aus Kaufleuten, Ingenieuren, Künstlern und vor allem Militärs höherer Ränge zusammensetzte, durch die Einrichtung zahlreicher Werke und Fabriken. So wurde beispielsweise an der Mündung der Fontanka in die Newa, ebenfalls am linken Newa-Ufer, von R. W. Bruce, dem Oberkommandierenden von St. Petersburg, eine Munitionsgießerei geschaffen, die ausschließlich von Deutschen betrieben wurde.

Mit der Erschließung der Elchinsel, der späteren Wassilij-Insel (Wassiljewskij ostrow), drangen neue deutsche Berufsgruppen in die Stadt ein. Hier bot der Hafen am westlichen Ende der Insel (Galernaja Gavan) deutschen Zimmerleuten, Seilern, Schiffskonstrukteuren und anderen Berufen ein reiches Betätigungsfeld. Gegen Ende des 18. und besonders um die Mitte des 19. Jahrhunderts konzentrierte sich das deutsche Leben in Petersburg auf die Wassilij-Insel; auf ihr waren ganze Straßenzüge von deutschen Handwerkern, Bäckern, Brauern, Würstemachern, »Perückmachern« und anderen Berufsgruppen bewohnt.

Nach der Schlacht von Poltawa (1709), in der die Armee Karls XII. vernichtend geschlagen wurde, transferierte Peter I. auch den Hof in die neue Hauptstadt. Gleichzeitig lud er durch offizielle Bekanntmachungen ausländische Handwerker und Kaufleute in die neue Residenzstadt ein. Hiermit setzte ein neuer, starker Zustrom deutscher Kräfte ein. Mit dem Bau der Paläste der kaiserlichen Familie sowie mit der Belieferung des Zarenhauses mit qualifizierten Erzeugnissen aller Art wurden ausgewiesene Künstler und Bildhauer, bekannte Meister und Kaufleute beauftragt. Auch das ganze Umfeld des Hofes – die im Hofdienst stehenden Persönlichkeiten, vom Hofminister bis hinab zu den Zofen und Bediensteten, die nicht selten selbst Deutsche oder deutscher Herkunft waren – zog die verschiedensten Berufsgruppen an. So bestellte beispielsweise der Gouverneur von St. Petersburg, Peters Favorit Menschikow, zum Bau seines geräumigen steinernen Palais auf der Wassilij-Insel am rechten Ufer der Newa gegenüber der Admiralität nur ausländische Künstler und Bildhauer. Unter ihnen zeichnete sich besonders der deutsche Bildhauer Gottfried Schädel aus.

Auch die Schlösser der Zarenfamilie, die ab 1712 offiziell permanent in St. Petersburg residierte, wurden unter Mitwirkung deutscher Bildhauer und Architekten errichtet. Wenn auch die Familie Rastrelli aus Italien (der Vater wurde 1716 nach Rußland berufen) den größeren Ruhm erlangte, beteiligten sich doch deutsche Kräfte stark beim Bau des unweit der »deutschen Sloboda« an der Millionaja-Straße entstehenden Winterpalastes, des weiter westlich an der Newa-Mündung gelegenen »Katharinenhofes«, des Schlosses »Peterhof« und der Sommerresidenzen in »Oranienbaum«.

Eine besondere Stärkung erfuhr der deutsche Bevölkerungsanteil der Residenzstadt aufgrund der Heiratspolitik, die der Zar von 1710 an systematisch betrieb. Für seine Nichten und Kinder wählte er ausschließlich dynastische Verbindungen mit den deutschen Fürstenhäusern. Zuerst wurden die beiden Töchter seines Halbbruders Ioann, der als schwachsinnig galt und in jungen Jahren verstorben war, mit den Häusern Mecklenburg und Kurland vermählt; Anna Ioannowna, die zweite Tochter Ioann Alexejewitschs, und spätere Kaiserin, wurde im Herbst 1710 mit Friedrich Wilhelm Herzog von Kurland, dem letzten Kettler, vermählt. Schon nach einem Jahr war Anna verwitwet. Doch war auf diese Weise Kurland fest an Rußland gebunden worden.

Eine weitere dynastische Verbindung brachte die erste deutsche Prinzessin an den Zarenhof. Am 14. Oktober 1712 wurde Peters Sohn aus erster Ehe, der Zarewitsch Alexej Petrowitsch, in Torgau mit Charlotte Prinzessin von Braunschweig-Wolfenbüttel vermählt. Schon 1710 war Baron Huyssen, der langjährige Erzieher des Zarewitsch, mit diesem nach Braunschweig gereist, um dort um die Hand der Prinzessin von Wolfenbüttel anzuhalten. Das Schicksal dieser ersten deutschen Prinzessin am Petersburger Hof war jedoch betrüblich und diente manchem deutschen Fürsten als abschreckendes Beispiel (Friedrich der Große soll später bemerkt haben: »Was mich betrifft, so gebe ich keine meiner Schwestern nach Rußland!«). Charlotte Christiane Sophia (1694–1715), Tochter des Herzogs Ludwig von Braunschweig-Wolfenbüttel, brachte vier unglückliche Jahre an der Seite des Zarewitsch zu, bis sie bei der Geburt des zweiten Kindes, des späteren Peter II., im Kindbett starb. Ihr Schicksal hat die Phantasie von Russen und Ausländern gleichermaßen bewegt. Eine Legende, die nach ihrem Tod in Rußland in Umlauf kam, besagte, daß die schöne Prinzessin nach Nordamerika geflohen sei und dort mit einem französischen Offizier verheiratet sei. Als Amateur-Komponist schrieb Herzog Ernst von Sachsen-Coburg die Oper »Santa Chiara«, der dieses legendäre Sujet zugrunde liegt.

Die vierte von Peter gestiftete dynastische Ehe band seine Tochter aus der Ehe mit Katharina I., Anna Petrowna (1708–1728), an Friedrich-Karl, Herzog von Holstein-Gottorp. Der Herzog war 1720 nach St. Petersburg gekommen, um mit Hilfe des großen Zaren Schleswig von Dänemark zurückzuerwerben. Der Friede von Nystad (1721) hatte seine politischen Ambitionen zunichte gemacht. Doch bot die Unterzeichnung des Ehekontraktes mit der Zarentochter (22. November 1722) eine angenehme Kompensation. Zeitgenössische Berichte betonten, mit welch tiefer väterlicher Liebe der Zar am Schicksal seiner Tochter Anna Anteil nahm und wie sehr ihm daran gelegen gewesen wäre, sie zu seiner Nachfolgerin zu bestimmen (der Thronfolge-Ukas vom 5. Februar 1722 stellte die Bestimmung des Nachfolgers ins freie Ermessen des Monarchen und schloß die weibliche Thronfolge ein). Der Wunsch des Zaren ging gewissermaßen mit einem Phasensprung von einer Generation in Erfüllung: Der Sohn von Anna Petrowna, Karl Peter Ulrich Herzog von Holstein-Gottorp, ging als Zar Peter III. in die russische Geschichte ein.

Die jüngere Tochter aus der Ehe mit Katharina I. schließlich, Elisabeth Petrowna, die beim Tod Peters I. erst sechzehn Jahre alt war, war einem Prinzen von Hessen-Homburg versprochen; doch fand diese Eheschließung nicht mehr statt. Als Kaiserin Jelisaweta Petrowna blieb diese kongeniale Tochter Peters des Großen offiziell unverheiratet.

Peter I. hat die ehelichen Verbindungen des Hauses Romanow ausschließlich mit protestantischen Fürstenhäusern geschlossen. Allerdings war es Gesetz, daß die angeheirateten Mitglieder der Dynastie Romanow, die für die Thronfolge in Betracht kamen, zur Orthodoxie übertreten und einen orthodoxen Taufnamen erhalten mußten.[37] Durch seine Heiratspolitik hat Peter der Große eine Tradition eingeleitet, die bis zum Ende der Regierungszeit der Dynastie Romanow anhielt.

Mit den protestantischen Prinzessinnen zog in der Regel auch ein größerer oder kleinerer Hofstaat aus den deutschen Fürstentümern in die Petersburger Residenz ein. Lehrer, Hauslehrer, Erzieher, Modeschöpfer, Ärzte und Künstler, Zofen und Bedienstete aller Art gelangten auf diese Weise nach St. Petersburg, wo sie die schon bestehenden protestantischen Gemeinden verstärkten. Mit den deutschen Mitgliedern des Hauses Romanow und ihrem Gefolge gewannen die Petersburger Deutschen an Glanz und Würde.

Mit der Verlagerung der kaiserlichen Residenz und des Hofes wurden die ausländischen Vertretungen beim Zarenhof nach Petersburg verlegt. Bei der Vielzahl der bestehenden deutschen Fürstentümer und Staaten war somit auch eine starke Präsenz deutschsprachiger Gesandter und ihrer Mitarbeiter gegeben. Sie sorgten dafür, daß die permanent in Rußland lebenden Petersburger Deutschen den Kontakt zu Mittel- und Westeuropa nicht verloren, sondern ein aktives Ferment westlicher Moden, Neuentdeckungen und Innovationen auf russischem Boden blieben. Eine weitere Stärkung erfuhr das deutsche Element von St. Petersburg schließlich mit der Übersiedlung der russischen Regierungsorgane und Behörden in die neue Hauptstadt sowie mit der Einrichtung neuer Institutionen im Zuge der Städte- und Verwaltungsreform.[38]

Die Städtereform hatte Peter I. schon ansatzweise 1699, unmittelbar nach seiner Rückkehr aus dem Ausland unter dem Eindruck der wohlorganisierten, blühenden mittel- und westeuropäischen Städte, in Angriff genommen. Damals war es der Hauptstadt Moskau und nach ihr den anderen Städten zur Pflicht gemacht worden, »burmistry« oder »burgomistry« (Bürgermeister) zu wählen und eine »burmistrowaja palata« (Bürgermeisterkammer) zu bilden, die wenig später den Namen »ratuscha« (Rathaus) erhielt. Die Wahl ins Rathaus, die alljährlich und nach einem sozial breit gefächerten Proporzsystem stattfand, berücksichtigte auch die wohlhabenden Handelsherren und Kaufleute (»Gäste«) in angemessenem Maße.[39] Den Anstoß zur Durchführung der zweiten Städtereform, die in die Jahre 1718 bis 1721 fiel, gab die Eroberung der baltischen Provinzen Estland und Livland und die Kenntnis der inneren Struktur der Städte Riga und Reval, die nun an das Russische Reich fielen. Im Jahr 1718 befahl der Zar, »Stadtmagistrate aufzustellen und mit guten Regeln auszustatten, und diese auf der Grundlage der Reglements von Riga und Reval anzuordnen«. Das Reglement für den St. Petersburger Hauptmagistrat (16. Januar 1721), dem bald das Reglement für die Magistrate der anderen Städte folgte (1724), zielte auf die Stärkung der industriellen und Handelsklassen der Bevölkerung auf merkantilistischer Grundlage ab. Es teilte die Stadtbevölkerung – mit Ausnahme von Ausländern, Adel,

Geistlichkeit und Tagelöhnern – in die beiden großen Klassen oder »Gilden« der »regulären« oder »erstklassigen Bürger« (erste Gilde) und der zweitrangigen Bürger (zweite Gilde). Der ersten Gruppe des städtischen Bürgertums sollten angehören: »Bankiers, vornehme Kaufleute, die im ganzen Reich umfangreichen Handel treiben und gleichzeitig mit verschiedenen Waren handeln, städtische Doktoren, Apotheker, Ärzte, Kapitäne von Handelsschiffen, Goldschmiede, Silberschmiede, Heiligenmaler, Kunstmaler«; zur zweiten Gruppe beziehungsweise Gilde gehörten all jene städtischen Bürger, »die Kleinhandel treiben und mit allem möglichen Proviant und Speisen handeln, Handwerker, Graveure, Schmiede, Tischler, Schneider, Schuster und dergleichen«. Diese beiden Gilden sollten ihre Vertreter wählen, die ihrerseits in Petersburg den Hauptmagistrat, in den Provinzstädten den Magistrat über all das unterrichteten, was zum Wohle und Nutzen der Bürger notwendig war. Die Großkaufleute, die ihre reichsweiten Handelsmonopole unterhielten, wurden durch diese Reform zum stärksten Element in der neuen städtischen Selbstverwaltung. Dank flexibler Bestimmungen in der Frage der Untertanenschaft[40] stand nun auch der Weg für führende ausländische Kaufmannsfamilien in die erste russische Gilde und in die städtische Selbstverwaltung offen. Dies galt neben der Hauptstadt Petersburg besonders für die zwei nächstwichtigen Städte mit großen, internationalen Handelsniederlassungen: Moskau und Archangelsk. Familien, wie etwa die ursprünglich holländische Kaufmannsfamilie Marselis, die sich im 17. Jahrhundert in Rußland niedergelassen hatte, oder die van Brienens, deren Gründer sich um 1700 in Archangelsk ansiedelte, prosperierten unter der neuen Städteordnung. Durch deutsche Ehe- und Kulturverbindungen sowie aufgrund der deutschen Sprache, die zunehmend zu einer *lingua franca* in der »deutschen Sloboda« von Petersburg, Moskau und Archangelsk wurde, galten diese Familien, selbst wenn sie ursprünglich nicht Deutsche waren, bald soweit als »verdeutscht«, daß es – wie etwa im Fall der van Brienens – schwer war, zwischen den Grells (aus Lübeck), Brandts (aus Hamburg) und Amburgers (aus Wiesbaden) zu unterscheiden, die familiär miteinander verbunden waren. In der Großkaufmannschaft ausländischer Herkunft, die in den großen privilegierten russischen Handelsstädten lebte, herrschte die Tendenz vor, sich generell der stärksten ausländischen Volksgruppe, den Deutschen, anzugleichen.[41]

Auch die Verwaltungsreform, die in der Bildung von Fachministerien (Kollegien) gipfelte, gab dem ausländischen und vor allem deutschen Element in der Hauptstadt Petersburg ein stärkeres Gewicht. Die Idee der Auflösung der alten Moskauer Prikase und ihre Ersetzung durch ein neuzeitliches, kameralistisches System verfolgte Peter seit 1715. In diesem Jahr sandte er Vertrauenspersonen aus, um aus dem Ausland geeignete Verwaltungsfachleute zur Durchführung dieser Reform nach Rußland einzuladen. Noch im selben Jahr trafen die gelehrten Fachleute Heinrich Fick[42] (1678–1750) aus Hamburg und Christian Baron von Lüberas[43] aus Westfalen ein. Fick galt als ein Kenner des schwedischen Kameralsystems, dessen Eignung für Rußland von ihm überprüft wurde. Lüberas, ein erklärter Anhänger des Merkantilismus, setzte sich besonders für die Entwicklung des Berg- und Manufakturkollegiums ein und reiste zunächst nach Westen, um aus Hamburg, Lübeck, Berlin, Hessen, Sachsen und Schlesien einhundertfünfzig geeignete Mitarbeiter für die russischen Dienste anzuwerben. Zum Hauptorganisator der anderen Kollegien wurde Heinrich Fick. So entstanden in der Zeit von 1718 bis 1722 zunächst neun Kollegien: neben den beiden von Lüberas gegründeten Kollegien die »Justizkollegija«, »Krigskollegija«, »Bergkollegija«, »Statskontorkollegija«, »Kammerkollegija«, »Admiraltejskaja Kollegija« und die Kanzlei des Kollegiums für auswärtige Angelegenheiten. Die Zahl der Kollegien wurde später auf zwölf, mit Einbeziehung des Synod auf dreizehn erhöht. Das Reglement der Kollegien sah vor, daß drei der leitenden Beamten jedes Kollegiums, nämlich der Vizepräsident, ein Beirat und einer der beiden Sekretäre, Ausländer sein durften. So wurde zum Beispiel Lüberas zum ersten Vizepräsidenten des Bergbau-Kollegiums ernannt. In der Praxis allerdings übertraf die ausländische Beteiligung, zumal in den technisch-wirtschaftlichen Kollegien für Bergbau, Manufakturen und Kommerz, diese festgelegte Quote bei weitem. So kam auch mit den neueingerichteten Ministerien ein Zustrom fachlich wohlausgelesener, aufbaufähiger deutscher Kräfte nach Petersburg. Die Gründung der Akademie der Wissenschaften 1725 und des bei ihr eingerichteten akademischen Gymnasiums sorgten dafür, daß dieser Zustrom nicht abriß.

Als Zar Peter I., der in einer Festsitzung des Senats im Oktober 1721 als Peter »der Große« zum »Allrußländischen Imperator« des »Allrußländischen Imperiums« ernannt worden war, vor Ende seiner Regierungszeit die erste Volkszählung *(revizija)* seines Reichs anordnete, nahm er die Hauptstadt Petersburg wohlweislich von ihr aus. Zu sehr hatte er für eine tatkräftige Besiedlung der frisch befestigten Stadt werben müssen, und zu schwach war das Echo gewesen, das er bei seinen eigenen Landsleuten gefunden hatte. Tatkräftige Ausländer mit protestantischen Arbeitstugenden und verläßlicher Disziplin hingegen hatten die Wagnisse der Ansiedlung auf sumpfigem Land und unter ausschließlicher Benutzung der Wasserwege (in der Ansiedlungsperiode mußte der gesamte Stadtverkehr auf Anordnung Peters I. in Barken erfolgen) relativ leicht und gewinnbringend überstanden. Es wird vermutet, daß gegen Ende der Zeit Peters I. ca. 70000 Bewohner in Petersburg lebten. Der Anteil der Ausländer ist nicht bekannt. Nach zweihundertjährigem Bestehen der Stadt, vor Ausbruch des Ersten Weltkriegs, hatte allein die deutsche Bevölkerung der Stadt die stattliche Höhe von 70000 Einwohnern erreicht.

4. Die Unterwerfung der baltischen Deutschen

Ein starker Bevölkerungsanteil deutsch-protestantischer Untertanen fiel Peter I. nach Beendigung des Nordischen Kriegs mit der Einverleibung der Ostseeprovinzen Estland und Livland ins Russische Reich zu. Seit der verlustreichen Schlacht von Narwa, die nicht nur die Mängel der russischen Armee und Infrastruktur aufgedeckt, sondern auch das Prestige des jungen Zaren im außen- wie innenpolitischen Sinne in Frage gestellt hatte, lief das vorrangige Interesse Peters I. auf die Gewinnung der Ostseeprovinzen und die Beherrschung des *dominium maris baltici* hinaus. Mit der Gründung der Hauptstadt St. Petersburg an der strategisch empfindlichen Stelle des Eintritts der Newa in die Ostsee mußte das gesamte südliche Ostseegebiet abgesichert werden.

Mit reformierten und gestärkten Streitkräften brach Zar Peter I. daher 1704 in die Ostseeprovinzen auf. Diesmal hatte sich das Blatt des Kriegsglücks zu seinen Gunsten gewendet. Denn noch im gleichen Jahr wurde die Stadt Dorpat zur Kapitulation gezwungen und Narwa erstürmt. Damit fielen ihm stark deutsch besiedelte Städte und vor allem ein wohlorganisiertes, leistungsfähiges deutsches Bürgertum zu. 1707 ließ die russische Regierung etwa die Hälfte der in Dorpat ansässigen Handwerker sowie eine Reihe von Kaufleuten zusammen mit ihren Familien und ihrem Anhang nach Moskau bringen, um sie dort als Fachkräfte anzusiedeln. Im Februar 1708 wurden sämtliche noch verbliebenen Bürger der beiden Städte ins Innere Rußlands zwangsumgesiedelt. Ihre neuen Ansiedlungen konzentrierten sich auf die Städte Wologda, Ustjug und Kasan. Im Juli 1708 wurde die Stadt Dorpat aus militärisch-strategischen Gründen zerstört.[44] Nach der siegreichen Schlacht von Poltawa (1709), mit der das Ende der schwedischen Herrschaft über die Ostseeprovinzen abzusehen war, bot der Zar den Bewohnern Livlands ein Universal an: Für die freiwillige Unterwerfung unter die russische Krone wurde die Aufrechterhaltung aller bis dahin bestehenden Rechte und Privilegien zugesichert. Doch die Entscheidung der selbstbewußten und vertragstreuen livländischen Deutschen, die im Verbund mit dem schwedischen König Karl XII. gegen Rußland kämpften, fiel negativ aus. Ihre fünfhundertjährige Geschichte auf dem Boden der Ostseeprovinzen machte diese Einstellung nur allzu verständlich.[45]

Als bevorzugtes Gebiet der deutschen Ostkolonisation seit der ersten Hälfte des 13. Jahrhunderts hatten die Ostseeprovinzen einen besonderen deutschen Menschentyp hervorgebracht. Die Ritterschaften, die sich in Nachfolge der deutschen Ordensritter als Eroberer und Beherrscher dieses weiten Gebietes etabliert hatten, und die hanseatischen Bürger, die ein kraftvolles städtisches Bürgertum und eine wohlfunktionierende städtische Selbstverwaltung geschaffen hatten, fühlten sich zu Recht als die Herren des vielumkämpften Landes. Nach mehrmaligem Herrschaftswechsel waren schließlich die Provinzen Estland an Schweden (1561) und Livland und Kurland (das letztere als weltliches Herzogtum) an Polen gefallen; 1629 aber fielen Estland und Livland an Schweden, während Kurland polnisches Lehnsherzogtum blieb.

Während dieser wechselvollen Geschichte war es den baltischen Ritterschaften und dem deutschbaltischen Bürgertum gelungen, ein relativ hohes Maß an Selbstbestimmung zu bewahren und ein Höchstmaß an nationaler und kultureller Würde und Integrität zu erhalten. Dies drohte nun, beim Ansturm der Russen, der die Erinnerung an den Einfall Iwans des Schrecklichen in den Ostseeraum wachrief, zerstört zu werden. Die livländischen Truppenteile der schwedischen Streitmacht, deren Loyalitäten zum überwiegenden Teil auf schwedischer Seite lagen, verschanzten sich daher in den Städten und schwedischen Garnisonen und zwangen den Zaren, die Städte zu belagern und mit Gewalt zu nehmen. Nach einer halbjährigen Belagerung wurde die Stadt Riga am 4. Juli 1710 eingenommen, nachdem die Bevölkerung durch Pest und Hunger dezimiert war. Ihr folgten die Städte Arensburg, Pernau, Reval sowie kleinere Städte. Als daraufhin die schwedische Besatzungsmacht kapitulierte, hatten auch die livländische Ritterschaft und die Bürgerschaft der Städte keine andere Wahl, als sich der russischen Übermacht durch Unterzeichnung von Unterwerfungsverträgen zu beugen.[46] Zehn Tage nach der Besetzung von Riga nahm Graf Scheremetjew den Huldigungseid des livländischen Landmarschalls Reinhold von Tiesenhausen und neunzig weiterer Glieder des livländischen Adels entgegen. Die schwere Entscheidung, mit dem Feind der Väter zu paktieren, fand in den folgenden Worten dieser Unterwerfungsurkunde ihren Ausdruck:

»Und obwohl Leiden und Drangsale so mancherlei Weise und Zeit sich vielfältig eingedrungen; so ist je dennoch die huldreiche Vorsorge und Güte Gottes darinnen anoch bis auf den heutigen Tag herzlich zu erkennen und zu preisen, daß Er nie seinen ganzen Grimm, wozu Er wohl öfters gereizet worden, über dieses Land dermaßen ausgeschüttet, daß die alten Einwohner in ihren Nachkommen gar ausgespiehen und mit Stumpf und Stiel ausgerottet, sondern vielmehr der alte Samen wie wüst und auch öde es des öfteren in Land und Städten ausgesehen, bis herzu ohngeachtet aller großen Concussionen und Zerrüttungen gleichwohl in Gnaden conserviert worden und bleibt ein offenbares Monument und Anzeige, daß der alleswissende und von Ewigkeit sich immer erbarmende Gott die christliche Intension der ersten, in diesen Landen einkommenden Teutschen sich gnadigst gefallen lassen, und würcklich auch völliglich diese Nation in ihre Nachkommen in denen selben und selbe vor sie und ihre Prosperität bis an der Welt Ende in Gnaden erhalten wolle.«

Dem Beispiel Rigas und der livländischen Ritterschaft folgten am 12. August 1710 die Stadt Pernau und am 29. September die Stadt Reval und die estländische Ritterschaft[47].

In diesen Urkunden ihrer »freiwilligen« Unterwerfung versicherten die baltischen Städte und Ritterschaften den russischen Zaren ihrer Treue und Unterstützung. Unter der Strafe des Vermögensverlustes mußten sie von diesem Moment an aus dem schwedischen Dienst ausscheiden und dem russischen Zaren huldigen. Als Gegenleistung wurden ihnen die unter polnischer und schwedischer Herrschaft bestätigten Privilegien erneut feierlich zugesichert. Sie bestanden in der Aufrechterhaltung ihres Glaubens, des Protestantismus, ihres Rechts, das auf die deutschen Hansestädte zurückging, und ihrer städtischen und ritterschaftlichen Selbstverwaltung. Am 30. August (10. September) 1721 wurde in der finnischen Stadt Nystad das russisch-schwedische Friedensabkommen unterzeichnet, in dem auch diese Abmachungen, die zwischen der russischen Krone und den baltischen Provinzen zustande gekommen waren, ihre völkerrechtliche Geltung gewannen. Der Frieden von Nystad war von zwei russischen Bevollmächtigten fremder Herkunft ausgehandelt worden: dem in Rußland geborenen adligen Schotten Generalfeldzeugmeister Jakob Bruce und dem Pastorensohn aus Bochum Heinrich Johann Ostermann. Der Friedensvertrag legte fest, daß die Provinzen Livland und Estland sowie Ingermanland, ein Teil Kareliens mit der Stadt Wiborg und die Inseln Oesel und Dagö »für ewige Zeiten« an Rußland fielen. Die dritte baltische Provinz, Kurland, war durch die Ehe der Zarennichte Anna Ioannowna, die seit 1711 als Herzogin von Kurland in Mitau residierte, längst an die russische Interessensphäre gebunden. Mit der dritten polnischen Teilung (1795) sollte sie schließlich auch politisch an Rußland fallen.

Nach dem Nordischen Krieg war das petrinische Reich um die »deutschen« Ostseeprovinzen reicher geworden. Die Städte und das Land waren zwar durch die Kriegsverwüstungen geschwächt, ihre intakte Verwaltungs- und Infrastruktur versprach aber ein rasches Wiederaufblühen. Dank seiner Vorliebe für Protestantismus und deutsche Ständeordnung war der Zar streng auf die Aufrechterhaltung der hergebrachten Strukturen bedacht. Die seit der Schwedenherrschaft bestehende Funktion eines Generalgouverneurs übertrug er seinem engsten Mitarbeiter, Fürst Menschikow, die des Gouverneurs von Livland seinem Mitstreiter, Fürst Golizyn, und die des Gouverneurs von Estland dem Grafen Apraksin. Damit waren diese drei übergeordneten Verwaltungspositionen in den Händen der Männer, die sein größtes Vertrauen besaßen. *De facto* war jedoch nach der Kapitulation der Stände ein Livländer, der Geheimrat G. J. Freiherr von Löwenwolde, als Bevollmächtigter des Zaren zum eigentlichen Repräsentanten der beiden Provinzen geworden.

Mit der Eroberung der Ostseeprovinzen fielen bereits bestehende, intakte und sozial sowie politisch höchst effiziente Eliten unter die Oberhoheit des Zaren. Bei diesen zeichneten sich bald zwei Tendenzen ab. Einerseits erstarkte durch die Vertragstreue des Zaren sowie durch das große Vertrauen, das er in die deutschbaltischen Kräfte, Adel wie Bürgerschaft, setzte, das politische und soziale Selbstbewußtsein der Deutschbalten. Nach Jahrhunderten von Existenz- und Behauptungskämpfen trat nun eine Periode des ruhigen und gesicherten Aufschwungs im Verbund dieser aufstrebenden europäischen Großmacht ein. Andererseits floß nun ein reger Strom leistungsfähiger und wohlausgebildeter Deutschbalten ins Innere Rußlands, wo sie unter anderem in der russischen Verwaltung des ganzes Reiches, vor allem aber in den Petersburger Regierungsorganen und Behörden, bald einen namhaften Anteil der höheren und höchsten Beamten stellten. Während das hanseatische Bürgertum der Ostseeprovinzen seine Handelsgeschäfte von den baltischen Küstenstädten aus auf das gesamte Russische Reich auszuweiten begann, wurde der deutsch-baltische Adel, begünstigt durch seine korporativen Voraussetzungen und Eigenschaften, zu einem der tragfähigsten Grundpfeiler der russischen Verwaltung, des Militärwesens und der Diplomatie.[48]

III.
Der deutsche Drang zur Macht über Rußland
Von der »Fremdenherrschaft« Anna Ioannownas zur Ermordung Peters III.

Zar Peter der Große hinterließ bei seinem Tod (28. Januar/8. Februar 1725) ein unvollständiges Reformwerk – einen im Reformprozeß begriffenen Staat, dessen treibende Kraft und innerer Motor nun fehlten. Auch hatte sein früher, unerwarteter Tod keine Zeit zur Regelung der Nachfolgefrage gelassen. Auf halbem Wege der großen Umwälzung führerlos geworden, wurde der russische Staat für einige Jahrzehnte zum Spielball von Intrigen und Machtkämpfen, in denen das deutsche Element am russischen Hof eine bedeutende, wenngleich wenig rühmliche Rolle spielte. Die Möglichkeiten zum massiven Eingreifen in die Sukzessionskämpfe waren den deutsch-russischen Kräften bei Hofe vor allem aus zwei Veränderungen erwachsen, die sich unter der Regierung Peters I. vollzogen hatten.

Einerseits war die bis dahin herrschende Gruppe im Staat, der Moskauer Adel, einer tiefgreifenden sozialen Umstrukturierung unterworfen worden. Die moskowitische Hocharistokratie, der alte Adel der Bojaren und Magnaten, hatte ihre angestammte Macht eingebüßt. An ihre Stelle war eine Art neuer Klasse getreten, in der Emporkömmlinge unterschiedlicher Art und Herkunft, Peters Favoriten aus verschiedenen Schichten und Nationen, neben die wandlungsfähigen Mitglieder der russischen Aristokratie traten. Die Zusammensetzung dieser neuen Klasse spiegelte sich in charakteristischer Weise im Thronrat wider, der nach dem Tod Peters I. die künftige Nachfolgeordnung festlegen sollte. Dieser Rat, der aus Vertretern des Senats, des Synods und der Generalität gebildet wurde, vereinte in seinen Rängen Mitglieder der edelsten Teile des Moskauer Adelsstandes, unter ihnen die Fürsten Dolgorukij, die ihre Herkunft auf die Rurikiden zurückführen konnten, und die Fürsten Golizyn, die tief im Moskauer Staat verwurzelt waren, ferner die Mitglieder jener mittleren Adelsschicht, die durch ihren Dienst für Peter I. zu höchster Würde gelangt waren, wie etwa die Apraksins, Golowkins und Tolstojs, und schließlich die Menschen »ohne Geschlecht noch Stamm«, die von dem freigebigen Zaren mit höchsten Ehren und Ämtern überhäuft worden waren. Zu ihnen zählten des Zaren »Herzensfreund«, der nunmehr »allerdurchlauchtigste Fürst« Menschikow, der Generalprokuror beim Senat, Graf P. I. Jagushinskij, und der Präsident des Kommerz-Kollegiums und vormalige Sondergesandte Peters I., Baron P. P. Schafirow, Enkel eines getauften Moskauer Juden. Und mit diesen Männern unterschiedlichster Herkunft zogen auch zahlreiche Freunde, die im Dienst Peters I. arriviert waren, in diesen Thronrat ein, unter ihnen Deutsche wie Ostermann und Münnich, die ihren Dienst in Rußland unter Peter I. begonnen hatten.

Andererseits hatte die Militärreform eine in vielfacher Weise veränderte und vor allem gestärkte russische Armee hervorgebracht. Die Soldaten ohne Bart, in Uniformen westlichen Schnitts, unter der Führung fremder, überwiegend deutscher Offiziere, bildeten eine moderne Armee mit wachsendem Selbstbewußtsein. Dieses stehende Heer mit einer Stärke von etwa 300000 Mann drängte nicht nur zur Ausweitung der russischen Macht nach außen hin; es stellte auch eine mächtige innenpolitische Kraft dar. Die soziale Speerspitze dieses Heeres bildeten die Garderegimenter.

Die Leibgarde des Zaren, in Übernahme des deutschen Wortes »Lejb-Gwardija« genannt, war zu einer Art Sinnbild der neuen Klasse und ihrer Macht geworden. Diese Garderegimenter, hinter denen die gewaltige Triebkraft der neuen Armee stand, dienten nicht nur als Sprungbrett zu den hohen Staatsämtern – ein Drittel aller späteren hohen Staatsdiener begannen ihre Karriere in der Leibgarde; ihre gute, westliche Ausbildung und Disziplin und vor allem ihre Verbindung zu den Mächtigen der neuen Klasse befähigten sie, in Zeiten von Staats- oder Regierungskrisen das Ruder in die Hand zu nehmen. Unter Trommelwirbel tat die Garde in den Sukzessionskämpfen ihren Willen kund – und verhalf dem ihr genehmen Thronfolger zur Macht. So bestimmten die Gardeoffiziere bei den Thronbesteigungen der vier Kaiserinnen des 18. Jahrhunderts – Katharinas I., Anna Ioannownas, Jelisaweta Petrownas und Katharinas II. – die Geschicke Rußlands.

Daß die Leibgarde mit ihrer westlich-modernen Ausrichtung nicht davor zurückschreckte, Fremde auf den russischen Thron zu setzen, wurde schon beim Ausgang des ersten Sukzessionsstreites deutlich. Zur Auswahl standen der Enkel Peters des Großen, der 1715 geborene Sohn des Zarewitsch Alexej Petrowitsch und der Prinzessin von Braunschweig-Wolfenbüttel, und die zweite Frau Peters des Großen, Katharina. Für die Nachfolge des Zarenenkels Pjotr Alexejewitsch plädierte der größte Teil des Moskauer Adels, unter ihnen die Dolgorukijs, Golizyns und Repnins, gestützt auf die traditionelle Thronfolgeordnung und das Empfinden der Mehrheit des russischen Volkes. Allein die Fundamentalisten der Orthodoxie, allen voran die Altgläubigen, erkannten den Zarewitsch nicht als legitimen Nachfolger des Zaren an, da er aus der Ehe mit einer Ausländerin und Ketzerin hervorgegangen war. Die

Garde und der Dienstadel hingegen wünschten die zweite Frau Peters I. auf dem Thron zu sehen. Als Vermittler zwischen der Zarenwitwe und der Garde fungierte Peters Favorit Menschikow, der erste Liebhaber der damaligen Kriegsgefangenen, Jekaterina Alexejewna, der diese Peter I. zugeführt hatte. Aber auch Jekaterina Alexejewna war eine Fremde: Sie war die Tochter eines litauischen Bauern mit dem Namen Samuel Skawronskij, die als Halbwaise im Hause des deutschen Pastors Glück in Livland aufgewachsen war. Doch diese Tatsache bedeutete für die Garde kein Hindernis. Als der Thronrat die Nachfolgefrage erörterte, ritten auf Geheiß Menschikows die Garderegimenter in den Hof des Senats ein, um unter ohrenbetäubendem Trommelwirbel die Krönung der Zarenwitwe zur Kaiserin Katharina I. zu fordern. Der Kronrat mußte sich beugen, und so gelangte in einer steilen Karriere, die in den anderen Monarchien jener Zeit schlechterdings undenkbar gewesen wäre, die erste russische Zarin, eine Frau aus fremdem Geblüt, an die Macht.

Um unerwünschten Zufälligkeiten in der Nachfolgefrage für die Zukunft vorzubeugen, setzte Kaiserin Katharina I. im Februar 1726 durch Ukas einen »Obersten Geheimen Rat« ein, der von nun an die Nachfolgeordnung festzulegen hatte. Ihm gehörten Fürst Menschikow, Generaladmiral Graf Apraksin, Staatskanzler Graf Golowkin, Graf Tolstoj, Fürst Golizyn und Baron Ostermann an. Nach einem Monat wurde die Zahl der Ausländer im Obersten Geheimen Rat durch die Neuernennung des Schwiegersohns der Zarin, des Herzogs von Holstein, erhöht. Während unter den russischen Mitgliedern des Rates Veränderungen auftraten (Fürst Menschikow verdrängte den Grafen Tolstoj, bevor er selbst, unter dem Nachfolger Katharinas I., nach Sibirien verbannt wurde), verstärkte das deutsche Element seine Macht. Trotz weiterer nachfolgender Änderungen blieben die »Werchowniki« (die Obersten) im Bewußtsein vieler Russen die Ausländer, die über diesen Rat eine »Fremdenherrschaft« in Rußland etablieren wollten. Tatsächlich stellte der Oberste Geheime Rat, dessen Statut unter aktiver Mitarbeit von Heinrich (seit 1717 von) Fick ausgearbeitet wurde, in den Augen westlicher Beobachter einen ersten Schritt zur Beschränkung der despotischen Macht in Richtung auf eine konstitutionelle Monarchie dar.

Nach dem Tod der Zarin im Mai 1727 entschied der Oberste Geheime Rat nunmehr zugunsten der Nachfolge des Zarenenkels Pjotr Alexejewitsch. Mit Peter II. gelangte am 7. Mai 1727 zum erstenmal ein Zar aus dem Hause Romanow, der Sohn einer deutschen Prinzessin war, auf den russischen Thron. Doch der zwölfjährige Thronerbe wurde zum Spielball der Hofmächte. Baron Ostermann, der Erzieher des verwaisten Zarewitsch, erkannte bald, daß er sich gegen den machtvollen Einfluß Menschikows nicht behaupten konnte und trat in den Hintergrund, um als graue Eminenz den Gang der Dinge zu verfolgen. Menschikow wurde von den Dolgorukijs, die das von Ostermann niedergelegte Amt übernommen hatten, verdrängt und schließlich nach Sibirien verbannt. Die Hoffnung der Dolgorukijs, den russischen Thron durch Verheiratung des jungen Zaren mit einer Dolgorukaja unter ihren Einfluß zu bringen, scheiterte jedoch an dem unerwarteten Tod des fünfzehnjährigen Zaren in der Nacht vor seinem Hochzeitstag (18./19. Januar 1730) in der deutschen Sloboda von Moskau. Wieder war der Zarenthron vakant. Bei der Suche nach einem geeigneten Nachfolger mußte der Oberste Geheime Rat nun erkennen, daß dank der weitsichtigen Heiratspolitik Peters des Großen kein Nachfolger von russischem Adel und Namen mehr zur Auswahl stand. Alle in Betracht kommenden Mitglieder des Hauses Romanow waren mit fremden Fürstenhäusern verbunden. Die Vertreter des »vornehmen«, das heißt alten russischen Adels im Obersten Geheimen Rat, besonders der Vorsitzende, Fürst Golizyn, erkannten die aus der Ehe mit der livländischen Gefangenen geborenen Kinder Peters I. nicht als vollwertige Nachfolger an und zogen daher die Töchter des Zarenbruders Ioann Alexejewitsch vor. Von ihnen war die ältere, Jekaterina Ioannowna mit dem Herzog von Mecklenburg-Schwerin, Karl-Leopold, verheiratet; aus dieser Ehe war eine Tochter, Anna Leopoldowna, hervorgegangen. Die jüngere Tochter Ioann Alexejewitschs, Anna Ioannowna, war Witwe des Herzogs von Kurland und kinderlos. Die Krönung dieser unbedeutenden Herzogin von Kurland zur Zarin bot daher in den Augen Golizyns eine Möglichkeit, auf die er seit langem wartete: die Aufhebung der Autokratie durch Erweiterung der Machtbefugnisse des Obersten Geheimen Rats, das heißt die Einrichtung einer oligarchisch-konstitutionellen Monarchie.[1]

Der Ratgeber und Gesprächspartner des Präsidenten des Kammer-Kollegiums, Golizyn, war seit vielen Jahren der frühere Spezialist Peters des Großen für die schwedische Verfassung, Heinrich von Fick. Fick, seit 1726 Vizepräsident des Kommerz-Kollegiums, hatte sich nach dem Tod Peters I. zunehmend von einem liberalen Bürokraten zu einem Republikaner entwickelt. Golizyns Idee, die Kaiserkrönung Anna Ioannownas mit der Durchsetzung eines konstitutionellen Regierungsprogramms zu verbinden, die sich nicht zuletzt in den Gesprächen mit Fick seit Jahren herauskristallisiert hatte, fiel bei diesem auf fruchtbaren Boden. Und in Windeseile wurden die »Punkte«, die beide Männer in der künftigen russischen Regierungsform verwirklicht sehen wollten, in Form von »Conditiones« zusammengefaßt; diese Bedingungen sollte Anna Ioannowna bei ihrer Inthronisierung als zwingend anerkennen oder aber das Recht auf die russische Krone verlieren. Die »Conditiones« weiteten die Macht des Obersten Geheimen Rates beträchtlich aus, indem sie ihm beispielsweise den Befehl über die Garde und die übrigen Regimenter übertrugen sowie Friedensschlüsse und Kriegserklärungen in die Entscheidung des Rates stellten, Steuererhöhungen und Ernennungen in die hohen Positionen, besonders aber die Ernennung von Ausländern in die oberen Ränge des Hofdienstes, von der Zustimmung des Rates abhängig machten. Die »Conditiones« waren eine getreue und wohlüberlegte Übertragung der schwedischen Verfassung Karls XI. auf die neuen russischen Verhältnisse.

Doch Anna Ioannowna, die ihre künftigen hohen Hofbeamten deutscher Herkunft, vor allem ihren allmächtigen Favoriten Biron, schon zur Krönung mit sich nach Moskau brachte, war nicht gewillt, ihre kaiserlichen Prärogativen durch aufgeklärte Prinzipien der Gewaltenteilung nach westlichem Vorbild einschränken zu lassen. Nachdem sie die »Conditiones« zunächst *pro forma* durch Unterzeichnung anerkannt und danach die Krone entgegengenommen hatte, zerriß sie dieses Dokument einer höheren politischen Vernunft, um sich zur »Alleinherrscherin nach dem Vorbild unserer Vorväter« zu erheben. Dieser Staatsstreich, der von ihrem deutschen Favoriten Biron erdacht, von Baron Ostermann (dessen Bruder Annas Hauslehrer gewesen war) eingeleitet und vom Preobrashensker Garderegiment durchgesetzt wurde, beendete – mit den Worten des Historikers W. O. Kljutschewskij – die vielversprechende »zehntägige konstitutionell-aristokratische russische Monarchie des 18. Jahrhunderts«.[2] Staatsrat Fick, der in diesen Tagen voll enthusiastischer Gefühle nach Moskau gereist war, traf dort ein, als der Staatsstreich bereits vollzogen war. Als Vertrauter Golizyns und Miturheber der »Conditiones« wurde er zur Verantwortung gezogen. Die neue Kaiserin wies seine Bitte um Audienz zurück und schickte ihm statt dessen einen Offizier mit vier Soldaten ins Haus, die ihn umgehend nach Petersburg abführen sollten. Dort wurde der Prozeß gegen ihn eröffnet, der mit seiner lebenslangen Verbannung nach Sibirien (12. Februar 1732) und Abnahme der ihm von Peter I. geschenkten Güter endete. Fick lebte elf Jahre in Tobolsker Verbannung, bis sich die Tochter Peters I., Jelisaweta Petrowna, nach ihrer Kaiserkrönung »des alten eifrigen Dieners des Hauses Holstein erinnerte« und ihn in Ehren zurückkehren ließ. Fick, den die Verbannung in seinem atheistischen Republikanertum bestärkt hatte, lebte auf seinen zurückerhaltenen livländischen Besitzungen bis zu seinem Tod im Jahr 1750.

An die Stelle der aufgeklärten Adelsmonarchie trat nun eine rohe, ungezügelte und in vieler Hinsicht verbrecherische Herrschaft. Die verantwortungslose Herrscherin handelte unter dem Einfluß deutscher und deutschbaltischer Höflinge und Favoriten, die bald ein Schreckensregime über Rußland ausübten. Im nationalen Bewußtsein der Russen hinterließ diese etwa zehnjährige Periode der Deutschen- oder »Fremdenherrschaft«, die nach ihrer Symbolfigur Biron (Bühren) die »Bironowschtschina« genannt wurde und wird, schmachvolle Erinnerungen und tiefe Wunden.[3] In charakteristischen Worten hat der deutschrussische Publizist Alexander Herzen die Volksvision der »Bironowschtschina« zusammengefaßt:

»Die russische Krone war nach Peter I. eine *res nullius,* bis sie nach längerem Umherwandern auf das Haupt Elisabeths gelangt, in der sich die Legitimität wieder repräsentiert. Der Bruch und das Zerreißen der Tradition, die vollkommene Trennung des Volkes vom Staate durch die Reform Peters I., die Staatsstreiche und Palastrevolutionen waren damals in Permanenz. Nichts war dauernd. Wenn die Einwohner Petersburgs zu Bett gingen, wußten sie nie, unter wessen Regierung sie erwachen würden. Auch bekümmerte man sich sehr wenig um diese Änderungen, die im Grunde nur einige deutsche Intriguants betrafen, welche russische Minister geworden waren, einige in Meineid und Verbrechen ergraute große Herren und das Regiment Preobrashenskij, welches ähnlich wie die Prätorianer über die Krone verfügte.

Das Volk blieb außerhalb des Gesetzes und kümmerte sich seinerseits nicht um die Gespenster, welche mit wankendem Schritt die Stufen des Thrones hinabstiegen, wie Schatten vorüberschwebten und in Sibirien oder den Kasematten verschwanden...

Was für eine seltsame Epoche! Der kaiserliche Thron glich dem Bette der Kleopatra. Ein Haufe Oligarchen, Fremde, Panduren, Favoriten führten in nächtlicher Weile einen Unbekannten, ein Kind, eine Deutsche herbei, erhoben sie auf den Thron, beteten sie an und verteilten in ihrem Namen Knutenhiebe an alle, welche Widerspruch erregten. Kaum hatte der Erwählte Zeit gehabt, sich an allen Genüssen seiner unmäßigen und absurden Macht zu berauschen und seine Feinde zur Zwangsarbeit oder zur Folter zu verurteilen, als die nachfolgende Leere schon einen anderen Prätendenten hervorbrachte und den gestern Erwählten mit seiner ganzen Umgebung in den Abgrund stürzte. Die Minister und Generale von heute wanderten morgen, mit Ketten beladen, nach Sibirien.

Diese *buffera infernale* raffte die Leute mit so großer Schnelligkeit dahin, daß man keine Zeit hatte, sich an ihre Gesichter zu gewöhnen. Marschall Münnich, welcher Biron gestürzt hatte, begegnete ihm wieder, selbst ein Gefangener, mit Ketten an den Füßen, auf einem in der Wolga liegenden Floße. In dem Kampf dieser beiden Deutschen, die sich um das russische Reich wie um einen Krug Bier stritten, kann man den wahrhaften Typus der Staatsstreiche der guten alten Zeit erkennen.«[4]

Die drei deutschen Ratgeber, die der Kaiserin Anna Ioannowna am nächsten standen und für sie die Regierungsgewalt ausübten, Ostermann, Biron und Münnich, repräsentierten drei unterschiedliche Arten von Deutschen, die in jener Zeit in russischen Diensten arrivierten.

Heinrich Johann Friedrich (auf russisch: Andrej Iwanowitsch) Ostermann (1686–1747)[5] hatte Anna Ioannowna durch seine geschickte Leitung des Staatsstreichs gegen den Obersten Geheimen Rat zur Macht verholfen und wurde dafür mit der Grafenwürde bedacht (28. 4. 1730). Ostermann stammte aus einer westfälischen Pastorenfamilie. Sein älterer Bruder, Johann Christoph Friedrich Ostermann, war auf Vermittlung des Westfalen Heinrich von Huyssen nach Moskau gelangt und dort zum Hauslehrer der Prinzessinnen bestellt worden. Heinrich Johann Ostermann war diesem älteren Bruder gefolgt, nachdem er 1702 in Jena einen Kommilitonen im Duell getötet und sich zunächst ins freie Amsterdam geflüchtet hatte. 1703 begleitete er, noch immer dem Arm des Gesetzes entfliehend, Admiral Cornelius Cruys als Sekretär nach Rußland. 1706 trug er sich, nachdem er fleißig Russisch gelernt hatte, in das Stammbuch der Stadt Narwa als »pelegrinans« mit dem Wahlspruch ein »Ubi bene ibi patria«. Während seines Marinedienstes erwarb er das Vertrauen Peters, der ihn 1707 zum Übersetzer beim Prikas des Äußeren bestellte. Hier begann die diplomatische Karriere Ostermanns. 1710 wurde er von Peter I. zum Sekretär des Prikas ernannt, und schon ein Jahr später begleitete er den Zaren in den Prut-Feldzug. Von dort wurde er mit mündlichen Aufträgen des Zaren zum König von Preußen geschickt. 1713 nahm er an den Verhandlungen mit den schwedischen Bevollmächtigten teil. Und in den russisch-schwedischen Friedensverhandlungen, die mit der Unterzeichnung des Friedens von Nystad endeten (1721), vertrat er zusammen mit dem schottischen Adligen Bruce die russischen Interessen. Der Titel eines Barons (30. 8. 1721) war die Belohnung des vom Siegesrausch erfaßten Zaren. Aus der Hand des Zaren empfing Ostermann auch seine Frau, Marfa Streschnjowa, die einem angesehenen Moskauer Bojarengeschlecht entstammte. Seit 1720 Geheimer Kanzleirat, wurde Ostermann nun zum wichtigsten außenpolitischen Berater des Zaren. Seine geschickte Führung der russisch-persischen Verhandlungen, die zu dem für Rußland vorteilhaften Abschluß des Handelsvertrages von 1723 führte, brachte ihm die Ernennung zum Vizepräsidenten des Kollegiums für Auswärtige Angelegenheiten ein. Damit hatte Ostermann den höchsten Rang erklommen, der einem Ausländer in der Leitung der auswärtigen Angelegenheiten offenstand. Ostermann verstand es, die Ideen Peters geschickt aufzugreifen, um sie, vor größeren Widerständen zurückweichend, zielbewußt und demonstrativ zu verfolgen. Der aggressive Druck der petrinischen Außenpolitik, der im Süden die Zurückdrängung der Perser und im Norden die Verdrängung der Schweden zum Ziel hatte und dabei zugleich die russische Großmacht auf dem europäischen Kontinent etablieren wollte, kam den persönlichen Neigungen Ostermanns voll entgegen.

Ostermann gab dem Zaren aber auch auf innenpolitischem Gebiet wichtige Anregungen. So ging beispielsweise die Zusammenstellung der »Rangtafel«, die tatkräftigen Ausländern eine so vorzügliche Stufenleiter zum Einstieg in die hohe russische Adelsgesellschaft bot, in wesentlichen Stücken auf seine Ideen und Vorlagen zurück. In der Sukzessionskrise ergriff er Partei für die

Zarenwitwe und Menschikow; seine Haltung wurde nach Regierungsantritt der Kaiserin durch seine Ernennung zum Vizekanzler und Mitglied des Obersten Geheimen Rates ausgezeichnet. Gleichzeitig verstand er es aber, in seiner Eigenschaft als Erzieher des Thronfolgers, des künftigen Peter II., dem wachsenden Einfluß Menschikows auszuweichen. Nach dem Tod der Kaiserin ermöglichte ihm sein geschicktes Taktieren, den Sturz Menschikows – an dem er nicht unbeteiligt war – unangefochten zu überstehen. Sein Rückzug aus dem Leben am Hof in die Planung des reichsweiten Post- und Handelswesens brachte ihm jedoch eine Kompensation, auf die er besser hätte verzichten sollen: die Ernennung zum Präsidenten des Kommerz-Kollegiums, die einem Ausländer nicht zustand und später zu einem Punkt der Anklage gegen ihn wurde.

Als Mitglied des Obersten Geheimen Rates hatte er sich mit der Reformgruppe um den Fürsten Golizyn niemals anfreunden können: Der weltmännischen Eleganz und subtilen westeuropäischen Bildung der Moskauer Hocharistokratie war er in keiner Weise gewachsen. Es lag insofern nahe, daß er, in die konstitutionellen Pläne der Reformer nicht eingeweiht, aber mit einem soliden Instinkt für Machtverschiebungen ausgestattet, zum geheimen Informanten und Ratgeber der unerfahren plumpen, politisch ungebildeten, aber machtsüchtigen kurländischen Herzogin wurde. Ostermann führte die Fäden des Staatsstreichs, setzte die Moskauer Adelsfraktion außer Kraft und wurde nun zum mächtigsten Mann im Staat. Als Graf und Senator regte er die Einrichtung des Ministerkabinetts an, in dem er zunächst zum zweiten, 1734 dann zum ersten Kabinettsminister ernannt wurde. Daneben leitete er in eigener Regie die auswärtigen Angelegenheiten, wobei er sich seiner beiden natürlichen Rivalen, des Generalfeldmarschalls Graf von Münnich und des Günstlings der Kaiserin Biron (Bühren), so geschickt bediente, daß ernsthafte Kollisionen vermieden wurden.

Innerhalb dieser deutschen Dreierkonfiguration am russischen Hof wurden Machtverschiebungen bald unvermeidbar, als Biron beim Tod Anna Ioannownas (1740) die Regentschaft übernahm und allzu ostentativ zur Spitze des Staates wurde. Biron hatte das fragile Machtgleichgewicht gesprengt, und seine mächtigen Rivalen Ostermann und Münnich – obzwar von Biron mit reichen Ämtern beschenkt – verbündeten sich mit den Eltern des Infanten Ioann Antonowitsch, denen nach russischem Empfinden die Regentschaft zustand: Ostermann wurde, unterstützt von dem Kurländer Kayserling (Keyserlingk), zum Ratgeber des Prinzen Anton Ulrich von Braunschweig-Lüneburg; Münnich beriet, gestützt auf Manstein, einen preußischen Offizier im russischen Dienst, die Mutter des Infanten, Anna Leopoldowna, und konnte sie bald von der Notwendigkeit eines Staatsstreichs mit dem Ziel der Entfernung Birons überzeugen. Nun folgte in kurzer Sequenz der Schlagabtausch zwischen den drei deutschen Hofleuten, der das Russische Reich in Unsicherheit und die braunschweigische Regentenfamilie ins Unglück stürzte. Mit einer Handvoll Soldaten des Mansteinschen Regiments wurde – nach Absprache Münnichs mit der Prinzessin – in der Nacht vom 8. zum 9. November 1740 der Regent Biron mit seiner Familie und seinen engsten Anhängern verhaftet und aus dem politischen Leben verbannt. Mit der Ernennung der Prinzessin zur Regentin und des Prinzen zum Generalissimus, der – laut Ukas – als »ersten im Reiche« Graf Münnich neben sich zu dulden hatte, war Münnich Sieger im ersten Durchgang geworden. Er beförderte Ostermann sofort zum Großadmiral, Leiter der II. Abteilung des Ministerkabinetts, der Abteilung für Auswärtiges und Flotte, konnte damit aber dessen Machthunger nicht stillen. Denn im Verein mit der unerfahrenen und gänzlich unpolitischen Prinzessin – die überdies an ihrer tragischen Liebe zum sächsischen Gesandten Karl Moritz Graf Lynar krankte und sich allein von ihrem, in höfischen Liebesdingen erfahrenen, deutschbaltischen Hoffräulein Juliana Magnusowna Baronesse Mengden verstanden fühlte – schaltete Ostermann den Generalfeldmarschall in den darauffolgenden Monaten als politischen Gegenspieler aus. Münnich wurde laut Ukas vom 3. März 1741 »von militärischen und staatlichen Angelegenheiten« suspendiert, worauf die Macht im Staat im zweiten Durchgang Ostermann zufiel. Doch das Regentenpaar lebte in Disharmonie, was neue Anforderungen an Ostermanns Talente des geschickten und listenreichen diplomatischen Taktierens stellte. Da er stärker auf die männliche Vernunft des Prinzen von Braunschweig setzte, verlor er Vertrauen und Achtung der Prinzessin Anna Leopoldowna. Als er durch seine Spione von den Anstrengungen der französisch-schwedischen Fraktion bei Hofe erfuhr, die in einer Art Polizeigewahrsam lebende Tochter Peters des Großen, Jelisaweta Petrowna, aus der politischen Isolation auf den Thron zu führen, trug er seine Befürchtungen wiederholt der Regentin vor, ohne jedoch bei ihr Gehör zu finden. So gelang es ihm nicht, den Staatsstreich Jelisaweta Petrownas zu verhindern, deren erstes namhaftes Opfer er folgerichtig wurde. Ostermann wurde vor Gericht gestellt und von einer Untersuchungskommission einer Reihe schwerwiegender Vergehen für schuldig befunden: Er hätte das geistige Testament der Kaiserin Katharina I. gezeichnet und es durch seine Thronhilfe für Anna Ioannowna gebrochen, das Manifest über die Thronfolge des Prinzen Ioann von Braunschweig verfaßt, der Regentin Anna Leopoldowna empfohlen, Jelisaweta Petrowna an einen »kümmerlichen« deutschen Prinzen zu verheiraten, Staatsposten Ausländern zugespielt und die Russen verfolgt. Damit war im dritten Durchgang auch dieses wandlungsfähigste Glied der deutschen »Trojka« am russischen Hof zu Fall gekommen. Ostermann wurde zum Tod durch das Rad verurteilt, aber zu lebenslänglicher Verbannung begnadigt. Gleichzeitig wurden seine Söhne,

Iwan und Fjodor Andrejewitsch Ostermann, ihrer militärischen Ränge und Orden beraubt. Nur mit Mühe gelang es den Söhnen Ostermanns später, unter der Regierung Katharinas II., die Lücke in ihrer Karriere durch besonderen Einsatz in der russischen Diplomatie und der hohen Verwaltung zu schließen. Die Tochter Ostermanns, Anna Andrejewna, entging dem Familienschicksal durch ihre Verheiratung mit einem Grafen Tolstoj. Ihr Enkel, Alexander Iwanowitsch Graf Tolstoj (1770–1857), erhielt von Katharina II. das Recht, nach dem Erlöschen der männlichen Linie Ostermann den Doppelnamen Ostermann-Tolstoj zu führen. Unter diesem Namen ging er als einer der führenden russischen Generäle der Infanterie in die Geschichte des antinapoleonischen Befreiungskampfes ein.

Galt Ostermann in russischer Sicht als ein Politiker machiavellistischen Schlags, so war Biron die Inkarnation des rohen und machtbesessenen deutschen Höflings. Ernst Johann Biron (1690–1772) entstammte einer deutschen Familie mit dem Namen von Bühren, die seit dem späten 16. Jahrhundert in Kurland ansässig war. Die Geschichte dieser Familie unbedeutender Militärs liegt im Dunkel, wobei heute feststeht, daß Ernst Johann schon 1723 Kammerjunker war, 1724 auf Vermittlung des Kurländers Keyserlingk am kurländischen Hof avancierte, 1725 Kammerherr und 1727 Oberhofmeister wurde. Von da an galt er allgemein als Favorit der früh verwitweten, vierunddreißigjährigen Herzogin Anna Ioannowna. Unter dem Einfluß Birons nahm die Herzogin 1730 in Moskau die Zarenkrone entgegen, um umgehend die mit ihr verbundenen »Conditiones« zu annullieren. Dem Titel des Oberkammerherrn folgte noch im gleichen Jahr die Grafenwürde des Römischen Reiches Deutscher Nation, die Kaiser Karl VI. in einer Gefälligkeitsgeste gegenüber der neuen Zarin der ihr am nächsten stehenden grauen Eminenz der politischen Geschäfte zukommen ließ. Wenig später trat die Kaiserin ihrem Günstling das kurländische Herzogtum ab, an das sie keine guten Erinnerungen besaß. Und aus Anlaß des Friedens von Belgrad (1739) erhielt Biron aus der Hand der Kaiserin auch die mit der kurländisch-erbherzoglichen Würde verbundene Dotation von einer halben Million Rubel.

Auf höchst fragwürdige Weise erlangte Biron unmittelbar vor dem Tod der Kaiserin ihre Zustimmung, sich nach ihrem Tod als »Regent« über die thronfolgeberechtigte »Braunschweigische Familie« zu stellen. Der von Münnich ausgeführte Palaststreich machte seiner Herrschaft jedoch bald ein Ende. Mit Familie und Anhang in die Feste Schlüsselburg am Ladogasee verbannt, wurde Biron einem erbarmungslosen Gericht unterzogen. Am 18. April 1741 wurde ein Manifest »über die Vergehen des vormaligen kurländischen Herzogs« veröffentlicht, in dem Biron schuldig gesprochen wurde, die Regentschaft durch Täuschung und Gewalt an sich gerissen, die Gesundheit der Kaiserin nicht geschont und »unerhörte Grausamkeiten« vollbracht zu haben; vorgeworfen wurde ihm ferner sein Bemühen, die kaiserliche Familie aus Rußland zu verdrängen, um sich selbst und seine Nachkommen in den Besitz des Thrones zu bringen, Deutsche in unmäßiger Weise protegiert und in das Hofleben eingeführt sowie den Spionagedienst verstärkt zu haben. Der Vorwurf einer generellen Mißachtung der Orthodoxie rundete den Schuldspruch ab, dem das Urteil der Hinrichtung durch Vierteilung folgte. Die Regentin Anna Leopoldowna milderte den Urteilsspruch durch lebenslange Verbannung nach Pelym bei Tobolsk ab. Schon nach einem Jahr erlaubte die neugekrönte Kaiserin Jelisaweta Petrowna Biron, in Erinnerung an frühere Verdienste, unter leichterer Haft in dem weit angenehmeren Jaroslawl zu leben. Doch Biron trug schwer an den Härten der Verbannung und erwachte erst zu neuem Leben, als ihn Peter III., der seiner Verachtung für alles Russische ebenso ungehemmt Ausdruck gab wie seiner unqualifizierten Bevorzugung alles Deutschen, aus der Verbannung befreite. Von den alten Ehren blieb ihm allein das kurländische Erbherzogtum verwehrt, das Peter III. seinem Oheim, dem Prinzen Georg von Holstein, zugedacht hatte. Die Gemahlin und Nachfolgerin Peters III., Zarin Katharina II., ernannte Biron jedoch kurz nach ihrer Krönung, im August 1762, erneut zum Herzog von Kurland. Nach sieben Jahren übertrug Biron das Herzogtum Kurland aus Altersgründen seinem Sohn Peter. 1772 starb er hochbetagt in Mitau. Der »ausländische Emporkömmling«, wie Biron im Volksmund hieß, hat durch seine Machtbesessenheit, gepaart mit dümmlicher Überheblichkeit und ungeschicktem Intrigantentum, seinen Stempel auf diese dunkle Zeit des russischen Zarentums gedrückt, der bis heute im Begriff der »Bironowschtschina« unauslöschliche Spuren im russischen Volksbewußtsein hinterlassen hat.

Neben dem äußerst begabten, aber zu hintergründigen Ränkespielen und Selbstherrlichkeit neigenden Diplomaten Ostermann und dem robusten, von Genußsucht und Brutalität getriebenen Günstling Biron verkörperte der gelehrte und erfahrene Hydrauliker und Festungsspezialist Münnich einen Deutschen von anderem Schrot und Korn. Burchard Christoph (ab 1728 Graf) von Münnich (russisch: Minich, 1683–1767)[6] entstammte einer bürgerlichen Familie der Grafschaft Oldenburg. Sein Vater hatte in verschiedenen Heeren gedient und war vom dänischen König mit der Aufsicht über die Wasserwege der Grafschaften Oldenburg und Delmenhorst beauftragt worden. Für seine Verdienste wurde er 1688 in den Adelsstand erhoben. Sein Sohn, Burchard Christoph von Münnich, erhielt eine solide wissenschaftliche Grundausbildung und diente dann unter verschiedenen Fahnen in den Ingenieurkorps. 1720 überreichte er dem russischen Gesandten in Warschau, Fürst Dolgorukij, seine Schriften über den Festungsbau und erhielt wenig später vom Zaren das Angebot, sich als »General-Ingenieur« in Rußland niederzulassen. Im Februar 1721 traf Münnich, der als selbstbewußter und hochgeschätzter Fortifikationsfachmann zunächst eine Reihe profitabler Bedingungen ausgehandelt hatte, in St. Petersburg ein. Hier wurde ihm die Aufsicht über die hydraulischen Arbeiten an der Ostseeküste und ab 1723 die Fertigstellung des komplizierten Ladoga-Kanals übertragen. Nach dem Tod Peters I. betrachtete es der weitsichtige Mann, der schnell eine gute Kenntnis der russischen Verhältnisse erlangt hatte, als notwendig, der Kaiserin neue »Konditionen« vorzulegen, die ihm einen breiten ökonomischen Handlungsspielraum in Rußland und Kompensationen für außerrussische Besitztümer garantieren sollten, falls diese durch außenpolitische Kursänderungen Rußlands für ihn unerreichbar würden. Seine Bedingungen wurden schon in der Regierungszeit Peters II. bestätigt und Münnich zugleich zum Oberaufseher des Festungsbaus ernannt. 1728 heiratete der damit hoffähige Adlige in zweiter Ehe die Witwe des Bojaren Oberhofmarschall Graf M. A. Saltykow, eine geborene von Maltzan. Obgleich Münnich sich durch hohe fachliche Leistungen und Erfolge auszeichnete, konnte er nun, da er in den Kreis des Hofes eingetreten war, auch den politischen Verführungen nicht widerstehen. Er sah abwartend zu, wie die Machtprobe zwischen der Moskauer Adelsfraktion und der Achse Ostermann – Anna Ioannowna – Biron ausgehen würde und schloß sich dann mit entwaffnender Aufrichtigkeit Ostermann an. Er wurde nun zum Mitglied des Kabinetts für militärische und auswärtige Angelegenheiten ernannt und übernahm 1731 den Vorsitz einer Sonderkommission, die eine Garde- und Heeresreform einleiten sollte. Da er diese Aufgabe in einer der Kaiserin gefälligen Weise ausführte und überdies bei seiner Arbeit mit den Garderegimentern in allzu nahe Berührung gekommen war, beschlossen Ostermann und Biron, den gefährlichen Aufsteiger aus Petersburg zu entfernen. Er wurde zuerst an die russische Westfront geschickt, wo er 1734 die Einnahme von Danzig durchführte, und dann vom polnischen Kriegsschauplatz an die türkische Front versetzt, wo er als Oberbefehlshaber der russischen Armee den Krim-Feldzug leitete, die Festungen Otschakow und Chotin und damit einen Teil Bessarabiens einnahm. Diese Feldzüge gegen das geschwächte türkische Heer verliefen so siegreich, daß Münnich bald vom Durchbruch durch die Donaulinie und von der Eroberung Konstantinopels, bald von der Führung eines moldauischen Fürstentums unter seiner Herrschaft träumte (hatte Biron nicht soeben auf noch leichterem Weg das Herzogtum Kurland erhalten!). Doch die diplomatische Lösung des Friedensschlusses von Belgrad (1739) machte einen Teil seiner militärischen Gewinne hinfällig, und sein Ruf als Feldherr hatte aufgrund seines erbarmungslosen Einsatzes russischer Soldaten und Offiziere und der ungewöhnlich hohen Verlustziffern durch Kämpfe und Krankheiten stark gelitten. Seine Hoffnungen erfüllten sich nicht. Deshalb konnten ihn seine natürlichen deutschen Rivalen, Biron und Ostermann, auch wieder in St. Petersburg tolerieren. Und er gehörte zum kleinen Kreis der Personen, die in den letzten Lebensstunden der Kaiserin Anna Ioannowna anwesend waren. Hier unterstützte er Biron zunächst in der Frage seiner Regentschaft, wurde aber schnell, nachdem Biron in Ton und Anmaßung weit über das Ziel hinausschoß, zum geheimen Ratgeber der Mutter des Thronfolgers. Münnich inszenierte den Palaststreich, der Biron in die Verbannung nach Pelym im Gebiet Tobolsk brachte, und wurde zum mächtigsten Mann im Staat, bis er selbst nach weniger als einem halben Jahr den Intrigen Ostermanns zum Opfer fiel. Nach dem Staatsstreich Jelisaweta Petrownas wurde nun Münnich für zwanzig Jahre in dasselbe Örtchen Pelym im Gebiet von Tobolsk verbannt, in das er zuvor seinen Rivalen geschickt hatte. In der Verbannung führte er ein streng protestantisch-asketisches Leben, sorgte allerdings dafür, daß der Kaiserin regelmäßig Projekte zur Fortifikation und zum Staatsaufbau und neben diesen Bitten um Begnadigung zugingen. Aber erst auf Befehl Peters III. konnte Münnich 1762 die Verbannung verlassen.

Obgleich sich Münnich weder mit der Außenpolitik noch mit der Militärreform des jungen Zaren befreunden konnte, war er ihm treu ergeben und versuchte, ihm besonders während des Staatsstreichs der Zarin, der künftigen Katharina II., durch Rat und Tat zur Seite zu stehen. Doch der tatenlose Zar folgte dem Rat des erfahrenen Feldmarschalls nicht und verspielte seine letzten Chancen.

Nach dem Tod Peters III. leistete Münnich der neuen Kaiserin den Treueeid und wurde von ihr zum Oberverwalter der russischen Ostseehäfen ernannt. Die junge Kaiserin brachte dem erfahrenen, alternden Militär viel Aufmerksamkeit entgegen und holte seinen Rat zu ihren Reformplänen ein.[7] Münnich starb, von der Öffentlichkeit kaum beachtet, in St. Petersburg. Als Mitbeteiligtem der Hofkamarilla in der »Bironowschtschina« blieb ihm – bei aller Größe seines militärischen und organisatorischen Talents – im russischen Bewußtsein der Makel von Machthunger und persönlichem Sicherheitsstreben nicht erspart.

Eine Betrachtung des spezifischen Charakters dieser »Bironowschtschina« bliebe realitätsfern, würden nicht auch die sozialen und wirtschaftlichen Aspekte jener Schreckensherrschaft erwähnt, die die an ihr beteiligten Männer errichteten. Die Zeit der »Fremdenherrschaft« unter Anna Ioannowna war nicht nur eine Periode der nationalen Schmach, in der sich das russische Volk von trunksüchtigen deutschen Höflingen gedemütigt fühlte; es war auch eine Ära der sinnlosen und kostspieligen Expansion des Hoflebens. Der Hof der vergnügungssüchtigen Herrscherin verschlang fünfmal mehr als unter dem sparsamen, jedoch keineswegs puritanischen Peter dem Großen. Und diese Gelder mußten eingebracht werden. Zugleich begünstigten die deutschen Favoriten und Minister auch höhere und subalterne deutsche Beamte in der Residenz und den Provinzstädten, die einerseits ihrer Lebensart und ihren Bedürfnissen entgegenkamen, sich andererseits dem bei Hofe herrschenden Stil nur allzugern anpaßten. Dies führte dazu, daß die russische Bauernschaft in unverantwortlicher Weise ausgepreßt wurde, bis schließlich vernichtende Hungersnöte und Epidemien den Bestand des geschwächten russischen Bauerntums bedrohten. Gleichzeitig waren permanent Strafexpeditionen im Gange, die von den verschuldeten Bauern Abgaben und Steuern eintreiben sollten. Diese Eintreibung erfolgte nicht selten unter Anwendung von Folter und Haft. Darüber hinaus entfaltete die Geheime Untersuchungskanzlei eine Tätigkeit der Verleumdung, Denunziation, Verdächtigung und Verfolgung, die mit der Verbannung oder Hinrichtung unzähliger unschuldiger Menschen – Bauern, Bürger sowie Mitglieder des russischen Adels – endete. Wer auch immer Unbehagen über das Regime von Biron und Gesellen zu erkennen gab, unterlag dem Terror dieser Kanzlei. Nach russischen Schätzungen wurden in diesen Jahren mindestens 20000 Personen unter härtesten Bedingungen nach Sibirien verbannt.

Verbitterung und Aufruhr hatten sich nach zehn Jahren Terrorherrschaft der »Fremden« oder »Deutschen« in Volk und Adel ausgebreitet. Deshalb war es einer kleinen Gruppe von Außenstehenden – unter ihnen der französische Gesandte in St. Petersburg, Marquis de la Chétardie, der Leibarzt der Tochter Peters des Großen, Armand L'Estocq, der »Kammer-Junker« Woronzow und der ehemalige Musikant Schwarz –, gestützt auf die Hoffnungen des Auslands, vor allem Frankreichs und Schwedens, nicht schwer, den Thronanspruch der Zarentochter Jelisaweta Petrowna anzumelden. Wiederum war es das Preobrashensker Garderegiment, das der neuen Zarin die Unterstützung gewährte. An der Spitze der Preobrashensker ritt die mannhafte Tochter Peters I. in der Nacht des 25. November 1741 in Offiziersuniform im Zarenpalast ein, weckte die Regentin Anna Leopoldowna mit den Worten: »Es ist Zeit aufzustehen, Schwester!« und verhaftete die »Braunschweigische Familie«. Diese wurde – wie auch die »Staatsverbrecher« Münnich, Ostermann, Löwenwolde und Golowkin – auf immer verbannt. Der Sieg Elisabeths über die unselige fremde Hofkamarilla wurde vom russischen Volk mit wahrer Begeisterung gefeiert.

Das Regierungsprogramm, das die zweiunddreißigjährige Monarchin Jelisaweta Petrowna (1741–1761) entwickelte, folgte zwei Leitlinien: Es sollte das Reformwerk Peters I. wieder aufrichten und zugleich den Mißbrauch in der Machtausübung, wie er in der Zwischenzeit eingetreten war, konsequent abbauen. Da das deutsche Element bei Hofe am stärksten von den neuen Machtmitteln Gebrauch gemacht hatte, war es nun auch am nachhaltigsten von den eingeleiteten Maßnahmen gegen die Ausländerherrschaft betroffen. Nicht allein der russische Senat wurde weitgehend von Ausländern gesäubert.

Die Säuberungswelle griff auch auf das gesellschaftliche und sogar kulturelle Leben über. Dieser Pendelschlag der Abrechnung mit den politischen und sozialen Vergehen der ehemals mächtigen Deutschen richtete sich nicht nur gegen die Biron und Löwenwolde, die den qualvollen Tod so hervorragender russischer Adliger wie der Dolgorukijs und Wolynskijs zu verantworten hatten. Er erreichte auch alle jene russischen Familien bei Hofe, die im Verdacht standen, an einer Restauration der »Braunschweigischen Familie« zu arbeiten; die dunkle Affäre Lopuchina diente jedem Russen, der sich mit der Ausländerherrschaft befreundet hatte, zur Warnung: Sie endete damit, daß Natalja Fjodorowna Lopuchina, eine vertraute Freundin des verbannten Höflings Löwenwolde, nach Verbreitung subversiver Gerüchte über die Zukunft der Braunschweigischen Dynastie in Rußland, zusammen mit Mann und Sohn, nach Abschneiden der Zunge, gerädert und hingerichtet wurde. Aber viele Russen dieser Art gab es nicht. Überdies leisteten der russische Klerus und die junge russische Wissenschaft das ihre, um die Wellen der massiven deutschen Präsenz, die sich über das Russische Reich ergossen hatten, mit geeigneten Mitteln einzudämmen.

Auf Betreiben des geistlichen Vaters der Kaiserin willigte diese im Herbst 1742 in die morganatische Ehe mit dem von ihr hochgeschätzten kleinrussischen Kosakensohn und späteren Grafen Alexej Grigorjewitsch Rasumowskij ein, eine Ehe, die bei Hofe und im Volk allgemeine Billigung fand und ein für allemal den Verdacht entkräftete, daß russische Zarinnen von charakterlosen deutschen Günstlingen umgeben seien. Auch in seinem eigenen Jurisdiktions- und Lehrbereich bemühte sich der russische Klerus, dem weiteren Eindringen der deutschen Macht und Kultur einen Riegel vorzuschieben. Das Anathema des Antichrist, das die altgläubige Orthodoxie auf Peter I. geworfen hatte, weitete die orthodoxe Kirche nun allgemein auf die deutschen Kräfte im russischen Staat aus, die als Verderber des wahren russischen Lebens und Glaubens gebrandmarkt wurden. Nicht selten weitete die homiletische Literatur dieser Jahre ihre Aversion gegen das deutsche Eindringen in Rußland auf die westeuropäische Kultur schlechthin aus. Dies führte unter anderem dazu, daß der geistliche Synod 1743 ein Einfuhrverbot ausländischer Bücher verhängte.

Die russische wissenschaftliche Publizistik schloß sich mit ihren Argumenten diesem Streben nach nationaler Eigenständigkeit an. Der Gelehrte M. W. Lomonossow, der als vermeintlicher Sohn Peters I. aus dem nordrussischen Bauerntum stammte und von Peters Tochter Jelisaweta kraftvoll gefördert wurde, entwickelte eine Auffassung vom Gang der russischen Aufklärung, die spätere Generationen russischer Wissenschaftler befruchten sollte: Er vertrat die Ansicht, daß die deutsche Dominanz in den russischen Institutionen der Entwicklung der russischen Gelehrten und der Entfaltung des russischen Bildungswesens keinen Raum gelassen und den Gang der russischen Aufklärung bewußt oder ungewollt gehemmt habe. Auf Drängen Lomonossows und unter tätiger Mithilfe des hochgebildeten jungen Moskauers I. I. Schuwalow wurden nun mehrere vorzügliche Bildungseinrichtungen geschaffen, die eine solide Basis für russische Gelehrsamkeit und Wissenschaft bilden sollten: 1755 wurde die Moskauer Universität gegründet, der zwei Universitätsgymnasien angeschlossen waren, 1756 gründete die Kaiserin laut Ukas das russische Theater zu St. Petersburg und 1757 erfolgte die Eröffnung der Kaiserlichen Akademie der Künste am Newa-Ufer der Wassilij-Insel in St. Petersburg.

Es entsprach dem russischen Grundverhalten von Toleranz und Kurzlebigkeit von Vorurteilen, wenn auch an diesen Institutionen schon nach wenigen Jahren eine namhafte Beteiligung deutscher Gelehrter, Wissenschaftler und Künstler zu verzeichnen war. Insbesondere dem vorurteilsfreien, aufklärerischen Geist des jungen Schuwalow war es zu verdanken, daß bald – nicht zuletzt dank der guten Auslandskontakte dieses ersten »Kurators« der Moskauer Universität – ein reger Zustrom junger deutscher Gelehrter einsetzte. Auf Empfehlung Johann Christoph Gottscheds trafen aus Leipzig der Historiker Christian Gottlieb Kellner und der Sprach- und Literaturwissenschaftler Johann Gottfried Reichel unmittelbar nach Abschluß ihrer Studien in Moskau ein. Frisch promoviert wurde Johann Christian Kerstens aus Stade für die Fächer Chemie, Physik und Metallurgie gewonnen. Auf Empfehlung des Göttinger Geographen A. F. Büsching wurde dessen Verwandter, der Jurist Philipp Heinrich Dilthey aus Schierstein, auf den ersten rechtswissenschaftlichen Lehrstuhl der neugegründeten Moskauer Universität berufen. Für das Fach Philosophie wurde Johann Friedrich Frommann aus Tübingen gewonnen; dieser wurde bei seinem Eintreffen von Matthias Schaden aus Preßburg begleitet, der alsbald zum Rektor eines der beiden Universitätsgymnasien ernannt wurde.

Auch die Kaiserliche Akademie der Wissenschaften, die unter der Leitung des unter der kurländischen Herzogin Anna Ioannowna arrivierten Kurländers Baron Johann-Albrecht Korff trotz einiger namhafter Berufungen – wie der des aus Memmingen stammenden Poetikers Jakob Stählin (1709–1785) – deutlich an Niveau verloren hatte, erlebte nun durch zahlreiche Neuzugänge einen merklichen Aufschwung. Als erster Deutschbalte wurde der Pernauer Georg Wilhelm Richmann zum Professor für Physik ernannt. Ihm folgten der Botaniker und Naturgeschichtler Johann Georg Siegesbeck aus Naumburg, der Philosoph Joseph Adam Braun aus Böhmen, der Professor für Mechanik Christian Gottlieb Kratzenstein aus Wernigerode im Harz, der Anatom Martin Kleinfeld aus Elbing, der schlesische Historiker Karl Friedrich Moderach, der Naumburger Botaniker Johann Christian Hebenstreit, der Berliner Astronom Augustin Nathanael Grischow, der Botaniker Joseph Gottlieb Koelreuter aus Sulz am Neckar, der Professor für Mechanik Ernst Johann Zeiher aus Weißenfels, der Physiker Franz Ulrich Theodor Aepinius aus Rostock und der sächsische Chemiker Johann Gottlieb Lehmann. Alle diese Männer gehörten bei ihrer Ankunft in Rußland zur Altersgruppe der jungen Wissenschaftler zwischen 25 und 45 Jahren, und viele von ihnen ließen sich für immer im Zarenreich nieder. Allerdings dominierten nun nicht mehr, wie zu Peters Zeiten, die Berufungen deutscher Wissenschaftler den personellen Bestand der Akademie. Andere Ausländer aus westlichen Ländern, vor allem aber Russen hielten zu etwa gleichen Teilen Einzug in die Kaiserliche Akademie.

Die antideutsche Stimmung, die Teile des Hofes und der Regierung Jelisaweta Petrownas charakterisierte, erhielt im Verlauf des Siebenjährigen Krieges (1756–1763), in dem Rußland zusammen mit Österreich, Sachsen, Frankreich und Schweden dem preußischen König Friedrich dem Großen gegenüberstand, neue Nahrung. Die außenpolitische Kollision mit dem erstarkenden Preußen zog auch innenpolitische Abwehrmaßnahmen nach sich, die erkennen ließen, daß sich das allgemeine Bewußtsein noch nicht vom Schock der »Deutschenherrschaft« erholt hatte. So geriet der russische Oberbefehlshaber, Feldmarschall S. F. Apraksin, aufgrund des unerwarteten Rückzugs der russischen Armee nach der siegreichen Schlacht von Großjägerndorf in Ostpreußen (19. August 1757) in den Verdacht, dem Preußenkönig Schützenhilfe zu leisten.

Umgehend breiteten sich am Petersburger Hof Gerüchte aus, die ganz und gar dem Szenario der Staatsstreiche unter den unglückseligen Vorgängerinnen der Kaiserin Elisabeth folgten. Im Zentrum stand nicht mehr die sogenannte Braunschweigische Familie, sondern die neue Prätendentenfamilie im kaiserlichen Palast: der Großfürst Pjotr Fjodorowitsch aus dem Haus Holstein-Gottorp und zukünftige Zar Peter III., seine Gemahlin, die Großfürstin Jekaterina, geborene Prinzessin Anhalt-Zerbst, und ihr Söhnchen, der Zarewitsch Pawel Petrowitsch. Die Gerüchte der einen Hoffraktion besagten, der Kanzler, Graf Bestushew-Rjumin habe Apraksin befohlen, das russische Heer zurückzuziehen, da er dem für seine Liebe zu Friedrich II. bekannten Großfürsten gefällig sein wollte. Gerüchte der anderen Fraktion wollten wissen, daß Apraksin unter dem Einfluß seiner Korrespondenz mit der Großfürstin Katharina, die durch Vermittlung Friedrichs II. an den russischen Hof gelangt war, den Abzug aus Ostpreußen angeordnet habe; und diese Korrespondenz sei durch die Hände des Kanzlers gegangen. Ein drittes Gerücht besagte schließlich, daß Graf Bestushew-Rjumin, der den Preußenverehrer Pjotr Fjodorowitsch zutiefst verachtete, in Anbetracht der schweren Krankheit der Kaiserin einen Staatsstreich geplant habe, um den Zarewitsch Pawel

Petrowitsch mit Unterstützung und unter der Regentschaft seiner Mutter, der Großfürstin Katharina, auf den Zarenthron zu erheben; deshalb habe er seinen Freund Apraksin zurückbefohlen, um die russische Armee in Reichweite zu haben. Aufgrund der vorausgegangenen Erfahrungen wurde diesen Gerüchten so viel Gewicht beigemessen, daß Bestushew-Rjumin seines Amtes enthoben wurde (ohnehin hatte er als Verteidiger des außenpolitischen Systems Peters I. nach dem russischen Allianzwechsel an Gewicht verloren); Feldmarschall Apraksin wurde nach der Genesung der Kaiserin laut Ukas vom 17. Oktober 1757 des russischen Oberbefehls enthoben und vor Gericht gestellt. Dieses Gericht, das in dreijähriger Untersuchung nicht die Spur eines Verdachts erhärten konnte, stellte erst mit dem Tod des gebrochenen Feldmarschalls seine Arbeit ein. Die Aussagen Apraksins, daß Proviantmangel seinen taktischen Rückzug notwendig gemacht hätte, wurden später durch die militärgeschichtliche Forschung erhärtet.

Daß die Befürchtungen mangelnder deutscher Loyalität auf dem Hintergrund dieses Krieges nicht ganz unbegründet waren, sollte wenig später der Fall Totleben[8] beweisen. Wenige Wochen, nachdem Apraksin während der Untersuchungen einem Schlag erlegen war, eroberte eine Vorausabteilung der russischen Armee, die berittenen Kosaken und Kalmyken des Generals Graf Totleben, die preußische Hauptstadt Berlin (28. September/9. Oktober 1760). Am nächsten Morgen setzte Totleben seinen Armeechef, Graf Tschernyschew, darüber in Kenntnis, daß er in dieser Nacht die Urkunde über die Kapitulation von Berlin unterzeichnet habe. Während die Bevölkerung Berlins für Tage unter der Kosakenwut litt, war Friedrich der Große, der nun den Ruin seiner Armee und seines Landes vor sich sah, so tief von dieser Nachricht erschüttert, daß sie ihn – nach seiner eigenen Darstellung – noch lange Zeit im Traum verfolgte.

Der Eroberer von Berlin, General Gottlieb Heinrich Graf Totleben (1710–1773), war als Sachse in den Heeresdienst der Kaiserin Elisabeth getreten. Der eigenwillige und hochfahrende Mann hatte sich jedoch so gründlich mit seinen russischen Vorgesetzten überworfen, daß er nach der Einnahme von Berlin, auf dem Höhepunkt seines militärischen Erfolgs, ein Abschiedsgesuch an die Kaiserin richtete. Diese glaubte, auf Totleben nicht verzichten zu können und lehnte sein Gesuch ab, gab ihm aber durch Herauslösung seines Reiterregiments aus dem Armeeverband Tschernyschews größte Selbständigkeit. Was Totleben veranlaßte, während des nächsten halben Jahres geheime Verbindungen zum Preußenkönig herzustellen und ihm die für die preußische Kriegsführung gegen Rußland essentiellen russischen Aufmarschpläne mitzuteilen, ist nie bekannt geworden; die Tatsache, daß sein Bruder in Sachsen nun mit Preußen und sein eigener Sohn sogar im preußischen Heer kämpfte, mag seinen Loyalitätskonflikt vertieft haben. Bekannt ist, daß Totleben aus seinem Winterlager in Pommern im Januar/Februar 1761 Verhandlungen mit dem preußischen Befehlshaber Pommerns, Herzog von Braunschweig-Bevern, führte und diese Berührung mit dem Feind dazu benutzte, dem preußischen König seine persönliche Devotion und seinen Wunsch mitteilen zu lassen, in preußische Dienste zu treten. Der König, der sich durch mehrere Sendboten von der Echtheit dieses Anliegens überzeugte, entschied, daß ihm die Mitteilungen eines Generals der russischen Truppen wertvoller seien als die Dienste eines eitlen und streitsüchtigen Generals im eigenen Heer.

Totlebens Begehren – Restituierung seiner preußischen Besitztümer, Erwerb der Johanniter-Ordens-Kommende Werden sowie geeignete Verwendung seines Bruders – wurden nicht abgewiesen, solange er dem preußischen König zunächst getreulich Bericht über die russischen Bewegungen gab. So wurde Totleben in der Sicht des preußischen Generalstabs zu Seiner Majestät »gutem Correspondenten«, der die russischen Operationspläne möglicherweise wirklich soweit preisgab, wie sie ihm selbst bekannt waren. Um sich eine letzte Gewißheit über den Wert seines Informanten zu verschaffen, beauftragte Friedrich II. schließlich im Juni 1761 den Berliner Kaufmann Gotzkowsky, der seit Totlebens Berlin-Expedition die Abwicklung der Kontributionen leitete, mit einer genauen Überprüfung des Generals. Gotzkowskys Bericht beseitigte die letzten Zweifel; er hatte sich

> »alle Mühe gegeben, den General recht auszustudiren und zu erforschen, ob die gute Gesinnung, so er zu haben scheinet, Wahrheit oder Verstellung sey. So sehr ich mich auch von dem ersten überzeugt halte, so würde ich doch meiner eigenen Überzeugung nicht getrauet haben, wenn nicht alle Land Räthe, Edelleute, Civil Bediente, Bürger und Bauern, die ich nur in Städten und Dörfern anzutreffen hatte, einstimmig das Zeugnis abgelegt haben, daß er mehr als ein Beschützer von ihnen als ein feindlicher General geachtet zu werden verdiene. Bey diesen Umständen, da ich drei gantze Tage in seinem Zelte zugebracht und wenig von seiner Seite kahm, bemerkte ich aus denen häufigen Briefen, die er sowohl aus Petersburg selbst, als auch von der Hauptarmée erhielte, daß er bey beyden in großem Ansehen stehet. Ich war gegenwärtig, da ein achtzigjähriger Greis, so einen Patriarchen vorstellet, eben aus Petersburg ankam, welcher den Graf in der Kayserin Namen grüßen und segnen mußte mit der Versicherung, daß sie täglich von ihm rede und das reiche Kleid, so er ihr geschicket, an allen Gala Tagen trüge. Ich melde diese Kleinigkeit bloß, weil ich sie mit angehöret, denn was kann von Frauens, und wenn es auch Kayserinnen seyn, vor größere Nachricht herkommen…«

Der nächste Vertrauensmann des preußischen Königs, der Graf Totleben aufsuchen sollte, kehrte nicht mehr zurück. Der jüdische Handlungsreisende Sabatky und sein Sohn trafen am 29. Juni 1761 im neumärkischen Städtchen Bernstein mit Totleben zusammen. Nach ausführlicher Besprechung wurden die drei Männer von einigen Stabsoffizieren Totlebens arretiert und nach Landsberg gebracht. Es gelang Totleben, seinem preußischen Quartierwirt einen Zettel mit den Worten zuzuschieben:

> »Ein Confident, den mir der König geschickt, ich und alle meine Equipage sind heute arretiret, ich bitte diese Nacht allarm zu machen, hier das Lager oder in Landsberg zu attaquiren, damit ich Gelegenheit habe wegzukommen.«

Diese Nachricht erreichte die preußische Heeresleitung erst, als Totleben bereits vor einem russischen Kriegsgericht stand. Dort wurde er zum Tode verurteilt, aber unter Verlust von Rang und Orden begnadigt. Sieben Jahre später zeichnete er sich in den Kämpfen im Kaukasus durch Kühnheit aus, was die neue Kaiserin, Katharina II., veranlaßte, ihm vollends zu verzeihen. Ohnedies war sein Verrat nach dem Thronantritt Peters III. gegenstandslos geworden, da nunmehr das Bündnissystem zugunsten Preußens geändert und das den Preußen abgerungene Territorium zurückerstattet worden war. Unter diesen veränderten politischen Umständen konnte Graf Totleben ruhigen Gewissens in Rußland bleiben.

Dieser außenpolitische Kurswechsel wäre unter der Zarin Elisabeth undenkbar gewesen. Er erfolgte unmittelbar nach ihrem Tod (25. Dezember 1761/5. Januar 1762) und war die erste politische Willensbekundung ihres Neffen, des neuen Kaisers Peter III.[9] Karl Peter Ulrich von Holstein-Gottorp (1728–1762) war als Enkel Peters I. und Sohn der Vollschwester Jelisaweta Petrownas, Anna Petrowna, schon 1742, ein Jahr nach dem Thronantritt der Kaiserin, nach Rußland geholt und zum russischen Thronfolger ernannt worden. Die Kaiserin erkannte jedoch bald, daß ihr Neffe, der zugleich Prätendent auf den schwedischen Thron war und eine preußisch-militärische, protestantische Erziehung genossen hatte, weder Sympathie für seine russische Umgebung noch verantwortungsvolle Hingabe an sein künftiges Amt entfaltete.

Seine Charakterschwächen – die anhaltende Infantilität, das Soldatenspiel mit Puppen und Hunden, sein unermüdliches Geigespiel, mit dem er insbesondere seine völlig unmusikalische Gattin enervierte – stellte der Thronfolger so ostentativ zur Schau, daß die heutige Psychologie in ihnen eine Art Abwehrmechanismus gegen eine ungeliebte und ungewollte Rolle sehen würde. Peter Ulrich betonte offen, daß er, wäre er gefragt worden, den schwedischen Thron und den Protestantismus vorgezogen hätte, und sprach von dunklen Vorahnungen über sein Ende in Rußland. So flüchtete er in endlose Trinkgelage und umgab sich mit Tausenden wohlgerüsteter holsteinischer Offiziere und Soldaten, was seine Ängste jedoch nicht beseitigen konnte. Der deutsche Erzieher, das Akademiemitglied Stählin – selbst noch ein Neuankömmling in Rußland –, vermochte die Fremdheit des Thronfolgers gegenüber diesem Land und Volk nicht zu beseitigen. Trotz allem war das Romanowsche Erbe in ihm nicht zu verkennen, das vor allem in seiner souveränen Verachtung der Orthodoxie und seinem maßlosen Sich-Hinwegsetzen über die Reglements des Hofes und der Sitten zum Ausbruch kam.

Nichts von alldem – weder eine ängstliche Sensibilität gegenüber der Macht über dieses gewaltige Reich noch die exzessive Turbulenz der Romanowschen Natur – belastete die junge Gemahlin des Thronfolgers während ihres Eingewöhnungsprozesses am russischen Hofe. Sophie Auguste Friederike Prinzessin von Anhalt-Zerbst (1729–1796), die mit fünfzehn Jahren 1744 mit dem russischen Thronfolger vermählt wurde, hatte zur Macht ein einfaches, durch keinerlei charakterliche Kompliziertheiten getrübtes Verhältnis: sie begehrte sie. Als dem jungen Mädchen in dem kleinen, unbedeutenden Fürstentum Anhalt-Zerbst drei Eheverbindungen zur Auswahl standen, entschied sie sich nach kurzem Überlegen für das russische Angebot. Das Kind überraschte seine Eltern und die russischen Brautwerber durch sein politisch weitsichtiges Kalkül, als es schnellstens eine handschriftliche Notiz mit dem Vers zirkulieren ließ: »Augure de tout, que Pierre III sera ton époux.« Die besorgte Mutter beruhigte sie mit der Erklärung, »que c'étoit une fortune pour moi«.[10] Und kaum am russischen Hofe eingeführt, ließ sie keinen Zweifel daran bestehen, daß ihr Sehnen und Verlangen nicht ihrem großfürstlichen Gemahl, sondern der Krone Rußlands galt. Als wenige Monate nach dem Eintreffen von Mutter und Tochter Anhalt-Zerbst im Winterpalast der Leibarzt und Vertraute der Kaiserin, L'Estocq, die beiden deutschen Gäste aufforderte, umgehend die Sachen zu packen und nach Deutschland abzureisen, der Thronfolger aber ungerührt der Szene beiwohnte und von der Idee der Trennung keineswegs betroffen schien, bemerkte die künftige Zarin in ihren Aufzeichnungen: »Auch mir war sie ziemlich gleichgültig, aber die Krone Rußlands war es mir keinesfalls.«

In 18 Jahren des Wartens und der Vorbereitung, während derer es nicht an Demütigungen, tiefster Einsamkeit und verletzenden Intrigen fehlte, konzentrierte sich die disziplinierte und wohlausgebildete Großfürstin auf ihr strategisches Ziel. Ihr einfaches, klares Naturell, ihre kulturellen und geistigen Fähigkeiten und besonders ihre wohlbedachte und zugleich echt empfundene Anpassung an die Orthodoxie und die russischen Lebensformen machten sie zu einem wohlgelittenen und -angesehenen Mitglied der kaiserlichen Familie. Die deutsche Prinzessin verstand es weit besser, den Anforderungen des russischen Lebensstils und des Klerus zu genügen als ihr aus Romanowschem Erbe geformter Gemahl. Es resultierte aus ihrer Art der Adaptation, einer Überanpassung an die russische Umgebung, wenn sie sich von deutschen Einflüssen, deutschen Bediensteten und Gesprächspartnern weitgehend fernhielt. Und es entsprach der russischen Weitherzigkeit und Souveränität, wenn der Thronfolger sich über kleinliche Bedenken hinwegsetzte und sich in erster Linie mit Deutschen umgab. Er löste damit nicht nur permanent Befürchtungen seiner kaiserlichen Tante aus, die sich zunehmend an die alten Zustände der »Fremdenherrschaft« erinnert fühlte, sondern erfuhr auch schärfste und intransigente Kritik aus dem Munde und der Feder seiner Gemahlin. Bei all seinen ins Auge springenden Untugenden war es aus der Sicht der peinlichst um extreme Anpassung bemühten deutschen Prinzessin sein größter Fehler, daß er neben seinen holsteinischen Truppen auch noch eine Menge gestrandeter deutscher Militärs, deklassierter und verarmter Adliger und allerlei Abenteurer aus deutschen Landen an seinen großfürstlichen Hof zog. Völlig verarmt und oft – wie etwa im Fall des ihr verhaßten Brockdorff – heruntergekommen, trafen diese Deutschen in Petersburg ein, um in kurzer Zeit herausgeputzt und mit Pferd, Wagen und Dienerschaft ausgestattet, ihren Einfluß am Hofe des Großfürsten geltend zu machen. Den Prototyp dieses deutschen Emporkömmlings hat die Großfürstin Katharina in der Gestalt Brockdorffs gesehen und beschrieben:

»...il étoit si vicieux, qu'il prenoit de l'argent de quiconque vouloit lui en donner, et pour que son August maître ne trouva pas à dire avec le tems à ses concussions, le voyant toujours necessiteux, il le persuada d'en faire autant et lui procuroit de cette façon autant de pécuniaire, qu'il pouvoit, en vendant des ordres et des titres holstinois à qui en vouloit payer, ou en faisant solliciter par le Grand Duc et pousser dans les différents dicastères de l'Empire et au Sénat, toutes sortes d'affaires, souvent injustes, quelquefois même onéreuses à l'Empire, comme des monopoles et d'autres octroys, qui n'auroient jamais passés d'ailleurs, parce qu'ils étoient contraires au loix de Pierre I. Outre cela mr. Brockdorf jeta le Grand Duc plus que jamais dans la boisson et dans la crapule, l'ayant entouré d'un ramas d'avanturiers et de gens tirés des corps de garde et des tavernes, tant de l'Allemagne, que de celles de Pétersbourg, qui n'avoient ni foy, ni loi, et ne faisoient que boire, manger, fumer et parler avec grossièreté des balivernes.«[11]

Derselbe Brockdorff lehrte – nach den Worten Katharinas – den zukünftigen Zaren, daß man eine Armee dadurch stärker und kampffähiger mache, daß man alle Verwundeten einfach töte. Und seine Ansicht über das russische Volk bestand darin, »que tout russe étoit fourbe et traître, et quelques conseillers allemands en viendroient aisément à bout«.[12]

Die Befürchtungen, die sich angesichts dieses Treibens am Hofe des Thronfolgers in der russischen Hofgesellschaft ausbreiteten, schienen ihre Bestätigung zu finden, nachdem Pjotr Fjodorowitsch noch am Todestag der Kaiserin, am 25. Dezember 1761, zum Zaren Peter III. gekrönt worden war. Sein außenpolitisches *volte face*, der Friedensschluß mit dem preußischen Feind auf dem Rücken vieler Tausender in diesem Krieg gefallener russischer Soldaten, brachte ihn in den Verdacht, ein preußischer Agent auf dem Zarenthron zu sein. Und selbst all die liberalen innenpolitischen Maßnahmen, die der junge Zar in seiner halbjährigen Regierungszeit ergriff, wie die Befreiung des Adelsstandes von der Dienstpflicht, die Aufhebung der verhaßten Geheimkanzlei und die Einleitung der Säkularisierung des Kirchenlandes, fielen in der russischen Gesellschaft auf keinen fruchtbaren Boden. Im Gegenteil erboste seine Militärreform nach preußischem Vorbild die Armee, seine Liberalisierung der religiösen Praxis die russische Kirche. Der Boden war für jenen Wechsel bereitet, auf den »die Deutsche« am Zarenhof seit langem hingearbeitet hatte.

In der Nacht zum 28. Juni 1762 nahmen Offiziere des Ismaïlowschen und Semjonowschen Garderegiments, angeführt vom Bruder des Favoriten Katharinas, Alexej Orlow, den Winterpalast ein und brachten den Zaren in den Palast von Ropscha. Am selben Tag wurde die Seele dieser Verschwörung zur Kaiserin Katharina II. ausgerufen. Sie besaß nun – im Moment ihres Triumphes – nicht einmal die menschliche Größe oder auch mitleidige Nachsicht, dem leise abtretenden und sich ihrem Drang zur Macht in keiner Weise widersetzenden Zaren seinen letzten Wunsch zu erfüllen: ihm seine Geige, seinen Hund und seine Mätresse, Jelisaweta Woronzowa, nachzuschicken. Im Palast von Ropscha starb Peter III. am 7. Juli 1762, vermutlich von der Hand Alexej Orlows. Die Frage, ob Katharina II. diesen politischen Mord offen oder stillschweigend gebilligt hat oder aber durch diese Tatsache überrascht wurde, ist nie geklärt worden.

Mit diesem Staatsstreich, unterstützt durch die Garde, hatte Katharina II. erreicht, was sie nach eigener Einschätzung immer gewußt und gewollt hatte: die russische Krone auf ihrem Haupt zu tragen. Als erste Deutsche auf dem Zarenthron war sie sich allerdings zeit ihres Lebens ihrer eigenen Machtbedürfnisse ebenso bewußt wie der Machtbestrebungen anderer deutscher Prinzen und Prinzessinnen in ihrem Entourage. Sie unterhielt deshalb nicht nur mit Preußen und den anderen deutschen Fürstentümern, sondern auch zu den Deutschen am russischen Hof eine von Vorsicht und Achtsamkeit geleitete Beziehung. Die Wahl der Eheverbindungen für ihren Sohn und ihre Enkel führte sie mit großem Bedacht aus. Dennoch ließen sich auch in ihrer Zeit deutsche Machtbestrebungen am russischen Hof (wie etwa die massive Intrige des württembergischen Anhangs der zweiten Frau ihres Sohnes und Nachfolgers Paul zugunsten ihrer vorzeitigen Abdankung) nicht vermeiden. Und die Deutschen am russischen Hof blieben – dem psychologischen Gesetz der erwarteten Wiederholung folgend – in ihren Augen immer eine Quelle der Gefahr. Nicht anders ist es zu erklären, daß die alternde Kaiserin an das Ende ihres politischen Testaments *(Zaveščanie)* aus dem Jahr 1792 die Warnung vor dem Einfluß der Deutschen am russischen Hof stellte[13]:

> »Dlja blaga Imperii Rossijskoj i Grečeskoj sovetuju otdalit' ot del i sovetov onych Imperii Princov Virtemberchskich i s nimi znat'sja kak vozmožno menee, ravnomerno otdalit' ot sovetov oboich pol nemcov.«
> (»Zum Wohle des Russischen und Griechischen Reiches rate ich, die Württembergischen Prinzen von den Angelegenheiten und beratenden Organen dieser Reiche fernzuhalten und mit ihnen den wenigstmöglichen Umgang zu pflegen, und gleichermaßen Deutsche beiderlei Geschlechts von Räten und Empfehlungen fernzuhalten.«)

Man könnte in diesem letzten, nicht zuletzt auf Selbsteinsicht basierenden Rat der Kaiserin eine Ahnung und Vision erblicken, die die Zeit bis zum Ende der Dynastie Romanow umspannte, an dem der für Rußland verderbliche Einfluß der letzten deutschen Prinzessin beim Zarenthron stand.

IV.
Katharina II.
Massiver Zuzug deutscher Fachkräfte ins Russische Reich

Kaiserin Katharina II., die Rußland von 1762 bis 1796 regierte, war ein Kind der Aufklärung in Mitteleuropa. Sie wurde zur Begründerin des aufgeklärten Absolutismus in Rußland.[1] Als aufgeklärte Herrscherin über einen absolutistischen Staat war die Zarin – wie auch ihre Zeitgenossen Friedrich II. von Preußen und Maria Theresia von Österreich – von dem Bewußtsein durchdrungen, daß der Ruhm des Herrschers vom Wohlstand seiner Untertanen untrennbar sei und beide nur durch vermehrten Reichtum des Landes zu sichern seien. Aus diesen Überlegungen heraus verfolgte Katharina II. seit Beginn ihrer Herrschaft zwei Ziele: die Ausweitung des Reiches, seine Fruchtbarmachung, seine wirtschaftliche und soziale Durchdringung sowie seine Besiedlung mit der größtmöglichen Zahl arbeitsamer Untertanen. Das theoretische Rüstzeug zur Formulierung dieser Ziele hatte sich die junge Großfürstin in intensiven historischen, soziologischen und politischen Studien angeeignet. Schon in der Zeit ihrer Vorbereitung auf die großen Aufgaben der Alleinherrscherin des mächtigen europäischen Großreichs hatte sie Maximen aufgestellt, die später als praktische Leitlinien ihre Innen- und Außenpolitik bestimmen sollten. Diesen Maximen lagen Vorstellungen zugrunde, die sie sich auf ihren ausgedehnten Reisen durch die gewaltigen Weiten des Russischen Reiches gebildet hatte. Für das weite und dünn bevölkerte Reich, so schrieb sie damals, sei Frieden das erste Gebot:

> »Der Frieden ist notwendig für dieses weite Reich. Wir brauchen Völkerschaften, und keine Zerstörungen. Laßt unsere gewaltigen Wüsten von Leben wimmeln, wenn immer das möglich ist!... Was das Äußere angeht, so gibt uns der Frieden sehr viel mehr jenes ruhige Gleichgewicht an die Hand, als die Zufälligkeiten eines doch immer verderblichen Krieges.«[2]

Welche Größenordnungen die junge Großfürstin dem Russischen Reich der Zukunft beimaß, wird aus einem weiteren Aphorismus deutlich:

> »Das Kaspische Meer mit dem Schwarzen Meer verbinden, und beide zusammen mit der Nordsee, den Handel mit China und Ostindien durch das

> Tatarenland laufen lassen, das bedeutet, dieses Land zu einem Grad von Macht zu erheben, der über dem der anderen Reiche Asiens und Europas liegt. Und wer könnte der unbegrenzten Macht eines absoluten Fürsten, der ein kriegerisches Volk regiert, Widerstand leisten?«[3]

Für das Innere dieses neuen Großreichs aber galt als vordringlicher Wunsch:

> »... der Überfluß muß in ihren Häusern herrschen, aber nicht der falsche Überfluß, der auf unbezahlten Schulden fußt. Denn anstelle der Größe *(grandeur)* wäre dies nur eine lächerliche Prahlerei, über die sich die Ausländer lustig machen würden. Ich will, daß das Land und seine Einwohner reich werden. Das ist der Grundsatz, von dem ich ausgehe.«[4]

Mit diesen Maximen ihrer Politik – sie wurden in dem Wahlspruch des aufgeklärten Absolutismus zusammengefaßt, nach dem der Ruhm des Monarchen und der Reichtum des Landes aus dem Wohlstand und der Zahl der Untertanen resultieren – befand sich die russische Zarin in enger Gemeinschaft mit den Herrschern der mitteleuropäischen Reiche ihrer Zeit. Und wie diese, so war auch sie um eine kräftige Ankurbelung der technisch-wissenschaftlichen Forschung zum Zweck der Durchdringung und Belebung ihres Reiches sowie um die Anwerbung einer möglichst großen Zahl geeigneter Arbeits- und Fachkräfte mit dem Ziel seiner planmäßigen Kolonisierung bemüht. Auf beiden Gebieten, dem technisch-wissenschaftlichen wie dem kolonisatorischen, erhoffte sich die geborene deutsche Prinzessin von den menschlich-fachlichen Ressourcen ihres Herkunftslandes eifrigste Unterstützung und größtmöglichen Nutzen.

1. Wissenschaft und Forschung

Um die Bevölkerungszahl und den Wohlstand der Familien zu steigern, mußte – das hatte schon die junge Großfürstin aus nächster Ansicht des russischen Landlebens erkannt – zuerst die hohe Kindersterblichkeit im Land beseitigt werden. Mit Aufmerksamkeit hatte die junge Mutter verfolgt, daß in der russischen Bauernfamilie dieser Zeit von zehn bis zwölf Kindern höchstens zwei bis vier überlebten. Sie hatte, auch angeregt durch die Gespräche mit Lomonossow und anderen führenden russischen Wissenschaftlern dieser Jahre, daraus den Schluß gezogen:

> »Man muß diese hohe Sterblichkeit beseitigen, muß fähige Ärzte konsultieren, die mehr Philosophen sind als Ärzte üblicherweise, und man muß eine allgemeine Regel aufstellen..., denn ich bin überzeugt, daß die geringe Pflege, die man den kleinen Kindern angedeihen läßt, die Hauptwurzel dieses Übels ist.«[5]

Von den ersten Jahren ihrer Regierungszeit an bemühte sich die Kaiserin daher, medizinisches Fachpersonal aus dem Ausland zur Entwicklung der ärztlichen Wissenschaft im eigenen Land sowie zur Hebung des Niveaus der ärztlichen Praxen zu gewinnen. So lenkte man in den ersten Jahren ihrer Regierung vornehmlich bei Ärzten und führenden Medizinern durch gezielte persönliche Ansprache die Aufmerksamkeit auf den Mangel des Russischen Reiches an qualifizierten Kräften, während in den späteren Jahren, unter dem Druck der wachsenden Erfordernisse, breitere Werbeaktionen eingeleitet wurden.

Einer der ersten deutschen Ärzte, der einer individuellen Berufung nach St. Petersburg folgte, war Dr. Melchior Adam Weikard, der 1784 zum Leibarzt der Kaiserin wurde. Neben ihm traf aus Berlin der Anatom und Physiologe Kaspar Friedrich Wolf ein, der 1767 zum Mitglied der Petersburger Akademie der Wissenschaften ernannt wurde. Und ein dritter Zugang dieser frühen Jahre war der Hamburger Wundarzt J. J. A. Schmidt, der 1784 zum Doktor der Medizin avancierte. Der erste Türkenkrieg, den die Kaiserin ab 1768 zur Vergrößerung des russischen Territoriums führen ließ, machte ihr nicht nur deutlich, wie dringend eine größere Menge von Ärzten, insbesondere von gut ausgebildeten Operateuren für die russische Armee, benötigt wurde; viele kleinrussische Soldaten hatten sich auch an der Pest infiziert und verschleppten diese Seuche 1770 während ihres Heimaturlaubs in die ukrainischen Dörfer und Städte. Von dort griff die Epidemie im Frühjahr 1771 auf Moskau über und breitete sich hier so stark aus, daß täglich Hunderte von Menschen starben. Die abergläubischen Bewohner der alten Hauptstadt machten die Ärzte für die Verbreitung der Seuche verantwortlich und gingen tätlich gegen sie vor. Erst als Graf Grigorij Orlow, zu dieser Zeit der engste Vertraute der Zarin, im September 1771 in Moskau eindrang und mit eiserner Hand die Revolten abdrosselte, ging auch die Seuche zurück. Sie hatte mehr als 130000 Menschen hinweggerafft. Diese Erfahrungen bewogen die Zarin, eine breitangelegte Kampagne zur Anwerbung deutscher Ärzte zu veranlassen. Aus Berlin trafen schon 1770 dreizehn Ärzte, später aus Dresden und Berlin je zwölf Ärzte und aus Danzig ein Arzt ein. Die meisten von ihnen wurden sofort zur russischen Armee kommandiert.

Auch die Verwaltungsreform, die ab Mitte der siebziger Jahre durchgeführt wurde, verdeutlichte, wie schwach das ärztliche Versorgungswesen in vielen der neuentstehenden Gouvernements und Kreise entwickelt war. Für die Einrichtung ziviler Medizinalämter in allen Teilen des Reiches wurden gutausgebildete und tatkräftige Ärzte benötigt. Daß sich die Kaiserin wiederum vor allem auf die Bereitschaft deutscher Ärzte zur Übersiedlung nach Rußland stützte, ergab sich aus ihrer allgemeinen Hochachtung vor den deutschen Wissenschaftlern. Ihrem Pariser Korrespondenten, Baron Friedrich Melchior Grimm aus Regensburg, den sie nur allzugern für den Petersburger Hofdienst gewonnen hätte, teilte die begeisterte Kaiserin 1783 in ihrer »Correspondance Littéraire« mit: »Ah, que l'Allemagne a des gens de mérite en ce moment! Ah, qu'il fait bon d'y pêcher!« Zu dieser Zeit setzte sie gerade in Deutschland eine neue Werbekampagne in Gang. Anfang 1786 beauftragte Katharina II. ihren Korrespondenten in Hannover, den königlichen Leibarzt Dr. Johann G. Zimmermann, 24 Ärzte für den zivilen Dienst im Russischen Reich zu gewinnen. Zimmermann, der schon zuvor Ärzte und andere Fachkräfte nach Rußland vermittelt hatte, nutzte mit Eifer alle seine Beziehungen, um energische, ausreisewillige Ärzte vorschlagen zu können. Noch im selben Jahr konnte er eine Liste mit 18 Namen und wenig später eine weitere Liste mit fünf Namen nach Petersburg schicken, und bald war auch der letzte der 24 Anwärter nominiert. Unter diesen anreisenden Medizinern befanden sich in erster Linie ältere und erfahrene Doktoren, zum Teil aber auch jüngere, noch nicht promovierte Anfänger. Zimmermann selbst hatte die Dienstverträge ausgearbeitet und dabei unter anderem auch finanziell günstige Bedingungen festgelegt. Die Gehälter der ausreisenden Mediziner lagen – je nach Qualifikation – zwischen 800 und 500 Rubel pro Jahr, hinzu kamen Reisegelder von 400 bis 600 Rubel je nach Kopfzahl der Familie. Diese Gruppe von 24 Ärzten wurde von zwei erfahrenen älteren Ärzten geleitet, Dr. Meier aus Hamburg und dem Chirurgen Meinshausen. Nach ihrer Ankunft meldeten sich einige der 26 neu anreisenden deutschen Mediziner für den Dienst im Heer und in der Flotte, andere, wie Dr. Konrad Heinrich Brandau und der Chirurg Christoph Elias Heinrich Knackstädt, erhielten eine Professur am deutschsprachigen Chirurgischen Institut zu St. Petersburg; nach einigen Jahren erkannte das Medizinalkollegium in Petersburg den Ärzten Knackstädt, Koeppen und Meinshausen die Doktorwürde zu. 1792 wurde mit Dr. Konrad Friedrich Uhden ein weiterer, neu zugereister deutscher Arzt zu ihrem Kollegen am gleichen Institut ernannt. Dr. Ellisen, der ebenfalls mit ihnen angereist war, ließ sich als frei praktizierender Arzt in der Hauptstadt nieder und wurde dort zum Stadtphysikus und Mitglied der höchsten medizinischen Verwaltungsbehörde des Reiches ernannt. Dr. Meticke, der die Karriere eines Militärarztes begann, wurde später, zur Zeit des antinapoleonischen Krieges (1812), als Mitarbeiter des berühmten Professors Loder zu einem der Organisatoren des russischen Lazarettwesens. Ein weiterer Arzt dieser Gruppe, Dr. Meyer, nahm seinen medizinischen Dienst in Saratow, dem Zentrum der damaligen deutschen Kolonistensiedlungen an der Wolga, auf. Er erwarb sich große Verdienste um die Hebung der ärztlich-hygienischen Betreuung der Bevölkerung des Wolgagebietes und wurde 1793 von der Akademie der Wissenschaften mit der Ernennung zum Korrespondierenden Mitglied ausgezeichnet.

Die Förderung der ärztlichen Wissenschaft, der Ausbildung und Betreuung war eine wesentliche Vorbedingung zur Verringerung der Sterblichkeit und

Erhöhung der Fruchtbarkeit der Bevölkerung. Doch eine genaue Kenntnis des Landes, die präzise Erfassung seiner Geographie und Bodenbeschaffenheit, seiner Flora und Fauna, waren nötig, wollte man den Wohlstand der Bevölkerung und den Reichtum des Landes mehren. Persönlich oder durch Vermittlung ihr bekannter ausländischer Wissenschaftler und Gelehrter berief Katharina II. eine Reihe deutscher Wissenschaftler nach Rußland, deren Forschungsaufträge und Expeditionen zur besseren Kenntnis des Landes beitragen sollten. Einer der führenden universellen Naturwissenschaftler jener Zeit, der sich in Rußland niederließ, war der Berliner Professor für Naturgeschichte Peter Simon Pallas (1741–1811).[6] Pallas, der sich bereits in Deutschland, England und den Niederlanden als enzyklopädischer Wissenschaftler einen Namen gemacht hatte, traf 1767 auf persönliche Einladung der Zarin in St. Petersburg ein. Er wurde hier zum Adjunkten der Akademie der Wissenschaften ernannt und mit einer fünfjährigen Forschungsreise durch die den Türken frisch abgerungenen Landstriche Südrußlands beauftragt. Pallas durchreiste das Wolga- und Schwarzmeergebiet, den Kaukasus und Transkaukasien und legte dabei auch seine Eindrücke und Erkenntnisse in einer Reihe wissenschaftlicher Schriften nieder. Die bekannteste von ihnen, »Reise durch verschiedene Provinzen des Russischen Reiches in den Jahren 1768–73«, deren einzelne Bände in der Zeit von 1771 bis 1776 in St. Petersburg erschienen, enthält neben vielen anderen interessanten Beobachtungen auch einige Betrachtungen über die Kolonien deutscher Bauern und Handwerker, die in den vorausgegangenen Jahren auf russischen Kronländereien angelegt worden waren. Der weitere Aufstieg des renommierten Wissenschaftlers war seinem Gewicht als Wissenschaftler und Ratgeber der Kaiserin durchaus angemessen. 1777 wurde er zum Mitglied der topographischen Abteilung der Akademie der Wissenschaften, 1782 zum Kollegienrat und 1787 zum Historiographen des Admiralitätskollegiums ernannt. In den Jahren 1793/94 unternahm Pallas eine zweite Forschungsreise durch Südrußland, auf der er vor allem die Klimatologie des Schwarzmeerraumes, einschließlich der neuerworbenen Halbinsel Krim, untersuchte. Seine »Bemerkungen auf einer Reise in die südlichen Statthalterschaften des Russischen Reiches in den Jahren 1793 und 1794«, die von 1799 bis 1801 in Leipzig veröffentlicht wurden, enthielten nicht nur eine neue, sehr zuversichtliche Schilderung der deutschen Bauernkolonien auf südrussischem Boden; sie waren auch von einer so tiefen Liebe zur Krim, ihrer Vegetation und Tierwelt beseelt, daß Kaiserin Katharina sich veranlaßt sah, den verdienstvollen Wissenschaftler durch Schenkung eines Gutes auf der Krim und Abkommandierung nach Simferopol (1796) zu beglücken. In üppiger südlicher Natur konnte Pallas seine späten Jahre bei eingehenden Studien und Untersuchungen verbringen. Kurz vor seinem Tod kehrte er nach Berlin zurück, wo er 1811 starb. Das Verzeichnis der Schriften von Pallas, das der Zoologe F. P. Koeppen, der Sohn des Petersburger Akademiemitglieds Peter Koeppen, 1895 herausgab, umfaßte nahezu zweihundert Titel.[7]

Neben Pallas ließen sich auch andere Naturforscher und -wissenschaftler, angeregt durch die tatkräftige Förderung, die die Akademie und die Wissenschaften durch die Kaiserin erfuhren, in St. Petersburg nieder; zu ihnen gehörten unter anderen der Botaniker Samuel Gottlieb Gmelin aus Tübingen (1744–1774), der Astronom Georg Moritz Lowitz aus Fürth bei Nürnberg (1722–1774), der Botaniker Joseph Gärtner aus Calw in Württemberg (1732–1791), der Naturgeschichtler Johann Anton Güldenstädt aus Riga (1745–1781), der Chemiker Johann Gottlieb Georgi (1729–1802), der Mathematiker und Astronom Friedrich Theodor Schubert aus Helmstedt (1758–1825), der Mineraloge Franz Johann Benedikt Hermann aus Mariahof in der Steiermark (1755–1815) und der Chemiker Tobias Johann Lowitz aus Göttingen (1757–1804). Neben diesen Männern, die frisch aus Deutschland berufen wurden, wurden auch zwei Wissenschaftler zu Mitgliedern der Akademie ernannt, deren Väter sich bereits in St. Petersburg niedergelassen hatten: der Physiker Johann Albrecht Euler (1734–1800) war als Sohn des 1727 aus Basel an die Petersburger Akademie berufenen Mathematikers in St. Petersburg geboren; und Wolfgang Ludwig Krafft (1743–1814) war der in St. Petersburg geborene Sohn des ebenfalls 1727 berufenen und zum Adjunkten ernannten Physikers Georg Wolfgang Krafft aus Tuttlingen. Das Akademiemitglied T. J. Lowitz war dreizehn Jahre alt, als sein Vater, der Astronom Georg Moritz Lowitz, 1770 nach Petersburg berufen wurde. Nach dem Tod des Vaters, der auf einer wissenschaftlichen Exkursion durch das Wolgagebiet ermordet wurde, folgte ihm der Sohn in die ehrwürdigen Ränge der Akademie.

Daß eine Berufung nach Rußland nicht immer gefahrlos verlief, bezeugte nicht nur das Ende des Astronomen Lowitz, sondern auch der Tod des Tübinger Naturforschers Samuel Gottlieb Gmelin. Gmelin war durch seinen Onkel Johann Georg Gmelin nach Petersburg vermittelt worden, der selbst als Naturforscher an der berühmten zehnjährigen Sibirienexpedition unter Leitung Berings (1733–1743) teilgenommen hatte. Samuel Gottlieb Gmelin begann seine Forschungsreise durch die Länder des Kaspischen Meeres im Jahr 1768. Auf dem Weg durch das Wolgagebiet besuchte er 1772, vor dem Einfall Pugatschows, die Herrnhuter-Kolonie Sarepta, von der er in seiner »Reise durch Rußland zur Untersuchung der drei Naturreiche« (St. Petersburg 1770–1784) eine Beschreibung hinterließ. Im selben Jahr erregte sein aus vierzig russischen Soldaten bestehender Begleitschutz auf persischem Boden Mißfallen, und Gmelin wurde in Derbent festgenommen. Nach zwei Jahren entbehrungsvoller Haft starb Gmelin, als militärgeographischer

Kundschafter des benachbarten Rußland betrachtet, in seinem persischen Kerker.

Trotz derartiger Vorfälle stellte die Petersburger Akademie in der Regierungszeit der aufgeklärten Herrscherin für deutsche Wissenschaftler unterschiedlicher Provenienz einen begehrten Hafen großzügig geförderter wissenschaftlicher Forschung dar. Die Mitglieder der Kaiserlich-Russischen Akademie der Wissenschaften (das Wort *akademiki* bezeichnete ab 1782 offiziell die Mitglieder der Akademie) mit deutscher Herkunft waren zu einer tragenden Säule dieser Institution geworden. Von den 111 Mitgliedern, die die Kaiserliche Akademie der Wissenschaften in der Zeit von 1725 bis 1799 in ihren Abteilungen zählte, waren 55 aus den verschiedenen deutschen Staaten und Fürstentümern gekommen, drei deutsche *akademiki* stammten aus Westpreußen und Danzig, drei weitere aus den baltischen Provinzen Livland und Estland und zwei schließlich waren als Kinder deutscher oder deutsch-sprachiger Eltern in der russischen Reichshauptstadt geboren worden.

Die aufgeklärte Herrscherin, die mit den französischen Enzyklopädisten im Briefwechsel stand und von Voltaire Ratschläge zur Gestaltung der politischen Verhältnisse in Rußland entgegennahm, war auch bemüht, profilierte Geisteswissenschaftler deutscher Herkunft mit wichtigen Aufgaben zu betrauen. Den alternden Historiker Gerhard Friedrich Müller (russisch: Iwan Fjodorowitsch Miller, 1705–1783) aus Herford in Westfalen, der – seit 1725 Adjunkt der Akademie und 1730 Professor für Geschichte – in den fünfziger Jahren in Ungnade gefallen war, ernannte sie 1765 zum Oberaufseher über das Moskauer Erziehungshaus, zum Historiographen der Akademie der Wissenschaften und zum Leiter des Moskauer Archivs des Kollegiums für Äußeres. Mit diesem Schritt setzte sich die Kaiserin über jene Polemik hinweg, die in den vierziger Jahren zwischen Miller und seinen russischen Historikerkollegen, an ihrer Spitze Lomonossow, entbrannt war: Auf dem Hintergrund des russisch-schwedischen Krieges, und ungeachtet des neueinsetzenden Bemühens russischer Wissenschaftler um Grundlegung einer nationalen Geschichtsschreibung, hatte der weitgereiste Ethnograph und Altertumsforscher die Theorie entwickelt, daß der gesamte russische Staat das Werk der skandinavischen Waräger oder Normannen sei, und die Slawen ohne die tatkräftige organisatorische Hilfe der Waräger ihren urzeitlichen Zustand wohl niemals überwunden hätten. Diese Theorie, die Miller durchaus unzeitgemäß 1749 in einer Rede unter dem Titel »Vom Ursprung des russischen Volkes und Namens« (sie durfte erst unter der Kaiserin Katharina, 1768, gedruckt werden) vor seinen Akademiekollegen ausgebreitet hatte, löste nicht nur damals eine erbitterte Debatte aus, in der die russischen Akademiker Lomonossow, Krascheninnikow und Popow gegen diese »Verunglimpfung des russischen Volkes«, die »Abschneidung seiner nationalen Ehre« protestierten; sie ging als die sogenannte Waräger-Theorie in die russische und allgemeine Historiographie ein, ist als solche bis heute Gegenstand der Polemik und hat insbesondere die jüngere sowjetische Historikergeneration periodisch zu Versuchen ihrer Widerlegung herausgefordert.

Auf Einladung Millers kam 1760 ein anderer deutscher Historiker, August Ludwig von Schlözer aus Gaggstadt in Hohenlohe (1735–1809), nach Rußland.[8] Schlözer hatte als Absolvent der Universitäten von Wittenberg und Göttingen und renommierter junger deutscher Wissenschaftler in den unter den Folgen des Siebenjährigen Krieges leidenden deutschen Fürstentümern keine ihm angemessene Verwendung finden können und war zunächst nach Schweden gegangen. Dort erreichte ihn die persönliche Einladung des Historiographen Miller, der nun, nachdem er erzwungenermaßen zum Privatgelehrten geworden war, eine fähige wissenschaftliche Hilfskraft benötigte. Für 100 Rubel Jahresgehalt half Schlözer Miller zunächst bei dessen »Sammlung Russischer Geschichte«. Doch bald machte ihn der Historiker Johann Kaspar Taubert, ein gebürtiger Petersburger Deutscher (1717–1771), der ab 1738 Adjunkt, 1757 Sekretär und 1758 Rat der Kanzlei der Akademie der Wissenschaften war, zum Adjunkten für Geschichte. Über mehrere Jahre hinweg arbeitete sich Schlözer in die russische Chronikliteratur ein und gewann dabei eine genaue Kenntnis der russischen Vor- und Frühgeschichte, über die er wesentlich differenzierter urteilte als Miller. 1764 wurde ihm die Ernennung zum ordentlichen Mitglied der Akademie mit einem Jahresgehalt von 860 Rubel in Aussicht gestellt. Der ambitiöse Wissenschaftler, der nun, nach Beendigung des Siebenjährigen Krieges, auch in seinem Heimatland gebraucht wurde, unterbreitete der Akademie jedoch ein wissenschaftliches Projekt, von dessen Genehmigung er sein weiteres Verbleiben in Rußland abhängig machte: Es handelte sich um sein großangelegtes Projekt über die Grundlegung der russischen Geschichte als Wissenschaft. Die Historiker der Akademie – hierin waren sich selbst die unversöhnlichen Gegner Lomonossow und Miller seit langem einig – verwahrten sich gegen die dem Projekt zugrunde liegende Idee, daß Historie in Rußland bis dahin nicht wissenschaftlich betrieben worden sei und lehnten das Projekt ab. Da griff die Zarin persönlich in den Streit ein, räumte Schlözer die Durchführung seines Projektes unter ihrer persönlichen Förderung ein und ließ ihm überdies einen Auslandspaß ausstellen, der ihm freie Beweglichkeit einräumte. Schlözer fuhr daraufhin nach Göttingen, wo ihm die frühere *alma mater* einen philosophischen Lehrstuhl zuerkannte, und verbrachte die auf sechs Jahre begrenzte vertragliche Frist ausschließlich in Deutschland. Nach Ablauf dieser Zeit (1770) kehrte er nicht nach Rußland zurück. Desungeachtet hat er in diesen und den nachfolgenden Jahren nicht nur die russischen Studenten, die nun Auslandsstipendien nach Deutschland erhielten, nachdrücklich gefördert; er hat auch eine stattliche

Reihe wichtiger Werke über Rußland veröffentlicht, die dem Interesse der Zarin an Reformen und Aufklärung im Inneren und Popularität im Ausland in vielerlei Hinsicht Rechnung trugen. Zu diesen Werken, die auch die russische Staatswissenschaft befruchteten, gehörten unter anderem die Schriften »Das neue veränderte Rußland« (1767–1771) und »Historische Untersuchungen über Rußlands Reichsgrundgesetze« (Gotha 1776); unter den Arbeiten, die für die russische Geschichtsforschung und ihre Periodisierung grundlegend wurden, ragt sein »Nestor« (1802–1809) hervor.

Der deutsche Geschichtsforscher Schlözer legte aber nicht nur für das russische historische Selbstverständnis einige wichtige Fundamente; als Statistiker war er zugleich einer der großen Theoretiker der Kolonisation. Der Befürworter des Gedankens der Kolonisation griff wichtige Pläne und Vorsätze der Zarin auf, um durch ihre theoretische Ausformung fördernd auf den Gang der Kolonisation einzuwirken. In seiner Arbeit »Von der Unschädlichkeit der Pocken in Rußland und von Rußlands Bevölkerung überhaupt« (Göttingen/Gotha 1768) ging er den brisanten Fragen der Volksgesundheit und Volksvermehrung im Russischen Reich nach. Wiederholt gab er seiner Ansicht Ausdruck, daß das Russische Reich nur 20 Millionen Untertanen zähle und doch 200 Millionen Einwohnern Unterhalt sichern könne. Denn – so Schlözer – Rußland sei reich, fruchtbar und mächtig! Was benötige es, um noch reicher, fruchtbarer und mächtiger zu werden? Menschen![9]

2. Die planmäßige Kolonisierung des Russischen Reiches

Die deutsche Prinzessin von Anhalt-Zerbst wurde in einer Periode zur russischen Zarin gekrönt, die als die Hochperiode der Staatskolonisation der mitteleuropäischen Reiche gilt.[10] Als erster Träger der Siedlungsidee hatte die preußische Krone die Maßstäbe für die europäischen Kolonisationsmodelle gesetzt; Friedrich Wilhelm I. hatte die Maxime aufgestellt: »Menschen halte ich für den größten Reichtum!« Er hatte damit den Anstoß zu jener Politik der »Peuplierung« gegeben, die um die Mitte des 18. Jahrhunderts zu einer der Triebkräfte des preußischen, habsburgischen und bald auch russischen Staates wurde. Erklärtes Ziel dieser Politik war es, das Ansehen des Herrschers und die Macht des Staates durch Erweiterung des Territoriums und Hebung der Bevölkerungszahl zu vergrößern; Friedrich II. setzte in Brandenburg, Schlesien und Westpreußen (1747–1772), Maria Theresia (1763–1772) und ihr Nachfolger Joseph II. (1784–1787) im Banat und in der Batschka und schließlich Katharina II. in den neuerkämpften Staatsländereien im Südosten und Süden Rußlands eine breitangelegte staatliche Kolonisation ins Werk.

Wie in vielen anderen Fragen, so folgte Katharina auch in der Frage der Peuplierung den Anregungen des preußischen Königs. Sie konnte sich dabei auf die Vorarbeiten stützen, die führende russische Gelehrte, vor allem Lomonossow mit seiner Schrift »Über die Erhaltung und Vermehrung des russischen Volkes« (1761), auf osteuropäischem Terrain geleistet hatten. Lomonossow hatte beobachtet, daß aus den durch den Siebenjährigen Krieg verwüsteten deutschen Fürstentümern ein reger Strom verarmter Familien nach Amerika einsetzte, und der Zarin Elisabeth empfohlen, durch geeignete Maßnahmen Teile dieses Stromes nach Rußland zu lenken, denn »das weite Land unseres großen Monarchen ist in der Lage, in seinem Innern ganze Völkerschaften sicher aufzunehmen«. Doch Elisabeth, selbst durch die Kriegführung stärkstens belastet, war diesen Anregungen nicht gefolgt. Ihr Neffe und Nachfolger, Peter III., wurde durch einen deutschen lutherischen Pastor aus Livland, J. E. Eisen von Schwarzenberg, auf den Nutzen aufmerksam gemacht, der dem russischen Staat aus einer Kolonisierung größerer Ländereien durch Ansiedlung deutscher Bauern erwachsen könnte. Doch der eigenwillige junge Zar erblickte in dieser Idee lediglich die Möglichkeit, seine Lieblingsidee, eine große Zahl deutscher Regimenter auf russischem Boden aufzustellen, mit neuen Mitteln zu verwirklichen. Er erließ ein Gesetz, das vorsah, Livland mit Deutschen, vorwiegend Holsteinern, zu bevölkern, und aus diesen zwanzig deutsche Regimenter zu bilden.[11]

Auf fruchtbaren Boden fiel die Peuplierungsidee erst im staatspolitischen Denken der Kaiserin Katharina II. Unter den zahlreichen Gesetzesentwürfen und Gesetzen, die die junge Zarin schon in den ersten Monaten ihrer Regierungszeit mitausarbeitete und verabschiedete, befand sich auch das erste Manifest über die Berufung ausländischer Kräfte für Landwirtschaft und Manufakturwesen, Handwerk und Handel in Rußland.[12] Das Manifest vom 14. Dezember 1762 rief Menschen verschiedener Stände und Länder auf, sich in Rußland niederzulassen. Das Manifest, das wiederum Juden von der Berufung ausschloß (hierin folgte die Zarin ihrem Vorbild Peter I.), verfehlte seine Wirkung. Es hatte die utilitaristischen Ziele dieser Berufung, die Vermehrung von Zahl und Wohlstand der russischen Bevölkerung, allzu stark in den Vordergrund gestellt und die Rechte und Privilegien der Einwanderer vernachlässigt. Nach Verlauf von sieben Monaten ließ die Kaiserin diesem ersten Berufungsmanifest ein zweites folgen. Das Manifest vom 22. Juli 1763[13] trug den Bedürfnissen der durch die Kriegsjahre verunsicherten und verarmten deutschen Bauern, Handwerker und Fabrikanten Rechnung und machte großzügige Versprechungen. Jedem Einwanderer wurde das Recht zuerkannt, sich in einem beliebigen Teil des Russischen Reiches niederzulassen, sich – je nach örtlicher Lage – in die städtischen Gilden und die Kaufmannschaft einzuschreiben oder aber auf Kron- oder Staatsländereien anzusiedeln.

Mit Hilfe staatlicher Zuwendungen konnten dort Farmen, Fabriken oder Werke aller Art aufgebaut werden. Das Manifest versprach ungehinderte Ausübung der (christlichen) Religion nach Regeln und Riten des individuellen Glaubens – wobei sich die Zarin entweder der petrinischen Vorlage oder der mittlerweile auch in Mitteleuropa üblichen Maßstäbe an Toleranz bedient haben mag. Allerdings enthielt es eine Klausel, die Katholiken benachteiligen konnte: Während alle Glaubensrichtungen Kirchen und Glockentürme errichten und Geistliche und Kirchendiener anstellen durften, und dabei von der Krone finanziell unterstützt wurden, waren die Einrichtung von Klöstern und jede Form von Mission unter Christen untersagt.

In seinem wirtschaftlichen Teil sicherte das Manifest Steuer- und Abgabenfreiheit während der ersten dreißig Jahre der Ansiedlung zu, wobei es einzelnen Gruppen von Einwanderern anheimgestellt wurde, mit der Krone individuelle Sonderabmachungen zu treffen. Daneben wurde den Einwanderern die permanente Befreiung vom Militär- und Zivildienst (*večnaja svoboda*, das heißt die ewige Freiheit, oder auch Befreiung *na vsegda*, das heißt auf immer) versprochen, wobei sie nach Ablauf der abgabe- und steuerfreien Jahre der allgemeinen Einquartierungspflicht genügen sollten. Außerdem sicherte das Manifest den Gruppen einwandernder Kolonisten »die innere Jurisdiktion ohne Einmischungen der russischen Behörden in ihre Einrichtungen«, das heißt eine autonome Selbstverwaltung nach hergebrachten Vorstellungen und Regeln, zu. Und schließlich wurden alle interessierten Kolonisten ermuntert, Sonderverträge mit der russischen Krone abzuschließen, um spezielle Privilegien zu erlangen.

Dieses zweite Manifest, das in zahlreichen deutschen Landen veröffentlicht wurde, löste einen breiten Zustrom aus. Die Nachfragen, die bei den russischen Auslandsmissionen an deutschen Fürstenhöfen eingingen, sowie die Anregungen, die die bereits anreisenden deutschen Bauern und Bürger gaben, veranlaßten die Zarin 1764, ein drittes Ausländeredikt zu verabschieden.[14] Der Wortlaut dieses Edikts war von dem Bewußtsein des Erfolgs durchdrungen, mit dem die Zarin nun eine breite, in gesetzliche Bahnen gelenkte Kolonisation vorantrieb. Angesichts des Nutzens, der dem Staat durch den vermehrten Zustrom von Ausländern erwachse – so lautete die Formulierung –, sehe es die Kaiserin als zweckmäßig an, »dem Manifest vom 22. Juli 1763 eine weitere Entwicklung zu geben und für die bereits eingetroffenen Ausländer solche Gesetze zu verabschieden, die, bei allseitiger Bekanntheit, als Aufmunterung und in anderen zum größeren Wunsche nach Übersiedlung nach Rußland und Ansiedlung daselbst dienen könnten«. Denn Teile des Russischen Reiches, von der Tscherdynischen Insel bis nach Zarizyn, von Zarizyn bis zur Donfestung und über sie hinaus, von Pensa bis nach Saratow, sollten von nun an von Ausländerkolonien bevölkert werden. Die Ansiedler sollten jeweils in

Kreisen mit einem Umfang von 60 bis 70 Wersta (eine Wersta = 1,067 km) so zusammengefaßt werden, daß maximal hundert Familien ausreichend viele für die Landwirtschaft taugliche Landflächen erhielten. Unabhängig von der Zahl ihrer Mitglieder sollte jeder Kolonistenfamilie ein Landanteil von 30 Desjatinen (eine Desjatine = 1,09 ha) zukommen, von denen 15 Desjatinen Ackerland, fünf Desjatinen Weideland, fünf Desjatinen Waldanteil und fünf Desjatinen Hof- und Gartenland sein sollten. Die Ländereien sollten so ausgewählt und verteilt werden, daß in jedem Kreis eine größere Fläche Ackerland sowie Weide und Wald übrigblieben, die später den Kindern dieser Kolonisten zugeteilt werden sollten, damit diese neue kolonistische Wirtschaftshöfe schaffen könnten. Die jüngsten Söhne jeder Kolonistenfamilie sollten die Wirtschaftshöfe der jeweiligen Familie nach Ausscheiden der Väter übernehmen. Diese Minoratsregelung zielte darauf ab, »daß jeder Vater, der dieses Gesetz kennt, sich zwangsläufig bemühen wird, seine Kinder vom jüngsten Alter an verschiedene Handarbeiten zu lehren«. Bei mangelnder Eignung des jüngsten Sohnes durfte der Vater einen älteren Sohn oder Verwandten auswählen. War der Vater nicht dazu in der Lage, so war »die Leitung des Kreises dazu verpflichtet, von den größeren Brüdern oder Verwandten für die Zeit der Minderjährigkeit des Erbfolgers einen Vormund zu bestimmen; wenn aber der Erbe sich überhaupt nicht fähig zum Besitze erwies, sollte sie diesen Anteil denjenigen unter den nächsten Anverwandten zuteilen, die keinen eigenen Landanteil besaßen, bei Gleichheit der Rechte soll das Los entscheiden«. Verstarb ein Kolonist, der nur weibliche Familienangehörige hinterließ, so fiel sein Wirtschaftshof dem ersten Kolonisten zu, welcher eine der zurückgelassenen Frauen, Witwe oder Tochter, heiratete. Die Landanteile, die den einzelnen Kolonistenfamilien aus Kron-, Domänen- und Staatsländereien überlassen wurden, durften weder verkauft, verpfändet noch zerteilt werden, sondern mußten unteilbar im Erbbesitz der jeweiligen Familie verbleiben. Unter den gleichen Bedingungen wurden den Kolonistengemeinden auch Ländereien zum Bau von Kirchen, Fabriken, Werken aller Art, Weingärten usw. überlassen. Auch dieses dritte Einwanderungsedikt hielt fest, daß die Kolonistengemeinden »zur guten Zeit mehrere verschiedene Institutionen der inneren Jurisdiktion schaffen« sollten. Diese sollten in ihrem Wesen und Aufbau die allgemeine Zustimmung aller Beteiligten finden, und ihre Gesetze sollten zur Richtschnur des allgemeinen Handelns werden. Bei Übernahme seines Landanteils müsse sich jeder Kolonist verpflichten, die Regelungen der inneren kolonistischen Jurisdiktion, das heißt der Selbstverwaltung der Kolonisten, anzuerkennen.

Diese gesetzlichen Regelungen, die das Edikt von 1764 festlegte, wurden später, zusammen mit zahlreichen Zusatzerlassen, in der Form des *Kolonialkodex* zusammengefaßt, der über hundert Jahre Gültigkeit besaß. Diese Kolonialgesetzgebung, deren wichtigste und zentrale Teile der Erbbesitz der Wirtschaftshöfe, die Selbstverwaltung der Gemeinden und Kreise und bald auch eine getrennte staatliche Verwaltung bildeten, etablierte das Kolonistentum als einen eigenen Stand mit beträchtlichen Privilegien und Freiheiten. Aufgrund ihrer freien Beweglichkeit, ihrer Ausfuhr- und Einfuhrlizenzen, des ungehinderten Übergangs in einen anderen Stand – Bürger oder Stadtbevölkerung, Militär oder auch Adel – wurden die deutschen Kolonisten, die den Löwenanteil der Neuankömmlinge ausmachten, in der russischen Sprache schlechthin als *vol'nye ljudi*, das heißt freie Menschen oder Freie, bezeichnet.[15] Von dem russischen Bauern, der an die Scholle gebunden, unfrei war und niemals sein eigener Herr sein konnte, trennten den deutschen Kolonisten Welten.

Mit dem ersten stärkeren Zustrom der deutschen Kolonisten richtete die Zarin, die sich auf ihren weiten Reisen von den Unzulänglichkeiten und Tükken der russischen Verwaltung ein Bild hatte machen können, unabhängig von den Verwaltungsorganen des russischen Bauerntums eine Sonderverwaltung für Ausländerkolonien ein. Simultan zu ihrem zweiten Berufungsmanifest hatte die Zarin auf besondere Instruktion vom 22. Juli 1763 eine »Kanzlei der Vormundschaft der Ausländer« *(Kanceljarija opekunstva inostrannych)*, kurz Vormundschaftskanzlei oder Tutelkanzlei, mit Sitz in St. Petersburg geschaffen.[16] Zum Leiter dieser Kanzlei, die »an Macht und Vorzügen« den Staatskollegien, das heißt Ministerien, gleichgestellt war, ernannte sie ihren engen und vertrauten persönlichen Mitarbeiter, Graf Grigorij Grigorjewitsch Orlow. Die Aufgabe der Kanzlei bestand darin, »alle gerechten Forderungen zu befriedigen«, die die Neueinwanderer stellten, sowie »dafür Sorge zu tragen, daß sie bei ihrem Eintreffen in Rußland keinerlei Erschöpfung unterliegen und ihnen bei erster Gelegenheit provisorische Wohnstätten zugewiesen werden, bis jeder nach seinem eigenen Wunsche eingewiesen wird«. Das Jahresbudget der Kanzlei war mit 200000 Rubel reichlich bemessen. Aus dieser Summe sollten die ersten Zuwendungen an die Kolonisten vorgenommen werden: Wohnraum und Beihilfe zum Kauf von Saatgetreide, Hornvieh, Pferden und Gerätschaften. Nach den ersten Jahren sollte, »wenn mehr nötig wird«, das Budget der Tutelkanzlei erhöht werden.

Drei Jahre nach Gründung dieser Tutelkanzlei für Ausländersiedlungen in St. Petersburg wurde im städtischen Zentrum der ersten großen Kolonistenkonzentration, in der Stadt Saratow im Wolgagebiet, eine erste örtliche Abteilung dieser Kanzlei geschaffen: das Saratower Tutelkontor *(Saratovskaja kontora opekunstva inostrannych)*.[17] Es stellte das Organ der staatlichen Sonderverwaltung der Kolonien vor Ort dar und hatte die Aufgabe, den Aufbau der Kolonien und die Gründung der kolonistischen Selbstverwaltung mit Nachdruck zu fördern. Das Saratower Tutel- oder Vormundschaftskontor war als der verlängerte Arm der Petersburger Vormundschaftskanzlei explizit als eine temporäre Institution für die Zeit geschaffen worden, in der sich »das ausländische Siedlungswerk den russischen Bräuchen anpaßt, bis es schließlich der allgemeinen... russischen Verwaltung anvertraut werden kann«.

Im Zuge der großen Verwaltungsreform des Reiches hielt die Zarin nach Absprache mit Fürst A. A. Wjasemskij – nach dem Tod G. G. Orlows (1775) interimistischer Leiter der Petersburger Ausländerkanzlei – im Jahr 1782 den Zeitpunkt für gekommen, um die staatliche Sonderverwaltung der Kolonien aufheben und die Kolonienkomplexe den reformierten staatlichen Verwaltungsorganen übertragen zu können. Diese Maßnahme, die sich bald als verfrüht erwies, beendete als eine erste Zäsur die frühe Einwanderungsperiode unter Katharina II. In ihr entstand bereits ein erstes, festgefügtes Netz deutscher Bauern- und Handwerkersiedlungen auf russischem Boden.

Bei ihrer Ankunft in den Grenzgouvernements wurden die anreisenden Deutschen von den örtlichen Agenten der Petersburger Vormundschaftskanzlei empfangen. Diesen war es zur Pflicht gemacht worden, darüber zu wachen, daß es in den Grenzgebieten so »wie bei uns in Petersburg zugehe«. Diese Agenten mußten auch »genaue Register« aller mitgeführten Mittel und Güter der Anreisenden zusammenstellen und diesen detaillierte Beschreibungen »aller unbewohnten Ländereien aushändigen«. Diese lagen vor allem im Steppengebiet am unteren Wolgalauf, das von den Moskauer Zaren erobert, aber nie völlig befriedet worden war. Die Bauernkolonien sollten es nun wehrstrategisch absichern. Und so ergossen sich schon in den Jahren 1764/65 die ersten großen Ströme deutscher Einwanderer in die Wolgagebiete, die im Rahmen der Verwaltungsreform die Namen der Gouvernements Samara und Saratow erhielten. Diese Einwanderer kamen aus Hessen, dem Rheinland, der Pfalz, Württemberg und auch der Schweiz und waren zum größeren Teil evangelischen, zu einem kleineren Teil katholischen Bekenntnisses. Sie waren überwiegend aus politischen Gründen, nämlich aufgrund der Nachwirkungen des Siebenjährigen Krieges (1756–1763) und des englisch-französischen Krieges (1755–1763), aber auch wegen der wachsenden Landarmut aus ihrer Heimat ausgewandert. Denn die Erbteilung, die in süddeutschen Landen praktiziert wurde, hatte ihre Landflächen zu unwirtschaftlichen Größen schrumpfen lassen. Allerdings verlief ihre Abreise aus der Heimat nicht immer ungehindert und problemlos. Deutsche Fürsten, die nicht davor zurückschreckten, ihre Landeskinder in andere Länder, zumal solche, die sich im Kriegszustand befanden, zu verkaufen, verwehrten ihren Untertanen nun mit paternalistischer Geste die Ausreise in das unbekannte, wilde Rußland.[18] Nach mühevoller Ausreise und strapaziösen Irrfahrten durch den weiten osteuropäischen Raum trafen sie dann auf dem Steppenboden des Wolgagebietes ein. Hier wurden in den Jahren 1765 bis 1770 die ersten 102 Kolonien gegründet.[19] Die erste dieser Gründerkolonien, deren Fundamente schon 1764 gelegt wurden, erhielt den Namen der Kaiserin und Patronin, die sich in so fürsorglicher Weise ihrer verarmten und bedrängten deutschen Landsleute angenommen hatte: Katherinenstadt (russisch: Baronsk, sowjetrussisch: Marxstadt). Diese evangelische Kolonie auf der sogenannten Wiesenseite, dem linken Wolgaufer, zählte 1772 schon 283 Einwohner. Im gleichen Jahr wie diese erste deutsche Wolgasiedlung wurde am rechten Ufer das Wolgaflusses, auf der sogenannten Bergseite, die evangelische Kolonie Galka[20] (russisch: Ust-Kulalinka) gegründet, die 1772 auf 240 Bewohner angewachsen war. Die evangelische Kolonie Balzer (russisch: Golyj Karamysch) auf der Bergseite wurde 1765 gegründet und besaß 1772 459 deutsche Einwohner. Die katholische Kolonie Mariental (russisch: Dubowoj oder Tonkoschurowka) auf der Wiesenseite der Wolga wurde 1766 gegründet und zählte 1772 400 Einwohner, und die evangelische Kolonie Warenburg (russisch: Priwalnoe) auf der Wiesenseite entstand 1767 und hatte 1772 592 Einwohner.

Die Einwanderungslisten der jeweiligen Kolonien geben Auskunft über Sozialstruktur und Beweggründe dieser ersten deutschen Einwanderer. So zählte zum Beispiel die Kolonie Balzer drei Jahre nach ihrer Gründung 90 Familien, von denen 60 reformierten und 30 lutherischen Glaubens waren. Von den insgesamt 377 Seelen waren 198 männlichen und 179 weiblichen Geschlechts. Die Mehrzahl dieser Familien stammte aus der Grafschaft Isenburg-Büdingen (im heutigen Bundesland Hessen), die unter den Auswirkungen des Siebenjährigen Krieges besonders stark gelitten hatte. Andere kamen aus der Kurpfalz, der Rheinprovinz und Baden-Baden, kurz aus jenen Gebieten, die unter der Last des Krieges am schwersten zu tragen hatten. Unter den Frauen, die sich unter diesen Kolonisten befanden, stach die große Zahl der Witwen jüngeren Alters aus dem Isenburgischen Land ins Auge; ihre Männer waren vermutlich gefallen und sie selbst dadurch brotlos geworden. Unter den Männern war die Zahl der Landwirte begrenzt. Demgegenüber gab es eine große Zahl unspezifizierter Berufe, jüngere Männer, die wegen der Kriegswirren keinen Beruf hatten erlernen können, sowie Jünglinge und Witwer.[21] Es war charakteristisch für diese Zeitumstände, daß sich kurz nach seinen Untertanen auch der Prinz von Isenburg in Rußland um Zuteilung eines angemessenen Besitzes bewarb. Er hatte sich zunächst in russische Dienste begeben und erhielt auf allerhöchsten Erlaß der Kaiserin vom 13. Juni 1772 an den Senat die Erlaubnis, sich auf einem beträchtlichen Landstück im Gouvernement Wiborg niederzulassen, dort Landwirtschaft zu treiben und auch Kolonisten anzusiedeln.[22] Tatsächlich war es in diesen Jahren Mode geworden, daß auch vermögende russische Adlige dem Geist der Zeit und dem Beispiel der Zarin folgten und auf ihren eigenen Ländereien kolonistische Musterdörfer anlegten. Besonders die Brüder Orlow zeichneten sich durch ein aus eigenen Mitteln gefördertes, großzügiges Kolonisationswerk aus.

Als eine Kolonie besonderen Typs entwickelte sich die 1765 gegründete Herrnhuter-Kolonie Sarepta auf der Bergseite.[23] Diese Kolonie war von den Mitgliedern der Evangelischen Brüdergemeine, auch Böhmische Brüder (im Englischen aber »Moravian Brothers«) genannt, mit dem Ziel der Christianisierung der Kalmykenstämme gegründet worden, die sich – als ursprüngliche Herren der Steppe – noch immer durch nächtliche Überfälle in den deutschen Kolonien bemerkbar machten. Bald jedoch hatte das harte Brot, das dem kargen Steppenboden in den ersten Jahren abgerungen werden mußte, alle Gedanken an Mission verdrängt. Die Herrnhuter Kolonisten, die aus Gründen mangelnder Toleranz in Glaubensfragen aus Sachsen nach Hessen, von dort in das Büdinger Land und – aufgrund wirtschaftlicher Probleme – nach Rußland weitergewandert waren, erlangten in einem allerhöchsten Gnadenbrief vom Jahr 1767 Sonderprivilegien, wie das unbefristete Recht auf steuerfreies Handeln, Bierbrauen und Weinanbauen. Und aus ihrer befestigten Siedlung etwa 30 km südlich der Stadt Zarizyn, an der Mündung des Flusses Sarpa in die Wolga, wurden bald blühende Obst- und Gemüsegärten.

Auch die ersten reformierten Prediger, die in den evangelischen Kirchspielen des Wolgagebietes ihre Gottesdienste hielten, standen der Herrnhuter Bewegung nahe. Als erster von ihnen traf Pastor Janet aus Graubünden in der Schweiz, von Herrnhut kommend, 1765 an der Wolga ein. Er setzte sich mit der Brüdergemeine Sarepta in Verbindung und wurde von dort unterstützt. Ihm ließ die Zentrale in Herrnhut zwei weitere Schweizer Landsleute, die Pastoren H. von Moos und Johann Baptista Cattaneo, folgen. Der tatkräftige Cattaneo[24] warb durch seine Briefe in die Heimat und schließlich durch seine Rußlandbeschreibung weitere Geistliche für den Dienst unter den deutschen Ansiedlern an der Wolga. Mit ihrer Hilfe waren 1771 schon dreizehn evangelische Kirchen gebaut und mit Predigern versorgt.

Die katholischen Kirchspiele wurden 1769 auf allerhöchstes Regulament der Staatsaufsicht unterstellt. Es legte fest, daß die Seelsorge der katholischen Wolgakolonien von Franziskanern ausgeübt werden sollte, die von der Petersburger Vormundschaftskanzlei berufen und bestätigt würden. Die Franziskaner mußten in der katholischen Kirche zu St. Petersburg in Anwesenheit eines Vertreters des Justizkollegiums ihren Amtseid ablegen. Dieses Reglement war auf Bitte katholischer Kolonisten des Gouvernements Saratow verabschiedet worden, die sich schon 1764 von der Präfektur Moskau deutsche Franziskanerpatres aus Tirol als Seelsorger erbeten hatten. Als erster deutscher Franziskaner traf Pater Euthymius Müller über St. Petersburg in Saratow ein. Ihm folgte 1766 Pater Melchior Trenker, der über zwölf Jahre in Saratow wirkte. Organisatorisch der Vizepräfektur der Reformatenmission von St. Petersburg angeschlossen, erreichte der katholische Seelsorgebezirk an der Wolga 1774 schon neun große Pfarreien. In Abweichung von dieser Vorschrift wurden in den nachfolgenden Jahren neben Franziskanern auch Dominikaner aus Petersburg, Riga, Reval und anderen Städten der Ostseeprovinzen zu den Siedlern an der Wolga entsandt. Sie alle waren deutscher Herkunft und Zunge. Bei der Gründung des Erzbistums Mogiljow (1782) wurden diesem auch die katholischen Wolgagemeinden zugeschlagen. Damit gelangten vorwiegend polnische Geistliche in die Gemeinden, die nicht in allen Fällen des Deutschen mächtig waren. Die Folge war ein Rückgang der geistlichen Unterweisung, die nun zumeist von den deutschen Schullehrern vorgenommen wurde.[25] Erst mit der Neuzulassung der Jesuiten in Rußland, die der Enkel Katharinas II., Alexander I., 1802 verfügte, trat eine grundlegende Wendung zum Besseren ein.

Die russische Krone verfolgte den Gang der Ansiedlung an der Wolga mit großer Aufmerksamkeit. Eine Querschnittsuntersuchung vom 14. Februar 1769[26] hielt fest, daß zu dieser Zeit in den beiden Teilen des Wolgagebiets, Berg- und Wiesenseite, je 52 Kolonien bestanden. In diesen insgesamt 104 Ausländerkolonien wurden 6433 Familien mit einer Seelenzahl von 12145 männlichen und 10964 weiblichen, also insgesamt 23109 Kolonisten, registriert. Sie wohnten in 4560 Gebäuden. Ihr Viehbestand war bescheiden, wenn auch für die ersten Anforderungen ausreichend: Es wurden 13842 Pferde, das heißt etwa zwei Pferde pro Familie, 11552 Kühe und Kälber, 704 Ochsen und 1019 Schweine gezählt. Bei einer Rundfrage hatten sich jedoch 579 der 6433 Familien als ungeeignet für Ackerbau und Viehzucht bezeichnet. Mit ihrer Suche nach geeignetem Erwerb und Fortkommen setzte eine berufliche Differenzierung unter den Kolonisten ein.

Wie bunt gemischt das berufliche und soziale Bild der deutschen Wolgakolonisten in dieser Gründungsperiode war, hat wenige Jahre später der deutsche Gelehrte Peter Simon Pallas beschrieben. Auf seiner »Reise durch die verschiedenen Provinzen des Russischen Reiches«[27] zählte Pallas im Jahre 1773 6194 deutsche Kolonistenfamilien mit insgesamt 25781 Personen (13441 männlichen und 12340 weiblichen Kolonisten). Wenn diese Zahlen zutreffen, so müßte in den vorangegangenen vier Jahren ein Bevölkerungsanstieg von 2672 Seelen, zugleich aber eine Verringerung der Familien um 273 stattgefunden haben. Die Gründe dürften einerseits in der zunehmenden Kinderzahl der angesiedelten Familien (Kolonisten hatten oft zwischen 10 und 15 Kindern!) und andererseits in der Abwanderung der für die Landwirtschaft ungeeigneten Familien bestanden haben. Pallas betonte, daß sich die Kolonisten sehr stark vermehrten, obgleich »im Anfang wegen der ungewohnten Luft und Hitze bei der Arbeit, an den beiden (Flüssen) Karaman auch wegen des etwas bracken Wassers viele Leute weggestorben« seien. Der

Jugend allerdings schien das Steppenklima gut zu bekommen, denn »seit dem siebenjährigen (1765–1772) Aufenthalt in dieser Gegend ist ein schöner Zuwachs frischester Jugend zu sehen«. Demgegenüber bemerkte Pallas in der älteren Generation »mehr nahrungslose Handwerker und Müßiggänger als gute Ackersleute«. Diese Beobachtung veranlaßte ihn zu dem pessimistischen Schluß, daß das Kolonisationswerk in dieser Gegend wohl »einen schlechten Fortgang« nehmen werde. Den städtischen Ansiedlungen gab Pallas bessere Entwicklungschancen als den rein landwirtschaftlichen Siedlungen. So schrieb er über Katharinenstadt:

> »Man findet in keiner Kolonie mehrere und bessere Professionisten als hier und einige fangen auch wegen der Nachbarschaft Saratow an, etwas Nahrung zu bekommen. Ein geschickter Tischler, gute Drechsler, einige Hutmacher, Schönfärber, Tuchmacher, Zeugweber, der Stellmacher, Messerschmied, Schlosser und Turm-Uhrenmacher verdienen hauptsächlich erwähnt zu werden. Noch weniger fehlt es an gemeinen Handwerkern, Schneidern, Schustern, Bäckern, Müllern, Fleischern, Böttchern usw. Auch ein paar Bergbauer haben sich in die Städte verirrt und müssen statt der Keilhaue den Pflug gebrauchen, um ihre Nahrung zu fördern. Wäre in der Nähe mehr Gelegenheit, die Handwerker zu beschäftigen, so könnte Katharinenstadt ein nahrhafter Ort werden. Mit dem Ackerbau will es wegen der gar zu gewöhnlichen dürren Jahre und des daraus nun so oft erfolgten, allen Mut benehmenden Mißwachses gar nicht fort.«

So berichtet Pallas, daß im Jahr 1773 »nicht einmal das Saatkorn geerntet worden und von Gartengewächsen, auch sogar Kartoffeln, welche sonst eine gute Notspeisung für die Kolonisten wären und auch viel gebaut werden, gar nichts aufgekommen« sei. Auch die Versuche der Kolonisten, dem Problem der immer wiederkehrenden Dürren auszuweichen, indem sie Maulbeerbäume pflanzten, Waidfarben gewannen und Weinbau trieben, hatten zu dieser Zeit zu keinem guten Ergebnis geführt. Käsereien wurden angelegt, mußten wegen geringer Nachfrage aber wieder geschlossen werden.

Hundert Jahre später ist A. Klaus, ein Kolonistensohn und Staatsrat im russischen Landwirtschaftsministerium, nach seiner Prüfung der Unterlagen des Tutelkontors zu einem weit kritischeren Bild gelangt, als es Pallas sah und entwarf. Er schrieb:

> »Die große Mehrzahl dieser Masse bestand aus dem verschiedenartigsten, heruntergekommenen und aller moralischen Schranken baren Gesindel, laut dem typischen Ausdruck der Kolonisten selbst: ›Der Abschaum Deutschlands‹... Da waren ruinierte Offiziere, Künstler, Studenten, Kaufleute, Handwerker, und sogar dem Arm der Gerichte entschlüpfte Sträflinge; am wenigsten verlässige Landwirte darunter. Dieses ganze Sammelsurium war bekanntlich im Laufe von drei bis vier Jahren nach dem

Unteren Wolgagebiet versetzt worden. Nur ein kleiner und zudem der bessere Teil war in den Kolonien: Mittel-Rogatka, Neu-Saratowka, Jamburg und Ischara umgesiedelt worden, dann im Gouvernement St. Petersburg, in den Kolonien Rybensdorf, in der slobodschen Ukraina in der Kolonie Beloweshensk, im Tschernigowschen Gouvernement, und im Livländischen die Kolonien Hirschenhof (sic!) und Helfreichshof. Dank der Verschwendungssucht, der Trägheit und der Sittenlosigkeit der Ansiedler, nicht minder aber auch der Habsucht der die Kolonisationssache leitenden lokalen Behörden kam die Wolganiederlassung allein die Krone auf fünf Millionen Rubel zu stehen, von denen nicht volle drei Millionen zurückzuerstatten waren.«[28]

Nicht allein Klima und Bodenbeschaffenheit des Wolgagebietes stellten die deutschen Kolonisten vor schwierige Existenzfragen. Auch die Überfälle der Nomadenvölker, die seit Mitte des 16. Jahrhunderts verdrängt, aber nie endgültig besiegt worden waren, belasteten die Kolonisten stark. Daß Einzelpersonen durch Raub geschädigt und Familien durch Überfälle und Mord getilgt wurden, gehörte in den ersten Jahren der Ansiedlung zu den allzu häufigen Überraschungen der ungenügend vorbereiteten Siedlungen. Aber auch ganze Dörfer fielen den Überfällen von Kirgisen und Baschkiren, Kalmyken und Nogajschen Nomaden zum Opfer. So wurde die kleine Kolonie Zäsarsfeld, die 1766 auf der Wiesenseite der Wolga gegründet worden war und 1772 44 Einwohner zählte, in einem Kirgisenüberfall im gleichen Jahr niedergemacht. Das Dorf Chaisol oder Chasselois, das 1766 auf der Wiesenseite von katholischen Bauern der linksrheinischen Gebiete gegründet wurde, wurde 1774 von Kirgisen völlig zerstört und seine Bewohner wurden vernichtet. Die katholische Kolonie Mariental wurde überfallen, ihre Bewohner wurden gefangen abgeführt und auf den asiatischen Sklavenmärkten verkauft. Der evangelische Pastor der benachbarten Kolonie Katharinenstadt, der den Marientaler Katholiken mit einem Aufgebot von etwa 150 Kolonisten zu Hilfe eilte, wurde gefangengenommen und zu Tode gemartert.

Neben diesen sporadischen Überfällen der kriegerischen Nomadenvölker brach mit dem Pugatschow-Aufstand (1773–1775) eine langanhaltende Welle von Vernichtung und Zerstörung über die Wolgakolonien herein. Der Donkosak Jemeljan J. Pugatschow war von der Idee erfüllt, den Tod des russischen Zaren Peter III. zu rächen, den eine hergereiste, fremde Prinzessin verschuldet hatte. Er nahm den Namen Peters III. an und zog mit einem beträchtlichen Kosakenaufgebot, dem sich Teile der buntgemischten Bevölkerung dieses Steppengürtels und erboste russische Bauern und Leibeigene anschlossen, gegen die Heere der fremdländischen Zarin zu Felde. Die Mischung aus nationaler Erniedrigung und sozialem Aufbegehren, die Teile der Wolgabevölkerung den Banden der Aufständischen zuführte, erwies sich als so explosiv und schlagkräftig, daß sich im Dezember 1773 bereits eine wohlausgerüstete Armee von mehr als 15 000 Aufständischen von Orenburg kommend auf die Wolga und, an ihrem Lauf entlang, nach Norden in Richtung Kasan bewegte. Adelsgüter wurden auf diesem Marsch ausgeraubt, russische militärische Vorposten zerstört und Festungen älteren Datums geschliffen, die Garnisonen vereinnahmt und die russischen Soldaten gefangengenommen oder vertrieben. Deutschbaltische Verwalter der Statthalterschaft, wie etwa Baron Korff, und deutsche Militärstrategen, wie die Generale Brandt und Reinstorp, wußten sich keinen Rat. Das Heer, das zum Teil unter der Führung deutschstämmiger Generäle, wie etwa Traubenberg, Freymann, Ranstädt und Riemfeld, kämpfte, wurde zurückgeworfen und seine Führer in einigen Fällen, wie etwa im Fall Traubenberg, ermordet. In der deutschen Kolonie Sarepta, die bereits zu Wohlstand gelangt war, hausten die Truppen Pugatschows für volle vierundzwanzig Stunden, während der Pseudo-Peter III. in dieser Zeit in Anwesenheit seiner Familie und zahlreicher Konkubinen ausgedehnte Gelage abhielt. Im Ort Ilowl, der unweit von Zarizyn am Wolgaufer liegt, fiel der Blick Pugatschows am 13. 8. 1774 auf einen Ausländer in Gelehrtentracht, den deutschen Astronomen der Petersburger Akademie der Wissenschaften Georg Moritz Lowitz. Lowitz befand sich, in Begleitung seines russischen Mitarbeiters und Adjunkten der Akademie, Pjotr Borissowitsch Inochodzew, auf einer großen astronomischen Exkursion. Sein Schicksal ist nach einem halben Jahrhundert von dem russischen Dichter Alexander Puschkin verfolgt und beschrieben worden.[29] Puschkin schrieb:

> »Pugatschow eilte am Ufer der Wolga entlang. Hier traf er den Astronomen Lowitz und fragte, was das für ein Mensch sei. Als er gehört hatte, daß Lowitz den Lauf der Himmelskörper beobachte, gab er Befehl, ihn *den Sternen am allernächsten* aufzuhängen. Der Adjunkt, der ebenfalls dort war, konnte sich durch Flucht retten.«

Dem Schicksal Lowitz' entging einer der zahlreichen evangelischen deutschen Militärgeistlichen, die unter Katharina II. ihren Dienst in den verschiedenen russischen Garnisonen im ganzen Reich aufgenommen hatten, nur knapp. Dieser reformierte Pastor fiel den Aufständischen beim Brand einer Kaserne in die Hände; sie führten den merkwürdig gekleideten Mann ihrem Heerführer vor. Da erinnerte sich Pugatschow, daß dieser Mann ihm einst, als er selbst in Ketten durch die Stadt geführt wurde, einen Liebesdienst erwiesen hatte. Er ernannte ihn mit Zärtlichkeit zu einem der Seinen, setzte ihn auf ein schnelles Baschkirenpferd und ließ ihn während seines Siegeszugs durch das Wolgagebiet nicht von seiner Seite weichen.

Auf diesem Zug durch das Wolgagebiet haben die Scharen Pugatschows offenbar auch eine größere Zahl deutscher Kolonisten rekrutiert. Puschkin schrieb:

»Die Ausländer, die hier angesiedelt worden waren, zum großen Teil Landstreicher und Taugenichtse, schlossen sich ihm alle an, aufgewiegelt von einem polnischen Konföderaten... Pugatschow hat aus ihnen ein Husarenregiment aufgestellt.«

Diese Mitteilung, daß Pugatschow aus kolonistischen Überläufern ein Husarenregiment aufgestellt habe, hat die Phantasie vieler Historiker beflügelt.[30] Obgleich sie nicht vollständig durch historische Nachweise erhärtet werden konnte, sprechen mehrere Tatsachen für eine gewisse Beteiligung der Kolonisten am Aufstand. Die Wolgakolonisten waren vielfach unzufrieden mit der Art ihrer Verwaltung und fühlten sich durch die auf sie gerichteten Erwartungen überfordert. Die früheren Militärs unter ihnen, die mit Unmut Pflug und Sense betätigten, ergriffen freudig die Gelegenheit, sich endlich wieder in altgewohnter Weise schlagen und Beute machen zu können. Und schließlich dürfte die antiaristokratische Stimmung, in der viele deutsche Bauern ihre Fürstentümer verlassen hatten, ihrer Zustimmung zum Pugatschow-Aufstand Vorschub geleistet haben. Der Agrarsozialismus, mit dem einige Gemeinden, vor allem die religiösen Sektierer, ihre Gemeinschaften auf russischem Boden untermauerten, war ein tragfähiger Boden zur Solidarisierung mit der Bewegung der russischen Aufständischen.

Das Ausmaß, das die von Pugatschow ausgelöste Agrarbewegung angenommen hatte, lieferte der Zarin die letzten Argumente zur Durchführung einer reichsweiten Verwaltungsreform. Ein Jahr nach der Niederschlagung des Aufstands (Pugatschow wurde im Januar 1775 in Moskau öffentlich hingerichtet) wurde die Verwaltungsreform in Angriff genommen. Innerrußland wurde nun in Gouvernements aufgeteilt, die in den nachfolgenden zwanzig Jahren mit Verwaltungsorganen und Behörden ausgestattet wurden. Im Jahr 1782 hatten diese Reformen zur Vereinheitlichung der Reichsverwaltung auch die Vormundschaftsorgane für Ausländer erreicht. Auf allerhöchsten Ukas vom 28. April 1782 wurden die Vormundschaftskanzlei in St. Petersburg und das Vormundschaftskontor in Saratow aufgehoben.[31] Die ausländischen Kolonisten wurden nun zusammen mit den russischen Kronbauern, der privilegiertesten Gruppe des russischen Bauerntums, der Leitung des Kameralhofes in Saratow unterstellt; die kleineren Kolonien in anderen Gebieten Rußlands unterstanden den Direktoren der Hauswirtschaft.

Die deutschen Wolgakolonisten haben auf diese Aufhebung ihres administrativen Sonderstatus mit einem empfindlichen Schock reagiert. Die »kontorlose Zeit« blieb in Bewußtsein und Geschichtsschreibung der Wolgakolonien eine Periode des Chaos und der Verunsicherung. »In der Erinnerung der Kolonisten«, schrieb A. Klaus, »steht diese Periode da als eine solche allgemeinen Elends, im Vergleich mit welchem selbst die Pugatschowsche Revolte als völlig unbedeutend erscheint.« Diese kontorlose Zeit dauerte nur fünfzehn Jahre; 1797 machte der Sohn Katharinas II., Zar Paul I., diese Reform, die sich als verfrüht erwiesen hatte, rückgängig und gab den Wolgakolonisten ihr Kontor zurück. In diesen fünfzehn Jahren hatte sich jedoch eine soziale Veränderung vollzogen, an der die von ihr betroffenen Wolgakolonien später schwer tragen sollten: Aus der Generalvermessung des Bodens im Jahr 1797 ging hervor, daß in diesen Jahren ein Teil der deutschen Wolgasiedlungen zur *mir*-Wirtschaft, der Landgebrauchsordnung der russischen Bauerngemeinde, übergegangen war.[32] Das Land, das ursprünglich einer Kolonistenfamilie in erblichen Besitz übergeben worden war, wurde nun als Gemeindebesitz betrachtet und in bestimmten Jahresrhythmen unter den Familien einer Gemeinde umgeteilt. Obgleich diese Entwicklung vom Privat- zum Gemeindeland erst 1816 durch Beschluß des Saratower Tutelkontors offiziell anerkannt wurde, hatte sie sich doch im wesentlichen in der sogenannten kontorlosen Zeit vollzogen. Ihrer speziellen Fürsorgeorgane beraubt, hatten sich die deutschen Kolonisten, die sich den Anforderungen, die dieses harsche Gebiet mit seinem wechselhaften Klima an sie stellte, nicht gewachsen fühlten, am Agrarsystem ihrer russischen Nachbarn orientiert. Eine Denkschrift, die der spätere Oberrichter des Kontors, Kropotow (1811–1819), im Auftrag des Ministeriums schrieb, zeichnete diese ungewöhnliche Entwicklung nach.[33] Die deutschen Wolgakolonisten hatten sich mit dieser Anpassung an die russische Landgemeinde jedoch sozial und wirtschaftlich auf einen abschüssigen Weg begeben; denn entgegen allen Versicherungen der kollektivistisch orientierten ideologischen Strömungen, der slawophilen Konservativen ebenso wie der russischen Agrarsozialisten, führte die archaische Form der russischen Feldgemeinde ihre Mitglieder mit der im 19. Jahrhundert einsetzenden Bevölkerungsexplosion in zunehmende Landknappheit und Verarmung und gegen Ende des 19. Jahrhunderts zur vollständigen Verelendung. Die deutschen Wolgakolonien, die sich der Ordnung der russischen Feldgemeinde angeschlossen hatten, waren dann von dieser Pauperisierung der Gemeinden nicht ausgeschlossen. Demgegenüber folgten die Wolgakolonien, die das Prinzip des individuellen Erbhofes aufrechterhalten hatten, im Verlauf des 19. Jahrhunderts auf dem Weg der Intensivierung der Landwirtschaft und des individuellen Zukaufs von neuem Land dem wohlhabenden russischen Mittel- und Großbauerntum.

Die Anpassung an die russische Gemeindeordnung hat nur in einigen Wolgakolonien stattgefunden. Die anderen, kleineren Kolonienkomplexe, die in der ersten Phase der Ansiedlung unter Katharina II. entstanden, haben keine derartigen Assimilationstendenzen gezeigt.

Die sogenannten Nördlichen Kolonien, die ab 1765 im Umkreis der Residenzstadt St. Petersburg entstanden (sie wurden auch Petersburger Kolonien genannt), waren ursprünglich ebenfalls als landwirtschaftliche Siedlungen angelegt, die sich unter anderem dem Gartenbau widmeten. Die größten dieser Kolonien im Umfeld der Residenz waren Nowaja Saratowka, Srednaja Rogatka und Ischara. Später gingen einige dieser Kolonien, vor allem aber die in größerer Entfernung liegenden Jamburger Kolonien (Luzkaja, Porchowskaja und Frankfurtskaja) zu handwerklichen Spezialisierungen über, unter denen das Textilwesen und besonders die Tuchmacherei dominierten.[34]

Ein Jahr nach Gründung der Petersburger Kolonien wurden auf Gesuch des livländischen Gouverneurs Graf Browne in Livland zwei evangelische Kolonien gegründet. Den Kolonien Hirschendorf[35] und Helfreichshof wurden laut allerhöchstem Ukas vom 10. Mai 1766 Staatsländereien von mindestens 30 Desjatinen guten Bodens pro Familie zugeteilt. Darüber hinaus erhielten sie das außergewöhnliche Privileg der unbefristeten Befreiung von Militärdienst- und Einquartierungspflicht sowie Zahlung der Bodensteuer.

Neben den Petersburger und livländischen Kolonien entstanden schließlich in einigen innerrussischen Gouvernements kleinere Kolonienkomplexe. In der Kolonie Riebensdorf (auch Riebendorf oder Rybensdorf) im späteren Gouvernement Woronesh wurden 1765 54 evangelische Familien angesiedelt, die aus Sachsen, Preußen und dem Schwarzwald stammten. 1766 wurde diese Kolonie, die nun auf 65 Familien angewachsen war, offiziell bestätigt. Aufgrund der dürftigen Bodenbeschaffenheit wurde jeder Familie ein Bodenstück von 65 Desjatinen überlassen. Die Ansiedler, die sonst in allen Fragen den üblichen Bestimmungen des Ansiedlungsediktes unterlagen, erhielten ferner das Recht, Schnaps zu brennen und Bier zu brauen. In den folgenden Jahrzehnten bereiteten die Riebensdorfer Kolonisten der russischen Kolonialverwaltung allerdings erhebliches Kopfzerbrechen. Sie konnten sich weder mit der Erbfolge des Minorats noch mit der geschlossenen Vererbung des gesamten Wirtschaftshofes abfinden. Statt dessen folgten sie auch weiter den Regeln des Majorats und der Erbteilung, die in ihrer deutschen Heimat herrschten, und gelangten auf diesem Weg zu einer unbegrenzten Kette von Streitfällen und Zwistigkeiten sowie zu unwirtschaftlich kleinen Landflächen. So sah sich die kolonistische Obrigkeit veranlaßt, bei der Krone neue Landzuteilungen zu beantragen. Als sich auch diese als ungenügend erwiesen, wurden die jüngeren, landlosen Familien systematisch ausgesiedelt, um auf neue Kolonien, sogenannte Tochterkolonien, verteilt zu werden.

Mit der innerrussischen Kolonie Riebensdorf entstand 1766 auf dem Boden des späteren Gouvernements Tschernigow die Kolonie Belowesh (auch Beloweshensk). In ihr wurden zunächst 23 Familien angesiedelt, die sich als Gewerbetreibende verstanden und aus diesem Grund nur einen geringen Landanteil, dafür aber größere Unterstützung zur Gründung von gewerblichen Unternehmen erhielten. In ihrer Umgebung gründeten Einwanderer derselben Gruppe, die sich als Bauern um die normale Landzuteilung bemüht hatten, drei evangelische Kolonien (Gorodok, Kaltschinowka und Rundewiese) und eine katholische Kolonie (Groß-Werder). Auch diese Kolonisten, die nur eine kleine Insel deutscher Bauern im großen Meer des russischen Bauerntums ausmachten, folgten, wie die Riebensdorfer Kolonisten, dem Gebrauchsrecht ihrer Herkunftsländer. Auch sie teilten das ihnen überlassene Land in Parzellen auf, um diese ihren verheirateten Söhnen zu überlassen. Die Überparzellierung und Landarmut, die aus dieser Praxis resultierte, veranlaßte auch hier die russischen Behörden, häufig neue Landzuteilungen vorzunehmen.

Die zweite große Kolonisationsbewegung, die die Zarin Katharina II. einleitete, setzte in den achtziger Jahren des 18. Jahrhunderts ein. Die siegreiche Beendigung des ersten Türkenkrieges unter der Führung des Fürsten Potjomkin hatte weite Teile des Schwarzmeergebietes in russische Hände gebracht. Laut Manifest vom Jahr 1783 fielen auch die Krim und das Kubangebiet an Rußland. Gleichzeitig erkannte auch der georgische König Irakli II. den Status Georgiens als Protektorat des Russischen Reiches an. Der militärischen und nachfolgenden wissenschaftlich-geographischen Durchdringung dieser neu erworbenen Gebiete sollte auch ihre wirtschaftliche Erschließung durch bäuerliche Kolonisation folgen. Schließlich fiel dem Russischen Reich bei der Beendigung des zweiten türkischen Krieges (1787–1791) im Frieden von Jassy (29. Dezember 1791) auch das Steppengebiet zwischen Bug und Dnjestr im westlichen Schwarzmeerraum zu.

Diese »neu-russischen« Gebiete wurden nun zum bevorzugten Kolonisationsgrund der späten achtziger und vor allem neunziger Jahre. Potjomkin, der ungekrönte Herrscher Neu-Rußlands, hatte 1782 ein Kontingent von etwa 900 schwedischen Bauern aus Estland im Gouvernement Cherson angesiedelt. Den deutschen Bauern und Handwerkern wurde die Ausreise zunehmend erschwert, und die russische Regierung war bemüht, diplomatischen Friktionen auszuweichen. Die schwedischen Bauern konnten nur einen verschwindenden Teil der Staatsländereien, die die Zarin in den neurussischen Gouvernements für die Kolonisation hatte bereitstellen lassen, allein bewirtschaften: Der »Plan der Besiedlung Neurußlands«, den die vorsorgliche Zarin seit den sechziger Jahren ausarbeiten ließ, sah 55 000 Desjatinen Land im Gouvernement Jekaterinoslaw, 263 000 Desjatinen im Gouvernement Cherson und 214 000 Desjatinen im Gouvernement Taurien zur Kolonisation vor.

Wiederum war es die Toleranz in Glaubensdingen, die eine neue Welle deutscher Kolonisten nach Rußland führte. Nach dem Thronwechsel (1786) zeichnete sich in Preußen eine kritische Veränderung in der Mennoniten-Gesetzgebung ab. Die holländischen und friesischen Mennoniten, die vor mehr als zwanzig Jahren auf Einladung Friedrichs des Großen nach Preußen gekommen waren, weil ihnen hier die Beachtung ihrer Glaubensgrundsätze, vor allem Freiheit vom Militärdienst, zugesagt worden war, fühlten sich nun in ihren Rechten bedroht. In ihrer Mehrzahl in West- und Ostpreußen als Kolonisten angesiedelt, hatten sie es hier zum Teil zu stattlichen Höfen gebracht, als der neue preußische König, Friedrich Wilhelm II., Anstalten traf, ein neues Mennonitenedikt ausarbeiten zu lassen. In diesem Edikt, das drei Jahre später, im Jahr 1789, tatsächlich erlassen wurde, war vorgesehen, den Erwerb von Grund und Boden von der Ausübung der Kantonspflicht, das heißt der Leistung des den Mennoniten unter keinen Umständen erlaubten Dienstes mit der Waffe, abhängig zu machen. Bereits um die Jahreswende 1786/87 begab sich daher eine Mennonitendeputation aus Danzig, die aus Jakob Höppner-Bohnsack und Johann Bartsch-Neugartner bestand, auf die Reise durch die »vorurteilsfreie Monarchie« im Osten, wo sie die zur Kolonisation freigegebenen Ländereien im Gouvernement Cherson am linken Dnjeprufer besichtigte.[36] Die Ländereien waren verlockend, die Bedingungen günstig, und so wurde bereits in dieser Zeit eine vertragliche Absprache mit Vertretern der russischen Regierung getroffen. Nach Danzig zurückgekehrt, veranlaßten die Deputierten noch im selben Jahr sechs Mennonitenfamilien, nach Rußland auszuwandern. Ihnen folgten im Februar 1788 vier weitere Familien. Bis zum Winter 1788 konnten in dem Sammellager Dubrowna im russischen Westen bereits 228 Mennonitenfamilien aufgenommen werden. Die Ärmeren unter ihnen waren Gewerbetreibende aus Danzig und Umgebung, die Vermögenden hingegen Landwirte, die mit wohlausgestatteten Wagenzügen, Knechten und Gesinde anreisten. Die von ihnen mitgeführten Geldbeträge betrugen in einigen Fällen 4000 Danziger Gulden.

Um die weitere Anreise von Mennonitenfamilien nicht dem Zufall zu überlassen, beauftragte die Zarin einen in Kolonisationsfragen erfahrenen Deutschen, Georg von Trappe, als Agent durch die von Mennoniten bewohnten Gebiete Preußens zu reisen, um eine möglichst große Zahl preußischer Untertanen zur Ansiedlung in Rußland zu bewegen. Die Mission Trappes fiel auf fruchtbaren Boden. Denn mit dem Erlaß des Mennonitenediktes, den selbst zahlreiche untertänigste Ersuche der preußischen Mennoniten nicht hatten aufhalten können, war die letzte Barriere gefallen, die viele Mennoniten vom Weg in die russische Freiheit trennte. Die ersten Ansiedlungen preußischer Mennoniten fanden 1789 statt. 228 Familien aus Marienwerder wurden in Chortiza im Gouvernement Jekaterinoslaw angesiedelt. Die Verträge, die sie mit der russischen Krone abschlossen, gewährten ihnen unbegrenzte Religionsfreiheit und unbefristete Freistellung von jeglicher Art des Dienstes, ob Dienst mit der Waffe oder Ersatzdienst. Ferner wurden sie während der ersten zehn Jahre von der Steuer- und Abgabepflicht entbunden, mit einem Betrag von 500 Rubel und einem Stück Land von 65 Desjatinen ausgestattet. Dafür verpflichteten sich die Marienwerderer Mennoniten, Quartiere und Fuhrwerke für die russischen Truppen zur Verfügung zu stellen, Wege und Brükken in ihrem Gebiet in einwandfreiem Zustand zu erhalten und – nach Ablauf der abgabenfreien Jahre – eine Bodensteuer von 15 Kopeken auf jede Desjatine tauglichen Landes an die Krone zu entrichten.

In den Jahren 1793 bis 1796 traf ein weiteres Kontingent von 118 Mennonitenfamilien in Neurußland ein. Sie wurden zum Teil auf die bereits bestehenden Kolonien im Kreis Chortiza und zum Teil auf neue Kolonien der Kreise Alexandrowsk und Neu-Moskau verteilt. In der fruchtbaren Flußniederung des Dnjepr im Kreis Chortiza wuchsen damit in der Zeit von 1789 bis 1797 elf leistungsfähige Mennonitenkolonien heran. Neben ihnen entstanden 1789 ebenfalls im Gouvernement Jekaterinoslaw die nichtmennonitischen Kolonien Josephstal, Rybalsk und Jamburg. Im Gouvernement Cherson gründeten die preußischen Mennoniten 1787 die Kolonie, die den Namen ihrer Wahlheimat in Preußen, Danzig trug. Alle diese Kolonien entstanden unter der unmittelbaren Aufsicht eines Direktors für Hauswirtschaft und waren daneben, entsprechend den allgemeinen Leitlinien der Reform von 1782, der allgemeinen russischen Verwaltung unterstellt.

Hinter der massiven bäuerlichen Kolonisation durch deutsche Zuwanderer trat der Zuzug anderer Wirtschaftskräfte in der Regierungszeit Katharinas II. zahlenmäßig zurück. Doch war auch er stark genug, um für einige Generationen einen soliden Grundstock zu setzen. In ihren Berufungsmanifesten hatte die Kaiserin alle jene beruflichen Kräfte eingeladen, die bei ihrer »häuslichen Niederlassung« in Rußland Handarbeiten verrichten oder Manufakturen, Fabriken und Anlagen aller Art aufbauen könnten. Dabei hatte die Präambel des dritten Berufungsmanifestes ausdrücklich auf den »unerschöpflichen Reichtum an allerlei kostbaren Erzen und Metallen... Holzungen, Flüssen, Seen und zur Handlung gelegenen Meerung« verwiesen, der energische Wirtschaftskräfte in Rußland erwartete. Ausländer, die neue Unternehmen aufbauen und für Rußland neue Waren fertigen lassen wollten, durften staatliche Subventionen in Anspruch nehmen und die Waren und Erzeugnisse in den ersten zehn Jahren steuer- und zollfrei kaufen, verkaufen und verschicken. Ausländische Kapitalisten, die aus eigenen Mitteln Unternehmen gründen wollten, durften ihre Arbeitskräfte durch den Kauf von Leibeigenen rekrutieren. Alle anderen Konditionen oder Privilegien, die sich ein ausländischer Unternehmer bei seiner Einwanderung in Rußland sichern wollte, sollten der Tutelkanzlei in St. Petersburg auf schriftlichem oder persönlichem Weg vorgetragen werden; diese informierte dann die Kaiserin persönlich, »worauf Wir alsbald nach Befinden der Umstände nicht anstehen werden, um so viel mehr geneigte Allerhöchste Resolution zu erteilen, als sich solches ein jeder von Unserer Gerechtigkeitsliebe zuversichtlich versprechen kann«.

Und schließlich war die Kaiserin, wie auch ihr Vorbild Peter I., an einem stärkeren Zustrom ausländischer Militärs interessiert. Während den anderen ausländischen Einwanderern, Bauern wie Bürgern, zugesichert wurde, daß sie für die gesamte Zeit ihres Aufenthalts in Rußland »außer dem gewöhnlichen Landdienste wider Willen weder in Militär- noch Zivildienst genommen werden«, lockte für freiwillige Meldungen zum Militär ein geldlicher Anreiz: »Wer aber freiwillig geneigt ist, unter die Soldaten in Militärdienst zu treten, dem wird man außer dem gewöhnlichen Solde bei seiner Enrollierung beim Regiment 30 Rubel Douceur-Geld reichen.«

Als die Kaiserin nach einem Vierteljahrhundert intensiver Bemühungen um Herbeiführung tatkräftiger Bauern, Manufakturisten und Militärs aus dem westlichen Ausland 1787 ihre große Inspektionsreise durch die neurussischen Gebiete unternahm[37], begegneten ihr in den neuerrichteten Städten und Gemeinden, Dörfern und Festungen, Häfen und Werften im Süden Rußlands unter den Neuankömmlingen aus vielen anderen Ländern auch zahlreiche Deutsche. Im Gewirr der lebendigen, vielseitigen Gründungs- und Bautätigkeit hatten die deutschen Neuansiedler einen nicht zu übersehenden Platz eingenommen. Ein gutes Beispiel dafür lieferte die Hafenstadt Cherson, die in jenen Jahren an der Mündung des Dnjepr in das Schwarze Meer errichtet wurde.[38] Die Festung Cherson, die Potjomkin dem Osmanischen Reich im ersten türkischen Krieg entrissen hatte, war 1778 zum befestigten Hinterland einer großen Werft der künftigen Schwarzmeerflotte umgebaut und 1784 zur Kreisstadt der Statthalterschaft Jekaterinoslaw ernannt worden.

Als die Kaiserin 1787 ihren Einzug durch den Triumphbogen hielt, der aus Anlaß der taurischen Krönung errichtet worden war, sah sie eine blühende südliche Stadt mit vibrierendem internationalem Leben vor sich. Die vier Teile der Stadt, die Wojennaja oder Militärvorstadt, die Kaufmannsstadt, der Morskoj oder Hafenteil und die Festung, deren Architektur vielfach nicht hinter der der italienischen Hafenstädte dieser Zeit zurückstand, beherbergten in ihren Mauern neben Russen, Italienern, Franzosen, Polen, Engländern und anderen Nationalitäten auch einen großen Anteil deutscher Bewohner. In der Militärvorstadt, in der sich auch die Kasernen und Baracken der einfachen Soldaten befanden, lagen die Wohnungen der hohen Militärs. Hier hatte der Militärstatthalter, Fürst Potjomkin, unter anderen deutschstämmigen Militärs dem Prinzen Alexander von Württemberg auf Order vom 12. Juli 1783 eine standesgemäße Wohnstatt in einem geräumigen Steinhaus zugewiesen. Zu den deutschen Stabsoffizieren, die ferner in der Militärvorstadt lebten, gehörte General Markel. Das in der Militärvorstadt gelegene Postkomptoir wurde von Postdirektor Major Möllern geleitet. An die Militärvorstadt schloß sich unweit der bekannten Triumphpforte die Festung an. Ihre Gebäude waren im Stil italienischer Paläste gebaut. Vor allem das Krongebäude war von ausgewählten Künstlern erstellt worden; der deutsche Bildhauer Handlos aus Wien, der Landschaftsmaler Vielfähr aus Fulda, der Mechaniker Plan und andere Künstler waren an Bau und Ausstattung dieses Repräsentativgebäudes beteiligt. Der Maurermeister Lenz aus Lüneburg, der zwei Jahre zuvor aus Riga »verschrieben« war, erstellte das Arsenal. Deutsche Künstler, Handwerker und Bauleute waren auch beim Bau der anderen Gebäude und Palais der Festung beteiligt, wie etwa des Bischofspalais, des Admiralitätsgebäudes und der Audienzhallen, in denen zur Zeit der taurischen Krönung der russische Hof versammelt war und nun Fürst Potjomkin Audienz gewährte. In der Kaufmannsvorstadt von Cherson war unter zahlreichen anderen Nationalitäten auch ein namhaftes deutsches Element vertreten. Hier befanden sich Wohnung und Kontor des königlich-preußischen Kriegsrats H. von Töpfer; Töpfer hatte dadurch Popularität erlangt, daß er seine Tochter zunächst mit dem in Cherson stationierten Grafen Sievers verheiratet, sie dann aber »für zwanzig Tausend Rubel dem Fürsten Potjomkin überlassen« hatte. Unweit der Töpferschen Wohnung befand sich das gastfreie Haus des Herrn von Vietinghoff. Er stand als Kurländer im Rang eines Kapitäns in russischen Diensten und »trieb mit seinem Vermögen ziemlich ausgebreitete Geschäfte. Er hatte einen gewissen H. v. Kusitzki im Hause, der ihm in seiner Abwesenheit seine Briefe und das Haus besorgte.« Auch die Chersoner Niederlassung des Warschauer Bankhauses Peter Tepper & Co. befand sich in der Kaufmannsvorstadt; hier entwickelte es eine rege Investitions- und Handelstätigkeit, bis es schließlich in einem spektakulären Zusammenbruch im Jahr 1792 hochverschuldet unterging. An die Filiale des Bankhauses Tepper schloß sich eine Niederlassung des Petersburger Handelshauses des Herrn Emmanuel Mark an, der selbst in Cherson durch seinen Tiroler Kommis Haunis vertreten wurde. Das Handelshaus Mark vertrieb die in Rußland sehr gefragten »Nürnberger Waren«, Galanterie- und Kurzwaren, die aus Deutschland eingeführt wurden. Ein deutscher Weinhändler mit dem Namen Alexander, ein deutscher Apotheker und vermutlich auch Arzt rundeten das soziale Bild der kleinen deutschen Gemeinde in der Stadt Cherson ab.

Bei der Betrachtung der landschaftlich so reizvollen und wirtschaftlich ausbaufähigen Umgebung der Stadt Cherson bedauerte der österreichische Reisende Weber, »daß diese Gegend, die einige Hundert-Tausend Menschen gut nähren könnte, ganz Menschenleer ist!« Auch die Kaiserin mag auf ihrer Reise ähnlich geurteilt haben, während Fürst Potjomkin durch wohlplazierte Attrappen blühender Dörfer am Unterlauf des Dnjepr ganz im Sinn seines barocken Zeitalters das durch Schein und Glanz vorwegnahm, was sein schöpferischer Wille *realiter* noch nicht hatte entstehen lassen können. Denn die Realität der massiven bäuerlichen Ansiedlung entsprach bei weitem noch nicht den kühnen Projekten der Phantasie. Dem nüchternen Auge des westlichen Reisenden bot sie sich so dar:

> »Um diese Gegend zu bevölkern, und zur Cultur zu bringen, glaubte die Regierung genug zu thun, wenn sie Menschen dahin lockte. Sie sandte daher nach allen Gegenden Colonisten-Werber, welche zu Folge der diesfälligen Ukase und ihrer Instruktionen den Colonisten die vortheilhaftesten Versprechungen machten. Jeder Colonist sollte ein Haus, eine Kuh, einen verhältnißmäßigen Grund zur Beurbarung, und das nöthige Ackergerät erhalten. Den Handwerksleuten ward der (sic!) abgängige Werkzeug, das Materiale für den ersten Verarbeitungs-Bedarf, und überdieß noch eine jährliche Besoldung versprochen, welche nach dem Grade des Bedürfnißes ihres Gewerbes, für jene des ersten Bedürfnißes zum Beispiel für Zimmerleute, Maurer, Tischler auf 600 Rubel bestimmt, und nach dem größeren oder geringeren Grade des Bedürfnißes bis auf 100 Rubel abgestuft war. Zur Bestreitung dieser, und der sonstigen Gouvernements-Auslagen an Beamten-Besoldung, Bauführungen etc. etc. erhielt der Gouverneur jährlich 18 Millionen Rubel.
>
> Allein die Sache gewann eine ganz andere Gestalt... Es wurden... alle aus Frankreich, Italien, hauptsächlich aber aus allen Gegenden und Provinzen Deutschlands zuströmenden Colonisten, bis auf einige wenige, welche in Cherson bei ihren Landsleuten Unterkunft und Unterstützung fanden, nach dem Caucasus instradirt, da... wurden die meisten vom Hunger, Witterung und Elend *consumirt,* und giengen zu Grunde. Während meines Aufenthaltes zu Cherson sah ich einen Colonisten Transport von ein Paar Hundert Mann aus Deutschland ankommen, sie waren alle zu Fuße und für Cherson bestimmt. Einige hatten ihre Weiber und Kinder bey sich, und nur wenige trugen etwas Habseligkeiten in einem Bündelchen unter dem Arme. Sie wurden vor dem Policey-Hause aufgestellt, nach der Liste, die der Conducteur mit sich brachte, mit ihrem Namen verlesen, wobey sie 2 bis 4 Rubel auf die Hand erhielten, und hierauf entlassen, da sie dann, der eine dorthin, der andere dahin verliefen.
>
> Daß bey solchen Anstalten das Coloniewesen nicht zum besten bestellt seyn könne, erhellet von selbst.«[39]

Ein gelehrter Beobachter, wie etwa P. S. Pallas, der den Lauf der ausländischen Kolonisation von ihren Anfängen her verfolgt hat, gelangte hingegen wenige Jahre später, während seiner zweiten Forschungsreise durch den Süden Rußlands in den Jahren 1793/94, zu einer weit positiveren Bewertung der Realität und der Möglichkeiten der Kolonisation.[40] Mit Erstaunen registrierte der Gelehrte die Veränderungen, die sich seit seiner ersten Reise vor etwa zwei Jahrzehnten auf diesem Sektor vollzogen hatten. Insbesondere erschien ihm die Landschaft des Wolgagebietes nun fruchtbar und gesund, der

Zustand der Wolgakolonisten »gleichsam erneuert und umgeschaffen«. Ihre Kolonien hatten in der Zwischenzeit »an Wohlstand sowie an Volksmenge beträchtlich zugenommen«. Aufgrund all dieser Beobachtungen vor Ort sah sich Pallas veranlaßt, seine ursprünglichen Prognosen zu revidieren und den deutschen Kolonien eine fruchtbare Fortentwicklung vorauszusagen.

Die Tatsache, daß die deutsche Bevölkerung der Wolgakolonien in den nächsten 120 Jahren auf 600000 Personen ansteigen sollte und auch die deutsche Bevölkerung Neurußlands in diesem Zeitraum die Zahl von ca. 600000 Einwohnern erreichte, hätten vermutlich auch die kühnsten Erwartungen des weitblickenden Gelehrten übertroffen.

Als sich um die Mitte der neunziger Jahre die Regierungszeit der Kaiserin ihrem Ende zuneigte, hatte diese trotz beträchtlicher Erfolge in der Entwicklung des Russischen Reiches in ihrem Land als Monarchin keine einhellige Zustimmung gefunden. Den russischen Konservativen war sie immer zu liberal, den russischen Liberalen in ihrer zweiten Regierungsphase nicht liberal genug, und breiten Teilen des russischen Volkes war sie immer eine Fremde geblieben. Bei der Anwerbung ausländischer Kräfte zum Aufbau der Wirtschaft und Stärkung des Heeres hatte sie allerdings Maßstäbe gesetzt, die in Zukunft nicht mehr rückgängig zu machen waren. Zwar hatte sie das ausländische Kolonisationswerk in den letzten Jahren ihrer Regierung, vor allem aufgrund neuer, schwieriger Aufgaben, bis zu einem gewissen Grade vernachlässigen müssen. Sie hatte jedoch immerhin in den Wolgagouvernements Samara und Saratow rund 30000 deutsche und einige tausend anderer Kolonisten ansiedeln lassen. Und die anderen deutschen Siedlungsgebiete auf russischer Erde, in denen sich bei ihrem Tod im Jahr 1796 einige zehntausend deutsche Kolonisten niedergelassen hatten, boten ein vielversprechendes Netz zur weiteren massiven Kolonisierung. Darüber hinaus schuf sie durch eine Reihe anderer wirtschaftlicher und sozialer Maßnahmen im Geist des Merkantilismus und wirtschaftlichen Liberalismus Grundvoraussetzungen, die für den weiteren Zuzug deutscher Wirtschaftskräfte nach Rußland sowie die Stärkung der wirtschaftlichen Präsenz der Deutschen im Zarenreich entscheidend wurden.[41] Die »Betrachtungen über die Manufakturen«, mit vielen Marginalien der Kaiserin versehen, wurden 1767 dem Manufakturkollegium als eine Richtschnur für künftige Maßnahmen vorgelegt. Diese Instruktion warnte vor jeder Art von Interventionismus und bürokratischer Reglementierung im Hinblick auf die Entwicklung des Manufakturwesens und der Industrie in Rußland und empfahl diesem Ministerium, die Entwicklung so stark ihren Eigenkräften und -initiativen zu überlassen, daß es selbst möglichst bald »ohne Arbeit bleibt«. Tatsächlich wurde das Manufakturkollegium 1779 aufgelöst, die Entwicklung des Manufakturwesens und der frühen Industrie, die nicht zuletzt durch die neu zugereisten Kräfte Mitteleuropas in Schwung gebracht wurde, hatte sich verselbständigt.

Die Kaiserin beseitigte ferner durch die liberalen Reformen, die mit den Gnadenbriefen an den Adel und an die Städte (21. April 1785) Gesetzeskraft erlangten, viele Barrieren, die Ausländer am Eintritt in den russischen Untertanenverband oder Staatsdienst gehindert hatten. Der Adelsbrief stellte Rechte her, die der deutsche Adel von alters her als selbstverständliche Attribute seiner Freiheit besaß, wie etwa die Anerkennung des adligen Gutslandes als individuellen, unabnehmbaren Eigenbesitz und die Ausnahme des Adligen von der Körperstrafe und anderen peinlichen Prozeduren. Der Gnadenbrief an die Städte, der eine soziale Stärkung des dritten Standes zum Ziel hatte, baute ansatzweise unnötige Zwänge auf dem Gebiet der Handels- und Gewerbefreiheit ab und trug zu einer stärkeren Entfaltung des merkantilistisch orientierten Bürgertums bei. Schließlich bildeten die Überlegungen bezüglich einer allmählichen Aufhebung der Leibeigenschaft des russischen Bauerntums, welche die junge deutsche Prinzessin am Zarenhofe begonnen und die Monarchin weitergeführt hatte[42], den ersten Schritt in Richtung auf Freisetzung einer gewaltigen Menge produktiver Kräfte, mit deren Hilfe das Russische Reich ein Jahrhundert später den Weg zu einer der mächtigsten Industrienationen Europas beschritt.

V.
Zwischen Reform und Repression
Deutsche unter Paul I.

Zar Paul I. Petrowitsch (1754–1801)[1], der von 1796 bis 1801 regierte, trat beim relativ frühen Tod seiner Mutter ein gewichtiges politisches Erbe an, auf das er nur ungenügend vorbereitet war. Sein Charakter, der in einigen wesentlichen Zügen dem seines ermordeten Vaters glich, sowie die Erziehung und Ausbildung, die er genossen hatte, prädestinierten ihn keineswegs für das Amt des Herrschers über das osteuropäische Großreich. Pawel Petrowitsch war labil, von Ängsten und düsteren Vorahnungen gequält und litt unter starken Gemütsschwankungen und mangelnder Folgerichtigkeit im Denken und in seinen Entscheidungen. Durch Überbetonung der militärischen Tugenden des Preußentums – äußere Disziplin, militärisches Training und Freude am Exerzieren – suchte er sich eine äußere Stütze für sein mangelndes inneres Gleichgewicht zu schaffen. Die kaiserliche Mutter hielt ihren einzigen Sohn für unfähig, die russischen Staatsgeschäfte in verantwortungsvoller Weise weiterzuführen und hatte sich – allen Nachfolgeregeln zum Trotz – bemüht, ihn zugunsten seines ältesten Sohnes, ihres geliebten und für fähig befundenen Enkelsohnes Alexander Pawlowitsch, von der Thronfolge auszuschließen. Doch der russische Staatsrat hatte ihrem Begehren aus grundsätzlichen Erwägungen Widerstand entgegengesetzt: Schließlich hatte die Zarin bei ihrer Thronbesteigung schon einmal die Thronrechte ihres Sohnes verletzt, da sie nach russischem Nachfolgerecht lediglich bis zur Vollendung seiner Reife als Regentin die Krone Rußlands hätte tragen dürfen. So hatte die Zarin durch die geeignete Wahl der Eheverbindung versucht, auf die Entwicklung ihres Sohnes Einfluß zu nehmen. Die erste Frau Pawel Petrowitschs, Wilhelmine Prinzessin von Hessen-Darmstadt (nach dem Übertritt zum orthodoxen Glauben Natalja Alexejewna genannt), starb jedoch nach dreijähriger Ehe im Wochenbett; auf hessischer Seite entstand dabei der Eindruck, die Kaiserin habe ihrer Schwiegertochter den ärztlichen Beistand versagt, da sie deren wachsenden Einfluß auf den Thronfolger habe ausschalten wollen. Die zweite eheliche Verbindung mit Sophie Dorothea Prinzessin von Württemberg (mit orthodoxem Taufnamen Marja Fjodorowna genannt), führte den Thronfolger in eine gewisse familiäre Abgeschlossenheit; der großfürstliche Palast in Pawlowsk, in die weitere Peripherie von Zarskoje Selo verbannt, wurde zum Rahmen eines trauten, engen Familienlebens mit gewissen pietistisch-bigotten Zügen. Demgegenüber wurde das Alexander-Palais, das die Kaiserin in unmittelbarer Nähe zum Katharinenschloß im Herzen von Zarskoje Selo für ihren ältesten Enkelsohn errichten ließ, bald zu einem zweiten Mittelpunkt des Hoflebens. Die Zarin betrieb eine aktive Thronfolgepolitik, mit der sie ihren Sohn weitgehend von den Staatsgeschäften und von der Übernahme politischer Verantwortung fernhielt, während sie den Enkel Alexander Pawlowitsch durch persönliche Auswahl und Überwachung der Lehrer und Erzieher sowie rechtzeitige kontrollierte Einführung in die Staatsgeschäfte in seine Pflichten als Regierender einüben ließ.

Nach der Übernahme der Regierung (6. November 1796) und der Krönung (5. April 1797) war der ungleiche Sohn der Großen Katharina bemüht, die Spuren des in seinen Augen verderblichen Liberalismus seiner Mutter zu tilgen, wo immer dies möglich war. Die Erinnerung an die Französische Revolution, die selbst die kämpferische und aufgeklärte Monarchin Katharina als eine Vorstufe des Cäsarismus verurteilt und als eine Gefahr für den Bestand des Russischen Reiches erkannt hatte, verband sich in der düsteren Phantasie ihres Sohnes, der wie sein von ihm hochgeschätzter Vater von Vorahnungen seines gewaltsamen Todes gequält wurde, mit dem liberalen Regierungsprogramm und – in seiner Sicht – libertinistischen Lebensstil seiner Mutter. Die ersten Regierungsmaßnahmen, die der neue Zar ergriff, waren infolgedessen darauf gerichtet, in der Außen- wie auch in der Innenpolitik einen Bund mit jenen Kräften zustande zu bringen, die geeignet waren, ein Gegengewicht gegen Revolution und Liberalismus zu schaffen. So ging er als erster und einziger russischer Monarch in die Geschichte ein, der sich um engere Verbindungen mit dem Vatikan bemühte. Diese Bemühungen, die bereits auf einer Romreise des Großfürsten im Jahr 1790 mit Papst Pius VI. zur Sprache gebracht worden waren, zahlten sich nun in der päpstlichen Bulle des Jahres 1798 aus. Im gleichen Jahr trug der Malteser Ritterorden, der nach Einnahme der Insel Malta durch die französischen Truppen einen starken Schirmherrn suchte, dem Zaren das Amt des Großmeisters des Ordens an; der Zar nahm dieses Anerbieten, in dem er auch – aber gewiß nicht ausschließlich – ein Kampfbündnis gegen das republikanische Frankreich sah, an und gewährte dem Malteserkapitel Unterkunft in der russischen Residenz. Darüber hinaus ließ er die Uniiertenverfolgung einstellen, verfügte die Zulassung des Basilianerordens und setzte sich 1801 für die Wiederherstellung der Präsenz der Societas Jesu auf russischem Boden ein (die Zustimmung des Vatikans ging noch zu seinen Lebzeiten ein). Damit stieg sein Prestige in der katholischen Welt und unter seinen katholischen Untertanen beträchtlich.

Auch die protestantische Kirche Rußlands fand in Paul I. einen nachdrücklichen Förderer.[2] So genehmigte er in dem Moment die Errichtung einer protestantischen deutschen Universität für die Ostseegouvernements, in dem russischen Studenten das Auslandsstudium untersagt, eine scharfe, prohibitive Zensur der russischen Presse und aller Veröffentlichungen sowie des eingeführten Schrifttums verfügt und jedes französische Produkt, selbst die französische Mode, aus dem russischen Leben verbannt wurde. In einem Ukas aus dem Jahr 1798 wurden die deutschen Ritterschaften der Gouvernements Kurland, Estland und Livland aufgefordert, einen geeigneten Ort für die seit langem geplante Gründung einer deutschen protestantischen Universität vorzuschlagen und ihren Bau in Angriff zu nehmen.[3] Der deutschbaltische Adel, der seit dem von Peter I. abgeschlossenen Frieden von Nystad auf diese Gelegenheit wartete, unterbreitete wenige Monate später den entsprechenden Vorschlag, der 1799 durch allerhöchste Billigung rechtskräftig wurde. Eine Kommission deutschbaltischer Kuratoren arbeitete nun mit großer Energie das Statut der Universität aus, und im Dezember 1800 wurde auf Ukas des Kaisers die Gründung der Universität in Mitau verordnet (einen Monat nach seinem Tod, am 12. April 1801, ordnete sein Sohn, Alexander I., an, daß die Universität nicht in Mitau, sondern – wie ursprünglich geplant – in Dorpat entstehen sollte). Die Universität Dorpat, die neben der medizinischen, juristischen und philosophischen auch eine evangelisch-theologische Fakultät erhielt, wurde in der Folgezeit zu einem Zentrum der deutschbaltischen und deutschrussischen Universitätsbildung und zur Ausbildungsstätte der protestantischen Pastorenschaft Rußlands.

Die Vorrechte, die dem Katholizismus und Protestantismus in Rußland eingeräumt wurden, entsprangen in erster Linie antiliberalen Motiven des Monarchen. Andere Maßnahmen, wie etwa die Beschneidung der Rechte des Adels und des dritten Standes, die erst wenige Jahre zuvor durch die Gnadenbriefe Katharinas II. gestärkt worden waren, resultierten aus seiner erzkonservativen Grundhaltung. Darüber hinaus war Zar Paul I. bemüht, für die Zukunft unliebsame Schwankungen und Entwicklungen in der russischen Thronfolge unmöglich zu machen; zu diesem Zweck legte er in seinem »Akt über die Kaiserliche Familie« eine an den westeuropäischen Vorbildern orientierte Thronfolgeordnung fest, die die Freizügigkeiten der petrinischen Regelung ausschloß. Gleichzeitig unterwarf er die Garde – im Rahmen einer Militärreform nach preußischem Muster – einem eisernen Reglement, dem sich nur wenige Offiziere widerwillig unterwarfen; die überwiegende Mehrzahl der Offiziere quittierte empört den Dienst. Löste die Einführung der preußischen Uniform im russischen Heer Entrüstung im Offizierskorps und

Murren in den Mannschaften aus, so gab die Kasernendisziplin, die auch der Zivilbevölkerung verordnet wurde und deren erniedrigende Kontrollmaßnahmen bis in die intimsten Sphären reichten, Anlaß dazu, in diesem Zaren ein Zerrbild des preußischen Soldatenkönigs zu sehen. Die Repression, die auf eine Abart des preußischen Kadavergehorsams hinauslief und kleinste zivile Vergehen durch Folterungen und Hinrichtungen ahndete, die Unberechenbarkeit der politischen Schritte des Zaren im Inland wie im Ausland, ließen Paul I. als eine Gefahr im eigenen Haus erscheinen.

Der Zar, der sich zunehmend stark in politisch-soziale Isolation getrieben sah, erwog nun seinerseits, seinen weit liberaleren Sohn, den er an einer Konspiration des russischen Adels beteiligt glaubte, von der Thronfolge auszuschließen, um dadurch das Interesse an einer gewaltsamen Beseitigung des Zaren zu verringern. Er rief im Februar 1801 den dreizehnjährigen Neffen der Zarin, Eugen Prinz von Württemberg, in der Absicht nach Rußland, ihn zum Thronerben zu ernennen. Damit hatte er selbst das Fanal zum Palaststreich gegeben.[4] In der Nacht vom 11. auf den 12. beziehungsweise 23. auf den 24. März 1801 drang eine kleine Gruppe von Adligen, die sich dem Erbe Katharinas verpflichtet und dem Thronfolger Alexander Pawlowitsch verbunden wußte, in das hermetisch abgeschlossene Privatgemach des Kaisers im Michaelsschloß ein und ermordete ihn. Generalleutnant Levin August Theophil (russisch: Leontij Leontjewitsch) Graf Bennigsen (1745–1826) aus Hannover, der in dieser Nacht die Garde des Palasts befehligte, garantierte durch sein entschiedenes Handeln den Erfolg des Unternehmens. Peter Ludwig (russisch: Pjotr Alexejewitsch) Graf von der Pahlen (1745–1826), der das uneingeschränkte Vertrauen Pauls I. besessen hatte und von ihm unter anderem zum Militärgouverneur von St. Petersburg, Ziviloberbefehlshaber der Ostseegouvernements, Großkanzler des Malteserordens, Hauptdirektor des Postwesens, Mitglied des Staatsrats und des Kollegiums für Auswärtige Angelegenheiten ernannt worden war, war das Haupt der Verschwörung einiger russischer Adliger, die zur Ermordung des Zaren führte. Er wurde wenig später vom neuen Zaren aller seiner Ämter enthoben.

1. Qualitative Neuordnung des Kolonisationswerks

Mit Nachdruck nahm sich Zar Paul I. seit Beginn seiner Regierung der Fürsorge und Entwicklung der Ausländerkolonien im Russischen Reich an. Sein persönliches Wohlwollen galt besonders den festgefügten Kolonien protestantischer Sektierer. Dabei legte er qualitative Maßstäbe an, die das soziale und moralische Niveau der Kolonien heben und diese in jeder Hinsicht zu Mustersiedlungen machen sollten. Unmittelbar nach seiner Inthronisierung ordnete er die Durchführung von Revisionsreisen durch die verschiedenen Kolonienkomplexe an. Hochgestellte und erfahrene Beamte sollten diese Bestandsaufnahme vornehmen.

Die Revision des größten Kolonienkomplexes, der Kolonien der beiden Wolgagouvernements, wurde Geheimrat Karl Ludwig Hablitz (russisch: Karl Iwanowitsch Gabliz, 1752–1821) übertragen. Gabliz, ein Mann preußischer Herkunft, der 1758 mit seinem Vater nach Rußland gekommen war, war der erste Ratgeber Pauls I. in Fragen der ausländischen Kolonisation. Als junger Naturwissenschaftler hatte er in den Jahren 1769 bis 1773 an der Expedition Samuel Gottlieb Gmelins teilgenommen und die Wolgakolonien in ihrer Aufbauphase erlebt. Nach Abbruch der Expedition war er zum Aufseher über den experimentellen Krongarten von Astrachan ernannt worden. 1781 war er Mitglied der wissenschaftlichen Expedition zum Kaspischen Meer, die Graf Wojnowitsch im Auftrag der Kaiserin durchgeführt hatte. Und 1783 ernannte Katharina ihn schließlich zum Vizegouverneur der neueroberten Halbinsel Krim. In dieser Eigenschaft trieb er auch zahlreiche wissenschaftliche Studien über den russischen Süden, die ihn zu einem Ratgeber in Siedlungsfragen prädestinierten. Gabliz stellte auf seiner Reise durch die Wolgakolonien eine gewisse Verwahrlosung fest, die schnellstens durch eine tiefgreifende Reform behoben werden mußte. Seine Bestandsaufnahme der Kolonien des Gouvernements Saratow ergab, daß »in die Gruppe der Kolonisten mehr heruntergekommenes Volk, Landstreicher aller Art, Fabrikanten, Gewerbetreibende und Künstler aufgenommen worden waren, als gute Landwirte; sie alle waren gewaltsam zu Ackerleuten gemacht worden und entarteten, als sie über fünfzehn Jahre hinweg (1782–1797) unter der Leitung der Kameralhöfe und Landrichter standen, noch mehr, da sie keinerlei eigene Aufsicht über sich hatten.«[5] In dieser Zeit waren in zahlreichen Gemeinden Rechtshändel über mangelhaft abgegrenzte oder niemals endgültig zugemessene Landstücke entstanden; die Abrechnung der Staatsschulden befand sich – trotz des großzügigen Schuldenerlasses von ca. 3 Millionen Rubel in den letzten Jahren der Kaiserin Katharina – in heilloser Unordnung, und die Kolonisten waren in einzelnen Fällen der Erpressung und Nötigung durch die lokale Obrigkeit ausgesetzt.

Das Resultat der Revisionsreise des Geheimrats Gabliz war die Wiedereröffnung des Saratower Vormundschaftskontors durch allerhöchst bestätigte Instruktion vom 30. Juli 1797.[6] Sie versprach eine »nähere und erfolgreichere Fürsorge und Aufsicht über alle Kolonien« des Wolgagebietes und beendete die sogenannte kontorlose Zeit, die die soziale Organisation der Kolonien so stark in Mitleidenschaft gezogen hatte. Der Leiter des Saratower Vormundschaftskontors, der Oberrichter *(glavnyj sud'ja)* genannt wurde, wurde in der Folgezeit meist aus den Kreisen der deutschstämmigen hohen Beamtenschaft bestimmt.

Den religiös fundierten Gruppen – von diesen in erster Linie der Herrnhuter Bruderunität – wurde innerhalb der Wolgakolonien ein Sonderstatus zuerkannt. Die Kolonie Sarepta wurde durch die Gnadenbriefe vom 30. Dezember 1796, von 1797, 1801 und schließlich 1826 zu einer der privilegiertesten deutschen Kolonien im Russischen Reich. Sie war administrativ vom Vormundschaftskontor getrennt. Lediglich der Oberrichter übte eine gewisse persönliche Aufsicht aus. Mit den allgemeinen Verwaltungsorganen des Russischen Reichs kam die Bruderunität nur im Fall schwerer Verbrechen in Berührung; im Gnadenbrief von 1797 aber postulierte Paul I., daß »aufgrund langjähriger Erfahrung der Sittsamkeit und Ehrenhaftigkeit der evangelischen Brüder nicht angenommen werden kann, daß jemand aus ihrer Mitte ein schwerwiegendes Verbrechen begehen kann«. Der Sinn dieser weitgehenden Herauslösung aus dem Netz der russischen Verwaltungsorgane wurde explizit angeführt: dies geschehe, »auf daß niemand von den militärischen und zivilen Behörden, die durch Uns eingerichtet worden sind, irgendeine persönliche Macht über sie anwenden soll oder kann und sich etwa in ihre Angelegenheiten einmischen kann«. Als einziges staatliches Verwaltungsorgan der Herrnhuter Kolonien, das unmittelbar an die höchste Petersburger Verwaltungsbehörde, die Expedition der Staatswirtschaft, angeschlossen war, fungierte die »Verwaltung der Evangelischen Brüdergemeine« *(Pravlenie Evangeličeskogo Bratskogo Obščestva)*. Dieses Verwaltungsorgan stand mit der gewählten Selbstverwaltung der Kolonien in Verbindung, die aus zwei Leitern, einem Justitiar und drei Beisitzern bestanden. Sie regelten alle internen Fragen der Herrnhuter Kolonien. Die Gnadenbriefe sprachen diesen Kolonien wiederholt das »unbestreitbare« Recht auf Erbbesitz der ihnen bereits übergebenen und der ihnen in Zukunft zu übergebenden Staatsländereien zu und ermutigten die Herrnhuter Brüder, sich auch weiterhin mit Eifer dem Bau von Städten und Ortschaften, Manufakturen, Fabriken und Unternehmen aller Art zu widmen, öffentliche Lehranstalten und Institutionen zu schaffen, in denen Kinder sowie Jugendliche und Erwachsene beiderlei Geschlechts entsprechend den geistlichen Regeln der Unität erzogen und unterwiesen würden. Sie benötigten zum Bau dieser Einrichtungen keine besondere Erlaubnis, sondern sollten lediglich die staatlichen Verwaltungsorgane über die Inbetriebnahme solcher Schulen und Ausbildungszentren in Kenntnis setzen. Die Gnadenbriefe, die ein deutliches Interesse an der Immigration weiterer Herrnhuter nach Rußland bekundeten, sprachen der Unität als Ganzem sowie jedem ihrer Mitglieder in wirtschaftlicher Hinsicht völlige Freizügigkeit im Binnen- sowie im Außenhandel zu. Die Abgabe- und Dienstfreiheit wurde erneut verbürgt, nur für ein- und ausgeführte Waren sollten später

Steuern nach dem allgemeinen Tarif entrichtet werden. Ohne eine besondere Erlaubnis einzuholen, war es Herrnhutern gestattet, jegliche Art von Gewerbe zu treiben, Artisanat und Industrie zu entwickeln, Fabriken und Werke, Mühlen jeder Art zu errichten und die vollen Eigentümerrechte zur Ausbeutung des Bodens, zu Fischfang, Wild- und Vogeljagd zu benützen. Ferner wurden alle bereits unter Katharina II. gewährten Rechte und Freiheiten bestätigt und der Unität das Recht verliehen, permanent eines ihrer Mitglieder in der Funktion eines Agenten in St. Petersburg zu unterhalten, der Wünsche und Beschwerden der Gemeinden unmittelbar an höchster Stelle vorbringen konnte. Die Staatskasse stellte ihm dafür einen geräumigen Amtssitz zur Verfügung. Dieses Gebäude sollte groß genug sein, um sowohl Gottesdienste abhalten als auch die in Rußland neueintreffenden Herrnhuter vorübergehend beherbergen zu können.

Die Revision der nordrussischen Kolonien, die Staatsrat Chitrowo durchführte, brachte ein ähnliches Resultat wie die der Wolgakolonien. Der Zustand der in der Umgebung von St. Petersburg gelegenen Kolonie wurde in jeder Hinsicht als unbefriedigend empfunden. Unverhältnismäßig hohe Abgaben, die nach Ablauf der abgabe- und steuerfreien Zeit zu leisten waren, die Art, wie die Steuern festgelegt und eingetrieben wurden, und die Verhältnisse, die zwischen den Kolonisten und ihren Behörden bestanden, hatten das Niveau der Wirtschaft und des Lebensstandards in diesen Kolonien – nach Ansicht des Revisors – beträchtlich gesenkt. Zur Beseitigung all dieser Mißstände schlug Chitrowo die Wiederherstellung der ursprünglichen Verwaltungsform der Kolonien vor. Insbesondere sollte das Amt des fliegenden Regierungskommissars wiederhergestellt werden, der in der Frühzeit der Kolonien unter Katharina II. im Auftrag der Kolonialverwaltung die örtliche Fürsorge über die jeweilige Kolonie innehatte. Als Ergebnis der nördlichen Revisionsreise trat am 20. Juni 1797[7] die neue Ordnung der St. Petersburger Kolonien in Kraft. In ihr wurde den nördlichen oder St. Petersburger Kolonien die Aufgabe zugewiesen, allen Kolonien des Russischen Reiches »als Beispiel für Wohlgeordnetheit und landwirtschaftliche Hauswirtschaft« zu dienen. Zur Förderung dieses Ziels wurden die in privilegierter Regierungsnähe gelegenen Kolonien »der unmittelbaren Überwachung und Beobachtung« der Expedition der Staatswirtschaft, der Vormundschaft der Ausländer und der ländlichen Hauswirtschaft unterstellt. Ein Aufseher *(smotritel')* sollte die Abrechnung der Staatsabgaben überwachen, »auf daß die Kolonisten weder mit dem Kreisrentmeister noch Kreisrichter oder Kommissar irgendwie zu tun haben«.

Diese »Expedition der Staatswirtschaft, der Vormundschaft der Ausländer und der ländlichen Hauswirtschaft« *(Ekspedicija Gosudarstvennogo Chozjajstva, opekunstva inostrannych i sel'skogo domovodstva)*[8] war – als ein weiteres Resultat der Auswertung der Revisionierung – auf Ukas vom 4. März 1797 beim Senat geschaffen worden. Die Aufgabe dieser Behören bestand darin, die Interessen der Ausländer wahrzunehmen, Einrichtungen zum Schutz und Beistand derselben zu schaffen und die staatliche Fürsorge über die Ausländerkolonien zu koordinieren. Die Anregung zur Gründung dieser »Expedition« lieferte vermutlich das kurz zuvor in England gegründete British Board of Agriculture. Die Behörde, in der die Sorge um die Förderung der Ausländerkolonien zum ersten Mal mit der Hebung des allgemeinen landwirtschaftlichen Niveaus institutionell verbunden war, entsprach den Bedürfnissen der Kolonisationspolitik Pauls I.: Die ausländischen Siedlungen sollten in erster Linie als Mustersiedlungen zur Hebung des einheimischen Niveaus fungieren.

Besonderen Nutzen versprach sich Paul I. vom Vorbild der Mennonitenkolonien. Die Revisionsreise durch diese Kolonien im Jahr 1797 brachte wider Erwarten keine befriedigenden Resultate. Zudem war die Einwanderung der Mennoniten zum Stillstand gekommen. Da bediente sich der Zar wieder des bewährten Werbeagenten Georg von Trappe, der sich bei der Anwerbung der ersten Danziger Mennonitenkontingente einen Namen gemacht hatte. Trappe wurde 1798 in den Rang eines Kollegienrates erhoben und zum Mitglied der Expedition für Staatswirtschaft ernannt. Trappe erkrankte jedoch während eines Englandaufenthaltes, worauf ihm die Krone für erwiesene Dienste eine beträchtliche lebenslange Pension auszahlte. Die Hauptwerbung lag nun bei den Mennoniten selbst. Die wirtschaftlichen Perspektiven sahen gegen Ende der neunziger Jahre jedoch wenig verlockend aus. Schwere Heuschreckenplagen in den Jahren 1798 und 1799, die nahezu die gesamten Sommerernten vernichteten, und außergewöhnlich kalte Winter brachten die landwirtschaftliche Produktion auf einen Tiefpunkt. Die Staatsanleihen, die in den letzten Regierungsjahren Katharinas II. bei 1000 Rubel pro einwandernder Familie gelegen hatten, waren nun auf 200 bis 500 Rubel abgesunken. Die Zuteilungen neuen Landes – 15 weitere Desjatinen für die Mennoniten der Jamburgischen und Danziger Kolonien und 32 Desjatinen für jede männliche Revisionsseele der Josephstaler und Rybalsker Kolonien – sowie die Zuweisung neuer Siedlungsplätze für die neu gewachsenen Familien der Mennoniten in der Umgebung von Molotschansk im Gouvernement Taurien durch Ukas vom 6. April 1800 erfolgten gerade rechtzeitig, um neues Interesse an der Ansiedlung in Rußland zu wecken. Das verschärfte preußische Mennonitenedikt von 1801 löste nämlich neue schwere Gewissenskonflikte unter den preußischen Mennoniten aus.

Die umfangreichste Revisionsreise führte in den Jahren 1797 bis 1800 Samuel Contenius im Auftrag der Expedition der Staatswirtschaft durch. Sie führte ihn durch die mittelrussischen Kolonien der Gouvernements Woronesh und Tschernigow und durch die südrussischen Kolonien. Kollegienrat Samuel Contenius (1748–1830), Sohn eines armen evangelischen Pastors aus Westfalen, war in seiner Jugend als Privatlehrer einer russischen Adelsfamilie nach Petersburg gekommen. Dort wurde er 1785 in den Staatsdienst übernommen. Als Beamter der Geographischen Abteilung der Expedition der Staatswirtschaft mit guter Kenntnis des Kolonienwerks wurde er mit dieser Inspektionsreise beauftragt, die – wie auch die vorausgegangenen Revisionen – zu einer kritischen Einschätzung der damaligen Lage führte. Das umfangreiche Revisionsmaterial, das Contenius sammelte und verarbeitete, wies insbesondere auf die Notwendigkeit einer einheitlichen Verwaltung der außergewöhnlich weit verstreuten bestehenden und entstehenden Kolonien hin. Diese Anregungen führten dazu, daß auf Allerhöchsten Ukas vom 6. April 1800[9] das Vormundschaftskontor für die Neurussischen Ausländischen Siedler *(Kontora Opekunstva Novorossijskich inostrannych poselencev)* geschaffen wurde. Dieses Neurussische Vormundschaftsgericht, das unter dem Vorbild des Saratower Tutelkontors konzipiert war, hatte seinen Sitz in der Gouvernementshauptstadt Jekaterinoslaw, war allerdings für die Kolonien aller neurussischen Gouvernements zuständig. Das Vormundschaftskontor unterstand einem Oberrichter; dieses Amt wurde in den ersten achtzehn Jahren des Bestehens der neuen Behörde von Kollegienrat Samuel Contenius bekleidet, der sich durch seine dreijährige Revisionsreise wie kein anderer Beamter der Expedition für diese Aufgabe qualifiziert hatte. Unter der aufopferungsvollen Leitung von Contenius vollzog sich eine sprunghafte und breite Entwicklung der südrussischen Ausländerkolonien.

Die Aufgaben des Vormundschaftskontors, die weitgehend denen des Saratower Kontors glichen, wurden im Allerhöchsten Ukas vom 26. Juli 1800[10] definiert. Das Kontor schlichtete in Streit- und Rechtsfällen, die zwischen Kolonisten auftraten; lediglich kriminelle Delikte wurden an die allgemeinen Rechtspflegeorgane weitergeleitet. Es war für die rechtzeitige Ablieferung von Steuern und Abgaben der Kolonien verantwortlich. Es sammelte alle Dokumente und besorgte die Registratur der Kolonien. In wirtschaftlicher Hinsicht war ihm die landwirtschaftliche Führung der Kolonien anvertraut. Die Instruktion vom 26. Juli 1800 empfahl dem Kontor, die Kolonisten zur Anlegung von Wiesen, zum Anbau der für die Seidenraupenzucht notwendigen Maulbeerbäume, von Weingärten, zur Ziehung von Sesamsamen und anderen Nutzpflanzen anzuregen, sie zur Vermehrung der Zuchtanstalten von Schafen der besten Sorten, zur Errichtung von Leinwand-, Tuch- und Ledermanufakturen sowie vieler anderer Fabriken aufzufordern und überhaupt die Bedingungen des örtlichen Klimas und die Fertigkeiten und Kenntnisse der jeweiligen Kolonistengruppen in jeder Hinsicht zu nutzen, um neue Produktionszweige zu entwickeln. Die Pflicht des Oberrichters bestand darin, einmal im Jahr eine Inspektionsreise durch die Kolonien zu unternehmen, auf der er sich ein Bild vom jeweiligen Stand der Kolonien machen sollte. Unordnung, Unlauterkeit und erste Anfänge einer Fehlentwicklung sollten dabei sofort korrigiert und eine Begradigung des Weges der Kolonien eingeleitet werden. Die Verständigung zwischen Kontor und Kolonisten erfolgte ausschließlich in deutscher Sprache: »Für ein klares und grundlegenderes Begreiflichmachen müssen alle den Kolonisten in den Kolonien von dem Kontor gesandten Anweisungen in deutscher Sprache geschrieben werden, damit jene weder Unkenntnis noch Mißverständnis vorschützen können.« Neben der Verwaltung der Ausländerkolonien wurde auch die Selbstverwaltung einer eingehenden Revision unterzogen. Dabei zeigte sich, daß die von Katharina II. geplante »innere Jurisdiktion« noch ganz ungenügend entwickelt war.

Tatsächlich hatten selbst die präzisen »Instruktionen für die an der Wolga angesiedelten Kolonisten, in denen zugleich bestimmt wird, in welchen Vergehen die hohe Obrigkeit, das ist die Vormundschaftskanzlei und deren Kontor, zu erkennen hat und welche der inneren Gerichtsbarkeit ihrer Vorgesetzten zu überlassen sind«, mit denen Katharina 1769 die noch kaum wahrnehmbaren Ansätze einer inneren Selbstverwaltung hatte stärken wollen, keine sichtbaren Resultate gezeitigt. Und was in den ersten Siedlungsjahren vielleicht in Anlehnung an heimatliche Selbstverwaltungsformen entstanden war, hatte die sogenannte kontorlose Zeit hinweggefegt. Die »Gleichmäßige Instruktion der inneren Ordnung und Verwaltung«[11] aller ausländischen Kolonien im Russischen Reich, die Kaiser Paul am 17. September 1800 gab, errichtete nun »von oben«, was sich nicht organisch aus der Mitte der Kolonien heraus entwickelt hatte: eine Gemeindeverfassung, die in deutschen Landen ihresgleichen suchte.[12] Diese koloniale Selbstverwaltung, die über siebzig Jahre unverändert praktiziert werden sollte, stellte zwei Ebenen der örtlichen Selbstverwaltung her: das Dorf- oder Gemeindeamt *(sel'skij prikaz)* und das Kreisamt *(okružnyj prikaz)*. Das Dorfamt bestand aus einem Schulzen, zwei Beisitzern und einem bezahlten Schreiber. Sie wurden durch die dörfliche Gemeindeversammlung, der mindestens ein männlicher Kolonist eines jeden Wirtschaftshofes angehörte, gewählt. Diese dörfliche Gemeindeversammlung diente nicht nur als Wahlversammlung. Sie beriet und entschied auch über die Entlassung von Kolonisten in andere Stände, die Berufung von Geistlichen, Bitt- und Beschwerdeschriften einzelner Gemeindemitglieder, die Verteilung von Abgaben und Entfernung oder den Ausschluß von Gemeindemitgliedern, die durch ausschweifenden und unsittlichen Lebenswandel zu einem Ärgernis der Gemeinde geworden waren.

In einem zweiten Wahlgang wählten die einzelnen Dorfversammlungen nach ihren eigenen Dorfschulzen auch die sogenannten Oberschulzen (oder Hauptschulzen), das heißt die Vorsteher der Kreisämter, sowie ihre Beisitzer und Schreiber. In diesem Wahlgang war jeder Kolonist aufgefordert, seine Stimme »nach der Reihenfolge abzugeben, wer wen wozu wählt«. Die einfache Stimmenmehrheit entschied. Das Dorfamt, das ein- bis zweimal wöchentlich eine vom Schulzen anberaumte Sitzung abhielt, war der Dorfversammlung in jeder Entscheidung rechenschaftspflichtig; »keinerlei Festlegung des Amtes darf als wirklich angesehen werden, wenn nicht die gesamte Zahl der Mitglieder (der Dorfversammlung) zu dieser Sache angehört, geurteilt und entschieden hat.« Nach Ablauf eines Jahres mußten die Dorfschulzen den Gemeinden ferner einen umfassenden Bericht ihrer Tätigkeit vorlegen. Er wurde von drei erfahrenen Landwirten, die von der Gemeindeversammlung zu diesem Zweck gewählt wurden, in allen Einzelheiten überprüft. Gegenstand dieses Berichtes war in erster Linie der gesamte Komplex der Einziehung der Abgaben und Steuern, der dem Schulzen oblag. Das Dorfamt übte ferner die richterliche Gewalt in geringfügigen Vergehen aus, während die schwereren Vergehen, die von Unzucht über Diebstähle bis zur Beleidigung der Gemeindevorsteher reichten, in die Gerichtsbarkeit der staatlichen Kolonialverwaltung fielen.

Die Kreisämter, die je nach Lage und Ausdehnung von einer größeren Zahl von Kolonien gewählt und beschickt wurden, unterstanden als dem »Amtsoberhaupt oder Gewählten« dem Oberschulzen, dem zwei Beisitzer zur Seite standen. Dieser Kreisschulze war auf die Dauer von drei Jahren, die Kreisbeisitzer waren auf zwei Jahre gewählt. In richterlicher Hinsicht diente das Kreisamt als eine Art erster Appellationsinstanz für leichte Vergehen. Auf landwirtschaftlichem Gebiet wurden im Kreisamt die Fragen von Innovationen, Neubauten, Landankäufen, Pachtverträgen und größeren Anlagen behandelt, die die Gesamtheit der beteiligten Kolonien betraf. Das Kreisamt war – analog zum Dorfamt – einer Kreisversammlung weisungspflichtig, die aus den verantwortungsbewußten, urteilsfähigsten, gerechtesten und für ihren guten Lebenswandel bekannten Hofbesitzern der einzelnen Kolonien gebildet wurde.

Die Schaffung wohlfunktionierender Selbstverwaltungsstrukturen der ausländischen Kolonien trug viel dazu bei, um diese vielerorts zu Mustersiedlungen werden zu lassen. Mit ihren staatlichen Sonderverwaltungsorganen, die die Kolonien von den Mängeln der russischen ländlichen Verhältnisse abschirmten, und den äußerst demokratischen Formen ihrer Selbstverwaltung besaßen die deutschen Kolonisten auf russischer Erde einen Freiheitsraum, der nicht nur den ihrer russischen Nachbarn, sondern auch den des deutschen Bauern bei weitem übertraf.

Trotz der Bemühungen um Hebung des wirtschaftlichen, sozialen und finanziellen Niveaus der Kolonien und um Herbeiführung neuer, religiös verankerter und wirtschaftlich vielversprechender Gruppen blieb der Zustrom neuer Kolonisten in der fünfjährigen Regierungszeit Pauls I. schwach. Der Hauptgrund dafür lag in der skrupulösen Überprüfung der Einreisegesuche, die der Zar angeordnet hatte. Davon wurden besonders all diejenigen betroffen, die aus Gebieten kamen, die mittelbar oder unmittelbar von den Geschehnissen der Französischen Revolution berührt worden waren. Aber auch Personen mit undurchsichtigem politischen und geistigen Hintergrund, die ihre Motivation für die Niederlassung in Rußland nicht zwingend glaubhaft machen konnten, unterlagen der strengen Einreiseregulierung. Zahlreiche Einzelgesuche, unter denen sich plausible Anträge deutscher Adliger auf Niederlassung und Gründung besonderer Gewerbe- und Industriezweige befanden, wurden mit fadenscheiniger Begründung abgelehnt. Ein Musterbeispiel war die Zurückweisung des Ersuchs von Baron Oberkirch, sich mit einer größeren Zahl durch die Nachwehen der Französischen Revolution entwurzelter elsässischer Bauern in Rußland niederzulassen; zu groß schien der Expedition der Staatswirtschaft, die die Gesuche prüfte, die Gefahr, daß der eine oder andere brotlose Elsässer den Bazillus der Revolution in Rußland einschleppen könnte.

Eine gewisse Ausnahme von dieser restriktiven Einwanderungspolitik machte die Halbinsel Krim. Als Vizegouverneur der Krim setzte sich Karl Ludwig Hablitz (Gabliz) mit Entschiedenheit für die landwirtschaftliche Entwicklung und Erschließung des Gouvernements Taurien ein. Seinem Einfluß war es unter anderem zuzuschreiben, wenn Kaiser Paul I. die gesamte Halbinsel Krim 1798 für die Dauer von dreißig Jahren zu einer Freihandelszone erklärte. Denn Gabliz, der sich wie sein Kollege und Freund Pallas auf der Krim niedergelassen hatte, vertrat die Auffassung, daß die Provinz Taurien, die ohnedies zu diesem Zeitpunkt überwiegend von einer fremdethnischen Bevölkerungsmischung bewohnt wurde, auch fernerhin von tatkräftigen ausländischen Kräften kultiviert werden sollte und daher einen Sonderstatus beanspruchte. In diesem Sinn sprach auch ein Kaiserliches Manifest 1798 den ortsansässigen Kräften allerhöchstes Wohlwollen aus, die Ausländer zur Ansiedlung auf der Krim bewegen und aus eigenen Mitteln fördern würden. Ausländischen Einwanderern jeglicher Herkunft wurde das Recht zugesprochen, dort zu gleichen Bedingungen, wie sie russischen Adligen zukamen, Land zu erwerben und zu bewirtschaften. Die ersten Ausländer, die von den im Gouvernement Taurien gewährten Freiheiten Gebrauch machten, waren royalistische französische Adlige und Militärs. Aber auch deutsche Adlige aus den Rheinprovinzen, die durch die Ereignisse der Französischen Revolution sozial und psychologisch verunsichert waren, nutzten die Gelegenheit, um sich im Süden des zu dieser Zeit eher konservativen Zarenreichs eine neue Existenz aufzubauen. P. S. Pallas und K. L. Gabliz erwiesen der russischen Krone alle erdenkliche Hilfe, um neue Ansiedlungsprojekte auszuarbeiten und zu realisieren. So baute zum Beispiel Pallas mit Unterstützung der Expedition der Staatswirtschaft auf der Krim eine Schule zur Erlernung des Weinbaus auf. Daneben arbeitete er an der Entwicklung einer Merinoschafzucht, die für die südrussischen Gebiete besonders geeignet war und durch deren Weiterführung sich in den nächsten Jahrzehnten einige Kolonistenfamilien auszeichnen sollten.

Eine wichtige Rolle für die Entwicklung der südrussischen Kolonien spielte die Hafenstadt Odessa, die zu einem der Hauptumschlagplätze für die produzierten Güter wurde.[13] Obgleich die Stadt Odessa erst in der Regierungszeit Alexanders I., im Jahr 1817, zum Freihafen erhoben wurde, nahm die 1789 den Türken entrissene Stadt jedoch bereits unter der Regierung Pauls I. einen beträchtlichen Aufschwung. Die türkische Festung Hadschi Bey, 1794 in Odessa umbenannt, wurde zum wichtigsten russischen Militär- und Handelshafen im Schwarzen Meer ausgebaut. Unter der Statthalterschaft des Herzogs Richelieu zog das neu erstehende Odessa französische Städteplaner, Künstler, Militärs und Verwaltungsbeamte in großer Zahl an. Unter den Fremden, die nun in die Stadt einströmten, befanden sich neben Griechen, Albaniern, Italienern und vielen anderen Landsleuten auch zahlreiche Deutsche. 1797 ließ Paul I. eine erste Bestandsaufnahme der Stadt durchführen. Hans Lohrer (russisch: Iwan Lorer), ein deutscher Gutsbesitzer aus dem neurussischen Wosnessensk, der soeben zum Rat der neurussischen Gouvernementverwaltung arriviert war, wurde mit der Durchführung dieser Revision beauftragt. Lohrer, »ein außerordentlich gebildeter und wohldenkender Mann, erfüllte seine Pflicht heilig«. Sein Revisionsrapport vom 25. März 1797 verzeichnete eine Bevölkerung von 3455 Seelen männlichen Geschlechts. Unter diesen befanden sich 677 Kaufleute und »Gäste«. Lohrer zählte 1223 Personen fremder Herkunft: 33 Bulgaren, 269 Griechen, Albaner und Moldavier, 337 Angehörige der in Odessa stationierten griechischen Division, 434 gewerbetreibende Bürger und 78 Landwirtschaft treibende Bürger. Als Entwicklungsstadt war Odessa in dieser Zeit überwiegend von männlichen Militärs und Berufskräften bevölkert; die Gesamtbevölkerung der Stadt, die auch die Matrosen der Staatsflotte, der Garnison, die Geistlichen und Adligen mit umfaßte, lag im Jahr 1797 bei 5000 Personen beiderlei Geschlechts.

Der Revisionsbericht Lohrers veranlaßte den Zaren im Jahr 1800, die der Stadt unter Katharina II. gewährten Privilegien zu erneuern und großzügige staatliche Subsidien für ihre weitere Entwicklung bereitzustellen. Damit setzte eine sprunghafte wirtschaftliche und soziale Entwicklung der Hafenstadt ein. Unter anderen Nationalitäten ließen sich auch viele deutsche Kaufleute in der prachtvollen warmen Stadt am Meer nieder. Kolonisten der Wolga- und südrussischen Gebiete, die zu Wohlstand gekommen waren, unterhielten nun einen zweiten Wohnsitz in Odessa, um hier Handelshäuser anzulegen oder andere Geschäfte zu treiben. So fallen unter den Namen der führenden Odessaer Handelshäuser bereits 1808 die Polner und Hübertz, die Cattley und Steffens, die Balbar und viele andere auf. In diesem Jahr befanden sich unter den insgesamt 12505 Einwohnern der Stadt (Adlige, Beamte und Geistliche ausgenommen), die eine »ordnungsgemäße Existenz« gegründet hatten, 32 Kaufleute der ersten Gilde, sieben »Gäste«, 30 Kaufleute der zweiten Gilde, 135 Kaufleute der dritten Gilde, 2151 Bürger mit Wohnrecht und 2000 Bürger ohne Wohnrecht in der Stadt sowie 3600 Ausländer. Mit dem wirtschaftlichen Wachstum der südrussischen Kolonien im Hinterland der Hafenstadt Odessa nahm auch die Zahl der deutschen kolonistischen Niederlassungen in der Stadt selbst zu; so wurden 1837 unter den 53803 Einwohnern der Stadt bereits 1037 männliche und 1089 weibliche Kolonisten als Bürger der Stadt Odessa verzeichnet. Mit ihnen waren auch deutschstämmige Lehrer und Beamte, deutsche Adlige und Geistliche nach Odessa gezogen. So bestanden in diesem Jahr neben 18 orthodoxen Kirchen, sieben jüdischen und einer karäischen Synagoge eine katholische und eine lutherische Kirche in Odessa. Wenige Jahre später entstand noch eine reformierte Kirche. Diese Kirchen entwickelten nicht nur ein aktives Gemeindeleben, sondern sie unterhielten auch ihre eigenen Schulen und höheren Lehranstalten. Die evangelisch-lutherische Sankt-Pauli-Kirche zu Odessa, deren Geistliche aus deutschen Universitäten beziehungsweise ab 1868 von der theologischen Fakultät der Universität Dorpat kamen, wurde zum Zentrum eines aktiven deutschen Kulturlebens in Südrußland. Die katholische Mariä-Himmelfahrts-Kathedrale, deren Gemeinde von deutschen und polnischen Geistlichen geführt wurde, entwickelte demgegenüber einen kosmopolitischen Wirkungskreis, in dem neben Deutschen auch Franzosen, Italiener und Polen eine geistig-religiöse Heimat fanden.

2. Die Zensur des freien Wortes

Als »Schützer der Throne und Altäre« führte Zar Paul I. neben einer ans Absurde grenzenden militärischen und zivilen Disziplin auch eine Zensur des geschriebenen und gesprochenen Wortes ein, wie sie das moderne Rußland bisher nicht gekannt hatte. Als erstes entließ er die alten, liberalen Beamten der katharinischen Zeit, an deren Stelle er kompromißbereite und charakterlose Emporkömmlinge setzte. Personen, die Maß und Würde besaßen, traten in den Hintergrund des öffentlichen Lebens, während profillose, allein durch eine erzkonservative Grundhaltung hervorstechende Männer russischer wie ausländischer Herkunft in das Licht der Öffentlichkeit traten.

Zwei deutsche Schriftsteller können als Prototypen dieser Entwicklung angesehen werden: Klinger und Kotzebue. Ihre Lebenswege, die in beiden Fällen von Weimar nach St. Petersburg führten, verdeutlichen einerseits die stille Größe und andererseits die laute Mittelmäßigkeit, die während der Regierungszeit Pauls I. im literarischen Leben von St. Petersburg tonangebend waren.

August Friedrich Ferdinand von Kotzebue (1761–1819) war als junger Weimarer Anwalt 1781 durch den preußischen Gesandten am russischen Hof nach Petersburg vermittelt worden. Hier wurde er Privatsekretär des Generalgouverneurs von Bauer. Er löste in dieser Position den um zehn Jahre älteren, hochbegabten Dichter des Sturm und Drang, Jakob Michael Reinhold Lenz (1751–1792) ab, der wegen seiner Unfähigkeit, sich der Etikette der mittleren Beamtenlaufbahn anzupassen, von Bauer entlassen worden war.[14] Für Lenz, den Sohn eines starrsinnigen livländischen Superintendenten aus dem Örtchen Sesswegen, der in Straßburg und Weimar im Goethe-Kreis verkehrt hatte und als der – nach Goethe – aussichtsreichste Dichter deutscher Sprache galt, begann mit dieser Entlassung der Weg in den Untergang. Er zog nach Moskau, wo er mit Unterstützung Millers einige Arbeiten und Übersetzungen auf dem ihm fremden historischen Gebiet lieferte, lebte schließlich ausschließlich von der finanziellen Hilfe der Moskauer Freimaurer und starb in geistiger Umnachtung in den Straßen Moskaus.

Für Kotzebue hingegen, dessen auf den Geschmack der Massen abzielende Erzählungen, Romane und Dramen weder in Deutschland noch in Rußland das Augenmerk der großen Kritik auf sich zogen, begann 1781 bis 1783 mit der Stelle als Sekretär des Generalingenieurs von Bauer, der daneben auch Direktor des deutschen Hoftheaters war, der Aufstieg in die große Welt. 1783 erhielt er eine Richterstelle in Reval und hatte hier Muße und Zeit, zahlreiche Dramen zu verfassen, die in einem von ihm gegründeten Liebhabertheater uraufgeführt wurden. Das bekannteste von ihnen, »Menschenhaß und Reue«, wurde 1792 auch ins Russische übersetzt. In Reval heiratete Kotzebue 1785 die Estländerin von Essen und erlangte dadurch auch die gewünschte gesellschaftliche Anerkennung. Dabei war das Urteil der gebildeten russischen Zeitgenossen über Kotzebue wenig schmeichelhaft. Er galt als einer der langweiligsten und farblosesten Menschen, der auf Gesellschaften für gewöhnlich still in einem Winkel saß, niemals durch Geist und Witz auffiel, sich aber die Gespräche, die er belauschte, wortwörtlich notierte, um sie in das nächste Drama einzuarbeiten. Als Kotzebue 1798 unerwartet einen Ruf an das Wiener Hoftheater erhielt, ließ er seine Frau und fünf Söhne in Petersburg zurück. Beim ersten Versuch, seine Familie zu besuchen, wurde Kotzebue 1800 bei der Überschreitung der russischen Grenze arretiert. Während seines Dienstes in Estland war aus einer Bibliothek, die ihm unterstand, ein Buch verliehen worden, das auf der Liste der Zensurbehörde stand. Als staatsgefährdendes

Subjekt wurde Kotzebue nach Sibirien eskortiert. Er wagte einen Fluchtversuch und wurde erneut, und nun unter verschärften Bedingungen eingesperrt.[15] Freunde des Dramaturgen in St. Petersburg spielten dem Kaiser ein altes Drama zu, das dessen Geschmack genau entsprach; es trug den Titel »Der Leibkutscher Peters I«. Nun erfolgte eine zweite Wende im Schicksal Kotzebues: »Freunde brachten es vor die Augen des Kaisers, und dieser fand, daß der Verfasser eines so vortrefflichen Werkes unmöglich schlechte Grundsätze haben könne, ließ ihn zurückkommen, machte ihn zum Theaterdirektor, trug ihm manche kleine Arbeiten auf, kurz, Kotzebue war bei ihm en faveur.«[16]

Nach dem Tod Pauls I. quittierte Kotzebue den Dienst und übersiedelte 1802 nach Berlin. Bei der Unterwerfung Preußens durch Napoleon überwand er jedoch seine Aversionen gegen den liberalen russischen Zaren und ließ sich wieder in Estland nieder. Hier wurde er zu einem literarischen Propagandisten des Kampfes gegen Frankreich.

Nach der Niederlage der Grande Armée folgte er dem Siegesmarsch der russischen Truppen durch Europa, gab 1814 in Berlin das »Russisch-deutsche Volksblatt« heraus und wurde zum konservativen Wortführer der »Heiligen Allianz«. Durch seine Propagierung eines repressiven Konservatismus wurde er zur vielgehaßten Symbolfigur für das patriotische und romantische junge Deutschland. Unter großzügigsten Bedingungen in den russischen Staatsdienst übernommen, verstand es Kotzebue, auch seinen Söhnen den Weg in die hohen Ränge des russischen Staatsdienstes zu ebnen. 1874 wurde seinem Sohn Paul der Grafentitel zuerkannt. Doch Kotzebues Tod war tragisch. In Mannheim, wo der Propagandist der europäischen Restauration unter dem Schutz des Hauses Baden lebte (die Zarin Jelisaweta Alexejewna war eine badische Prinzessin), fiel er dem Anschlag eines Vertreters des jungen nationalen Deutschland zum Opfer. Der Jenaer Theologiestudent und Burschenschafter Karl Ludwig Sand ermordete den »Verräter des Vaterlandes« im Jahre 1819. Ein Jahr später wurde das vom Herzog von Baden bestätigte Todesurteil an Sand vollstreckt.

Dem konservativen, aber mittelmäßigen und dem Trend der Zeiten folgenden Schriftsteller Kotzebue stand in Friedrich Maximilian (russisch: Fjodor Iwanowitsch) Klinger (1752–1831) ein Mann von großem Talent, Charakterstärke und einer unbestechlichen Treue zu sich selbst gegenüber. Klinger, der Sohn einer deutschen Wäscherin, hatte nach glänzenden Studien in Gießen die Freundschaft Goethes erworben. Unter ihrem Einfluß schrieb er 1777 sein vielbeachtetes Drama »Sturm und Drang«, das der neuen literarischen Epoche Namen und Programm gab. 1780 wurde er aus Weimar an den Hof des Thronfolgers in Petersburg vermittelt und zum Hofmeister ernannt. Er war der Begleiter des Zarewitsch Pawel Petrowitsch auf seinen weiten Auslandsreisen, die durch die Länder Mittel- und Südeuropas führten und schrieb damals: »Tausende beneiden meine Lage, und sie haben recht. Ich fühle ihren Vorteil und fühle, welches Glück es ist, sich von einem Sturm an ein fremdes Land werfen zu lassen, das einem unbekannt ist, und so aufgenommen zu werden.« Der unbeugsame Charakter Klingers, der sich nicht nur in der Petersburger Hofgesellschaft, sondern auch im Kampf gegen Türken und Polen auszeichnete, fand das Gefallen der Kaiserin Katharina II. Durch ihre Vermittlung wurde er 1788 mit Jelisaweta Alexejewna, der ungesetzlichen Tochter des Grafen Grigorij Orlow, deren Mutter vermutlich die Kaiserin selbst war, verheiratet. Er genoß am Zarenhof sowie am großfürstlichen Hof des zukünftigen Zaren Paul I. auffallend hohes Ansehen. Seine Beobachtungen in der russischen Gesellschaft während der Regierungszeit Pauls I. entfremdeten ihn jedoch von seiner Wahlheimat; er brachte seine Verachtung gegenüber den Kreaturen, die sich der Forderung des Zaren nach Kadavergehorsam beugten, in aller Öffentlichkeit in seiner Unterscheidung von »Russen« und »Menschen« zum Ausdruck. Er zog sich zunehmend in die Sphäre der Privatgelehrsamkeit zurück, und sein gastfreies Palais am Newa-Quai stand den Größen des russischen Geisteslebens dieser Jahre offen. Zu seinen nächsten Freunden und Gesprächspartnern gehörten der Fabeldichter Iwan Krylow, der Historiker N. M. Karamsin, der russische Dichter des Anakreon und spätere Justizminister Iwan J. Dmitrijew, der Gründer der russischen romantischen Schule W. A. Shukowskij und der Übersetzer der griechischen Klassiker ins Russische Nikolaj J. Gneditsch.

Der junge Zar Alexander I. wies Klinger wieder seinen Platz im öffentlichen Leben zu; er ernannte ihn 1801 zum Direktor des Kadettenkorps und 1802 zum Leiter des Pagenkorps. 1803 fiel Klinger mit seiner Ernennung zum Kurator der Universität Dorpat und Fürsorger des nordwestlichen Lehrbezirks, dessen Kompetenz auch die baltischen Gouvernements umfaßte, eine Aufgabe zu, der er sich mit großem Eifer widmete. Er gehörte darüber hinaus dem Rat für Volksbildung an, den der junge Zar, von seinen frühen liberalen Ideen beflügelt, aus einem kleinen, aufgeklärten Freundeskreis gebildet hatte. In dieser Zeit, in der Klinger endlich mit Umsicht und Kühnheit seinen wirklichen Interessen Realität verschaffen konnte, fiel sein einziger, nicht im Kindbett gestorbener Sohn, der Stabskapitän und Adjutant des damaligen Oberbefehlshabers Barclay de Tolly, in der Schlacht von Borodino. Ernst Moritz Arndt, der dem Freiherrn vom Stein 1812 als Sekretär nach Petersburg gefolgt war und hier auch Klinger begegnete, beschrieb ihn als einen metallisch harten, wie aus Erz gegossenen Mann und fügte hinzu, daß dazu »Rußland und die in russischen Diensten gemachten Erfahrungen wohl ihr Zugift gegeben hatten«.[17]

Die Wende im inneren Klima Rußlands, die von der Heiligen Allianz eingeleitet und durch eine mystisch-spiritualistische Strömung bei Hof verstärkt wurde, zwang den »Voltaire des Nordens« Klinger 1817 zur Niederlegung seiner Ämter. Karamsin kommentierte dieses Ereignis in einem Brief an Dmitrijew mit den Worten: »Von jetzt ab werden Männer von notorischer Frömmigkeit Kuratoren sein. Klinger ist entlassen, mir wurde gesagt, er gelte als Freidenker. Kein Wunder, wenn in unserer Zeit die Zahl der Heuchler zunimmt.«

Der schwerste Schicksalsschlag widerfuhr Klinger vermutlich 1825. Die Kadetten und Zöglinge des Pagenkorps, die er ausgebildet und durch eine Reihe von Reformen zum selbständigen Denken geführt hatte, versuchten nun als reife Offiziere, die Autokratie zu beseitigen und Rußland in eine konstitutionelle Monarchie zu verwandeln; ihre Bewegung, der Aufstand der Dekabristen, fiel dem Scharfrichter zum Opfer oder endete in der Verbannung. Klinger sah wohl sein auf Rationalismus und Liberalismus basierendes Lebenswerk auf russischem Boden zerrinnen, als er unter dem Eindruck der Zerschlagung der Dezemberbewegung die Worte schrieb:

»Endlich verschwindet auch dem Edelsten die Hoffnung und der Glaube, und selbst der, welcher sich selbst am getreusten geblieben, wer am längsten ausgehalten und bis ans Ende gekämpft hat, stirbt mit gebrochenem Herzen und verhülltem Geist. Der Kühne, Starke verläßt gewöhnlich im Gefühl des Unwillens, des Ingrimms die Welt, die er so lange in seinem Herzen trug.«[18]

VI.
Liberaler Aufbruch unter Alexander I.

Alexander Pawlowitsch (1777–1825)[1], nach seiner Krönung am 12. März 1801 Zar Alexander I., trug in sich ein komplexes Erbe. Der Enkel der deutschen Prinzessin auf dem Zarenthron, Katharina der Großen, und Sohn einer sentimentalen und familienorientierten, aber gebildeten Mutter, der württembergischen Prinzessin Sophie Dorothea und Zariza Marja Fjodorowna, war von frühestem Kindesalter an den weitblickenden erzieherischen Regeln unterworfen worden, die Katharina II. höchsteigen für ihn ausgearbeitet hatte.

Sein Tutor, der Schweizer Republikaner, Gelehrte und General Frédéric César Laharpe, sowie seine Lehrer Peter Simon Pallas, der Physiker Kraft und andere führende Wissenschaftler seiner Zeit führten den Thronfolger unter der Aufsicht der aufgeklärten Kaiserin in die klassischen Sphären der westeuropäischen Bildung des letzten Viertels des 18. Jahrhunderts ein. Sie gaben seinem von Natur aus weichherzigen und geschmeidigen, aber zu Romantik und einem gewissen Sentimentalismus neigenden Gemüt eine an rationalen Prinzipien orientierte, allgemeinere Richtung, ohne daß es ihnen offenbar gelang, die für die zukünftigen Aufgaben des jungen Monarchen wesentlichen Voraussetzungen von Eigeninitiative und Folgerichtigkeit in Denken und Handeln zu wecken.

Das Romanowsche Erbe, das ihm über seinen Vater Paul I. von seinem Großvater Peter III. zukam, nämlich eine gewisse Realitätsferne und ein Mangel an praktischer Verantwortlichkeit für das Wohl des Staates, gepaart mit wechselnden Ausbrüchen von Sentimentalität und Gefühlskälte, von romantischer Menschenfreundlichkeit und paranoiden Verdächtigungen sowie eine Neigung zu den gesellschaftlichen Freuden bis hin zu Ausschweifung und Exzeß, wurden in der ersten Lebens- und Herrschaftsphase des Zaren dank der unermüdlichen Einwirkung seiner Großmutter und Lehrer sowie des günstigen Einflusses, den liberal und praktisch-politisch denkende Freunde auf ihn ausübten, weitgehend neutralisiert. Diese erste Phase der politischen

Wirksamkeit Alexanders I. währte bis zum Wiener Kongreß; als »Retter Europas« auf dem Höhepunkt seiner Macht und Popularität im befreiten Europa, feierte Alexander den glanzvollen Abschluß des antinapoleonischen Kampfes, der aus russischer Sicht mit der Besetzung von Paris, dem weitesten Schritt der russischen Westexpansion, endete. In der zweiten Periode der Herrschaft Alexanders I., die mit der Phase der Rekonstruktion des Russischen Reiches nach dem Vaterländischen Krieg begann, gewann die dunkle Seite des Romanowschen Erbes im Charakter und Wirken des Zaren die Oberhand: Eine gewisse Vorliebe für Mystizismus und religiöse Schwärmereien, eine letzte Indifferenz gegenüber der Führung des Staatsschiffes, ein Abgleiten in die Sphäre des Privaten, möglicherweise begünstigt durch Ängste vor den Unabwägbarkeiten des Hoflebens, führten den Zaren in eine immer größere innere und schließlich auch räumliche Ferne von der politischen und sozialen Welt, die zu beherrschen er berufen war. Die dunkle Seite gab zuletzt vielleicht sogar den Anlaß zu seiner vollendeten Weltentsagung.[2]

1. Der »Retter Europas« und sein Offizierskorps

Obgleich Kaiser Alexander I. nach seiner Inthronisierung unverzüglich den Weg großer staatlicher Reformen im Licht des Liberalismus einschlug, blieb seiner innenpolitischen Wirksamkeit in dieser Periode jedoch der letzte, bedeutende Erfolg verwehrt: Zu stark war sie von den außenpolitischen Erschwernissen belastet, die die unruhige, erstarkende kontinentale Großmacht im Westen Europas dem russischen Zarenreich aufbürdete. Dabei waren es nicht nur die Fernauswirkungen, mit denen die expansive Außenpolitik Napoleons und ihre Verschiebung des labilen europäischen Kräftegleichgewichts die Interessen Rußlands auf dem europäischen Kontinent tangierte; die Kaisertreffen erweckten den Anschein, daß sich durchaus eine Abgrenzung der Interessensphären der beiden Monarchen auf dem europäischen Kontinent erreichen ließ. Vielmehr hatte die Heiratspolitik, die das russische Herrscherhaus seit nunmehr fast einem Jahrhundert betrieb, dazu geführt, daß der russische Zar aufgrund seiner verwandtschaftlichen Beziehungen zu den regierenden Häusern der deutschen Territorialstaaten und zum Haus Habsburg schon an der Rheinlinie indirekt von den Vormarschplänen Napoleons betroffen wurde. Die beiden ältesten Schwestern des Zaren, Alexandra und Anna Pawlowna, waren mit dem österreichischen Erzherzog Joseph und dem niederländischen König Wilhelm II. vermählt. Die beiden jüngeren Schwestern, Jelena und Marja Pawlowna, waren mit den Häusern Mecklenburg-Schwerin und Sachsen-Weimar verbunden. Und die jüngste und dem Zaren am nächsten stehende Schwester, Jekaterina Pawlowna, war die Gemahlin des jüngsten Sohnes des Herzogs Peter Friedrich Ludwig von Oldenburg aus dessen Ehe mit der Schwester der Gemahlin Pauls I., der württembergischen Prinzessin Friederike Elisabeth, Georg von Oldenburg. Aufgrund dieser Verbindung mit dem russischen Zarenhaus wurde das Haus Oldenburg, dessen Wurzeln wie die Peters III. in das Haus Holstein-Gottorp reichten und das nun, im Zeitpunkt der Bedrohung durch Napoleon, den mächtigen russischen Zaren nur allzugern als seinen Chef betrachtete, zum Stein des Anstoßes für den Konflikt zwischen Alexander I. und Napoleon. Ende 1810 besetzte Napoleon die norddeutschen Küstenländer. Im Dezember enthob er den Herzog von Oldenburg per Dekret seiner Besitzungen und Anrechte; der Herzog sah sich gezwungen, mit seiner Familie nach Rußland zu übersiedeln, um bei seinen Verwandten Schutz und Hilfe zu suchen. Seine Vertreibung markierte das Ende der russisch-französischen Verständigungspolitik. Verbalnoten des russischen Zaren verfehlten ihr Ziel. Am 11. (23.) Juni 1812 marschierte die Grande Armée in Rußland ein. Für das russische Volk begann der Vaterländische Krieg.

Das russische Heer, das an Stärke nur etwa ein Drittel der zirka 600000 Mann starken französischen Armee ausmachte, stand in dieser Zeit unter der Führung eines glänzend ausgebildeten, zum Teil aus den Offiziersschulen der katharinischen Ära hervorgegangenen Offizierskorps. Unter den brillanten und fähigen Offizieren, die Zar Alexander I. um sich versammelte, befand sich eine ansehnliche Zahl von Deutschen und Deutschrussen. Einige dieser deutschstämmigen Offiziere und Generäle, wie etwa General von Bennigsen, der Beteiligte an der Ermordung Pauls I. und russische Oberbefehlshaber in den Schlachten von Preußisch-Eylau und Friedland (1807), waren auf deutschem Boden geboren und zu einem früheren Zeitpunkt in russische Dienste getreten. Andere, wie zum Beispiel General Friedrich Wilhelm (russisch: Fjodor Fjodorowitsch) Graf Buxhöwden (auch Buxhoeveden, 1750–1811), der Oberbefehlshaber der russischen Armee im Krieg gegen Schweden, der mit dem Erwerb von Finnland im Frieden von Fredrikshamn (1809) endete, entstammten alten deutschbaltischen Familien; die Grafen Buxhöwden gehörten einer der ältesten deutschbaltischen Familien an, die bereits im 13. Jahrhundert ins Land gekommen war. Wieder andere, wie etwa Ernst von Pfuel[3], Bruder des späteren preußischen Kriegsministers und Ministerpräsidenten von 1848, waren nach Rußland geflohen, als Napoleon ihre Heimatstaaten (im Fall Pfuels Preußen) besetzt hatte, und blieben lediglich für die Dauer der Befreiungskriege im russischen Heer oder zogen es, wie der aus Sachsen gebürtige Ludwig Graf von der Schulenburg, vor, auch nach Kriegsende im russischen Heeresdienst zu verbleiben und sich in Rußland niederzulassen. Und schließlich kämpften auf russischer Seite neben den Mitgliedern des Hauses Oldenburg[4] eine Reihe deutscher Fürsten und Fürstensöhne, die durch nahe oder fernere verwandtschaftliche Bindungen mit dem Haus Romanow verknüpft und von der Hoffnung erfüllt waren, durch den Sieg über Napoleon aus der Hand des Zaren ihre angestammten Rechte wiederzuerlangen; unter ihnen befand sich Eugen Herzog von Württemberg.[5] Sie alle einte der flammende Haß gegen Napoleon, den »bunten Drachen«, der ganz Mitteleuropa mit Krieg und Besetzung überzogen hatte. Und dieser Haß vereinte sie mit dem russischen Volk, das in Napoleon – laut Urteil des Heiligen Synod – den Antichrist sah.

In der ersten Phase des Angriffs der Grande Armée stand die Erste Russische Westarmee unter dem Oberbefehl von Barclay de Tolly.[6] Michael Andreas (russisch: Michail Bogdanowitsch) Barclay de Tolly (1761–1818) entstammte einer jener Familien, die ihrer Herkunft nach Briten waren, in der russischen Gesellschaft aber als Deutsche galten. Ein Vorfahre, Barclay of Tolly, hatte Schottland zur Zeit der revolutionären Unruhen im 17. Jahrhundert verlassen und war nach Riga geflüchtet. Hier hatte er in eine deutschbaltische Familie eingeheiratet und sich schließlich dem deutschen Kulturkreis angepaßt. Der Großvater des Generals war Kaufmann und Ratsherr in Riga. Sein Vater wurde als Leutnant des russischen Heeres in den Adelsstand erhoben. Michail Bogdanowitsch hatte seine militärische Laufbahn Ende der siebziger Jahre des 18. Jahrhunderts, auf dem Höhepunkt der Machtentfaltung Katharinas II., begonnen. Dank außergewöhnlicher Fähigkeiten war er von General Patkul, dem Führer der Livländischen Division, zum persönlichen Adjutanten ernannt und danach an den in russischen Diensten stehenden Grafen von Anhalt weiterempfohlen worden, der ihn in das Finnische Jägerkorps aufnahm. 1788 wurde Barclay de Tolly zum Adjutanten des Prinzen von Anhalt-Bernburg ernannt, unter dessen Führung er im Krieg gegen die Türkei an der Erstürmung der Festung Otschakow, im Krieg gegen Schweden an der Eroberung Finnlands und schließlich am Krieg gegen die polnischen Konföderaten teilnahm. Paul I. übertrug ihm die Führung des Vierten Jägerregiments und beförderte ihn zum Generalmajor. In der Schlacht von Preußisch-Eylau schwer verwundet, trat er 1808 im Rang des Generalleutnants den Schwedenfeldzug an. Wegen schwerwiegender Meinungsverschiedenheiten mit dem russischen Oberbefehlshaber General Buxhöwden zog er sich jedoch vorübergehend aus Finnland zurück. Nach seiner Rückversetzung an die schwedische Front vollbrachte er militärische Leistungen, die wesentlich zu dem für Rußland so günstigen Friedensschluß mit Schweden beitrugen. Zum General der Infanterie ernannt, wurde Barclay de Tolly Generalgouverneur von Finnland und Oberbefehlshaber der finnischen Armee. Als Kriegsminister (ab 20. Januar 1810) führte er eine Reihe großangelegter Militärreformen durch, die sich nach Kriegsbeginn als geniale und weitblickende Maßnahmen erwiesen. In seiner Funktion als Befehlshaber der wichtigen Ersten Westarmee entwarf und vertrat er die Konzeption, daß die russische Armee ihrem unbesiegbaren Feind so lange ausweichen müsse, bis er beginne, sich im Innern des Russischen Reichs gewissermaßen totzulaufen. Erst dann könne sie aus ihrer sicheren Position der Sammlung im Hinterland heraus zur Entscheidungsschlacht ansetzen. Diese Strategie, die den Sieg der Russen über Napoleon entscheidend erleichterte, kam der nach Taten dürstenden Stimmung im russischen Volk und Heer nicht entgegen. Als Barclay mit seiner Armee bei Smolensk der Konfrontation mit der französischen Armee auswich, geriet er in Verdacht, den Vormarsch der fremden Truppen willentlich oder unwillentlich begünstigt zu haben. Die empörte Öffentlichkeit forderte die Absetzung des fremdstämmigen Generals, und der Zar sah sich genötigt, dem russischen Volksgeneral Kutusow den Oberbefehl zu übertragen und Barclay diesem zu unterstellen. In der Schlacht von Borodino, etwa 120 km westlich vor Moskau, führte Barclay die rechte Flanke der russischen Truppen mit taktischem Geschick und großer Kühnheit gegen das französische Heer. Auf der berühmten Lagebesprechung der russischen Generalität in dem Dörfchen Fili bei Moskau, dem sogenannten Kriegsrat von Fili (1. September 1812), sprach sich der General in Übereinstimmung mit seiner allgemeinen Konzeption entschieden dafür aus, kampflos hinter Moskau zurückzuweichen und dem französischen Angreifer die Stadt vorübergehend zu überlassen. In Fili konnte Barclay für seinen Standpunkt die Zustimmung der Mehrheit der russischen Generäle gewinnen, was zur Räumung der zweiten Reichshauptstadt führte. Das militärisch-strategische Kalkül des Generals ging auf; beim Rückzug der Grande Armée, der die russischen Truppen nun durch erbarmungslose Verfolgung vernichtende Verluste beibrachten, erlangte der beurlaubte General seine verlorene Ehre wieder. Seine militärischen Verdienste in der Völkerschlacht von Leipzig wurden mit der Erhebung in den Grafenstand belohnt. Und für seine Teilnahme an der Einnahme von Paris erhielt er den Feldmarschallsstab. 1815 wurde er für die Führung der russischen Armee nach Frankreich in den Fürstenstand erhoben.

Beim Rückzug der französischen Armee, dessen Schema der russische Oberbefehlshaber Kutusow weitgehend auf die Empfehlungen Barclays hin vorzeichnete, wandte der russische Generalstab eine neue Art der Kriegführung an, die unter dem Namen des Partisanenkriegs in die Militärgeschichte einging. Die Idee dazu hatte der damalige Oberstleutnant Denis Wassiljewitsch Dawydow, ein Dichter und Husarenoffizier, bereits in der Schlacht von Borodino entwickelt. Die Erfolge dieser Taktik, die darin bestand, mit kleineren berittenen Abteilungen eine Strategie der Nadelstiche in die äußersten Flanken der französischen Armee durchzuführen, hatten General Kutusow von der Zweckmäßigkeit dieser Form der Kriegführung überzeugt. Während des Rückmarsches der Grande Armée wurden Partisanenabteilungen bereits planmäßig durch den russischen Generalstab eingesetzt. Als der nach Dawydow bedeutendste Partisanenführer stellte Alexander Samojlowitsch Figner (Fügner, 1783–1813) sein großes militärisches Talent unter Beweis. Figner, der sich im Zuge seiner militärischen Laufbahn eine vorzügliche Kenntnis ausländischer, besonders romanischer Sprachen erworben hatte, nutzte sein südliches, gemischt deutsch-ungarisches Aussehen, seine Verstellungskünste und sein vollständig furchtloses Talent, um sich in das von Napoleon besetzte Moskau einzuschleichen. Sein Plan, Napoleon zu töten, den er in Absprache mit Kutusow geschmiedet hatte, erwies sich zwar als nicht realisierbar; doch konnte Figner, der im besetzten Moskau durch häufigen Kleidertausch wiederholt seine Rolle und Identität wechselte, wertvollste militärische Nachrichten an den russischen Oberbefehlshaber weiterleiten.

Bei der Verfolgung der napoleonischen Armee fügte Figner mit seiner kleinen Jägereinheit, die sich auch auf die Kenntnisse und die Hilfe der russischen Bauern stützte, der Nachhut der französischen Armee so beträchtliche Schläge zu, daß Napoleon einen hohen Preis auf seinen Kopf aussetzte. Seine Gefangennahme scheiterte jedoch immer wieder an seiner Fähigkeit des kühnen militärischen Improvisierens. Figner, der unter anderem eine ganze mit wertvollen Kunstschätzen der Stadt Moskau beladene Abteilung aus dem französischen Transportzug herauslöste und auch bei der Verfolgung der französischen Armee außerhalb der russischen Grenzen wiederholt durch seine verwegenen Bravourstücke die Bewunderung seiner Mannschaften und die Sympathie des russischen Generalstabs gewann, ertrank bei der Überquerung der Elbe in der Nähe der Stadt Dessau.

Im Vaterländischen Krieg zeichneten sich deutschstämmige Kräfte jedoch nicht allein in der obersten Heeresleitung und unter den Partisanen durch besondere Leistungen für die Befreiung des Russischen Reiches aus. Auch in den anderen Offiziersrängen war der Anteil deutscher und deutschstämmiger Militärs außerordentlich hoch. Friedrich von Schubert, der in Petersburg geborene Sohn des deutschen Astronomen an der Akademie der Wissenschaften, der den Krieg gegen Napoleon als junger Offizier im Regiment eines Baron Korff miterlebte, hat die folgende Beschreibung der russischen Armee in diesen Jahren hinterlassen:[7]

»Die russische Armee war damals vortrefflich, es waren noch die Soldaten Katharinas und Suworows, die Regimenter waren noch stolz auf ihre alten Namen und ihren alten Ruf; der Soldat sah in jedem Feind einen Ketzer, einen Feind seiner Kirche und eine Art Rebellen gegen den Kaiser von Rußland; und eine große Anzahl der Offiziere waren einer gleichen Ansicht. Von den Generälen waren zwar viele ungebildet, selbst dumm, die Offiziere meistenteils roh; es wurde viel getrunken, viel gespielt. Aber niemand gab sich damit ab, die Handlungen und Pläne des Befehlshabers zu kritisieren, und alle wußten nur eins, aber dieses vollkommen: daß es ihre Pflicht sei, den Platz, der ihnen angewiesen sei, bis zum Tode zu behaupten. Das Gefühl der Unbesiegbarkeit war in der Armee, von den ersten bis zu den letzten, eine Art Glaube, und jedes Unglück, jedes verlorene Gefecht wurde der Verräterei zugeschrieben. Die Regimenter waren wunderschön... Zu der Trefflichkeit dieser Truppe... trug wohl sehr viel der Umstand bei, daß die Regimentskommandeure... viele Jahre lang dasselbe Regiment behielten, so daß ihr Name sich mit dem ihres Regiments identifizierte. So war der Name: Dorochow von den roten Isjumschen Husaren, Jurkowskij von den gelben Elisabethgradschen, Lambert von den schwarzen Alexandrinischen, Wassiltschikow von den braunen Achtyrschen, Koshin von den Leibkürassieren, Knorring von den Tatarischen Ulanen, Barclay de Tolly von dem Dritten Jägerregiment, Prinz Karl von Mecklenburg von den Moskauischen Grenadieren«

und viele andere bekannt.

Wie schon aus dieser Beschreibung Schuberts ersichtlich ist, war die Anzahl der deutschen Regimentskommandeure im russischen Heer in diesen Jahren groß. So waren unter anderem alle Korpskommandanten der Kavallerie, nämlich sieben der insgesamt sechzehn Korpskommandanten, deutscher Herkunft. Außerdem waren Hunderte von Offizieren aller Grade Deutsche. Unter ihnen traten besonders die Deutschbalten aufgrund ihrer starken Vertretung hervor. G. Baron Wrangell[8] zählte in den oberen Rängen der russischen antinapoleonischen Armee 69 Generäle, 96 Oberste und Kapitäne und rund 760 Offiziere deutschbaltischer Herkunft. Die »Kriegsgalerie« des Winterpalastes, in der die Portraits der meisten Mitglieder des russischen Generalstabs, die gegen die Grande Armée gekämpft hatten, von der Hand des Engländers George Dawe festgehalten wurden, weist unter ihren zirka 335 Bildnissen die von weit über siebzig deutschen Generälen, Generalleutnants und Generalmajoren im russischen Heer auf. Unter den deutschen Mitgliedern des russischen Generalstabs, die nicht Untertanen des russischen Zaren waren, befanden sich die Generäle Eugen Prinz von Württemberg, Alexander Herzog von Württemberg, F. F. Baron Winzigerode aus Hessen und der Kavalleriegeneral L. L. Graf Bennigsen. Von diesem schrieb der junge deutschrussische Offizier Friedrich von Schubert: »Bennigsen, ein Hannoveraner, ein langer, hagerer, beinahe bis zur Schwäche gutmütiger Mann, besaß die größte Kaltblütigkeit, die mir in meinem Leben vorgekommen ist. Voller Ehrgefühl und Verstand führte er das, was er einmal unternommen hatte, mit der größten Zähigkeit durch; ohne sein entschiedenes Benehmen hätte die Nacht vom 12. März 1801 (gemeint ist die der Ermordung Pauls I., J. F.) wahrscheinlich einen anderen, für Rußland höchst unglücklichen Ausgang gehabt.«

Im Rang eines Generalleutnants oder Generalmajors dienten ferner die aus

Preußen stammenden Militärs I. I. Baron Diebitsch, Karl Ludwig Anton Freiherr Phull und F. F. Ertel. Im gleichen Rang standen Leopold Herzog von Sachsen-Coburg, Ernst Prinz von Hessen-Philippstal, August Prinz von Holstein-Oldenburg, die Sachsen F. E. d'Auvray und M. I. Poncet und der Hesse K. I. Oppermann.

Unter den etwa zwanzig Deutschbalten im russischen Generalstab dieser Jahre zeichneten sich neben dem General der Infanterie F. W. Baron Osten-Sacken auch die Generalleutnants und Generalmajore Alexander Christoforowitsch von (ab 1832 Graf) Benckendorff (1781–1844) – der spätere Leiter der russischen Geheimpolizei, der sogenannten III. Abteilung Seiner Kaiserlichen Majestät – und sein Bruder Konstantin von Benckendorff, zwei Grafen Berg, ein Baron und zwei Grafen Pahlen, drei Barone Rosen, zwei Grafen Sievers, K. W. Baron Budberg, F. K. Baron Korff, K. F. Baron Löwenstern, A. I. Graf Lieven, I. W. Graf Manteuffel (er fiel 1813 in der Schlacht bei Leipzig), E. M. von Pilar, A. K. von Rüdiger und E. E. von Staden aus.

Die deutschstämmige Gruppe, die am stärksten in der russischen Generalität vertreten war, war die der Deutschrussen, also der kulturell weitgehend assimilierten Deutschen, die, ob adliger oder bürgerlicher Herkunft, seit einer oder mehreren Generationen dem russischen Untertanenverband angehörten, sowie der Personen deutschbaltischer Herkunft, die aus den verschiedensten Gouvernements des Russischen Reiches kamen. Der ranghöchste Deutschrusse dieser Gruppe war der General der Kavallerie P. Chr. Graf Wittgenstein aus dem Gouvernement Poltawa. Ihm folgten klingende deutschrussische Adelsnamen, wie die der Generalleutnants und Generalmajore O. F. von Knorring (fiel 1812) und K. B. von Knorring, K. F. Baron Toll, der 1812 zum Generalquartiermeister der russischen Armee ernannt wurde, K. F. Freiherr von Clodt von Jürgensburg, A. I. Graf Ostermann-Tolstoj (ein geborener Graf Tolstoj, der von dem letzten Grafen Ostermann adoptiert wurde), F. F. Graf Steinheil, zweier Barone Sass, P. I. Neidhardt und anderen. An der Spitze der russischen Generäle aus ehemals bürgerlichen deutschen Familien, die nun als russische Untertanen im Heer Alexanders I. kämpften, standen die Generalleutnants und Generalmajore I. B. Rehrer (er fiel 1813 bei Leipzig), Kriegsingenieur A. I. Gresser, A. E. von Peucker aus Dorpat und viele andere. Insgesamt befanden sich etwa dreißig deutschrussische Militärs in der russischen Generalität.

Weniger bekannt als der hohe Anteil deutscher Militärs im russischen Heer ist die Tatsache, daß in diesen Jahren in Rußland sogar eine »deutsche Legion« gebildet und in den russischen Heeresverband integriert wurde.[9] Die Idee zur Gründung einer deutschen Legion auf russischem Boden reichte auf das Jahr 1809 zurück und nahm bei Ausbruch des französisch-russischen Krieges konkrete Formen an. Verschiedene Pläne, die auf seiten der deutschen

Patrioten und Gegner Napoleons, auf seiten russischer Militärs und Diplomaten –, wie etwa des inoffiziellen russischen Gesandten am französischen Hofe, Oberst A. I. Tschernyschew, und des offiziellen Sondergesandten Karl-Robert Graf Nesselrode –, und schließlich auf seiten Kaiser Alexanders I. selbst ausgearbeitet und vorangetrieben wurden, hatten – bei gewissen, essentiellen Unterschieden im Hinblick auf die Rolle der Legion bei der späteren Neugestaltung Europas – wichtige Gemeinsamkeiten: Nach der Besetzung der deutschen Teilstaaten sollte diese Legion zum Sammelbecken der in Rußland anwesenden patriotischen und freiheitlichen Kräfte werden; die deutsche Legion sollte durch psychologische Kriegführung und weitreichende Propaganda auf die unter napoleonischer Herrschaft lebenden Deutschen und in der Armee Napoleons kämpfenden deutschen Militärs einwirken, den Funken der Befreiungsidee in ihnen entzünden und in die deutschen Lande tragen und schließlich im Krieg für die Befreiung der deutschen Staaten als Avantgarde voranreiten. So überzeugend und begeisternd die Idee war, die Ausführung blieb leider beträchtlich hinter den Erwartungen zurück. Ein Großteil der Verantwortung lag dabei bei dem aus politischen deutschen Emigranten gebildeten »Komitee für die deutschen Angelegenheiten«, das im Juni 1812 in St. Petersburg gegründet wurde und als eine Art Koordinationskomitee die ideologischen und militärisch-organisatorischen Aufgaben der Legion leiten sollte. Die beiden wichtigsten Persönlichkeiten des Komitees – der Vater des Zarenschwagers, Peter Friedrich Ludwig Herzog von Oldenburg, und Karl Reichsfreiherr vom und zum Stein, dessen Güter schon ein Jahr vor denen des Herzogs, 1809, von Napoleon enteignet und der selbst zum Feind Frankreichs und des Rheinbundes erklärt worden war – wichen in ihren Zielsetzungen so stark voneinander ab, daß ihre Auseinandersetzungen die Arbeit des Komitees weitgehend neutralisierten: Freiherr vom Stein, unterstützt durch die Ideen und flammenden Aufrufe seines Sekretärs Ernst Moritz Arndt[10], stellte die Befreiungsidee in das Zentrum der Planung und hoffte, nach der Rückeroberung der deutschen Lande zugleich eine soziale und politische Erneuerung einleiten zu können; in seiner Planung war daher die deutsche Legion in erster Linie eine Befreiungsarmee, unter deren tatkräftiger Mithilfe eine Art Volksaufstand in Szene gesetzt werden sollte, der nach der französischen Besatzungsmacht auch die alte und in seinen Augen überlebte politische und Sozialstruktur hinwegfegen würde. Interessanterweise besaß Stein, der dem Zaren nach Kriegsbeginn auch zwei Denkschriften dieses Inhalts schrieb[11], solange die Zustimmung und Sympathie Alexanders I. für diesen Plan, bis dieser aus den Kreisen der konservativen deutschen Emigranten mit Nachdruck auf die auch für Rußland gefährlichen Folgen dieses Planes hingewiesen wurde. Der Verwandte des Zaren und Vorsitzende des Komitees für die deutschen Angelegenheiten, der Herzog von Oldenburg, ein geistig unbeweglicher und der Befreiungsidee abholder Konservativer, betrachtete die Legion in erster Linie als Instrument zur Wiederherstellung der alten Ordnung und war vorwiegend von dem Wunsch beseelt, seine Gebiete und Rechte wiederzuerlangen oder, wenn möglich, zu vergrößern und zu erweitern. Jede Art von Freizügigkeit und politischen Experimenten lehnte er im Innersten ab und verzögerte ihre Diskussion oder Durchsetzung durch bewußte oder unbewußte Obstruktion der Arbeit im Komitee. Obgleich der Herzog von Oldenburg aufgrund seiner obstinaten Zurückhaltung gegenüber den Zielen der Befreiungsarmee die Gewogenheit des Zaren verlor und sich ergrimmt in zunehmende Isolation zurückzog, konnte sich Alexander I. auch nicht entschließen, den Steinschen Flügel des Komitees, der mit Gneisenau in Kontakt stand, eindeutig zur Verwirklichung seiner Pläne zu ermuntern. So spielte das deutsche Komitee auch nach dem faktischen Ausscheiden des Herzogs von Oldenburg nur bedingt die Rolle einer die Befreiung und den Volksaufstand vorbereitenden und koordinierenden Regierung im Exil, die ihm unter günstigeren Umständen hätte zufallen können. Auch die deutsche Legion führte demzufolge ein Schattendasein und blieb weit hinter ihren Möglichkeiten zurück.

Die deutsche Legion, die dem Oberbefehl des Österreichers Ludwig Georg Thedel Graf Wallmoden-Gimborn unterstellt wurde, besaß während der gesamten etwa vierjährigen Zeit ihres Bestehens niemals eine höhere Truppenstärke als 10000 Mann. Der Hauptgrund dafür bestand darin, daß sich freiwillige Überläufer aus den deutschen Heeresverbänden der napoleonischen Armee in unerwartet geringem Maße meldeten. So sah sich das Komitee sehr bald genötigt, junge deutschrussische und deutschbaltische Offiziere in größerer Zahl in die deutsche Legion versetzen zu lassen. Gleichzeitig wurde eine intensive Werbung unter den Kriegsgefangenen deutscher und österreichischer Herkunft getrieben; diese ließen es jedoch an freiheitlichem Geist und Enthusiasmus fehlen. Die Wetterbedingungen sowie das Sanitär- und das Lazarettsystem waren zudem so beschaffen, daß Hunderte von deutschen Freiwilligen, die auf diese Lage wenig vorbereitet waren, umkamen. Und schließlich erschwerten die immensen Entfernungen im russischen Riesenreich eine effektive Zusammenstellung und Leitung der Legion.

Neben den deutschen Überläufern, Kriegsgefangenen und Emigranten kämpfte noch eine andere Gruppe auf russischem Boden lebender Deutscher zum ersten Mal im russischen Heer: Aus den deutschen Kolonien des Wolgagebietes gingen dem Saratower Vormundschaftskontor 271 Freiwilligenmeldungen deutscher Bauern und Handwerker zu.[12] Dies war, verglichen mit den fünfzig Freiwilligenmeldungen aus den zahlenmäßig unbedeutenden Kolonien griechischer Einwanderer im Wolgagebiet, keinesfalls eine spektakuläre Zahl. Sie zeigte jedoch an, daß der patriotische Sturm der Begeisterung auch die Wolgakolonien erreicht hatte und die deutschen Kolonisten im Begriff waren, ein Bewußtsein der Zugehörigkeit zum russischen Thron und Volk zu entwickeln.

Der starken Beteiligung deutscher und deutschstämmiger Militärs im russischen Heer stand gewissermaßen spiegelbildlich, wenn auch in weit höherem Maß, der starke Anteil deutscher Truppenverbände im Heer Napoleons gegenüber. Wenn sich auch die Hoffnung des Komitees für die deutschen Angelegenheiten auf eine große Zahl deutscher Deserteure und Überläufer nicht erfüllte, so blieben doch gewisse Restbestände deutscher Abteilungen beim Rückzug der Grande Armée auf russischem Boden. Einige hundert deutsche Soldaten setzten sich beim Rückmarsch ihrer Armee ab, baten in Rußland um Asyl und ließen sich in verschiedenen Teilen des Landes nieder. So gewann die Stadt Moskau in dieser Zeit ein namhaftes Kontingent deutscher Bäcker, Konditoren und anderer Handwerker aus den ehemaligen Gliedern der Armee Napoleons. Andere Bauern und Handwerker aus den deutschen Verbänden suchten den Weg in die deutschen Bauernkolonien und schlugen sich bis zu den Wolgakolonien durch.[13]

Schon eine Woche vor Verkündigung des russischen Siegesmanifestes vom 25. Dezember 1812 hatten sich preußische Generäle, die unter den feindlichen Fahnen kämpften, zu Geheimverhandlungen getroffen. J. L. Yorck von Wartenburg, Kommandeur der preußischen Abteilung in der Armee Napoleons, und General von Diebitsch, ein Vertrauter Alexanders I., hatten die Vorverhandlungen über die Neutralität der deutschen Truppen begonnen, die in der Konvention von Tauroggen (30. Dezember 1812) besiegelt wurden. Die Konvention von Tauroggen war der erste Schritt auf dem Weg zum russisch-preußischen Verteidigungs- und Angriffspakt von Kalisch und Teplitz (Februar beziehungsweise August 1813).

Der Geist von Tauroggen, der zum Symbol für preußisch-russische Waffenbrüderschaft wurde, war auch das Ergebnis der unermüdlichen Bestrebungen von Deutschen, die sich in den Dienst und Schutz des russischen Zaren begeben hatten. Der Unterhändler des preußischen Generals Yorck auf russischer Seite, Hans von Diebitsch (russisch: Iwan Iwanowitsch Dibitsch, 1785–1831), entstammte einer alten schlesischen Offiziersfamilie. Sein Vater, Hans Ehrenfried (russisch: Iwan Iwanowitsch) von Diebitsch (1738–1822), war anfangs Adjutant Friedrichs des Großen gewesen und 1792 in den Dienst Katharinas der Großen getreten. Der Sohn war zunächst in Berlin verblieben, wo er im Kadettenkorps ausgebildet wurde. Aus dieser Zeit datierte seine Freundschaft und Bekanntschaft mit namhaften preußischen Offizieren. 1801 folgte er dem Vater nach St. Petersburg, wo er als Fähnrich dem Semjonowschen Leibgarderegiment zugeteilt wurde. Mit großer Hingabe studierte er die russische Sprache und vervollkommnete seine kriegswissenschaftliche Ausbildung. Er nahm an den ersten Kriegen gegen die napoleonische Armee teil und zeichnete sich in den Schlachten von Austerlitz und Heilsburg aus. 1810 übernahm ihn Graf Wittgenstein als Stabsoffizier in sein Korps. Bald zogen die kriegswissenschaftlichen Traktate, die der junge Offizier verfaßte, die Aufmerksamkeit des Kriegsministers Barclay de Tolly auf sich. Aufgrund der Reputation, der sich von Diebitsch bereits in diesen Jahren, verstärkt durch seine Leistungen in den Kämpfen des Vaterländischen Krieges, erfreute, betraute ihn Alexander I. mit den geheimen Unterhandlungen über die Abtrennung der preußischen Abteilung unter General Yorck von der französischen Hauptarmee. Schnell war zwischen den preußischen Offizieren Yorck und Diebitsch das entsprechende Einverständnis erzielt. Seine Verdienste beim Zustandekommen der Konvention von Tauroggen führten 1813 zur Ernennung des Achtundzwanzigjährigen zum Generalquartiermeister der verbündeten Armeen. Nach Kriegsende zum Stabschef der Ersten Armee und bald darauf zum Generaladjutanten befördert, begleitete er Alexander I. zum Laibacher Kongreß. Von diesem Zeitpunkt an gehörte Diebitsch zu den bevorzugten Ratgebern des Zaren. Als Generalstabschef begleitete er das kaiserliche Ehepaar auch im Jahr 1825 auf seiner Reise nach Taganrog und wurde damit zum Zeugen der Ereignisse um den Tod beziehungsweise das Ausscheiden des Zaren.

Das Aufreiben und die Vertreibung der bis dahin unbesiegbaren französischen Armee und die Verbrüderung mit den preußischen Truppen verlieh der russischen Armee einen solchen Impetus, daß sie bis nach Paris vordrang. Der Pariser Friedensvertrag vom 18. Mai 1814 fixierte die weiteste Westbewegung, die russischen Truppen bis dahin gelungen war, und erfüllte fast einen Lebenswunsch der Kaiserin Katharina II., der Großmutter des Zaren Alexander I., die davon geträumt hatte, die russischen Truppen einst an der Küste des Atlantik zu sehen. Unter den Ratgebern, die den Zaren zur Verfolgung der Armee Napoleons bis in die französische Hauptstadt bewogen hatten, befand sich der bis dahin im russischen Exil lebende Freiherr vom Stein. Zum Generalgouverneur der Stadt Paris wurde der Deutschbalte Fürst Fabian Wilgelmowitsch von der Osten-Sacken (1752–1837) ernannt.

Mit der russischen Armee, die in den Jahren 1813/14 an der Seite des preußischen Heeres kämpfte, gelangten zahlreiche in Rußland geborene und an die russische Kultur assimilierte Deutsche zum ersten Mal in das Land ihrer Vorväter. Ihre Eindrücke waren durchaus zwiespältig. So berichtete Friedrich von Schubert:[14]

> »Es war eine sonderbare Erscheinung..., nämlich der offensichtliche Mangel an Sympathie zwischen den russischen und preußischen Truppen, obwohl beide sich gegenseitig achteten. Weder die Generäle noch die Offiziere der beiden Armeen hatten miteinander Umgang, und sie paßten auch

nicht zueinander; bei den Offizieren war die Schwierigkeit, sich verständlich zu machen, wohl ein Grund, doch nicht der einzige. Die Hauptsache war, daß die preußische Pedanterie, ihre Aufschneidereien, ihre Rodomontaden, ihre ökonomischen Gewohnheiten, sie durchaus zu keinem Kameraden für unsere Offiziere machten, die alle Lebemänner waren, den letzten Heller sorglos vertranken oder verspielten und von Pedanterie und Rodomontaden durchaus nichts wußten; denn ein anspruchsloseres, weniger auf seine Siege stolzes Völkchen als unser Offizierskorps hat es sicher nie gegeben. Unsere Soldaten hatten eine Art gutmütiger Geringschätzung für die Preußen: es waren ja ›Nemzy‹; aber bei den Generälen und höheren Offizieren, da lag die Sache tiefer. Der König von Preußen liebte uns, seine Generäle aber nicht; wir waren für sie nützliche und notwendige Alliierte, aber keine Freunde, und dieses Gefühl gab sich bei jeder Gelegenheit kund und entsprang wohl hauptsächlich aus Neid. Preußen war von Napoleon aufs schimpflichste gedemütigt worden, Rußland hatte ihn immer glorreich bekämpft, zuletzt seine ganze Armee zerstört, und jetzt half es Preußen, seine verlorene Macht wiederherzustellen. Das konnten sie uns nicht verzeihen!

Und glauben Sie nicht, daß nach zwei zusammen durchkämpften Feldzügen im Frieden sich die Verhältnisse anders gestaltet hätten; im Gegenteil, sie waren womöglich noch schlechter geworden, da der preußische Hochmut gewachsen war. Ein Krieg der Russen alliiert mit Franzosen gegen die Preußen wäre in der russischen Armee vom ersten bis zum letzten mit Jubel begrüßt worden; die Franzosen waren uns viel sympathischer als die Preußen, und ich glaube, dieses Gefühl lebt noch fort...«

Ein deutscher Offizier im Heer Alexanders I. zu sein, bedeutete, bei ausreichenden Fähigkeiten eine gute und erfolgreiche Laufbahn vor sich zu haben. Die große Zahl junger deutscher Offiziere, die, zumal in der unmittelbaren Entourage des Zaren, eine glänzende Blitzkarriere durchliefen, rief bereits zu dieser Zeit die Aufmerksamkeit der russischen Militärs wach. Ohne daß diese Tatsache Anlaß zu Konflikten gab, war es doch schon in dieser Zeit bekannt, daß ein Deutscher in der Regel leichter und schneller auf der Rangleiter der militärischen Karriere vorankam. Charakteristisch ist in dieser Hinsicht das Wort des russischen Generals der Infanterie Alexej Petrowitsch Jermolow, der die russische Armee im Kaukasusfeldzug von 1818 befehligte und durch die Unterwerfung großer Gebiete Transkaukasiens außerordentliche Verdienste erwarb. Auf die Frage des Zaren Alexander I., wodurch er den bereits zum General ernannten Eroberer von Gurien, Mingrelien, Abchasien und Schirwan weiter auszeichnen könne, soll Jermolow geantwortet haben: »Eure Kaiserliche Majestät, befördern Sie mich zum Deutschen!«

2. Intrigantentum und Mystizismus

Der Wiener Kongreß (1815) feierte den Zaren Alexander I. als den »Retter Europas« vom napoleonischen Joch. Diesem Höhepunkt im Lebensweg des Zaren folgte die Periode der innerrussischen Rekonstruktion und Konsolidierung sowie – im europäischen Maßstab – die Ära der Restauration. Als innenpolitische Auswirkung des Bündnissystems der »Heiligen Allianz« vollzog sich ein beträchtlicher ideologischer Klimawechsel; neben anderen antiliberalen Kräften waren nun auch einige Deutschbalten darum bemüht, einen verhängnisvollen Einfluß auf den Zaren auszuüben.

Ein namhaftes Opfer einer von deutschbaltischer Seite geführten Intrige war der liberale russische Staatsmann und Reformer Michail Michailowitsch Speranskij.[15] Staatssekretär Speranskij, ein Verfassungsrechtler von höchstem internationalem Niveau, hatte in der ersten Phase der Herrschaft Alexanders ein neues Grundgesetz des Russischen Reichs ausgearbeitet, in dem er die vollendete Gewaltenteilung ebenso projektierte wie die Grundlegung der zivilen Freiheiten. Seine Vorlagen einer Verfassung für das Russische Reich und eines russischen Zivilgesetzbuches folgten weitgehend dem Beispiel des englischen Konstitutionalismus, wobei Jeremy Bentham zu seinen erklärten Vorbildern gehörte. Als Rußlands fähigster Verfassungsrechtler und Rechtshistoriker, der das Vertrauen des Zaren besaß, wurde Speranskij 1808 zum Mitglied und 1810 zum Vorsitzenden der Rechtskommission beim Justizminister ernannt, die – ein Desiderat seit der Zeit Peters des Großen – eine Systematisierung und Kodifizierung des russischen Rechts ausarbeiten sollte.

Sekretär dieser Kommission war der Livländer Gustav Adolf (Andrejewitsch) von Rosenkampff (1762–1832). Obgleich Rosenkampff nach seinen Leipziger Jurastudien mit ehrgeizigen Hoffnungen nach Petersburg gekommen war und nach einigen verfehlten Versuchen in dieser Stellung die ideale Ausgangsposition zu einer steilen Karriere gesehen hatte, trat die erhoffte schnelle Beförderung nicht ein. Zwar fehlte es Rosenkampff nicht an scharfem Verstand und guten allgemeinen Kenntnissen; doch besaß er weder Kenntnisse des russischen Rechts noch der russischen Sprache. Mit dem Vorsitzenden der Kommission, Speranskij, der erst im Alter von fünfzig Jahren die deutsche Sprache erlernte, konnte der um zehn Jahre ältere Rosenkampff nur in französischer Sprache verkehren. Die Unkenntnis der russischen Verhältnisse spiegelte sich in den Vorlagen wider, die der Sekretär dem Vorsitzenden zur Bestätigung vorlegen mußte, bevor sie dem Staatsrat übergeben werden konnten: Ohne eine massive technische und redaktionelle Überarbeitung durch den Vorsitzenden Speranskij konnte keines dieser Dokumente die Kommission verlassen.

Zu dieser unglücklichen persönlichen Konstellation kam die Tatsache, daß Speranskij als Freimaurer mit einer eindeutig liberalen Ausrichtung, dem der Zar aus persönlicher und sachlicher Gewogenheit weitgehende Freiheit bei der Erfüllung seiner großen Aufgaben ließ, in den Augen der konservativen Teile des deutschbaltischen und russischen Adels zusehends zu einer Gefahr wurde. Zwar arbeiteten einige liberalere deutschbaltische Landbesitzer selbst eine Agrarreform aus, die in der Aufhebung der Leibeigenschaft in den baltischen Gouvernements (1816–1819) gipfelte; doch zogen solche freiheitlichen Experimente an der Peripherie des Reiches, die zudem von landwirtschaftlichem Nutzen und sozialer Zweckmäßigkeit diktiert wurden, die angestammten Rechte dieser sozialen Gruppe keinesfalls in Zweifel. Eine Verwandlung der Autokratie in eine konstitutionelle Monarchie hingegen, die auf freien Wahlen beruhte und der Volksmeinung weitestgehend Ausdruck verschaffte, hätte ihre jahrhundertealten Prärogativen und ihre starke Präsenz in den russischen Staats- und Verwaltungsorganen bedrohen können.

So erinnerte man sich zum Zeitpunkt des Erkaltens der russisch-französischen Beziehungen der Tatsache, daß Speranskij, der Kaiser Alexander I. auf den Erfurter Fürstentag (1808) begleitet hatte, dort gesonderte Gespräche mit Napoleon geführt hatte, entdeckte in den von ihm vorgelegten Projekten eines russischen Zivilgesetzbuches eine bloße Übersetzung des Code Napoléon, des Instrumentes der Erniedrigung und Versklavung der Völker Europas, und denunzierte den großen Reformer beim Zaren als ein für Rußland und das russische Kaiserhaus gefährliches Subjekt. Die Hofintrige wurde von dem schwedischstämmigen und in Schweden mit zahlreichen Vorstrafen belasteten Gustav Mauritz Freiherr von Armfelt eingefädelt und von Baron Rosenkampff zu Ende gesponnen. Sein ohnmächtiger Haß auf den jüngeren und fähigeren Russen, der ihn in den Schatten stellte, trieb Rosenkampff so weit, daß er ein angeblich von Speranskij geschriebenes Schriftstück fälschte und in den Hofkreisen zirkulieren ließ, das Beweise für seine Umsturzpläne auf dem Weg der geplanten Reformen und für seine reformatorisch-revolutionäre Gesinnung liefern sollte. Speranskij wurde zu einem zweiten Cromwell, zum Bösewicht und Vaterlandsverräter abgestempelt. Das gefälschte Schriftstück schien Gerüchte zu bestätigen, die Rosenkampff selbst bereits zuvor in der Hofgesellschaft ausgestreut hatte, und verfehlte daher seine Wirkung nicht. Wenige Monate vor Ausbruch des französisch-russischen Krieges sah sich Kaiser Alexander I. unter dem Druck massiver Gerüchte veranlaßt, die Arbeiten Speranskijs einstellen zu lassen, den Staatssekretär seiner Ämter zu entheben und über Nishnij Nowgorod und Perm nach Sibirien zu relegieren. Vor der Abreise lud er den ihm ergebenen Staatsmann zu einer zweistündigen Audienz zu sich, in der er sein

Bedauern über diese Vorfälle zum Ausdruck brachte und betonte, daß er aufgrund der politischen Umstände nicht in der Lage sei, die gegen seinen Beamten erhobenen Vorwürfe zu überprüfen.

Nach Ausscheiden Speranskijs aus der Gesetzeskommission wurde Rosenkampff in den Rang des ältesten Mitglieds des Rats der Kommission erhoben. In dieser Eigenschaft wurde nun er 1814 mit der Ausarbeitung eines Grundgesetzes für das Russische Reich beauftragt, nachdem Freiherr vom Stein es abgelehnt hatte, diese Aufgabe zu übernehmen. Der Entwurf Rosenkampffs, der im wesentlichen dem friderizianischen Kodex folgte, wurde vorgelegt und verworfen, als Speranskij 1821 aus seiner sibirischen Relegation befreit und auf allerhöchstes Geheiß nach St. Petersburg zurückbeordert wurde. 1822 schied Rosenkampff, seit 1817 Freiherr, aus der Gesetzeskommission aus. Aber auch Speranskij, den die Schmach der Relegierung gebrochen hatte, erlangte niemals seine ursprüngliche Schaffenskraft und die institutionellen Möglichkeiten zur Durchsetzung seiner anfänglichen Ideen wieder.

Der Fall Speranskij kennzeichnete die Wende zu einer konservativeren und zu Mystizismus neigenden Stimmung bei Hof und in der Petersburger Gesellschaft. Diese Stimmung wurde noch durch das Eindringen des mitteleuropäischen und besonders deutschen Pietismus in Rußland verstärkt, der auf dem fruchtbaren russischen Boden besondere Formen von Sektierertum und mystischer Exaltation annahm. Er wurde in erster Linie durch zwei deutschbaltische Damen vermittelt, die durch den Einfluß, den sie auf den Zaren selbst und auf den Hof zu gewinnen suchten, eine Art trauriger Berühmtheit erlangten: Baronin Krüdener und Madame Tatarinow, geborene Buxhöwden.

Barbara Juliane Baronin Krüdener, geborene Vietinghoff (1764–1824)[16], eine gebürtige Livländerin, war in Riga mit der Herrnhuter-Bewegung in Berührung gekommen und unter ihrem Einfluß nach Baden gereist, wo sie in Karlsruhe Kontakt zu Jung-Stilling und Oberlin aufnahm. Die exzentrische Dame, die sich vor längerer Zeit von ihrem Ehemann getrennt und in die pseudokünstlerische Welt des Boulevardromans verstiegen hatte, wurde zu einer leidenschaftlichen Anhängerin der pietistischen Bewegung. In Baden, wo sich die Schriftstellerin nun vorzugsweise aufhielt, verkündete sie die nahe Wiederkunft des Herrn. Aufgrund einer religiös-erotischen Vision, die in ihrer liebevollen Verehrung für Zar Alexander I. ihren Nährboden fand, predigte sie das baldige Erscheinen des Herrn auf dem Berge Ararat im neu eroberten Kaukasusgebiet und rief die jungen württembergischen und badischen Pietisten zum Verkauf ihrer Habe und zur Übersiedlung in den Kaukasus auf, wo sie die ersten Zeugen des nahenden Herrn und Mitbegründer des Reiches Gottes auf Erden werden sollten. Als sich Zar Alexander I. im Sommer 1815, auf dem Rückweg vom Wiener Kongreß, in Heilbronn aufhielt, verschaffte sich Baronin Krüdener durch eine Hofdame der Kaiserin Zugang zur kaiserlichen Familie. Das außergewöhnliche Redetalent der exaltierten Predigerin verfehlte seine Wirkung auf den erschöpften und durch die Flucht Napoleons von der Insel Elba in Ungewißheit versetzten Kaiser nicht. Alexander schien eine Art nachsichtiger Sympathie für die ihn mit ihrer Liebe verfolgende Mystikerin zu entwickeln, die sie ermutigte, ihm auf weiten Strecken seiner Reisen nachzufahren, wiederholt, unter anderem während seiner Pariser Aufenthalte, das Gespräch mit ihm zu suchen und ihm insbesondere ihre Vorstellungen von seiner Rolle im Rahmen der Heiligen Allianz zu vermitteln. Alexander, der die exaltierten und von einer grenzenlosen Verehrung für seine Person inspirierten Reden der Dame gern, wenn auch nicht allzuoft, zu hören schien, sorgte dafür, daß sie nach ihrer Rückkehr nach Rußland (1818) in der respektablen Entfernung ihrer livländischen Besitzungen verblieb. Als er ihr während seiner Abwesenheit vom Hof im Jahre 1821 gestattete, sich vorübergehend in St. Petersburg aufzuhalten, gründete Baronin Krüdener hier gemeinsam mit der Fürstin Anna Golizyna einen festen Zirkel russischer Mystiker nach dem Vorbild des Pietismus. Der Zirkel besaß die Protektion des Religions- und Unterrichtsministers dieser Jahre, des Fürsten Alexander Nikolajewitsch Golizyn, der – als geistiges Symbol dieser antiliberalen Periode des Mystizismus und Dunkelmännertums – zugleich der Beschützer des deutschbaltischen Protestantismus gegen die Angriffe der russischen Orthodoxie war. Als dieser Kreis auf dem Hintergrund des griechischen Aufstandes seine Stimme auch zu außenpolitischen Fragen erhob und den Zaren in eine christlich-expansionistische Richtung zu drängen versuchte, sah sich Alexander I. genötigt, das Treiben des Kreises und insbesondere der Madame Krüdener auf delikate Weise, aber mit entsprechender Bestimmtheit, zu beenden. Ihrer Einflußmöglichkeiten beraubt, zog sich die Krüdener Ende 1821 in Grimm und Verärgerung auf ihre livländischen Güter zurück. Sie starb 1824 auf der Krim, wohin sie dem Zarenpaar in Begleitung der Fürstin Golizyna in einiger Entfernung gefolgt war.

Intensiv aber kurzlebig war auch der verwirrende religiöse Einfluß, den Jekaterina Filipowna Tatarinowa, geborene von Buxhöwden (1783–1856) auf die Petersburger Gesellschaft, und vor allem den Fürsten Golizyn, ausübte.[17] Die gebürtige Livländerin, die sich nach dem Tod ihres Mannes in der Regierungshauptstadt niedergelassen hatte, war unter den Einfluß russischer Sektierer, der intransigenten Chlysten und Skopzen geraten, 1817 vom Protestantismus zur Orthodoxie übergetreten und hatte bald darauf einen »Geistlichen Bund« gegründet, dem neben Angehörigen ihrer Familie auch andere hochplazierte Staatsdiener und Militärs angehörten. Kaiserin Jelisaweta Alexejewna, die als Luise Prinzessin von Baden vierzehnjährig an den russischen Hof gelangt und mit dem sechzehnjährigen Thronfolger Alexander Pawlowitsch verheiratet worden war, hatte ihre religiösen Schwärmereien niemals hinter sich gelassen und brachte dieser Art mystischer Sektierer, und besonders den geistig in Baden und Württemberg beheimateten Pietisten, insgeheim große Sympathien entgegen; sie manifestierte gelegentlich sogar in der Öffentlichkeit Wohlwollen für diesen Zirkel. Ihren Fürsprachen war es zu verdanken, wenn Eingaben verantwortlicher Persönlichkeiten, die von der Gefährdung der öffentlichen Ordnung und Moral durch die merkwürdigen mitternächtlichen Séancen im Michaelsschloß, der Petersburger Wohnstatt der Madame Tatarinow, sprachen, unbeantwortet blieben und im Sande verliefen. Selbst der Kaiser gewährte Madame Tatarinow eine Audienz. Seinem Hofmeister Koscheljow, der zu den aktiven Mitgliedern des Zirkels zählte und dem Zaren nach jeder Séance einen ausführlichen schriftlichen Bericht zuleitete, teilte der Zar mit, daß er beim Lesen dieser Berichte eine »flammende Liebe zum Erlöser« empfinde. Auch das Verbot der Geheimgesellschaften (1822), das der Zar nach Mitteilungen des Generaladjutanten Benckendorff über die Entstehung politischer Geheimbünde im jüngeren Offizierskorps erließ und das besonders die Freimaurerei traf, berührte die religiöse, esoterische Gesellschaft der Madame Tatarinow kaum.

Anders als der liebenswürdige und jeder Religiosität des Herzens beipflichtende Zar Alexander I. verfuhr der jüngere Zarenbruder und Nachfolger auf dem Thron, Nikolaj I., mit der Sekte. Er ließ den Zirkel 1837 verbieten und seine Mitglieder unter scharfen Hausarrest stellen. Das Zentrum des Kreises, Madame Tatarinow, wurde in ein ferngelegenes Frauenkloster verbannt und unter strengem Regime und schärfster Aufsicht gehalten. Ihre flehentlichen Bittgesuche an den Generaladjutanten Graf Benckendorff blieben ohne Antwort. Nach zehn schweren Jahren durfte sie schließlich unter dem Versprechen ihre Verbannung verlassen, daß sie sich keinerlei weiterer religiöser Agitation widmen werde.

Daß die pietistische Strömung dieser Jahre nicht auf die Petersburger Hofkreise beschränkt blieb, sondern auch im deutschen Bürgertum der russischen Hauptstadt Eingang fand, verdeutlichen die Gedichte von Elisabeth Kuhlmann. Jelisaweta Borisowna Kuhlmann (1808–1825) entstammte einer deutschen Offiziersfamilie aus Petersburg. Als Halbwaise wurde sie von einem Freund ihres verstorbenen Vaters mit dem Namen K. F. Großheinrich aufgezogen, der sie als begeisterter Anhänger der klassischen Literatur in die Welt Goethes und Dershawins einführte. Von früher Kindheit an zeigte die junge Dichterin, deren Verse zwischen Anakreon, Sentimentalismus und Pietismus fluktuierten, ungewöhnliche Begabungen. So vermochte sie jede beliebige Sprache innerhalb eines Monats zu erlernen, was dazu führte, daß man sie etwa zehn Sprachen lernen ließ. Mit zwölf Jahren übertrug sie Anakreon in fünf Weltsprachen. Ihre eigenen Gedichte, die sie zum Teil vor ihrem strengen

Lehrmeister Großheinrich verbarg, schrieb sie in deutscher Sprache, übersetzte sie aber zugleich ins Russische und gewöhnlich in eine Reihe weiterer Sprachen. Ihre erste Gedichtsammlung, »Corinna«, die in den Jahren 1821 bis 1824 entstand, zog die Aufmerksamkeit der großen deutschen Dichter auf dieses außergewöhnliche Talent. Goethe, der ihre Gedichte las, soll die Ansicht geäußert haben, daß die Dichterin in jedem beliebigen Land einen hervorragenden Platz einnehmen könnte. Die kurze Lebenszeit der Dichterin reichte jedoch nicht aus, um die in sie gesetzten Erwartungen zu erfüllen. Bei der Überschwemmung Petersburgs im Jahr 1824, von der besonders die nahe der Newa gelegenen deutschen Viertel der Wassilij-Insel betroffen wurden, zog sie sich eine Lungenentzündung und nachfolgende Tuberkulose zu und starb im Jahr 1825. Nach ihrem Tod wurden in St. Petersburg ihre »Pietistischen Versuche« (1833) herausgegeben; es erschienen ihre »Märchen« (1839) sowie »Sämmtliche Dichtungen« (1835 und Frankfurt 1857) und schließlich die »Vollständige Sammlung« ihrer russischen, deutschen und italienischen Gedichte (1841). Der russische Kritiker Alexander Belinskij entdeckte die deutschrussische Dichterin und machte ihr Talent für die russische Literaturgeschichte fruchtbar. Er verlieh ihr einen Rang, der ihr in ihrer ursprünglichen sowie sprachlich-kulturellen Heimat trotz mancherlei dürftiger Versuche verwehrt blieb.[18]

3. Die Ausweitung der deutschen Kolonien

Der junge Zar Alexander I. war aus vielerlei Gründen an einer Verstärkung des Zuzugs nutzbringender ausländischer Kräfte nach Rußland und an einer Intensivierung der innerrussischen Kolonisation interessiert: Einerseits wollte er die Fehler, die in der Regierungszeit seines Vaters begangen worden waren, revidieren und Rußland erneut aus der Gefahr der Isolation befreien. Diesem Bestreben folgte alsbald nach seiner Thronbesteigung eine Reihe gesetzgeberischer Maßnahmen, die einen freieren Zuzug nach Rußland und freiere Möglichkeiten der Grenzüberschreitung vorsahen. Andererseits lag es im Interesse des Wirtschafts- und Sozialreformers Alexander, nutzbringende, für die Intensivierung der russischen Landwirtschaft und des Klein- und Mittelgewerbes förderliche Kräfte ins Land zu ziehen, um sie hier unter geeigneten Bedingungen wirksam werden zu lassen. Die Eroberungskriege im Süden brachten dem Russischen Reich zudem neue Ländereien, die nun aus strategischen und wirtschaftlichen Gründen schnellstens erschlossen sowie genutzt werden mußten. Und schließlich entsprach es dem liberalen fortschrittsorientierten und weltoffenen Geist Alexanders, von allen wirtschaftlichen und technischen Errungenschaften seines Zeitalters auch in seinem Reich größtmöglichen Gebrauch zu machen. Wie sein Vorbild Katharina die Große, so nahm auch Zar Alexander ein höchst persönliches Interesse am Fortgang und an der Verbesserung des Kolonisationswerks und griff nicht selten durch persönliche Schreiben an die entsprechenden Beamten in anstehende Angelegenheiten ein, um sie schnellstens zweckmäßig und auf unbürokratischem Weg zu entscheiden. Charakteristisch für das lebendige Interesse, das Alexander I. für die Ansiedlung deutscher Bauern und Handwerker auf russischem Boden besaß, ist die Tatsache, daß in seiner Regierungszeit allein 123 allerhöchste Ukasse erlassen wurden, die das Kolonienwesen fördern und verbessern sollten.

Das erste und wichtigste Gesetz zur Neubelebung des Zustroms ausländischer Kolonisten war das Edikt vom 20. Februar 1804.[19] Dieses Edikt, das grundsätzlich jeden fähigen deutschen Landmann zur Niederlassung in Rußland einlud, stellte indes einige Bedingungen, die eine günstigere Auswahl der zukünftigen Kolonisten zum Ziel hatten. Das Edikt wandte sich grundsätzlich an Bauern und Landleute, stellte jedoch auch den folgenden Berufsgruppen die Aufnahme in den Kolonistenstand in Aussicht: Schneider, Schuster, Zimmerleute, Schmiede, Töpfer, Kupferschmiede, Weber und Maurer, während alle anderen handwerklichen Berufe aus den Kolonien selbst hervorwachsen sollten. Neu war auch, daß jeder Anwärter einen Mindestbesitz von 30 Gulden vorweisen und sich persönlich in der russischen Gesandtschaft des jeweiligen Landes vorstellen mußte; der Gesandtschaft wurde das Recht eingeräumt, von örtlichen Behörden Leumundszeugnisse über den Ausreisewilligen und seine Familie anzufordern. Um Abenteurer und unfähige Bauern von der Auswanderung fernzuhalten, betonte das Edikt den Sinn der Anwerbung: Die ausländischen Kolonien sollten den einheimischen Nachbarn als ein Modell für Landwirtschaft und Handwerk dienen.

Die ausländischen Kolonisten durften auch auf eigene Rechnung zusätzliches Land erwerben. Dieser Besitz mußte allerdings weiterverkauft oder an die Staatskasse zurückgegeben werden, falls der Eigentümer nach Deutschland zurückwandern wollte. Diese gesetzliche Regelung sollte sich als folgenschwer erweisen. Ab 1804 kauften deutsche Kolonisten, vorzüglich im Wolgagebiet und im Schwarzmeerraum, so viele Ländereien auf, daß sie gegen Ende des 19. Jahrhunderts in vielen Gegenden zu den größten Landbesitzern zählten und ihre immensen, zum Teil zusammenhängenden Latifundien in der russischen Gesellschaft zu einem Stein des Anstoßes wurden.

Das Einwanderungsedikt Alexanders I. löste in deutschen Landen ein positives Echo aus. Der junge Monarch hatte in kürzester Zeit das Bild seines Reiches in den Augen der Mitteleuropäer sehr zum Vorteil verändert. »Wo in Europa findet man mildere Gesinnung, mehr Großmut und Gerechtigkeitsliebe?« fragte sich – ganz im Sinne der aufgeklärten Jugend seiner Zeit – der frisch aus der Schweiz in Rußland eingewanderte Friedrich Ludwig von Escher.[20]

Der erste Einwanderungsstrom der Jahre 1803/04 führte preußische Mennoniten und württembergische, badische und bayrische Bauern unterschiedlicher Konfession nach Südrußland. In vielen Fällen waren sie durch russische Beamte, die nun zum Zwecke einer besseren Organisation der Auswanderung in die verschiedenen deutschen Lande geschickt wurden, registriert und zu größeren Kolonistentransporten zusammengestellt worden; solche Beamte der russischen Krone waren der Staatsrat Klüpffel in Regensburg oder der Werbekommissar Ziegler. Nicht immer führten diese, wie das Beispiel Zieglers zeigte, ihre verantwortungsvolle und hochdotierte Tätigkeit loyal und selbstlos aus.

Der Hauptteil der kolonistischen Einwanderer dieser Jahre kam aus Süddeutschland. Ihr Weg führte entweder zu Wasser von Ulm oder Regensburg donauabwärts über österreich-ungarisches und türkisches Hoheitsgebiet bis hin zum Schwarzen Meer oder aber zu Lande bis zum nächsten russischen Grenzgouvernement, in der Regel dem Gouvernement Wolhynien, und von dort auf beschwerlichen Fahrten und Fußmärschen bis zum Zentrum der neurussischen Kolonien, der Stadt Odessa. Diese lange und viele Monate währende Reise aus der alten in die neue Heimat war unendlich mühselig und beschwerlich. Krankheiten, Epidemien und Tod, Überfälle, Ausraubung oder schwere Fälle von Betrug, die die Kolonisten um ihre mitgebrachten Finanzen brachten – eine große Zahl unfreiwilliger Abenteuer war zu bestehen, bevor die Kolonisten an den Orten ihrer Bestimmung eintrafen. Um die auftretenden Epidemien zu bekämpfen und die erschöpften Reisenden zu erfrischen, wurden in der Nähe der Grenzübergänge im Sommer Quarantänelager[21] und im Winter große Massenquartiere zur Überwinterung eingerichtet.

Besonders tatkräftig beteiligte sich bei der Organisation von Anreise und Unterbringung der Neuankömmlinge der von Alexander I. sehr geschätzte und 1803 zum Statthalter von Odessa und Generalgouverneur von Neurußland ernannte Herzog A. E. D. Richelieu. Aufseher über die deutschen Kolonien, die in unmittelbarer Nähe der Stadt Odessa gegründet wurden, wurde dessen Vertrauter und Protégé, G. von Rosenkampff. Richelieu machte sich das große persönliche Interesse zu eigen, das auch sein Kaiser Alexander den deutschen Ansiedlern zukommen ließ. Höchstpersönlich ordnete er zahlreiche Maßnahmen zur Durchführung und Erleichterung der Ansiedlung an, wie etwa die medizinische Betreuung und Organisation oder die Entschädigung eines Kolonistentransportes, der in die Hände türkischer Banditen gefallen und ausgeraubt worden war.[22] Er teilte in persönlichen Schreiben wichtige Veränderungen oder Fakten aus den Kolonien mit; so berichtete er dem Zaren 1814 von der Tatsache, daß Viehseuchen und Mißernten Notstände in bestimmten Kolonien der Gouvernements Cherson und Jekaterinoslaw hervorgerufen hatten, und bat um eine höhere Subvention, die auf allerhöchsten Befehl schnellstens gewährt wurde.[23] Und wenn die Kronländereien zur Ansiedlung neueintreffender Kolonisten nicht mehr ausreichten, so nahm es Richelieu höchstpersönlich in die Hand, brachliegende Ländereien aus privaten Besitzungen zu erwerben, um sie für die Kolonisten nutzbar zu machen. Derartige Landkäufe wurden 1808 bis 1810 notwendig, als große Ströme süddeutscher Kolonisten sich im Gebiet Tiraspol niederlassen und die sogenannten Beresaner und Kutschurganer Kolonien gründen wollten. Zar Alexander, um seine Zustimmung zu dieser Art des Erwerbs von Kolonistenland gebeten, antwortete Richelieu in einem ausführlichen Schreiben. Der Zar stellte fest, daß ihm die Vorstellungen Richelieus wohlbegründet erschienen, und trug ihm auf, die von ihm gewünschten Landkäufe durchzuführen; doch sollten die Landkäufe in einer möglichst ökonomischen und für die Staatskasse nutzbringenden Weise getätigt werden.[24] Auch ein anderes Problem wurde dank der unmittelbaren Kommunikation zwischen Generalgouverneur Richelieu und dem Kaiser sehr schnell gelöst. Als Aufseher über die Kolonien von Odessa hatte Kollegienrat Rosenkampff 1811 festgestellt, daß zahlreiche der nichtbäuerlichen Elemente aus den Kolonien geflohen waren, sich anderswo verdingt oder sogar versteckt hatten. Rosenkampff informierte Richelieu, der sich zuständigkeitshalber an den Innenminister, über diesen aber direkt an den Zaren wandte. Der Zar, durch den Schriftverkehr mit Richelieu sowie durch eine persönliche Vorstellung des Innenministers am 28. 1. 1812 genauestens über diese Vorgänge unterrichtet, entschied für höchste Freizügigkeit: »Alle freien Hände werden gebraucht!« Die Arbeitssuche der Kolonisten außerhalb ihrer Kolonien, wie zum Beispiel in den Vorstädten Odessas, sollte nicht behindert werden; wünschenswert war dem Kaiser allein, daß die die Kolonien verlassenden Kolonisten in Neurußland verblieben.[25]

Neben Richelieu und seinem Mitarbeiter Rosenkampff waren zahlreiche andere hohe Beamte des russischen Staates, vom neuen Geist der Kolonisierung Südrußlands erfaßt, aktiv daran beteiligt, das Kolonisationswerk zu fördern und den Kolonisten jede erdenkliche Hilfe zuteil werden zu lassen. Hierbei spielten verständlicherweise gerade die deutschbaltischen und deutschrussischen Kräfte in der russischen Verwaltung eine große Rolle. Selbst die Kaiserin bezeugte den deutschen Kolonisten, besonders den Einwanderern aus ihrem heimischen Baden, wie auch die Kaiserinmutter den Kolonisten aus Württemberg, ihr besonderes Wohlwollen. Nicht zufällig machten Württemberger und Badener nun unter den Kolonisten einen besonders hohen Prozentsatz aus. Mit Vorliebe und Erfolg wandten sie sich in Bittschriften an die Kaiserin oder Kaiserinmutter, und selbst die Pastoren des Wolgagebietes durften mit Recht vermuten, daß ihre Hilfegesuche, adressiert an die »Allerdurchlauchtigste Großmächtigste Allergnädigste Kayserinn und Frau«, bei der ehemals protestantischen Prinzessin von Baden auf tiefes Verständnis treffen würden.[26]

Ein gutes Beispiel für die Art des Zusammenspiels hoher russischer Staatsbeamter, unter ihnen zahlreicher Deutscher, bei der Ansiedlung der deutschen Kolonisten in Neurußland bildet die Einwanderungsaktion vom Frühjahr 1808.[27] Am 2. April 1808 hatte der damalige russische Militärattaché an der Berliner Gesandtschaft, Major F. F. Baron Korff, seiner Herkunft nach ein Deutschbalte, seinem obersten Vorgesetzten, dem Kriegsminister Araktschejew, einen Rapport zugeleitet. Korff hatte während seines Aufenthalts in Berlin häufig Gelegenheit gehabt, mit Männern aus dem einfachen Volk zusammenzutreffen. Dabei war oft der Wunsch geäußert worden, Deutschland zu verlassen, um sich in Rußland niederzulassen. Korff teilte Araktschejew nun mit, daß er in Deutschland, besonders aber in Preußen, eine nicht geringe Zahl von Untertanen angetroffen habe, die »aus Gründen des Krieges oder der Veränderungen, die dieser nach sich ziehe, ihren Unterhalt fast gänzlich verloren haben, und Wunsch und Bedürfnis ausgedrückt haben, ihr Vaterland zu verlassen, um nach Rußland zu übersiedeln«. Unter ihnen, so meldete Korff seinem Minister, befänden sich viele Landwirte, Porzellanfabrikanten und -maler, Weber, Strumpfmeister und andere Berufe. Araktschejew hielt diese Mitteilung für wichtig genug, um sich mit dem Staatskanzler Graf N. Rumjanzew in Verbindung zu setzen. Rumjanzew wandte sich an den Innenminister, Fürst A. B. Kurakin (nach der Gründung der Ministerien [1802] war die Expedition der Staatswirtschaft, die sich unter anderem auch mit der Ansiedlung ausländischer Kolonisten befaßte, dem Innenministerium unterstellt worden). In einem persönlichen Schreiben vom 17. 4. 1808 informierte Rumjanzew den Innenminister über den Bericht, den Graf Araktschejew ihm über das Schreiben Baron Korffs aus Berlin gegeben hatte. Er fragte an, wie sich der Innenminister zu dem Wunsch der preußischen Handwerker und Meister nach Niederlassung in Rußland stelle. Kurakin erteilte Rumjanzew am 23. 4. 1808 eine eher formale Antwort: Die Richtlinien zur Ansiedlung von Ausländern, so teilte er dem Staatskanzler mit, sahen vor, daß vorwiegend nützliche bäuerliche Elemente nach Rußland gelassen werden sollten; außerdem, so gab er zu bedenken, könnte eine so breit angelegte Aktion bei der preußischen Regierung leicht den Eindruck offenkundiger Werbung erwecken, der aufgrund außenpolitischer Rücksichtnahmen unbedingt zu vermeiden sei. Rumjanzew gab sich jedoch mit dieser Antwort nicht zufrieden. Am 6. 5. 1808 teilte er Kurakin mit, daß er die Gelegenheit und das Glück gehabt habe, dem Kaiser auf der Grundlage des Rapports von Baron Korff selbst Vortrag zu halten. Seine Kaiserliche Hoheit habe wohlgefällig von diesen Vorgängen Kenntnis genommen und wünsche, über den weiteren, positiven Verlauf der Angelegenheit informiert zu werden. Man wünsche, daß sich Baron Korff mit dem in Einwandererfragen versierten russischen Konsul Facius in Königsberg in Verbindung setze, um sich die Direktiven für das weitere Verfahren mitteilen zu lassen.

Nach Ablauf eines Monats lagen bereits die ersten Listen auswanderungswilliger preußischer Handwerker und Meister vor. Die neuen Möglichkeiten erforderten neue Richtlinien. Die erste Abteilung der Expedition der Staatswirtschaft im Innenministerium arbeitete das Papier »über die Entsendung von Beamten in das Gouvernement Wolhynien zwecks Inempfangnahme der Kolonisten« aus und teilte dem Kaiser mit: Titularrat Spiegelberg aus dieser Abteilung sei beauftragt, die Aufnahme, Unterbringung und Ansiedlung der neuen Kolonisten durchzuführen; zur finanziellen Abwicklung des Empfangs und der Einweisungen der Kolonisten in die ersten Quartiere bitte man um die Überweisung von 20000 Rubel an den Zivilgouverneur von Wolhynien. Der Kaiser veranlaßte nicht nur die Überweisung der erbetenen Summe, sondern ließ Titularrat Spiegelberg gleichzeitig eine Instruktion zugehen, die seinen Aufgabenbereich genauestens definiert: »Seine Kaiserliche Hoheit, in der großen Sorge um diese Menschen und mit dem Wunsche, daß sie beim Überschreiten Unserer Grenze bestmöglich versorgt und in gebührender Weise zum Orte ihrer Ansiedlung geführt werden«, erteilte hierin Spiegelberg die folgenden Richtlinien: Es sollten die Listen der Eintreffenden zusammengestellt werden, wobei die Bauern von den Meistern zu trennen waren. Es sollten finanzielle Zuwendungen je nach Zustand oder Besitzstand der Familien gewährt werden; diese seien nur dann zurückzuzahlen, wenn die Familie Rußland wieder zu verlassen wünsche, andernfalls müßten diese Gelder nicht zurückgezahlt werden. Den Familien sollten Fuhrwerke, Nahrungs- und Wegegelder überlassen werden. Meister und städtische Handwerker könnten auf Wunsch in der Stadt Taganrog angesiedelt werden; dem Vorsteher der Stadt, dem Wirklichen Kammerherrn Baron Campenhausen, solle ihr Eintreffen rechtzeitig gemeldet werden. Insbesondere waren für Taganrog die folgenden Berufsgruppen vorgesehen: Schmiede, Schneider, Schuster, Bäcker, Färber und Stellmacher beziehungsweise Wagenbauer. Befänden sich unter den Meistern Tuchmacher, so könnten diese auf eigenen Wunsch in jenen Städten des Gouvernements angesiedelt werden, in denen Wolle im Überfluß vorhanden sei. Diese Allerhöchste Instruktion enthielt schließlich die Anweisung, den Ansiedlern schnellste und wirksamste Hilfe bei der Ansiedlung sowie größte Zuvorkommenheit vom Moment ihrer Ankunft in Rußland an entgegenzubringen. Am 22. Juni 1808 richtete Karl von Hablitz, hauptverantwortlicher Beamter der Expedition der Staatswirtschaft für die Ansiedlung deutscher Kolonisten, ein Schreiben an das Vormundschaftskontor der neurussischen ausländischen Ansiedler, in dem er die Leitung des Kontors darum bat, die geeigneten Vorbereitungen für die Aufnahme der neuen Ansiedler zu treffen.

Die allerhöchste Instruktion hatte zahlreiche Folgen. In Taganrog entstand eine deutsche Handwerkerkolonie, die sich besonderer Fürsorge, und nicht zuletzt finanzieller Unterstützung, erfreute.[28] Die Frage der Tuchmacher wurde erneut vom Staatskanzler Graf Rumjanzew aufgegriffen, der sich bemühte, viele preußische Tuchmacher für Rußland zu gewinnen. Unter anderen wurde Hofrat Sawerskij in spezieller Mission nach Deutschland gesandt, um eine möglichst große Zahl von Tuchmachern, Tuchfabrikanten und Tuchhändlern für Rußland zu gewinnen. Auch die russischen Auslandsvertreter in Deutschland hatten in diesen Jahren ein waches Auge auf ausreisewillige Tuchmacher oder andere Textilfabrikanten. So berichtete der russische Generalkonsul in Frankfurt, Bethmann, Innenminister Kurakin über Tuchmacher und Textilfabrikanten aus Weimar, die bereit seien, nach Rußland auszuwandern. Nur ihre extreme Armut halte sie von dieser Reise zurück.[29] Durch Bereitstellung entsprechender Reise- und Anfangsgelder konnte auch dieses Problem gelöst werden. Die Belebung der Tuchindustrie durch den Einsatz erfahrener ausländischer Meister war in der Zeit der häufigen und schweren Kriege von besonderer Wichtigkeit für den Staat. Die russische Regierung brauchte Tuche, Strümpfe und andere Textilien für die Uniformen der wachsenden Armee.

Fähige deutsche Tuchhersteller konnten in Anbetracht dieser Konjunktur in kurzer Zeit zu Wohlstand gelangen. Dies bewies inbesondere der Stammvater der Familie Falz-Fein, der sich gegen Ende des 18. Jahrhunderts, aus Chemnitz in Sachsen kommend, zunächst in Wolhynien und dann in Südrußland niedergelassen hatte. Johann Georg Fein, ein gebürtiger Württemberger, der in Chemnitz das Textilfach erlernt und als Textilingenieur in Rußland eingewandert war, hatte sich mit einem Anfangsdarlehen eine kleine, aber florierende Tuchfabrik eingerichtet. Fein, der seit seiner Einwanderung russischer Untertan war, wurde als »freier Kolonist« geführt, der als Fabrikant und Unternehmer keiner Kolonistengemeinde angehörte, aber die Vorzüge des Kolonistenstandes genoß. Seine Kinder wurden im südrussischen Melitopol schon als »Bürger« registriert. 1813 erwarb Fein, der sich bereits ein kleines Kapital geschaffen hatte, auf einer öffentlichen Auktion zu dem geringen Preis von 3539,40 Rubel und einem Steuernachtrag von 222,37 Rubel ein verwahrlostes Staatsgut von 3470 Desjatinen Land. Der Verkauf des Staatsguts in private Hand erfolgte auf der Grundlage des Gesetzes vom 10. September 1810, nach welchem der zukünftige Besitzer eine Erhöhung des landwirtschaftlichen Ertrags und eine Verbesserung des Steppenbodens zu Kulturboden versprach. Damit begann in der Familie Fein, die nach Verheiratung mit einer anderen Kolonistenfamilie den Doppelnamen Falz-Fein führte, ein legendärer wirtschaftlicher Aufschwung, der die sparsam und bedürfnislos lebende Familie zur größten deutschen Gründerfamilie in Südrußland machte.

Deutsche Tuchmacher siedelten sich jedoch nicht nur in Neurußland an. Am 30. Juni 1808 erteilte Zar Alexander I. auf Vorstellung des Innenministers Kurakin die Zustimmung zur Ansiedlung deutscher Fachleute der Tuchfabrikation im Gouvernement Poltawa.[30] Das erste größere Kontingent deutscher Weber und Tuchmacher traf im August 1809 – aus Sachsen, dem Elsaß, Böhmen und Mähren kommend – in Poltawa ein. Jede Tuchmacherfamilie, mit einem eigenen Webstuhl im Haus ausgestattet, erhielt ausreichende Mengen von Wolle, die später bei der Endabrechnung verrechnet werden sollten. Die Fertigprodukte wurden der Heeresverwaltung abgeliefert. Nach schweren Anfangsjahren entwickelte sich diese Tuchmacherkolonie bald lebhaft: Ein großzügiges Gesetz vom 27. Dezember 1818 erkannte den Kolonistenfamilien geräumige Häuser mit Gärten zu, überließ ihnen das ursprünglich beigegebene Werkzeug als Eigentum und erließ ihnen die Staatsschulden.

Eine weitere Konzentration deutscher Tuchmacher und Textilhersteller entstand wenige Jahre später im Gouvernement Tschernigow.[31] Private russische Fabrikanten warben deutsche Meister für ihre neu entstehenden Textilbetriebe an oder ließen sich von staatlicher Seite deutsche Texilarbeiter zuweisen, die für die Herstellung der für die russische Armee benötigten Tuche und Strümpfe geeignet waren. Die erste große Tuchfabrik dieser Art wurde 1812, im Jahr des Feldzugs gegen das napoleonische Heer, von deutschen Meistern in Klynzi im Gouvernement Tschernigow in Betrieb genommen. Wenig später errichtete der Textilfachmann Groß aus Preußen am gleichen Ort auch eine Strumpffabrik und führte mehrere Strumpfwebstühle aus Preußen ein. Mit der Einrichtung der Fabriken nahm auch der Zustrom aus deutschen Landen zu, und in wenigen Jahren waren in Klynzi und Umgebung so viele Deutsche angesiedelt, daß man von einer deutschen Textilarbeiterkolonie sprach.

Starken Zustrom verzeichneten in den ersten Regierungsjahren des Zaren Alexander die Mennonitenkolonien, die unter seinen Vorgängern gegründet worden waren. Das verschärfte preußische Mennonitenedikt von 1801, das den Militärdienst nahezu obligatorisch machte, ließ vielen Mennonitenfamilien keine andere Wahl, als sich in das freie Rußland zu begeben. 1803 setzte daher eine neue Einwanderungswelle ein. Cornelius Warketin, einer der geistlichen Führer des preußischen Mennonitentums, hatte sich nach längerem Briefwechsel mit Hofrat Contenius, dem Oberrichter des 1800 gegründeten Fürsorgekomitees der südrussischen Kolonisten, davon überzeugt, daß für Tausende preußischer Mennonitenfamilien ausreichend gutes Land und günstige Ansiedlungsbedingungen im Molotschna-Gebiet vorhanden waren. Unter seinem Einfluß faßte die Ältestenkonferenz der preußischen Mennoniten am 10. August 1803 den Beschluß, die Auswanderung nach Rußland nunmehr in breite Bahnen zu lenken. Einige hundert Familien machten sich alsbald auf den Weg. Unter ihnen befanden sich zahlreiche Bauern, Grund- und Hofbesitzer, die zum Teil mit einem beträchtlichen Anfangskapital nach Rußland auswanderten. Eine Statistik des Jahres 1804 zeigt, daß die 166 mennonitischen Auswandererfamilien dieses Jahres ein Vermögen von 212719 Reichstalern an Barschaft sowie eine große Menge von Vieh, insbesondere Schafen, ausführten. Zahlreiche dieser Familien wanderten mit einem reichen Staat von Knechten und Mägden aus, hatte doch Hofrat Contenius dem Führer der Mennoniten, Cornelius Warketin, mitgeteilt, daß in den Chortizer Ansiedlungsgebieten besonders große Familien schnell vorankämen. Er hatte empfohlen, daß »junge Familien Knechte und Mägde mitbringen und nicht weniger als vier Sorten beiderlei Geschlechts für eine Familie angenommen werden«.

Eine »Generalübersicht« der westpreußischen mennonitischen Auswanderer vom 25. Juni 1803 vermittelt das folgende Bild von der beruflich-sozialen Struktur dieser Personengruppe:

> »Von 1105 Personen sind 29 Grundstückbesitzer mit insgesamt 15 Hufen, 27 Besitzer von Katen, 61 Handwerker (Perfektionisten), 95 Arbeiter, 71 Gesinde, 194 Frauen, 628 Kinder. Ein ähnliches Bild erhält man aus der Übersicht der Intendantur Tiegenhof 1803. Von 390 auswandernden Köpfen sind 6 Bauern mit insgesamt 3 Hufen, 3 Müller und Hackenbüttner (Schankwirte), 19 Handwerker, 39 Arbeiter, 71 Frauen, 111 Söhne, 109 Töchter, 6 Gesellen, 9 Knechte, 6 Jungens, 11 Mägde.«[32]

Insgesamt sind in den Jahren 1803 bis 1806 etwa 365 Familien in die Koloniengebiete der Molotschna gewandert. In den nachfolgenden Jahren wurde der Zustrom preußischer Mennoniten wiederum unterbrochen; die preußische Regierung hielt die Auswanderungspässe zurück, um die Abwanderung einzudämmen. Erst 1808/09 konnte wieder ein größeres Mennonitenkontingent von 99 Familien angesiedelt werden; diese Familien wurden auf die Kolonien an der Molotschna und im Bezirk von Chortiza verteilt. Ab 1812, ausgelöst durch die unruhigen Verhältnisse der Kriegszeit, kam die Auswanderung der preußischen Mennoniten wiederum zum Stillstand, bis sie um das Jahr 1819 wieder in Fluß geriet.

Das erste Jahrzehnt der Ausländerkolonisation unter Alexander I. zeigte eine positive Bilanz. Neben den Mennoniten und kleineren Gruppen von Handwerkern und Gewerbetreibenden und Meistern unterschiedlicher Berufe erschien von 1804 an auch eine große Zahl deutscher Kolonisten aus den Habsburger Kronlanden, die die Weiterwanderung nach Rußland begehrten. Sie kamen entweder aus der ungarischen Batschka oder aus dem Banat, waren unter Maria Theresia oder Joseph II. als Kameralkolonisten in Österreich-Ungarn angesiedelt worden, hatten aber zwischen der Fron in ihrer deutschen Heimat und dem Frondienst in Ungarn, wie sie ihn empfanden, kaum einen Unterschied entdeckt und deshalb den Entschluß gefaßt, ins freie weite Rußland weiterzuwandern. Dies waren ursprünglich Pfälzer, Württemberger, Elsässer, badische, hessische und andere Familien, von denen trotz der strengen österreichischen Vorkehrungen gegen das heimliche Überschreiten der Grenze mindestens 231 namentlich bekannt und registriert worden sind.[33]

Der größte Zustrom deutscher bäuerlicher Einwanderer traf aber in den Jahren 1805 bis 1810 in Südrußland ein. Zunächst in Odessa registriert und dann dank der unermüdlichen Fürsorge des Herzogs Richelieu und seiner Mitarbeiter auf die umliegenden Gebiete – vor allem des Gouvernements Cherson – verteilt, siedelten sich diese Siedler aus dem Herzogtum Baden, dem Königreich Württemberg, aus Preußen, dem Elsaß, der bayrischen und Rheinpfalz, Sachsen, Thüringen und der Schweiz in den fruchtbaren Küstenstreifen des Schwarzen Meers an. Am Nordrand der Schwarzmeerküste um Odessa und Nikolajew entstanden von 1805 an die Liebenthaler Kolonien, ab 1808 die Kutschurganer Kolonien und ab 1809 die Beresaner Kolonien.[34] Sie entstanden zum großen Teil auf fruchtbarem Schwarzerde- oder aber gut beackerbarem Steppenboden, waren meist in größeren Flußtälern angelegt, besaßen Steinbrüche und andere nützliche Bodenschätze und waren in einem der klimatisch schönsten und landwirtschaftlich gewinnbringendsten Teile des großen Russischen Reichs gelegen. Man benannte sie meist nach ihren Herkunftsorten; so entstanden in den Kutschurganer Kolonien die Ortschaften Selz, Kandel, Baden, Straßburg, Mannheim und Elsaß, und in den Beresaner Kolonien die Ortschaften Waterloo, Speyer, Landau, Sulz, Karlsruhe und Katherinenthal sowie in einigen Nebentälern des oberen Laufs des Beresan die Kolonien Johannisthal, Rohrbach, Worms, Rastatt und München.

Die Kolonisation begann in der Regel wie folgt: Größere Kolonistenkontingente, die sich meist mit einem Führer an der Spitze in den russischen Grenzorten meldeten, wurden zunächst je nach Witterung und Lage der Dinge in Winterquartieren bei der Stadt Odessa oder aber in die bereits bestehenden Kolonien geführt, um von dort aus das ihnen zugedachte Landstück zu besichtigen. Die Landstücke, meist zwischen 10 und 15 Wersta lang und zwischen 2 und 5 Wersta breit, waren günstig an den Hängen der Flußtäler oder in der Ebene gelegen und reichlich bemessen, um jeder neu siedelnden Kolonistenfamilie einen Landanteil von mindestens 60 Desjatinen zu geben. Die ersten Arbeiten der Männer bestanden meistens im Graben von Brunnen. Im Laufe des ersten Jahres wurden dann, organisiert durch die Kolonialverwaltung, die sogenannten Staatshäuschen gebaut, Lehm- oder Steinhäuser, die den Kolonisten als erste Unterkunft dienen sollten. Dazu wurde ihnen Nutz- und Milchvieh zugeteilt; sie erhielten die entsprechenden Gerätschaften und das Saatgetreide und Darlehen unterschiedlicher Art, aber immer in beträchtlicher Höhe. Da die meisten dieser Kolonien im Gouvernement Cherson überwiegend aus katholischen Siedlern bestanden, wurden bald auch Kirchlein gebaut und die ersten Patres und Priester eingesetzt. Dies waren in den Anfangsjahren vorwiegend deutsche Jesuiten. Selbstverständlich fehlte es in den ersten Jahren trotz des allgemein spürbaren und sichtbaren Aufschwungs nicht an Rückschlägen. So grassierte zum Beispiel 1811 in der Umgebung der Kolonie Worms die Pest. Erstaunlicherweise wurden die deutschen Siedler, wohl aufgrund der größeren Sauberkeit, kaum von der Krankheit betroffen, aber »alle dort wohnenden Russenfamilien starben an dieser Krankheit. Ihre Häuser wurden verbrannt, und die vorüberführende Landstraße wurde durch Kosaken gesperrt. Die Kolonisten blieben von der Pest verschont, doch hatten sie die Gelegenheit, in der Nähe zu sehen, wie die wachhaltenden Kosaken tot von ihren Pferden stürzten.« Die Pestepidemie stellte nicht das einzige Ungemach dar, das die Chersoner Kolonisten in ihrer normalen Weiterentwicklung zu hemmen drohte:

»Schon bei der Ansiedlung brachen beinah in allen Kolonien epidemische Krankheiten aus und rafften einen großen Teil der neuen Ansiedler ins Grab. So starben in der Kolonie Sulz im ersten Jahr der Ansiedlung 24 Familien gänzlich aus. Auch in den anderen Kolonien war die Sterblichkeit in den Ansiedlungsjahren sehr groß. Im Jahre 1812 grassierte die Pest, an der sehr viele Kolonisten erkrankten, aber die meisten durch Medikamente gerettet wurden. Im Jahre 1824 erschienen ungeheure Schwärme von Heuschrecken, die in einigen Tagen alles Gras und sämtliche Feldfrüchte auffraßen, so daß eine gänzliche Mißernte eintrat und die Krone allen Kolonisten Nahrungsgelder und Saatfrucht verabfolgen mußte. Dazu kam in diesem Jahr noch ein strenger Winter, so daß sehr viel Vieh im Stalle erfror oder verhungerte. In den Jahren 1825 und 1839 entstanden furchtbare Viehseuchen, die beinahe den ganzen Viehbestand der Kolonisten dahinrafften, so daß viele Wirte gänzlich ohne Vieh blieben. Dann kamen 1833 und 1834 vollständige Mißernten, welche die meisten Kolonisten vollends an den Bettelstab brachten. Scharenweise gingen die Kolonisten in die nahegelegenen Städte und zu den Edelleuten, um Brot und Kleidungsstücke zu erbetteln. Viele Edelleute in der Umgebung ließen jeden Tag Brot aus Eichelmehl und anderen Gemengseln für die armen Kolonisten backen, damit dieselben nicht Hungers starben. Doch den tiefsten Eindruck auf unsere Voreltern machte das im Jahre 1838 den 11. Januar abends um 9 Uhr stattgehabte Erdbeben... Doch die fünf Minuten der Schrecken waren bald vorüber, und alle, die sich schon verloren glaubten, lebten wieder auf und dankten dem Allmächtigen für die Rettung aus so großer Gefahr. Daß bei diesem Erdbeben Menschen zugrunde gingen, wird in den Urkunden nicht berichtet.«

Solche Erfahrungen haben die Kolonisten zu dem Sprichwort veranlaßt: »Erste Generation – Tod, zweite Generation – Not, dritte Generation – Brot«.

In die zweite Dekade der Regierungszeit Alexanders I. fiel die Annexion des ehemals türkischen Bessarabien (1812) und der Gewinn des Königreichs Polen (auch Kongreßpolen oder Russisch-Polen genannt) im Rahmen der europäischen Neuaufteilung durch den Wiener Kongreß (1815). Beide Gebiete sollten nun wirtschaftlich erschlossen werden, wobei die russische Krone erneut auf die Hilfe ausländischer, in erster Linie deutscher Siedler hoffte.

Im Jahr 1813 lud ein kaiserliches Edikt Siedler aus allen deutschen Landen ein, sich im neu eroberten Bessarabien niederzulassen. Die ersten Kolonistenfamilien, die dieser Einladung folgten, waren Bauernfamilien aus den früheren Ostprovinzen Preußens. Sie hatten bereits kolonisatorische Erfahrungen gesammelt, waren aber durch die napoleonische Besetzung sowie die politisch-wirtschaftliche Lage in Polen aus der Bahn geworfen und hofften nun, im russischen Kaiserreich eine feste und sichere Heimat zu finden. Mehr als 1500 Familien dieser Art strömten in den Jahren 1814 bis 1815 in Bessarabien ein. Im südlichen Teil des mittleren Bessarabien gründeten sie zwölf deutsche Siedlungen, von denen die größten die Namen der berühmten russischen Schlachten und Siege im Krieg gegen Napoleon erhielten. Dies waren unter anderem die Kolonien Tarutino (gegründet 1814), Borodino (1814), Leipzig (1815), Malojaroslawez (1815), Beresina (1816), Brienne (1816) und Paris (1816). Direkt aus Deutschland kamen von 1817 an große Verbände von württembergischen und bayrischen Siedlern, die sich in der Nähe der bereits bestehenden deutschen Siedlungen niederließen. Sie gründeten die Siedlungen Teplitz (1818), Katzbach (1821), Sarata (1822) und andere, die sich auch in der nachfolgenden Zeit unter Nikolaus I. massiv vergrößern und vermehren sollten.[35]

Mit dem Königreich Polen fielen der russischen Krone Provinzen zu, in denen schon seit Jahrhunderten deutsche Bauern, Handwerker und Gewerbetreibende siedelten.[36] Insbesondere hatte die staatliche preußische Kolonisation, die im Zuge der drei polnischen Teilungen in den in preußische Hände gefallenen Landstrichen durchgeführt worden war, bereits eine Erschließung und Kultivierung dieser Provinzen durch deutsche Kolonisten bewirkt. In zahlreichen Gebieten des polnischen Westens – um Breslau, Posen und Krakau – waren deutsche Bauernsiedlungen entstanden; am Rande der alten polnischen Fürstenstädte Sandomierz, Kalisch, Lublin und Płock hatten sich deutsche Handwerker angesiedelt. Gegen Ende des 18. Jahrhunderts hatten sich bereits viele deutschsprachige evangelische Gemeinden auf slawisch-polnischem Boden konstituiert. 1816 erließ Alexander I., König von Polen, ein Einwanderungsedikt, das die üblichen Ansiedlungsprivilegien der Steuer-, Abgabe- und Dienstfreiheit bei der Ansiedlung in landwirtschaftlichen oder industriellen Kolonien auch auf Polen ausdehnte. Das Edikt sah eine Verpflichtung auf die Dauer von mindestens sechs Jahren vor, tendierte aber zu einer vollständigen Integration der ausländischen Kolonisten. Dem Edikt von 1816 folgten zwei weitere Edikte (1817 und 1820). Um das Jahr 1820 sollen bereits 10000 deutsche Familien diesem Ruf Alexanders gefolgt sein und sich in Polen niedergelassen haben.

Die letzte, in ihrer Motivation und sozialen Zusammensetzung vielleicht interessanteste Einwanderungsbewegung nach Rußland in der Regierungszeit Alexanders I. war die der württembergischen Schwärmer. 1816 und 1817 wüteten in Süddeutschland grausame Hungersnöte. In den verarmten Gemeinden der württembergischen Separatisten und Chiliasten fielen die flammenden Reden der Baronin Krüdener, der Predigerin der Heiligen Allianz, auf einen besonders fruchtbaren Boden. Der Zar von Rußland sei ausersehen, so verkündete die welterfahrene Dame, im Kaukasus, am Berg Ararat, das Königreich auf Erden zu gründen; die »Getreuen« des Herrn seien berufen, dabei mitzuwirken. Angeregt durch diese Prophezeiungen, die lediglich eine besondere, sektiererische Version der allgemeinen pietistischen Bewegung darstellten, wandten sich bald Gruppen von Jugendlichen und jungen Familien an die russische Auslandsvertretung, um die Ausreise nach Rußland in die Wege zu leiten. Hier war man zunächst hocherfreut über diesen Ansturm tatkräftiger junger Männer und Frauen, ohne freilich vorerst die religiösen Hintergründe und Ziele dieser Schwarmgeister zu durchschauen.[37]

Ab Anfang November 1816 gingen dem Leiter der auswärtigen Angelegenheiten in Petersburg, Geheimrat Graf Nesselrode, Nachrichten der russischen Auslandsvertretung in Württemberg zu, die davon berichteten, daß eine große Zahl von Siedlern, zunächst aber 281 Personen, nach Rußland auszureisen wünsche. Ganz im Geist der Restauration und des engen Bündnisses mit dem Österreich Metternichs, war Graf Karl-Robert (russisch: Karl Wassiljewitsch) Nesselrode (1780–1862)[38] 1816 zum Leiter des Auswärtigen Kollegiums, *de facto* zum Außenminister ernannt worden. Er war der Sohn eines katholischen Deutschen im russischen diplomatischen Dienst und einer protestantisch getauften Jüdin, erlernte aber bis zu seinem Lebensende die russische Sprache nicht. Der tief konservative Mann hatte das uneingeschränkte Vertrauen Pauls I. besessen und unter diesem eine Militärkarriere begonnen. Nach Pauls Tod wurde er als russischer Gesandter an den früheren Hof der Kaiserinmutter, zum Herzog von Württemberg, entsandt. 1812 hatte Nesselrode seine am Hof Alexanders I. zunächst ungefestigte Stellung durch die Ehe mit der Tochter des einflußreichen Finanzministers Gurjew gesichert. 1815 erschien er auf dem Wiener Kongreß als Begleiter und Berater des Zaren. Dank seiner Bekanntschaft mit Metternich, den er verehrte, wurde er zum Architekten des russisch-österreichischen Geheimabkommens. Für diese verdienstvolle Leistung war Nesselrode zum Leiter des Auswärtigen Kollegiums ernannt worden; er hatte dabei den ebenfalls deutschstämmigen Außenminister Weidemeyer (1815–1817) abgelöst und sollte dieses Amt bis 1856 führen.

Da Nesselrode die württembergische Szene gut kannte und zudem am Zustrom konservativer und religiöser deutscher Bauern und Handwerker in Rußland interessiert war, verfolgte er diese Nachrichten mit großem Interesse. Nachfolgende Schreiben des russischen Gesandten in Stuttgart, Graf J. A. Golowkin, veranlaßten ihn, die Einwanderung in Gang zu setzen. Wie die katholischen Ansiedler aus Württemberg, die in diesen Jahren im südrussischen Raum angesiedelt wurden, so sollten auch diese Siedlergruppen zunächst ins Gouvernement Cherson geführt werden. Dort nahm sie der Militärgouverneur des Gouvernements Cherson, Graf Langéron, in Empfang. Zu seiner Überraschung erfuhr er, daß diese Siedler nicht gewillt seien, in Neurußland zu bleiben, sondern die Weiterwanderung nach Georgien begehrten. Der hilflose Langéron, der für diesen bisher unbekannten Fall keine Direktiven besaß, erbat die Entscheidung der zuständigen Minister. Diese empfahlen ihm, den württembergischen Schwarmgeistern gütlich zuzureden, um sie von ihrem Plan der Weiterreise abzubringen. Es folgten offenbar zähe und langwierige Verhandlungen. Die jungen Württemberger, die sich in ihrem religiösen Streben von diesem russischen Beamten auf unbillige Weise aufgehalten fühlten, richteten im vollen Vertrauen auf das Verständnis des Kaisers eine Allerergebenste Bittschrift an Alexander I. Sie wurde dem Zaren, während sich der große Kreis der württembergischen Familien im Chersoner Winterquartier befand (1817/18), von zwei Deputierten dieser Gruppe, Koch und Frick, persönlich überbracht. Der Kaiser nahm ihre Bittschrift und ihre Berichte mit sichtlichem Vergnügen und großem Wohlwollen auf. Die beiden Deputierten der Schwarmgeister trugen dem Kaiser vor, daß sie den Zeitpunkt für gekommen erachteten, zu dem sich die Prophezeiungen des Alten und Neuen Bundes erfüllten und die Auserwählten sich an jenem Platz der Erde zu versammeln hätten, an dem die Wiederkunft des Heilands und Herrn zu erwarten sei, und daß sich dieser Platz im großen Russischen Reich, und zwar in Georgien, unweit vom Berg Ararat befände. Aus diesem Grunde bäten sie ihren hochverehrten Schutzherrn, den Kaiser aller Reußen, sie als religiöse und wohlgesinnte Bürger nach Georgien ziehen zu lassen.[39] Das Resultat der Deputation konnte nicht besser sein. Ende Februar 1818 gingen dem Militärgouverneur von Cherson zwei Schreiben aus der Metropole zu, die die

Weiterreise und Ansiedlung der Württemberger Kolonisten in Georgien anordneten. Innenminister O. P. Kosodawljew teilte Graf Langéron am 22. Februar 1818 mit einer Geste der Hilflosigkeit mit, daß der Kaiser vor den Argumenten der Schwarmgeister die Waffen des Verstandes gestreckt habe.

Wenige Tage später ging auch das Schreiben des Außenministers Nesselrode vom 24. Februar 1818 in Cherson ein. Nesselrode teilte Graf Langéron unter anderem mit, daß der Kaiser die Württemberger über die Behandlung befragt habe, die sie von der Grenze bis nach Odessa von seiten der russischen Beamten auf allen Ebenen erfahren hätten. Neben höchster Dankbarkeit für die Humanität vieler höherer Beamter hätten sie auch verhaltene Kritik geübt, was in einem aufsehenerregenden Fall sogar zur Absetzung des Vizekonsuls in Galatz geführt habe. »Es bleibt zu hoffen«, so Nesselrode, »daß diese Bestrafung ein heilsames Beispiel bilden wird, um die Akte von Unterdrükkung und Willkür im Zaume zu halten, die sich die untergeordneten Beamten diesen unglücklichen Fremden gegenüber erlauben. Zu diesem Zwecke werden Sie, Herr Graf, gebeten, dieser Angelegenheit sowie den Umständen, die mit ihr verbunden sind, alle erforderliche Offenkundigkeit zukommen zu lassen...«

Gleichzeitig wurde dem Statthalter Georgiens, General Jermolow, mitgeteilt, daß er sich der in Kürze anrückenden Kolonistenkolonnen aus Württemberg mit besonderer Fürsorge annehmen und widmen solle. Nach ihrer Ankunft im Kaukasusgebiet und dem Marsch über die alte Heerstraße nach Tiflis, durch eine Landschaft, die die romantischsten Vorstellungen vom Reich Gottes auf Erden noch erhöhte, gründeten die Siedler sieben große Kolonien, die sie aus Dankbarkeit für ihren Allerhöchsten Schutzherrn auf Erden mit den berühmten Namen aus der Dynastie Romanow benannten: Alexanderdorf, Elisabeththal, Katharinenfeld, Marienfeld, Petersdorf, Annenfeld und Helenendorf. Zur Verwaltung dieser Kolonien wurde laut Ukas vom 29. Mai 1819 das Kontor zur Verwaltung der ausländischen Kolonisten in Georgien *(Kontora upravlenija inostrannych kolonistov v Gruzii)*[40] mit Sitz in Tiflis geschaffen. Dieses Kontor, das zunächst dem Statthalter des Kaukasus unterstand, entsprach in seinem Aufgabenbereich dem Saratower Kontor.

Während Zar Alexander I. in der Petersburger Residenz die Deputierten der württembergischen Chiliasten empfing, befand sich sein Flügeladjutant Kisseljow auf einer Informations- und Revisionsreise durch die neurussischen Ansiedlungsgebiete. Pawel Dmitrijewitsch Kisseljow (1788–1872), seit 1815 im persönlichen Dienst des Zaren, wurde von Alexander nur mit besonders wichtigen Missionen betraut. Als der neue Strom württembergischer Kolonisten ins Russische Reich zu fließen begann, hatte ihn Alexander nach Südrußland geschickt, um sich an Ort und Stelle einen persönlichen Eindruck vom

Nutzen und von den Mängeln der Ausländerkolonisation zu verschaffen. Vorausgegangen war dieser Revisionsreise eine Diskussion in den hohen Sphären der russischen Bürokratie, die zunehmend darauf drängte, eine Kosten-Nutzen-Rechnung der ausländischen Kolonien in Rußland vorzunehmen. Seit 1810 (Ukas vom 25. 2. 1810) war es allgemein bekannt, daß die Ansiedlung einer deutschen Kolonistenfamilie die russische Regierung 5000 Rubel kostete, während eine russische Familie, die sich zur Kolonisierung bereit erklärte, eine ganz minimale Anleihe erhielt, dafür aber, im Gegensatz zu den deutschen Kolonisten, der Rekrutenpflicht genügte und auch alle anderen staatlichen Pflichten erfüllte. Tatsächlich waren solche Gesichtspunkte in den Zeiten der durch die Kriege geschrumpften Staatskasse von großer Wichtigkeit. Hinzu kam, daß die Staatsschulden der Wolgakolonisten 1808 zirka 3,6 Millionen Rubel, die der südrussischen Kolonien etwa 3,5 Millionen Rubel ausmachten. Es war kaum daran zu denken, daß diese Schulden in absehbarer Zeit abgetragen würden. Im Gegenteil erließ die russische Krone periodisch immer wieder Bestimmungen, die eine Streichung gewisser Schuldanteile vornahmen, und vergab wiederholt beträchtliche Investitionen; so waren allein in dem volkswirtschaftlich so kritischen Jahr 1812 trotz allerhöchsten Befehls zur Einstellung öffentlicher Ausgaben und Durchführung von Sparmaßnahmen von der Staatskasse 2 Millionen Rubel an die Expedition der Staatswirtschaft überwiesen worden, die zur Verbesserung der Wirtschaft und zur Neuansiedlung von Kolonisten verwendet worden waren. Und schließlich stellte sich die Frage, ob in Anbetracht des starken Anwachsens der neurussischen Kolonien die alte Verwaltungsform noch aufrechtzuerhalten war. Nach der Bildung neuer Kolonistenzentren hatte man bereits 1803 eine örtliche Kanzlei des Vormundschaftskontors der neurussischen Kolonien in Odessa und 1816, nach der Annexion Bessarabiens, in Kischinjow einrichten müssen, um die örtlichen Kolonisten besser zu erfassen und zu betreuen.

Die Vorschläge, die Kisseljow nach eingehender Untersuchung der Lage vor Ort ausarbeitete, bewegten sich auf drei Ebenen: Einerseits betonte er den Wert anhaltender Kolonisation und verwies besonders auf die großen ungenützten Ländereien in den Gouvernements Jekaterinoslaw, Cherson und Taurien, wobei er innerhalb des Gouvernements Taurien besonders die Krim zur Besiedlung vorschlug: die Krim, deren ursprünglich tatarische Bevölkerung sich nach der Annexion durch das Russische Reich immer stärker in die osmanischen Gebiete flüchtete, wäre das ideale Siedlungsland zum Weizenanbau und für andere intensive Kulturen. Andererseits arbeitete Kisseljow Vorschläge zur stärkeren Formalisierung und gleichzeitig Rationalisierung der Ansiedlung der herbeiströmenden Familien aus. Und schließlich unterbreitete er seinem Auftraggeber ein Schema für eine künftige Oberste Kolonisationsbehörde, die Dachverwaltung aller in Südrußland befindlichen Kolonistenbehörden. Bei seinen Vorschlägen zur Verbesserung und Rationalisierung der Erstansiedlung ausländischer Kolonisten scheint sich Kisseljow, wenn auch in stark gemilderter Form, am Beispiel der Militärkolonien orientiert zu haben, die in den gleichen Jahren in verschiedenen Teilen Neurußlands unter der Führung des berüchtigten Kriegsministers Araktschejew entstanden. So sollte von staatlicher Seite zunächst in dem künftigen Dorf nur eine kleine Anzahl von Häusern gebaut sowie das Material zum Bau der anderen bereitgestellt werden; hier sollten die anströmenden Kolonisten eine erste Unterkunft finden. Zum Bau weiterer Häuser sollten sie kostenlos das Holz aus den umliegenden Kronwäldern verwenden können. Der neuen Siedlung sollte je nach Zahl der hier anzusiedelnden Kolonisten ein Jahresvorrat an Getreide »nach soldatischem Reglement« sowie die entsprechende Menge von Saatgetreide zugeteilt werden. Demgegenüber sollte der Ankauf des Viehs, der landwirtschaftlichen Gerätschaften und aller übrigen Gegenstände der Verantwortung der Kolonisten selbst überlassen werden, die dazu ihr eigenes Kapital benutzen sollten. Kisseljow versprach sich davon ein größeres Haushalten und eine größere Verantwortung der Kolonisten für diese Dinge. Mit Entschiedenheit trat Kisseljow dafür ein, daß jeder Familie weiterhin ein Anfangskapital von 500 Rubel zur Verfügung gestellt wurde – diese Erstinvestition sei niemals verloren – und daß bedürftigen Familien auch mit größeren finanziellen Beträgen weitergeholfen würde. Die Anreise zu Schiff sei in jedem Fall zu unterbinden und der Landweg vorzuziehen, da die Schiffsreisenden oft allzu unglückliche Erfahrungen gemacht hätten. Ferner müßten alle Kolonien dringend durch Sofortmaßnahmen gegen Raub und Angriffe verteidigt werden. Die wichtigste Maßnahme aber, die Kisseljow dem Kaiser in seinen »Bemerkungen zur Frage über die Ansiedlung von Ausländern« unterbreitete, war die Einsetzung eines Fürsorgers oder Kurators *(popečitel')* für die Kolonisten in den vier neurussischen Gebieten; dieser sollte über ein Komitee verfügen, das die Belange der ausländischen Ansiedler in Neurußland vertrete und fördere. Die gute Wahl der Amtsperson sah Kisseljow als eine Hauptbedingung für das Gelingen des gesamten Kolonisationswerkes an. Nur wenn die gehörige Aufmerksamkeit auf die Wahl des geeigneten Beamten verwandt werde, so hob er hervor, könne der gewünschte Erfolg erzielt werden. Denn von der Fürsorge dieses Vertrauensmannes der Regierung »hängt das Wohlergehen der Familienverbände ab, die das neue Vaterland gewählt haben..., ohne sie aber bleiben alle Bemühungen fruchtlos, und die Neuankömmlinge werden ebenso wie ihre Kameraden durch Mangel, Krankheiten und Gram zugrunde gehen«.

Diese seine Vorschläge vom 14. Dezember 1817, ergänzt durch die Anlage, die die Funktionen des Fürsorgekomitees genauer umriß, eine Neuorganisation des Finanzierungssystems der Kolonien vorschlug und insbesondere das gesamte Kolonienwesen in die unmittelbare Reichweite der beteiligten Minister hob, unterbreitete Kisseljow dem Zaren. Bereits am 22. März 1818 wurde dem Dirigierenden Senat die allerhöchst bestätigte Gesetzesvorlage »Über die Hauptverwaltung der Kolonisten von Südrußland« mit der Erklärung vorgelegt: »Aufgrund der erhöhten Zahl ausländischer Ansiedler in den drei neurussischen Gouvernements und im bessarabischen Gebiet hielten Wir es für gut, daß diese Ansiedler anstelle der unterschiedlichen leitenden Körperschaften, denen diese an den Orten ihrer Ansiedlung aufgrund verschiedener Umstände bisher unterstanden, von nun an sowohl in ihrer Verwaltung als auch in der Erwägung der Fürsorge über ihren Wohlstand schon durch eine einzige Leitung geführt werden...« Das Gesetz über die Hauptverwaltung der Kolonisten von Südrußland vom 22. März 1818[41] schuf für die bereits angesiedelten sowie für die in Zukunft anzusiedelnden ausländischen Einwanderer im neurussischen Gebiet einen wohlausgebauten Verwaltungsapparat, der aus dem Hauptkurator *(Glavnyj popečitel')* und seinem Komitee, dem Fürsorgekomitee *(Popečitel'nyj komitet)*, bestand. Der Haupt- oder Oberkurator und Vorsitzende des Komitees mußte der dritten oder vierten Klasse der von Peter dem Großen eingeführten Rangtafel angehören; als Mitglied der dritten Klasse der Rangtafel mußte er als Angehöriger des Heeres Generalleutnant, der Marine Vizeadmiral, des Zivildienstes Generalprokureur, des Hofdienstes Oberstallmeister sein, als Angehöriger der vierten Klasse der Rangtafel mußte er als Militär Generalmajor oder im Zivildienst Geheimrat beziehungsweise im Hofdienst Oberhofmeister oder Oberkammerherr sein. Diese wichtige und hochgestellte Persönlichkeit mußte vom Kaiser höchsteigen in seiner Funktion als Hauptkurator bestätigt werden. Ein Jahresgehalt von 3000 Rubel verdeutlichte die Wichtigkeit seines Amtes. Die beiden Mitglieder des Komitees, die ihm in seiner Eigenschaft als Vorsitzender des Fürsorgekomitees zur Seite standen, sollten vom Innenminister ernannt und vom Ministerkomitee bestätigt werden. Ihr Jahresgehalt betrug je 2500 Rubel. Das gesamte Fürsorgekomitee, mit 21 hochbezahlten Beamten ein imposantes Gebilde, erhielt einen Jahresetat von 37750 Rubel zugebilligt.

Verwaltungstechnisch war die neue Behörde wiederum unabhängig von den allgemeinen Verwaltungsorganen. Das Schwergewicht ihrer Aufgaben lag in einer modernen, wirtschaftlichen und die Entwicklung der Kolonien in jeder Hinsicht fördernden Leitung, um sie zu leistungsfähigen Musterunternehmen nach westeuropäischem Vorbild zu machen. Den hochgesteckten Zielen dieser Behörde entsprach die eindrucksvolle Reihe der Hauptkuratoren, die Alexander I. und seine Nachfolger nominierten. Dies waren General I. N. Insow (1818–1845), Staatsrat Eugen von Hahn – ein gebürtiger Petersburger Deutscher, dessen Familie von Katharina II. im Jahre 1791 in den

Adelsstand erhoben wurde (1845–1849) –, der aus Estland stammende Friedrich Baron Rosen (1849–1853), Pawel Fjodorowitsch Baron Mestmacher (1853–1856), Wladimir Islawin (1856–1858), der Wirkliche Staatsrat Alexander von Hamm (1858–1866), Fjodor Stanislawitsch von Lysander (1866–1867) aus Kurland und schließlich in der letzten Phase der Existenz des Fürsorgekomitees (1867–1871) Wladimir von Ettinger (Öttinger).

Das Fürsorgekomitee sollte zunächst seinen Sitz in Cherson haben, wurde aber am 5. 1. 1819 aus räumlichen Gründen nach Jekaterinoslaw verlegt, wo das Komitee am 20. 2. 1820 eröffnet wurde. Mit dem starken Anwachsen der bessarabischen Kolonien und der gleichzeitigen Ernennung des Oberkurators Insow zum Gouverneur von Bessarabien wurde der Sitz des Fürsorgekomitees am 14. 1. 1821 nach Kischinjow transferiert. Und erst 1833 wurde das Komitee schließlich nach Odessa verlegt, wo es bis zum Ende seiner Tätigkeit verblieb. Dem Komitee unterstanden das 1803 geschaffene Vormundschaftskontor in Jekaterinoslaw, ein Vormundschaftskontor in Katarshi, das 1828 nach Odessa verlegt wurde, und ein weiteres in Kauschany (Bessarabien), das allerdings am 1. 7. 1833 aufgelöst wurde, sowie das Tifliser Kontor für die transkaukasischen Kolonisten.

Diese anhaltende Modernisierung der Verwaltungsstruktur der Ausländerkolonien schloß keinesfalls aus, daß man sich in den höchsten Regierungssphären nach einem halben Jahrhundert der Ausländerkolonisation in Rußland über den wirklichen Wert dieser Kolonien nachzudenken begann. Als Musterkolonien besaßen sie zwar den Reiz des Exotischen und waren von gewissem, wenn auch räumlich begrenztem, wirtschaftlich-kulturellem Nutzen; die ursprünglichen Erwartungen an sie als ein Ferment des allgemeinen agrarwirtschaftlichen Aufschwungs in Rußland hatten sich jedoch nicht erfüllt.

Auf diesem Hintergrund muß auch die Einschränkung in der Ausländeranwerbung gesehen werden, die im Jahre 1819 Gesetzeskraft erlangte. Die allerhöchst bestätigte Vorlage des Ministerkomitees vom 5. August 1819, die schließlich am 25. Oktober 1819 als »Gesetz über die Einstellung der Herbeirufung von Ausländern«[42] verabschiedet wurde, verhängte nicht, wie dies in Darstellungen der Kolonisation unter Alexander I. oft fälschlicherweise angenommen wurde, eine Einwanderungssperre, sondern bedeutete eine einschneidende Zäsur in der Praxis der Ausländerberufungen, wie sie von russischen Zaren seit Generationen betrieben worden waren. Insofern war dieses Gesetz keine Frucht des mystisch und religiös motivierten Patriotismus, der in diesen letzten Thronjahren des Zaren an Kraft gewann. Es trug vielmehr der realen Bedeutung der ausländischen Siedler für die Entwicklung der russischen Landwirtschaft und Infrastruktur Rechnung. Seine Auslegung im Sinne eines »Ausländer-Stopps« wäre eine Fehlinterpretation, da das Gesetz lediglich mit der Politik der forcierten Ausländerherbeiführung brach. So konnten auch in den nächsten Jahren Kontingente westpreußischer und Danziger Mennoniten in Südrußland einwandern, um sich in den Gebieten nördlich von Mariupol am Asowschen Meer niederzulassen und zusammen mit lutherischen und katholischen Landsleuten 17 Kolonien im Gebiet von Grunau zu gründen. Es konnten sich weitere schwäbische und württembergische Separatisten im Gebiet nördlich von Berdjansk am Asowschen Meer niederlassen und den Neu-Hoffnungsthalschen Kolonienkomplex gründen. Und es durfte sich ebenfalls in den letzten Regierungsjahren Alexanders I. auf Initiative des katholischen Propstes Lindl, der deutsche Kolonien in der Umgebung von Odessa betreute, ein größeres Kontingent bayrischer und württembergischer Katholiken im südrussischen Raum ansiedeln, wo sie sich vor allem in der Kolonie Sarata niederließen.[43] Diese fortgesetzte, aber selektive Einwanderung deutscher Kolonisten hielt auch in der Regierungszeit Nikolaus' I. an.

Im gleichen Maße setzte sich – trotz gegenteiligen Anscheins – der Zustrom deutscher Kaufleute, Händler und Gewerbetreibender fort. Die Einwanderungsbeschränkungen dienten im wesentlichen dem Ziel, die Einwanderer zur Übernahme der russischen Untertanenschaft zu bewegen. Deutsche Reisende wurden davon weniger betroffen als Franzosen oder Spanier, Italiener und andere westeuropäische Untertanen, die nach Revolutionen oder den nationalen Erhebungen in ihren Ländern im Verdacht standen, von den Unruhen jener Jahre umgetrieben zu sein. Die Bereitschaft des Eintritts in den russischen Untertanenverband stand hier – in den Augen des russischen Gesetzgebers – gewissermaßen als Zeichen der guten und gewünschten politischen Gesinnung. So hatte bereits das Kaiserliche Manifest vom 1. Januar 1807[44] zum ersten Mal explizit festgehalten, daß ausländische Kaufleute das Recht zum Eintritt in die russischen Kaufmannsgilden nur dann erhielten, wenn sie zu Untertanen der russischen Krone wurden. Ausländern, die bereits in Rußland lebten, aber nicht russische Untertanen werden wollten, wurden demzufolge die Vergünstigungen der Mitglieder der russischen Gilden sowie alle mit diesem Status verbundenen Privilegien auf dem Gebiet von Handel, Gewerbe und Schiffahrt vorenthalten. Neu zugereiste Ausländer, die aufgrund ihrer Staatsbürgerschaft zunächst noch nicht das Recht zum Beitritt in die russische Gilde besaßen, konnten hingegen unter bestimmten Bedingungen in Rußland Handelsniederlassungen eröffnen. Sie galten dann entweder als »Gast«[45] oder als »zugereister Kaufmann«. Die »Gäste« erwarben zunächst eine Art beschränktes Bürgerrecht, das ihnen erlaubte, einen Handelsbetrieb in Küsten- und Grenzorten einzurichten. Sie mußten allerdings ein Kapital von mindestens 50000 Rubel aufweisen und von diesem die vorgeschriebenen Abgaben von 1,25 Prozent zahlen. »Zugereiste Kaufleute« hingegen waren die Ausländer, die lediglich an der Börse, das heißt im inneren

Bereich des Zollamtes, nicht aber in den Städten Großhandel treiben durften. Blieb ein »zugereister Kaufmann« länger als sechs Monate in Rußland, so mußte er von seinem Kapital von mindestens 25 000 Rubel 1,25 Prozent entrichten. Diesen Gruppen ausländischer Handelsleute war der Kleinhandel in Rußland untersagt. Außerdem durften sie ihre Exportwaren nicht direkt vom russischen Bauern, sondern lediglich von russischen Kaufleuten und Gutsbesitzern kaufen sowie alle Handelsgeschäfte nur mit russischen Kaufleuten abwickeln. Mit dieser gesetzlichen Bestimmung sollte ein Schutz des russischen Bauern gegen ungleichen oder unlauteren Wettbewerb durch die weit erfahreneren westlichen Kaufleute gewährleistet werden. Das Gesetz von 1807, dem zahlreiche Zusatzerlasse folgten, bezweckte die stärkere Assimilation der wohlhabenden und erfolgreichen ausländischen Kaufleute auf dem Weg ihrer Eingliederung in den russischen Untertanenverband. Bei der Durchsicht der persönlichen Akten dieser Kaufleute, die das Innenministerium in der nachfolgenden Zeit anlegte, entsteht der Eindruck, daß diese Gesetzgebung ihr Ziel nicht verfehlt hat: Kaufleute, die als preußische, mecklenburgische, badische, braunschweigische, lübische und andere Untertanen in russischen Handelsstädten lebten und ihre Geschäfte betrieben, wünschten nun, den Untertaneneid abzulegen, um weiterhin in den Genuß der Privilegien zu gelangen, die sie als Angehörige der jeweiligen Gilden besaßen.[46]

4. Der Wettbewerb des Lernens und Forschens

Ein starker Zustrom aktiver deutscher Kräfte war insbesondere auf dem Bildungssektor zu verzeichnen. Der Zar, der dem Bildungswesen besonders in den ersten Jahren seiner Regierungszeit, in denen er sich noch weitgehend frei von innen- und außenpolitischen Belastungen glaubte, größte Aufmerksamkeit entgegenbrachte, hatte nicht nur unmittelbar nach seinem Regierungsantritt die von seinem Vater gestiftete Universität Dorpat mit großem Aufwand ihrer Bestimmung übergeben. Er hatte in den folgenden Jahren das europäische Rußland in sechs Lehrbezirke aufgeteilt, zu deren Kuratoren zum Teil deutschrussische Kräfte ernannt wurden. Kurator des Lehrbezirks und der Universität Dorpat war, wie bereits erwähnt, der deutsche Dichter Klinger; zum Kurator des Lehrbezirks Kasan war zunächst Andreas Graf Manteuffel bestimmt worden, der allerdings bald durch S. J. Rasumowskij ersetzt wurde. Die Lehrbezirke Charkow und Wilna waren mit ihren polnisch-russischen Kuratoren (Graf Severyn Potocki und Fürst Adam Czartoryski) stark westeuropäisch orientiert.

Aber auch für die anderen Lehrbezirke, St. Petersburg und Moskau, verbürgte Friedrich Freiherr von Ungern-Sternberg, ein führender Beamter im

Bildungsministerium, eine aktive Berufungspolitik deutscher Wissenschaftler und Hochschullehrer. Auf seine Empfehlung hin wandte sich M. N. Murawjow, Kurator des Moskauer Lehrbezirks, an den Göttinger Verwaltungsrechtler Christoph Meiners, dessen Schrift über die Verwaltung der deutschen Universitäten soeben als Anleitung für den Ausbau der Universität Dorpat verwendet worden war; mit einem hohen Gehalt des Ministeriums ausgestattet, setzte sich Meiners in den folgenden Jahren mit großer Energie für die Gewinnung namhafter deutscher Gelehrter für russische Dienste ein. Auf diese Weise führte er der Universität Moskau den Göttinger Statistiker Heinrich Moritz Gottlieb Grellmann, den Göttinger Mathematiker Johann Ide, den Juristen Christian Steltzer, den Göttinger Altphilologen Johann Gottlieb Gerhard Buhle, den Kölner Historiker Philipp Christian Reinhard, den Göttinger Mediziner Ferdinand Friedrich Reusz, den Göttinger Botaniker Georg Franz Hoffmann, den Mainzer Naturforscher Gotthilf Fischer von Waldheim und den Astronomen Christian Goldbach zu. Besonderen Zulauf durch deutsche Gelehrte und Forscher erhielten die russischen, zum Teil neugegründeten Universitäten in dem Moment, als die napoleonische Unterwerfung Deutschlands die Lehrfreiheit in zunehmendem Maße bedrohte. Das große und freigebige Reich im Osten und sein Herrscher, der liberalste aller Monarchen, galten den aufgeklärten Geistern Deutschlands zugleich als Verheißung und als Aufgabe. So gelangten 1809 der Göttinger Jurist Fincke an die Universität Kasan, der Jenenser Philosoph Schad und der hessische Historiker Rommel aus Kassel 1811 nach Charkow. Darüber hinaus setzte nun auch eine rege Berufungspolitik von bereits in Rußland lebenden deutschen Wissenschaftlern an andere und neue Universitäten ein; auf diesem Weg wurden die in Rußland lebenden deutschen Wissenschaftler Bünemann (Jura), Erich (Philologie), Zäpelin (Geschichte), Fuchs (Medizin) und andere nach Kasan und die Gelehrten Steltzer aus Moskau, Erdmann aus Kasan, Giese und Huth aus Charkow an die Universität Dorpat berufen. Groß war auch die Zahl der Mediziner und Veterinärmediziner, die seit den frühen Thronjahren Alexanders I. nach Rußland berufen wurden. Als ein Praktiker der Nächstenliebe zeichnete sich unter ihnen besonders der aus Bad Münstereifel gebürtige Arzt Friedrich Joseph Haass aus, der in der Regierungszeit Nikolaus' I. als »heiliger Arzt« der Häftlinge und Verbannten zu einer Art lebendiger Antithese des repressiven Polizeisystems wurde.

Zar Alexander I. ging nicht nur als Eroberer in die Weltgeschichte ein, der mit Unterstützung seines ausgezeichneten Offizierskorps und Heeres Tausende von Quadratkilometern fremder Erde vor den südlichen und westlichen Grenzen des Russischen Reiches unterwarf; er ging darüber hinaus als Schutzherr der Welterforscher in die Wissenschaftsgeschichte ein, der eine Reihe für die Erforschung der Erde höchst bedeutsamer Expeditionen anordnete und ausstatten ließ. Die bedeutendsten dieser wissenschaftlichen Ereignisse rahmten die Regierungszeit des Zaren gewissermaßen ein: Die erste Weltumseglung (1802–1806) unter der Leitung von Adam Johann (Iwan Fjodorowitsch) von Krusenstern (1770–1846) und die Entdeckung der Antarktis (1819–1821) durch Fabian (russisch: Faddej Faddejewitsch) von Bellingshausen (1779–1852). In beiden Fällen haben Deutschbalten das Prestige der russischen Wissenschaft gefestigt.

Adam Johann von Krusenstern aus Estland hatte bereits Kaiser Paul I. 1788 auf die Möglichkeit hingewiesen, die russischen Besitzungen im Norden des amerikanischen Kontinents durch den kürzesten Weg mit der russischen Metropole zu verbinden. Alexander I. griff das Projekt Krusensterns auf und ordnete 1802 eine Weltumsegelungsexpedition unter der Leitung des Admirals an. Am 26. Juli 1803 brach die Expedition auf zwei Schiffen, begleitet von dem Astronomen Horner und den Naturforschern Tilesius und Langsdorff, von Kronstadt aus auf; sie segelten durch den Atlantischen Ozean, um Kap Hoorn herum, durch den nördlichen Stillen Ozean, an den Kurileninseln und Sachalin vorbei über das nördliche Eismeer und gelangten am 19. August 1806 zu ihrem Ausgangspunkt zurück. Die Ergebnisse dieser ersten russischen Weltumseglung bildeten zahlreiche Arbeiten zur Ethnologie, Kartographie und Ozeanologie unter denen sich auch die erste genaue Beschreibung der russisch-amerikanischen Besitzungen Sitcha (in der Schreibweise Krusensterns »Sitka«) befand.

Der russische Seefahrer F. F. Bellingshausen von der Insel Oesel hatte als Zögling des Marinekadettenkorps an der Weltumseglung unter der Leitung Krusensterns teilgenommen. 1819 brach er mit einer eigenen Expedition auf, deren Ziel es war, den südlichen Polarkreis zu erforschen. Zunächst folgte die Expedition Bellingshausens den Wegen, die der berühmte englische Seefahrer James Cook in den siebziger Jahren des 18. Jahrhunderts durchforscht hatte. Seit dessen Expedition war die wissenschaftliche Welt von der Annahme ausgegangen, daß es unmöglich sei, tiefer als bis zum 56. Breitengrad in die antarktischen Meere vorzudringen. In mehrmaligen Anläufen und unter extrem schwierigen Bedingungen verstand es Bellingshausen während seiner zweijährigen Antarktisexpedition, in seinen Segelschaluppen bis zum 59. und 69. Breitengrad vorzudringen. Nach mehreren Polarkreisüberschreitungen gelang es ihm im Januar 1821, den 70. südlichen Breitengrad und 75. westlichen Längengrad zu überschreiten. Zwischen dem 68. und 69. südlichen Breitengrad entdeckte er eine Insel, der er den Namen Peters I. gab, sowie das Antarktis-Ufer, das er nach Alexander I. benannte. Die Expedition Bellingshausens galt als eine der schwierigsten, die jemals unternommen worden waren. Seine Schrift über die Durchführung und die Resultate der Expedition war lange Zeit ein Standardwerk für Meeres- und Naturforscher. In

Anerkennung seiner Leistung wurde Bellingshausen zum Konteradmiral der russischen Flotte ernannt. Von 1839 an diente er als Militärgouverneur der Festung Kronstadt. Hier auf Kronstadt wurde dem berühmten Antarktisforscher und Admiral 1870 ein Denkmal gesetzt.

Eine dritte berühmte Reise um die Welt wurde unter der Führung von Otton Jewstafjewitsch von Kotzebue, einem Sohn des Schriftstellers und Schüler Krusensterns, in den Jahren 1823 bis 1826 durchgeführt. Zum wissenschaftlichen Mitarbeiterstab Kotzebues gehörte unter anderem der aus Dorpat gebürtige junge Physiker Heinrich Friedrich Emil Lenz (russisch: Emilij Christjanowitsch, 1804–1865); Lenz, ab 1828 Adjunkt und ab 1834 Mitglied der Akademie der Wissenschaften zu St. Petersburg, wurde zu einem russischen Pionier der Erforschung des elektromagnetischen Feldes.

Mit den jungen Gelehrten, die an diesen wissenschaftlichen Pionierleistungen beteiligt waren, hatte sich bereits die zweite oder dritte Generation deutscher Einwanderer in Rußland sowie aus den baltischen Provinzen stammender, aber in den zentralen russischen Institutionen großgewordener junger Deutscher in der wissenschaftlichen Welt durchgesetzt. Drei Jahre nach Regierungsantritt Alexanders I., im Jahr 1804, bemerkten die »Göttinger Gelehrten Anzeigen« mit Stolz: »Es macht unserem Vaterlande Ehre, daß man... so viele deutsche Gelehrte ruft.« Dank der – nach dem schönen Ausdruck Erik Amburgers – »bewundernswerten Vorurteilslosigkeit«, mit der Zar Alexander I. fremdländische Kräfte nach Rußland berief und den in Rußland lebenden Ausländern sowie zu russischen Untertanen gewordenen Fremden den Aufstieg zu den ihnen gebührenden Plätzen in Wissenschaft und Kultur erleichterte (auch das russische Judentum erfuhr in dieser Zeit die ersten seine eigene Bildung fördernden Maßnahmen), hatte sich das Potential erfolgreicher Natur- und Welterforscher, talentierter Wissenschaftler und Künstler, fähiger Apotheker und Ärzte beträchtlich erhöht. Auch hatte sich der Prozeß der Förderung des geeigneten Nachwuchses aus der eigenen Bevölkerung in so vorteilhafter Weise entwickelt, daß es zwar noch als förderlich galt, russische Studenten zur Erweiterung und Abrundung ihres Weltbildes ins Ausland zu schicken, dies aber nicht mehr zwingend notwendig zur Grundlegung ihres Wissens auf dem einen oder anderen Gebiet war. Insofern konnte das Verbot, an einigen deutschen Universitäten zu studieren, das der Zar 1823 aus politischen Überlegungen heraus erließ, wohl bedauert, nicht aber als ein Hemmschuh für die wissenschaftliche Entwicklung betrachtet werden.

Der Briefwechsel zweier großer Mathematiker und Naturwissenschaftler dieser Jahre, der Brüder Jacobi, die sich um die Mitte der dreißiger Jahre des 19. Jahrhunderts in Königsberg und in Dorpat aufhielten und von daher guten Überblick über die Entwicklung des Universitätswesens und der Wissenschaften in Rußland und in Deutschland besaßen, verdeutlicht, wie weit die Bemühungen der russischen Herrscher um Förderung des Bildungswesens mit Hilfe fremder, und unter ihnen vor allem deutschsprachiger Wissenschaftler, zu dieser Zeit gediehen waren. Der Mathematiker C. G. J. Jacobi aus Königsberg verglich den Entwicklungsstand der russischen und der deutschen universitären Ausbildung in einem Schreiben an seinen Bruder Moritz mit den Worten: »Nur in den glücklichsten Fällen bringen wir allenfalls hier unseren Zöglingen solchen Umfang an Kenntnissen bei, sicher aber in den exacten Wissenschaften nirgends sonst in Deutschland. Und weißt Du wohl, bald, wenn zu so ausgezeichneten Kenntnissen noch etwas mehr Muth zur Productivität kommt, werdet Ihr nicht mehr nötig haben, Euch im Auslande umzusehen.« Sein Bruder Moritz Jacobi stimmte diesem Gedanken zu und warnte die deutschen Wissenschaftler zugleich mit den Worten, »... Ihr möget Euch vorsehen, daß Euch die russischen Zustände, auch in wissenschaftlicher Beziehung, nicht über den Kopf wachsen, und nicht etwa glauben, Ihr könnet Euch auf Euern deutschen Lorbeeren ausruhen, sie würden Euch doch nicht entrissen werden. Es sind hier ungemein tüchtige Elemente und allseitige Thätigkeiten vorhanden.«[47]

VII.
Die deutsche Dominanz im Rußland der Restauration unter Nikolaus I.

Der Einbruch des napoleonischen Heeres bis ins Herz Rußlands bewirkte in der russischen Entwicklung eine Wende mit langfristigen Auswirkungen. Einerseits zeigte Kaiser Alexander I., der in den ersten Wochen des napoleonischen Vormarsches ins Kreuzfeuer der Kritik aus dem Volk und dem Heer sowie aus der eigenen Familie[1] geraten und kurzzeitig zu einer Art Sündenbock für das Versagen des russischen Heeres geworden war, Symptome der Ernüchterung und Entfremdung von den Staatsgeschäften, die zu Beginn der zwanziger Jahre zu seiner wachsenden mystisch-religiösen Abwendung von der Gesellschaft und der Welt führten. Mutmaßungen über die Hintergründe dieser Abkehr, die im Volk und selbst im Heer grassierten, bezogen auch die nur zum Teil russische Herkunft des Monarchen mit ein und beinhalteten Zweifel an der letzten Hingabe des Zaren an Vaterland und Volk. Zar Alexander, der diese stillen, gelegentlich aber auch lauten Vorwürfe selbst im Getöse der Schlachten im Hauptquartier mit größter Gelassenheit, Sorgfalt, ja bescheidener Demut zu entkräften suchte, muß sie dennoch als unbillige Unterstellung empfunden haben, die ihm das Geschäft des Regierens zunehmend verleideten. Bereits 1819 bat er seinen jüngeren Bruder Nikolaj Pawlowitsch (1796–1855) in Umgehung des mittleren, aber aus charakterlichen Gründen für diese schwere Aufgabe ungeeigneten Bruders Konstantin Pawlowitsch, die Krone des Russischen Reiches zu übernehmen. Die folgenden fünf Jahre bis zu seinem Ausscheiden verbrachte er auf Reisen in die entlegensten Teile des Reiches. In seiner Abwesenheit lagen die Staatsgeschäfte in den Händen des Kriegsministers Araktschejew, eines Symbols für Kadavergehorsam und Kasernendisziplin, und des mystisch versponnenen Religions- und Bildungsministers Fürst Golizyn.

Andererseits hatte der junge russische Adel, der in den großen Siegesschlachten gegen das Heer des französischen Eindringlings zu nie erlebtem Selbstbewußtsein und Enthusiasmus gelangt war und zudem auf dem Siegesmarsch nach Paris mit den Institutionen und dem Geist des republikanischen

Frankreich in Berührung gekommen war, eine geistige Entwicklung durchgemacht, die nun – in Anbetracht der zunehmend mystisch-antiliberalen Stimmung in der russischen Gesellschaft – zu Resultaten drängte. Die Versuche dieser jungen, in den antinapoleonischen Kämpfen gestählten Offiziere, ihrer Meinung in Denkschriften Ausdruck zu verleihen, trugen nur allzu deutlich den Stempel der Manifestationen des jungen Zaren aus seiner ersten Regierungsperiode. Der Stimmungswechsel, der sich nun vollzogen hatte, erlaubte jedoch keine Diskussion dieser Forderungen. Als Resultat vielfältigster Frustrationen und Erbitterung über den Gang der innerrussischen Entwicklung wandten sich diese Männer der Gründung politisch-ideologischer Geheimbünde zu, wobei die Freimaurer unter ihnen die gut durchdachten Organisationsformen in die Bewegung hineintrugen. Dabei bestand eine Art stillschweigenden Konsenses zwischen ihnen und dem Zaren, der auf der Waffenbrüderschaft und den gleichen Träumen der Jugend basierte. Charakteristisch war in dieser Hinsicht die Antwort des Zaren an den alten Generaladjutanten und Kommandeur des Gardekorps I. W. Wassiltschikow, der dem Zaren im Mai 1821 nach vorausgegangenen Militärunruhen einen persönlichen Vortrag über die in den russischen Eliteregimentern entstehenden Geheimbünde hielt: »Vous savez que j'ai partagé et encouragé ces illusions et ces erreurs; ce n'est pas à moi à sévir!« (Sie wissen, daß ich diese Illusionen und Irrtümer geteilt und ermuntert habe; nicht an mir ist es, Strenge walten zu lassen!) Auch eine Denkschrift gleichen Inhalts, die der verdiente Veteran des Befreiungskrieges, Alexander Christoforowitsch Benckendorff, dem Zaren vorlegte, fand keine Beachtung. Gehör hingegen fand schon in diesen Jahren der Adjutant des Zaren, Generalleutnant von Diebitsch, beim Zarenbruder und Nachfolger Nikolaj Pawlowitsch. Unter dem Druck seiner Umgebung – Minister wie Familie – sah sich Zar Alexander I. genötigt, am 1. August 1822 die formale Schließung aller Geheimgesellschaften zu verfügen; er traf damit in erster Linie die russische Freimaurerei, während die politischen Geheimbünde, die in dieser Zeit bereits im Heer bestanden, dank ihrer geschlossenen Organisationsform unberührt blieben. Insbesondere ließen sich die Ideen dieser Bünde kraft Gesetzes nicht mehr unterdrücken.

Die beiden großen Geheimbünde, die bereits zu dieser Zeit bestanden, waren der Südliche und der Nördliche Bund. Der Südliche Bund entstand in der Zweiten Russischen Armee mit Standort Tultschin im Gouvernement Podolien, der Nördliche Bund konzentrierte sich auf die Reichsmetropole. In beiden Bünden spielten jüngere deutschrussische und deutschbaltische Offiziere eine bedeutende Rolle. Sie trugen konstitutionelle bis republikanische, liberale bis föderative Ideen in die Bewegung hinein.[2]

Der Führer und Organisator des Südlichen Bundes war Paul Pestel (russisch: Pawel Iwanowitsch Pestel, 1792–1826).[3] Pestel, dessen Vorfahren vor zwei Generationen aus Sachsen eingewandert waren, war der Sohn des Präsidenten der Hauptpostverwaltung unter Paul I. und Senators sowie sibirischen Generalgouverneurs unter Alexander I. Er hatte seine Ausbildung in Dresden erhalten und sich im Vaterländischen Krieg als Adjutant des Grafen Wittgenstein ausgezeichnet. 1823 wurde Oberst Pestel vom Zaren für seine Verdienste »vorzüglich belobigt« und mit einem Gut von 3000 Desjatinen beschenkt. Zu dieser Zeit war Pestel jedoch selbst durch großzügige Geschenke nicht mehr mit dem Reich zu versöhnen, für das er gekämpft hatte. Als organisierter Freimaurer (ab 1816) hatte er es verstanden, sein bei Leipzig und Troyes gestärktes patriotisches Selbstverständnis in neue politische Formen zu gießen. Der vielseitig begabte und höchst eindrucksvolle Redner Pestel war schon 1816 Mitbegründer des Rettungsbundes, auch Bund der wahren und treuen Söhne des Vaterlandes genannt, und 1817 des Wohlfahrtsbundes geworden. Pestel verfaßte die Manifeste dieser Bünde, klingende patriotische Reformschriften, die regelmäßig auch dem Kaiser zugeleitet wurden. Das bekannteste der von Pestel ausgearbeiteten Manifeste, die »Russische Wahrheit« *(Russkaja Pravda)*[4], war schon nicht mehr konstitutionell-monarchistisch, sondern deutlich republikanisch. Es enthielt ein Verfassungsprojekt und ein außenpolitisches Programm für eine künftige russische Regierung, die eine Reihe interessanter Besonderheiten aufwiesen. Unter ihnen befand sich zum Beispiel ein Vorschlag zur Behandlung der sogenannten Judenfrage im Russischen Reich, der spätere, rechtsradikale Gedankengänge vorwegzunehmen schien: Die russischen Juden sollten nach Palästina gebracht und hier als ein für die langfristige russische Expansionspolitik im Nahen Osten förderlicher politisch-strategischer Brückenkopf eingesetzt werden. Psychologisch betrachtet neigte Pestel hier als Mitglied einer sozial starken, aber doch nicht durchgängig gern gesehenen nationalen Minderheitengruppe, der russischen Deutschen, dazu, sein Gefühl des Andersseins auf eine andere, schwächere, aber in bestimmten Aspekten verwandte Minderheit, die russischen Juden, zu projizieren und mit ihrem Anderssein auch sein gespaltenes Selbstgefühl aus der russischen Gesellschaft auszuscheiden.

Als Sprecher einer dritten Verschwörergruppe, des Slawischen Bundes oder Bundes der Vereinigten Slawen, eines Seitenzweiges des in der Zweiten Armee bestehenden Südlichen Bundes, führte der Deutschrusse Pestel auch geheime Unterhandlungen mit dem Polnischen Patriotischen Bund; in ihnen sollte die Beteiligung des polnischen Adels an einer gesamtrussischen Verschwörung sichergestellt werden. Im jüngeren Offizierskorps der Zweiten Armee wandte sich Pestel auch an andere jüngere deutschrussische Offiziere, um sie zur Mitarbeit zu gewinnen. Einer der Männer dieses Kreises, die Pestel für die Bewegung gewann, war Nikolaj Iwanowitsch Lohrer (russisch: Lorer, 1795–1873).[5]

Der Nördliche Bund mit Sitz in St. Petersburg wurde von dem jungen russischen Adligen Nikita Murawjow geleitet. Über den Logenbruder Murawjow und Mitverschwörer Rylejew, Sohn einer deutschen Mutter mit dem Namen von Essen, bestand Kontakt zu dem Deutschrussen Wladimir Iwanowitsch Baron Steinheil (russisch: Schtejngel, 1783–1862). Die aus Württemberg stammende Familie Steinheil war 1777 in Rußland in den Stand der Freiherren des Heiligen Römischen Reiches erhoben worden. Der junge Baron Steinheil durchlief einen besonderen Weg, der ihn schließlich in die Verschwörung der Offiziere vom Dezember 1825 trieb. Der Sohn des Chefs der Landpolizei im Gouvernement Perm hatte als Frühwaise in großer Armut gelebt und aus eigenen Kräften für seine Ausbildung aufkommen müssen. Erst seine Leistungen in der russischen Armee während des Vaterländischen Krieges sowie eine patriotische, Alexander I. gewidmete Schrift über die Verteidigung von St. Petersburg führten ihn in die Hauptstadt. 1814 wurde Steinheil Adjutant des Moskauer Oberkommandierenden, General Tormassow. Aber schon 1817 fiel der hochbegabte, eigenwillige und reizbare junge Intellektuelle einer Intrige zum Opfer, die ihn übertriebener Gewinnsucht und Selbstliebe bezichtigte und seinem Ruf in der Gesellschaft, ja selbst am kaiserlichen Hof, ein für allemal schadete. Steinheil verlor wiederum jede soziale Sicherheit und brachte die nächsten Jahre damit zu, Denkschriften und Gesetzesvorlagen auszuarbeiten, die die hohe Gesellschaft wie auch der Kaiser selbst, keines Wortes würdigte. Zu diesen Denkschriften gehörten die glänzend formulierte Forderung humanerer Strafen – insbesondere der Milderung der Körperstrafen –, ein Verfassungsentwurf nach englischem Vorbild – den der Kaiser las, aber zur Seite legte –, ein Gesetzentwurf zur moralischen und sozialen Verbesserung des Bürgerstandes – den Araktschejew als »unnötig« ablehnte –, und schließlich ein Entwurf zur Verbesserung des Handels – der Finanzminister Gurjew zugeleitet wurde und bei diesem eine vortreffliche Aufnahme fand. Alle Entwürfe Steinheils aus diesen Jahren wurden von sachkundiger Seite als so überzeugend und zutreffend empfunden, daß sie tatsächlich im Verlauf der nächsten zwei Jahrzehnte in der einen oder anderen Weise bei der Ausarbeitung neuer Gesetze zugrunde gelegt wurden. Im Gegensatz zu dem um Paul Pestel versammelten Südlichen Bund, der eine deutlich republikanische Grundstimmung besaß, dominierte im Nördlichen Bund, nicht zuletzt dank der nachhaltigen Einwirkung Steinheils, eine eindeutig konstitutionell-monarchistische Richtung. »Rußland«, so verwarf er die Idee eines republikanischen *coup d'état* nach jakobinischem Muster, »ist zu einem schnellen Umsturz nicht bereit; ... die plötzliche Freiheit wird Anlaß zu Anarchie, Unordnung und unabwendbaren Übeln geben«. Die Hauptursache für die ungenügende Vorbereitung Rußlands zur republikanischen Staatsform sah Steinheil in dem Mangel an einem »wirklichen Bürgertum«.

Die Verschwörer nützten das Interregnum, das zwischen dem Ausscheiden Alexanders I. (25. November 1825), dem Thronverzicht des mittleren Bruders Konstantin Pawlowitsch und schließlich der Vereidigung des jüngsten Zarenbruders Nikolaj Pawlowitsch (14. Dezember 1825) entstand, um den von langer Hand geplanten Staatsstreich durchzuführen. Der neue Zar, der von verschiedenen Seiten, besonders aber von Diebitsch, auf die bevorstehenden Ereignisse vorbereitet worden war, schlug den Aufstand jedoch innerhalb eines Tages nieder. Diebitsch selbst nahm die Verhaftung der führenden Mitglieder der Verschwörung vor. Und Benckendorff führte den politischen Prozeß hinter verschlossenen Türen und mit dem – nach seinen eigenen Worten – lediglich »möglichen Maß von Gesetzlichkeit und Kundbarkeit« durch. Dieser Prozeß, dem die Blüte des jungen russischen Adels zum Opfer fiel, leitete wie ein böses Omen die Regierungszeit Nikolaus' I. ein. Unter den 112 verurteilten Verschwörern der sogenannten Dezemberbewegung befanden sich, schließt man allein aus den noch erhaltenen deutschen Namen, mindestens 16 Deutsche. Dies war im Vergleich zu einer Reihe polnischer Adelsnamen und wenigen anderen Trägern ausländischer Namen (wie etwa den italienischen Brüdern Poggio) die stärkste Vertretung einer nichtrussischen nationalen Gruppe in der Bewegung der Verschwörer.

Neben Paul Pestel (32 Jahre alt), der zu der kleinen Gruppe der fünf durch den Strang hingerichteten Häupter der Verschwörung gehörte, zählten Deutschrussen und Deutschbalten unterschiedlichster Herkunft zur Bewegung. Da war der Kollegienassessor Wilhelm Küchelbecker (1797–1846), 29 Jahre alt, Glied der zweiten Generation aus Sachsen eingewanderter bürgerlicher Eltern, ein Dichter und intimer Freund Puschkins noch aus den im berühmten Lyzeum von Zarskoje Selo gemeinsam verbrachten Jahren; Küchelbecker hatte während des Aufstandes auf dem Senatsplatz den Schuß auf den Großfürsten Michail Pawlowitsch abgefeuert, aber sein Ziel verfehlt. Er war nach Niederschlagung des Aufstandes nach Warschau geflohen, wo er von einem befreundeten Russen mit dem Namen Bulgarin erkannt und überführt wurde. In Petersburg wurde er zum Tode verurteilt, doch wurde sein Urteil auf Intervention des Großfürsten Michail Pawlowitsch in lebenslängliche Zwangsarbeit verwandelt. In seinem Brief vom 20. Februar 1826 schrieb Alexander Puschkin an den ebenfalls deutschstämmigen gemeinsamen Freund A. A. Delwig: »...Ich freue mich, daß der Teutone Küchljar kein Slawe war, sondern sich auf fremden Gelagen berauscht hat. Das Verhalten des Großfürsten Michail ihm gegenüber ist höchst edel.« Allerdings wurde das Urteil der Zwangsarbeit dann in der Praxis durch eine nahezu lebenslange Einzelhaft in den Festungen Schlüsselburg und Keksholm ersetzt. In den fast zwanzig Jahren seiner Haft wurde Küchelbecker zu einem der führenden Dichter der Bewegung der Dekabristen. Der ebenfalls deutschstämmige Literat und Literaturwissenschaftler Nikolaj Gretsch nahm sich Küchelbeckers während seiner Haftzeit in kollegialer Weise an und gab nach seinem Tod die Werke des Dichters heraus. Unter ihnen ragt das in der Schlüsselburger Festung geschriebene Gedicht »Der Schatten Rylejews« hervor, das dem 1826 hingerichteten Freund und Mitkämpfer Rylejew gewidmet war. Küchelbekker läßt ihn die Worte sprechen:

»Ich habe mir ein sel'ges Los errungen:
Hab machtvoll ich der Freiheit Glück besungen,
Und für die Freiheit ging ich in den Tod.
Wie glücklich bin ich, denn mit meinem Blut
Besiegelt ich die Lieb zum Heimatland;
Auch du, mein Freund, ich weiß es allzu gut,
Bist für dein Land in reiner Lieb entbrannt.
So will ich dir die Zukunft offenbaren,
Um dich zu trösten, sei sie dir enthüllt:
O glaube mir, daß es nicht Träume waren,
Denn unser Hoffen wird dereinst erfüllt!«[6]

Mit Wilhelm Karlowitsch Küchelbecker wurde sein um drei Jahre jüngerer Bruder Michail Karlowitsch Küchelbecker, Leutnant der Gardeequipage, zu lebenslanger Verbannung verurteilt.

Ebenfalls zum Tode verurteilt, aber zu lebenslanger Verbannung begnadigt wurde der Fähnrich des Leibgardegrenadierregiments Alexander Nikolajewitsch Sutthoff (1801–1872) aus Kiew.[7] Sutthoff, ein Mitglied des Nördlichen Bundes, ließ seine Abteilung am 14. Dezember auf dem Senatsplatz aufmarschieren und wurde aus diesem Grund von der Untersuchungskommission der ersten, schwersten Kategorie der politischen Verbrecher zugezählt. Sutthoff verbrachte fünfundzwanzig Jahre in der Verbannung, bis er nach der Amnestie der Dekabristen, die Kaiser Alexander II. verfügte, zum Verwalter der Heilbäder von Kislowodsk und später Borshomi in Georgien ernannt wurde.

Zu den verurteilten Dekabristen der zweiten Kategorie gehörten Christian Wolf (35 Jahre alt), der Stabsarzt im Hauptquartier der Zweiten Armee; der Generalmajor der Reserve, Michail Fonwisin (ursprünglich: von Wiesen), 38 Jahre alt, ein Neffe des berühmten deutschrussischen Dichters Denise von Wiesen, der unter der Kaiserin Katharina II. in Rußland zu Ruhm und Ansehen gelangte; der Oberst Peter Fahlenberg, 36 Jahre alt; der Major der Artillerie, Nikolai Lohrer, 31 Jahre alt; der Leutnant im finnischen Leibgarderegiment, Andreas Baron von Rosen (1799–1884), der später zu einem der ersten Historiker der Dekabristenbewegung wurde[8]; der Oberst des Poltawer Infanterieregiments, Wilhelm von Tiesenhausen (47 Jahre alt), Nachkomme einer der ältesten deutschbaltischen Familien, die bereits seit Beginn des 13. Jahrhunderts in Livland ansässig war; der Oberst Alexander Berstel, 37 Jahre alt; der Oberst der Reserve, Alexander von der Brüggen, 33 Jahre alt; der Kapitän des Tschernigower Infanterieregiments, Andreas Fuhrman, 31 Jahre alt; der Stabskapitän des Asowschen Infanterieregiments, Iwan Vogt, 31 Jahre alt; und schließlich der Fähnrich des Ismailowschen Leibgarderegiments, Alexander Fock, 23 Jahre alt.

Die starke deutschrussische und geringere, aber sichtbare deutschbaltische Beteiligung an der Aufstandsbewegung der Dekabristen hinterließ über Todesstrafen und Jahre der Verbannung hinweg tiefe Spuren in der russischen Geschichte. Der deutschrussische Dekabrist Paul Pestel wurde zum Wegbereiter eines elitär-diktatorischen Ideals des Typus des Revolutionärs jakobinischer Prägung, das insbesondere den populistischen Revolutionär P. N. Tkatschow und – durch dessen Vermittlung – den jungen Lenin nachhaltig beeinflußte und seinen revolutionären Führungsstil deutlich mitbestimmte.

Waren viele der aufständischen Verschwörer, nämlich mindestens 16 von insgesamt 112 verurteilten Dekabristen, russische Untertanen deutscher Herkunft, so waren es auch ihre Häscher. Die Generäle Diebitsch und Benckendorff legten mit ihrer erbarmungslosen Verfolgung und Verurteilung der Verschwörer den Grundstein für ihre höchst erfolgreiche weitere Karriere. Demgegenüber war die kaiserliche Familie, wie es insbesondere das Beispiel des Großfürsten Michail Pawlowitsch zeigte, eher geneigt, den Deutschrussen unter den Verschwörern größere Nachsicht und Milde zukommen zu lassen. Sogar Kaiser Nikolaus I., der während der Niederschlagung des Aufstandes selbst noch im jugendlichen Alter von neunundzwanzig war, führte mit den Inhaftierten persönliche Gespräche, in denen er sich unter anderem nach ihren politischen Motiven erkundigte. So ließ er den um dreizehn Jahre älteren Steinheil unmittelbar nach seiner Verhaftung am 3. Januar 1826 zu sich führen und führte mit ihm das folgende Gespräch:[9]

»Steinheil, auch Du bist hier?« fragte ihn Kaiser Nikolaus. – »Ich war lediglich mit Rylejew bekannt«, antwortete Steinheil. – »Wie, bist Du mit dem Grafen Steinheil verwandt?« (gemeint war der finnische Generalgouverneur). – »Sein Neffe, und habe weder in Gedanken noch in Gefühlen an den revolutionären Absichten teilgenommen; und wie hätte ich teilnehmen können, da ich so viele Kinder habe...« – »Kinder, das bedeutet nichts«, unterbrach ihn der Kaiser. »Deine Kinder werden meine Kinder sein! Wie, Du wußtest von ihren Absichten?« – »Ich wußte es, Majestät, von Rylejew.« – »Du wußtest und hast nichts gesagt – schämst Du Dich nicht?« – »Majestät, ich konnte selbst den Gedanken zulassen, daß ich irgend jemandem das Recht eingeräumt hätte, mich einen Feigling zu nennen.« – »Und wie nennt man Dich jetzt?« fragte der Kaiser mit wachsendem Zorn. »Na, nichts für ungut. Wie Du siehst, ist meine Lage auch nicht beneidenswert«, sagte der Kaiser und ließ Steinheil in die Festung führen.

Das erste Jahr seiner Festungshaft verbrachte Steinheil mit Aufzeichnungen, die die innere Entfremdung der russischen Adelsjugend von der bestehenden staatlichen Ordnung nachvollzogen und die Mißstände der russischen Institutionen aufzeigten. In diesen Aufzeichnungen kam Steinheil wiederholt auf jene Reformen zurück, die er schon früher als dringend notwendig beschrieben hatte: die Reform der Gesetzgebung und der Rechtspflege, eine Städtereform mit der Herstellung allgemeiner Bürgerrechte, eine Landreform zur Verbesserung der Lage der Bauern und zur Aufhebung der Leibeigenschaft. Und auch vor Gericht hielt Steinheil unverdrossen an seinem Glauben an ein konstitutionelles Rußland fest. Mit Mut formulierte er sein Credo:

> »Da ich von Natur aus kein kalter Egoist war und die Liebe zum Vaterland nicht als ein einfaches Ideal betrachtete, das nur für den Notfall brauchbar erschien, hat mich alles, was ich sah, bis zu Tränen gereizt und von Herzen betrübt. Und daher bekenne ich vor dem Komitee, vor dem Kaiser, vor der ganzen Welt, wie auch vor Gott, daß es mir unmöglich gewesen wäre, nicht dem Gedanken einer so vorzüglichen Regierungsform anzuhängen, die die persönliche Unantastbarkeit und das Hab und Gut jedes, auch des letzten Bürgers wie des machtvollen Beamten, sichern würde, und damit zugleich in sich selbst die Garantien für die Unerschütterlichkeit der staatlichen Gesetzesordnung einschlösse. Ich habe in meiner Seele den Kaiser gesegnet, als ich in der Rede Seiner Majestät vor dem ersten Warschauer Sejm von seiner Absicht las, auch Rußland für den Empfang einer solchen Verfassung bereit zu machen.«

Das Trauma eines wohlorganisierten Volksaufstandes unter Führung des hochgebildeten jungen Adels in der Armee am Tag seiner Vereidigung hatte auf den jungen Zaren Nikolaj I. Pawlowitsch eine starke, nachhaltige Wirkung. Gerade die Form, in der der neue Zar mit dem Begehren des jungen Adels konfrontiert worden war, erlaubte es ihm nicht, mit der gebührenden Ruhe und dem erforderlichen Ernst die eigentlichen Gründe für diesen Aufstand zu erforschen. Die speziell eingesetzte Untersuchungskommission entdeckte, daß viele ausländische politische Schriften die einzelnen Verschwörer auf ihrem Weg bestärkt hatten. Eine zunehmende Abkapselung vom westlichen Ausland und seinen staatsgefährdenden Einflüssen schien ihm auf diesem Hintergrund geraten. Die erste Maßnahme, die diesem Interesse Rechnung trug, war die Gründung der sogenannten Dritten Abteilung der eigenen Kanzlei Seiner Majestät, eines Organs, das offiziell die Funktion der Schutzpolizei, in der Tat aber nicht selten die der Überwachung und des Geheimdienstes ausführte.[10] Diese später berüchtigte Sonderabteilung für die innere

Ordnung in Rußland, die in der russischen Gesellschaft aufgrund des hohen Anteils deutschrussischer Beamter gelegentlich als die »Deutsche Abteilung« bezeichnet wurde, unterstand der uneingeschränkten Kompetenz von Generaladjutant A. Ch. Benckendorff, der sich in der Verfolgung der Dekabristen als ein besonders durchsetzungsfähiger, ja rücksichtsloser Polizeibeamter erwiesen hatte. Der Leiter des Beamtenstabes war Staatsrat von Fock. Bald nach ihrer Gründung kursierte in der russischen Öffentlichkeit ein Gerücht, nach dem der Kaiser dem Chef der Gendarmerie, Benckendorff, auf dessen wiederholte Bitte nach einer Instruktion mit den folgenden Worten ein Taschentuch vorgehalten habe: »Hier hast du meine Instruktion: Je mehr Tränen du hervorholst, desto genauer erfüllst du meinen Willen.«

Der Aufsicht der Dritten Abteilung der Persönlichen Kanzlei des Kaisers unterstanden auch die im Russischen Reich lebenden Ausländer. In ihre Kompetenz fielen vom Tage der Einsetzung der Behörde (6. Februar 1826) an »alle gesetzlichen Bestimmungen und Verfügungen über Ausländer, die sich in Rußland aufhalten, in die Grenzen des Reiches einreisen oder aus ihnen ausreisen«.[11] Einem Angehörigen des konservativsten Teils des deutschbaltischen Adels, für den Zar Nikolaus I. eine besondere Vorliebe entdeckte[12] und mit dem er sich vorzugsweise umgab, war damit die Aufsicht über die potentiell gefährlichen ausländischen Elemente der russischen Gesellschaft übertragen. Zahlreiche gesetzgeberische Maßnahmen sollten gleichzeitig dafür sorgen, daß in Rußland willkommene Ausländer möglichst bald russische Untertanen wurden, wobei für den Eintritt in den russischen Untertanenverband nun Leumundszeugnisse oder Befürwortungen der jeweils zuständigen Behörden angefordert wurden.

Hatte Nikolaus I. geglaubt, durch die Einrichtung der Dritten Kanzlei und die Erlassung geeigneter Gesetze eine Wiederholung der Unruhen im eigenen Reich zu verhindern, so traf ihn mit den polnischen Unruhen in den Jahren 1830/31 ein neuer unerwarteter politischer Schlag. Wieder wurden Gesetze erlassen, die ein Übergreifen des Aufruhrs auf das eigentlich russische Gebiet verhindern sollten. Die deutschen Bauern in Polen hatten sich zur Zeit dieser Unruhen außerordentlich passiv verhalten, ja durch ihre Zarentreue sogar den Zorn der aufständischen polnischen Bauern und Militärs auf sich gezogen. Insofern war es bezeichnend, daß das Gesetz vom 2. Juni 1831[13], das ein Einströmen polnischer und revolutionärer Kräfte nach Rußland verhindern sollte, die deutschen bäuerlichen Kolonisten aus Russisch-Polen im Grunde ausschloß. Im Gegenteil ließ eine Reihe neu erlassener Gesetze erkennen, daß dem Zaren weiterhin an einem starken Nachwandern deutscher Kolonisten aus Polen in die südrussischen Gouvernements gelegen war. Ausdrücklich hielten diese Gesetze fest, daß nicht nur geschlossene Kolonistenverbände mit besonderer Erlaubnis, sondern auch Einzelpersonen, Familien usw. völlig unbürokratisch in Rußland einwandern und in den gewünschten Kolonien ansässig werden dürften. Diese deutschen Bauern aus Polen, die sich zur Zeit der Wirren als ein stabiles und kaisertreues Element erwiesen hatten, waren von jeglicher Einreisebeschränkung ausgenommen.[14] Und diese besonderen Erleichterungen für die Einreise und Ansiedlung deutscher Bauern in Rußland blieben auch dann weitgehend in Kraft, als ein Dekret vom 3. Juni 1837[15] den Gouverneuren jedes Gouvernements und besonders den Gouverneuren der Grenzgouvernements größere Aufmerksamkeit im Einlassen ausländischer Reisender sowie sofortige Benachrichtigung an das Innenministerium auferlegte, falls Ausländer in ihrem Kompetenzbereich »durch schlechtes oder zweifelhaftes Verhalten oder irgendwelche anderen Gründe in den Grenzen des Reiches nicht geduldet werden können«. Sollten bei Befragungen durch die Gouverneure Zweifel an der Richtigkeit der Angaben solcher ausländischer Personen entstehen, so sollten die Gouverneure über die russischen Auslandsmissionen sofortige Nachforschungen über diese Personen veranlassen. Eine wachsame Kontrolle *(bditel'nyj nadzor)* über verdächtige Ausländer sollten besonders die Gouverneure der Grenzgouvernements durchführen. Selbst von der allgemeinen Begrenzung in den Einwanderungs- und Aufenthaltsrechten von Ausländern, die im Anschluß an die polnischen Ereignisse im kritischen Jahr 1832 verfügt wurde[16], waren deutsche Einwanderer und in Rußland lebende Deutsche, die sich gesetzeskonform verhielten, kaum betroffen. Ganz im Gegenteil zielten die meisten dieser Regelungen gerade darauf ab, zuverlässige und für den russischen Staat nützliche Ausländer mit allen nur erdenklichen Mitteln an das Russische Reich zu binden. Und unter diesen nützlichen Ausländern nahmen die Deutschen in der Regierungszeit des Zaren Nikolaus I. eindeutig eine bevorzugte Stellung ein.

1. Die Assimilation »nützlicher Ausländer«

Bei der Suche nach einer geeigneten Wirtschafts- und Finanzpolitik, die das Russische Reich aus der noch immer anhaltenden Schwächung und Verschuldung der nachnapoleonischen Zeit befreien sollte, mußte der junge Zar Nikolaus I. zwischen zwei Modellen wählen, die von zwei bekannten deutschrussischen Ökonomen vertreten wurden: einer Wirtschaftspolitik, die sich in erster Linie auf eine leistungsfähige und autarke Agrarwirtschaft stützen sollte – deren Proponent der langjährige Lehrer und Tutor des jungen Zaren, Heinrich Storch, war –, und einer protektionistischen, auf Stärkung der Städte und des dritten Standes gerichteten Wirtschaftspolitik, die dem Zaren von Jegor Franzewitsch Kankrin empfohlen wurde. Wie sein älterer Bruder und Vorgänger auf dem Thron, Alexander I., der den russischen Finanzminister Gurjew 1823 abgesetzt und durch den jungen Kankrin ersetzt hatte, so entschied sich Nikolaus I. für das Programm Kankrins. Somit verblieb Kankrin im Amt des russischen Finanzministers, das er am längsten von allen russischen Finanzministern – von 1823 bis 1844 – innehatte.

Jegor Franzewitsch Kankrin (deutsch: Cancrin, 1774–1845) war der Enkel des Bergmeisters Johann Heinrich Cancrin, der in Hessen-Kassel und in Hessen-Darmstadt durch die Errichtung von Bergwerken bekannt geworden war. Der Vater des Finanzministers, Franz Ludwig Cancrin (1738–1816)[17], war als gelehrter Techniker in Hessen zum Kameralrat ernannt und von Graf P. A. Rumjanzew 1783 nach Rußland eingeladen worden. Hier wurde er zum Direktor der Saline in Staraja Russa und bald darauf zum Mitglied des Bergrates ernannt. F. L. Cancrin machte sich durch zahlreiche Schriften zur Berg- und Salzwerkskunde in Rußland und in Deutschland einen Namen. Seine »Bewährte Anweisung, Schornsteine feuerfest zu bauen wie auch Stubenöfen nach russischer Art zu verbessern« (Leipzig 1797, Marburg 1799) und seine »Vollständige Abhandlung von den Öfen und Kaminen im Russischen Reiche« (Gießen 1805 und Marburg 1811) können noch heute als ebenso sachkundige wie erheiternde Versuche eines kulturellen Brückenschlages zwischen Rußland und Deutschland gelesen werden. Den Grafentitel und die Eintragung in die Adelsmatrikel der Gouvernements Estland, Kurland und Livland aber erwarb der Gelehrtenfamilie erst Sohn Jegor Franzewitsch. Er wurde in Hanau geboren, erhielt seine Schul- und Universitätsausbildung in Deutschland und folgte seinem Vater 1796 nach Rußland. Unter Paul I. arbeitete der junge Kankrin als Gehilfe seines Vaters. Alexander I. ernannte Kankrin zum Inspektor der deutschen Kolonien im Gouvernement St. Petersburg. Zu dieser Zeit schwankte der junge Gelehrte noch zwischen der Karriere eines Romanschriftstellers (»Dagobert«) und eines Kriegswissenschaftlers (»Fragmente über die Kriegskunst nach militärischer Philosophie«). Seine Schrift »Über das System und die Mittel zur Verpflegung der großen Armeen« wurde von den deutschen Generalen in der Umgebung Alexanders I. mit Interesse gelesen und dem Kaiser durch den in russischer Emigration weilenden Freiherrn Phull zur Kenntnis gebracht. Es folgte die Ernennung Kankrins zum Gehilfen des Generalproviantmeisters der russischen Armee (1811) sowie – bei Ausbruch des Vaterländischen Krieges – zum Generalintendanten der Ersten Armee. Als Generalintendant der gesamten russischen Armee (ab 1813) wickelte Kankrin alle kriegsbedingten Geschäfte Rußlands mit seinen Nachbarn ab. Nach seiner Ernennung zum Mitglied des Kriegsrates (1820) verfaßte Kankrin zwei Studien, mit denen er sich endgültig auf dem Gebiet der Volkswirtschaft profilierte, »Weltreichtum, Nationalreichtum und Staatswirtschaft« und »Über die Militär-Ökonomie im Frieden und Kriege und ihr Wechselverhältnis zu den Operationen«. In diesen Arbeiten setzte er sich nicht nur auf äußerst scharfsinnige Weise mit der Politik des damaligen russischen Finanzministers Gurjew auseinander, sondern unterwarf auch die Lehre von Adam Smith einer besonderen Kritik.[18]

Der Finanzexperte, der – wie sein Briefwechsel mit Alexander von Humboldt verdeutlicht – das Fehlen einer starken russischen städtischen und bürgerlichen Schicht bedauert hatte, setzte von den ersten Jahren seiner Tätigkeit als Finanzminister an alles daran, um ein leistungsfähiges städtisches Bürgertum zu schaffen und zu stärken. Im Gegensatz zu seinem Landsmann Heinrich Storch bemühte sich Kankrin von Anfang an darum, dem Zaren die Hoffnungen, die er in eine starke, ständig wachsende Stadtbevölkerung setzte, zu vermitteln. 1825 wurde bereits auf seine Empfehlung hin ein Komitee zur Verbesserung der Bedingungen in den Städten gebildet. 1826 unterbreitete Kankrin dem Zaren den Vorschlag, die wohlhabenden Kaufleute der Städte zu einer besonderen sozialen Gruppe, den Erbbürgern, zu machen; ohne eine solche Schicht wohlhabender Erbkaufleute, so argumentierte er, würden die russischen Städte niemals florieren können. Dieser Stand der Erbbürger sollte nach dem Vorschlag Kankrins mit besonderen Privilegien ausgestattet werden, die ihm über Generationen hin eine völlig freie und machtvolle Entwicklung sichern sollten. Doch der Staatsrat, der das Projekt Kankrins zu bestätigen hatte, ließ sich zunächst durch die Einwände des Prinzen Kurakin, des Präsidenten der Wirtschaftsabteilung des Rates, beeinflussen. Kurakin erinnerte an die Schrecken des Dezemberaufstandes und deutete an, daß ein mit derartigen Privilegien ausgestatteter freier Stand in den Städten nur allzu leicht den Boden für liberale und freigeistige Entwicklungen abgeben könnte. Kankrin war durch dieses Argument jedoch nicht zu beirren. Durch kaiserliches Manifest vom 10. April 1832 wurde sein altes Projekt zur Gründung einer elitären Schicht von erfolgreichen Kaufleuten in neuer Form angenommen: im Gesetz über die Ehrenbürger.[19] Mit der Einrichtung dieses neuen Standes verfolgte Kankrin zwei Ziele: Einerseits sollte ein höchster städtischer Stand geschaffen werden, der in seinen Rechten etwa dem russischen Adelstand glich; Ehrenbürger waren von der Körperstrafe, vom Militärdienst, von der sogenannten Seelen- oder Kopfsteuer und von der Disziplinargewalt der abgabepflichtigen Stände befreit. Aufsteiger, die bisher durch den Dienst im russischen Militär den Zugang zum russischen Adel gefunden hatten, sollten nun für das städtische Wirtschafts- und Kulturleben gewonnen werden und die Basis für ein wirtschaftlich starkes russisches Großbürgertum abgeben. Andererseits sollten aber auch »ausländische Gelehrte, Künstler, handeltreibende Kapitalisten und Besitzer bedeutender Manufaktur- und Fabrikanlagen, wenn sie auch nicht die russische Staatsbürgerschaft angenommen haben, persönlich dem Stande der Ehrenbürger zugezählt werden«.[20] Ausländer sollten dann in den Stand des Ehrenbürgers aufgenommen werden, wenn das Russische Reich sich von ihrer Tätigkeit besonderen Nutzen erhoffen durfte. Die Ehrenbürgerschaft wurde zunächst individuell verliehen, konnte aber auf Ersuchen als erbliches Recht auf die Nachkommen ausgedehnt werden. Voraussetzungen dafür waren ein mindestens zehnjähriges Bestehen der persönlichen Ehrenbürgerschaft und die vorausgegangene Annahme der russischen Untertanenschaft. Sollte ein Ehrenbürger selbst nicht gewillt sein, russischer Untertan zu werden, konnte er jedoch, sofern seine Kinder russische Untertanen werden wollten, die erbliche Ehrenbürgerschaft auf diese ausdehnen. Die soziale Absicht dieses Gesetzes ist deutlich: Nützliche Ausländer sollten für Rußland, wenn möglich als russische Untertanen, gewonnen werden; spätestens Kinder und Kindeskinder aber sollten durch Genuß der Privilegien auch den Wunsch zum Eintritt in den russischen Untertanenverband entwickeln. Damit sollte dem russischen Staat und besonders den aufstrebenden Städten ein machtvolles wirtschaftliches und kulturelles Ferment gegeben werden.

Ein Blick in die Akten der für Heraldik zuständigen Dritten Abteilung des Senats macht deutlich, in wie starkem Maß in Rußland lebende oder nach Rußland einwandernde Deutsche alsbald nach Inkrafttreten des Gesetzes in den Stand der Ehrenbürger erhoben wurden.[21] Von den 6061 Personen beziehungsweise Familien, die in der Zeit von 1830 bis 1890 in den Stand des (erblichen) Ehrenbürgers erhoben wurden, waren 954, das heißt 15,73 Prozent deutscher Herkunft beziehungsweise deutscher Staatsbürgerschaft. Der Anteil anderer, nichtrussischer Personen am neugeschaffenen Stand der Ehrenbürger ist demgegenüber relativ gering. Zwar sind jüdische Kaufleute, Ärzte und Künstler, armenische, griechische, georgische Großkaufleute, französische, englische und schwedische Gäste in Rußland auch in diesen Stand aufgenommen worden; deutsche Techniker, Ärzte, Künstler, Naturwissenschaftler und Kaufleute stellten jedoch eindeutig die stärkste fremdstämmige Fraktion im Stand der Ehrenbürger. Ihre persönlichen Akten bieten ein nuancenreiches und vielfältiges Bild vom sozialen Wirken und Schaffen der Deutschen in Rußland.

Bei der Durchsicht der ersten 130 deutschen Ehrenbürger in dieser Liste – den Namensträgern der ersten drei Buchstaben des russischen Alphabets (A, B, W) – ergibt sich das folgende Bild von Herkunft, Religion und sozialer Mobilität: Bei 85 der 130 deutschen Ehrenbürger wurde als Religionszugehörigkeit evangelisch-lutherisch oder reformiert angegeben. In zwei Fällen waren die Kinder bereits als orthodox registriert. Fünf deutsche Ehrenbürgerfamilien waren römisch-katholischen und drei orthodoxen Glaubens. Während die Mehrheit der deutschen Ehrenbürger russische Untertanen waren, waren einige von ihnen entweder fremde Untertanen geblieben oder hatten im Zusammenhang mit der Verleihung der Ehrenbürgerwürde oder zuvor die russische Untertanenschaft angenommen. Fünf neu zu Ehrenbürgern erhobene Familien oder Personen waren als fremde Untertanen registriert: unter ihnen ein Hamburger, ein Mecklenburger, ein Württemberger und ein Königsberger Bürger. In einem sechsten Fall war der Vater des zum Ehrenbürger erhobenen Sohnes ein Untertan des württembergischen Königs. Zwölf Personen hatten entweder im Zusammenhang mit der Erlangung der Ehrenbürgerwürde oder aber wenige Jahre zuvor die russische Staatsangehörigkeit erlangt. Unter ihnen befanden sich ein ehemaliger Hesse sowie Braunschweiger, Berliner, Lübecker und Badener Bürger. 17 der in den Ehrenbürgerstand erhobenen Personen besaßen die höchsten Kriegsauszeichnungen des russischen Staates, unter ihnen die St.-Annen- und St.-Stanislaw-Orden verschiedener Klassen.

Nach ihrer beruflichen Zugehörigkeit waren 74 der 130 neuen Ehrenbürger als Kaufleute und Mitglieder der russischen Gilden registriert: 44 Kaufleute waren Mitglieder der ersten, 28 Mitglieder der zweiten und zwei Mitglieder der dritten russischen Gilde. Neben den Kaufleuten waren die akademischen Berufe, einschließlich der Künstler, mit 34 Personen stark vertreten; vier neue Ehrenbürger entstammten den handwerklichen Berufen, vier hatten eine militärische Karriere durchlaufen. Zwölf der neuen Ehrenbürger entstammten einer Familie von Erbadligen, die das Erbadelsprädikat aufgrund der Zugehörigkeit zu einer höheren Ranggruppe (zum Beispiel Titularrat) erhalten hatten. Zwei der neuen Ehrenbürger entstammten dem ausländischen Adel, von ihnen war einer als badischer Untertan und ein anderer als russischer Untertan registriert. Zwei der neuen Ehrenbürger entstammten dem Stand der Kolonisten.

Nach Ort beziehungsweise regionaler Herkunft waren die neuen Ehrenbürger folgendermaßen auf das Russische Reich verteilt: 47 Ehrenbürger waren deutschbaltischer Herkunft und lebten weiterhin in den Ostseeprovinzen; 38 neue Ehrenbürger lebten im Gouvernement und vor allem in der Stadt St. Petersburg, von ihnen waren sieben deutschbaltischer Herkunft; zehn Ehrenbürger deutscher Herkunft lebten in Moskau, von ihnen war einer deutschbaltischer Herkunft; 30 neu ernannte Ehrenbürger verteilten sich auf die verschiedenen anderen Groß- und Provinzstädte des Russischen Reichs; von ihnen waren zwei deutschbaltischer Herkunft, während einer der Moskauer Stadtbevölkerung entstammte. Diese Provinzstädte waren Odessa, Jejsk am Asowschen Meer, Kiew, die Städte des Ural und bis hin zu den fernöstlichen Städten.

Die Gründe für die Erhebung dieser Personen beziehungsweise Familien in den Ehrenbürgerstand sind nicht immer explizit genannt; in einigen Fällen mag der vorbildliche Dienst als Magistratsangehöriger der deutschbaltischen Verwaltung, als Aufseher einer höheren Schule oder als dekorierter Offizier ausgereicht haben. Einige Fälle aber sollen zur Illustration dieses Standes angeführt werden. So wurde 1833 der in Moskau lebenden, aber aus Narwa, Gouvernement St. Petersburg, gebürtigen deutschen Familie Brandenburg für den »vaterländischen Nutzen« die Ehrenbürgerwürde verliehen, die das Familienoberhaupt als Kaufmann, Mitglied der ersten Moskauer Gilde, Kommerzienrat und Mitglied des Manufakturrates der Stadt Moskau dem russischen Staat gebracht hatte. 1843 wurde dem Pernauer evangelisch-lutherischen Bürger Wruck, einem Offizier, und 1847 seinem Sohn und seiner Witwe das Ehrenbürgerprädikat verliehen; der Vater des Offiziers Wruck war Buchhalter des Pernauer Hafenzolles und Kollegienregistrator gewesen. 1834 wurde die Familie Westberg aus Riga in Livland, eine evangelisch-lutherische Familie, deren Familienoberhaupt als Kaufmann der ersten Gilde angehörte und Mitglied des Rigaer Stadtmagistrats war, für ihre »ausgezeichneten Verdienste« mit der russischen Ehrenbürgerwürde ausgezeichnet.

Greifen wir auf die Zeit nach Nikolaus I. vor. 1867 wurde die Familie des Kaufmanns Becker, der Angehöriger der ersten Gilde im Kreis Winniza, Gouvernement Podolien, war, in den Stand der Ehrenbürger aufgenommen, nachdem das Familienoberhaupt für die stattliche Summe von 52500 Rubel das in den westlichen Grenzgouvernements gelegene Gut des Grafen Iljinskij aufgekauft hatte. 1884 wurde die Familie Becker, eine lutherische Familie Hamburger Staatsangehörigkeit mit Sitz im Gouvernement Simbirsk, in den erblichen Ehrenbürgerstand erhoben. Becker war Kontrolleur der Simbirsker Abteilung der Staatsbank, Mitglied der zweiten Kaufmannsgilde von Simbirsk und überdies Träger des St.-Stanislaw-Ordens. Sein Vater hatte sich, aus Hamburg einwandernd, bereits im Gouvernement Simbirsk am östlichen Wolgaufer niedergelassen. 1863 wurde die Familie Böhlau (russisch: Belau) in den Stand der Ehrenbürger erhoben. Die Familie Böhlau, die in Petersburg lebte und die russische Staatsangehörigkeit besaß, war von der evangelisch-lutherischen zur orthodoxen Kirche übergetreten; das Familienoberhaupt war von Beruf Ingenieur-Technologe und zeitweilig Kaufmann der dritten Gilde der Stadt Petersburg und hatte sich als Inhaber der Firma »Böhlau & Sohn« als Hersteller von kriegstechnischen Instrumenten verdient gemacht. 1867 wurde der Bürgermeister von Reval, Kaufmann der ersten Gilde, Inhaber des St.-Stanislaw-Ordens, ein Deutschbalte evangelisch-lutherischen Glaubens mit dem Namen Bätge, für seine »ausgezeichnet eifrigen Dienste und nützlichen Arbeiten« – ein häufiger Grund der Auszeichnung – in den Ehrenbürgerstand erhoben. Dieselbe Ehrung wurde 1867 dem deutschstämmigen Kaufmann der zweiten St. Petersburger Gilde und Buchhändler in Kiew, Bärenstamm, »für die Uns in besonderer Weise erwiesenen Verdienste« zuteil. 1866 sorgte Alexander II. durch eigenhändige Unterschrift dafür, daß sein Ehrenhofzahnarzt, der mecklenburgische Untertan Wagenheim, in den erblichen Ehrenbürgerstand erhoben wurde. Auch der Hauptmechanist des kaiserlichen Moskauer Theaters, Walz, ein aus Livland gebürtiger Moskauer Deutscher evangelischen Glaubens, wurde 1861 aufgrund seiner »mit leidenschaftlichem Eifer erwiesenen Verdienste« zum Ehrenbürger ernannt. Ebenfalls auf persönlichen Befehl des Kaisers Alexander II. wurde 1866 dem aus Dorpat gebürtigen, im Nordkaukasus tätigen Mechaniker Brecks »für ausgezeichnete Erfüllung der Aufgaben und für die Hilfe beim Bau des mechanischen Teils des Tifliser Magnit-Observatoriums« die Ehrenbürgerwürde erteilt.

Neben ihnen wurden deutschstämmige Hofsänger und Musikanten, besonders verdienstvolle Ärzte, Beamte der weit in die Provinz vorgeschobenen Verwaltung von Banken, Eisenbahnlinien und Postzentralen, Kolonisten, die sich in einer oder zwei Generationen ein beträchtliches Kapital geschaffen und den Übergang in die erste oder zweite Gilde der benachbarten Städte vollzogen hatten, Pastorensöhne, die der Weg in das höhere russische Militär oder in die hohe Verwaltung geführt hatte, verarmte Adlige aus deutschen Ländern, die sich mit dem erhaltenen Kapital in Rußland erfolgreich eine neue Existenz aufgebaut hatten, und viele andere deutsche Kräfte im Russischen Reich durch ihre Erhebung in den Stand des Ehrenbürgers zu Mitgliedern einer privilegierten Schicht der russischen Gesellschaft. Der Eifer, mit dem sich ihre Kinder und Witwen nach dem Tod der Familienoberhäupter um die Ausdehnung der persönlichen Ehrenbürgerwürde auf Familie, Kinder und Kindeskinder bemühten, verdeutlicht, wie hoch die Zugehörigkeit zum Stand der Ehrenbürger in der russischen Gesellschaft eingeschätzt wurde. Selbstverständlich sah es eine deutschrussische Familie als eine hohe Ehre an, mit dem Ehrenbürgerbrief ausgezeichnet zu sein. Diese Ehrenbürgerbriefe, graphisch eindrucksvoll gestaltet, nahmen in den Wohnungen und Häusern der durch sie ausgezeichneten Familien häufig einen Ehrenplatz ein.

2. Höhepunkte deutscher Repräsentanz im russischen Staat

Die nachdrückliche Förderung, die die Deutschen Rußlands in der Ära Nikolaus' I. erfuhren, ließ den Anteil deutscher Kräfte in den Institutionen des russischen Staates weiter beträchtlich ansteigen. Historiker haben sich immer wieder bemüht, die Gründe für diese außergewöhnlich starke deutsche Präsenz aufzuzeigen.

Einer dieser Gründe bestand in den verwandtschaftlich-dynastischen Beziehungen: Der Großfürst Nikolaj Pawlowitsch hatte sich 1817 mit Charlotte Prinzessin von Preußen, der Tochter Friedrich Wilhelms III. und Schwester Friedrich Wilhelms IV., vermählt. Mit der Inthronisierung Nikolaus' war damit zum ersten Mal eine preußische Prinzessin zur Zariza des Russischen Reichs geworden. Die Beziehungen Rußlands zum preußischen Königreich hatten damit eine außergewöhnlich günstige Wendung genommen. Mit dem bevorzugten außenpolitischen Partner Preußen traf die russische Regierung unter anderem eine Kartellvereinbarung, die die Frage der Untertanenschaft für die in russische Dienste tretenden preußischen Militärs erheblich relativierte. Preußische Untertanen konnten weiterhin in russische Heeresdienste treten, ohne daß sie den nunmehr geltenden, strengeren Einreise- und Dienstpflichtregelungen unterworfen worden wären.

Ein zweiter und gewichtiger Grund bestand in der psychologischen Disposition oder Disponibilität deutscher Kräfte, die sie von ihren russischen Kollegen unterschied. Walter Laqueur ging davon aus, daß die Regierung Nikolaus' I. dem deutschen Element in Anbetracht des Konzepts seines Regierens logischerweise den Vorzug einräumen mußte, weil »er ganz zu Recht der Meinung (war), daß die Deutschen gefügigere Werkzeuge seien bei der Durchführung ihrer unpopulären Machtpolitik als die Russen, die mehr Wert auf ihre Unabhängigkeit legten«.[22] Dies ist sicher ebenso zutreffend wie die Annahme, daß Nikolaus I. im pragmatischen Ansatz seines Regierungsstils und -programms selbst in starkem Maß von den preußisch-protestantischen Erziehungsformen geprägt, ja konditioniert war, die ihm von klein auf von seinen deutschen Lehrern vermittelt worden waren. Sein erster und langjähriger Erzieher, der bis zur Grausamkeit strenge General Gustav Mathias von Lambsdorff (russisch: Matwej Iwanowitsch Lamsdorf, 1745–1828), ein Kurländer aus ehemals westfälischer Familie, der aufgrund seiner Verdienste 1817 in den Grafenstand erhoben wurde, galt in der russischen Gesellschaft nämlich als ein Zerrbild spartanischen Preußentums und militärischer Disziplin. Und gerade er hat Lebensstil und Weltbild des zukünftigen Monarchen in nachhaltiger Weise geprägt. Die Erzieher Storch und Adelung haben zu der Strenge der Lebensform noch die der moralischen Gesinnung hinzugefügt. Und die Eheverbindung mit dem preußischen Königshaus verfestigte die bereits deutlich vorhandenen Ansätze eines militaristisch-preußischen Lebensstils am russischen Hofe. So griff der junge und politisch relativ unvorbereitete Zar bei schwierigen und für den Bestand seines Staates wichtigen Entscheidungen immer wieder auf die Hilfe und die Ratschläge von Männern wie Diebitsch zurück, der ihm – wie die ausführliche und detaillierte Korrespondenz zu den Fragen des Tages zeigt – seine Verdienste als vertrauensvoller Unterhändler in außenpolitischen Missionen und schlagkräftiger Erstürmer schwer einnehmbarer militärischer Bastionen anbot. Die Unterwerfung Transkaukasiens und die Niederschlagung des polnischen Aufstands von 1830/31, den Diebitsch nach vorausgegangenen Verhandlungen mit dem preußischen König im Blut der freiheitsliebenden Polen erstickte, waren mit

Erfolg und Härte ausgeführte Staatsaktionen, die in der russischen Gesellschaft neben einem gewissen Maß von Bewunderung auch den Ruf militanten Draufgängertums auslösten, das weder das Blut der slawischen Brüder noch der transkaukasischen Christen schonte. Und den gleichen Ruf erwarb sich Benckendorff als Chef der Dritten Abteilung durch die rücksichtslose Verfolgung der jungen konstitutionell und später nihilistisch gesinnten russischen Intelligenz, die im allgemeinen Bewußtsein bestenfalls als wohlmeinend, aber verführt, aus der Sicht der deutschstämmigen, erzkonservativen Stützen der Regierung Nikolaus' I. aber als staatsgefährdend erschien.

Auf diesem Hintergrund entstand eine erste Sensibilisierung bestimmter Teile der russischen Gesellschaft gegenüber dem zunehmenden Einfluß deutscher Kräfte in Rußland. Sie richtete sich – sieht man von kleinen, extremen Randgruppen ab – noch nicht gegen den Zaren und das russische Kaiserhaus, die als allerhöchste Verkörperung des Prinzips der Alleinherrschaft, des russischen Volkstums und der Orthodoxie dem allgemeinen Bewußtsein schlechterdings sakrosankt erschienen.[23] Sie äußerte sich eher sporadisch in satirischer und weniger politisch wohldurchdachter Form, indem Kritik an den deutschrussischen Stützen des Systems geübt wurde. Charakteristisch hierfür war die kritische Betrachtung, mit der der russische Publizist S. S. Tatischtschew auf den russisch-türkischen Krieg von 1828/29 zurückschaute, in dem Diebitsch große Gebiete Armeniens für Rußland eroberte und dafür – nach Absetzung des verdienstvollen russischen Generals Jermolow (1827) – zum Militärstatthalter Transkaukasiens ernannt wurde; S. S. Tatischtschew schrieb später: »Es wurde nicht der geringste Versuch unternommen, die moralischen und materiellen Interessen der christlichen Völker der Balkaninsel mit den unseren zu verbinden, die Ansätze von Gemeinsamkeit zu entwickeln und zu festigen, die in der Einheit des Glaubens, zum Teil auch in der Stammesverwandtschaft und schließlich in den historischen Traditionen zwischen uns bestanden.« Diese Form der Kritik gewann mit dem Anwachsen der panslawischen Bewegung massiv an Boden.

Auch der den Generalen Diebitsch und Benckendorff an Geisteskraft und politischem Weitblick hoch überlegene Außenminister Graf Nesselrode trug auf seine Weise dazu bei, daß die extrem restaurativen und repressiven Aspekte der Periode Nikolaus' I. im Bewußtsein der russischen Gesellschaft und der liberalen Weltöffentlichkeit unablösbar mit dem Wirken deutschrussischer Kräfte verbunden waren.[24] Nesselrode, der Wegbereiter der Allianz mit dem revolutionsfeindlichen Österreich, mußte auf dem Karlsbader Treffen 1830 die erbitterten Vorwürfe des österreichischen Kanzlers Metternich über sich ergehen lassen, daß Rußland den griechischen Aufständischen Hilfe zugesichert und damit angeblich das Fortschreiten der revolutionären Bewegung in ganz Europa begünstigt habe. In der Folgezeit formulierte dann Nesselrode offiziell jene Politik der antirevolutionären Intervention, die postulierte, daß »die Macht überall dort, wo sie existiert, unterstützt werden muß, überall dort, wo sie schwach wird, gestärkt werden muß, und überall dort, wo sie offen angegriffen wird, verteidigt werden muß«. Diese Politik der internationalen Intervention, die bei der Niederschlagung des ungarischen Aufstands gegen das Haus Habsburg bei Világos (1849) durch die russischen Truppen den ersten, schweren Blutzoll verlangte, hat dem politischen Prestige Rußlands auf lange Zeit schweren Schaden zugefügt.

Die erste schriftlich formulierte Kritik am übermäßigen deutschen Einfluß auf die russischen Staatsgeschäfte stammte charakteristischerweise aus der Feder eines in Rußland geborenen Deutschen. Staatsrat Philipp von Wiegel (Filip Filippowitsch Wigel, 1786–1856) aus Pensa, der seine Laufbahn eines mittleren russischen Beamten im Jahr 1800 als Gehilfe im Archiv des Kollegiums für Auswärtige Angelegenheiten in Moskau begonnen und – nach einigen diplomatischen Hilfsmissionen – ab 1829 als Beamter und schließlich Leiter des Departements für Ausländische Glaubensbekenntnisse fortgesetzt und 1850 beendet hatte, trat 1844 mit der Schrift *La Russie envahie par les Allemands* hervor. Diese Schmähschrift, die in historischer Rückschau den massiven und alles Russische aus dem russischen Leben verdrängenden Einfluß deutscher Einwanderer in Rußland nach- und überzeichnete, war allerdings so ambivalent geschrieben, daß sie – wie deutsche Beobachter verstanden[25] – »vor unparteiischen Lesern in ihr Gegentheil umschlägt und zu einer eindringlichen Lobrede auf das Deutschthum sich gestaltet«. Dennoch war mit dieser Schrift ein Ausgangspunkt gesetzt, auf den sich gerade die jungen russischen Amtsanwärter und Bürokraten beziehen konnten, die sich in ihrer Laufbahn aufgrund der überproportionalen Vertretung der Deutschen in allen höheren Ämtern behindert fühlten. Schon beim Eintritt in die Eliteschulen der Reichshauptstadt, die der Heranbildung des Führungsnachwuchses dienten, begegneten die aus allen Provinzen des Reiches kommenden Russen einer unverhältnismäßig großen Zahl von zukünftigen Beamten, die Träger deutscher Namen waren. So zählte die Kaiserliche Rechtsschule, die 1835 von Prinz Peter Georgjewitsch von Oldenburg gegründet wurde, in der ganzen Zeit ihres Bestehens unter den insgesamt 2273 Schülern, die in der Zeit von 1841 bis 1917 mit Erfolg die Schule verließen, 482 (rund 22 Prozent) deutsche Namensträger. Unter diesen häuften sich bestimmte Familiennamen. So waren beispielsweise zwölf Angehörige der Familie Lerche, acht Korff, acht Tiesenhausen, sieben Engelhardt und sieben Wrangel Zöglinge der Rechtsschule.

Auch die deutsche Präsenz in den russischen Behörden war in den Augen mancher Russen alarmierend stark. Nach Berechnungen W. Laqueurs lagen etwa 57 Prozent der höheren und höchsten Positionen des russischen Außenministeriums, 46 Prozent des russischen Kriegsministeriums und 62 Prozent des Ministeriums für Post und Verkehr in den Händen deutschstämmiger, deutschrussischer oder deutschbaltischer Kräfte. Rund ein Drittel aller höheren Beamten und Offiziere in Armee und Marine sowie im Senat waren nach seinen Berechnungen deutscher Abstammung. Nachfolgende Untersuchungen haben den Prozentsatz der deutschen Beteiligung in den russischen Ministerien niedriger angesetzt; dabei ist zu bedenken, daß die aufgrund von Namen und vor allem der religiösen Zugehörigkeit ausgewerteten Tabellen nicht immer ein genaues Bild geben, da einige Deutsche in hohen russischen Ämtern durch Übertritt zur Orthodoxie und Russifizierung ihrer Namen die Spuren der deutschen Herkunft verwischten. J. A. Armstrong hat festgestellt, daß besonders in den höchsten Rängen einiger Ministerien der deutsche Anteil um die Mitte des 19. Jahrhunderts 40 Prozent überschritt.[26] So waren zum Beispiel die vier höchsten Ämter der wichtigen Wirtschaftsabteilung des Ministeriums für Inneres über lange Jahre hin in deutscher Hand. W. M. Pintner hat eine Auszählung der russischen Ministerien von 1800 bis 1855 vorgenommen, in der die deutsche Präsenz sehr viel weniger ins Auge fällt.[27] Von insgesamt 84 Beamten, die nach seiner Zählung vor 1800 in den russischen Staatsdienst eingetreten sind, zählte Pintner nur sechs adlige Deutsche, das heißt sieben Prozent, und keine nichtadligen Deutschen. Demgegenüber befanden sich unter den 444 Neuanfängern in den russischen Ministerien, die zwischen 1800 und 1819 in den russischen Staatsdienst eintraten, 17 deutsche Adlige (vier Prozent) und 13 nichtadlige Deutsche (drei Prozent). Unter den 956 russischen Beamten, die in der Zeit von 1820 bis 1855 ihren Dienst antraten, befanden sich nach seiner Zählung 80 deutsche Adlige (acht Prozent) und 36 nichtadlige Deutsche (vier Prozent). Aus der Gesamtzahl von 1484 neuen Beamten in den zentralen russischen Ministerien liegt damit mit 103 adligen Deutschen (sieben Prozent) und 49 nichtadligen Deutschen (drei Prozent), das heißt insgesamt mit zehn Prozent, die Quote weit niedriger, als man sie wohl im allgemeinen veranschlagen würde. Ausschlaggebend war allerdings die starke Verteilung deutscher Beamter auf die hohen und obersten Ränge der Beamten, die den Eindruck dieser machtvollen deutschen Präsenz in der Ära Nikolaus' I. geprägt hat.

Während Arbeiten über das russische Heer in dieser Zeit[28] sowie über das Innenministerium[29] diesen Fragen besondere Aufmerksamkeit gewidmet haben, sind andere Ressorts kaum berücksichtigt worden. Von ihnen verlangen das russische Außenministerium und die Diplomatie, in denen das deutsche Element wohl am stärksten vertreten war, nach einer gesonderten, detaillierten Untersuchung. Demgegenüber soll hier der personelle Bestand des Finanzministeriums beleuchtet werden. Denn gerade dieser lieferte einen sehr schlagkräftigen Beweis für die starke Beteiligung von Deutschen an der Entwicklung des Russischen Reiches in dieser Periode. Betrachten wir die einzelnen Abteilungen:[30] Von zwölf Ministern, die das Finanzministerium im 19. Jahrhundert leiteten, waren fünf Minister deutscher, ein sechster, S. A. Greigh, schottischer Herkunft. Es waren dies die Minister Graf Jegor Franzewitsch Kankrin (1823–1844), der Wirkliche Geheimrat Pjotr Fjodorowitsch Brock (1853–1858), der Wirkliche Geheimrat Michail Christoforowitsch Rejtern (Michael von Reutern, 1862–1878), Nikolaj Chr. Bunge (1882 bis 1887) und Sergej Juljewitsch Witte (1893–1904). Vier dieser Finanzminister hatten zuvor die Position des Vizeministers innegehabt. Das nächstniedrige Amt, das des Staatsschatzmeisters, war nur kurzzeitig besetzt gewesen; von insgesamt drei Schatzmeistern war einer Deutschbalte: Baron Balthasar Balthasarowitsch Campenhausen (1810–1811). Auf der nächstniedrigeren Ebene, der der Gehilfen oder Kollegen der Finanzminister, befanden sich unter 21 Personen mindestens vier Deutsche, nämlich die bereits genannten Brock und Bunge sowie A. K. Giers und F. G. Thörner. Dem Rat des Finanzministeriums gehörten aus einer großen Zahl einander ablösender Beamten unter anderem folgende deutsche Finanzexperten an: I. Chr. von Treublut (1831–1848), Baron A. K. Meyendorff (1841–1865), Baron J. F. Korff (1842–1843), F. G. Thörner, K. A. Buch (1874–1898), N. W. Grave (1883 bis 1885), N. A. Thur (1886–1893), A. A. Richter (1887–1898), Baron W. M. Mengden (1888–1898), F. F. Winberg (1889–1891), General der Infanterie Dmitrij Karlowitsch Tatt (1893–1902), P. Chr. Schwanebach (1893–1902), N. S. Burmeister (1895), M. I. Daudel (1895–1900), A. E. Rheinbott (1897–1902), Baron N. W. Steinheil (1898–1902), Robert Emiljewitsch Lenz (1899–1902).

In der Kanzlei des Ministers für Finanzen, die 1811 eingerichtet wurde, diente neben dem Holländer F. T. van der Vliet auch der deutsche Baron A. F. Graevenitz (1844–1858); unter den elf Beamten der von Kankrin 1824 ins Leben gerufenen besonderen Kreditkanzlei waren die Deutschen J. A. von Hagemeister (1858–1862), A. W. Ziemssen (1874–1881) und E. D. Pleske (1892–1894). Von vier Konsultanten des Finanzministeriums war mindestens einer, N. B. Grave (1872–1885), deutscher Herkunft. Die ebenfalls von Kankrin eingerichtete persönliche Geheimkanzlei des Finanzministers bestand nur von 1831 bis 1852; die einzige Person, die sie besetzte, war A. A. Kranichfeld. Dem Finanzminister unterstand der St. Petersburger Münzhof. Er lag von 1803 bis 1843 in den Händen von E. I. Ellers und von 1882 bis 1902 in denen von N. P. Vollendorf. Die Abteilung für Berg- und Salzangelegenheiten, die in der Zeit zwischen 1811 und 1862 bestand, zählte unter ihren acht Direktoren zwei Deutsche, F. F. Böger (1843–1849) und A. R. Gerngroß (1855–1862). Böger und Gerngroß waren auch zwei der sieben Vorsitzenden des von 1834 bis 1863 bestehenden gelehrten Komitees des

Korps der Bergingenieure. Der von 1834 bis 1873 existierende Bergrat zählte unter seinen fünf Vorsitzenden drei Männer deutscher Herkunft, nämlich die drei späteren Finanzminister: Kankrin, Brock und Reutern. Unter den 35 Mitgliedern des Bergrates befanden sich die Deutschen F. F. Böger, Maximilian Herzog von Leuchtenberg, E. I. Ellers, F. B. Grashof, F. I. Völkner (russisch: Felkner), A. R. Gerngroß, G. P. von Helmersen, N. A. Völkner, wobei einige der genannten Spezialisten zwei- und mehrmals in den Bergrat gewählt wurden. Die Waldabteilung des Finanzministeriums bestand von 1802 bis 1811; von den zwei Hauptdirektoren der Waldabteilung war einer deutscher Herkunft: Karl Iwanowitsch von Gabliz (1802–1809). Bescheidener war der deutsche Anteil in der Abteilung für verschiedene Abgaben und Steuern, die 1813 bis 1863 bestand; von den neun Direktoren der Abteilung war einer deutscher Herkunft: Konstantin Karlowitsch Grot (1861–1863). In der Abteilung für etatmäßige Steuern, die 1863 ins Leben gerufen wurde, enthält die Liste der sieben Direktoren auch zwei deutsche Namen: A. A. Richter (1862–1887) und den Namen des weitbekannten liberalen Wirtschaftswissenschaftlers N. N. Kutler (1899–1904). In der Hauptbehörde für den Loskauf der Bauern, die in der Zeit von 1861 bis 1895 die Fragen der von der Leibeigenschaft befreiten Bauern regeln sollte, waren zwei der drei Vorsitzenden deutscher Herkunft: M. M. von Ceumern (1861–1881) und M. I. Daudel (1885–1895). Die Abteilung der indirekten Steuern, die von 1863 bis 1896 bestand, zählte unter ihren vier Direktoren zwei Deutsche: K. K. Grot und Baron Hermann Ottowitsch von Rosen (1870–1883). In der Außenhandelsabteilung des Finanzministeriums, die von 1811 bis 1864 bestand, war einer von sechs Direktoren französischer Herkunft: Graf J. O. Lambert (1823–1824). Die Zollabteilung des Finanzministeriums, die ab 1864 bestand, zählte fünf Direktoren, unter ihnen als einzigen Deutschen F. G. Thörner. Die Handels- und Manufakturabteilung, die von 1864 bis 1900 bestand, wurde von vier Direktoren geleitet, unter denen sich in der Zeit von 1886 bis 1892 A. B. Bär befand. Die Schatzkammerabteilung des Finanzministeriums, die 1821 geschaffen wurde, unterstand zwölf Direktoren; von ihnen galten I. I. Rosenberg (1821–1829), A. J. von Huebbenet (1874–1880) und F. G. Thörner (1880–1887) als russische Deutsche. Die Hauptschatzkammer enthielt unter den neun Direktorennamen nur einen deutschen Namen: M. I. Werzelius (1889–1902). Unter den drei Direktoren, die die 1889 eingerichtete Abteilung für Eisenbahnangelegenheiten leiteten, befindet sich neben dem Namen des jungen Sergej Juljewitsch Witte (1889–1892) auch der von Emil Karlovič Ziegler von Schaffhausen (1899–1902). Unter den sieben Leitern der Staatshandelsbank, die von 1817 bis 1860 als Abteilung des Finanzministeriums bestand, befand sich A. I. Miller (Müller, 1827–1832). Die 1860 ins Leben gerufene und dem Finanzministerium unterstellte Staatsbank wurde in den ersten 40 Jahren ihres Bestehens von fünf Finanzwissenschaftlern verwaltet; unter ihnen befanden sich der in St. Petersburg lebende, deutschjüdische Financier und Mäzen der schönen Künste, Alexander Ludwigowitsch Baron von Stieglitz (1860–1866), A. W. Ziemssen (1881–1889) und E. D. Pleske (1894–1902). Unter den fünf Verwaltern der bäuerlichen Landbank, die 1882 ins Leben gerufen wurde, zeichnete sich in der Zeit von 1897 bis 1901 der Deutschbalte Fürst A. A. Lieven aus. Die Staatskommission zur Schuldentilgung, die 1810 im Finanzministerium eingerichtet wurde, wurde über ein Jahrhundert hinweg von elf Finanzfachleuten verwaltet; unter ihnen befanden sich Graf J. O. Lambert (1817–1828), A. I. Miller (1824–1827), E. K. Baron Meyendorff (1828–1835), P. P. von Goeze (1850–1860) und K. I. Großschopf (1862—1865). In der Expedition zur Herstellung von Staatspapieren schließlich, die 1818 ins Leben gerufen wurde, waren zwei der insgesamt sieben Leiter deutschrussischer Herkunft: Es waren dies in den wichtigen Jahren von 1861 bis 1889 F. F. Winberg und in der Zeit von 1889 bis 1899 Robert Emiljewitsch Lenz aus Livland.

Eine ähnliche Verteilung wie im Finanzministerium würde sich bei genauer Analyse auch in anderen Ministerien der Ära Nikolaus' I. aufdecken lassen. Aus welcher ideologischen Sicht man ihren Einfluß immer betrachten und bewerten mochte, feststand, daß die Deutschrussen – deutschbaltische Adlige wie geadelte deutsche Stadtbewohner, frisch eingereiste Fachexperten und in Rußland herangereifte Spezialisten – in der Zeit Nikolaus' I. so weit in die russischen Staatsämter eingedrungen waren, daß man von einer namhaften deutschen Präsenz im russischen Staat sprechen muß. Selbst wenn sich der Prozentsatz ihres Anteils an den höheren russischen Staatsämtern bei niedriger Schätzung zwischen 10 und 50 Prozent bewegte, so war dies, bedenkt man, daß die Deutschen kaum ein Prozent der russischen Bevölkerung ausmachten, jedenfalls eine zehn- bis fünfzigfache Überrepräsentation. Und dabei war nicht zu verkennen, daß der Zar besonders für die höchsten Staatsämter Deutsche mit einer eindeutig konservativen Einstellung bevorzugte.

So wurde das Amt des Ministers für Volksaufklärung von 1828 bis 1833 von Karl Andrejewitsch Fürst von Lieven (1767–1844) bekleidet; Lieven, ältester Sohn der Erzieherin der Großfürsten, Charlotte Karlowna geborene von Gaugreben (1732–1828), die für ihre Verdienste 1799 in den Grafen- und 1826 in den Fürstenstand erhoben wurde, war unter Paul I. zum Kriegsgouverneur von Archangelsk ernannt worden, von dem liberalen jungen Alexander I. aber als unverwendbar empfunden und vorzeitig in den Ruhestand versetzt worden, bis er 1819 – im Zuge der religiös-konservativen Neuorientierung – zum Kurator des Dorpater Lehrbezirks ernannt wurde. In seiner Funktion als Minister für Volksaufklärung, der ab 1832 durch Graf S. S. Uwarow als Adjunkt unterstützt und 1833 von diesem abgelöst wurde, leitete

Fürst Lieven die Umstellung des gesamten Ausbildungssystems, einschließlich der Universitätscurricula, auf Maximen des verschärften Autokratismus ein, der schließlich in der sogenannten Uwarowschen Dreifaltigkeit, dem Geist von »Orthodoxie, Autokratie und Volkstümlichkeit«, seine theoretische Ausformung fand.

Neben dem konservativen, in begrenztem Maß fachlich kompetenten deutschbaltischen Minister Fürst Lieven galt ein anderer deutschstämmiger Minister, der sich des besonderen Vertrauens des Zaren Nikolaus I. erfreute, als Sinnbild des in jeder Hinsicht finsteren Reaktionärs; dies war Graf Pjotr Andrejewitsch Kleinmichel (1793–1869). Kleinmichel, ein Abkömmling einer kleinbürgerlichen Familie aus Kurland, dessen Vater Generalmajor wurde, begann seine Karriere unter Graf Araktschejew, der ihn auch zum Leiter des Stabs der berüchtigten Militärsiedlungen ernannte. Nikolaus I. beförderte ihn im ersten Jahr seiner Regierungszeit zum Generaladjutanten und Mitglied der Kommission zur Ausarbeitung des Infanteriereglements. Als nach dem Brand im Winterpalast im Jahr 1838 eine besonders vertrauenswürdige und in Sicherheitsfragen ausgewiesene Person den Wiederaufbau überwachen sollte, wurde Kleinmichel mit dieser Aufgabe betraut. Er löste sie in kurzer Zeit und mit allerhöchster Anerkennung. Anfang 1842 wurde Kleinmichel zum Kriegsminister und Ende des Jahres zum Minister für Straßen und öffentliche Gebäude ernannt, ein Amt, das er bis zum Ende der Regierungszeit Nikolaus' I. innehatte. In dieser Funktion rühmte sich Kleinmichel einer unerschöpflichen, aber hohe finanzielle und menschliche Opfer fordernden Energie. Er legte die Anfänge für die von Nikolaus persönlich gewünschte und von seinem Finanzminister Kankrin bekämpfte nikolaische Eisenbahn, entwarf die mächtige Nikolaus-Brücke über die Newa und überwachte den Bau der neuen Eremitage, für den der Münchner Architekt und Bildhauer Leo von Klenze (1784–1864) verantwortlich war. Nach der Thronbesteigung Alexanders II. war Kleinmichel einer der ersten führenden Staatsmänner der Epoche Nikolaus' I., die ihres Amtes enthoben wurden.

Kein Zufall, aber eine zusätzliche Belastung für das Bild des russischen Deutschen in der Ära Nikolaus' I. war auch die Tatsache, daß das Geheimkomitee *(Neglasnyj Komitet)*, dessen Gründung der Zar im Revolutionsjahr 1848 anordnete, zu einem großen Teil aus hochgestellten deutschrussischen Beamten gebildet wurde. Im Volksmund das Buturlinsche Komitee genannt, galt dieses Gremium – ähnlich wie die 1826 gegründete Dritte Abteilung – als »deutsches Komitee«. Es übte die Aufsicht über die Universitäten aus, kontrollierte die Presse und das Verlagswesen und zeichnete für eine Reihe drastischer Einengungen der Meinungsfreiheit verantwortlich. Den Vorsitz des Komitees führte der Militärhistoriker Dmitrij Petrowitsch Buturlin (1790–1849), ab 1842 Direktor der Öffentlichen Bibliothek zu St. Petersburg. Sein Nachfolger in dieser letzten Funktion und Mitglied des Geheimkomitees, Staatssekretär und Mitglied des Staatsrates, Graf Modest Andrejewitsch Korff (1800–1872), war zwar keinesfalls ein Mann der konservativen Rechten (der junge Alexander II. ernannte ihn im Jahre 1855 sofort zum Vorsitzenden dieses geheimen Zensurkomitees); in seiner Funktion als Direktor der Öffentlichen Bibliothek, die er zu einer wahren Volksinstitution auszuweiten bemüht war, zeigte er alle Ansätze zu einem echten Volksaufklärer. Das zur Abwehr des revolutionären Geistes und seines Übergreifens auf Rußland gegründete Geheimkomitee hatte jedoch einen in der liberalen Öffentlichkeit so zweifelhaften und in der russischen Opposition so finsteren Ruf, daß die Zugehörigkeit zu diesem Komitee selbst dem Namen Korff nur abträglich sein konnte. So traten im Zeitalter der Restauration hinter der allgemeinen Fassade eines extrem konservativen russischen Beamtentums auch so glänzende Namen, wie die des liberalen Finanzministers Kankrin oder die eines pragmatischen, die Volksaufklärung mit allen wissenschaftlichen Mitteln fördernden Staatssekretärs wie Korff, in den Augen der liberalen Öffentlichkeit Rußlands wie des Auslands in einem gewissen Maße zurück; deutschrussische Beamte erzreaktionärer Prägung schienen vom Stil der russischen Restauration ebenso geprägt zu sein, wie sie ihn selbst mitbestimmten.

3. Die »deutsche Bürgschaft« – Vorbote eines »Staates im Staate«?

Mit der Stärkung des deutschen Elements bei Hofe, im Heer, in der Verwaltung und in den Ministerien nahm auch der Anteil der Deutschen an der Stadtbevölkerung Rußlands zu. Nicht zuletzt dem langjährigen Bemühen des Finanzministers Kankrin, einen leistungsfähigen städtischen Mittelstand zu entwickeln, war es zuzuschreiben, daß auch die deutsche Stadtbevölkerung, vor allem die der Hauptstädte Moskau und Petersburg, in auffallender Weise zu prosperieren begann. Begünstigt wurde ihre Stellung noch durch die Städtereform, die durch ein Verwaltungsedikt vom 13. Februar 1846 eingeleitet wurde. Als Grundlage der neuen städtischen Ordnung dienten fünf Gruppen städtischer Bewohner, die sich durch ihren Besitz- beziehungsweise Vermögensstand voneinander unterschieden. Dies waren: erstens die Erbadligen, sofern sie in den Großstädten Immobilien besaßen; zweitens der persönliche Adel, die Ehrenbürger und Personen der abgabefreien, aber nichtadligen Stände, wie etwa Gelehrte, Wissenschaftler, Künstler und Schauspieler, die im Besitz von Immobilien oder Vermögen waren; drittens die örtlichen Kaufleute, die einer der drei Gilden angehörten; viertens das städtische Groß- und Mittelbürgertum, das nicht den Zünften angehörte;

und fünftens die städtischen Handwerker und Bürger, die auf unbegrenzte Zeit in die Handwerkerzünfte aufgenommen waren.

Unter diesen fünf Kategorien städtischer Einwohner war – besonders in der Regierungsmetropole St. Petersburg und in der Hauptstadt des Handels und Gewerbes Moskau – der deutsche Anteil beträchtlich. Ende der vierziger Jahre des 19. Jahrhunderts lebten allein in St. Petersburg ca. 30 000 Deutsche. Bis zur Jahrhundertwende stieg ihre Zahl weiter an: Mindestens 50 000 russische Untertanen deutscher Herkunft und Zunge und etwa 11 000 sogenannte Reichsdeutsche, in Rußland lebende deutsche Staatsangehörige, lebten bei Ausgang des 19. Jahrhunderts in der russischen Metropole. Diese Petersburger deutsche Gesellschaft stellte einen sozialen Mikrokosmos *sui generis* dar. In ihr lassen sich vier soziale Schichten unterscheiden, deren Trennung allerdings weit weniger hermetisch war, als dies in der deutschen Ständegesellschaft der Fall war. An der Spitze der sozialen Pyramide der Petersburger Deutschen standen Personen, die der kaiserlichen Familie und, diesen folgend, der Hofgesellschaft angehörten. Die wichtigsten Personen dieser Gruppe waren die Kaiserinmutter, Marja Fjodorowna, Prinzessin von Württemberg, und vor allem die Kaiserin selbst, Alexandra Fjodorowna, Prinzessin von Preußen. Sie stellte in den Augen manches jungen Russen, wie etwa des Schriftstellers und Essayisten Alexander Herzen, die perfekte Verkörperung des »evangelisch-potsdamischen Absolutismus« dar. Weit vorteilhafter paßten sich einige jüngere, angeheiratete deutsche Mitglieder des Hauses Romanow der Petersburger Gesellschaft an. Zu ihnen gehörte unter anderem der junge Maximilian von Leuchtenberg (1817–1852), der 1839 die Tochter des Zaren Nikolaus, Marja Nikolajewna, geheiratet hatte. Herzog Maximilian von Leuchtenberg, der einzige Katholik unter allen jemals angeheirateten Großfürsten, hatte die hervorragende Waffensammlung der Leuchtenberg-Beauharnais mit nach Petersburg gebracht; er war ein wissenschaftlich und künstlerisch hochgebildeter Mann, der bald zum Präsidenten der Kaiserlichen Akademie der Künste ernannt wurde. Als ausgebildeter Bergingenieur wurde er auch zum Direktor des Berginstituts und zum Mitglied des gelehrten Komitees des Korps der Bergingenieure ernannt. Maximilian von Leuchtenberg war ein wissenschaftlich wie sozial außerordentlich aktiver Mann; er führte Versuche auf dem Gebiet der Galvanoplastik durch und beschrieb deren Resultate in den Wissenschaftlichen Annalen der Petersburger Akademie. Er setzte sich für eine Intensivierung der Industrie, besonders der galvanoplastischen Industrie, ein und gründete zu diesem Zweck ein Werk. Er gab sich mit Feuereifer dem Bau der ersten Eisenbahnlinien in Rußland hin und wurde schließlich zum Musterfarmer, nachdem er sich im Gouvernement Tambow ein großes Versuchsgut gekauft hatte. In Petersburg residierte er mit der Großfürstin Marja Nikolajewna im sogenannten Marienschloß; dieses war in den vierziger Jahren von dem in Petersburg lebenden deutschen Architekten Stakenschneider für Marja Nikolajewna gebaut worden und befand sich in privilegierter Lage am Ende des Isaakplatzes am Fuß der Isaakkathedrale.

Die deutschen Mitglieder der kaiserlichen russischen Familie hatten in der Regel ihre eigene Suite, die zu einem großen Teil aus Deutschen bestand; so galt es als selbstverständlich, daß zum Beispiel der Direktor der Persönlichen Kanzlei der Kaiserin Alexandra Fjodorowna ein Deutscher war: Staatssekretär Andrej Loginowitsch Hofmann. Und schließlich versahen bei Hof die Leibärzte der Zarin und der kaiserlichen Familie ihren Dienst, die noch häufig deutscher Herkunft waren. Dies waren in der Zeit Nikolaus' I. die Ärzte Martin Martinowitsch Mandt[31], Christian Iwanowitsch Loder, zugleich Anatom der Universität Moskau und Leibarzt des Zaren, Nikolaj Fjodorowitsch Arendt, der Leibokulist Lerche sowie Stoffregen, Rühl, Harder, Dahler, Reinholdt, Marcus, Scholz, Schlegel, Rauch, Sutthoff und die Leibchirurgen Meyer, Richter, Haurowitz und Dobbert.

Die nächste soziale Stufe der Petersburger Deutschen bildete die große Gruppe der Deutschen im russischen Staatsdienst; zu ihnen gehörten Militärs, Angestellte der verschiedenen Verwaltungsbehörden, der Ministerien, der Zoll- und Steuereinrichtungen, der Post und der Polizei. Einige Namen aus den späten vierziger Jahren können verdeutlichen, wie sich dieser Teil der Petersburger deutschen Gesellschaft zusammensetzte. An der Spitze der Dritten Abteilung Seiner Kaiserlichen Majestät, also der Geheimpolizei des Reiches, stand in der Zeit von 1839 bis 1856 L. W. Dubelt (1792–1862). Einer der Mitarbeiter Dubelts in der Dritten Abteilung war der deutschstämmige Beamte Alexander Karlowitsch Hederstern. Sollten den evangelischen oder katholischen Gemeinden Petersburgs oder einzelnen ihrer Mitglieder Probleme erwachsen, so konnten sie sich vertrauensvoll an Filip Filipowitsch von Wigel (von Wiegel) wenden; Wiegel war Direktor der Abteilung für Ausländische Glaubensbekenntnisse im Innenministerium und konnte sich mit Erfolg für seine deutschen Mitbürger verwenden. Der Direktor der Kanzlei des Innenministeriums war Karl Karlowitsch von Pohl; Pohl war trotz seiner hohen Staatsstellung des Russischen nur ungenügend mächtig; mußte er – wie im Fall Alexander Herzen – ein Verhör durchführen, so begann er dieses mit den Worten: »Erlauben Sie mir, deutsch zu sprechen.« Sollte des Nachts ein Brand ausbrechen, so konnte sich die deutsche Bevölkerung schnellstens an den Petersburger Brandmajor, das heißt den Leiter der Feuerwehr, Ludwig Nikolajewitsch Ertels (1817–1880), wenden. Plante ein in Petersburg lebender deutschstämmiger Schriftsteller, wie etwa der Ethnograph und Lexikograph Wladimir Iwanowitsch Dal (1801–1872), die Veröffentlichung eines neuen Buches, so konnte er sich bei Andrej Iwanowitsch Freigand, der von 1837 bis 1858 Mitglied des St. Petersburger Zensurkomitees war, nach den letzten Zensurvorschriften erkundigen. Hatte ein Petersburger Deutscher von seinem im Ausland lebenden studierenden Sohn (ab 1842 durften Russen wieder unbegrenzt ins Ausland reisen) einen politisch bedenklichen Brief erhalten, in dem sich sein Sohn allzu positiv über die revolutionären Ereignisse im März 1848 in Berlin oder über die Frankfurter Paulskirchenversammlung aussprach, so konnte der besorgte Vater bei Peter Christjanowitsch Witte, dem Zensor des St. Petersburger Postamtes, nachfragen, ob der Brief bereits die Aufmerksamkeit der Petersburger Zensur auf sich gelenkt hatte.

Die nächste Schicht der Deutschen in Petersburg stellten Gelehrte, Lehrer, Intellektuelle, Künstler und ihnen verwandte Berufe dar. Als Lehrer waren Deutsche sowohl an den Universitäten, in den Gymnasien und anderen Schulen als auch als Haus- und Privatlehrer in der Metropole, in den Groß- und Provinzstädten, in den adligen Residenzen und auf dem Land sehr gefragt und stark vertreten. Einen bevorzugten Platz unter den deutschrussischen Gelehrten gegen Ende der vierziger Jahre nahm Peter Iwanowitsch Köppen ein (1793–1854). Köppen war der Sohn eines brandenburgischen Arztes, der zu den von Katharina nach Rußland berufenen Ärzten gehörte. In Charkow geboren, absolvierte er die juristische Fakultät seiner heimatlichen Universität und ging nach dem Studium in den Staatsdienst; in Petersburg arbeitete er zunächst in der Postabteilung. Dank der Bekanntschaft mit seinem früheren Charkower Universitätslehrer Jakob und dem berühmten Gelehrten F. Adelung in Petersburg, einem Mentor des jungen Nikolaj Pawlowitsch, wurde er in Petersburg schnell mit der gesamten Gelehrtenwelt bekannt. Nach einem ausgedehnten Studienaufenthalt in Deutschland kehrte er 1825 nach Petersburg zurück, wo er bald mit einigen kritischen Essays die Aufmerksamkeit der geistlichen Zensurbehörde auf sich lenkte. Die orthodoxe Kirche strebte einen Prozeß gegen Köppen an, der dank der persönlichen Verwendung eines hohen Beamten der Religionsbehörde zu Köppens Gunsten im Sande verlief. 1829 wurde Köppen zum Adjunkten des Hauptinspektors für Bienenzucht ernannt. In dieser Funktion bereiste er das gesamte Südrußland und die Krim, wo gerade in diesen Jahren in den deutschen Kolonistensiedlungen die Bienenzucht erprobt und offiziell eingeführt wurde. 1834 wurde der Gelehrte auf Vorschlag des Volksbildungsministers, des Grafen Uwarow, zum Redakteur der von der Akademie der Wissenschaften herausgegebenen »Sankt Petersburger Deutschen Zeitung« ernannt. Der Redakteur wurde umgehend auch zum Adjunkten der Akademie der Wissenschaften für den Sektor Statistik ernannt und erhielt noch im selben Jahr den Auftrag, das südrussische Gouvernement Taurien zu bereisen, um hier eine ausgedehnte statistische Revision vorzunehmen. Bei dieser Arbeit verfolgte Köppen auch die wachsenden deutschen Bauernkolonien Tauriens mit besonderer Aufmerksamkeit. 1839 erfolgte die Ernennung Köppens zum Leiter der Dritten Abteilung des

Staatsdomäneministeriums und schließlich 1841 zum Mitglied des gelehrten Komitees dieses Ministeriums. 1843 wurde Köppen auch zum Ordentlichen Mitglied der Akademie der Wissenschaften auf dem Gebiet der Statistik, und 1845 gründete Köppen zusammen mit anderen führenden russischen Wissenschaftlern seiner Fachrichtung die Kaiserliche Geographische Gesellschaft. In dieser Eigenschaft, aber auch als weltberühmter Slawist und Kenner des Russischen Reiches, führte Köppen eine ausgedehnte Korrespondenz mit den führenden Kollegen seines Faches in West- und Mitteleuropa. Seine zahlreichen Arbeiten auf dem Gebiet der russischen Statistik, der Geographie und Ethnographie, die in den vierziger Jahren in Rußland und im Ausland erschienen, führten berühmte Besucher aus dem In- und Ausland in das gastfreie Haus Köppens in St. Petersburg. Mit seinen Arbeiten zur russischen Sozialstatistik und Volkskunde war Köppen einer jener deutschrussischen Gelehrten, die dank ihrer weitgehenden Assimilation an die russische Sprache und Kultur zu den führenden Forschern in Rußland gehörten. Diese tief in die russische Sprache und Kultur eingedrungenen Deutschrussen, die durch ihre Forschungen und Beiträge wesentliche Impulse zur Entwicklung des russischen nationalen Selbstverständnisses und Selbstbewußtseins gaben, gingen in vielen Fällen schon aus der zweiten, häufiger aber aus der dritten Generation in Rußland eingewanderter, in der Regel bürgerlicher Deutscher hervor.

Ein besonders hohes Maß an Kenntnis und Identifikation mit der russischen Sprache und Literatur zeichnete unter anderen Wladimir Iwanowitsch Dal (1801–1872) aus. Dal, der aus dem Gouvernement Jekaterinoslaw stammte, war der Sohn eines 1792 aus Preetz in Holstein nach Rußland emigrierten evangelischen Arztes und einer ebenfalls deutschen Mutter, der Tochter einer in Rußland lebenden Schriftstellerin und Übersetzerin mit dem Namen Freitag (oder Freytag). Nachdem er weite Teile Rußlands bereist hatte, ließ sich Wladimir Dal als Arzt in St. Petersburg nieder; dort verkehrte er mit den großen Dichtern und Schriftstellern seiner Zeit, mit Puschkin, Shukowskij, Krylow, Gogol, Jasykow, Fürst Odojewskij und vielen anderen. Sein erster, 1833 in St. Petersburg erschienener literarisch-volkskundlicher Versuch geriet in Gefahr, zensiert zu werden. Dal wurde zur Dritten Abteilung zitiert, aber noch am selben Tag auf Fürsprache des Dichters Shukowskij wieder freigelassen. 1836 wohnte Dal dem tragischen Tod des Dichters Puschkin bei. Der sterbende Puschkin vermachte ihm seinen Ring und Talisman. 1838 wurde Dal zum korrespondierenden Mitglied der Akademie der Wissenschaften ernannt. 1841 machte ihn der damalige Vizeminister für Apanagen, Graf Perowskij, zum persönlichen Sekretär. Mit der Ernennung Perowskijs zum Innenminister wurde Dal der Sekretär der Besonderen Kanzlei des Innenministers. In dieser Zeit, im Jahr 1844, erschien unter dem Namen Dals – in der Typographie des Innenministeriums gedruckt – die erste Schrift über den

Ritualmord der Juden in russischer Sprache. Es war dies eine Kompilation der im westlichen Ausland gängigen Ritualmord-Legenden, die allerdings nun, ins Russische übertragen, in Rußland eine große Verbreitung fanden.[32] Obgleich diese Schrift mit Dals Namen als Autor bezeichnet war, entstanden im nachhinein Zweifel an seiner Autorenschaft. Fest steht allerdings, daß er die Veröffentlichung der Schrift durch seine Abteilung zumindest förderte. Als Lutheraner (Dal trat erst ein Jahr vor seinem Tod zur Orthodoxie über) und deutschsprachiger Fremdstämmiger lebte sich Dal so stark in die Welt der russischen Sekten, Sprichwörter, Volksausdrücke, Märchen und Redewendungen ein, daß seine zahlreichen Arbeiten auf diesen Gebieten zu den epochemachenden Werken der russischen Sprach- und Volkskunde gehörten.

Eine ähnliche Leistung der Einfühlung in die russische Sprache vollbrachte Jakob Karlowitsch Grot (1812–1893), den man den Vater der russischen Grammatik nennt. Der Großvater Grots, Joachim Christian (russisch: Jefim Christjanowitsch, 1733–1799) war ein holsteinischer Bürger, der nach seinem Studium der Rechtswissenschaften und der Theologie in Jena in Königsberg vom Siebenjährigen Krieg und den russischen Truppen überrascht wurde. Der russische General N. A. Korff bot ihm die Stelle seines Sekretärs an und nahm ihn mit nach Petersburg. Dort wurde er unter Katharina der Großen Pastor des holsteinischen Regiments und danach der Katharinenkirche auf der Wassilij-Insel in St. Petersburg. Joachim Christian Grot wurde in Rußland zum Stammvater einer Gelehrtendynastie. Sein Enkel Jakow Karlowitsch Grot besuchte, wie es einem Glied der dritten Generation der arrivierten Petersburger Deutschen anstand, das Lyzeum von Zarskoje Selo. Nach einem glänzenden Abschlußexamen war ihm eine Stelle in der Kanzlei des Ministerkomitees sicher, die zu dieser Zeit der Aufsicht des Barons M. A. Korff unterstand. Als begeisterter Byron-Übersetzer fiel Grot bald den führenden russischen Dichtern auf. Shukowskij empfahl ihn 1840 an Rehbinder, den Staatssekretär für Finnland, der ihm sofort eine Professur für russische Sprache an der neugegründeten Universität von Helsinki einrichtete. Es folgten ausgedehnte Reisen, sprachwissenschaftliche Exkursionen, deren Resultate in zahlreichen grammatischen und linguistischen Werken Niederschlag fanden. Schließlich wurde der weitbekannte Sprachwissenschaftler zum Lehrer des Großfürsten Nikolaj Alexandrowitsch, des späteren Zaren Nikolaus II., für russische und deutsche Sprache, Geschichte und Geographie ernannt. Berufungen als ordentliches Mitglied der Akademie der Wissenschaften (1858), als Vorsitzender der Akademie der Wissenschaften (1884) und als Vizepräsident der Akademie (1889) rundeten das schöpferische Leben des großen russischen Sprachwissenschaftlers ab.

Ein anderes Beispiel eines erfolgreichen jungen deutschen Petersburgers der dritten Generation war der Pädagoge und Journalist Nikolaj Iwanowitsch Gretsch (1787–1867). Der Großvater Gretschs, Johann-Ernst Gretsch (russisch: Iwan Michailowitsch Gretsch, 1709–1760), war unter Biron aus Preußen nach Rußland eingewandert und zum Lehrer des Landadelskorps ernannt worden. Der Vater Gretschs, ebenfalls Johann-Ernst (russisch: Iwan Iwanowitsch, 1754–1803), war Obersekretär des Senats gewesen. Der junge Gretsch, in seiner Konfession weiterhin Protestant, besuchte eine Junkerschule sowie das Pädagogische Institut und wurde schließlich als Russischlehrer an der deutschen Sankt-Peters-Schule angestellt. Seine flammend patriotischen, antinapoleonischen Schriften und Übersetzungen machten ihn bald bekannt. Als Journalist machte sich Gretsch einen Namen, als er 1812 mit einer Subvention von nur 1000 Rubeln die sogenannte dicke Zeitschrift »Sohn des Vaterlands« *(Syn Otečestva)* gründete. In der konservativen Journalistik der damaligen Zeit nahm er bald die erste Stelle ein. Die zweite »dicke« Zeitschrift, die Gretsch zusammen mit Bulgarin von 1825 bis 1860 führte, war die »Nördliche Biene« *(Severnaja Pčela)*. Wie viele russische Zeitschriften politisch-literarischen Inhalts in der Zeit der Restauration, so litt auch die »Nördliche Biene« an einer gewissen Blutlosigkeit. Es wird berichtet, daß Bulgarin, der Mitarbeiter Gretschs, dem Vorsitzenden der Dritten Abteilung, General Dubelt, einmal die Frage stellte: »Worüber soll man schreiben?«, worauf dieser ihm antwortete: »Theater, Ausstellung, Warenhaus, Markt, Restaurants, Konditorei..., das ist dein Gebiet, keinen Schritt darüber hinaus.« Unter diesen Umständen verlagerte der talentierte junge Gretsch das Hauptgewicht seiner Aktivität bald auf wissenschaftliche Bereiche; er gab ein enzyklopädisches Lexikon, eine Militärenzyklopädie, eine Reihe russischer Grammatiken, eine erste russische Literaturgeschichte der alexandrinischen Zeit und schließlich seine Vorlesungen zur russischen Sprache heraus. Als konservativer Verleger und Journalist sowie Mitbegründer der russischen Linguistik und Grammatik als Wissenschaft nahm Gretsch im protestantischen deutschen Teil der St. Petersburger Gesellschaft einen wichtigen Platz ein. Seine kritische Analyse des Rußlandbuches von Marquis de Custine (»Examen de l'ouvrage de M. le Marquis de Custine intitulé ›La Russie en 1839‹«) hat die starke Wirkung, die diese freidenkerisch-frivole Schrift auf die russische Jugend hatte, erheblich gemindert und damit die konservativ-slawophile russische Gesellschaft von einem Alptraum befreit.

Neben den deutschstämmigen Gelehrten spielten die Künstler deutscher Herkunft im St. Petersburg der vierziger Jahre des 19. Jahrhunderts eine wichtige Rolle. Der bereits erwähnte Architekt A. I. Stakenschneider (1802-1865) erbaute die Paläste für die Großfürsten Marja Nikolajewna und Nikolaj Nikolajewitsch in St. Petersburg. Der Bildhauer Peter Karlowitsch Freiherr Clodt von Jürgensburg (1805–1867) schuf die berühmte Pferdegruppe auf der Anitschkow-Brücke und wurde in den fünfziger Jahren durch sein Denkmal Nikolaus' I. berühmt. Der aus Estland stammende Maler Timoleon von Neff (1804–1876), der seit 1826 in St. Petersburg arbeitete, gestaltete die Hofkirche des Winterpalastes sowie die Isaakskathedrale aus. Und Johann Reiners (russisch: Iwan Iwanowitsch Rajners, 1818–1868), Professor an der St. Petersburger Kunstakademie und beliebter Maler, gründete in Petersburg eine bekannte Terrakotta-Fabrik.

Das Petersburger deutsche Theater hatte seinen Ruf in den zwanziger Jahren gefestigt. In den vierziger Jahren erfreute sich der Schauspieler Konstantin Holland besonderer Beliebtheit. Auch die Sängerin, Schauspielerin und Autorin sentimentaler Lieder, Charlotte Birch-Pfeiffer (1800–1868) gehörte zu den deutschen Stützen der Petersburger Opern- und Theaterszene.

Die vierte und größte Gruppe der Petersburger Deutschen kann eigentlich weniger nach ihrer sozialen Herkunft und ihrem sozialen Stand als vielmehr nach ihrer Wohngegend bezeichnet werden: Es sind die Deutschen auf der Wassilij-Insel, die die breite Spanne vom gehobenem Bürgertum, das auch akademische Berufe umfaßte, bis zum Kleinbürgertum der Handwerker und selbst Arbeiter umfaßten. Auf der Wassilij-Insel wohnten neben den deutschen Kaufleuten, Meistern, Ärzten, Apothekern, Buchhändlern auch zahlreiche Handwerker wie: Maler, Instrumentenmacher, Goldschmiede, Uhrmacher, Kunsttischler, Posamentierer, Wagenbauer, Schneider, Bäcker und die bekannten deutschen Konditoren. Während die Handwerker in den Zünften organisiert waren, die Kaufleute den Gilden angehörten, hatten auch die Ärzte und Apotheker sich ihre berufsständischen Vereinigungen geschaffen. So bestand ab 1819 in Petersburg ein »Deutscher ärztlicher Verein«, der von 1821 bis 1848 eine starke Publikationstätigkeit entwickelte. 1859 wurde daneben der »Verein der Sankt Petersburger Ärzte« gegründet. Deutsche Ärzte waren selbstverständlich neben der Metropole auch auf der gesamten Reichsebene stark vertreten. Im Jahr 1844 wurden von den insgesamt 7280 Ärzten in Rußland 2265 Ärzte deutscher beziehungsweise deutschrussischer Herkunft registriert. Viele von ihnen arbeiteten in führenden Positionen. Die deutschen Apotheker, die seit der Zeit Peters des Großen das Leben ihrer Berufsgruppe in Rußland bestimmten, hatten 1818 die Pharmazeutische Gesellschaft gegründet, deren Sitz in Petersburg lag und die zu einem großen Teil aus deutschen Apothekern und Apothekergehilfen bestand. Auch die Mineralogische Gesellschaft, die 1842 in Petersburg gegründet wurde, zählte im wesentlichen deutschrussische Mitglieder. Die deutschen Handwerker in Petersburg waren eine sozial besonders aktive Gruppe; war man bereits als Meister in Rußland eingereist, so erwarb man sich oft in kurzer Zeit ein kleines Vermögen, beschäftigte dann in zunehmendem Maß die billigen russischen Arbeitskräfte und wurde im Lauf einiger Jahrzehnte nicht selten zu einem kleineren Unternehmer oder sogar Fabrikbesitzer.

Wie in St. Petersburg, so bildeten auch in Moskau die Deutschen eine durchaus überschaubare deutsche »Stadt in der Stadt«. Moskauer Stadtkommandant war in der Zeit von 1830 bis 1853 der Senator Karl Gustawowitsch von Staal (1778–1853) aus Estland. Moskauer Polizeimeister war Fjodor Iwanowitsch Müller. Das intellektuelle Leben Moskaus wurde von namhaften Professoren deutscher Herkunft an der Moskauer Universität mitbestimmt: etwa dem Chemiker Rodion F. Heimann (1802–1865), dem Chirurgen F. A. Hildebrandt (1773–1845), dem Chemiker Ferdinand Friedrich Reusz (russisch: Fjodor Fjodorowitsch Reus, 1778–1852), dem Professor für Geburtshilfe und Gynäkologie Michael Wilhelm Richter (1799–1874) und dem Zoologen G. I. Fischer von Waldheim (1771–1853). Das Leben des evangelischen Moskau bestimmte in diesen Jahren der Pastor der evangelischen Peter-und-Pauls-Kirche, Heinrich Dickhoff. Gehörte man als Deutscher der liberalen, westlich orientierten Gesellschaft an, so las man täglich die »Moskowskie Wedomosti«, die in den vierziger Jahren von Valentin Fjodorowitsch Korsch (1810–1897) herausgegeben wurden. Am Abend traf man sich im Restaurant von Philipp Mattern. Und schließlich konnte sich am vorgerückten Abend eine Gruppe unternehmungslustiger Herren in das offene Haus der Maria Bredau wagen – vorausgesetzt, sie wollten an diesem Abend jede Politik vergessen: denn die Inhaberin dieses Etablissements war überdies noch als Agentin der Dritten Abteilung bekannt.

Daneben waren auch in Moskau einige Berufsgruppen, wie die der Bäcker, Zuckerbäcker, Konditoren, Wurstmacher, Lehrer unterschiedlicher Art, Apotheker und schließlich Ärzte zu einem beträchtlichen Maß in deutschen Händen. Unter den deutschen Ärzten Moskaus ragte in der Regierungszeit Nikolaus' I. der »heilige Arzt« Friedrich Joseph Haass (russisch: Fjodor Petrowitsch Gaas, 1780–1853)[33] aus Münstereifel besonders heraus. Haass, der Sohn eines katholischen Apothekers, war noch im Begriff, die zur Durchführung seiner medizinischen und philosophischen Studien aufgenommenen Darlehen zurückzuzahlen, als ihm die in Wien weilende Fürstin Repnin das Angebot machte, als Leib- und Hausarzt der Familie mit nach Rußland zu gehen. Wenige Jahre später war Haass bereits Hauptarzt des Moskauer Paulskrankenhauses. Doch das Schwergewicht seiner medizinischen und sozialen Arbeit, die ihn bei den Schwerverbrechern und Verbannten in den Ruf des Heiligen, bei den Moskauer Bürokraten und selbst beim Generalgouverneur aber in den des Querulanten und Fanatikers brachte, lag auf dem Gebiet der Betreuung und ärztlichen Versorgung der Straffälligen. Diese Tätigkeit begann mit der Eröffnung des Fürsorgekomitees für die Gefängnisse im Jahr

1829, zu dessen Mitglied der Moskauer Generalgouverneur, Fürst D. W. Golizyn, den bereits bekannten Arzt Haass berief. Die Arbeit in diesem Komitee sollte über die nächsten 23 Jahre hin Energie und Enthusiasmus des sanguinischen Mannes so stark in Anspruch nehmen, daß er seine gutgehende ärztliche Praxis aufgab, sein Vermögen für die Verhafteten opferte und ein Leben vollständiger persönlicher Entsagung, bei absoluter Hingabe an seine hohe menschliche Aufgabe, führte. Haass wurde zu einem der ersten namhaften Reformer des Vollzugs der Strafverbannung und der hygienisch-medizinischen Versorgung der Verhafteten. Auf den Sperlingsbergen bei Moskau, heute dem Ort der Moskauer Universität, wurden die straffälligen Personen aus 22 Gouvernements zu Marschkolonnen zusammengestellt und auf den Weg nach Sibirien geschickt. Eine der ersten Leistungen von Haass, der bei der Zusammenstellung der Marschkolonnen anwesend war und die Arrestanten menschlich, religiös und medizinisch betreute, bestand darin, daß die bis dahin in Eisen geschmiedeten Marschkolonnen von je acht bis zwölf Personen von nun an in Ketten gelegt werden durften. Die Bedeutung dieser Reform war groß: In Eisen geschmiedet, mußten die stärkeren Häftlinge auf dem unendlich langen Weg oft bald die Schwächeren oder auch die Toten über längere Strecken mit sich schleifen. In Ketten gelegt hingegen konnte man sie auf dem Weg nach Gesunden, Schwachen und Toten trennen. Aus eigenen Mitteln stiftete Haass schließlich als »unbekannter Wohltäter« des Gefängniskomitees besondere Ketten, die im Notfall auch entfernt werden konnten. Eine zweite Leistung von Haass bestand darin zu erreichen, daß alle nach Moskau gebrachten Häftlinge hier zunächst für einige Tage entspannen durften; hier machte er sich persönlich mit den Häftlingen bekannt, fragte nach ihren Leiden und Bedürfnissen, schenkte ihnen das von ihm selbst verfaßte Büchlein »ABC der christlichen Frömmigkeit«, sonderte Kranke und Bedürftige aus den Transporten aus und versuchte, die Aufsichtsbehörden vom moralischen Wert der Häftlinge zu überzeugen. Sein »Er hat es nicht bös' gemeint« ging ins Russische ein und bezeichnete einen ersten Schritt zu einer humanen, psychologischen Betrachtung der Häftlinge. Oft begleitete er die von ihm betreuten Marschkolonnen über einige Kilometer hinweg zu Fuß, um sich dann unter Tränen, mit Kuß und Segensspruch von seinen Schützlingen zu verabschieden. Eine Gruppe von Verbannten stiftete ihrem »heiligen Doktor« im Gefängnis von Nertschinsk in Sibirien die Ikone des heiligen Fjodor Tiron. Als ärztlicher Betreuer der Moskauer Gefängniskrankenhäuser führte Haass auch hier eine Reihe von wichtigen Neuerungen ein. Sie waren zu einer Zeit, in der sich die staatliche Gefängnisreform noch auf den ersten Stufen befand, von besonderer Wichtigkeit. Wann immer Haass in seinen Gesprächen mit den Kranken oder Verhafteten feststellte, daß er einen zu Unrecht oder mit ungenügendem Beweismaterial verhafteten Menschen vor sich hatte, bemühte er sich um seine Freilassung. Die Akten des Moskauer Gefängniskomitees enthalten 142 schriftliche Anträge von Haass auf Milderung oder Revision des Urteils. Wurden seine Bitten nicht erfüllt, so konnte der leidenschaftliche Mann Briefe heftigster Anklage an den Moskauer Metropoliten Filaret, Beschwerden über das schreiende Unrecht an Kaiser Nikolaus I. oder den preußischen König, den Bruder der Kaiserin Alexandra Fjodorowna, senden. Diese und ähnliche Aktionen verhalfen Haass bald zu dem Ruf eines sonderbaren, aber unwiderstehlichen Querulanten.

Bezeichnend war die folgende Episode: Als Zar Nikolaus I. bei einem Besuch des Moskauer Gefängniskomplexes der persönlichen Bitte Haass' um die Entlassung eines kranken und zur Verbannung nach Sibirien vorbestimmten Greises gar kein Gehör schenken wollte, fiel der Arzt vor dem Kaiser auf die Knie und hielt seine Hand so lange bittend fest, bis dem gerührten Kaiser das erbetene Versprechen entfuhr. Doktor Haass, ein hochgewachsener Mann im abgetragenen Frack, mit eigentümlichem Jabot, kurzen Beinkleidern, schwarzen, vielfach gestopften Strümpfen und Spangenschuhen, war in Moskau stadtbekannt. Beim Ausbruch der Choleraepidemie 1848 bat Graf Sakrewskij den Arzt, die aufgeregte Menschenmenge zu beruhigen. Haass ergriff dabei auch die Gelegenheit, seine abergläubischen russischen Ärztekollegen dadurch vom nichtansteckenden Charakter dieser Krankheit durch äußere Berührung zu überzeugen, daß er sich selbst vor ihren Augen für eine halbe Stunde in die Badewanne setzte, aus der soeben verstorbene Cholerakranke weggetragen worden waren. Als Friedrich Josef Haass im August 1853 nach einem Leben der Erschöpfung und Selbstaufopferung starb, strömten Tausende von Moskauern viele Tage lang in seine kleine, äußerst bedürfnislose Wohnung neben dem Polizeikrankenhaus (im Volksmund Haass'sches Krankenhaus genannt), um Abschied von dem »heiligen Arzt«, der auf eine große Karriere und ein Leben in Anerkennung und Wohlstand verzichtet hatte, zu nehmen.

Um die Mitte des 19. Jahrhunderts waren deutsche Kräfte in Rußland so stark auf die unterschiedlichen Sektoren des gesellschaftlichen und politischen Lebens verteilt, daß in der russischen Gesellschaft der Eindruck entstehen konnte, die Deutschen hätten in Rußland einen »Staat im Staate« geschaffen. Dieser Eindruck wurde besonders dadurch verstärkt, daß sich Deutsche in schwierigen Situationen, aber auch bei der Förderung gegenseitiger Karrieren, in einer Weise behilflich sein konnten, die Russen sehr oft nicht zu Gebote stand. Die »deutsche Bürgschaft« ebnete auf höchst effektive Weise den gesellschaftlichen Weg: Für deutsche Einwanderer, die nach Rußland kamen, streckten sich von den unterschiedlichsten Amtspersonen deutschrussischer Herkunft hilfreiche Hände aus; Deutsche, die vom Land in die Stadt kommen wollten, fanden hier durch Landsleute ihren beruflichen und sozialen Weg schnell geebnet; und Deutschrussen, die in die höheren und höchsten Regierungsämter aufsteigen wollten, konnten sich über die Stelle des Privatsekretärs, Adjutanten oder Mitarbeiters eines bereits etablierten Deutschrussen sehr schnell zu höheren Ämtern empordienen; ja selbst ein junger deutschrussischer Intellektueller, der in den dreißiger oder vierziger Jahren unter den Einfluß der deutschen Philosophie geraten und radikalisiert war, konnte – wie der Fall Alexander Herzen zeigt – am Ort seiner Verbannung in der Regel auf einen wohlmeinenden deutschen Buchhändler, einen deutschen Provinzarzt und Apotheker, einen bärbeißigen, aber im Herzen gutmütigen deutschen Polizeibeamten und nicht selten auf einen deutschen Gouverneur oder Vizegouverneur rechnen, die auf ihre Weise seinen Aufenthalt am Ort der Verbannung angenehm machten.

Wie wirksam sich selbst unter schwierigen politischen Bedingungen die »deutsche Bürgschaft« im gesellschaftlichen Leben Rußlands erwies, beweist der außergewöhnliche Fall der 1842 in St. Petersburg gegründeten deutschen Wohltätigkeitsgesellschaft. Sie entstand zu einer Zeit, da das Gesetz über das Verbot jeglicher Gesellschaften und Versammlungen vom 1. August 1822 noch voll in Kraft war und erst noch ein halbes Jahrhundert vergehen sollte, bis sich Wohltätigkeits- und ähnliche Gesellschaften in breiterem Maße offiziell etablieren durften. Die deutsche Wohltätigkeitsgesellschaft stellt das einzige Beispiel einer nicht fachbezogen-wissenschaftlichen Gesellschaft dar, die in der Zeit Nikolaus' I. mit offizieller Zustimmung entstand. Ihr standen als nichtoffizielle, geheime Gesellschaften dieser Zeit lediglich die von Kostomarow gegründete Kyrill-und-Method-Gesellschaft sowie die Petraschewskij-Gruppe gegenüber, die beide in den vierziger Jahren von den Geheimagenten der Dritten Abteilung aufgespürt und in Schauprozessen aus der Welt geschafft wurden. Dabei war es bekannt, daß sich unter den 23 abgeurteilten Teilnehmern des Butaschewitsch-Petraschewskij-Kreises – eines fourieristisch-freidenkerischen Kreises, dem auch der Schriftsteller Fjodor Michajlowitsch Dostojewskij angehörte – der deutsche Lehrer am Hauptingenieurinstitut, Felix Toll (26 Jahre alt), der Hauptmann im Hauptjägerregiment, Alexander Palm (27 Jahre alt) und der Kollegiensekretär Alexander Europäus (22 Jahre alt), ein in Petersburg lebender Finne, befanden.

Die Gründungsgeschichte der deutschen Wohltätigkeitsgesellschaft zu St. Petersburg verdeutlicht auf eindrucksvolle Weise, wie stark die »deutsche Bürgschaft« auch behördliche Schranken zu überwinden half.[34]

Auf Anregung des sächsischen Gesandten am russischen Hof, Baron Seebach, beschloß 1841 eine Gruppe wohlhabender St. Petersburger Deutscher, unter denen sich die Ärzte Martin Maier und Spieß und der Ehrenbürger Theodor Schulz befanden, einen deutschen Wohltätigkeitsverein zu gründen, der sich insbesondere mittelloser deutscher Handwerker, erkrankter und alleinstehender Arbeiter und Gesellen sowie der Witwen und Waisen deutscher Mitbürger annehmen sollte. Diese Idee entstand auf dem Hintergrund der sehr stark anwachsenden deutschen Handwerkerkolonie auf der Wassilij-Insel, deren Versorgung im Fall der Bedürftigkeit von den bestehenden kirchlichen Wohltätigkeitsorganisationen allein nicht mehr gewährleistet werden konnte. Ende 1841 wandte sich Doktor Spieß mit einem Projektentwurf zur Gründung einer deutschen Wohltätigkeitsgesellschaft geschickterweise an den Leiter der Dritten Abteilung der Persönlichen Kanzlei des Kaisers, Generaladjutant A. Ch. Benckendorff. Benckendorff las den Projektentwurf mit großem Interesse und sandte ihn, von einem wohlwollenden Empfehlungsschreiben begleitet, am 5. 12. 1841 der Kompetenz halber an den Innenminister, L. Perowskij. Benckendorff teilte dem Innenminister mit, daß er dieses Projekt nach eingehender Durchsicht für »so nützlich (halte), daß ich sogar bereit bin, in ihm das Amt des Leiters zu übernehmen«. Er bat den Innenminister, diese Angelegenheit mit Wohlwollen zu prüfen und ihr den geeigneten behördlichen Gang zu sichern, damit die in Petersburg lebenden Ausländer deutscher Untertanenschaft baldmöglichst die geplante Hilfsgemeinschaft gründen könnten. Am 8. Januar 1842 teilte der Innenminister, dessen persönlicher Sekretär zu dieser Zeit Wladimir Dal war, Graf Benckendorff mit, daß er das Projekt geprüft und in ihm »nichts den existierenden gesetzlichen Bestimmungen Widersprechendes« gefunden habe, aber vor der Übergabe des Projektes an das Ministerkomitee, das für eine endgültige Entscheidung verantwortlich war, die folgenden Änderungen für nötig halte: Erstens sollte das »Statut der Gesellschaft für die hilfsbedürftigen deutschen Untertanen in Sankt Petersburg« festhalten, daß alle in Petersburg lebenden deutschen Untertanen ohne Unterscheidung ihrer Konfession das Recht auf Schutz und Hilfe dieser Gesellschaft genießen sollten. Zweitens sollte das Statut präzisieren, aus welchen der genannten »wohltätigen Einrichtungen« die Mittel kämen, die die Gesellschaft für ihre Hilfe verwenden wollte. Drittens sollte das Statut die genaue Funktion des Direktors oder Fürsorgers umreißen. Perowskij schrieb: »Wie aus dem Schreiben Ew. Erlaucht (Nr. 7006) ersichtlich ist, beliebten Sie Ihre Zustimmung dazu zu bekunden, das Amt des Direktors dieser Gesellschaft auf sich zu nehmen; wichtig wäre es für mich zu wissen, ob damit auch das Amt des Fürsorgers der Gesellschaft in Ihren Händen ruht.« Viertens wollte der Innenminister die genaue Zeit der Gründung des Komitees, die Art der Wahl des Präsidenten sowie der Komiteemitglieder angesprochen wissen. Und schließlich wollte er, fünftens, die Bedingung in das Statut aufgenommen sehen, daß je ein Exemplar der Jahresberichte der Gesellschaft unaufgefordert an den Innenminister gesandt werde. Innenminister Perowskij bat, das Projekt in dem vorgeschlagenen Sinn zu überarbeiten, damit er es dann zu seiner endgültigen Bestätigung an das Ministerkomitee weiterleiten könnte. Am 7. Juni 1842 schickte der Leiter der Dritten Abteilung der Persönlichen Kanzlei des Kaisers, Graf Benckendorff, dem Innenminister mit Begleitschreiben (Nr. 3401) das überarbeitete Projekt des »Statuts der Gesellschaft für die Hilfe der in Petersburg lebenden armen deutschen Untertanen«.

In einem ergänzenden Schreiben vom 28. August 1842 (Nr. 4949) bekräftigte Benckendorff seine Absicht, das Amt des Fürsorgers, und nicht, wie Perowskij irrtümlich vermutet hatte, des Direktors, das in diesem Statut verankert war, zu übernehmen, um dadurch mit allen ihm zur Verfügung stehenden Mitteln den Erfolg der geplanten Gesellschaft zu fördern. Am 3. November 1842 (Schreiben Nr. 1414) ließ der Innenminister Benckendorff das Projekt, mit nur mehr geringen redaktionellen Veränderungen versehen, erneut zugehen und bat, den Gründern der Gesellschaft dieses verbesserte Projekt zur Zustimmung vorzulegen. Mit Schreiben vom 17. November 1842 (Nr. 6437) schickte Benckendorff das verbesserte und mit den Unterschriften der Gründer versehene Projekt des »Statuts der Deutschen Wohltätigkeitsgesellschaft in Sankt Petersburg« *(Ustav Germanskogo Blagotvoritel'nogo Obščestva v S. Peterburge)* an den Innenminister zurück und bat um Einleitung aller weiteren Schritte. Das Projekt, das unter anderem die Unterschriften von Baron Seebach, Ehrenbürger Theodor Schulz und den Ärzten Spieß und Martin Maier enthielt, bestand aus 33 Punkten, in denen die Hauptgrundlagen und Ziele der Gesellschaft, die Rechte und Pflichten der Mitglieder, die Art der Verwaltung und Vergabe geldlicher Mittel an Notleidende präzisiert wurden.

Als Hauptziel der Gesellschaft wurde die Pflege *(prizrenie)* der in Petersburg lebenden deutschen Untertanen angegeben. Der Gesellschaft sollten Personen angehören, die durch Bereitstellung von Mitteln oder durch persönlichen Einsatz die Ziele der Gesellschaft förderten. Diese Mitglieder der Gesellschaft sollten aus drei Gruppen bestehen:

»Gründer« der Gesellschaft sollten – neben den eigentlichen Gründungsmitgliedern – alle Personen sein, die »durch Bereitstellung zinstragenden Kapitals oder durch andere Spenden ein festes Fundament für die Gesellschaft legen«.

»Ehrenmitglieder« waren alle »die Gesellschaft fördernden Personen des geistlichen Standes sowie Ärzte, Lehrer und Lehrerinnen«.

»Wirkliche Mitglieder« waren die Personen, »die jedes Jahr eine gewisse Spende für die Gesellschaft zur Verfügung stellen«.

Das Statut hielt ausdrücklich fest: »Als Mitglieder der Gesellschaft können auch Personen weiblichen Geschlechts aufgenommen werden. Ihnen besonders wird die Pflicht zuteil, die Armen dieses Geschlechts sowie die minderjährigen Kinder zu versorgen.«

Das Kapital der Gesellschaft sollte aus geldlichen oder anderen Spenden der Gründer der Gesellschaft, den Jahresbeiträgen ihrer Mitglieder, einmaligen Gaben sowie den Zinsen des bei der Staatsbank eingelegten Guthabens der Gesellschaft gewonnen werden.

Der Gesellschaft sollte ein Komitee vorstehen, das auf der Jahresvollversammlung aller Mitglieder gewählt und aus einem Präsidenten, einem Vizepräsidenten, drei Mitgliedern, einem Sekretär, einem Buchhalter und einem Kassierer bestehen sollte. Das Komitee sollte für alle amtlichen Angelegenheiten die deutsche Sprache verwenden. Es entschied, neben einer Reihe anderer Aufgaben, auch über die Vergabe der Mittel. Das Statut hielt fest:

> »Alle in St. Petersburg befindlichen deutschen Untertanen, die aufgrund von Krankheit, Alter oder besonderer, trauriger Umstände die Mittel für ihren Unterhalt eingebüßt haben, und gleichermaßen alle diejenigen, die in ihr Heimatland zurückkehren müssen, aber aufgrund von Armut nicht imstande sind, den notwendigen Weg zurückzulegen, können sich mit ihren Bitten um Erweisung finanzieller Hilfe an das Komitee wenden.«

Diese Hilfeleistungen sollten in allmonatlichen oder einmaligen Unterstützungsgeldern oder aber in der Zuweisung der notwendigen Reisemittel bestehen. Dabei wurde

> »... das Maß der Hilfeleistung für die Bedürftigen ... durch das Komitee bestimmt, und zwar nach genauester Feststellung der wirklichen Armut der Bedürftigen.
>
> In extremen Fällen, die keinen Aufschub erlauben, können die Hilfsmittel auch ohne Feststellung der Armut der Bedürftigen erteilt werden.«

Kurz nach Eingang dieses 33-Punkte-Statuts der deutschen Wohltätigkeitsgesellschaft bestätigte der Innenminister Perowskij dem Leiter der Dritten Abteilung, Graf Benckendorff, in seinem Schreiben Nr. 1461 den Eingang dieses Statuts und versprach, das Material in Kürze dem für die Zustimmung neu zu gründender Gesellschaften zuständigen Ministerkomitee zu überreichen. In seinem Schreiben vom 24. November 1842 (Nr. 1462) legte der Innenminister dem Ministerkomitee den Inhalt des gesamten Vorgangs dar und bat um Zustimmung zur offiziellen Gründung der Gesellschaft. Nach Verlesung des Schreibens des Innenministers vom 24. November 1842 am 15. Dezember 1842 (Schreiben des Ministerkomitees Nr. 2421) beschloß das Ministerkomitee, das keinerlei Einwände gegen die neue Gesellschaft erhob, dem Vorschlag des Innenministers zuzustimmen. Da auch die Zustimmung des Kaisers bereits gesichert war, sollte nunmehr der Innenminister die Erlaubnis zur offiziellen Gründung der Gesellschaft erteilen.

Im ersten Jahr ihrer Tätigkeit – so teilte das statistische Register der Gesellschaft für die Jahre 1843 bis 1844 mit – betreute die Gesellschaft 1867 Hilfsbedürftige. Unter ihnen befanden sich neben anderen Arbeitslosen 76 Glasarbeiter, 70 Schuhmacher, 46 Schreiner, 94 Schneider sowie 30 Weber. Als einer der Gründe für ihre Arbeitslosigkeit wurde die Tatsache erwähnt, daß deutsche Meister häufig russische Gesellen vorzögen, da diese die billigeren Arbeitskräfte seien. Im selben Zeitraum erteilte die Gesellschaft 127 mittellosen Deutschen die Mittel zur freien Heimreise nach Deutschland.[35]

Nach dem Tod ihres Patrons und Förderers Benckendorff (1844) war die Wohltätigkeitsgesellschaft offenbar daran interessiert, ein enges Verhältnis zu dem zuständigen Minister aufzubauen. Der relativ liberale, hochgebildete und für soziale Fragen immer ansprechbare Innenminister Perowskij, ein Mitglied des Komitees zur Bauernbefreiung, kam diesem Wunsch mit Verständnis und Wohlwollen entgegen.

Die Zusammenarbeit mit dem Innenminister entwickelte sich vorzüglich, und der deutsche Wohltätigkeitsverein begann bald, seine Arbeit auf neue Gebiete auszudehnen. Auch der Ministerwechsel, der 1853 Generaladjutant D. G. Bibikow an die Spitze des Innenministeriums brachte, rief keinerlei Veränderung in der guten Zusammenarbeit hervor. 1853 sah sich der Wohltätigkeitsverein aufgrund des starken Anwachsens der Zahl von bedürftigen Kindern veranlaßt, auch Schulen für die Kinder armer in Petersburg lebender Deutscher einzurichten. Dazu freilich bedurfte es der Änderung des Statuts, wie sie nach § 33 des Vereinsstatuts vorgesehen war. Ordnungsgemäß wandte sich der deutsche Wohltätigkeitsverein mit der Bitte um Statutenänderung an die Wirtschaftsabteilung des Innenministeriums, von der die Bitte, mit Zustimmung und Befürwortung des Innenministers, an den Minister für Volksaufklärung, A. S. Norow, weitergeleitet wurde. Dieser versagte seine Zustimmung nicht. Die Schulen für bedürftige deutsche Kinder konnten gegründet werden. Um unliebsamen Mißverständnissen vorzubeugen, empfahl die für alle fiskalischen Fragen zuständige Wirtschaftsabteilung des Innenministeriums dem Komitee der Wohltätigkeitsgesellschaft, auch den St. Petersburger »Ober-Polizeimeister«, die höchste polizeiliche Instanz der Hauptstadt, über die Gründung in Kenntnis zu setzen. Am 23. April 1854 teilte der Sekretär des Wohltätigkeitsvereins dem Exekutivrat der Stadt mit, daß die Kinder, die in den neuen deutschen Schulen unterrichtet werden, hier vor allem die russische und deutsche Sprache erlernten, in einer Reihe anderer Wissenschaften ausgebildet und auch im Gesetz Gottes unterwiesen würden. Darüber hinaus unterständen sie einer genauen und permanenten Aufsicht. Als schließlich im Juli 1854 der Minister für Volksaufklärung dem Innenminister mitteilte, daß er keine Gründe sehe, die gegen die Zulassung des abgeänderten Vereinsstatuts der deutschen Wohltätigkeitsgesellschaft sprächen, durften die vom Wohltätigkeitsverein betreuten Schulen für bedürftige deutsche Kinder in Petersburg ihre Tore öffnen. Dies geschah zu einer Zeit, in der – unter dem Eindruck der revolutionären Wirren des Jahres 1848 in Mitteleuropa – die russischen Schulen, Gymnasien und besonders Universitäten einer verschärften Aufsicht und drastischen Lehreinschränkung unterworfen, der Gebrauch ausländischer Schriften auf ein Minimum reduziert, die Lehre der Philosophie (ab 1850) grundsätzlich verboten und außerdem durch eine drastische Erhöhung der Hörgelder die Zahl russischer Studierender beträchtlich vermindert worden waren. Die Erziehung, die junge Petersburger Deutsche – zumal die der ideologisch und sozial gefährdeten Unterklassen – hinter geschlossenen Türen in deutschen Schulen empfingen, gab in den Augen der zuständigen Minister zu keinerlei Besorgnis Anlaß.

Bei dieser Sonderstellung, die die russischen Deutschen in der Regierungszeit Nikolaus' I. genossen, konnte es nicht ausbleiben, daß sich in der russischen Gesellschaft und besonders in ihren stark benachteiligten Randgruppen Unwille und Verstörung regten. Dieser Unwille wurde zuerst und in heftigster Weise von russischen Deutschen beziehungsweise deutschstämmigen Russen selbst formuliert; denn diese waren im ethnisch-nationalen Bereich stärker als ihre russischen Mitbürger sensibilisiert, und sie besaßen oft auch nicht die menschlich-soziale Toleranz ihrer russischen Umgebung. Wie der dem konservativen Lager zuzurechnende Staatsrat Ph. von Wiegel, so äußerten auch einige, den westlich-progressistischen Strömungen nahestehende, junge deutschrussische Intellektuelle bald eine unüberhörbare Kritik am schädlichen Einfluß der allzu wohl protegierten Deutschen auf die russische Gesellschaft und den Gang ihrer Entwicklung. Die Kritik dieser zunächst schmalen Randgruppe wurde nach der Thronbesteigung Nikolaus' I. im Zuge seiner erbarmungslosen Verfolgung der freiheitlichen Bewegung laut und gewann bis zum Ende seiner Regierungszeit deutlich an Volumen.

Das erste Zeichen dieser Kritik setzte Kondratij Fjodorowitsch Rylejew (1795–1826), ein begabter deutschrussischer Dichter und Freigeist; als führender Kopf der Dezemberverschwörung und Leiter des Nördlichen Bundes wurde er inhaftiert. Durch die unbeugsame Wahrhaftigkeit, mit der er sich vor Gericht zu dem Plan des Zarenmordes, der Verhaftung und Vertreibung der kaiserlichen Familie und der Auflösung der russischen Regierung bekannt hatte, erwarb sich Rylejew die Verehrung der liberalen Öffentlichkeit. Kurz vor seiner Hinrichtung verfaßte er in der Haft ein satirisches Lied, das nach seinem Tod auf den Straßen Petersburgs gepfiffen wurde: Es trug den Titel »Unser Zar – ein russischer Deutscher!« Dieses Spottlied auf Nikolaus I. und die »kaiserlich-potsdamsche Familie« im Winterpalast wurde auch Marquis Adolphe de Custine in Rußland vorgetragen. Er griff die Gedanken, die in diesem Lied zum Ausdruck kamen, auf, um sie in seinem Buch »La Russie en 1839« zu dem Kapitel »Ein russischer Deutscher auf dem Thron« auszuweiten. Die giftigen Diatriben Custines, die ihre Wirkung auf die kritische junge russische Intelligenz nie ganz verloren, wurden gegen Ende der Regierungszeit Nikolaus' I. durch die schärfere und systematischere Kritik von Alexander Herzen am Einfluß der russischen Deutschen überboten.

Alexander Iwanowitsch Gerzen (deutsch: Herzen, 1812–1870), der seinen Nachnamen der innigen Herzensbeziehung seiner Eltern verdankte, war der illegitime Sohn des vermögenden russischen Gutsbesitzers Iwan A. Jakowlew und dessen deutscher Reisebekanntschaft, Luise Haag, die ihm nach Rußland gefolgt war. Der junge Herzen erhielt von deutschen Lehrern und Gouvernanten eine vorzügliche Ausbildung und Erziehung, verbrachte die stürmischen dreißiger und vierziger Jahre an der Moskauer Universität und schlug dort den modischen Weg des Linkshegelianers ein. Als ein Mann, der dem frühen Populismus nahestand, projizierte Herzen seine ganze Liebe auf das russische Volk, insbesondere auf das in seinen Augen die Zukunft bestimmende russische Bauerntum. Er haßte das Preußentum, vollzog einen ideologischen Brückenschlag nach Paris und unterzog in jakobinisch-sozialistischer Weise all das in Rußland einer beißenden Kritik, was den Geruch von Despotismus und Militarismus an sich trug. Als konsequenter Anhänger der polnischen Aufständischen in den Jahren 1830/31 wie auch später 1863/64, führte er seinen russischen Mitbürgern vor Augen, daß es in erster Linie die deutschen Generale im russischen Heer waren, die das Blut der polnischen Brüder in so reichem Maß fließen ließen: die Karl Wilhelm Graf von Toll, Kiprjan Antonowitsch Kreuz, Friedrich Alexander von Rüdiger, Fabian Gottlieb Graf von der Osten-Sacken, Fjodor Fjodorowitsch Schmidt von der Launitz, um nur einige der von Herzen erwähnten Namen zu nennen. Herzen, der Ende der vierziger Jahre den Weg ins Exil ging, wurde in Westeuropa zum Verkünder einer vom Slawentum ausgehenden europäischen Revolution. In Deutschland aber sah es ein anderer Sozialist, Moses Hess, als seine Pflicht an, den Philosophen der politischen Rolle des Slawentums vor ideologischen Fehlschlüssen zu warnen. Der deutsche Jude Moses Hess gab dem Deutschrussen Herzen zu bedenken, daß seine »slawischen Illusionen« von der weltgeschichtlichen Rolle des russischen Bauerntums als des Trägers der gesamteuropäischen Revolution den Sieg der Barbarei und die Vernichtung der europäischen Kultur nach sich ziehen könnten.[36]

Im Pariser Exil schrieb und veröffentlichte Herzen in den fünfziger Jahren auch seine kritischen Überlegungen über »Die russischen Deutschen und die deutschen Russen«[37], die erste Anklageschrift gegen den verderblichen Einfluß der Deutschen in Rußland, die in russischer Sprache erschien und auf die oppositionelle russische Intelligenz eine nachhaltige Wirkung ausübte. Herzen begann seine, auch vom Selbsthaß des russischen Deutschen bestimmte Philippika mit der Feststellung:

»›Historiker werden gemacht – Poeten geboren‹, sagt ein lateinisches

Sprichwort; unsere regierenden Deutschen haben jenen Vorzug gegenüber Historikern und Poeten, daß sie sowohl gemacht als auch geboren werden. Geboren werden sie von russifizierten Deutschen, gemacht von eingedeutschten Russen ... Aus allen regierenden Deutschen sind selbstverständlich die russischen Deutschen die schlimmsten. Ein deutscher Deutscher pflegt im Regieren naiv, dumm zu sein, läßt sich gelegentlich zu den Barbaren herab, aus denen er Menschen machen muß. Der russische Deutsche hat begrenzten Verstand und sieht mit dem Widerwillen des schamerfüllten Verbannten auf das Volk. Der eine wie der andere empfinden ihre unendliche Überlegenheit über das Volk, der eine wie der andere verachten alles Russische zutiefst, sind überzeugt, daß mit unserem Bruder ohne den Stock nichts anzufangen sei. Aber der deutsche zeigt das nicht immer, wenn er auch immer schlägt; aber der russische schlägt und brüstet sich noch.
Der eigentlich deutsche Teil des bei uns regierenden Deutschland weist in allen siebzehn oder achtzehn Stufen der deutschen Rangtafel eine außerordentliche Einheit auf. Sie beginnt bescheiden mit Untermeistern, Meistern, Gesellen, Apothekern, Deutschen für die Kinder und klettert auf der für sie abschüssigen Leiter schnell hinauf zu den Deutschen für Rußland, zu den Faust-Nesselrodes, den Ketten-Kleinmichels, den einfaltigen Benckendorff und den zweifaltigen Adlerberg (filiusque). Etwas Höheres als diese Berge und Adler gibt es nicht, das heißt nichts Irdisches ... denn über ihnen schwebt der olympische Kranz der Großfürstinnen mit ihren Brüderlein, Onkelchen, Tantchen.
Alle, vom jüngsten deutschen Untermeister bis zum ältesten Mädchen aus den Schneepalästen des Winterolymps, von der Werkstatt des Schusters, wo der Lehrjunge mit Demut Nägel in die Sohle schlägt, bis zum Exerzierhaus, wo der Deutsche als Kommandeur der Abteilung den Soldaten ins Grab schlägt – sie alle haben einheitliche zoologische Merkmale, so daß im deutschen Schuster der Generalsabgrund und im deutschen General der Schusterschlund gähnt. In ihnen allen liegt etwas Handgemachtes, außerordentlich Akkurates, Zunftmäßiges, Pedantisches, sie alle lieben den Erwerb, aber wollen Gelder auf ehrliche Weise, das heißt durch Geiz und Eifer, haben. Das gibt ihnen ihren hartherzigen, kalten, vorsichtigen und leidenschaftslosen Charakter ...
Über diese allgemeinen Merkmale hinaus verhalten sich alle regierenden Deutschen auf gleiche Weise zu Rußland – mit vollständiger Verachtung und einem ebensolchen Unverständnis.
Ich weiß nicht, welcher Art die schwedischen Deutschen waren, die vor 1000 Jahren nach Nowgorod kamen. Aber die neuen Deutschen, besonders diejenigen, die aus den Ostseeprovinzen zu uns kamen, um uns zu regieren und zu besitzen ..., gleichen einander wie Brüder. Ihr vollster Typus

ist der Stallknecht und Regent, Herzog mit Gehalt – Ernst Johann Biron … Wie Sachsen seine kleine Schweiz hat, so haben wir unser, übrigens sehr großes Deutschland. Sein Mittelpunkt liegt in Petersburg, aber seine Außenpunkte sind überall da, wo ein Stehkragen, ein Sekretär und eine Kanzlei sind, in allen Verwaltungsbehörden: in der Straßen-, Bergwerks-, Salinen-, Militär-Zivil- und Zivil-Militär-Verwaltung.

Ist man einmal in die Deutschen eingetreten, so ist es – wie die gesamte Petersburger Ära bezeugt – sehr schwierig, aus ihnen auszutreten; irgendeine Ecke wird abgeschlagen, und infolgedessen verliert man jegliche Möglichkeit, irgend etwas Russisches zu verstehen, zumindest das Russische, was die nationale Besonderheit ausmacht. Einer der bemerkenswertesten russischen Deutschen, die wünschten, Russen zu werden, war Nikolaus. Was tat er nicht, um Russe zu werden: die Finnen hat er taufen, die Uniaten peitschen lassen, Kirchen ließ er wieder … bauen und russische Rechtspflege dort einführen, wo niemand Russisch verstand, alles Ausländische hat er vertrieben und Reisepässe ins Ausland nicht vergeben, aber Russe ist er dennoch nicht geworden, und das ist so wahr, wie das Volkstum bei ihm in der Manier des germanischen Teutschtums zum Durchbruch kam, und wie auch die Orthodoxie auf katholische Manier gepredigt wurde … Davon nicht genug: Bei der ersten sich bietenden Gelegenheit, als die Interessen Rußlands feindlich den deutschen Interessen gegenüberstanden, hat Nikolaus Rußland verraten, genauso wie es sein sogenannter Großvater Pjotr Fjodorowitsch verriet. Nur daß sie unterschiedliche Deutsche antrafen: Pjotr Fjodorowitsch hat Rußland an den preußischen König verraten, weil Friedrich ein Genie war; Nikolaus hat die gesamte slawische Welt an den österreichischen Kaiser verraten, der schwachsinnig war.

Tatsächlich ist das russische Leben … ohne ein besonderes Gefühl dafür überhaupt schwer zu verstehen, hundertmal schwerer aber in der deutschen Übersetzung, in der allein wir es lesen … Und dieses Gefühl wird durch die deutsche Dressur völlig abgestumpft … (Aber) das ist die Methode Peters, des ersten Kaisers und ersten russischen Deutschen … Unter Peter I. hat die deutsche, das heißt dem slawischen Charakter am meisten entgegengesetzte Dressur begonnen. Das Militärreglement und der Kanzleistil waren die ersten Früchte der deutschen Kultur. Die schwerfälligen und unbeholfenen Bojaren und Fürsten wetteiferten in ihrem Bemühen, Korporalen und Rittmeistern gleich zu sein, der deutsche Bürokratismus hat sich um den byzantinischen Sklavensinn bereichert, die Tatarenpeitsche diente als eine hervorragende Ergänzung der Spießruten. Auf dem Throne waren Deutsche, um den Thron herum – Deutsche, die Truppenführer – Deutsche, die Minister für Auswärtige Angelegenheiten – Deutsche, die Bäcker – Deutsche, die Apotheker – Deutsche, überall zum Trotze nichts als Deutsche. Deutsche Frauen nahmen fast ausnahmslos den Platz der Kaiserinnen und Hebammen ein.

An dem gutmütigsten aller Deutschen, dem Trunkenböldchen Peter III., hat sich... die deutsche Alleinherrschaft festgebissen. Die Deutsche, die gegen ihn aufstand, war französisiert, gab sich als Russin aus und versuchte, das deutsche Joch durch das allgemeineuropäische zu ersetzen.

Seit dieser Zeit haben in der Gesellschaft die Deutschen den Franzosen den Vortritt gelassen. Wenn aber die Franzosen in der Küche und im Eßsaal regieren, so bleibt doch der Empfangsraum in den Händen der Deutschen. *Et par diverses raisons gardons ces amis de la maison*. Sie lieben die Regierung, die Regierung liebt sie, und wie könnte man schließlich auch die Menschen nicht lieben, deren Vaterland in der Kanzlei und der Kaserne, deren Gewissen im Winterpalast liegt?

Und nicht nur die Regierung, wir selbst haben uns daran gewöhnt, daß man Rußland nicht ohne Deutsche regieren kann, daß es uns einfach ganz zweifelhaft erscheinen würde, wie ein russisches Ministerium, die russische Armee ohne Nesselrode, Kankrin, Diebitsch, Benckendorff, Adlerberg... oder irgendeinen Balthasar Balthasarowitsch von Campenhausen oder Fabian Wilgelmowitsch von der Osten-Sacken existieren könnte, denn alles ist nötig.«

Wiederholt spricht Herzen in diesem Essay die Hoffnung aus, daß die Zeit der Lehrjahre des russischen Volkes bei fremden Meistern nun endlich zu Ende gehe. Besonders die Erwartungen, die die Reformen Alexanders II. in der russischen Jugend auf eine Einheit von Zar und Volk auslösten, beflügelten diese Hoffnungen. Doch auch diese Erwartungen waren kurzlebig. Denn selbst in den ersten Jahren der großen Reformen bot sich Herzen schon wieder die erschreckende Vision:

»Da sind sie wieder, die wir fürchten, die russischen Deutschen und die deutschen Russen... Sie sind tüchtiger als das Herrentum, sie sind ehrenhafter als das Beamtentum, eben deshalb fürchten wir sie auch. Sie machen den Zaren irre, der völlig hilflos dasteht, und ebenso die noch schwankende, kaum gefestigte öffentliche Meinung. Sie können sie zum Schwanken bringen, weil ihr Urteil über dem allgemeinen Niveau unserer Bildung steht und dem durchschnittlichen Verständnis sehr zugänglich ist. Ihre Ansichten sind liberal, sie arbeiten zum Nutzen der Freiheit der Vernunft und eines gemäßigten Fortschritts, sie sprechen sich gegen Bestechungsgelder und gegen Willkür aus, sie wollen das Schlechte an sich verbessern und doch, bittschön, zur Achtung vor der Amtsperson, der Polizei, dem Landgericht führen... Sie versöhnen uns mit allem, was wir verachten und hassen, und befestigen, nachdem sie es verbessert haben, alles das, was aus dem Fenster geworfen zu werden verdient, was, seiner eigenen Trübheit überlassen, von sich aus auch verfaulen würde, umgeben von den gesunden Kräften des russischen Volkes.«

So sah der von Haßliebe zu den russischen Deutschen getriebene junge Intellektuelle, der seine Hoffnung auf die weltbefreiende Kraft des gesunden russischen Bauerntums setzte, auch in der lichten Periode der Großen Reformen nur eine Gefahr für Rußland: daß auch in ihr »die Natur des russischen Deutschen das Übergewicht erlangt«.

4. Die Blütezeit der deutschen Gründerkolonien

Auch die deutschen Kolonisten Rußlands kamen in der Regierungszeit Nikolaus' I. in den Genuß der »deutschen Bürgschaft«. Zu Ende dieser Zeit hoben sich die deutschen Bauernsiedlungen durch eine weit sichtbare Blüte und einen hohen Wohlstand bereits deutlich von ihrer russischen Umwelt ab. Fördernd für ihre Entwicklung hatte sich nicht allein ihre administrative und soziale Sonderstellung erwiesen, die in der Ära Nikolaus' I. im sogenannten *Kolonialkodex,* der Sammlung der Sondergesetze der Ausländerkolonien im Russischen Reich, eine feste gesetzliche Ordnung erlangte; die Kolonien nahmen zugleich – in ungleich höherem Maß als das russische Bauerntum – am allgemeinen Wirtschaftsaufschwung Rußlands teil, den Finanzminister Graf Kankrin durch seine geschickte Finanz- und Wirtschaftspolitik einleitete.

Zunächst traten mehrere administrative und personelle Veränderungen ein, die sich für die Entwicklung der Kolonien als außerordentlich förderlich erwiesen. Admiral Mordwinow, ein Freund Speranskijs und Sympathisant der Dekabristen, hatte als Anhänger einer liberalen Agrarordnung die Frage wirksamer Maßnahmen zur Entwicklung der Landwirtschaft aufgeworfen und damit eine breite Diskussion in Gang gesetzt. Das erste Resultat dieser Diskussion war die Einsetzung eines »Komitees zur Vervollkommnung der Landwirtschaft« im Jahr 1833. Das Komitee wandte sein besonderes Augenmerk den Staatsländereien zu; da auch die deutschen Kolonien ursprünglich auf Staatsländereien angelegt worden waren, fielen sie somit indirekt in das Untersuchungsfeld dieser Kommission. Eine der ersten Maßnahmen, die in diesem Zusammenhang ergriffen wurden, war die Verlegung des Sitzes des Fürsorgekomitees für ausländische Ansiedler – das seit 1818 General Insow als Oberkurator unterstand und mit seiner Ernennung zum Gouverneur von Bessarabien im Jahr 1821 nach Kischinjow verlegt worden war – nach Odessa. Odessa wurde damit zum geographischen Mittelpunkt der stark anwachsenden südrussischen deutschen Kolonien.[38] Das über einen beträchtlichen Personalstab verfügende Fürsorgekomitee in Odessa konnte nun auch die deutschen und ausländischen Kolonien unschwer erreichen, die in den

Gouvernements Cherson, Jekaterinoslaw und Taurien, in dem westlich angrenzenden Gebiet Bessarabiens und in den südlich sich fortsetzenden transkaukasischen Gebieten lagen. Aus diesem Grund wurden die Einzelkontore für die ausländischen Kolonien, die in den Hauptstädten dieser Gouvernements eingerichtet waren, durch dasselbe Gesetz vom 1. 7. 1833 aufgehoben. Dies betraf die Kontore von Jekaterinoslaw, Odessa, Kauschany (Bessarabien) und Tiflis (Georgien). Sie alle wurden im Sommer 1833 aufgelöst. Die Verwaltung der in Georgien gelegenen deutschen Kolonien wurde dem Zivilgouverneur von Tiflis übertragen. Gleichzeitig wurde kraft des Gesetzes vom 1. 7. 1833 auch das Amt des Inspektors der im Gouvernement St. Petersburg gelegenen deutschen Kolonien abgeschafft. Alle diese Maßnahmen wurden zu einer Zeit getroffen, in der die ausländischen Kolonien der Expedition der Staatswirtschaft unterstanden, die selbst wiederum ein Teil des Finanzministeriums war. Graf Jegor Franzewitsch Kankrin wandte den Kolonien in seiner Eigenschaft als Finanzminister große Aufmerksamkeit zu. Er hatte zeitweilig persönlich für die Fragen der Bauern- und Landreformen großes Interesse gezeigt; aufgrund des Anwachsens seiner Aufgaben als Finanzminister konnte er diesen Fragen allerdings immer weniger Aufmerksamkeit widmen. 1836 sah man sich veranlaßt, die Leitung der Staatsdomänen einer eigens gegründeten V. Abteilung der Eigenen Kaiserlichen Kanzlei zu übergeben, wobei die Abteilung für Staatsdomänen aus dem Finanzministerium gelöst und einem besonderen Rat unterstellt wurde. Im folgenden Jahr, 1837, wurde ein neues Ministerium, das Ministerium für Staatsdomänen, gegründet, dem die Pflege aller auf Staatsdomänen lebenden Bauern und Siedler übertragen wurde, die der russischen Staatsbauern ebenso wie die der ausländischen Kolonisten. Damit waren die deutschen Kolonien aus der Kompetenz des Finanzministers Kankrin genommen; sie erhielten jedoch in dem neu ernannten Staatsdomänenminister, Graf P. D. Kisseljow, einem Mitglied des Geheimen Komitees zur Ausarbeitung einer Bauernreform und der V. Abteilung zur Lösung der Probleme der Staatsbauern, einen tatkräftigen und liberalen Fürsorger. Kisseljow, dem Zar Nikolaus I. 1839 für seine großen Leistungen auf dem Gebiet der Vorbereitung einer Bauernreform die Grafenwürde verlieh, leitete das Staatsdomänenministerium über 18 Jahre lang (1837–1855) in einer für die deutschen Kolonien nutzbringenden Weise. Hatten die deutschen Kolonien schon unter der Fürsorge des Finanzministers Kankrin einen deutlichen Aufschwung genommen, so erreichten sie unter der Pflege Kisseljows, besonders in seiner Zusammenarbeit mit dem Oberkurator Staatsrat Eugen von Hahn (1845–1849), ihre erste große Blütezeit.[39]

Bereits im Jahr 1841 übertraf der Wohlstand der südrussischen deutschen Kolonisten – nach einem Ausdruck von Welizyn – »die utopischsten Hoffnungen eines jeden russischen Landsmannes«.[40] Eine Untersuchung des Jahres 1841 umfaßte 284 deutsche Kolonien, die in den Gouvernements Jekaterinoslaw, Taurien, Cherson, Tschernigow sowie in Bessarabien lagen und insgesamt 20489 Familien zählten. Die Untersuchung ergab, daß diese Kolonien insgesamt 1053478 Desjatinen Kronland umfaßten, jede deutsche Siedlerfamilie also im Durchschnitt über 50 Desjatinen Land verfügte, wobei der konkrete Landbesitz der jeweiligen Familie zwischen 15 und 98 Desjatinen lag. Der Viehbesitz dieser Familien lag im Durchschnitt bei vier Pferden, neun Stück Hornvieh und 48 Schafen bester Rassen. Die Reineinkünfte dieser deutschen Bauern betrugen nach Welizyn 894384 Rubel, das heißt im Durchschnitt 43,50 Rubel pro Familie; im Jahr 1853 waren die Reinerträge der deutschen Kolonisten in den drei südrussischen Gouvernements und Bessarabien bereits auf 1864180 Rubel angestiegen.[41] Dabei hatte sich bis zum Jahr 1871 eine beträchtliche Differenzierung zwischen einzelnen Kolonien und Kolonistenfamilien ergeben. So lagen zum Beispiel die Mennoniten des Bezirks Chortiza mit einem durchschnittlichen Reingewinn von 160,70 Rubel pro Familie an der Spitze der südrussischen Kolonisten, gefolgt von den Kolonisten an der Molotschna mit 151,70 Rubel und den Mennoniten an der Molotschna mit 148,20 Rubel. Auch im privaten Landankauf hatten sich einige Familien bereits eine Sonderstellung gesichert: So besaßen zum Beispiel im Molotschnaer Mennonitenbezirk der Bauer Martens den außergewöhnlich großen Besitz von 33670 Desjatinen, der Bauer Johann Cornies einen Besitz von 5864 Desjatinen (die Familie Cornies wuchs in der Folgezeit zur wohlhabendsten und begütertsten Mennonitenfamilie Rußlands heran), und vier weitere Familien wiesen beträchtliche Güter von zirka 3000 Desjatinen Land auf.[42] Demgegenüber galt ein russisches Adelsgut in den umliegenden Gebieten bereits als ein stattlicher Besitz, wenn es an 5000 Desjatinen heranreichte. Im Bezirk der nichtmennonitischen Kolonisten an der Molotschna besaß die Familie Fein 3675 Desjatinen Land; die Familie Fein wurde bis zum Ende des 19. Jahrhunderts zur landreichsten Kolonistenfamilie Südrußlands. Und weitere drei deutsche Kolonisten besaßen Güter, deren Ausdehnung zwischen ein- und dreitausend Desjatinen lag. Auf der Krim besaßen im Jahr 1831 schon drei deutsche Bauern Güter von mehr als 300 Desjatinen, im Gebiet von Chortiza besaß die Mennonitenfamilie Klassen, die sich bald durch ihre besondere Wohltätigkeit gegenüber den ärmeren Kolonisten auszeichnen sollte, bereits ein Gut von 500 Desjatinen Land. Im Gouvernement Cherson existierten schon mehrere deutsche Kolonistengüter, die über 1000 Desjatinen Land zählten. Zur gleichen Zeit zeichnete sich unter den wohlhabenden südrussischen Kolonisten bereits eine erste Tendenz zum Erwerb städtischer Immobilien ab. Zu den bevorzugten Städten zählte die Gouvernementhauptstadt von Cherson, Odessa, in deren eleganten Vorstädten und Außenbezirken bereits mehrere begüterte deutsche Kolonisten Villen hatten bauen lassen. Diese städtischen Immobilien schwankten zwischen einem Wert von 2000 und 22000 Rubel, der Gesamtwert der Immobilien deutscher Kolonisten in Odessa betrug im Jahr 1841 bereits 180000 Rubel. Wegen des wachsenden Wohlstands der Deutschen in Südrußland wurden bald russische Stimmen laut, die voll Sorge den zunehmenden sozialen Gegensatz zwischen deutschen Kolonisten und russischem Bauerntum verfolgten.

Wer solchen Stimmen, die zumeist im Lager der russischen Nationalisten und Populisten erklangen, kein Gehör schenken wollte, der konnte jedoch dem Bericht eines berühmten deutschen Rußland-Reisenden seine Aufmerksamkeit nicht versagen, dem des Landwirtschafts- und Verwaltungsexperten August Baron von Haxthausen (1792–1866). Haxthausens landwirtschaftliche Revisionsreise durch Südrußland, deren Route auch die deutschen Kolonien an der Wolga, in den südrussischen Gouvernements und in Transkaukasien tangierte, hatte ihre eigene Geschichte. Als Spezialist der ländlichen Agrarverfassung in Preußen hatte Haxthausen die Aufmerksamkeit des russischen Gesandten in Berlin dadurch auf sich gezogen, daß er in all den Gebieten, die im Frühmittelalter von slawischen Stämmen besiedelt gewesen waren, unter anderem in Pommern, geheimnisvolle Ursprünge der ländlichen Verfassung festgestellt hatte, die von den Grundzügen des germanischen Volkslebens grundsätzlich verschieden waren. Seine 1842 in Berlin erschienene Schrift »Über den Ursprung und die Grundlagen der Verfassung in den ehemals slawischen Ländern Deutschlands im allgemeinen und des Herzogtums Pommern im besonderen« wurde durch Vermittlung der kaiserlich-russischen Gesandtschaft zu Berlin an den Staatsdomänenminister Graf P. D. Kisseljow geleitet; ein Begleitschreiben besagte, daß eine Rußlandreise des Barons von Haxthausen, der sich unter anderem in der »Berlinischen Staatszeitung« höchst anerkennend über die Bauerngesetzgebung des Grafen Kisseljow ausgesprochen hatte, dem Russischen Reich großen Nutzen bringen könne. Kaiser Nikolaus I. war für die Idee schnell zu gewinnen und stellte 1500 Rubel für die Reise Haxthausens zur Verfügung unter der Voraussetzung, daß diese nicht als eine offizielle Regierungsmaßnahme erscheine. Haxthausen traf im Frühjahr 1843 in Petersburg ein, vertiefte sich in die Unterlagen des Staatsdomänenministeriums und fand in A. P. Sablozkij-Desjatowskij, Mitglied des Gelehrten Komitees des Staatsdomänenministeriums, einen wohlinformierten Gesprächspartner. Kisseljow teilte Haxthausen einen deutschstämmigen Beamten seines Ministeriums mit dem Namen von Aderkas zu, der die Aufgabe erhielt, dem gelehrten Reisenden nicht nur jegliche Hilfe zuteil werden zu lassen, sondern auch »auf unbemerkbare Weise alles das von ihm fernzuhalten, was diesem Ausländer Anlaß zu unrichtigen oder unpassenden Schlußfolgerungen geben könnte, die leicht aus seiner Unkenntnis der Gebräuche und der Lebensart des Volkstums in unserem Vaterlande erwachsen könnten«. Seine sechsmonatige Reise (28. April bis 28. Oktober 1843) führte Haxthausen auf einem Weg von mehr als 12000 Kilometern bis nach Saratow, Odessa, Jeriwan und Kiew. Sein durch russische Subventionen geförderter Reisebericht (»Studien über die inneren Zustände, das Volksleben und insbesondere die ländlichen Einrichtungen Rußlands«), der 1847 in Hannover und Berlin erschien, ließ die gelehrte Fachwelt aufhorchen. Er lieferte die erste wissenschaftliche Beschreibung des Landgemeindebesitzes *(obščina)* in Rußland, für dessen Erhaltung der katholische, konservative Baron Haxthausen in einer Zeit der Gefahr der Proletarisierung der europäischen Landbevölkerung mit Entschiedenheit und Eifer eintrat. Die russischen Slawophilen rechter wie linker Prägung sollten sich von nun an auf Haxthausen als ihren Kronzeugen berufen. Aber auch die deutschen Kolonien in Südost- und Südrußland blieben dem kritischen und sachkundigen Blick Haxthausens nicht verborgen. In den deutschen Wolgakolonien bemerkte Haxthausen einen Zustand des Ackerbaus, der zwar den umliegenden russischen Dorfschaften überlegen sei, im Vergleich mit dem Ackerbau in Deutschland aber lediglich einen mittelmäßigen Zustand aufweise. Den Hauptmangel des deutschen Ackerbaus an der Wolga sah Haxthausen in der weitverbreiteten Neigung der Kolonisten zu Handel und Spekulation. Statt den Weizenanbau auf ihren eigenen Feldern mit größerer Sorgfalt zu betreiben, hätten sich die deutschen Wolgakolonisten in zunehmendem Maß auf Spekulation und Geschäfte mit dem russischen Weizen und auf den Getreidegroßhandel verlegt. Das bringe ihnen nicht selten die Kritik ihrer russischen Nachbarn ein, die darüber klagten, daß die deutschen Kolonisten, statt ihnen Lehrmeister in Ackerbau, Viehzucht und Handwerk zu sein, einen so starken Drang zu Handel und Spekulation entwickelt hätten, daß sie den Russen die Erwerbszweige verdürben, die ihnen am meisten zusagten. Als Resultat verkümmere der russische Getreideanbau und speziell der Weizenanbau und -handel, während einige deutsche Kolonisten zu Getreidegroßhändlern würden und damit ihre eigentliche Funktion aufgäben. Haß und Neid der Russen, so bemerkte Haxthausen, seien überall im Wachsen begriffen. Den Viehbestand der deutschen Wolgakolonisten bezeichnete Haxthausen im Vergleich mit dem deutscher Bauern als ausreichend und gut. Haxthausen nannte für die Wolgakolonien einen Viehbestand von 85000 Pferden, 338000 Rindern, 122000 Schafen und 92000 Schweinen. Wie die Viehhaltung so erschien Haxthausen auch die Bestellung der Tabakfelder in den deutschen Wolgakolonien als durchaus sorgfältig ausgeführt.

Mit der Amtszeit des Staatsrats Eugen von Hahn als Oberkurator beziehungsweise Präsident des Fürsorgekomitees für die ausländischen Ansiedler in Neurußland begann ein neuer Aufschwung der südrussischen Kolonien. Aus dieser Zeit stammen auch die ersten umfassenden Statistiken, die in den

Jahresberichten des Vorsitzenden des Fürsorgekomitees über den Zustand der Ausländerkolonien in den südlichen Gouvernements an den Staatsdomänenminister geleitet wurden. Der Bericht für das Jahr 1846 weist dabei ganz erstaunliche Entwicklungslinien auf.[43] Die Schwerpunkte der kolonistischen Landwirtschaft, die durch Erlasse Pauls I. und des frühen Alexander I. Eingang in die Kolonialgesetzgebung gefunden hatten, lagen auf den Gebieten der Getreidewirtschaft *(chlebopašestvo)*, Viehzucht, des Garten- und Weinbaus, der Maulbeerbaum- und Seidenraupenzucht und der Forst- und Waldwirtschaft.[44]

Das Ackerbausystem, das die deutschen Kolonisten Südrußlands betrieben, war die Vierfelderwirtschaft mit Brache. In ihr wurden in erster Linie Getreide (Roggen, Weizen, Gerste, Hafer) und Kartoffeln angebaut. 1846 wurden in den drei südrussischen Gouvernements und Bessarabien insgesamt 1 309 945 Desjatinen Land intensiv bewirtschaftet, daneben dienten 107 042 Desjatinen für die Kultivierung ungeeigneten Landes vor allem als Weideland und 7632 Desjatinen wurden bewaldet. Die Getreideaussaat betrug in diesem Jahr 32 694 Tschetwert (ein Tschetwert = 0,26 Hektoliter = 0,45 preußische Scheffel) Wintergetreide, 182 171 Tschetwert Sommergetreide und 18 301 Tschetwert Kartoffeln. Die Ernte betrug in diesem als schlecht charakterisierten Jahr: 166 310 Tschetwert Winterkorn, 775 555 Tschetwert Sommerkorn und 51 629 Tschetwert Kartoffeln. Der Verkauf erbrachte den Kolonisten in diesem Jahr ca. 835 000 Silberrubel; sechs Jahre später, im Jahr 1852, betrugen die Einkünfte der südrussischen Kolonisten aus dem Verkauf von Korn und verwandten Produkten bereits 1 672 453 Silberrubel, wobei das Molotschna-Gebiet mit 286 553 Silberrubel an der Spitze lag.[45]

Auch auf dem Sektor der Viehwirtschaft konnten die deutschen Kolonisten Südrußlands um die Mitte des 19. Jahrhunderts als führend angesehen werden. Eines der Schwerpunktgebiete der Viehhaltung der deutschen Kolonisten war die Schafzucht. Den Anstoß zur Entwicklung der kolonistischen Schafzucht hatte Pallas gegeben. In den ersten Regierungsjahren Alexanders I. hatte die russische Regierung mit den Kolonisten Müller, Vassal und Rouvier einen Vertrag abgeschlossen, der ihnen neben einer Anleihe von 100 000 Rubel und der Bereitstellung von 200 000 Desjatinen Land auch die Unterstützung der Schwarzmeerflotte bei der Herbeiführung hochwertigen Viehs aus spanischen und anderen Mittelmeerhäfen sicherte. Die Kolonisten hatten sich als Gegenleistung verpflichten müssen, in drei Jahren einen Schafbestand von 150 000 Stück zu schaffen und Schulen zur Erlernung der Viehzucht für jede der in Zucht befindlichen Rassen anzulegen. Im Zuge dieser Aktion wurde unter anderem das feinwollige Merinoschaf aus Spanien in Südrußland eingeführt. Einen neuen Aufschwung nahm die Zucht feinwolliger Schafrassen in Rußland mit dem Gesetz vom 16. Mai 1827, das diplomierte Schafzüchter und Hirten aus dem Ausland nach Rußland einlud, wobei die Neuansiedler mit Häusern und Land versorgt werden sollten und auf unbegrenzte Zeit von jeglichen Abgaben sowie vom Militärdienst befreit waren, ein Privileg, das bei ihrer permanenten Ansiedlung auf ihre Kinder ausgedehnt wurde.

Neben diesen speziellen Viehzuchtunternehmen ausländischer Spezialisten nahm auch der allgemeine Viehbestand der deutschen Kolonisten einen beträchtlichen Aufschwung. So erzielten die südrussischen Kolonien im Jahr 1846 die Gesamtsumme von 280 260 Silberrubel für den Verkauf von 4075 Pferden, 12 473 Stück Hornvieh und 94 400 Schafen. Im gleichen Jahr gewannen allein die Mennonitenkolonien aus der Milchwirtschaft einen Gesamtbetrag von 70 865 Silberrubel. Die Gesamtzahlen der kolonistischen Viehwirtschaft im Jahre 1846 sind uns nicht zugänglich. Um aber einen Eindruck von der Entwicklung auf diesem Sektor zu ermöglichen, genügen die folgenden Zahlen: Die Mennonitenkolonien an der Molotschna besaßen im Jahr 1854 12 909 Pferde, 13 390 Rinder (darunter 8212 Milchkühe) und 71 026 Schafe. Im Jahr 1863 hatte sich der Viehbestand der Molotschnaer Mennoniten auf 14477 Pfede, 22 349 Rinder und 227 152 Schafe erhöht. Allerdings waren die Mennoniten des Kolonienbezirks an der Molotschna für ihre ausgezeichnete Viehzucht bekannt. Aber auch die nichtmennonitischen Kolonisten an der Molotschna besaßen 1863 die im Vergleich mit russischen Bauerndörfern erheblichen Werte von 8079 Pferden, 4260 Kühen und 86 741 Schafen. Der Viehbestand wuchs auch in den nachfolgenden Jahren sprunghaft weiter an; die Übersicht des Staatsdomänenministeriums von 1863 verzeichnet: für die Kolonien im Gouvernement Jekaterinoslaw – 11 880 Pferde, 322 Zuchtbullen und Ochsen, 11 289 Kühe und 97 557 Schafe; für die Kolonien im Gouvernement Taurien – 26 047 Pferde, 16 097 Bullen und Ochsen, 15 755 Kühe und 343 827 Schafe; für die Kolonien im Gouvernement Cherson – 33 787 Pferde, 6068 Bullen und Ochsen, 33 721 Kühe und 87 064 Schafe; für die Kolonien im Gebiet Bessarabien schließlich – 31 524 Pferde, 40 572 Bullen, Ochsen und Jungvieh, 33 927 Kühe und 334 554 Schafe. Der Viehbestand der deutschen Kolonisten vergrößerte sich in der zweiten Hälfte des 19. Jahrhunderts bis hin zum Ersten Weltkrieg in vergleichsweise beträchtlichem Maß. So besaß allein die Familie Falz-Fein bei Ausbruch des Ersten Weltkrieges auf ihren südrussischen Besitzungen von mehr als 250 000 Hektar neben Tausenden von Rindern und Pferden auch 800 000 Schafe.

Wenn es den deutschen Kolonisten auf anderen Gebieten nicht immer gelang, Lehrmeister des russischen Bauern zu werden, so haben sie dieses Ziel auf dem Gebiet der Schafzucht zweifellos erreicht. So schrieb der russische Agrarspezialist R. R. Prawochenskij in seinem Artikel »Die Schafzucht in Rußland« im Jahr 1910: »Wenn auch die ersten Pioniere der Zucht feinwolliger Schafe in Rußland zugegebenermaßen Ausländer waren, so unterliegt es doch keinem Zweifel, daß ihre Nachfolger, die russischen Schafzüchter, sich in einem Zeitraum von drei bis vier Jahrzehnten als noch talentierter erwiesen als ihre Lehrer und daß sie wohl mit zu den hervorragendsten Schafzüchtern der Welt ihrer Zeit wurden.«[46]

In Kolonien, die sich durch Bodenbeschaffenheit und klimatische Bedingungen besonders günstig erwiesen, entwickelte sich der Weinbau zu einem Haupterwerbszweig. Während an den Hängen des Kaukasus, in den heißen Tälern Bessarabiens von alters her ein guter Wein gedieh, haben die deutschen Kolonisten durch Ansetzen aus dem Ausland importierter Weinstöcke und durch die Verwendung besonderer rationeller Methoden außergewöhnliche Erfolge erzielt. Das Mustergut für Weinbau, das A. E. Falz-Fein in Gawrilow im Gouvernement Taurien anlegte, aber auch die Mustergüter der Kolonisten Albrandt, Kuris, Rothe, Daiber und Wurster im Kreis Odessa entwickelten sich bald so vorzüglich, daß sie mit den großen russischen Mustergütern, etwa dem Weingut des Fürsten P. N. Trubezkoj in Cherson, konkurrieren konnten. Die Akten des Staatsdomänenministeriums für das Jahr 1846 sprechen von einer Gesamtzahl von 17702000 Weinstöcken in den deutschen Kolonien Neurußlands und Bessarabiens, von denen 1318000 Stöcke in diesem Jahr neu gesetzt wurden. Im selben Jahr wurden in den deutschen Kolonien Südrußlands und Bessarabiens 209154 Wedro Wein gepreßt (ein Wedro, das heißt: russischer Eimer = 0,1229 Hektoliter = 17 französische Bouteillen); von diesen wurden 115000 Wedro zu einem durchschnittlichen Preis von 64 Silberkopeken pro Eimer verkauft. Auch der Weinanbau entwikkelte sich in den folgenden Jahren zunehmend gut. 1856 berichtete Doktor Hamm von dem vorzüglichen Weinanbau in den deutschen Kolonien; in Bessarabien, das sich besonders auszeichnete, zählte er 9707885 Weinstöcke, im Gouvernement Cherson 4579606 und in Taurien 857772 Weinstöcke deutscher Kolonisten. Zu dieser Zeit reichten die Preise für den Verkauf eines Eimers Wein bereits an einen Rubel heran. Eines der wichtigsten Anbaugebiete deutschen Weinbaues lag in den transkaukasischen Kolonien und hier besonders Elisabeththal, Helenendorf und Katharinenfeld. Im Jahr 1843, also ca. 25 Jahre nach Gründung der Kolonien, wurde hier bereits eine Gesamtmenge von 673930 Liter Wein gekeltert. Im Jahre 1868 wurde für alle neun deutschen Kolonien Transkaukasiens eine Gesamtmenge von 1972775 Weinstöcken registriert, die einen durchschnittlichen Ertrag von 179675 Tungen Wein erbrachten (drei Tungen = ein Wedro). Auch das transkaukasische Winzergebiet zeigte bis zum Beginn des Ersten Weltkriegs einen stetigen Aufschwung. Im Jahre 1914 wurden hier 284366 Hektoliter Wein, 2090 Hektoliter Cognac, 2553 Hektoliter Rohspiritus und 3600 Hektoliter Weinspiritus gewonnen. Selbst in der Sowjetperiode sollte die transkaukasische deutsche

Winzergenossenschaft »Concordia« zu einem Inbegriff florierender Wein- und Cognac-Kultur werden.

In den Wolgakolonien bildeten Gartenbau und Forstwirtschaft aufgrund der schlechten Bodenbeschaffenheit und des Steppenklimas lange Zeit einen schwach entwickelten Zweig der Landwirtschaft. Aber auch in den südrussischen, bessarabischen und transkaukasischen Kolonien bedurfte es einer Reihe von Empfehlungen und Maßregelungen durch die kolonistische Obrigkeit, bevor kolonistische Landstriche aufgeforstet und die für den Getreideanbau und die Viehwirtschaft ungeeigneten Ländereien mit Nutz- und Obstkulturen bestellt wurden. Diese Maßnahmen waren schon allein deshalb wichtig, weil sie eine langfristige Verbesserung des Klimas und der Bodenbeschaffenheit versprachen. Die Kolonisten hingegen scheinen sie, wie aus zahlreichen Berichten des Staatsrates Contenius hervorging, lange Zeit als einen verfrühten Luxus oder eine agrartechnische Unmöglichkeit angesehen zu haben. Einzelne Kolonisten aber schienen schon frühzeitig das Unmögliche leisten zu wollen: So hatte der Molotschnaer Kolonist Christian Klaassen auf Empfehlung von Staatsrat Contenius 1827 mit der Anlage eines großen öffentlichen Parks begonnen, der zwanzig Jahre später, im Jahr 1847, bereits eine Viertelmillion Bäume und Sträucher zählte.

Auch die Forstwirtschaft nahm bald einen planmäßigen Gang. 1830 gründete General Insow in seiner Eigenschaft als Vorsitzender des südrussischen Fürsorgekomitees die »Kommission für schnellste Entwicklung der Forstwirtschaft, der Weidewirtschaft und des Weinbaus« *(Kommissija dlja skorejšego razvitija lesovodstva, šelkovodstva i vinodelija)*. Sie hatte ihren Sitz in Orlow und wurde von 1830 bis 1848 von dem Mennoniten Johann Cornies geleitet. Diese zentrale Kommission erwies sich bald als so wirkungsvoll, daß auch auf privater Ebene Kolonistenkommissionen gegründet wurden, die Waldwirtschaft, Seidenraupenzucht und Weinbau förderten. Sie wurden im kolonistischen Sprachgebrauch als Landwirtschaftsverbände bezeichnet; sie erteilten Anweisungen zur Anlegung von Baumschulen, Obst- und Beerenkulturen sowie Waldungen. Einen besonders tatkräftigen Förderer fand die Forstwirtschaft und Gartenkultur in Staatsrat Eugen von Hahn. Eine seiner ersten Amtshandlungen als Vorsitzender des Fürsorgekomitees bestand darin, Rechenschaftsberichte über den Anbau von Gärten und Wäldern anzufordern. Diese Berichte veranlaßten ihn, in den nachfolgenden Jahren eine energische Aufforstung der Kolonistengebiete zu betreiben. Der Bericht des Staatsdomänenministeriums für das Jahr 1846 hält 209000 neugepflanzte Bäume fest. Im Jahr 1847 wurden in den südrussischen Gouvernements schon 1858000 Bäume in Jungpflanzungen, 77000 in Hecken (vorwiegend den zur Seidenraupenzucht benötigten Maulbeerhecken) und 1072000 Bäume in Baum- und Samenschulen gezählt.

Auch der Gartenbau hatte 1847 respektable Größenordnungen erreicht. In den südrussischen Kolonien wurden damals 16501 Obstgärten mit insgesamt 3618000 Obstbäumen gezählt. Der Verkauf des in den umliegenden russischen Dörfern geschätzten Obstes erbrachte den Kolonisten in diesem Jahr 10639 Silberrubel. Im Verlauf eines Jahrzehnts erreichten bereits einzelne Kolonistenbezirke das Gesamtvolumen aller Kolonien aus dem Jahre 1847! So wurden 1860 allein im Liebenthaler Bezirk Plantagen mit etwa 300000 Wald- und Maulbeerbäumen, lebendige Hecken mit 60000 Bäumen, 824623 Setzlingen in Baum- und Pflanzenschulen und 124809 Obstbäumen in Gärten gezählt. Die Gärten und Wälder im Mennonitenbezirk an der Molotschna standen hinter denen im Liebenthaler Bezirk kaum zurück. Sie zählten 1854 1283477 Wald- und Maulbeerbäume in den Waldpflanzungen, 3045115 Setzlinge in den Baumschulen, 1089893 Maulbeerbäume in lebendigen Hecken usw. Insgesamt zählten die Mennoniten an der Molotschna, die 1831 begonnen hatten, Bäume zu setzen, im Jahr 1854 etwa sechs Millionen Bäume.

Neben diesen vier Hauptzweigen der Land- und Viehwirtschaft der Kolonisten sind besonders der Tabakanbau und die Seidenraupenzucht, die Wiesen- und Weidekultur, die Bienenzucht und der Gemüseanbau zu erwähnen. Auch diese Zweige der kolonistischen Landwirtschaft nahmen einen starken Aufschwung. So erweckten deutsche Kolonien in Südrußland und im Wolgagebiet, im Kaukasus und in Bessarabien in den Augen der Reisenden, des umliegenden russischen Bauerntums und selbst der Regierungsbeamten den Eindruck, als seien sie blühende Gärten. In den Annalen des Staatsdomänenministeriums aus dem Jahr 1854 wurde vermerkt, daß die Kolonisten »an ihren Orten wohlgeordnete Kolonien gegründet, nackte Steppen in blühende Felder verwandelt, auf ihnen Waldpflanzungen, Obstgärten und Gemüsegärten angelegt und viele nützliche Verbesserungen in den örtlichen Systemen der Landwirtschaft eingeführt« hätten.

Schließlich machten sich gegen Ende dieser Gründungsperiode der deutschen Kolonien auch erste Ansätze der Entwicklung eines eigenen Manufakturwesens und einer eigenen Industrie in und aus den Kolonien heraus bemerkbar.[47] Diese Entwicklung gab zu der Hoffnung Anlaß, daß aus den Kolonien in absehbarer Zeit ein kräftiger und leistungsfähiger Mittelstand auf dem Land heranwachsen würde. Damit versprachen die Kolonien auch ein anderes Ziel zu erreichen, mit dem sie gegründet worden waren, nämlich die Heranbildung eines – nach den Worten von Friedrich Matthäi – »wohlhabenden, gebildeten und sittlichen Bauernstandes, aus welchem sich ein bürgerlicher Mittelstand, der dem Lande so not tut, entwickeln kann«.

Doch als Lehrmeister des einheimischen Bauerntums erfüllten die Kolonisten nur wenige der in sie gesetzten Erwartungen – und auch diese nicht in vollem Umfang. Ihre russische Nachbarschaft führte gelegentlich Klage darüber, daß die deutschen Kolonisten in zu großer Absonderung lebten und außer dem Verkauf ihrer Erzeugnisse wenig Kontakt zu ihrer bäuerlichen russischen Umgebung pflegten. Demgegenüber kann festgestellt werden, daß die deutschen Kolonisten zumindest für eine andere Kolonistengruppe tatsächlich zu nützlichen Lehrern wurden, nämlich für die jüdischen Kolonisten. In die Amtszeit des Staatsrats Eugen von Hahn als Oberkurator der südrussischen Kolonien und des Grafen Kisseljow als Staatsdomänenminister fiel eine Episode deutsch-jüdischen Zusammenlebens in Südrußland, die bisher nur wenig Aufmerksamkeit gefunden hat.

In den vierziger Jahren war die russische Regierung, in Zusammenarbeit mit Vertretern der jüdischen Emanzipation, bemüht, nach dem Vorbild der bereits bestehenden Ausländerkolonien auch jüdische Kolonien, die sogenannten Hebräerkolonien, zu gründen. Das vorrangige Interesse der Organisatoren dieser Siedlungsbewegung bestand darin, tatkräftige und andernfalls der Proletarisierung preisgegebene junge russische Juden aus den jüdischen Ansiedlungsgebieten, die Rußland mit den drei polnischen Teilungen zugefallen waren, auszuwählen, sie in Landwirtschaftskolonien anzusiedeln und zu Bauern zu machen.[48] Wie auch die deutschen Siedlungen in ihrer Gründungsphase, so schritt das jüdische Siedlungswerk in den Gouvernements Jekaterinoslaw und Cherson zunächst nur zögernd voran. Landwirtschaftliche Mißerfolge erschwerten – nach den Klagen der jungen jüdischen Siedler zu urteilen – die Entwicklung der Kolonien ebensosehr wie die Bereicherungssucht und der Unverstand russischer Instruktoren und Verwaltungsbeamter. Um die Mitte der vierziger Jahre trugen die jüdischen Siedler die Bitte vor, landwirtschaftliche Leiter und Instruktoren aus den deutschen Kolonien zu erhalten. Der Staatsdomänenminister, Graf Kisseljow, beauftragte den soeben von ihm ernannten Oberkurator der neurussischen Siedlungen, Staatsrat Eugen von Hahn, eine Denkschrift auszuarbeiten, die eine Entscheidung dieser Frage erlaubte. In seinem Mémoire bestätigte Hahn die Ansicht, daß deutsche christliche Kolonisten wohl die besten Lehrmeister für die jüdischen Kolonien abgäben; am geeignetsten aber erschienen ihm wiederum die Mennoniten. Falls sich Mennonitenfamilien dazu bereit erklären sollten, sich in den jüdischen Kolonien niederzulassen, um hier als landwirtschaftliche Lehrer und Instruktoren zu wirken, so sollten ihnen – so lautete der Vorschlag von Hahns – die folgenden Vergünstigungen zuteil werden: Erstens sollten alle Rechte und Privilegien erhalten bleiben, die sie in ihren bisherigen Kolonien genossen. Zweitens sollte ihnen in den jüdischen Kolonien ein Landstück zugeschnitten werden, das ihren bisherigen Landanteil um das Zweifache überstieg. Drittens sollten die deutschen Mennoniten in den ersten drei Jahren ihrer Ansiedlung in einer jüdischen Kolonie von Steuern und Abgaben befreit sein und nach Ablauf dieser Frist lediglich mit einer geringen Landsteuer belegt werden. Viertens sollten die deutschen Mennoniten nicht nur Lehrer der Landwirtschaft sein, sondern darüber hinaus zugleich mit den Ämtern der örtlichen Behörden in den jüdischen Kolonien betraut werden und dafür ein angemessenes Gehalt sowie freie Wohnung, Heizung usw. beziehen. Darüber hinaus erhielt die Denkschrift von Hahns an den Grafen Kisseljow den Vorschlag, neue jüdische Kolonien in unmittelbarer Nähe zu deutschen Kolonistendörfern anzulegen.

Die Vorschläge von Hahns fanden die volle Zustimmung Kisseljows und wurden rasch in Gesetzesform gebracht. Das Gesetz vom 5. März 1847, Artikel 108 des Kolonialkodex aus dem Jahr 1857, legte dem Fürsorgekomitee nahe, »die besten Landwirte unter den deutschen Kolonisten einzuladen, in die jüdischen Ansiedlungen überzugehen«. Die Vergünstigungen, die den Anwärtern in Aussicht gestellt wurden, überstiegen die von Hahn gemachten Vorschläge: Vorbildliche deutsche Kolonisten, die in den jüdischen Kolonien als Dorfvorsteher fungieren sollten, erhielten 20 bis 40 Desjatinen Land für 10 Jahre abgabe- und steuerfrei. Für die darauffolgenden zehn Jahre sollten sie die Hälfte der üblichen Landsteuer, und erst nach Ablauf der ersten zwanzig Jahre die volle Landsteuer entrichten. Das Ziel des Gesetzes bestand eindeutig darin, die deutschen Kolonisten für lange Zeit *(na prodolžitel'nyj srok)* an die jüdischen Kolonien zu binden. Die Initiative von Hahns und Kisseljows erwies sich bald als erfolgreich. »Das Projekt, tüchtige christliche Kolonisten als Instruktoren in die jüdischen Kolonien zu verpflanzen, ward verwirklicht und bewährte sich als außerordentlich nützlich«, berichtete Jakob Elk. Die russische Krone zeichnete die erfolgreichen deutschen Lehrmeister in den sogenannten Hebräerkolonien, vor allem deutsche Mennoniten, aber auch einige nichtmennonitische Kolonisten, für ihre Verdienste um die Hebung des landwirtschaftlichen und organisatorischen Niveaus der sogenannten Hebräerkolonien durch zahlreiche Orden und Preise aus.[49]

Schließlich bewiesen die deutschen Kolonisten bei Ausgang der Ära Nikolaus' I., daß sie im Begriff waren, in die russische Gesellschaft hineinzuwachsen, sich als ein Teil der großen allrussischen Völkerfamilie zu fühlen und ihrem Patriotismus den entsprechenden Ausdruck zu verleihen. Wie so oft in der Geschichte Rußlands war ein Krieg – der Krimkrieg (1853–1856) – an Rußlands Grenzen getragen worden, bevor das Riesenreich zu einer effektiven Kriegführung bereit war. Kaiser Nikolaus I., der sich bisher einer eisernen Gesundheit und einer ebensolchen Selbstbeherrschung in kritischen Momenten hatte rühmen können, zerbrach an den schweren Entbehrungen des Krimfeldzugs, die er sich selbst auferlegt hatte, und mehr noch an der moralischen Erschütterung, die das Verhalten der Westmächte ausgelöst hatte. Er starb im Februar 1855 an den Folgen einer Erkältung.[50]

Auch dieser Krieg löste in der russischen Öffentlichkeit die spontane Bereitschaft zu Opfer und Selbstopfer aus. Die Kolonisten der südrussischen Gouvernements, besonders Tauriens, die im unmittelbaren Hinterland der Front lebten, kamen nun zum ersten Mal seit ihrer Anwesenheit auf russischem Boden mit kriegerischen Handlungen in Berührung. Sie erlebten die an den Kolonien vorbei nach Süden ziehenden russischen Truppen und bewirteten nicht selten ihre Kommandeure. Einer von ihnen, Eduard Iwanowitsch Graf Totleben (1818–1884), hatte ein besonders gutes Verhältnis zu den südrussischen Kolonisten. Der Generaladjutant, der als Militäringenieur und Leiter der Festungsarbeiten auf der Krim zum »Verteidiger von Sewastopol« wurde, hielt sich in den anderthalb Jahren seines Aufenthalts im nördlichen Taurien und auf der Krim häufig in den deutschen Kolonien auf. Neben ihm lernten die deutschen Siedler des Gouvernements Taurien auch den Kommandierenden der Krim-Armee, Generaladjutant Alexander Nikolajewitsch Graf Lüders (1790–1874), und den Befehlshaber der Artillerie in Sewastopol, Generalleutnant Karl Fjodorowitsch Scheidemann (1819–1869), sowie zahlreiche andere deutschstämmige Generale und Offiziere der russischen Armee kennen. Gewiß hat dieser Umstand mit dazu beigetragen, daß die Kolonisten bereit waren, Leistungen zu vollbringen, zu denen sie von Gesetzes wegen nicht verpflichtet waren. Insbesondere wurden die freiwilligen Proviantzüge berühmt, die die deutschen Kolonisten im Hinterland der Front zusammenstellten, und die bald ein guter und willkommener Ersatz für die unzureichende russische Verproviantierung wurden. Besonders als gegen Ende des Krimkrieges das russische Transport- und Versorgungssystem vollends zusammenbrach, leisteten die deutschen Kolonisten aus Taurien Großes, um die Versorgung russischer Truppenteile zu sichern. Trotz ihrer Bereitschaft, die russischen Truppen materiell zu unterstützen, scheinen dem Aufruf des Zaren an alle Stände, in die allgemeine Bürgerwehr einzutreten, doch nur wenige Kolonisten gefolgt zu sein. Viele, und besonders die Mennoniten unter ihnen, versuchten allerdings, ihre Abwesenheit in den kämpfenden Truppen durch zahlreiche Spenden, Bereitstellung von Fuhrwerken und besonders durch die Krankenpflege auszugleichen. Die Mennoniten, die in den neuartigen Feldlazaretten, an Verbandsplätzen und bei der freiwilligen Aufnahme von Kranken in ihren Siedlungen einen aufopfernden Dienst leisteten, haben dadurch Achtung und Anerkennung der russischen Truppe und ihrer Befehlshaber erworben. Zahlreiche kaiserliche Auszeichnungen, die nach Ablauf des Krieges besonders den südrussischen Mennoniten zugingen, bezeugten diese Anerkennung. Aber auch die Einquartierung, die viele Kolonien, mit Ausnahme der Herrnhuter und anderer religiöser Gemeinschaften, zum ersten Mal übernehmen mußten, vollzog sich zu beiderseitiger Zufriedenheit. Allerdings betraf die Pflicht zu einer kurzfristigen und unentgeltlichen Einquartierung im

Fall der deutschen Kolonisten nur die Truppenkommandeure, und unter diesen befand sich wiederum eine beträchtliche Zahl deutschstämmiger und deutschsprachiger Militärs. Im Selbstverständnis der südrussischen Kolonisten haben die Ereignisse des Krimkrieges stark dazu beigetragen, daß sie ihre gesellschaftliche Isolierung zu verlassen und sich als ein Teil der gesamtrussischen Gesellschaft zu empfinden begannen.[51]

Staatsdomänenminister Kisseljow arbeitete zusammen mit dem Oberkurator der südrussischen Ausländerkolonien eine Denkschrift an den Zaren aus, in denen er die Leistungen, finanziellen Opfer und die moralische Unterstützung, die die deutschen Kolonisten und besonders die Mennoniten unter ihnen den russischen Truppen zuteil werden ließen, als eine »lobenswerte Großtat« beschrieb.

Allerdings hatte in diesen letzten Jahren der nikolaischen Ära, die mit dem Krimkrieg endete, der panslawisch orientierte, nationalistische Teil der russischen Gesellschaft bereits ein waches Auge auf das Verhalten der ausländischen Kolonisten im Augenblick der Existenzkrise des russischen Volkes gerichtet. Und es verbreiteten sich in diesen Kreisen, denen nicht selten der wachsende Reichtum deutscher Kolonistenfamilien ein Dorn im Auge war, Gerüchte, denenzufolge deutsche Kolonisten in den Frontabschnitten und im Hinterland das Darniederliegen der russischen Wirtschaft und Versorgung ausgenutzt hätten, um sich durch geschickt betätigte Proviantverkäufe an die russische Heeresleitung in großem Maßstab zu bereichern. Diese Gerüchte, die in den Jahren des Krieges weder offiziell vorgetragen noch dementiert werden konnten, bildeten später, in den achtziger und neunziger Jahren des 19. Jahrhunderts, einen Nährboden für die Anklage, die russischen Deutschen ließen es an der notwendigen Loyalität mangeln.

Tatsächlich haben einige im nachhinein bekanntgewordene Tatsachen einen Schatten auf das Verhalten von russischen Deutschen während des Krimkrieges geworfen; sie betrafen allerdings weniger die Kolonisten als einige hochplazierte deutschstämmige Beamte der Verwaltung beziehungsweise Militärverwaltung. Die »Affäre Sattler« wurde – wenn auch nie breit in der Öffentlichkeit diskutiert – zu einem negativen Präzedenzfall.

Fjodor Karlowitsch Baron von Sattler (1805–1876) war in den vierziger Jahren zum Intendanten der aktiven russischen Armee ernannt worden. Bei Ausbruch des Krimkriegs (1854) wurde er zum Hauptintendanten, das heißt zum Kriegskommissar der russischen Krimarmee. Er befand sich hier in einer extrem schwierigen Lage. Einerseits stellte die Oberste Heeresleitung in kategorischer Form gewaltige, kaum zu erfüllende Anforderungen an ihn. Andererseits machte das Fehlen des geeigneten Transportsystems, der notwendigen Verkehrswege und Materialien eine sinnvolle Durchführung seiner Aufgaben nahezu unmöglich. In diesem Chaos unerfüllbarer Aufgaben und

Befehle scheinen an bestimmten Nahtstellen der Armee und des Versorgungssystems Unregelmäßigkeiten und Mißbräuche vorgekommen zu sein, die durch eine gewisse, traditionelle Neigung der Versorgungsstäbe zu Unterschlagung und Veruntreuung noch begünstigt wurden. Als Kriegskommissar zeichnete Sattler für diese Vorkommnisse verantwortlich. Nach Beendigung des Krieges wurde er in einem ordentlichen Verfahren zur Beibringung der laut vorliegender Rechnungsbücher fehlenden Beträge verurteilt und auf den Rang des Soldaten degradiert. Das Verhalten Sattlers, der durch die Abfassung und Herausgabe sachkundiger Arbeiten über die Verproviantierung der Truppen seinen schwerbelasteten Namen reinzuwaschen versuchte, war dennoch in den Augen der xenophoben russischen Rechten zu einem Stein des Anstoßes geworden.

VIII.
Der deutsche Anteil an der Modernisierung des Russischen Reiches (1855–1905)

Alexander Nikolajewitsch, der älteste Sohn des Zaren Nikolaj Pawlowitsch und der Zarin Alexandra Fjodorowna aus dem Haus Hohenzollern, trat die Thronfolge als Zar Alexander II. in dem schwierigen Augenblick an, als die russische Niederlage im Krimkrieg unmittelbar bevorstand. Sein Ehrbegriff und ein gesundes politisches Kalkül veranlaßten ihn, diesen Krieg durch Zusammenlegung neuer Truppenverbände bis zu einem ehrenhaften Friedensschluß weiterzuführen. Die betont preußisch orientierte Erziehung, die er genossen hatte, aber auch eine hohe humanistische Bildung, die seine natürlichen Talente vervollkommnet hatte, sowie die langjährige Beteiligung an den Staatsgeschäften seines Vaters hatten in ihm die Grundlagen zu einer reifen, wohlbedachten und mutig innovatorischen Politik gelegt.

Alexander II. (1818–1881) erhielt seine schulisch-wissenschaftliche Ausbildung von zwei der fähigsten und liberalen russischen Gelehrten der Zeit, dem großen Verfassungsrechtler und Staatsmann Michail Speranskij und dem Poeten Wassilij Andrejewitsch Shukowskij, dem Sohn eines russischen Vaters und einer jungen türkischen Gefangenen, der 1841 die Kurländerin Elisabeth von Reutern heiratete. Seine Erziehung lag in den Händen der Generale Kavelin und Merder.

Generaladjutant Karl Karlowitsch von Merder (deutsch: Mörder, 1788–1834) war der Erzieher Alexander Nikolajewitschs vom sechsten bis sechzehnten Lebensjahr. Der bescheidene, hochbegabte und philosophisch interessierte Deutschrusse entstammte einer bürgerlichen sächsischen Familie, die Anfang des 18. Jahrhunderts nach Polen und von dort nach Rußland ausgewandert war. Zar Nikolaus I. selbst hatte den unauffälligen, aber ebenso durch sein Wissen wie sein persönliches Taktgefühl bestechenden Generaladjutanten zum Erzieher seines Sohnes bestimmt. In dieser Eigenschaft verband von Merder bald eine tiefe Freundschaft mit Shukowskij, dem Lehrer des Zarewitsch. Der Dichter beschrieb die Erziehung, die der Zarewitsch durch von Merder erhielt, mit den folgenden Worten:

> »In der Erziehung, die ihm zuteil wurde, lag nichts Künstliches. Ihr ganzes Geheimnis bestand in der wohltuenden, stillen, aber ununterbrochenen Wirkung seiner schönen Seele... Sein Zögling... hörte nur die alleinige Stimme der Wahrheit, sah nur die völlige Uneigennützigkeit... Hätte denn seine Seele nicht das Gute lieben können, mußte sie nicht gleichzeitig eine Verehrung für das Menschengeschlecht entwickeln, die so notwendig in jedem Leben, insbesondere aber in einem Leben am Thron und auf dem Throne sind!«[1]

Die ersten Schritte ins politische Leben, die der gerade volljährig gewordene Zarewitsch machte, legten die Richtung seiner späteren Staatspolitik fest: Als Resultat der Sibirienreise, die Alexander Nikolajewitsch im Jahre 1837 in Begleitung seiner Lehrer unternahm und die ihm das Los der politischen Verbannten vor Augen führte, setzte er eine Milderung des Schicksals der sibirischen Verbannten durch – eine erste Andeutung der ethischen und politischen Beweggründe des »Befreier-Zars«. Wenig später nahm der junge Zarewitsch an der militärischen Abwehr eines Angriffs der kaukasischen Bergstämme teil; er zeichnete sich durch bravouröse Leistungen aus und wurde mit dem Orden des heiligen Georg vierter Klasse ausgezeichnet, ein erster Hinweis auf seine machtvolle kriegerische Expansionspolitik, besonders im Süden und Osten des Reiches. Schließlich wählte er auf seiner ersten Auslandsreise im Jahr 1838 die Tochter des Großherzogs Ludwig von Hessen-Darmstadt, Maximiliane-Wilhelmine-Auguste-Sophia-Maria (geboren 1824), die spätere Großfürstin und schließlich Zarin Marja Alexandrowna zu seiner Gemahlin aus und bestätigte damit die deutschfreundliche Politik seines Vaters. Auch die Kinder, die dem Thronfolgerehepaar geboren wurden, wurden zum überwiegenden Teil mit deutschen Adelshäusern verbunden; eine Ausnahme bildete der zweite Sohn, der 1845 geborene Großfürst Alexander Alexandrowitsch, der nach dem Tod des Erstgeborenen und Thronfolgers Nikolaj Alexandrowitsch (1843–1865) zum Zarewitsch bestimmt wurde: Alexander Alexandrowitsch, der spätere Zar Alexander III., heiratete eine dänische Prinzessin. Demgegenüber wurde der dritte Sohn, Großfürst Wladimir Alexandrowitsch (1847–1909) im August 1874 mit der Tochter des Großherzogs Friedrich Franz II. von Mecklenburg-Schwerin, Marja Pawlowna (1854–1920) vermählt; Großfürstin Marja Alexandrowna (1835–1900) wurde im Januar 1874 mit Prinz Alfred Herzog von Edinburgh vermählt, der mit dem Hause Coburg-Gotha verbunden war; Großfürst Sergej Alexandrowitsch (1857–1905) heiratete im Juni 1884 die Tochter des Großherzogs von Hessen, Jelisaweta Fjodorowna. Zum ersten Mal seit langer Zeit wurde im Haus Romanow eine rein orthodoxe Ehe geschlossen, und zwar zwischen dem jüngsten Zarensohn, Pawel Alexandrowitsch, und der Tochter des griechischen Königs, Alexandra Georgijewna.

Die Liebe und Verehrung des Zaren Alexander II. für Deutschland und besonders Preußen entbehrte nicht gewisser tragischer Züge. Der Zar, der von frühen Kindestagen an häufig im Hause Hohenzollern zu Gast war und dabei von seinem Oheim Friedrich Wilhelm III. zum Kommandanten des für ihn geschaffenen Alexander-Regiments ernannt wurde, hielt dem preußischen Königshaus, auch über die für Rußland schwierigen außenpolitischen Klippen der Stärkung Preußens, der deutschen Reichsgründung unter Preußens Ägide und des Anschwellens der deutschen Machtpolitik hinweg, sein Leben lang unverbrüchlich die Treue. Er ließ keinen Anlaß aus, um im Familienkreis, auf offiziellen und Staatsempfängen auch dann seine tiefe und innige Verbundenheit mit dem Hause Hohenzollern zu manifestieren, als die Beziehungen zwischen Deutschland und Rußland bereits von Krisen erschüttert wurden. So berichtete General Lothar von Schweinitz, der deutsche Botschafter in St. Petersburg, im Jahr 1877 nach Berlin:

»Das Benehmen des Kaisers... war so edel, würdevoll, durchdrungen von Liebe und Verehrung für unseren Herrn, den er im Trinkspruch seinen besten Freund nannte, daß ich manchmal kaum der eigenen Bewegung Herr werden konnte. In solchen Augenblicken trat mir die ganze Wichtigkeit vor die Seele, welche die Freundschaft der beiden mächtigsten Monarchen für uns und für die Welt hat.«[2]

Auch nach dem Berliner Kongreß (1878), der breite Teile der russischen Öffentlichkeit – besonders die Panslawisten und Nationalisten – in Haß gegen Preußen und besonders gegen Bismarck versetzte, ließ Kaiser Alexander II. keine Gelegenheit verstreichen, um dem deutschen Botschafter seine innigsten Wünsche an Bismarck und den deutschen Kaiser sowie seinen Wunsch mitzuteilen, nach Deutschland zu reisen. Er hielt auch dann noch am Ton innig-familiärer Vertrautheit fest, als Reichskanzler Bismarck die offizielle deutsche Rußland-Politik bereits explizit auf den Tenor unterkühlter Distanz festgelegt hatte. Im November 1879 schickte Bismarck seinen Botschafter von Schweinitz mit der Direktive an den russischen Kaiserhof zurück: »Also, kühl bis ans Herz hinan!« Als der Botschafter die Frage stellte: »Auch gegen den Kaiser?« antwortete Bismarck: »Auch gegen den Kaiser!« Als nach einem Jahr preußische Kühle zu Eiseskälte erstarrte und haßerfüllte deutsche sowie auch russische Pressestimmen zum Krieg trieben, galt es in wohlinformierten Petersburger Hofkreisen als eine Gewißheit: »Das überlebt der Kaiser nicht! Er stirbt daran, wenn es zum Kriege mit Deutschland kommt, oder er dankt ab!«[3]

Botschafter von Schweinitz war nicht nur ein aufrechter Freund Rußlands, den der preußische politische Unverstand und die mangelnde Sensibilität Bismarcks und besonders des Auswärtigen Amts gegenüber der spezifisch russischen Situation häufig in tiefe innere Konflikte brachte; er war auch ein skrupulöser Beobachter der Vorgänge am russischen Hofe. So entging ihm nicht, welche Rolle einige Großfürsten, besonders die aus regierenden deutschen Häusern angeheirateten Großfürsten und Großfürstinnen, in den Jahren nach der deutschen Reichsgründung (1871) am russischen Hofe spielten. Ganz im Gegensatz zur Haltung ihres Monarchen bemühten sich diese jüngeren, angeheirateten Mitglieder des Hauses Romanow, ihre deutsche Herkunft durch Überanpassung an die russisch-slawische Kultur zu überspielen. Nicht selten paarte sich ihr übertrieben russisches Verhalten mit einer gewissen Arroganz und einer Ignoranz hinsichtlich der wahren russischen Lebensinhalte. Als deutscher Botschafter und konservativer Preuße hat von Schweinitz die Haltung der ehemals deutschen Großfürsten auf einem Empfang zu Ehren des deutschen Kaisers im Jahr 1877 in folgender Weise beschrieben:

> »Wenn auch jeder von ihnen der Höflichkeit, die er dem Vertreter des Deutschen Kaisers schuldete, genügte, so zeigte doch keiner Herzlichkeit oder Verständnis für die Bedeutung der Feier... war ich doch bei russischen Hoffesten immer frappiert durch ihre Verschiedenheit von den unsrigen in bezug auf das Benehmen der höchsten Personen; bei uns ritterliche Höflichkeit, vornehme Leutseligkeit, Beachtung auch der unbedeutendsten Individualität; hier nur Bequemlichkeit, Scheu vor jeder gesellschaftlichen Mühe, kurz schlechte Manieren; und dabei in allem ein gewisses mürrisches, europafeindliches Russentum, welches einem Kenner der hiesigen Misere lächerlich erscheint, besonders bei den ganz deutschen Anhängseln des mehr als zur Hälfte deutschen Hauses Holstein-Gottorp, genannt Romanow... Die Verschiedenheit des Tones am preußischen und am russischen Hofe wird durch einen Ausspruch der verewigten Prinzessin Karl vortrefflich gekennzeichnet, welchen mir die Cäsarewna selbst erzählt hat; diese, als sie sah, wie ihre Tante bei einem Besuche in St. Petersburg für jedermann ein freundliches Wort hatte, sagte zu ihr: ›Ma tante, comme vous êtes aimable‹, worauf die preußische Prinzessin freundlich erwiderte: ›Je ne suis pas tellement aimable, je ne suis que bien élevée.‹ «

Als nach dem Berliner Kongreß die panslawistische, deutschlandfeindliche Stimmung in Rußland beträchtliche Wellen zu schlagen begann, nahmen gegen den Willen des Zaren des öfteren auch Großfürsten mit panslawischen Neigungen an diesen Manifestationen teil. Sie neigten zu der Ansicht, daß die von den Panslawisten geforderte politische Wendung, die auf eine stärkere Russifizierung der russischen Grenzprovinzen und auf massive Unterstützung der slawischen Unabhängigkeitsbewegung außerhalb der Grenzen des Russischen Reiches hinauslief, von der Autokratie selbst ausgehen müßte. »Die auffallende Erscheinung«, so schrieb von Schweinitz 1879, »daß diese sich dazu hergab, daß einige Mitglieder der Dynastie, besonders Frauen, in ultra-russischem und orthodoxen Eifer so weit gingen, ist daraus zu erklären, daß sie, die starke nationale Bewegung fürchtend, durchaus als Romanows angesehen werden und die deutsche Abstammung vergessen machen wollen«.

Je stärker die panslawische Agitation, desto spürbarer wurde in den Augen des Botschafters auch der schädliche Einfluß jener »deutschen Prinzessinnen, welche durch Übertreibung des nationalen und religiösen Russentums ihre Herkunft sich verzeihen machen wollen.«

Als schließlich um die Mitte der achtziger Jahre der Pressekrieg zwischen den nationalistischen Organen Deutschlands und Rußlands entfesselt wurde, brachten germanophobe russische Blätter, wie etwa das »Nowoje Wremja«, Beiträge, die zum ersten Mal auch als versteckte Spitzen gegen die deutschen Mitglieder des Hauses Romanow empfunden werden konnten. So berichtete von Schweinitz 1886 von einer Audienz der Fürstin Kotschubej bei Zar Alexander III. Die Fürstin wies auf gefährliche Angriffe des »Nowoje Wremja« auf Deutschland und die deutschen Einflüsse in Rußland hin, doch

> »Seine Majestät hat wie gewöhnlich geantwortet, man müsse diese Blätter nicht lesen, sie druckten nur Betisen; die Fürstin hat erwidert: ›Cela est vrai, mais ces bêtises font que d'autres en commettent.‹ Sie hat sich nicht abweisen lassen, sondern dem Kaiser erzählt, daß ein Feuilleton der (sic!) ›Nowoje Wremja‹ in verächtlichem Tone von den deutschen Frauen rede und daß doch die meisten russischen Kaiserinnen und Großfürstinnen deutsche Frauen waren und sind. Der Kaiser hat ihr zugesagt, mit dem Minister des Innern über die Sache zu sprechen, da aber seitdem eine Woche vergangen ist, ohne daß etwas geschah, so will die Fürstin versuchen, durch die Kaiserin deren hohen Gemahl erinnern zu lassen.«

Das »Nowoje Wremja« war die Speerspitze einer kleinen, aber lautstarken chauvinistischen Randgruppe der russischen Gesellschaft. Weder der überwiegende Teil der russischen Gesellschaft und besonders ihrer Intelligenz noch die Bürokratie und der Hof ließen sich lange Zeit von seinen maliziösen Andeutungen und offenen Ausfällen gegen die deutschen Einflüsse in Rußland beirren.

Das deutsche Element blieb auch in den letzten Regierungsjahren Alexanders III., in denen der fremdenfeindliche russische Nationalismus zu triumphieren schien, unvermindert stark in den hohen Rängen und Institutionen vertreten. So wies das Verzeichnis der Ränge der ersten zwei Klassen *(Spisok činam pervych dvuch klassov po staršinstvu)* für das Jahr 1889 unter den 200 Angehörigen der zweiten Klasse (die erste Klasse war den Mitgliedern der kaiserlichen Familie vorbehalten) 60 prominente deutsche Namen auf. Das Verzeichnis des Jahres 1890 zeigte unter 195 Angehörigen der zweiten Rangklasse 56 Deutsche, das des Jahres 1891 von 180 Namen 59 deutsche; 1892 waren von insgesamt 198 Mitgliedern 54 Deutsche, 1893 51 (von 192) und

1894 48 Deutsche (von 188) im russischen Dienst. Diese starke deutschrussische Vertretung in den höchsten Positionen des Reiches hielt auch in der frühen Regierungszeit Nikolaus' II. an (1898 waren von 215 Angehörigen der zweiten Rangklasse 50, 1899 unter 239 59 und 1900 von 243 62 Träger deutscher Namen) und setzte sich unvermindert bis zum Ersten Weltkrieg fort.

Und für die Einstellung des kaiserlichen Hofes gegenüber der wachsenden nationalistischen Stimmung war es charakteristisch, daß er es einer neu angeheirateten deutschen Prinzessin nicht einmal zur Pflicht machte, ihren protestantischen Glauben – ein Synonym deutscher Herkunft und Gesinnung – aufzugeben und zur Orthodoxie zu konvertieren. Der dritte Sohn Alexanders II., Wladimir Alexandrowitsch, entschied sich zu Anfang der siebziger Jahre für die Ehe mit der Tochter des Herzogs von Mecklenburg-Schwerin, eine Verbindung, auf die die deutsche Reichsregierung – wie die Akten des Auswärtigen Amts dokumentieren – große politische Hoffnungen setzte. Da der Zar nach dem Tod seines erstgeborenen Sohnes und Thronfolgers im Jahr 1865 längere Zeit erwog, diesen dritten Sohn in Übergehung des zweiten, für weniger begabt und geeignet befundenen Sohnes, des späteren Zaren Alexander III., zum Nachfolger zu bestimmen, lag es nahe, der angeheirateten deutschen Prinzessin die Auflage zu machen, zur Orthodoxie überzutreten. Großfürst Wladimir Alexandrowitsch sah jedoch keine Veranlassung, sie dem traditionellen Reglement zu unterwerfen. So berief sein Vater, Zar Alexander II., eine Synode ein, die entscheiden sollte, ob auch ein mit einer Protestantin verehelichter Großfürst die Zarenkrone empfangen dürfe. Nach eingehenden Beratungen entschied der Synod, daß das Thronfolgereglement des Russischen Reichs die Thronbesteigung tatsächlich so lange ausschließe, wie die betreffende Großfürstin im fremden Glauben verharre. Sollte sie später zur Orthodoxie übertreten, stehe einem Thronwechsel aus kirchlicher und juristischer Sicht nichts im Wege. Die aus dieser Verbindung hervorgegangenen Kinder hingegen dürften, wenn sie selbst im orthodoxen Glauben getauft und erzogen würden, die Krone des Russischen Reichs empfangen.

Großfürst Wladimir Alexandrowitsch begnügte sich mit der Position eines Mitglieds des Staatsrats, trat für eine liberale Reformpolitik ein und war besonders in der Regierungszeit seines Neffen, des Zaren Nikolaus II., bemüht, in einem realistischen und pragmatischen Sinn Einfluß auf die Führung der Staatsgeschäfte zu nehmen. Erst nach seinem Tod 1909 trat seine Gemahlin, die Großfürstin Marja Pawlowna und Prinzessin von Mecklenburg-Schwerin, vom Protestantismus zur Orthodoxie über. Freilich erwog die weitsichtige und gesellschaftlich sehr aktive Frau, die über die Entwicklung des Russischen Reichs unter der Führung ihres Neffen Nikolaus II. zutiefst beunruhigt war, zu dieser Zeit, einem ihrer Söhne den Weg auf den Zarenthron zu ebnen.

1. Deutsche Kräfte im Reformwerk Alexanders II.

Die Unterzeichnung des Friedensvertrags von Paris (18. März 1856) ermöglichte dem Russischen Reich einen ehrenvollen Rückzug aus dem Krimkrieg. Zar Alexander II. hatte nun die Hände frei, um die fundamentalen Rückstände in der Infrastruktur des östlichen Riesenreiches zu beseitigen, die während des Krieges manifest geworden waren. Rußland schlug später als die anderen europäischen Großmächte den Weg der großen Wirtschafts- und Sozialreformen ein und durchlief den Prozeß der Modernisierung seiner Infrastruktur, der durch sie in Gang gesetzt wurde, in vergleichsweise beschleunigter Form. Dieser Prozeß, der ein großes Maß an schöpferischen Kräften benötigte, aber auch freisetzte, kam nach den langen Jahren der bürokratischen Nivellierung und Repression unter Nikolaus I. zu unvorbereitet und lawinenartig »von oben« in Gang, als daß er nicht auch eine große Verunsicherung und in ihrem Gefolge eine Reihe negativer und destruktiver Tendenzen ausgelöst hätte. Ein ungezügelt anarchisches Freiheitsstreben auf der einen und ein zu Nationalismus und Chauvinismus tendierendes, von Angst vor der Veränderung bestimmtes Festhalten an den nationalen Wurzeln des Russen- oder Slawentums auf der anderen Seite waren die destruktiven Randerscheinungen auf dem Weg des rückständigen Rußland zu einer modernen europäischen Großmacht. Mit ihnen entstand auch die »nationale Frage«, die neben anderen nationalen Gruppen auch das Verhältnis zwischen Deutschen und Rußland nachhaltig belastete.

Das Allerhöchste Manifest, das Zar Alexander II. am 19. März 1856, nur einen Tag nach der Unterzeichnung des Pariser Friedensvertrags erließ, war des großen Reformgeistes seiner Vorgänger und Vorfahren Katharina II. und Alexander I. in jeder Hinsicht würdig:

> »Mit Hilfe der göttlichen Vorsehung, die Rußland immer ihr Wohlwollen erwiesen hat: Der innere Wohlstand Rußlands erstarke und vervollkommne sich; Gerechtigkeit und Gnade sollen in seinen Gerichten herrschen, auf daß sich überall und mit neuer Kraft das Streben nach Aufklärung und jeglicher nützlichen Tätigkeit rege und jeder in der Obhut der für alle gleichermaßen gerechten, allen gleichermaßen Schutz gewährenden Gesetze lebe, auf daß er sich in Frieden der Früchte seiner durch keinerlei Schuld befleckten Arbeiten erfreuen möge. Schließlich, und dies ist Unser erstes und lebendigstes Verlangen, möge das Licht des erlösenden Glaubens Unseren Geist erhellen, Unsere Herzen festigen, auf daß es die allgemeine Sittlichkeit erhalte und mehr und mehr bessere – dieses einzige wahre Unterpfand von Ordnung und Glück.«

Die ersten Regierungsmaßnahmen, die Alexander II. in diesem Geist traf, beseitigten die extremen Härten, die Teilen der Bevölkerung des Russischen

Reichs in der Periode Nikolaus' I. auferlegt worden waren: Die massiven Rekrutenaushebungen wurden eingestellt, Steuer- und Abgaberückstände gegenüber der russischen Krone für nichtig erklärt, Strafen für früher begangene Verbrechen, unter anderem für die Zugehörigkeit zu Geheimgesellschaften, erlassen, die Dekabristen aus der Verbannung befreit, die Rekrutierung minderjähriger Juden zum Kriegsdienst (»Nikolaïtische Soldaten«) eingestellt und die Militärdienstpflicht der Juden den allgemeinen Regeln angeglichen. Doch diese Maßnahmen, so wohltuend sie auch für die betreffenden Bevölkerungsgruppen waren, stellten nur einen ersten Schritt auf dem Weg zu einem umfassenden Reformprogramm des neuen Zaren dar. Zur Durchführung dieser tiefgreifenden Reformen benötigte der Zar vor allem fähige Männer, und diese waren – anders als in der Regierungszeit Alexanders I. – nach der Versandung der politischen Talente, die unter Nikolaus I. eingetreten war, in den hohen Ämtern selten. Unter den Personen von hohem Dienstrang, die sich in der späten Periode Nikolaus' I. in ihrem Amt behauptet hatten, dominierten der servile und genießende Amtsadel im Zivildienst und der Typ des ehrgeizigen, macht- und besitzhungrigen Generalstabsoffiziers – »zu nicht geringem Teil deutscher Abstammung«[4] – im Militärdienst.

In Kenntnis dieser Mißstände führte Kaiser Alexander in den ersten Jahren seiner Regierungszeit eine wohlbedachte, aktive Personalpolitik durch, deren Kriterien weniger die politisch-nationale Zuverlässigkeit als vielmehr die liberale Gesinnung und Tatkraft waren. Dieser Politik fiel als erster hoher Beamter Graf P. A. Kleinmichel zum Opfer, der als langjähriger Minister für Transport- und Verkehrswesen besondere Verantwortung für die russischen Versorgungsschwierigkeiten während des Krimkriegs trug. Kleinmichel wurde durch den russischen Bürokraten K. W. Tschewkin ersetzt, der als Leiter des Stabs des Bergingenieurkorps, als Kenner der westeuropäischen Bergbauindustrie und besonders des Eisenbahnbaus die notwendige fachliche Fundierung für das verantwortliche Amt eines russischen Verkehrsministers besaß.

Daß die Ersetzung Kleinmichels durch Tschewkin überwiegend fachliche und keinesfalls nationale Gründe hatte, bewies eine zweite Umbesetzung im Ministerkabinett, die der neue Zar drei Monate nach Übernahme der Staatsgeschäfte verfügte: Der wenig fähige Marineminister Fürst A. S. Menschikow, ein Günstling Nikolaus' I., wurde von Ferdinand Petrowitsch Baron Wrangell (1796–1870)[5] abgelöst. Admiral Wrangell entstammte einer deutschen Familie, die sich im 12. Jahrhundert in Estland niedergelassen hatte und dort eine bedeutende Rolle im deutsch-estländischen Adel spielte. Dieser deutschbaltische Zweig der Familie Wrangell zählte neben dem Marineminister ein Mitglied des Staatsrats, zwei Senatoren, zwei Gouverneure, einen Kurator eines Lehrbezirks und einen Professor, ferner Kunstwissenschaftler,

Literaten und zahlreiche höhere Offiziere bis hinauf zur Ebene der Generalität. Baron F. P. Wrangell hatte sich sowohl als Ozeanograph als auch als Konteradmiral in der russischen Marine einen Namen gemacht. Er war zum Ehrenmitglied der Kaiserlichen Russischen Akademie der Wissenschaften und zum Mitglied der Pariser Akademie der Wissenschaften ernannt worden. Seine Reputation beruhte vor allem auf den Ergebnissen einer vierjährigen Nordmeerexpedition, die Wrangell in den letzten Regierungsjahren Alexanders I. unter außergewöhnlichen Entbehrungen und Gefahren durchgeführt hatte. Sie trug zu einer genauen kartographischen Voraussage von Festland unter dem arktischen Eis bei, das ein halbes Jahrhundert später von einem Amerikaner entdeckt und mit dem Namen Wrangell-Land bezeichnet wurde. In den frühen dreißiger Jahren hatte Wrangell die russische Kolonie Sitka in Nordamerika verwaltet. Mitte der dreißiger Jahre übernahm er als Konteradmiral die Leitung des Departements für Schiffsbau im Marineministerium. Daneben leitete er in den vierziger Jahren die russische Nordamerika-Kompagnie. Durch seinen energischen Kampf gegen Mißbräuche in der Verwaltung des Marineministeriums erregte er den Unwillen des Fürsten Menschikow; als Resultat zog sich der Konteradmiral 1843 freiwillig aus dem Dienst und auf sein estländisches Gut zurück. Als dann Menschikow während des Krimkriegs der Hilfe des erfahrenen Sachverständigen bedurfte, wurde dieser zum Leiter des hydrographischen Departements sowie wenig später zum Vorsitzenden der Revisionskommission der Meeresgesetze und des gelehrten Komitees des Ministeriums ernannt. Doch erst Zar Alexander II. wies ihm mit seiner Ernennung zum Marineminister (Mai 1855) und zum Admiral der russischen Flotte den ihm gebührenden Platz zu.

Der weitere Weg Wrangells in der Ära der Reform war paradigmatisch für mehrere liberale Staatsmänner deutscher Herkunft.

In seiner Eigenschaft als Marineminister entwickelte Wrangell – in gutem Einvernehmen mit dem zum Generaladmiral ernannten Großfürsten Konstantin Nikolajewitsch – eine lebhafte Reformtätigkeit. Die Gründung eines technischen Komitees, Ernennung der Seeoffiziere zu Stadtvorstehern der Hafenstädte des Schwarzen und Asowschen Meeres, die Reform des Admiralitätsrates und Schaffung einer leistungsfähigen Handelsflotte im Schwarzen und Kaspischen Meer sind nur einige der Leistungen, die Wrangell in relativ kurzer Zeit vollbrachte. 1857 wurde Wrangell, der sich körperlich und geistig verausgabt hatte und seine angegriffene Gesundheit im Ausland pflegen mußte, zum Mitglied des Staatsrates ernannt. Aber auch hier wurden Fragen von höchster Wichtigkeit behandelt, denen sich Wrangell in voller Erkenntnis ihrer Tragweite stellte, so unter anderen die Vorbereitung der Bauernbefreiung und die Einleitung der Rechtsreform. Mit zahlreichen Denkschriften und Aufzeichnungen griff der als Sprecher ungeübte Baron Wrangell in die Auseinandersetzungen ein. Als sich ab 1864, nach der Niederschlagung des polnischen Aufstandes, ein Erlahmen der Reformbewegung und eine Rückkehr zu konservativeren Denk- und Verwaltungsformen abzuzeichnen begann, quittierte Wrangell endgültig seinen Dienst. Er zog sich auf sein Gut zurück, um sich nun ausschließlich wissenschaftlichen Fragen zu widmen.

Die wichtigste Reform dieser Jahre war die Bauernreform. Sie wurde über mehrere Jahre hinweg vorbereitet, bis sie schließlich im Bauernbefreiungsedikt von 1861 Gesetzeskraft erlangte. Ein Jahr nach seinem Regierungsantritt gründete Alexander II. ein Geheimes Sonderkomitee zur Ausarbeitung der Bauernreform, dem er selbst vorstand. Unter den elf Mitgliedern des Komitees befanden sich auch Finanzminister P. F. Brock, Baron M. A. Korff und der ursprünglich schwedischstämmige, aber aufgrund der familiären Vermischung mit deutschen Familien als deutsch geltende Minister des Kaiserlichen Hofes, Graf W. A. Adlerberg. Aber gerade die deutschstämmigen Mitglieder des Geheimen Komitees standen aufgrund allzu zögernden Herangehens an die Frage der Bauernbefreiung hinter den Erwartungen des Zaren zurück, während die russischen Mitglieder, insbesondere die Grafen Lanskoj und Bludow sowie Rostowzew, als progressive Fraktion des Komitees energische Schritte befürworteten. Aus Unzufriedenheit über den langsamen Gang der Arbeit ernannte der Zar nach einigen Monaten seinen Oheim, den Großfürsten Konstantin Nikolajewitsch, zu einem weiteren Komiteemitglied und trieb damit das Tempo stark voran. Am 8. Januar 1858 wurde das Geheime Komitee offiziell in das »Hauptkomitee für die Bauernfrage« umgebildet. Ihm gehörten nun auch Justizminister Graf Panin und die langjährigen Vorkämpfer der Bauernbefreiung N. A. Miljutin und J. A. Solowjow an. Am 17. Februar 1859 wurde die Bildung von Redaktionskommissionen unter dem Vorsitz von Generaladjutant Rostowzew bekanntgegeben; dem Redaktionskomitee beim Hauptkomitee für die Bauernfrage gehörte unter anderem Alexander Karlowitsch Giers (1815–1881), ein Finanzexperte und Bruder des späteren Außenministers Nikolaj Karlowitsch Giers, an. Giers, unter dem späteren Finanzminister M. Ch. von Reutern (1862–1878) Vizeminister für Finanzen, war durch wissenschaftliche Veröffentlichungen zur Bauernfrage hervorgetreten. Die Redaktionskommissionen nahmen die Projekte auf, die von Gouvernementskomitees zur Lösung der Bauernfrage ausgearbeitet wurden. Die zu einem Gesamtprojekt überarbeiteten Vorschläge gelangten in eine Kommission, der neben Graf Lanskoj, Rostowzew und General Murawjow auch Graf Konstantin von der Pahlen, der spätere Justizminister (1867–1878), angehörte. Schließlich wurde eine Finanzkommission zur Vorbereitung der Bauernreform ins Leben gerufen, deren führendes Mitglied N. Chr. Bunge, der spätere Finanzminister (1881–1886), war.

Am 19. Februar 1861 wurde das Edikt über die Aufhebung der Leibeigenschaft verkündet, das zweiundzwanzig Millionen an die Scholle gebundener Landleute zu potentiell freien Bauern machte. Ihm folgten im Lauf der nächsten zehn Jahre eine Reihe von Zusatzgesetzen, die eine Reformierung der Rechtsgrundlagen der gesamten bäuerlich-ländlichen Bevölkerung mit sich brachten. Im Rahmen dieser Reform des Bauernstandes wurden auch einige Gesetze, die in den sogenannten Kolonialkodex Eingang gefunden hatten, neu formuliert. Als eine der letzten von insgesamt dreißig Gruppen der russischen Landbevölkerung, die nunmehr einen geschlossenen Bauernstand mit zahlreichen Untergruppen ausmachten, wurde auch der Stand der Kolonisten in die bäuerliche Untergruppe der »Siedler-Eigentümer, früheren Kolonisten« verwandelt. Die zehn Jahre bis zum Erscheinen der entsprechenden Gesetze wurden von Sonderkommissionen zur Überführung der Kolonisten in die Gruppe der »Siedler« benutzt, um eine gesetzliche Formulierung zu erarbeiten, die trotz der Angleichung an den allgemeinen russischen Bauernstand die Privilegien des Kolonistenstandes weitestmöglich aufrechterhielt.

Die zweite große Reform, die der Bauernbefreiung folgte, wurde durch die Gesetzgebung über die Landschaftseinrichtungen *(Zemstvo)* eingeleitet. Diese Landschafts- oder Semstwo-Einrichtungen, die mit Blick auf die preußischen Selbstverwaltungsorgane entwickelt wurden, sahen eine größere Selbstverwaltung auf Kreis-, Bezirks- und Gouvernementsebene, das heißt Dezentralisierung des Reiches, sowie eine größere Mitbestimmung aller sozialen Stände vor. Die Einführung der Landschaftsverwaltung auf den verschiedenen dezentralen Ebenen, in der ausgebildete berufliche Kräfte (Ärzte, Feldscher, Hebammen, Lehrer, Ökonomen, Verkehrstechniker usw.) ebenso beteiligt waren wie Bauern, Gutsbesitzer, Bürgertum und Adel, sollte insbesondere die russische Provinz aktivieren und zu Selbsttätigkeit führen. Aufgrund eines Allerhöchsten Erlasses vom 25. März 1859 wurde eine Kommission zur Ausarbeitung der Gesetzgebung über die Gouvernements- und Kreiseinrichtungen gebildet, die unter dem Vorsitz von N. A. Miljutin arbeitete. Ihr gehörte unter anderem Konstantin Karlowitsch Grot (1815–1880), der Bruder des Slawisten und Akademiemitglieds Jakob Karlowitsch Grot, an. Grot, der in den fünfziger Jahren als Gouverneur von Samara gedient hatte, lieferte aufgrund seiner örtlichen Kenntnis der Wolgagouvernements und unter anderem auch der wohlfunktionierenden Selbstverwaltung der deutschen Kolonienbezirke wichtige Anregungen für die Gesetzesentwürfe über die Semstwo-Organe. Neben dieser Kommissionsarbeit war Grot als Direktor der Steuerabteilung (ab 1863) wesentlich an der Durchführung der Loskaufoperationen der russischen Bauern beteiligt. Auch in seiner späteren Eigenschaft als Mitglied des Staatsrates und schließlich als Staatssekretär setzte sich Grot für Verbesserungen auf dem Gebiet des bäuerlichen Rechtes sowie des Strafvollzugs ein. Als Resultat der Arbeit in der Kommission Miljutins entstand die am 1. Januar 1864 verkündete Gesetzgebung über die Gouvernements- und Kreis-Semstwo-Einrichtungen. In den Semstwo-Organen, die den preußischen Kreis- und Landtagen ähnelten, fanden bald nicht nur deutsche Landadlige und Gutsbesitzer, sondern auch zahlreiche deutsche Kolonisten ein reiches Betätigungsfeld.

Neben der Universitäts-, Presse-, Zensur- und Rechtsreform, die ebenfalls Anfang der sechziger Jahre eingeleitet wurden, verdient besonders die Militärreform Erwähnung; sie gipfelte in der Einführung der allgemeinen Wehrpflicht laut Gesetz vom 1. Januar 1874. Die in ebenso liberalem wie zeitgemäßem Geist durchgeführte Reform, die auf Kriegsminister Graf D. A. Miljutin zurückging, war unter Mitwirkung von Jewgenij Jegorowitsch Graf Sievers (Sievers, 1818–1891) entstanden. Generalmajor Graf Sievers war Vizedirektor der Inspektionsabteilung des Kriegsministeriums unter Miljutin. Die Einführung der allgemeinen Wehrpflicht, die nunmehr auch die deutschen Kolonisten umfaßte, löste in einigen Kolonien zunächst Bestürzung aus; geeignete Verhandlungen und eine große gesetzliche Flexibilität allerdings führten dazu, daß diese Schwierigkeiten verhältnismäßig schnell überwunden wurden.

Nicht nur in den höchsten und mit der Ausarbeitung der Reform beauftragten Ämtern fand sich in den ersten Regierungsjahren Alexanders II. ein namhafter Teil von aktiven deutschen Kräften. Auch in der Verwaltung der Gouvernements und in wichtigen Verwaltungsbehörden im ganzen Russischen Reich war der Anteil des deutschen Elements nicht zu übersehen. Wenn F. M. Dostojewskij in einigen seiner Romane mit Vorliebe Gouverneure mit deutschen Namen als handelnde Personen einführt und diese in einem – in seinen Augen – arttypischen, ambivalenten und nicht selten deutlich negativen Licht handeln läßt, so hatte diese literarische Version durchaus ihre reale Vorlage. Unter Gouverneuren und Vizegouverneuren gab es einen hohen Anteil deutschrussischer Beamter; so war zum Beispiel Alexander Karlowitsch Graf Sievers (1823–1887) in der Zeit von 1857 bis 1860 Zivilgouverneur von Jekaterinoslaw, Fjodor Karlowitsch Giers (1824–1891) in der Zeit von 1857 bis 1863 Leiter der Kanzlei des neurussischen Generalgouverneurs, Generalleutnant Pawel Iwanowitsch Hesse (1801–1880) von 1855 bis 1864 Zivilgourverneur von Kiew, Alexander Pawlowitsch Deshayes (1822–1886) von 1861 bis 1868 Zivilgouverneur von Astrachan, Baron Pawel Fjodorowitsch Mestmacher (auch Mastmacher) von 1858 bis 1861 Stadtoberhaupt von Odessa; Karl Karlowitsch Danzas, 1854 zum Gouverneur von Tambow ernannt, gab Alexander Herzen den Anlaß zu seinem böszüngigen Pamphlet »Der Einfall der deutschen Tataren ins Gouvernement Tambow«. Darüber hinaus waren traditonellerweise die Ämter der Gouverneure und Vizegouverneure der baltischen Provinzen überwiegend in deutschbaltischer Hand. Im Gouvernement Estland fungierte Iwan Jegorowitsch von Gruenewaldt in der Zeit von 1842 bis 1858 als Zivilgouverneur und Roman Romanowitsch Baron Rosen in den Jahren 1853 bis 1859 als Vizegouverneur. Aber auch in anderen wichtigen Verwaltungsstellen des gesamten Reichs waren die Deutschen stark vertreten: etwa durch Nikolaj Martinowitsch Hartingh, von 1858 bis 1860 Leiter der Staatsdomänenkammer im Gouvernement Wjatka, durch Generalleutnant Jegor Petrowitsch Baron Wrangell, von 1856 bis 1861 Kurator des Wilnaer Lehrbezirks, und durch Wilhelm (Fjodor Romanowitsch) Freiherr von Ungern-Sternberg, estländischer Landrat und Präsident des estländischen evangelisch-lutherischen Konsistoriums.

Die Gouverneure und anderen hohen Verwaltungsbeamten in den Provinzstädten hatten im Gegensatz zur Petersburger Beamtenhierarchie in der Regel einen engeren und je nach Art der Persönlichkeit wirkungsvollen Kontakt zur russischen Wirklichkeit. Persönliches Naturell und geistige Ausrichtung konnten sie dabei in die Rolle volksverbundener, liberaler Administratoren oder aber engstirnig-autokratischer Statthalter drängen. In der Regel hatten sie dabei ein wesentlich feineres Gespür für das, was im weiten Land vor sich ging, als die Petersburger Hofgesellschaft. So war es nicht erstaunlich, wenn General Heins, der Gouverneur von Kasan, bei einem Aufenthalt in St. Petersburg im Jahr 1882 den ebenfalls deutschstämmigen, aber erzkonservativen Petersburger Stadtkommandanten, General F. F. von Trepow (deutsch: Trepphof), durch seine Feststellung überraschte: »Ein elektrischer Draht verbindet uns alle, Generale und Nihilisten, nämlich die gemeinsame Unzufriedenheit.«[6]

Neben der Neueinsetzung oder weiteren Verwendung liberaler und reformerischer deutschstämmiger Kräfte in Ministerien, Kommissionen und hoher Beamtenschaft war Alexander II. auch darum bemüht, fähige deutschrussische Wissenschaftler und Gelehrte aus der Provinz für den Dienst in der Metropole zu gewinnen. Ein hervorstechendes Beispiel für die in den ersten Jahren der Regierungszeit des Reformzaren in eine der beiden Metropolen berufenen und hier zu großer Wirkung gelangten Wissenschaftler ist das des Kasaner Politökonomen Babst. Iwan Kondratjewitsch Babst (1824–1881), der Sohn einer deutschstämmigen Gutsbesitzer- und Offiziersfamilie, hatte sich als Professor der Universität Kasan durch glänzende, unkonventionelle Arbeiten auf dem Gebiet der Politökonomie und Finanzwirtschaft einen guten Namen gemacht. 1857 wurde er an die Universität Moskau berufen, wo er als wissenschaftlicher Publizist zugleich aktiv auf den Gang der Reformen einwirkte. 1862 wurde er nach St. Petersburg berufen, um den damaligen Großfürsten und späteren Zaren Nikolaj Alexandrowitsch in Statistik und Wirtschaftslehre zu unterrichten. Gleichzeitig leitete er als Direktor das Lasarew-Institut und verwaltete ab 1867 die Moskauer Kaufmannsbank. Ab 1868 bildete er darüber hinaus den Großfürsten Wladimir Alexandrowitsch im Fach Statistik aus, eine Tätigkeit, die den Großfürsten nicht unwesentlich auf seinen späteren politischen Werdegang vorbereitete.

Die Durchführung und Ausweitung der Reformpolitik Alexanders II. wurde durch zwei innenpolitische Erscheinungen erschwert, die bald eine Wende zu einer konservativeren Politik und zu zunehmender Stagnation einleiteten: Dies waren der polnische Aufstand von 1863 und die auf dem Boden der neu gegebenen Freiheiten erwachsene nihilistische Bewegung mit terroristischen Randgruppen. Die Niederschlagung des polnischen Aufstands von 1863/64 ist im historischen Bewußtsein Rußlands mit dem Namen von Friedrich (Fjodor Fjodorowitsch) Graf Berg (1794–1874) verbunden. Berg, der einer livländischen Adelsfamilie entstammte, hatte unter den Kaisern Alexander I. und Nikolaus I. eine Militärkarriere durchlaufen, in der er sich vor allem in heiklen Situationen, wie etwa der Niederschlagung örtlicher Aufstände in der kirgisischen Steppe (1822), seine Sporen verdient hatte. Durch besonderen Mut in gewagten Situationen und ein großes Verhandlungsgeschick sowie durch seine gute Kenntnis der Türkei und des innerasiatischen Raums, die er sich sowohl in diplomatischen Missionen als auch in den Feldzügen erworben hatte, avancierte er bald in eine Vertrauensstellung beim Zaren Nikolaus I. Sein robuster Einsatz bei der Niederschlagung des polnischen Aufstandes von 1831 und seine Leistung bei der Kapitulation der Stadt Warschau wurden mit der Beförderung zum Generalquartiermeister der aktiven Armee und zum Generalquartiermeister des Generalstabs (1843) quittiert. Berg war einer der Organisatoren des russischen Ungarnfeldzuges im Jahr 1849 und führte zugleich die diplomatisch-militärischen Verhandlungen mit allen betroffenen Mächten. Am Tag seiner Krönung im Jahr 1856 erhob Alexander II. den nunmehrigen Generalgouverneur Finnlands in den Grafenstand. Als der Ausbruch des Polnischen Aufstands (1863) den liberalen, aber an der Idee der Reichseinheit festhaltenden Zaren vor schwierige, mit seinen eigenen Wertmaßstäben unlösbare Entscheidungen stellte, versprach die harte und bei der Niederschlagung des vorausgegangenen polnischen Aufstandes erprobte Gangart Bergs die »Befriedung« Polens im hergebrachten Sinn. Berg wurde zum Statthalter des Königreichs Polen ernannt und erwarb durch die eiserne Hand, mit der er die polnische Ordnung festigte, den schlechten Ruf des erzkonservativen Militaristen.

Während der deutschbaltische Statthalter Berg zu einer Symbolfigur der blutigen Repression der polnischen Ereignisse wurde, ist es unbekannt geblieben, daß sich auch unter ihren Opfern einige Deutschrussen beziehungsweise Deutschpolen befanden. Zu den Mitgliedern eines revolutionären Militärzirkels, der in den in Polen eingesetzten Teilen der russischen Armee gebildet worden war, zählte auch ein deutschstämmiger Soldat namens Iwan Nikolajewitsch Arnholdt. Er wurde zusammen mit zwei russischen Kameraden auf dem Hintergrund der russisch-polnischen Kämpfe durch ein russisches Militärgericht abgeurteilt und standrechtlich erschossen.

Die polnischen Ereignisse, die eine fundamentale Wende in der russischen Innenpolitik auslösten, boten auch zahlreichen Journalisten und Publizisten deutscher Herkunft die Möglichkeit, sich in der einen oder anderen Weise politisch zu profilieren. Charakteristisch war der Fall des Slawisten Alexander Fjodorowitsch von Hilferding (1831–1872), der während des polnischen Aufstandes zu einem ultranationalen Befürworter der panrussischen Ambitionen wurde. Als Sohn des Direktors der diplomatischen Kanzlei beim Statthalter des polnischen Königreichs war Hilferding in Polen aufgewachsen. Er hielt sich deshalb, nachdem er selbst zum Diplomaten und gelehrten Slawisten geworden war, für hinreichend ausgewiesen, um nach Beginn der polnischen Aufstandsbewegung in einer anonymen Broschüre mit dem Titel »The Polish Question« eine vernichtende Kritik der polnischen Unabhängigkeitsbestrebungen zu veröffentlichen. Damit hatte er einen Weg beschritten, der ihn zu einem exponierten Befürworter des Panrussismus beziehungsweise Panslawismus machte. Er vertrat dadurch jene russischen Deutschen, die ihre eigenen nationalen Minderheits- oder auch Minderwertigkeitsgefühle auf eine andere politisch fragwürdige Nation, die aufständischen Polen, projizierten und ihr Unterlegenheitsbewußtsein durch übersteigerte Anpassung an den panrussischen Chauvinismus »überkompensierten«.

Die große Mehrheit der deutschrussischen Publizisten dieser Jahre hingegen stand auf explizit liberalem Boden. An ihrer Spitze stand der hochtalentierte Journalist, Literaturhistoriker und Publizist Valentin Fjodorowitsch Korsch (1828–1893). Korsch, der in den fünfziger Jahren die »Moskowskije Wedomosti« herausgegeben und in genuin liberalem Geist geführt hatte, mußte das Blatt 1863 M. Katkow überlassen, der sich – ebenso wie Hilferding – durch seine chauvinistisch-antipolnischen Beiträge den Weg nach oben bahnte. Korsch verließ Moskau und ließ sich in der »nördlichen Palmyra«, dem Eldorado der freien Presse und Kritik, der Residenzstadt Petersburg nieder. Hier übernahm er die »St. Peterburgskije Wedomosti«, die er im Lauf von zehn Jahren zu einer der führenden Zeitungen der Hauptstadt machte. Der zurückhaltende, aber äußerst scharfsinnige und der Sache des Liberalismus hingegebene Redakteur mußte aber auch dieses Organ 1874 auf Druck des antiliberalen Innenministers Graf D. A. Tolstoj aufgeben. Eine Reihe weiterer Versuche, trotz schärfer angezogener Zensur ein liberales Blatt zu schaffen, scheiterten gleichermaßen, so daß sich Korsch zunächst gezwungenermaßen auf das Feld rein literarisch-historischer Arbeiten verlegte, Rußland aber schließlich verließ, um die letzten Lebensjahre in Heidelberg zu verbringen.

Trotz seiner Mißerfolge hatte Korsch eine Generation liberaler russischer und deutschrussischer Publizisten beeinflußt, unterstützt und herangezogen. Er galt auch weiterhin im zunehmend scharfen Richtungsstreit der russischen Presse als ein Orientierungspunkt von hohem intellektuellem und moralischem Niveau. So hatte unter seinem Einfluß N. F. Kruse den Weg in die liberale Publizistik eingeschlagen, nachdem er zunächst in den ersten Regierungsjahren Alexanders II. zum Zensor ernannt worden, bald aber aufgrund seiner zutiefst liberalen Einstellung und Amtsführung mit dem Reglement in Konflikt geraten war. Kruse erwarb sich sodann besonders als Mitherausgeber des liberalen »dicken Journals« »Westnik Jewropy« (Der Bote Europas) beträchtliche Verdienste.

Der Anteil deutschrussischer Publizisten in den Rängen der anspruchsvollen, gehobenen und wissenschaftlichen Publizistik und Presse der Reformzeit bis hin zum Ausbruch des Ersten Weltkriegs war beträchtlich hoch; so wies zum Beispiel die den höchsten intellektuellen Ansprüchen genügende Zeitschrift »Russkije Wedomosti« in den ersten vierzig Jahren ihres Bestehens (1863–1903) in einem Mitarbeiterstab von 700 Publizisten auch 86 deutschstämmige Mitarbeiter (d. i. 12,3 Prozent) auf. Unter ihnen befanden sich Natur- und Geisteswissenschaftler, Vertreter der demokratischen Parteien, Semstwo-Aktivisten und andere gesellschaftlich aktive Kräfte.

Ähnlich wie der polnische Aufstand so hatte auch das Einsetzen der nihilistisch-terroristische Bewegung um die Mitte der sechziger Jahre zur Folge, daß der Zar in verstärktem Maß Beamte in wichtige Schlüsselstellungen versetzte, die durch ihre extrem konservative Haltung die Gewähr für die Niederhaltung der Bewegungen boten. An die Stelle der Lösung der anstehenden politisch-sozialen Probleme, wie sie der »Zar-Befreier« im ersten Jahrzehnt seiner Regierungszeit angestrebt hatte, trat nun in zunehmendem Maß ihre Verneinung und Repression. Der nationale, reformerische Impuls wurde durch das Bedürfnis nach Erhaltung des Geschaffenen abgelöst und verdrängt.

Nach dem ersten Attentat auf den Zaren, das der Student Karakosow am 4. April 1866 ausführte, ernannte Alexander II. auf Drängen der kaiserlichen Familie den als durchgreifenden Ordnungshüter bekannten General von Trepow zum Oberpolizeimeister und Militärgouverneur der Hauptstadt. Trepow, der seine deutsche Herkunft durch Russifizierung seines Namens zu verbergen suchte, wies indes alle Kennzeichen des geistig begrenzten, auf Kadavergehorsam und lakaienhafte Unterwürfigkeit gegenüber dem kaiserlichen Hof festgelegten Militärs auf, der gegenüber Untergebenen sowie den russischen Volksmassen ein gnadenloses Regime ausübte. 1877 wurde Trepow selbst Ziel eines mißglückten Attentats, des berühmten Attentats von Wera Sassulitsch – einer aus der Provinz stammenden, revolutionären Volkstümlerin –, das der nihilistisch-terroristischen Bewegung der jungen russischen Intelligenz im In- und Ausland große Popularität verschaffte. Vorausgegangen waren persönliche, zum Teil mit eigener Hand ausgeführte Mißhandlungen junger politischer Gefangener, durch die sich Trepow in den Kreisen der Intelligenz einen bösen Namen gemacht hatte. Wera Sassulitsch trat mit ihrem Schuß auf Trepow als eine gerechte Rächerin auf und wurde tatsächlich von einem speziell eingesetzten Schöffengericht von jeder Schuld freigesprochen. Diesem Urteilsspruch folgten enthusiastische Manifestationen im In- und Ausland gegen den Petersburger Militärkommandanten, der glaubte, mit den obsoleten Methoden brutalen Gegenterrors die anstehenden gesellschaftlichen Fragen aus der Welt schaffen zu können. Sein Sohn, D. F. Trepow, der ab 1896 Moskauer Oberpolizeimeister war, ist durch seine Verwendung gleicher Machtmethoden mitverantwortlich für den Ausbruch der Volkswut geworden, die in die revolutionären Ereignisse des Jahres 1905 einmündete.

Auch die Ernennung von Konstantin Iwanowitsch Graf von der Pahlen zum Justizminister (1867), die die in Gang befindliche Justizreform lähmte, stand mit dem neuen politischen Bedürfnis nach innerer Festigkeit und konsequenter Handhabung der entstandenen Unruhen in enger Beziehung. Als Justizminister dirigierte Pahlen unter anderem die große, reichsweite Verhaftungswelle der jungen Volkstümler *(narodniki)* und Revolutionäre vom Mai 1874. Unter den Hunderten von verhafteten Studenten und jungen Akademikern befanden sich die Töchter der hohen deutschrussischen Regierungsbeamten von Arnfeldt und S. Löschern von Herzfeld. Nach den Verhören kommentierte Graf von der Pahlen seine Eindrücke mit den Worten: »Unter den Verhafteten befinden sich Männer und Frauen aus der besten Gesellschaft, die nicht sehen, daß das letzte Resultat ihrer Handlungen der Untergang jeglicher Gesellschaft und ihr eigener Untergang sein wird!«[7]

Nach einer Reihe weiterer Anschläge auf die kaiserliche Familie in den siebziger Jahren wurde in dem deutschrussischen General Alexander Romanowitsch von Drenteln ein weiterer erzkonservativer Militär zum Chef der Gendarmen und Leiter der Dritten Abteilung ernannt. Trotz größter Umsicht konnte von Drenteln weder das Attentat Nobilings auf den Kaiser vom 3. Juni 1879 noch den Anschlag Chalturins auf die Zarenfamilie und den zu Gast im Winterpalast anwesenden bulgarischen Fürsten, noch schließlich das Attentat Hartmanns auf den Kaiser im Jahr 1880 verhindern. Noch im selben Jahr wurde er zum zeitweiligen Leiter des Odessaer Militärbezirks und 1881 zum Kommandanten des Kiewer Militärbezirks ernannt, eine Position, die er bis 1888 innehatte.

Die Welle der Attentate, die die kaiserliche Familie erreichte, hatte auf die in deutschen Verhältnissen großgewordenen Mitglieder, und insbesondere die immer kränkelnde, nie ganz an die russische Lebensweise angepaßte Kaiserin, die Wirkung extremer Verunsicherung. Um dieser Herr zu werden, griff der Kaiser, veranlaßt durch die stark defensive Stimmung bei Hofe, auf die Hilfe von loyalen, aber extrem konservativen, schlagkräftigen und der russischen Gefühlswelt gegenüber rücksichtslosen deutschstämmigen Beamten zurück. Alle Vorsorge erwies sich jedoch desto mehr als vergebens, je stärker gerade das Verhalten dieser deutschen Militärs die nihilistische Intelligenz zu Widerstand und Gewaltaktionen herausforderte. Am 13. März 1881, einem Gründonnerstag, wurde Zar Alexander II. auf offener Straße von einer Bombe zerrissen. Die deutsche Diplomatie der Residenzstadt reagierte auf den Anschlag mit Betroffenheit; von Schweinitz schrieb:

> »Ich ging in die Annenkirche und hörte eine gute Predigt von Pastor Freifeld... Nach dem Frühstück... kam der Oberhofmarschall Grote zu mir; wir plauderten lange über das Leben der neuen Familie im Winterpalast (die morganatische Ehe, die Zar Alexander II. nach dem Tod seiner Gemahlin eingegangen war, I. F.), und Grote erzählte mir, daß der Kaiser noch heute beim Frühstück mit besonderem Vergnügen von seinen Jugenderinnerungen in Berlin gesprochen habe, wie ihn König Friedrich Wilhelm III. zum Obersten ernannt und auf das Wohl des Obersten Romanow getrunken hat. Da stürzte der Haushofmeister Höß in mein Kabinett und sagte, man habe Bomben auf des Kaisers Wagen geworfen, und er sei verwundet, ein Herr von Eisenstadt, der es mit angesehen, bringe die Nachricht... Ich fuhr zu General Trepow, um Einzelheiten zu erfahren... Mir tritt die ganze Bedeutung des schrecklichen Ereignisses klar vor die Augen; Preußen hat einen wichtigen Faktor in seinem Guthaben verloren; das monarchische System erleidet eine schwere Erschütterung; die Feinde Preußens in Frankreich, in Dänemark, in der ganzen slawischen Welt und der Umsturzpartei werden frohlocken. Ich selbst verliere viel.«[8]

Zutiefst vom Tod Alexanders II. betroffen waren in Petersburg auch jene Deutschrussen in hohen staatlichen Ämtern, die als Protestanten oder aber aufgrund anderer Loyalitäten gegenüber Preußen seit der deutschen Reichsgründung darum bemüht waren, ihre amtlichen Kompetenzen oder aber halbamtlichen Kontakte zur Aufrechterhaltung guter deutsch-russischer Beziehungen zu verwenden. Es waren insbesondere diese Staatsmänner einer prodeutschen Richtung in der russischen Staatsführung, die in den letzten Regierungsjahren des Zaren Alexander II. ein starkes Gegengewicht gegen die panslawische und antideutsche Stimmung in der russischen Öffentlichkeit bildeten. Zwei Deutschrussen haben sich durch diese Haltung besonders ausgezeichnet und damit den Zorn der panslawischen Presse auf sich gezogen: General Eduard Iwanowitsch Graf Totleben und Alexander Karlowitsch Giers.

Totleben, der Verteidiger von Sewastopol, der von seinem französischen Biographen A. Brialmont als »bester Ingenieur des 19. Jahrhunderts« bezeichnet wird, wurde 1859 zum Rektor des Ingenieurdepartements ernannt. 1863 wurde er als Vizegeneralinspekteur des Ingenieurwesens mit der Verbesserung des russischen Festungsbaus beauftragt. Er schuf unter anderem neue Befestigungsanlagen für Kronstadt und Kiew. Nach der Gründung des neuen Deutschen Reiches unter Bismarck 1871 wurde er mit der Ausarbeitung eines neuen Verteidigungssystems an der russischen Westgrenze beauftragt, das aus einer undurchdringlichen Verteidigungslinie bestehen sollte, die durch stützpunktartige Hauptfestungen abgesichert wurde. Die von Totleben projektierte Verteidigungslinie wurde 1873 im Rahmen einer Sonderberatung unter der Leitung des Kaisers angenommen und Totleben mit der Überwachung des Baus beziehungsweise Ausbaus der Festungsanlagen beauftragt. 1876 wurde ihm darüber hinaus während eines Besuchs in der kaiserlichen Sommerresidenz in Liwadia auf der Krim der Auftrag zur Überwachung der südlichen und Schwarzmeerfestungen erteilt. Daneben wurde er (ab 1879 Graf) zum zeitweiligen Odessaer Generalgouverneur und Befehlshaber der Truppen des Militärkreises Odessa sowie 1880 zum Kommandanten des westlichen Militärkreises von Wilna eingesetzt.

General Totleben, der in den Augen zahlreicher Zeitgenossen der einzige russische Feldherr der zweiten Hälfte des 19. Jahrhunderts war, der sich weltgeschichtlichen Kriegsruhm erkämpft hat, durchlief in der Regierungszeit Alexanders II. den charakteristischen Weg von einem warmherzigen Liberalen zu einem politischen Pragmatiker, der selbst Abschreckungsurteile befürwortete. Als weitherziger Liberaler hatte Totleben, vom befreienden Geist der frühen Regierungsjahre Alexanders II. ergriffen, im Jahr 1860 durch persönliche Übergabe eines Bittbriefes an den Kaiser die Befreiung des in sibirischer Verbannung lebenden Schriftstellers F. M. Dostojewskij erwirkt. Als militärischer Verwaltungsbeamter der späten siebziger Jahre wendete er ein relativ flexibles System punktueller Repression an, das die Agitatoren der nihilistischen und revolutionären Bewegungen isolierte, ohne dabei größere Unruhen und Gegenschläge auszulösen. Allerdings belastete er sein Gewissen in seiner Tätigkeit als Gouverneur von Odessa durch mehrere Hinrichtungen und eine Reihe von Verbannungen. Dies veranlaßte Zar Alexander II., ihn im August 1880 nicht, wie ursprünglich erwogen, zum Innenminister zu ernennen. An seiner Stelle trat der weit liberalere Beamte Loris-Melikow, seiner Herkunft nach Armenier, der sich großer Sympathien in den breiteren Volksmassen erfreute, das Amt des Innenministers an. Mit Bitternis kommentierte der dem General persönlich wie auch politisch nahestehende preußische Konservative, Botschafter von Schweinitz, daß es der Zar nun einmal mit den Armeniern versuchen wolle, da es mit den Russen nicht gehe und man die Deutschen nicht mehr haben wolle. Tatsächlich waren die Beziehungen Totlebens zur Deutschen Botschaft in St. Petersburg aufsehenerregend eng. Als in den späten siebziger Jahren die Frage der Verschiebung der beiderseitigen Truppen das russisch-deutsche Verhältnis immer wieder schwer belastete, war der General, der das gesamte russische Verteidigungssystem sowie jede Truppenverschiebung in den westlichen Grenzgouvernements bestens kannte, der vom deutschen Botschafter am häufigsten konsultierte Beamte. Bekannt war, daß er dem Botschafter Ratschläge zur Behandlung der Frage der Truppenverschiebung auf deutscher Seite mit auf den Weg gab, daß er dem Zaren wiederholt empfahl, nicht durch unnötig provozierende Truppenverschiebungen deutschen Unwillen auszulösen, und daß er die ihm unterstehenden oder nahestehenden Amtskollegen, vor allem den Generalgouverneur von Warschau, Graf Paul Kotzebue, veranlaßte, in ihren Militärbezirken Truppenbewegungen nur mit größtem Bedacht durchzuführen. Das vorrangige Ziel Totlebens, das von der panslawischen Presse nicht immer korrekt verstanden wurde, bestand in der Reduzierung der Spannungen zwischen Deutschland und Rußland.

Dasselbe Interesse lag auch der außenpolitischen Aktivität von Nikolaj Karlowitsch von Giers (1820–1895) zugrunde. Giers entstammte einer deutschen Familie, die sich in Wolhynien niedergelassen hatte. Nach Absolvierung des berühmten Lyzeums von Zarskoje Selo war er in den Dienst des Außenministeriums eingetreten. Ab 1856 war er Leiter der Asienabteilung im Innendienst des Außenministeriums und wurde von hier zum Außendienst in die russischen Vertretungen in Ägypten, Teheran, Bern und Stockholm entsandt. Im Jahr 1875 wurde er zum Senator und Vizeminister des Äußeren ernannt; da der hochbetagte Außenminister, Fürst Gortschakow, sein Amt nur noch nominell innehatte, war er *de facto* als russischer Außenminister tätig, ein Amt, das er mit Ausscheiden Gortschakows im Jahr 1882 auch offiziell bekleidete. Giers, der noch immer Lutheraner war, war ein erklärter Freund Deutschlands und tat alles in seinen Kräften Stehende, um die zwischen Deutschland und Rußland entstehenden Spannungen zu beseitigen. Auch er war ein aufrichtiger Gesprächspartner des deutschen Botschafters. Als es gegen Ende der siebziger Jahre in der russischen Öffentlichkeit zu einer weit verbreiteten Vermutung und selbst unter russischen Großfürsten zu einer scheinbar feststehenden Tatsache wurde, daß der deutsche Reichskanzler Bismarck die Absicht habe, die russischen Ostseeprovinzen zu annektieren und sie samt ihrer deutschbaltischen Bevölkerung in das Deutsche Reich einzuverleiben, waren Giers auf russischer und von Schweinitz auf deutscher Seite unermüdlich im Gespräch, um die gefährlichen Konsequenzen derartiger Gerüchte gemeinsam abzuwehren. Seine übergroße Vertrautheit mit dem Botschafter des Deutschen Reiches löste allerdings Gerüchte und Anfeindungen aus, die vor allem von dem ultranational und panrussisch orientierten Innenminister Graf N. P. Ignatjew ausgingen. Demgegenüber genoß Giers das uneingeschränkte Vertrauen des Zaren Alexander II. und seines Nachfolgers, Alexander III. Als sich im Verlauf der achtziger Jahre die Aufmerksamkeit der nationalistischen Presseorgane auf die Masseneinwanderung deutscher Bauern aus Polen in die russischen Westgouvernements richtete und die Gerüchte einer politisch gelenkten, planmäßigen deutschen Unterwanderung der russischen Westgebiete zirkulierten, war Giers, in Abstimmung mit dem deutschen Botschafter, darum bemüht, die gefährlichen Auswirkungen dieser chauvinistischen Kampagne zu neutralisieren. Schließlich wurde unter der Leitung von Giers im russischen Außenministerium ein weiterer deutschrussischer Diplomat auf seine zukünftigen Missionen vorbereitet, der schließlich ab 1900 das Amt des Außenministers übernahm: W. N. Lambsdorff, der Enkel des 1817 in den Grafenstand erhobenen Erziehers des damaligen Großfürsten und späteren Zaren Nikolaus I.

2. Deutsche Gründerjahre im Russischen Reich

Das Reformprogramm Alexanders II., das die Modernisierung Rußlands einleitete, sollte in erster Linie die Defizite der russischen Wirtschaft und Infrastruktur beheben, die während des Krimkrieges an die Oberfläche getreten waren. Es mußte daher im Interesse der russischen Regierung liegen, daß mit der Ingangsetzung der Wirtschafts- und Sozialreformen zugleich an allen Naht- und Schlüsselstellen sachkundige und leistungsfähige Fachkräfte eingesetzt wurden. Darüber hinaus wurde mit der Bauernbefreiung ein gewaltiges Potential beweglicher Arbeitskräfte frei, die in neu entstehenden oder vergrößerten Industrieanlagen, Gruben und Minen, Einzel- und Großbetrieben eingesetzt werden konnten. Schließlich war der »Befreier-Zar«, der in seinem großen Manifest die Gleichheit vor dem Gesetz zu einem Leitprinzip erklärt hatte, bemüht, die allgemeinen Entwicklungstendenzen des sich modernisierenden Europa auch in seinem Reich wirksam werden zu lassen: So widersprachen die in Rußland noch bestehenden Handelsbeschränkungen den fortgeschrittenen internationalen Handels- und Verkehrsverbindungen; der Grundsatz der Gegenseitigkeit im Verkehr in- und ausländischer Handelshäuser war erstrebenswert, und ausländischen Handelsleuten konnte die Gleichheit der Rechte gegenüber ihren russischen Partnern nicht mehr verwehrt werden. Schließlich sollte – ein traditionelles Motiv liberaler russischer Monarchen – die russische Volkswirtschaft von der Anwerbung ausländischer Kräfte und Heranziehung ausländischen Kapitals profitieren. All diese Gründe veranlaßten den Zaren, eine neue Politik der Ausländerberufungen einzuleiten.

Das entscheidende Ausländermanifest wurde am 7. Juni 1860[9] veröffentlicht. Es sprach den Ausländern, die bereit waren, sich in Rußland niederzulassen, das Recht zu, mit oder ohne Übernahme der russischen Untertanenschaft »gleich mit den eingeborenen Untertanen des Reiches« in Stadt und Land ansässig zu werden, Kaufmannsbriefe, Gilde- und Gewerbezeugnisse zu erlangen, Zechen und Gilden beizutreten und alle Privilegien der betreffenden Stände zu genießen. Das Eigentum von Ausländern wurde unter den besonderen Schutz der russischen Gesetze gestellt, und die Revision ihrer Unternehmen konnte nur unter den üblichen, für das Russische Reich geltenden Bedingungen durchgeführt werden. Zu diesen Bedingungen gehörte auch die ministerielle Erlaubnis zu einer Revision. Ausländer, mit Ausnahme von fremdländischen Juden, konnten fast unbegrenzt Immobilien in Rußland erwerben; lediglich der Immobilienbesitz des russischen Erbadels sollte von ihnen nicht als Eigentum erworben werden können. Sie konnten ferner Güter aller Art pachten, verwalten und in Pfand nehmen.

Das Echo, das diesem Ausländermanifest folgte, war beträchtlich. Aus vielen deutschen Ländern begannen Unternehmer, Handwerker und Gewerbetreibende anzureisen. Dies hatte zur Folge, daß in den Hauptstädten Moskau und Petersburg neben den inländischen auch ausländische Gilden und Innungen gebildet wurden. In St. Petersburg wurden diese ausländischen Gilden von einem ausländischen Vorsitzenden und seinen Beisitzern verwaltet. In Moskau wurden die Mitglieder der Verwaltungsinstanzen von Kaufmannschaft, Bürgertum und Handwerkerstand paritätisch aus ausländischen und russischen Vertretern derselben gewählt. Die ausländischen Mitglieder der ersten und zweiten Gilde erhielten nun wieder explizit das Recht, ohne Übernahme der russischen Untertanenschaft Fabriken und Industrieanlagen zu errichten, »Leute in ihren Dienst zu nehmen und als Arbeiter zu beschäftigen«. Ausländer, die in der ersten Gilde eingeschrieben waren, hatten das Recht, unbegrenzt Warenexporte aus Rußland ins Ausland zu betätigen. Ausländische Handwerker erhielten das Recht, Handwerksbetriebe in Rußland zu errichten und in ihnen In- und Ausländer anzustellen. Als Firmeninhaber oder aber als Angestellte konnten ausländische Handwerker den Ort, an dem sie lebten und arbeiteten, beliebig wechseln, vorausgesetzt, daß sie die entsprechenden Dokumente und Berufsbescheinigungen bei sich führten. Ausländische Gesellen, die im Besitz der entsprechenden Innungsbescheinigungen waren, konnten von aus- und inländischen Meistern angestellt werden. Eine gewisse Einschränkung wurde im Fall von strategisch wichtigen Munitionsfabriken sowie im Bergbau vorgenommen: hier durften Ausländer aus den westlichen Ländern nur in leitenden Positionen beschäftigt werden, während Asiaten, vor allem die zahlreichen in Rußland arbeitenden Chinesen, lediglich als Arbeiter eingestellt wurden. Die gesetzlichen Bestimmungen in bezug auf die Errichtung und den Erwerb von Bergbaubetrieben durch Ausländer glichen den höchst flexiblen Regeln über den Besitz beweglichen Eigentums. Denn die Erwerbs- und Verfügungsrechte über bewegliches und unbewegliches Eigentum (mit Ausnahme der Güter des russischen Erbadels) sowie das Erbrecht stellten Ausländer grundsätzlich russischen Untertanen gleich.

Auch das Gesetz über den Eintritt von Ausländern in den russischen Untertanenverband vom 10. Februar 1864[10] diente dem Ziel, dem Russischen Reich nützliche Ausländer zuzuführen, glich dabei aber zugleich die russische Gesetzgebung in dieser Frage den fortschrittlichen Normen der westeuropäischen Staaten an. Es machte deutlich, daß die Naturalisierung nützlicher Ausländer vom Gesetzgeber grundsätzlich angestrebt wurde, dieses Ziel nun aber mehr durch Anreiz als – wie in der Periode Nikolaus' I. – durch Sanktionen erreicht werden sollte. Das qualitative Prinzip dominierte. So wurde zum Beispiel den Ausländern eine verkürzte Wartezeit bis zu ihrer Naturalisierung in Aussicht gestellt, die »für Rußland besondere Verdienste erworben haben oder die durch besondere Talente oder besondere wissenschaftliche Kenntnisse usw. bekanntgeworden sind oder auch bedeutende Kapitalien in gemeinnützige russische Unternehmen investiert haben«. Die generelle Wartefrist bis zur Einbürgerung durch das russische Innenministerium betrug fünf Jahre. Die Einbürgerungsanträge wurden unter Beifügung eines Zeugnisses über einwandfreien Lebenswandel des Antragstellers dem Gouverneur des jeweiligen Wohngebietes zugestellt, der sie unter Befürwortung an den Innenminister weiterleitete. Männliche Antragsteller mußten ferner eine Bescheinigung über den bereits geleisteten Militärdienst beibringen. Sie waren dann dank der Kartellvereinbarungen, die Rußland mit den entsprechenden Staaten getroffen hatte, von der Konskription und Einberufung in die russische Armee befreit. Allerdings hatte diese Regelung zur Folge, daß zahlreiche deutsche Untertanen, die sich in Rußland und besonders den der deutschen Reichsgrenze benachbarten russischen Westgebieten niederließen, ihren Wehrdienst in Deutschland leisteten. Und diese Praxis wurde selbst dann aufrechterhalten, als sich die deutsch-russischen Beziehungen ab Mitte der achtziger Jahre zu verschlechtern begannen. Tausende junger deutschrussischer Kolonistensöhne aus Wolhynien absolvierten regelmäßig ihren Militärdienst in Deutschland und würden – wie die germanophobe russische Presse mit Recht zu bedenken gab – ihrem Heimatland

Rußland im Moment der Gefahr den Rücken kehren, um mit ihrem Vaterland Deutschland gegen Rußland zu kämpfen.

Die liberale Einreise- und Wirtschaftsgesetzgebung für Ausländer hatte zur Folge, daß ab Beginn der sechziger Jahre ein neuer, starker Zustrom deutscher Großkaufleute, Industrieller, Handelsagenten, Unternehmer, Wissenschaftler verschiedener Gebiete und unter ihnen besonders Ingenieur- und Naturwissenschaftler nach Rußland einsetzte. Diese Fachkräfte integrierten sich in der Regel schnell und erfolgreich in die russischen Unternehmen des Handels und der Industrie, in bereits bestehende deutschrussische Unternehmen oder sie gründeten, wenn ein ausreichendes Anfangskapital vorhanden war, eigene Unternehmen. So entstanden neben bereits etablierten deutschen Unternehmergruppen in Rußland, wie etwa den Fabriken und Industrieunternehmen der Familie Knoop – einer ehemals Bremer Kaufmannsfamilie, die von den zwanziger Jahren an als Mitglied der Petersburger Kaufmannsgilde beträchtliche Finanzmittel geschaffen und in neuen Industriezweigen investiert hatte (die Familie wurde 1877 für ihre Verdienste um die Entwicklung der russischen Industrie in den Baronenstand erhoben) –, im ganzen Reich weitere, neue Niederlassungen deutscher und deutschrussischer Inhaber. Sie nahmen schnell am allgemeinen Neuaufschwung der russischen Wirtschaft und Industrie teil, der durch die Reformen und eine neue Wirtschaftspolitik in Gang gesetzt wurde.

Entscheidend beeinflußt wurde dieser Wirtschaftsaufschwung durch die Finanzpolitik, die in den letzten vier Jahrzehnten des 19. Jahrhunderts von drei russischen Finanzministern deutscher Herkunft durchgeführt wurde: den Ministern von Reutern, Bunge und Witte.

Michail Christoforowitsch von Reutern (russisch: Rejtern, 1828–1890)[11] entstammte einer baltischen Adelsfamilie, deren Ahnherr, Johann Reuter, im 17. Jahrhundert, aus Lübeck kommend, in Riga eingewandert war. Reutern, ein Absolvent des Lyzeums von Zarskoje Selo, hatte eine Laufbahn im Staatsdienst eingeschlagen, die ihn befähigte, im Jahr 1862, ein Jahr nach Inkrafttreten des Bauernbefreiungsaktes, das Amt des Finanzministers zu übernehmen. Die sechzehn Jahre seiner Tätigkeit als Finanzminister fielen mit den entscheidenden Jahren der Durchführung der Reformen zusammen, zu deren Verwirklichung von Reutern auf seinem Gebiet entscheidend beitrug. So leitete er beispielsweise auf handelspolitischem Gebiet eine Reform des Zolltarifs ein, die auch von seinen Nachfolgern Bunge und Witte weitergeführt wurde. Zwar hielt er grundsätzlich an der von Graf Kankrin eingeleiteten protektionistischen Zollpolitik fest, differenzierte das Tarifsystem jedoch in einer für den russischen Außenhandel günstigen Weise. Seine Einführung des Zolltarifs (1. Januar 1869), deren Ziel eine verstärkte Entwicklung der produktiven Kräfte innerhalb Rußlands war, stellte eine industriegeschichtliche

Wende dar. Eine zweite Maßnahme, die die Industrie Rußlands intensivieren sollte, war die beträchtliche Erweiterung des bis dahin außerordentlich dürftigen russischen Eisenbahnnetzes um 20000 Werst. Als liberaler Verfechter der privaten Marktwirtschaft lehnte von Reutern den weiteren Bau von Eisenbahnlinien aus der Staatskasse ab, überführte die bereits gebauten staatlichen Eisenbahnlinien in private Hände und förderte den privaten Eisenbahnbau mit allen Mitteln. Zu diesem Zweck kam von Reutern 1865 auf einen Plan von P. G. von der Wies zurück, der den Bau von Eisenbahnlinien mit Hilfe staatlich garantierter Obligationen vorsah. Unter den Investoren, die in der Zeit von Reuterns ins russische Eisenbahngeschäft einstiegen, befanden sich zahlreiche deutschbaltische Adlige. Zwei von ihnen haben sich dabei besondere Verdienste erworben: Freiherr Constantin (Karl Karlowitsch) von Ungern-Sternberg (1815–1872) und Karl Fjodorowitsch von Meck (1821–1875). Ungern-Sternberg hatte schon in der Regierungszeit Nikolaus' I. den Bau eines verzweigten Eisenbahnnetzes durch Südrußland gefördert. Er war der Erbauer der Eisenbahnlinie Odessa-Parkany, die später zur Odessa-Balta Eisenbahnlinie wurde, ließ die Kischinjower, Balta-Jelisawetgradsche, Jelisabetgrad-Krementschuksche, Krementschuk-Charkowsche Linie bauen und die Nikolajewsche Eisenbahnlinie in Angriff nehmen. Meck, selbst ein ausgebildeter Straßenbauingenieur, hinterließ nicht nur als Erbauer weitreichender Eisenbahnlinien seine Spuren in der russischen Geschichte; seine Frau, M. F. von Meck, hatte 1877 das Talent des noch relativ unbekannten Pjotr Iljitsch Tschajkowskij erkannt und ließ dem mittellosen Künstler jährlich Subsidien in der beträchtlichen Höhe von 6000 Rubel zukommen. Als Mäzenin, die zwar persönlich nicht mit Tschajkowskij bekannt war, aber als »befreundete Seele« des Komponisten galt, hat Baronin von Meck eine wichtige Rolle bei der Förderung seines Genies gespielt.

Im Zug der Ankurbelung der Privatwirtschaft entstanden in der Amtszeit von Reuterns die ersten Privatbanken auf russischem Boden. Als erste private Handelsbank entstand 1864 in St. Petersburg die Sankt Petersburger Private Commerzbank, deren Teilhaber Baron Knoop war. Dieser ersten privaten Commerzbank folgten bald weitere Gründungen privater Handelsbanken in den Hauptstädten sowie Gründungen privater Landbanken in den verschiedenen Provinzstädten. In zahlreiche dieser Bankgründungen flossen auch Kapitalien aus deutschrussischen Händen, aus der Hand wohlhabender Kolonisten, Gutsbesitzer und Landadliger sowie arrivierter Unternehmer, ein. So war zum Beispiel die Bessarabisch-Taurische Landbank im wesentlichen eine deutschrussische Gründung. Auch die Asow-Don-Commerzbank, die Sibirische Handelsbank, die Rigaer Commerzbank, die Wilnaer Landbank und andere Großbanken dieser Jahre entstanden unter starker deutschrussischer Beteiligung. Aber auch reichsdeutsche Banken eröffneten ihre Filialen in Rußland; zu ihnen gehörte beispielsweise das deutsche Bankhaus Niebuhr, das gegen Ende des 19. Jahrhunderts über ein Bankkapital von 25 Millionen Rubel verfügte.

Diese beiden besonders geförderten Zweige – der private Eisenbahnbau und das private Bankwesen – wiesen innerhalb des ersten Jahrzehnts eine so solide Entwicklungstendenz auf, daß der Finanzminister sich genötigt sah, regulierende Maßnahmen zu ergreifen. So wurde 1874 ein System der Eisenbahnkonzessionen eingeführt, um das machtvolle Monopol einiger weniger Kapitalisten einzuschränken und das breite Publikum am Bau der Eisenbahnlinien zu beteiligen. Die Vergabe der Eisenbahnkonzessionen lag in der Hand des Großfürsten Konstantin Nikolajewitsch. Und Bankregeln, die im Jahr 1872 in Umlauf gesetzt wurden, sollten Mißbräuche bei der Gründung neuer Aktienbanken, Commerz- ebenso wie Landbanken verhindern.

Auf Anregung des Grafen Kankrin fanden seit den dreißiger Jahren abwechselnd in Moskau und in St. Petersburg allrussische Industrieausstellungen statt – ein wirkungsvolles Mittel zur Förderung der einheimischen Industrie. Die Petersburger Industrieausstellung des Jahres 1870, die von Reutern besonders förderte, war die umfassendste Ausstellung, die bis dahin stattfand. Weit über 1000 russische Firmen stellten hier ihre Waren aus, und unter ihnen war ein hoher Prozentsatz namhafter deutschrussischer Unternehmen vertreten. Wirtschaftsstatistiken, die aus Anlaß dieser Ausstellung angelegt wurden, boten ein eindrucksvolles Bild von der Beteiligung deutschstämmiger Kräfte am Industrieaufschwung jener Jahre.[12]

So befanden sich 14 der 37 bekanntesten russischen Wollspinnereien in der Hand deutschrussischer Besitzer; zu ihnen gehörte die Wollspinnerei Herrmann Körner im Dorf Dojlidy, Kreis Belostok im Gouvernement Grodno, mit einer Jahresproduktion im Werte von 80000 Rubel, mit 30 Arbeitern und 1200 Spindeln, die Wollspinnereien E. E. Schlichtermann und J. Strömberg mit einem Jahresumsatz von je 80000 Rubel in der Stadt Moskau sowie die Spinnerei E. J. Peltzer im Dorf Sumanicho, Kreis Klin im Gouvernement Moskau, mit einer Produktionshöhe von 50000 Rubel und 200 Arbeitern sowie die Spinnerei Pickersgill & Schulz im Dorf Longinowo im Gouvernement Moskau mit einer etwa gleich starken Produktion. In Stadt und Gouvernement St. Petersburg war die Nikolajewsker Spinnerei (Inhaber: Emil Türpen) mit einer Jahresproduktion von 195000 Rubel, mit 130 Arbeitern und 2400 Spindeln die weitaus größte Wollspinnerei. Die Spinnerei A. A. Radzig im Dorf Jelisawet, Kreis Kaljasin, Gouvernement Twer, wies eine Produktionshöhe von 60000 Rubel auf. Im Königreich Polen waren 7 der 9 größten Wollspinnereien in deutscher Hand; ihre Produktionshöhe lag zwischen 18000 und 25000 Rubel.

Auf dem Gebiet der Wollzeugfabrikation und Wollweberei waren deutsche

Firmen prozentual schwächer vertreten. Zu den produktionsfreudigsten Fabriken dieser Art gehörten die Fabriken Schepeler und Schneidemann in der Stadt Riga, Gouvernement Livland, mit einer jährlichen Produktionsziffer von 300000 beziehungsweise 100000 Rubel und mit 200 beziehungsweise 150 Arbeitern. Im Gouvernement Moskau erzielte die Fabrik A. Schrader, die 500 Arbeiter an 100 mechanischen und 300 Handwebstühlen beschäftigte, einen jährlichen Produktionswert von 450000 Rubel. Ihr folgte die Firma Tscherepachin & Schröder mit 285 Arbeitern an 200 Handwebstühlen und einer jährlichen Produktionsziffer von 240000 Rubel. Im Dorf Schtschol-kowa, das in die Stadt Moskau eingemeindet war, beschäftigte die Fabrik Hopler & Krause 100 Arbeiter und erreichte einen Jahresproduktionswert von 200000 Rubel. Die Jahresproduktion der Firma Eduard A. Hensel in Lodź, Gouvernement Petrikau im Königreich Polen, die 350 Arbeiter an 200 Webstühlen beschäftigte, lag bei einer halben Million Rubel. Ihr folgten in Polen die Firma Krusche mit 462000 Rubel Jahresumsatz und 897 Arbeitern, die an 430 Webstühlen arbeiteten, die Firma R. Kindler mit einer Jahresproduktionshöhe von 300000 Rubel, die 300 Arbeiter an 161 Webstühlen beschäftigte, und die Firma R. Windeler, die 325 Arbeiter beschäftigte und es auf einen Jahreswert von 172785 Rubel brachte. Diesen Großfabriken folgten noch ca. 20 deutsche Wollfabriken, deren jährliche Produktion zwischen 40000 und 10000 Rubel lag.

Auch auf dem Gebiet der Tuchfabrikation, die von Nikolaus I. so nachdrücklich gefördert worden war, hatten sich zahlreiche deutsche Firmen als führend erwiesen. So waren beispielsweise 37 der 65 führenden Tuchfabriken im Gouvernement Grodno in deutscher Hand. Ihre Jahresproduktion schwankte zwischen einer halben Million (Firma Chr. Moës im Kreis Belostok mit 900 Arbeitern), 200000 Rubel (die Firma A. Buchholz, Direktor W. Sachert im Kreis Belostok, die 170 Arbeiter an 1250 Spindeln und 75 Webstühlen beschäftigte) und 10000–20000 Rubel bei kleineren Tuchfabriken. Unter diesen befand sich die Fabrik des Kolonisten G. Schultz im Dorf Semjatitschi, Kreis Belostok. In Quellenstein bei Pernau, Gouvernement Livland, war A. Zoepffel Inhaber einer Tuchfabrik, die an 3300 Spindeln, 42 mechanischen und 100 Handwebstühlen 500 Arbeiter beschäftigte und eine Jahresproduktion von 480000 Rubel erzielte. Im Gouvernement Moskau befanden sich sieben große Tuchfabriken in deutscher Hand: die Fabrik Karl G. Löwe (Jahresproduktion: 150000 Rubel, Zahl der beschäftigten Arbeiter: 300), Georg (Egor) Peltzer (250000 Rubel Jahresproduktion, 350 Arbeiter), A. A. Peltzer (150000 Rubel Jahresproduktion, 250 Arbeiter), M. W. Kirsch (130000 Rubel Jahresproduktion, 150 Arbeiter), F. I. Pungs (101000 Rubel Jahresproduktion, 282 Arbeiter) sowie die Firmen K. K. Genke (deutsch: Henke) und K. F. Mühle mit Jahresproduktionen unter 100000 Rubel. Im

Gouvernement Minsk bestand zu dieser Zeit nur eine namhafte Tuchfabrik: die Firma A. S. Skirmundt, die 370 Arbeiter an 2000 Spindeln und 100 mechanischen Webstühlen beschäftigte und eine Jahresproduktion von 250000 Rubel erreichte. Die Produktionen der Tuchfabriken von K. F. von Wendrich im Kreis Wolchow, Gouvernement Orjol und von Baron Ungern-Sternberg im Dorf Nikolskoje im Gouvernement Pensa, die 200–400 Arbeiter beschäftigten, erreichten Jahresproduktionen von 20000 bis 80000 Rubel. Unter den 10 großen Tuchfabrikanten im Gouvernement Podolien befanden sich acht deutsche mit einer Jahresproduktion zwischen 10000 und 30000 Rubel. Auf seinem Gut Kertel auf der Insel Dagö im Gouvernement Estland unterhielt Robert Freiherr Ungern-Sternberg seine Tuchfabrik; sie beschäftigte 510 Arbeiter und erreichte eine Jahresproduktion von 415000 Rubel. Vier der sieben größten Tuchfabriken im Gouvernement Kalisch, Königreich Polen, hatten deutsche Besitzer; die größte dieser Fabriken (Inhaber Ferdinand Nitsche) beschäftigte 560 Arbeiter und erreichte eine Jahresproduktion von 320000 Rubel. Im Gouvernement Petrikau, Königtum Polen, besaßen deutschstämmige Inhaber sogar 33 der insgesamt 43 Tuchfabriken. Ihr Jahresproduktionswert schwankte zwischen einer Viertelmillion Rubel und 10000 Rubel.

Die Zementfabrikation war ein spätentwickelter Zweig der russischen Wirtschaft. Der in Riga produzierte Zement wurde am meisten geschätzt. 1870 hatte sich die Zementfabrikation in Rußland so gut entwickelt, daß bereits ein bescheidener Export einsetzte. Von den sechs großen Zementfabriken, die in diesem Jahr in Rußland bestanden, hatten vier deutschrussische Inhaber: die Zementfabrik K. K. Schmidt in Podera bei Riga, Gouvernement Livland, mit einer Jahresproduktion von 30000 Rubel, die Zementfabrik Rocher (Rosche) Nachf. im Dorf Ust-Ishora, Kreis Schlüsselburg, Gouvernement St. Petersburg, mit einer Jahresproduktion von 150000 Rubel; die beim Dorf Saborodje, Kreis Peterhof im Gouvernement St. Petersburg gelegene Zementfabrik von Jakob Pahl mit einem Jahresumsatz von etwa 35000 Rubel und die im Großfürstentum Finnland liegende Portland-Zementfabrik von Brummer & Co. mit einer Jahresproduktion von 25000 Rubel.

Unter den bedeutendsten Glasfabriken Rußlands befand sich die Fensterglasfabrik von Baron Oskar Grotthuß auf dem Gut Pusseneeken bei Windau im Kreis Goldingen, Gouvernement Kurland, die eine Jahresproduktion von 26000 Rubel aufwies. Auf seinem Gut Lölle im Kreis Riga, Gouvernement Livland, hatte Baron von Stackelberg eine Glasfabrik eingerichtet, die einen Jahreswert von 18000 Rubel erbrachte. Zwei Glasgeschirrfabriken mit 150 Arbeitern und einer Gesamtjahresproduktion von 100000 Rubel unterhielt Klaudius W. Martin in Moskau und im Kreis Kortschew, Gouvernement Twer. E. K. Martin führte im Dorf Alexandrow, Kreis Klin, im Gouvernement Twer, eine Kristallgeschirrfabrik mit 300 Arbeitern und einem Jahresproduktionswert von 180000–200000 Rubel. Im Kreis Peterhof, Gouvernement St. Petersburg, unterhielt Jakob Baron Uexküll eine Flachglasfabrik, die 60 Arbeiter beschäftigte und eine Jahresproduktion von 50000 Rubel erzielte. Im Kreis Zarskoje Selo, Gouvernement St. Petersburg, befand sich die Marien-Glas-Hütte von A. F. Widder und im Dorf Orlino, Kreis Zarskoje Selo, die Glasfabrik von E. I. Rüting; beide Fabriken produzierten jährlich Waren im Wert von etwa 20000 Rubel. Zehn weitere Glasfabriken in deutscher Hand mit einer Jahresproduktion von 10000 bis 30000 Rubel befanden sich in den Gouvernements Twer, Kalisch, Płock sowie im Großfürstentum Finnland. Zum Vergleich sei gesagt, daß die kaiserliche Glasfabrik zu St. Petersburg, die Glas- und Kristallgeschirr herstellte und Glasmalerei betrieb, 170 Arbeiter beschäftigte und eine Jahresproduktion von 60000 Rubel erreichte. Von den sieben größten Spiegelfabriken Rußlands wurden vier von Deutschrussen geleitet. Die größte von ihnen, die Petersburger Firma Iwan Iwanowitsch Ebert, beschäftigte 60 Arbeiter und erreichte eine Jahresproduktion von einer Viertelmillion Rubel. Ihr folgten die Spiegelfabrik Amelung Nachf. im Gut Woiseck, Kreis Pernau, Gouvernement Livland, mit einer Jahresproduktion von 90000 Rubel und die Spiegelfabriken J. Silberg und Gebrüder Lesser in Warschau mit einer Jahresproduktion von 15000 beziehungsweise 12000 Rubel.

In der chemischen Fabrikation waren die Deutschrussen zu diesem Zeitpunkt noch relativ schwach vertreten; allerdings hatten sie sich in einigen Gouvernements ein Monopol geschaffen: So war die einzige hervorragende chemische Fabrik im Gouvernement Cherson die in der Stadt Odessa gelegene Fabrik von K. Karlowitsch Berg. Sie stellte Farbwaren her, beschäftigte 42 Arbeiter und erreichte eine Jahresproduktion von 75000 Rubel. Die einzige bedeutende chemische Fabrik im Gouvernement Livland war die in der Stadt Riga gelegene Farbwarenfabrik Schulz, die eine Jahresproduktion von 45500 Rubel hatte. Daneben verdienen die Fabriken von Bernhard Hirschberg (70000 Rubel Jahresproduktion), die bereits 1801 gegründete Fabrik J. F. Pesché, die Fabrik K. I. Schlippe mit einer Jahresproduktion von 96250 Rubel und 200 Arbeitern im Gouvernement Moskau, die Ölfarbenfabrik Karl Spiegel sowie die Farben- und Aquarellfabriken von N. F. Kühn und Ch. K. Krich mit Jahresproduktionen von 75000 bis 10000 Rubel in der Stadt St. Petersburg und die Chemikalienfabriken Hirschmann & Scholze und I. Krause in Warschau Erwähnung.

In der Kupferproduktion und -verarbeitung lagen die Firmen Schwenk auf dem Gut Uexküll im Kreis Riga, Gouvernement Livland, die Firma A. Chr. Dürre im Kreis Sjewsk im Gouvernement Orjol, die Firma Daniel Zwerner in der Stadt St. Petersburg, die Firma E. N. Wirich im Gouvernement Wladimir und die Firma der Gebrüder Trostser in der Stadt Warschau an der Spitze der russischen Fabriken dieser Art.

Die Rübenzuckerfabrikation lag in Rußland traditionell vorwiegend in den Händen des russischen Landadels. Die Fürsten Golizyn, die Grafen Branizkij, Bobrinskij und arrivierte Kaufmannsfamilien, wie etwa die Familie Charitonenko, besaßen seit Anbeginn das Monopol über die Rübenzuckerfabrikation in ihren Gouvernements. Dennoch hat sich in der Rübenzuckerfabrikation um das Jahr 1870 auch ein namhafter Teil deutschrussischer Landbesitzer etabliert. Noch größer aber als die Zahl der deutschen Rübenzuckerfabrikanten war die Zahl der Pächter deutschrussischer Herkunft, die russische Fabriken übernommen hatten. So führten beispielsweise im Gouvernement Charkow der deutsche Pächter Fleischherr die Rübenzuckerfabrik von Frau A. Skworzow, die deutsche Pächterfirma Rothermundt & Weisse die Rübenzuckerfabrik Meller-Sakomelskij. Demgegenüber lagen beispielsweise im Gouvernement Kursk die Rübenzuckerfabriken des Barons E. F. Meyendorff, der Gräfin Kleinmichel und des Grafen Rehbinder in den Händen russischer Pächter. Im Gouvernement Minsk befanden sich die Rübenzuckerfabriken von A. Skirmundt und Fürst Wittgenstein. Im Gouvernement Podolien lagen die Rübenzuckerfabriken der Gräfin Schembeck, der Baronesse Geissmar, die Fabriken Becker & Co. und E. Günzburg. Die Rübenzuckerfabrik K. und I. P. Schläger befand sich im Gouvernement Tula, die Werke der Grafen P. A. Kleinmichel und Schulenburg und Erben befanden sich im Gouvernement Tschernigow. Von den 52 größten russischen Zuckerraffinerien, deren Jahresproduktionen zwischen 4,5 und einer halben Million lagen, befanden sich 18 in deutscher Hand: zu ihnen gehörten die von Rothermundt & Weisse gepachteten Fabriken im Gouvernement Charkow, die eine jährliche Produktion von 1,7 Millionen aufwiesen, die Zuckerraffinerien W. Paßburg & Co. im Gouvernement Moskau mit einer Jahresproduktion von 3 Millionen sowie W. Hener & A. Reinecke in der Stadt Moskau mit einer Jahresproduktion von 1,3 Millionen, die Zuckerraffinerie Leopold König im Gouvernement St. Petersburg mit einer Jahresproduktion von 4,5 Millionen, die Zuckerraffinerie Friedrich Keschner in der Stadt St. Petersburg mit einer Jahresproduktion von 1,3 Millionen, die Raffinerie Emil Werneking in der Stadt Tula, Gouvernement Tula, mit einer Jahresproduktion von 750000 Rubel sowie die Zuckerraffinerien Leopold Kronenberg, Rössler, Rau & Co., Robert Bote, Gebrüder Löwenberg und Werner im Königreich Polen.

Die Branntweinbrennerei lag traditionell in den Händen der sozialen Gruppen, die am wenigsten des Mißbrauchs verdächtig waren, nämlich des russischen Adels und zu einem geringen Teil der russischen Juden. Neben ihnen hatten auch einige deutsche Kolonistengruppen, vor allem die Mennoniten, die Lizenz zur Branntweinbrennerei erhalten. Unter vielen hundert vorzüglichen Branntweinbrennereien im Russischen Reich befanden sich auch die folgenden deutschrussischen Firmen: die Brennereien des Grafen K. P. Kleinmichel in den Gouvernements Charkow und Kursk mit einer Jahresproduktion von insgesamt ca. 200 000 Rubel, die Brennerei der Gebrüder Grewsmühl in der Stadt Moskau, die mit einer Preßhefenfabrik verbunden war und eine Jahresproduktion von 60 000 Rubel aufwies, die von W. I. Schott im Gouvernement Orenburg mit einer Jahresproduktion von 75 700 Rubel, die Firma K. F. von Wendrich im Dorf Archangelskoje im Gouvernement Pensa, die eine Jahresproduktion von 128 000 Rubel aufwies, die Brennerei der Großfürstin Jelena Pawlowna im Dorf Karlowka, Gouvernement Poltawa, mit einer Jahresproduktion von 111 700 Rubel, die Brennerei des Grafen D. K. Nesselrode im Dorf Zarewschtschino im Gouvernement Saratow mit einer Jahresproduktion von 58 800 Rubel, die Brennereien von A. F. und K. F. von Sieber und zwei Brennereien von Chr. I. Löwenstreit im Gouvernement Wladimir. Stärker als in der Branntweinbrennerei waren deutschstämmige Kräfte in der Destillation und Likörfabrikation vertreten, deren Zentren in St. Petersburg, Moskau, Warschau und Riga lagen. Der bekannteste Fabrikant des Russischen Schwedenpunsches beispielsweise war H. Oldenburg in Wyborg. Aber auch die deutschrussische Firma Lüther & Rudolf in Helsingfors stellte hervorragenden Punsh zu 60 bis 80 Kopeken pro Flasche her. Daneben waren die Liköre der Firma J. L. Falck in Libau, Gouvernement Kurland, der Firmen Karl Semmel, Julius Petersen, Friedrich Wernke, A. Wolfschmitt und Theodor Wehrendt im Gouvernement Livland, der Firma Pauline Rusche in der Stadt Moskau, der Firmen Keller & Co. (Jahresproduktion im Wert von 2,5 Millionen Mark), Alexander Striedter (1,2 Millionen Mark) und Johannes John (245 000 Rubel) in der Stadt St. Petersburg sowie der Firmen Wilhelm Korn, Ferdinand Maier und anderer Firmen im Königreich Polen weit bekannt.

Auch in der mittleren und Schwerindustrie, die sich von den sechziger Jahren an sprunghaft und in einem im europäischen Vergleich stark akzelerierten Tempo entwickelte, nahmen deutschrussische und baltische Kräfte einen bedeutenden Platz ein. So befanden sich unter den 127 größten mechanischen und Maschinenbaufabriken im Russischen Reich um 1870 mindestens 47 deutsche Firmen. Zu ihnen gehörten die Firmen N. Chr. Westberg und K. A. Trepke in Cherson, die Firmen von Baron Ungern-Sternberg und K. Schwannkrug in Estland, die Firma von I. G. Fronstein in Rostow am Don, die Firmen Rosenkranz, Wöhrmann, Lange und Weber im Gouvernement Livland und die Firma Bresche & Co. im Kreis Moskau, die 400 bis 500 Arbeiter beschäftigte und eine Jahresproduktion von 1,2 Millionen Rubel aufwies. In der Stadt Moskau beschäftigte die Firma L. M. Michel 285 Arbeiter und hatte eine Jahresproduktion von 482 250 Rubel. Die Firmen Borbeck,

List, Hopper und Nabholz in Moskau beschäftigten zwischen 245 und 40 Arbeiter und erzielten Jahresproduktionen von maximal einer halben Million Rubel. Die Firma der Gebrüder Struve in der Stadt Kolomna im Gouvernement Moskau, die ca. 1800 Arbeiter beschäftigte, erzielte Jahresproduktionen zwischen 2 und 2,5 Millionen Rubel. Im Gouvernement Podolien machte die Maschinenbaufabrik Lochmeyer & Hercher eine Jahresproduktion von 15 000 Rubel. Im Gouvernement Poltawa produzierten die Maschinenbaufabriken des Barons F. Ungern-Sternberg Maschinen und Maschinenteile im Wert von 12 000–18 000 Rubel, die Fabrik der Großfürstin Jelena Pawlowna 35 000 Rubel. Im Gouvernement St. Petersburg nahmen die Firmen T. W. Struckhof & Co., W. Schaaf, G. A. Lessner, Eales & Butz und andere gute Mittelplätze ein. Die deutsche Firma Siemens & Halske, die in St. Petersburg eine Niederlassung unterhielt, produzierte im Jahr Waren im Wert von 50 000 Rubel. Mittlere und kleinere deutschrussische Maschinenbaufabriken befanden sich in den Gouvernements Tula, Wilna, Płock, Petrikau und vor allem in dem Gouvernement und der Stadt Warschau.

Aufgrund seiner liberalen, auf marktwirtschaftlichen Prinzipien basierenden Finanzpolitik war es Finanzminister von Reutern gelungen, die wirtschaftliche Lähmung, die gegen Ende der Periode Nikolaus' I. und besonders in den Auswirkungen des Krimkrieges manifest geworden war, zu überwinden und besonders der russischen Industrie einen neuen, starken Impuls zu geben.

Doch Michail von Reutern war nicht nur ein fähiger Finanzpolitiker, er dachte auch in allgemein politischen Kategorien. Als sich um das Jahr 1876 eine drohende politische Krise abzeichnete, warnte er den Zaren Alexander II. in einem persönlichen Schreiben davor, Rußland in das Abenteuer eines Krieges gleiten zu lassen, der das Reich um die Früchte seiner zwanzigjährigen Reformierung und Modernisierung bringen würde. Da er den Konflikt trotz seiner Warnungen nicht zu verhindern vermochte, bat von Reutern unmittelbar nach Ausbruch des Russisch-Türkischen Krieges um seine Entlassung aus dem Dienst, verblieb aber, da ihm diese versagt wurde, aus Pflichtgefühl bis zum Ende des Krieges in seinem Ministeramt. Nach dem Ausscheiden wurde von Reutern – wie auch später seine deutschrussischen Amtsnachfolger Bunge und Witte – zum Vorsitzenden des Ministerkomitees, das heißt zum Premierminister, ernannt. 1890 wurde er in Anerkennung seiner Leistungen für die Sanierung der russischen Finanz- und Volkswirtschaft in den Grafenstand erhoben.

Der zweite russische Finanzminister deutscher Herkunft, der die Periode der Reformen und Modernisierung des Russischen Reichs mitbestimmte, war Nikolaj Christianowitsch von Bunge (1823–1895). Bunge entstammte einer geadelten Familie von Ärzten und Gelehrten aus Kiew und hatte, wie auch

Außenminister Giers, seinen evangelischen Glauben beibehalten. Bunge hatte eine glänzende Universitätskarriere durchlaufen und eine Reihe vielbeachteter Arbeiten auf dem Gebiet des Handelsrechts, des Kredit- und Steuerwesens geschrieben, als er 1863 nach Petersburg berufen und mit der Unterweisung des Zarewitsch Nikolaj Alexandrowitsch auf dem Gebiet der Finanzwissenschaft und Politökonomie betraut wurde. Nach dem Tod des Thronanwärters kehrte er kurzzeitig an die Wladimir-Universität in Kiew zurück, um schließlich 1880 zum Vizeminister für Finanzen und 1881 zum Finanzminister ernannt zu werden. Den erklärt liberalen Wirtschaftstheoretiker erwartete eine schwierige sechsjährige Amtszeit. Einerseits sollte er die wirtschaftliche Schwächung überwinden, die das Russische Reich nach dem Orientkrieg von 1877/78 erneut zu lähmen begann; andererseits fielen gerade in seine Amtszeit mehrere extreme, reichsweite Mißernten, die die Entwicklung von Handel und Industrie hemmten, die Schließung neuer Fabriken und Werke in den Industriegebieten und eine erhebliche Verringerung der Exporte nach sich zogen. Trotz dieser Schwierigkeiten gelang es Bunge dank der unermüdlichen Fürsorge für die produktiven Kräfte des Volkes, diese Probleme zu überwinden: was allerdings nicht bedeutete, daß es ihm gelungen wäre, das russische Defizit zu tilgen.

Die größte Leistung, die Bunge als Finanzminister vollbrachte, war die graduelle Abschaffung der sogenannten Seelensteuer und ihre Ersetzung durch eine Einkommensteuer. Damit war eine wichtige Voraussetzung für die Gesundung der russischen Volkswirtschaft geschaffen. Aber auch andere Maßnahmen, wie etwa die Einrichtung der bäuerlichen Landbanken, die die Loskaufoperationen erleichterten, und die Einführung einer Reglementierung der Fabrikarbeit im Interesse der Arbeiter, machten Bunge zu einem der großen Reformer auf dem russischen Finanzsektor. Eine weniger erfolgreiche Innovation war die Gründung der Adelslandbanken, die den in finanzielle Schwierigkeiten geratenen adligen Grundbesitzern Darlehen zur Amelioration und Intensivierung ihrer Landwirtschaft gewähren sollten. Im Gegensatz zu den bäuerlichen Landbanken erwies sich die Institution der Adelslandbanken als durchaus ungenügend, um das wachsende Problem der adligen Landverarmung zu lösen. Der deutschstämmige und protestantische Finanzminister Bunge, dessen Ministerium die Staatsdarlehen an die in Schwierigkeiten geratenen Latifundienbesitzer vergab, wurde auf diesem Hintergrund zu einer Art Prellbock der Unzufriedenheit und Verunsicherung beträchtlicher Teile des russischen Landadels. Die Tatsache, daß mit der russischen Bauernbefreiung »der wohlgeborene Stand zu den Erniedrigten und Beleidigten der russischen Finanzpolitik«[13] geworden war, wurde von nationalistischer Seite unter anderem dem Wirken liberaler Finanzminister zur Last gelegt. So wurde Bunge, der die volle Unterstützung von Alexander II. und Alexander III. besaß, von der chauvinistischen russischen Presse in besonders tükkischer Weise angegriffen. Diese Angriffe wurden um so heftiger, je mehr sich in den achtziger Jahren herausstellte, daß unter anderem die deutschen Kolonisten in Rußland die glücklichen Gewinner des Bodens des verarmenden russischen Landadels wurden. Dies konnte den Eindruck entstehen lassen, daß das deutsch geleitete Finanzministerium, das zu einer Art Konkursverwaltung der russischen Adelsgüter geworden war, über die neu geschaffenen Landbanken deutschen Grundbesitzern und Bauern Vorteile verschaffte, die es diesen ermöglichten, sich des russischen Adelslandes zu bemächtigen.

Es ist ungeklärt, ob und inwieweit diese Hintergründe den Zaren Alexander III. veranlaßten, Bunge 1887 durch den russischen Finanzminister I. A. Wyschnegradskij zu ersetzen. Unter Wyschnegradskij, der eine Periode des Hochprotektionismus einleitete, machte ein anderer deutschrussischer Finanzexperte seine ersten Erfahrungen im russischen Finanzministerium, um fünf Jahre später, 1892, nach einem kurzen Zwischenspiel als Verkehrsminister selbst das Amt des Finanzministers zu übernehmen: Sergej Juljewitsch Witte (1849–1915).[14] Witte entstammte väterlicherseits einer deutschbaltischen Familie. Sein Vater hatte die Universität Dorpat absolviert und danach in Preußen Landwirtschaft und Bergbau studiert. Nach seiner Rückkehr nach Rußland hatte er die Tochter des ultranationalen Volksgenerals Fadejew und seiner Gattin, der Fürstin Jelena Pawlowna Dolgorukowa, geheiratet. Schon der Vater Wittes war, wie dies im Haus Fadejew erwartet wurde, zur Orthodoxie übergetreten. Sergej Juljewitsch Witte wurde in streng orthodoxem Geist erzogen, heiratete aber eine russische Jüdin und wurde ein genuin liberaler Agnostiker.

Witte war der erste und einzige russische Finanzminister, dem es gelang, die russische Wirtschaft aus ihrem defizitären Zustand zu befreien. Um dies zu erreichen, führte er eine breite Kreditpolitik zur Förderung von Industrieunternehmen, zur Festigung der bestehenden Industrieverbände, zur Eröffnung von Börsen und Handelskomitees sowie zur Intensivierung des Eisenbahnbaus und Vergrößerung der russischen Handelsflotte durch. Zu den Grundpfeilern der Witteschen Finanzpolitik gehörte auch die massive Herbeiziehung ausländischer Kapitalien nach Rußland, die Eröffnung eines breiten Feldes zur Gründung neuer Fabriken und Unternehmen durch Ausländer auf russischem Boden und eine tatkräftige Förderung aller bereits in Rußland angesiedelten ausländischen Wirtschaftskräfte.

Von allen Leistungen Wittes hat wohl seine Verbesserung des russischen Eisenbahn- und Verkehrsnetzes speziell für die deutschen Kolonisten und Landbesitzer die größte Bedeutung gehabt. In den elf Jahren seiner Amtszeit als Finanzminister gelang es Witte, das etwa 34000 Werst lange russische Eisenbahnnetz fast auf die doppelte Länge, nämlich auf 60000 Werst, auszuweiten. Gleichzeitig wurde die Zahl der Lokomotiven um 93 Prozent, die der Passagierwaggons um 119 Prozent und die der Güterwagen um 118 Prozent erhöht. Die sibirische Eisenbahnlinie wurde neu geschaffen. Diese Ausweitung des Eisenbahnnetzes bis in die entlegensten Teile des Russischen Reichs löste eine wahre Revolution auf dem Sektor des Binnen- und Außenhandels aus. Besonders die großen Getreideanbaugebiete, wie das Gouvernement Jekaterinoslaw und das Wolgagebiet, in denen vielfach deutsche Weizenproduzenten Monopolstellungen einnahmen, waren nun imstande, die Ausfuhr, unter anderem die Direktexporte ihres Weizens, auf schnelle und ökonomische Weise durchzuführen. Im Wolgagebiet hatten deutsche Kolonisten bereits zu Beginn der sechziger Jahre über 4000 Windmühlen verfügt, in denen das Getreide, großenteils Weizen, gemahlen wurde. Im Zuge der Modernisierung wurden diese Mühlen um ein vielfaches vermehrt und durch Dampfmühlen ersetzt. Darüber hinaus hatte die Entwicklung der Dampfschiffahrt auf der Wolga, die nach der Gründung der ersten Schiffswerft durch Karl Jeremias Röntgen aus Neuwied (1841)[15] eingesetzt hatte, das Handelsvolumen deutscher Getreideproduzenten im Wolgagebiet beträchtlich ansteigen lassen. Zu Beginn der Ära Witte hatte der deutsche Getreidehandel bereits Spitzenwerte erreicht.[16] Und die neuen Verkehrslinien, die günstigen Kredite und Absatzmärkte, die die energische Wirtschaftspolitik Wittes schuf, intensivierten diese Entwicklung.[17]

S. J. von Witte brachte den Interessen und Bedürfnissen der deutschen Kolonisten und Gutsbesitzer nicht nur im Rahmen seiner allgemeinen Förderung des Bauernstandes besonderes Wohlwollen entgegen. Er sprach sich, als die panslawischen Wogen hochzuschlagen begannen und die »deutsche Unterwanderung« Rußlands zu den Themen des Tages gehörte, wiederholt positiv über den Wert und Nutzen der deutschen Kolonien in Rußland aus. Er trat zu einer Zeit, in der die durch die massive deutsche Zuwanderung in den Westgebieten aufgebrachte panslawistische Presse die Eingrenzung der deutschen Ansiedlung auf russischem Boden forderte, für die Förderung der bestehenden und die Anlage neuer deutscher Bauernkolonien, selbst in strategisch empfindlichen Gebieten, wie dem Kaukasus, ein. Im Jahr 1906, als im Zuge der Liberalisierung auch eine gewisse Entspannung in der nationalen Debatte eintrat, empfing Witte persönlich Delegationen deutscher Kolonisten, um mit ihnen über die Lösung ihrer Probleme zu sprechen.

Die großzügige Kreditpolitik Wittes und die günstigen Bedingungen, unter denen ausländische Unternehmer in Rußland Investitionen durchführen oder Aktienbesitz erwerben konnten, führte zu einer beträchtlichen Stärkung des deutschrussischen Unternehmertums sowie der deutschen Teilnahme an russischen Aktiengesellschaften. So überwogen zum Beispiel auf dem Sektor der metallverarbeitenden Industrie und Metallurgie die deutschen und deutschrussischen Kapitalien: in den Aktiengesellschaften Nikopol-Mariupolsche Mineral- und Metall-Gesellschaft, in der Russischen Aktionärsgesellschaft der Vereinigten Maschinenwerke von St. Petersburg vormals G. A. Lessner & Co., in der Schiffsbauaktiengesellschaft Petersburger Werft vormals Noblesser und in der Firma Bellino-Fenderich in Odessa. Auf dem Sektor der Mineralogie befanden sich unter anderem das Neurussische Portland-Zement-Werk, die Russischen Thomasphosphatwerke Mariupol, das Moskauer Chemiewerk »Farbwerk« und die Wolga-Aktiengesellschaft der Öl- und Chemiewerke »Salomas« vollständig oder zu einem großen Teil in deutscher Hand. Auf dem Gebiet der Nahrungs- und Genußmittelindustrie waren die Dampffabrik für Schokolade, Konfekt und Teegebäck Einem, die Gesellschaft des Kiewer Zuckerraffineriewerks, die Russisch-Bayrische Bierbrauereigesellschaft Bavaria und schließlich die weltbekannte Teehandelsgesellschaft Karawan deutsche oder überwiegend deutsche Gründungen.

Die Tatsache, daß diese führenden Industrie- und Handelsunternehmen sich vorwiegend in deutschen beziehungsweise deutschrussischen Händen befanden, war nicht durchgängig bekannt. Erst bei der Vorbereitung und Durchführung des russischen Wirtschaftskrieges auf dem Hintergrund des Ersten Weltkrieges wurden Wert und Umfang der deutschen Gründungen beziehungsweise der deutschen Aktienbeteiligung an russischen Unternehmen ermittelt und die Verflechtungen deutschen und russischen Kapitals bekannt.

Freilich waren in der Ära Witte nicht nur deutsche und deutschrussische Finanzkräfte in so starkem Maß in die russische Industrie- und Finanzwelt eingestiegen. Auch Engländer, Franzosen, Belgier und Vertreter der anderen weiterentwickelten Industrienationen schalteten sich verstärkt in die russische Industrie und Wirtschaft ein und förderten damit das Wirtschaftswachstum. Allerdings unterschieden sich die deutschen Wirtschaftskräfte dadurch, daß sie ihr wirtschaftlicher Pioniergeist bis auf die entlegensten Posten des Russischen Reiches führte und sie dadurch stärker als die anderen beteiligten Nationen an der wirtschaftlichen Durchdringung des großen Reiches teilnahmen.[18] So hatten sich gegen Ende des 19. Jahrhunderts beispielsweise nur 16,3 Prozent aller in Rußland tätigen und investierenden reichsdeutschen Unternehmen in den vier Großstädten St. Petersburg, Moskau, Warschau und Odessa niedergelassen, während sich die meisten Unternehmen auf kleinere Provinzstädte, Ortschaften, Bergwerke und Gruben in den ferneren und fernsten Gebieten des Reiches verteilten. Demgegenüber konzentrierten sich 54 Prozent der französischen und 53,4 Prozent der englischen Handelsniederlassungen und Industrieunternehmen auf die vier genannten Großstädte.[19]

Seit der Gründung des Deutschen Reiches (1871) war eine zunehmend starke Einwanderung deutscher Unternehmer und Fachkräfte nach Rußland in Gang gekommen. Diese deutschen Kräfte, die als Angehörige des Deutschen Reiches oder »Reichsdeutsche« in der Regel an Assimilationsfreudigkeit den in Rußland eingebürgerten deutschen Kreisen nicht nachstanden, traten indes nur noch selten zum russischen Untertanenverband über. Sie begannen bald, neben den bereits bestehenden Organisationen und Verbänden der russischen Deutschen ihre eigenen Vereine, Clubs und Hilfsorganisationen zu gründen. Diese unterschieden sich in ihren Zielen und Programmen dadurch von den bereits etablierten Organisationen der Deutschrussen, daß sie in einigen Fällen eine stärker patriotisch-nationale Einstellung und Orientierung besaßen. In vielen Fällen überschnitten sich aber in der Praxis die Vereine und Clubs der russischen Deutschen mit denen der Reichsdeutschen, und besonders im gesellschaftlichen Leben spielte die Frage, ob man Deutscher mit russischer Untertanenschaft oder aber Reichsdeutscher war, kaum eine Rolle. Im allgemeinen setzte mit dem starken Zuzug neuer deutscher Kräfte in den russischen Städten und besonders der wachsenden finanziellen und wirtschaftlichen Potenz der deutschen Stadtbevölkerung, besonders in St. Petersburg, Moskau und Warschau, ein zunehmend aktives Gemeinschafts- und Gesellschaftsleben der Deutschen ein.[20] So bestanden um die Jahrhundertwende allein in der Residenz- und Regierungshauptstadt St. Petersburg ca. hundert deutsche Wohltätigkeits-, Hilfs- und Betreuungsorganisationen für russische und Reichsdeutsche. Eine besonders wichtige Rolle spielte unter ihnen der deutsche Verein »Die Palme«, der 1862 zunächst als Handwerkerverein gegründet worden war, sich aber schnell zu einer Art allgemeinem Deutschen Club ausweitete, der neben Sektionen für Theater, Literatur, Musik und Geselligkeit auch Jagd- und Sportsektionen unterhielt. Im deutschen Polytechnischen Verein gab sich die technisch-wissenschaftliche Intelligenz der Hauptstadt ein Stelldichein. Die 1882 gegründete Armenkasse sowie zahlreiche andere Organisationen für hilfsbedürftige Deutsche wurden durch die Spenden des arrivierten deutschrussischen Großbürgertums gespeist. Ähnliche Vereine und Organisationen wie diese Petersburger Gründungen bestanden in allen größeren russischen Städten, in denen sich eine sogenannte deutsche Kolonie befand. Eine große Mitgliederzahl wies beispielsweise der Deutsche Handwerker- und Gewerbeverein in Odessa auf, der 1869 gegründet worden war.

Wie stark das deutschstämmige Element bei Ausgang des 19. Jahrhunderts in den russischen Städten sowie im Handel und in der Industrie war, wurde aus den Resultaten der ersten gesamtrussischen Volkszählung von 1897 deutlich.[21] Aus einer Gesamtbevölkerung des Reiches von 126 Millionen waren 1790489 Personen (oder 1,42 Prozent) Deutsche. Nach religiösem Bekenntnis waren von ihnen 76,01 Prozent Lutheraner, 3,68 Prozent Mennoniten, 3,57 Prozent Reformierte, 1,12 Prozent sonstige Protestanten, 13,53 Prozent Katholiken, 0,75 Prozent Orthodoxe, 0,07 Prozent sonstige Christen und

1,27 Prozent Juden. Von diesen russischen Deutschen, numerisch der achten Nationalität des Zarenreiches, lebten 1312188 Personen in den fünfzig Gouvernements des europäischen Rußland, 407274 in den zehn Gouvernements des Königreichs Polen, 56729 im Kaukasusgebiet, 5424 in Sibirien und 8874 in Mittelasien. 1317502 (76,62 Prozent) gehörten der Landbevölkerung und 401960 (23,38 Prozent) der Stadtbevölkerung an. Hinsichtlich ihrer sozialen Zugehörigkeit und beruflichen Tätigkeit waren 1033282 Personen (57,7 Prozent) in Land- und Forstwirtschaft und 375953 Personen (21 Prozent) in der Industrie beschäftigt. Zu den in Land- und Forstwirtschaft beschäftigten Personen gehörte die große Zahl der ehemaligen Kolonisten, aber auch die Gruppe der angestellten deutschen Förster, Weidmeister, Jagdmeister, Gutsverwalter und Agronomen. Neben den in der Industrie – und zwar überwiegend in leitenden Positionen – beschäftigten Deutschen stand noch die Gruppe der 112453 (oder 6,3 Prozent) Lohnarbeiter und Bediensteten. Insgesamt 97796 Deutsche (5,5 Prozent) waren im Handel und Verkehrswesen tätig, und 11768 Personen waren Kaufleute. Etwa 50000 russische Untertanen deutscher Herkunft und Zunge waren in den akademischen Berufen tätig. 35000 beamtete Personen standen im Staats- oder Militärdienst des Reiches. Etwa 50000 russische Deutsche gehörten dem Adel und der Klasse der Ehrenbürger an; von ihnen waren 24854 (1,4 Prozent) Mitglieder des Erbadels und 17134 Personen (fast ein Prozent der gesamten deutschrussischen Bevölkerung) waren geadelt worden.

3. Die deutschen Siedler als Teil des befreiten Bauerntums

Mit der Durchführung der Bauernbefreiung, die etwa dreißig bisher nebeneinander bestehende Untergruppen der Landbevölkerung zu einem starken russischen Bauernstand zusammenschweißen sollte, schien auch der Zeitpunkt gekommen, um die gesetzliche Sonderstellung der deutschen Kolonisten in Rußland aufzuheben. Seit den Manifesten Katharinas der Großen, die den deutschen Ansiedlern für die Zeit ihrer Einbürgerung und ihrer Anpassung an die russischen Umstände eine Sonderverwaltung und eine besondere Selbstverwaltung zugesichert hatten, war nahezu ein Jahrhundert vergangen. Die deutschen Kolonisten waren in dieser Zeit zu einer selbständigen, potenten und sehr wohl mit den russischen Lebensumständen vertrauten Wirtschaftsklasse geworden. Die Reformer konnten mit Recht davon ausgehen, daß eine gesetzliche Aufhebung ihres Sonderstatus weder innere Verunsicherung noch Nachlassen ihrer wirtschaftlichen Kräfte hervorrufen würde.

Der erste Schritt zur Aufhebung ihrer Sonderstellung erfolgte bereits 1860, ein Jahr vor der Verlesung des Befreiungsedikts der russischen Bauern: Im

Rahmen der Vorbereitung der reichsweiten Justizreform wurden alle gerichtlichen und Untersuchungsangelegenheiten, die bisher von der Kolonienverwaltung durchgeführt worden waren, den entsprechenden staatlichen Justizbehörden übertragen.

Ein zweiter Schritt der Angleichung der deutschen Kolonisten an den russischen Bauernstand erfolgte 1864. Mit der Einrichtung der landschaftlichen Selbstverwaltung (Semstwo) wurden zahlreiche Funktionen, die bisher von der Kolonien- beziehungsweise der Selbstverwaltung ausgeführt worden waren, auf die Semstwo-Organe übertragen. Zu ihnen gehörten Fragen der Verbesserung der Landwirtschaft, des Veterinär- und Medizinalwesens, des Straßen-, Wege- und Brückenbaus. Als 1866 auf Gouvernement-, Kreis- und Ortsebene die Einrichtungen für die bäuerlichen Angelegenheiten geschaffen wurden, die sich der Probleme, Bedürfnisse und Wünsche des befreiten Bauerntums annehmen sollten, wurden alle jene deutschen Kolonien, die zuletzt unter der Führung der Staatsdomänenkammer gestanden hatten, nämlich die deutschen Kolonien in den Gouvernements Woronesh, Nowgorod, Tschernigow, St. Petersburg und Samara, der Verwaltung dieser Einrichtungen unterstellt.

Die letzte und wichtigste Reform der deutschen Siedlungen in Rußland war die gesetzliche Einführung neuer Regeln zur Gestaltung der sozialen Ordnung der auf Staatsländereien angesiedelten deutschen Kolonisten, die 1871 – zehn Jahre nach Erlaß des russischen Bauernbefreiungsediktes – bekanntgegeben wurden. Dem ging ein Jahrzehnt anhaltender Beratungen und Überlegungen über die Art der Angleichung des Kolonistenstandes an das russische Bauerntum voraus; das Hauptinteresse der Reformer bestand dabei darin, die für die Kolonisten förderlichen Sonderbedingungen weitestgehend zu erhalten und zugleich Innovationen einzuführen, die zu einer allgemeinen Stärkung der Landbevölkerung im Zeitalter der Modernisierung schlechthin unentbehrlich waren. Die Kraft- und Lebensquellen der Kolonien sollten erhalten bleiben, und die Kolonisten zugleich als ein starker und befruchtender Teil der russischen Landbevölkerung in den allgemeinen russischen Bauernstand eingehen.

Die Aufhebung des Kolonistenstandes

Am Tag der Verlesung des Bauernbefreiungsediktes, dem 19. Februar 1861, ließ Zar Alexander II. das Hauptkomitee für die Bauernangelegenheiten, das seine Arbeit erfolgreich beendet hatte, aufheben und an seiner Stelle das Hauptkomitee für die Organisation des Bauernstandes *(Glavnyj Komitet ob Ustrojstve Sel'skogo Sostojanija)* gründen. Das Komitee hatte die Aufgabe, alle Gesetzentwürfe, die als Zusätze des Bauernbefreiungsediktes vom 19. Februar notwendig wurden, zu überprüfen, die Durchführung der Bauernbefreiung zu überwachen und die gesetzliche Integrierung anderer Gruppen der bäuerlich-ländlichen Bevölkerung, wie etwa der deutschen Kolonisten, in die bereits bestehende Gesetzgebung über den Bauernstand durchzuführen. Wie sein Vorgänger, so tagte auch dieses Hauptkomitee unter der unmittelbaren Aufsicht des Kaisers, dem auch alle Journale des Komitees im Original vorgelegt werden mußten. Zu seinem Vorsitzenden wurde erneut der Großfürst Konstantin Nikolajewitsch ernannt, der im Verlauf der Durchführung der Bauernreform den Ruf eines extrem bauernfreundlichen und die Obstruktionen der konservativen Partei der russischen Großgrundbesitzer abwehrenden Reformers erlangt hatte. Er stand darin seinem erstgeborenen, kaiserlichen Bruder weder an Begeisterung für das Befreiungswerk noch an Verantwortung für die weniger privilegierten Klassen der russischen Gesellschaft nach.

Dem neugegründeten Hauptkomitee gehörten neben den einschlägigen Ministern – Minister des Inneren, der Staatsdomänen, der Finanzen, der Justiz, des Hofes sowie dem Leiter der Zweiten und Dritten Abteilung der Kanzlei des Kaisers – auch Mitglieder an, die durch ihre besondere berufliche Vorbereitung einen Gewinn für die Kommission bedeuteten. In den Jahren, in denen der neue Rechtsstatus des Kolonistenstandes ausgearbeitet wurde, gehörte dem Komitee als eine führende Kraft N. A. Miljutin an (1864–1871). N. A. Miljutin, einer der Hauptprotagonisten der Bauernreform seit Beginn der vierziger Jahre, war der Neffe des Grafen P. D. Kisseljow. Seit seinem Ausscheiden als Staatsdomänenminister 1856 und seiner Ernennung zum russischen Botschafter in Paris hatte Kisseljow gerade über seinen Neffen N. A. Miljutin immer wieder Einfluß auf den Gang der russischen Bauernbefreiung zu nehmen versucht. Bis zu ihrem Tod – beide starben 1872 – hielt der intensive geistige Austausch dieser beiden großen liberalen Beamten und damit der indirekte Einfluß Kisseljows auf die Entwicklung des russischen Bauerntums und besonders auf die Reform des Kolonistenstandes, dem er immer besondere Aufmerksamkeit entgegengebracht hatte, an.

Die Ausarbeitung der neuen Gesetzgebung zur Umgestaltung des Kolonistenstandes begann im Januar 1866. Ein Jahr zuvor war Großfürst Konstantin Nikolajewitsch zum Vorsitzenden des Staatsrats ernannt worden, ein Amt, das er bis zu seiner freiwilligen Abdankung zu Beginn der Amtszeit Alexanders III. 1881 innehatte. In seiner Doppelfunktion als Vorsitzender der Hauptkommission und als Vorsitzender des Staatsrats trieb er die weitere Entwicklung der Bauerngesetzgebung mit Macht voran.

Am 18. Januar 1866 beschloß der Staatsrat mit Billigung des Kaisers, die Verwaltungsreform des Bauerntums in die Wege zu leiten, und auf Gouvernements-, Kreis- und örtlicher Ebene die allgemeinen Einrichtungen für Bauernangelegenheiten zu eröffnen. Nur ein kleiner Teil der deutschen Kolonien, vor allem die in den mittelrussischen Gouvernements gelegenen Siedlungen, wurden damit bereits diesen Einrichtungen zur Förderung des Bauerntums unterstellt. Für die überwiegende Zahl der deutschen Kolonien hingegen behielt sich der Staatsrat eine Sonderlösung vor:

> »Der Staatsrat, der seine allerhöchst bestätigte Entscheidung über die Reform in der Verwaltung der Staatsbauern zu diesem Zeitpunkt noch nicht auf die ausländischen Kolonisten ausdehnt, stellt es dem Staatsdomänenminister anheim, seine Vorschläge über die Anwendung derselben auf die genannten Kolonisten dem Hauptkomitee für die Organisation des Bauernstandes in der festgelegten Ordnung zur Prüfung vorzulegen.«[22]

Der Staatsdomänenminister A. A. Selenoj setzte daraufhin umgehend eine Kommission zur Ausarbeitung dieser Fragen ein, der auch ein Mitglied des Justiz- und Innenministeriums angehörte. Diese Kommission für die Organisation der gesellschaftlichen Verwaltung der ausländischen Kolonisten arbeitete in den fünf Jahren ihres Bestehens die Grundlagen der neuen Rechtsordnung des früheren Kolonistenstandes aus. In ihrer ursprünglichen Zusammensetzung bestand die Kommission aus dem Vorsitzenden, dem Vizeminister für Staatsdomänen, Generalleutnant A. O. Rosset, sowie den Mitgliedern: Geheimrat W. A. Islawin (Mitglied des Rates beim Minister für Staatsdomänen), Wirklicher Staatsrat W. G. Tscherepnin (Direktor des Departements für allgemeine Angelegenheiten im Staatsdomänenministerium), Wirklicher Staatsrat N. N. Koloschin (Adjunkt des Leiters der Landschaftsabteilung), Wirklicher Geheimrat A. M. Troizkij (Vertreter der Abteilung des Oberprokurors im Dirigierenden Senat), Staatsrat P. R. Henrichsen (Abteilungsleiter des Departements für allgemeine Angelegenheiten des Staatsdomänenministeriums) und dem Geschäftsführer oder Sekretär der Kommission, Hofrat A. A. Klaus (Erster Tischvorsteher des Departements für allgemeine Angelegenheiten des Staatsdomänenministeriums); Klaus, selbst Sohn südrussischer Kolonisten, war zugleich einer der ersten und besten Historiker der deutschen Kolonien in Rußland. Ihm muß auch die umfassende »Historische Übersicht der Kolonisation der Staatsländereien in Rußland durch Ausländer« zugeschrieben werden, die diese Kommission bei der Ausarbeitung ihrer Entwürfe zugrunde legte und verwendete.[23] Während das deutsche Element in der ersten Zusammensetzung der Kommission noch relativ schwach vertreten war, waren schon gegen Ende des Jahres 1867 mit der Nominierung der Kommissionsmitglieder P. A. Schulz (Wirklicher Staatsrat und Leiter der zeitweiligen Abteilung für die Landvergabe an Staatsbauern) und Baron N. N. Medem (Wirklicher Staatsrat und Direktor des Departements für allgemeine Angelegenheiten des Staatsdomänenministeriums) weitere tatkräftige deutsche Mitarbeiter gewonnen. Damit bestand die Kommission etwa zu gleichen Teilen aus russischen und deutschstämmigen Beamten.

Schon der erste Entwurf, den die Kommission nach Ablauf ihrer Sitzung vom 15. Juni 1867 dem Staatsdomänenminister unterbreitete, stellte die Weichen für die gesamte spätere Gesetzgebung. Der Bericht betonte den historisch bedingten besonderen Charakter der Ausländerkolonien, der zu ihrem außerordentlichen Wohlstand und ihrer vorbildlichen sozialen Ordnung beigetragen habe und hob bei der Betrachtung der Einzelaspekte wiederholt hervor, daß die liberalen Maßstäbe, die die Reformgesetzgebung an das russische Bauerntum anlege, weitgehend mit den Rechts- und sozialen Normen übereinstimme, die in den Ausländerkolonien seit einem Jahrhundert bestanden hätten und mit großem Erfolg praktiziert worden seien. Darüber hinaus, so formulierten die Kommissionsmitglieder, komme die Grundtendenz der Bauerngesetzgebung von 1861, die dem einzelnen Landmann erhebliche Beweglichkeit und die Möglichkeit des Ankaufs von Boden sichere, den Nöten und Interessen der ausländischen Kolonisten nur entgegen; denn

»die russische Bevölkerung, die die Kolonien von allen Seiten her eingrenzte, stellte eine natürliche Barriere für die weitere Ausdehnung des Landbesitzes durch die Kolonisten dar. Demgegenüber wurde die kolonistische Bevölkerung, die sich stark vermehrte, ja an einigen Orten verzehnfachte, in den Grenzen ihres ursprünglichen Landanteils immer dichter, so daß sie schließlich gezwungen ist, einen Ausweg zu finden. Sie strebt zur Ausweitung ihrer landwirtschaftlichen und handwerklich-kommerziellen Tätigkeit außerhalb der Grenzen der Kolonien. Aber ohne eine stärkere Annäherung der Kolonisten an die allgemeine Staatsstruktur wird die Befriedigung dieses natürlichen Bedürfnisses für die Kolonisten extrem schwierig.«

Nach Feststellung der Kommission lief die Bauerngesetzgebung den natürlichen Entwicklungstendenzen der ausländischen Kolonisten keineswegs zuwider, sondern war im Gegenteil geeignet, diese zu fördern. Mit Blick auf die innere Struktur der Kolonienkomplexe schlug die Kommission vor, die bestehende kolonistische Ordnung und Selbstverwaltung lediglich nominell an die der Bauerndörfer anzupassen, ohne dabei – es sei denn auf ausdrücklichen Wunsch der betroffenen Kolonisten – eine wirkliche Umstrukturierung im Sinne der neuen bäuerlichen Verwaltung durchzuführen. Denn jeder Versuch, die bestehende Orts- beziehungsweise Gemeinde-, Bezirks- und Kreisstruktur der Kolonien abzuändern, würde die erprobte, wohlfunktionierende Einheit auf der jeweiligen Ebene gefährden. Schließlich hat die Kommission in ihrem Gesetzentwurf, den sie mit dem Sitzungsbericht an den Staatsdomänenminister leitete, eine wichtige terminologische Änderung vorgenommen:

»Das Wort ›Kolonisten‹ ist im Gesetzentwurf durch das Wort ›Siedler‹ als eine Bezeichnung ersetzt, die, nach Meinung der Kommission, dem Ziel der Regierung besser entspricht, den gesamten Bauernstand einheitlich zu verschmelzen.«

Mit dieser terminologischen Änderung hatte die Kommission vorsorglich einen Streitpunkt aus der Welt geschafft, der begann, Anlaß zu Mißdeutungen und ideologischen Verzerrungen zu bilden. Die Ausländer, in der Terminologie der Staatskolonisation des 18. Jahrhunderts auf russischem Boden als »Kolonisten« angesiedelt, hatten längst den Pioniercharakter der ersten Jahrzehnte der Ansiedlung verloren und waren als Handwerker, Bauern, vor allem aber Gutsbesitzer zu einem festen Bestandteil der allgemeinen Landbevölkerung geworden. Die Bezeichnungen »Kolonien« und »Kolonisten« konnten und sollten in einer Zeit, da die Großmächte in die Kolonialdebatte, ja in die Kriege um Kolonien eintraten, in den Augen ideologisch orientierter Teile der russischen wie auch der deutschen Öffentlichkeit zu Mißverständnissen führen. Um diesen vorzubeugen, schlug die Kommission die Bezeichnung vor, die in der endgültigen Gesetzgebung von 1871 in der erweiterten Form von »Siedler-Eigentümer – frühere Kolonisten« *(poseljane-sobstvenniki – byvšie kolonisty)* wiederkehrte.

Über zwei Jahre durchlief der Gesetzentwurf eine Reihe von Veränderungen und Vervollständigungen im vorgeschlagenen Sinn. Zusammen mit diesem ausführlichen Begleittext übergab die Kommission Anfang 1869 dem Staatsdomänenministerium zwei Gesetzentwürfe: »die Gesetzentwürfe: a) der örtlichen Verordnung über die öffentliche Verwaltung der ausländischen Siedler (: Kolonisten), die auf Staatsländereien angesiedelt sind; und b) der Regeln über die Reform der öffentlichen Verwaltung und der Übergabe der Kolonien ausländischer Siedler (: Kolonisten) in die Leitung der allgemeinen Einrichtungen, die dem Staatsdomänenministerium unterstehen«. Eine zweite Kommission hatte gleichzeitig auf der Grundlage eines kaiserlichen Ukas an den Regierenden Senat vom 24. November 1866 einen Gesetzentwurf der »Örtlichen Verordnung der Landordnung der ausländischen Siedler (: Kolonisten)« ausgearbeitet und diesen ebenfalls dem Staatsdomänenminister A. A. Selenoj zugestellt. Dieser hatte die Entwürfe nach eigener Überprüfung zur Vorbeurteilung an die Minister des Inneren, der Finanzen und der Justiz weitergeleitet. Mit Datum vom 21. März 1869 waren ihm sodann die Korrekturen beziehungsweise Verbesserungsvorschläge des Justizministers, Staatssekretär Graf K. I. Pahlen (Justizminister von 1867 bis 1878), die Meinung des Innenministers, Generaladjutant A. E. Timaschew, vom 9. August 1869 und die Beurteilung des Vizeministers für Finanzen, Generaladjutant S. A. Greigh, eines russischen Adligen schottischer Herkunft, als Vertreters des Finanzministers von Reutern vom 9. September 1869 zugegangen. Als Direktor der Abteilung für Kolonien im Departement für allgemeine Angelegenheiten des Staatsdomänenministeriums leitete Staatsrat Baron N. N. von Medem schließlich am 8. Mai 1870 die drei Gesetzentwürfe nebst einem Begleitschreiben an den Geschäftsführer des Hauptkomitees für die Einrichtung des Bauernstandes, Staatssekretär S. Shukowskij weiter.[24] Am 17. Juli 1870 ließ er den Gesetzentwürfen ein weiteres umfassendes Schriftstück folgen, in dem die Hauptpunkte der Meinungen und Verbesserungsvorschläge der drei Minister dargelegt und analysiert wurden.[25]

Das Hauptkomitee für die Organisation des Bauernstandes diskutierte und überarbeitete seinerseits die eingegangenen Gesetzentwürfe und Änderungsvorschläge der drei Minister und übergab die überarbeiteten Gesetzentwürfe zusammen mit dem Journal, das die Protokolle der Besprechungen enthielt, an den Staatsrat. In seiner Plenarsitzung vom 10. Mai 1871 billigte der Staatsrat die vom Hauptkomitee verabschiedete Gesetzgebung grundsätzlich, fügte allerdings eine Reihe formaler und auf die praktische Durchführung der Gesetze gerichteter Bestimmungen hinzu. Die gesamten Unterlagen, einschließlich des neuen Gesetzeskodex, der nunmehr unter dem zusammenfassenden Namen »Regeln zur Organisation der ausländischen Siedler (: Kolonisten), die auf Staatsländereien angesiedelt sind« erschien, wurden schließlich dem Kaiser zur Durchsicht und Zustimmung vorgelegt; der handschriftliche Vermerk des Kaisers vom 4. beziehungsweise 16. Juni 1871: *Byt' po semu* (So sei es), gab den »Regeln« faktisch Gesetzeskraft. Ein Zirkular des Dirigierenden Senats brachte die auf Entscheidung vom 4. Juli 1871 auch offiziell zum Gesetz erhobenen »Regeln« der mit ihrer Ausführung beauftragten Beamtenschaft zur Kenntnis.

Die »Regeln über die Organisation der Siedler-Eigentümer (früheren Kolonisten), die in den Gouvernements St. Petersburg, Nowgorod, Samara, Saratow, Woronesh, Tschernigow, Poltawa, Jekaterinoslaw, Cherson, Taurien und Bessarabien auf Staatsländereien angesiedelt worden sind«[26] enthielten eine wohlbedachte Kompromißlösung, die den ehemaligen Kolonisten keinerlei Härten auferlegte: Ihre bisher zeitlich unbegrenzten Privilegien wurden nun in zeitlich (auf die Dauer von zehn Jahren) begrenzte Freiräume verwandelt; ihre Selbstverwaltung wurde nominell und ihre Verwaltung auch *de facto* den allgemeinen Regeln und Einrichtungen für die Landbewohner angeglichen; im Hinblick auf den Landbesitz wurde ihnen, zusammen mit den russischen Staatsbauern, das Recht der Bauern-Eigentümer zuerkannt, das in dem Empfang von Besitzzuschriften des einst von der Krone empfangenen Landes bei Umlage der Abgabepflichten bestand. Im einzelnen räumten die »Regeln« den nunmehr dem russischen Bauernstand zugerechneten Kolonisten eine Zehnjahresfrist ein, in der sie, sollten sie es wünschen, aus dem Bauernstand ausscheiden und in einen anderen Stand eintreten konnten. Sie konnten dabei allerdings zugleich die Zugehörigkeit zum bäuerlichen Stand aufrechterhalten. Ferner konnten die Kolonisten, die mit der neuen Regelung nicht einverstanden waren, in diesen zehn Jahren aus dem russischen Untertanenverband ausscheiden und Rußland verlassen, wobei sie das in Rußland rechtmäßig erworbene Kapital frei und in jeder Hinsicht ungehindert ausführen durften. Nach Ablauf dieser Zehnjahresfrist, das heißt von 1881 an, sollten allerdings alle in Rußland verbliebenen Kolonisten der allgemein gültigen russischen Gesetzgebung über die Staatsbürgerschaft unterliegen. Diese Regelung war insofern von Bedeutung, als das preußische und – nach Gründung des neuen Deutschen Reiches – deutsche Reichsgesetz ab 1. Juni 1870 die doppelte Staatsbürgerschaft zuließ und speziell für die im Ausland lebenden Deutschen eine ungehinderte Rück-, Wieder- oder Neuerlangung der deutschen Staatsbürgerschaft im Sinne einer Zweitnationalität einräumte. Demgegenüber untersagte das russische Untertanenrecht unter Androhung von Strafe den Übergang in eine zweite, fremde Staatsbürgerschaft. Auf eine zehnjährige Übergangszeit wurde nunmehr auch das Privileg der Freiheit von der Einquartierungspflicht begrenzt; demgegenüber wurde die Befreiung vom Rekrutendienst, die den Kolonisten ebenfalls von Katharina der Großen als ein zeitlich unbegrenztes Privileg gegeben worden war, bis zur Bekanntgabe eines allgemeinen Gesetzes über den Kriegsdienst aufrechterhalten. In der Bodenfrage legten die »Regeln« eine dreijährige Frist fest, während der die Beamten des Staatsdomänenministeriums den Siedlern in Anwesenheit des ständigen Mitgliedes der Kreisbehörde für Bauernangelegenheiten die Besitzzuschrift *(vladennaja zapis')* aushändigen mußten, die das der jeweiligen Bauernfamilie einst zugewiesene Kronland nunmehr zu ihrem unabnehmbaren Besitz erklärte. Dabei stellte man vielerorts fest, daß die deutschen Kolonisten in der Zwischenzeit recht großzügig mit ihrem Landanteil *(nadel)* umgegangen waren; in vielen Fällen hatten die ursprünglichen Empfänger dieses Kronlands ihren Landanteil an andere deutsche Kolonisten verkauft, um sich mit dem Erlös an anderen Orten eine Existenz zu schaffen. Desungeachtet wurden auch für diese käuflich erworbenen Landstücke Besitzzuschriften ausgestellt, und die Führer der Kolonistengemeinden waren mit dieser Regelung durchaus einverstanden. Schließlich sollten die ungenutzten Ländereien, die sich als freier Landfonds im Besitz der Gemeinden befanden, im Verlauf von zehn Jahren unter Verwendung der allgemeinen Landanteilsnormen an Siedler aus landarmen Kolonien verteilt werden. Damit sollte insbesondere dem Übelstand der sogenannten Anwohner, Kolonisten ohne Boden, und der sogenannten Einwohner, Kolonisten mit einem unterdurchschnittlich kleinen Bodenanteil, abgeholfen werden; diese landarmen deutschen Siedler sollten nun ihre Bitte um Zuteilung an landreiche Kolonien an die Kreisbehörden für Bauernangelegenheiten richten, die daraufhin die entsprechenden Verfügungen treffen sollten. Im allgemeinen bestand die strenge gesetzliche Regelung, daß weder Gemeinden noch Gemeindemitglieder, Inhaber von Gemeindeland ebenso wie Hofwirte, für die Dauer von drei Jahren Land an Außenstehende abgeben durften. Damit sollte verhindert werden, daß sich in den ersten Unruhen der Reform etwa Nichtkolonisten in die Kolonien einkauften. Dies war nur eine Bestätigung der allgemeinen Regel, daß kein Angehöriger des Bauernstandes, der nicht die Rechte der »Siedler-Eigentümer (früheren Kolonisten)« besaß, in die Siedlergemeinden aufgenommen werden durfte. Diese Regel war geeignet, die nationale und soziale Homogenität der bisherigen Kolonien auf unbegrenzte Zeit zu sichern.

Während die Selbstverwaltung der Kolonien unter dem neuen Namen von Dorf- und Bezirksgemeinde und den dazu gehörigen Dorf- und Bezirksversammlungen unverändert fortbestand, traten in der staatlichen Verwaltung der bisherigen Kolonien gravierende Veränderungen ein. Die Kolonien wurden den staatlichen Verwaltungsorganen auf Gouvernements- und Kreisebene sowie den örtlichen Behörden für bäuerliche Angelegenheiten unterstellt. Für die überwiegende Mehrheit der Kolonien, die bisher dem Staatsdomänenministerium unterstanden hatten, wurde eine Übergabezeit von sechs Monaten festgelegt. Damit verloren die besonderen Fürsorgeschaften, die die russische Regierung im Lauf der Zeit für die Kolonien geschaffen hatte, ihren Daseinszweck; die Fürsorgekontore, insbesondere das Saratower Fürsorgekontor für die Wolgakolonien und das in Odessa bestehende Fürsorgekomitee für die südrussischen Kolonien, sollten im Zeitraum einer drei- beziehungsweise fünfjährigen Auslauffrist allmählich ihrer Funktionen entkleidet und schließlich aufgehoben werden.

Die historisch unterschiedlich gewachsenen deutschen Kolonistenbezirke nahmen die neue gesetzliche Regelung in verschiedener Weise hin. Während die südrussischen Gemeinden die russische Regierung durch zahlreiche Ergebenheitsadressen über ihr Einverständnis mit diesen Maßnahmen in Kenntnis setzten, trat in den Wolgakolonien eine kurze Phase der Verunsicherung ein. Es war offenbar wiederum die Erinnerung an die sogenannte kontorlose Zeit, die unter den Kolonisten die Befürchtung wachrief, daß mit dem Fürsorgekontor auch »der Konzentrationspunkt der allgemeinen Interessen der Kolonisten« verlorengehen könnte.[27] Diese Sorge veranlaßte die Kolonisten, eine Denkschrift an die Regierung auszuarbeiten. Diese Denkschrift beklagte die Aufhebung des staatlichen Fürsorgeorgans für die Wolgakolonien und erbat die Erlaubnis, an seiner Stelle eine oberste zentrale Selbstverwaltungsorganisation der Kolonisten bilden zu dürfen. Diese Dachorganisation der Selbstverwaltungsorgane der Wolgakolonisten sollte das wirtschaftliche und soziale Leben leiten und die geistige und materielle Wohlfahrt fördern helfen. Als »ökonomische Verwaltung von privatem Charakter« sollte sie so strukturiert sein, daß

»die einzelnen Gemeinden und Kreise die Verwaltung derjenigen Interessen, welche ihnen gemäß den Staatsgesetzen überlassen sind, eigens aus ihrer Mitte hierzu ernannten Ausschüssen vollmachtsmäßig übertragen und aus denen sich die Verwaltungsorgane (bilden würden). Diese letzteren müßten

1) in einer Zentralverwaltung,
2) in den Generalversammlungen der Deputierten der Gemeinden und Kreise, auf welcher die Wolost-Ältesten beständig Sitz und Stimme haben müssen,
3) in den Abteilungen oder Agenturen der Verwaltung in den einzelnen Kreisen bestehen, in welche letzteren die häufigen Landwirtschaftlichen Vereine umzugestalten wären.

Die Verwaltungsorgane treten mit den Dorf- und Wolostältesten in unmittelbare Verbindung, und sind diese letzteren als Vertreter der materiellen und geistigen Interessen der Gemeinden von Rechts wegen zu verpflichten, die gesetzlichen Forderungen und Verfügungen der ökonomischen Verwaltung zu erfüllen.«

Das Schicksal dieser Denkschrift ist unbekannt geblieben. Die Schrift selbst wurde später von Jakob Dietz aus Kamyschin, dem Abgeordneten der Konstitutionell-Demokratischen Partei in der Ersten Russischen Staatsduma (1906), unter den Akten entdeckt, die das Saratower Fürsorgekontor bei seiner Schließung (1877) hinterließ. Wie aus der Denkschrift zu ersehen ist, hatte die örtliche Selbstverwaltung der Wolgakolonien zu jenem Zeitpunkt bereits einen solchen Grad von innerer Organisation und Autonomie erreicht, daß eine Leitung und Verwaltung des Gesamtkomplexes dieser Kolonien in deutscher Hand als durchaus möglich und wünschenswert erschien. Auch das organisatorische Potential der deutschen Wolgakolonien war offenbar durch die über ein Jahrhundert praktizierte Selbstverwaltung bis zu dem Maße gestärkt, daß es nunmehr die Gesamtleitung von mehr als 300000 deutschen Wolgasiedlern anstrebte. Damit aber wäre freilich zu einer Zeit ein deutscher »Staat im Staate« entstanden, in der die wirtschaftspolitische Struktur des im Prozeß der Modernisierung begriffenen Russischen Reiches nach starker Vereinheitlichung verlangte. Überdies waren gerade die Organe der landschaftlichen Selbstverwaltung *(Zemstvo)* auf örtlicher, Kreis- und Gouvernementsebene geschaffen worden, um diese Form der erweiterten wirtschaftlichen und administrativen Selbstverwaltung, freilich nicht mehr unter dem Vorzeichen der nationalen Trennung, zu ermöglichen.

Diese Denkschrift, deren Inhalt auf dem Hintergrund der Modernisierung des Russischen Reiches eine durchaus unzeitgemäße Regelung anstrebte, wurde ein halbes Jahrhundert später – in der Gründungsphase des Sowjetstaates – von den Wolgakolonisten herangezogen, um unter Hinweis auf ihre

Entrechtung durch das *ancien régime* ihren Anspruch auf das Recht auf Selbstbestimmung anzumelden. Diese Bemühungen der Kolonisten wurden von Erfolg gekrönt: Die Gründung der Autonomen Deutschen Wolgarepublik trug ihren Interessen nach wirtschaftlich-sozialer Einheitlichkeit – wenn auch unter den wenig verläßlichen Bedingungen des Sowjetimperialismus – formal und auf begrenzte Zeit Rechnung.

Ein Blick auf das System der bäuerlichen Selbstverwaltung, in dem nun auch die ehemaligen Kolonien ihren Platz hatten, verdeutlicht, daß die Besorgnis, die die Wolgakolonisten zu jener Denkschrift veranlaßt hatte, weitgehend gegenstandslos war. Wie die russischen Bauern, so besaßen auch die deutschen Siedler – wie bisher – ein Selbstverwaltungsorgan auf der Ebene des Dorfes (statt Kolonie nunmehr *selenie,* Dorf, genannt) und des Bezirks (nunmehr *volost'*). Auch das Bezirksgericht *(volostnoj sud),* das Streitfälle sowie geringfügige Straffälle der Siedler ahndete, lag in ihren Händen. Dieses Bezirksgericht konnte auch schädliche Elemente aus der Mitte der Siedlergemeinden bestrafen oder entfernen. Auf Dorf- oder Bezirksebene wurden – wie auch bisher – Siedlerversammlungen einberufen. Die auf diesen Versammlungen gewählten Vorsteher, früher Schulze, Oberschulze oder »Haupt« genannt, wurden nun zu »Ältesten«. Die »Regeln« wiesen explizit auf die Kontinuität der nur nominell veränderten Instanzen hin. Dieser Wolost-Älteste, früher Oberschulze genannt, stand einem Dorfbezirk, früher Kolonienbezirk genannt, vor, der aus einem oder mehreren Dörfern bestand, deren Bevölkerung zwischen 300 und 2000 Seelen zählte. Die »Regeln« legten fest, daß die wirtschaftlich-soziale Einheit dieser Bezirke unbedingt aufrechterhalten werden müsse. Damit war auch die ethnische Einheitlichkeit dieser ehemaligen Kolonienbezirke gewährleistet. Die Zusammensetzung der Dorf- bzw. Bezirksversammlungen trug – hierauf hatten die deutschrussischen Kommissionsmitglieder, allen voran A. Klaus, bestanden – der nunmehr eingetretenen Differenzierung in der Kolonistenbevölkerung Rechnung. Bisher hatte die Dorfversammlung der Kolonisten einen männlichen Vertreter jedes Wirtschaftshofes umfaßt. Während diese Regel nach der neuen Gesetzgebung für den Bauernstand der russischen Bauerndörfer auch weiterhin bestand, wurde in Hinblick auf die Versammlungen der deutschen Gemeinden und Bezirke eine Veränderung von beträchtlicher sozialer Tragweite eingeführt: Die Versammlungen der deutschen Siedler sollten jetzt vier Kategorien von Personen beiderlei Geschlechts umfassen, nämlich: Siedler mit Hof und eigener Wirtschaft; Siedler mit Hof, aber ohne eigenes Wirtschaftsland; Siedler ohne Anteil am Gemeindeland, aber mit käuflich erworbenem Landeigentum außerhalb der Gemeindeparzellen; und Siedler, die weder einen Hof noch einen Gemeindelandanteil oder käuflich erworbenes Land besaßen, das heißt landlose Bauern. Diese landlosen Bauern, in den deutschen Kolonistengemeinden auch Anwohner genannt, sollten nunmehr auch eine Stimme in der deutschen Dorfversammlung haben, und zwar sollten je zehn landlose Siedler einen Wahlmann entsenden. Ebenfalls in Abweichung von den allgemeinen Regeln des russischen Bauernstandes war es den Kolonisten erlaubt, weiterhin die sogenannte »kleine Dorfversammlung« einzuberufen, wenn dies aufgrund der zahlenmäßigen Stärke der Bevölkerung wünschenswert erschien. Die kleine Dorfversammlung umfaßte alle Angehörigen der dörflichen Selbstverwaltung, je einen auf ein Jahr ernannten Wahlmann für zehn Höfe und je einen, ebenfalls auf ein Jahr ernannten Wahlmann für 100 oder weniger landlose Siedler. Dies bedeutete eine stärkere Demokratisierung der selbstgewählten Obrigkeit der ehemaligen Kolonien, durch die sie sich erneut deutlich von den russischen Dorfversammlungen unterschieden. In ihr kam das Bewußtsein der russischen Beamtenschaft zum Ausdruck, daß auch der landlose Bauer deutscher Herkunft dank seines höheren Bildungsstandes und seines höheren Verantwortungsbewußtseins für das Gemeinwesen durchaus in der Lage sei, die Entscheidungen der Siedlergemeinden mitzutragen.

Die einzige wirklich gravierende Veränderung in der Selbstverwaltung der deutschen Siedler bestand darin, daß die Verfahrenssprache in den drei Selbstverwaltungsorganen nunmehr das Russische sein sollte; bisher war Deutsch als offizielle Amtssprache verwendet worden. Da aber die Berichte der Kommissionen wiederholt darauf hingewiesen hatten, daß die Mehrzahl der deutschen Siedler die russische Sprache nicht oder nur ganz unvollkommen beherrschte, war abzusehen, daß auch diese Regelung vor Ort nur in Grenzen eingehalten werden konnte. Tatsächlich hat sich in der Folgezeit in den deutschen Selbstverwaltungsorganen eine zweisprachige Praxis entwikkelt, in der alle mündlichen Vorgänge auf deutsch, alle schriftlichen Vorgänge aber in der offiziellen russischen Amtssprache abgewickelt wurden.[28]

Neben der kolonistischen Selbstverwaltung wurde nun auch die staatliche Verwaltung der ehemaligen Kolonienbezirke einer Reform unterzogen.

Die staatlichen Verwaltungsorgane, denen die deutschen Siedlerbezirke jetzt unterstellt wurden, waren die Bezirks- und Gouvernementbehören für bäuerliche Angelegenheiten einerseits, die Friedensrichter sowie die Kreisversammlungen der Friedensrichter andererseits. Diese staatlichen Verwaltungsorgane sollten vor allem in der Übergangszeit wirken – die Institution der Friedensrichter bestand nur für drei Jahre – und dem deutschen Siedler wie auch dem russischen Bauern dabei behilflich sein, sich in die Neuordnung einzufügen. Bei der Ausarbeitung der entsprechenden Vorlage war in der Kommission die Frage aufgetaucht, ob den deutschen Siedlern für diese Übergangszeit nicht Sonderinstitutionen gegeben werden sollten. Unter den Ministern, die die Gesetzentwürfe überprüft und korrigiert hatten, sprach sich besonders der deutschbaltische Großgrundbesitzer und Konservative, Staatssekretär Graf Pahlen, mit aller Entschiedenheit dagegen aus, den deutschen Siedlern zu diesem Zeitpunkt der Angleichung an die russische Gesellschaft wiederum Sonderinstitutionen zu geben. Er hat sich mit dieser Ansicht durchgesetzt, und infolgedessen wurden die deutschen Siedlergemeinden bereits in dieser dreijährigen Übergangsphase der allgemeinen Institution der Friedensrichter übergeben. Die Kreisbehörden für bäuerliche Angelegenheiten, die 1874 die Kreisfriedensrichter ablösten, sowie die Gouvernementbehörden für bäuerliche Angelegenheiten waren jedoch staatliche Verwaltungsorgane, auf deren Hilfe und Unterstützung die Kolonisten von vornherein vertrauen durften: Die Kreisbehörde tagte unter dem Vorsitz des Kreisadelsmarschalls, umfaßte einen vom Justizminister ernannten Ehrenfriedensrichter, den Kreisrichter, den Chef der Landpolizei, den Vorsitzenden des Kreis-Semstwo-Amtes und ein von der Gouvernement-Semstwo-Versammlung vorgeschlagenes und vom Innenminister bestätigtes ständiges Mitglied. Dieses ständige Mitglied mußte dem Erbadel oder dem Großgrundbesitz angehören, Universitätsausbildung genossen haben und mindestens der zwölften, also drittniedrigsten Rangklasse angehören. Die Gouvernementbehörde für bäuerliche Angelegenheiten stand unter dem Vorsitz des Gouverneurs, häufig eines Mannes deutscher Herkunft, dem der Gouvernementsadelsmarschall, der Vizegouverneur, der Leiter der Staatskammer, der Leiter der Staatsdomänen, der Vorsitzende des Gouvernement-Semstwo-Amtes, der Staatsanwalt des Kreisgerichtes und ein ständiges Mitglied angehörten, das mit Zustimmung des Kaisers bestimmt wurde.

Die von Alexander III. am 12. Juni 1889 erlassene Verordnung über die Landvorsteher *(Zemskie načal'niki)* übertrug die Leitung der bäuerlichen Angelegenheiten in all den Gouvernements Rußlands, in denen die Landschaftsverwaltungen *(Zemstvo)* eingeführt worden waren, diesen neu zu ernennenden Landvorstehern. Die Landvorsteher mußten dem örtlichen Erbadel angehören, eine qualifizierte Ausbildung und erheblichen Besitz aufweisen. Ausnahmen von diesen Bedingungen konnten dann gemacht werden, wenn eine besonders hohe Qualifikation vorhanden war, also etwa eine Tätigkeit in hohen Staatsstellungen oder eine entsprechende Würde. Diese Bedingungen sollten es gegen Ende des 19. Jahrhunderts auch ehemaligen Kolonisten erlauben, in die verantwortliche Stellung der Landvorsteher aufzurücken. Aus der Literatur sind nur zwei, leider wenig vorteilhafte Beispiele solcher deutschrussischer Landvorsteher aus dem Kreis der Kolonisten bekannt: Als zum Zeitpunkt der Mobilisierung der russischen Truppen bei Ausbruch des Ersten Weltkriegs auch die Bewaffnung der Bauernschaft in bestimmten Teilen des Reiches angeordnet wurde, sollen – nach Angaben des zu dieser Zeit militant antideutschen Organs »Nowoje Wremja« – die deutschen Landvorsteher Gefer (Hefer oder Höfer) aus dem Kreis Kamyschin im Gouvernement

Saratow und Gideon aus dem Gebiet Bessarabien die Bewaffnung der deutschrussischen Siedler verhindert haben.[29] Die genannten deutschen Landvorsteher wurden daraufhin zeitweilig ihrer Ämter enthoben.

Die Regeln zur Neuorganisation des deutschen Siedlertums vom 4. Juli 1871 haben die deutschen Siedlerkomplexe wohl in die Gesamtheit der russischen Landbevölkerung integriert, dabei aber ihre bevorzugte Sonderstellung weitgehend unangetastet gelassen. Und bei gerechter Beurteilung ihrer Lage dürfte auch die Mehrheit der deutschen Kolonisten dem russischen Autor Welizyn zugestimmt haben, der am Ende seiner Analyse dieser gesetzlichen Neuordnung zu dem Schluß gelangte:

> »Erstens erhielt (die Gesetzgebung) die eigentümliche Form des Landbesitzes und der Erbordnung der Kolonisten aufrecht. Zweitens wurde ihnen, wie nie zuvor, die vollständige Verfügung über ihre gewaltigen Kapitalien garantiert, wobei das neue Gesetz die Kompetenzgrenzen der kommunalen Bezirksverwaltung noch erweiterte. Drittens waren alle Rechte und Gewohnheiten der inneren Verwaltung der Kolonisten unbedingt aufrechterhalten worden. Viertens veränderte die Aufhebung der staatlichen Verwaltung der Kolonien und die Unterstellung der Kolonisten unter die Leitung der allgemeinen Gouvernementseinrichtungen ihre Lebensform in keiner Weise.«[30]

Tatsächlich waren die deutschen Kolonienbezirke in ihrer wirtschaftlich-sozialen Einheit und ethnisch-nationalen Einheitlichkeit erhalten geblieben. Darüber hinaus machte nun die Erlangung der Besitzzuschrift die deutschen Landbesitzer auch offiziell zu den Herren des ihnen einst zugewiesenen Staatslandes, als die sie sich seit langem gefühlt hatten. Ihre Anerkennung für diese Maßnahme brachten viele deutsche Landbesitzer – nachdem sie sich in einigen Fällen noch schnellstens um Abrundung, Landgewinn oder »Flurbereinigung« zu eigenen Gunsten bemüht hatten[31] – sowie ganze Kolonistenverbände in Dankschreiben an die russische Regierung zum Ausdruck.[32]

Die Übergabe der ehemaligen Kolonien in die Leitung der allgemeinen Institutionen begann in der zweiten Hälfte des Jahres 1871 und erfolgte in Entsprechung der kaiserlichen Anordnung, die eine Übergabefrist von sechs Monaten festlegte. Das Fürsorgekontor für die Wolgakolonisten mit Sitz in Saratow und das Fürsorgekomitee für die Kolonisten Südrußlands, Bessarabiens, des Kaukasus und der Krim mit Sitz in Odessa wurde nach einer Auslaufzeit von sechs Jahren 1877 geschlossen.[33]

Deutsche Siedler im Semstwo

Als Angehörige des bäuerlichen Standes waren die deutschen Siedler, die ehemaligen Kolonisten, ausdrücklich aufgefordert, sich auch an der Arbeit der

Gouvernement- und Kreislandschaftseinrichtungen zu beteiligen, die im Zug der Reformen 1864 eingeführt worden waren.

Die »Verordnung über die Gouvernement- und örtlichen Landschaftseinrichtungen (Semstwo) vom 1. Januar 1864«[34] strebte das Ziel an, eine »nach Möglichkeit vollständige und konsequente Entwicklung des Prinzips der örtlichen Selbstverwaltung« in Rußland einzuleiten. Die Kommission, die sich bei der Ausarbeitung des Gesetzentwurfs unter anderem an der preußischen Kreis- und Provinzialordnung orientierte, hatte unter dem Vorsitz von N. A. Miljutin und ab 1862 unter dem Vorsitz des damaligen Innenministers P. A. Walujew auch so tatkräftige liberale und gemäßigt-liberale russische Beamte, wie etwa den damaligen Leiter der Zweiten Abteilung der Kaiserlichen Kanzlei, Baron (ab 1872 Graf) Modest Andrejewitsch Korff. Die Semstwo-Verordnung, von der aufgeklärten russischen Öffentlichkeit mit großem Enthusiasmus aufgenommen, wurde zunächst auf die 33 innerrussischen Gouvernements ausgedehnt, in denen die Organe im Lauf von zwölf Jahren auch *de facto* gebildet wurden. Ihre Ausdehnung auf die neun westlichen Gouvernements erfolgte erst laut Verordnung vom 2. April 1903; in den sechs zentralwestlichen Gouvernements – Kiew, Podolien, Wolhynien, Witebsk, Minsk und Mogiljow – wurden die Semstwo-Einrichtungen dann im Jahre 1911 faktisch geschaffen. In den drei baltischen Provinzen wurde das Semstwo erst in der kurzen Periode der Provisorischen Regierung im Jahre 1917 eingeführt.

Das Semstwo stellte einen ersten und entscheidenden Schritt auf dem Weg zur Dezentralisierung des russischen Riesenreiches dar. Sein liberaler Charakter kam vor allem darin zum Ausdruck, daß es diese Dezentralisierung nicht auf dem Weg neuer staatlicher Verwaltungsorgane, sondern durch Beteiligung gewählter Vertreter der allrussischen Öffentlichkeit aus allen Ständen in die Wege leitete. Es hatte damit in Rußland das Prinzip der Selbstverwaltung etabliert, und dies in einem zunächst weitreichenden Sinn; so äußerte sich Fürst A. I. Wassiltschikow, ein Verfechter des Prinzips der Dezentralisierung in Rußland, 1869 mit den folgenden Worten: »Wir haben mit einem in den Annalen der Welt beispiellosen Mut das Feld des öffentlichen Lebens betreten; ... keinem einzigen Volk auf dem europäischen Kontinent ist derzeitig eine so weitreichende Beteiligung an der inneren Verwaltung zuerkannt worden wie dem russischen.«[35] Aber schon Fürst Wassiltschikow gab kritisch zu bedenken, daß diese Selbstverwaltung mit ihrer gesetzlichen Grundlegung noch nicht im vollen Sinn hergestellt worden sei.

Ihm folgte einer der vorzüglichen Kenner der russischen Selbstverwaltungsorgane, der Professor der Politökonomie, Finanzrechtler und Publizist, das Mitglied der Akademie der Wissenschaften, Wladimir Pawlowitsch Besobrasow (1828–1889). Besobrasow gehörte einer der ältesten deutschrussischen Adelsfamilien an. Ihr Ahnherr, der preußische Adlige Christopher

(Familienname unbekannt) war im 14. Jahrhundert nach Moskau gekommen, um in den Dienst des Großfürsten Wassilij Dmitrijewitsch einzutreten. Hier hatte man ihm, der ohne Ikonen, das heißt ohne Bilder (russisch: *bez obrazow*) lebte, den russischen Beinamen des »Bilderlosen« gegeben, der in der Folgezeit zum Familiennamen des Adelsgeschlechtes wurde. Vom 14. bis zum 19. Jahrhundert hatten die Besobrasows den russischen Großfürsten und späteren Zaren in ununterbrochener Folge als Bojaren, Woiwoden, Militärs, Berater und Kammerherren gedient. Wladimir Pawlowitsch Besobrasow war nach vorzüglicher Absolvierung des Lyzeums von Zarskoje Selo zunächst in den Dienst des Staatsdomänen- und Finanzministeriums getreten, wo er der Kommission zur Ausarbeitung des Statuts der Semstwo-Banken angehörte. 1864, nach Verabschiedung der Semstwo-Verordnung, wurde er für seine Verdienste bei der Ausarbeitung des Gesetzes zum Adjunkten für Statistik in der Akademie der Wissenschaften ernannt. 1868 wurde er zum Deputierten des Moskauer Gouvernement-Semstwo gewählt. Wenig später bestellte Zar Alexander II. den verdienten Semstwo-Abgeordneten und Professor für Politökonomie und Finanzrecht am Alexander-Lyzeum zum Lehrer der Großfürsten Alexej Alexandrowitsch, Nikolaj Konstantinowitsch sowie später Sergej Alexandrowitsch und Konstantin Konstantinowitsch. Besobrasow, ein außerordentlich produktiver Wissenschaftler, der der Frage der Selbstverwaltung und der Semstwo-Einrichtungen in Rußland besonderes Gewicht beimaß, griff die von Fürst A. I. Wassiltschikow in die damals äußerst lebendige Diskussion getragene Kritik auf. Die Semstwo-Organe, die keine Exekutivgewalt besaßen, waren in seinen Augen tatsächlich noch keine wirklichen Organe der örtlichen Selbstverwaltung, sondern nur »örtliche gemeinschaftliche (gesellschaftliche) Freiräume, die geeignet sind, sich zu solchen Organen zu entwickeln«. Den Hauptmangel der Semstwo-Organe sah Besobrasow in der Tatsache, daß sie nicht in das allgemeine System der staatlichen Verwaltung integriert wurden, sondern gewissermaßen als gesonderte staatlich-kommunale Körperschaften verbindungslos neben diesem allgemeinen Verwaltungssystem bestanden. Darin lag zugleich ihre Stärke und ihre Schwäche; es hing zu einem großen Teil von der Eigeninitiative der Kräfte in diesen Organen ab, was aus ihnen wurde und wie produktiv sie ihre Arbeit gestalteten. Infolge der Unbestimmtheit der Kompetenzen dieser Organe aber blieben politische Machtproben einerseits und Kompetenzüberschneidungen mit den staatlichen Verwaltungsorganen andererseits nicht aus.

Das erste und namhafteste Beispiel solcher auf Unklarheit der Kompetenzen basierender Machtproben ereignete sich 1866 in St. Petersburg. Das Petersburger Gouvernement-Semstwo hatte offenbar durch eine übermäßig liberale und weite Auslegung seiner Befugnisse den St. Petersburger Gouverneur, Graf Lewaschow, herausgefordert. Der erste Vorsitzende des Semstwo-

Amtes des Gouvernements St. Petersburg war der 1823 in Charkow geborene deutschrussische Adlige Nikolaj Fjodorowitsch von Kruse. Der kämpferische Liberale war 1855 zum Zensor ernannt worden; sein Kampf um die Meinungsfreiheit der russischen Presse – von der die liberale Publizistik, wie zum Beispiel der »Russkij Westnik«, deutlich profitierte – hatte ihn Ende der fünfziger Jahre in Konflikte mit der Dritten Abteilung gebracht. Eine Administrativstrafe hatte das Ende seiner Tätigkeit als Zensor bedeutet. Als Vorsitzender des St. Petersburger Semstwo-Amtes zog er nun den Unwillen des Petersburger Gouverneurs auf sich. Dieser wandte sich mit der Bitte um Hilfe an den russischen Innenminister, Graf Walujew. Da die russische Semstwo-Verfassung der Regierung – anders als in Preußen – nicht das Recht zur Auflösung dieser Organe zuerkannte, konnte Walujew lediglich eine Aussetzung der Sitzungstätigkeit anordnen. Er ließ am 13. beziehungsweise 17. Januar 1867 die Sitzungsperiode des Petersburger Gouvernement-Semstwo-Amtes für ein halbes Jahr unterbrechen, veranlaßte aber zugleich die endgültige Entlassung ihres Vorsitzenden. N. F. von Kruse wurde einer administrativen Verbannung ins Gouvernement Orenburg unterzogen, der mitschuldige Graf Andrej Schuwalow entfloh nach Paris. Nach Verbüßung seiner Strafe wirkte von Kruse als aktives Mitglied des Rates der Adelslandbank und widmete sich in seiner publizistischen Tätigkeit weiterhin den Semstwo-Fragen.

Die Affäre Kruse hat jedoch den Prozeß der Konzentrierung liberaler bis links-liberaler gesellschaftlicher Kräfte auf die Semstwo-Organe nicht aufhalten können. Im Gegenteil gaben diese Organe einen legalen Rahmen ab, in dem die aktiven liberalen Kräfte auch in den späten sechziger und siebziger Jahren ihre politisch-ideologische Formation erhielten.[36] Diese Tatsache führte nach der konservativen Kursänderung, die mit der Regierungszeit Alexanders III. einsetzte, dazu, daß die Semstwo-Organe – von der konservativen Presse als eine Art »Staat im Staate« apostrophiert, in dem die umstürzlerisch-antiautokratische Intelligenz heranreife – einer zunehmend restriktiven Zusatzgesetzgebung unterworfen wurden. Das erste Opfer dieser Semstwo-kritischen Stimmung im konservativen Lager war die Wochenzeitschrift »Semstwo«, die 1880 bis 1882 von Wassilji Jurjewitsch Skalon herausgegeben wurde. Skalon (1846–1907), ein freier und gesellschaftlich aktiver Publizist, entstammte einer adligen französischen Hugenottenfamilie, die nach der Aufhebung des Edikts von Nantes zunächst nach Schweden und 1710 nach Rußland gekommen war. In Rußland galten die Skalons weitgehend als Deutsche, da sie mit Deutschrussen verheiratet und verschwägert, das heißt Teil der deutschrussischen Kulturgemeinschaft geworden waren. W. J. von Skalon war 1871 bis 1874 Mitglied und 1874 bis 1883 Vorsitzender des Moskauer Kreis-Semstwo-Amtes und hatte in dieser Eigenschaft die hervorragende liberale Wochenzeitung »Semstwo« herausgegeben. Nach ihrer Schließung blieb Skalon als Verfasser und Herausgeber zahlreicher Arbeiten über die Selbstverwaltungsorgane sowie als Mitglied des Rates der bäuerlichen Landbank und als namhafter Publizist den Fragen des Semstwo zeit seines Lebens verbunden.

Neben Graf Korff, dem Akademiemitglied Besobrasow, den Publizisten von Kruse und Skalon sahen auch zahlreiche andere deutschstämmige Liberale in den Semstwo-Einrichtungen ein Tätigkeitsfeld zur Verbreitung von Aufklärung und Rechtsstaatlichkeit im Russischen Reich. Unter ihnen sei vor allem Baron Nikolaj Alexandrowitsch Korff aus Charkow (1834–1883) erwähnt. Korff, den bäuerliche Landkreise ebenso gern als Wahlmann in die Semstwo-Organe entsandten wie adlige Gutsbesitzer, setzte sich besonders für die Volksaufklärung und Volksschulbildung ein. Sein energischer Kampf gegen das Analphabetentum und für die Verbreitung einer qualifizierten allgemeinen Volksschule, insbesondere in Südrußland und im Kaukasus, machten ihn in Rußland bald zu einer populären Gestalt. Sein unentwegtes Eintreten für das allgemeine Schulrecht löste jedoch bald Konflikte mit dem konservativen Bildungsminister D. A. Tolstoj aus. Sie veranlaßten Korff, die Jahre 1872 bis 1880 in der Schweiz zu verbringen. Als Mitglied führender wissenschaftlicher Gremien, unter anderem des Genfer Institut des Sciences, setzte Korff seine Tätigkeit für die Volksbildung in Rußland nunmehr auf wissenschaftlichem Gebiet fort.

Neben dem deutschrussischen Landadel und der städtischen Intelligenz liberaler Prägung nahmen auch die deutschen Siedler und Gutsbesitzer, die ehemaligen Kolonisten, bald aktiv an der Semstwo-Arbeit teil. In Artikel 36 der Semstwo-Verfassung vom 1. 1. 1864 hatte die russische Regierung die Kolonisten explizit zur Mitarbeit eingeladen:

> »Die Gemeinden der Kolonisten (wo immer sie existieren), die an den örtlichen Wahlversammlungen gleichberechtigt mit allen anderen ländlichen Bewohnern teilnehmen, bestimmen aus ihrer Mitte die Wahlmänner für die Versammlungen. Ihrer Zahl nach soll für 30 Höfe ein Wahlmann gewählt werden, und zwar so, daß jede Kolonie mindestens einen Wahlmann entsendet.«

Und diese Form der Repräsentation der Kolonistengemeinde in der Kreisversammlung blieb auch dann grundsätzlich bestehen, als die Kolonisten durch die Siedler-Gesetzgebung des Jahres 1871 an den russischen Bauernstand angeglichen wurden.

In den Semstwo-Einrichtungen waren nicht nur alle Klassen und Stände vertreten; auch fremdstämmige Elemente waren ausdrücklich zur Mitarbeit in diesen Organen aufgerufen. In den ersten fünf Jahren des Bestehens der Semstwo besaßen sogar Ausländer das passive und aktive Wahlrecht; erst ein Zusatzerlaß vom 7. April 1869 legte fest, daß Ausländer, die den Untertaneneid nicht geleistet hatten, kein Recht zur Teilnahme an den Wahlen der Semstwo-Abgeordneten hatten. Aus der fremdstämmigen Bevölkerung Rußlands war allein den Juden zunächst das Wahlrecht versagt. Der liberale Geist und die nationale Offenheit, die die Semstwo-Einrichtungen charakterisierten, führten dazu, daß sich neben den anderen nationalen Gruppen bald auch die deutschen Kolonisten in hohem Maß für diese Arbeit interessierten. Sie standen damit nicht allein; in Kreisen und Gouvernements von stark multinationalem Charakter, für die die Krim als ein Musterbeispiel gelten kann, zeigten die Semstwo-Versammlungen und Semstwo-Ämter eine bunte und national stark gemischte Zusammensetzung. Besser als andere nationale Gruppen waren die deutschen Kolonisten aufgrund ihrer seit einem Jahrhundert bewährten Selbstverwaltungspraxis auf die Arbeit in den Semstwo-Einrichtungen vorbereitet. Doch entwickelte sich die Teilnahme der deutschen Kolonisten je nach Lebensgebiet und andersethnischer Umgebung in unterschiedlicher Weise. So scheinen die südrussischen Kolonisten, über deren Mitarbeit im Semstwo bisher keine Untersuchungen vorliegen, anfangs nur zögernd mitgearbeitet zu haben. B. Wesselowskij, der die Geschichte der Semstwo-Einrichtungen in den ersten vierzig Jahren ihres Bestehens untersucht hat, gewann den Eindruck, daß die deutschen Siedler in den verschiedenen Semstwo-Einrichtungen weit schwächer vertreten waren, als es ihr zahlenmäßiger Anteil an der Bevölkerung hätte vermuten lassen. Und er stellte fest, daß diese Siedler, wo immer sie eine gewisse zahlenmäßige Repräsentation erreichten, keinen meßbaren Einfluß besaßen.[37] Demgegenüber haben die Wolgakolonisten schon frühzeitig aktiv am Semstwo-Geschehen teilgenommen. Hervorstechende Beispiele lieferten in dieser Hinsicht besonders die Kreis-Semstwo-Versammlungen und -Ämter in den Kolonistenbezirken Kamyschin und Nowousensk, Bezirke, für die Boris Wesselowskij ebenfalls keine nennenswerte deutsche Aktivität vermerkt hatte. Diese Diskrepanz legt den Gedanken nahe, daß bei einer eingehenden Untersuchung der südrussischen Semstwo-Einrichtungen ebenfalls eine gewisse deutsche Beteiligung aufgedeckt werden könnte.

Die Gebiete Kamyschin im Gouvernement Saratow und Nowousensk im Gouvernement Samara[38] gehörten zu jenen Kreisen des Wolgagebietes, in denen die deutschen Siedler fast die Hälfte der örtlichen Bevölkerung bildeten: Im Kreis Nowousensk machten die deutschen Siedler etwa 50 Prozent der bäuerlichen Bevölkerung und 42,6 Prozent der Gesamtbevölkerung aus, gefolgt von 35,3 Prozent Großrussen und 18 Prozent Kleinrussen oder Ukrainern. Im Kreis Kamyschin stellten die deutschen Siedler den größten Anteil der bäuerlichen Bevölkerung und 49 Prozent der Gesamtbevölkerung dar. In beiden Kreisen des Wolgagebietes gab es wenig Adelsland, wohl aber weitflächige Kronländereien. Die beiden Kreise wiesen darüber hinaus noch andere

Besonderheiten auf. Kamyschin gehörte seit Beginn der deutschen Ansiedlung zu den Kreisen des Wolgagebietes, in denen sich eine große Zahl deutscher Siedler niedergelassen hatte. Bereits 1788 hatten sich 15724 Deutsche im Kreis Kamyschin angesiedelt. 1834 war ihre Zahl auf 52048 und 1857 auf 93725 deutsche Siedler angestiegen. Das massive Anwachsen der deutschen sowie auch der russischen Landbevölkerung im Kreis Kamyschin kam in der Tatsache zum Ausdruck, daß 1852 15 und 1893 schon 33,2 Personen eine Quadratwersta (1,067 Quadratkilometer) bewohnten, sich die Bevölkerungsdichte folglich im Lauf von ca. 40 Jahren mehr als verdoppelte. Dies löste auch eine gewisse Abwanderung der deutschen Kolonisten aus; im Zeitraum von 1859 bis 1887 sind 4346 deutsche Siedler in das Gouvernement Samara und 255 Siedler in den Kaukasus abgewandert. Darüber hinaus sind von 1874 bis 1887 271 Deutsche aus dem Kreis Kamyschin nach Amerika ausgewandert. Freilich spielte hierfür nicht nur der zunehmende Landmangel, sondern auch die Einführung der allgemeinen Wehrpflicht (1874) eine Rolle. Im Jahr 1891 lebten im Kreis Kamyschin 287725 Bauern, von denen 138353 deutsche Siedler waren. Daneben lebten 609 deutsche Kolonisten in der Kreishauptstadt Kamyschin. Die deutschen Gemeinden wurden von elf katholischen Geistlichen und 68 lutheranischen Pastoren geleitet. Im ganzen Kreis lebten nur 40 Adlige überwiegend russischer Herkunft.

Auch Nowousensk gehörte zu den ersten Ansiedlungsplätzen der Deutschen in Rußland. Zwischen 1766 und 1788 hatten sich hier 7187 Deutsche niedergelassen und 36 Kolonien mit insgesamt 1486 Höfen geschaffen. In der Zeit von 1778 bis 1858 ist die deutsche Bevölkerung des Kreises von 7187 auf 43017 Seelen angestiegen. Auch aus dem Kreis Nowousensk waren in der Zeit von 1865 bis 1889 zahlreiche Familien, nicht nur deutscher Herkunft, abgewandert, doch war ein Fünftel von ihnen wieder zurückgekehrt. 1895 lebten in der aus russischen Orthodoxen sowie orthodoxen Sektierern, Mohammedanern, Juden und anderen Bekenntnissen bestehenden Bevölkerung von 490171 Personen insgesamt 76473 deutsche Katholiken und 111281 Protestanten sowie 1200 deutsche Stundisten, 540 deutsche Molokanen (eine russische Sekte, die sich von Milchprodukten ernährt und den Kriegsdienst ablehnt) sowie 662 deutsche Baptisten. Die Wirtschaft der deutschen Bauernhöfe war besser bestellt als die der russischen: Auf einen deutschen Bauernhof fielen 28 Rubel 70 Kopeken und auf einen russischen 18 Rubel 60 Kopeken Gesamtabgaben pro Jahr.

In den ersten 40 Jahren des Bestehens der Semstwo-Einrichtungen stellten die deutschen Kolonisten des Kreises Kamyschin regelmäßig die Mehrheit in der Kreis-Semstwo-Versammlung sowie in dem von dieser gewählten Kreis-Semstwo-Amt, dessen Vorsitzender bis 1891 ebenfalls deutscher Herkunft war. Die Kreis-Semstwo-Versammlung von Kamyschin bestand aus 46 Mitgliedern, von denen 23 von der Gutsbesitzerkurie, 18 von der Bauernkurie und fünf von der Stadt Kamyschin gewählt wurden. Da der Landadel im Kreis Kamyschin zahlenmäßig sehr schwach war, zahlreiche Kolonisten mit landwirtschaftlichen oder Industrieunternehmen (besonders der Sarpinka- oder Baumwollherstellung) aber die stattliche Summe von 6000 Rubel Jahresproduktion aufweisen konnten, die für das Stimmrecht in der Gutsbesitzerkurie erforderlich war, nahmen die Kolonisten regelmäßig 18 bis 19 der 23 Sitze der Gutsbesitzerkurie ein. Aus der Bauernkurie wurden regelmäßig acht Kolonisten und zehn russische Bauern in die Kreis-Semstwo-Versammlung entsandt. Aus der Stadt Kamyschin wurden fünf Abgeordnete, unter ihnen für gewöhnlich ein Kolonist, in die Kreisversammlung entsandt. Der Vorsitzende des Semstwo-Kreis-Amtes war von 1866 bis 1891 ohne Unterbrechung der Kolonist Pjotr Jegorowitsch Luck. Luck, ein erfahrener Oberschulze der deutschen Kolonien, hatte zeitig die Zeichen der Zeit erkannt und war zum treibenden Motor der deutschen Beteiligung in der Semstwo-Arbeit seines Kreises geworden. Auf Antrag des Kreis-Semstwos, dem er seine achtmalige Wiederwahl zum Vorsitzenden verdankte, wurden Luck vom Saratower Gouvernement-Semstwo wiederholt Auszeichnungen für seine gute Führung des Semstwo-Haushalts, seine erfolgreiche Förderung der Volksbildung, seine Anregung zur Bildung von Kornreserven für Zeiten von Hunger und Mißernte und für seinen verbindlichen Ausgleich zwischen den Interessen der Wolgakolonisten und dem russischen Bauerntum zuteil. Unter Lucks Führung waren meistens zwei der drei Angehörigen des Semstwo-Amtes, der von der Semstwo-Versammlung gewählten und mit einem Gehalt ausgestatteten Körperschaft, deutscher Herkunft, war oft der Sekretär des Semstwo-Amtes ein deutscher Kolonist und waren häufig Mitglieder oder Vorsitzende der von der Semstwo-Versammlung gebildeten Kommissionen ebenfalls deutsche Kolonisten.

In der Kreis-Semstwo-Versammlung von Nowousensk stellten die deutschen Kolonisten nur ein Viertel der bäuerlichen Abgeordneten. Zusammen mit den kolonistischen Abgeordneten aus der Gutsbesitzerkurie stellten sie etwa ein Drittel der Versammlung, dominierten diese Versammlung aber aufgrund ihrer größeren Aktivität sowie der geringen Beteiligung der russischen Bauern und Gutsherren. Die Kolonisten stellten einen starken Stamm im Kreis-Semstwo-Amt und von der siebten Wahlperiode an auch den Vorsitzenden und die Mehrheit dieses Amtes.

Der Vorsitz über ein Kreis-Semstwo-Amt war eine verantwortungsvolle Tätigkeit, die wirtschaftliches Talent und politisches Fingerspitzengefühl verlangte. Sie war nicht selten die geeignete Vorbereitung für eine spätere politische Tätigkeit. Der langjährige Vorsitzende des Kreis-Semstwo-Amtes von Nowousensk war Heinrich Christoforowitsch Schellhorn. Schellhorn entstammte der bäuerlichen kolonistischen Bevölkerung und hatte sechs Jahre lang als Oberschulze gewirkt. Nach seinem Dienst im Kreis-Semstwo-Amt von Nowousensk wurde er in den neunziger Jahren in das Gouvernement-Semstwo-Amt von Samara delegiert. Als Herausgeber der katholischen Wochenzeitschrift »Clemens« erwarb er die Zustimmung und Unterstützung der katholischen Kolonisten des Wolgagebiets für seine Tätigkeit. Als mit dem Oktobermanifest 1905 die politischen Parteien zugelassen wurden, trat er der liberalen Partei der Konstitutionellen Demokraten (KD, auch Kadeten genannt; ihre Gegner aus dem Leninschen Lager der russischen Sozialdemokratie haben die Ka-de-ten abwertend als »Kadetten«-Partei bezeichnet) bei und wurde als Delegierter des Wolgagebiets 1906 in die erste russische Staatsduma entsandt. Im benachbarten Gouvernement Saratow durchlief der Kolonistensohn Konstantin Nikolajewitsch Grimm (geboren 1858) einen vergleichbaren Weg. Als Absolvent einer Militärakademie wurde Grimm in den neunziger Jahren in das Saratower Gouvernement-Semstwo gewählt, wo er bald zum Vorsitzenden des Gouvernement-Amtes aufstieg. Bei der Gründung der politischen Parteien schloß sich Grimm dem gemäßigt-liberalen Verband des 17. Oktober (Oktobristen-Partei) an; die Oktobristen des Gouvernements Saratow entsandten Grimm als ihren Abgeordneten in die Zweite und Dritte Staatsduma. Neben Schellhorn und Grimm haben auch andere Männer deutsch-kolonistischer Herkunft des Wolgagebiets, Südrußlands und Bessarabiens den Weg über die Semstwo-Organe in das russische Parlament beschritten.

Die russische Öffentlichkeit wurde bereits ab Mitte der sechziger Jahre darauf aufmerksam gemacht, daß die Semstwo-Ämter mit starker wolgadeutscher Beteiligung besonders große Aktivität entfalteten. Im September 1865 eröffnete das Kreis-Semstwo von Nowousensk, das zu dieser Zeit fast ausschließlich aus Bauern und Kolonisten bestand, eine Kampagne, die die Überführung von 1,2 Millionen Hektar Staatsland in die privaten Hände von Kolonisten und Bauern zum Ziel hatte. Dies geschah zu der Zeit, zu der mit der Verkündung des Befreiungsediktes der Bauern ein ungeahnter Landhunger in der russischen Bauernschaft wachgeworden war, der – im Verein mit höchst vagen Vorstellungen über die neuen Rechte und Pflichten des russischen Bauernstandes – vielerorts eine Art Endzeitbewußtsein ausgelöst hatte: in seiner Huld – so glaubten viele Bauern – hätte Väterchen Zar das gesamte Land den Bauern übereignet, die nunmehr nach Gutdünken schalten und walten dürften. Das Verlangen des Nowousensker Kreis-Semstwo spiegelt den Geist dieser Jahre nur allzu deutlich wider. Aber auch die »Peterburgskije Wedomosti«, seit 1863 in den Händen von W. F. Korsch, unterstützten das Begehren der Nowousensker Kolonisten und Bauern nach Kräften.[39]

Das Blatt, das gerade in diesen Jahren aufgrund seines großen liberalen Eifers eine Reihe von Ordnungsstrafen hinzunehmen hatte, unterstrich den Nutzen, der dem Staat durch die Überführung dieser immensen Ländereien in privaten Bauernbesitz entstehen würde. In seinen Petitionen an das Staatsdomänenministerium betonte auch das Kreis-Semstwo von Nowousensk die wirtschaftliche Bedeutung einer solchen Transaktion. Doch dominierte in seiner Argumentation der soziale Gedanke: Die Pachtpreise waren im Steigen begriffen und belasteten einzelne Bauern sowie die Bauerngemeinden stark; das Bauernland wurde aufgrund der Bevölkerungsexplosion im Wolgagebiet immer knapper, und eine relative Verarmung der Wolgabauern war absehbar. Die Kolonisten und Bauern des Kreises Nowousensk hatten ihre Rechnung jedoch ohne den Wirt gemacht. Das Staatsdomänenministerium hatte diese Staatsländereien für die Ansiedlung großer Teile landarmer Bauern aus Mittelrußland vorgesehen und konnte die seit einem Jahrzehnt ausgearbeiteten Pläne schwerlich rückgängig machen. Die Kampagne verlief ergebnislos.

Im Jahr 1869 richtete das von Kolonisten dominierte Kreis-Semstwo von Kamyschin die Bitte um Einführung der allgemeinen Schulpflicht an den Minister für Volksbildung, Graf D. A. Tolstoj. Tolstoj, ein national orientierter großrussischer Konservativer, der dem Ansturm der neu erweckten Bildungsbedürfnisse im ganzen Reich nicht gewachsen war und aus diesem Grund eine Taktik der Verzögerung praktizierte, war nicht bereit, in einem sozial so dynamischen und mobilen Kreis wie Kamyschin einen in seinen Augen gefährlichen Präzedenzfall zu schaffen. Er lehnte die Petition unter Hinweis auf die großen Mittel ab, die die Durchführung eines solchen Programmes erfordere. Darauf beschlossen die Kolonisten, einen Teil des Semstwo-Budgets für die Gründung von Schulen zu verwenden. Das Volksschulgesetz vom 14. Juli 1864 räumte den Dorfgemeinden, Privatpersonen und besonders dem Semstwo ein, Volksschulen zu gründen. Bei der Gründung der vielen Semstwo-Schulen, die in den nächsten Jahrzehnten entstanden, wurde die Zusammenarbeit zwischen den Kolonien und dem Kreis-Semstwo besonders deutlich. Das Kreis-Semstwo-Amt konnte eine Semstwo-Schule immer dann einrichten, wenn ein Mehrheitsbeschluß einer Dorfgemeinde beziehungsweise einer Kolonie vorlag. Da die Kirchenschulen, die von den Kolonien selbst geführt und unterhalten wurden, eng wurden und die Kolonisten nunmehr zunehmend das Bedürfnis entwickelten, auch in russischer Sprache und Landeskunde ausgebildet zu werden, gingen bald zahlreiche Anträge auf Öffnung solcher Schulen in den Semstwo-Ämtern der Kolonistenkreise ein.

Die erste Kolonie, die eine Semstwo-Schule eröffnete, war 1866 die deutsche Kolonie Tonkoschurowka im Kreis Nowousensk. 1872 waren schon in 15 Kolonien des Kreises Nowousensk Semstwo-Schulen errichtet worden, die insgesamt 600 Schüler unterwiesen. 1886 hatte sich ihre Zahl auf 41 Schulen mit insgesamt 2000 Schülern erhöht. Diese Schulen erfreuten sich unter den

Kolonisten bald größerer Beliebtheit als die noch bestehenden Kirchgemeindeschulen, denn einerseits war ihr Ausbildungsstand anerkanntermaßen wesentlich höher als der der deutschen Kirchenschulen und andererseits konnten die Kolonistenkinder, insbesondere die Knaben, die später in den russischen Heeresdienst treten sollten, Russisch lernen und damit eine bessere Voraussetzung für die Integration in die russische Gesellschaft erwerben. Die ältere Generation der Kolonisten allerdings begegnete diesen Schulen zunächst mit Mißtrauen und Ablehnung. Besonders die Tatsache, daß die Semstwo-Ämter nunmehr wohlausgebildete junge russische Akademiker anwarben, um in diesen Schulen zu unterrichten, war für sie ein Stein des Anstoßes. In ihren Augen mußten deutsche Kolonisten ausschließlich von Deutschen unterrichtet werden; und die Protestanten unter ihnen sprachen sich ausschließlich für die Absolventen der Universität Dorpat aus. Tatsächlich wurden viele Absolventen der Universität Dorpat als Lehrer der Semstwo-Schulen in Kolonistenbezirken angestellt. Allgemein aber galt nun für die Bestallung von Lehrern in den Semstwo-Schulen das Kriterium fachlicher Qualifikation und nicht mehr das Kriterium konfessioneller oder nationaler Zugehörigkeit.[40] Als mit den Gesetzen vom 2. Mai 1881 und 24. September 1891 sowie dem Erlaß des Volksbildungsministeriums vom 24. Februar 1897 die russische Sprache als obligatorisches Lehrfach in den Kirchenschulen der Kolonien eingeführt wurde, verloren die Semstwo-Schulen für die jungen deutschen Kolonisten keinesfalls an Attraktivität; da ihr Lehrprogramm den Anforderungen der modernen Gesellschaft weit mehr entsprach, als das der eher als verstaubt empfundenen deutschen Kirchenschulen, wuchs der Andrang zu den Semstwo-Schulen ständig.

Im Kreis Kamyschin wurde 1871 in der Kolonie Werchnjaja Dobrinka die erste Semstwo-Schule eröffnet. Die deutschen Kolonisten des Kreises Kamyschin begnügten sich jedoch nicht mit Volksschulen. 1877 wurde auf Drängen des Vorsitzenden des Kreis-Semstwo-Amtes, Peter Luck, die erste Semstwo-Realschule gegründet. Im Oktober 1873 hatte sich Luck im Namen des Kreis-Semstwos von Kamyschin mit der Bitte an das Ministerium für Volksbildung gewandt, Mittel zur Eröffnung einer Realschule mit anfangs drei-, später sechsjähriger Ausbildung zur Verfügung zu stellen. Wiederum lehnte das Ministerium aus finanziellen Gründen ab. Da gelang es Luck 1876, die Kreis-Semstwo-Versammlung sowie die Stadtduma von Kamyschin von der Notwendigkeit zu überzeugen, das Jahresbudget für die Gründung neuer Schulen von 5000 auf 14000 Rubel zu erhöhen, um die geplante Realschule aus eigenen Mitteln zu betreiben. Das Volksbildungsministerium sah nunmehr keinen Grund, dieser Lösung seine Zustimmung zu verweigern, und schon nach einem Jahr wurde die Realschule in der Stadt Kamyschin gegründet. 1885 besuchten bereits 140 Knaben diese Realschule, unter ihnen befanden sich 21 Kolonistensöhne. Der Grund für die relativ geringe Zahl deutscher Schüler bestand darin, daß die Realschule keine Vorbereitungsklassen für den Russischunterricht besaß und deutsche Knaben dem in Russisch abgehaltenen Unterricht in der Regel nicht folgen konnten. 1888 erwirkten die Kolonisten schließlich die Zustimmung des Volksbildungsministeriums zur Schaffung vorbereitender Russischklassen; die Kosten wurden vom Semstwo bestritten. Damit stieg die Zahl deutscher Schüler rapid an; 1908 war bereits die Hälfte aller Schüler deutscher Herkunft. Unter ihnen befanden sich dank der großzügigen Stipendien, die das Semstwo-Amt vergab, auch viele Kinder aus weniger wohlhabenden Familien.

Die Kolonisten der Wolgakreise Kamyschin und Nowousensk lagen mit ihrer regen Praxis der Gründung von Semstwo-Schulen an der Spitze der russischen Schulen: 1880 befanden sich 17782 der insgesamt 22770 Volksschulen im gesamten Rußland in den Händen des Semstwo oder wurden zumindest finanziell mit von diesem getragen.

Die Wolgakolonisten waren neben der Förderung der Realschulbildung auch darum bemüht, einen Stamm eigener Lehrer heranzuziehen, die in den Semstwo-Schulen unterrichten konnten. Traditionellerweise dominierte in den deutschen und vor allem protestantischen Wolgakolonien das Bild der Küster-Lehrer. Die Küster-Lehrer, schlechtbezahlte Küster der verschiedenen Kirchspiele, die nebenbei den Dienst der Lehrer versahen, besaßen in der Regel keine ausreichende Ausbildung. Schlecht bezahlt, ohne soziale Sicherung und häufig überlastet, bildeten sie ein sozial unruhiges Element in den ansonsten fest gefügten Kolonistengemeinden. In der Periode der Modernisierung wurden sie zunehmend zu einem Anachronismus. Als gegen Ende des 19. Jahrhunderts, besonders unter dem Einfluß der großen Hungerjahre an der Wolga (1891/92), ernste Anzeichen der Proletarisierung der verarmten Landbewohner des Wolgagebietes und einer wachsenden politischen Mobilisierung ihrer Jugend hervortraten, befanden sich unter den intellektuellen Führern der unzufriedenen Generation nicht selten ehemalige oder noch im Amt befindliche Küster-Lehrer. Sie spielten sogar im Revolutionsjahr 1905 eine gewisse, wenn auch regional begrenzte Rolle. Demgegenüber stellten die Semstwo-Lehrer, die von den Semstwo-Ämtern fest angestellt waren und das beträchtliche Jahresgehalt von 300 Rubel erhielten (ihre Adjunkten erhielten 250 Rubel, ein Küster-Lehrer brachte es nur auf 50 Rubel), eine gutverdienende und sozial gesicherte Klasse junger Intellektueller dar, die allseitig gebildet und voll einsatzfähig waren. Da ihre Gehälter die deutschen Gemeinden nicht belasteten, war es nur zweckmäßig, möglichst viele junge deutsche Bauernkinder zu Semstwo-Lehrern und -Lehrerinnen heranzubilden. So hatte zum Beispiel das Kreis-Semstwo-Amt von Nowousensk 1893 drei Stipendiatinnen in das Seminar für die Ausbildung der Semstwo-Lehrerinnen nach Samara und elf Stipendiaten in andere Lehrerausbildungsstätten entsandt. Die Kolonisten von Kamyschin hatten darüber hinaus in der Kolonie Lesnoj Karamysch eine Zentralschule für Lehrerausbildung geschaffen, die 1890/91 116 Studenten zu Lehrern heranbildete.

Das Budget, das die Kreis-Semstwo-Ämter mit starker deutsch-kolonistischer Beteiligung für den Ausbildungssektor aufbrachten, war beträchtlich: Das Kreis-Semstwo-Amt von Nowousensk, das sogar einen Inspektor für Volksschulen angestellt hatte, gab zu Beginn der neunziger Jahre jährlich 62344 Rubel, das Kreis-Semstwo-Amt von Kamyschin 38790 Rubel für Volksbildung aus.

Neben den deutschen Semstwo-Aktivisten hatten auch deutsche Gutsbesitzer des Wolgagebietes erkannt, welche Möglichkeiten ihnen das Volksschulgesetz von 1864 einräumte. Vielerorts entstanden die sogenannten Gesellschaften von bemittelten Hausvätern, deren Ziel es war, die nunmehr vom Gesetz eingeräumten Privatschulen zu gründen. Die Bedeutung dieser deutschen Privatschulen blieb jedoch aus Gründen ihrer weniger stabilen Finanzierung und geringeren Mittel weit hinter der der Semstwo-Schulen zurück.

Dank ihrer großen Aktivität auf dem Bildungssektor hatten die Wolgakolonisten, die wie alle deutschen Kolonisten seit Beginn der Ansiedlung für ihren besonderen Bildungseifer bekannt waren, bei Ausgang des 19. Jahrhunderts ein recht hohes Bildungsniveau erreicht. Eine im Kreis Karamysch in den Jahren 1886/87 durchgeführte Revision zeigte, daß 71,5 Prozent der befragten Deutschen lesen und schreiben konnten. Demgegenüber waren nur 10,8 Prozent der großrussischen Bevölkerung und 9,2 Prozent der kleinrussischen oder ukrainischen Bevölkerung des Schreibens, in gemischten Siedlungen 12,9 Prozent der Bevölkerung des Lesens und Schreibens kundig. Im Kreis Nowousensk ergab im Jahr 1893 eine Untersuchung, daß 54,8 Prozent der deutschen, aber nur 15,3 Prozent der übrigen Bevölkerung lesen und schreiben konnten.

Neben dem Schulsektor nahm auch der medizinische Bereich ein wichtiges Aktionsfeld der Semstwo-Einrichtungen ein. Das Semstwo-Amt von Nowousensk führte 1894 aus einem Gesamthaushalt von über 300000 Rubel pro Jahr, von dem allein mehr als 12000 Rubel für die beim Semstwo-Amt angestellten Berufskräfte ausgegeben wurden, 62631 Rubel für die Entwicklung des Krankenwesens im Kreis ab. Es unterhielt ein Semstwo-Krankenhaus, fünf Heilanstalten und sechs ambulante Krankenstationen. Neben dem Oberarzt des Krankenhauses von Nowousensk hatte das Semstwo-Amt 11 Bezirksärzte, 37 Feldscher und 12 Hebammen angestellt. Das Semstwo-Amt des Kreises Kamyschin, das 1892 46051 Rubel für medizinische Zwecke verwandte, unterhielt zwei Krankenhäuser und zwei ambulante

Krankenstationen und hatte vier Ärzte, sechs Geburtshelfer, einige Feldschere sowie Hebammen und Schwestern angestellt.

Der dritte Schwerpunkt der Aktivität deutscher Kolonisten in den Semstwo-Einrichtungen lag auf dem Sektor der wirtschaftlichen Erschließung des Wolgagebietes. Die Kreis-Semstwo-Versammlung von Kamyschin hatte bereits um die Mitte der sechziger Jahre eine Kommission für den Eisenbahnbau ins Leben gerufen. Diese stand unter dem Vorsitz des deutschen Kolonisten Peter Luck und bestand etwa zu gleichen Teilen aus deutschen Kolonisten und russischen Bauern und Gutsbesitzern. Die Mitglieder der Kommission schossen nicht selten über das Ziel des Erreichbaren hinaus. Als 1868 die Eisenbahnlinie Tambow–Saratow gebaut werden sollte, bemühte sich die Kommission durch Einflußnahme der Kamyschiner Delegierten im Gouvernement-Semstwo von Saratow, eine Verlegung der geplanten Linie in Richtung Tambow–Borisoglebsk–Kamyschin zu erreichen. Als ihre Wünsche unbeantwortet blieben, weigerten sich die Semstwo-Aktivisten, Semstwo-Gelder zum Bau der Tambow-Saratow-Linie zur Verfügung zu stellen: die über 100 Kilometer von ihren Siedlungen entfernt verlaufende Linie Tambow–Saratow, so lautete ihr Argument, bringe ihnen wenig Nutzen und verdiene insofern ihre Unterstützung nicht. Als 1913 die Rjasan-Uralsk-Linie im Bau war, verlangten die Kolonisten von Kamyschin wiederum ergebnislos den Bau einer Seitenlinie Saratow–Golyj–Karamysch (Balzer).

Erfolgreicher als in ihrer Einflußnahme auf den Eisenbahnbau waren die deutschen Semstwo-Aktivisten aus Kamyschin auf dem Sektor der Modernisierung der Landwirtschaft. Nach einer gewissen Anlaufzeit, in der noch immer der Widerstand der deutschen Bauern gegen die Anstellung professioneller Agronome spürbar wurde, gehörte der gutausgebildete, meist russische, Agronom als Angestellter des Kreis-Semstwo-Amtes zum normalen Erscheinungsbild der Kolonien. 1914 beschäftigte das Kreis-Semstwo-Amt von Kamyschin einen vollen Stab von 25 Landwirtschaftsspezialisten, unter ihnen sieben Agronomen; 1912 hatte das Kreis-Semstwo-Amt von Nowousensk mit seinem starken Personalstab – mit allein elf ausgebildeten Agronomen, von denen fünf ihr Hauptbüro in den deutschen Wolgagebieten hatten – die Spitze unter den russischen Kreis-Semstwo-Ämtern erreicht.

Diese von den Semstwo-Einrichtungen eingestellten Berufskräfte, die als das »Dritte Element« der Semstwo-Arbeit bezeichnet wurden, hatten wichtigen Einfluß auf das Leben der Landbevölkerung. Sie waren meist frisch von russischen Hochschulen entlassene, hervorragend ausgebildete und sozial sowie politisch hochmotivierte junge Intellektuelle, die es neben ihrer eigentlichen fachlichen Arbeit auch als ihre Hauptaufgabe ansahen, Wissen und Aufklärung unter der Bevölkerung zu verbreiten. Auch Kolonistensöhne und -töchter, die an russischen Universitäten studiert hatten, sahen es als ihre bevorzugte Aufgabe an, in die Reihen dieses sogenannten »Dritten Elementes« ihrer heimatlichen Semstwo-Einrichtungen einzutreten, um sich für das Wohl und die Entwicklung ihrer Gemeinden einzusetzen. So kam zum Beispiel der frühere Schüler einer Semstwo-Schule, Peter Karlowitsch Haller, nach seinem Studium der Medizin an der Universität Dorpat in die Kolonie Balzer zurück, um hier im Dienst des Semstwo-Amtes als Arzt tätig zu sein. Diese jungen, gutausgebildeten Akademiker setzten nun ihr ganzes Wissen ein, um die Bildung und Wirtschaft ihrer heimatlichen Kolonien voranzutreiben. Ihre Kenntnis der neuesten Methoden, Instrumente und Maschinen, vereint mit dem relativ reichen Budget der Semstwo-Ämter, führte zu sprunghaften Verbesserungen. So gab beispielsweise das Kreis-Semstwo-Amt von Kamyschin in den Jahren 1904 bis 1914 330972 Rubel für die Maschinisierung der Landwirtschaft aus. Es erwarb Landmaschinen, nicht selten aus deutscher Produktion, um sie den Siedlern des Kreises zum Gebrauch zu überlassen. So kaufte das Kreisamt von Kamyschin allein 1908 ca. acht Prozent aller von Wolgadeutschen produzierten Getreideschwingen (sie waren in der Bevölkerung unter dem Namen Kolonistok bekannt). Ab 1910 lieh das Semstwo-Amt unter den Wolgadeutschen des Kreises Kamyschin die neuen Sämaschinen aus, die zur Bestellung großflächiger Felder besonders geeignet waren. 1915 berichtete der beim Semstwo von Kamyschin angestellte russische Agronom E. K. Antipin von einem bemerkenswerten Aufschwung des Gebrauchs des vom Semstwo angelegten Landmaschinenparks durch die Kolonisten und Bauern des Kreises.

Die Kreis-Semstwo-Einrichtungen von Nowousensk im Gouvernement Sarama und von Kamyschin im Gouvernement Saratow gehörten nicht zuletzt aufgrund ihrer multiethnischen Zusammensetzung und des starken Anteils aktiver deutscher Kräfte zu den tatkräftigsten und fortschrittlichsten Semstwo-Einrichtungen im Russischen Reich. Aber auch in den anderen Gouvernements nahmen deutsche Siedler und Gutsbesitzer in zunehmendem Maße über die Semstwo-Organe Einfluß auf die Entwicklung ihrer Kreise. Besonders stark waren die Deutschen beispielsweise in zahlreichen taurischen Kreisen, etwa dem Kreis Simferopol auf der Krim, vertreten, wo sie die Hälfte aller Semstwo-Abgeordneten stellten. Allgemein ließ sich etwa um die Jahrhundertwende die Tendenz feststellen, daß deutsche Kräfte in den Kreis-Semstwo-Einrichtungen – der Kreisversammlung wie auch dem Kreisamt und den zahlreichen von diesen eingesetzten Kommissionen – stark, wenn auch in vielen Fällen noch nicht proportional zu ihrem Bevölkerungsanteil, vertreten waren. Demgegenüber waren deutsche Kräfte bis zu dieser Zeit nur in wenigen Fällen bis in die Gouvernement-Semstwo-Versammlungen und Gouvernement-Semstwo-Ämter delegiert worden. Aber auch dies änderte sich bald. Bei Ausbruch des Ersten Weltkrieges waren deutsche Bauern und Gutsbesitzer in allen Semstwo-Organen der Gouvernements vertreten, in denen eine namhafte deutsche Präsenz zu verzeichnen war. Dabei zeichnete sich ein deutlicher Generationensprung ab: Während die weit vor der Einführung der Semstwo-Einrichtungen geborene Generation deutscher Kolonisten und Gutsbesitzer den Weg in höhere Ämter der Semstwo-Organe nur zögernd beschritt, fand die Generation der in den fünfziger bis frühen achtziger Jahren geborenen Deutschrussen bereits in großer Zahl auch in die höheren Semstwo-Organe Eingang. Es waren hier besonders die Söhne mittlerer und großer Gutsbesitzerfamilien, die oft bereits russische Gymnasien und Universitäten besucht und in der Verwaltung der väterlichen Güter eine gewisse beruflich-soziale Erfahrung erworben hatten, die sich nun für die Arbeit im Semstwo interessierten. Zu ihnen gehörte der 1853 geborene Gutsbesitzersohn Heinrich Galwas aus dem Kreis Perekop im Gouvernement Taurien, der als Semstwo-Abgeordneter bekannt und später in die russische Staatsduma entsandt wurde. Auch Herrmann Bergmann (geboren 1850), Sohn eines deutschen Großgrundbesitzers aus Jekaterinoslaw, und Waldemar von Falz-Fein (geboren 1877), hinter dem im Gouvernement Taurien ein Familienbesitz von 250000 Hektar stand, betätigten sich zunächst aktiv in den Semstwo-Organen ihrer Gouvernements, um später in das russische Parlament Einzug zu halten.

Später, in der allzu kurzen Periode des konstitutionellen Rußland, der Zeit von 1905/06 bis zum Untergang des Russischen Reiches, setzte im Zuge der allgemeinen Politisierung der verschiedenen nationalen und sozialen Gruppen des Reiches auch ein immer stärkeres Engagement der russischen Deutschen für die Semstwo-Arbeit ein. Für viele von ihnen dienten die Semstwo-Organe nun – wie für die russische Intelligenz der siebziger und achtziger Jahre des 19. Jahrhunderts – als eine Plattform für die Durchsetzung ihrer lokalpolitischen Bestrebungen und politischen Wünsche. So waren bei Ausbruch des Ersten Weltkrieges die deutschen Bauern und Gutsbesitzer in den Semstwo-Organen des Gouvernements Cherson stark vertreten. Im Kreis Odessa befanden sich unter den 129 Wahlberechtigten für die zweite Wahlversammlung für die Amtsperiode 1913 bis 1916 71 deutsche Großbauern und Gutsbesitzer. Sie waren von einer Kurie gewählt worden, die unter den 1280 Wahlberechtigten auch 579 deutschstämmige Gutsbesitzer zählte. Der Einfluß des deutschen Grundbesitzes im Gouvernement Cherson verstärkte sich dadurch, daß deutsche Gutsbesitzer ab Mitte der neunziger Jahre nicht nur im Semstwo, sondern auch im Vorstand der Chersoner Semstwo-Bank stark vertreten waren. Die Chersoner Semstwo-Bank, 1864 gegründet, war bei Ausbruch des Ersten Weltkrieges mit einem Jahresumsatz von ca. 450 Millionen Rubel und einem Aktienkapital von fast 200 Millionen Rubel zu einer der kapitalstärksten russischen Bankgesellschaften geworden. Ab 1909 lag die Leitung der Chersoner Semstwo-Bank in deutschen Händen; ihre Direktoren waren Brauner und Bayer. Ab 1912 war der deutsche Gutsbesitzer Reichert, Mitglied des Gouvernement-Semstwo-Amtes von Cherson, zugleich im Aufsichtsrat der Bank tätig. Im darauffolgenden Jahr wurde auch A. Widmer, Semstwo-Abgeordneter des nahegelegenen Kreises Akkerman im Gouvernement Bessarabien, in den Aufsichtsrat der Bank berufen. 1914 wurde das Aufsichtsratsmitglied Reichert auch ins Direktorium der Bank berufen, während mit Faatz ein weiterer deutscher Großgrundbesitzer dem Aufsichtsrat beitrat. Da die Semstwo-Banken die Aufgabe hatten, den bäuerlichen Landbesitz zu fördern und zu vergrößern, und diese Aufgabe vor allem durch reiche Kreditvergabe gelöst werden sollte, blieb es nicht aus, daß deutsche Kolonisten und selbst landlose Siedler in der Regel besser informiert wurden und Kredite und Darlehen der Bank stärker in Anspruch nahmen als russische Bauern. Die national bis nationalistisch orientierte russische Öffentlichkeit, die die Expansion des deutschen Landbesitzes in Cherson mit Sorge verfolgte, gab der Chersoner Semstwo-Bank daher den polemisch gefärbten Spitznamen »Chersoner Deutsche Bank«.[41] In der Gouvernement-Semstwo-Versammlung von Cherson waren neun der 82 Abgeordneten deutscher Herkunft.

Im benachbarten Bessarabien wurde 1913 ein Deutscher in die aus 51 Abgeordneten bestehende Gouvernement-Semstwo-Versammlung gewählt. Demgegenüber war in einzelnen, stark deutsch besiedelten Kreisen eine sehr starke deutsche Beteiligung zu verzeichnen. So waren beispielsweise acht der 28 Abgeordneten der Semstwo-Versammlung des Kreises Akkerman deutsche Bauern und Gutsbesitzer. Diese acht Abgeordneten gehörten unterschiedlichen ideologisch-politischen Richtungen an: Die konservative, stark russisch assimilierte Gruppe um Hofmann, Bodmer und Wittner, die mit dem russischen Nationalisten Purischkewitsch sympathisierte und politisch zusammenging, stand der Gruppe der »Jung-Deutschen« Erdmann, Wagner und Mutschler gegenüber; diese jüngere deutsche Gruppe von Semstwo-Abgeordneten war stärker nationalistisch orientiert und geneigt, deutsche Belange auf Kosten oder im Gegensatz zu den Interessen der Russen, Armenier, Griechen und Juden durchzusetzen, mit denen sie in Bessarabien zusammenlebten.

Im Gouvernement Wolhynien fanden die ersten Semstwo-Wahlen 1911 statt. Sie zeigten bereits eine rege deutsche Beteiligung. Die zweiten, im Sommer 1914 stattfindenden Semstwo-Wahlen ergaben eine solide deutsche Semstwo-Vertretung. So erhielten beispielsweise im Kreis Shitomir fünf deutsche Abgeordnete (Kratki, Kautz, Roländer, Albrecht und Arndt) einen Sitz unter den 20 Abgeordneten des Kreises. In der Semstwo-Versammlung des Kreises Nowograd-Wolynsk befanden sich unter den 36 Abgeordneten sechs

Deutsche (Wietermann, Kolke, Kant, Au, Prochnau und Schulz), im Kreis Rowensk waren zwei der 33 Abgeordneten deutscher Herkunft (Paul Arndt[42] und Eduard Kuhfahl).

Dem reichen südrussischen Gouvernement Jekaterinoslaw hatten in der Semstwo-Zeit überwiegend deutsche Gouverneure vorgestanden. Unter ihnen befanden sich die Gouverneure von Neidhardt, Keller, der langjährige Leiter des Pagenkorps, von Schlippe und Klingenberg. Selbst unter dem nachfolgenden russischen Gouverneur war zumindest der Vizegouverneur, von Graevenitz, deutscher Herkunft. Diese Tatsache war insofern von Bedeutung, als die Gouverneure aufgrund des reformierten Semstwo-Statuts der achtziger Jahre einen entscheidenden Einfluß auf die Gouvernement-Semstwos besaßen. Den Vorsitz über das Gouvernement-Semstwo-Amt führte am Vorabend des Ersten Weltkrieges der deutsche Gutsbesitzer Hessberg; neben ihm waren drei der 60 Abgeordneten der Gouvernement-Semstwo-Versammlung Männer deutscher Herkunft. Aber auch auf der Ebene der Kreis-Semstwos spielten so einflußreiche deutsche Gutsbesitzer wie Bergmann, Thyssen, Fingerhut, Reiner, Hochheim und andere eine wichtige Rolle. Besonders stark war die deutsche Beteiligung in der Semstwo-Arbeit in den dicht deutsch besiedelten Kreisen Jekaterinoslaw und Alexandrowsk.

Auch im Gouvernement Taurien strebten die deutschen Kolonisten und Gutsbesitzer deutlich zur örtlichen Mitbestimmung und Selbstverwaltung. Sechs der 49 Abgeordneten der Gouvernement-Semstwo-Versammlung waren 1915 deutsche Bauern und Gutsbesitzer, unter ihnen zwei Deutsche orthodoxen Glaubens.

Die Vielvölker-Semstwo *par excellence* bestand auf der Halbinsel Krim. Da bei Ausbruch des Ersten Weltkriegs etwa ein Drittel der landwirtschaftlichen Nutzfläche der Halbinsel in deutschen Händen war und das deutsche Element nicht nur wirtschaftlich potent, sondern auch sozial aktiv war, war auch die deutsche Vertretung im Semstwo der Krim relativ stark. Auf der üppigen und sonnigen Krim war nicht nur das Zusammenspiel der verschiedenen ethnischen Kräfte – Juden, Karäer, Griechen, Tataren, Großrussen, Ukrainer, Polen und Deutschen – harmonisch; auch die Zusammenarbeit mit dem russischen Landadel des Hinterlands der Krim sowie mit der russischen Bürokratie war ausgezeichnet. Wegen dieses harmonischen Zusammenwirkens blieben die deutschen Mennoniten und Kolonisten der Halbinsel von den Maßnahmen des russischen Wirtschaftskrieges gegen Angehörige feindstaatlicher Nationen (1915–1917) verschont. Die Kreis-Semstwo-Ämter der Krim sowie auch das Gouvernement-Semstwo-Amt Taurien stellten sich zu dieser Zeit einmütig hinter ihre deutschen Mitbürger und forderten ihre Ausnahme aus der allgemeinen gesetzlichen Regel der Enteignung feindstaatlicher Volkszugehöriger in den Grenzbezirken des Russischen Reiches. Ihre Initiative zugunsten der Deutschen der Krim gipfelte in der Entsendung einer Semstwo-Delegation unter der Leitung des einflußreichen karäischen Bankiers und Semstwo-Aktivisten Salomon Salomonowitsch Krym in die Regierungshauptstadt. Die Delegation, die den einschlägigen Ministern in Petrograd eine Petition der Semstwo-Versammlungen der Krim überbrachte, erlangte in der Tat an höchster Stelle die Zusicherung, daß das deutsche Guts- und Bauernland der Krim und besonders der Besitz der Mennoniten von den Wirtschaftskriegsmaßnahmen ausgenommen würden. Die Regierung des Zaren hat dieses Versprechen bis zum Ende ihres Bestehens gehalten.[43]

Die allgemeine Wehrpflicht

Die letzte der großen Reformen, die auch die deutschen Siedler fester in das Gesamtgefüge des Russischen Reiches integrierte, erfolgte mit der Einführung der allgemeinen Wehrpflicht. Das Manifest über den obligatorischen Militärdienst[44] vom 9. Januar 1874 bildete den Höhepunkt der Militärreform, die unter Führung des früheren Kriegsministers D. A. Miljutin über einen längeren Zeitraum hin ausgearbeitet worden war. Die Einführung der allgemeinen Wehrpflicht war in Rußland notwendig geworden, nachdem der Krimkrieg die Mißstände im russischen Heer nur allzu deutlich gemacht hatte: Unter den Nachfolgern Peters des Großen hatte eine Entwicklung eingesetzt, in der sich die höheren sozialen Schichten in zunehmendem Maße vom aktiven Kriegsdienst freikauften oder freiwillige Ersatzmänner stellten, während, in Umkehrung des altmoskowitischen Wehrsystems, nunmehr fast ausschließlich die steuerpflichtigen Stände, vor allem das Kleinbürger- und Bauerntum, der Zwangsrekrutierung folgten. Die Heeresreform und ihr Hauptstück, die Einrichtung einer schlagkräftigen modernen Landarmee auf Massenbasis und nach preußischem Vorbild, waren für den Aufbau des modernen, imperialen Rußland unumgänglich. Der Militärdienst wurde in der modernen Weltmacht Rußland zu einer »Pflicht, die für alle gleichermaßen heilig sein muß«. Wie für die konkurrierenden imperialistischen Weltmächte – Deutschland und England, Österreich-Ungarn und Frankreich – so wurde nun auch für Rußland »die Verteidigung von Thron und Vaterland... heilige Pflicht jedes russischen Untertanen. Die männliche Bevölkerung ohne Unterschied der Stände unterliegt der Kriegspflicht.«

Die Einführung des obligatorischen, allgemeinen und aktiven Militärdienstes machte auch vor den Toren der bisher von jeder aktiven Dienstpflicht ausgenommenen deutschen Dörfer, Chutoren und Höfe nicht halt. Das Gesetz hob das von Katharina II. gewährte und »auf unbegrenzte Zeit« verbürgte Privilegium der Befreiung vom aktiven Dienst auf. Doch war der Gesetzgeber auch in diesem Fall bemüht, durch fließende Übergangsregelungen eine Zeit der Eingewöhnung zu sichern. So wurden beispielsweise weiterhin auf Lebenszeit die vor der Ansiedlung in Rußland geborenen Söhne von Familien ausländischer Herkunft vom Wehrdienst ausgenommen, die sich aufgrund des Erlasses vom 18. Dezember 1861 auf Gutsländereien angesiedelt und die russische Staatsbürgerschaft angenommen hatten. Dies betraf vorwiegend die aus Polen während der revolutionären Kriege der Jahre 1863/64 in die russischen Westgouvernements übergesiedelten ehemals deutsch-polnischen Bauern. Aber auch die Ausländer, unter ihnen Deutsche, die sich vor dem 1. 1. 1872 im Königreich Polen angesiedelt und russische Untertanenschaft erlangt hatten, waren noch auf Lebenszeit vom Militärdienst befreit.

Eine besondere Gewissensprüfung stellte die Einführung der allgemeinen Wehrpflicht für die deutschrussischen Mennoniten dar. Sie waren zum großen Teil aus Gewissensnot in Rußland eingewandert, als ihre Herkunftsländer, in erster Linie Preußen, die verbürgten Privilegien angetastet und die Mennoniten direkt oder indirekt zum aktiven Waffendienst gezwungen hatten. Nun waren im Zuge der Egalisierung des Rechts auch im Russischen Reich ihre Privilegien in Gefahr. Aber auch für die Mennoniten hatte der Gesetzgeber Sonderlösungen parat. So waren zahlreiche Mennoniten preußischer Herkunft in den fünfziger und sechziger Jahren des 19. Jahrhunderts in Russisch-Polen und Rußland eingewandert. Für sie wurde für die ersten zwanzig Jahre nach dem Zeitpunkt ihrer Übersiedlung nach Rußland die Ausnahme von der allgemeinen Dienstpflicht verordnet. Alle Mennoniten, die bereits vor 1851 in Rußland eingewandert waren, wurden auf sechs Jahre vom Tag der Veröffentlichung dieses *ustav* von der Wehrpflicht befreit. Ferner waren für alle Mennoniten sowie andere christliche Sektierer, die aus Glaubensgründen weder den Diensteid noch den Dienst mit der Waffe leisten wollten, weitere Sonderregelungen getroffen. Die wichtigste davon betraf die Mennoniten. Alle Mennoniten – diese Tatsache wurde in der Literatur meist übersehen –, die bei Veröffentlichung des *ustav* bereits als Mennoniten im Russischen Reich lebten, waren vom aktiven Waffendienst und vom Frontdienst befreit; sie durften in Hospitälern oder Werkstätten der Marine oder der Landheere in der Etappe herangezogen werden, waren also weder zum Dienst in den Fronteinheiten noch selbst zum Krankendienst im Frontabschnitt zu verwenden. Die Geistlichen aller christlichen Bekenntnisse waren vom Waffendienst befreit. Darüber hinaus sollten während der ersten fünf Konskriptionen auf die Dauer von vier Jahren Söhne aus Handels-, Fabrikanten- und Industriellenfamilien vom Kriegsdienst ausgenommen werden, die persönlich in diesen Unternehmen tätig waren. Viele deutsche Siedlersöhne mögen von dieser Ausnahmeregelung mit betroffen gewesen sein. Die allgemeine Dienstzeit im Landheer betrug 15 Jahre, von denen sechs Jahre im aktiven Dienst und neun Jahre in der Reservearmee geleistet wurden; die Dienstzeit in der Marine betrug zehn Jahre, von denen sieben Jahre eigentliche Dienst- und drei Jahre Reservezeit darstellten. Starke Verkürzungen der Dienstzeit waren für Personen mit höherem Bildungsniveau vorgesehen. Bei erfolgreicher Beendigung der Volksschule verringerte sich die Dienstzeit auf vier Jahre. Junge Männer mit einem akademischen Grad brauchten nur für drei Monate Militärdienst leisten. Auch für die mittleren Bildungsgrade war ein abgestuftes Ausnahmesystem ausgearbeitet worden. Personen nichtrussischer Herkunft, die ihre Ausbildung in Einrichtungen erhalten hatten, in denen die russische Sprache nicht obligatorisch war, mußten, um ihre Dienstdauer zu verkürzen, noch den Beweis dafür erbringen, daß sie »flüssig und mit Verständnis Russisch lesen sowie korrekt Russisch schreiben können«. Die Wirkung dieser gesetzlichen Regel auf die deutschen Kolonisten bestand darin, daß sie sich nun schnell und mit großem Eifer an das Studium der russischen Sprache machten. Aber auch das allgemeine Bedürfnis, eine höhere, wenn möglich akademische Bildung zu erhalten, um dem langjährigen Militärdienst zu entgehen, war von nun an in den deutschen Kolonien stärker als bisher spürbar.

Die Mehrheit der deutschen Siedler und Siedlergemeinden nahm die Aufhebung des alten Privilegs mit Gelassenheit hin. Die deutschen Kolonisten, die während des Krimkrieges schon in unmittelbare Frontberührung geraten waren, fanden es nur allzu natürlich, daß ihre Söhne von nun an, vereint mit den russischen, griechischen, polnischen und jüdischen Nachbarn, den Kampf für die Freiheit der Heimat führen würden. Allein in den Mennonitenkolonien entstand mit Bekanntwerden des Manifests vom 9. 1. 1874 Unruhe und zum Teil Mißmut. Auch der Kranken- oder technische Dienst in der Etappe, den das Wehrpflichtgesetz ja ausdrücklich für sie eingeräumt hatte, galt einigen Gemeinden als unzulässig. Im allgemeinen entwickelte sich in der innermennonitischen Diskussion zu diesem Thema eine Scheidelinie zwischen den ehemals holländischen, stärker fundamentalistischen Gemeinden und den liberaleren, ehemals deutsch-friesischen Mennonitengemeinden. Die deutschen Mennoniten waren zum Ersatzdienst bereit, während sich die holländischen oder flämischen Mennoniten gegen jegliche Art des Dienstes in Kriegszeiten wehrten und ihre Einbeziehung in die Dienstpflichtigen als einen Vertragsbruch von seiten der russischen Regierung empfanden. In dieser Zeit der Unsicherheit erschien vielen von ihnen eine Auswanderung nach Amerika, zu der der 1862 von Lincoln unterzeichnete *Homestead Act* so sehr einlud, als einziger Ausweg aus ihrer Bedrängnis. Auf dem Boden der allgemeinen Verunsicherung wurden nur allzu schnell auch Gerüchte laut; eines von ihnen besagte, daß der neue deutsche Reichskanzler Bismarck bei der russischen Regierung vorstellig geworden sei, um die Übergangsperiode von sechs Jahren zu erwirken. Nach Ablauf dieser Zeit – so glaubten einige Mennoniten zu wissen – werde dann trotz aller anderslautenden Versprechen die aktive Wehrdienstpflicht auch auf die russischen Mennoniten ausgedehnt. Als Ergebnis derartiger Gerüchte verkauften zahlreiche Mennonitenfamilien umgehend Hab und Gut, um nach Amerika auszuwandern. Als die Auswanderung der ersten mennonitischen Siedlerfamilien aus Südrußland bekannt wurde, erhob sich in der russischen Presse ein Sturm des Protestes gegen die Regierung. Aber auch in Regierungskreisen herrschte Bestürzung über die unerwarteten Nachrichten von der Auswanderung der Mennonitenfamilien aus Rußland. Der Zar, dem dies vorgetragen wurde, beauftragte seinen Generaladjutanten, Graf E. I. Totleben, sich umgehend in die betreffenden Kolonistengemeinden zu begeben, um einen entsprechenden Kompromiß auszuarbeiten.

Mit Totleben, dem Verteidiger von Sewastopol, der den südrussischen Kolonisten aus der Zeit des Krimkrieges zum Teil persönlich gut bekannt war, hatte der Zar eine glückliche Wahl getroffen. Die Entsendung des berühmten Generals mußte den Mennoniten zeigen, wie ernst dem Zaren die Sorge um ihren Verbleib in Rußland war. Seine Mission führte Totleben in der Zeit vom 11. bis 30. April 1874 in die Mennonitenkolonien von Halbstadt und Alexanderwohl im Kreis Berdjansk, Gouvernement Taurien, sowie Chortiza im Kreis und Gouvernement Jekaterinoslaw. Die fundamentalistisch orientierten Mennoniten flämischer Herkunft in Alexanderwohl hatten bereits ihren Besitz verkauft und warteten auf die Ausreisedokumente. Totlebens Aufgabe bestand nun darin, die unter den Mennoniten herrschende Situation zu erkunden, ihnen aus seiner Sicht die Motive und Überlegungen der russischen Regierung über die Gesetzgebung und besonders den Artikel 157, der die Freistellung der Mennoniten von Waffen- und Frontdienst verfügte, zu verdeutlichen sowie an ihr Gemeinschaftsbewußtsein zu appellieren. Sollten alle Überzeugungsversuche fehlschlagen, so durfte Totleben neue, weitergehende Garantien geben, die die Mennoniten schon von jedem Gewissenskonflikt befreien würden.

Wie der abschließende Bericht Totlebens an den Innenminister A. E. Timaschew vom 30. 4. 1874[45] zeigte, traf der General unter den südrussischen Mennoniten drei Fraktionen an: Eine kleine Gruppe radikaler Fundamentalisten, unter ihnen die flämischen Kolonisten der Kolonie Alexanderwohl im Molotschnaer Gebiet, hatte schon Kundschafter in die USA entsandt und wartete lediglich auf die Entlassung aus dem russischen Untertanenverband, um nach Amerika auszuwandern. Sie nutzte, ohne sich von Totlebens Argumenten auch nur im geringsten beirren zu lassen, seine Anwesenheit ganz im Gegenteil dazu aus, eine schnellere Abwicklung der Ausreiseformalitäten zu erwirken. Kompromißbereitschaft war bei dieser Gruppe nicht zu finden. Die zweite und größte Gruppe, die der deutschrussischen Mennoniten, schwankte zwischen dem Rigorismus der Fundamentalisten und einem noch bestehenden Rest von Vertrauen auf dic russische Regierung. Die Sprecher dieser Gruppe wünschten grundsätzlich, in Rußland zu verbleiben und handelten deshalb mit Graf Totleben eine Kompromißformel aus, die ihnen dies auch ohne größere Konflikte ermöglichte. Diese Gruppe bestand unter anderem aus den Mennoniten von Halbstadt im Molotschna-Gebiet, die in ihrer Mehrheit ursprünglich aus Danzig und Westpreußen eingewandert waren. Die dritte und kleinste Gruppe schließlich bestand nach dem Eindruck Totlebens aus profitinteressierten Elementen. Diese warteten auf die Abreise der wohlhabenden Mennoniten, um sich an ihrem Besitz bereichern zu können.

Die Kompromißlösung, die Totleben schließlich in gemeinsamen Verhandlungen mit den gemäßigten Mennoniten erarbeitete, eröffnete die folgenden Möglichkeiten: 1. Die Mennoniten durften ihren Dienst unter der Leitung des Staatsdomänenministeriums, das heißt einer nichtmilitärischen Einrichtung, in Form der sogenannten Waldwache *(lesnaja straža)* beziehungsweise als Waldkommandos *(lesnye komandy)* durchführen; 2. sie konnten in zivilen Werkstätten, vorzugsweise in der Stadt Nikolajew, das heißt in unmittelbarer Nähe ihrer Heimatgebiete, Ersatzdienst leisten; 3. sie konnten die dienstpflichtigen Jahre als Helfer der Feuerwehr absolvieren; 4. die Mennoniten konnten Ersatzdienst in zivilen Krankenhäusern, nicht Militärlazaretten, leisten. Alle Dienstleistenden sollten dabei gruppenweise eingesetzt werden, um ihre religiöse Praxis aufrechterhalten zu können und keinerlei moralischen Gefahren ausgesetzt zu sein. Auch im Kriegsfall sollten sie nach den Prinzipien ihrer Ausbildungszeit, das heißt gruppenweise, in Heimatnähe und unter der Leitung nichtmilitärischer Einrichtungen eingesetzt werden. Die Mennoniten, die sich im Bezirk Halbstadt versammelt hatten, wollten sich trotz dieser günstigen Kompromißlösung noch einen Freiraum offenlassen; sie übergaben Totleben eine Bittschrift an den Zaren, in der sie um weitere Zugeständnisse anhielten: 1. die Erlaubnis, auch in späteren Jahren einen unmittelbaren Kontakt zur russischen Krone herzustellen, um weitere geeignete Formen des Mennonitendienstes festzulegen, 2. im Falle gesetzlicher Abänderungen ihrer Dienstpflicht jederzeit ungehindert Rußland verlassen zu dürfen, 3. ihre Schulen auf unbegrenzte Zeit in eigener Führung zu behalten, wobei sie versprachen, die notwendige Sorgfalt auf das Erlernen der russischen Sprache zu verwenden, und 4. durch gruppenweises Zusammenziehen ihrer dienstpflichtigen Jugend an wenigen, von ihnen genannten Punkten die Kontrolle über Disziplin und religiöse Praxis ausüben zu können. Totleben übergab diesen Wunschkatalog zusammen mit dem gemeinsam ausgearbeiteten Kompromiß; in seinem Begleitschreiben bemerkte er, daß sich die Mennoniten schon während seiner Anwesenheit in ihrer Mehrzahl für den Dienst in Form von Waldwache und Arbeit in zivilen Werkstätten ausgesprochen hatten, daß sie auch bereit seien, im Süden Rußlands staatliche Wälder und Parks anzulegen und selbst auf eigene Kosten Kasernen für die dienstpflichtigen Jugendlichen zu bauen und den notwendigen Proviant zu liefern. Dem Innenminister empfahl Graf Totleben, diese Lösung möglichst schnell als Zusatzbestimmung zum Zusatzartikel 157 des Kriegsdienstgesetzes zu kodifizieren, damit das Vertrauen der Mennoniten in die russische Krone gefestigt und ihre Gewissenskonflikte endgültig behoben würden.

Totlebens Empfehlungen wurden wahrgemacht. Ein Gesetz vom 14. Mai 1875 räumte die Schaffung sogenannter Waldkommandos für Mennoniten unter der Leitung des Staatsdomänenministeriums ein, und das Gesetz wurde bald danach in der Neuausgabe des Kriegsdienst-*ustaws* und in der Forstgesetzgebung verankert. 1882, 15 Jahre nach der Aufhebung der gesetzlichen Privilegien der Mennoniten in Preußen, wurden an vielen Orten Südrußlands zivile Waldkommandos für dienstpflichtige deutschrussische Mennoniten geschaffen. Die Mennoniten

> »verbrachten diese Dienstzeit in geschlossenen Gruppen in verschiedenen Forsteien des südlichen Rußland, in den Weinbergen und Obstgärten der Krim und anderswo... Das Mennonitenvolk baute und unterhielt bequeme Kasernen zur Einquartierung der einberufenen Mannschaften... sandte Prediger in die größeren Kasernen, welche dort den einberufenen jungen Leuten den sonntäglichen mennonitischen Gottesdienst abhielten und überhaupt für die Reinheit des sittlichen und Geisteslebens derselben sorgten.«[46]

Nach Auskunft des Landwirtschaftsexperten Professor Karl E. Lindemann, eines Kolonistensohns und Absolventen der Universität Dorpat, der zu dieser Zeit als Agronom in den südrussischen Kolonien tätig war, empfand die Mehrzahl der Mennoniten Dankbarkeit für den zustande gekommenen Kompromiß. Tatsächlich haben die Mennoniten des Bezirks von Molotschna wenige Monate nach ihren Verhandlungen mit Graf Totleben, im Sommer 1874, während des Aufenthalts der Zarenfamilie in der Sommerresidenz Livadia auf der Krim eine Deputation zum Zaren Alexander II. gesandt. Ihr gehörten die Mennoniten Abraham Wiele, Aaron Rempel und ein Mitglied der Familie Toews an. Diese Männer versicherten den Zaren der Dankbarkeit »des ganzen mennonitischen Volkes« für die Gnade der Aufrechterhaltung ihrer Privilegien. Der Zar brachte daraufhin seine Zufriedenheit mit dem Stand ihrer Wirtschaft und seinen Wunsch zum Ausdruck, »daß künftig das ruhige Schaffen der Mennoniten zum Wohle des Staates ungetrübt verlaufen werde«.[47]

Neben dieser Lösung der Gewissensfrage der deutschrussischen Mennoniten hatte die Mission Totleben noch ein anderes Ergebnis. Der General hatte in den deutschen Kolonien, durch die er gereist war, vielfältige Eindrücke gesammelt. Einige dieser Eindrücke teilte er am Ende seiner Reise in einem getrennten Schreiben dem damaligen Leiter der Dritten Abteilung Seiner Majestät, Pjotr Andrejewitsch Graf Schuwalow, mit. Dieses Schreiben beschäftigte sich mit einigen der Hintergründe, die – nach Totlebens Beobachtungen – das Vertrauen der deutschen Kolonisten in die russische Regierung erschütterten. Dieser Vertrauensverlust, so betonte Totleben, sei nicht nur in den Mennonitenkolonien, sondern auch in den Kolonien der anderen deutschen Kolonisten zu beobachten. Der Hauptgrund hierfür beruhe nicht nur auf der Ausdehnung der allgemeinen Wehrpflicht auf die Kolonisten, da viele von ihnen sogar freiwillig gern den russischen Militärdienst geleistet hätten. Die tieferen Gründe für eine spürbare allgemeine Verunsicherung, die einige Familien zur Auswanderung nach Amerika veranlaßt hätte, gingen zurück auf

»1. die Verbreitung von Gerüchten über eine bevorstehende Russifizierung der Kolonien, die von Amts- und Privatpersonen in Umlauf gesetzt werden,
2. die Gefahr der Einführung der russischen Sprache als obligatorischer Unterrichtssprache für alle Fächer in den Schulen, und
3. die Gefahr der Vereinigung russischer und deutscher Dörfer in einem Dorfbezirk.«[48]

Diese drei Gründe trieben nach der Beobachtung Totlebens weit mehr deutschrussische Familien nach Amerika als die Einführung der allgemeinen Wehrpflicht. Es ist unbekannt, ob und inwieweit das Schreiben des Grafen Totleben an den Leiter der Dritten Abteilung eine größere Aufmerksamkeit gegenüber den Wünschen und Sorgen der deutschen Kolonisten, besonders der Mennoniten unter ihnen, zur Folge hatte. Bekannt ist allerdings, daß die russische Regierung bemüht war, einer breiteren Auswanderung durch größeres Entgegenkommen zuvorzukommen. So ist auch die mennonitische Auswanderung jener Jahre nur eine Randerscheinung geblieben. Trotz alarmierender Zahlen, die gelegentlich von mennonitischer Seite genannt wurden, ist bekannt, daß sich die Auswanderung der siebziger Jahre in engen Grenzen hielt. Von den ca. 40000 Mennoniten, die 1874, dem Jahr der Veröffentlichung der neuen Militärdienstordnung, in den drei südrussischen Gouvernements und Bessarabien lebten, sind – nach russischen Quellen – in den drei folgenden Jahren je ca. 900 Familien aus den Gouvernements Taurien und Jekaterinoslaw ausgewandert. Demgegenüber war die Auswanderung der Mennoniten in den Hungerjahren 1879 und 1880 zahlenmäßig unbedeutend. In der Zeit von 1880 bis 1889 wanderten aus dem Wolgagouvernement Samara 71 Mennonitenfamilien mit insgesamt 370 Personen aus. Trotz Auswanderung war bis Mitte der neunziger Jahre die

Gesamtzahl der Mennoniten auf 50000 angestiegen. Bis zum Beginn des Ersten Weltkriegs ist die Zahl der mennonitischen Siedler in Rußland auf ca. 100000 angewachsen.

Die Expansion der deutschen Kolonien

Ungeachtet der Umstellungen und Veränderungen, die die Reformen mit sich brachten, löste die Reformperiode eine Zeit wirtschaftlichen Aufschwungs und eine Intensivierung von Landwirtschaft und Industrie in bis dahin ungeahntem Umfang aus. Stärker als andere Bevölkerungsgruppen waren die deutschen Kolonisten im Moment der Bauernbefreiung plötzlich imstande, großflächige, frei werdende Ländereien zu relativ günstigen Bedingungen zu erwerben und auf ihrem Besitz neue Manufaktur- und Industriezweige entstehen zu lassen. Die neugeschaffenen Institutionen zur Erleichterung des Loses der russischen Bauern, wie etwa die bäuerlichen Landbanken, wurden auch von den deutschen Kolonisten genutzt, um die Verbesserung und Intensivierung ihrer Landwirtschaft zu betreiben und sich dem technischen Fortschritt in jeder Hinsicht anzuschließen. Resultat dieses Wirtschaftsaufschwungs war nicht nur ein neuer Zustrom von Kolonisten, sondern auch eine Vervielfachung ihres Land- und Immobilienbesitzes. Wenige Zahlen können dies verdeutlichen.

Zu Beginn der Reformperiode, etwa um das Jahr 1864, befanden sich 559 deutsche Kolonien auf russischem Boden. In ihnen wurden 225694 Revisionsseelen, das heißt männliche Kolonisten, Handwerker und Bauern im arbeitsfähigen Alter, gezählt. Sie verfügten insgesamt über 2104032 Desjatinen Land.

Davon lebten in den drei südrussischen Gouvernements (Taurien, Jekaterinoslaw und Cherson) – nach Statistiken des Jahres 1858 – 136813 deutsche Kolonisten, unter ihnen 69588 männlichen Geschlechts. Sie bewirtschafteten zu dieser Zeit etwa 671000 Desjatinen Land, das ihnen überwiegend von der russischen Krone zugewiesen worden war. Die berufliche Differenzierung, die bis dahin in den deutschen Kolonien Südrußlands stattgefunden hatte, beschränkte sich im wesentlichen noch auf Handwerksberufe. Die Zahl der Handwerksmeister betrug zu dieser Zeit 4898; unter ihnen waren 680 Schmiede, 668 Schuhmacher, 581 Schneider, 447 Zimmerleute, 385 Maurer, 333 Stellmacher, 319 Tischler, 249 Böttcher, 247 Müller, 115 Gerber, 100 Färber, 62 Schlosser, 48 Sattler, 63 Drechsler, 38 Weber, 30 Töpfer, 8 Kupferschmiede, 7 Zinngießer, 4 Buchbinder sowie 493 Handwerksmeister anderer Berufe. Während zu dieser Zeit das Manufakturwesen mit 342 Manufakturbetrieben in den Kolonien bereits relativ gut entwickelt war, existierten erst 46 Fabriken: In diesen Zahlen waren 90 Ölmühlen, 61 Ziegelbrennereien, 35 Walkmühlen, 76 Grützemühlen, 18 Dachziegelbrennereien, 12 Kalköfen, 10 Töpferwarenfabriken, 11 Lichtfabriken, 10 Essigfabriken, 8 Seifensiedereien, 5 Tuchfabriken und 154 Seidehaspeln enthalten. Während der jährliche Gewinn, den die Handwerksmeister in diesen Kolonien aus ihren Erzeugnissen zogen, sich auf 332000 Rubel belief, hatten diese Fabriken und Manufakturbetriebe bereits einen Jahresumsatz von 600000 Rubel. Denn die in den Kolonien gefertigten Produkte wiesen eine hohe Qualität auf und wurden gern gekauft. So heißt es in einem russischen Bericht dieser Zeit:

> »In bezug auf die Güte der Fabrik- und Handarbeit gehört der Vorzug unter dem Bauernstande Rußlands unstreitig den Kolonisten und unter diesen wieder den Mennoniten.«[49]

Doch nicht nur die Wirtschaft und Produktion der Kolonisten wurden in diesen Jahren wiederholt lobend erwähnt. Zahlreiche statistisch-ethnographische Bestandsaufnahmen, die in diesen ersten Jahren der Reform in den verschiedenen Teilen Rußlands durchgeführt wurden, zeichneten ein relativ positives Bild von der sozialen Ordnung und den ethischen Qualitäten des Kolonistenstandes. So heißt es zum Beispiel in den statistisch-geographischen Materialien Bessarabiens[50]:

> »Die deutschen Kolonisten zeichnen sich durch besondere Arbeitsamkeit, Geduld, Ehrenhaftigkeit und Akkuratheit aus. Sie haben eine positive Grundeinstellung, sind aber gleichzeitig schüchtern und langsam.
>
> Von ihrem Charakter her still, sind sie doch eigensinnig und vergessen Beleidigungen nicht. Streng zu sich selbst, den gesellschaftlichen Regeln und der Kolonienleitung untertan, sind die Kolonisten bemüht, Zusammenstöße mit den staatlichen Behörden zu vermeiden, wie sie auch überhaupt keine Annäherung an die Russen zeigen...
>
> Das Hauptziel ihrer Herbeirufung... war, ihr Können und ihre Arbeitsliebe durch Beispiel und Anleitung auf die örtliche Bevölkerung übergreifen zu lassen. Aber die Kolonisten werden diese letzte und wichtigste Bestimmung niemals erfüllen, solange sie von allem Russischen durch eine Sonderverwaltung und ihre eigene Sprache getrennt bleiben...
>
> Ihre frühere Übersiedelung in die Steppen des Butschak hat in keiner Weise ihre patriarchalischen deutschen Gewohnheiten des vorigen Jahrhunderts verändert. Keinesfalls besitzen sie die große russische Weitherzigkeit, die alles erträgt und sich an alles anpaßt. Der hiesige deutsche Kolonist sieht sogar selten über sein Stück Land hinaus, das er mit Sorgfalt und Eifer bebaut. Er kennt nur sich selbst und darüber hinaus die Gemeinschaft seiner Kolonie und seine Kolonienverwaltung.
>
> Insgesamt zählt man gegenwärtig in Bessarabien 24159 deutsche Seelen beiderlei Geschlechts. Unter ihnen befinden sich 12294 männliche und

11865 weibliche Seelen. Sie leben in 24 Kolonien, die auf drei Kreise verteilt sind... Die Verwaltung dieser Kolonien befindet sich in Tarutino.«
Positiver und weniger ambivalent war die Charakterisierung der deutschen Kolonisten im Gouvernement Cherson.[51] Allerdings waren diese Materialien von einem Deutschrussen, dem Oberstleutnant im Generalstab A. Schmidt, zusammengestellt worden. Schmidt berichtete von dem blühenden Zustand, in dem sich die Landwirtschaft der ca. 22000 deutschen Revisionsseelen des Gouvernements Cherson befände. Nach seinen Beobachtungen unterschieden sich die deutschen Kolonisten durch ihren gehobenen Bildungsstand sowie ihre peinlich genaue Entrichtung von Steuern und Abgaben deutlich von der Masse der Bevölkerung, in deren Mitte sie lebten. Die Gründe für den Wohlstand der Kolonien sah Schmidt allerdings in erster Linie in den Leistungen der Regierung für die Siedler. Denn – so schrieb er –

»die Arbeitsliebe und Bildung allein, die insbesondere die protestantischen Kolonisten auszeichnet, würden nicht ausreichen, um die deutsche Kolonisation nach der relativ kurzen Zeit ihres Bestehens in einen so blühenden Stand zu versetzen, wenn sie sich nicht gleichzeitig anderer Quellen bedient hätten... Und diese Mittel wurden ihnen fast ausnahmslos von unserer Regierung zur Verfügung gestellt... Tatsächlich sind die Ausgaben der Regierung für die Einrichtung der Kolonien sehr groß gewesen, und die Mittel und Darlehen, die den Kolonisten zur Verfügung gestellt wurden, waren ungleich höher als die der (russischen, I. F.) Bauern. Und selbst der Boden, der ihnen zur Verfügung gestellt wurde, war besser als der der russischen Umsiedler.«

Besondere Beachtung fand das hohe Bildungsniveau der Kolonisten, besonders der protestantischen Siedler, deren Wohlstand sich so deutlich von dem der katholischen Siedler abhob, daß man – mit den Worten Schmidts –

»schon beim äußeren Anblick eines Dorfes bestimmen kann, welche Konfession in der Kolonie vorherrscht. Deshalb hat die Verbreitung der Schriftkundigkeit einerseits und die Überzeugung, daß alle Forderungen der Kolonienleitung in bezug auf die Einführung der verschiedenen nützlichen Wirtschaftszweige nur den Kolonisten selbst zugute kommen, andererseits die heutigen Kolonisten in die Lage versetzt, daß sie sehr wohl als Vorbild für den gesamten Bauernstand dieses Gebiets dienen können.«

Schmidt verwies besonders auf das »Unterhaltungsblatt der südrussischen deutschen Kolonisten«, das in Odessa erschien und – zumeist aus der Feder der Kolonisten selbst – gezielte Hinweise für die Verbesserung der Landwirtschaft lieferte, die häufig auch auf die umliegenden russischen Dörfer ausstrahlten. Und er erwähnte den in 6000 Exemplaren erscheinenden »Kalender« der Kolonisten, der zum Preis von 20 Silberkopeken erhältlich und eine vorzügliche Anleitung zu exemplarischem Wirtschaften war.

Besonders günstig wurden die ca. 29000 deutschen Kolonisten und Mennoniten des Gouvernements Jekaterinoslaw beurteilt.[52] In den Materialien des Generalstabs hieß es:

»Die deutschen Kolonisten und Mennoniten sind zum großen Teil hoch von Wuchs und kräftig im Körperbau. Doch ist in allen ihren Bewegungen eine gewisse Grobheit und Ungeschicklichkeit zu sehen, und dies besonders bei alten Menschen. Ihre Gesichtszüge sind zwar regelmäßiger als die der slawischen Stämme, zeichnen sich aber nicht durch Schönheit aus. Im Hinblick auf die Gesundheit kann sich kein anderer der in Jekaterinoslaw angesiedelten Stämme mit den Kolonisten vergleichen. Weder erkranken sie an irgendwelchen besonderen Leiden, noch haben selbst epidemische Krankheiten, die ganze Dörfer und Siedlungen im Umkreis der Kolonien vernichtet haben, auf sie eine sichtbare Wirkung. Diese Tatsache muß man... ihrem Wohlstand, ihrer Sorge um sich selbst und ihrer Mäßigkeit im Leben zuschreiben...

Die Kolonisten... halten... mit aller Strenge an ihren Gebräuchen und ihrem Volkstum fest, so daß das ursprüngliche Ziel der Regierung, ...die Verbreitung einer besseren Wirtschaft im Volke, schon deswegen zum Teil nicht erfüllt wird, weil die Kolonisten, die an ihren Gebräuchen und sogar ihrer Sprache (viele von ihnen sprechen nur ganz wenig Russisch) festhalten, fast keinerlei Kontakt mit unseren Siedlern unterhalten...«

Die Mennoniten des Gouvernements Jekaterinoslaw boten sich dem Blick des erfahrenen russischen Beobachters in der folgenden Weise dar:

»Die Mennoniten stellen eine Brüderschaft dar, die von Kirchendienern geleitet wird. Diese bestehen aus gewählten Dekanen, geistlichen Lehrern und Ältesten, die auf die Sittlichkeit der Siedler und auf ihre Lebensweise großen Einfluß nehmen. Die Mennoniten sind in ihrer Bildung nicht weit gelangt, obgleich jeder von ihnen zweifellos schriftkundig ist. Sie lesen die Bibel und andere heilige Schriften, was in ihnen unter anderem eine gewisse Neigung zu Verträumtheit und Nachsinnen erzeugt hat. Da sie keine formale Bildung besitzen, sind sie ziemlich grobschlächtig, dabei aber fröhlich im Beisammensein. Ihre Vorstellungen von abstrakten Gegenständen sind natürlich etwas verschwommen. Bei alldem hat die auf den Prinzipien der Sittlichkeit basierende mennonitische Brüderschaft doch den allerwohltuendsten Einfluß auf ihren Lebensstil. Die Mennoniten zeichnen sich durch beispielhaft hohe Moral aus, die bis an höchste Strenge reicht. Ihre Ehrlichkeit, Menschenliebe, eheliche Treue und viele andere prächtige Eigenschaften fallen jedem Beobachter ins Auge und unterscheiden die Mennoniten sogar von den deutschen Kolonisten lutherischen Glaubens...

Die mennonitische Brüderschaft... ist im Geiste echten Christentums aufgebaut: Bei den Mennoniten ist es ein Brauch, der Gesetzeskraft erlangt hat, daß man seine Mitbrüder nicht in Armut, Perversion und Laster fallen läßt. Sie bestrafen streng und sind besonders bemüht zu verhindern, daß junge Leute eine schlechte moralische Richtung einschlagen…; der Wohlstand der Mennoniten liegt weit über dem der anderen Bevölkerungsklassen im Gouvernement. Man kann ohne Übertreibung sagen, daß sie gerade deshalb zu hohem Wohlstand gelangen, weil sie die hohen Wahrheiten des Christentums auf das materielle Leben anwenden.«

Als Beispiele wurden hierfür die Tatsachen angeführt, daß Trunkenheit unter Mennoniten ebenso unbekannt sei wie der Ehebruch der Mennonitinnen. Und schließlich hätten die Mennoniten im Jahr des großen Hungers (1848) ihre Vorräte an Futter- und Saatgetreide mit den russischen Bauern ihrer Umgebung geteilt; und dies

»wurde von ihnen ohne jede Belohnung und mit außerordentlicher Gewissenhaftigkeit getan. … Die Arbeitsliebe der Mennoniten, ihre Akkuratheit, die in den Kolonien herrschende Ordnung, die Unterordnung unter die Behörden, die strenge Pflichterfüllung – all das ist bei ihnen bis zu den Grenzen des Möglichen entwickelt.

Die deutschen Kolonisten… besitzen weder die Akkuratheit noch die große Sauberkeit der Mennoniten, sie sind im allgemeinen freier in ihren Gebräuchen und Sitten… Die Kolonisten römisch-katholischen Glaubens stehen in jeder Hinsicht beträchtlich tiefer als die Lutheraner. Dabei kann die Haushaltung aller Kolonisten… im Vergleich mit den umliegenden Bewohnern in Hinblick auf Wohnung, Kleidung und Nahrung als luxuriös bezeichnet werden. Ihre Wohnzimmer sind immer gekalkt und geweißt, ihre Fußböden sind gewöhnlich mit Dielen ausgelegt, die Möbel sind mit Ölfarbe bemalt, im Hause der reichen Kolonisten findet man Diwane und polierte, weiche oder aus Stroh geflochtene Stühle, italienische Schränke, Truhen, manchmal auch Kommoden, Spiegel und sogar Bilder… Selbstgemachte Kleidung tragen die Kolonisten nicht, sondern sie kaufen das ganze Material in städtischen Geschäften. Besonders gut sind die Männer an Feiertagen gekleidet, so daß jemand, der sie nicht kennt, sie für Stadtbewohner halten würde. Es gibt aber einige alte Männer, besonders unter den Mennoniten, die sich streng an die altmodische Kleidung halten, wie sie sie aus ihrem früheren Vaterland mitgebracht hatten.

Ihre Speisen können der Qualität ihrer Zutaten nach als sehr gut bezeichnet werden. Sie bestehen aus Rind- und Schweinefleisch in frischem wie auch gesalzenem Zustand, aus Butter, Eiern, Sahne, Quark, aus verschiedenen Graupensorten, Mehl und anderem. Aber ihre Zubereitung wird Menschen, die an die russische Art der Zubereitung der Speisen gewöhnt sind, kaum nach ihrem Geschmack sein. Morgens und abends trinken die Kolonisten Kaffee: die Reichen – echten, und die Armen – Kaffee, der aus Weizen und Roggen hergestellt ist. ... Wie groß auch der Wohlstand der deutschen Kolonisten und Mennoniten im Vergleich mit den anderen Klassen der Landbevölkerung sein mag, so kann er sich doch kaum noch weiter steigern. Denn schon jetzt beginnt man, einen Landmangel zu spüren, und fast die Hälfte aller deutschen Kolonisten sind Landlose. Mit der Zeit und mit dem Anwachsen der Bevölkerung wird dieser Mangel natürlich zunehmen, oder aber man wird den Landbesitz allzu sehr zerstückeln. Natürlich kann man dem Übel dadurch abhelfen, daß man Boden käuflich erwirbt. Aber der Landkauf selbst und besonders die Errichtung von Gebäuden und überhaupt alle für die Landwirtschaft notwendigen Gegenstände erfordern Kapital, das anzuhäufen oder zu erwerben nicht jedem gelingt.«

So zutreffend dieser Bericht die Situation zu Beginn der sechziger Jahre wiedergab, so unzutreffend war seine Prognose. Was im ersten Jahr der Bauernbefreiung noch unmöglich schien – das Problem des wachsenden Landmangels der Kolonisten zu lösen –, wurde bald zu einer gängigen Praxis. Mit der Explosion der kolonistischen Bevölkerung trat auch eine massive Expansion ihres Landbesitzes ein. Der etwa hundertjährigen Gründerperiode der deutschen Kolonien, in der das Grundnetz der deutschen Kolonienbezirke, der überwiegend auf Staatsländereien angelegten sogenannten Mutterkolonien, entstanden war, folgte eine etwa fünfzigjährige Periode der Ausweitung dieses Netzes im Zuge des Landkaufs aus Gemeinde- und privaten Mitteln. In dieser Zeit verzehnfachte sich nicht nur die Zahl der bestehenden Kolonien durch die Neuanlage sogenannter Tochterkolonien; der von den ehemaligen deutschen Siedlern bearbeitete, gepachtete, erworbene und vor allem auf dem freien Landmarkt gekaufte Boden vermehrte sich um ein Vielfaches.

So machten zum Beispiel die genannten südrussischen Kolonisten bis zur Jahrhundertwende eine Bevölkerungsexplosion durch, die ihre Zahl auf ca. 400 000 und bis zum Ausbruch des Ersten Weltkrieges schon auf 660 000 Personen erhöhte. Aus dem ursprünglich besiedelten Kronland mit einer Ausdehnung von ca. 671 000 Desjatinen war ein deutscher Landbesitz von weit über vier Millionen Desjatinen geworden. Dabei besaßen die deutschen Siedler der Gouvernements Cherson und Jekaterinoslaw mit jeweils ca. einer Million Desjatinen je ein Siebtel der landwirtschaftlichen Nutzfläche dieser Gouvernements, in Taurien ein Sechstel des Nutzbodens und in Bessarabien ca. ein Fünftel der Nutzfläche des Gouvernements. Die immensen Landkäufe, die diese gewaltigen Bodenflächen zusammengefügt hatten, wurden vorwiegend aus den Gütern verarmter Adliger getätigt.

Ein örtliches Beispiel für diesen Transfer hat einer der russischen Kritiker der ausländischen Kolonisation, A. Welizyn, untersucht: Im Kreis Jekaterinoslaw, Gouvernement Jekaterinoslaw, einer der Kornkammern des Russischen Reichs, besaßen 231 adlige Gutsbesitzer 1861 Güter mit einer Gesamtfläche von 339269 3/4 Desjatinen; ein russischer Bauer, der zwischen diesen Gütern seinen Besitz hatte, bewirtschaftete 400 Desjatinen, und zwei deutsche Kolonisten, die in diesem Kreis siedelten, besaßen zusammen 5133 Desjatinen. Im Jahr 1871 war die Zahl der adligen Grundbesitzer auf 193 gesunken; diese besaßen nun zusammen 295972 1/2 Desjatinen. Die Zahl der russischen Bauern hatte sich auf 13 erhöht; ihre Felder und Weiden bildeten zusammen 3618 1/2 Desjatinen. Die nunmehr 39 deutschen Siedler besaßen insgesamt 27016 1/4 Desjatinen. 16 Jahre später, im Jahr 1888, besaßen noch 163 russische Adlige Güter im Kreis Jekaterinoslaw. Diese umfaßten insgesamt 231169 1/2 Desjatinen. Die 134 russischen Bauern, die nun im Kreis Jekaterinoslaw siedelten, besaßen 20010 3/4 Desjatinen Land, während die 73 deutschen Siedler in diesem Kreis nun bereits 51182 Desjatinen Boden besaßen. Dieses aus eigenen Mitteln erworbene Gutsland machte zusammen mit dem Gemeindeland (dem ursprünglichen Kronland) der deutschen Siedler im Kreis Jekaterinoslaw 109186 Desjatinen aus. Dies bedeutete, daß in diesem Kreis der adlige Landbesitz pro Jahr um ein Prozent zurückging, und dieses Prozent verteilte sich wie folgt auf die verschiedenen Käufer: Das städtische Bürgertum erwarb daraus 0,03 Prozent, Kaufleute 0,18 Prozent, die russischen Bauern 0,20 Prozent, die deutschen Kolonisten hingegen erwarben mit etwa 0,59 Prozent den Löwenanteil.

Die fleißigen, anpassungsfähigen deutschen Kolonisten mit ihrer hohen Kinderzahl von 10 bis 15 Kindern pro Familie waren am besten in der Lage, die mit der Bauernbefreiung einsetzende Konjunkturlage auf dem Landmarkt auszunützen. Der russische Landadel, der mit der Befreiung seine Produktivkräfte verlor und zudem nur zögernd den Weg der Amelioration und Intensivierung der Landwirtschaft einschlug, sah sich gezwungen, die großflächigen brachen Ländereien zu verkaufen oder mußte zusehen, wie seine Güter unter den Hammer gerieten. Die russischen Bauern, die nun befreit wurden, waren keine Konkurrenz, denn allzu gern wanderten sie in die Städte ab und überließen das ihnen zugeteilte Land – oft für eine Flasche Wodka – dem nächstbesten Bieter. Sie hatten weder gelernt, aus eigenen Mitteln zu wirtschaften, noch je die Gelegenheit erhalten, sich bewußtzumachen, was Eigentum und speziell eine eigene Scholle bedeutete. So stand der deutsche Kolonist als lachender Dritter zwischen diesen beiden tragenden Kräften des russischen Landlebens. Er verstand, mit kleinsten wie auch mit größeren und großen Landflächen umzugehen, besaß eine klare Vorstellung von Eigentum und benötigte überdies zur Weitergabe an seine Söhne neue, große Ländereien. Der Erfolgsbegriff des deutschen Kolonisten, der ihn grundlegend von der Weltsicht und Arbeitsethik der Russen – der Bauern wie des Adels – unterschied, hatte sowohl eine qualitative als auch eine quantitative Komponente: Der deutsche Kolonist wollte am Ende seiner Tage auf ein zusammenhängendes, schönes und gut kultiviertes Landstück schauen; und er wollte mit dem guten Gefühl sein Leben beschließen, daß er jedem seiner zahlreichen Söhne ein mindestens ebenso großes Stück Land hinterlassen hatte, wie er es selbst einst von seinem Vater empfangen hatte. Aus diesen Gründen war der deutsche Landzukauf im Kreis und Gouvernement Jekaterinoslaw kein Einzelfall. In allen Gebieten des Russischen Reichs, in denen sich deutsche Kolonisten einst so bescheiden auf den Ländereien der russischen Krone niedergelassen hatten, vollzog sich – in mehr oder weniger großem Umfang – dieselbe Entwicklung. So verfügten zum Beispiel die deutschen Wolgakolonisten, die zu Beginn der Reformzeit etwa 200000 Personen waren, über etwa 500000 Desjatinen Land, das zum großen Teil das von der Krone zugeteilte Land war. 1914 verfügten etwa 600000 Wolgasiedler über einen Landbesitz von 2,2 Millionen Desjatinen.

Im Gouvernement Wolhynien lebten 1860 6000 deutsche Bauern. Dort war besonders in den achtziger Jahren ein sprunghafter Anstieg der deutschen Bauernbevölkerung zu verzeichnen, und um das Jahr 1910 hatten sich über 200000 deutsche Bauern angesiedelt, die einen Landbesitz von weit mehr als 300000 Desjatinen ihr eigen nannten. Darüber hinaus hielten sie große Mengen russischen Adelslandes in Pacht.

Einen ähnlichen Anstieg des deutschen Landbesitzes zeigten auch die Statistiken der Gouvernements Podolien, Kiew, des Kaukasus und Transkaukasiens, des Gouvernements St. Petersburg und der innerrussischen Gouvernements Tschernigow und Woronesh.

Schließlich setzte mit der Erschließung Sibiriens durch das Gesetz vom 19. Juni 1904 ein starker deutscher Siedlerstrom in die Gebiete Omsk und Tomsk ein; 1914 wurden in Sibirien 44838 deutsche Siedler mit einer Gesamtlandmenge von 371000 Desjatinen und in Mittelasien 50160 deutsche Siedler mit insgesamt 332100 Desjatinen Land gezählt.

Der Gesamtbesitz deutschstämmiger Siedler und Gutsbesitzer bei Ausbruch des Ersten Weltkrieges wurde auf 7,2 bis 8 Millionen Desjatinen, bei Einbeziehung des deutschbaltischen Adelslandes auf 12,4 bis 14 Millionen Desjatinen Land geschätzt. Dieser Landbesitz kam etwa einem Drittel der landwirtschaftlichen Nutzfläche des damaligen Deutschland gleich. Die rapide Expansion des deutschen Landbesitzes in Rußland hat bereits in den siebziger und achtziger Jahren dazu geführt, daß russische Adelsverbände Petitionen an die Zaren richteten, um auf friedlichem Weg die Einstellung dieses Prozesses zu bewirken. Sie blieben ebenso wirkungslos wie die Warnungen vor der »übertriebenen Landbegehrlichkeit der Kolonisten«, die aus den Kreisen der Kolonisten selbst und besonders aus der evangelischen Pastorenschaft und dem katholischen Klerus immer wieder laut wurden. Denn die russische Presse und Gesellschaft verfolgten die deutsche Landexpansion mit zunehmender Sorge.

Bereits zu Beginn der Reformperiode ging der Typus des landhungrigen Deutschen in die russische Literatur ein. Der russische Volksschriftsteller G. P. Danilewskij, Sohn einer wohlhabenden Gutsbesitzerfamilie aus dem Gouvernement Charkow, veröffentlichte 1862 seinen volkstümlichen Roman »Die Flüchtlinge von Neurußland« (Pseudonym A. Skawronskij). Danilewskij schilderte hier die Lebensweise der Menschen im Gebiet nördlich des Asowschen Meeres, in dem sich auch dichte deutsche Siedlungen befanden. Der deutsche Kolonist ist im Roman in der Gestalt von Bogdan Bogdanowitsch Schulzwein porträtiert. Sein Vater war auf Schusters Rappen nach Rußland gekommen und hatte zunächst als Hirte auf dem Gehöft eines anderen Deutschen gearbeitet. Der Sohn, bereits Bauer, handelte höchst erfolgreich mit landwirtschaftlichen Produkten. Sein Kapital nahm zu, und wo immer im Bezirk ein Grundstück zum Kauf angeboten wurde, war Schulzwein schnellstens zur Stelle, bis er schließlich das ganze verfügbare Land im Bezirk aufgekauft hatte. Das Buch Danilewskijs schließt mit den Worten:

> »Aber ist das ein Wunder? Er ist doch ein Deutscher, und nicht einmal ein russischer Deutscher, sondern ein fremder Deutscher aus Deutschland.«[53]

Und am Ende dieser Periode der kolonistischen Landexpansion in Rußland berichtete E. Schmid, ein Befürworter des alldeutschen Expansionsgedankens, mit den folgenden Worten von seinen Erfahrungen in Rußland:

> »Mancher deutsche Bauer wanderte zeit seines Lebens von einem Gut zum anderen, immer vom kleineren zum größeren. Jeder strebte danach, jedem seiner meist zahlreichen Söhne mindestens ebenso viel Land zu hinterlassen, wie er selbst zu Beginn seiner Tätigkeit besessen hatte. Ich kannte noch einige von den ersten, die auf die Steppe hinausgezogen waren: ehrwürdige Patriarchen, die vor wenigen Jahren ihre goldene Hochzeit feierten. Die Alten haben 5000 bis 10000 Desjatinen, und manche der zahlreichen Enkel wirtschaften schon wieder selbständig auf Höfen mit 500 bis 1000 Desjatinen. Rechnet man noch den Landbesitz der Schwiegersöhne dazu, so ergibt sich eine Landfläche von nicht selten mehr als 100000 Desjatinen allein in den Händen einzelner deutscher Bauernfamilien.«[54]

Dabei war der Landbesitz nur ein, wenn auch grundlegender Faktor des wachsenden Wohlstands der russischen Deutschen. Auch die Finanzkraft der deutschen Siedler nahm beträchtlich zu und mit ihr in vielen Fällen der Wille zur beruflichen und sozialen Differenzierung. Charakteristisch ist in dieser Hinsicht unter anderem das Bestreben erfolgreicher Kolonisten, sich in den Städten niederzulassen oder dort mindestens eine Firma zu eröffnen oder ein Haus zu besitzen. Bevorzugt wurden internationale Handelsstädte, Luftkurorte oder aber die nahe gelegenen Kreis- oder Gouvernementhauptstädte.[55] So hatten sich beispielsweise in der Stadt Astrachan, Gouvernement Astrachan, schon 1861 147 Kolonisten in die Stadtbevölkerung eintragen lassen. In Kischinjow, Gouvernement Bessarabien, lebten im selben Jahr 158 deutsche Kolonisten (94 Männer und 64 Frauen), die 31 städtische Immobilien besaßen. In der Stadt Kamenez-Podolsk im Gouvernement Podolien, in dem die deutsche Bevölkerung zu dieser Zeit noch sehr gering war, lebten acht Kolonisten. In Samara, der Gouvernementhauptstadt des gleichnamigen Gouvernements, lebten 22 deutsche Kolonisten und Mennoniten. In der Stadt Jamburg, Gouvernement St. Petersburg, lebten fünf deutsche Kolonisten. Größer waren die Zahlen der in die Stadtbevölkerung eingetretenen Kolonisten in den kolonienreichen Gouvernements Ost- und Südrußlands. So lebten in Saratow, der Hauptstadt des Gouvernements Saratow, 2082 männliche und 879 weibliche Kolonisten, in der Stadt Zarizyn im gleichen Gouvernement 47 männliche und 36 weibliche Kolonisten und in der Stadt Dubowka, ebenfalls im Gouvernement Saratow, 39 männliche und 59 weibliche Kolonisten. In Saratow besaßen die deutschen Kolonisten 91 Immobilien, in Zarizyn sechs Immobilien und in Dubowka vier Immobilien. Besonders stark war der Zuzug der Kolonisten in die Städte der drei südrussischen Gouvernements; vor allem die schön gelegenen Städte der Krim und der Schwarzmeerküste, in denen sich auch wohlhabende russische Gutsbesitzer und Adlige Sommer- beziehungsweise Winterresidenzen zu bauen pflegten, zogen nun zahlreiche deutsche Kolonisten an. So hatten sich zum Beispiel in den Städten des Gouvernements Taurien 599 deutsche Kolonisten und Kolonistinnen niedergelassen, die insgesamt 200 Immobilien besaßen. Sie lebten vor allem in der Stadt Simferopol, aber auch in anderen Krimstädten wie Jewepatorija, Bachtschisaraj, Karasubasar, Sewastopol, Kertsch, Feodossija sowie Perekop und Melitopol. In der Stadt Feodossija lebten neben 38 deutschrussischen Kolonisten auch sieben Reichsdeutsche. Und schließlich wohnten in den Städten des Gouvernements Cherson 1950 Kolonisten und Mennoniten, die sich vor allem auf die Gouvernementhauptstadt Cherson, auf die Stadt Nikolajew sowie auf die Städte Alexandrija, Wosnessensk, Dubossary, Jelisawetgrad, Nowomirgorodsk und Owideopol verteilten.

Der wachsende Wohlstand der Kolonisten war indirekt auch aus der Höhe der Steuerbeträge zu ersehen, die sie, nunmehr nach Ablauf der abgabe- und steuerfreien Jahre, fast ausnahmslos an die russische Staatskasse abführten. Nach Angaben des Reichsdomänenministeriums für das Jahr 1865 brachten die deutschen Kolonien insgesamt 1127099 Rubel an Steuergeldern ein. Davon fielen auf die Kolonien im Gouvernement Cherson 185552 Rubel, im Gouvernement Jekaterinoslaw 65912 Rubel, im Gouvernement

Taurien 106761 Rubel, in Bessarabien 185108 Rubel, im Wolgagouvernement Saratow 340101 Rubel und im Wolgagouvernement Samara 262662 Rubel.

Diese Steuerbeträge gingen in erster Linie auf die landwirtschaftliche Produktion der Kolonien zurück. Von den sechziger Jahren an entwickelten sich in zunehmendem Maß auch andere Einkommens- und Erwerbszweige. Je stärker der Landbesitz in kommunaler Hand der Kolonistengemeinden oder in Privathand zunahm, desto stärker konnte auch Land in Pacht gegeben werden. Dieses Pachtland, dessen Pachtzins bis zum Ende des 19. Jahrhunderts stark anstieg, brachte den Großbauern und Gutsbesitzern unter den Kolonisten beträchtliche Nebenverdienste; diese konnten sie in neue Unternehmen investieren. Damit zeichnete sich in den deutschen Kolonienkomplexen bald auch eine verstärkte Tendenz zur Industrialisierung ab. In den Mennonitenkolonien, die auch in dieser Hinsicht schrittmachend waren, bildete sich zumeist aus der Schicht der früheren Handwerker mit Ein- und Zwei-Mann-Betrieben ein erfolgreiches Unternehmertum heraus. Bekannt ist unter anderem das Beispiel der Wagenfabrik von Ferdinand Waslowskij, die um 1875 aus dem Ein-Mann-Betrieb eines Wagenmachers in Hoffnungsthal im Molotschna-Gebiet hervorging. Während ihres 35jährigen Bestehens hat diese Wagenfabrik durchschnittlich 500 hochwertige Wagen pro Tag produziert. Zur gleichen Zeit wurden aus der Schlosserwerkstätte des Molotschnaer Mennoniten Jakob Bühler eine Gußeisenhütte, aus der Wagenfabrik von Heinrich Bielfeld ein Eisen- und Maschinenwerk und aus dem Backsteinmanufakturbetrieb von Nikolaus Schmidt ein Silikatziegelwerk mit einer Tagesproduktion von 8000 Steinen. Das Maschinen- und Kupfergußwerk von Franz & Schröder in Halbstadt im Molotschna-Gebiet erreichte gegen Ende des Jahrhunderts einen Jahresumsatz von anderthalb Millionen Rubel. In Kaiserthal gründete der Mennonit Kolb 1891 mit einem Kapital von 6000 Rubel eine kleine Eisenfirma. 20 Jahre später erreichte er eine Jahresproduktion von 160000 Rubel. Sein Sohn studierte bereits auf einem Technikum und machte schon während seiner Studienjahre Entdeckungen, die den weiteren Ausbau des väterlichen Unternehmens stark förderten. Andere der zahlreichen neu entstehenden Fabriken dienten in erster Linie der Verwertung und Sicherung der Agrarprodukte. Hier sind neben den zahlreichen Ölpressen vor allem die Graupen- und Stärkemehlfabriken sowie auch Trockenmilchfabriken zu erwähnen. Die Hauptzentren dieser verarbeitenden Industrie lagen in den Großkolonien Halbstadt und Prischib im Gouvernement Taurien, Chortiza, Schönwiese und Kischkas im Gouvernement Jekaterinoslaw, Selz und Kandel im Gouvernement Cherson sowie den Städten Tarutino, Teplitz und Sarata in Bessarabien.

Das Monopol des Landmaschinenbaus, besonders der Herstellung hochwertiger Pflüge, hatten im südrussischen Raum für lange Zeit die deutschen Kolonisten. Seit Beginn der achtziger Jahre produzierten die Pflugfabriken der ehemaligen Kolonisten Eckhard, Liphard, Sack und Schwarzhof und anderer die qualitativ besten Pflüge Südrußlands, die unter den russischen Bauern weiten Absatz fanden. Eine 1909 unter 78000 russischen Landwirten aller europäischen Gouvernements durchgeführte Umfrage ergab, daß die Pflüge der vier genannten Pflugfabriken die hervorragendsten Ernteerträge sicherten und insofern die weiteste Verbreitung gefunden hatten.[56] Weitere berühmte Pflugfabriken in deutscher Hand, die ganz Südrußland mit Pflügen bester Qualität belieferten, waren zu dieser Zeit bereits in eine Aktiengesellschaft übergegangen (1907), die ein Grundkapital von drei Millionen Rubel aufwies; dies war die Firma Johann (Iwan Iwanowitsch) Henn in Odessa, die 1886 von einem im bessarabischen Hoffnungsthal beheimateten Pflugmacher begründet worden war. Ebenfalls in Odessa befand sich die von Eduard Krause gegründete Firma Krause & Strauch, die bei Ausbruch des Ersten Weltkriegs als das größte südrussische Handelshaus für Automobile galt.

Gegen Ende des 19. Jahrhunderts waren die deutschen Siedler, die ehemaligen Kolonisten, zu beträchtlichem Wohlstand gelangt. Besorgte russische Beobachter, die den zunehmenden Reichtum der deutschen Siedler auf dem Hintergrund der wachsenden Verarmung und Landknappheit des russischen Bauerntums sahen, nahmen Schätzungen von Kapital- und Immobilienbesitz der deutschen Kolonisten in Südrußland vor. So wurde beispielsweise aus den Versicherungssummen für die Gebäude der Kolonisten in den 126 Kolonien des Gouvernements Jekaterinoslaw ein Immobilienbesitz der Kolonisten im Wert von 14617670 Rubel ermittelt.[57] Die Immobilienwerte der deutschen Kolonisten in den damals bestehenden 513 deutschen Kolonien der drei südrussischen Gouvernements und Bessarabiens, ihre Landbesitze und Stadtsitze außerhalb der Kolonien ausgeschlossen, beliefen sich nach diesen Schätzungen auf 49991850 Rubel. Zu diesem geschätzten Wert der Immobilien konnte der des Landbesitzes und der Liegenschaften hinzugezählt werden. Der Wert des gesamten Immobilienbesitzes ergab somit eine Summe, die bei 357 Millionen Rubel lag. Die Schätzungen für das Jahr 1893, die neben den Immobilien und dem Landbesitz der Kolonien auch die in kommunaler Hand befindlichen Kapitalien umfaßte, beliefen sich auf 407369525 Rubel. Die privaten Kapitalien in der Hand ehemaliger Kolonisten wurden zumeist in der Form der sogenannten Waisengelder in den deutschen Bezirksbanken aufbewahrt. Die Summe der privaten Konten, die die mennonitischen und nichtmennonitischen deutschen Siedler des Gebietes Chortiza in ihrer Bezirksbank deponiert hatten, betrug am 1. 5. 1888 1235854 Rubel; in der Kreisbank von Halbstadt waren zu dieser Zeit 390563 Rubel auf privaten deutschen Konten deponiert.

Mit der wachsenden Finanzkraft der Kolonisten nahm gegen Ende des 19. Jahrhunderts auch ihr Drang in die russischen Städte zu. Die wohlhabende Schicht der deutschen Gutsbesitzer paßte sich in zunehmendem Maße den Gepflogenheiten des russischen Landadels an. Sie gaben Teile oder aber den gesamten Landbesitz in Pacht, ließen sich für Monate oder für immer in den reizvollen russischen Küstenorten und Ferienressorts nieder und suchten Anschluß an das kultivierte Leben der wohlhabenden russischen Schichten. Ihre Abwesenheit mußte auch keinesfalls den Niedergang ihrer Güter nach sich ziehen. Denn diese waren fähigen, verantwortungsbewußten und wohlausgebildeten deutschen Verwaltern oder Pächtern, Agronomen mit Hochschulbildung, überlassen. So war gegen Ende des 19. Jahrhunderts besonders in der wohlhabenden Oberschicht der deutschrussischen Landbevölkerung eine soziale Umschichtung eingetreten, die nationalistische deutsche Kräfte in Rußland und Deutschland mit Sorge um den Bestand einer geschlossenen deutschen Volksgruppe in Rußland erfüllte:

> »Die jüngere Generation will sich den patriarchalischen Sitten nicht mehr fügen. Ihre Bedürfnisse sind größer. Sie kauft sich Häuser in der Stadt, in denen sie im Winter wohnt. Es gab in den letzten Jahren sogar manche junge, selbst noch unverheiratete deutsche Gutsbesitzer, die ihre Ländereien verpachteten und die Erträgnisse in der Stadt verbrauchten. Allerlei Auswüchse begannen sich zu zeigen, besonders bei solchen, die in der Stadt erzogen worden waren oder ihre Schulen durchlaufen hatten. Landflucht, Verachtung des Bauernstandes, auch Spekulationsfieber, das Grund und Boden zum Spielball gieriger Gewinnsucht machte, äußerliches Vornehmtun der Frauen und Töchter, das sich zunächst im Gebrauch der vornehmeren russischen Sprache und in übertriebenem Luxus äußerte: Anzeichen beginnenden Zerfalls.«[58]

Aus russischer Sicht lieferte dieser Ausbruch der jüngeren Generation der wohlhabenden Kreise der deutschen Kolonisten aus den geschlossenen Kolonistenverbänden wohl eher einen Beweis dafür, daß der Zeitpunkt ihrer Assimilation gekommen war und sie auf dem besten Weg waren, sich fest in die russische Gesellschaft zu integrieren. Um die Jahrhundertwende fehlte es nicht an Beispielen wohlhabender deutschrussischer Landbesitzerfamilien, die längst ihre ethnisch-ständischen Grenzen gesprengt und sich ganz in das Leben des russischen Landadels oder aber des russischen Groß- und mittleren Bürgertums der Städte eingefügt hatten. Diese Familien sahen es in vielen Fällen als ihre besondere Aufgabe an, Teile ihres auf russischem Boden erworbenen Kapitals zur Hebung des allgemeinen Kulturniveaus einzusetzen. Ein Musterbeispiel für diese Einstellung lieferte die Familie Falz-Fein. Diese mittlerweile auf mehrere Zweige angewachsene, wohlhabendste deutsche Landbesitzerfamilie in Südrußland, die von Alexander II. in den Erbadelsstand erhoben worden war und seitdem auch Eingang in die russische Adelswelt gefunden hatte, erwarb zu dieser Zeit nicht nur immense neue Ländereien aus abgewirtschafteten russischen Adelsgütern der Westprovinzen des Russischen Reichs. Sie schuf in dem gigantischen Tier- und Wild-Park »Askania Nova« im Gouvernement Cherson einen Beitrag zur Naturpflege des Landes, der als »Paradies in der Steppe« die Revolution und selbst den Bürgerkrieg überdauerte und noch heute den Stolz der sowjetischen Tierzüchter und Tierschützer darstellt.[59]

4. Die Vorzeichen der »deutschen Frage« in Rußland

Als Gegenstand der im engeren Sinne politischen Debatte entstand die »deutsche Frage« in Rußland zu Beginn des 20. Jahrhunderts. Sie gipfelte in den Auseinandersetzungen zwischen russischem und deutschem Chauvinismus auf dem Hintergrund des Ersten Weltkriegs. Die historisch-sozialen Wurzeln dieser Debatte reichen jedoch bis tief ins 19. Jahrhundert zurück. Die ersten sichtbaren Ansätze dieser Fragestellung, die sich zunächst nicht auf alle Deutschen in Rußland, sondern nur auf einzelne Teile dieser ethnisch-nationalen Gruppe auf russischem Boden bezogen, traten mit den frühen Jahren der Reformzeit an die Oberfläche des politischen Tagesgeschehens. Im Laufe der letzten vier Jahrzehnte des 19. Jahrhunderts fügte sich – auf dem Hintergrund der mächtig voranschreitenden Modernisierung des großen Reiches – Glied an Glied, so daß mit der Jahrhundertwende, besonders aber mit Gewährung der Presse- und Meinungsfreiheit (1905), die »deutsche Frage« im Sinn eines alle deutschen Bevölkerungsgruppen in Rußland umfassenden, allgemeinen Problems aufgeworfen wurde. Bis zum Ausbruch des Ersten Weltkriegs wurde sie allerdings kaum je so virulent wie die anderen »nationalen Fragen« in Rußland – wie etwa die polnische oder die jüdische Frage. Erst die Geschehnisse des Ersten Weltkriegs trieben auch diese Debatte auf die Spitze.

Das ideologische Rüstzeug hatte die russische Intelligenz in den philosophischen Zirkeln der vierziger Jahre des 19. Jahrhunderts erhalten. Es waren paradoxerweise die deutschen Philosophen Kant, Fichte, Schelling und schließlich besonders Hegel, die einen nachhaltigen Einfluß auf die russische Intelligenz gewannen. In einer höchst ambivalenten Lehrer-Schüler-Beziehung, die den Kern zur Revolte gegen die etablierten Autoritäten des Westens bereits in sich trug, wurde besonders Hegels Idee von der Rationalität alles Seins – als Substrat der Hegelschen Lehre zu der allanwendbaren Maxime »Was ist, ist vernünftig« erhoben – von den Anhängern unterschiedlicher Schulen und Richtungen zur Untermauerung ihrer Ansprüche verwendet. Wie in Deutschland, so bildeten sich auch in Rußland in der Nachfolge Hegels zwei Richtungen heraus: Dem deutschen Linkshegelianismus entsprach in Rußland ein sozialistischer Agrarutopismus, wie ihn etwa Herzen, Ogarjow und Bakunin entwickelten; dem deutschen Rechtshegelianismus folgte – wenn auch in engen Grenzen – jener konservativere Zweig der Slawophilen, die, von Chomjakow angeführt, in Männern wie Samarin, Aksakow und anderen ihre besten Vertreter hatten. Dabei bestand – ganz anders als im Ständestaat Deutschland – unter den Vertretern beider Richtungen in vieler Hinsicht überraschende Übereinstimmung. Einig waren sie sich unter anderem in einer Idealisierung, ja Mystifizierung des russischen Bauerntums und der echt russischen Wurzeln dieser Gesellschaft. Eine Neigung zur nationalen Idealisierung, die sich unter geeigneten Umständen schnell zu großrussischem Nationalismus verdichten konnte, war für sie alle charakteristisch. Und mit der Tendenz zum Nationalismus war auch eine Tendenz zur Abgrenzung von fremden Nationen gegeben, an denen sich der russische Nationalismus auf dem Weg seiner Entfaltung und Stärkung zu reiben begann. Zu ihnen gehörte, als eine nationale Gruppe, die einerseits in betonter Isolation, andererseits aber unter starkem Führungsanspruch gestanden hatte, das deutsche Element in Rußland.

Das vielgesichtige und in seiner historisch-sozialen Entwicklung so vielseitige Element der Deutschen im Russischen Reich bot auch in vielerlei Hinsicht Anlaß zu Kritik. Russische Linkshegelianer, wie Herzen, sahen im konservativen deutschen Beamtentum in der russischen Administration ihre erste Angriffsfläche. Der französische Philosoph, Linkshegelianer sozialistischer Prägung, Jules Michelet, sprach ihnen aus dem Herzen, wenn er formulierte: »En Russie le peuple n'existe pas; il n'y a que le bourreau et le fouet. Le bourreau, c'est l'Allemand, le fouet, c'est le Cosaque!« Die antideutschen Gefühle dieser Richtung in der jungen russischen Intelligenz fanden durch die innerrussischen Ereignisse im Revolutionsjahr 1848 neue Nahrung.[60] Auf dem Hintergrund allgemeiner Passivität brachten die Deutschbalten ihren Abscheu vor der Revolution zum Ausdruck. Die vereinigten deutschbaltischen Ritterschaften sprachen dem Zaren ihre rückhaltlose Unterstützung aus, falls die revolutionären Umtriebe auf Rußland übergreifen sollten. Aufgrund dieser Haltung wurden die konservativen deutschbaltischen Großagrarier nicht nur in den Augen der sozialistisch orientierten jungen russischen Intelligenz, sondern auch des liberaleren deutschen Adels, der sich soeben in der Frankfurter Paulskirche versammelte, zum Inbegriff des reaktionären Europa. Doch gelang es diesen russischen Linkshegelianern nicht, ihre Kritik am Einfluß des deutschen Elements in Rußland öffentlich und systematisch zu bekunden. Verantwortung dafür trug genau jener Teil der konservativen, nach ihrem Empfinden volksfeindlichen Bürokratie des russischen Staats, den sie bekämpften. Denn diese Bürokratie zwang sie entweder zum Schweigen oder aber zur Emigration nach Westeuropa. Von den Kraftströmen des russischen Mutterbodens abgeschnitten, verlief sich ihr kritisches Denken in ganz anderen Bahnen. In vielen Fällen – die anhaltende Treue Alexander Herzens zum russischen Bauerntum ausgenommen – verflüchtigte sich das Schreckgespenst des konservativen und bürokratischen deutschen Elements in Rußland, das die Barriere zwischen dem schöpferischen jungen russischen Intellektuellen und dem zukunftsträchtigen russischen Bauerntum aufgerichtet hatte, mit zunehmender Entfernung.

Etwas anders verlief der innere Weg der slawophilen russischen Rechtshegelianer. Wie ihre Freunde aus dem linken Lager, denen sie menschlich und sozial oft nahe, ideologisch aber fern standen, unterlagen diese talentierten Sprecher der besten Teile des sozial engagierten russischen Adels den strengen Bedingungen der Zensur, dieses erbarmungslosen Arms der russischen Bürokratie. Auch sie konnten ihren nationalen Aversionen lange Zeit öffentlich nicht Ausdruck verleihen. Auch sie waren gezwungen, ihre Überlegungen, wenn überhaupt, im Ausland zu publizieren. Aufgrund ihrer unbestreitbaren Talente, ihrer Verbundenheit mit den wenig privilegierten Schichten und ihrer Verantwortung für das Volksganze nahmen sie jedoch einen wichtigen Platz im Reformprozeß ein. Als für das Reformwerk unentbehrliche Kräfte harrten diese Männer ihrer Stunde, um sich in scharfer, aber unwiderlegbarer Form und mit entwaffnender Sachkundigkeit zu den brennenden nationalen Fragen zu äußern.

Die auf das bodenständig Nationale gerichteten Aspirationen dieser Männer verdichteten sich erst auf dem Hintergrund der komplizierten Umbrüche der Modernisierung der russischen Gesellschaft. Die Zusammenhänge zwischen Modernisierung und modernem Nationalismus, die erst in jüngster Zeit von der historisch-soziologischen Forschung aufgedeckt werden[61], hat bereits der deutsche Botschafter in St. Petersburg, von Schweinitz, als tiefgründiger Beobachter der russischen Verhältnisse bemerkt. 1890 schrieb er in seinem Tagebuch:

> »Die jetzt in ganz Europa grassierende Übertreibung des Nationalgefühls ist ein *retour offensif* gegen die nivellierende, die Stammeseigentümlichkeiten bedrohende Wirkung von Dampf und Elektrizität. Vielleicht ist die rücksichtslose Kriegführung des Herrn Pobedonoszew nichts anderes als ein letzter verzweifelter Vorstoß gegen die religiösen, intellektuellen und materiellen Kräfte, welche das orthodoxe Russentum von innen und außen zu entamieren suchen.«

Zu einem *retour offensif* sah sich aber nicht nur der um seine Vorrechte bangende großrussische Konservatismus veranlaßt. Eine offene Abwehrstellung nahmen bald auch einige Sprecher der deutschrussischen Bevölkerung, allen voran die Deutschbalten mit einer nationalistischen Orientierung ein, die die seit Jahrhunderten festgefügte Ständeordnung der Ostseegouvernements in unaufhaltbare Zerrüttung gleiten sahen. Eine Zuspitzung des Konflikts zwischen russischem und deutschbaltischem Nationalgefühl war auf diesem Hintergrund vorgegeben.

Die »baltische Frage«

Die erste Gruppe deutscher Herkunft innerhalb der Bevölkerung des Russischen Reichs, die zum Gegenstand einer ethnisch-sozialen »Frage« wurde, war die der Deutschbalten. Die baltische oder Ostseefrage *(Ostzejskij Vopros)* – die Deutschbalten wurden auch Ostseedeutsche *(ostzejskie nemcy)* oder *»ostzejcy«* genannt – entstand gleichzeitig mit der Durchführung der Großen Reformen und war von diesen nicht zu trennen.[62] Sie erreichte ihren ersten Höhepunkt in der Fehde zwischen Jurij Samarin und Carl Schirren in den Jahren 1868 bis 1870.

Ungleichere Partner hätten sich bei diesem Aufeinanderprallen von russischem und deutschbaltischem Nationalismus schwer treffen können. J. F. Samarin entstammte den besten Kreisen des russischen Hofadels; die Kaiserinmutter, Marja Fjodorowna, selbst hatte Samarin 1819 aus der Taufe gehoben. Schirren war Sohn eines Rigaer Pastors. Samarin durchlief eine glanzvolle Universitätskarriere an der philosophischen Fakultät der Universität Moskau, einem der wissenschaftlichen Zentren Rußlands jener Jahre, und trat nach einer allseitig beachteten Doktorarbeit über das geistige Rußland zur Zeit Peters des Großen in den Dienst des russischen Senats und alsbald ins Innenministerium ein. Schirren studierte im nahegelegenen Dorpat Geschichte und arbeitete sich zum Lehrstuhlinhaber empor. Samarin, den sein Dienst in die entlegensten Teile Rußlands führte, brach eine vielversprechende Karriere ab (1853), folgte seinem leidenschaftlichen Wunsch, das Los der Bauern – estnische und lettische Bauern eingeschlossen – zu verbessern und ließ sich auf dem Lande nieder. Als Vorkämpfer der Bauernbefreiung wurde Samarin in die Redaktionskommission berufen und war mit Feuereifer auch bei der Ausarbeitung der polnischen Bauerngesetzgebung tätig. Ein Jahr nach der Verkündung des Befreiungsediktes in Rußland erklärte der 33jährige Adlige, daß es die moralische Pflicht des russischen Adels sei, seine Standesbande zu lösen, um sich der Allgemeinheit anzugleichen.[63] Schirren hingegen schärfte seinen Studenten sowie den Lesern seines »Dorpater Tageblattes« ein, daß das Gebot der Stunde die Abwehr des zersetzenden Geistes des reformerischen Russentums sowie den Kampf um die ererbten deutschen Privilegien gegen die östliche Welt und die Germanisierung von Letten und Esten verlange. Als schließlich selbst Zar Alexander II. bei seinem Besuch in Riga am 15. Juni 1867 in russischer Sprache wünschte, »daß auch Sie, meine Herren, zu der einen russischen Familie gehören«, und bald darauf die russische Sprache zur Geschäftssprache der Behörden erklärt wurde, schlug Schirrens Einstellung vollends in Russenhaß um. Samarins Verhältnis zu den Deutschbalten war von einer eigenartigen Haßliebe bestimmt. Sie fand später ihren intimsten Ausdruck in der langjährigen Korrespondenz mit der klugen, kühlen und unnahbaren Deutschbaltin, Editha Baronesse Rahden, der Hofdame der aus Württemberg stammenden Großfürstin Jelena Pawlowna, die bis zum Tod Samarins andauerte. Samarin hatte die Deutschbalten schon als 28jähriger Geschäftsführer der Revisionskommission der Zollverwaltung der Stadt Riga (ab 1847) kennengelernt. Neben den offiziellen Berichten und Veröffentlichungen über Riga hatte er 1849 auch seine »Briefe aus Riga« veröffentlichen wollen. Die Briefe verurteilten die Attitude des Herrenmenschentums, die Samarin an den Deutschbalten beobachtet zu haben glaubte, und beklagten die kulturelle Auslöschung der Letten und Esten durch die überlegenen Deutschbalten. Die Zensurbehörde beschlagnahmte sie, konnte jedoch nicht verhindern, daß sich Teile des Manuskriptes wie ein Lauffeuer verbreiteten. Bald drohte Samarin aus Kreisen der hohen Petersburger Bürokratie die Anklage auf Verletzung des Dienstgeheimnisses. Zar Nikolaus I. lud den »jungen Hitzkopf« persönlich zu sich, erteilte ihm eine Verwarnung und zehntägigen Festungsarrest und entsandte ihn zum Dienst ins ferne Gouvernement Simbirsk. Samarin, der für die Unbeugsamkeit seiner Überzeugungen ebenso bekannt war wie für seine makellose Sittlichkeit und seine glühende Liebe zu den Erniedrigten und Beleidigten, konnte seine Rigaer Beobachtungen jedoch nicht vergessen. In dem 1861 im Geist der Reformen geschaffenen »Den« (Der Tag) seines Freundes und Parteigängers Iwan Sergejewitsch Aksakow äußerte sich Jurij Samarin wiederholt zur baltischen Frage. Der »unverbesserliche Slawophile«, wie sich Samarin selbst mit Stolz bezeichnete, traf auf den heftigen Widerstand des Innenministers Walujew.

Walujews Mutter war die Schwester von Hamilkar Baron Fölkersahm, des livländischen Landmarschalls (1848–1851) und streitbaren Anhängers Hegels und des Jungdeutschtums. Fölkersahms Neffe Walujew kontrollierte die Presse und Zensur, übte größten Druck auf die Slawophilen aus und verhinderte jede offene Debatte der baltischen Frage. 1865 wurde die Redaktion des »Den« auf Anordnung des Innenministers geschlossen. Die großangelegten Werke über die Grenzgebiete Rußlands *(Okrainy Rossii)*, die Samarin gerade in Arbeit hatte, erschienen infolgedessen ab 1868 in Prag und Berlin. Die ersten beiden Bände – »Das russisch-baltische Küstenland im gegenwärtigen Zeitpunkt« und »Die Aufzeichnungen eines orthodoxen Letten« – sprachen die Sorge aus, daß der deutschbaltische Behauptungswille nach den preußischen Siegen und der Schaffung des Norddeutschen Bundes durch Bismarck zunehmend an Boden gewänne und die Deutschbalten die Ostseeprovinzen planmäßig eindeutschten, sie zu einer »Festung gegen Rußland« ausbauten, um sie schließlich als eine Bastion gegen Osten an das erstarkte Preußen anzugliedern. Bald nach Erscheinen des Werkes, im November 1868, wurde Samarin zum Moskauer Generalgouverneur zitiert, der ihn über die Unzufriedenheit des Zaren mit diesem Werk in Kenntnis setzte. Wenige Wochen später, im Mai 1869, erschien Carl Schirrens »Livländische Antwort an Herrn Juri Samarin«.[64] Die »Livländische Antwort« war eine Kampfschrift zur Verteidigung der »abendländisch-protestantischen Cultur«, die der russischen »Race«, ihrem ungezügelten »Instinct« und Fanatismus die Selbstbehauptung des Deutschtums als »unsere Aktion«, »die Summe unserer Politik« entgegensetzte. Das Lebensprinzip des Deutschtums, die Autonomie des »deutschen Landesstaates« habe »zähe Genossenschaften« geschaffen, »welche festhalten, was sie besitzen« und ihren Platz behaupten. »Feststehen« und »ausharren« würden die Deutschbalten »am allerentschiedensten gerade in solchen Zeiten, wo jeder herkömmliche Schutz, jede gewohnte Stütze versagt... auch gegen Sie, Herr Samarin, und Ihresgleichen«.

Unmittelbar nach Erscheinen der »Livländischen Antwort« beantragte der Kurator des Lehrbezirks Dorpat, Alexander Graf Keyserling, die Amtsentlassung Schirrens. Schirren emigrierte nach Deutschland, um dort Julius Eckardt, früher politischer Redakteur der »Rigaschen Zeitung«, und Woldemar von Bock, die wenige Jahre vor ihm unter ähnlichen Umständen Livland verlassen mußten, in ihrem Kampf gegen die »russische Vergewaltigung der Ostseeprovinzen« zu unterstützen. Diese deutschbaltischen Emigranten, von denen sich bald auch die Livländische Ritterschaft mit Nachdruck distanzierte, haben durch ihre gehässigen Presseattacken viel zur Vergiftung der deutsch-russischen Beziehungen beigetragen und das Gerücht von den deutschen Eroberungsplänen für das Baltikum nur allzu glaubhaft gemacht. Ihre Presseaktivität wurde von Friedrich Dukmeyer, einem russischen Deutschen mit guter Kenntnis des gesamten Russischen Reichs, in folgender Weise kritisiert:

»In Baltien ist in Schwung das Recht der anonymen Frechheit, und die Balten üben sie besonders in Deutschland. Hier vegetieren sie trotzdem nur durch Rußland... Diese Balten schreiben Schmähartikel über Rußland, das sie nicht kennen... sie übersetzen russische Bücher, wozu ihnen Talent und Kenntnisse fehlen... sie lesen, schimpfend, an deutschen Universitäten und Akademien über russische Geschichte, die sie nicht kennen... In Deutschland sind sie Professoren, in Rußland waren sie verunglückte Wahrheitsschinder. Die Balten versuchen Deutschland, zu dessen Größe sie nichts, gar nichts beigetragen haben, zum Kriege gegen Rußland... aufzureizen ...Rußland erbarmte sich der Ostseegouvernements und sprach: Auch hier herrsche Gerechtigkeit und Wahrheit! Darüber fluchen die Erzbalten, die in der Ungerechtigkeit ihr Brot hatten. – Vor hundert Jahren kamen aus dem Auslande dort nicht taugliche Kutscher, Lakaien und Friseure nach Rußland und lehrten es Europas Kultur; heute ist es umgekehrt: Russischer Auswurf lehrt in Deutschland Geschichtsfälschung, und Deutschland merkt nicht, daß es schmählich von niedrigen Schacherern hintergangen und ausgebeutet wird. Das sind die Früchte der baltischen Grundsätze.«[65]

Dabei sprachen diese deutschbaltischen Expatrianten nur für eine marginale Gruppe ihrer Landsleute, unter ihnen das bürgerliche Element von Lehrern und Pastoren, für die die Einführung der unbeliebten und ungelernten russischen Sprache in den Ostseeprovinzen eine Erschütterung ihrer beruflichen Existenz bedeutete. Für den konservativen deutschbaltischen Landadel, der die Reformen eher begrüßte als fürchtete und nationalistischen Bestrebungen gegenüber weitgehend immun blieb, sprach Justizminister Konstantin Graf von der Pahlen die weithin bestehende Überzeugung aus:

»Es ist eine Welle, die wir über uns hinweggehen lassen müssen. Was Sand ist, wird verschwinden, was Fels ist, wird bestehen.«[66]

Diese beiden entgegengesetzten Orientierungen – die des in seinen Grundfesten gesicherten deutschbaltischen Landadels, der sein Gravitationszentrum in der Metropole des Russischen Reiches sah, und die der verunsicherten deutschbaltischen bürgerlichen Literaten, die weder willens noch vielleicht fähig waren, die »germanisch-evangelische« Kulturdominanz in Frage gestellt zu sehen und deshalb stärker einen Anschluß an die deutsche »Stammesheimat« suchten – blieben auch bis zum Ende des 19. Jahrhunderts unvermittelt nebeneinander bestehen. Die Gründung des neuen Deutschen Reiches (1871) gab den nationalistisch orientierten Literaten kurzzeitig starken Aufwind.[67]

Wenn Samarin kurz vor seinem Tod (1876) schrieb: »Die Verschmelzung aller deutschen Elemente mit dem neuen Deutschen Reich hat sich im Bereich der Ideen und Gefühle vor unseren Augen vollzogen«, so traf dies vor allem auf jene national orientierten Kräfte unter den Deutschbalten zu. Unzweifelhaft besaßen sie, besonders durch die Vermittlung über Predigt, Kanzlei und Universitätskatheder, starken Einfluß auf die gebildete und studierende Jugend. Theodor Schiemann, ein namhafter Rußlandhistoriker deutschbaltischer Herkunft, hat bezeugt, wie tief sich der Schirrensche protestantische Nationalismus mit seinen sozialdarwinistisch-rassistischen Zügen in das Bewußtsein der jungen deutschbaltischen Generation eingrub. Die glaubwürdige Bismarcksche Politik des Desinteressements in der baltischen Frage bereitete diesen deutschbaltischen Kräften eine herbe Enttäuschung. Doch in der langen Zeit seiner Kanzlerschaft hat Bismarck an seiner Entscheidung festgehalten,

»mit welcher ich im Namen einer fremden und befreundeten Regierung den Versuch einer Einmischung in ihre Angelegenheiten zurückzuweisen für meine Pflicht halte, im Interesse einer kleinen Minorität von Deutschen, die unter einer Anzahl von Esthen, Letten und einer noch größeren Überzahl von Russen, einer gegen Tausend stehen; diese zu kompromittieren, ist kein guter Dienst, denen man ihnen erweist«.[68]

Als sich die nationalistisch orientierten deutschbaltischen Literaten, protestantisch-bürgerliche Akademiker, aufgrund der Richtschnur der Bismarckschen Politik zunehmend von seiten der deutschen Reichsregierung im Stich gelassen und dem reformistischen »Ansturm vom Osten« preisgegeben fühlten, trat der aggressive Zug ihrer nationalen Selbstverteidigung immer stärker hervor.

Die russische Reformpolitik der siebziger und achtziger Jahre des 19. Jahrhunderts, die auch im abgelegenen und sozial in vieler Hinsicht rückständigen Ostseeraum eine neue Städteordnung und eine Justiz- und Polizeireform durchsetzte, veranlaßte diese nationalistische Gruppe, die sich immer stärker in eine Winkelexistenz gedrängt fühlte, das Schutz- und Trutzbündnis mit jenen Kräften in Deutschland zu suchen, deren Kreuzzugsmentalität ihnen für die Zukunft gewisse Sicherheiten versprach; sie fanden sie im Alldeutschen Verband, der unverblümt die Annexion der »deutschen Ostseeprovinzen« und die Eroberung großer Teile des Russischen Reiches propagierte.

Um die Jahrhundertwende entstanden in allen drei Ostseegouvernements kleine Kerngruppen alldeutsch orientierter deutschbaltischer Nationalisten. Eine zentrale Rolle spielte unter ihnen der Literat und Journalist Ernst Seraphim, der Herausgeber der »Düna-Zeitung«, dann des »Rigaer Tageblatts« und ab Mitte der neunziger Jahre Mitglied beziehungsweise Vorsitzender der Ortsgruppe Riga des Alldeutschen Verbandes war. Mit der Aktivität Seraphims und einer Gruppe gleichorientierter Rigaer Bürger wurde Riga zu einer Art Hochburg der alldeutschen Bewegung in Rußland.

Seraphims integraler Rassismus richtete sich nicht nur gegen das – in seinen Augen – kulturlose, verweichlichte Russentum, gegen die »kulturell unterentwickelten« Letten und Esten, sondern nahm auch – in Anlehnung an Geist und Wortwahl des preußischen Hofpredigers Stoecker – das russische Judentum ins Visier. Seine Betrachtungen über »Die Judenfrage«[69] bereiteten einer bürgerlich-deutschbaltischen Version des Antisemitismus den Weg, die später über seinen aus Reval stammenden Adepten Alfred Rosenberg in die frühe Münchner NSDAP und die Leitartikel des »Völkischen Beobachters« Eingang fand. Der deutschbaltische Landadel konservativer wie liberaler Prägung erblickte in diesen Kräften die »Schwarzhundertschaften« des baltischen Deutschtums und distanzierte sich von ihnen offen und rückhaltlos.[70]

Die Kolonienfrage

Als zweite Gruppe der Deutschen in Rußland wurden die ehemaligen Kolonisten Gegenstand der öffentlichen Debatte. Dies geschah in der Kolonien- beziehungsweise Kolonialdiskussion, die um die Mitte der achtziger Jahre des 19. Jahrhunderts ihren Höhepunkt erreichte. Die Einbeziehung der deutschen Kolonien in die allgemeine Kolonialdebatte erfolgte auf vorbereitetem Boden.

Bereits 1866, im Jahr der Gründung des Norddeutschen Bundes, erschien in der russischen Regierungsmonopole (Gemeinnützige Typographie) eine Schrift, die die Sicherung der Zukunft Rußlands von einer rechtzeitigen Lösung der »deutschrussischen Frage« abhängig machte, ein Ausdruck, der in diesem Zusammenhang zum ersten Mal erschien.[71] Die Schrift N. P. Danilows »Die Zukunft Rußlands in Abhängigkeit von der gegenwärtigen Lösung der polnischrussischen und deutschrussischen Fragen durch eine nationale Politik der russischen Regierung und die patriotische Aktivität der russischen Bürger« war das Werk eines russischen Konservativen, den der polnische Aufstand von 1863/64 und die Stärkung Preußens in seinen politischen Grundfesten erschüttert hatten. Die Vorstellung, aus dem erstarkten Preußen könne ein politischer Funken in die dicht deutsch besiedelten russischen Westprovinzen – nämlich die Ostseeprovinzen und die polnischen Gouvernements – sowie die westrussischen Gouvernements Kiew, Wolhynien, Podolien, Bessarabien schlagen, ließ den Autor um den Bestand des russischen Staatswesens bangen. In drängenden patriotischen Wendungen hielt er seinem russischen Leser vor Augen, daß neben den Polen besonders die Deutschen Rußlands als »innerrussisches Ausland« das Vaterland von innen her angriffen, es zu zersetzen und in seine Teile zu zerlegen drohten. Die »bösen Genien« – die föderativen und organischen Staatsideen – seien durch Deutsche in Rußland eingeführt und hier auf fruchtbaren Boden gefallen. Die einzig wirksame Hilfe gegen diese staatsgefährdende deutsche Invasion wäre eine Verschärfung der Zensur, die Stärkung des nationalen Einheitsbewußtseins und die Wachsamkeit jedes Bürgers. Insbesondere die russischen Westprovinzen, die sich im Zustand fortgeschrittener »Germanisierung« befänden, verlangten in den Augen des Autors, der offenbar aus eigener und fundierter Kenntnis der Dinge sprach, strengste Vorsichtsmaßnahmen.

Argumente und Befürchtungen dieser Art verstärkten ab Ende der sechziger Jahre das bereits bestehende Angstpotential der russischen Panslawisten, das mit der deutschen Reichsgründung (1871) neue, konkrete Nahrung erhielt und durch die russische Niederlage im russisch-türkischen Krieg (1877), besonders aber durch die Rolle Bismarcks auf dem Berliner Kongreß (1878), die letzte, kritische Schwelle erreichte. Denn der Traum und das politische Fernziel der Panslawisten, die Errichtung eines allslawischen Weltreiches, das

– mit den Worten des Dichters F. I. Tjuttschew – vom Nil bis an die Newa, von der Elbe bis nach Cathay reichen sollte, wurde durch eine preußische militärische Übermacht ebenso durchkreuzt wie ihr nationales und religiöses Nahziel – die national-religiöse Vereinheitlichung der russischen Randgebiete –, das auf den Widerstand einer stark anwachsenden, nicht assimilationsbereiten, fremdstämmigen Bevölkerung in den russischen Grenzgouvernements stieß.

Im Zug der territorialen Expansion des Russischen Reichs seit den Zeiten Katharinas II. war diese fremdstämmige Bevölkerung in den jeweils eroberten Randgebieten angesiedelt worden, dort aber nicht – wie erwartet – mit der russisch-slawischen und orthodoxen Bevölkerung verschmolzen, sondern zu einem eigenständigen, unberechenbaren Faktor geworden, der in wirtschaftlicher Hinsicht zum Russischen Reich, in politisch-ideologischer Hinsicht aber möglicherweise zu seiner Stammesheimat Deutschland gravitierte.

Zum Stein des Anstoßes wurden jene weitflächigen Komplexe blühender deutscher Bauernsiedlungen in den westlichen und südlichen Randgebieten des Russischen Reichs, die – in religiöser und nationaler Absonderung verharrend – auf geradezu unschickliche Weise prosperierten, während der russische landbesitzende Adel rapid verarmte und das russische Bauerntum sich nur zögernd vom Schock der Bauernbefreiung erholte und mit Schwierigkeiten in seine neuen Rechte einlebte. Es war zum einen der Politik der bewußten Konfliktvermeidung der russischen Innenminister P. A. Walujew (1861–1868) und A. E. Timaschew (1868–1878), zum anderen aber einer Art eingeborener Toleranz und Großmütigkeit der russischen Öffentlichkeit zuzuschreiben, daß dieser tief angelegte Interessengegensatz, dessen Grundlinien bereits um die Mitte der sechziger Jahre vorgezeichnet waren, für nahezu zwei Jahrzehnte unausgetragen schwelte, bis er in den achtziger Jahren in einem anderen, neuen Kontext zum Durchbruch gelangte. Diesen Kontext lieferte die Kolonialfrage, die zu dieser Zeit für Rußland wie auch für die anderen europäischen Mächte zu einem einschneidenden wirtschaftspolitischen Problem wurde.

Ähnlich wie die Großmacht Deutschland so war auch die werdende Weltmacht Rußland zu spät auf dem »Kolonienmarkt« erschienen. Rußland besaß keine Kolonien auf anderen Kontinenten. Anders als die deutschen Kolonialtheoretiker, die verspätet, aber desto intensiver die außereuropäischen Rohstoffquellen für Deutschland zu erschließen trachteten, erklärten die russischen Theoretiker der Kolonisation Rußlands Mangel an fremdländischen Kolonien zu seiner christlichen Tugend: Als einzige christliche europäische Großmacht habe Rußland niemals die Prinzipien des nationalen Egoismus und der rohen Machtanwendung eingesetzt, um sich fremdländische Kolonien zu verschaffen. Anstelle fremde Völker zu unterjochen und fremde Rohstoffmärkte auszuplündern, habe Rußland seit seinen Anfängen eine mehr oder weniger bewußt gelenkte »friedliche innere Kolonisierung« durchgeführt. Diese friedliche innere Durchdringung des Reiches sollte – hierin bestand die russische Lösung der Kolonienfrage – auch in Zukunft die Basis seines Arbeitskräfte- und Rohstoffmarktes abgeben.

Mit dieser Behandlung der Kolonienfrage war eine kritische Bestandsaufnahme und Revision des bisherigen Kolonisationswerkes in Rußland verbunden; die Theoretiker der Kolonialfrage des späten 19. Jahrhunderts unterzogen die Ausländer-»Kolonien«, die ein Resultat der Staatskolonisation des 18. Jahrhunderts waren, einer neuzeitlichen Kritik. Dabei nahm die Idiosynkrasie dieses historisch mehrfach überlagerten, geopolitisch ambivalenten »Kolonien«-Begriffs eine zunehmend wichtige Rolle ein.

Einer der führenden Theoretiker der friedlichen Kolonisierung Rußlands, Fürst A. I. Wassiltschikow, ein Semstwo-Konstitutionalist, der durch seine Arbeiten über die Notwendigkeit der Dezentralisierung des Russischen Reiches und der stärkeren Heranziehung des bäuerlichen Standes zur Selbstverwaltung der Provinzen des öfteren mit der russischen Zensurbehörde in Konflikt geriet und deshalb im Ausland publiziert hatte, trug eine ebenso grundlegende wie fundierte Kritik an den deutschen »Kolonien« in Rußland in die öffentliche Debatte.[72] Die friedliche Durchdringung des russischen Raumes hatte – in der Sicht Wassiltschikows – von alters her stattgefunden: Sie folgte der »natürlichen« Wanderbewegung der slawischen Stämme von West nach Ost. Erst die Aufpfropfung westlicher Kolonisationsmodelle auf die russischen Verhältnisse, die mit der Staatskolonisation durch Kaiserin Katharina II. begonnen hatte, störte diesen Gang der slawischen Landnahme und zeigte in ihrem Grundschema wie auch in ihren Auswirkungen lediglich, »wie man nicht kolonisieren soll«. Das größte Versäumnis dieser staatlich gelenkten Kolonisation der russischen Herrscher war nach Ansicht Wassiltschikows die Tatsache, daß sie die ausländischen Siedler nicht fest und endgültig in der russischen Erde verwurzelt hatten. Die Ereignisse der Reformzeit, in der deutsche Siedler bei Aufhebung ihrer Sonderprivilegien das Russische Reich verlassen hatten, um sich in Amerika oder Australien anzusiedeln, lieferten hierfür den besten Beweis. Die innere Kolonisierung Rußlands durch Fremdstämmige habe

> »keinerlei Bedeutung besessen, da sie keine neuen Mitbürger in unserem Vaterlande heranbildete, wie dies in Amerika geschieht, wo sich die verschiedenen Nationalitäten mit den Angelsachsen vermischen«.

Am glücklichsten hatten sich in der Sicht Wassiltschikows noch die deutschen Wolgakolonisten entwickelt, die mit dem *mir*-System auch die russische Landbaustruktur übernommen und echte Bauerngemeinden geschaffen hatten; sie hatten ihre Dörfer dadurch – seiner Ansicht nach – vor der Proletarisierung ihrer Bewohner einerseits und vor der Kapitalisierung des Bodens andererseits bis zu einem gewissen Grad geschützt. Demgegenüber habe die spezifische Doppelform der südrussischen Kolonisten, nämlich die Vermischung der Einzelhof- mit der Gemeindewirtschaft, zu anhaltenden wirtschaftlichen und sozialen Mißständen geführt. Auf der einen Seite habe sich ein landloses, ländliches Proletariat, auf der anderen Seite aber ein robustes, sich rapid bereicherndes, großbäuerliches Unternehmertum entwickelt, und

> »dieser Prozeß der Landverarmung und des Landraubes eines Teils der Bevölkerung zum Gewinn und Nutzen des anderen Teils erweist sich hier, innerhalb dieses schwachen Zweiges der deutschen Kultur, als eine ausschließliche Eigenschaft des deutschen Stammes«.

Mit dieser Kritik an den Ergebnissen der sozialen Differenzierung in den deutschen Kolonien Südrußlands stand Wassiltschikow nicht allein. Die verantwortungsvollen Kräfte unter den Kolonisten, vor allem die ehemaligen Kolonistensöhne, die nun zu den liberalen, reformorientierten Elementen der russischen Beamtenschaft gehörten, hatten die Entstehung der »Landlosenfrage« mit Sorge verfolgt.[73] Auch die landlosen deutschen Kolonisten, die im Zug der allgemeinen gesellschaftlichen Aktivierung der Reformperiode zu stärkerem sozialem Selbstbewußtsein gelangten, traten mit Bitten um Unterstützung an die russischen Verwaltungsorgane heran. Eine dieser Petitionen gab ihre Situation in den folgenden Worten wieder:

> »Der Landlose hat, und wenn er auch Vater von acht bis zehn Kindern ist, nicht ein Stückchen Land zu seiner Benützung, wo er zur Ernährung seiner Familie ein Maß Kartoffeln oder Getreide anbauen könnte; die Wirte geben selbst für Pachtzins in keinem Fall Land ab, und wenn es auch wo vorkommt, daß man pachten kann, so nimmt man für $^1/_2$ Deßj. alten Pfluglandes drei bis vier Rbl. Dem Landlosen wird nicht gestattet, mehr als zwei Stück Vieh auf der Gemeinde-Viehtrift zu halten, und dies nur gegen Zahlung von einem Rbl. für die Weide eines Stückes und Entrichtung eines bestimmten Teils vom Lohne des Hirten in Getreide und Geld. Die Landlosen sind gleich den Wirten verpflichtet, Getreide vom Kopf ins Gemeinde-Vorratsmagazin zu liefern, obgleich sie kein Fleckchen Ackerland besitzen. Gleichzeitig sind sie als nicht vollberechtigte Gemeindemitglieder von der Teilnahme an der Dorfversammlung und der Wahl der Beamten ausgeschlossen (je zehn Landlose entsandten einen Vertreter in die Dorfversammlung, je 100 einen Vertreter in die Bezirksversammlung, I. F.). Die Krons- und Gemeindeabgaben werden nach gleichmäßiger Verteilung auf die Seelenzahl eingezogen, und kommt es vor, daß der landlose Vater einer großen Familie mehr zu zahlen verpflichtet ist, als ein Wirt mit kleiner Familie. Es ist wahr, dem Landlosen ist es freigestellt, an der Versteigerung eines Teils des unbrauchbaren Gemeindelandes, der sogenannten Schad-

ruthe, zu Ackerland teilzunehmen; allein auch hier treibt die Konkurrenz der Wirte den Preis für die Deßjatine auf 10 bis 15 Rbl. Jahrespacht...«[74] Die Argumentation des russischen Agrarspezialisten Wassiltschikow traf sich in vielen Punkten mit den Nöten und Beschwerden der Kolonisten, die im Prozeß der sozialen Umschichtung der Kolonien ihr ursprünglich erhaltenes Landstück an die prosperierenden deutschen Bauern abgegeben hatten. In der Sprache der Kolonisten gesprochen drohten die »Anwohner« neben den »Einwohnern« zu einem Landproletariat zu werden, das die allgemeine Pauperisierung großer Teile der russischen Landbevölkerung noch verstärkte. Die Kolonisten selbst hatten keine wirksamen Gegenmaßnahmen getroffen. Ihre Eingaben verfolgten eher das Ziel, die Regierung zu immer neuen freien Landzuteilungen an die landlose Kolonistenbevölkerung zu bewegen. So fiel es dem russischen Kolonisationstheoretiker zu, eine grundlegende Lösung dieses Problems im Rahmen seiner allgemeinen Neuorientierung der inneren Kolonisation anzustreben. Denn in einer auf völlig neuen Grundlagen betriebenen Kolonisation sah der slawophile und gemäßigt konservative Konstitutionalist Wassiltschikow den einzigen Ausweg aus der sozialen und Agrarkrise, die Rußland drohend bevorstand.

Bei der Ausarbeitung seines Modells einer Kolonisation auf neuen Grundlagen orientierte sich Wassiltschikow am Beispiel der Vereinigten Staaten von Amerika. Wie dort, so sollten auch in Rußland genaueste Pläne zur Landvermessung und Bestimmung freier Böden erstellt, der Auf- und Ausbau eines die Kolonisation erleichternden Kommunikations- und Verkehrswesens vorgenommen und besonders ein Eisenbahnnetz geschaffen werden, das in alle Knotenpunkte der künftigen Kolonialgebiete reichte. Die Suche nach den für die künftige Kolonisation geeigneten und verfügbaren Ländereien führte Wassiltschikow in jene Grenzgebiete zwischen dem europäischen und asiatischen Rußland, in dem sich auch zu dieser Zeit schon Zentren der bestehenden deutschen Kolonien befanden:

> »Als erste Gegend für die Kolonisation verweisen wir auf das Land, das hinter Wolga und Don liegt. Es beginnt im Norden um Jekaterinburg sowie mit den Baschkirenländereien, läuft durch verschiedene Kreise der Gouvernements Ufa, Orenburg und Samara, erfaßt die Kalmüken- und Kirgisensteppen, die ferneren Ostgebiete des Dongebietes und endet im Vorgebirge der kaukasischen Gebirgskette im Gouvernement Stawropol und im Kuban-Gebiet... Parallel zu dieser Kolonialzone erstreckt sich von Nordosten nach Südwesten ein anderer Landstrich, den man als Emigrationszone bezeichnen kann. Er wird erstens von den Wolga- und unteren Wolgagouvernements und zweitens von den landarmen Siedlungen des Schwarzmeergürtels vom Gouvernement Tambow bis zu den Gouvernements Kursk und Charkow gebildet.«

In diesen Landstrichen, in denen in jenen Jahren auch eine massive deutsche Landexpansion im Gange war, konnten nach Kenntnis Wassiltschikows noch einige Millionen Desjatinen freien Landes für die Kolonisation neuen Musters nutzbar gemacht werden. Allerdings sollten hier die Fehler bewußt vermieden werden, die bei der bisherigen Kolonisierung russischen Landes durch Ausländer begangen wurden. Diese letzten großen Landreserven im europäischen Rußland sollten vor den Einmischungen der robusten und expansiven kapitalistischen Kräfte auf dem Land geschützt und dadurch sollte verhindert werden, daß sich auf russischem Boden die Tendenzen durchsetzten, die die westeuropäischen Länder in tiefe Krisen führten. Wassiltschikow warnte:

> »Wir müssen sorgsam mit diesem Vorrat unserer Volkswirtschaft umgehen, ihn nicht an ausländische Kolonisten, halbwilde Eingeborene und Personen verschwenden, die über andere Besitztümer verfügen, sondern ihn unangetastet für Siedlungen der Bewohner unseres Landes erhalten, die durch den Bevölkerungszuwachs und die Landarmut aus ihren ursprünglichen heimatlichen Siedlungsgebieten verdrängt werden.«

Die Vorschläge Wassiltschikows fanden schon 1881 den Weg in die gesetzgebenden Kommissionen des Ministerkomitees. Neben der freien und unkontrollierbaren Migration der russischen Bauern nach Osten setzte nun auch eine kontrollierte und gelenkte Bewegung der inneren Kolonisierung ein. Mit dem Bau der sibirischen Eisenbahn strömten ab 1892 Tausende russischer Bauernfamilien nach Sibirien. Mit ihnen zogen zahlreiche junge landlose Familien aus den deutschen Kolonien. Die bäuerliche Umsiedlungsbewegung, von dem deutschstämmigen Konstitutionellen Demokraten A. A. Kaufmann in allen ihren Aspekten beschrieben und erforscht, weitete sich bis zu Beginn des Ersten Weltkriegs – intensiviert durch die Umsiedlungserlasse, die von dem deutschbaltischen Innenminister von Plehwe (1902–1904) verabschiedet wurden – unaufhaltsam aus.

Fürst Wassiltschikow hatte jedoch nicht nur einen Anstoß zur staatlichen Kolonisierung Rußlands durch russische Bauern gegeben. Auch seine kritischen Betrachtungen über den Nutzen der ausländischen Kolonisation in Rußland wurden viel beachtet. Einen besonderen Anlaß dazu bot die massive Einwanderung deutscher Bauern in die russischen Westgouvernements, die Ende der siebziger Jahre einsetzte und in den achtziger Jahren ihren Höhepunkt erreichte. Zum Stein des Anstoßes wurde die deutsche Einwanderung im Grenzgouvernement Wolhynien.

In den drei westrussischen Gouvernements Wolhynien, Podolien und Kiew hatten sich in den sechziger Jahren nur einige Tausend deutscher Siedler aus den benachbarten polnischen Gebieten niedergelassen. Sie hatten sich überwiegend als Pachtbauern auf russischen Gütern verdingt. Gegen Ende der siebziger Jahre setzte, zunächst von der russischen Öffentlichkeit unbemerkt, ein starker Zustrom verarmter deutschpolnischer Bauern nach Wolhynien ein, deren Hauptmotor die billigen Landpreise im russischen Westen und die guten Durchsetzungschancen waren. Dem Sogprinzip folgend, ergossen sich Ströme deutschpolnischer Bauern in die russischen Westgouvernements. 1880 wurden in den drei Gouvernements schon ca. 150000–180000 deutsche Kolonisten gezählt. Sie besaßen bereits über 100000 Desjatinen Eigenland. 1889 wurden neben den deutschen Siedlern russischer Nationalität allein in Wolhynien ca. 30000 reichsdeutsche Siedler gezählt, in Podolien und Kiew je etwa 10000. 1911 besaßen in Wolhynien weit über 200000 deutsche Bauern zwischen 300000 und 700000 Desjatinen Land. Im Weichselgebiet besaßen zur gleichen Zeit etwa 500000 deutsche Bauern über zwei Millionen Desjatinen Land. Nach Ausbruch des Ersten Weltkriegs wurde für alle ausländischen Siedler in den westlichen Gouvernements eine Gesamtbodenfläche von 2,9 Millionen Desjatinen errechnet.[75]

Diese massive, aber schleichende Siedlerinvasion zu einer Zeit, in der die russische Regierung mit Mühe die Landnot des russischen Bauerntums zu beheben suchte, veranlaßte die panslawische Presse, auch die letzte Zurückhaltung gegenüber den deutschen Kolonien aufzugeben. Schon 1881 setzte sich von Schweinitz wiederholt persönlich mit Bismarck in Verbindung, um Anweisungen im Hinblick auf die drohende deutsche Kolonistenfrage zu erhalten. Wie in der deutschbaltischen Frage, so verordnete Bismarck auch in der deutschen Kolonistenfrage die Maßstäbe strengsten Desinteressements. 1883 war die Besorgnis in der russischen Öffentlichkeit so sehr angewachsen, daß sich auch der offizielle russische Regierungsbote »Prawitelstwennyj Westnik« der Frage der deutschen Kolonisten in den russischen Westgouvernements widmen mußte. Im selben Jahr veröffentlichte Iwan Aksakow in seinem neuen Organ »Rus« aufsehenerregende Zahlen: In Wolhynien existierten bereits 15747 deutsche Bauern- und Gutshöfe. Etwa 70000 deutsche Landbesitzer besäßen die russische Untertanenschaft, während ca. 20000 von ihnen noch immer deutsche Untertanen seien, ihren Militärdienst in Deutschland leisteten und sich wie Kolonisten des Deutschen Reiches auf russischem Boden verhielten. Diese etwa 20000 Ausländer besäßen im Gouvernement Wolhynien allein ca. 300000 Desjatinen Land und hielten daneben noch ca. 30000 Desjatinen in Pacht. Die deutschen Bauern mit russischer Untertanenschaft hingegen besäßen weniger als 200000 Desjatinen Land.

Diese Masseneinwanderung weckte in einigen Teilen der russischen Bevölkerung die Furcht vor einer germanischen Unterwanderung der Westgebiete. Die panslawisch orientierte Presse nährte diese Befürchtungen durch immer alarmierendere Nachrichten. Im Jahr 1885 sah sich sogar das Ministerkomitee veranlaßt, eine Kommission zur Untersuchung dieser Vorgänge einzusetzen. Diese Untersuchungskommission, die unter dem Vorsitz des deutschstämmigen Senators W. K. von Plehwe tagte, sammelte reiches statistisches Material zur Frage der ethnischen Bevölkerungsverschiebung in den russischen Westgebieten. Aus diesem Material ging hervor, daß die ausländische – überwiegend deutschstämmige – Bevölkerung im Königreich Polen in den vorausgegangenen acht Jahren um 71,5 Prozent und in den westlichen Grenzgebieten des Russischen Reichs um ca. 50 Prozent angewachsen sei. Darüber hinaus stellte die Kommission fest, daß sich in den genannten Gebieten ein stetiger Ablösungsprozeß vollziehe: den aus Russisch-Polen nach Osten (Wolhynien, Podolien usw.) strömenden deutschen Bauern folgten aus dem Deutschen Reich alsbald weitere Siedler nach, die ihre Höfe übernahmen. Es entstand der Eindruck einer von langer Hand geplanten, von Deutschland aus gesteuerten Wanderbewegung über die russisch-polnischen Gouvernements in die russischen Westgebiete. Aufgrund dieser Beobachtung gelangte die Plehwe-Kommission zu dem Schluß, daß sich »der als geschichtliche Aufgabe der germanischen Rasse betrachtete Drang nach Osten den westlichen Grenzgebieten Rußlands zugewandt hat«.[76] Die Ergebnisse der Untersuchungskommission erschienen so zwingend, daß sich selbst Außenminister von Giers dem Ruf der aufgebrachten panslawischen Öffentlichkeit nicht mehr verschließen konnte und sich ebenfalls für Maßnahmen zur Eindämmung der unkontrollierten Einwanderung in den Westgebieten aussprach.

Kompliziert wurde die Koloniendebatte durch eine weitere, unerwartete Erscheinung. Seit Ende der sechziger Jahre hatten sich in der russischen Umgebung der deutschen Kolonien in den Gouvernements Cherson, Jekaterinoslaw und Kiew Adepten des deutschen Protestantismus zu Gruppen zusammengeschlossen und unter Protest von der orthodoxen Kirche losgesagt. Sie nannten sich, in Anlehnung an die Gebets- und Erbauungsstunden der deutschen protestantischen Sektierer unter den Kolonisten, insbesondere der Herrnhuter, »Stundisten« (als geschlossene Gruppe wurde die Sekte im Russischen auch die *štunde* oder *štunda* genannt).[77] Die Stundistenbewegung, über deren Ursprünge sich die örtlichen russischen Organe lange Zeit nicht im klaren waren, erregte schon gegen Ende der sechziger Jahre viel Aufsehen. Polizeiliche Verweise und selbst Gefängnisstrafen konnten ihre Ausbreitung nicht aufhalten. Erst gegen Ende der siebziger Jahre herrschte auch in den russischen Religionsbehörden Klarheit über ihre Entstehung: In der Kolonie Rohrbach, Gouvernement Cherson, waren seit Anfang der sechziger Jahre die russischen und ukrainischen Arbeiter der deutschen Kolonisten zu den pietistischen Erbauungsstunden eingeladen worden. Pastor Johann Bonekemper (1796–1857) in Rohrbach war der Vater des Stundismus. Da Missionierung und Proselytentum von der orthodoxen Kirche im allgemeinen verboten und den Kolonisten besonders streng untersagt waren, hatten Pastor Bonekemper und seine Mitbrüder in anderen südrussischen deutschen Kolonien beschlossen, eine »stille Aussaat« unter der russischen und ukrainischen Bevölkerung vorzunehmen. Gegen Ende der siebziger Jahre war die Sekte in elf Ortschaften des Gouvernements Cherson verbreitet, die sich in den deutschen Kolonistenkreisen Odessa, Jelisawetgrad und Ananjew befanden. In den frühen achtziger Jahren war die Sekte schon auf den ganzen russischen Süden ausgebreitet und griff auf das Gouvernement Orlow über. Um die Mitte der achtziger Jahre hatte sie bereits in der großrussischen Bevölkerung der Gouvernements Kaluga, Nishnij Nowgorod, Orenburg, Pensa, Samara, Saratow, Tambow, Rjasan, Smolensk und selbst Moskau Fuß gefaßt. Die russischen Stundisten zeichneten sich durch eine echt protestantische Verweigerung des Marien-, Heiligen- und Reliquienkultes aus; sie lehnten jeden Gottesdienst ab, ersetzten ihn durch die reine Schriftlesung und hielten an der Praxis der Erbauungsstunden fest, in denen jeder »erleuchtete« Laie seine Bibelauslegung vortragen konnte. Damit entstand die Gefahr, daß die wenig schriftgebildeten russischen Bauern zu eigenwillig-chaotischen Religionsvorstellungen gelangten, wie sie der Oberprokuror des Heiligen Synods, Konstantin Pobedonoszew, in diesen Jahren schon in seinem Kampf gegen andere eklektische Sekten auszuschalten suchte. In einer Zeit, in der jener versuchte, durch geeignete Religionsgesetze und den Ausbau des Kirchenschulsystems eine Disziplinierung der religiösen Praxis und eine Rationalisierung des Gottes- und Glaubensverständnisses zu erreichen, brach im Stundismus eine neue irrationale Woge über das russische Kirchenvolk herein. Im Jahr 1877 verzeichnete der russische Dichter F. M. Dostojewskij in seinem Tagebuch unter der Überschrift »Die Stunde« seine Überlegungen:

»Was, übrigens, ist diese unglückliche Stunde? Einige russische Arbeiter von deutschen Kolonisten haben verstanden, daß die Deutschen reicher sind und besser leben als die Russen und daß das daher kommt, daß sie eine andere Ordnung haben. Die diensthabenden Pastoren erklärten, daß diese Ordnung deshalb besser ist, weil der Glauben ein anderer ist. Und schon versammelten sich Haufen von unwissenden Russen niederer Herkunft, hörten, wie man das Evangelium auslegt, begannen selbst zu lesen und auszulegen und... es geschah das, was in solchen Fällen immer geschah. Man trägt ein Gefäß mit einer kostbaren Flüssigkeit, alle verbeugen sich bis zur Erde, alle küssen und verehren das Gefäß, das diese kostbare, alle belebende Flüssigkeit enthält, und plötzlich stehen Menschen auf und beginnen zu rufen: ›Ihr Blinden! Warum küßt ihr das Gefäß! Teuer ist nur die belebende Flüssigkeit, die in ihm eingeschlossen ist, teuer das Enthaltene, und nicht das Enthaltende, und ihr küßt das Glas, einfaches Glas, verehrt ein Gefäß, und dem Glase schreibt ihr alle Heiligkeit zu, so daß ihr seinen kostbaren Inhalt ganz vergeßt! Ihr Götzendiener! Werft das Gefäß

> weg, zerschlagt es, verehrt nur die belebende Flüssigkeit, aber nicht das Glas!‹ Und so zerschlagen sie das Gefäß, und die lebenspendende Flüssigkeit, der kostbare Inhalt, zerfließt auf dem Boden und verschwindet in der Erde. Das Gefäß haben sie zerschlagen, und die Flüssigkeit verloren... Das ist eine alte Geschichte, eine sehr alte, die lange vor Martin Luther begonnen hat, aber aufgrund unveränderlicher geschichtlicher Gesetze wiederholt sich dieselbe Geschichte fast ganz genauso auch in unserer Stunde: Es ist bekannt, daß sie sich schon entzweien, daß sie über Buchstaben streiten, daß jeder das Evangelium nach eigenem Gutdünken auslegt. Und die Hauptsache ist, hier geschieht das von allem Anfang an – armes, unglückliches, dunkles Volk!«[78]

Vergeblich bemühte sich der Oberprokuror des Heiligen Synod, Konstantin Pobedonoszew, über die achtziger Jahre hinweg, die Ausbreitung des Stundismus in Rußland zum Stehen zu bringen. Erst um die Mitte der neunziger Jahre wurde die Frage des Stundismus vor das Ministerkomitee getragen, das sich um gesetzgeberische Maßnahmen zur Eindämmung des wachsenden Sektenunwesens bemühte. In den Gesprächen und Notenwechseln, die Pobedonoszew im Verlauf der achtziger Jahre mit Vertretern des Deutschen Reiches unterhielt, kam wiederholt der Unwille dieses konservativen Philosophen gegen jene religiösen Eiferer unter den deutschen Kolonisten zum Ausdruck, die das russische Kirchenwesen in einer ohnehin äußerst bedrängten Lage mit der Bürde eines zusätzlichen, unkontrollierbaren Sektierertums der Neophyten belastet hatten.

In der russischen Öffentlichkeit, die die Informationen über die Hintergründe dieser neuen Sekte gleichzeitig mit den Nachrichten von der massiven deutschen Einwanderung in die russischen Westgouvernements erhielt, entstand und festigte sich nun der Eindruck, daß die deutschen Kolonisten das Vertrauen und Entgegenkommen der russischen Regierung und Bevölkerung ausnützten, um ihre eigenen Ziele zu erreichen: deutsches Religions- und Kulturdiktat einerseits, unbegrenzter deutscher Landerwerb andererseits. Die panslawische Presse wertete diese Entdeckung polemisch auf: Die deutschen Bauern, die als Kolonisten des deutschen Staates auf slawischen Boden entsandt worden seien, hätten das ihnen von der russischen Regierung gesteckte Ziel, nämlich die Aufklärung und Belehrung der einheimischen Bevölkerung, nicht erfüllt – sie würden sich im Gegenteil als deutsche Vorhut im Osten allerorts subversiv betätigen. Die panslawische Öffentlichkeit fühlte sich hintergangen. Die Suche nach Schuldigen, die diese Vorgänge aufgrund mangelnder Wachsamkeit begünstigt hatten, führte unter anderem zu der stattlichen Liste deutschstämmiger Gouverneure und Generalgouverneure, die den russischen Westgouvernements in fast ununterbrochener Folge vorgestanden hatten. Unter dem Druck des Innenministers, Graf N. P. Ignatjew, des ehemaligen, stark panslawisch orientierten russischen Botschafters bei der Pforte, der seit 1888 Präsident des Slawischen Wohltätigkeitskomitees war, sah sich Zar Alexander III. genötigt, den deutschstämmigen Generalgouverneur von Kiew, Podolien und Wolhynien, General von Drenteln (1881–1888), durch den Bruder des Innenministers, Graf A. P. Ignatjew, zu ersetzen. Im Frühjahr 1888 wurde auch der deutschbaltische Gouverneur von Wolhynien, V. W. von Wahl, der im Verdacht stand, die deutsche Einwanderung in Wolhynien begünstigt zu haben, abberufen und durch den russischen Beamten Pankowskij ersetzt. Freilich sorgte Zar Alexander III. dafür, daß der Weg von Wahls aus der Provinz nach oben führte: Zu Beginn der neunziger Jahre wurde er zum Stadtkommandanten von St. Petersburg unter Innenminister von Plehwe zum Vizeminister des Inneren erhoben, und nach dessen Ermordung (1904) galt er – neben anderen Deutschrussen, wie etwa B. W. Stürmer, dem Vorsitzenden des Ministerrates während des Ersten Weltkriegs – als aussichtsreicher Nachfolger für den Posten des Innenministers. Die reichsdeutsche Presse und die deutschen diplomatischen Berichte[79] reagierten jedoch mit unverhohlenem Bedauern, ja mit Mißbilligung auf die Ersetzung des »deutschen« Gouverneurs und Generalgouverneurs der russischen Westgebiete durch einen »Russen«. Das Ende der von Bismarck verfolgten Politik der Nichteinmischung und des Desinteressements war absehbar.

Ab Mitte der achtziger Jahre sah sich die russische Regierung genötigt, dem Aufschrei der panslawischen Öffentlichkeit zumindest einen symbolischen Tribut zu zollen. Im Januar 1885 gab sie einen Ukas heraus, der darauf abzielte, den Erwerb von Grundeigentum in den Westgouvernements durch Ausländer zu erschweren. Der Ukas war lediglich eine verschärfte Neuformulierung der Gesetze, die im Anschluß an den polnischen Aufstand 1864 erlassen, bis dahin aber niemals praktisch angewendet worden waren. Der Ukas hatte zugleich die Nebenwirkung, daß adlige Grundbesitzer ausländischer Herkunft, die zwar nicht in den Grenzgouvernements wohnten, wohl aber billige Ländereien in russischen Westgebieten aufgekauft und sie an einheimische Kräfte in Pacht gegeben hatten, nur noch begrenzt über diese Güter verfügen konnten. Diese gesetzliche Einschränkung traf selbst den deutschstämmigen ehemaligen Stadtkommandanten von St. Petersburg, General F. F. von Trepow; in einem Gespräch mit dem Botschafter des Deutschen Reiches machte dieser seinem Ärger mit den folgenden Worten Luft:

> »Ich bin ruiniert; mein Gut ist an einen Polen verpachtet, welcher das Inventarium angeschafft hat; ich kann ihm das nicht bezahlen, wenn ich ihn jetzt entlassen muß; auch werde ich keinen Ersatz für ihn finden, denn man kann dort nur mit Polen wirtschaften; ein russischer Pächter würde nichts verstehen und mich außerdem betrügen, ein Deutscher würde nicht mit den Leuten umzugehen wissen.«

Doch der Ukas hatte eine durchaus begrenzte Wirkung. Allzu stark waren die Widerstände der russischen Regierung gegen massive Einschränkungen der Rechte ausländischer Mitbürger. Eine Handhabe zur Einleitung wirkungsvollerer Maßnahmen wurde der zögernden russischen Regierung erst von Bismarck geboten. Im März 1885 setzte die preußische Regierung den deutschen Botschafter zu St. Petersburg darüber in Kenntnis, daß sie Massenausweisungen von in Ostpreußen eingewanderten polnischen Juden und Katholiken nach Rußland durchzuführen beabsichtige. Bismarck beauftragte von Schweinitz, der russischen Regierung diese Maßnahmen anzukündigen und sie zugleich als eine nicht rußlandfeindliche, sondern im beiderseitigen Interesse liegende Maßnahme darzustellen. Von Schweinitz' Aufgabe bestand darin, dem russischen Zaren Alexander III. wie auch dem russischen Innenminister, Graf A. D. Tolstoj, klarzumachen, daß die Ausweisungspolitik Bismarcks lediglich einen für beide Seiten belastenden Konfliktstoff aus den deutsch-russischen Grenzgebieten entferne. Während Zar Alexander III. die Nachricht von der geplanten Ausweisung russischer Untertanen aus den preußischen Ostgouvernements mit Ruhe und Zurückhaltung hinnahm, erkannte der erzkonservative Graf Tolstoj, der als einziger russischer Minister die deutsche Auffassung würdigte, den Nutzen einer derartigen beiderseitig abgesprochenen Grenzregelung. Im Lauf der nächsten zwei Jahre erfolgte die Ausweisung von 30000 Polen und Juden russischer Untertanenschaft aus Preußen, Schlesien und Posen. Während der deutsche Botschafter von Schweinitz und mit ihm liberale deutschstämmige Minister, wie Außenminister Giers, diese Ausweisungskampagne als eine »unkluge und nutzlos grausame« Maßnahme betrachteten, erkannte der konservative Innenminister Graf Tolstoj in ihr ein Modell zur Regelung der Ausländerfrage in den russischen Westgouvernements. Ihr kam Bismarck entgegen, als er im Januar 1887 einen Erlaß über die deutschen Kolonisten in den Westgebieten Rußlands herausgab. Dieser Erlaß brachte die Bereitschaft der deutschen Regierung zum Ausdruck, die Niederlassung deutscher Kolonisten aus den russischen Westgebieten auf den von polnischen Besitzern gekauften Gütern in Posen und Westpreußen zu gestatten. Voraussetzung dafür war, daß sie diese Niederlassung aus eigenen Mitteln bestritten. Von Schweinitz wurde mit Zustellung des Erlasses aufgefordert, der russischen Regierung mitzuteilen, daß dieser Erlaß die Absicht verfolge, auch die Ausweisung deutscher Bauern aus den russischen Westgouvernements zu erleichtern. Von Schweinitz kommentierte diesen Auftrag mit den Worten:

> »Es klingt wie Hohn! Wir haben nicht so viele Morgen Land zu kaufen, als Quadratkilometer in Polen und Wolhynien durch deutschen Fleiß erträgnisreich gemacht worden sind. Ich habe meinen Auftrag ausgerichtet, mit größter Vorsicht, und Herr v. Giers bat mich, noch vorsichtiger zu sein,

weil er Kollegen habe, die nur zu geneigt sein würden, eine solche Eröffnung auszubeuten.«

Als der russische Ministerrat auf Betreiben des Innenministers Graf Tolstoj daraufhin im März 1887 den Ukas über die Begrenzung des Grundbesitzes für Ausländer in den russischen Westgouvernements verabschiedete, kommentierte von Schweinitz dies mit den bitteren Worten: »...Jetzt zeigen sich die unausbleiblichen Folgen unserer Maßnahmen gegen die Fremden in Preußen und Posen. Es hängt Gewicht sich an Gewicht!«

Der Ukas vom 14. März 1887[80] war dennoch keine adäquate Reziprozitätsmaßnahme der russischen Regierung. Das drastische Moment der Ausweisungen war ihm fern. Er faßte wiederum all jene Begrenzungen des ausländischen Land- und Immobilienbesitzes in den russischen Grenzgouvernements zusammen, die seit Jahrzehnten bestanden, aber niemals praktische Anwendung gefunden hatten. Der Erlaß untersagte es Ausländern und ausländischen Gesellschaften, im Königreich Polen sowie in den westlichen Grenzgouvernements Bessarabien, Wilna, Kowno, Witebsk, Wolhynien, Kiew, Kurland, Livland, Minsk und Podolien Immobilien jeglicher Art außerhalb der Ortschaften zu erwerben. Demgegenüber durften Immobilien in den Städten, städtischen Ansiedlungen, Ortschaften und Häfen auch weiterhin von Ausländern erworben und besessen werden. Beim Verkauf solcher Immobilien aber wurden russische Untertanen als Käufer bevorzugt. Daß derartige Gesetze in diesen Jahren beschleunigter Industrialisierung und Modernisierung auch in anderen Staaten zur Notwendigkeit wurden, bewies unter anderem das Gesetz über das Verbot des Landerwerbs durch Ausländer, das die Regierung der USA am 3. März 1887 erließ. Der russische Ukas vom gleichen Monat ließ zahlreiche Ausnahmeregelungen zu, die auf einen weiterbestehenden gesetzlichen Schutz für nutzbringende ausländische Unternehmen hinausliefen. Tatsächlich beweist die umfassende Liste namhafter Ausnahmen, die in den nachfolgenden Jahren, zum Teil auf Betreiben der Gouverneure, gemacht wurden, daß die Rechte deutscher Land- und Immobilienbesitzer in den russischen Grenzgouvernements nur in seltenen Fällen angetastet wurden.[81]

Desungeachtet setzte in der nationalistischen reichsdeutschen Presse eine antirussische Kampagne von bis dahin unbekannter Heftigkeit ein. Die deutsche »Kreuzzeitung«, die zum Teil durch die in deutscher Emigration lebenden deutschbaltischen Nationalisten unterstützt wurde, nahm nun die Rolle des Schutzpatrons der deutschen Kolonisten in den russischen Westgebieten an und ergoß sich in Hetztiraden gegen die Politik der »Russifizierung« der russischen Westprovinzen.

Bald stimmte auch die konfessionelle Presse Deutschlands in die Kampagne zur Verteidigung der »deutschen Rechte« in den russischen Westprovinzen ein. Einige protestantische Blätter forderten die deutschen Siedler Wolhyniens zur »blanken Selbstwehr« auf. Die katholische deutsche und österreichische Presse beklagte die »Vergewaltigung der Katholiken« in Rußland.

Dieses Anheizen der Kirchenfrage durch die reichsdeutsche Presse kam der russischen Regierung höchst ungelegen. Seit der Niederschlagung des polnischen Aufstandes von 1863/64 waren die diplomatischen Beziehungen zwischen St. Petersburg und dem Heiligen Stuhl abgebrochen. Diskrete Versuche Alexanders III., wieder mit dem Vatikan ins Gespräch zu kommen, die besonders durch die liberale und slawenfreundliche Politik des neuen Papstes Leo XIII. ausgelöst worden waren, hatten aufgrund der gegenläufigen Aktivität des polnischen Episkopats zu keiner Annäherung geführt. Über Jahre wurde der Sondergesandte der russischen Regierung in Rom, A. P. Iswolskij, in Bereitschaft gehalten, um bei erster Gelegenheit eine Geste der Versöhnung zu tun. In Petersburg unterrichtete der protestantische Außenminister von Giers den neuen deutschen Botschafter, Graf Pourtalès, immer wieder über die Vorgänge in Rom. Das deutsche Auswärtige Amt wies den deutschen Gesandten in Rom, von Schlözer, an, Herrn Iswolskij in jeder Hinsicht bei seiner Mission »gefällig zu sein«. Die Mission Iswolskijs wollte jedoch zu keinem Ergebnis führen.

Da wurde in der zweiten Hälfte des Jahres 1893 bekannt, daß der Papst sich mit dem Gedanken trüge, eine Enzyklika an die polnische Nation zu richten. Ein solches Schriftstück konnte nur in dem antirussischen Geist geschrieben werden, den polnische Kleriker aufgrund ihrer Berichte über die gewaltsame Unterdrückung der katholischen Kirche in Polen im Vatikan erzeugt hatten. Es lag nun im Interesse der russischen auswärtigen Politik, das Erscheinen der Enzyklika zu verhindern und schnellstens die Beziehungen zum Vatikan zu verbessern. Auf Anraten von Giers setzte sich der Direktor der Abteilung für fremde Glaubensbekenntnisse des Innenministeriums, Fürst Kantakusen, mit dem deutschstämmigen Bischof von Tiraspol in Südrußland, Monsignore Anton Johannes von Padua Zerr, in Verbindung, um ihn auf eine Rom-Mission besonderer Art vorzubereiten.[82]

Bischof Zerr (1849–1934) war ein Kolonistensohn aus Franzfeld im Gouvernement Cherson. Nach dem Besuch der Priesterseminare von Tiraspol und Saratow hatte er 1872 die Priesterweihe empfangen und war dann zum Weihbischof und schließlich Bischof von Tiraspol mit Sitz in Saratow ernannt worden. Sein südrussisches Bistum umfaßte eine halbe Million Katholiken, unter ihnen alle südrussischen katholischen Kolonisten. Zerr hatte sich seit Beginn der neunziger Jahre um die Erlaubnis zu einer Rom-Reise bemüht. Ein seit der Zeit Katharinas II. bestehendes Romreise-Verbot für katholische Kleriker hatte jedoch seine Abreise verzögert. Nun, im Herbst 1894, bestellte Fürst Kantakusen den energischen, aufgeklärten und fähigen jungen Bischof nach

St. Petersburg, um mit ihm die Details seiner Rom-Reise zu besprechen. Seine Aufgabe sollte darin bestehen, den Papst über die wahre Lage der katholischen Kirche in Rußland zu informieren, die Veröffentlichung der Polen-Enzyklika – wenn möglich – zu verhindern und die Frage der Wiederaufnahme diplomatischer Beziehungen zwischen Petersburg und dem Heiligen Stuhl zu klären.

Bischof Zerr verbrachte die ersten sieben Wochen des Jahres 1894 in Rom. Er führte mehrere Gespräche mit dem Heiligen Vater und mit dem Kardinal-Staatssekretär und versuchte, gezielt auf eine Änderung der Rußlandpolitik des Vatikans hinzuarbeiten. Das erste sichtbare Ergebnis seiner Mission war die Tatsache, daß die Polen-Enzyklika zunächst nicht erschien. Erst einige Wochen nach seiner Abreise, am 28. März 1894, wurde die Enzyklika an die polnische Nation veröffentlicht, allerdings war sie jeglicher antirussischer Tendenz entkleidet worden. Schließlich wurden noch im Sommer desselben Jahres die diplomatischen Beziehungen wiederaufgenommen, und Iswolskij offiziell zum Ministerresidenten des Russischen Reiches am Vatikan ernannt. In seiner Antrittsrede brachte er unter anderem auch die Bereitschaft seiner Regierung zum Ausdruck, das Romreise-Verbot für russische Kleriker aufzuheben und überhaupt den Verkehr des katholischen russischen Episkopats mit der Kurie in jeder Hinsicht zu erleichtern.

Bischof Zerr hatte seine Mission zur allseitigen Zufriedenheit ausgeführt. Er wurde von der russischen Regierung mit hohen Orden bedacht. Einige Jahre später, im Jahr 1902, zog sich der Kirchenmann auf seinen Sommersitz nach Feodossija auf der Krim zurück und verfaßte dort wertvolle Beiträge zur Kirchengeschichte Südrußlands und zur Geschichte der Einwanderung katholischer Kolonisten in Rußland. Die deutschen Bauernkolonien Südrußlands, die in diesen Jahren zu einem Spielball der Interessen zwischen den nationalistischen Kreisen des Deutschen und des Russischen Reiches wurden, hatten einen Mann hervorgebracht, der seinem Vaterland hohen außenpolitischen Nutzen und seiner Kirche großen Gewinn gebracht hatte. Die vehementen Pressestimmen aus Deutschland und Rußland allerdings konnte auch das Gelingen seiner Mission nicht zum Schweigen bringen. Es war – wie der deutsche Reichskanzler Bismarck schon während der Orientkrise 1878 mit Bedauern prophezeit hatte – nicht mehr die »Staatenpolitik«, sondern die »Preßpolitik«, die das deutsch-russische Verhältnis endgültig trüben sollte.

Der Pressekrieg – Alldeutsche versus Panslawisten

Die Frage der innerrussischen »Kolonien«, die sich besonders am Fall Wolhyniens entzündete, hatte ihren Platz im Rahmen der allgemeinen Kolonialdebatte der achtziger und neunziger Jahre des 19. Jahrhunderts in Rußland wie auch in Deutschland. Bei der Suche nach jenen Kolonien, die das Reich mit Rohstoffen versorgen konnten, fiel der Blick deutscher Nationalisten und Kolonialpolitiker auch auf die »deutschen Bauernstaaten auf russischer Steppe«.[83] Nun trat ein, was die Väter der russischen Siedlergesetzgebung des Jahres 1871 zu verhindern suchten: Der Begriff der deutschen »Kolonien« und »Kolonisten« auf russischem Boden wurde zum Zankapfel reichsdeutscher und russischer Nationalisten. Beide Seiten beanspruchten diese »Kolonien« als ihren nationalen historischen Besitz und divergierten scharf in der Ansicht, wo die Metropole dieser »Kolonien« liege, in St. Petersburg oder in Berlin!

Die Ansprüche wurden zuerst von deutscher Seite angemeldet. Während die Deutsche Kolonialgesellschaft mit ihrem Interesse für die »deutschen Bauernkolonien in Rußland« in der Ära des Reichskanzlers Bismarck noch an seiner intransigenten Nichteinmischungspolitik gegenüber Rußland gescheitert war, verschaffte sich jetzt die alldeutsche Bewegung, die aus der Kolonialbewegung hervorgegangen war, unter seinem Nachfolger von Caprivi (ab 1890) ein zunehmend offenes Aktionsfeld. Ihre – nach dem Ausdruck von R. Nadolny – »in die Uferlosigkeit kolonialer und weltpolitischer Bestrebungen« hinausschweifenden Territorialwünsche wandten sich in erster Linie dem am nächsten gelegenen Landreservoir zu: dem Russischen Reich.[84] Der Landgürtel, den die »deutschen Kolonien« um den Nordwesten, Westen, Südwesten und Südosten des europäischen Rußland geschlossen hatten und der über das Wolgagebiet und die süduralischen Gouvernements bis tief hinein ins asiatische Rußland reichte, zeichnete den Vertretern der alldeutschen Bewegung den Weg des Deutschen Reiches in die Türkei, nach Persien und bis nach Indien vor. Die wohlabgesonderten und wirtschaftsstarken deutschen Kolonienkomplexe galten ihnen als die strategischen Bastionen auf dem Weg der Expansion des Deutschen Reiches nach Innerasien und Indien. Als »echter deutscher Kolonisationsgrund« sollten sie zugleich das Kernland der deutschen Ausdehnung in den breiten Senken des Schwarzen und Asowschen Meeres, im Kaukasus und in Transkaukasien bis hin zum Pontus, in den süduralischen Gouvernements und südwestasiatischen Gebieten nach Persien, Afghanistan und Indien bilden. Für ein zukünftiges, alldeutsches Reich bot sich der »deutsche Landbesitz« in Rußland als ein strategisch-militärischer Faktor von großer Bedeutung an. Dank des säbelklirrenden Chauvinismus, den die alldeutsche Bewegung entwickelte, verschafften sich diese Stimmen nicht nur in Deutschland, sondern auch in Rußland nur allzuleicht Gehör. Und diese Stimmung, wie sie sich etwa in Rethwischs Broschüre »Die Deutschen im Ausland« niederschlug, fand bald in den Antworten von A. A. Welizyn und A. P. Liprandi über »Die Deutschen in Rußland« ein artverwandtes Echo.

Mit Beginn der neunziger Jahre geriet die Frage der deutschen Kolonien und des deutschen Grundbesitzes in Rußland in die Feuergefechte des Pressekrieges zwischen Alldeutschen und Panslawisten. Dabei lagen den Abwehrhieben der panslawischen russischen Presse – in Widerspiegelung der komplexen und vielschichtigen deutschen Präsenz in Rußland – durchaus unterschiedliche Befürchtungen und Ängste zugrunde.[85] Ein ultranationales und konservatives Blatt, wie etwa der »Grashdanin« des Fürsten W. P. Meschtscherskij, vertrat in erster Linie die Interessen des konservativen russischen Landadels. Infolgedessen richtete er seine Hauptangriffe gegen die deutsche Kolonisation in Südrußland, die zum Hauptnutznießer des verarmenden Adels in den russischen Schwarzerdegebieten wurde. Daneben erhob der »Grashdanin« seine Stimme gegen die deutsche Reichspolitik der Schutzzölle, die den russischen Großagrariern als Getreideexporteuren neue, zusätzliche Wunden schlug.

Gegen den deutschen Landbesitz in den Westgebieten und in Südrußland wandte sich auch die Tageszeitung »Swet«, die ab 1882 mit der hohen Auflagenzahl von 70000 Exemplaren in St. Petersburg erschien. Ihr Herausgeber, General W. W. Komarow, gehörte zur Gruppe der militanten Generäle, die in Opposition zum russischen Generalstab als »echt russische Volks-Generäle« auf eigene Faust panslawische Militärpolitik zu betreiben gedachten. General R. A. Fadejew war Symbolfigur und Personifizierung dieser Bewegung, die nicht selten diplomatische Krisen zwischen Rußland und Österreich auslöste.

Im »Swet« – wie auch in anderen Gründungen Komarows wie der »Swesda« (1886–1891) und den »Slawjanskie Iswestija« (1889–1891) – verbanden sich die Interessen des durch die Reformen verunsicherten und zum Teil seiner Existenzgrundlage beraubten russischen Landadels mit der antiliberalen und xenophoben Militanz dieser »Volks-Generäle«. Sie hatten den liberalen Kriegsminister Graf D. A. Miljutin zu Fall gebracht, taten das Ihre, um die Beziehungen zu Österreich in der Slawenfrage zu vergiften, und waren bemüht, eine Änderung im Charakter der Selbstverwaltung und Verwaltung im russischen Staat herbeizuführen: Das Semstwo sollte zur alleinigen Domäne eines neu gefestigten, konservativen russischen Landadels werden, und die Verwaltung des Reiches und seiner multinationalen Randbezirke ausschließlich in den Händen der »Staatsnation« liegen. Ihr restauratives und nationalistisches Rezept zur Rettung und Wiederherstellung eines vormodernen Rußland ließ für die deutschen Kräfte als Mitträger und Motor der Modernisierung keinen Platz. Der »Swet« forderte die Einschränkung des deutschen Landbesitzes in West- und Südrußland sowie die Ausschaltung der deutschrussischen Liberalen in der Petersburger Bürokratie, im Generalstab und besonders im Finanzministerium und empfahl auf religiösem Sektor die Bekämpfung des Stundismus als eines Abfallproduktes der deutschen Kolonisation sowie die Slawisierung der vorwiegend fremdstämmigen Grenzprovinzen Rußlands.

Eine Mischung aus panslawisch-expansionistischen und national-konservativen Motiven charakterisierte auch die Polemiken des »Nowoje Wremja«, einer Petersburger Tageszeitung mit einer Auflagenhöhe von ca. 35 000 Exemplaren, die der literarisch hochtalentierte A. S. Suworin herausgab. Das »Nowoje Wremja«, das sich bis zum Ausbruch des Ersten Weltkriegs gegen die Germanisierung der russischen Westgebiete und die pangermanische Politik des Deutschen Reichs aussprach, hatte indes keine tieferen sozialen und psychologischen Motivationen; Suworin wußte einfach mit journalistischer Treffsicherheit die jeweils anbrechende politische Konjunktur zu nutzen.

Den genannten Zeitungen trat als einflußreiches Organ auf regionaler Ebene der »Kiewljanin« entgegen, der eine eindeutig prodeutsche und prokolonistische Linie verfolgte. Der »Kiewljanin«, der seine Pressefehden gegen die panslawistischen und nationalistischen Blätter mit dem deutschen Konsul in Kiew, Raffauf, absprach und wohl auch von deutscher Seite mitfinanziert war, wurde von W. J. Schulgin herausgegeben; sein Mitarbeiter und späterer Nachfolger als Herausgeber, D. N. Pichno, war Schüler und Protégé des früheren Kiewer Finanzrechtlers und nachmaligen Finanzministers von Bunge. Der »Kiewljanin« wurde jedoch – auf dem Hintergrund wachsender nationaler Spannungen – zunehmend in konservative und xenophobe Richtung getrieben, die ihn in der Ausländer- und besonders in der Judenfrage nationalistisch-rassistische Züge annehmen ließ. Pichno und die Familie Schulgin waren in Kiew auf dem gleichen ideologischen Weg, wie in Riga etwa Ernst Seraphim. Im parlamentarischen Rußland auf der Seite der nationalistischen Schwarzhundertschaften, propagierte der Sohn Schulgins in den zwanziger Jahren in der deutschen und französischen Emigration einen russischen Führer-Staat im Sinne einer faschistischen Volksmonarchie.

Eine besondere Rolle in der Polemik gegen die deutschen Einflüsse in Rußland spielte die Katkow-Presse. Zwar war der allmächtige Katkow 1887, im Jahr der Entfesselung der deutsch-russischen Polemik, gestorben; doch wurden die »Moskowskije Wedomosti« von seinem Nachfolger S. A. Petrowskij in unveränderter Form weitergeführt. Katkow hatte im Verlauf der siebziger und achtziger Jahre in seiner Einstellung zum Deutschen Reich häufig die Fronten gewechselt; konstant blieb jedoch – bei allen Eintagssympathien – sein xenophober panrussischer Konservatismus. Katkow war die Petersburger Diplomatie verhaßt, weil sie in seinen Augen deutscher als die Deutschen war, und die restriktive Budgetpolitik des Finanzministers von Bunge verdächtig, weil sie die einheimische Industrie nicht deutlich genug förderte. Sein Nachfolger Petrowskij konnte sich nicht mit der Politik des Hochprotektionismus abfinden, die Graf Witte als Finanzminister übernahm und fortsetzte. Zwar sicherten die ansteigenden Schutzzölle die Interessen der russischen Großindustrie, doch gerieten die russischen Großagrarier in dieser Periode des deutsch-russischen Zollkriegs immer tiefer in Unglück und Konkurs. Die deutschen Kampfzölle auf russisches Getreide, die hohen russischen Prohibitivzölle auf das für die Modernisierung der Landwirtschaft notwendige Instrumentarium aus Deutschland und anderen westeuropäischen Ländern brachten, vereint mit dem Verfall der Weltmarktpreise, viele weitere russische Adelsgüter unter den Hammer: zu lange schon war das russische Finanzministerium – nach dem Ausdruck von Wladimir Nikolajewitsch Graf Lambsdorff – zur »allrussischen Konkursverwaltung«[86] geworden.

Die Kampffront der Presse Katkows verbreiterte sich gegen Ende der neunziger Jahre, als die »Moskowskije Wedomosti« zum nationalen Widerstand gegen die »wirtschaftliche Okkupation« des Russischen Reiches durch westliche Ausländer – allen voran die deutschen Unternehmer in Rußland – aufriefen. Neben dem deutschen Land- und Großgrundbesitz waren nun deutsche Industrielle und Finanziers in Rußland in die Schußlinie der nationalistischen Presse geraten. Durch eine geschickte *volte-face* fing Finanzminister Witte in seiner Denkschrift vom 22. März 1899 die Speerspitzen dieser Kritik ab, um die hinter ihnen stehenden Kräfte auf den Boden der russischen Tatsachen zurückzustellen. Tatsächlich, so gab Graf Witte zu, sei das gesamte Russische Reich eine gastfreie Kolonie der westeuropäischen Staaten geworden; aber Rußland befände sich noch in der kolonialen Phase seiner eigenen Wirtschaftsentwicklung. Er schrieb:

> »Die wirtschaftlichen Beziehungen Rußlands zu Westeuropa ähneln noch vollkommen den Beziehungen der Kolonialländer zu ihren Metropolen: Die letzteren betrachten ihre Kolonien als günstigen Markt, auf dem sie die Produkte ihrer Arbeit, ihrer Industrie ungehindert absetzen und aus denen sie mit harter Hand die für sie notwendigen Rohstoffe ziehen können... Rußland ist auch jetzt noch in gewissem Umfang für alle industriell entwickelten Staaten eine solche gastfreie Kolonie, die jene Staaten freigiebig mit den billigen Produkten ihres Landes versorgt und für die Erzeugnisse der Arbeit der Industrieländer teuer zahlt.«[87]

Das Ende dieses Zustands sei jedoch absehbar. Mit einigen Anstrengungen würde sich Rußland aus seiner tiefen wirtschaftlichen Abhängigkeit befreien und ein unabhängiger, mächtiger Staat werden. Dann werde Rußland selbst die Metropole sein, die ausländische Vorherrschaft überwinden und sich besonders auf dem Feld der friedlichen, inneren Kolonisation und Durchdringung seiner reichen Räume mit anderen Großmächten messen können. Diese Argumentation Wittes beschwichtigte die aufgebrachte nationalistische russische Presse nur für kurze Zeit.

Den Anstoß zu einer neuen Eskalation des Pressekrieges gab wiederum die alldeutsche Bewegung. Um die Jahrhundertwende machte in Deutschland die zweite, jüngere Generation der Alldeutschen von sich reden, die durch ihre noch unverblümtere Geringschätzung und Militanz ihren russischen Nachbarn herausforderte. Der Verlag des Alldeutschen Verbandes, der Lehmann-Verlag in München, goß mit den Schriften von Hugo Grothe, Paul de Lagarde und Friedrich Lange neues Öl in das schwelende Feuer der antideutschen Gefühle. Die deutsche Kolonisation des Ostens, so wünschten diese Befürworter der deutschen Expansion, sollte von nun an planmäßig gelenkt werden. Das Slawentum sollte in die tieferen slawischen Siedlungsgründe am Ural zurückgedrängt, das Judentum Osteuropas nach Palästina verbannt werden. Der germanische Siedlungsraum im Osten Europas sollte sich vom »deutschen Meer«, der Ostsee, entlang der Newa bis hin zur Linie Archangelsk-Astrachan und nach Süden zum Asowschen und Schwarzen Meer ausbreiten. Die bestehenden »deutschen Kolonien« wiesen als »Zwingburgen auf slawischer Erde« den Weg. Thomas Masaryk, der erste Präsident der tschechoslowakischen Republik, der den Panrussismus ebenso fürchtete wie den Pangermanismus, charakterisierte die Bestrebungen dieser jüngeren alldeutschen Generation mit den folgenden Worten:

> »Der deutsche Drang nach Osten ist durch viele Kolonien bezeichnet, die wie Zwingburgen in das fremde Territorium eingekeilt sind... In historischer Perspektive kann man den deutschen ›Drang nach Osten‹ als einen Versuch ansehen, die alte orientalische Frage einer Lösung zuzuführen... Von Berlin nach Bagdad kann man... auch über Warschau, Kiew, Odessa und Trapezunt gelangen. Die Pangermanen gedenken der altgermanischen Waräger und ihres Vormarsches auf Konstantinopel und verweisen auf das Beispiel der Hanse... Darum muß Deutschland Rußland schwächen und nach Möglichkeit russische Erde für seine anwachsende Bevölkerung besetzen... Mit brutaler Naivität vergessen die Pangermanen, daß auch andere Völker Brot brauchen... Das Recht zu ihrer pangermanischen Eroberungspolitik leiten sie auf verschiedene Weise ab – in der Hauptsache ist es jedoch das Faustrecht.«[88]

Mit den überhitzten Reaktionen russischer Panslawisten und Nationalisten auf diese Propagierung der Nahziele der pangermanischen Expansion entstand in den entsprechenden Organen der russischen Presse allmählich eine integrale Germanophobie. Bald richtete sich die Abwehrfront dieser Kräfte gegen alle Teile des »Deutschtums in Rußland«, das die alldeutsche Presse so eindringlich zu seinem Bündnispartner erklärte; sie erstreckte sich auf deutschbaltische Bürger und Adlige, deutschrussische Kolonisten und Gutsbesitzer, deutsche Industrielle, Unternehmer und Bankiers, kurz »das innere Deutschland in Rußland«.

Vergeblich bemühte sich nun der deutsche Botschafter in St. Petersburg, Graf Pourtalès, das Auswärtige Amt zu einem mäßigenden Einfluß auf die alldeutschen Pressestimmen zu bewegen. Vergebens versuchte der russische Außenminister, die Zügel der panslawischen Presse enger ziehen zu lassen. Selbst dem Zaren gelang es nicht, die Aktivitäten des Slawischen Wohltätigkeitskomitees zu drosseln und besonders jene Großfürsten an ihre überparteilichen Pflichten zu gemahnen, die sich für die Zwecke des Panslawismus einspannen ließen. Die – nach den Worten des ehemaligen russischen Außenministers von Giers – »in beiden Volksstämmen leider tief verborgene idiosynkratische Aversion« hatte die Oberhand über nationale Mäßigung und politische Vernunft gewonnen.

IX.
Die Deutschen im politischen Leben des konstitutionellen Rußland (1905–1914)

Der 18. Februar 1905 war ein einschneidendes Datum in der Geschichte der russischen Autokratie. Auf dem Hintergrund schwerer russischer Niederlagen im Russisch-Japanischen Krieg und einer bürgerkriegsähnlichen Stimmung in der russischen Metropole ließ Zar Nikolaus II. drei Allerhöchste Schreiben bekanntgeben, die sich in Ton und Tragweite nur leicht voneinander unterschieden. Ihr gemeinsamer Nenner war ein Zugeständnis an die erregte russische Öffentlichkeit: Der Zar hatte den Entschluß gefaßt, das Prinzip der Autokratie zu beschränken und Vertreter des Volkes an der Staatsmacht und an der Verantwortung für das Gesamtwohl zu beteiligen. Drei Vorgänge bildeten den Hintergrund dieser schwerwiegenden Entscheidung:

Die Macht des Alleinherrschers schwand in dem Maß, wie das Vertrauen der Öffentlichkeit in seine absolute Fähigkeit, das Riesenreich in schwierigen innen- und außenpolitischen Situationen selbständig zu führen, abnahm.

Die erste große außenpolitische Konfrontation im neuen Jahrhundert, der Russisch-Japanische Krieg (1904/05), hatte Armee und Nation in eine tiefe Krise gestürzt. Diese Krise ließ die Mängel des bestehenden Regierungssystems so kraß an die Oberfläche treten, daß sich in vielen Bereichen des öffentlichen Lebens Herde des Unwillens bildeten. Als der Bevölkerung die von ihr erhoffte kaiserliche Manifestation der Einheit von Krone und Volk versagt blieb, drohte der weitverbreitete Unmut in Bürgerkrieg umzuschlagen. Erst unter diesem unaufhaltsamen Druck entschloß sich der Zar zum Handeln. Er hatte keine andere Wahl.

Die Erosion der Macht des Hauses Romanow war bereits weit fortgeschritten. Sie hatte schon in den letzten Regierungsjahren Alexanders II. eingesetzt und sich unter seinem Sohn Alexander III. und seinem Enkel Nikolaus II. weiterentwickelt. Sie begann in den höchsten Sphären des Militärs und der Regierung, griff spätestens während des Russisch-Japanischen Kriegs auf die Mittelschichten über und erreichte unter den Schüssen, mit denen die zu »Väterchen Zar« wallfahrenden Arbeitermassen im Januar 1905 empfangen wurden, auch die Arbeiter- und Bauernschaft.

Eine gewisse Rolle spielten in diesem Prozeß des Vertrauensschwundes dic deutschen Verbindungen und Verwandtschaften der kaiserlichen Familie. So hatte sich schon während des Russisch-Türkischen Krieges 1877 im russischen Offizierskorps starke, persönliche Kritik am Verhalten der Großfürsten Michail und Konstantin Alexandrowitsch, der Brüder des Zaren Alexander II., geregt, die in ihrer Eigenschaft als Oberkommandierender beziehungsweise Armeekommandeur in leichtsinnig-dilettantischer Weise Schlachten verspielt und russische Bataillone geopfert hatten. Die allzu konziliante Rolle, die Rußland auf dem Berliner Kongreß gespielt hatte, wurde von der nationalistischen Öffentlichkeit der mangelnden staatsmännisch-patriotischen Durchschlagskraft ihres Monarchen zur Last gelegt. Sein Rückzug ins Privatleben führte zu einer Entfremdung zwischen ihm und seinem Kabinett und der Hofgesellschaft. Seinem Sohn Alexander III., der unter dem Schock des Attentats an die Spitze des Staates getreten war, fehlten die großen geistigen und charakterlichen Eigenschaften früherer Romanows; er zog sich in ein so enges Privat- und Familienleben zurück, wie es nicht einmal Angehörigen des russischen Hofadels anstand. Aus Angst vor Attentaten wich die kaiserliche Familie aus dem Winterpalast in die abgelegenen Sommerresidenzen aus; die Regierungsmetropole wurde nur noch selten und dann aus allerdringlichstem Anlaß besucht. Selbst das gesellschaftliche Leben am Hofe, das Regierung, Hofadel und diplomatisches Corps zusammengeführt hatte, war praktisch erloschen. Nur die Großfürstin Marja Pawlowna, Herzogin von Mecklenburg-Schwerin, füllte diese Lücke durch Empfänge und Bälle in ihrem Palais am Newa-Quai und erwarb sich und ihrem Gemahl, Wladimir Alexandrowitsch, den Ruf des eigentlichen residierenden und regierenden Teils der Zarenfamilie. Alexander III. hingegen lebte mit seiner Frau, der dänischen Prinzessin Marja Fjodorowna, und seinen Kindern in einer Art idyllisch-familiärer Abgeschiedenheit, in die selbst Minister nur schwer und oft erst nach mehrfachen Versuchen eindringen konnten. Dieser unprotokollarische Lebensstil, den sein Sohn *a fortiori* fortsetzte, verdeutlichte, daß der Zar die Führungsrolle aufgegeben und *de facto* vor den schweren außen- und innenpolitischen Anforderungen seiner Zeit kapituliert hatte. Attentate, die die wenigen Ausflüge der kaiserlichen Familie in die Öffentlichkeit begleiteten, riefen zunehmende Hilflosigkeit und den Wunsch nach möglichst totaler Isolation wach. Entscheidend für das weitere Geschick des Hauses Romanow war besonders das Attentat des Jahres 1887: Es war von dem jungen Uljanow, dem Bruder Lenins, geplant worden; bei der Nachricht über die Hinrichtung der Attentäter faßte der jüngere Bruder Uljanow, Wladimir Iljitsch, den Entschluß, dieses Verbrechen an der Zarenfamilie zu rächen. Er griff damit auf den Schwur zurück, der wenige Jahre zuvor im Kreis der volkstümlich-revolutionären Jugendlichen und Studenten, dem sein Bruder entstammte, geleistet worden war und der besagte, daß kein Mitglied der Familie Romanow mit dem Leben davonkommen dürfe.

Auch der junge Zar Nikolaus II. (1868–1918)[1] stellte nach seinem Regierungsantritt 1894 nur kurzzeitig eine Hoffnung für die problem- und verantwortungsbewußten Kräfte der russischen Regierung und Gesellschaft dar. Schön aber unbedeutend, gutmütig aber nicht verbindlich, mittelmäßig in Wuchs und geistiger Potenz (seine männlichen Vorfahren waren Hünen an Gestalt und Ausstrahlungskraft gewesen!), blieb Zar Nikolaus II. von Anfang an weit hinter den auf ihn gerichteten Hoffnungen zurück. Seine erste Grußadresse an die Abordnung des Adels, des Semstwo, der Städte und Kosaken (17. Januar 1895) bewies, daß der junge Zar neben dem Mangel an Führungsqualitäten auch noch die geistige Unbeweglichkeit seiner Mutter und den weltfluchtartigen Konservatismus seines Vaters ererbt hatte. Der 27jährige Zar brüskierte die Abordnung der vornehmsten Repräsentanten der russischen Gesellschaft, die bemüht waren, ihm die allerorts keimenden Hoffnungen des Volkes zu vermitteln, mit den Worten:

> »Mir ist bekannt, daß in der letzten Zeit in einigen Semstwo-Versammlungen Stimmen von Menschen laut geworden sind, die sich sinnlosen Träumereien über die Teilnahme der Semstwo-Vertreter an der inneren Verwaltung hingeben. Alle mögen wissen, daß Ich, der Ich alle meine Kraft dem Wohle des Volkes widme, das Prinzip der Selbstherrschaft so fest und unnachgiebig bewahren werde, wie es Mein unvergessener Vater bewahrte.«

Auch die Ehe des Zaren mit der Tochter des Großherzogs von Hessen-Darmstadt, seit dem Übertritt zur Orthodoxie Alexandra Fjodorowna genannt, ließ eine zunehmende Entzweiung von Kaiserhaus und Gesellschaft voraussehen. In außenpolitischer Hinsicht stiftete sie auf dem Hintergrund des deutsch-russischen Zollkriegs, der Erkaltung der Beziehungen zu Deutschland und der Festigung der russisch-französischen Allianz eine gewisse Verwirrung. In innenpolitischer Hinsicht war die scheue, von nervöser Hysterie und mystisch-ekstatischen Anwandlungen heimgesuchte Zarin nicht in der Lage, zu der treibenden Kraft im Zarenhaus zu werden, die den willensschwachen und sich in das Ehe- und Familienleben flüchtenden Zaren zu einer aktiven Gestalt im öffentlichen Leben machen konnte. Im Gegenteil führten sie ihre Ängste und Unpäßlichkeiten immer weiter von den sozialen Pflichten einer Zarin fort in familiäre und mystisch-religiöse Einfalt. Der Stil des Regierens, der sich unter diesen Umständen entwickelte, war durch Flucht vor den zunehmend komplexen Tatsachen des politischen Lebens, durch allzu oberflächliche Korrekturen der tiefen Mißstände mit Hilfe schmalspuriger Bauern- und Arbeitergesetze, durch Festhalten an traditionellen, der komplizierten inneren Struktur des modernen Staates nicht mehr gerecht werdenden Regierungsmustern charakterisiert. Zu diesen Mustern gehörte im ersten Jahrzehnt der Regierungszeit Nikolaus' II. eine repressive Innenpolitik, die die besten, geistig aktiven Kräfte der russischen Gesellschaft in den politischen Untergrund drängte.

Die Symbolfigur dieser Innenpolitik, die Repression an die Stelle von Anhörung, Verbot an die Stelle offener Debatten, Volksverachtung an die Stelle tätiger Unterstützung setzte, war der deutschstämmige Innenminister Wjatscheslaw Konstantinowitsch von Plehwe (1902–1904). Plehwe, der dem einem Attentat zum Opfer gefallenen Innenminister D. S. Schipjagin folgte, führte seinen Kampf gegen den »Aufruhr« der Bauern, Fabrikarbeiter und des Adels mit unbeugsamer Härte. Schwer lastete auf ihm besonders die Tatsache, daß er Polizei und Verwaltung während der Judenpogrome, besonders des Pogroms von Kischinjow, zu Passivität verpflichtet und damit faktisch ihre Ausbreitung begünstigt hatte. Als von Plehwe erkannte, daß Repression die Massenerregung nicht mehr aufhalten konnte, zog er ein außenpolitisches Ventil und wurde zum Befürworter des Russisch-Japanischen Kriegs. Am 15. Juli 1904, auf dem Hintergrund schwerer russischer Niederlagen und zwei Tage vor der Einschließung der russischen Armee in der Festung von Port Arthur, fiel von Plehwe dem Bombenattentat des Absolventen der Moskauer Universität Sasonow zum Opfer. Er wurde von den betont volksverbundenen und versöhnungsbereiten russischen Innenministern Fürst P. D. Swjatopolk-Mirskij und A. G. Bulygin abgelöst.

Das Ministerkabinett wies zu Beginn des Jahrhunderts unterschiedliche Kräfte auf. Mit sechs deutschrussischen Ministern war der deutsche Anteil stark, wenn auch ideologisch breit gefächert. Als Außenminister hatte Wladimir Nikolajewitsch Graf Lambsdorff (1845–1907) 1900 Graf Murawjow abgelöst. Lambsdorff betrieb eine besonnene Politik der Ausweitung der russischen Interessensphären und schreckte dabei vor jeder Unterstützung der radikalen slawischen und panslawistischen Kräfte sowie vor einer provozierenden russischen Politik im Fernen Osten zurück. Seine Warnungen scheiterten an der Angriffslust von Plehwes und der Bedenkenlosigkeit gewisser Teile des russischen Generalstabs.

Hof- und Apanagenminister war seit 1897 der hochbetagte Generalleutnant Baron, ab 1915 Graf Wladimir Borissowitsch Frederiks (Freedericksz), ein Finne, der einen wohltuenden ästhetisch-kulturellen, aber keinerlei politischen Einfluß bei Hofe ausübte.

Das Volksbildungsministerium wurde in der Plehwe-Zeit von Grigorij Eduardowitsch von Sänger (1853–1919) geleitet; Sänger, Latinist und Fürsorger des Warschauer Lehrbezirks, war 1899 in dem von der nationalen Frage erschütterten Warschau mit seiner Schrift »Die Judenfrage im alten

Rom« an die Öffentlichkeit getreten. Mit dem Ausscheiden von Plehwes war auch seine Zeit als Volksbildungsminister beendet.

Das Finanzministerium blieb 1903 in der Hand von Sergej Juljewitsch Graf Witte, der aufgrund seiner außergewöhnlichen Kompetenz vom Zaren anerkannt und toleriert wurde. In einer Zeit, in der die meisten gesellschaftlichen Aktivitäten aufgrund von Zensurbedingungen, Ausnahmeregelungen und Repressionen erloschen, hat Witte durch unermüdliche Arbeit auf dem Sektor des Bauern- und Agrarwesens, der Semstwo-Aktivität und des Arbeiterproblems durch Denkschriften, Einsetzung von Kommissionen und persönliche Leitung von Sondergremien die Räder des kontrollierten Fortschritts unentwegt in Gang gehalten. Sein persönlicher Mut und seine Kompromißlosigkeit, gepaart mit tiefstem Verantwortungs- und Problembewußtsein, machten ihn zu einem gefürchteten und unbequemen Mann. Intrigen und Verleumdungen haben seine Arbeit erheblich erschwert. Die Tatsachen, daß er selbst Träger eines deutschen Namens und zum Teil deutscher Herkunft und seine Frau Jüdin war, haben dabei eine Rolle gespielt. Nach seinem Ausscheiden aus dem Finanzministerium und seiner Ernennung zum Vorsitzenden des Ministerrates (1903) verwaltete der fähige, aber gesundheitlich wenig stabile frühere Leiter der russischen Staatsbank, E. D. Pleske, für ein Jahr das Finanzministerium, bevor es von Kokowzew und ab 1905 von Schipow übernommen wurde.

Im gleichen Jahr löste der deutschstämmige Generalleutnant Alexander Fjodorowitsch Roediger (Rediger) den russischen Kriegsminister W. W. Sacharow ab. Aber auch ein fähiger und in der wissenschaftlichen Fachwelt durch zahlreiche Veröffentlichungen ausgewiesener Stratege wie Kriegsminister Roediger konnte den Schaden, der dem russischen Heer und insbesondere der russischen Marine aus der vernichtenden Niederlage im Russisch-Japanischen Krieg erwachsen war, nur langsam und unter großen Schwierigkeiten beheben.

Der Russisch-Japanische Krieg war nicht ohne Zutun deutschrussischer Kräfte entstanden.[2] 1898 hatte der Wladiwostoker Kaufmann Brünner von der koreanischen Regierung die Konzession zur Gründung der »Koreanischen Holzgesellschaft« erhalten, die es ihm erlaubte, zu außergewöhnlich günstigen Bedingungen die Waldungen am Fluß Jalu abzuholzen. Brünner, dem die Mittel zur Nutzung dieser Wälder fehlten, verkaufte seine Konzession 1902 an Oberst A. M. Besobrasow weiter, der sich aufgrund seiner engen Beziehungen zu einflußreichen Männern der Regierung und insbesondere zu von Plehwe, staatliche Unterstützung bei der Nutzung dieser koreanischen Wälder erhoffte. Finanzminister Witte und Außenminister Lambsdorff wandten sich entschieden gegen eine staatliche Unterstützung dieser Projekte. Innenminister von Plehwe sicherte dem zum Staatssekretär ernannten Besobrasow jedoch staatliche Subventionen zu, empfahl dem Statthalter des Fernen Ostens, Alexejew, die Projekte tatkräftig zu fördern und machte damit aus einem privaten Wirtschaftsunternehmen eine allem Anschein nach staatlich unterstützte wirtschaftspolitische Aktion. Die Ausblutung der Jalu-Wälder wurde nun ohne jede Rücksicht auf die örtlichen Interessen sowie auf die strategischen Empfindlichkeiten der japanischen Regierung in Angriff genommen. Dieses Verhalten sowie die unbedacht provozierende russische Politik in der Mandschurei und auf der Halbinsel Liao-dun riefen auf japanischer Seite den zwingenden Eindruck hervor, daß sich das Russische Reich im Fernen Osten eine politisch-wirtschaftliche Vormachtstellung erkämpfe. Vergebens bemühte sich Außenminister Lambsdorff in seinen offiziellen Verhandlungen mit der japanischen Regierung, den Konfliktstoff zu entschärfen – die eigentliche russische Fernostpolitik wurde hinter den Kulissen von Männern wie A. M. Besobrasow und Konteradmiral Abasa geführt, die eine Konfrontation mit Japan anstrebten. Ungeachtet der geringen Leistungsfähigkeit der noch im Bau befindlichen sibirischen Eisenbahn und der erheblichen Entfernung des künftigen Kriegsschauplatzes von den russischen Heeres- und Versorgungsbasen drängte der russische Oberbefehlshaber, General Kuropatkin, zur Offensive. Sie endete mit der russischen Niederlage von Port Arthur.

Die Kapitulation von Port Arthur ist mit dem Namen des deutschstämmigen Generals und Festungskommandanten Anatolij Michailowitsch von Stoessel (Stessel, 1848–1915) verbunden. General Stoessel war an der Niederwerfung des Boxeraufstandes in Peking beteiligt gewesen und besaß den Ruf eines auf asiatischem Terrain erfahrenen Militärs. Sein menschliches und patriotisches Überheblichkeitsgefühl veranlaßte ihn im Frühjahr 1904, als sich der Russisch-Japanische Konflikt zuspitzte, zu dem unhaltbaren Versprechen, die Festung Port Arthur werde niemals fallen. Kurzzeitig wurde er zum Helden der nationalistischen russischen Presse, besonders des »Nowoje Wremja«, und der patriotischen, rußlandfreundlichen Presse des verbündeten Frankreich. Doch sein Überlegenheitsgefühl beruhte auf einer flagranten Fehleinschätzung der militärisch-strategischen Lage. Als die japanische Armee am 17. Juli 1904 den Ring um Port Arthur gezogen und die Belagerung der Festung begonnen hatte, wurde diese Fehleinschätzung des Festungskommandanten evident. Zu spät beauftragte er im September 1904 den Festungsbauingenieur A. von Schwarz mit dem Ausbau der Festung. Mit den deutschstämmigen Militärs Konteradmiral Witthöfft und General Fock gingen weit über 10000 russische Soldaten in einen unnötigen Tod, während 15000 schwer verwundet wurden. Nach achtmonatiger vollständiger Isolation zeigten die verbleibenden 8000 Soldaten Symptome totaler moralischer Erschöpfung. Die für die russische Öffentlichkeit erniedrigende Kapitulation von Port

Arthur löste einen Sturm der Entrüstung über das militärische Versagen von Stoessels aus. Die Anklagen, die nun – unter anderem von den Stoessel unterstellten russischen Militärs – gegen den Festungskommandanten erhoben wurden, waren so gewichtig, daß sich die Heeresleitung genötigt sah, den General von seinen Pflichten zu entbinden und einen Kriegsgerichtsprozeß gegen ihn einzuleiten. Stoessel mußte mehrere Jahre Festungshaft verbüßen. Aus dem Helden von Port Arthur war der Sündenbock der patriotisch gestimmten Öffentlichkeit geworden, die sich mit den schweren russischen Niederlagen im Fernen Osten nicht abfinden konnte.

Um dem gleichen Schicksal zu entgehen, legte der finnische General Oskar Kasimirowitsch Grippenberg nach den schweren Niederlagen seiner Zweiten Mandschurischen Armee im Januar 1905 seinen Armeebefehl nieder und reiste nach Petersburg ab. Der russische Oberbefehlshaber Kuropatkin, durch dessen mangelnde Unterstützung sich Grippenberg zu diesem Schritt veranlaßt sah, ernannte daraufhin einen weiteren deutschstämmigen General, Baron Alexander Kaulbars, zu dessen Nachfolger. Kaulbars gehörte einer Familie von baltischen Generalen an, die seit dem Russisch-Türkischen Krieg zu erklärt slawophilen Befürwortern der russischen Expansion im Süden und Osten des Reiches geworden waren und mit ihren militant-aggressiven Tendenzen den russischen »Volks-Generalen« nahestanden.

Nach dem totalen Fiasko der russischen Kriegsmarine und den entbehrungsreichen Niederlagen des russischen Landheeres sah sich die russische Regierung im Frühjahr 1905 gezwungen, dem Vermittlungsangebot des amerikanischen Präsidenten Roosevelt zu folgen und ein Friedensabkommen mit Japan zu unterzeichnen. In seiner Eigenschaft als Vorsitzender des Ministerrates führte Graf Sergej Juljewitsch Witte, unterstützt von dem russischen Botschafter in den USA, Baron Roman Rosen, die Gespräche von Portsmouth, die mit der Unterzeichnung des russisch-japanischen Friedensvertrages (23. August beziehungsweise 5. September 1905) endeten. Der Russisch-Japanische Krieg hatte der Großmacht Rußland einen nachhaltigen politischen und wirtschaftlichen Rückschlag versetzt. Jeder nachträgliche Versuch einer Mystifizierung aus patriotisch-nationalistischer Sicht wurde, nicht zuletzt durch die nüchternen Klarstellungen des Außenministers Graf Lambsdorff, als unhaltbar zurückgewiesen. Das wachsende russische National- und Großmachtbewußtsein hatte eine schwere Demütigung erfahren.

Auf dem Hintergrund der schweren und verlustreichen Kämpfe an der russisch-japanischen Front erwies sich auch der fragile soziale Friede, den die russische Polizei und Verwaltung mit den Revolutionären und der Arbeiterbewegung geschlossen hatte, als brüchig. Das zweite Jahr des Russisch-Japanischen Krieges wurde zum Jahr der sogenannten Ersten Russischen Revolution.

1. Das Revolutionsjahr 1905

Am Morgen des 19. 1. 1905 bewegte sich in St. Petersburg eine Prozession von Tausenden unbewaffneter Arbeiter, an deren Spitze der Priester Gapon das Kirchenbanner trug, singend und betend auf den Winterpalast zu. Alle Anzeichen sprachen dafür, daß diese Menge von schlecht gekleideten Arbeitern ebenso friedlich in die Petersburger Arbeitervororte zurückgezogen wäre, wenn sich der Zar in einer väterlichen Geste des Verständnisses für die Nöte der Armen an einem Fenster des Winterpalastes gezeigt hätte. Der Zar erschien jedoch nicht. An seiner Stelle wurden die Arbeiter von Maschinengewehrsalven empfangen. Die Nachricht vom »Blutsonntag an der Newa« verbreitete sich wie ein Lauffeuer im ganzen Land. Der Aufstand begann.

Der Zar griff zunächst nach einem – seit den späten Regierungsjahren Alexanders II. – erprobten Mittel: Er ernannte den für seine rohen, repressiven Methoden bekannten Oberpolizeimeister der Stadt Moskau, den deutschstämmigen General Trepow (Trepphof) und Sohn des früheren Petersburger Stadtkommandanten, zum Generalgouverneur von St. Petersburg. Gleichzeitig ersetzte er den in seinen Augen allzu versöhnlichen Innenminister Fürst Swjatopolk-Mirskij durch den ebenfalls volksverbundenen Innenminister Bulygin, weitete aber die Kompetenzen des neuernannten St. Petersburger Generalgouverneurs Trepow so weit aus, daß dieser in der Tat ein Jahr lang die russische Innenpolitik bestimmte. Aber auch an höchst persönlicher Vorsorge fehlte es nicht: Während der deutsche Kaiser eine Flottille in die Ostsee entsandte, um die in Schwierigkeiten geratenen russischen Verwandten, die Zarenfamilie, im Notfall an Bord nehmen und in das sichere Deutschland bringen zu lassen, ließ Zar Nikolaus II. über die Petersburger Filiale des Berliner Bankhauses Mendelssohn & Co., das die Auslandsgeschäfte des Zaren tätigte und deutsche Investitionen an Rußland vergab, eine halbe Million Goldrubel als Notgroschen der kaiserlich-russischen Familie nach Berlin überweisen. Ein mit seinem Volk tiefer verbundener Herrscher hätte sich im Moment des Leidens und der Krise seiner Nation wohl solcher kleinlichen Rückversicherungen enthalten. Die »Caisse Impériale de la Couronne de la Russie« blieb während des Weltkriegs, der deutschen Revolution, der Weimarer Republik und der Machtergreifung der Nationalsozialisten unangetastet, bis sie – nach der Enteignung des jüdischen Bankhauses Mendelssohn – von der NSDAP beschlagnahmt wurde.

Mit der Ernennung des Generalmajors Dmitrij Fjodorowitsch Trepow (1855–1906) zum Petersburger Generalgouverneur hatte der Zar eine schlechte Wahl getroffen. In seiner Eigenschaft als Moskauer Oberpolizeimeister hatte Trepow seit 1896 durch eine Politik unnötiger Härte, Verhaftungen und Bestrafungen jede Diskussion der anstehenden Fragen im Keim erstickt und die studentische Jugend, das Besitzbürgertum und die akademische Intelligenz zu Staatsfeinden abgestempelt. Aber auch seine Behandlung der Arbeiterfrage sowie die Einführung einer Art Polizeisozialismus, den er zusammen mit Subatow ersonnen und ins Werk gesetzt hatte (man nannte ihn die Subatowschtschina), waren lediglich geeignet, die Arbeiterbewegung zu lähmen, nicht aber, ihre Probleme zu lösen.

Auch in St. Petersburg wurde schon kurz nach Trepows Ernennung deutlich, daß sich das in Moskau praktizierte System der Repression hier unter den Bedingungen des beginnenden Bürgerkriegs nicht aufrechterhalten ließ. Demonstrationen, Petitionen und der Ruf nach einer Verfassung blieben jedoch unbeantwortet. Erst die Ermordung des Onkels und Schwagers des Zaren, des Großfürsten Sergej Alexandrowitsch, am 4. Februar 1905 riß den Zaren aus seiner politischen Lethargie.

Großfürst Sergej Alexandrowitsch, der vierte Sohn Alexanders II., der unter anderem die Palästinapolitik des kaiserlichen Hauses betrieb, hatte in seiner Eigenschaft als Moskauer Generalgouverneur (ab 1891) und Vorsteher des Moskauer Militärbezirks den Ruf bedenkenloser Härte und aufbrausender Gewalttätigkeit erlangt. Die Bombe, die ihn nun in Stücke riß, war der Racheakt der Moskauer Studenten- und Arbeiterschaft. Seine Gemahlin, Jelisaweta Fjodorowna, Prinzessin von Hessen-Darmstadt, war die Schwester der Kaiserin und teilte ihre mystisch-exaltierten Stimmungen. Nach dem Tod des Großfürsten gründete sie in Petersburg einen Büßerinnen-Orden, dem sie selbst als Oberin vorstand. Sie wurde später, wie alle in Rußland verbliebenen Großfürsten, von Rotarmisten erschossen (Februar 1918).

Was Petitionen und Appelle an die politische Vernunft des Zaren nicht hatten erreichen können, erfolgte nach dem blutigen Anschlag auf den nahen Verwandten: Der Zar gab am 18. Februar 1905 unter Berufung auf Innenminister Bulygin die Schaffung einer parlamentarischen Autokratie bekannt:

> »Nach dem Erbfolgerecht setze Ich die Aufgabe meiner gekrönten Vorfahren – die Sammlung und Bildung der russischen Erde – fort und habe nunmehr mit Gottes Hilfe auch beschlossen, die würdigsten, mit dem Vertrauen des Volkes ausgestatteten, von der Bevölkerung gewählten Menschen zur Teilnahme an der vorbereiteten Ausarbeitung und Beratung über die gesetzgebenden Projekte heranzuziehen…«

Ein zweites Kaiserliches Manifest vom selben Tag trug die Handschrift des Petersburger Generalgouverneurs Trepow. Es verwies auf die »innere Unordnung der letzten Zeit und das Schwanken der Gedanken, die die Verbreitung von Aufruhr und Verwirrung begünstigt haben«, und erhob die Forderung, daß alle russischen Menschen, die der Heimat treu seien, sich fest um den Thron vereinigen sollten, um »in freundschaftlicher Zusammenarbeit durch Wort und Tat der heiligen und großartigen Leistung der Überwindung des hartnäckigen äußeren Feindes, in der Beseitigung aller Aufruhr und in einem vernünftigen Widerstand gegen die inneren Wirren« zusammenzustehen.

Und schließlich übertrug ein Allerhöchster Ukas ebenfalls vom 18. Februar 1905 dem Ministerrat die Prüfung aller Eingaben von Privatpersonen oder Institutionen, die Vorschläge zur Vervollkommnung des Staatswesens und zur Verbesserung des Volkswohlstandes machen wollten.

Damit setzte eine fieberhafte Tätigkeit der Semstwo-Organe, Stadträte und Versammlungen der verschiedensten Berufsgruppen mit dem Ziel ein, dem Ministerrat vernünftige Vorschläge zu der dringend notwendigen Neuordnung des Reichs zu unterbreiten. Die Ausarbeitung einer Verfassung und eines Parlamentsstatus zog sich jedoch – unter anderem aufgrund der starken Widerstände Trepows – schleppend hin.

Am 6. Juni 1905 trug eine Deputation von Semstwo- und Städteaktivisten unter der Leitung des gemäßigt liberalen, deutschstämmigen Konstitutionalisten Pjotr Alexandrowitsch Graf Heyden (1840–1907) dem Zaren ihre Anliegen vor. Graf Heyden, ein gelernter Jurist, hatte in der Zeit von 1886 bis 1890 das Amt des Leiters der Kanzlei zur Aufnahme von Bitten an den Kaiser innegehabt, war aber aufgrund von Zerwürfnissen mit konservativen Kräften bei Hof aus dem Regierungsdienst ausgeschieden. Heyden wurde 1895 zum Präsidenten der Kaiserlichen Freien Ökonomischen Gesellschaft gewählt. Auch hier hatte er jedoch unter Repressionen zu leiden, bis die Freie Ökonomische Gesellschaft schließlich 1900 ihre Sitzungen einstellen mußte. Daraufhin schloß sich Heyden der Semstwo-Bewegung an und wurde 1904 zu einem der Hauptorganisatoren der sogenannten Bankett-Kampagne, die nach einer Verfassung verlangte. Während des Empfangs der Deputation unter dem Vorsitz des Grafen Heyden unterstrich Fürst S. M. Trubezkoj die Notwendigkeit, alle Volksschichten, unabhängig von Glauben und Nationalität, zu politischer Verantwortung heranzuziehen, und dies in Form einer allgemeinen Volksvertretung. Der Kaiser versicherte den Mitgliedern der Deputation, daß in allernächster Zeit eine Volksvertretung einberufen werde.

Der erste schüchterne, von der Regierung oktroyierte Versuch einer Volksversammlung – die nach dem Innenminister genannte Bulygin-Duma –, die im August 1905 einberufen werden sollte, kam jedoch den Erwartungen der russischen Volksmassen und Intelligenz allzu halbherzig entgegen. Die Unruhen weiteten sich folglich reichsweit zu Meuterei und Revolution aus.

Während sich die deutschstämmige Bevölkerung Rußlands in ihrer Mehrheit als eine Stütze der Monarchie erwies, traten in diesen revolutionären Ereignissen des Jahres 1905 einige Deutschrussen als Träger und Vorkämpfer des revolutionären Gedankens hervor. Der deutschrussische Revolutionär des Jahres 1905, dessen Andenken bis heute am tiefsten im russischen historischen Bewußtsein verankert ist, war »Leutnant Schmidt«.

Pjotr Petrowitsch Schmidt (1867–1906)[3], ein Absolvent der Marineakademie, hatte zuerst in der Kriegs- und dann in der Handelsmarine gedient. Nach Ausbruch des Russisch-Japanischen Kriegs, zu Beginn des Jahres 1904, trat er in das Schiffsgeschwader unter der Leitung des Admirals Roshdestwenskij ein. Diese baltische Flotte war das zweite Aufgebot der russischen Kriegsmarine, das nach Versenkung der im Pazifik liegenden Schiffe in den Fernen Osten ziehen sollte. Schmidt war auf dem Weg dorthin erkrankt und wurde nach Sewastopol kommandiert. Hier wurde er der Besatzung eines Minenbootes zugeteilt. Bereits in der zweiten Hälfte des Jahres 1904 hatte Schmidt, der sich selbst als überparteilichen Sozialisten verstand, begonnen, unter Matrosen und Offizieren der russischen Schwarzmeerflotte Propaganda für den Sozialismus zu treiben. Seine parteiliche Unabhängigkeit machte ihn bei den Matrosen sehr beliebt. Er verurteilte die russischen Sozialdemokraten, da sie das russische Bauerntum zu einem Instrument ihrer revolutionären Gärungspolitik machten. Ebenso wandte er sich gegen die Sozialrevolutionäre, weil sie die Waffe des Terrors – und damit Blutvergießen unter Russen – akzeptierten. In Anlehnung an den rechten Flügel der deutschen Sozialdemokratie trat Schmidt für die konstitutionelle Monarchie, eine verfassunggebende Volksversammlung und für das allgemeine Wahlrecht ein. An die russische Öffentlichkeit trat Schmidt zum ersten Mal, als er am 20. Oktober 1905 in Sewastopol eine Grabrede für die Opfer einer Straßendemonstration hielt. Diese Rede, die von einem tiefen sozialen und dabei zugleich stark humanen Pathos getragen war, machte Schmidt in ganz Rußland auf einen Schlag bekannt. Die Folge war, daß er am 7. November aus dem Dienst entlassen wurde. Am 8. November begannen die Matrosen des Panzerkreuzers »Otschakow« den Gehorsam zu verweigern. Sie nahmen Kontakt zu Schmidt auf und forderten ihn auf, sich an die Spitze ihrer Meuterei zu stellen. Als die Matrosen des Panzerkreuzers am 13. November zu offenem Aufruhr übergingen, war Schmidt ihr Wortführer. In den folgenden Tagen schlossen sich das Panzerschiff »Pantelejmon« und einige andere Kriegsschiffe den Aufrührern an. Am 14. November hielt Schmidt eine flammende Rede, in der er den Kaiser selbst um Gehör bat; er forderte die Einberufung einer verfassunggebenden Volksversammlung und erklärte, daß die Flotte nicht mehr bereit sei, den Ministern zu folgen. Der Oberbefehlshaber der Schwarzmeerflotte, Tschuchnin, gab Befehl, die meuternden Schiffe unter Beschuß zu nehmen. Schmidt drohte, für jeden erschossenen Matrosen einen gefangenen Offizier ermorden zu lassen, führte seine Drohung aber nicht aus. Die meuternden Schiffe, die dem Befehl Schmidts unterstanden, reagierten auf den Feuerbeschuß lediglich mit einigen symbolischen Salven. Schmidt tat nichts, um seinen politischen Forderungen durch eine militärische Aktion Gehör zu verschaffen. Der Beschuß löste auf der »Otschakow« einen Brand aus. Die

Matrosen retteten sich in die Boote. Schmidt wurde gefaßt und dem Militärkriegsgericht übergeben. Während des Prozesses, dem die russische Öffentlichkeit sehr viel Aufmerksamkeit widmete, stand Schmidt – wie zu hören war – heldenhaft für seine Freunde, die aufständischen Matrosen, ein und versuchte ihr Schicksal in jeder Weise zu mildern. Für sich selbst beanspruchte er keine Gnade. Schmidt, der in dieser Zeit zum Volkshelden wurde, durfte zu seiner Verteidigung keine Zeugen anrufen. Nach mehrmonatiger Haft wurde er, zusammen mit drei anderen Matrosen, zum Tode verurteilt und am 6. März 1906 nahe der »Otschakow«, auf der Insel Beresan – unweit der deutschen Beresaner Kolonien – erschossen. Die Autobiographie, die Schmidt in seiner Haftzeit geschrieben hatte und die noch vor seiner Aburteilung veröffentlicht wurde, festigte seinen Ruf als Held der Revolution von 1905. Die etablierten revolutionären Parteien in Rußland, besonders die Mehrheitsfraktion (Bolschewiki) der russischen Sozialdemokratie mit ihrem Führer Lenin, waren bemüht, »Leutnant Schmidt« zu einer Symbolgestalt des Kämpfers gegen die Autokratie zu machen und dabei doch zugleich seine eigentliche Botschaft dem Vergessen preiszugeben. Der Mythos dieses parteilosen Wortführers eines gewaltlosen Weges zur parlamentarischen Monarchie warf einen allzu mächtigen Schatten auf ihre eigene Strategie.

Die Herbstmonate waren durch ein Anschwellen der revolutionären Bewegung gekennzeichnet. Anfang Oktober wurde der Generalstreik ausgerufen. Dies veranlaßte den Petersburger Generalgouverneur Trepow, Straßenanschläge mit Befehlen an die kämpfenden Truppen anbringen zu lassen, die die Worte enthielten: »Mit Patronen soll nicht gespart werden!« Bürgerkriegsartige Kämpfe breiteten sich ab Oktober zuerst in der Reichshauptstadt und später in zahlreichen Provinzen aus. Endlich, am 17. Oktober 1905 gab der Zar das seit langem erwartete Manifest bekannt, das den Völkern des Russischen Reichs die demokratischen Freiheiten garantierte: Gewissens-, Presse- und Versammlungsfreiheit sowie Unantastbarkeit der Person; daneben wurde das allgemeine Wahlrecht eingeführt und die Einberufung einer Volksversammlung nach Art der konstitutionellen Monarchien in Aussicht gestellt. Trotz großen Jubels in der hauptstädtischen Bevölkerung rissen die revolutionären Unruhen nicht ab. Aus Sorge um die Sicherheit seiner Familie ernannte der Zar den Petersburger Generalgouverneur Trepow nun zum Hofkommandanten (28. Oktober 1905). Bei Hofe versammelte Trepow Männer um sich, die bemüht waren, über den Kopf des Zaren hinweg repressive Innenpolitik mit dem Ziel der Niederwerfung der revolutionären Bewegung zu treiben. Diese »Hofkamarilla«, wie die Gruppe in der Bevölkerung genannt wurde, führte einen zähen Kampf um die Entlassung des Grafen Witte und bot später, nach Eröffnung der Ersten Russischen Staatsduma, all ihre Überredungskünste auf, um den Zaren für die Idee der Schließung und Entlassung des

Parlaments zu gewinnen. Trepow wurde zu einer der meistgehaßten Personen in den höheren Regierungssphären. Am 1. Juli 1906 wurde im Park von Peterhof ein Attentat auf Generalmajor Koslow begangen, das Trepow gegolten hatte. Der junge russische Attentäter Wassiljew wurde – auch auf Betreiben Trepows – hingerichtet. Am 2. September 1906 starb Trepow plötzlich an Herzversagen. Die Umstände wurden niemals geklärt.

Die Kämpfe, die im Herbst 1905 begannen und über die Wintermonate hin sporadisch aufflackerten, forderten noch zwei weitere deutschrussische Opfer aus den Reihen der russischen Revolutionäre: die Sozialdemokraten Bauman und Schmit.

Am 3. November 1905 wurde während der Unruhen auf dem Boden der deutschen Vorstadt in Moskau der deutschstämmige Tierarzt Nikolaj Ernestowitsch Bauman (1873–1905)[4] durch Schüsse getötet. Bauman gehörte dem bolschewistischen Flügel der Allrussischen Sozialdemokratischen Arbeiterpartei an. Er hatte schon in den neunziger Jahren in St. Petersburg Kontakt zum sozialdemokratischen Untergrund aufgenommen, war verhaftet worden, hatte 22 Monate in der Peter-und-Pauls-Festung zugebracht und war dann in das Gouvernement Wjatka verschickt worden. Von hier war er geflohen und über die Grenze ins Ausland entkommen. In der Schweiz nahm er Kontakt zu Lenin auf, der – wie sein Briefwechsel mit dem Genossen Bauman verdeutlicht – keine hohe Meinung von diesem feingliedrigen und kampfbesessenen Intellektuellen hatte. Ab 1900 war Bauman einer der Hauptorganisatoren der »Iskra-Gruppe«. In ihrem Auftrag reiste er häufig illegal in Rußland ein, um Kontakt zwischen den einzelnen sozialdemokratischen Untergrundgruppen herzustellen. Im Februar 1902 wurde er in Woronesh von einem ihm bekannten Arzt an die Polizei verraten und in ein Kiewer Gefängnis eingeliefert. Im August 1902 gelang ihm zusammen mit zehn anderen Genossen die Flucht aus der Haft. Er vertrat bald darauf unter dem Namen Sorokin auf dem sogenannten Zweiten Parteitag der Russischen Sozialdemokratischen Arbeiterpartei das Moskauer Komitee. Zwei weitere Jahre aktiver Parteiarbeit in der Illegalität folgten, bis er schließlich am 29. beziehungsweise 16. Juni 1904 erneut verhaftet und in das Gefängnis auf der Taganka gebracht wurde. Von dort gelang ihm offenbar in der zweiten Hälfte des Monats Oktober wiederum die Flucht; er nahm an den bewaffneten Straßenkämpfen in Moskau teil und wurde erschossen. Seine Beerdigung wurde von den Kämpfern der russischen Sozialdemokratie zu einer machtvollen Massendemonstration ausgeweitet. Die Witwe Baumans, eine sozialdemokratische Parteiaktivistin, rief die Anwesenden in ihrer Trauerrede zum bewaffneten Kampf auf. Der Führer der Bolschewiki, der in der Schweiz lebende Lenin, der seinem Genossen früher in der Not wenig Hilfe hatte zuteil werden lassen, nutzte diese Vorfälle, um die russischen Arbeiter zum Kampf gegen die Politik des Oktobermanifests aufzurufen.

Das zweite deutschrussische Opfer der Moskauer Straßenkämpfe war ein Freund und Parteigänger Baumans, ein Student der Moskauer Universität und Besitzer einer der größten Möbelfabriken Moskaus, Nikolaj Pawlowitsch Schmit (1883–1907)[5]. Die Möbelfabrik Schmit war 1817 von Matwej Schmit aus Riga gegründet worden. Sein Sohn, von Beruf Straßenbauingenieur, war in das russische Eisenbahngeschäft eingestiegen und hatte die Eisenbahnlinie Petersburg-Moskau mitfinanziert. Die Heirat mit Maria Hornung, einer schwedischstämmigen Adligen, hatte seinen Sohn hoffähig gemacht. 1851 wurde die Schmitsche Möbelfabrik zum kaiserlichen Hoflieferanten erklärt. Eines der Kinder des Möbelfabrikanten hatte in die Familie Morosow eingeheiratet, eine schnell arrivierende russische Zuckerfabrikantenfamilie, die in den zwanziger Jahren des 19. Jahrhunderts noch aus Leibeigenen bestanden hatte und bereits um die Jahrhundertwende zu den reichsten Familien Rußlands zählte. Der berühmte Sawwa Morosow, Kunstmäzen und Liebling der Moskauer Bohème, der 1905 in einem Pariser Hotelzimmer Selbstmord beging, war der Vetter des Erben der Schmitschen Möbelfabrik, Nikolaj Pawlowitsch Schmit. Mit Morosows Tod gingen beträchtliche Reichtümer an die ohnedies sehr begüterte Familie Schmit über. Der Vater des Studenten Schmit, der 1902 verstorben war, hatte die Fabrik, um deren Bestand unter der Leitung seines Sohnes er sich sorgte, vor seinem Tod verkaufen wollen. Allein, dazu war es nicht mehr gekommen, so daß sich im Jahr 1905 in der Hand des jungen Schmit, des Enkels des berühmten Fabrikanten Wikula Morosow, ein erhebliches Familienerbe konzentrierte. Während Morosow von seiner *fin-de-siècle*-Stimmung in die künstlerische Bohème und in sden Tod getrieben wurde, hatte den jungen Schmit dieselbe Stimmung, vermischt mit einem starken sozialen Engagement, in den sozialdemokratischen Untergrund geführt. Die Schmitsche Möbelfabrik auf der Presnja in Moskau wurde zu einer Bastion des bewaffneten Moskauer Proletariats. Schmit selbst teilte unter seinen Arbeitern Waffen aus und bildete sie zu Kampftruppen heran. Als im September 1905 in Moskau ein schwerer bewaffneter Aufstand ausbrach, war die Schmitsche Fabrik auf der Presnja eines der Zentren der Kämpfe. Der Oberkommandierende des Moskauer Militärbezirks, Generalleutnant Baron E. A. Rausch von Traubenberg, und der Stadthauptmann, Baron Rheinbott, beschlossen, die Möbelfabrik unter Artilleriebeschuß zu nehmen. Nach längerem Beschuß wurde Schmit als Leiter dieser Aufstandsgruppe durch den Kommandeur des Semjonowschen Regiments, Min, verhaftet. Schmit brachte mehr als ein Jahr in der Haft zu und starb am Ende dieser Zeit im Gefängnis. Tuberkulose oder Selbstmord dürften die Ursache seines Todes gewesen sein. Von bolschewistischer Seite allerdings wurde eine andere Version verbreitet. Sie besagte, daß er in der Haft getötet worden sei, vorher aber aus Anhänglichkeit an die bolschewistische Partei sein gesamtes Kapital der Partei vermacht habe.

Die historische Wahrheit ist anders: Das Schmitsche Erbe fiel zunächst an die zwei überlebenden Schwestern des jungen Schmit, die damit über den immensen Morosow-Schmitschen Familienbesitz verfügten. Damit begann ein Gerangel der verschiedenen sozialdemokratischen Gruppen um das sprichwörtliche »Schmitsche Erbe«. Lenin, der seit jeher unter den »Beschaffungsschwierigkeiten« seiner Parteiengruppierung litt, ging so weit, einen Genossen, den zuverlässigen und dabei selbst standesgemäßen »roten Grafen« Ignatjew mit einer der Schwestern zu verheiraten. Schließlich aber scheint die deutsche Sozialdemokratie die Schirmherrschaft über dieses Erbe erlangt zu haben.[6]

Auch in der Regierungsmetropole St. Petersburg und in anderen großen Städten schlossen sich studierende Jugendliche aus deutschrussischen Familien der Streikbewegung und den Revolutionären an. Sie stellten allerdings im Hinblick auf die Gesamtheit der deutschrussischen Bevölkerung die Ausnahme und nicht die Regel dar. Lediglich im Wolgagebiet scheinen breitere deutschrussische Sympathien und Solidaritätsgefühle für die politischen Bewegungen jenes Jahres bestanden zu haben, wenngleich es auch hier nicht zu einer Massenbeteiligung deutschrussischer Jugendlicher und Studenten an den Unruhen gekommen ist. Einzelgestalten, wie etwa der Sozialrevolutionär und spätere Sozialdemokrat Peter Sinner[7], der aus dem russischen sozialrevolutionären Untergrund hervorgegangen war und während des Revolutionsjahrs wenig erfolgreich unter den deutschen Wolgakolonisten agitierte, oder der sozialdemokratische deutsche Schullehrer Iwan Fjodorowitsch Schwab (ab 1924 Vorsitzender des zentralen Exekutivkomitees der Autonomen Deutschen Wolgarepublik), scheinen sich in dieser Zeit um eine Politisierung der Kolonien bemüht zu haben, ohne daß ihre Agitation allerdings irgendwelche breiteren Spuren hinterlassen hätte. Zwar wurden sie von den Kolonisten nicht denunziert, doch wurde ihnen auch kein Terrain zu aktiver politischer Betätigung gelassen. A. Reichert, ein weiterer Kolonistensohn, der später der kommunistischen Partei beitrat, mußte 1923 bekennen:

> »Die Revolution von 1905 ging sonst spurlos an unseren Kolonien vorüber... Das Häuflein Revolutionäre konnte unter den zur Zeit waltenden Verhältnissen... nichts ausrichten und mußte abwarten, bis der Boden durch irgendein Ereignis zur Revolutionsarbeit vorbereitet war.«[8]

Erst nach dem Revolutionsjahr 1905 sei es unter Ausnutzung der durch das Oktobermanifest gewährten Freiheiten auch in den Wolgakolonien möglich geworden, »die Selbstherrschaft zu untergraben und einen Teil der Bevölkerung oppositionell gegen sie zu stimmen«.

Allein die junge akademische Intelligenz der Wolgakolonien begann in diesen Monaten politisch aktiv zu werden. Sie hielt sich aber in den Grenzen der Legalität. Wie ihre russischen Berufskollegen schlossen sich auch die jungen deutschen Akademiker der Kolonien, allen voran die Lehrer, zu Berufsverbänden zusammen. Der deutsche Lehrerverband der Wolgakolonien, der sich in dieser Zeit konstituierte, hat möglicherweise auch Kontakt zur russischen Lehrergewerkschaftsbewegung aufgenommen. A. Reichert berichtete später, er habe 1906 in Katherinenstadt auf der deutschen Lehrerkonferenz eine Rede gehalten, in der er den Anschluß des deutschen Lehrerverbandes an den Allrussischen Lehrerverband gefordert habe.[9] In einigen Zentren des Wolgagebiets, wie zum Beispiel in den deutschen Zentralschulen der Städte Grimm und Katherinenstadt, soll es darüber hinaus zu vereinzelten Schülerstreiks gekommen sein. Im ganzen gesehen blieben diese Manifestationen einer ersten Politisierung der deutschen Kolonisten in Rußland doch so unbedeutend, daß selbst die nationalistische russische Presse das Verhalten der Deutschen während des Revolutionsjahres als exemplarisch für alle russischen Bürger darstellte; so schrieb beispielsweise das »Nowoje Wremja«:

> »Eine glänzende Lektion erteilten die Deutschen unserem Patriotismus.... Die Deutschen rührten und regten sich nicht. Das werden alle bezeugen, die die russischen Deutschen kennen... Hörte man auch nur von einer einzigen Bombe, die ein Deutscher geworfen hat?«[10]

Tatsächlich hatte die Mehrheit der deutschrussischen Bevölkerung – von den etablierten Schichten in den Städten bis zu den südrussischen Kolonisten – die revolutionären Ereignisse mit Sorge verfolgt und das Oktobermanifest als einen Sieg der politischen Vernunft über das Chaos der Massen und den Immobilismus der konservativen Rechten begrüßt. Zwar wußte man die Tragweite der Ereignisse noch nicht voll einzuschätzen, doch stimmte man der Idee eines konstitutionellen Rußland aus tiefster Überzeugung zu:

> »Das Jahr 1905, das in der Geschichte unseres Staates einst den ereignisreichsten und denkwürdigsten an die Seite gestellt werden wird, das in dem innern Leben unseres Landes Vorgänge gezeitigt hat, die in ihrer heute noch nicht zu überschauenden Tragweite der Würdigung und Abschätzung kommender Tage vorbehalten bleiben müssen«,[11]

erfüllte die überwiegende Mehrzahl der Deutschrussen mit neuen Hoffnungen. Dies galt *a fortiori* für die Kolonisten der südrussischen Gouvernements, die während der Agrarrevolten und Ausschreitungen in den russischen und ukrainischen Dörfern zum ersten Mal mit dem Phänomen politischer Massenbewegungen konfrontiert wurden. Ihr angestammter Konservatismus und ihre unbeirrbare Kaisertreue hatten sie zu einem Element der Stabilität in den Wogen der Unruhen werden lassen. In einigen südrussischen Gebieten, in denen sich die Agrarrevolten sporadisch ausbreiteten, bildeten deutsche Gutsbesitzer und Bauern Selbstschutzverbände, die das Übergreifen der Revolten auf die deutschen Siedlungsgebiete verhinderten. In den geschlossenen Siedlungskomplexen, die kaum mit russischen, ukrainischen oder andersethnischen Dörfern in Berührung kamen, erfuhren die Siedler von den revolutionären Ereignissen zum ersten Mal von der Predigtkanzel oder aus der deutschen Provinzzeitung. Die Mehrheit der deutschen Siedler Südrußlands verstanden die revolutionären Ereignisse als ein Aufwallen der letzthin unkontrollierbaren russischen Bauernmassen, als eine innerrussische Angelegenheit, die sie im Grunde nicht betraf. Wo aber deutsche Kolonisten in Gefahr kamen, mitbetroffen zu werden, setzte der Selbstschutz Wachen und Helfer ein, um Felder und Gutshäuser zu schützen oder den »aufgewiegelten Mob« zu vertreiben. Es war – wenn man einem Geistlichen der südrussischen Kolonisten, dem evangelischen Pastor Jakob Stach Glauben schenkt – weniger der revolutionäre Druck, der die Kolonisten in dieser Zeit in gewisser Weise verunsicherte, als vielmehr die Konzessionsbereitschaft der russischen Krone; Stach schrieb:

> »Die Natur des deutschen Bauern ist in hohem Maße konservativ und durchaus regierungsfreundlich; wenn aber seine Loyalität gegen die Regierung in Widerspruch gerät mit seiner konservativen Gesinnung, das heißt wenn die Regierung beständig ihr System wechselt und sich selber nicht treu bleibt, dann zerreißt endlich auch dem Sanftmütigsten der Geduldsfaden, er setzt alles daran, um dieses unbequeme Los abzuschütteln.«[12]

Die Tatsache, daß das Oktobermanifest dem russischen Volk die seit langem erhofften Freiheiten gab, schien Kolonisten vom Typus Stachs ein Faktum von minderer Bedeutung zu sein. Für ihn und eine große Zahl deutscher Siedler und Gutsbesitzer Südrußlands schien kaum ein Desiderat an größeren Freiheiten bestanden zu haben. So konnte Pastor Stach noch 1906 schreiben:

> »Trotz aller Absolutheit der Monarchie (muß gesagt werden): in Rußland genießt der Mensch für jede Art von Nonchalance eine beispiellose Bewegungsfreiheit.«

Bei dieser Grundeinstellung der überwiegend begüterten deutschen Kolonistenbevölkerung blieb es nicht aus, daß in den südrussischen Zentren der politischen Meinungsbildung, vor allem in den größeren Städten, Konflikte zwischen den Kolonistensprechern und den Führern der progressiven und Linksparteien entstanden. Als fremdstämmige Gruppe standen die deutschen Kolonisten zunächst im Verdacht, mit den Parteien der sozialen Umwälzung zu sympathisieren, da sie auf dem Weg über eine konzentrierte Aktion auch größere nationale Rechte hätten erwerben können. Als wohlgestellte, in Neigungen und Interessenlage konservative Landbevölkerung aber hatten sie durch ihren betonten Immobilismus die Lanze für das *ancien régime* gebrochen. Damit waren die Fronten für zukünftige Aktionen relativ deutlich gesetzt. Zehn Jahre später, auf dem Hintergrund der antideutschen Stimmung der Weltkriegszeit, in der die russischen Deutschen im Verdacht mangelnder Loyalität zu ihrem Heimatland Rußland standen, schrieb Lindemann:

»Die deutschen Kolonisten waren (im Jahr 1905, I. F.) in ihren politischen Stellungnahmen überzeugte Monarchisten, die fest für die Erhaltung der bestehenden sozialen Ordnung eintraten und von den Utopien des linken Lagers unserer Gesellschaft nicht verführt wurden. Diese ihre politische Einstellung war die Ursache für jene tiefe Unzufriedenheit und den Zorn, die jene Glieder der russischen Gesellschaft in den Jahren 1905 und 1906 über die deutschen Kolonisten empfanden, die damals von der Einberufung einer konstituierenden Versammlung, von einer republikanischen Staatsordnung, von der Enteignung des Privateigentums für eine gerechte Entschädigung, von der Sozialisierung der Produktionsmittel und der Kapitalien usw. träumten. All diesen Zielen gegenüber haben die deutschen Kolonisten zu dieser Zeit mit entschiedener Verneinung geantwortet. ... In den Jahren 1905 und 1906, in der Zeit der revolutionären Bewegungen in Südrußland, haben die örtlichen Organe und Behörden die deutschen Siedler (und die Krimtataren) mit Gewehren und Patronen ausgestattet und sie um Hilfe bei der Wiederherstellung der Ordnung gebeten. Das hat viel zur baldigen Niederschlagung des Aufstandes beigetragen.«[13]

Bei allem Opportunismus, mit dem der deutschrussische Oktobrist Lindemann argumentierte, hatte diese Einschätzung sicher einen realen Kern.

Die Idee des bewaffneten Selbstschutzes entstand in diesen Jahren nicht nur in den deutschen Kolonien Südrußlands. Selbstschutzabteilungen wurden besonders in den deutsch besiedelten Provinzen der Ostseegouvernements aufgestellt. Denn die deutsche Bevölkerungsgruppe in Rußland, die am stärksten von den revolutionären Ereignissen des Jahres 1905 betroffen wurde, war die deutschbaltische Bevölkerung, und hier besonders der deutschbaltische grundbesitzende Adel. In den Ostseeprovinzen weiteten sich die revolutionären Unruhen zu monatelangen, schweren Agrarrevolten aus, in denen Teile der estnischen und lettischen Bauern gegen die jahrhundertealte Prädominanz des deutschbaltischen Landadels aufbegehrten. Die Organisationszentren der revolutionären Bewegung in den Ostseeprovinzen befanden sich in Riga. Von dort aus wurden die im Untergrund arbeitenden Zellen der russischen Sozialdemokratie – verstärkt durch ausländische Parteigänger und Genossen, wie etwa den Deutschschweizer Fritz Platten – bewaffnet und durch Entsendung revolutionärer Kader gesteuert. Die der Stadt Riga am nächsten gelegenen Kreise, wie zum Beispiel die Kreise Riga-Land und Wenden, zeigten die am besten organisierten Formen der revolutionären Aktivität. In den weiter abgelegenen Gebieten, besonders in Kurland, hatte die Aufstandsbewegung einen eher sporadischen Charakter und bestand vor allem in Agrarrevolten der landlosen Bauern. In bewaffneten Gruppen streiften diese verarmten Bauern durch das Land und zündeten die Sitze der ihnen verhaßten deutschen Adligen und Gutsbesitzer an; innerhalb der drei Sommermonate fielen nach russischen Quellen 243 – nach R. Wittram 184 – deutsche Güter den »Illuminationen« der lettischen und estnischen Bauern zum Opfer. Neben diese spontane Form der Agrarrevolte trat die stärker gelenkte Form der bewußten Zerstörung sämtlicher Archive, Ortsregister und Kanzleien der Kreisverwaltungen, deren Dokumente über die Verschuldung der örtlichen Bauernschaft Auskunft gaben. Die kleinen, am Ort stationierten Kosakenabteilungen waren kaum in der Lage, den überall aufflammenden Bauernunruhen ein Ende zu bereiten. Um den Nachschub der russischen Armee zu behindern, wurden schließlich die Telegrafenstationen, Telefonleitungen und Hauptlinien der Eisenbahnen zerstört. Der deutschbaltische Landadel appellierte an die russische Regierung und erbat die Entsendung von Schutztruppen. Das russische Militär war jedoch im ganzen Reich mit der Niederschlagung der Aufstände beschäftigt, und die bis dahin so ruhigen Ostseeprovinzen lagen fern. Mehrere Monate lang mußte sich der Landadel durch selbstgebildete Selbstschutzverbände gegen die revoltierenden Bauern und Proletarier ihrer Kreise schützen; erst gegen Jahresende gelang es der Militärverwaltung, auf Drängen des Petersburger Hofkommandanten und Vizeinnenministers, Trepow, Strafexpeditionskorps in die baltischen Gouvernements zu entsenden.

In diesen langen Monaten der Isolation, in denen täglich Güter und Gutshäuser in Flammen aufgingen, adlige deutschbaltische Gutsbesitzer einer Art bäuerlicher Lynchjustiz zum Opfer fielen, das Inventar der Landämter und Kirchen ausgeraubt und geplündert wurde, die russischen Ordnungstruppen aber ausblieben, vollzog sich im deutschbaltischen Bewußtsein eine entscheidende Veränderung. Es trat eine Spaltung des politischen Bewußtseins ein, die in der Entwicklung der vorausgegangenen Jahrzehnte angelegt war, aber erst unter dem Schock der existentiellen Verunsicherung des Revolutionsjahrs deutlich artikuliert an die Oberfläche trat. Der konservative deutschbaltische Landadel, der die Schwere des sozialen Aufbegehrens erkannte, rückte ideologisch noch näher an die russische Zentralregierung heran, von der er die Maßnahmen zur Lösung der nunmehr manifesten Probleme im Rahmen einer gezielten Politik des Gleichgewichts von Repression und Konzession erwartete. Die liberalen Teile des Adels und des städtischen Großbürgertums begannen sich nun für die russischen Reformparteien zu interessieren, die Lösungsversuche für die nicht mehr zu ignorierenden politischen und sozialen Fragen ausarbeiteten. Die zu deutschnationalen oder nationalistischen Stellungnahmen neigenden Kreise des städtischen Bürgertums und des verunsicherten Landadels aber entwickelten die Idee einer nationalen deutschen Bewegung auf russischem Boden. Dabei entsannen sie sich auch der Existenz der deutschen Bauern in Südrußland, mit denen sie bis dahin keinerlei gemeinsame Interessen verbunden hatten. In der Hoffnung, daß Einheit stark mache, wandte sich in den Sommermonaten des Jahres 1905 eine Gruppe deutschbaltischer Landadliger an die Vertreter der südrussischen Kolonisten, um von ihnen kolonistische Schutztruppen zur Verteidigung ihrer gefährdeten Güter zu erbitten. Diese erste Kontaktaufnahme stieß bei den deutschen Kolonisten nicht nur auf völliges Unverständnis, sondern sogar auf eine eindeutige Ablehnung.[14]

Auf fruchtbaren Boden fielen die Hilferufe des deutschbaltischen Landadels jedoch in Berlin: Die Berliner Verbindungsmänner des Alldeutschen Verbands griffen diese Appelle mit Freuden auf und setzten eine flammende Kampagne zur Unterstützung der »bedrängten deutschen Brüder« in Rußland ins Werk. Sie bildeten unter anderem Spendenfonds für das »revolutionsgeschädigte Deutschtum« in Rußland. Mit dieser Hilfe wuchs auch die Aktionseinheit zwischen den verschiedenen Organisationen der alldeutschen Bewegung und den deutschbaltischen Nationalisten. Der Zeitpunkt zur Errichtung einer deutschen Sammlungsbewegung unter alldeutscher Zielsetzung schien in ihren Augen auch für Rußland gekommen. Die demokratischen Freiheiten, die das Kaiserliche Manifest vom Oktober 1905 gewährt hatte, vor allem die Versammlungs- und Vereinsfreiheit, gaben nun den legalen Hintergrund und die neuen Rahmenbedingungen ab, in denen sie ihre Bestrebungen verwirklichen konnten.

2. Deutsche Vereine, Verbände, Verbindungen

Die deutschrussische Bevölkerung war auf die Gewährung der Freiheiten durch das Kaiserliche Oktobermanifest von 1905 besser vorbereitet als die russische. In ihren kulturellen, Wohlfahrts- und Sportvereinen hatte sie längst eine Form des organisatorischen Zusammenhalts gefunden und erprobt, die sich nun, mit neuen Inhalten versehen, auch zu einem Rahmen deutscher Bildungs- und Sozialarbeit machen ließ. Mehr oder minder aktive Vereine und Clubs hatten bereits ab Mitte des 19. Jahrhunderts in allen Zentren der deutschrussischen Präsenz im Zarenreich bestanden, in St. Petersburg und in Moskau, in Riga und in Reval, in Warschau und in Lodź, in Saratow und in Samara, in Odessa und in Feodossija, in Tiflis und in Baku bis hin zu den Städten Sibiriens und des Fernen Ostens. Überall, wo sich um deutsche Gotteshäuser kleinere oder größere Gemeinden gruppiert hatten, war auch eine deutsche Gemeinde-, Hilfs-, Sozial- und Bildungsarbeit geleistet worden. Und mit ihren Institutionen war immer ein Netz sozial aktiver Kader herangewachsen, die eine gewisse Organisationsarbeit durchgeführt hatten. Jetzt, wo die Meinungs- und Gewissensfreiheit, die Vereins- und Versammlungsfreiheit sowie die Pressefreiheit eine legale Basis besaßen, füllten sich die bestehenden Verbindungen und Organisationsstrukturen schnell mit neuem Leben. Dabei war es charakteristisch für den weithin apolitischen Charakter der deutschrussischen und besonders der kolonistischen Bevölkerung, daß sie sich in ihrer überwiegenden Mehrheit nun, in den Jahren 1905/06, in denen endlich die Möglichkeit zur Parteibildung und zu einer genuin politischen Tätigkeit eingeräumt wurde, der vorpolitischen Organisationsform der Vereine und Verbände zuwandte. Das deutsche Vereinswesen, das aus der ursprünglichen Heimat nach Rußland hereingetragen und schon in der vorkonstitutionellen Periode in Grenzen gepflegt worden war, erlebte nun einen neuen, kraftvollen Aufschwung. Dabei verfolgten die in den Kolonistengebieten neu entstehenden Vereine vorwiegend kulturelle Ziele, während die Neugründungen der deutschrussischen Stadtbevölkerung, besonders aber die deutschbaltischen »Deutschen Vereine«, auch politische und nationale Zielvorstellungen entwickelten.

Der erste deutsche Verein der neuen Ära war der »Südrussische Deutsche Bildungsverein« (1905–1909). Er wurde im deutschen Clubhaus »Harmonia« in Odessa im Oktober 1905 vor der Kulisse von Barrikadenkämpfen, Maschinengewehrfeuer, Verwundeten und Toten in einer drei Tage währenden Dauersitzung gegründet. Es war kennzeichnend für die Wirren jener Tage und für die apolitische Einstellung der südrussischen Deutschen, daß dieser Bildungsverein, der eine Woche nach Veröffentlichung des Oktobermanifests, nämlich vom 19. bis 21. Oktober 1905 entstand, offiziell »zum Andenken an den 6. August 1905«, den Tag gegründet wurde, an dem der Zar unter dem Druck der revolutionären Ereignisse die vorkonstitutionelle, sogenannte Bulygin-Duma geschaffen hatte.[15] Dies war ein sicheres Anzeichen dafür, daß die Gründer des Bildungsvereins – Protestanten, Katholiken und Mennoniten – in der Bulygin-Duma schon eine ausreichende Vertretung ihrer Interessen gesehen hatten; die genuin politischen Rechte, die ihnen das Oktobermanifest einräumte, bedeuteten für sie wohl eher eine Belastung als eine Errungenschaft. Diese Tendenz zum Unzeitgemäßen blieb auch in der weiteren Arbeit des Vereins wirksam, sehr zum Mißfallen der diplomatischen Beobachter aus dem Deutschen Reich, die eine stärker nationale Zielrichtung der Vereinsarbeit begrüßt hätten.[16]

Das Programm des »Südrussischen Deutschen Bildungsvereins«[17] war von Jakob Stach ausgearbeitet worden; Stach, ein evangelischer Kolonistensohn und Absolvent der theologischen Fakultät der Universität Basel, war Pastor der Gemeinde Freudenthal, Kreis Odessa, Gouvernement Cherson, und trat in seinen Predigten für die geistige Wiedererneuerung der Kolonien, für eine Absage an den allzu großen Wohlstand und an die Assimilation ein. Eine protestantisch-nationale Tendenz lag ihm von daher nahe, wenn sein Nationalismus auch erst später, nämlich in den Jahren der sibirischen Verbannung während des Ersten Weltkriegs und besonders in der Emigration im Deutschland der zwanziger und dreißiger Jahre, voll zum Durchbruch kam. In Stachs ursprünglicher Vorstellung sollte dieser Verein als »Verein zur Förderung des geistigen Lebens unter den Kolonisten« die Tendenz verfolgen, dem fortschreitenden Materialismus und dem Wohlstandsdenken der Kolonisten eine religiös-geistige Wiedererweckung der alten Werte entgegenzusetzen. Eine andere Idee hatte der zweite evangelische Theologe der Gründergruppe, Pastor Daniel Steinwand aus Worms, Gouvernement Cherson, Absolvent der theologischen Fakultät der Universität Dorpat, an den Bildungsverein herangetragen; in seiner stärker nationalen Ausrichtung verstand Steinwand die Hauptaufgabe des Vereins in der Verbreitung und Erhaltung der deutschen Bildung in Sprache, Geist und Gesittung. Diese deutlich nationale Orientierung wurde auch durch Karl Wilhelm, den Herausgeber der »Odessaer Deutschen Zeitung« (1901–1914), unterstützt. Wilhelm, der aus Sarata, Bessarabien, stammte, hatte die protestantische deutsche Sankt-Pauli-Schule in Odessa absolviert und ein Jahr nach der deutschen Reichsgründung sein Studium an deutschen Universitäten aufgenommen. Wilhelm stand mit der jüngeren Gruppe der deutschbaltischen Nationalisten in Verbindung, die über ihn Einfluß auf den Südrussischen Deutschen Verein zu gewinnen suchten. Eine dritte Ausrichtung vertraten in der Gründergruppe des Vereins die Katholiken und Mennoniten. Sie setzten sich vor allem für die Vertiefung der beruflich-kulturellen Traditionen der deutschen Kolonien ein, waren aber auch für die Idee einer verstärkten Bildungsarbeit auf christlicher Grundlage zu gewinnen. Die Gründungsmitglieder des Südrussischen Vereins waren sich darin einig, daß die Förderung des deutschen Schulwesens mit allen Mitteln voranzutreiben sei; regelmäßiger Schulbesuch der Kolonistenkinder sollte gefördert werden, Lehrerbildungsanstalten geschaffen und deutsche Bibliotheken gegründet werden. Als Fernziele galten die Einrichtung einer landwirtschaftlich-technischen Hochschule zur Ausbildung der künftigen Kolonistengeneration sowie die Gründung deutscher Mittelschulen und einer eigenen deutschen Landuniversität.

Auf der Gründungssitzung des Vereins waren etwa neunzig Vertreter der südrussischen Kolonisten und Landbewohner anwesend. Sie wählten den Vorstand des Vereins, der aus Daniel Steinwand, dem Sprecher der Protestanten, Dekan Dobrowolskij aus Mannheim, Gouvernement Cherson, als Sprecher der Katholiken, und einem Mennoniten aus der Kolonie Olgino bei Slawgorod in Westsibirien bestand. In seiner Eröffnungsrede forderte Jakob

Stach die Kolonistenvertreter auf, den günstigen Zeitpunkt zu nutzen, um durch eine intensivierte Kultur- und Bildungsarbeit die geistigen Fundamente der Kolonien neu zu legen, aus den Kolonien »die blühenden Gärten des Gemeinsinns zu unserem und des ganzen Vaterlandes Wohl« zu machen. Stach warnte zugleich vor jeder Politisierung der Arbeit des Vereins: der »reale Boden der Wirklichkeit« sollte bei der Arbeit des Vereins niemals vergessen werden. Mittelpunkt der Vereinstätigkeit sollte nach allgemeiner Übereinkunft die Stadt Odessa als Zentrum der deutschen Kulturaktivität im südrussischen Raum werden. Auf einer Versammlung im Frühjahr 1906 sollte die Frage der Organisationsstruktur des Vereins geklärt werden.

Bei den Auseinandersetzungen über die Organisationsform des Vereins kam es zwischen den Vorstandsmitgliedern zur Frontenbildung. Die Gruppe um Pastor Steinwand, die einen dominierenden Einfluß auf die Vereinsführung auszuüben versuchte, forderte eine zentralistische und stark auf die gegenwärtige Vorstandsgruppe konzentrierte Organisationsform. Eine solche hätte den protestantischen Organisatoren, die mit den deutschbaltischen Nationalisten in Verbindung standen, eine Schlüsselstellung gesichert. Die Mehrheit der Vereinsmitglieder hingegen, die aus Katholiken und Mennoniten bestand, sprach sich entschieden gegen jeden Versuch einer Zentralisierung aus; sie setzten sich für eine möglichst breite Dezentralisierung des Vereins und das uneingeschränkte Recht auf Gründung von Zweigvereinen ein. Damit war das Ziel der protestantischen Vereinsgründer verfehlt, und einige der protestantischen Gründer, unter ihnen Jakob Stach, traten offiziell von der Vereinsarbeit zurück. Dies veranlaßte nun die Mennoniten, die weitere Mitarbeit im Bildungsverein mit der Begründung aufzukündigen, sie seien sehr wohl in der Lage, selbst reine Bildungsarbeit, wie etwa die Gründung eines Schulvereins auf christlicher Grundlage, durchzuführen und könnten weiterreichenden Zielen, etwa politisch-nationaler Art, keine Zustimmung geben. Die katholische Fraktion des Vereins erkannte, daß hier eine protestantisch-nationalistische Zielsetzung verfolgt wurde und setzte sich massiv gegen diese zur Wehr. Die katholische Wochenzeitschrift »Clemens«, deren Herausgeber Hermann Schellhorn soeben als Abgeordneter der Konstitutionellen Demokraten (Kadeten) für das Gouvernement Samara in die Erste Staatsduma entsandt wurde, stellte in einem scharfen Artikel die Hintergründe dieser Fraktionsbildung im Verein bloß: Die junge völkische Bewegung, so schrieb der »Clemens«, wolle mit allen Mitteln vom Verein Besitz ergreifen; sie wolle die Katholiken in einen Konflikt mit Rom treiben. Sie tue dies unter dem Vorwand ihres protestantischen Glaubens, negiere aber in Wahrheit jede religiös-konfessionelle Arbeit im Verein, so daß nur das deutsche, nationale Element als Basis ihrer Einigungsarbeit erhalten bleibe. Das Deutschtum dieser Herrn, so parodierte der »Clemens« die deutschbaltischen Einflüsse auf die protestantische Gruppe des Vereins, verhalte sich letztlich der Glaubensfrage gegenüber gleichgültig – das »Deutsche« gehe ihnen »über alles«... Schließlich setzte sich die katholische Gruppe und mit ihr die Idee der Dezentralisierung des Vereins durch. Die protestantische Gründergruppe um Karl Wilhelm – und mit ihr die deutschen Stadtbewohner aus Odessa – zogen sich aus dem Verein zurück. Der Verein entwickelte sich zu einem kolonistischen Bildungsverein vorwiegend katholischer Prägung, der auf dezentraler Ebene eine starke Bildungsaktivität entwickelte und auch einen gewissen Einfluß auf die entsprechenden Verwaltungsstellen nahm.

Diese Struktur des Vereins begann sich auf seiner ersten Generalversammlung im Herbst 1906 deutlich abzuzeichnen. Schwergewichte der Diskussion lagen hier auf dem Gebiet der Förderung der Lehrerbildung, des ordnungsgemäßen Schulbesuchs der kolonistischen Jugend sowie des muttersprachlichen Unterrichts im Rahmen der allgemeinen Kulturarbeit. Jeder nationalistische Gedanke war diesem Verein fremd, während sich seine Leitlinien zur deutschen Bildungsarbeit sehr wohl mit den Tendenzen anderer gemäßigter nationaler Gruppen dieser Jahre vergleichen ließen.

In dieser Form nahm der Verein eine deutliche, stete Aufwärtsentwicklung. So entstanden in Südrußland und Transkaukasien 69 Zweigvereine des Südrussischen Deutschen Bildungsvereins mit insgesamt 1246 Mitgliedern. Unter ihnen befanden sich 605 Landwirte und neun Gutsbesitzer, 16 Fabrikanten und acht Kaufleute, 422 Lehrer, 18 Schreiber, 13 Beamte, zwölf Geistliche, sieben Ärzte, ein Schulleiter, ein Redakteur und ein Student. Der Zweck des Vereins, die Bildung und geistige Entwicklung unter den Kolonisten zu heben, stieß jedoch nach dem Abflauen des relativ liberalen Frühlings im Jahr 1909 auf Schwierigkeiten. Als die Statuten des Vereins abgeändert werden sollten, versagte das Stadtamt Odessa die Zustimmung; dieses Verbot der Statuten, das *de facto* ein Verbot der weiteren Vereinsarbeit bedeutete, hob hervor, daß die Satzungen des Vereins zur Schärfung der nationalen Gegensätze und zur Absonderung der Deutschen von den anderen Volksgruppen führen würden und darüber hinaus die öffentliche Sicherheit gefährden könnten.

Die Gruppe der protestantischen Deutschen der Stadt Odessa, die sich um Karl Wilhelm und seine »Odessaer Deutsche Zeitung« gruppierten, hatte nach Austritt aus dem »Südrussischen Deutschen Bildungsverein« im Herbst 1906 im Rahmen der Vorbereitungen für die Wahlen der Ersten Staatsduma in Odessa eine »deutsche Gruppe« gebildet, deren Ziel es war, geeignete deutsche Kandidaten für die Dumawahl auszusuchen und politisch zu fördern. Diese Gruppe, die sich im Februar 1906 »Südrussische Deutsche Gruppe« genannt hatte, gab sich nach der Spaltung auf der Generalversammlung des »Südrussischen Deutschen Bildungsvereins« im Herbst 1906 den Namen

»Südrussischer Deutscher Verein«. Dieser Verein, der ebenfalls noch im Herbst 1906 offiziell bestätigt wurde, stand unter dem Einfluß der Männer um Karl Wilhelm – deutschrussischer Akademiker national- bis nationalistisch-protestantischer Couleur, die vielfach deutschbaltischer Herkunft oder aber Absolventen der Universität Dorpat waren und mit der Gruppe der deutschbaltischen Nationalisten in Verbindung standen. Karl Wilhelm hatte seine »Odessaer Deutsche Zeitung« ab 1905 zum Zentrum dieser stärker nationalistischen Richtung der Deutschen Südrußlands machen wollen, hatte sich allerdings mit dieser Kursänderung in seinem Leserkreis nicht durchsetzen können. Dem Vorstand des »Südrussischen Deutschen Vereins« gehörten unter anderem Ernst Mittelsteiner, ein gebürtiger Ostpreuße, Absolvent der Universität Dorpat und in der Zeit von 1906 bis 1916 Direktor der St.-Pauli-Realschule in Odessa, Pastor Theodor Willigerode, Sohn einer livländischen Pastorenfamilie aus Orjol und Absolvent der Universität Dorpat, jetzt Pastor der St.-Pauli-Kirche in Odessa, Pastor Daniel Steinwand, der zuvor auch Vorstandsmitglied des »Südrussischen Deutschen Bildungsvereins« war, sowie mehrere andere deutschprotestantische Stadtbewohner Odessas an, die zum Teil deutschbaltischer Herkunft waren (wie Dr. F. Jürgensohn, L. Reichert, C. Hasselblatt, T. Helmsing und andere). Über die deutschbaltischen Mitglieder unterhielt der Verein Verbindungen zu jenen deutschbaltischen Kreisen, die mit dem Alldeutschen Verband liiert waren. Die Hauptziele des Vereins lagen auf kulturpolitischem Gebiet: im Kampf gegen die kulturelle Assimilation der Deutschen an das Russentum, in der »Volkstumspflege« sowie in der »Rettung des Deutschtums« in Rußland. Besondere Gefahren sahen die Vereinsgründer in der »Zersplitterung« oder »Entdeutschung« der deutschen Kolonien. Zu diesem Zweck schuf der Verein eine Reihe deutscher Elementarschulen sowie Büchereien und Ferienkolonien, entwickelte ein System der Mädchen- und Mütterbildung, gründete Handelsschulen für Mädchen sowie Institute zur muttersprachlichen Weiterbildung für die Mütter.

Auch der »Südrussische Deutsche Verein« bewegte sich bis 1909 stetig aufwärts. Seine Mitgliederzahl stieg von 161 im Jahr 1906 auf 534 im Jahr 1909 an. Damit war jedoch der Höhepunkt der Entwicklung des Vereins erreicht. Von 1910 bis 1912 sank die Mitgliederzahl auf 386. Die »deutschen Männer der Tat«, an die der Verein appelliert hatte, stellten sich nicht ein.[18]

Neben diesen großen deutschen Vereinen in Südrußland entstanden auch in St. Petersburg, in Moskau, im Wolgagebiet und in anderen Zentren der deutschen Präsenz deutsche Vereine. Der Petersburger »Deutsche Bildungs- und Hilfsverein« wurde im September 1906 gegründet. Er wurde nach seinem Vorsitzenden, dem Herausgeber der »Sankt Petersburger Zeitung«, auch der Kügelgen-Kreis genannt. Paul von Kügelgen jun. hatte 1904 die Gesamtredaktion dieser deutschen Zeitung übernommen.[19] Bis dahin war die

Zeitung, die ursprünglich – von 1727 bis 1859 – von der russischen Akademie der Wissenschaften herausgegeben und von deutschen Akademiemitgliedern redigiert worden war, das offizielle Sprachrohr eines gemäßigt liberalen Regierungskurses gewesen. Unter der Redaktion von Meyer von Waldeck reifte sie zu einer politischen Tageszeitung mit einem gewissen deutschen kulturellen Sendungsbewußtsein heran.[20] In der Zeit von 1874 bis 1904 war mit dem Schriftleiter Paul von Kügelgen sen., einem Deutschbalten der jüngeren Generation mit stark nationaler Tendenz, ein neuer Zug in die »Sankt Petersburger Zeitung« hineingetragen worden: Da in dieser Zeit die hauptstädtische Presse nur geringen Zensurbeschränkungen unterlag, während die Provinzpresse stärker zensiert wurde, trugen die deutschbaltischen Kräfte, die von der Angst vor der »Russifizierung des Baltentums« befallen waren, ihre Anliegen und Wünsche regelmäßig durch Paul von Kügelgen in dieser deutschen Zeitung St. Petersburgs vor.

Mit der Übernahme der Redaktion durch Kügelgen jun. im Jahr 1904 erhielt die Zeitung ein stark nationales Gesicht; der Wegfall der Vorzensur in der hauptstädtischen Presse, gemäß dem neuen Pressegesetz, bot den geeigneten Anlaß dazu. Während die »Sankt Petersburger Zeitung« sich auch weiterhin eines breiten Abonnentenkreises erfreute, blieb dem neugegründeten Petersburger Verein unter der Leitung von Kügelgen ein größerer Mitgliederkreis verwehrt. Weder die in der Regierungsmetropole residierenden Deutschbalten, Personen, die bei Hofe, in der Verwaltung oder in der Armee Ämter bekleideten, noch das arrivierte Großbürgertum deutscher Herkunft oder die freiberuflichen Kräfte konnten in größerer Zahl für den neugegründeten Verein gewonnen werden. So blieb von Kügelgen und seinem Verein keine andere Wahl als sich an »die unteren Schichten unserer Bevölkerung« zu wenden.[21] Die Brüder Paul und Carlo von Kügelgen betrieben nun in den Kreisen der deutschen Arbeiter und Handwerker der Hauptstadt nationale Sammlungsarbeit. Besonders die deutschstämmige Arbeiterjugend, die am stärksten zur Assimilation neigte, sollte von ihnen erfaßt und zur Schulung in der deutschen Muttersprache und Kultur geführt werden. Unter Nutzung der Vorarbeiten, die vom deutschen Handwerker- und Sportverein »Die Palme« geleistet worden waren, richtete der »Deutsche Bildungs- und Hilfsverein« neben deutschen Elementarschulen auch eine »Knaben-Kommerz-Schule« sowie Fortbildungskurse für Arbeiter und Angestellte und Zirkel zum Zusammenschluß der Arbeiterfrauen ein. Er setzte Sektionen »Zur Pflege des deutschen Innenlebens« und »Für Kunst und Wissenschaft« ein, in denen er sich speziell auch an die gebildeten Schichten und an die höhere deutschstämmige Intelligenz Petersburgs wandte. Doch fand der Verein einen stärkeren Rückhalt allein in den evangelischen Kirchengemeinden Petersburgs. Über die Mitgliederzahl von 2000 kam er niemals hinaus[22], und die meisten seiner Initiativen verliefen aufgrund des allgemeinen Desinteresses der Petersburger Deutschen für diese Ziele im Sande.

In Moskau waren die Grenzen deutscher Vereinsaktivität noch enger gezogen. Im Frühjahr 1908 gründete ein kleiner deutschbaltischer Kreis um Dr. Arthur Luther den »Moskauer Deutschen Verein«. Luther, einer deutschbaltischen Familie aus Estland entstammend und in Orjol geboren, war Lektor an der Moskauer Frauenhochschule und später, bis 1914, an der Moskauer Universität. Bei Kriegsausbruch verließ er Rußland, um sich endgültig in Deutschland niederzulassen. Luther bildete gemeinsam mit anderen Deutschbalten, unter ihnen der Anwalt A. Grave und der Arzt Dr. Dsirne, den Vereinsvorstand. Der Verein, dessen Mitgliederzahl etwa der des Petersburger Vereins gleichkam, versuchte gewisse Leitlinien einer nationalen Kulturpolitik niederzulegen, stieß dabei aber bald auf den Widerstand der Mehrheit seiner Mitglieder, die sich jeder politischen Richtunggebung widersetzten. Das Zerwürfnis zwischen Vorstand und Mitgliedschaft führte 1910 zum unwiderruflichen Rücktritt der Vorstandsmitglieder. Dr. W. Wulfius, der danach den Verein übernahm, leitete ihn bis zu seiner Auflösung 1914 im Sinn allgemeiner Kulturarbeit.

Ähnlich wie in St. Petersburg war auch in Saratow, dem städtischen Zentrum der deutschen Wolgakolonien, das Geschick des Deutschen Vereins eng mit dem der führenden deutschen Zeitung verbunden. Die »Saratower Deutsche Zeitung« wurde 1906 von Adolf Lane im Geist nationaler Erneuerung gegründet. Lane, der 1880 in Troizk im Gouvernement Orenburg im Südural geboren wurde, kam nach seinem Studium in Berlin als Lehrer nach Saratow. Lane hatte in Berlin Kontakt zu deutschen Nationalisten und vermutlich auch zum Alldeutschen Verband aufgenommen und versuchte nun in Saratow, die Idee der nationalen Einigung in die Tat umzusetzen. Zu diesem Zweck gründete er die Buchdruckerei »Energia«, die unter anderem die »Saratower Deutsche Zeitung« herausgab, und den »Saratower Deutschen Verein«. Lanes Volkstumsarbeit scheiterte auf beiden Ebenen. Seine Zeitung kämpfte erfolglos gegen die etablierten Blätter des Wolgagebiets: Die wohlhabenden Kreise der Deutschen des Wolgagebiets, Großbauern und Industrielle, Kaufleute und auch Geistliche, lasen je nach individueller Interessenlage die »Rigasche Rundschau« oder die »Sankt Petersburger Zeitung«; die akademisch gebildete Intelligenz sowie die freiberuflichen Kräfte bevorzugten die russischen Zeitungen, unter denen die von dem ehemaligen Kolonisten Karl Dietz, jetzt Mitglied der Ersten Russischen Duma, herausgegebene »Privolshskaja Gaseta« (Wolga-Zeitung), ihrer Interessenlage am meisten entsprach.

Lane warb mit einem bewußt überparteilichen Ton, hinter dem sich der Wille zur Vereinigung der sozial und ideologisch breit gestreuten deutschen Bevölkerung des Wolgagebiets verbarg, um Mitglieder und Mitarbeiter. Peter

Sinner, der nach seiner Beteiligung an den Revolutionskämpfen in Südrußlands in der Illegalität lebte, trat der Redaktion Lanes bei, um hier zugleich unterzutauchen. Mit Sinner, einem talentierten Lehrer, Pädagogen und Journalisten, der erklärter Marxist war, fand auch ein radikaler Volksschullehrer aus den Wolgakolonien, A. Emisch, einen Platz in der Redaktion. Zwischen den Sozialisten Sinner und Emisch und dem deutschnational bis alldeutsch orientierten Lane scheinen nun Meinungskämpfe entbrannt zu sein. 1907 verließ Lane verbittert die Redaktion und die Stadt Saratow. Daraufhin übernahm Emisch die Redaktion und ernannte Peter Sinner zu seinem Mitherausgeber. Die beiden Sozialisten nannten die »Saratower Deutsche Zeitung« nun »Saratower Deutsche Volkszeitung« und sprachen in ihr bewußt die linksgerichtete Wolgaintelligenz an. 1911 verließ Emisch die Redaktion, die nun von Sinner als Herausgeber und Mitinhaber des Blattes in einem gemäßigten und unabhängigen Linkskurs weitergeführt wurde. Nach dem Verbot der deutschen Zeitungen im Jahr 1914 lebte die Zeitung in der Revolutionszeit 1917/18 kurz wieder auf.

Adolf Lane aber ging 1911 nach Berlin zurück, wo er sich verstärkt der alldeutschen Kolonisations- und Siedlungspolitik widmete. Der von ihm gegründete »Saratower Deutsche Verein«, dessen Programm die deutsche Bevölkerung des Wolgagebiets wenig ansprach, stellte nach kurzer und kümmerlicher Lebensdauer seine Arbeit ein.

Ähnlich verliefen auch andere deutsche Vereinsgründungen in russischen Provinzhauptstädten. Die deutschen Vereine von Pjatigorsk im nördlichen Kaukasus, von Alexandrowsk am Dnjepr und von Noworossijsk, der Deutsche Club, der von der reichsdeutschen Firma Kunst & Albers in Wladiwostok gegründet wurde, und die Einrichtung von deutschen Versammlungsabenden auf der Krim konnten kein größeres Publikum gewinnen und stellten ihre Arbeit bald nach der Gründung wieder ein.

Von den genannten deutschen Vereinen wurden allein der »Moskauer Deutsche Verein« und der »St. Petersburger Deutsche Bildungsverein« als Filialen des Alldeutschen Verbandes geführt.[23] Darüber hinaus unterhielt der Alldeutsche Verband Ortsgruppen in Reval und Riga. Der dem Alldeutschen Verband angeschlossene Deutsche Flottenverein hatte nach 1905 seine Ortsgruppen ausgerechnet im russischen Schwarzmeerhafen Nikolajew und im Ostseehafen Riga. 1912 hat die alldeutsche Bewegung ihre Niederlassungen auf russischem Boden beträchtlich ausgeweitet; die russischen Filialen des Allgemeinen Deutschen Schulvereins sowie die Deutschen Vereine in Livland, Estland und Kurland wurden nun offiziell als seine Sektionen auf russischem Boden geführt.[24] Während sich die Mitgliedschaft der russischen Ortsgruppen des Deutschen Flottenvereins – insgesamt etwa 550 Personen, von denen sich 104 in Moskau, 53 in Odessa und 49 in St. Petersburg betätigten – vorwiegend aus Reichsdeutschen rekrutierte, waren die Mitglieder der drei »Deutschen Vereine« der Ostseegouvernements Deutschbalten mit russischer Untertanenschaft.

Im September 1905, auf dem Hintergrund der Ausschreitungen in den baltischen Gouvernements, rief Eduard Baron Stackelberg in Reval, Gouvernement Estland, einige Freunde zur Gründung eines »Deutschen Vereins in Estland« zusammen. Die gesamte soziale und politische Lage legte es nahe, den Verein auch hier als einen »Bildungsverein« mit vorwiegend kulturellen Zielen registrieren zu lassen. Für die Beteiligten aber stand fest, daß es das Ziel dieses Vereins sei, die Einigung der städtischen Kreise der deutschbaltischen Intelligenz und des Landadels in einer festen politischen Organisation anzustreben.[25] Der Vorsitzende dieses Vereins, Baron Stackelberg, war 1867 bei Narwa geboren, Absolvent der Universität Dorpat (Chemiker) und Besitzer des Ritterguts Sutlem. Er verstand sich selbst als aktiven Vorkämpfer eines deutschen »gesamtbaltischen Gemeinwesens«, das sich in enger Zusammenarbeit mit der alldeutschen Bewegung zunehmend an das erstarkende Deutsche Reich anlehnen sollte.

Nach dem Vorbild dieses in Estland gegründeten »Deutschen Vereins« entstand im Juni 1906 unter dem Vorsitz von Karl Baron von Manteuffel-Katzdangen der »Verein der Deutschen in Kurland«, im Mai 1906 unter dem Vorsitz von Max von Sivers, einem Schwager von E. Baron von Stackelberg, der »Deutsche Verein in Livland«.[26] Gemeinsam unterhielten diese drei Vereine ein Pressezentrum in Riga, das die Aufgabe hatte, den rechtsstaatlich-kaisertreuen Charakter dieser Vereine hervorzuheben und jede Anklage eines nationalistisch-separatistischen Vorgehens von Anfang an durch wirksame Presseentgegnungen aus der Welt zu schaffen. Allerdings konnte es den russischen Nationalisten nicht verborgen bleiben, daß auf der Gründungssitzung des Deutschen Vereins in Livland der Präsident des alldeutschen Schulvereins – des »Vereins deutscher Auslandsschulen« –, B. A. Geisler, aus Deutschland anwesend war.

Die enge Zusammenarbeit zwischen den Deutschen Vereinen der baltischen Provinzen und dem Alldeutschen Verband sowie seinen Filialen im Ausland bildete auch den Hintergrund für ihre zielstrebigen Bemühungen um Einigung der verschiedenen deutschen Bevölkerungsgruppen auf russischem Boden und Konzentration ihrer Organisationsformen auf das bereits im Baltikum etablierte Netz. Auf den Tagungen des Deutschen Vereins in Kurland wurde der Beschluß gefaßt, den »Zusammenschluß der Deutschen Vereine Rußlands zwecks gemeinsamer Förderung nationaler Ziele« als eine erste Stufe auf dem Weg der nationalen Einheitsbewegung aller Deutschen im Russischen Reich anzustreben.[27]

Zu Ostern 1907 trafen sich auf Einladung der Deutschen Vereine in Kurland und Livland die überwiegend deutschbaltischen Vertreter von sieben deutschen Vereinen Rußlands – der »Saratower Deutsche Verein« war noch nicht vertreten – in Riga, um die Vorarbeiten zu einem allgemeinen Gründungskongreß des Verbandes aller Deutschen Vereine in Rußland zu leisten. Die Konferenz von Riga legte das Programm für den Zusammenschluß der deutschen Vereine Rußlands fest. Als vordringlichste Aufgabe des Gesamtverbandes aller Deutschen in Rußland sahen die Mitglieder der Konferenz die Durchsetzung ihrer Forderung nach Wiedererrichtung der Universität Dorpat als einer rein deutschen Universität, nach Errichtung von deutschen Lehrerseminaren für Grund- und Mittelschulen, nach Gründung einer Zentralstelle für die Stellenvermittlungsbüros der deutschen Vereine Rußlands zum Zweck der Förderung des wirtschaftlich-sozialen Zusammenhalts der verschiedenen ökonomisch-geographischen Zentren der allrussischen Deutschen und nach intensiverer Presse- und Informationsarbeit innerhalb der verschiedenen Ortsgruppen und Vereine. Zunächst sollte eine Vermittlungsstelle eingerichtet werden, die den Austausch von Plänen und Aktivitäten innerhalb der verschiedenen deutschen Siedlungszentren gewährleistete. Schließlich wurde der Beschluß gefaßt, daß in der ersten Januarwoche des Jahres 1908 in Moskau ein Einigungskongreß tagen sollte, der alle deutschen Vereine Rußlands zu einem Gesamtverband zusammenschließen sollte. Die verbleibende Zeit sollte genutzt werden, um in den noch nicht organisierten Siedlungsgebieten, im Wolgagebiet, im Kaukasus und in Polen, »deutsche Schul- und Schutzvereine« zu gründen.[28] Aus Orten, an denen noch kein deutscher Verband bestand, sollten durch den Moskauer Deutschen Verein geeignete Persönlichkeiten zum Einigungskongreß eingeladen werden. Als Gastgeber fiel dem Moskauer Deutschen Verein die Vorbereitung und die Einladung zu diesem Einigungskongreß zu.

Es scheint jedoch nach der Rückkehr der deutschbaltischen Vorstandsmitglieder des Moskauer Vereins von der Osterkonferenz in Riga zu schweren Meinungsverschiedenheiten über Sinn und Ort des geplanten Kongresses gekommen zu sein. Offenbar gelang es den deutschbaltischen Aktivisten nicht, sich mit ihren Zielvorstellungen durchzusetzen. Der Plan einer Alldeutsch-Russischen Einigungskonferenz erwies sich als undurchführbar. Daraufhin rief Eduard Baron Stackelberg, der Vorsitzende des Deutschen Vereins in Estland, die Vertreter der verschiedenen deutschen Vereine überraschend für Februar 1908 zu einem »Deutschen Kongreß« in Reval zusammen. Als diese Tatsache bekannt wurde, erschienen in der russischen Presse Mitteilungen über das »provozierende Radaudeutschtum«[29] der nationalistischen Kräfte in den Ostseeprovinzen. Gerüchte, die von Subventionierung durch politische Agenturen in Berlin und sogar von Hochverrat sprachen, zirkulierten in der Reichshauptstadt. Sie wurden – mit neuen Argumenten – von estnischen und lettischen Dumaabgeordneten aufgegriffen und von linksliberalen und sozialdemokratischen Kräften in St. Petersburg genährt. Unter dem Druck dieser Anklagen entschloß sich die Regierung, diesen Kongreß als eine alldeutsche Versammlung zu verbieten. Damit scheiterte der zweite und letzte Versuch der Einigung der Deutschen Rußlands unter alldeutscher Zielsetzung. Die Bemühungen der nationalistischen Kräfte unter den Deutschbalten, »die deutschen ›Kolonien‹ innerhalb der Grenzen des Zarenreiches zur Wahrung ihrer gemeinsamen Interessen zu verbinden«[30], waren damit aber noch nicht erschöpft.

Seit den Anfängen der Vereinsgründung hatte die sprichwörtliche Finanzkraft der Kolonisten die Aufmerksamkeit der deutschbaltischen Nationalisten auf sich gezogen. Es wurden Pläne entwickelt, die nicht nur die politische, sondern auch die wirtschaftliche Vereinigung dieser Siedlungsgebiete unter der Führung von Vertretern ihrer Interessen verfolgten. Pastor Jakob Stach wurde gebeten, als Unterhändler und Vertrauensmann zwischen den finanzkräftigen südrussischen Kolonisten und den Wortführern der deutschbaltischen Bewegung zu vermitteln. Auf baltischer Seite war Baron Stackelberg der Hauptverhandlungspartner Jakob Stachs. Eine erste Stufe der wirtschaftlichen Kooperation sollte in der Gründung gemeinsamer Finanzunternehmen bestehen. Eine solche Einrichtung war die »Baltische Lebensversicherungs-Gesellschaft«, die zu diesem Zweck von Stackelberg gegründet und von Koch und von Hahn finanztechnisch geleitet wurde. Unter dem Firmenschild einer Lebensversicherung sollte diese Gesellschaft den Zweck verfolgen, durch Einlagen und Investitionen von seiten der südrussischen Kolonisten eine finanzielle Basis für die erstrebte deutsche Einigungsbewegung unter deutschbaltischer Führung zu legen. Wie schon bei vorausgegangenen Fühlungnahmen, so mußte sich Stach auch bei den Sondierungen zu diesem Unternehmen bald davon überzeugen lassen, daß »die deutsche Sache«[31] unter den Kolonisten Südrußlands keinerlei Resonanz fand.

Nach mehreren vergeblichen Versuchen dieser Art wurde auf deutschbaltischer Seite der Entschluß gefaßt, die Entwicklung eines deutschen Einheitsbewußtseins künftig auf der Ebene der heranwachsenden Jugend einsetzen zu lassen. Für die deutschen Studenten der Universität Dorpat wurde zu diesem Zweck die Verbindung *Teutonia* gegründet, für die Jakob Stach persönlich die geeigneten studierenden Kolonistensöhne auszuwählen und zu gewinnen versprach. Die *Teutonia,* deren Name geeignet war, »nun den russischen Chauvinismus herauszufordern«[32], war die siebte deutsche studentische Verbindung. Die alten Studentenverbindungen, die unmittelbar nach Gründung der Universität Dorpat im frühen 19. Jahrhundert entstanden (die *Curonia, Livonia, Estonia* und *Fraternitas Rigensis*) oder auf den Höhepunkten der Entwicklung der Dorpater Universität in der liberalen Zeit Alexanders II.

hinzugetreten waren (die *Neobaltia* und *Fraternitas Academica*), hatten durch das Verbot des öffentlichen Farbentragens und der schlagenden Verbindungen (1894) vorübergehend an Bedeutung verloren. Die Aufhebung dieser Verbote 1905 zog jedoch eine schnelle Neubelebung dieser Verbindungen nach sich, so daß die Universität Dorpat umgehend wieder den Charakter einer konservativen deutschen Universität gewann. In den Augen der nationalistischen Deutschbalten zeigte sich nun, »daß der deutsche studentische Geist, trotz aller Russifizierungsversuche, nach wie vor auf dem Posten stand«. Neben diesen älteren Burschenschaften aber nützte die von jeder traditionellen Bindung freie Verbindung *Teutonia* am stärksten die Freiheiten dieser Jahre aus und wurde zu einem Hort des jungen deutschbaltischen Nationalismus. Neben der an der Universität Dorpat bestehenden Studentenverbindung *Teutonia* entstanden in einigen baltischen Städten Schülerverbindungen, die vom gleichen Geist getragen waren. Eine dieser Schülerverbindungen war die in Reval nach dem Vorbild der gleichnamigen Rigaer Studentenverbindung gegründete *Rubonia;* in ihr hat Alfred Rosenberg eine Form der politisch-nationalen Identität entwickelt, die später in deutscher Emigration seine Tätigkeit in der frühen NSDAP und beim »Völkischen Beobachter« prägte.

Neben der Einflußnahme auf die deutschen studentischen und Schülerverbindungen wurde nun auch der Lehrerbildung besondere Aufmerksamkeit gewidmet. 1908 wurde in der Stadt Mitau in Kurland ein Seminar zur Ausbildung von Mittelschullehrern gegründet. Dieses deutsche Lehrerseminar unterstand der Verwaltung von Baron Manteuffel-Katzdangen, des Präsidenten des Deutschen Vereins von Kurland; seine Direktion führte Pastor Konstantin Hörschelmann. Weder der Studentenverbindung *Teutonia* noch dem deutschen Lehrerseminar in Mitau ist es jedoch gelungen, eine größere Zahl von Kolonistensöhnen heranzuziehen, um sie auf künftige nationalistische Lebensaufgaben in den deutschen Kolonien vorzubereiten. Lediglich Theologie- und Medizinstudenten aus den deutschen Kolonien ließen sich in diesen Jahren für ein Studium in Dorpat gewinnen. Von diesen traten aber nur relativ wenige der neugegründeten deutschen Korporation bei. Als die *Teutonia* im Jahre 1913 ihr fünftes Stiftungsfest feierte, gehörten ihr 29 Kolonistensöhne, unter ihnen fünf aus den Wolgakolonien an. Vier Studenten, drei Theologen und ein Mediziner waren bereits zu »alten Herren« der Verbindung aufgerückt. Auch das Mitauer Mittelschullehrerseminar hat nur eine relativ kleine Zahl von Kolonistensöhnen ausgebildet; im dritten Jahr seines Bestehens befanden sich unter seinen insgesamt 27 Schülern 17 Kolonistenkinder, im vierten Jahr waren von 27 Schülern nur noch 15 Schüler aus Kolonistenfamilien, und diese Quote war auch in den nächsten Jahren rückläufig. Darüber hinaus war die Ausscheidquote der jungen Kolonisten aus dem

Mitauer Seminar größer als die der jungen Deutschbalten. Das Lehrerseminar, das den Hauptteil seines Budgets aus Mitteln der Deutschen Vereine der drei baltischen Gouvernements deckte, war darum bemüht, auch die anderen deutschen Vereine in Rußland, insbesondere die Vereine der südrussischen deutschen Kolonisten, vom Wert dieses »gemeinnützigen Unternehmens« zu überzeugen. Von seiten der deutschen Kolonisten blieb jedoch jede finanzielle Unterstützung aus.

Eine weitere Aktion, in der die deutschbaltischen Nationalisten ihre Interessen mit denen der deutschen Kolonisten zu verschmelzen suchten, war die sogenannte Aktion Baltikumsbesiedlung. Sie wurde von Stackelberg, Manteuffel und vor allem Silvio Broedrich-Kurmahlen getragen und diente dazu, die estnischen und lettischen Landarbeiter, die sich seit den revolutionären Ereignissen als unzuverlässig und aufsässig erwiesen hatten, durch verarmte deutsche Kolonistenfamilien zu ersetzen. Um dieses Werk der Besiedlung größerer Landflächen des Baltikums durch deutsche Bauern zu beginnen, waren Männer, wie Stackelberg, in die deutschen Koloniengebiete Südrußlands und der Wolgagouvernements gereist, um unter den Kolonisten für Unterstützung ihrer Pläne zu werben und geeignete Kolonistenfamilien zu gewinnen. Sie waren dabei bei den Kolonisten allgemein auf Unverständnis gestoßen; in einigen Fällen war sogar Empörung über ihr Ansinnen laut geworden. Sie wandten sich daraufhin an protestantische Pastoren im Gouvernement Wolhynien, in dem eine relativ große Zahl landloser deutscher Kolonisten lebte. Durch Vermittlung der Pastorenschaft begannen sich bald einige tausend Familien armer deutscher Siedler zur Übersiedlung ins Baltikum bereit zu erklären. Von 1907 an wurden diese Siedler auf geheimen Wegen in die baltischen Provinzen gebracht, um sie hier anzusiedeln. Dabei schreckten die Aktivisten der Baltikumsbesiedlung weder vor massiven Bestechungen der örtlichen Beamten, Bahnvorsteher usw. noch auch vor Bankmanipulationen zurück, um dieser illegalen Aktion einen möglichst großen Erfolg zu sichern. Doch die Aktion konnte der nationalistischen russischen Öffentlichkeit, die in dieser Zeit gerade eine massive Besiedlung der baltischen Provinzen durch russische Bauern befürwortete, um diese multi-ethnischen Außenposten enger an das russische Kernland zu binden, nicht verborgen bleiben; und dies um so mehr, als der Verbindungsmann des Alldeutschen Verbandes in Berlin, Theodor Bassler[33], selbst zur Planung und Absprache dieser gemeinsam vorbereiteten Aktion zu seinen Verbandskollegen ins Baltikum reiste. Die Nachricht von einer illegalen, schleichenden Besiedlung der baltischen Grenzgebiete durch deutsche Bauern löste in der nationalistischen russischen Öffentlichkeit große Erregung aus und wurde schließlich sogar zu einem Gegenstand der Debatte über den deutschen Landbesitz im russischen Parlament.

3. Die Mitarbeit in den politischen Parteien

In fieberhafter Aktivität formierten sich in den Monaten zwischen der Veröffentlichung des Oktobermanifests, dem Erlaß des Grundgesetzes und der Einberufung der Ersten Russischen Staatsduma im Frühjahr 1906 die ersten politischen Parteien im Zarenreich. Ihr politisches Spektrum reichte von extrem nationalistischen und konservativen Rechtsparteien bis zu den revolutionären und sozialistischen Linksparteien; nur der bolschewistische Zweig der russischen Sozialdemokratie boykottierte die Dumawahlen und war insofern in der Ersten Staatsduma nicht vertreten.

Unter den vielfältigen Parteien oder parteiähnlichen Zusammenschlüssen befanden sich mehrere nationale Parteien.[34] Auch die russischen Deutschen hatten nun grundsätzlich die Möglichkeit, eine eigene, nationale Partei zu gründen und ihre Kandidaten aufzustellen. Die Mehrheit der politisch aktiven allrussischen Deutschen trat jedoch in die allgemeinen gesamtrussischen Parteien ein und bekundete damit ihren Willen zur Mitarbeit an der Neuordnung des Russischen Reiches. Nur in einigen Gebieten des Reichs, die eine dichte deutsche Bevölkerung aufwiesen, wie etwa in Russisch-Polen und in den baltischen Provinzen, erfolgten deutsche Parteiengründungen. In den meisten Gouvernements aber nahmen die Deutschen wie selbstverständlich an der Wahl der Kandidaten der allgemeinen Parteien teil. Der Bericht eines reichsdeutschen Reisenden mit alldeutschen Sympathien aus Tiflis gibt die Lage folgendermaßen wieder[35]:

> »Einheitliche politische Auffassung, Bewußtsein, daß man in Rußland vor allem als Deutsche zusammenhalten müßte, gibt's nicht, es sind alle Parteischattierungen vertreten, von Sozialdemokraten bis zur äußersten Rechten. Auch echt russische Nationalisten gibt es und *am russischsten* gebärden sich manche vor nicht langer Zeit aus *Berlin* eingewanderte und frisch naturalisierte Deutsche, die kaum Russisch reden können. Da kann von einer politischen Bedeutung der Deutschen natürlich nicht gesprochen werden, sie gliedern sich einfach dem russischen Parteienleben an. Viele dieser Deutschen halten sich auch gesellschaftlich mehr zu russischen als zu deutschen Kreisen. Von einer politischen Bedeutung der vielen hier lebenden *Reichsdeutschen* (NB. der Russe unterscheidet stark zwischen einem *germanski* und *niemezki,* reichsdeutsch und stammdeutsch, der Deutsche nicht!) ist auch keine Rede; ihre politische Bedeutung könnte etwa darin liegen, daß sie das Deutsche Reich an exponiertem Platze möglichst würdig, geschlossen und zielbewußt vertreten (vergl. Engländer); man kann nicht behaupten, daß das durchweg der Fall wäre.«

Eine vergleichbare Lage herrschte in den ersten Monaten des konstitutionellen Rußland in den meisten deutschen Zentren. Allerdings entstanden im Moment der Wahlvorbereitung in einigen Städten, wie etwa in St. Petersburg, Moskau und Odessa, sogenannte deutsche Gruppen. Diese deutschen Gruppen kamen auf Betreiben der stärker national orientierten Kräfte der deutschen Gemeinden, vor allem der Mitglieder der deutschen Vereine und Clubs, zustande und umfaßten die deutschen Wähler, deren Sympathien im politischen Zentrum, beim Verband des 17. Oktober, einer monarchistisch-zentralistischen Vereinigung, lagen, die in dankbarer Erinnerung an die Veröffentlichung des Kaiserlichen Oktobermanifests gegründet wurde. E. Blessig, ein Petersburger Oktobrist, der dem Kreis um Paul von Kügelgen nahestand, berichtete:

> »Mit der Verkündigung des Manifestes vom 17. Oktober 1905, mit der Gewährung einer, wenn auch beschränkten Konstitution zur Schaffung einer ›Reichsduma‹, ergab sich wie für alle russischen Staatsbürger, so auch für unsere bis dahin durchaus ›unpolitischen‹ Deutschen das Recht und die Pflicht politischer Willensäußerung durch Beteiligung an den Duma-Wahlen. Wollten wir neben den allgemeinen Reichsinteressen, wie wir sie verstanden, auch unseren eigenen nationalen und kulturellen Bedürfnissen Geltung zu verschaffen suchen, so war dazu ein Zusammenschluß, eine Organisation erstes Erfordernis. An die Bildung einer eigenen Partei war dabei natürlich nicht zu denken. Es konnte sich nur um Anschluß an eine der großen russischen Parteien handeln, und zwar an eine solche, von der wir eine Vertretung auch unserer besonderen Interessen erwarten durften. Wir Deutschen waren immer monarchisch eingestellt, kaisertreu, vorwiegend konservativ und staatserhaltend, durchaus ›konterrevolutionär‹. Dabei aber glaubten wir voll und ganz für die nun gewährte Konstitution eintreten zu sollen. Kurz gesagt, wir waren also ›konstitutionell-monarchisch‹ eingestellt. Von der russischen ›Rechten‹ schied uns ihr Nationalismus, von den ›Kadeten‹ (Konstitutionellen Demokraten) ihre radikal-demokratische Einstellung, besonders ihr ominöses Agrarprogramm, welches die Aufteilung des gesamten Grundbesitzes anstrebte. So blieb nur der Anschluß an den ›Verband vom 17. Oktober‹, eine Mittelpartei, die sich zu den Grundsätzen des Oktober-Manifestes bekannte.«[36]

Unter diesen Voraussetzungen entstand am zweiten Weihnachtstag 1905 im Turnsaal der St. Petri-Schule in Petersburg die »deutsche Gruppe des Verbandes vom 17. Oktober«. Diese Gruppe organisierte in allen Petersburger Stadtvierteln mit einem namhaften deutschen Bevölkerungsanteil Wahlversammlungen, in denen sie die Wähler auf ihre Pflichten, auf ihre Rechte und auf die Bedeutung des Grundgesetzes hinwies. Sie war bemüht, das politische Interesse zu wecken und die Bereitschaft zur Aktivität zu fördern. Als dann schließlich unmittelbar vor den ersten Wahlen im März 1906 bekannt wurde, daß der Oktoberverband, dem die deutsche Gruppe angegliedert war, ein

Wahlbündnis mit der weiter rechts stehenden Partei der Rechtsordnung abgeschlossen hatte, stellte diese Tatsache die deutsche Gruppe vor eine schwierige Entscheidung; die Partei der Rechtsordnung hatte A. S. Budilowitsch, den unter Deutschen berüchtigten »Russifizierer« der Universität Dorpat (Budilowitsch war in der fraglichen Zeit Rektor der Universität Dorpat gewesen), zu ihrem Kandidaten ernannt. Diese Nachricht schlug – nach Angaben des Oktobristen Blessig – so vehement in die Petersburger deutsche Gruppe des Oktoberverbandes ein, daß viele Deutsche ihre Stimmen erbost den Konstitutionellen Demokraten (Kadeten) gegeben hätten.

Als eine Partei der Mitte, die konstitutionell, aber zentralistisch und monarchistisch, gemäßigt konservativ, aber reformerisch in ihrem Agrar- und Sozialprogramm, national offen und dabei durchaus antirevolutionär war, zog die Union vom 17. Oktober, kurz Oktoberverband oder Oktobristen(partei) genannt, die Mehrheit der politisch handlungsfähigen russischen Deutschen auf sich.[37] Deutschbaltische Adlige, wohlhabende Kolonisten, Akademiker und Besitzbürgertum der russischen Städte fanden in der Oktobristenpartei eine adäquate Vertreterin ihrer Interessen. Zu den Gründern des Oktoberverbandes gehörten Peter Graf Heyden und Alexander Baron Meyendorff.

Meyendorff entstammte einer livländischen Adelsfamilie. Er war 1869 in Karlsruhe als Sohn des russischen Gesandten geboren und in den deutschen Städten Weimar und Stuttgart erzogen worden. An der Universität Petersburg hatte er Jura studiert und war dort als Privatdozent für Jura tätig, als er 1907 als oktobristischer Abgeordneter des Gouvernements Livland den Weg in die russische Staatsduma fand. In der Duma leistete er für zehn Jahre wertvolle Parlamentsarbeit. Als Mitglied der deutschen Gruppe, das sich aber in entscheidenden Gewissensfragen von der Gruppe und selbst von seiner Fraktion distanzierte, um im couragierten Alleingang den Maßstab für Unabhängigkeit der Meinung und Mut zum Unbequemen zu setzen, ging Meyendorff als ein großer kämpferischer Liberaler in die Geschichte des russischen Parlaments ein.

Der Initiator und Organisator der Moskauer deutschen Gruppe des Oktoberverbandes war Karl Eduardowitsch Lindemann (russisch: Lindeman). Lindemann war ein Rechtsoktobrist mit deutlich deutschnationaler Zielsetzung. In Odessa versuchten die Männer um Karl Wilhelm und Ernst Mittelsteiner, die deutsche Wählerschaft für den Oktoberverband zu gewinnen. Hier besaß jedoch ein starker Teil der deutschrussischen Bevölkerung weit mehr Sympathie für die allrussische »Partei der Volksfreiheit« (Kadeten) sowie die Partei der Industriellen.

Die deutsche Bevölkerung des Wolgagebiets war in ihren politischen Stellungnahmen recht breit gestreut, tendierte aber in den ersten Jahren des konstitutionellen Rußland zu den Parteien links vom Zentrum. In den Wahlkampagnen für die Erste und Zweite Staatsduma stimmte die Mehrzahl von ihnen für die deutschen Abgeordneten der Kadetenpartei. Eine deutsche Gruppe, die den Anschluß an den Oktoberverband gesucht hätte, hat sich dort nicht gebildet. Die Konstitutionell-Demokratische Partei, zu dieser Zeit eine linksliberale Partei, die aufgrund ihres halblegalen Status den Namen Partei der Volksfreiheit besaß, bestach die weniger wohlhabenden Wolgakolonisten vor allem durch ihr Agrarprogramm. Es bestand in der Zwangsveräußerung beziehungsweise Enteignung der großen Latifundien sowie der Kirchen-, Apanagen- und Kronländereien und ihrer Aufteilung und Verteilung an die bedürftige Bevölkerung. Als eine Partei mit deutlich westlicher Orientierung vertrat die Kadetenpartei auch einen *laissez-faire*-Liberalismus, der für die deutschrussische städtische Intelligenz und für große Teile des Unternehmertums attraktiv erscheinen mußte.

Auf Reichsebene gehörten der Kadetenpartei zahlreiche Deutschrussen aus den assimilierten städtischen Kreisen an.[38] Unter ihnen war der Anteil beruflich hochprofilierter Kräfte groß. Einer der wichtigsten Berater der Partei in rechtlichen Fragen war Baron Boris E. Nolde, ein Professor der Jurisprudenz, der aus kurländischem Adel stammte; Nolde gehörte zeitweilig dem Zentralkomitee der KD-Partei an und war in der Ersten Provisorischen Regierung (1917) Vizeminister für Äußeres. – Mitglied des Zentralkomitees der Partei war seit 1906 auch Peter B. Struve[39], ein bekannter Philosoph und Publizist, der in den neunziger Jahren einen spektakulären Übergang vom verbotenen zum sogenannten legalen Marxismus und später einen ebensolchen Übergang zum Idealismus vollzog. Struwe entstammte einer seit mehreren Generationen in Rußland etablierten deutschen großbürgerlichen Gelehrtenfamilie. Stellvertretend für die assimilierten deutschrussischen Kreise war er den Anflügen revolutionärer sowie nationaler bis nationalistischer Kontamination, die in diesen Jahren grassierten, durch sein eindeutiges Bekenntnis zu einem internationalen, nicht klassenbedingten Liberalismus sowie allrussischem Patriotismus entgegengetreten.[40] Später, im Zuge der Zuspitzung der nationalen Debatte, ging Struwe im Alleingang jedoch stärker zu patriotisch großrussischen Positionen über. – A. A. Kisewetter (deutsch: Kiesewetter)[41], ein führender liberaler Historiker, war seit der Gründung der Partei bis zu ihrer Auflösung 1921 Mitglied des Zentralkomitees der Kadetenpartei und vertrat die Partei in der Zweiten Staatsduma. N. N. Kutler, ein bekannter Petersburger Ökonom, der für das Agrarprogramm der Partei mitverantwortlich zeichnete, war ebenfalls Mitglied des ZK der Partei und vertrat in der Zweiten und Dritten Staatsduma den Wahlkreis St. Petersburg. Die starke Beteiligung deutschrussischer Kräfte hielt bis zum Bürgerkrieg an. A. P. Bart, ein Bankier aus dem Gouvernement Taurien, hatte 1917 als Kadet das Amt des Finanzministers der Gebietsregierung der Krim inne. E. A. Meinhardt war im Winter

1918/19 Mitglied der freien Gebietsregierung von Jekaterinodar. Die Kadeten G. G. Telberg und Hattenberger schließlich waren führende Mitglieder der weißen sibirischen Gebietsregierung unter Admiral Koltschak.

Allein in den Ostseeprovinzen und im Königreich Polen waren exklusiv deutsche Parteien entstanden. In Lodź gründete Adolf Eichler, ein reichsdeutscher Kaufmann mit nationalistischer und antisemitischer Einstellung, die Konstitutionell-Liberale Partei. Die Partei fand jedoch wenig Anklang und konnte nicht aus eigenen Kräften in die Wahlkampagne eintreten. Sie war auf Wahlbündnisse angewiesen und fand ihre Partner vorwiegend in den polnischen Rechtsparteien. So stimmte sie beispielsweise im Stadtwahlkreis Lodź für Vertreter der örtlichen Rechtsparteien, »um gegen die Juden vorzugehen«.[42] Diese Konstitutionell-Liberale Partei Deutschsprechender in Russisch-Polen hatte nur eine kurze und dürftige Lebensdauer. In der Zeit von Oktober 1908 bis März 1909 gab Eichler neben seiner Parteiarbeit auch die national orientierten »Monatsblätter für die Deutschen in Rußland« heraus; sie wurden in Berlin gedruckt und in Leipzig verlegt, fanden aber bei den Deutschen Rußlands so wenig Anklang, daß sie bald eingestellt werden mußten. Ab Februar 1912 brachte Eichler die Zeitschrift »Geistiges Leben« heraus. Im Ersten Weltkrieg organisierte er in dem von deutschen Truppen besetzten Lodź den sogenannten »Deutschen Aktionsausschuß« und den »Deutschen Verein«, Organisationen, die einer eindeutig alldeutschen Richtung folgten. Später, in den zwanziger und dreißiger Jahren, gab Eichler in Berlin zusammen mit dem ihm geistig nahestehenden ehemaligen Petersburger Carlo von Kügelgen die Zeitschrift »Deutsche Post aus dem Osten« heraus, die unter seiner Mitwirkung von einer nationalistischen zu einer nationalsozialistischen Orientierung überging.

Selbst in den Ostseeprovinzen bestand nur ein beschränkter Bedarf an einer genuin deutschen Parteigruppierung. Die Mehrheit des baltischen Landadels strömte in den Oktoberverband. Demgegenüber waren Teile des deutschbaltischen Bürgertums, die sich unter dem Einfluß der von Ernst Seraphim redigierten »Düna-Zeitung« mit Sitz in Riga sowie der von den Brüdern Kügelgen in St. Petersburg herausgegebenen deutschen »Sankt Petersburger Zeitung« in eine stärker deutschnationale bis nationalistische Richtung bewegt hatten, an der Gründung einer eigenen Partei interessiert. Es entstand die »Baltisch-Konstitutionelle Partei«, deren Gründer es für Deutschbalten als unannehmbar betrachteten, sich den allgemeinen baltischen oder aber russischen Parteien anzuschließen. Ihr Credo lautete:

> »Als Balten sind wir nichts, als Deutsche alles...
> Als Deutsche – Glieder einer hochwertigen Kulturrasse,
> als Balten – ein geographischer Sammelbegriff...«[43]

In der Wahlkampagne für die Erste Staatsduma im Februar 1906 zählte diese Partei 5560 Mitglieder. Sie setzten sich aus folgenden sozialen Gruppen zusammen: 400 ihrer Mitglieder waren Fabrikanten, 1300 Mitglieder Beamte und *literati,* 560 Mitglieder waren Kaufleute, 2000 Mitglieder waren Angehörige des mittleren und Kleinbürgertums und 1300 Mitglieder waren Aufseher, Agenten, Verwalter usw.[44] Um die Partei zu vergrößern und ihr dadurch mehr Gewicht zu geben, wurden bald auch nichtdeutsche Mitglieder zugelassen.

Im Dezember 1906 zählte die Baltisch-Konstitutionelle Partei 6500 Mitglieder, von denen 189 Russen und 139 Letten waren. Die übrigen Mitglieder der Partei waren Deutschbalten. Das Parteiprogramm plazierte diese Partei im Zentrum des politischen Spektrums, wobei sich die Partei durch ihre Forderung nach Ausweitung der örtlichen Selbstverwaltung und der nationalen Rechte vom Oktoberverband unterschied.

Der stärker national orientierte Charakter dieser Partei kam auch in ihrer Forderung nach dem Übergang des Schulwesens in die Hände der örtlichen Selbstverwaltung, des Rechts auf Schulunterricht in der jeweiligen Sprache der entsprechenden Volksgruppe und nach der Gleichheit aller Bürger ohne Ansehen der Nationalität, Religion und Herkunft zum Ausdruck. Die Partei forderte weiterhin die Einstellung der offiziellen Russifizierungspolitik der baltischen Provinzen, war aber andererseits gezwungen, auch ihren lettischen und russischen Mitgliedern Zugeständnisse in dieser Hinsicht zu machen.

Auch die Baltisch-Konstitutionelle Partei war genötigt, in den Wahlen für die Erste und Zweite Staatsduma Bündnisse mit anderen Parteien einzugehen. Obgleich sie im Stadtwahlkreis Riga in der ersten Wahlkampagne 37,8 Prozent und in der zweiten Wahlkampagne 34,5 Prozent der Stimmen gewinnen konnte, gelang es ihr nicht, einen eigenen Kandidaten ins Parlament zu entsenden. In der Wahlkampagne zur Dritten Staatsduma hingegen verstärkte die lettische Reformpartei die Reihen der Baltisch-Konstitutionellen Partei, so daß diese nun zwei ihrer Kandidaten in die Dritte Duma entsenden konnte: es waren Dr. Robert Eckardt, ein Fabrik- und Bankdirektor, der Vizepräsident der Partei, und Oskar Brackmann, der Bürgermeister von Pernau. Sie schlossen sich im Parlament der zu dieser Zeit bereits weit nach rechts abgeglittenen Oktobristenfraktion an.

Damit war der letzte Versuch der Gründung einer eigenen deutschen Partei gescheitert. In den Wahlgängen, in der Parteiarbeit und im russischen Parlament agitierten und stritten die politisch engagierten allrussischen Deutschen Seite an Seite mit ihren Gesinnungsgenossen aus den anderen Nationen des großen Russischen Reiches.

4. Die Aktivität deutschrussischer Parlamentarier

Das russische Parlament, die Staatsduma, verdankte seine Existenz dem Kaiserlichen Manifest vom Oktober 1905. Die Duma trat im April 1906 zum ersten Mal zusammen und begann die erste Sitzungsperiode. Bis zum Ausbruch des Ersten Weltkriegs tagte die Russische Staatsduma in vier konsekutiven Sitzungsperioden mit jeweils veränderter Zusammensetzung. In allen vier Sitzungsperioden haben neben den Vertretern anderer Nationalitäten auch allrussische Deutsche die Interessen ihrer Parteien und ihrer Wählergruppen vertreten.

Das Erbe der Revolution in der Ersten Staatsduma

Die Erste Russische Staatsduma, die in der kurzen Spanne vom 27. April bis zum 8. Juli 1906 tagte, wurde die »Duma des Volkszorns« genannt.[45] In ihr dominierten das linke Zentrum, das zu dieser Zeit von der Konstitutionell-Demokratischen Partei (der Kadetenpartei) gebildet wurde, und die Vertreter der Linksparteien. Von den nahezu 500 Abgeordneten der Ersten Staatsduma gehörten ca. 180 der Kadetenpartei, ca. 115 den Sozialdemokraten und Trudowiki (Werktätigen) und nur 18 Abgeordnete dem eigentlichen Zentrum, nämlich dem Oktoberverband und der Handels- und Industriepartei an. Trotz dieser Verteilung erlangten deutschstämmige Parlamentarier mit 13 Sitzen in der Ersten Duma eine für ihren Anteil an der Gesamtbevölkerung deutlich überproportionale Vertretung.[46] Von den acht Dumaabgeordneten, deren Nationalität in den Abgeordnetenverzeichnissen als »deutsch« bezeichnet ist, gehörten fünf der Kadetenpartei an, zwei davon dem linken Kadetenflügel, während von den drei übrigen »deutschen« Abgeordneten zwei zur Fraktion der Progressisten und ein Abgeordneter zum Oktoberverband gehörten Die anderen deutschstämmigen Dumamitglieder waren in den Verzeichnissen unter einer anderen Nationalität geführt. Unter den Dumaabgeordneten mit »deutscher« Nationalität überwogen die Kolonisten beziehungsweise Land- und Gutsbesitzer. Zur Gruppe der deutschstämmigen Dumaabgeordneten, die unter anderen Nationalitäten geführt wurden, zählten Angehörige des Adels und der städtisch-assimilierten Kreise. Die deutschstämmigen Kadeten-Abgeordneten besaßen überwiegend volle Universitätsausbildung oder zumindest mittlere akademische Ausbildung.

Die Dumaabgeordneten, die in den Namensverzeichnissen explizit als »deutsche« Parlamentarier aufgeführt wurden, kamen aus Moskau, den mittel- und südrussischen Gouvernements und aus dem Wolgagebiet.

Aus dem Gouvernement Kiew war der Kadet Jewgenij Gustawowitsch Scholb, ein Mitglied des örtlichen Bezirksgerichts, in die Duma entsandt worden. Aus den kolonistischen Kreisen des Gouvernements Samara war der Kadet Heinrich Schellhorn, ein katholischer Verleger und Herausgeber, entsandt worden. Er gehörte dem linken Flügel der KD-Partei an. Aus dem benachbarten Saratow stammte der Anwalt Jakob Georgewitsch Dietz, ein weiterer Linkskadet aus kolonistischen Kreisen. Als deutscher Adliger, Geschworener, Richter und Haupt des Tschernigower Gouvernement-Semstwo-Amtes vertrat der linke Kadet Ilja Ludwigowitsch von Schrag das Gouvernement Tschernigow. Als kadetischer Stadtabgeordneter vertrat Fjodor Rudolfowitsch Baron Steinheil den Stadtwahlkreis Kiew.

Zu den gemäßigt liberalen Progressisten, die rechts vom Zentrum dieser linken Duma saßen, gehörten Andreas Widmer aus dem Gouvernement Bessarabien, ein deutscher Siedler und Landbesitzer und aktiver Semstwo-Mitarbeiter – der einzige deutsche Abgeordnete ohne höhere Berufsausbildung – und Iwan Christjanowitsch Münch, ein deutscher Kolonist und Gutsbesitzer aus dem Gouvernement Cherson, der in den letzten Jahren Oberschulze der Großliebenthaler Kolonie gewesen war.

Als einziger städtischer Oktobrist unter den Deputierten mit deutscher Nationalität vertrat Alexander Baron Krüdener-Struve den Oktoberverband des Gouvernements Moskau.

Unter den Dumaabgeordneten, die zwar deutscher Herkunft, in den Dumaverzeichnissen aber als Angehörige anderer Nationalitäten, vorwiegend der großrussischen Nationalität, geführt wurden, fand sich der Mitbegründer und Hauptsprecher des Verbandes des 17. Oktober, Peter Alexandrowitsch Heyden, Sproß einer russisch-deutschbaltischen Grafenfamilie ehemals westfälischer Herkunft, der mit 60 Jahren der Senior der deutschen Abgeordneten im Parlament war. Graf Heyden war hier als russischer Adliger, Adelsmarschall des Gouvernements Pskow, und zugleich als langjähriger führender Semstwo-Aktivist in vielen Fragen ein unentbehrlicher Vermittler zwischen dem linken Flügel und dem Zentrum der Duma. Die anderen vier Dumaabgeordneten deutscher Herkunft, die nicht unter »deutscher« Nationalität erschienen, gehörten anderen Parteien an: Alexander von Rutzen vertrat als russischer Adliger, Ingenieur und langjähriger Semstwo-Aktivist, die Kadeten des Gouvernements Kursk; der katholische Bischof von Wilna, Eduard Juljewitsch Baron von der Ropp (auch Roop) vertrat als polnischer Adliger die Konstitutionellen Katholiken des Gouvernements Wilna; Artemij Grigorjewitsch Furman (Fuhrmann) war als »ukrainischer Bauer« und Veterinärmediziner über die Liste der Parteilosen des Gouvernements Wolhynien in die Duma gelangt; und Arwed Ottonowitsch Bremer vertrat als lettischer Gutsbesitzer die Volksdemokraten des Gouvernements Livland.

Im Rahmen des Zweikammersystems des konstitutionellen Rußland kam neben der neueingesetzten Duma auch dem Staatsrat als der oberen Kammer weiterhin besondere Bedeutung zu. Allerdings wurde dieses Oberhaus im Februar 1906 einer Reform unterzogen: Während bis dahin alle Mitglieder des Staatsrates vom Zaren ernannt wurden, sollte von nun an nur die Hälfte der Mitglieder in gewohnter Weise ernannt, die andere Hälfte aber aus den Semstwo-Organen, den Universitäten und den Adelsverbänden entsandt werden.

Der Staatsrat, in dem der deutschbaltische Adel traditionellerweise eine seiner stärksten Domänen sah, wurde durch diese Reform nicht wesentlich in seinem personellen Bestand verändert. Unter den vom Zaren ernannten Mitgliedern dieses Oberhauses befanden sich in der ersten Sitzungsperiode fünf Deutschbalten: Woldemar Graf Reutern-Nolcken aus Kurland, Heinrich Baron Tiesenhausen aus Livland, Otto Baron Budberg aus Estland, Oskar von Ekesparre aus Oesel und der Sekretär des Rigaer Börsenvereins Nikolaus von Kramer. Unter den gewählten Vertretern aber befand sich ein deutschstämmiger Parteiaktivist: Baron P. L. Korff, der Vorsitzende des Petersburger Zentralkomitees des Oktoberverbands.

Die Staatsduma wurde von dem deutschrussischen Staatssekretär von Frisch im Taurischen Palast eröffnet. Die liberalen Abgeordneten, die um den Bestand dieser linken Duma besorgt waren, stellten die Arbeit des Parlaments unter das Leitwort »Schützt die Duma!«. Ihr Schutz erwies sich jedoch als wenig wirksam: Der Agrarradikalismus der Kadeten und die Obstruktion der Linksparteien führten dieses erste russische Parlament immer wieder an die Grenzen seiner Wirksamkeit. In der nur knapp dreimonatigen Arbeitsperiode, die dem Parlament zur Verfügung stand, gelang es allerdings, die gesellschaftlichen Konvulsionen und die einschneidenden persönlichen Erlebnisse des Revolutionsjahrs 1905 aufzugreifen und in politischer Form zu verarbeiten.

Die Mehrheit der deutschrussischen Dumaabgeordneten gehörte zum Zentrum dieser »linken Duma«. Sie waren entweder ein Teil des kadetischen Zentrums oder standen ihm in benachbarten Parteiformationen nahe. Eine stärker links gerichtete Position zeigten einige der linken Kadeten deutschrussischer Herkunft, wie etwa Jakob Dietz. Sie waren bereit, in taktischen und sachlichen Fragen die Eingaben des linken Dumaflügels – der Sozialdemokraten, Werktätigen und besonders der Sozialrevolutionäre (SR, Esery) – zu unterstützen. Demgegenüber befürworteten gemäßigte deutschrussische Abgeordnete, allen voran Graf Heyden, häufig die Eingaben des rechten Dumazentrums sowie die Belange der nationalen Autonomistengruppen. Für die nationalen Gruppen der russischen Westgebiete sprach häufig der katholische Bischof von Wilna, Baron von der Ropp.

Die führende Rolle in der Ersten Staatsduma lag bei den Kadeten, die mit einem Drittel aller Sitze die stärkste Fraktion bildeten. Von den Kadeten ging auch die Mehrheit der Gesetzesvorschläge in dieser Duma aus.[47] Sie betrafen die Fragen der Unantastbarkeit der Person, der Aufhebung der Todesstrafe, der Gewissensfreiheit, der Versammlungsfreiheit, der Gleichberechtigung aller Bürger usw. Die Kadetenfraktion hatte auch ihre Lösung zur Agrarfrage ausgearbeitet, deren Radikalismus die Regierung veranlaßte, diese Duma noch vor den Abstimmungen über diese Gesetzesvorlage aufzulösen. Von den deutschen Abgeordneten hatte Baron Steinheil an der Ausarbeitung der Agrarvorlage der Kadetenpartei teilgenommen. Baron Steinheil und seine deutschen Fraktionskollegen unterstützten diese Vorlage in den Dumadebatten nach Kräften. Zwei Aspekte dieser Agrardebatte verdienen besondere Erwähnung.

Einerseits verdeutlichten die Beiträge der deutschen Dumaabgeordneten, daß in den Nachwehen von Revolution und Oktobermanifest auch in breiten Teilen der deutschrussischen Bevölkerung ein starker politischer Stimmungswandel stattgefunden hatte. So ist es zu erklären, daß deutsche Abgeordnete aktiv an der Ausarbeitung des kadetischen Agrarprogramms beteiligt waren und auch in den Dumadebatten die radikalen Agrarforderungen der Kadeten vertraten: Enteignung der großen Landgüter, des Kirchen-, Kron- und Staatsbesitzes für eine gerechte Entschädigung und Verteilung dieser Ländereien an die landlosen Bauern. Und selbst der noch radikalere Agrarvorschlag, den die Fraktion der Sozialrevolutionäre der Ersten Duma unterbreitete, trug eine deutsche Unterschrift: Der linke Kadet Jakob Dietz aus Kamyschin im Wolgagebiet trat neben A. Maslow, S. Bondarew, A. Aladin und anderen radikalen Kräften der Linksfraktionen für die Sozialisierung des gesamten Bodens und seine gerechte Aufteilung unter der bäuerlichen Bevölkerung ein. In die Agrarkommission der Duma, die die Eingaben der verschiedenen Fraktionen aufgreifen und zur Vorlage einer neuen Agrargesetzgebung ausarbeiten sollte, wurden u. a. Graf Heyden, Hermann Schellhorn und von Rutzen gewählt. Zwar fehlte es unter den deutschrussischen Dumaabgeordneten auch nicht an Gegnern der Agrarkonzeption der Kadeten. Sachliche Einwände erhob besonders der Wilnaer Bischof von der Ropp, ein gemäßigter Konstitutionalist. Sein Haupteinwand gegen die Durchführung des Agrarprogramms auf kadetischer Grundlage ging auf die mangelnde psychologische Vorbereitung des russischen und andersethnischen Bauerntums zurück. Das Rechtsbewußtsein der bäuerlichen Bevölkerung, insbesondere in den multiethnischen Westprovinzen, sei noch nicht weit genug entwickelt, um eine Aufhebung des Privateigentums an Grund und Boden ohne nachfolgende soziale Kataklysmen durchführen zu können. Zwangsenteignung des Bodens und Aufteilung an die besitzarmen Bauernmassen würden – nach der Erfahrung von der Ropps – den Bruderkrieg in die Dörfer hineintragen.

Andererseits wurde die Agrardebatte in der Ersten Duma, die auf dem Hintergrund der noch nicht beendeten Bauernunruhen und der Niederschlagung der örtlichen Revolten durch das russische Militär besondere Dringlichkeit und Schärfe gewann, zum Austragungsort der innerbaltischen Kämpfe. Die – meist sozialdemokratischen – Sprecher der livländischen (Rütli und Tönnison) und kurländischen Bauern (Kreuzberg) stellten in viel applaudierten Reden die Privilegien des deutschbaltischen Adels in Frage. Das siebenhundertjährige »deutsche Joch« im Ostseeraum – so betonten sie – gehe seinem Ende entgegen. In den deutschrussischen Dumaabgeordneten Scholb, Steinheil, Schrag, Dietz und Schellhorn fanden diese Sprecher des baltischen Bauerntums kraftvolle und ideenreiche Anwälte der Rechte der Bauern, die jede ungesetzliche Verfolgung, Verhaftung oder Mißhandlung der Aufständischen verschiedener Nationalitäten aufs schärfste brandmarkten.[48] Diese Diskussion über den sozialen und politischen »Machiavellismus des deutschen Adels« im Ostseegebiet fand unter dem Leitwort Schillers »Die Weltgeschichte ist das Weltgericht« statt. Der deutschrussische Kadet I. L. von Schrag unterstützte die Argumente der baltischen Sozialisten und Sozialdemokraten und forderte den Abbau der »adlig-bürokratischen Institutionen« als eine erste Voraussetzung für Reformen, die die Grundlage eines wirklichen Zusammenlebens der verschiedenen Nationalitäten in den russischen Randgebieten schaffen würden. Die erste Reform dieser Art war in seinen Augen die Demokratisierung der Semstwo-Einrichtungen durch Ausschaltung der Bürokratie. Damit würde der Weg für eine kulturelle, administrative und politische Autonomie der Randgebiete bereitet. Nur wirklich autonome Selbstverwaltungsorgane waren nach von Schrags Auffassung auch in der Lage, die Agrarfrage in der örtlich jeweils erforderlichen Sonderform zu lösen. Damit lehnte von Schrag den zentralistischen Ansatz des Kadetenprogramms als dessen »einzigen wesentlichen Mangel« ab und forderte die Berücksichtigung der nationalen und örtlichen Besonderheiten: »Es gibt eine großrussische, eine polnische, eine ukrainische, eine litauische und so weiter Landwirtschaft«, und die künftige Agrarreform sollte diese historisch gewachsene Tradition nationaler und regionaler Landwirtschaft ebenso respektieren wie die aus ihr entstandenen Besonderheiten in der Psyche der jeweiligen Bevölkerung. Mit dieser stärker autonomistischen Konzeption der Agrarfrage vertrat von Schrag die Ansicht eines Teils des linken Kadetenflügels, der mit den sozialistischen Autonomisten und einer Gruppe der Sozialrevolutionäre in diesen Fragen konform ging.

Dieser Auffassung trat Bischof von der Ropp mit seinem Bekenntnis zum »unteilbaren Rußland« entgegen. Er betonte:

»Ich kann nicht von mir sagen, ... daß ich ein russischer Patriot bin, weil ich kein Russe bin. Aber ich muß sagen, daß das Wohl der einzelnen Nationalitäten... nur in der Einheit mit dem Russischen Reich gewährleistet ist.

> Ich habe immer gesehen, daß das ganze Russische Reich, wenn es die Einheit der Nationalitäten, ihre Rechte und die Möglichkeit ihrer eigenständigen Entwicklung anerkennt, diese mit aller Macht an sich zieht.«

Auch in der Debatte über die Niederschlagung der Agrarrevolten im Ostseeraum prallten die Meinungen stark aufeinander. Der Ausnahmezustand in den baltischen Gouvernements hielt noch an, ca. 1000 aufständische Bauern waren bereits gehenkt oder erschossen worden, und es war kein Ende der Gewalttätigkeiten abzusehen. Nach Ansicht der baltischen Sozialisten hatte sich »das rückständige und reaktionäre Element des Gebietes«, der deutsche Großgrundbesitz, seines Einflusses bedient, um den Ausnahmezustand aufrechtzuerhalten und diese Zeit zum Ausbau des militärischen Selbstschutzsystems zu benutzen. Kein Zweifel schien ferner an der intensiven Zusammenarbeit zwischen Straf- bzw. Exekutionskommandos und deutschbaltischem Adel zu bestehen; die Bedrücker und die Henker schienen zur selben Volksgruppe zu gehören: Schließlich waren es die Strafbataillone des Generals Rennenkampff, die Strafabteilungen von Riemann und Sievers, die Füsilladen des Kürassieroffiziers Baron von Korff, die in Livland und Kurland die Abrechnung mit Revolutionären und Aufständischen vorgenommen hatten. Darüber hinaus verlangten die Offiziere dieser Strafabteilungen in zahlreichen Dörfern unter Androhung von Gefängnisstrafe die sofortige Entrichtung der Steuer- und Abgaberückstände, offenbar ein weiterer Beweis für die Interessenidentität von Militär und örtlichem Landadel. Die Juristen unter den deutschrussischen Kadeten unterstützten diese Argumentation der baltischen Sozialisten und bestätigten, daß aus juristischer Sicht jede politisch motivierte Hinrichtung Mord sei.

Eine der ersten Gesetzesvorlagen, die die Kadetenfraktion in die Duma einbrachte, war der Gesetzentwurf über die Aufhebung der Todesstrafe in Friedens- und Kriegszeiten, der von einer interfraktionellen Kommission ausgearbeitet worden war, von Justizminister Schtscheglowitow aber als undurchführbar zurückgewiesen wurde. Graf Heyden, einer der Hauptinitiatoren dieses Entwurfs, setzte sich, unterstützt durch den Kadeten Baron Steinheil, in allen Einzelfällen, die vor die Duma gebracht wurden, gegen die Vollstrekkung von Todesurteilen gegen aufständische Bauern und Arbeiter ein. Er bediente sich dabei vor allem des formalen Arguments, nach dem die Militärverwaltung kein Recht habe, Todesurteile zu verhängen oder zu vollstrecken, solange die Duma nicht den Gesetzentwurf über die Aufhebung der Todesstrafe behandelt habe. Die Kadeten Scholb, Schellhorn und Dietz unterzeichneten Eingaben gegen Todesurteile, die im Raum Warschau und Wilna vollstreckt worden waren.

Auf Antrag der Gruppe der Werktätigen (Trudowiki), zu deren 38 Unterzeichnern wiederum Jakob Dietz gehörte, setzte die Duma eine interfraktionelle Parlamentskommission zur Ermittlung von gesetzwidrigen Handlungen und Verbrechen von Amtspersonen ein, die nach dem 17. Oktober 1905, dem Tag der Veröffentlichung des Oktobermanifests, begangen worden waren. Diese Untersuchungskommission, die aus jeweils elf Kadeten, Trudowiki und Oktobristen bestand, schloß auch Graf Heyden und Alexander von Rutzen ein, während der Abgeordnete Scholb zum Rapporteur der Kommission vor der Duma ernannt wurde. Die Kommission, die von den linken Kadeten geführt wurde, stellte einen breiten Katalog ungesetzlicher Handlungen der zivilen und Militärverwaltung in den baltischen Gouvernements zusammen und verfaßte einen Bericht über die Verbrechen der Strafexpeditionen im Baltikum. Der Rapporteur Scholb warf darüber hinaus die Frage nach den gesetzlichen Grundlagen für die Verwendung von Kosakenregimentern zur Niederwerfung von Bauernunruhen auf, wie dies etwa im Gouvernement Astrachan geschehen war. Von deutschrussischen Kadeten ging auch eine Reihe weiterer Anfragen aus: Die Abgeordneten Scholb, von Schrag und Steinheil verfaßten gemeinsam mit anderen Vertretern des linken Zentrums der Duma Protestadressen gegen die widerrechtliche Inhaftierung von 30 Bauern im Gouvernement Kiew, gegen die gesetzwidrige Behandlung von Bauern verschiedener Nationalitäten durch die Ordnungskräfte usw. Mit dem linken Dumaflügel protestierten I. Münch, A. Widmer und J. Dietz gegen die gesetzwidrigen Aktionen bei der Verfolgung von streikenden Bahnarbeitern und gegen die administrativen Verbannungen von Arbeitern nach Sibirien; als Vertreter des Duma-Zentrums schlossen sich Baron Steinheil, A. Fuhrmann und Graf Heyden diesen Eingaben an. Scholb, Steinheil und von Schrag waren auch Mitunterzeichner einer Eingabe gegen die administrative Verbannung von Angehörigen der russischen und nationalen Intelligenz.

Auf dem Hintergrund dieser Diskussionen gewann der kadetische Gesetzentwurf über die Unantastbarkeit der Person eine besondere Aktualität. Er war von den führenden Kadeten, unter ihnen den deutschrussischen Fraktionskollegen Steinheil, Schellhorn und von Rutzen, ausgearbeitet und von einer Dumakommission, der auch Graf Heyden angehörte, überprüft und vorgelegt worden. Graf Heyden war darüber hinaus Mitglied einer Parlamentskommission, die eine Gesetzesvorlage über die Gleichheit aller Bürger ausarbeiten sollte. Der Gründung dieser Kommission war eine Eingabe über die »Grundlagen der Gesetze über die bürgerliche Gleichheit« vorausgegangen, unter deren 111 Unterzeichnern sich auch die deutschrussischen Dumaabgeordneten von Rutzen, von Schrag, Scholb, Dietz, Steinheil, Schellhorn, Münch, Widmer und von der Ropp befanden.

Eine weitere Frage, die die Dumadebatten erhitzte, war die nach den Hintergründen der antijüdischen Pogrome, die in den Jahren 1902 bis 1904 in mehreren großen Städten der russischen Westgouvernements stattgefunden hatten. Als Vertreter einer nationalen Minderheit, die in den betroffenen Gebieten neben Juden und anderen Minderheiten lebte, erwiesen sich einige deutschrussische Abgeordnete, und besonders die Kadeten unter ihnen [49], als besonders hartnäckige und kompromißlose Ankläger der russischen Verwaltungsbehörden und der Regierung. Sie hatten sich durch intensive Erkundungen und Voruntersuchungen bestens auf diese Debatte vorbereitet. Für das Gouvernement und die Stadt Kiew brachte Baron Steinheil wichtige Materialien und Fakten in die Debatte ein. I. von Schrag lieferte aufsehenerregende Details über die Durchführung der Pogrome von Tschernigow. Baron von der Ropp stellte die Hintergründe der Vorbereitung antijüdischer Ausschreitungen im Gouvernement Wilna dar.

Der katholische deutsche Bischof von der Ropp charakterisierte die Pogrome von Kischinjow und Belostok sowie einen fehlgeschlagenen Pogromversuch in Wilna als vorbereitete und nach einem feststehenden Plan ausgeführte Aktionen. Diesen Plan hatten – nach seinen Informationen – die nationalistisch-konservativen »echt russischen Menschen« aus den unteren Rängen der russischen Verwaltung ausgearbeitet, die in den mehrheitlich von Polen, Litauern und Juden bewohnten Westgebieten einen »Bund der Slawen gegen die Juden« geschaffen hätten. Die hohen Verwaltungsbehörden sowie die Regierung hatten – seines Wissens – keine Kenntnis von den in Vorbereitung befindlichen antijüdischen Aktionen erhalten. Bischof von der Ropp berichtete, daß er vor Ausbruch des in Wilna geplanten Pogroms von den Vorbereitungen erfahren und umgehend den Generalgouverneur Freese und den Gouverneur Graf Pahlen darüber in Kenntnis gesetzt habe. In höchster Betroffenheit hätten die beiden Männer sofort Nachforschungen angestellt und so den Pogrom verhindern können. Wenn die Regierung auch nicht direkt für die Entfesselung der Pogrome verantwortlich gemacht werden könne, so treffe sie doch eine indirekte Schuld. Aus Angst vor oppositionell-sozialistischer Parteiarbeit unter den Nationalitäten der Grenzgebiete verhindere sie jede politische Aufklärung sowie die Entstehung liberaler Parteien und arbeite damit sowohl der umstürzlerisch-revolutionären Linken als auch der aggressiven nationalistischen Rechten in die Hände. Nur die Errichtung einer breiten örtlichen Selbstverwaltung und die graduelle Übergabe der Macht in die Hände der betroffenen Nationalitäten könne in Zukunft Pogrome verhindern helfen und den Frieden zwischen den verschiedenen Klassen und Nationalitäten herbeiführen.

Der Abgeordnete von Schrag, der die Vorgänge in Belostok, Tschernigow und kleineren Orten der Ukraine analysierte, sah die Hauptschuld für das Entstehen der Pogrome bei der Regierung. Diese habe seit Jahren den Geist der »echt russischen« Schwarzhundertschaften entstehen lassen und gefördert und Pogromstimmung und kriminelle Ausschreitungen der örtlichen

Verwaltungsorgane gedeckt. Nach Ansicht von Schrags existierten in Rußland zwei Regierungen: die geheime Regierung der Schwarzhundertschaften und ihrer Anhänger im ganzen Reich und die offizielle Regierung, die für jene Verantwortung trage. Schrag forderte die Aufhebung der geheimen und den Rücktritt der offiziellen Regierung; denn die beiden Regierungen seien durch das innige Band gemeinsamer Interessen verbunden, die sich auf die Ausschaltung der Intelligenz, der jüdischen Progressisten und der nationalen und religiösen Minderheiten aus dem öffentlichen und politischen Leben Rußlands richteten. Solange das alte Regime fortbestehe und die Zentralgewalt nicht radikal umgeformt sei, werde sich die wachsende Demoralisierung durch die Verletzung aller Menschenrechte nicht aufhalten lassen. Schrag erhob die Forderung, diese Regierung solle abdanken, bevor sie von den ansteigenden »schrecklichen Wellen des nationalen Zorns« weggespült werde.

Baron Steinheil griff die Formulierung der »geheimen Regierung« auf; Steinheil stützte sich auf den detaillierten Bericht des Senators Thurau sowie seine eigenen Beobachtungen des Kiewer Pogroms und machte die örtliche Militärverwaltung für die Anordnung und Durchführung der dreitägigen Ausschreitungen verantwortlich. General Drake, der Vorsteher der Kiewer Ochrana, habe das Nichteinschreiten der Polizei und der Ordnungskräfte angeordnet. Alle zivilen Amtspersonen seien in Kiew, und auch an den anderen Pogromorten, vorsorglich für drei Tage beurlaubt worden. Der Generalgouverneur, der den nationalistischen Stimmungsmachern Verbannung nach Sibirien angedroht habe, sei über den Verlauf der Dinge nicht informiert gewesen. Als »Vertreter des urkainischen Volkes« warnte Steinheil davor, die Ausbrüche der Gewalttätigkeiten als Frucht einer jahrhundertealten Feindseligkeit zwischen dem jüdischen und dem ukrainischen Volk zu betrachten, wie dies in der russischen Presse gelegentlich geschehe; eine solche Feindschaft bestehe nicht. Die Schuld für die Ausschreitungen trugen – nach Steinheils Informationen – die Organisationen der Schwarzhundertschaften, die im Verein mit den aggressiv nationalistischen Kräften des Militärs und der örtlichen Staatsverwaltung eine allmächtige geheime Regierung bildeten. Gegen diese geheime Regierung sei jede höhere Staatsverwaltung, jeder Ministerrat machtlos. Steinheil forderte die Dumaabgeordneten auf, als echte Volksvertreter so lange kein Ministerportefeuille zu akzeptieren, wie diese zweite, geheime Regierung den Thron umgebe und auf ihn einwirke. Steinheils Warnung richtete sich implizit an das Zentralkomitee der Kadetenpartei, das in diesen Monaten hinter den Kulissen von Duma und Ministerrat in direktem Kontakt mit Graf Witte als Vorsitzendem des Ministerrates die Schaffung eines aus Parlamentariern gewählten und der Duma verantwortlichen Ministerrates erwog.

Die Angaben der Abgeordneten von der Ropp und Steinheil wurden bald dadurch bestätigt, daß der Gouverneur von Grodno, Küster, die offizielle Regierungserklärung über die Gründe für den Belostoker Pogrom als unwahr zurückwies und daraufhin gezwungen wurde, sein Abschiedsgesuch einzureichen. »Die Reden von Fürst Urussow, Baron Steinheil, Bischof Baron Ropp und anderen Abgeordneten« hatten die wahren Verlautbarungen über die Hintergründe der Pogrome »jetzt für immer auf eine sichere Grundlage gestellt«.[50]

Je spannungsreicher die Dumadebatten wurden, desto mehr wuchs auch ihr Einfluß auf die Stimmung im ganzen Reich. Die nationalistischen russischen Parteien und ihre Zeitungsorgane vereinigten sich bald in einer Kampagne der Diffamierung der liberalen und Linksfraktionen. Dies löste Proteste der betroffenen Parlamentarier aus, die bemüht waren, die Duma gegen alle Störmanöver von rechts und links zu schützen. Diese Proteste trugen oft auch die Namen der deutschrussischen Parlamentarier von Rutzen und Schellhorn, von Schrag und Steinheil, Scholb und Heyden. Ihre Bemühungen schlugen jedoch fehl: Die Themen der Dumadebatten wurden aus dem Taurischen Palast in die Öffentlichkeit getragen und schlugen, von der Presse unterschiedlicher Couleur ausgewertet, im ganzen Land immer höhere Wellen. Unter den wenig gebildeten Volksmassen lösten sie zunehmende Radikalisierung aus. Unter dem Einfluß seines Palastkommandanten und Vizeministers des Inneren, von Trepow, machte der Zar vom Notstandsparagraphen 87 des russischen Grundgesetzes – einem vielumstrittenen Relikt der Autokratie – Gebrauch und löste das Parlament auf.

Empört und verbittert über diesen scheinkonstitutionellen Akt der Sprengung der gewählten Volksvertretung, trafen sich einige der Parlamentarier, zusammen mit Führern der liberalen und Linksparteien, im finnischen Grenzstädtchen Wiborg, um ein Kampfprogramm gegen die Politik der Regierung auszuarbeiten. Auf diesem Wiborger Treffen war neben dem deutschrussischen Kadeten Peter Struve auch der Oktobrist Graf Heyden erschienen. Er traf verspätet, aber von allen Anwesenden laut applaudiert, auf der Versammlung ein. Der Weg von und nach Wiborg war gefährlich, da die russischen Schwarzhundertschaften mit allen Mitteln die Zusammenkunft verhindern wollten. Zahlreiche Parlamentarier wurden aufs schwerste belästigt, und die beiden jüdischen Abgeordneten der Kadetenpartei M. J. Herzenstein und G. B. Iollos wurden als Mitunterzeichner des »Wiborger Aufrufs« wenig später ermordet. Die Nachrichten und Appelle vom Wiborger Treffen verhallten ohne Echo.

Der neuernannte Ministerpräsident und Innenminister Pjotr Arkadjewitsch Stolypin nutzte die erzwungenen Parlamentsferien, um auf dem Weg des Nostandsparagraphen 87 die zuvor von ihm ausgearbeitete, aber von der Ersten Duma verworfene Agrargesetzgebung zu dekretieren. In seiner Eigenschaft als Gouverneur von Grodno und vor allem Saratow hatte Stolypin einen guten Einblick in die russischen Agrarverhältnisse gewonnen. Nach Auflösung der Duma war er bemüht, Graf Heyden und andere gemäßigt liberale Volksvertreter durch persönliche Ansprache zum Eintritt in sein Kabinett zu bewegen. Doch Graf Heyden, Fürst E. Trubezkoj und N. N. Lwow waren sich in der Ansicht einig, daß sie in einem Stolypin-Kabinett keine eigenständige Politik betreiben könnten und versagten ihre Mitarbeit. Das Ministerkabinett blieb daher unter Premier Stolypin nahezu unverändert bestehen und erhielt im Volksmund den Beinamen des »Kabinetts der Duma-Auflösung«.

Die Unterstützung des Stolypinschen Reformprogramms in der Zweiten und Dritten Staatsduma

Die Zweite Staatsduma tagte vom 20. Februar bis zum 3. Juni 1907 und wurde wie das erste russische Parlament vorzeitig entlassen.[51] Zwar hatte sich die Zusammensetzung des Parlaments verändert: Die aktiven Abgeordneten der Ersten Duma, die den Wiborger Aufruf unterzeichnet hatten, waren strafrechtlich verfolgt worden und schieden daher für die Wiederwahl aus. Diese weiter rechts stehende Duma wies aber noch immer eine zahlenmäßige Überlegenheit der Mitte-Links- und Linksparteien auf. 156 Abgeordnete oder 31,8 Prozent der Duma gehörten der Konstitutionell-Demokratischen Partei und 180 Abgeordnete oder 36,8 Prozent des Hauses gehörten den Linksparteien an. Die Linksparteien waren nach der Auflösung der Ersten Duma jedoch noch radikaler geworden, was ein Zusammengehen mit den Kadeten kaum noch möglich machte. Auch der Oktoberverband, der nun seiner besten Theoretiker beraubt war und deutlich nach rechts abglitt, war für die Kadeten kein Bündnispartner mehr. Besonders das Ausscheiden von Graf Heyden hatte eine tiefe Lücke in die oktobristische Fraktion gerissen. Graf Heyden war in der Sitzungspause aus dem Oktoberverband ausgetreten, hatte die weiter links, zwischen Oktobristen und Kadeten liegende »Partei der Friedlichen Erneuerung« gegründet, war aber bald danach seiner Überarbeitung und nervösen Erschöpfung erlegen und gestorben.

Gegenüber dem Oktoberverband hatte die Kadetenfraktion im Parlament deutlich an intellektueller Stärke gewonnen. Eine Pléiade der besten Denker und politischen Theoretiker der Partei versammelte sich hier, unter ihnen die Deutschrussen Pjotr Berngardowitsch Struve, A. A. Kiesewetter und N. N. Kutler, alle Mitglieder des ZK der KD-Partei. Neben ihnen stand als Kadet »deutscher Nationalität« der Kolonist Alexander P. Kling aus dem Gouvernement Samara, ein Absolvent der deutschen Zentralschule, der von Beruf Landwirt und Kaufmann war. In der Mehrheit ihrer Abgeordneten litt diese Zweite Staatsduma aber an Profillosigkeit. Das traf auch auf zwei weitere deutsche Kolonisten zu, die dem Duma-Zentrum angehörten: Thomas F. Zentner, ein südrussischer katholischer Kolonist mit einem Landbesitz von 675 ha, war Mitglied des Oktoberverbandes, und G. Gerstenberger, ein Landwirt mit einem Grundbesitz von 412 ha aus Bessarabien, stand der gemäßigten russischen Rechten nahe. Ein weiterer deutscher Oktobrist war der 27jährige Ludwig G. Lutz aus Waterloo in Südrußland. Lutz, das *enfant terrible* seiner Fraktion, war ein typischer Vertreter der Kolonistensöhne, die sich im Verlauf ihrer höheren Ausbildung weitgehend assimiliert hatten und dabei zugleich politisiert wurden: Nach dem Besuch des russischen Gymnasiums in Ananjew und dem Jurastudium an der Neurussischen Universität in Odessa war Lutz Semstwo-Abgeordneter und Prokureur-Gehilfe in Odessa geworden. Während eine starke Gruppe der akademisch gebildeten Deutschrussen in Odessa der Kadetenpartei nahestand, führte Lutz seine Herkunft aus der wohlhabenden südrussischen Kolonie Waterloo zu einem gemäßigt liberalen, stärker monarchistisch-zentralistischen Standpunkt. Er ging von der Semstwo-Arbeit zur Parteiarbeit im Oktoberverband über. Das politische Sendungsbewußtsein, das der junge Parlamentarier entwickelte und das durch seine Mitarbeit in einigen Dumakommissionen (unter anderem der Kommission der Unantastbarkeit der Person, der auch die berühmten Rechtsgelehrten, die Brüder Gessen, angehörten) eine gute formale Grundlage erhielt, machte ihn zum Liebling der oktobristisch orientierten Kolonisten. Der weitere Weg von Ludwig Lutz war symptomatisch für den deutschrussischen Oktobristen. Zunächst kandidierte Lutz wieder erfolgreich für die Dritte und Vierte Duma und vollzog mit seiner Partei einen weiten Weg nach rechts, zu stärker konservativen und russisch-nationalistischen Positionen. Zugleich aber vertiefte sich in diesen Jahren in dem jungen Parlamentarier ein Zwiespalt gegenüber seiner Partei, der in der Vierten Staatsduma zu einem Zerwürfnis führte: Im zweiten Kriegsjahr stimmte der Oktoberverband der sogenannten Liquidationsgesetzgebung bezüglich des deutschen Landbesitzes in den Grenzgebieten des Russischen Reiches zu; als Kolonistensohn und Sprecher der Kolonisten wandte sich Lutz nun mit tiefster Enttäuschung vom Oktoberverband ab. Er strebte von da an ein Bündnis der deutschen Kolonisten mit den Kadeten an und bekannte sich in seiner »Beichte eines Abgeordneten« zu seiner langjährigen Zugehörigkeit zum Oktoberverband nur noch mit tiefer Scham.

Eine entscheidende Veränderung hatte sich am rechten Flügel der Zweiten Staatsduma vollzogen: Die aggressive nationalistische russische Rechte war erstarkt und schaltete sich unüberhörbar in die Debatten ein. Als Vertreter der russischen Nationalisten hatte der bessarabische Abgeordnete Purischkewitsch, der Vorsitzende des »Bundes des Russischen Volkes«, den deutschen Kolonisten Bessarabiens ein Wahlbündnis vorgeschlagen. Vermittler war der deutschrussische Parlamentarier A. Widmer. Purischkewitsch hatte den deutschen Kolonisten für den Fall ihrer Unterstützung seiner Kandidatur die Vertretung ihrer Interessen in der Duma angeboten und war tatsächlich mit deutschen Stimmen ins Parlament eingezogen. Ein Schutz- und Trutz-Bündnis gegen Linke und Progressisten hatte Purischkewitsch auch den deutschbaltischen Nationalisten angeboten. Die Baltisch-Konstitutionelle Partei, die in diesen Wahlen eine schwere Niederlage erlitten hatte, reagierte auf dieses Angebot mit gespaltener Stimme. Eine Minderheit war für ein Wahlbündnis mit den russischen Nationalisten durchaus offen, und die »Düna-Zeitung« unterstützte diese Stimmen. Die Mehrheit der Partei aber faßte einen Beschluß, nach dem es die Partei für unmöglich hielt,

> »die Vertretung des baltischen Landes und somit die Vertretung der baltischen Deutschen dem Verband des Russischen Volkes oder seinen Vertretern in der Duma zu übertragen«.[52]

Die konservativere deutschbaltische »Rigasche Rundschau« betrachtete ein Wahlbündnis mit dem Bund des russischen Volkes sogar als eine Selbsterniedrigung der Deutschbalten. Und sie parodierte die wenig wählerische Art, mit der die deutschbaltischen Nationalisten ihre politischen Bündnispartner suchten, indem sie nicht davor zurückschreckten,

> »wie ein Bettler mit dem Hute in der Hand im russischen und deutschen Reich herumzuvagieren und, den tragisch-bitteren Zug des Märtyrertums auf der bleichen Stirn, den interessanten Fremdling zu markieren«.

Sie forderte die Deutschbalten auf, mit Selbstvertrauen einen eigenen Weg zu beschreiten.

Eine überragende Rolle spielten in dieser in sich zerstrittenen Duma die profilierten intellektuellen Kräfte der Kadetenpartei. Unter ihnen trat besonders N. N. Kutler hervor, der nach dem Tod von M. J. Herzenstein den Vorsitz der Agrarkommission übernommen hatte und damit zu einem Gegenspieler Stolypins wurde. Kutler hatte 1906 aus Protest über die Zurückweisung seiner am Kadetenprogramm orientierten Agrarreformpläne sein Amt als Leiter des Landwirtschaftsministeriums niedergelegt und sich ganz der Parteiarbeit gewidmet. Wie die gesamte Kadetenfraktion in ihren fachlich höchst kompetenten und souverän vorgetragenen Beiträgen mit großer Umsichtigkeit den Weg zwischen der Scylla des linken Radikalismus und Obstruktionismus und der Charybdis des konservativen Immobilismus zu bahnen suchte, so unterzog auch Kutler auf dem Agrarsektor die projektierte Agrarreform des Innenministers und Ministerpräsidenten Stolypin einerseits, den Agrarradikalismus der Linksparteien andererseits seiner wissenschaftlich wohlabgesicherten Kritik. Er setzte sich ferner für die Bildung einer Dumakommission zur Versorgung der Hungernden und Arbeitslosen ein und wurde in allen Fragen der Sozialarbeit von seinem Fraktionskollegen Peter

Struve unterstützt. Als langjähriger Mitarbeiter des Finanzministers Graf Witte und Direktor der Steuerabteilung trug Kutler immer wieder in höchst staatsmännischer und konstruktiver Weise seine Kritik an der Staatshaushaltsführung vor. Selbst Stolypin schätzte die durchdachten Beiträge Kutlers. Professor P. B. Struve trat in der Zweiten Duma als Hauptankläger gegen die Einrichtung der Kriegsfeldgerichte auf. Er forderte die Aufhebung des Gesetzes über die Kriegsfeldgerichte und erlangte dabei die Zustimmung der Linksparteien und des linken Oktobristenflügels. Damit geriet er in Kollision mit dem Partei- und Fraktionsführer des Oktoberverbandes, Gutschkow, der die politische Notwendigkeit der militärischen Feldgerichte zu rechtfertigen suchte. Der Historiker A. A. Kiesewetter schließlich war als ein geschickter Vermittler zwischen Duma und Vorsitzendem des Ministerrates von beiden Seiten geschätzt. Der oft gerügte »Kanzleistandpunkt« der Kadeten, das heißt ihre juristisch gut abgesicherte Beweisführung, geriet jedoch gegen Ende der Zweiten Duma und vollends in der Dritten Duma in das Kreuzfeuer der Angriffe von rechts und links. Auch die Zweite Duma hatte sich damit als wenig arbeitsfähig erwiesen; eine angeblich aufgedeckte Verschwörung einiger Dumaabgeordneter der sozialdemokratischen Fraktion lieferte Stolypin den Vorwand zur Entlassung der Duma. Die gleichzeitig bekanntgegebene neue Wahlordnung, die Stolypin in seiner Funktion als Innenminister ausgearbeitet hatte, sollte ein für allemal mit den Experimenten der »Volksduma« brechen.

Damit wurde auch der Hauptteil der Agrardebatte, die in der Zweiten Duma begonnen hatte, auf die weit gemäßigtere Dritte Staatsduma vertagt. Die Agrarreform, die Ministerpräsident Stolypin zunächst unter Anwendung der Notparagraphen dekretiert hatte[53], war nur ein Baustein eines umfassenden und breiten Reformprogramms, das er der Duma in seiner Deklaration vom 6. März 1907 vorgelegt hatte und für die er die Zustimmung der beiden Häuser benötigte. Das Reformpaket Stolypins war wohldurchdacht: Die Einführung des Semstwo in allen russischen Gouvernements, einschließlich der westlichen, polnischen und baltischen Gouvernements, auf neuen, breiteren Grundlagen; die Schaffung der »ständelosen, sich selbst verwaltenden Wolost in Gestalt der kleinen Landeinheit« – unrealisierter Traum von Liberalen und Progressisten seit den sechziger Jahren des 19. Jahrhunderts; ein Gesetz über die zivile und kriminalrechtliche Verantwortung von Amtspersonen; eine Gesetzesvorlage über die Unantastbarkeit der Person; eine Schulreform, die den nationalen Gruppen muttersprachlichen Unterricht und Verwendung ihrer eigenen Lehrerschaft zugestand. Dies waren Zugeständnisse an die Erfordernisse der Zeit, die den liberalen und gemäßigt liberalen Kräften der Gesellschaft weit entgegenkamen und der revolutionären Bewegung bis zu einem gewissen Grad den Wind aus den Segeln nahmen. Die wichtigste aller

Reformen zur Gesundung der Sozialstruktur aber war die Agrarreform. Die Notgesetze, die in der Sitzungspause erlassen worden waren, sahen den Verkauf von Staatsländereien an die Einzelbauern vor und erleichterten durch Vergabe von Darlehen über die bäuerliche Landbank den Zukauf und die Amelioration der bäuerlichen Landwirtschaft. Wie ernst es Stolypin mit dieser Gesetzgebung war, beweist die Tatsache, daß er in der Zwischenzeit einen Landfonds von 9 Millionen Desjatinen zum Verkauf freigegebener Staatsländereien und 2 Millionen Desjatinen von der Landbank angekauften Gutslandes geschaffen hatte, der nun der bäuerlichen Bevölkerung unter günstigen Bedingungen zum Kauf angeboten werden sollte.

Die Stolypinschen Agrarverordnungen, die nun von den beiden Häusern, der Staatsduma und dem Staatsrat, bestätigt werden sollten, stellten eine wichtige und seit langem notwendige Korrektur der Bauernbefreiungsgesetzgebung des Jahres 1861 dar. Einerseits wurden die Bauern von weiteren Loskaufzahlungen freigesprochen; andererseits sollte ein ungehinderter Übergang des Bauern aus Verschuldung, Landmangel und unwirtschaftlichem Landbesitz zu ertragreichem Hof- oder Gutsbesitz erleichtert werden; und schließlich sollten die Bauern aus den anachronistischen Verstrickungen der russischen Dorfgemeinde *(obščina)* gelöst werden, indem ihr früheres Anteilsland in privaten Landbesitz umgeformt wurde. Diese Verordnungen, die in den Herbstmonaten 1906 erlassen wurden, waren von der Mehrheit der politisch organisierten Deutschrussen mit deutlicher Zustimmung begrüßt worden. Schon vor Zusammentreten der Zweiten Staatsduma hatte deshalb die Fraktion des Oktoberverbandes, unter tätiger Mitwirkung der deutschrussischen Parlamentarier, beschlossen, das Stolypinsche Agrarprogramm nach Kräften zu unterstützen. Auf zwei Parteikongressen hatte der Oktoberverband im November und Dezember 1906, unmittelbar nach den Notverordnungen Stolypins, Richtlinien für die Unterstützung der Stolypinschen Reformen in der Duma festgelegt.

Den Wünschen und Bedürfnissen der deutschrussischen Siedler kamen die Reformen Stolypins in vielfacher Hinsicht entgegen. Für diejenigen unter den Wolgakolonisten, die noch immer an das Gemeindelandprinzip gebunden waren, entstand nun die Möglichkeit, unter Benutzung der angebotenen Hilfs- und Kreditmittel den erwünschten Eigenhof zu erwerben. Für die proletarischen Randgruppen verschuldeter, landloser oder extrem landarmer Siedler bot sich nun zum ersten Mal die Alternative, schuldenfrei aus den Gemeinden abzuwandern oder durch Zukauf neuen Landes den geringen Landbesitz zu einer arbeitsfähigen Größe auszuweiten. Auch die attraktiven Umsiedlungskredite erlaubten vielen deutschen Siedlern, in den weiten Gebieten Zentralasiens und Sibiriens einen großen Hof zu erwerben. So hat sich unter den Auswirkungen der Stolypinschen Reformen die Zahl der deutschen

Bauern in Sibirien bis zum Ausbruch des Ersten Weltkriegs verzehnfacht, in den verarmten deutschen Wolgakolonien bald ein neuer, kleinbäuerlicher Wohlstand geregt.

Es waren weniger die Details der geplanten Agrarreform, die den Widerstand der intellektuellen Kräfte der Kadetenpartei herausforderten; denn in sachlichen Fragen war Stolypin in Grenzen kompromißbereit. Es war vielmehr die von Stolypin wiederholt unterstrichene politische Bedeutung der Reformen, von denen er sich die Befriedung der landarmen, landlosen und Gemeindebauern versprach, die sich in den Agrarunruhen der Jahre 1905/06 als besonders empfänglich für die revolutionäre Agitation erwiesen hatten. Gerade in dieser Hinsicht aber fand der Innenminister die Zustimmung der deutschen Oktobristen und besonders der mit Agrarfragen vertrauten Kolonisten.

So rechtfertigte der kolonistisch-oktobristische Abgeordnete der Dritten Duma, der langjährige Semstwo-Aktivist Konstantin Grimm aus Saratow, die politische Zielsetzung Stolypins und betonte, daß der Staat »in diesen ungewöhnlichen Zeiten ungewöhnliche Maßnahmen« ergreifen müsse.[54] In der Lösung des gordischen Knotens der russischen Landwirtschaft durch den Gewaltakt der Auflösung der Feldgemeinde hatte Stolypin – nach Ansicht Grimms – im rechten Moment eine solche Maßnahme ergriffen. Denn die Erfahrung, die Grimm im Wolgagebiet gesammelt hatte, ließ ihn in der Feldgemeinde die Wurzel aller sozialen Übel im russischen Bauerntum erkennen. Trunksucht, moralischer Verfall der individuellen Bauern bis hin zur Agrarrevolte und Proletarisierung waren nach Ansicht Grimms im Sumpf der russischen Feldgemeinde entstanden. Die Bürgschaft jedes einzelnen Mitglieds der Feldgemeinde für das andere *(krugovaja poruka)*, die die niederdrückendsten gesetzlichen Verstrickungen des an die Dorfgemeinde Gebundenen zur Folge habe, sei für den Mangel an jeglichem Individualismus und Besitzbewußtsein verantwortlich. Die Feldgemeinde hatte nach Ansicht Grimms in den Jahrhunderten ihres Bestehens eine einseitig-destruktive Wirkung auf das russische Bauerntum ausgeübt.

Dem Kolonistensprecher Grimm schloß sich unter veränderter Argumentation der deutschbaltische Oktobrist Baron Schilling aus Estland, Gutsbesitzer und Absolvent der juristischen Fakultät der Universität Dorpat, an. Baron Schilling sah den Kardinalfehler der russischen Feldgemeinde nicht so sehr in der Politisierung, die sie unter den Bauern ausgelöst hatte; in den baltischen Provinzen, wo die Institution der Feldgemeinde nicht existierte, waren die Bauern in weit stärkerem Ausmaß politisiert worden. Der Fehler der Dorfgemeinde bestand in seinen Augen in dem mangelnden oder falschen Rechtsbewußtsein, das sie im russischen Bauern erzeugt hatte. Er habe an den unbegrenzten russischen Raum geglaubt und sei überzeugt gewesen, daß »der

Mangel an Qualität durch einen Zuwachs an Quantität ausgeglichen« werde. Dieses Bewußtsein habe katastrophale Auswirkungen gehabt: Endemische Hunger- und Armutsperioden hemmten immer wieder die russische Agrarentwicklung. Der Gemeindebauer habe niemals gelernt, daß er das von ihm bearbeitete Land verbessern müsse. Je geringer der Ertrag seiner Desjatinen wurde, desto mehr Desjatinen glaubte der Bearbeiter besitzen zu müssen. So sei der Gemeindebauer dem Trugschluß erlegen, daß die Erweiterung seines Landanteils und damit Hilfe allein vom Staat komme. Er habe deshalb niemals ein Gefühl der Verantwortung entwickelt. Die Kräfte in der russischen Öffentlichkeit – so lautete Schillings Kritik an den Agrarprogrammen der russischen Linksparteien, der Sozialrevolutionäre wie der Sozialdemokraten Leninscher Richtung –, die von der primitiven Idee ausgingen, daß der Bauer »mit Land und mit nichts anderem als Land« versorgt werden müsse, machten damit »den Hunger zu einer permanenten Erscheinung in Rußland«. Schillings Forderung nach persönlichem Eigentum und persönlicher Verantwortung des Bauern als Grundlage für die »Bildung einer Klasse von besitzenden, selbständigen und kraftvollen Landwirten« als dem höchsten Ziel der Agrarentwicklung in Rußland wurde zur überzeugendsten Stellungnahme eines deutschrussischen Oktobristen zugunsten der Stolypinschen Landreform.

Als Verwalter eines russischen Adelsguts im Gouvernement Poltawa brachte der Oktobrist Eugen Scheidemann in der Dritten Staatsduma die Argumente eines Praktikers vor, der über 45 Jahre die Wirtschaftsweise der russischen Bauern beobachtet hatte. Auch Scheidemann war der Ansicht, daß die Feldgemeinde Rußland an den Rand des Abgrunds gebracht und im russischen Bauern jede Eigenständigkeit, Aktivität und Produktivität erstickt hatte. Aus diesem Grund hielt Scheidemann einen langsamen Prozeß der Umerziehung des Bauern für notwendig, der ihm die Chance geben sollte, zuerst im Stadium eines bäuerlichen Kleinbesitzers alle Möglichkeiten einer verbesserten, modernen Landwirtschaft auf zusammenhängenden Flächen erkennen und nützen zu lernen. War dieses Lernstadium gewährleistet, so war auch unter den russischen Bedingungen – wie Scheidemann unter großrussischen, ukrainischen und Kosakenbauern bei Umsiedlungen, Aufteilungen begradigter Landflächen und bei der Indienstnahme von Meierhöfen beobachtet hatte – eine sprunghaft ansteigende Produktivität und Kultur des Anbaus möglich. Scheidemann plädierte infolgedessen für einen graduellen Übergang von der Feldgemeinde zu einer Feldregelungs- oder -bereinigungswirtschaft und von hier zum Meierhof. Seine pragmatischen, undogmatischen Stellungnahmen, die eine Kritik der Programme der Kadeten, der Sozialdemokraten und der Duma-Rechten enthielten, fanden den Beifall des breiten Duma-Zentrums. Als erfahrener Landwirt konnte Scheidemann die Ängste der russischen Rechten, die in der Folge der Stolypinschen Landreform furchtbare

Massen von Landproletariat entstehen sahen, ebensowenig teilen wie die Erwartungen der Linken, daß diese Gesetze als »Adelsgesetze« dem Großgrundbesitz nutzen würden. Seine Achtung vor dem Bauern, den er unter vielfachen Bedingungen wirtschaften sah, führte ihn zu der Gewißheit, daß bei Gründung von Kooperativen und Bauernvereinigungen sowie bei Vergabe ausreichender Staatskredite zur Umsiedlung und Amelioration ein in Rußland bisher unbekannter bäuerlicher Wohlstand gedeihen werde.

Als letzter deutscher Redner in der Agrardebatte der Dritten Staatsduma unterstützte Alexander Baron Meyendorff das Programm Stolypins aus juristischer Sicht. Als Spezialist des Rechts der Feldgemeinde, der zwanzig Jahre zuvor seine Antrittsvorlesung vor der juristischen Fakultät der Universität St. Petersburg über die rechtlichen Grundformen des russischen Gemeindebesitzes gehalten hatte, ließ Meyendorff in seine Behandlung der Agrarfrage viele grundsätzliche Erwägungen einfließen. Er setzte seine Kritik an der russischen Bauerngesetzgebung der sechziger Jahre an, da diese zu fundamentalen Mißerfolgen geführt habe. Seine Kritik an der russischen Feldgemeinde betraf vor allem die eigenartige Vermischung von Privatrecht und öffentlichem Recht, die die Struktur der russischen Volksgemeinde zu einem gordischen Knoten verstrickt habe, welcher mit den hergebrachten Rechtsmitteln nicht aufzulösen sei. Aber auch das der Feldgemeinde zugrunde liegende Familienprinzip, »eine Organisation der Macht, in der der Hauswirt in bestimmter Hinsicht als Delegat der Macht funktionierte, die ihm das Gesetz, nicht aber sein persönliches Recht auf Land gegeben hatte«, sei als despotisches Prinzip aufhebungsbedürftig. Gemeinde- und Familienprinzip – so lautete Meyendorffs Kritik an den Agrarprogrammen der russischen Links- wie auch Rechtsparteien – würden bei ihrem Fortbestehen den russischen Staat in ähnliche endemische Krisen führen, wie sie beim Untergang des Römischen Reiches zu beobachten waren. Nur eine kohärente privatrechtliche Fassung des Bodenrechtes, bei Offenheit gegenüber den verschiedenen historisch gewachsenen Landbesitzformen in Rußland, konnte, nach Meyendorffs Ansicht, den technischen Fehlern des bestehenden russischen Rechts entgegenwirken und im fließenden Übergang über mehrere Generationen die Besserung der zivilen Entwicklung und des wirtschaftlichen Zustands in Rußland bewirken. Mit gewissen Modifizierungen unterstützte daher auch Meyendorff die Agrargesetzgebung Stolypins.

Mit diesen vier deutschstämmigen Rednern waren zugleich die vier sozialen Gruppen der Deutschen zu Worte gekommen, die von der Landfrage berührt wurden: die Kolonisten, der baltische Adel, professionelle Landwirte und Verwalter und die spezialisierte akademische Intelligenz. Nicht zuletzt ihrer Überzeugungsarbeit in der Staatsduma war es zu verdanken, wenn Stolypins Verordnung mit Zustimmung der beiden Häuser am 14. Juni 1910 angenommen und zum Gesetz erhoben wurde. Im Staatsrat hatten sich die Deutschbalten Baron Bellingshausen (Estland), Tiesenhausen und Rosen (Livland), von Ekesparre (Oesel) und Graf Reutern-Nolcken (Kurland) gemeinsam mit dem Staatsratszentrum den Vorschlägen Meyendorffs angeschlossen und für einen fließenden Übergang vom Agrarkollektivismus zum bäuerlichen Privateigentum votiert.

Die »deutsche Frage« in der Dritten und Vierten Staatsduma

Das von Stolypin ausgearbeitete neue Wahlgesetz vom 3. Juni 1907 stellte die wichtigste Zäsur in der Geschichte des russischen Parlaments dar. Der Ministerpräsident, der unter anderem dank seiner deutschbaltischen Verschwägerungen (seine Frau war eine geborene von Neidhardt) von vielen Deutschen Rußlands als ein Mann ihres Vertrauens und ihrer Interessenlage betrachtet wurde, hatte damit auf dem Wege eines Staatsstreichs ein arbeitsfähiges Parlament geschaffen. Die deutschrussischen Dumaabgeordneten, die sich auf das Zentrum dieser stärker konservativen Duma konzentrierten, sahen in Stolypin den Mann aus der Provinz, der die Semstwo-Welt mehr schätzte als die Petersburger Bürokratie.[55] In ihrer Mehrheit Mitglieder des gemäßigt liberalen und konservativeren Adels und der Semstwo-Verwaltung, stellten sie nun eine starke Gruppe innerhalb des Oktoberverbandes dar und waren an konstruktiver Zusammenarbeit mit Stolypin interessiert. Die Dritte Staatsduma (1. November 1907 bis 9. Juni 1912) und die Vierte Staatsduma (15. November 1913 bis 26. Februar 1917) wiesen eine ähnliche Parteiengliederung auf. Die Oktobristen, die nun die Partei des Zentrums bildeten, besaßen in der Dritten Duma 148 und in der Vierten Duma 98 bzw. 99 Sitze. Wenn die Oktobristenfraktion mit den Rechtsparteien, den konservativen Nationalparteien und den kleineren Splittergruppen der Mitte zusammenging, konnte sie eine bequeme Mehrheit gewinnen. Sie konnte aber auch im Zusammengehen mit den Progressisten, einer neuen Parteigruppierung zwischen Oktoberverband und KD-Partei, den Kadeten, linken Volksparteien und Werktätigen (Trudowiki) eine zweite Mehrheit bilden. Die Sozialdemokraten waren auf die marginale Gruppe von 19 beziehungsweise 14 Sitzen zusammengeschrumpft.

Das neue Kuriensystem, in dem auch die nationalen Gruppen der Randgebiete stärker berücksichtigt wurden, veranlaßte die deutsche Bevölkerung mehrerer Gouvernements, Wahlbündnisse mit einigen, und zwar vorwiegend konservativen Parteien einzugehen. Dies galt insbesondere für die Kolonisten: »Aufgrund des Fehlens jeder politischen Erziehung und einer einigenden Organisation unter den Kolonisten stimmten sie alle fast in jedem Bezirk, in jeder Wolost für die eindeutigen Reaktionäre«[56], so wird später, in der Zeit der Provisorischen Regierung, das kritische Fazit aus den politischen Fehlern dieser Jahre lauten. So gelangte in Bessarabien wiederum der Vorsitzende des Bundes des Russischen Volkes, Purischkewitsch, mit den Stimmen der deutschen Kolonisten in die Duma. Als Vorsitzender des Semstwo-Kreisamtes hatte er unter den politisch wenig vorbereiteten deutschen Kolonisten eine intensive Wahlkampagne in deutscher Sprache geführt und sie immer wieder seiner »Bruderliebe zu diesen ehrlichen Menschen« versichert. Dieses Wahlbündnis der Kolonisten mit der russischen Rechten währte bis in die Vierte Staatsduma und zerbrach erst in dem Moment, als Purischkewitsch die russischen Bauern im ersten Kriegsjahr aufforderte, sich des deutschen Kolonistenlandes zu bemächtigen.

In Transkaukasien stimmten die ebenfalls eher konservativen deutschen Bauern mit in der russischen Kurie. Mit 6 von 70 Stimmen besaßen sie dabei die Rolle eines Züngleins an der Waage. Wahlbündnisse mit den russischen Konservativen und Rechtsparteien kamen auch in anderen Teilen des Russischen Reichs zustande.

Insgesamt erlangten die Deutschen Südrußlands und des Wolgagebiets in der Dritten Duma fünf Sitze, von denen vier im oktobristischen Zentrum lagen. Konstantin Grimm vertrat wiederum das Gouvernement Saratow, Nikolaj I. Rotärmel, ein Kolonist aus dem Kreis Nowousensk, das Gouvernement Samara. Hermann A. Bergmann, ein Großgrundbesitzer und langjähriger Semstwo-Abgeordneter, sprach für die Oktobristen des Gouvernements Jekaterinoslaw; er wurde in allen Fragen der Verteidigung der deutschen Landbesitzer gegen die Vorwürfe mangelnden Patriotismus für ihr russisches Heimatland von seinem persönlichen Freund, Kollegen und Fraktionsgenossen, P. Kamenskij, unterstützt.[57] Die Oktobristen des Gouvernements Cherson vertrat erneut der Kolonistensohn Ludwig Lutz. Und aus dem Gouvernement Taurien war Wladimir von Falz-Fein, Semstwo-Abgeordneter und Vertreter des südrussischen Grundbesitzes, in die Duma gewählt worden.[58]

Die ehemaligen Kolonisten Lutz und Bergmann wurden in die Vierte Duma wiedergewählt; neben ihnen fanden zwei weitere deutsche Kolonistenvertreter Eingang in die Vierte Staatsduma: Peter Schröder, Absolvent einer Realschule in Jekaterinoslaw und Großgrundbesitzer in den Kreisen Perekop und Simferopol auf der Krim, und Josef Zimmer aus dem Don-Gebiet, ein ehemaliger Volksschullehrer und mittlerer Landwirt (160 Desjatinen), Schulze von Sarata, gehörten der Partei der Progressisten an.

Die politischen Standpunkte der deutschbaltischen Parlamentarier der Dritten und Vierten Staatsduma waren breit gefächert. Alexander Baron Meyendorff aus Livland, der Vertreter der Petersburger Intelligenz, gehörte dem linken Flügel der Oktobristen an, neigte in einigen Fragen zur Unterstützung des Kadetenflügels und schreckte in kritischen Fragen, wie etwa während der sogenannten Ministerkrise, nicht vor dem Alleingang zurück. Als Vizepräsident der Dritten Duma, ein Amt, das er mit seinem Fraktionskollegen Fürst W. M. Wolkonskij teilte, zeichnete sich Meyendorff durch wohlwollende Neutralität gegenüber den Liberalen sowie durch geschicktes Parieren der Einwürfe der Rechten aus. Als außerordentlich fähiger und brillanter Vermittler, der aber persönlich höchst sensibel und in der Nationalitäten- und der Religionsfrage äußerst verletzlich war (er war orthodox), legte Meyendorff sein Amt als Vizepräsident in einigen Situationen demonstrativ nieder. In der Vierten Staatsduma vollzog Meyendorff seinen endgültigen Bruch mit dem Oktoberverband.

Dem rechten Flügel des Oktoberverbands gehörten in der Dritten Duma Alfed Baron Schilling aus Estland und Hamilkar Baron Fölkersahm aus Kurland an, ein Jurist und Absolvent der Universität Dorpat, vormaliger kurländischer Ritterschaftsaktuar und nun Direktionsrat des Kurländischen Kreditvereins zu Mitau. Fölkersahm, der Senior der deutschen Dumaparlamentarier, wurde auch in die Vierte Duma wiedergewählt.

Dem Zentrum des Oktobristenverbands gehörten in der Dritten Duma Hans Baron Rosen, livländischer Großgrundbesitzer, Oskar Brackmann, Stadthaupt von Pernau, der von der Baltisch-Konstitutionellen Partei zum Oktoberverband übergegangen war, und Dr. jur. Robert Eckardt, ein Fabrik- und Bankdirektor aus Livland, an. Otto Benecke, Absolvent der juristischen Fakultät der Universität Dorpat, früher Beamter der estländischen Gouvernementverwaltung und danach Stadtsekretär von Reval, vertrat neben Baron Schilling die Oktobristen Estlands.

In der Vierten Staatsduma wurde die deutsche Oktobristengruppe durch weitere Deutschbalten verstärkt. Neben die wiedergewählten Abgeordneten Baron Meyendorff und Fölkersahm, traten Otto Baron Engelhardt, ein Absolvent der juristischen Fakultät der Universität Dorpat, Rechtsanwalt und Stadthaupt von Fellin, Nicolas Baron Wolff, Absolvent der Universität Dorpat und Großgrundbesitzer, der von 1900 bis 1912 Administrator der Kaiserlichen Manufakturen war; aus Estland waren die Oktobristen Karl von Brevern und Oskar Brasche in die Vierte Duma entsandt. Brevern, 1880 geboren, hatte 1903 die kaiserliche Rechtsschule in St. Petersburg abgeschlossen, als höherer Staatsbeamter in Polen gedient und in den kritischen Jahren 1905/06 als Bauernkommissar des Revaler Kreises fungiert. Oskar Brasche, Absolvent der Universität Dorpat, war Apotheker und seit 1901 Stadthaupt von Weißenstein.

Die Frage der Blockbildung war bereits vor Einberufung der Dritten Duma – auf einer Generalversammlung des Oktoberverbands im Oktober 1907 – behandelt worden. Auf ihr hatten sich die deutschbaltischen Vertreter des rechten Oktobristenflügels, die Barone Schilling und Fölkersahm für eine Annäherung an die großrussische nationalistische Duma-Rechte ausgesprochen. Ein Zusammengehen mit Purischkewitsch und dem Bund des Russischen Volkes in allen Fragen, die die russische Nation betrafen, war nicht ausgeschlossen worden. Die deutschrussischen Vertreter des linken Oktobristenflügels, an ihrer Spitze Baron Meyendorff, hatten sich diesem Zusammmengehen scharf widersetzt. Meyendorff, der die Unterstützung der »Sankt Petersburger Zeitung« besaß, vertrat den Standpunkt, daß die deutsche Oktobristengruppe unbedingt volle Unabhängigkeit in der Blockbildung bewahren müsse. Eine Trennlinie war folglich in der deutschen Gruppe der Oktobristenfraktion von vornherein gezogen. Im allgemeinen empfahl die von Gutschkow festgelegte Parteidisziplin den Oktobristen in der Dritten Duma größte Zurückhaltung gegenüber der Duma-Linken, zu der nunmehr auch die Kadeten gezählt wurden. Einige deutsche Oktobristen, wie zum Beispiel die Kolonistenvertreter Grimm und besonders Lutz, haben diese Empfehlung nur allzu ernst genommen und die linken und linksliberalen Kräfte der Duma in unverzeihlich provozierender Weise angegriffen. Sie sollten dies in der zweiten Periode der Vierten Staatsduma zutiefst bedauern: Die Kadeten und die Trudowiki, und besonders ihre Sprecher Miljukow und Kerenskij, waren die einzigen Dumaabgeordneten, die unter dem Beifall ihrer Fraktionsgenossen den deutschen Landbesitz in aller Schärfe und Grundsätzlichkeit gegen die sogenannte Liquidationsgesetzgebung zu schützen suchten.

Eine stärkere Offenheit gegenüber dem linken Dumaflügel zeigten die deutschrussischen Abgeordneten, die als Vertreter der russischen und andersnationaler Kurien und Wahlkreise aus verschiedenen Großstädten und innerrussischen Gouvernements in die Dritte Duma entsandt wurden. Als einziger Angehöriger einer Linkspartei vertrat Julius J. Blumenthal als Kadet das Gouvernement Ufa. Dem Oktoberverband gehörten Eugen Baron Tiesenhausen, ein Fabrikbesitzer aus Moskau, Alexander Baron Krüdener-Struve aus Moskau, Emil Graf Bennigsen, Adelsmarschall des Gouvernements Nowgorod, und Eugen M. Scheidemann aus Poltawa an. Den linken Oktobristenflügel verstärkte Professor Wassilij K. von Anrep aus Moskau, ein berühmter Gerichtsmediziner aus alter livländischer Familie orthodoxen Bekenntnisses. Seinem politischen Standpunkt standen auch die Abgeordneten Herrmann G. Lerche, Staatsbankinspektor von St. Petersburg, Fjodor M. von Kruse, ein Rechtsanwalt aus Petersburg, und Porphyri G. Doppelmeyer aus Witebsk nahe. Über die nationale Kurie waren Nikolaj K. von Huebbenet aus Mogiljow und Wladimir F. Graf d'Horrer, Abkömmling eines Straßburger Geschlechts, in die Dritte Duma gelangt. Die große Zahl der deutschrussischen Abgeordneten der Oktobristenfraktion in der Dritten Duma hat Baron Meyendorff vorübergehend veranlaßt, die Bildung einer organisierten Deutschen Gruppe innerhalb der Oktobristenfraktion zu erwägen. Aus Mangel an Interesse auf seiten seiner deutschstämmigen Fraktionskollegen mußte er diese Idee jedoch bald fallen lassen.

Die Arbeit der Dritten und Vierten Staatsduma stand unter dem Zeichen zunehmend scharfer Konfrontationen in der Nationalitätenfrage. Der Bund des Russischen Volkes äußerte sich immer polemischer und diffamierte seine Gegner in der Duma; dieser Stil griff bald auch auf die gemäßigteren Fraktionen der Duma über. So wurden die Fraktionen links vom Zentrum in Erinnerung an den Wiborger Aufruf nach Auflösung der Ersten Duma als »Wiborger Frösche« bezeichnet, die Konstitutionellen Demokraten als »die Fremdstämmigen« oder »die Juden« beschimpft. Juden und Polen – das galt der Duma-Rechten als ausgemacht – waren für die Zersetzung des Russischen Reichs verantwortlich, und ihre Vertreter in der Duma wurden von ihnen daher abweisend behandelt. Die Rolle der allrussischen Deutschen und die »deutsche Frage« wurden hingegen – wann immer sie unterschwellig anklangen – in der ersten Sitzungsperiode der Dritten Staatsduma noch mit schonungsvoller Rücksicht behandelt. Die Mehrheit der deutschen und deutschrussischen Dumaabgeordneten wußte diese Art der Rücksichtnahme zu schätzen und dankte der Duma-Rechten durch Manifestationen ihres allgemein-russischen Patriotismus, hinter denen sich allerdings nicht selten Bedenken und Ängste zu verbergen schienen.

In seiner Eigenschaft als Vorsitzender der Duma war Baron Meyendorff in den ersten Dumasitzungen wiederholt darum bemüht, die Nationalitätendebatte zu entschärfen. Er erinnerte die streitenden Parteien an die Gleichberechtigung aller Nationen des Russischen Reichs auf allen Ebenen des sozialen Lebens, die die russische Regierung verbürgte. Er räumte ein, daß die Zeit vor Verkündigung des Oktobermanifests von 1905 eine Zeit gewesen sei, »in der man jeden Deutschen, jeden Polen, jeden Juden für gefährlich hielt (Stimme von links: und jetzt auch)«[59], betonte aber, daß die gesunde, tatkräftige Reformpolitik der jetzigen Regierung jeder nationalen Diskriminierung den Boden entziehe. Seine Appelle an die im russischen Grundgesetz verankerte Gleichberechtigung aller Bürger des Russischen Reichs fielen bei der Duma-Rechten wie Duma-Linken jedoch auf unfruchtbaren Boden. Die außenpolitische Lage Rußlands, besonders der schwelende Konflikt mit den westlichen Nachbarn Deutschland und Österreich, und ihre Rückwirkungen auf die innere Diskussion, sowie die innenpolitische Konfrontation, die sich vor allem in der Frage der westlichen Grenzgebiete immer neu entzündete, hatten sich soweit zugespitzt, daß eine Rückbesinnung auf die rechtsstaatliche Basis des Russischen Reichs die Verhärtung der Fronten nicht aufhalten konnte. Die Duma wuchs sich mehr und mehr zum Forum der ideologischen Konfrontationen aus, die durch den Pressekrieg angeheizt worden waren.

So war es charakteristisch, daß der Vorsitzende des Bundes des Russischen

Volkes, der Abgeordnete der russischen Rechten Purischkewitsch, der Dritten Duma in Anwesenheit des Justizministers Schtscheglowitow eine Namensliste von jüdischen Mitarbeitern der russischen Handelsgerichte vorlegte und in der damit verbundenen Eingabe seiner Fraktion die Säuberung aller russischen Gerichte von den »parasitären Elementen« im Rahmen einer nationalen Gerichtsreform forderte – eine Eingabe, die der Justizminister in unbestechlicher Souveränität zurückwies. Demgegenüber brachte die Duma-Linke durch ihren Sprecher A. A. Bulat – einen litauischen Autonomisten und Mitglied der werktätigen Gruppe *(Trudowaja Gruppa)* – eine vernichtende Kritik an der russischen Außenpolitik vor, in der sie die russischen Deutschen als Drahtzieher der imperialistischen Großmachtpolitik von Großindustrie, Großhandel und hoher Bürokratie brandmarkte. Den Nutzen aus dieser Außenpolitik zögen allein die »germanzy«,

> »die außerhalb Rußlands ebenso wie die in seinem Innern lebenden, die Rußland auf friedlichem Wege und auf allerschönste Weise erobern und in ihm die besten Posten einnehmen. An der Spitze des Außenministeriums haben wir zur Zeit Schwarz, Rödiger, Schaufuß-Schaffhausen, und selbst in dem sich so patriotisch gebärenden Bund des Russischen Volkes verteidigt vielleicht die Hälfte aller führenden Bündler mit deutschen Familiennamen die Interessen des echt-russischen Volkes.«[60]

Dieser Hinweis auf die starke Vertretung des deutschen Elements im russischen Außenministerium diente der Duma-Linken als ein Argument für ihre Ablehnung der Budgetpläne der Regierung auf außenpolitischem Sektor. Nach dieser Rede Bulats verließ Baron Meyendorff – wie in anderen Fällen nach den germanophoben Angriffen der russischen Rechten – wortlos seinen Platz als Vorsitzender und bat seinen Fraktionskollegen Fürst Wolkonskij, den Vorsitz einzunehmen.

Die Vertreter des rechten Flügels der Duma ließen keine Debatte aus, um durch Seitenhiebe die von ihnen gefürchteten Nationalitäten – Juden, Polen und Deutschrussen – in die Defensive zu treiben. Besonders ihr Sprecher Purischkewitsch führte diese Angriffe mit Hieb- und Stichsicherheit. So machte er in seinen Schmähreden auf die liberale Nationalitätenkonzeption der Kadeten und ihre Unterstützung der polnischen Autonomieforderungen den früheren deutschen Reichskanzler Bismarck zum Kronzeugen seiner Sichtweise der Grenzlandprobleme; Männer wie Bismarck und Mommsen – so rief er aus – hätten gelehrt, wie man mit den Problemen von Posen und Schlesien fertig werde. In dem von Bismarck geprägten Deutschland könnten die liberalen russischen Reformer für ihre Politik keine Stütze finden. Der linke Kadet F. I. Roditschew, Abgeordneter des Gouvernements Twer in allen vier Parlamenten und führender Rechts- und Agrarspezialist, trat für Kadeten und deutschrussische Abgeordnete in die Bresche und verwies darauf, daß die russische Regierung die Krisenstimmung in den Grenzgebieten nur dadurch künstlich aufrechterhalte, daß sie seit langem gezielt Gerüchte von einem polnischen oder deutschen Aufmarsch unter das Volk bringe. Auf den Zuruf von rechts: »Nennen Sie Namen!« antwortete Roditschew mit dem Hinweis auf General Skalon; Skalon, der Generalgouverneur des Weichselgebiets, habe seit Jahren mit Besorgnis von derartigen Vorfällen berichtet. Tatsächlich hatte schon in der Ersten Staatsduma der Abgeordnete Bischof von der Ropp davon gesprochen, daß im Revolutionsjahr 1905 in den Westgebieten »an allen Orten das Gerücht verbreitet wurde, daß deutsche Truppen in die Grenzen des russischen Reiches einfallen«.[61] Eine solche gezielte Gerüchtemacherei, wie sie von General Skalon wiederholt aufgedeckt worden sei, wäre – nach Ansicht des Abgeordneten Roditschew – wohl verständlich, wenn sie aus dem Lager Purischkewitschs käme; ganz und gar unzulässig sei sie jedoch für die Vertreter der russischen Regierung. Die Kadeten, so beendete er sein Wortgefecht mit Purischkewitsch, würden daher jede Regierung begrüßen, die sich nicht von den finsteren Kräften der Gerüchte und Verbrechen auf die schiefe Ebene der Ungesetzlichkeit treiben ließe. Die Regierung müsse die Nationalgefühle aller Teile der Bevölkerung achten und die Schuldigen auch dann zur Verantwortung ziehen, wenn diese von einem Mann mit einem fremd klingenden Namen, wie General Skalon, bloßgestellt wurden.

Diese Berufung auf den Generalgouverneur des Weichselgebiets und Generaladjutanten des Warschauer Militärbezirks, General Skalon, erfolgte auf einem emotional vorbelasteten Hintergrund. Als ein Mann, der aufgrund seines Namens und seiner Familientradition als russischer Deutscher galt, wurde Skalon in diesen Jahren von seiten der russischen Rechten einer exzessiven Deutschfreundlichkeit und geheimer Verbindungen zum Deutschen Reich bezichtigt. Als Generalgouverneur des an das Deutsche Reich angrenzenden Weichselgebiets schien er der russischen Rechten als verdächtig und unhaltbar. Diese Ängste der russischen Rechten spiegeln sich in den Memoiren des volkstümlichen russischen Generals A. A. Brussilow wider, der 1911 im Zug der Verstärkung der russischen Westfront vorübergehend in den Warschauer Militärbezirk versetzt worden war. Die Beobachtungen, die Brussilow dort machte, veranlaßten ihn, zunächst den Kriegsminister zu informieren, dann aber um seine Versetzung zu bitten. Denn Generaladjutant Skalon war in den Augen des Generals Brussilow zwar

> »ein gutmütiger und verhältnismäßig ehrenhafter Mann, eher ein Höfling als ein Mann des Militärs, (aber) ein Deutscher bis ins Mark. Dementsprechend waren auch alle seine Sympathien. Er war der Ansicht, daß Rußland eine unverbrüchliche Freundschaft mit Deutschland verbinden müsse und war dabei überzeugt, daß Deutschland Rußland führen müsse. Er stand demzufolge auf freundschaftlichstem Fuße mit den Deutschen und insbe-

sondere mit dem Warschauer Generalkonsul Baron von Brück, vor dem er – wie ich von vielen Personen gehört habe – keine Geheimnisse hatte. Baron von Brück war ein großer Patriot seines Vaterlandes und ein sehr geschickter und kluger Diplomat. Ich hielt diese Freundschaft im Hinblick auf Rußland für unangebracht, und dies um so mehr, als Skalon ohne jede Zurückhaltung den Gedanken aussprach, Deutschland müsse über Rußland herrschen und wir hätten uns Deutschland unterzuordnen. Inwieweit dieser Standpunkt Skalons richtig war, ist eine andere Frage. Aber unter den damaligen Umständen, bei der offiziellen Freundschaft zwischen Rußland und Frankreich, hielt ich ihn für fehl am Platze, um nicht mehr zu sagen… Ich kann den merkwürdigen Eindruck nicht verbergen, den die gesamte Warschauer Oberverwaltung damals auf mich machte. Überall standen Deutsche an der Spitze: Generalgouverneur Skalon, verheiratet mit einer Baronesse Korff, Verwandte des Baron Korff; der Adjutant des Generalgouverneurs war Essen, der Vorsteher der Gendarmerie Uthof, der Leiter des Staatsbankkontors Tiesenhausen, der Vorsteher der Hofverwaltung Tisdel, Oberpolizeimeister Meyer, Stadtpräsident Müller, Prokureur der Gouvernementsbehörde Hesse, Leiter des Kontrollhofes Minzloff, Vizegouverneur Gresser, Staatsanwalt des Gerichtshofes Leidin, die Stabsoffiziere beim Gouverneur Igelström und Fechtner, der Vorsteher der Gouvernementseisenbahn Hesket und so weiter – ein Bouquet zur Auswahl! Ich selbst war nach dem Weggang von Hoerschelmann dorthin versetzt worden und bildete eine deutliche Dissonanz: Brussilow! Dafür erhielt diesen Posten nach meiner Versetzung Baron Rausch von Traubenberg. Die Liebe Skalons für deutsche Namen war auffällig.«

Brussilow fügte hinzu:

»Ich weiß natürlich, daß viele dieser Menschen mit deutschen Familiennamen aufrichtige russische Patrioten und Ehrenmänner waren. Aber der Schein dieser Auswahl hat viele erregt.«[62]

Eine weitere Parlamentsdebatte, in der die deutsche Frage in Rußland tangiert wurde, war die Kaukasus-Debatte. In einer Eingabe der Rechtsfraktionen, initiiert durch Purischkewitsch und Kelopowskij, war die Verwaltung des Kaukasus beschuldigt worden, die orthodoxen Russen des Kaukasusgebiets ungeschützt der revolutionären Gärung der Kaukasusvölker auszusetzen. Diese Eingabe enthielt nicht nur einen Angriff auf den greisen Statthalter des Kaukasusgebiets, Graf Woronzow-Daschkow, sondern vor allem einen Seitenhieb auf seinen Vertreter, B. E. Nolde. Baron Nolde, eines der prominentesten Mitglieder der Kadetenpartei, hatte die Grundzüge einer liberalen Nationalitätenpolitik der russischen Regierung im Kaukasus ausgearbeitet und in der Praxis durchgesetzt; diese hatte eine Abschwächung der revolutionären Stimmung und den friedlichen Ausgleich mit den Vertretern der kaukasischen Nationalitäten zum Ziel. Auf Nolde, den er als einen Keil jener ausländischen Kräfte betrachtete, der in die russische Verwaltung getrieben werde, um das Land in Übel und Zersetzung zu führen, richtete Purischkewitsch in der anschließenden Debatte auch seine persönlichen Angriffe. Baron Nolde stellte sich dieser Debatte und erschien vor der Duma; in ergreifenden Worten sprach er von der Verehrung, die er für dieses russische Parlament hege, und von dem Abscheu gegenüber den Kräften, die die Dumaarbeit zu Verleumdungen ausnützten. Diese – damit wandte sich Nolde an die extreme Rechte – seien es nicht wert, den Menschen, über die sie üble Nachrede verbreiteten, wie etwa dem Statthalter des Kaukasus Graf Woronzow-Daschkow, die Schuhriemen zu öffnen.

Nicht nur Purischkewitsch und seine Anhänger waren bemüht, die deutsche Frage hochzuspielen. Angriffe auf die Deutschen in Rußland erfolgten auch aus den Reihen des Oktoberverbandes und des Rates des Vereinigten Adels. Als Präsident dieser rechtslastigen Vereinigung griff der russische Großgrundbesitzer Graf A. A. Bobrinskij, ein – in den Worten von Graf Witte – russischer Nationalist mit schillernder politischer Vergangenheit[63], als Verfechter der Russifizierungspolitik der Grenzgebiete unter Einbeziehung von Galizien und Posen ins Russische Reich, die Rolle der deutschen Gouverneure in den Grenzgebieten auf; in der Ernennung deutschrussischer Kräfte für die Führungspositionen der Grenzgouvernements sah er den »Hauptfehler der Petersburger Kanzleien«. Als Paradefall nannte er Polen nach dem Polnischen Aufstand von 1863/64:

> »Tscherkasskij und Miljutin wurden beseitigt, und die russisch-uniierten Angelegenheiten dem Deutschen und Lutheraner Rudolph Braunschweig unter der Leitung des ebenfalls deutschen und lutheranischen Statthalters Graf Berg übergeben. Ich glaube, daß auch unsere deutschen Dumaabgeordneten verstehen werden, daß ihre Landsleute zur Führung gerade dieser Angelegenheiten kaum tauglich sind, in denen man alle Unterschiede zwischen der uniierten und der orthodoxen Kirche kennen, kurz ein geborener russischer Mensch sein muß.«[64]

Der Vorwurf, daß die deutschrussischen Verwaltungsbeamten die Politik der Russifizierung der Grenzgebiete nicht als notwendig erkannten, wurde wiederholt auch von dem Dumaabgeordneten der russischen Nationalisten, Bischof Jewlogij, erhoben. Bischof Jewlogij aus dem Gouvernement Mogiljow war einer der hartnäckigsten, chauvinistischen Befürworter der Russifizierung der Westgebiete. Von seinen unterschwellig zynischen Formulierungen fühlte sich der Dumavorsitzende Baron Meyendorff trotz seines orthodoxen Glaubensbekenntnisses so unmittelbar betroffen, daß er die unwiderrufliche Niederlegung seines Amtes als Vorsitzender in Aussicht stellte.

Zu Konfrontationen zwischen deutschrussischen Abgeordneten und dem orthodoxen Bischof von Mogiljow Jewlogij, kam es auch in der Schulfrage. Bischof Jewlogij setzte sich für die kirchliche Gemeindeschule ein, die nach Ansicht der aufgeklärten liberalen deutschrussischen Parlamentarier den zeitgemäßen Grundsätzen von Bildung und Aufklärung nicht entsprach. So forderte der Moskauer Oktobrist von Anrep, daß die Schulfrage nicht vom Standpunkt der Parteilichkeit, sondern allein vom Standpunkt der besseren und höheren Ausbildung her diskutiert werden dürfe. Er machte deutlich, daß die nationalistische Schulpolitik nur ein Symptom einer nationalistischen Gesamtkonzeption war:

> »Wer heute bereit ist, die Schule zu russifizieren, ist morgen auch bereit, das ganze Land zwangsweise zur Orthodoxie zu bekehren.«[65]

Wassilij von Anrep sprach sich ferner gegen den obligatorischen Russischunterricht in den nationalen Schulen aus. Hinter dieser Forderung stand die Angst, daß auf dem Wege der Einführung der russischen Sprache in den nationalen Schulen schließlich die nationalen Sprachen verdrängt werden würden. Demgegenüber sprach Baron Meyendorff seine Überzeugung aus, daß die Aufhebung des muttersprachlichen Unterrichts in den nationalen Schulen, wie sie neben vielen anderen Nationalitäten auch die Deutschen Rußlands seit der Mitte der neunziger Jahre hatten erdulden müssen, nun für immer der Vergangenheit angehöre. »Wer seine Muttersprache ehrt, der ehrt sich selbst!«, war die Botschaft Meyendorffs, die auch den Beifall der russischen Rechten fand.

Zu Auseinandersetzungen zwischen russischen Nationalisten und deutschstämmigen Parlamentariern kam es auch in den Dumakommissionen. Deutschrussische- und -baltische Parlamentarier waren in einigen Kommissionen besonders aktiv. So waren beispielsweise in der Kommission für örtliche Schulverwaltung 4 der 66 Mitglieder deutscher Herkunft: Baron Fölkersahm, der Wolgakolonist Grimm, von Huebbenet und Graf d'Horrer. Der Kolonistenvertreter Grimm war ferner Mitglied der Budgetkommission und der Kommission zur Herstellung des Staatsregisters von Ausgaben und Eingängen. Hermann Bergmann aus Jekaterinoslaw gehörte ebenfalls der Budgetkommission und daneben der zeitweiligen Kommission für Verkehrswege an. Wladimir von Falz-Fein war Mitglied der permanenten Dumakommission für Eingaben und der zeitweiligen Kommission für Staatsverteidigung. Der Kolonistenvertreter Rotärmel aus Samara war Mitglied der Umsiedlungskommission; ihr gehörte auch der Gutsverwalter Scheidemann aus Poltawa an, der daneben in der Budgetkommission und der Kommission für Handel und Industrie arbeitete. Graf Bennigsen, der Nowgoroder Adelsmarschall, war Mitglied der Budgetkommission und Rapporteur der Kommission für Gerichtsreformen. Der Staatsbankdirektor G. Lerche war Mitglied und Rapporteur der Finanzkommission der Duma. In dieser Eigenschaft wehrte er sich gegen die unbegründeten Reden der russischen Linken vom Bankrott des russischen Staats. Der Staat sei – so versicherte er aufgrund seines Wissensstands – auf dem besten Weg, sich von Kriegs- und Revolutionsjahren zu erholen, und die gemeinsame Verantwortung von Duma und Regierung ziele darauf ab, Fortschritt und ökonomische Stabilität in Rußland zu sichern. Graf d'Horrer aus Kursk war Vorsitzender der permanenten Redaktionskommission, Mitglied der Kommission für Verkehrswege und zur Herstellung des Staatsregisters. Wassilij von Anrep war Rapporteur der Budgetkommission und Mitglied der Kommission für Handel und Industrie. Darüber hinaus setzte er sich als Mitglied der Kommission für Staatsverteidigung, die unter dem Vorsitz des Oktobristenführers Gutschkow arbeitete, für die Gleichheit aller Mitglieder dieser Kommission ein. Er wehrte damit die Angriffe der Duma-Rechten und der nationalistischen Zentristen ab, die den sozialdemokratischen und jüdischen Abgeordneten, die in die Kommission für Staatsverteidigung gewählt worden waren, ihr Vertrauen absprachen; von Anrep protestierte gegen diese Diskreditierung einer Minderheit von gewählten Kommissionsmitgliedern, die nicht nur die nationalen Gefühle verletze, sondern auch einen unnatürlichen Unterschied zwischen russischen Staatsbürgern schaffe, die alle gleichermaßen und ohne Einschränkung mit Einsatz von Leib und Blut zur Verteidigung des Vaterlands bereit seien. Gemeinsam mit einigen Trudowiki und Sozialdemokraten unterzeichnete von Anrep auch eine Anfrage an den Innenminister, die zum Ziel hatte, die gesetzwidrige Handlungsweise der Wilnaer Geheimpolizei *(Ochrana)* aufzudecken. Als von Anrep daraufhin von der Duma-Rechten als »Aufrührer« *(kramol'nik)* beschimpft wurde, verteidigte er sich selbst sowie die anderen Unterzeichner dieser Anfrage mit unanfechtbarer Würde: Die Duma vertrete in ihren einzelnen Abgeordneten alle Teile des Volkes, und ihr Ziel sei es, Gleichheit und Glück für alle seine Teile, unabhängig von Nationalität und Glaubensbekenntnis, zu sichern. Baron Meyendorff, der sich dieser Anfrage nachträglich anschloß, hatte die Bildung der Dumakommission zum Kampf gegen den Alkoholismus veranlaßt, in der er mit großem Eifer mitarbeitete. Baron Tiesenhausen führte in der Dritten Duma den Vorsitz über die Kommission für Arbeiterfragen. In ihr setzte er sich wiederholt für die Entpolitisierung der Arbeiterfrage und für eine sachliche Arbeit zur Lösung der Probleme der russischen Arbeiterschaft ein. Dieser Kommission gehörten auch der Revaler Jurist Otto Benecke, der Petersburger Rechtsanwalt von Kruse, der Moskauer Abgeordnete Baron Krüdener-Struve und Porphyrij Doppelmeyer aus Witebsk an. Die Rechtsoktobristen Baron Schilling und Fölkersahm arbeiteten in der Landkommission mit. Julij J. Blumenthal schließlich, der einzige Kadet unter den deutschen Abgeordneten der Dritten Duma, war Mitglied der Kommission für Verkehrswege und trat für eine Reform der staatlichen Verwaltung auf örtlicher Ebene ein.

In den Debatten der Dritten Duma wurden die Beratung der Finnland-Gesetzgebung Stolypins und die sogenannte Ministerkrise zu Zerreißproben. Beide Fragen berührten auch die deutschrussischen Interessen. Seit dem Zusammentreten der Dritten Staatsduma hatte Ministerpräsident Stolypin keinen Zweifel daran bestehen lassen, daß er die Nationalitätenfrage in Zukunft im Sinne einer stärkeren Zentralisierung des Reichs verstanden wissen wollte. Stolypin, der häufig als der Bismarck des Russischen Reichs bezeichnet wurde, machte den Vertretern der Nationalitäten in der russischen Staatsduma klar, daß er von ihnen zuerst die Arbeit an der allgemeinen Zementierung des Reichs und das echte Gefühl eines allrussischen Patriotismus erwarte, bevor man später die Arbeit der Dezentralisierung in Angriff nehmen könne. Die Mehrheit der deutschrussischen Abgeordneten, besonders die oktobristischen Kolonistenvertreter Lutz und Grimm, unterstrichen immer wieder ihr grundsätzliches Einverständnis mit den Leitlinien der Stolypinschen Zentralisierungspolitik. Demgegenüber vertrat Baron Meyendorff – in einigen Fällen unterstützt von Professor von Anrep und Graf Bennigsen –, unbeirrt vom Rechtsrutsch der Oktobristen, die Ansicht, daß die nationalen Begehren und der revolutionäre Aufruhr ihre objektiven Grundlagen in der russischen Geschichte und Gesellschaft hätten und daß sie gerade in Rußland, wie in keinem anderen Land, ein integraler Teil der sozialen Entwicklung und des politischen Fortschritts seien. Deshalb habe der Staat nicht das Recht, auf die Anwendung von Terror mit Manifestationen einer »Räubermoral« zu antworten. Im Gegenteil müsse eine souveräne Regierung wie auch die örtliche Verwaltung der von nationalen Minderheiten bewohnten Gebiete die moralische Kraft aufbringen, auf die entstehenden Forderungen mit Gesetzlichkeit und nicht mit Willkür zu antworten.

Diese Auseinandersetzung in der Frage von Zentralisierung oder aber Recht auf Autonomie kulminierte im März 1910, als Stolypin seinen Gesetzentwurf über die Einschränkung der Rechte des finnischen Parlaments in die Duma einbrachte. Dieser Gesetzentwurf stellte einen wichtigen Schritt auf dem Weg zur Festigung der Reichseinheit im Sinn Stolypins dar. Alle Fragen, die sich nicht ausschließlich auf innerfinnische Belange bezogen, sollten nun nicht mehr vom finnischen Sejm, sondern von der allrussischen Legislative behandelt werden. Damit waren die konstitutionellen Rechte, die dem finnischen Volk neben anderen Nationalitäten im Zug der Neuordnung des Reichs seit 1905 verliehen worden waren, angetastet, wenn nicht in Frage gestellt.

Die Dumamehrheit stimmte der Gesetzesvorlage Stolypins zu. Mit den Kadeten und Linksparteien, die gegen diesen »Verfassungsbruch« protestierten, stimmte als einziger deutscher Oktobrist auch Baron Meyendorff gegen Stolypins Gesetzesvorlage. Er sah in ihr einen gefährlichen Präzedenzfall für die Verletzung der konstitutionellen Grundrechte jeder nationalen Minderheit im neugeordneten Rußland. Für Meyendorff war die »Theorie des Sklavenhalters«, die sein Vetter Stolypin der Duma zur Begründung der Vorlage anbot, ebenso verdammungswürdig wie die Zustimmung der Volksvertretung zu einem Verfassungsbruch der Regierung.

Die sogenannte Ministerkrise entstand im März 1911. Die beiden gesetzgebenden Kammern berieten Stolypins Gesetzentwurf über die Einführung des Semstwo in den westlichen Gouvernements (Ukraine, Weißrußland und Polen) und über die Abtrennung des Gouvernements Cholm vom Königreich Polen. Die konservative Mehrheit des Staatsrates hatte die Einführung des Semstwo in den Westgebieten als eine revolutionsfördernde Maßnahme abgelehnt. Stolypin hielt dieses Gesetz für notwendig, um die politisch-soziale Stabilisierung der westlichen Grenzgebiete vorzunehmen, und löste deshalb am 14. März 1911 für drei Tage die beiden gesetzgebenden Kammern, Staatsrat und Staatsduma, auf. In diesen Tagen erließ er das geplante Gesetz auf dem Wege der Ausnahmegesetzgebung unter Anwendung des Notstandsparagraphen 87. Die Mehrheit der Dumaabgeordneten war über diese Maßnahme empört. Meyendorff sprach für sie alle, als er ausrief:

> »In dem Moment, in dem die bereits in allem enttäuschten Bürger der Möglichkeit beraubt werden, Zeugen des Triumphes des Gesetzes zu werden, droht dem Staat der Untergang.«[66]

Wenn in all diesen Fragen auch die deutsche Frage tangiert oder angesprochen wurde, so erreichte diese doch erst auf dem Hintergrund der Debatte über die ausländische Landexpansion im Russischen Reich ihr volles Gewicht. Die Landfrage wurde in den Debatten der Dritten Staatsduma angeschnitten, um ganze Sitzungen der Vierten Staatsduma vollends zu beherrschen.

In einer vielbeachteten Rede in der Dumasitzung vom 13. März 1909 warf Graf W. A. Bobrinskij, ein Latifundienbesitzer und Zuckerfabrikant aus dem Gouvernement Tula, der in der Duma der zweite Vorsitzende der Fraktion der russischen Nationalisten und ein aktiver Befürworter der Stolypinschen Reformen war, die Frage der Expansion des deutschen Landbesitzes zum ersten Mal auf.[67] Er berichtete vom Landkauf deutscher Siedler und vom starken Zuzug reichsdeutscher Bauern in die russischen Westgouvernements und erhob die Forderung nach drastischen Maßnahmen der Regierung zur Eindämmung dieser Bewegungen, in denen er den »deutschen Drang nach Osten« sah. Die russische Presse griff umgehend diese Reden auf – das »Nowoje Wremja« mit deutlicher Genugtuung, die liberalen »Börsennachrichten« (»Birshewye Wedomosti«) und die kadetische Presse hingegen im Ton tiefster Abscheu. Das Auswärtige Amt in Berlin, das ein neues Aufleben der Pressekampagne gegen den deutschen Landbesitz fürchtete, veranlaßte daraufhin die Deutsche Botschaft zu St. Petersburg, über Mittelsmänner an den Herausgeber des »Nowoje Wremja«, Pilenko, heranzutreten, um der in finanziellen Schwierigkeiten befindlichen Zeitung deutsche »Subventionsgelder« anzubieten. Die Bedingung war die Einstellung der Angriffe auf den deutschen Landbesitz. Trotz widersprüchlicher Nachrichten über die Bereitschaft Pilenkos, diese Bestechungsgelder anzunehmen, geriet eine Mitteilung über diese Vorgänge in die englische Presse, wo sie schnell zu einem Skandal ausgeweitet wurde. Dies bereitete den entsprechenden Beamten der Deutschen Botschaft zwar vorübergehend erhebliche Kopfschmerzen, hinderte sie jedoch nicht, die Politik finanzieller Angebote an streitbare russische Presseorgane bis zum Ausbruch des Ersten Weltkriegs fortzusetzen.

Als die Diskussion über den deutschen Landbesitz in den Grenzgebieten im Parlament wie auch in der Öffentlichkeit anschwoll, sah sich Stolypin im Herbst 1909 veranlaßt, eine Gesetzesvorlage zu diesem Thema auszuarbeiten. Diese Gesetzesvorlage, die er im Frühjahr 1910 der Duma vorlegte, sah vor, daß Personen nichtrussischer Herkunft künfig nicht mehr das Recht haben sollten, in den Grenzgebieten außerhalb von Städten und Ortschaften gelegene Ländereien durch Kauf oder Pacht zu erwerben. Diese Gesetzesvorlage verfolgte das Ziel, einen zeitweiligen Stillstand der unüberschaubaren Landbewegungen in den drei westlichen Gouvernements herbeizuführen und zugleich den verarmten russischen Bauern Kauf oder Pacht der in großem Umfang frei werdenden russischen Adelsgüter zu erleichtern.

Beim ersten Bekanntwerden dieser in Ausarbeitung befindlichen Gesetzesvorlage trat eine kleine, deutschnational orientierte Gruppe deutscher Oktobristen in Moskau unter der Führung des rührigen Vorsitzenden der Moskauer Ortsgruppe des Oktoberverbands, Lindemann, zusammen, um über Gegenmaßnahmen zu beraten. Lindemann machte geltend, daß der Gesetzentwurf die grundlegenden Bürgerrechte der fremdstämmigen und vor allem deutschen Siedler verletze, die das russische Grundgesetz von 1906 jedem russischen Bürger beliebiger Nationalität zuspreche. Er sah es als eine »Lebensfrage erster Ordnung« an, daß alle deutschen Siedler auch weiterhin uneingeschränkt Land pachten und erwerben konnten. »In Anbetracht der durch natürliche Vermehrung ständig wachsenden Zahl« und des steten Zustroms neuer Siedler hielt er die Verabschiedung eines solchen Gesetzes für unvertretbar.[68]

Um eine positive Abstimmung über die Gesetzesvorlage in der Duma zu vereiteln, wandten sich die Mitglieder dieser Versammlung an die Oktobristenfraktion. Für den 10. Mai 1911, bevor noch die Vorlage in der Duma verhandelt werden konnte, beriefen die Moskauer Oktobristen deutschrussischer Herkunft eine Parteiversammlung ein, auf der neben dem Verbands- und Fraktionsvorsitzenden A. I. Gutschkow auch eine größere Zahl westrussischer deutscher Siedler anwesend war. Nach eingehenden Debatten beschloß die Versammlung, die Gesetzesvorlage Stolypins durch die Oktobristenfraktion ablehnen zu lassen. Als Argumentationshilfe galt die Richtlinie: Zwar verstehe die Fraktion des Oktoberverbands die Sorge der Regierung über die Expansion ausländischer Landbesitzungen in den westlichen Grenzzonen sowie ihr Bemühen, den ausländischen Landzuwachs in andere Richtungen des Reichs zu lenken; doch könne sie einer derartigen Gesetzesvorlage nur dann zustimmen, wenn diese lediglich den Landkauf und die Landpacht durch Ausländer untersage, die erst nach dem Inkrafttreten des geplanten Gesetzes die russische Staatsbürgerschaft erwerben würden. Auf die Siedler ausländischer Herkunft, die bereits vor Inkrafttreten des neuen Gesetzes die russische Staatsbürgerschaft erworben hatten, könne ein solches Gesetz nicht angewendet werden. Gleichzeitig mit dieser Direktive an die Oktobristenfraktion arbeitete die Parteiversammlung eine Protestnote an den Vorsitzenden des Ministerrates, Stolypin, aus, die ihn über die »Unzulänglichkeiten der von ihm geplanten Maßnahme« sowie ihre Unannehmbarkeit für die deutschen Siedler unterrichten sollte.[69]

Auch die nationalistische Presse des Deutschen Reiches begann erneut, das Recht der deutschen Siedler in Rußland auf Landerwerb laut und virulent zu verteidigen. Am 24. Oktober 1910 berichtete die »Kreuzzeitung« in ihrem Artikel »Stolypin gegen das Deutschtum in Rußland« von der Gesetzesvorlage. Am 1. Februar 1911 warnten die »Münchner Neuesten Nachrichten« Stolypin davor, einen »Kampf gegen den deutschen Grundbesitz in Rußland« zu entfachen. Unter dem Druck seiner Regierung wurde schließlich auch der deutsche Botschafter zu St. Petersburg beim russischen Ministerpräsidenten und Innenminister vorstellig, um die Bedenken der deutschen Reichsregierung vorzutragen.[70] Er machte deutlich, daß der Erlaß des geplanten Gesetzes eine diplomatische Krise größeren Ausmaßes nach sich ziehen würde.

In der Dumasitzung vom 18. Mai 1911 zog Innenminister Stolypin daraufhin im Namen seiner Regierung die noch immer nicht in der Debatte befindliche Gesetzesvorlage zurück. Während sich Jubel in den Rängen der Kolonisten, Oktobristen und Linksfraktionen der Duma ausbreitete, wurde Stolypin von der chauvinistischen russischen Rechten zum Zerstörer des heiligen Rußland erklärt. Besonders der geheime Ratgeber der Kaiserin, der sibirische Mönch Grigorij Rasputin, der seit Mai 1911 seinen Platz in der Umgebung des Kaisers behauptete, begann in verleumderischer Weise gegen den Premierminister zu agitieren. Gerüchte vom bevorstehenden Sturz Stolypins hatten sich ausgebreitet, als er am 1. September 1911 im Kiewer Opernhaus einem Attentat zum Opfer fiel. Es wurde vermutet, daß der Attentäter nicht nur der revolutionären Bewegung, sondern auch der russischen Geheimpolizei verpflichtet war. Auffallend war, daß der Zar selbst die gerichtliche Untersuchung der Hintergründe dieses politischen Mordes abbrechen ließ. Das Russische Reich hatte einen seiner fähigsten Staatsmänner, die Deutschen Rußlands einen verständnisvollen Anwalt verloren.

Nach Stolypins Tod ernannte der Zar den bisherigen Finanzminister W. M. Kokowzew zum Vorsitzenden des Ministerrates (1911–1914) und Stolypins engen Mitarbeiter A. A. Makarow zum Innenminister (1911–1912) und später zum Justizminister (1912–1916). Kurz nach Eröffnung der Vierten Staatsduma (15. November 1912), am 5. Dezember 1912, gab Kokowzew vor der Staatsduma eine Regierungserklärung ab, die die Hoffnungen des breiten Duma-Zentrums erfüllte. Kokowzew versprach »radikale Reformen« auf dem Gebiet der Unantastbarkeit der Person, der Presse, der Volksaufklärung und des Gerichtswesens und forderte die Duma auf, gemeinsam mit den Vertretern der Regierung neue Wege zu einer allseitigen Vervollkommnung des russischen Staats- und Gesellschaftswesens zu gehen. Er warnte die Duma vor parteilicher Voreingenommenheit bei der Prüfung der Gesetzesvorlagen und forderte alle Abgeordneten auf, »zum Nutzen des uns allen gleichermaßen teuren Vaterlandes« zu arbeiten. Auch in der Nationalitätenfrage schlug Kokowzew einen versöhnlichen Ton und eine liberale Sprache an:

> »Im Schatten des russischen Doppeladlers ist ausreichend freier Platz für das friedvolle Zusammenleben aller Nationalitäten, die sich in unserem Vaterlande befinden.«[71]

Die deutschrussischen Abgeordneten trafen sich in dieser Vierten Staatsduma in leicht veränderter Sitzordnung. Einerseits war die Oktobristenfraktion mit 99 Sitzen zum Zünglein an der Waage zwischen den etwa 185 rechten und 155 linken Sitzen geworden. Andererseits vollzog der deutschrussische Dumaabgeordnete Baron Meyendorff nun endgültig den bereits mehrmals angekündigten Austritt aus der Oktobristenfraktion und bildete zusammen mit einer kleineren Gruppe von Linksoktobristen, die von I. S. Schidlowskij geleitet wurde, die unabhängige »Dumagruppe des Verbandes des 17. Oktobers«. Einige deutschbaltische Oktobristen, wie etwa die Barone Fölkersahm und Wolff, schlossen sich, wie bereits in der Dritten Staatsduma, dem Oktoberverband lediglich als »Hospitanten« *(primykajuščie)* an; sie bewahrten sich damit eine gewisse politische Flexibilität und besonders die Möglichkeit, in baltischen Fragen eine Sonderposition zu beziehen. Die Zentrumsgruppe der Oktobristenfraktion, die aus gemäßigten Semstwo-Konstitutionalisten, unter ihnen dem deutschen Kolonistenvertreter Ludwig Lutz aus Cherson, bestand, formierte sich nun in Form einer selbständig handelnden Dumagruppe und stellte zugleich eine Proskriptionsliste von Rechtsoktobristen auf, mit denen sie unter keinen Umständen zusammenarbeiten wollten; diese Proskriptionsliste enthielt unter anderem den Namen des Rechtsoktobristen Baron Fölkersahm. Im Frühjahr 1914 nahm der »Hospitant« des Oktoberverbands, Baron Wolff, für die deutschbaltischen Abgeordneten Beitrittsverhandlungen zu dieser zentralen Oktobristengruppe auf. Vorausgegangen waren die virulenten Debatten über den deutschen Landbesitz in Rußland, die ein stärkeres Zusammenrücken der Abgeordneten deutscher Herkunft zur Folge hatten. Die Zentrumsgruppe der Oktobristen war bereit, den Deutschbalten durch Streichung Fölkersahms von der Proskriptionsliste entgegenzukommen. Dafür wollten sie die deutschbaltischen Oktobristen nicht in der unverbindlichen Position der »Hospitanten«, sondern nur als fest integrierte Fraktionsmitglieder akzeptieren. Ludwig Lutz, jetzt Sekretär des Fraktionsbüros der Oktobristen, handelte die Kompromißformel zwischen deutschbaltischen und Semstwo-Oktobristen aus: Mit Ausnahme von Entscheidungen in der baltischen Frage war auch für die Deutschbalten die Fraktionsdisziplin verbindlich. Eine etwaige Selbständigkeit in Entscheidungen, die die Prärogative der russischen Krone einschränken könnten, brauchten sich die Deutschbalten nicht auszuhandeln, da auch die Semstwo-Oktobristen die Rechte der Krone nicht anzutasten gedachten. Damit war innerhalb des oktobristischen Zentrums dieser Vierten Staatsduma eine starke deutsche Gruppe entstanden. Sie konnte in der zunehmend aggressiv ausgetragenen Debatte über den deutschen Landbesitz eine mehr oder minder geschlossene Position beziehen; und dies um so mehr, als diese Debatte bei Ausbruch des Ersten Weltkriegs zu der »deutschen Frage« schlechthin anschwoll.

Die relative Geschlossenheit der deutschen Oktobristen sollte sich schon bald politisch auszahlen. Denn auch der neue Ministerpräsident sowie der Innenminister sahen sich in Anbetracht der wachsenden Spannungen in den Westgebieten, besonders aber in Hinblick auf den politischen Profit, den die russische Rechte aus dieser Situation zog, veranlaßt, der Duma einen Gesetzentwurf über die »Abgrenzung des russischen Landbesitzes in den Gouvernements Kiew, Wolhynien, Podolien und Bessarabien« vorzulegen. Dieser Entwurf sah für die Zukunft das Verbot von Kauf und Pacht durch Personen nichtrussischer Herkunft vor, die nach 1888 die russische Staatsbürgerschaft erworben hatten. Durch dieses Gesetz sollte der weitere Zuzug und Landzukauf von Ausländern in den Grenzgouvernements verhindert werden, ohne die Besitzrechte der seit längerem angesiedelten und dem Russischen Reich zugewandten Ausländer zu beeinträchtigen.

Erneut versammelte Professor Lindemann in Moskau einige national aktive Kolonistensprecher und die deutschrussischen Oktobristen um sich, um Maßnahmen zu Verhinderung dieses Gesetzes zu ergreifen. Als Hauptargument gegen diese Gesetzesvorlage galt nun der Einwand, daß die Feststellung der Staatsbürgerschaft der Willkür der örtlichen Verwaltung dieser Gebiete überlassen bleibe und ein solches Gesetz daher in der Praxis auf schwachen Füßen stehe. Die Versammlung brachte ihr Verständnis für die Bemühungen der Regierung um Schlichtung der örtlichen Konflikte zum Ausdruck, bezeichnete die Einschränkung der Besitzrechte russischer Bürger deutscher Herkunft aber auch weiterhin als gesetzwidrig.

Auf Drängen von Professor Lindemann berief das Zentralkomitee des Oktoberverbandes erneut eine Oktobristenversammlung in Moskau ein, auf der die Stellung der Fraktion zu diesen Fragen geklärt werden sollte. Diese Versammlung tagte am 20. 1. und am 10. 2. 1913. Es sprach für die Wichtigkeit der Angelegenheit, daß die deutschrussischen Mitglieder des Oktoberverbands nicht nur zahlreiche Sprecher aus den deutschen Siedlungen sowie den Vorsitzenden des Oktoberverbands Gutschkow, sondern auch die deutschrussische Presse gebeten hatten; die »Sankt Petersburger Zeitung« und die »Rigaer Bürgerzeitung« sowie der dem Oktoberverband nahestehende »Golos Prawdy«, ein mit beträchtlichen reichsdeutschen »Subventionen« arbeitendes Blatt, berichteten ausführlich über diese Vorgänge. Am 23. 1. 1913 traf sich die deutsche Gruppe der Oktobristenfraktion zu einer Sondersitzung. Auf ihr resümierte der Vorsitzende des Oktoberverbands, Gutschkow, die Ergebnisse der ersten Moskauer Versammlung zu diesem Gegenstand: Die auf der Versammlung anwesenden Siedler aus den betroffenen Gouvernements hatten den warmen Patriotismus ihrer Landsleute ebenso unter Beweis gestellt wie ihre glänzenden Russischkenntnisse und ihre russische Kulturzugehörigkeit. Weder die russische Kultur noch die staatliche Sicherheit seien also in irgendeiner Weise von den deutschen Siedlern in den Grenzgouvernements bedroht. Die Gesetzesvorlage verletzte darüber hinaus die wirtschaftlichen Interessen des Reichs, da sie eine Gruppe russischer Bürger, die bisher nur für den Nutzen Rußlands gearbeitet habe, bereits in diesem Zustand ihrer Ausarbeitung aufs tiefste verunsichert habe.[72] Gutschkow wies ferner auf den politisch konservativen Charakter der deutschen Siedler hin, die immer eine Stütze der bestehenden Ordnung gewesen und niemals in den Verdacht politischer Unzuverlässigkeit geraten seien – ein deutlicher Hinweis auf die stabilisierende Rolle der deutschen Bauern im Revolutionsjahr 1905. Nach Abschluß der Moskauer Versammlung faßte das Zentralkomitee des Oktoberverbands einen Beschluß, in dem es die Gesetzesvorlage der Regierung für unannehmbar erklärte. Es vertrat die Ansicht,

> »daß die Annahme der russischen Staatsbürgerschaft durch Fremdstämmige nicht durch Zwangsmaßnahmen erreicht werden kann und daß Maßnahmen zur kulturellen Hebung und Verbesserung der wirtschaftli-

chen Lage der russischen Bevölkerung in den Gouvernements, die an unsere Westgrenze anschließen, ergriffen werden müssen«.[73]

Das ZK des Oktoberverbands beauftragte die Fraktionsmitglieder Lutz und N. I. Antonow, diesen Beschluß mit der Bitte an die Oktobristenfraktion weiterzuleiten, »daß sie alle Anstrengungen machen möge, um die in Ausarbeitung befindliche Gesetzesvorlage nicht Gesetzeskraft erlangen zu lassen«.

Darüber hinaus war auf einer der Moskauer Sitzungen der Beschluß gefaßt worden, beim Innenminister vorstellig zu werden, um ihn von der »himmelschreienden Ungesetzlichkeit des Entwurfes«[74] zu überzeugen. Wie sein Vorgänger Stolypin, so zog auch Innenminister Makarow die Gesetzesvorlage nach wenigen Monaten »zur weiteren Überprüfung« zurück. Die Deutsche Botschaft in St. Petersburg konstatierte mit Befriedigung die »Zurückziehung der der Reichsduma überwiesenen Kolonisten-Vorlage durch den Minister des Inneren«.

Der rechte Dumaflügel, der sich erneut durch den Rückzug der Regierung brüskiert fühlte, ließ die Frage jedoch nicht ruhen. Purischkewitsch, der Vorsitzende des Bundes des Russischen Volkes, ließ nun die Maske seiner »brüderlichen Liebe« zu den deutschen Kolonisten fallen und wurde zum Hauptankläger des deutschen Landbesitzes in Rußland. Im Namen seiner Fraktion forderte er immer wieder eine durchgreifende gesetzliche Lösung. So stellte er in der Sitzung vom 7. Dezember 1912 die rhetorische Frage:

> »Muß denn nicht ein hartes Gesetz geschaffen werden, das den Übergang russischer Ländereien in deutschen Besitz in den westlichen Gouvernements verhindert?... Das Germanentum erhält Mittel und Möglichkeiten zur Liquidierung des russischen Landbesitzes... Im Moment der Wirren werden die Deutschen die Vortrupps des germanischen Vormarsches sein... Ich spreche nicht von den deutschen Ostseeprovinzen – ich spreche von jenen deutschen Kolonisten, ...die ihren Besitz verzehnfacht, ja verzwanzigfacht haben, mit den Russen nicht verschmolzen sind, demgegenüber aber das russische Land verkleinert haben.«[75]

Hatte Purischkewitsch den deutschbaltischen Landbesitz explizit ausgeklammert, so geriet bald darauf mit dem Bekanntwerden der seit 1907 in Gang befindlichen, geheimen deutschen Aktion »Baltikumsbesiedelung« neuer Explosivstoff in die Dumadebatten. In einer turbulenten Sitzung zu diesem Thema, am 25. November 1913, trugen die verschiedenen Fraktionen ihre Standpunkte zu den bekanntgewordenen Fakten vor. Die Kadeten setzten ihre Kritik an der ungelösten sozialen Frage im Ostseeraum an. Als Vorsitzender der Kadetenfraktion warnte Schingarjow die Regierung und das Parlament vor den Folgen einer Denationalisierung der baltischen Gouvernements durch die Verringerung der örtlichen Bauernbevölkerung – eine Politik, die sowohl die russische Regierung als auch die deutschbaltischen Gutsbesitzer nach seiner Ansicht als ihre Antwort auf die Agrarunruhen des Revolutionsjahrs eingeleitet hatten:

> »Die staatliche Verwaltung sendet russische Bauern aus den innerrussischen Gouvernements auf die Staatsländereien im Baltikum, und einige örtliche Gutsbesitzer sind bemüht, deutsche Kolonisten auf Ländereien anzusiedeln, die sich im Verkauf befinden.«

Der leidtragende Teil sei bei diesen Besiedlungsplänen allein die lettische Bevölkerung, deren Rechte und Interessen auf untragbare Weise verletzt würden.

Ein Sprecher des russischen Großgrundbesitzes im Ostseeraum war Fürst S. P. Mansyrjew, ein Kaukasier, Rechtsanwalt und »Hospitant« der Kadetenfraktion, aus der er später, nach Beginn des Ersten Weltkriegs, aus Protest über den kadetischen Standpunkt in der deutschen Landfrage, ausschied und zu den weiter rechts stehenden Progressisten abwanderte. Fürst Mansyrjew wurde zum Hauptankläger der deutschbaltischen Besiedlungspolitik. Aus eigener Erfahrung konnte er von dem »bedrohlichen Ausmaß« berichten, das diese Aktion in einigen baltischen Kreisen angenommen hatte:

> »Ich weiß, daß in zwei Kreisen einige tausend Desjatinen Land an deutsche Kolonisten verkauft wurden, und zwar keineswegs an deutschrussische Kolonisten aus den Gouvernements Samara und Saratow, sondern an ausländische Kolonisten. Mitglieder... des Deutschen Vereins, die sich politische Aufgaben zum Ziele gesetzt haben, spüren seit 1906 sorgfältig alle Wege auf, um deutsche Kolonisten von jenseits der Reichsgrenze anzuwerben, die sie hier ansiedeln können.«

Diese Ansiedlung von Reichsdeutschen durch die Mitglieder der deutschbaltischen Deutschen Vereine erfolge eindeutig mit politischer Zielsetzung. Während die Regierungsvertreter bemüht waren, in diesen Auseinandersetzungen Neutralität zu bewahren, traten einige russische und ukrainische Abgeordnete zur Verteidigung des deutschen Landbesitzes auf. Außerhalb der Duma ergriffen besonders die kadetischen Blätter »Retsch« (Die Rede) und »Prawo« (Das Recht) Partei für die Rechte der Deutschen in Rußland. Dennoch blieb der Gedanke eines »deutschen Vormarsches von innen« in den Dumadebatten der Vorkriegszeit wach, bis er schließlich im Moment der deutschen Mobilmachung einen neuen und nunmehr ganz konkreten Nährboden fand.

Am 28. Mai 1914, einen Monat vor der Erschießung des österreichischen Thronfolgers und weniger als zwei Monate vor der historischen Dumasitzung bei Kriegsausbruch, hielt der konservativste Vertreter der deutschbaltischen Oktobristen, Baron Fölkersahm aus Kurland, eine vielbeachtete Dumarede. Im Moment der Zuspitzung der außenpolitischen Krise, die ihre Schatten auch auf die Situation der Deutschen in Rußland warf, machte Fölkersahm als Sprecher aller deutschen Abgeordneten des Parlaments in seinem »politischen Bekenntnis eines Deutschbalten«[76] einen letzten Versuch, die gegen die russischen Deutschen schwelenden Anklagen zu entkräften und die Regierung der unbezweifelbaren Loyalität aller Deutschen Rußlands zu versichern. Fölkersahm erinnerte an jene kritischen Momente in der Geschichte Rußlands, in denen sich die russischen Deutschen als die Verbündeten der staatserhaltenden Kräfte Rußlands ausgezeichnet hatten. In Polen seien die deutschen Siedler zur Zeit der Aufstände 1831 und 1863 zu Stützen der Ordnung und Stabilität geworden. Deshalb sei ihr Leben in dem von Aufruhr erschütterten Polen unerträglich geworden, was sie zur Übersiedlung in die weiter östlich gelegenen Gouvernements, die baltischen Provinzen und sogar nach Sibirien veranlaßt habe. Auch im Rußland der revolutionären Wirren von 1905/06 seien die Wogen des Aufruhrs in den innerrussischen Gouvernements überall dort gebrochen worden, wo deutsche Siedler sie zum Stehen brachten. Und selbst die deutschbaltischen Gutsherren hatten, wie keine andere Gruppe im Lande, den selbständigen Abwehrkampf gegen den revolutionären Ansturm geleistet. Sie hatten die russische Staatlichkeit vor dem Zerfall bewahrt. Denn

> »die Deutschbalten, meine Herren, sind vor allem überzeugte Monarchisten, für die Einheit und die Unteilbarkeit (des Russischen Reiches)... Nach politischer Autonomie werden wir niemals streben, eine Tendenz zum Separatismus haben wir niemals gezeigt.«

Selbst in der Periode der Zwangsrussifizierung unter dem *ancien régime,* der Regierungszeit Alexanders III., hätten die Deutschbalten immer für die Annäherung der Ostseeprovinzen an das Russische Reich gearbeitet. Allerdings hätten sie in den revolutionären Wirren der Jahre 1905/06 sehr wohl verstehen gelernt, daß sie von jetzt ab »für (sich) selbst eintreten müssen, einstehen müssen für (ihre) Nationalität und Kultur, daß (ihr) Recht aber unzweifelhaft nicht zum Schaden des Staates ist«.

Seit dieser Zeit hätten die Deutschbalten begonnen, sich in festeren Organisationsformen zu verbinden, und jene Vereine mit rein kulturellen Zielen gegründet, denen man zu Unrecht politische Aufgaben und Ziele nachsage. Deutsche Vereine, Schulen und Bildungsanstalten dienten ausschließlich dem Ziel, die Deutschen der unteren sozialen Schichten aus dem »lettischen Meer« zu retten, sie vor der sozialen Unrast zu bewahren. Eine Verbindung zur alldeutschen Bewegung bestehe nicht: »Meine Herren, bei uns im Baltikum existiert keine pangermanische Bewegung!«

Auch mit ihrer Aktion »Baltikumsbesiedelung« hätten die Deutschbalten lediglich versucht, einige landarme deutsche Kolonistenfamilien, russische Untertanen aus anderen russischen Gouvernements, als politisch zuverlässige bäuerliche Elemente auf ihren Gütern anzusiedeln, um weiteren Agrarrevolten der örtlichen Bevölkerung vorzubeugen. Fölkersahm bezeichnete die Zahlen, die von Fürst Mansyrjew in der Budgetkommission der Duma genannt und in der russischen Presse wiedergegeben wurden, als unzutreffend. Er berief sich auf genaue und zuverlässige Zahlen, die ihm der kurländische Gouverneur Nabokow mitgeteilt habe. Die Zahl von 18 000 deutschen Kolonisten, die Mansyrjew in die Debatte geworfen habe, treffe auf Kurland nicht zu. Nach offiziellen Angaben läge die Zahl der in Kurland angesiedelten Kolonisten am 1. 1. 1914 bei 1235 Familien oder 6247 Seelen. Von diesen seien 1233 Familien russische Untertanen gewesen, während die zwei übrigen Familien seit längerer Zeit einen Antrag auf russische Staatsbürgerschaft gestellt hätten. Diese Siedler hätten ingesamt 171 bäuerliche Landanteile und drei Meierhöfe käuflich erworben, so daß sie nun im Besitz von 174 selbständigen Wirtschaftseinheiten seien. Von besorgniserregenden Größenordnungen und einer deutschen Gefahr im Baltikum könne keinesfalls die Rede sein.

Baron Fölkersahm trug diese Angaben zweifellos im guten Glauben vor. Dem konservativen Landbesitzer waren allerdings wichtige Entwicklungen in den baltischen Provinzen entgangen. Einerseits hatte sich unter den jüngeren Deutschbalten sehr wohl der Kern zu einer alldeutschen Bewegung im Baltikum gebildet. Andererseits war Fürst Mansyrjew gut über die Ausmaße der Aktion Baltikumsbesiedelung informiert. 1917 veröffentlichte der Ausschuß für deutsche Ostpolitik in Berlin, eine Institution mit unterschwellig alldeutscher Orientierung, die Zahl von 20000 Kolonisten, die in der »großen Umsiedelungsbewegung der deutschen Kolonistenbauern in die baltischen Ostseeprovinzen« durch das »baltische Deutschtum« in Kurland und Livland angesiedelt worden waren.[77] Silvio Broedrich-Kurmahlen, ein deutscher Gutsbesitzer in Kurland, der einer der aktivsten Betreiber der Baltikumsbesiedlung war und nun diese Daten an den Ausschuß für deutsche Ostpolitik weitergab, bezeichnete es als das Ziel der Besiedlung, »die Grundlagen des Deutschtums auf den festen Unterbau deutscher Bauern zu stellen und damit den... Bauern eine neue Heimat, näher der Grenze des Deutschen Reiches, zu schaffen«.

Der Erfolg der Aktion, die bei Ausbruch des Ersten Weltkriegs abgebrochen werden mußte, wurde hoch eingeschätzt. Die deutschen Bauern seien

> »im Einzelhofbesitz als Eigentümer angesetzt worden und haben sich wirtschaftlich sehr glücklich entwickelt. Die Bewegung wurde allgemein, und man hatte mit einem großen Andrang für die nächsten Jahre aus allen russischen Kolonien zu rechnen, da brach der Krieg aus, und damit hörte die Arbeit auf.«

Die Zahl von 20000 nach Kurland und Livland umgesiedelten deutschen Bauern geht auch aus anderen Quellen hervor. In seiner Rückschau auf die kurländische Ansiedlungsaktion bestätigte S. Broedrich 1940 die Zahl von etwa 1200 Familien für Kurland, gab aber für das Gouvernement Livland, wo Baron Manteuffel (Gut Katzdangen) die Aktion leitete, zugleich die Zahl von etwa 13000 bis 14000 deutschen Umsiedlern an.[78] Auch über die Art der Durchführung der Aktion und das Maß der benutzten Landflächen gab Broedrich später Auskunft. Die Idee zu dieser Umsiedlungsaktion sei mit der Einrichtung der bäuerlichen Landbanken entstanden, mit deren Hilfe die russische Regierung durch Aufkauf verwahrloster Güter und ihren Verkauf an landarme Bauern die örtlichen Verhältnisse wieder stabilisieren und die von den Agrarunruhen erfaßten Bauern zu einem gewissen bäuerlichen Wohlstand führen wollte. Dieses Gutsland aber, so stellten die deutschbaltischen Nationalisten damals fest, wäre damit dem deutschbaltischen Adel und Großgrundbesitz »als Steuerbasis für unsere Kultur verloren« gegangen.

> »Es kam nun darauf an, diesen Vorgang zu verhindern und gleichzeitig dafür zu sorgen, daß wir unsere Volksgemeinschaft durch Seßhaftmachung von deutschen Bauern untermauerten, statt ruhig zuzusehen, daß sie durch die Zuwanderung moskowitischer Bauern zerstört wurde.«

Das erklärte Ziel dieser Aktion bestand infolgedessen darin, »unser Volkstum zu vermehren und gleichzeitig die Grundlage unserer deutschen Kultur, die Landeswilligung, ganz zu erhalten«.

Nach eigenen Angaben hatte Broedrich allein in Kurland in der Zeit von Herbst 1907 bis Herbst 1912 »eine große Anzahl von Gütern, alle zusammen etwa 150000 Morgen« aufgekauft und mit deutschen Bauern besiedelt, nachdem er die Hälfte seines eigenen Guts Kurmahlen in Parzellen zerschnitten und unter deutschen Siedlern aus Wolhynien aufgeteilt hatte. Beim Kauf und bei der Besiedlung des Landes war das russische Recht in grober Weise gebeugt worden; Broedrich schrieb:

> »Ich wollte nun versuchen, alle Güter, die damals bei uns im Lande so zahlreich zum Verkauf angeboten wurden, zu erwerben und zu besiedeln, damit sie nicht in die Hände der russischen Bauern-Agrar-Bank und damit in die Hände der moskowitischen Bauern fielen, und kaufte nun der Reihe nach ein Gut nach dem anderen auf, so wie sie der Bauern-Agrar-Bank zum Verkauf angeboten wurden. In der Wirtschaft ist immer der freie Wirtschafter der bürokratisch gebundenen Wirtschaftsbehörde gegenüber im Vorteil. Hier konnte z. B. die Bauern-Agrar-Bank nach ihren gesetzlichen Vorschriften wohl ein Gut schätzen und dem Verkäufer einen Preis machen, unter der Bedingung, daß dieser Kaufpreis von der zuständigen Stelle genehmigt wurde. Da diese Genehmigung im Geschäftsgang der Behörden aber sechs bis acht Wochen Zeit erforderte, so habe ich eigentlich regelmäßig im Laufe dieser sechs bis acht Wochen Zeit gehabt, das betreffende Gut zum gleichen Preis oder zu einem höheren zu erwerben. Die dazu erforderlichen Mittel standen mir in meinem großen Besitz und in einem weitrei-

chenden Personalkredit zur Verfügung; außerdem bildeten natürlich die von mir erworbenen Güter die Grundlagen des erforderlichen Kredits. Meine Arbeit wurde von unseren deutschen Banken, aber auch von russischen Banken, die verständige deutsche Direktoren hatten, durch Kredit gefördert. Da die meisten von mir erworbenen Güter auch große Waldungen hatten, konnte ich durch Verkauf der Handelshölzer aus den Gütern sehr große Betriebskapitalien schaffen... Wenn ich diese Flächen abholzte, so konnte ich die an Rodearbeit gewohnten wolhynischen Bauern auf die Flächen setzen... So erwarb ich vom Herbst 1907 bis zum Herbst 1912 eine große Reihe von Gütern, alle zusammen etwa 150000 Morgen, und besiedelte sie mit deutschen Bauern... In jedem Gut nahm ich ein Restgut aus. Auf dieses Restgut übertrug ich dann grundbuchlich die Verpflichtung, die Landeswilligung – die Steuer an die Ritterschaftskasse – für den gesamten Besitz, den das Gut ursprünglich betrug, zu zahlen. Durch diese grundbuchliche Eintragung war das Restgut so hoch belastet, daß ich es nur ganz billig verkaufen konnte. Wenn ich z. B. aus einem Besitz von 6000 Morgen ein Restgut von 1500 Morgen schuf, so belastete ich es im Grundbuch mit der Verpflichtung, für alle 6000 Morgen die Landessteuer zu zahlen. Die 4500 Morgen wurden dadurch frei, und ich teilte dann dieselben unter die bäuerlichen Siedler auf.«

Da das Roden dieser Waldbestände streng untersagt war, kam Broedrich bei der Inbesitznahme der Güter regelmäßig mit dem russischen Waldschutzgesetz in Konflikt. Die Bestechlichkeit »der echt russischen Oberforstmeister« habe aber eine Bresche ins Gesetz geschlagen. Da die hohen Strafen für Waldfrevel nach einem Jahr verjährten,

»veranlaßten diese Biedermänner, für jeden ihnen gemeldeten Waldfrevel eine Untersuchung von 365 Tagen anzuordnen. So waren die Strafen verjährt, und als der Weltkrieg ausbrach, befreite mich die Okkupation des Landes durch deutsche Truppen noch von einer Reihe lästiger Prozesse und Untersuchungen, die... gegen mich schwebten.«

Aus dem Erlös der verkauften Nutzhölzer wurden die ersten Anschaffungen bestritten. Pferde, Wagen und Kühe wurden auf Kredite gekauft, für die Broedrich selbst die Bürgschaft übernahm.

»Die Art des Kredits waren Wechsel der Siedler, die ich bei den Banken zu Geld machte und die dann, nach drei- bis viermaliger Verlängerung, von den Siedlern eingelöst wurden... Als verantwortliche Bankdirektoren... haben... die Direktoren der Kurländischen Gesellschaft Gegenseitigen Kredits«

diese Landtransaktionen unterstützt. Parallele Vorgänge spielten sich in weit größerem Ausmaß in den gleichen Jahren im Gouvernement Livland ab, wo Baron Manteuffel-Katzdangen die Umsiedlung leitete.

Auf dem Hintergrund dieser Vorgänge war es nicht verwunderlich, wenn russische Verwaltungsbeamte der baltischen Gouvernements, die von diesen Siedlungsbewegungen Kenntnis erlangten, die Regierung in geheimen Denkschriften aufforderten, Gegenmaßnahmen zu ergreifen. So unterbreitete 1913 der Vorsitzende des Kurländischen Kameralhofes Rowinskij der Regierung eine vertrauliche Denkschrift, in der er unter Hinweis auf die bestehenden Gefahren empfahl, eine staatlich gelenkte Kolonisation durch russische Bauern einzuleiten, die die bereits erreichten Resultate der geheimen deutschen Baltikumsbesiedlung ausgleichen sollte.

Die politischen Ereignisse kamen derartigen Maßnahmen zuvor.

Es war wiederum der Senior der deutschen Dumaabgeordneten, Hamilkar Baron Fölkersahm, der – gezeichnet von dem Schock, den die deutsche Kriegserklärung an Rußland vom 1. August (19. Juli alten Stils) 1914 ausgelöst hatte – in der historischen Dumasitzung am 27. Juli 1914 dem anwesenden Zaren und der Staatsduma die Ergebenheitsadresse der deutschen Bürger des Russischen Reiches verlas. Als Dumavorsitzender hatte der Oktobrist Rodsjanko in seiner Rede zur Eröffnung dieser außergewöhnlichen Sitzung die Stimmung der gesamten Duma, in der allein die der bolschewistischen Fraktion eine Dissonanz bildete, in den Worten zusammengefaßt: Jetzt sei die Einheit aller patriotischen Kräfte des Landes mit ihrem Herrscher zu einer festen Tatsache geworden, und die gesamte Nation werde als eine einige brüderliche Familie aller Völker des Reichs die Gefahr vom gemeinsamen Vaterland abwehren. Die Sprecher der einzelnen Fraktionen stimmten in diesen patriotischen Enthusiasmus, der in Rodsjankos Worten zum Durchbruch kam, ein. Für die Deutschen Rußlands gelobte Baron Fölkersahm die Bereitschaft aller Kräfte, die österreichischen und holländischen Mennoniten unter den Kolonisten eingeschlossen, zur Verteidigung der Einheit und Größe des Russischen Reichs nach dem Vorbild ihrer Vorfahren. Blut, Gut und jedes andere Opfer würden die Deutschen Rußlands in diesem Krieg zur Verteidigung ihres einzigen Vaterlands bringen.

X.
Existenzprobe Erster Weltkrieg

Das Russische Reich – so empfanden es die russischen Bürger – war von den Mittelmächten zum Eintritt in den Ersten Weltkrieg gezwungen worden. Der Generalstab und besonders der Zar hatten sich erst nach längerem Zögern widerstrebend entschlossen, das unannehmbare deutsche Ultimatum zurückzuweisen und die Mobilmachung einzuleiten. So war dieser Krieg wie kein anderer in der russischen Geschichte von seinen ersten Tagen an auch ein Krieg gesteigerter Emotionen, ein Krieg, in dem das Nationalgefühl heroische und martialische Orgien feierte. Diese wurden allerdings durch das unzumutbar dreiste, herausfordernde Verhalten Deutschlands ausgelöst. In diesem Verhalten bewahrheiteten sich nun nachträglich die schlimmsten Befürchtungen und Erwartungen, die das panslawistische Lager seit fast einem halben Jahrhundert unter Kassandrarufen an den politischen Horizont des Russischen Reichs gemalt hatte. Es schien sich jetzt zu bestätigen, daß das Germanentum in seinem Drang nach Osten die friedlichen und gutgläubigen slawischen Volksstämme zu unterwerfen oder von der Landkarte Europas zu tilgen beabsichtigte. Die bösen Prophezeiungen vom unausbleiblichen Kampf zwischen Germanentum und Slawentum hatten sich erfüllt, und das panslawische und nationalistisch-russische Gedankengut erfuhren eine außergewöhnliche politische Konjunktur. In ihr wurde auch ein Nebenaspekt der panslawischen Idee – die Notwendigkeit des entschiedenen Kampfs gegen »das innere Deutschland im Russischen Reich« – zur gangbaren politischen Münze.

In der Tat schienen die Analogien nun auf der Hand zu liegen: Das verborgene charakterliche wie auf Interessengemeinschaft beruhende Band zwischen den »Germanen« außerhalb der Reichsgrenzen und den »Deutschen« im Innern des Russischen Reichs schien an die politische Oberfläche getreten zu sein. Die Mobilmachung und Kriegserklärung des Deutschen Reiches, die ein flagranter Treuebruch gegenüber dem ungenügend vorbereiteten russischen Partner und ergebenen Freund war, stellte für die Russen eine Demütigung dar, die selbst durch die Stürme des kämpferischen Enthusiasmus, der patriotischen Hingabe und des Siegesmuts nur lückenhaft kompensiert und überspielt wurde. Eine tiefe Ernüchterung gegenüber dem deutschen Nachbarn war die Folge: Außen wie innen hatte der loyale und verläßliche russische Mensch im guten Glauben eine deutsche Übermacht entstehen lassen, die nun, da Rußland noch immer unter den Folgen des Russisch-Japanischen Kriegs und der revolutionären Ereignisse der Jahre 1905/06 litt, ihren arrogant-aggressiven und zerstörerischen Charakter bewies. Der »gutmütige russische Mushik«, auf dessen im Glauben wurzelnde Toleranz und Leidensfähigkeit die Deutschen inner- und außerhalb des Russischen Reichs seit langem gesetzt hatten, war nun bereit, die Fesseln des »deutschen Jochs« abzuwerfen.

Nicht allein die militärische Organisation der »russischen Dampfwalze« war auf den Kriegseintritt gänzlich unvorbereitet. Eine unausgewogene Außenpolitik und die mangelhafte Infrastruktur hatten – neben der höchst unglücklichen Konstellation im russischen Kaiserhaus – dazu geführt, daß das russische Staatsschiff nahezu führerlos in den Wogen der nationalen und internationalen Politik trieb.

Wie allgemein bekannt, war Zar Nikolaus II. längst nicht mehr der Herr im eigenen Haus. Der weiche, zu staatsmännischen Entscheidungen größeren Ausmaßes unfähige und in seinen Überzeugungen profillose Kaiser hatte in den sich häufenden Krisensituationen immer stärker den Rat seiner deutschen Gemahlin gesucht, deren protestantisch-kühle Disziplin und charakterliche Festigkeit den geeigneten Ausgleich für seine auf slawischem Boden gewachsene gutherzig-nachgiebige Verschwommenheit zu bieten schien. Die Zarin nutzte ihren Willen und ihre beträchtliche Energie – an Intelligenz oder gar politischem Denken fehlte es ihr – jedoch zum Aufbau einer scheinorthodoxen, religiös-mystischen Welt, in die sie sich immer mehr hineinsteigerte. Diese Welt, die sie für »echt russisch« und »echt orthodox« hielt, wich durch ihre evangelisch-anglikanische Blutleere in geradezu grotesker Weise von den wahren Lebensgrundlagen des russischen Volkes und seines Glaubens ab. Darüber hinaus führte die Unfähigkeit, sich dem russischen Volk und seinem Erleben zu stellen, wie dies etwa die große Katharina in so hervorragender Weise vermocht hatte, zu einer immer weitergehenden Abschirmung und Entfernung von der Gesellschaft. Ihre protestantisch-viktorianische Bigotterie, gepaart mit dem moralischen Rigorismus eines lebensunerfahrenen und wenig lebenstüchtigen Zöglings zeit- und gesellschaftsferner Adelspensionate, ließen sie in der großzügigen, kosmopolitischen Petersburger Gesellschaft die Auswüchse zeitgenössischer Unmoral und sittlicher Haltlosigkeit sehen. Ihr rigides Urteil führte die Kaiserin in immer stärkere Isolation von dieser Gesellschaft, die sie verabscheute. Sie mied den Kontakt mit der gesellschaftlichen Realität durch Flucht in eine mystische Gesellschafts- und Weltferne und begann zugleich, mit wachsender Aggressivität jene Kräfte und Personen zu bekämpfen, die ihre Welt der religiösen Einbildung in Frage stellten. Der anlehnungsbedürftige, familienorientierte Zar folgte ihr widerspruchslos in diese imaginäre Welt und Volksferne. Die Personen bei Hofe, die Einfluß auf diese verhängnisvolle Entwicklung zu nehmen suchten, wurden kühl abgewiesen.

Nur ein einziger hatte unter dem Vorwand, ein echter Vertreter des russischen Volkes und seiner Geistigkeit zu sein, Zugang zum kaiserlichen Paar erschlichen – der Analphabet, spirituelle Hochstapler und korrupte Verführer Grigorij Rasputin. Dieser verworfene Starez aus der sibirischen Provinz hatte als dämonischer Wüstling die psychologischen Gesetzmäßigkeiten erfaßt, die die deutsche Mutter des russischen Thronfolgers untrennbar an den »einfachen Mann aus dem russischen Volke« fesseln würden. Bald hielt er die Schlüssel zum Wohle und Gedeihen der kaiserlichen Familie und zum Fortbestehen der russischen Autokratie fest in seinen Händen. Als selbsternannter Sprecher der *vox populi* suggerierte er der Kaiserin unter Umgehung der Hofgesellschaft, der Volksvertretung und des Ministerkabinetts politische Entscheidungen, die das russische Volk angeblich von seinem Monarchen erwartete. Die traditionelle Einheit zwischen Zar und Volk, die die tragfähige, gesunde Grundlage der Macht darstellen sollte, war auf eine Art parasitärer Lebenssymbiose zwischen dem Kaiserpaar und dem »heiligen Gewährsmann« aus dem Volk zusammengeschrumpft. Um die Maschen dieser Einheit immer enger zu ziehen, verwendete der bedenkenlose Arrivist religiöse Taschenspielertricks, die ihn in den Augen jedes denkenden und normal empfindenden Russen zu einem Unantastbaren machten. Doch für die zu Wohlanständigkeit und Demut angehaltene deutsche Prinzessin waren gerade die Unverfrorenheit seines Tuns und die Selbstherrlichkeit, mit der er sich umgab, unfehlbare Beweise seiner Authentizität. So füllte der »Mann Gottes«, »Unser Freund«, »ER« – wie die Zarin Rasputin in ihren Briefen an den Zaren nannte – den erschreckenden Abgrund, der sie und ihre Familie von der rauhen politischen Wirklichkeit, der gefürchteten russischen Öffentlichkeit und der wachsenden Volkswut trennte. Als großer Mittler füllte er scheinbar die Kluft aus, die das Kaiserpaar von der erforderlichen geistigen und gesellschaftlichen Größe eines russischen Herrscherpaares trennte.

Bei Kriegsausbruch war er bereits die graue Eminenz, die die politischen Fäden spann. Ernennungen oder Absetzungen hoher Staatsbeamter, ja Minister erfolgten auf seine Einflüsterungen. Diese folgten keinerlei politischer Konzeption, wohl aber einem tief verwurzelten Haß gegen die aufgeklärte Gesellschaft, gegen liberale Institutionen und fähige Staatsmänner. Bestechungsgelder spielten für die Intrigen Rasputins, der sich in den ersten Kriegsmonaten ein entscheidendes Mitspracherecht über das gesamte Transportwesen, die Versorgung, die Kriegstechnik und -industrie verschaffte, eine entscheidende Rolle. Die von Rasputin getroffenen personellen Entscheidungen trug die Kaiserin dem Zaren mit dem endgültigen Urteilsspruch vor: ›Er verehrt unseren Freund‹ oder ›Er liebt unseren Freund nicht‹. Damit war die Ernennung oder Entlassung eines Ministers entschieden.

Diese Eingriffe der Kaiserin in das russische Ministerkabinett erfolgten zu einem Zeitpunkt, in dem unter dem Eindruck des Kriegs endlich wieder eine Einheit zwischen Zar und Parlament, Ministerrat und Öffentlichkeit zu entstehen begann. Besonders die Bildung des Progressiven Blocks der Duma (1915), einer Art nationaler Koalitionsregierung, der alle Mittelparteien angehörten und die sich mit dem Zaren für das nationale Überleben Rußlands einsetzte, bewies, daß Rußland endlich wieder regierungsfähig wurde. Die fieberhafte, spontane Aktivität der aufgeklärten, patriotischen Öffentlichkeit, die auch in der freiwilligen Bildung der Komitees für die Kriegsindustrie im ganzen Reich Form annahm, gab eine geeignete Basis für eine entschlossene und sichere Führung der Nation in der Kriegszeit ab. Die jeder politischen Intuition entbehrende Verhaltensweise der Zarin, die die fähigsten Minister unvermittelt fallen ließ, um die korruptesten Elemente in hohe Staatsämter zu katapultieren, erwies dieser neu entstehenden Einheit von Volk und Zar einen tödlichen Bärendienst. Die Prinzessin von Hessen-Darmstadt, die sich in diesen Jahren ultrapatriotisch russisch gab, trug eine erhebliche Mitschuld am Zerfall des Russischen Reichs. Fassungslos stand die aufgeklärte russische Öffentlichkeit vor dem Spektakel einer geradezu gespenstischen, scheinbar systematischen Zerstörung aller gesunden politischen Kräfte. Augenzeugen und Eingeweihte aller politischen Schattierungen – von der erzrussischen Rechten bis zur linksliberalen Intelligenz – betonten immer wieder die Atmosphäre totaler Irrealität, in der hysterische Frauen, Gesundbeter und dunkle Existenzen aller Art die Geschicke der russischen Nation lenkten. Die Militärs der obersten Heeresleitung, die über die Vorgänge in der Regierungsmetropole informiert wurden, fragten sich, ob dies alles nicht ein böser Traum sei. Die Rede von der Selbstzerstörung der Autokratie war in aller Munde.

Tatsächlich drängt sich aus psychologischer Sicht der Verdacht auf, daß die Zarin – bei all ihrer äußerlichen Überanpassung an das orthodoxe Russentum – in ihrem Inneren diesem Volk und Glauben gegenüber kalt geblieben war, ja, daß sie seine moralische Größe, seine Herzenswärme und großzügige Ungebundenheit insgeheim verabscheute und unbewußt bekämpfte. Wo immer sich im russischen Volk überragende Größe zeigte, wie etwa in den Gestalten der großen liberalen Minister dieser Jahre, mußte diese gemindert und beseitigt werden, um durch lakaienhafte Mediokrität ersetzt zu werden. Die Frage, ob nicht tatsächlich in diesen Akten von Kastration und Amputation der edelsten Glieder des russischen Volkskörpers ein unbewußter nationaler Haß der deutschen Prinzessin, ein unbewußter Krieg von innen gegen das russische Volk zum Durchbruch drang, wie es das russische Volk auf intuitive Weise empfand, wird wohl ungelöst bleiben müssen: Die permanent um Selbstrechtfertigung bemühte, unintelligente und zu einem kritischen Durchschauen der Motive ihrer eigenen Handlungen unfähige Zarin hätte diese Frage nicht stellen, geschweige denn beantworten können. Gewichtige historische Fakten allerdings sprechen für die Wirksamkeit einer solchen psychologischen Disposition.

Das erste und für die russische Kriegführung entscheidende Faktum dieser Art war die Absetzung des Oberbefehlshabers des russischen Heeres, Großfürst Nikolaj Nikolajewitsch, und die Übernahme des Oberbefehls durch den Zaren. Diese Entscheidung traf der Zar unter dem Einfluß der Zarin während der gemeinsam verbrachten Ferien in Zarskoje Selo (Juli/August 1915). Diese fatale Entscheidung, die von einem vollendeten Mangel an Selbsteinschätzung und neidvollem Haß gegen den militärisch äußerst fähigen, von Rekruten und Offizieren gleichermaßen hochgeschätzten Onkel des Zaren (im Volksmund liebevoll »Nikolaschka« genannt) getragen war, wurde durch die Erklärung der Zarin motiviert, er habe den Kaiser absetzen und sich selbst an seine Stelle setzen wollen. »Nikolaschka«, ein Hüne von Gestalt und echter Romanow, wie ihn das Volk zu sehen wünschte, war als ein Mann makelloser Kriegsehre, militärischen Draufgängertums und eines unzweifelhaften Hasses gegen den deutschen Feind bekannt und beliebt. Seine Ernennung zum Befehlshaber der Kaukasus-Armee und Versetzung an die russisch-türkische Front wurde vom Volk als eine Konzession gegenüber dem an der Westfront wütenden deutschen Erbfeind aufgefaßt. Nikolaj Nikolajewitsch gehörte später zu den wenigen Großfürsten, denen die Flucht ins Ausland gelang. Er ließ sich in Frankreich nieder, wo er von der frankophilen und deutschfeindlichen Fraktion der russischen monarchistischen Emigration zum russischen Thronfolger erklärt wurde.

Als der Zar am 27. August 1915 das Ministerkabinett über seine Entscheidung, den Oberbefehl zu übernehmen, in Kenntnis setzte, herrschte betroffenes Schweigen. Minister Sasonow versuchte vergebens, den Zaren von diesem Plan abzubringen. Die Öffentlichkeit nahm diese Nachricht mit Achselzucken oder konsterniert zur Kenntnis. Es wurden Gerüchte laut, die besagten, daß der Zar in geheimer Absprache mit dem deutschen Feind die russische Armee in eine Niederlage führen wolle. Mit der Übersiedlung des Zaren in das Hauptquartier der russischen Armee, die bei Mogiljow gelegene *stavka,* wurde die Zarin zur eigentlichen Regentin des Russischen Reichs. Dabei war sie – wie jedermann wußte – ausführendes Organ der Eingebungen des sibirischen Mönchs. Es begann die dunkelste Zeit des Hauses Romanow, die seinen Untergang nach sich zog.

Die nächsten Opfer waren die fähigen russischen Minister. Noch im Juni 1915 hatte der Zar in einer Geste der Verbindlichkeit gegenüber der Volksvertretung die unbeliebten, reaktionären Minister entlassen. Unter ihnen befand sich auch der Oberprokuror des Heiligen Synod, zum ersten Mal in der russischen Geschichte und ausgerechnet in der Zeit des deutsch-russischen Kriegs ein Mann deutscher Herkunft und deutschen Namens: Sabler. (Sabler »slawisierte« seinen Namen 1915 durch Anhängung des Zweitnamens Desjatowskij.) Er wurde durch den hochgebildeten Slawophilen Samarin ersetzt. Mit Samarin wurden die Russen Fürst Schtscherbatow zum Innenminister, General Poliwanow zum Kriegsminister und Alexej Chwostow, ein Verfechter des Kampfes gegen das »deutsche Joch« in Rußland, zum Justizminister ernannt. Kaum hatte der Zar die Regierungsmetropole verlassen, da fädelte Rasputin schon eine Intrige gegen diese Minister ein, der am 9. Oktober 1915 die von der Öffentlichkeit mit großen Hoffnungen bedachten Minister Samarin, Schtscherbatow sowie Landwirtschaftsminister Kriwoscheïn zum Opfer fielen. Die politische Blüte des russischen Hochadels hatte den Manipulationen des »Mannes aus dem Volke« zu weichen.

Am 2. Februar 1916 wurde der greise, aber würdige Premierminister Goremykin durch den Rasputin ergebenen Zeremonienmeister bei Hofe mit dem im zweiten Kriegsjahr geradezu unschicklichen deutschen Namen Stürmer ersetzt. Anfang März löste dieser dazu den betont russisch denkenden Innenminister A. N. Chwostow ab. Eine größere Brüskierung der Volksleidenschaften und der verbündeten Nationen war schwer vorstellbar.

Am 22. Februar 1916 trat Zar Nikolaus II. während eines kurzen Fronturlaubs zum ersten Mal seit Kriegsausbruch vor die Staatsduma, um eine Ansprache an die »Vertreter des Volkes« zu halten. Langanhaltende Ovationen erfüllten den Taurischen Palast. Das neubelebte Einheitsgefühl von Zar und Volksvertretung erkaltete wenige Tage später, als die Kaiserin die Amtsenthebung des geschätzten Kriegsministers Poliwanow anordnete. Auf Anfrage erfuhr Poliwanow, daß seine allzu enge Zusammenarbeit mit den allerorts spontan gebildeten Kriegsmunitionskomitees seinen Fall heraufbeschworen habe. Eine größere Unkenntnis der Erfordernisse dieses Landes in Kriegszeiten konnte schwerlich in einem offiziellen Schreiben dokumentiert werden. Einer ebenso inkompetenten Entscheidung fiel im Juli 1916 Außenminister Sasonow zum Opfer.

Auf dilettantische Weise wurden die Sympathien der Nationen verspielt, deren Unterstützung die russische Regierung in diesem Krieg bedurfte, wie etwa der Polen. Unmittelbar nach Kriegsausbruch hatte Großfürst Nikolaj Nikolajewitsch Polen unter der Bedingung volle Selbstverwaltung zugesichert, daß es während des Kriegs eindeutig auf seiten Rußlands stehe. Dieses politisch kluge Vorgehen war geeignet, die Randländernationalitäten während des Kriegs enger an die russische Krone zu binden. Im Sommer 1916, als Polen bereits von den deutschen Truppen besetzt war, arbeitete der Zar mit Unterstützung des Außenministers Sasonow ein detailliertes Schema der polnischen Autonomie nach dem Krieg aus. Da erhielt er im Hauptquartier den Besuch der Zarin und des von ihr ernannten Ministerpräsidenten und Innenministers Stürmer und stimmte unter unbekannten Umständen der Entlassung Sasonows und seiner Ersetzung durch Stürmer auf dem Weg seiner Dritternennung zu. Während die hervorragenden russischen Minister abgesetzt wurden, blieben die deutschstämmigen Minister Bark (Finanzen), A. F. Trepow (Transportwesen) und Rittich (Verkehrswesen) im Amt. Mit der dreifachen Ernennung Stürmers, eines Mannes dritter Wahl, schien das gesamte russische Bündnissystem in Frage gestellt zu sein.

Die Stimmung, die sich in der russischen Öffentlichkeit sowie im diplomatischen Korps ausbreitete, formulierte der Fraktionsvorsitzende der Kadeten in der Dumasitzung vom 14. November 1916. Zwar hatten Stürmer und andere Minister den Taurischen Palast unmittelbar nach Abschluß der Eröffnungszeremonie verlassen, doch galt ihnen die Frage, die Pawel Miljukow an das Ende eines jeden Absatzes seines Katalogs der Verbrechen und Versäumnisse der russischen Regierung stellte: »Ist das Wahnsinn oder Verrat?«

In einem niemals zuvor erreichten Brückenschlag über die Fraktionen hinweg, der selbst die konservativen Nationalisten in der Gestalt Schulgins und die Vertreter des Bundes des Russischen Volkes in der Person Purischkewitschs einschloß, gewann Miljukow die Zustimmung der Volksvertretung. Stürmer erwog, die Duma aufzulösen und Miljukow verhaften zu lassen, als Zar Nikolaus II. unerwartet eine politische Entscheidung traf: Er setzte am 22. November 1916 Stürmer als Vorsitzenden des Ministerrates ab und ersetzte ihn durch einen anderen deutschstämmigen Konservativen, den Transportminister A. F. Trepow, den Sohn des ominösen Petersburger Stadtkommandanten und Bruder des nicht weniger gefürchteten ehemaligen Moskauer Oberpolizeimeisters, Vizeinnenministers und Petersburger Generalgouverneurs im Revolutionsjahr 1905/06. Trepows Macht war jedoch begrenzt. Sie konkurrierte mit der des von der Kaiserin neu ernannten Innenministers Protopopow, eines kränklichen, gelegentlich als schwachsinnig bezeichneten, religiös-spiritualistischen Mannes. Protopopow, der das Vertrauen der Zarin besaß, traf sich – dies besagten die in der Hauptstadt zirkulierenden Gerüchte – im Auftrag der Kaiserin auf schwedischem Gebiet mit Agenten der deutschen Reichsregierung. Die Kaiserin selbst hatte seit Ausbruch des Kriegs im persönlichen Schriftwechsel mit ihrem Bruder, Ernst-Ludwig von Hessen-Darmstadt, wiederholt die Frage eines deutsch-russischen Friedens gestellt.

Im Sommer 1916 war der hessische Großherzog sogar zu privaten Friedenssondierungen nach Zarskoje Selo gekommen. Wären diese Tatsachen in Rußland bekannt geworden, so hätte vermutlich keine Ordnungsmacht der Welt die Zarin vor der tobenden Wut der russischen Volksmassen retten können. An Gerüchten mangelte es freilich nicht.

Im November 1916 machten einige Großfürsten einen letzten Versuch, das Russische Reich und die Dynastie Romanow zu retten. Auf Initiative des Onkels des Zaren, Großfürst Alexander Michajlowitsch, und seiner Brüder traten der älteste männliche Vertreter der Dynastie, Großfürst Paul Alexandrowitsch, und die sogenannten drei Wladimirowitsche, die Söhne des verstorbenen Großfürsten Wladimir Alexandrowitsch, Kyrill, Boris und Andrej Wladimirowitsch, zu einem Familienrat zusammen. Dieser beauftragte Paul Alexandrowitsch, den jüngsten Sohn Alexanders II., beim Kaiserpaar vorstellig zu werden und auf eine Beendigung seiner verderblichen Politik zu drängen.

Am 3. bzw. 16. Dezember 1916 wurde dem Großfürsten tatsächlich zur Teezeit im Palast von Zarskoje Selo eine Audienz gewährt. Der Großfürst schilderte den fatalen Zustand, in dem sich Rußland befand, in krassen Farben. Er erwähnte den Ungehorsam, der in einigen Heeresabschnitten um sich griff, die Unzufriedenheit der Petersburger und Moskauer Gesellschaft, die überall hörbare Kritik an der Regierungspolitik und die Erbitterung des hungernden Volkes. Am Ende seiner Ausführungen teilte er dem Zaren mit, daß ein Familienrat gebildet worden sei, der ihn beauftragt habe, sich bei Seiner Majestät für die umgehende Erlassung einer dem Volk genehmen Verfassung einzusetzen. Jetzt, so endete der Großfürst, habe der Zar zum letzten Mal die Möglichkeit, durch Entlassung der verhaßten Minister und Erlassung einer volksfreundlichen Verfassung noch eine Versöhnung der Dynastie mit den Volksmassen zu erreichen. Es folgte die Schilderung der Situation:

»Der Zar versank in Nachdenken. Dann aber, während gleichzeitig die Zarin verneinend den Kopf schüttelte, streifte er lässig die Asche von seiner Zigarette und sagte mit erhobener Stimme: ›Was du von mir verlangst, ist einfach unmöglich. Am Tage meiner Krönung habe ich das Gelübde zur uneingeschränkten Macht geleistet. Dieses Gelübde werde ich unversehrt an meinen Sohn weitergeben.‹ Obschon der Großfürst die Aussichtslosigkeit seiner Mission, etwas zu erreichen, erkannte, machte er dennoch einen letzten Versuch. ...: ›Gut, wenn du dem Volke keine Verfassung geben kannst, gib ihm wenigstens ein Vertrauensministerium, denn, ich wiederhole dir, Protopopow und Stürmer sind allen verhaßt.‹ Mit der ganzen Überredungskunst, die ihm zu Gebote stand, veranschaulichte er dem Zaren, wie unbeliebt diese Minister seien, da sie ihre Stelle Rasputin verdankten, und daß man von dem schädlichen Einfluß, den dieser ausübe, überzeugt sei. Der Zar rauchte nervös und hörte schweigend zu. Dagegen nahm jetzt die Zarin das Wort. Sie sprach lange und erregt, indem sie häufig die Hand aufs Herz legte, denn sie war leidend. Für sie war Rasputin ein... Märtyrer... An eine Absetzung der beiden Minister sei nicht zu denken. Also erfuhr der Großfürst in jeder Hinsicht eine glatte Ablehnung.«[1]

Am 30. Dezember 1916 wurde Rasputin im Palais des Schwiegersohns des Initiators des Familienrates, des schönen und gerüchteumwitterten Felix Jussupow-Sumarokow-Elston, des Idols der russischen *jeunesse dorée* jener Jahre, ermordet. Der junge Fürst Jussupow hatte sich mit Großfürst Dmitrij Pawlowitsch und dem Dumaabgeordneten der russischen Rechten Purischkewitsch zusammengetan, um dem Einfluß Rasputins ein Ende zu machen. Als Bestrafung wurde Jussupow auf das Gut seiner Mutter nach Südrußland verbannt. Von hier konnte er Rußland nach Ausbruch des Bürgerkriegs ungehindert verlassen. In Paris berichtete er später einer Jugendfreundin,

> »sein Entschluß, Rasputin zu töten, sei durch die Tatsache ausgelöst worden, daß sich deutsche Agenten an Rasputin heranmachten. Natürlich stellte ein Mann wie Rasputin genau den Typ dar, bei dem sich ein ›Heranmachen‹ lohnte, aber... Rasputin ging es... vielmehr um seine eigenen als die Interessen Deutschlands, und wenn er versuchte, die Entlassung eines Kabinettsministers durchzusetzen, dann nur deshalb, weil letzterer ihm nicht genug Aufmerksamkeit entgegengebracht oder sich geweigert hatte, ihm Bestechungsgelder zu zahlen oder einem seiner Schützlinge einen lukrativen Posten zu verschaffen.«[2]

Der Kaiser schien auf die Nachricht vom Tod Rasputins mit großer innerer Erleichterung zu reagieren. Die Zarin hingegen nahm die Nachricht mit versteinertem Gesichtsausdruck hin und fiel in einen Zustand tiefer Apathie. Auch der Tod dieses politischen Scharlatans im geistlichen Gewand konnte jedoch das Mißtrauen, das große Teile der russischen Gesellschaft gegen die Zarin hegten, nicht mehr zerstreuen. Trotz ihres allem Anschein nach aufopfernden Diensts an den Verwundeten, ihres Erscheinens in der einfachen Tracht der russischen Krankenschwester und der Tatsache, daß all ihre Töchter in russischen Kriegslazaretten Dienst taten und sie selbst in Zarskoje Selo ein Lazarett gestiftet hatte und persönlich betreute, war sie während des Kriegs in der russischen Gesellschaft immer »die Deutsche« geblieben. Es kam vor, daß die verwundeten russischen Soldaten, sobald die Zarin ihr Lazarett betrat, aus Verachtung vor sich hin pfiffen oder das Zischen »nemka, nemka« (die Deutsche) von Bett zu Bett ging. Witze und Spottlieder rissen nicht ab. Und manch ehrlicher russischer Rekrut lehnte es ab, von der Zarin versorgt zu werden. So intensiv sie sich auch bemühte, sichtbare Beweise einer tiefen Verbundenheit mit dem russischen Volk zu liefern, die Zuneigung und das Vertrauen des Volkes blieben ihr versagt.

1. Die Loyalitätsfrage

In seiner Rede vor Vertretern der Stadt Moskau am 4. August 1914 sprach der Zar zum ersten Mal von Deutschland als dem Erbfeind Rußlands, gegen den das russische Volk einen unerbittlichen Kampf bis zum siegreichen Ende führen müsse. Dies waren langerwartete, entschiedene Worte aus dem Mund des ansonsten eher milden Zaren, die nun auf einer Flut von Flugblättern über das ganze Reich getragen wurden.

Der Zar hatte mit seinen Worten ein Signal zur Verurteilung Deutschlands gegeben, dem bald zahlreiche Loyalitätsbekundungen russischer Deutscher zu ihrem russischen Heimatland folgten. Am darauffolgenden Tag (5. August 1914) ließ der Sprecher der südrussischen deutschen Kolonisten und Oktobristen in der Staatsduma, Ludwig Lutz, in der »Saratower Deutschen Volkszeitung« eine Stellungnahme erscheinen, in der er den Haß auf Deutschland, das sich frech auf die russische Heimat geworfen habe, als das unter allen deutschen Untertanen Rußlands vorherrschende Gefühl bezeichnete. Der Beitrag von Lutz wurde auch in der deutschen Presse der Stadt Odessa nachgedruckt. In der russischsprachigen liberalen Presse der russischen Hauptstadt, etwa den »Russkije Wedomosti« und der Kadetenzeitung »Retsch«, veröffentlichte der Moskauer Oktobrist Karl E. Lindemann Stellungnahmen zum Krieg, die die Haltung der deutschrussischen Stadtbevölkerung widerspiegelten. Sie sprachen von der heißen Liebe und der unerschütterlichen Hingabe der russischen Deutschen an ihre Heimat, Rußland. Diese Männer wurden von führenden russischen Liberalen, wie etwa J. Iordanskij, dem Schriftsteller Alexander Kuprin, dem Führer der Kadetenfraktion, Miljukow, und der Fraktion der Trudowiki, Kerenskij, unterstützt und gegen jeden Zweifel an ihrer Loyalität verteidigt. Die deutschen Kolonisten Südrußlands machten deutlich, daß sie dem Deutschen Reich und seinen expansiven Interessen verständnislos gegenüberstanden, da sie »zu Kaiser Wilhelm das gleiche Verhältnis (hätten) wie zum Kaiser von China und zum persischen Schah«.[3]

In der Dumasitzung vom 8. August 1914 ergriff wiederum der Senior der deutschen Dumaabgeordneten, Baron Fölkersahm, das Wort, um die Duma, die Vertretung aller Teile der allrussischen Völkerfamilie, der unbezweifelbaren Loyalität aller Deutschen in Rußland, der Balten wie der Kolonisten, zu versichern. Mit schwerem Herzen, so sagte Fölkersahm, aber in der festen Überzeugung, die Pflicht gegenüber der wahren Heimat zu erfüllen, folgten die Deutschen den russischen Fahnen, bereit, ihr Leben für ihre Heimat zu opfern. Diese Loyalitätsbekundungen waren insofern von besonderer Wichtigkeit, als seit dem Beginn des Kriegs aus dem Deutschen Reich drohende und gefährliche Stimmen herüberklangen. Nicht in den erregten russischen Volksmassen, sondern in den militanten Verlautbarungen der alldeutschen

Bewegung erwuchs den Deutschen Rußlands jetzt der gefährlichste Feind. Die alldeutsche Bewegung, die mit dem Ausbruch des Kriegs starken Aufwind erhalten hatte, verkündete nun in zahlreichen Pamphleten, daß die Zeit der Vereinigung des Deutschen Reiches mit seinen ostwärts gelegenen, auf slawischem Boden verstreuten Kolonien angebrochen sei. Je stärker diese alldeutsche Stimmung im Verlauf des Kriegs auch im deutschen Generalstab und insbesondere im Umkreis Ludendorffs Fuß faßte, desto lauter, unverblümter und militanter wurde das Recht auf Einverleibung des deutschen Koloniengürtels in Rußland – von den »urdeutschen« baltischen Landen über die russischen West- und Südwestprovinzen, durch den gesamten Schwarzmeerraum bis hin zum Asowschen Meer – propagiert. Militärgeographische Karten, die in großer Zahl veröffentlicht wurden, integrierten diese deutschen Siedlungsräume auf slawischem Boden in ein größeres Deutsches Reich. Unter dem Eindruck der Flut derartiger Literatur konnte in der russischen Öffentlichkeit zwangsläufig die Vorstellung entstehen, daß das so weit planende Deutsche Reich auch unter den Deutschbalten und den deutschen Kolonisten West- und Südrußlands bereits seit langem vorbereitende Arbeit betrieben hatte.

Um diesen Vermutungen entgegenzuwirken, veröffentlichte u. a. der langjährige Verteidiger der deutschen Kolonisten, Karl E. Lindemann, immer wieder Mitteilungen über »den patriotischen Aufschwung der Kolonisten und Deutschen Südrußlands, des Wolgagebiets, der Krim und des Kaukasus, die Deutschland – vollkommen gleich mit allen anderen russischen Bürgern – als ihren Feind betrachteten«.[4]

Erklärungen gleichen Inhalts erschienen in allen deutschen Zeitungen Südrußlands, des Wolgagebiets und der größeren Städte mit einer namhaften deutschen Präsenz, wie etwa Odessa und Tiflis. Gleichzeitig wurde bekanntgegeben, daß in den deutschen Kirchen protestantische und katholische Bittgottesdienste sowie mennonitische Gebetsstunden abgehalten würden, in denen die Siedler unter Führung ihrer geistlichen Hirten für den Sieg der russischen Heimat und des russischen Heeres beteten, den Segen Gottes auf das Haupt des Oberbefehlshabers der russischen Truppen herabflehten und des Wohls des russischen Monarchen und des ganzen Hauses Romanow gedachten. Die Kolonisten sparten ferner nicht an Beweisen

> »der selbstaufopfernden Liebe... und ihrer Bereitschaft, dieser ihrer großen Heimat alles für ihren erfolgreichen Kampf gegen Deutschland zu geben, das ihnen zwar stammesverwandt, aber nicht (art-)verwandt (sei)«.[5]

Die Loyalitätserklärungen der russischen Deutschen und die Stellungnahmen der liberalen und linksgerichteten russischen Intelligenz zugunsten der Loyalität ihrer deutschen Mitbürger erreichten zwar die lesende großstädtische Intelligenz, nicht aber die aufgebrachten Volksmassen. In vielen Teilen des

Landes nahm, besonders unter den einrückenden russischen Soldaten, die sich nur ungern von ihren Höfen entfernten, eine aggressive, feindselige Stimmung zu. Erschwerend wirkte sich dabei der Faktor aus, daß der Zar in den ersten Tagen der Mobilmachung ein Alkoholverbot verhängt hatte. Dies hatte zur Folge, daß Gruppen unwillig einrückender russischer Bauern in einigen Teilen des Landes zunächst die Branntweindepots und Schankstätten aufbrachen, die Reserven plünderten und dann zu Ausschreitungen übergingen. Der russische Bauer, der aus den entlegensten Gouvernements in Bewegung gesetzt worden war, um den ihm meist völlig unbekannten »deutschen Feind zu schlagen«, hob in Trunkenheit nur allzugern die Hand gegen alles Deutsche, was ihm in den Weg trat. Unter solchen Umständen wurde am 4. August 1914 das Gebäude der Deutschen Botschaft in St. Petersburg demoliert. Jurij Danilow, der Generalquartiermeister der kaiserlichen russischen Feldarmee, der Augenzeuge dieser Vorgänge war, berichtete:

> »Ich war persönlich Zeuge dieser im höchsten Grade widerwärtigen Szene, in der die wilden und gefährlichen Instinkte des Pöbels Orgien feierten. Das Innere des deutschen Botschaftsgebäudes brannte, und die metallenen Riesen, die nach der Ansicht der deutschen Baumeister eine Zierde des Gebäudes bilden sollten, wurden nebenan in die Moika gestürzt. – Die Polizei verhielt sich untätig, offenbar aus Furcht, im anderen Fall des Mangels an Patriotismus bezichtigt zu werden. Gerüchte gingen um von der Ermordung irgendeines alten Beamten, den die Menge der Spionage beschuldigt hatte.«[6]

Die Ausschreitungen, die sich in diesem Fall gegen die fremden Deutschen *(germancy)* und nicht gegen die einheimischen Deutschen, »unsere Deutschen« *(naši nemcy)*, richteten, wiederholten sich sporadisch in einigen Teilen des Landes. Sie erreichten in dem Pogrom der deutschen und ausländischen Wirtschaftsniederlassungen in Moskau im Mai 1915 ihren Höhepunkt und flauten danach beständig ab. Um Ausbrüchen patriotischer Leidenschaft der russischen Volksmassen zuvorzukommen, ergriff die Regierung eine Reihe besonderer Vorsichtsmaßnahmen, durch die sich Teile der deutschrussischen Bevölkerung empfindlich eingeengt fühlten. Im August 1914 wurde der russische Name der Hauptstadt von dem deutschklingenden *Sankt Petersburg* in das russische Wort *Petrograd* abgewandelt. Gleichzeitig wurde im ganzen Reich ein deutsches Versammlungs- und Sprachverbot verhängt; es untersagte deutschen Untertanen der russischen Krone, auf öffentlichen Plätzen Gruppen von mehr als zwei Personen zu bilden und in der Öffentlichkeit die deutsche Sprache zu verwenden. Die schriftliche Korrespondenz sollte möglichst in russischer Sprache geführt werden. Auch die deutschen Schulen sollten ihren Unterricht mit Beginn des Schuljahres 1914/15, ab September 1914, in russischer Sprache abhalten. Dies war zwar eine einschneidende Veränderung, konnte aber nicht als ein Rechtsbruch betrachtet werden, da der Gebrauch der deutschen Sprache in den deutschen Kirchenschulen lediglich auf gewohnheitsrechtlicher Grundlage beruht hatte. Dennoch wurde starker Widerstand gegen diese Verordnung wach. Besonders die national orientierten, protestantischen Schulmeister und Lehrer setzten sich gegen diese Regelung zur Wehr. So berief H. Pantenius, der Direktor der St.-Katherinen-Schule in Petrograd, eine Elternversammlung der St.-Annen-, St.-Katherinen- und reformierten Schulen in Petrograd ein, in der er die Unterstützung der Eltern zu einem Akt des Protests gegen diese Anordnung suchte. Wie Pantenius später berichtete, standen

> »einzelne Gemeindevertreter auf dem Standpunkt, man solle die Verfügung des Ministers nicht erfüllen. Sie waren in der Vorstellung gefangen, daß die hohen Würdenträger deutscher Nationalität immer noch einen starken Einfluß besitzen. Sehr bald aber trat das Irrtümliche einer solchen Auffassung mit unverkennbarer Deutlichkeit zutage.«[7]

Zwar kam eine Gemeinschaftsaktion nicht zustande, doch kämpfte Pantenius als streitbarer deutschnational orientierter Protestant bis zum Zusammenbruch des Zarenreichs gegen die ›russischen Willkürmaßnahmen‹. So führte er öffentlich Beschwerde gegen den »blinden Haß« des Petrograder Lehrbezirkskurators Kultschizkij, der so weit gegangen sei,

> »die Benutzung von geographischen Karten, naturwissenschaftlichen und historischen Wandbildern und anderen Lehrmitteln beim Unterricht zu verbieten, falls diese Gegenstände deutsche Aufschriften enthielten«.

Und als im Frühsommer 1915, nach den vernichtenden russischen Niederlagen an der Westfront im Rahmen der deutschen Frühjahrsoffensive, die deutschsprachigen Zeitungen in Rußland vorübergehend eingestellt und das Drucken deutschsprachiger Bücher verboten wurde, nahm dies Pantenius wiederum zum Anlaß, um gegen den »Deutschenhaß« und die »antideutsche Hetze« zu protestieren. Er verbreitete unter den deutschen Lehrern seiner Schule eine Atmosphäre, die den griechisch-katholischen Religionslehrer veranlaßte, dem Lehrbezirkskurator über den »deutschen Geist« und die »landesverräterische Gesinnung« des Lehrpersonals Mitteilung zu machen. Der Lehrbezirkskurator forderte Pantenius daraufhin auf, ihm aus Anstandsgründen ein Abschiedsgesuch einzureichen. Empört wandte sich der Schuldirektor nun an den Bildungsminister, Graf Ignatjew, trug ihm die Angelegenheit persönlich vor und

> »bat ihn, mich vor unbegründeten Beschuldigungen und Anfeindungen zu schützen, wobei ich auf ungesetzliche Handlungen des Lehrbezirksdirektors Kultschizkij hinweisen konnte. Graf Ignatjew erfüllte meine Bitte. In seinem Auftrag wurde die St.-Katherinen-Schule von einem höheren Beamten des Ministeriums sehr gründlich revidiert und der vorliegende Fall bis

> in alle Einzelheiten genau untersucht. Irgendeine Schuld meinerseits ergab sich dabei nicht. Ja, schließlich endete die ganze Sache für mich außerordentlich günstig. Jener russische Priester wurde ›im dienstlichen Interesse‹ an eine andere Schule versetzt und der Lehrbezirkskurator Kultschizkij zum Senator ernannt.«

Als wenig später Graf Ignatjew durch Kultschizkij ersetzt wurde, kommentierte der um die Geschicke Rußlands offenbar wenig besorgte deutsche Schulleiter:

> »Zu meinem Glück... war das bereits der Anfang vom Ende, d. h. jene letzte Phase der Zarenherrschaft... Die Sturmflut der Revolution spülte diesen Ehrenmann hinweg, bevor er seine Absichten ausführte.«

Als Vertreter der deutschen Protestanten von St. Petersburg, die über zwei Jahrhunderte in hohem Maß von der Gunst und dem Großmut der Zaren profitiert hatten, bewies Pantenius offenbar in dieser Zeit der Existenzkrise der Monarchie wenig Dankbarkeit.

Wenig beirrt vom psychologischen Druck zu Loyalitätsbeweisen zeigte sich unter dem kritischen Blick der besorgten russischen Öffentlichkeit auch der nationalistische Zweig der Deutschbalten.[8] Er betrachtete – wie es Stackelberg-Sutlem[9] ausdrückte – Loyalitätsbekundungen nicht als »seine Sache«, zumal in den baltischen Provinzen, der Vormarschzone der deutschen Truppen, die Frage der inneren Zugehörigkeit durch bloße Loyalitätserklärungen allein nicht ausreichend gelöst war:

> »... da genügten keineswegs Loyalitätsbekundungen und Ergebenheitstelegramme. Wer nicht Worte fand des Abscheus vor dem deutschen ›Überfall‹, vor deutscher Bestialität, vor deutscher Lüge, der war schon verdächtig... Wir alle waren verdächtig.«

Wenig verdächtig hingegen war der russischen Öffentlichkeit jene große Mehrheit des konservativen sowie gemäßigt liberalen deutschbaltischen Adels, die nicht von alldeutschen Sympathien infiziert war und die Unfähigkeit zum Verrat und zur Illoyalität zu den verläßlichen Grundqualitäten des Deutschbalten rechnete; für diese Mehrheit der Deutschbalten versicherte Ferdinand Baron Wrangell[10], daß sich der russische Zar auf diesen nationalen Charakterzug seiner deutschbaltischen Untertanen auch in den Zeiten des deutsch-russischen Kriegs und des deutschen Vormarschs verlassen könne.

Als ein Vertreter des nationalistischen Zweigs der Deutschbalten hingegen unterwarf sich Stackelberg diesen Forderungen des deutschbaltischen Gewissens nur widerwillig: »Vorab mußten wir unsere verfluchte Pflicht und Schuldigkeit tun, und dem Zaren geben, was des Zaren war.« Für Stackelberg und seine Gesinnungsgenossen war »die Frage von Krieg und Frieden... gleichbedeutend mit Sein und Nichtsein der Vormachtstellung der Deutschen im Lande«, und zwar vor allem in dem »territorial gegliederten Ständestaat« der baltischen Provinzen des Russischen Reichs. Welche Seite auch immer in diesem Krieg siegen würde, so rechneten sich diese Männer aus, für die Deutschbalten würde das Ende des Kriegs den Verlust ihrer einzigartigen Sonderstellung mit sich bringen. Sie vermuteten:

> »In einem siegreichen Zentralstaatengebilde hätten zwar die Anhänger des internationalen Proletariats ausgespielt, doch war andererseits weder das preußische Klassenwahlrecht, noch sonst irgendein Rest von bevorzugter Kultur und Rasse gehobener Schichten länger aufrechtzuerhalten – auch nicht die einzigartige Aufgabe des Landadels und akademischen Deutschtums im baltischen Gebiet.«

Im Fall eines russischen Siegs aber, so sah es Stackelberg voraus,

> »bliebe nicht das zarische Imperium von St. Petersburg, mit dem es sich doch noch bis zuletzt hatte leben lassen, und wo es so viel Raum gab für deutschen Fleiß, deutsches Wissen und Können. Der Siegesruf würde lauten: *ein* Zar, *ein* Volk, *ein* Glaube! Rußland für die Russen – und ein allslawisches Staatengebilde bis Danzig, Dresden, Triest.«

Eduard Baron Stackelberg wurde diesem Dilemma einer Entscheidung für Rußland oder Deutschland dadurch enthoben, daß er zusammen mit seiner Familie nach Sibirien verschickt wurde. Er gehörte einem Kreis von Deutschbalten an, deren Frauen einen Wohltätigkeitsverein für Soldaten gegründet hatten, den sie dem Roten Kreuz angeschlossen hatten. Eine Revision und bald darauf eine Reihe von Hausdurchsuchungen sollten ergeben haben, daß in den Haushalten der Mitglieder dieses Wohltätigkeitsvereins Wäsche hergestellt wurde, die nicht für die russischen Verwundeten, sondern für die Verwundeten des deutschen Heeres gedacht war. Die entsprechenden Familien wurden unter der Anklage des Verdachts auf Feindbegünstigung von der Militärverwaltung verwarnt und zur Übersiedlung nach Sibirien aufgefordert. Diese Verschickung selbst ging unter äußerst zivilen Umständen vor sich; die Reisenden durften bequeme Coupés benützen, sich in ihrer Heimat sowie bei einem Zwischenaufenthalt in Moskau mit allen notwendigen Gegenständen versorgen und dann am Ort der Verschickung Häuser nach ihrem Geschmack mieten. Viele der Verbannten haben diese Zeit genutzt, um ihre Memoiren oder aber Kampfprogramme für die Zukunft zu verfassen.

Unter ähnlichen Umständen wurde auch der Hofmeister, Wirkliche Staatsrat und Mitglied des Staatsrates von Ekesparre nach Sibirien verschickt. Die russische Spionageabwehr hatte über längere Zeiträume hinweg beobachtet, daß von dem an der nördlichen Spitze der Insel Oesel im Finnischen Meerbusen gelegenen Gut Ekesparres allabendlich Lichtsignale an deutsche Schiffe gesendet wurden. Eine Untersuchung ergab, daß die Lichtsignale von dem Gesinde Ekesparres gegeben wurden. Ekesparre wurde für diese Vorgänge verantwortlich gemacht und nach Sibirien geschickt. Der Protest des Leiters der Kanzlei der Kaiserinmutter Marja Fjodorowna, Generalleutnant Wolkow, gegen die Verbannung Ekesparres verlief ergebnislos.

Mitverantwortlich für die Verschickung Ekesparres sowie einiger anderer verdächtiger Deutschbalten war der Leiter der Spionageabwehr der russischen Nordarmeen, General M. D. Bontsch-Brujewitsch.[11] Bontsch-Brujewitsch unterstanden sowohl die baltischen Gebiete als auch die unter dem Schutz der Sechsten Armee stehende Regierungsmetropole Petrograd. Der als notorischer Deutschenhasser vom Generalstab belächelte und von der Hofgesellschaft gemiedene General sah es als seine vaterländische Pflicht an, möglichst viele der Kollaboration verdächtige Deutsche der baltischen Provinzen und der Hauptstadt auf seinen Listen zu erfassen und – wenn ausreichende Schuldbeweise vorlagen – verbannen zu lassen. Dabei wurden ihm jedoch zahlreiche Hindernisse in den Weg gestellt. Als er den ihm unterstellten Leiter der Spionageabwehr der Sechsten Armee wegen der Verschleppung der Aufstellung der Listen der Verdächtigen zur Rede stellte, erfuhr er von diesem, dem deutschstämmigen Oberstleutnant Rittich:

> »Seine Hochwohlgeboren, General van der Vliet, ist so liebenswürdig, daß er nicht nein sagen kann. Und jedesmal, wenn wir versucht haben, einen der Spionage Überführten aus Petersburg zu verbannen, erschienen der Verdächtige oder seine Angehörigen zu der regulären Audienz beim obersten Befehlshaber, und er ordnete sofort an, die Sache auf sich beruhen zu lassen.«

Aber nicht nur der Oberbefehlshaber der Sechsten Armee, General van der Vliet, ein Mann niederländischer Herkunft, sondern auch die Kaiserinmutter und selbst die Kaiserin schalteten sich in einigen Fällen ein, um verdächtige Deutschbalten von der Verbannungsliste streichen zu lassen. So setzte sich die Kaiserinmutter persönlich beim Kaiser für die Befreiung der »armen jungen Menschen«, der Kammerjunker von Bruemmer und von Wulf aus Riga ein, die am Rande ihrer Tätigkeit als Bevollmächtigte des russischen Roten Kreuzes für die Einrichtung von Feldwaschanlagen die getarnten Befestigungsanlagen im Raum Riga photographiert und in der anschließenden Vernehmung ein Schuldgeständnis abgelegt hatten. Die Kaiserin selbst richtete die schriftliche Reprimande an General Bontsch-Brujewitsch, sie sei mit seinen über das Ziel hinausschießenden, unbedachten Handlungen höchst unzufrieden. Der greise Hofminister Graf Freedericksz erwirkte schließlich die Befreiung der beiden Kammerjunker.

Als russischer General, der mit den Besonderheiten der deutschbaltischen Landesverwaltung nicht vertraut war, deckte Bontsch-Brujewitsch bei seinen Nachforschungen im Ostseegebiet

> »einen ganz ungewöhnlichen Tatbestand auf. Es stellte sich nämlich heraus, daß in den Gouvernements Kurland, Livland und Estland neben der

russischen eine geheime deutsche Verwaltung existierte, an deren Spitze Baron Pilar von Pilchau, Geheimrat und Mitglied des Staatsrates, stand. Die von dem Baron geschaffene Verwaltung sollte im Falle der Besetzung des Landes bis zu dem Zeitpunkt arbeiten, da das Baltikum endgültig dem Deutschen Reich einverleibt werden würde. Die Organisation des Barons von Pilchau arbeitete so konspirativ, daß es der Spionageabwehr bei weitem nicht gelang, alle ihre Beteiligten, die zugleich auch in offiziellen Regierungsstellen tätig waren, namhaft zu machen. Statt dessen entdeckten unsere Agenten, daß viele der von ihnen entlarvten geheimen Mitarbeiter des Barons für die gegnerische Spionage arbeiteten. Nachdem mir der Abwehrdienst der Front Meldung erstattet hatte, hob ich dieses separatistische Spionagenetz aus. Die Entlarvten wurden dem Gericht übergeben und die Geheimorganisation zerschlagen. Es stand von vornherein fest, daß auch der Baron verhaftet werden sollte.«

Zwar sind Zweifel an der selbstherrlichen Darstellung des russischen Volksgenerals angebracht, doch bestätigte auch Eduard Baron Stackelberg, einer der Hauptaktivisten der deutschen Sammlungsbewegung in den baltischen Gouvernements, daß es der russischen Heeresleitung während des Krieges bis zu einem gewissen Grad gelungen sei, die gesamte deutschbaltische Landesverwaltung »als hochverräterisch zu kompromittieren«. Allerdings führte Stackelberg selbst eine Reihe von Tatsachen an, die dieses Urteil in Grenzen substantiierten. So war es – nach seiner Darstellung – für jeden reichsdeutschen Verwalter der deutschbaltischen Rittergüter »eine Ehrensache«, bei der Aushebung von Pferden und Proviant die besten Stücke zurückzubehalten und den Ausschuß abzugeben. Während die südrussischen deutschen Siedler und Gutsbesitzer mit Stolz die schönsten Pferde und reichhaltigsten Proviantzüge zusammenstellten, war in den baltischen Provinzen die Hinterziehung von Pferden und Kriegsmaterial eine häufige Erscheinung. Selbst adlige Gutsherren erklärten die wertvollen Stuten als tragend, um sie nicht dem russischen Kontingent zur Verfügung stellen zu müssen. Die Aufdeckung solcher Kontingentshinterziehungen konnte den Weg in die lokale Presse finden. »Einer unserer Besten«, so schreibt Stackelberg, »schoß sich in dem darüber ausgesprochenen Tumult eine Kugel in den Kopf.«

Die Einstellung dieses nationalistischen Teils des deutschbaltischen Adels wurde manifest, als die deutschen Truppen Teile der baltischen Provinzen besetzten. In der deutschsprachigen Presse erschienen nun enthusiastische Manifestationen der Deutschfreundlichkeit.[12] In diesen Loyalitätsbekundungen zugunsten des Deutschen Reiches kam die Stimmung jener nationalistisch und alldeutsch orientierten Deutschbalten zum Ausdruck,

»die für ihr Deutschtum, ehe sie ihm auch nur im kleinsten untreu würden und es verrieten, lieber ihre ganze Existenz zum Opfer brächten. Doch die

Mehrzahl ihrer Landsleute läßt sich von ihnen nicht bestimmen, nicht lenken.«[13]

Friedrich Dukmeyer, ein in Deutschland lebender Deutschrusse, der diese deutschbaltischen Nationalisten als eine kleine Gruppe von »Phantasten« bezeichnete, warnte die deutsche Öffentlichkeit davor, in solchen Manifestationen eine Massenerscheinung unter den russischen Deutschen zu sehen; er schrieb:

> »Diese Deutschen sind durch mannigfache reale und materiale Interessen und Beziehungen mit dem Russischen Reich eng verbunden, und eine politische Ablösung von ihm würde sie mit einer einschneidenden Minderung ihrer Lebensstellung, ihres Ansehens und ihres Einflusses bedrohen. Die zu den privilegierten Ständen gehörenden Deutschen fühlen sich in Rußland allein dank ihrer kulturellen Geltung und Wertung als eine Oberschicht, weit emporgehoben über das gemeine Volk. Kann man wohl erwarten, daß diese Herren, Exzellenzen und leitenden Geheimen Räte von ihrer privilegierten Höhe, die sie in Rußland gesichert einnehmen, freudig herabsteigen und ihre großen Ansprüche vergessen wollen, um sich vielleicht im Deutschen Reiche mit herabgeminderten, untergeordneten Stellen zu begnügen und zu bescheiden? – Und die mittleren Schichten? Wrangell erzählt (›Im neuen Rußland‹ von F. v. Wrangell, Reval 1908), daß im Gespräch mit ihm der Abkömmling einer alten deutschen Handwerkerfamilie Revals sagte, der Zuwachs der deutschen Familien gehe überwiegend ins Innere des Reiches, wo die Konkurrenz geringer, der Erwerb lohnender sei. – Im Zuge nach Osten suchen sie das Glück, eine Verwendung nach Westen wird die meisten zuerst sehr schwer ankommen.«

Die neue Verwendung, auf die sich Dukmeyer bezog, wurde im Rahmen alldeutscher Pläne für den Einsatz der russischen Deutschen erwogen. Der Alldeutsche Verband und die ihm angeschlossenen Vereine arbeiteten in diesen Jahren detaillierte Pläne aus, die eine gelenkte Rückwanderung deutscher Bauern, und vor allem Kolonisten, aus Rußland nach Deutschland sowie ihre »Ansetzung« in den an Landarbeitern armen Provinzen des Deutschen Reiches, vor allem in den deutschen Kolonien Afrikas vorsahen. Als »vortreffliches Menschenmaterial« wurden diese »armen und bedürfnislosen deutschen Bauern« in einer Reihe von Broschüren beschrieben, die eine bevölkerungstechnische und agrarwirtschaftliche Neuordnung des vergrößerten Deutschen Reiches nach dem siegreichen Krieg projektierten. Ein Teil dieser zunächst aus Rußland zurückzuführenden ostdeutschen Siedler sollte später bei Besiedlung der slawischen Räume durch das Großdeutsche Reich, als ein »neues deutsches Siedlertum« im Osten angesetzt werden.[14]

Diese Pläne, die auf der rassenpolitischen Idee beruhten, daß kein Tropfen deutschen Bluts auf fremdem Boden und als »Kulturdünger« fremden Volkstums verlorengehen dürfe, bildeten später, in Adolf Hitlers Schriften der zwanziger Jahre und in Heinrich Himmlers Germanisierungsprogramm der dreißiger Jahre, die Grundlage der nationalsozialistischen Eindeutschungs- und Besiedlungspolitik des Ostraums.

Für die ungetrübte Verbundenheit der meisten Deutschrussen mit dem Schicksal ihrer Heimat sprachen neben ihren Loyalitätsbekundungen ihre aktive Mitarbeit im russischen Kranken- und Lazarettwesen und ihre große Spendenfreudigkeit. Eine vorbildliche Tätigkeit in der Pflege der russischen Verwundeten entwickelte das »Komitee des Evangelischen Feldlazaretts in Moskau«. Dieses Komitee hatte bereits die Verwundeten des Russisch-Japanischen Kriegs und seitdem 400 Kriegswaisen betreut. Bei Beginn des Weltkriegs weitete es seine Tätigkeit beträchtlich aus. Es unterhielt ein Feldhospital mit 250 Betten in Wilna, ein Evakuationslazarett mit 90 Betten in Moskau und ein Evakuationslazarett mit 21 Betten in Petrograd. Die Kosten für diese Arbeit, etwa 20000 Rubel im Monat, flossen aus Spendengeldern der evangelischen Christen deutscher Herkunft. Ein Aufruf der Moskauer Abteilung des evangelischen Feldlazaretts vom Oktober 1914 brachte die Stimmung der evangelischen Moskauer Deutschen deutlich zum Ausdruck:[15]

> »Ein gewaltiger Krieg ist über uns hereingebrochen, mit all seinen Schrekken und Androhung von Elend, Not und Tod. Aber nicht zitterndes Bangen und tatloses Klagen ist es, was diese Zeit von uns erwartet, sondern die Tat der sich durch Sieg und Frieden durchkämpfenden Vaterlandsliebe und Untertanentreue. Die Söhne des Vaterlandes eilen unter die Fahnen unseres erhabenen Monarchen zum Kampf und Sieg, wenn es sein soll, durch Wunden und Tod. Wir, die wir nicht mit ihnen hinausziehen, werden zu einem anderen Kampfe aufgerufen, zum Kampf barmherziger Samariterliebe gegen Wunden und Todesqualen unserer tapferen Krieger. Allüberall werden auch diese Kämpferscharen unter dem Zeichen des Kreuzes zu liebender Tat und Arbeit aufgerufen. Inmitten ihrer Scharen hat das Zentralkomitee unseres evangelischen Feldlazaretts sich wiederum konstituiert und uns zur Mitarbeit an seinem Liebesdienst aufgerufen, gleichwie es zur Zeit des türkischen und japanischen Krieges getan hat. Wir haben den Aufruf aus tiefstem Herzen vernommen und organisieren unsere Mitarbeit als Hülfskomitee des Evangelischen Feldlazaretts in Moskau ... Außer den teilweise vorhandenen Mitteln bedarf es noch vieler Gaben an Geld und Materialien, vieler helfender Herzen und Hände. An Euch, Evangelische Moskaus und seiner Umgebung, wenden wir uns mit dem bittenden Aufruf: Helft mit, Jeder an seinem Teil, Keiner bleibe zurück!...«

Auch in den südrussischen deutschen Siedlungen entstanden in dieser Zeit Gemeinschaftslazarette, Feldlazarette und Sanatorien zur Nachbehandlung verwundeter russischer Soldaten. Bei der Unterhaltung dieser Lazarette, Sanatorien und Krankenstationen, aber auch beim Bau neuer medizinischer Einrichtungen, zeichneten sich wiederum besonders die Mennoniten durch reiche Spendentätigkeit aus. Ihren Höhepunkt erreichte die Spendenfreudigkeit der südrussischen Kolonisten im Frühjahr 1915, als Zar Nikolaus II. die südrussischen Gouvernements besuchte. Allein die Mennoniten des Gouvernements Jekaterinoslaw spendeten während des Aufenthalts des Zaren in der Gouvernementhauptstadt im Februar 1915 die stattliche Summe von 15 000 Rubel und die Mennoniten des Kreises Berdjansk 20000 Rubel zur Versorgung der russischen Verwundeten. Im April 1915 brachte die Bezirksleitung von Halbstadt 12000 Rubel für die Hilfe der Soldaten und ihrer Familien in das Kreiskomitee ein. Die Kolonisten des Kreises Großliebenthal bei Odessa spendeten 25 000 Rubel. Die Mennoniten des Kreises Chortiza stellten dem russischen Roten Kreuz eine Geldspende von 100000 Rubel zur Verfügung, von denen 75 000 Rubel für die Unterstützung der Familien eingezogener russischer Soldaten bestimmt waren. Ähnliche Zahlen wurden auch aus anderen deutschen Siedlungsgebieten gemeldet. So spendeten beispielsweise die Mennoniten des Bezirks Krasnopolsk im Gouvernement Jekaterinoslaw in den ersten sieben Kriegsmonaten insgesamt 140000 Rubel zur Unterstützung der dienstpflichtigen Soldaten. In den zwei ersten Kriegsjahren brachten die Mennoniten des Kreises Gnadenfeld, in dem 5859 männliche und 5714 weibliche Siedler eine Gesamtfläche von 56216 Desjatinen bewirtschafteten, Spenden in der beträchtlichen Größenordnung von 322751 Rubel auf. Karl E. Lindemann führte über diese Spendenaktionen der deutschen Siedler genauestens Buch. Die erstaunlich hohen Spenden der Mennoniten müssen wohl auf dem Hintergrund ihrer noch immer anhaltenden Befreiung vom Kriegsdienst gesehen werden. Neben Geldspenden gingen aus zahlreichen Kolonistenbezirken auch Sachspenden ein. Andere Gemeinden, unter denen wiederum die südrussischen Mennoniten eine führende Stelle einnahmen, rüsteten sogenannte Troß-Züge aus, die mit Proviant beladen waren und von einem Kutscher, in der Regel einem zu diesem Zweck gedungenen russischen Bauern, in die Frontabschnitte gefahren wurden. In der Ausstattung ließen es diese Troß-Züge an nichts fehlen. So brachten beispielsweise die 15 deutschen Kolonien Transkaukasiens neben einer Geldspende von 75 171 Rubel Fuhrwerke und Proviant im Werte von 671 000 Rubel auf. Natürlich gingen auch aus anderen Bevölkerungsgruppen vergleichbare Spenden ein. Und doch läßt die Höhe dieser Spenden von deutscher Seite den Eindruck entstehen, daß die deutschen Siedler, und insbesondere die vom Militärdienst befreiten Mennoniten, mit ihnen Beweise ihrer unbezweifelbaren Vaterlandsliebe geben wollten.

Vereinzelt, wenn auch weit seltener als aus den baltischen Provinzen, wurden auch aus den deutschen Siedlungsgebieten Personen, die sich durch ein betont nationales Auftreten als Sympathisanten des Deutschen Reiches verdächtig gemacht hatten, nach Sibirien verbannt. Zu ihnen gehörten in erster Linie evangelische Pastoren, die, unbeirrt von dem Verbot des Gebrauchs der deutschen Sprache an öffentlichen Plätzen, ihre Predigten weiter in deutscher Sprache gehalten oder durch unbedachte Bemerkungen Aufmerksamkeit erregt hatten. Unter ihnen befanden sich Jakob Stach aus Südrußland und Johannes Schleuning aus dem Wolgagebiet.

Bezeichnend für die psychologische Situation des Verdachts mangelnder Loyalität war unter anderem die Tatsache, daß die seit längerem bestehenden Spannungen zwischen den verschiedenen Teilen der deutschrussischen Bevölkerung in diesem Zeitraum zunahmen. Alte Abneigungen, wie etwa die Reserviertheit der Kolonisten gegenüber dem deutschbaltischen Adel, verstärkten sich und traten nun an die Oberfläche des politischen Tagesgeschehens.

So grenzte Karl E. Lindemann, der sich als Verfechter der kolonistischen Interessen verstand, die deutschen Siedler scharf von den Deutschbalten ab; er verteidigte die Kolonisten gegen den Vorwurf zweifelhafter politischer Loyalität und betonte, daß sie »als Landwirte gar keine politische Rolle in Rußland spielten und mit der Baltenwirtschaft in Petersburg überhaupt keine Verbindung«[16] hätten. Darüber hinaus klagte Lindemann nun auch die assimilierte deutschrussische Intelligenz der Städte, und insbesondere die deutschrussischen Publizisten und Journalisten aus dem liberalen Lager, der Indifferenz gegenüber dem Schicksal ihrer Stammesgenossen auf russischem Boden und der »Verjudung« an, die sie in das Lager der Kosmopoliten und Internationalisten treibe. Und schließlich wandte sich Lindemann mit beißender Kritik gegen die deutschstämmigen Mitglieder der russischen Regierung, die sich von der Woge verbreiteter antideutscher Gefühle fortreißen ließen. So kommentierte Lindemann zum Beispiel die Regierungsdeklaration vom 19. November 1916, die der neue Vorsitzende des Ministerrates, A. F. Trepow, vor der Staatsduma verlesen hatte, und in der es unter anderem hieß:

> »Erst jetzt haben wir mit großer Klarheit erfahren, unter welchem schweren Einfluß und Druck von seiten Deutschlands alle Seiten des russischen Lebens gestanden haben. Die russische Industrie, Schule, Wissenschaft und Kunst, alles lag in den Händen deutscher Einwanderer. Es ist jetzt die dringlichste Aufgabe Rußlands, sich von dieser deutschen Vormundschaft zu befreien und den Weg der Selbständigkeit zu betreten...«

Lindemann war nicht nur über die Tatsache empört, daß sich »in der ganzen Versammlung der Staatsduma... kein einziger Abgeordneter fand, der gegen diese Lüge auftrat«, sondern mehr noch über den Umstand, daß »man diese Philippika gegen die Deutschen aus dem Munde A. F. Trepows hörte, dessen Vater wir noch unter dem Namen Trepphof kannten, den er später in einen russischen Familiennamen verwandelt hat«.[17] Auch die Tatsache, daß Trepow als Vorsitzender des Ministerrates in seinen Depeschen an die verbündeten Mächte wiederholt von der Erbfeindschaft sprach, die zwischen »den Deutschen« und den Russen bestehe, löste die schärfste Kritik Lindemanns aus.

Lindemann hatte mit dieser defensiven Stellung jedoch eine nationale Tendenz in seine öffentliche Wirksamkeit während des Kriegs getragen, die für die Mehrheit der deutschrussischen Stadtbevölkerung und besonders für die Kolonisten untypisch war. Wenig erstaunlich war auf dem Hintergrund dieser Entwicklung auch der politische Opportunismus des alternden Professors Lindemann, der in den ersten Jahren der Sowjetherrschaft die russischen Deutschen und besonders die Kolonisten als die langjährigen Opfer der zaristischen Gewaltherrschaft und Völkervernichtung bezeichnete.[18]

2. Der Einsatz im russischen Heer

Nachhaltiger als Ergebenheitsadressen, Loyalitätsbekundungen und Geldspenden sprach der Einsatz deutschrussischer Offiziere und Soldaten im russischen Heer für die Treue zu ihrem russischen Vaterland. Weit über 300 000 deutschstämmige Untertanen des russischen Zaren haben im Ersten Weltkrieg unter den rund 13,7 Millionen eingezogener Männer in der russischen Armee gedient. Ihre Namen sind in den Listen des russischen Generalstabs, der russischen Heeresgruppen in den west- und südwestlichen Frontabschnitten, in den Bau- und Transportbataillonen an der Kaukasusfront, in den Lazaretten im Hinterland der Fronten sowie in den Ersatzdienstlisten der Forsteien Südrußlands zu finden.

Der Generalstab und das Offizierskorps, in denen traditionellerweise der Anteil deutschrussischer oder deutschstämmiger Militärs hoch war, wies auch in diesem ersten Weltkrieg, ungeachtet der Tatsache, daß hier Russen in erster Linie gegen Deutsche und Österreicher kämpften, einen hohen Prozentsatz deutscher Namen auf. Bei Ausbruch des Weltkriegs enthielten die Namensverzeichnisse des russischen Generalstabs allein 9,2 Prozent Protestanten; protestantischer Glaube war weithin synonym mit deutscher Herkunft und Sprache.[19] Zu diesem Prozentsatz von Protestanten konnte wohl ein ebenso hoher Anteil von Deutschrussen und Deutschbalten hinzugezählt werden, die zur Orthodoxie übergetreten oder durch familiäre Bande und Slawisierung ihres Namens nicht als Personen deutscher Herkunft erkennbar waren. Der Anteil von etwa 15 bis 20 Prozent deutschstämmiger Angehöriger des russischen Generalstabs und des höheren Offizierskorps dürfte auch im Ersten Weltkrieg zu keinem Zeitpunkt unterschritten worden sein.

Unter den berühmten Generälen deutscher Herkunft, die die russischen Armeen im Ersten Weltkrieg gegen das deutsche Heer ins Feld führten, waren die bekannten und verdienstvollen Namen von Rennenkampff, Scheidemann, Sievers, Evert, Engelhardt und Plehwe. Diese Konstellation mochte für die mit den militärischen Traditionen Rußlands nicht vertrauten Ausländer verwunderlich erscheinen, für die bunt gemischte Bevölkerung des Vielvölkerstaats Rußland war sie es keinesfalls. Und auch der patriotische Enthusiasmus zur Zeit des Ersten Weltkriegs hat an dieser Gewohnheit wenig verändert.

Wie zuvor war die Dichte deutscher Namen im Generalstab höher als im Offizierskorps; sie nahm in den niedrigen Rängen und besonders in den Mannschaften ab. In den hohen Kommandostellen waren die Deutschen, wie immer seit Aufbau der russischen Armee, stark vertreten. Auch der Zar war nicht bereit, auf sein militärisches Entourage deutscher Herkunft zu verzichten. Zum engsten – elfköpfigen – Begleitpersonal des Zaren während seiner Inspektionsreise an die deutsche Front im November und Dezember 1914 zählten vier Deutschrussen: Oberhofmarschall Generaladjutant Graf Benckendorff, Generalmajor Graf Grabbe, Flügeladjutant Oberst von Drenteln und der Kommandant des kaiserlichen Zuges, Oberst Gerhardi. Unter den neun namentlich erwähnten Personen im Wagen des kaiserlichen Gefolges befanden sich darüber hinaus der Zeremonienmeister Graf Stackelberg, der Generalmajor Zabel und Oberingenieur Oertel.[20]

Dennoch war nicht zu verkennen, daß sich die deutschen Generäle jetzt in der durch nationale Leidenschaften und Demütigungen erregten Atmosphäre in einer empfindlicheren Situation befanden als in den vorausgegangenen Kriegen. Ihre strategischen Schritte und ihre kriegstechnischen Maßnahmen wurden mit größerer Aufmerksamkeit und gelegentlich mit Argwohn verfolgt. Fehlleistungen oder strategische Mängel lastete man gern ihren nationalen Eigenschaften an oder unterstellte ihnen einen verdeckten oder offenen Wunsch nach Verrat und Sabotierung der russischen Erfolge. Besonders nach schweren russischen Niederlagen entstanden leicht Gerüchte, die in einigen Fällen ihre Opfer forderten. Das prägnanteste und zugleich tragische Beispiel ist der Fall des Generals Rennenkampff, des anfangs erfolgreichsten, deutschbaltischen Generals im russischen Heer des Ersten Weltkriegs. Paul Edler von Rennenkampff entstammte einer deutschen Familie, die sich im 16. Jahrhundert in Riga niedergelassen hatte und später geadelt wurde. Sie war in allen vier Ritterschaften vertreten und hatte auch Vertreter im russischen Staatsrat und Senat aufzuweisen. In seiner militärischen Laufbahn hatte General Rennenkampff die Reputation eines außerordentlich fähigen, schlagkräftigen, revolutionsfeindlichen Konservativen erworben. Im Russisch-Japanischen Krieg hatte er sich in den Schlachten bei Mukden große Verdienste und Ruhm erworben. Bei der Niederschlagung der revolutionären Unruhen im Revolutionsjahr 1905 hatte er die berüchtigten Strafexpeditionen in Ostsibirien geleitet. Seit dieser Zeit war er in den Augen der revolutionären und oppositionellen Linken zu einem Symbol von Härte und Brutalität geworden. Im ersten Monat des Ersten Weltkriegs hatte Rennenkampff als Befehlshaber der russischen Nordarmee die Offensive auf Ostpreußen geführt, die mit der Einnahme von Stallupönen (17. August) und Gumbinnen (19. August) erste glänzende Erfolge der russischen Kriegführung erbracht hatte. Unter den deutschen Bewohnern des besetzten Ostpreußen galt der russische General mit dem deutschen Namen Rennenkampff als ein »Haudegen« und »Draufgänger«, ja selbst als ein »Deutschenfeind«. In deutscher Sprache hielt Rennenkampff auf einer Bürgerversammlung im besetzten Angerburg eine Ansprache, in der er mit beißender Ironie von der im Rückzug befindlichen preußischen Armee sprach. Auf Sabotageakte, so stellte General von Rennenkampff den »verfluchten Deutschen« im besetzten Ostpreußen in Aussicht, stehe der Tod durch Erschießen, auf die Tötung russischer Soldaten erfolge die Einäscherung der betreffenden Stadt, wie überhaupt der Sinn des russischen Feldzugs darin bestehe, das gesamte Deutschland in einen Trümmerhaufen zu verwandeln. Als die »Russenplage« in Ostpreußen vorüber war, wurden allerdings weniger kritische Stimmen gegen die Besatzungspolitik des Generals Rennenkampff laut: Er habe es bei aller Strenge der getroffenen Maßnahmen nicht an einer unbestechlichen Gerechtigkeit gegenüber der ostpreußischen Bevölkerung fehlen lassen. Mit Ausnahme des Befehlshabers der russischen Besatzungstruppen, General Rennenkampff, wurde den deutschrussischen Offizieren der russischen Besatzungsarmee in der ostpreußischen Lokalgeschichte eine relativ große Humanität und gute Gesinnung zugesprochen. So hätten sich die Deutschen im russischen Heer durch ihr Bestreben ausgezeichnet, unnütze Härten gegenüber der deutschen Bevölkerung zu vermeiden oder sie, sofern sie bereits begangen waren, wiedergutzumachen.[21] Augenzeugen der Ereignisse betonten, daß die russischen Deutschen, »sofern sie sich als solche zu erkennen gaben oder bekannten«, in der Regel den Kriegszustand zwischen Deutschland und Rußland bedauerten, daß sie sich zugleich aber uneingeschränkt zu ihrer Pflicht als russische Untertanen bekannten. Alle deutschrussischen Angehörigen der Besatzungsarmee hatten, so berichteten die Augenzeugen, in Gesprächen mit der örtlichen deutschen Bevölkerung ihre Überzeugung von der Überlegenheit und Übermacht der russischen Armee und des Russischen Reichs zum Ausdruck gebracht. Der Adjutant Rennenkampffs, ebenfalls ein russischer Deutscher, hatte zugegeben, daß er sich als Deutscher fühlte, dabei aber sofort betont, daß er seine russische Untertanenpflicht höher schätzte als seine persönlichen Gefühle. Deutschrussische evangelische Offiziere besuchten im besetzten Ostpreußen deutsche Gottesdienste, wobei sie sich in einem Vorgespräch mit dem zuständigen Pastor versichert hatten, daß dieser nicht etwa für den Sieg der deutschen Waffen beten werde. Und ein Freiwilliger der russischen Gardekavallerie, ein junger Graf aus dem Gouvernement Estland, sprach mit Begeisterung von den zwölf Millionen russischer Soldaten, die von Tiflis bis nach Warschau eine lebendige Mauer bilden und voranschreiten werden, ohne sich von den deutschen Truppen aufhalten zu lassen. »Wir wollen nach Berlin«, hatte er dem deutschen Dorfpfarrer von Mehlauken, Kreis Labiau, erklärt, um »dem Scharfmacher und Draufgänger« Kaiser Wilhelm II. eine Lektion für seine Angriffslust zu erteilen. Von tieferen Loyalitätskrisen der deutschrussischen Offiziere während der Besetzung Ostpreußens konnte wohl kaum die Rede sein.

Während General von Rennenkampff mit seiner Ersten Nordarmee Ostpreußen besetzt hielt, ereignete sich an der Südwestflanke seiner Armee das erste große Desaster der russischen Kriegführung, das auf sein weiteres Schicksal entscheidenden Einfluß gewann. Die Armee Hindenburgs drang in einem Überraschungsangriff von großer Stärke gegen die Zweite Armee in Richtung Warschau vor. Die Zweite Armee, die dem Oberbefehl des Generals Samsonow unterstand, wurde in der Schlacht von Tannenberg vernichtend geschlagen. Dies war die Zerstörung eines Mythos: Bei Tannenberg hatten die Slawen 1410 dem deutschen Ritterorden eine Vernichtungsschlacht geliefert. Der Befehlshaber der Armee, Samsonow, erschoß sich. Bald entstanden Gerüchte, die besagten, daß Rennenkampff die Hilferufe Samsonows ignoriert und damit die Vernichtung seiner Armee erleichtert habe. Als Hindenburg dann in den letzten Augusttagen seine Heeresgruppe nach Nordosten bewegte, um die Armee Rennenkampffs einzukreisen, sah sich dieser genötigt, seine gesamte Armeegruppe in einer Überraschungsbewegung von großer Schnelligkeit aus Ostpreußen abzuziehen (8.–15. September 1914). Wiederum entstanden Gerüchte, die nunmehr besagten, Rennenkampff habe seine Armee ohne jede sichtbare strategische Notwendigkeit zurückgezogen, um dem Vormarsch Hindenburgs keinen Widerstand entgegenzusetzen. Der Oberbefehlshaber der russischen Truppen, Großfürst Nikolaj Nikolajewitsch, bemühte sich, diesen Gerüchten entgegenzuarbeiten und Rennenkampffs Position und Ansehen zu retten. Dennoch hielt er es für notwendig, Rennenkampff vom Oberbefehl über die Erste Armee zu entbinden; er ernannte ihn zum Kommandeur eines Armeekorps an der neu zu bildenden russischen Westfront. Hier ereignete sich in den Dezemberwochen 1914 ein weiterer Zwischenfall, der die militärische Reputation des Generals Rennenkampff nun vollends in Mißkredit brachte. In Schlesien versuchte die Armee Hindenburgs, die durch die geschickte Kriegführung des Großfürsten Nikolaj Nikolajewitsch zurückgeschlagen war, einen neuen Durchbruch durch die russische Frontlinie. General Russkij, der zum Kommandanten der neuen Westfront ernannt worden war, gelang es jedoch, mit Unterstützung der brillanten Strategie des Generals von Plehwe, die Armee Hindenburgs in die Zange zu nehmen. Ihre Zerschlagung schien gewiß, als das Armeekorps Rennenkampffs den deutschen Truppen – wie es schien, versehentlich – einen Weg zum Entkommen öffnete. Der Oberbefehlshaber der russischen Truppen sah sich nun genötigt, General Rennenkampff von jeder militärischen Pflicht zu entbinden und eine Untersuchung der strategischen Fehler Rennenkampffs und ihrer politischen Hintergründe einzuleiten. Seine Absicht bestand zweifellos darin, die Unschuld Rennenkampffs nachzuweisen. Aufgrund der Geheimhaltung der militärischen Operationen während des Krieges konnten diese Beweise über längere Zeit hinweg nicht erbracht werden. Die Untersuchungskommission stellte umfangreiche Bände von Entlastungsmaterial zusammen. In den Analysen der strategischen Schritte Rennenkampffs wurden zwar einige Fehler, »aber nicht das kleinste Zeichen einer mangelnden Loyalität«[22] aufgedeckt. Solange die Untersuchungskommission arbeitete, mußte Rennenkampff vom Dienst dispensiert bleiben. Da aber auch die Ergebnisse der Untersuchungskommission nicht veröffentlicht werden konnten, solange sich Rußland im Kriegszustand befand, wurde der Fall Rennenkampff in der Praxis in der Schwebe gehalten, die Untersuchung der Angelegenheit faktisch aber bereits eingestellt. Die Untersuchungsresultate wurden – so Denikin – in den Archiven der Obersten Heeresleitung begraben, während Rennenkampff die erhoffte öffentliche Rehabilitierung versagt blieb. Wo immer sich der einstmals gefeierte General, der Zizikar, Mukden, Girin und Gumbinnen als ruhmreiche Seiten seiner militärischen Führung in drei russischen Kriegen aufzuweisen hatte, in der Öffentlichkeit zeigte, wurde er zum Gegenstand von Abscheu und Anklage. Das teutonische Äußere, die mächtig hohe, vierschrötige Gestalt mit dem energischen breiten Kopf und den weichen, fast träumerisch sentimentalen Augen, die der russischen Bevölkerung von vielen Bildern bekannt war, wurde überall schnell wiedererkannt und der General mit Spottworten bedacht. Mit Schmerz zog sich Rennenkampff auf sein Gut am Ufer des Asowschen Meeres zurück, um das Ende des Kriegs abzuwarten. Er kam jedoch auf tragische Weise zu Tode:

> »Bei Ausbruch der Revolution befand sich General Rennenkampff in Taganrog, wo eine entfesselte Menge der von der Propaganda aufgepeitschten Frontdeserteure, die der Armee und der Heimat in den Rücken fielen, ihn auf schreckliche Weise mißhandelten und dann töteten.«

Der General, der durch seinen Einsatz der Strafexpeditionen in den Revolutionsgebieten der Jahre 1905/06 den Mythos des Brechers des revolutionären Aufruhrs erworben hatte, fiel nun der revolutionären Agitation zum Opfer.

Komplizierter lag der Fall des Generals von Plehwe. P. A. von Plehwe, der

Vetter des 1904 ermordeten Innenministers, befehligte in den ersten Kriegsmonaten die Fünfte Russische Armee, die die galizische Front gegen den österreichischen Vormarsch zu sichern hatte. Die Fünfte Armee hatte sich in der Defensive schwer geschlagen, als die Nachricht von der Niederlage der Armee Samsonows bei Tannenberg eintraf. Großfürst Nikolaj Nikolajewitsch erteilte von Plehwe den Befehl, den Raum um Dwinsk um jeden Preis zu halten. Plehwe leistete das fast Unmögliche und schlug die österreichischen Kräfte bei Dwinsk zurück. Dies galt nach der Besetzung Ostpreußens durch General Rennenkampff als die zweite große Leistung an der russischen Westfront. Das Parieren des deutschen Vorstoßes in Schlesien in den Monaten November und Dezember, die Umschließung der Hindenburg-Armee, die von Plehwe in Zusammenarbeit mit General Russkij zunächst gelang, bevor das Armeekorps Rennenkampff die deutschen Truppen entweichen ließ, waren eine weitere große Leistung. Von Plehwe wurde nun in Ersetzung des erkrankten Generals Russkij zum Oberbefehlshaber der Nordfront ernannt. Im Hinterland der Front regte sich jedoch Unwillen gegen von Plehwe. Offenbar hatte General Alexejew, der zu dieser Zeit Stabschef im Hauptquartier war und enge Beziehungen zu dem Kreis um die Kaiserin Alexandra Fjodorowna und zu ihr selbst unterhielt, gegen von Plehwe intrigiert. Alexejew hatte schon früher um die Entlassung von Plehwes aus Gründen seiner angeblichen Untauglichkeit nachgesucht. Nach der schweren Niederlage an der russischen Nordfront im Herbst 1914 sah sich aber auch der russische Oberkommandierende genötigt, von Plehwe die anstehende Beförderung zu versagen. In dieser Zeit teilte der Stabschef der Obersten Heeresleitung, Januschkewitsch, dem Kriegsminister W. A. Suchomlinow mit:

> »Die Massen von Beschwerden, Schmähschriften usw. mit dem Inhalte, daß die Deutschen Verräter ... seien und den Deutschen den Vormarsch ermöglichten, sowie desgleichen die Stimmung, die die Militärzensur in den Briefen eruiert hat, haben den Großfürsten veranlaßt, den Gedanken an (die Beförderung von, I. F.) Plehwe fallenzulassen.«

Tatsächlich wurde von Plehwe am 11. Februar 1915 mitgeteilt, daß er die Truppen an der russischen Nordfront seinem Nachfolger Kuropatkin übergeben solle. Die Kollegen von Plehwes lasteten diese Entscheidung in erster Linie der »prodeutschen Fraktion« um die Zarin an, die sich des eindeutig deutschenfeindlichen Generals habe entledigen wollen. So berichtete der von der Absetzung von Plehwes zutiefst betroffene General Bontsch-Brujewitsch:

> »Ich verließ Mogiljow zusammen mit Plewe. Unterwegs kamen wir ins Gespräch, und Plewe erklärte mir mit einem Scharfblick, der mich frappierte, den Zusammenhang all jener Intrigen, die im Hauptquartier gegen uns gesponnen worden waren. ›Sei getreu bis in den Tod, so will ich dir die Krone des Lebens geben‹, zitierte er die bekannte Stelle aus der Heiligen Schrift

und riet mir beim Frontstab zu bleiben, um den Kampf gegen den Feind doch wenigstens etwas zu unterstützen. Als er am nächsten Morgen nach Pskow zurückkehrte, ging er zur Messe, dann fuhr er nach Moskau, wo er kurze Zeit später einem Schlaganfall erlag.«[23]

Rücksichtnahmen auf die Stimmung in der Truppe waren in den Monaten der deutschen Frühjahrsoffensive 1915 für die russische Oberste Heeresleitung ein Gebot der Stunde. Nach den russischen Niederlagen vom Frühsommer 1915 schwoll die antideutsche Stimmung so stark an, daß die Oberste Heeresleitung Ausschreitungen befürchtete. Besonders die Mitglieder sozialistischer oder sozialrevolutionärer Parteigruppierungen in den russischen Truppen wurden verdächtigt, die antideutsche Stimmung zu klassenkämpferischen Manifestationen ausnützen zu wollen. Im Auftrag des Zaren teilte Kriegsminister Suchomlinow Stabschef Januschkewitsch mit, es lägen Beweise dafür vor, daß

»der Haß gegen die Deutschen von Agitatoren in den Truppen zu Manifestationen ausgenützt werden könne, die noch dazu zwingen werden, sehr große Aufmerksamkeit auf sie zu verwenden«.

Diese Möglichkeit, daß revolutionäre Kräfte das bestehende Potential an Haß gegen die Deutschen – als Feinde wie als Symbolfiguren der alten Ordnung und Staatsmacht im Inneren – ausnutzten, um in den kämpfenden Truppen Unruhe zu verbreiten (vor allem die Bolschewiki sabotierten die russischen Kriegsanstrengungen), nahm mit den schweren russischen Verlusten zu. Im Juni 1915 beliefen sich die Gesamtverluste der russischen Armee bereits auf 3,8 Millionen Mann. Verantwortlich waren für diese gigantischen Verluste neben der ungenügenden Bewaffnung der kämpfenden Truppe und dem mangelhaften Munitionsnachschub vor allem die schlechten Transportbedingungen. Doch in dieser Situation höchster Gefahr und übermenschlicher Beanspruchung sank das Vermögen einer rationalen Durchdringung der schwierigen Lage drastisch ab. Statt dessen griff der Gedanke, daß finstere Mächte der Kollaboration und des Verrats aus den eigenen Reihen die heldenhaften russischen Truppen um ihre schwererkämpften Siege betrügen, allmählich in den Fronttruppen wie auch im Hinterland der Front um sich.

Um unliebsame Zwischenfälle zu vermeiden, entschloß sich die russische Heeresleitung offenbar, eine geheime Anordnung herauszugeben, die besagte, daß Personen mit deutschem Familiennamen nach Möglichkeit von den Spitzen der Frontformationen abgezogen werden sollten.[24] Die Anordnung soll sich in erster Linie auf Deutschrussen im höheren Offizierskorps und auf Inhaber hoher Kommandostellen mit deutschem Namen bezogen haben. Diese von Denikin erwähnte geheime Anordnung, von deren Existenz auch Sprecher der Deutschrussen, wie etwa Karl E. Lindemann, wußten, ist indes nicht mit Sicherheit zu belegen. Eine Reihe von Tatsachen scheint anzudeuten, daß sich die Bedeutung dieser Anordnung, wenn sie tatsächlich in dieser Weise gegeben worden ist, in engen Grenzen hielt. Einerseits würde es wenig in das durch eine derartige Anordnung geschaffene Bild passen, wenn sich unter den drei neuernannten Mitgliedern des Kriegsrates beim Kriegsministerium im Jahr 1916 ausgerechnet der Kavalleriegeneral Nikolaj von Krusenstiern aus Reval befand.[25] Andererseits zeigt das Dienstbuch des russischen Hauptquartiers für die Monate Dezember 1916 bis Januar 1917 in seiner Liste der Oberbefehlshaber der Fronttruppen eine unverändert überproportional hohe Anzahl deutschrussischer Generäle und Heerführer. Von insgesamt 225 Oberbefehlshabern der Fronten, Armeekommandeuren und Korpskommandeuren, trugen 39 Kommandeure eindeutig deutsche Namen. Mit 17,3 Prozent war das deutsche Element im Generalstab infolgedessen nahezu unverändert stark vertreten. Unter den führenden deutschrussischen Generalen dieser Monate befanden sich die Generalmajore Altvater, Ackermann, Baron Budberg, Kallmeyer, Herzog von Leuchtenberg, Volk, Schilling, Kreuz, Ennwald, Erdmann, Hausen und andere, die Generalleutnants Baron Budberg, Benders, Walter, Henrici, Herzog von Mecklenburg-Strelitz, Baron Maydell, Moritz, Baron Roop, Röhrberg und andere, die Generäle der Infanterie Pflug, Rohde und andere und die Obristen Baron Witte, Lass und Schein.[26] Die geheime Anordnung hatte also, wurde sie überhaupt befolgt, eine äußerst geringe Wirkung. Sie mußte schließlich auch im russischen Offizierskorps auf Schwierigkeiten und mangelnde Bereitschaft zur Ausführung stoßen; denn die Mehrheit der russischen Offiziere machte keinerlei Unterschiede zwischen russischen und deutschen Namensträgern. So schrieb General Denikin nach dem Krieg:

> »Überhaupt hatte unser Offizierskorps in seiner Mitte Elemente ausländischer Herkunft so fest und dauerhaft assimiliert, daß die russische Armee, vielleicht mit sehr geringen Ausnahmen, keine Gründe gehabt hätte, ihre fremdstämmigen Mitglieder irgendwelchen Vorwürfen auszusetzen; denn diese dienten ebenso treu wie die Russen und schlugen sich tapfer.«

Eine Ausnahme bildete ein weißrussischer Offizier in der russischen Armee mit dem Namen Jewgenij M. Ladnow. Ladnow war Vorsitzender der weißrussischen Delegation auf der Pariser Friedenskonferenz von 1919 sowie Kriegs- und Innenminister Weißrußlands in der Zeit von 1919 bis 1921; er verfaßte am 24. Oktober 1931 in Brüssel ein Schreiben an General Groener, den deutschen Reichswehr- und Innenminister.[27] In diesem Schreiben bat Ladnow General Groener um die Überstellung an ein deutsches Kriegsgericht und um eine gerechte Bestrafung. Ladnow gehörte zu jenen ultra-nationalistischen Offizieren, die es während des Ersten Weltkriegs für ihre Pflicht hielten, Listen von deutschen Offizieren zusammenzustellen, die sie für ungenügend patriotisch hielten und mit dem Verdacht des Verrats belasteten. Er hatte diese Listen auch in Bücher eingefügt, die er nach dem Krieg veröffentlichte. 1922 war seine Schrift »Mit Feuer und Schwert, mit Hunger und Krankheit«, 1923 in Frankreich seine Broschüre über »Die Protokolle von Ludendorff-Stinnes-Tschitscherin« erschienen. In einer zehnjährigen Pause des Überlegens hatte er sich eines Besseren besonnen und wollte nun vor aller Welt Abbitte tun. Zuerst hatte er ein Gesuch um Aufnahme eines offiziellen Gerichtsverfahrens an den in St. Briac, Frankreich, residierenden russischen Thronfolger Kyrill Wladimirowitsch, den ältesten überlebenden Sohn des Großfürsten Wladimir Alexandrowitsch und seiner Gemahlin Marja Pawlowna von Mecklenburg-Schwerin, gerichtet. Kyrill Wladimirowitsch hatte sein Ersuchen mit begütigenden Worten abgewiesen und ihn auf ein Gericht vertröstet, das dereinst im freien Rußland seinen Fall mit der notwendigen Aufmerksamkeit prüfen werde. Da wandte sich der bußfertige Ladnow an den deutschen Reichswehrminister Groener. In seinem Schreiben bekannte er sich vor der Dynastie Romanow und vor seinem Vaterland Rußland der folgenden Vergehen für schuldig:

»Ich hielt Deutschland und Österreich für die schlimmsten Mächte dieser Erde ... Ich habe meine Leser zum heiligen Krieg gegen Deutschland ... gegen die deutsche Dynastie und überhaupt gegen alles Deutsche aufgerufen, ... die Monarchie untergraben ... und mit den republikanischen französischen Ideen vergiftet ... Ich bekenne mich schuldig, in meinem Buche eine Aufstellung deutschnamiger Generäle und Offiziere, die verantwortungsvolle Posten in der russischen und zaristischen Armee bekleideten, veröffentlicht zu haben und die Namen dieser russischen Patrioten durch den Schandfleck des Verrats beschmutzt zu haben ... Dies waren und sind ehrliche russische Patrioten. Sie sind ehrlicher und patriotischer als der Verfasser des Buches ..., denn dieser Verfasser war in seiner Seele ein Franzose und ein Republikaner in der Uniform eines Offiziers des russischen zaristischen Heeres.«

Mit etwa 250000 Dienstpflichtigen machten die Söhne der deutschen Bauern- und Siedlerfamilien den größten Anteil deutschstämmiger Kräfte im russischen Kriegsheer aus. Diese Zahl hat Lindemann aus den Daten der Vollmobilisierung aller dienstpflichtigen Männer im Alter von 19 bis 40 Jahren von einer deutschen bäuerlichen und Landbevölkerung von knapp 1,5 Millionen russischen Deutschen errechnet.[28] In ihrer Einstellung zu Krieg und Feind dürften sich die deutschen Kolonisten der russischen Westgebiete von denen der südrussischen Gouvernements leicht unterschieden haben. Während die Kolonisten der südrussischen Grenzgebiete die Türkei als den Hauptgegner betrachteten, gegen den sie schon in den vorausgegangenen Türkenkriegen all ihre Ressourcen und Möglichkeiten mobilisiert hatten, trat für die Kolonisten der Westgebiete mit der Feindberührung eine neue Situation ein: Der Feind war Deutscher oder Österreicher, sprach ihre Sprache und hatte nicht selten dieselbe Nationalität. Dies scheint dazu geführt zu haben, daß in den russischen Westprovinzen mit Ausbruch des Krieges eine leichte Abwanderungsbewegung nach Deutschland einsetzte. Nach Angaben, die während des Kriegs von deutscher Seite gemacht wurden, sind in den ersten Kriegsjahren etwa 30000 Deutsche aus Russisch-Polen und Wolhynien nach Deutschland abgewandert. Diese Bewegung ist wohl zum überwiegenden Teil von den Gebieten ausgegangen, die bereits von den deutschen Truppen besetzt waren. Nicht auszuschließen ist auch, daß Werber im alldeutschen Interesse unter den Kolonisten der besetzten russischen Gebiete Ausschau hielten, um sie nach Deutschland zu verpflanzen. So wurde beispielsweise vom Vorstand des »Fürsorgevereins für deutsche Rückwanderer« in Berlin, Borchert, darauf hingewiesen, daß es ihm schon im Laufe der beiden ersten Kriegsjahre »gelungen« sei, neben unzähligen Einzelpersonen auch 4800 Familien aus Wolhynien »dem Vaterlande zurückzugeben«. Und größere Aufgaben ständen dem Fürsorgeverein noch in der Heimführung der deutschen Siedler aus den süd- und südostrussischen Gebieten bevor.

Aber auch vor der Besetzung der russischen Westgebiete durch die deutschen Truppen scheint sich unter den reichsdeutschen Siedlern Wolhyniens und Russisch-Polens eine gewisse Mobilität in Richtung Westen bemerkbar gemacht zu haben. Es zeigte sich, wenn auch in einem zahlenmäßig geringen Ausmaß, daß die Besorgnisse der russischen Nationalisten nicht unbegründet waren; Personen, die ihren Wehrdienst im Deutschen Reich absolviert hatten, bemühten sich jetzt um Rückkehr nach Deutschland. Und selbst Siedler, die sich bisher in der Frage ihrer Staatsbürgerschaft nicht eindeutig entschieden hatten, strebten jetzt offenbar verstärkt den Erhalt der deutschen Untertanenschaft an.

> »Bei Beginn des Krieges betrieben die noch nicht eingebürgerten Rückwanderer die Erledigung ihrer Aufnahmegesuche besonders dringlich, um ihrer Wehrpflicht zur Verteidigung des alten und jetzt wieder neuen Vaterlandes genügen zu können. Im Laufe des Krieges sind rund 30000 Deutsche aus Polen und Wolhynien nach Deutschland gekommen, um vollständig hier zu bleiben.«[29]

Auf dem Hintergrund derartiger Informationen lag es im Interesse der Kolonistensprecher, das hohe Pflichtbewußtsein und den großen Patriotismus zu dokumentieren, mit dem die deutschen Kolonisten dem Ruf unter die russischen Fahnen folgten. Wiederum bemühte sich der Moskauer Oktobrist Karl E. Lindemann, der russischen Öffentlichkeit umfassendes Zahlenmaterial über den Einsatz der deutschrussischen Kolonisten im russischen Heer vorzulegen. Aus den Wolgakolonien der Gouvernements Samara und Saratow waren etwa 50000 Soldaten mobilisiert worden. Wie der Wolgakolonist Georg Löbsack später in deutscher Emigration berichtete, waren unter den Wolgakolonisten bei ihrer Einberufung vielerorts Erinnerungen daran wachgeworden, daß ihre Vorfahren vor nunmehr 150 Jahren die Pfalz und Hessen verlassen hatten, weil ihre Heimat »durch den Siebenjährigen Krieg der Deutschen gegeneinander verheert worden« war; und wiederum begannen für sie die Kriegsleiden, »und wiederum: Deutsche gegen Deutsche«.[30] In seiner Erinnerung begannen mit dem Jahr 1914 die letzten und tragischsten Jahre der wolgadeutschen Existenz:

> »Sie beginnen mit dem Kriegsdienstzwang gegen Deutschland und enden in der grauenvollsten Hungersnot unserer Geschichte. Und wiederum: die Heimat verheert...1914/1915 verfemten wolgadeutsche Reservisten den Kriegsdienst gegen Deutschland... Meine Generation mußte den Weltkrieg gegen Deutschland, gerade mannbar geworden, im russischen Soldatenmantel ertragen...«

Die Gesamtzahl der in den südrussischen Siedlungsgebieten eingezogenen Deutschen ist nicht bekannt. In einer Erhebung für 150 Dörfer hatte Lindemann nachgewiesen, daß die Prozentzahlen der eingezogenen deutschen Soldaten zwischen 28 und 70 Prozent lagen, wobei er einen Durchschnitt von 60 Prozent der erwachsenen männlichen Bevölkerung nach Vollendung des 19. und vor Erreichen des 60. Lebensjahrs eruiert hat. Ein relativ hoher Prozentsatz dieser deutschrussischen Soldaten war während des Kriegs befördert oder mit Medaillen und Orden ausgezeichnet worden.[31]

Die Tatsache, daß eine so große Anzahl von Kolonisten zu Unteroffizieren, Feldwebeln usw. befördert und darüber hinaus mit Orden dekoriert worden war, galt als ein Beweis dafür, daß die deutschrussischen Soldaten ihre Kampfespflicht »außerordentlich gut, mit Freude und großer Opferwilligkeit« erfüllten. Die Kolonistensöhne, die mit Medaillen oder Ehrenkreuzen ausgezeichnet waren, stellten den Stolz ihrer Siedlungen dar. Auf Tafeln und Anschlägen machten diese die Verleihung von Orden an ihre Angehörigen bekannt. Unter diesen Ausgezeichneten befand sich auch der Unteroffizier Jakob Zeiß aus Ostheim, der mit drei Georgskreuzen und einer Medaille ausgezeichnet wurde. Wilhelm Stieben wurde 1915 mit drei Georgsmedaillen und sämtlichen vier Georgskreuzen sowie später, nach Verlegung seiner Einheit an die französische Front, mit dem französischen Orden der Ehrenlegion ausgezeichnet und zum Leutnant befördert. Ein Kolonist aus Neu-Nassau mit dem Namen Kolb wurde fünfmal verwundet und mit vier Georgskreuzen, zwei Soldaten- und zwei Offizierskreuzen, ausgezeichnet. Der Kolonist Klassen aus Grunau, der im Reiterregiment der Leibgarde diente, wurde mit vier Georgsmedaillen und einem Georgskreuz ausgezeichnet. Der deutsche Kolonist Martin Bogen aus Riebensdorf, Gouvernement Woronesh, wurde 1917 in den Rang eines Oberst erhoben. Und Julius Weiß aus Juljanowka, Gouvernement Wolhynien, der als Unteroffizier im Zehnten Sibirischen Ingenieur-Regiment diente, wurde für seine Leistung beim Überschreiten des Dnjepr und Styr unter feindlichem Beschuß im Jahr 1915 mit zwei Georgsmedaillen und zwei Georgskreuzen ausgezeichnet. Als Beweis für den opferwilligen Einsatz der deutschrussischen Kolonisten im russischen Heer wurden auch die Zahlen der Verwundeten und Toten angeführt. Darüber hinaus wurde betont, daß die deutschrussischen Soldaten aufgrund ihrer besonders hohen Einsatz- und Opferbereitschaft häufig in besonders verantwortungsvollen Posten eingesetzt wurden. Lindemann schrieb:

> »Die verantwortungsvollen Stellen wurden meistens den *deutschen* Soldaten, Unteroffizieren und Feldwebeln übertragen, sowohl an der Front als auch in der Verwaltung (Zeughaus, Warenniederlagen, Vorratskammern unter anderem).«

Dabei blieben auch die deutschrussischen Soldaten und Unteroffiziere nicht vom Verdacht der mangelnden Loyalität verschont. Bei Ausbruch des Kriegs waren die deutschen Kolonisten zunächst in den an der Westfront kämpfenden Verbänden eingesetzt worden. Dies aber bedeutete, daß ihr Gegner mit Ausnahme der ungarischen Verbände ihre Sprache sprach. Diese Situation scheint nicht nur für die deutschrussischen Soldaten, sondern auch für ihre russischen Kameraden Schwierigkeiten mit sich gebracht zu haben. Da die deutschen Kolonisten untereinander deutsch sprachen, wußte der einfache wachhabende russische Soldat oft nicht, ob er eine Gruppe russischer Deutscher oder bereits den Feind vor sich hatte. Aber auch für die betroffenen deutschrussischen Soldaten mögen sich Konflikte ergeben haben. Nach dem Krieg schrieb der in jenen Jahren in sibirischer Verbannung lebende Pastor Johannes Schleuning:

> »Die rußlanddeutschen Soldaten wurden bei Beginn des Krieges an die Westfront geschickt, wo sie Schulter an Schulter mit den russischen Soldaten gegen Deutschland kämpfen mußten. Dieser Krieg war eine ungeheure Gewissensbelastung für sie. Er stellte sie in den schweren Kampf zwischen Pflicht und Neigung. Schwer war es ihnen gegen Deutsche zu kämpfen, um so schwerer, als sie ihres Deutschtums wegen immer wieder Verhöhnungen, Zurücksetzungen und Schikanen ausgesetzt waren. Sie durften keine deutschen Briefe nach Hause schreiben – was für die meisten ein Verbot des Briefschreibens überhaupt bedeutete, da sie die russische Sprache nicht beherrschten. An die Front durfte kein evangelischer Geistlicher, der sie hätte trösten und aufrichten können… Und doch siegte in diesem Gewissenskonflikt die Pflicht dem Staate gegen-

über, dessen Untertanen sie waren und dem sie die Treue geschworen hatten.«[32]

Um die Stimmung der kämpfenden Truppen nicht weiter zu belasten, wurden diese zunächst an der Westfront kämpfenden Kolonisten an die Kaukasusfront versetzt. Sie unterstanden dort ab August 1915 dem Oberbefehl des ebenfalls an die türkisch-russische Front relegierten Großfürsten Nikolaj Nikolajewitsch. Diese Verlegung der deutschen Soldaten wurde von einigen nationalistischen Kolonistensprechern zuerst als eine Art Strafversetzung verstanden, zumal der Oberbefehlshaber der russischen Kaukasusarmee als Deutschenhasser gesehen wurde. Die in nationalistischen deutschrussischen Kreisen herrschende Stimmung gab J. Schleuning wieder, als er schrieb:

> »Wer war Schuld an der russischen Niederlage? Natürlich... die deutschen Soldaten in der russischen Armee! Sie hatten einfach Verrat geübt. So versuchte man die Volkswut von den eigentlichen Urhebern der Niederlagen auf die tapfersten, pflichtergebensten und besten russischen Soldaten zu wenden. Härteste Maßnahmen wurden gegen sie getroffen... Um schließlich dem russischen Volke zu zeigen, wie klar die Heeresleitung die Gefahr erkannt hatte, wurden alle deutschen Soldaten von der Westfront entfernt und im Kaukasus konzentriert.«

Gegen Ende seines Lebens aber sah selbst Schleuning diese Verlegung der Kolonisten an die Kaukasusfront in einem anderen Licht. Er betonte dann die schwierige Lage, die den Kolonisten in den gemischten Einheiten der Westfront aus dem Kampf Deutscher gegen Deutsche und dem Mangel an Kommunikation mit den russischen Soldaten erwachsen sei, und kam zu dem Schluß:

> »Unter diesen Umständen war es zu begrüßen, daß sie auf Veranlassung der Heeresleitung – nach den großen Niederlagen im Westen – wieder aus ihren Fronteinheiten herausgezogen und zur Verwendung im Rücken der Armee in den Kaukasus geschickt wurden.«[33]

Tatsächlich stellte die Versetzung in den Kaukasus für die deutschen Soldaten in vielerlei Hinsicht eine Erleichterung dar. Sie dienten hier zum großen Teil in den Transportzügen, den im Hinterland der Front gebildeten Arbeits- und Baumannschaften sowie als Ingenieure, Kanzleibeamte und Arbeiter. Da die Kolonisten für ihre gute Organisation des Transport- und Proviantwesens bekannt waren, wurden viele von ihnen im kaukasischen Hochland eingesetzt, wo sie die Nachschubarbeiten leiten mußten. Ein nicht unbeträchtlicher Teil diente auch weiterhin in den aktiven Verbänden. Der Befehlshaber der Kaukasusarmee, der ihre Kampfkraft hoch einschätzte, hat etwa 140000 deutschrussische Soldaten beim Sturm auf die Festung Eserum (Erzerum) eingesetzt. Bei der Einnahme der Feste sollen sich diese Soldaten besonders bewährt haben. Unter den etwa 50000 russischen Opfern der Kaukasusfront dürften sich auch zahlreiche deutschrussische Soldaten befunden haben.

Demgegenüber wurde im Sommer 1916 ein Zwischenfall bekannt, der sich auf dem Sektor der Proviantversorgung der Kaukasusarmee ereignet hatte und an den Fall Sattler in der Zeit des russischen Krimkriegs (1855) erinnerte. Am 5. Mai 1916 war ein Tagesbefehl des Großfürsten Nikolaj Nikolajewitsch bekanntgemacht worden, der unter anderem den Satz enthielt: »Die Versorgung der Armee mit Proviant steht nicht auf der notwendigen Höhe.«[34] Dieser Tagesbefehl belastete zwei deutschstämmige Oberste in der russischen Kaukasusarmee schwer: den Proviantmeister des Ersten Kaukasischen Armeekorps Mühlhof sowie den Obersten Neumann, der als Angehöriger des kaukasischen Bezirksproviantamtes mit Mühlhof in der Proviantversorgung der Kaukasusarmee zusammenarbeitete. Am 12. Mai 1916 erging gegen die beiden Obersten ein Urteilsspruch, der sie unter Zugrundelegung von § 348 des Militärstrafgesetzbuchs von 1869, Ausgabe 4, des Kriegsverbrechens beschuldigte. Allerdings wurde in den Befragungen der Obersten Mühlhof und Neumann deutlich, daß in Zusammenarbeit mit ihnen ein größerer Kreis des kaukasischen Bezirksproviantamtes, unter anderen die Staatsräte Tietel und Danilewskij und Hofrat Swizkij, an diesen Unregelmäßigkeiten beteiligt gewesen waren. Die Untersuchung, in der die Obersten Mühlhof und Neumann sowie die für die Versorgung zuständigen Personen als Zeugen gehört wurden, weitete sich aus, bis schließlich am 10. September 1916 eine Verordnung des Kriegsuntersuchungsrichters, Fähnrich Laschkewitsch, herausgegeben wurde, die den Urteilsspruch vom 12. Mai 1916 ausdrücklich bestätigte; die Verordnung schloß mit den Worten:

> »In Anbetracht der dargelegten Beweise für die mit Vorbedacht begangenen Vergehen der Obersten Neumann und Mühlhof, der Staatsräte Tietel und Danilewskij, des Hofrates Swizkij, die gegen § 410 und 411 des Strafgesetzbuches, im Hinblick auf die beiden erstgenannten Personen darüber hinaus gegen § 142 und 229 von Buch 22 des Militärstrafgesetzes von 1869, Ausgabe 4 verstoßen haben, hat der Militäruntersuchungsrichter Fähnrich Laschkewitsch angeordnet: Aufgrund von § 348, Buch 26 des Militärstrafgesetzes von 1869, Ausgabe 4, soll eine Kopie dieser Anordnung dem Chef der Militärgerichtsabteilung im Stabe der Kaukasus-Armee und dem Militärstaatsanwalt des kaukasischen Militärgerichtes am Kriegsschauplatz überstellt werden.«

Der Ausgang der Sache ist nicht bekannt.

Problematisch war für viele deutschrussische Soldaten, die in deutsche Kriegsgefangenschaft gerieten, die Berührung mit dem Heimatland ihrer Väter. Ein Loyalitätskonflikt, der auf russischem Boden mit Erfolg unterdrückt worden war, mag dann in einigen Fällen ausgebrochen sein. Robert Löw, ein Historiker der deutschen Siedlungsgebiete Rußlands mit stark alldeutscher Tendenz, berichtete von den Spannungen zwischen Heimat und Vaterland, die der deutschrussische Kolonist in deutscher Kriegsgefangenschaft empfinden konnte:

»Seinem Kaiser ist er treu und gehorsam, aber nur dem Kaiser, der Verkörperung der Staatsgewalt; dem Patriotismus der russischen bürgerlichen Gesellschaft steht er mißtrauisch und ablehnend gegenüber... Der Krieg Rußlands gegen Deutschland war dem Kolonisten etwas Neues, er machte daraus kein ›Problem‹... Er ging in den Krieg mit gebundenen Händen, sein Gedanke war, womöglich kein Bruderblut zu vergießen. Er ist kein Verräter, kein Eidbrüchiger, aber er verwünscht den Krieg und nimmt mit dem Herzen keinen Anteil an ihm. Das Mißtrauen der russischen Heerführer gegen den deutschen Kolonisten war insofern begründet, als von ihm keine Begeisterung und Widerstandskraft zu erwarten war... So zwiespältig wie seine Lage, ist auch sein Hoffen und Wünschen für die Zeit nach dem Kriege. In der Kriegsgefangenschaft ist den Söhnen der Steppe die alte Weissagung in den Sinn gekommen, die von der Großmutter oder Urgroßmutter herstammt und nahezu daran war, in Vergessenheit zu geraten... ›Rußland ist nicht unser dauerhaftes Vaterland‹, sagte die Ahne, ›dreimal wird an die Deutschen der Ruf der Auswanderung ergehen; wenn er das erste Mal laut wird, so hat es noch keine Eile, da dürft ihr verweilen, beim zweiten Male, da wird es Zeit, da packt eure Sachen, denn wer bis zum dritten Ruf bleibt, dem sei Gott gnädig‹ ... Je länger der Krieg dauert, ... desto kummervoller sehen die treuen Menschen ihrem Schicksal und der ungewissen Zukunft ins Auge. Immer tiefer versenken sie sich in der Frage, was für die Deutschen in Rußland vorteilhafter, was verhängnisvoll werden könnte: Sieg oder Niederlage der Russen. Die Meinungen darüber sind geteilt ebenso wie die über die Frage, ob Rußland sich wieder aufraffen oder endgültig geschlagen aus der großen Kraftprobe hervorgehen wird. Mit diesen Erörterungen... wächst sich für die Deutschrussen die Frage ihrer Existenz zu einem bedeutungsvollen Problem aus...«[35]

Der Teil der deutschrussischen Bevölkerung, der dem Einsatz im russischen Kriegsgeschehen mit den größten Befürchtungen entgegensah, waren die Mennoniten. Bei Ausbruch des Ersten Weltkriegs lebten im Russischen Reich etwa 100000 Mennoniten vorwiegend deutscher, zum Teil aber auch holländischer Herkunft. Unter ihnen befanden sich 35379 arbeitsfähige Männer im Alter von 14 bis 60 Jahren. Da die Mobilisierung in den ersten Kriegsjahren die Altersgruppen vom 19. bis zum 40. Lebensjahr erfaßte, dürften in den ersten drei Kriegsjahren etwa 15000 Mennoniten Ersatzdienst geleistet haben.

Demgegenüber leisteten in Friedenszeiten nur etwa 1200 Mennoniten Dienst. Wie im Fall der deutschen Kolonisten, so war auch die Mehrzahl der eingezogenen deutschstämmigen oder holländischen Mennoniten zu Hause in der Landwirtschaft tätig. Mit der Mobilisierung trat also ein kräftiger Aderlaß unter den Arbeitskräften und den Familienhäuptern der mennonitischen Siedlungen ein. Die russische Regierung hatte hier für einen Ausgleich gesorgt; sie hatte für Sektierer aus der nichtrussischen Bevölkerung sowie auch für Angehörige der strengen russischen Sekten, die den Kriegsdienst ablehnten und statt dessen Ersatzdienst leisteten, Kassen geschaffen, die Unterstützungszahlungen für die betroffenen Familien leisteten. Tatsächlich zahlten diese Unterstützungskassen in den beiden ersten Kriegsjahren regelmäßig monatliche Unterhalte für die Familien der Ersatzdienst leistenden mennonitischen Hausväter. 1916 mußten diese Unterstützungszahlungen allerdings eingestellt werden, da der russische Staatshaushalt überlastet war. Alle anderen Privilegien, die den Mennoniten in früheren Zeiten zugesichert waren, wurden weiterhin aufrechterhalten.

Demgegenüber sah sich die russische Regierung aus Mangel an Rekruten und Arbeitskräften veranlaßt, alle Ausnahmerechte, die den russischen Sektierern gewährt worden waren, rückhaltlos zu beschneiden. Dies betraf etwa die Angehörigen der russischen Sekte der Duchoborzen (Geistkämpfer), die nun, anders als die ihnen vergleichbaren Mennoniten, einen Großteil ihrer Privilegien verloren. In Übereinstimmung mit der mennonitischen Ausnahmegesetzgebung, die als Resultat der Absprachen zwischen den Mennoniten und General Totleben 1874 festgelegt worden war, sollten die deutschen und holländischen Mennoniten vor allem in den Waldkommandos der Forsteien eingesetzt werden. Demgegenüber baten sich die Mennoniten der Gouvernements Taurien und Jekaterinoslaw offenbar sofort bei Kriegsbeginn das Recht aus, ihren Dienst nicht im Forstrevier, sondern im Feldlazarett zu leisten. Schon 1914 traten über 3000 Mennoniten ihren Dienst als Sanitäter unter der Militärverwaltung an; sie betonten, daß sie nun »Sanitätssoldaten« seien. Im nächsten Jahr hatte sich ihre Zahl fast verdoppelt; 1915 standen insgesamt 5400 Mennoniten als Sanitätssoldaten im Dienst; sie verteilten sich in folgender Weise auf die verschiedenen Institutionen: Im Sanitätsdienst des Allrussischen Semstwo-Verbandes waren 3363 Mennoniten tätig, beim Roten Kreuz waren 1000 Mennoniten beschäftigt, in der Adelsorganisation arbeiteten 345 Mennoniten im Sanitätsdienst, und im Verband der Städte sowie in privaten Lazaretten waren 280 mennonitische Sanitäter beschäftigt. Neben ihnen leisteten 1915 5421 Mennoniten Ersatzdienst in Forsteien und Fabriken. Insgesamt waren infolgedessen 1915 10821 Mennoniten im Ersatzdienst eingesetzt. Der Unterhalt für diese Mennoniten, den die Heimatgemeinden auf eigenen Wunsch bestritten, belief sich 1915 auf 872452 Rubel.

Wegen der bestürzenden Eindrücke, die die jungen Mennonitensöhne bei der Pflege der Kranken und Verwundeten gesammelt hatten, leisteten 1916 bereits 6548 Mennoniten ihren Ersatzdienst in Forsteien und Fabriken, während nur noch 4988 Mennoniten im Sanitätsdienst tätig waren. Insgesamt standen also 1916 11536 Mennoniten im Lazarett- und Ersatzdienst. Ihr Unterhalt betrug in diesem Jahr 1352190 Rubel und steigerte sich 1917 auf 2593969 Rubel.

Im Frühjahr 1916 schienen sich die Sorgen der Mennoniten im Hinblick auf die Aufrechterhaltung ihrer Privilegien für eine kurze Zeit zu bewahrheiten. Unter dem Druck der Kriegsereignisse bereitete Innenminister A. N. Chwostow (1915–1916) einen Gesetzentwurf vor, der die Ausdehnung des allgemeinen Wehrdienstgesetzes auch auf die Mennoniten vorsah. Im April 1916 berichtete die Petrograder Presse von diesem Gesetzentwurf. Die Erregung, die sich spontan unter den Mennoniten ausbreitete, war groß. Schon im darauffolgenden Monat, im Mai 1916, überreichten die Ältesten der deutschen und holländischen Mennonitengemeinden an der Molotschna dem Innenminister eine Denkschrift. In dieser Denkschrift betonten die Mennoniten, daß in schwierigen Situationen immer das beste Einverständnis und gegenseitige Rücksichtnahme zwischen der russischen Krone und den Mennonitenkolonien einen Ausweg geschaffen habe. Der Tenor dieser Denkschrift war der der fortdauernden Ergebenheit. Die Mennoniten versprachen, ihren Dienst und ihre besonderen Leistungen für die Heimat aufrechtzuerhalten, sofern die Regierung ihre besondere Lage verstehe und ihnen auch in Zukunft einen Gewissenskonflikt erspare.

Ungeachtet dieser Bitte brachte der Innenminister am 10. Dezember eine Eingabe vor den Ministerrat, in der er die Notwendigkeit der Einführung des aktiven Kriegsdiensts für die Mennoniten begründete. Bevor der Ministerrat zu seiner Eingabe Stellung nehmen konnte, war Chwostow bereits seines Amtes enthoben. Der Oktobrist A. D. Protopopow, der auf Wunsch der Zarin nunmehr das Amt des Innenministers bekleidete, nahm sich mit größter Rücksichtnahme auf die Gewissensbelastung der Mennoniten dieser Fragen an. In persönlicher Rücksprache mit dem Zaren überzeugte er sich davon, daß auch an allerhöchster Stelle Bedenken gegen die Eingabe Chwostows bestanden. In einem Schreiben vom 6. Oktober 1916 teilte Innenminister Protopopow dem Ministerrat mit, daß der Kaiser in der Frage der Heranziehung der Mennoniten zum aktiven Kriegsdienst allergrößte Vorsicht walten lassen wolle, um insbesondere zu vermeiden, daß sich die an den Duchoborzen und den turkestanischen Stämmen begangenen Fehler wiederholten. Den Glaubensbekenntnissen dieser Minderheiten, so betonte Protopopow, müsse unbedingt die größte Achtung entgegengebracht werden. Auch die Mennoniten sollten ihren Dienst in der Form leisten, die sie mit ihrem Gewissen vereinbaren könnten. Protopopow forderte den Ministerrat auf, ihn weiter über die Entwicklung dieser Angelegenheit in Kenntnis zu setzen. Aus einem Antwortschreiben des Ministerrats vom 19. Oktober 1916 ging hervor, daß der Ministerrat während der längeren Abwesenheit Protopopows in einer Sitzung vom 14. Oktober 1916, bereits eingehend über die Eingabe Chwostows vom 10. September 1916 beraten hatte. Dabei waren offenbar unterschiedliche Meinungen zur Sprache gekommen. Angesichts des Schreibens des neuernannten Innenministers vom 6. Oktober aber, »in welchem Sie mitteilen, daß Sie es für unmöglich halten, den oben erwähnten Vorschlag des Senators Chwostow zu unterstützen«, habe der Ministerrat beschlossen, »diese Frage nicht weiter zu bearbeiten«.[36] Damit war der Vorschlag Chwostows gescheitert. »Die damals herrschende Stimmung in den Regierungskreisen war den Mennoniten günstig«, hielt Lindemann fest.

Ende 1916 gelangten die Ältesten der Mennonitengemeinden aber offenbar zu der Ansicht, daß der Sanitätsdienst dem Dienst in den Forsteien vorzuziehen sei. Ein Argument besagte, daß die Sanitätsdienstleistenden ihre Kleidung und Beköstigung von den russischen Organisationen erhielten. Im Jahr 1917 entsandten die Mennoniten eine Delegation in die Regierungsmetropole, die den einschlägigen Ministern im Rahmen eines Gesamtkatalogs von Bitten und Wünschen auch die Bitte um Überstellung aller Mennoniten in den Sanitätsdienst überbrachte. Dem Wunsch wurde stattgegeben, und 1917 leisteten bereits 15 000 Mennoniten in den Lazaretten und Spitälern der russischen Armee Sanitätsdienst. Diese Sanitäter waren auf die verschiedenen Lazarette und Kriegshospitäler im ganzen Land verteilt. Sie arbeiteten bei der Bergung von Verwundeten in Frontabschnitten, auf dem Kriegsschauplatz sowie in den Kriegslazaretten der Städte Moskau, Petrograd usw. Sie leisteten dort ihren Dienst, wo der Allrussische Gesamtverband des Semstwo sowie der Allrussische Städteverband seine Lazarette unterhielt. Aufgrund der lobenden Stellungnahmen ihrer Vorgesetzten wurde die Opferbereitschaft und Gewissenhaftigkeit dieser jungen Mennoniten bei der Erfüllung ihrer Aufgaben bald auch in der russischen Öffentlichkeit bekannt. Diese Sanitätsdienst leistenden Mennoniten hatten indes auch Opfer zu beklagen. 125 Mennoniten deutscher und holländischer Herkunft starben an Krankheiten, die sie sich in Ausübung ihrer Pflicht zugezogen hatten. Und vier Mennoniten unterlagen den seelischen Strapazen und begingen Selbstmord. Aber auch vier der in den Forsteien eingesetzten Mennoniten wurden getötet. Wie viele deutschrussische und deutschbaltische Familien, so hatten auch die Mennonitengemeinden ihren Anteil an den rund 700 000 gefallenen und 200 000 verschollenen Männern des russischen Heeres zu beklagen.

3. Der russische Wirtschaftskrieg

Nach Ausbruch des »Großen Krieges« hatten die drei verbündeten Großmächte Rußland, England und Frankreich beschlossen, wirtschaftliche Sanktionen gegen die Angehörigen der Feindstaaten Deutschland, Österreich-Ungarn und die Türkei, durchzuführen. Diese Maßnahmen sollten in den Gesamtplan des sogenannten Wirtschaftskriegs eingebettet werden, der die feindlichen Staaten auf dem internationalen Wirtschaftsmarkt vollends isolieren und ihre Wirtschaft entkräften sollte. Die russische Regierung konnte sich jedoch in Anbetracht der weitmaschigen und liberalen Grundsätze des russischen Ausländerrechts lange Zeit nicht zu einer effektiven Durchführung derartiger Maßnahmen entschließen. Es war nicht zuletzt die starke innere Verflechtung deutscher und russischer Kapitalien und Wirtschaftsunternehmen, die den russischen Ministerrat anfangs zögern ließ. Es bedurfte der Kriegserfahrung einiger Monate und besonders des Eindrucks, den die Anwesenheit deutscher Truppen auf russischem Boden hervorrief, um die russische Regierung für die Idee des Wirtschaftskriegs empfänglich zu machen und eine entscheidende Wende in der russischen Rechtspraxis auszulösen.

Im ersten Kriegsmonat sah sich der russische Ministerrat unter dem Vorsitz des greisen Ministerpräsidenten I. L. Goremykin genötigt, seine Einstellung zur Frage der Rechte der in Rußland lebenden Angehörigen von Feindnationen zu klären. Da die Duma in den Kriegsjahren nur selten und dann lediglich kurz zusammentrat, war der Ministerrat *de facto* zur Legislative geworden, die in Anwendung des Notparagraphen in kürzester Zeit notwendige Gesetze erließ. In der Sitzung vom 23. August 1914 lehnte der Ministerrat geschlossen den Erlaß von Kriegsgesetzen ab, die die Rechte von Angehörigen feindlicher Staaten in den Grenzen des Russischen Reichs beeinträchtigen würden. Er betrachtete solche Gesetze weder von juristischer noch von wirtschaftlicher Seite her als zulässig; in rechtlicher Hinsicht sei »die Unverletzlichkeit von Privatbesitz feindlicher Staatsangehöriger ein Prinzip, das vom internationalen Recht fest anerkannt« und daher auch für Rußland unumstößlich sei, und in wirtschaftlicher Hinsicht waren unvermeidbare Rückwirkungen auf die heimische Wirtschaft zu erwarten:

> »Als Resultat des besonderen Verlaufes unserer volkswirtschaftlichen Entwicklung befinden sich zum gegenwärtigen Zeitpunkt eine große Zahl von Handels- und Industrieunternehmen in Rußland im Besitz von Ausländern, unter denen die Deutschen besonders stark hervortreten.«[37]

Wirtschaftliche Sanktionen gegen diese Unternehmen wären nach Ansicht des Ministerrates den Interessen der russischen Industriekreise und der Arbeiterschaft sowie der Abteilungen der Regierung und Militärverwaltung zuwidergelaufen, die diesen Unternehmen Aufträge erteilten. Zu bedenken sei ferner, daß Enteignungen oder Sperrmaßnahmen gegen deutsche Unternehmen schon deshalb von rechtlicher Seite her schwer durchführbar seien, weil diese Unternehmen in ihrer Mehrheit nach den russischen Wirtschaftsgesetzen arbeiteten. Gegen Notstandsmaßnahmen von geringfügiger Bedeutung, wie etwa das Konfiszieren von Immobilien feindlicher Ausländer oder die Sperrung von Bankguthaben in besonders begründeten Fällen, meldete der Ministerrat unter der Bedingung keine Bedenken an, daß »die ernste Wirkung, die eine verbreitete Anwendung solcher Maßnahmen unvermeidlich auf die heimische Industrie und den Binnenhandel haben würde«, unbedingt berücksichtigt würde.

Risse in der geschlossenen Front der Ablehnung von Wirtschaftskriegsmaßnahmen kündigten sich innerhalb des Ministerrates noch im Herbst des ersten Kriegsjahres, nach dem ersten Debakel der russischen Armee an der Westfront, an. Die Ministerratssitzung vom 7. Oktober 1914 wurde mit der Verlesung eines Telegramms des Oberbefehlshabers der russischen Truppen, des Großfürsten Nikolaj Nikolajewitsch, an den Vorsitzenden des Ministerrates eröffnet. In diesem Telegramm verwies der Oberbefehlshaber auf die unglaublichen Greueltaten, die von deutschen und österreichischen Truppen in den Frontabschnitten begangen wurden, und forderte den Ministerrat auf, sofort rigorose Maßnahmen gegen Angehörige dieser feindlichen Nationen zu ergreifen. Als einziger Angehöriger des Ministerrats sprach sich nun Außenminister Sasonow für Kriegsmaßnahmen aus. Er berührte die seit langem im Schwebezustand gehaltene Frage der deutschen Landexpansion in den Grenzgouvernements und schlug eine Begrenzung des deutschen Landbesitzes vor. Sasonow verwies auf die rapide Zunahme des Landbesitzes in deutscher Hand, die in den letzten Jahren auch in den vitalsten Zentren des Russischen Reiches zu beobachten gewesen sei, und erinnerte an die stark antideutsche Stimmung, die sich jetzt in diesen Zentren ausbreitete. Diese Stimmung habe zwar tiefe historische Wurzeln, sei aber erst seit Kriegsausbruch zum Durchbruch gekommen und verschärfe sich ständig unter dem Einfluß der Berichte von Grausamkeiten und völliger Mißachtung der Rechte der Zivilbevölkerung, die aus den von deutschen Truppen besetzten Frontgebieten kämen. Daher sei es nun an der Zeit, dieses seit langem überfällige Problem anzupacken, und dies um so mehr, als »der gegenwärtige Krieg besonders günstige Bedingungen geschaffen hat, um dieses Problem ein für allemal zu lösen«.

Dieses Argument von Zweckmäßigkeit und politischer Opportunität wurde bald von der liberalen Öffentlichkeit aufgegriffen, und mit beißendem Spott gegen diese ausländerfeindlichen Bestrebungen im Ministerrat verwendet. Innerhalb des Ministerrats aber wurde Justizminister I. G. Schtscheglowitow (1906–1915) zum Promotor dieser Argumentation. Dem Justizminister kam auch eine entscheidende Rolle bei der nun eintretenden Entfernung des Ministerrates von seiner ursprünglichen Position der strengen Gesetzeskonformität zu. Schon in der Ministerratssitzung vom 7. Oktober 1914 brachte der Justizminister schwere Bedenken gegen die Entscheidungen vor, die der Ministerrat in der Augustsitzung getroffen hatte. Mitte Oktober 1914 legte Schtscheglowitow den Mitgliedern des Ministerrates einen Gesetzentwurf vor, der auf ein Verbot von Geldzahlungen an Ausländer feindlicher Staaten hinauslief. Dieser Gesetzentwurf, der in den Sitzungen des Ministerrates vom 21. und 31. Oktober 1914 behandelt wurde, erlangte schon am 15. November 1914 Gesetzeskraft. Hiermit war der erste Schritt zur Finanzblockade feindlicher Ausländer getan, die eines der Ziele des Wirtschaftskrieges der Alliierten darstellte.

Auch ein weiterer Anstoß zu gesetzlichen Beschränkungen erfolgte von seiten des russischen Militärs. Unterstützt von Kriegsminister General Suchomlinow forderte der Oberbefehlshaber der in den Vororten von Petrograd stationierten Sechsten Armee, General van der Vliet, den Ministerrat auf, für die Dauer der Feindseligkeiten einen Beschluß über die Schließung der Handels- und Industrieunternehmen in feindstaatlich-ausländischer Hand herbeizuführen und diese Unternehmen, wenn sie kriegswirtschaftlich wichtige Zwecke erfüllten, vorübergehend der russischen Militärverwaltung zu überstellen. Der Ministerrat verwendete fünf volle Sitzungen zur sorgfältigen, allseitigen Prüfung dieser Eingabe und entschied, daß er es im gegenwärtigen Zeitpunkt für unmöglich halte, der Verwirklichung derartiger Maßnahmen zuzustimmen. Zur Begründung dieser negativen Stellungnahme bedienten sich die Minister rechtlicher und wirtschaftlicher Argumente. Denn besonders unter den Bedingungen der Kriegswirtschaft – so der Ministerrat – müßten Enteignungen und Sequestrierungen auf breiterer Basis als Belastungen abgelehnt werden, die den Handelsverkehr und die Industrieproduktion unterbrechen und zu Wirtschaftskrisen führen könnten.

Der Ministerrat versprach jedoch für die Zukunft eine stärker differenzierende Wirtschaftspolitik, die es erlauben würde, etwa diejenigen Firmen zu erfassen, die unter rein juristischen Gesichtspunkten russische Firmen seien, in Wahrheit aber ausschließlich unter deutschem oder österreichischem Einfluß ständen. Auch über »verdächtige oder unerwünschte« Firmen könnte man Nachforschungen anstellen. Jeder derartige Fall müsse jedoch individuell entschieden werden, wobei insbesondere die Frage von Bedeutung sei, ob dem Staat im Fall einer Maßnahme gegen diese Firmen nicht direkt oder indirekt, etwa durch die Gefahr von Streiks, von Förderung der Unzufriedenheit der örtlichen Bevölkerung usw., Schaden erwachsen könne. Der Ministerrat schlug ferner die Bildung einer interministeriellen Untersuchungskommission unter der Leitung des Ministers für Handel und Industrie vor, die derartigen

Nachforschungen einen gesetzlich kontrollierten Rahmen geben könnte. Der Kommission sollten Vertreter des Kriegsministeriums, der Admiralität, des Finanz-, Innen-, Außen- und Justizministeriums angehören. Die Kommission sollte zunächst Richtlinien zur Sequestrierung der ausländischen Unternehmen ausarbeiten, die für das Kriegsministerium Bedeutung hätten. Ansonsten empfahl der Ministerrat strengste Zurückhaltung gegenüber allen Maßnahmen, die die bisherige russische Gesetzespraxis durchbrechen würden.

Mit der Bildung dieser interministeriellen Untersuchungskommission war ein institutioneller Rahmen geschaffen, in dem der »Kampf gegen das deutsche Joch«, den die nationalistische russische Öffentlichkeit mit solcher Vehemenz propagierte, geführt und doch zugleich kanalisiert werden konnte. Das Gesetz vom 11. Januar 1915 räumte die Schließung von Konzernen feindstaatlicher Angehöriger in Rußland unter besonderen Bedingungen ein. Die Gesetze vom 2. Februar 1915 verfügten die Einstellung der Möglichkeiten des Landkaufs und der Landpacht durch feindstaatliche Ausländer und stellten damit den ersten Schritt zur Landenteignungsgesetzgebung dar. Am 8. Februar 1915 wurde der Verkauf von Aktien und Wertpapieren, die sich in der Hand feindstaatlicher Ausländer befanden, gesetzlich verordnet. Ein Gesetz vom 1. Juli 1915 schließlich ermöglichte die Schließung von Unternehmen mit gemeinsamen russisch-ausländischen Kapitalien, die aber der ausschließlichen Kontrolle von Ausländern aus Feindstaaten unterstanden. Rückblickend formulierte der Ministerrat in seiner Sitzung vom 1. März 1916 die Richtlinien seiner wirtschaftlichen Restriktionspolitik gegenüber den in Rußland residierenden Angehörigen feindlicher Staaten mit den folgenden Worten:

> »Die russische Regierung hat seit Ausbruch des Krieges, der das entschieden aggressive Wesen Deutschlands offenbart hat, eine Reihe von gesetzlichen und Verwaltungsmaßnahmen getroffen, um das friedliche Eindringen deutschen Einflusses in die verschiedenen Zweige des russischen Wirtschaftslebens unschädlich zu machen. Dieses Eindringen deutschen Einflusses ist im Verlauf des letzten Jahrzehnts in hohem Maße angestiegen. Ein zweifaches Leitprinzip lag allen diesen Maßnahmen zugrunde: Es zielte einerseits auf den Ausschluß aller feindlicher Ausländer und ausländischen Konzerne aus der voraussichtlichen Zone der militärischen Operationen und andererseits auf die Befreiung des Wirtschaftssystems des Landes von deutschem Einfluß ab.«

So gewichtig diese Restriktionsmaßnahmen auf dem Hintergrund der jahrhundertealten russischen Tradition der Förderung ausländischer Niederlassungen auf russischem Boden erscheinen mochten, sie waren nur ein bescheidener Beitrag zur Schaffung einer einheitlichen Wirtschaftsfront, wie sie die alliierten Mächte planten. Tatsächlich war die Rolle Rußlands auf den Pariser

Alliiertenkonferenzen im März und Juni 1916, auf denen die Leitlinien des gemeinsamen Wirtschaftskriegs ausgearbeitet wurden, im wesentlichen eine passive. Die Wirkung, die die Arbeiten und Beschlüsse der Konferenzen auf die Ausarbeitung und Durchführung der Restriktionsgesetzgebung in Rußland hatten, war ungleich höher als die Einflußnahme der russischen Teilnehmer auf die Beschlußfassung der Konferenzen. Nur in einer Frage wartete die russische Delegation mit einem selbständigen Vorschlag auf: Der Vorsitzende der russischen Delegation, Pokrowskij, unterbreitete der Konferenz den Vorschlag, das Verbot des Erwerbs von Land und Bodenschätzen durch feindstaatliche Angehörige mit auf die Liste der zukünftigen Wirtschaftskriegsmaßnahmen zu setzen. Bezeichnenderweise stießen die russischen Delegierten gerade mit diesem Vorschlag, der für ihre heimischen Interessen so große Bedeutung besaß, bei den Delegierten der verbündeten Mächte auf Unverständnis. Vergebens bemühten sich die russischen Delegierten, die in Rußland bereits in Vorbereitung befindliche Landrestriktion als »außerordentlich weise und weitblickende« Maßnahme zu empfehlen. Den anderen auf der Konferenz versammelten Nationen war das Problem ausgedehnten ausländischen Landbesitzes in strategisch wichtigen Zonen fremd. In der Sitzung vom 15. Juni 1916 registrierte der Vorsitzende der alliierten Konferenz lediglich die zu diesem Punkt vorgetragenen Zweifel und Einwände. In der Sitzung vom 16. Juni 1916 wurde der Beschluß gefaßt, die Frage der Landrestriktion in Form eines Zusatzes zu den Konferenzprotokollen festzuhalten. Der russische Beitrag zur Idee des Wirtschaftskriegs fand weder Verständnis noch Anklang.

Handel und Industrie

Nach den Gesetzen des Russischen Reichs – wie auch der west- und mitteleuropäischen Staaten dieser Zeit – war die Enteignung oder Zwangsveräußerung von privatem Besitz, Immobilienbesitz und insbesondere Besitz an Grund und Boden (einschließlich der Minen und Bodenschätze), grundsätzlich möglich, wenn eine Notwendigkeit zum Nutzen von Staat und Gesellschaft vorlag. Die Regierung des Zaren war jedoch – wie dies bereits in der Debatte über die Möglichkeit der Enteignung ausländischen Landbesitzes deutlich geworden war – aus grundsätzlichen Erwägungen heraus wenig geneigt, aus solchen Ausnahmefällen eine allgemeine Regel der Rechtspraxis werden zu lassen. Denn einerseits konnte damit eine Erosion des Eigentumsprinzips, eines der Stützen der Autokratie, einsetzen; andererseits war das Eigentumsbewußtsein in der russischen Bevölkerung noch recht schwach entwickelt, und eine allzu große Laxheit in dieser Frage konnte jeder Art von sozialistischem Radikalismus, besonders in der Landfrage, Tür und Tor öffnen.

Die bedrohliche Vielzahl von ausländischen und insbesondere reichsdeutschen Unternehmen, stellte – zumal diese ganze Komplexe des russischen Handels und der Industrie dominierten – seit Ausbruch des Krieges jedoch eine Frage dar, die dringend nach einer Antwort verlangte. Der erste Anstoß zu ihrer Lösung erfolgte von seiten des russischen Finanzministeriums. Finanzminister war damals Paul L. Bark, ein Bankfachmann deutschbaltischer Herkunft, der seine Ausbildung dem früheren Finanzminister Witte verdankte. Witte hatte den jungen Bark nach Abschluß seines Studiums an das Bankhaus Mendelssohn & Co. in Berlin empfohlen, eines der großen deutschjüdischen Bankhäuser, das gute Beziehungen zu Rußland unterhielt und einen namhaften Teil der deutschen Kredite für die russische Wirtschaft sowie der russischen Staatsanleihen durchführte. Das Bankhaus Mendelssohn unterhielt in St. Petersburg eine starke Niederlassung, in der unter anderem der Spezialist für die Geschichte des russischen Panslawismus, Fischel, über viele Jahre hinweg tätig war. Nach seiner Ausbildung im Bankhaus Mendelssohn & Co. in Berlin kehrte der junge Bark nach Petersburg zurück und wurde hier zum Direktor der Wolga-Kama-Bank ernannt, einer der größten Petersburger Banken mit starker deutscher Finanzbeteiligung. Daneben bekleidete er wichtige Funktionen in der russischen Staatsbank. Nach dem Ausscheiden Kokowzews (1914) wurde er zum Finanzminister ernannt. Der Tradition des russischen Finanzministeriums entsprechend waren viele der Abteilungschefs Männer deutschrussischer Herkunft. So unterstand die Abteilung Kreditwesen dem deutschbaltischen Mitarbeiter Barks, W. Rosenberg. Rosenberg wurde nach Beginn des Kriegs auch die Aufsicht über Handel und Industrie feindstaatlicher Ausländer in Rußland übertragen.

Gegen Ende des Jahres 1914 erhob sich die Frage, ob feindstaatliche Handelsunternehmen bei Zahlung ihrer Steuern die Handelslizenzen für das kommende Jahr erwerben sollten. Finanzminister Bark richtete nun eine Anfrage an den Ministerrat, in der er um Entscheidung der Frage der Handelslizenzen für feindstaatliche Ausländer bat. Der Ministerrat beschloß, Handelsunternehmen die Lizenz für das nächste Jahr zu versagen, während Industrieunternehmen ihre Arbeit ungehindert fortsetzen sollten. Diese Entscheidung des Ministerrates erhielt durch die Zustimmung des Kaisers vom 11. Januar 1915 Gesetzeskraft. § 1 des Gesetzes untersagte die Ausstellung von Handelslizenzen für die individuellen Angehörigen der gegen Rußland Krieg führenden Staaten, für Gesellschaften mit und ohne beschränkte Haftung, deren Mitglieder diesen Staaten angehörten, für die Vertreter von Gesellschaften und Einrichtungen, die der öffentlichen Revision unterliegen und als Körperschaft unter dem Gesetz eines mit Rußland befeindeten Landes eingetragen sind. Dieses Gesetz betraf in erster Linie individuelle Handels- und Geschäftsleute. Unter ihnen befanden sich auch zahlreiche Reichsdeutsche, die Schlüsselpositionen im russischen Handel bekleideten. Dies waren zumeist höhere Verwaltungsangestellte in Unternehmen, die der öffentlichen Revision unterlagen, wie etwa Schiffsfrachtunternehmer, Spediteure, Makler aller Art, Notare, Inspektoren, Versicherungsagenten, Vorsteher von Schiffahrtskompanien, Vertreter großer Handelshäuser sowie kleinere Handelsreisende.

Die Verweigerung von Handelslizenzen an diesen Personenkreis beschnitt zwar die persönlichen Rechte dieser Personen stark, hatte jedoch nicht notwendig einen nennenswerten Einfluß auf die Unternehmen selbst. Listen betroffener Personen, die nach der Februarrevolution beziehungsweise nach Ende des Ersten Weltkriegs nach Deutschland zurückkehrten, zeigten, daß es sich durchgehend um Reichsdeutsche beziehungsweise Angehörige des preußischen, badischen usw. Staates handelte, die bereits längere Zeit in Rußland gelebt hatten, in einigen Fällen bereits in Rußland geboren waren. Unter ihnen befanden sich Direktoren von Handelsunternehmen, Firmenvorsteher, Kaufleute aller Kategorien, Werkmeister, Anwälte usw. In wenigen Fällen waren die entsprechenden Personen nach der Verweigerung der Handelslizenzen, die häufig ihrem Ausscheiden oder aber der Auflösung der eigenen Firma gleichkam, auch interniert worden.

Solche Internierungen waren insofern möglich, als bald nach Kriegsausbruch auch auf dem privatrechtlichen Sektor einschneidende Veränderungen vor sich gegangen waren. Diese privatrechtlichen Beschneidungen, die ab Frühjahr 1915 Gesetzeskraft erhielten, versagten feindstaatlichen Ausländern das Recht auf gesetzlichen Schutz durch die russischen Gerichte. Dabei ist zu bedenken, daß diese privatrechtlichen Beschneidungen auf dem Grundsatz der Reziprozität zwischen den kriegführenden Mächten beruhten.[38] Etwa die Hälfte der von diesen Maßnahmen betroffenen und später nach Deutschland emigrierten Reichsdeutschen hatte in Rußland einem deutschen Club oder einem reichsdeutschen Verein angehört. Auch Angehörige des Deutschen Flottenvereins und anderer alldeutscher Gruppierungen auf russischem Boden waren von diesen Maßnahmen betroffen.[39]

In seiner Anwendung auf Firmen mit deutscher Beteiligung ließ das Gesetz vom 11. Januar 1915 einen relativ großen Ermessensspielraum. Es bezog sich auf zwei Arten von gemeinsamen deutsch-russischen Unternehmen: Gesellschaften mit und ohne beschränkte Haftung sowie Gesellschaften und Kompanien, die der öffentlichen Revision unterlagen und ein gemeinsames Grundkapital besaßen. Laut Gesetz vom 11. Januar 1915 stellte das Finanzministerium für Gesellschaften mit oder ohne beschränkte Haftung, unter deren Mitgliedern sich feindstaatliche Ausländer befanden, keine neuen Handelslizenzen für das Steuerjahr 1915 aus. Es genügte jedoch bereits ein rein formelles, selbst ein fingiertes Ausscheiden dieser Mitglieder, um die gewünschte Handelslizenz zu erhalten. Wie sich in der Folgezeit herausstellte, wurde das fingierte Ausscheiden der feindstaatlichen Mitglieder zu einer vielverwendeten Methode. Der Anwendung des Gesetzes entgingen ebenfalls die Gesellschaften mit gemischtem Grundkapital, die auf der Basis der russischen Betriebsordnung, des russischen Wirtschafts-*ustav*, operierten, obgleich es allgemein bekannt war, daß sich deutsche Gesellschaften in Rußland in der Regel als unabhängige Gesellschaften auf die russische Wirtschaftsordnung gründeten.[40] Lediglich kleine Firmen, deren Personalstab nicht austauschbar war, sowie die ausländischen Firmen feindstaatlicher Herkunft, unterlagen somit dem Anwendungsbereich des Gesetzes vom 11. Januar 1915. Für diese Firmen sah das Gesetz eine Liquidations- beziehungsweise Veräußerungsperiode von drei Monaten nach Bekanntgabe des Gesetzes vor. Auf Beschluß des Ministerrats und Zustimmung des Zaren vom 29. März 1915 wurde diese Liquidationsperiode um weitere drei Monate verlängert. Die Liquidierung blieb dem Eigentümer selbst überlassen, und das Gesetz enthielt keinerlei Sanktionen für den Fall, daß es ihm nicht gelingen sollte, sein Unternehmen innerhalb dieser Frist zu veräußern. Dennoch wurde das Gesetz nicht widerspruchslos hingenommen.

Die liberalen russischen Rechtswissenschaftler der KD-Partei liefen gegen dieses Gesetz Sturm, da es mit der traditionellen russischen Rechtspraxis unvereinbar war. Konservative Regierungskreise kritisierten es wegen seiner praktischen Unzulänglichkeiten. Und der Rat für Handel und Industrie, der für die russischen Wirtschafts- und Handelskreise sprach, verwarf dieses Gesetz wegen seiner schädlichen Wirkung auf die Entwicklung der russischen Industrie. Daher sah sich die Regierung genötigt, dem Gesetz zwei Zusatzverordnungen folgen zu lassen, die seinen Anwendungsbereich weiter einschränkten. Die erste dieser Zusatzverordnungen wurde von der Steuerabteilung des Finanzministeriums ausgearbeitet. Diese Verordnung, die am 16. März 1915 Rechtskraft erlangte, räumte den Übergang von Handelsunternehmen aus der Hand von Ausländern feindlicher Nationalität in die Hände russischer Staatsbürger oder Ausländer neutraler Nationalität ein und legalisierte damit in der Praxis die fingierte Reorganisierung dieser Unternehmen. Die Verordnung legte weiterhin fest, daß die Handelsgesellschaften nicht mehr als »Handelseinrichtungen« zu gelten hätten, die in der einen oder anderen Weise mit Industrieunternehmen verbunden seien und von daher als Teil eines Industriebetriebs angesehen werden könnten. Alle Handelshäuser, die Waren an Industrieunternehmen lieferten oder von ihnen bezogen, unterlagen insofern nicht mehr dem Gesetz. Damit entstand die – in den Augen der liberalen Kritiker dieses Gesetzes – paradoxe Situation, daß Bäckereien, Konditoreien, Delikatessengeschäfte, andere kleine und Einzelhandelsfirmen der Idee der Freiheit vom deutschen Joch geopfert wurden, während große Handelsunternehmen, die mit Industriekomplexen zusammenarbeiteten, von der Liquidationsgesetzgebung ausgenommen waren.

Die zweite, vom Ministerrat ausgearbeitete und mit Zustimmung des Zaren vom 10. Mai 1915 erlassene Verordnung schloß ausländische Handelsniederlassungen aus, deren (Mit-)Besitzer feindstaatlicher Nationalität vor Auslaufen der Liquidationsfrist, das heißt vor dem 1. Juli 1915, ausgeschieden waren. Diese Verordnung wurde im allgemeinen als Ermunterung zur fiktiven Besitzübertragung verstanden. Die Handelsunternehmen mit gemischtem russisch-deutschem Grundkapital, die von dieser Möglichkeit nicht Gebrauch gemacht hatten, sollten der Zwangsveräußerung unterliegen. Das Finanzministerium sollte Verwalter beziehungsweise Inspektoren einsetzen, die den Verkauf dieser Unternehmen kontrollierten, dabei aber als Ziel im Auge hatten, die Firma in ihrer Gesamtheit zu erhalten. Die Liquidation der Firma sollte innerhalb eines Jahres vor sich gehen. Diese Liquidation lag in den Händen eines Liquidationsverwalters oder -inspektors, der nach Veräußerung der Firma die eventuell vorhandenen Gläubiger auszahlen und den Reinertrag an die Besitzer, Partner beziehungsweise Aktionäre weiterleiten sollte. Die den Angehörigen feindlicher Staaten zukommenden Kapitalien sollten auf einem Sperrkonto deponiert werden. Diese Sperrkonten waren laut Gesetz vom 15. November 1914 eingerichtet worden, mit dem die Finanzblockade feindlicher Ausländer eingeleitet wurde. Aus Aufstellungen von reichsdeutscher Seite[41] geht hervor, daß 1839 reichsdeutsche Firmen in den Anwendungsbereich dieses Gesetzes fielen. Von diesen Firmen sind im Verlauf der Kriegsjahre 1361 Firmen auf Entscheidung der Eigentümer geschlossen oder veräußert worden, während die verbleibenden 478 Handelsfirmen der Wirkung des Gesetzes vom 10. Mai 1915 unterlagen.

Die patriotisch gestimmte Öffentlichkeit, die sich dem »Kampf gegen das deutsche Joch« in der russischen Wirtschaft verschrieben hatte, war durch diese Maßnahmen nicht zufriedengestellt. Die schleppende und außerordentlich weitmaschige Anwendung des Gesetzes ließ darüber hinaus vielerorts den Eindruck entstehen, daß es der Regierung mit ihrem Kampf gegen die deutsche Wirtschaftsmacht nicht ernst war. Tatsächlich blieb die russische Regierung mit ihren Maßnahmen weit hinter der innenpolitischen Entwicklung zurück. Das Zentrum der Zuspitzung nationalistischer Aggression gegen die deutschen Wirtschaftsniederlassungen war Moskau. Schon im Herbst 1914 hatte die Moskauer Kaufmannsgesellschaft einen Boykott gegen deutsche Waren durchführen wollen. In Zirkularen hatten die Moskauer Kaufleute nationalistischer Prägung auch die Kaufmannsgesellschaften der Provinz, das Börsenkomitee und die Kaufmannsräte zur Teilnahme an diesem Boykott bewegen wollen. Die russische Regierung hatte derartige Maßnahmen immer wieder durch Hinweise darauf aufgehalten, daß der Ministerrat an einer einschlägigen Gesetzgebung arbeite. Als das Gesetz vom Januar 1915 sowie seine Zusatzverordnungen bekannt wurden und deutlich wurde, daß der kleine »sichtbare Deutsche«, der Konditor, Bäcker, Delikatessen- und Wursthändler, aus dem Straßenbild Moskaus verbannt wurde, während der mächtige »unsichtbare Deutsche« weiterhin hinter den größten russischen Handels- und Industriekonzentrationen stand, wurde in Moskau Pogromstimmung spürbar. Die schweren russischen Niederlagen während der deutschen Frühjahrsoffensive 1915, für die der Mann auf der Straße keine rationale Erklärung finden konnte, führten zu Gerüchten und Verdächtigungen von gigantischem Ausmaß. All dies verdichtete sich in den Maitagen 1915 zu einem antideutschen Wirtschaftspogrom in Moskau. Wie häufig Gerüchte Pogromen vorauseilten, so war auch dieser Wirtschaftspogrom durch zahlreiche Gerüchte vorbereitet worden; man sprach von der Vergiftung der Moskauer Wasseradern, der Quellen und Flüsse, von Verminungen der Moskwa-Brücken durch die ortsansässigen Deutschen; man hörte von Spionage- und Sabotageakten im Hinterland der Front, von der Zerstörung von Brücken und Landstraßen, der Sprengung russischer Waffenarsenale, der Anlegung von Sprengstoffvorräten in deutschen Häusern, kurz, von den seit langem befürchteten Aktionen des »inneren Deutschen«. Die Boulevard- und Sensationspresse chauvinistischer Provenienz, vor allem der »Golos Moskwy«, hatte seit Monaten versucht, die Volksstimmung für die Befreiung des geknechteten russischen Menschen vom deutschen Wirtschaftsjoch anzuheizen. Auf einen besonders fruchtbaren Boden fielen diese Appelle in den Arbeitervierteln; die proletarisierten Schichten der Hauptstadt, die nicht nur unter Hunger und schlechter Versorgung mit den notwendigen Gebrauchsgegenständen, sondern auch unter den Anforderungen der forcierten Kriegswirtschaft zu leiden begannen, sahen in diesem »inneren Deutschland« nur allzugern die Wurzel aller Übel.

Während der deutsche Vormarsch auf russischem Territorium einsetzte, steigerte sich die Erregung der schwer leidenden Moskauer Arbeiterschaft bis zur unkontrollierten Aggression. Am 27. und 28. Mai 1915 zogen die aufgepeitschten Massen, unbehelligt von der auffällig passiven Polizei, für zwei Tage und Nächte plündernd durch die Straßen Moskaus, um sie von der verhaßten Gegenwart der deutschen Geschäfte, Unternehmen und Prachtvillen zu reinigen. Sie begnügten sich – nach Berichten von Augenzeugen – anfangs mit der bloßen Zerstörung dieser Gebäude, während sie später, nachdem sie deutsche Wein- und Branntweinlager erbrochen und deutsche Weinhandlungen und Destillerien heimgesucht hatten, auch zu Brandlegung, Plünderung und zu Gewalttaten übergingen. Gegenstand ihrer Aggression waren deutsche Geschäfte und Firmen, Fabriken und Großunternehmen, Büros und Privatwohnungen.

Diese Walpurgisnacht der nationalistischen russischen Leidenschaften, die in die Geschichte der Deutschrussen als der »Moskauer Aufstand« oder der »Moskauer Wirtschaftspogrom« einging, hat viele Fragen ausgelöst. Zunächst wurde berichtet[42], daß die Massen von Personen angeführt wurden, die speziell zu diesem Zweck angelegte Verzeichnisse deutscher Handelshäuser und deutscher Privatwohnungen in den Händen hielten. Solche Verzeichnisse sollen wenige Tage vor Ausbruch des Pogroms in Sonderbeilagen der Zeitung »Sa Rossiju« (Für Rußland) veröffentlicht worden sein; die Zeitung »Sa Rossiju« war das Organ einer rechtsextremen, chauvinistischen Gruppierung gleichen Namens mit Sitz in Moskau, die sich im Frühjahr 1915 unter dem Vorsitz des Advokaten W. F. Lachkow konstituiert hatte und den Kampf gegen das »innere Deutschland« in Rußland zu ihrem Programm erhoben hatte. Nach den Beobachtungen Lindemanns lenkten diese Anführer den »wilden Pöbelhaufen« auf die deutschen Niederlassungen und gaben Befehl, diese zu demolieren. In dieser ersten Phase des Pogroms sollen auf diese Weise 759 deutsche Handelshäuser und Wohnungen demoliert und ausgeraubt worden sein; der Verlust habe etwa 20 Millionen Goldrubel ausgemacht. Vierzig Deutsche sollen dabei verwundet, und drei Deutsche, nämlich die Frau des Fabrikbesitzers Engels, geborene Schrader, der Fabrikdirektor Karlsen und der Ingenieur Enzen, ermordet worden sein.

Nach diesen ersten, von nationalistischen Anführern ausgelösten und gelenkten Angriffen auf deutsche Personen und Firmen habe dann eine zweite Phase des Pogroms begonnen, in der »der Mob« seinen Anführern nicht mehr gehorcht und seiner Zerstörungswut freien Lauf gelassen habe. In dieser Phase wurden – nach den Beobachtungen Lindemanns –

> »nicht nur deutsche, sondern auch andere Häuser, die dem Mob wegen ihres Reichtums verhaßt waren, zerstört. Mehr als 300 russische, französische und englische Handelshäuser wurden bei dieser Gelegenheit demoliert.«

Die Moskauer Deutschen bemühten sich bei all ihrer Betroffenheit über die Ausschreitungen, Licht in die Hintergründe dieser Vorgänge zu bringen. Zu Beginn der Sowjetperiode machte ihr Sprecher, Karl E. Lindemann, in einer Schrift, die in deutlich opportunistischer Tonlage geschrieben und mit Anbiederungen an die neuen Herrscher durchsetzt war, den Generalgouverneur von Moskau, Fürst Jussupow-Sumarokow-Elston, den Vater des Rasputin-Attentäters Felix Jussupow, für den antideutschen Pogrom verantwortlich. Lindemann schrieb:

> »Der Deutschenpogrom, der in Moskau am 27. Mai 1915 stattfand, war eine Kundgebung der russischen Hofgesellschaft und des Beamtentums, anbefohlen und organisiert vom Fürsten Jussupow, dem damaligen Ge-

neralgouverneur von Moskau, einem der reichsten Aristokraten und Verwandten der kaiserlichen Familie.«

Ungeachtet der tendenziösen Tonlage dieser Erklärung aus dem Jahr 1922 fällt auf, daß Lindemann, der in den fraglichen Tagen in Moskau anwesend und bestens über alle Vorfälle informiert war, nur vom Pogrom des 27. Mai 1915, also der ersten Phase der Ausschreitungen, sprach. In der zweiten Phase, die auf den 28. Mai fiel, wurden, wie aus russischen Quellen hervorgeht, neben 113 deutschen und österreichischen Staatsangehörigen auch 489 Ausländer anderer Nationalitäten sowie Russen mit ausländisch klingenden Namen Opfer der Ausschreitungen. Es stellt sich die Frage, weshalb Lindemann, der auch über die zweite Phase wohlunterrichtet war, in seiner opportunistischen Schrift von 1922 nur den für die erste Phase der Ausschreitungen Schuldigen suchte und benannte.

Sowjetische Quellen deuten darauf hin, daß sich am zweiten Pogromtag andere Anführer an die Spitze der erregten und durch Alkohol aufgeputschten Volksmassen stellten. Offenbar hatten bolschewistisch organisierte Arbeiter den Pogrom mitinszeniert, mitgeleitet und im entscheidenden Augenblick in ihre Hände genommen, um der antideutschen Aktion des ersten Pogromtags einen allgemeinen, antikapitalistischen Charakter zu geben. So erinnerte sich beispielsweise der Bolschewik W. Fokin 1923 daran, daß die Arbeiter des Werks, in dem er agitatorisch tätig war, »am deutschen Pogrom in Moskau am 27. Mai 1915 teilgenommen haben«.[43] Desgleichen wird berichtet, daß »Rittmeister Hanko Hinweise des Provokateurs ›Olgin‹... über die Ereignisse vom 28. Mai in Moskau erhalten« habe. Diese Hinweise wurden am 1. Juni 1915, also kurz nach den Moskauer Maiereignissen, gegeben; in ihnen hieß es: »Instruierte Arbeiter wandten sich mit der Bitte an die Stadtverwaltung, sie von der ›deutschen Gewalt‹ zu befreien und die Deutschen aus Moskau auszusiedeln. Da dies nicht geschah, kam es zu einer Erbosung der Arbeiter gegen die Polizei«, die damit endete, daß die »instruierten Arbeiter« darangingen, das Übel mit Hilfe der aufgebrachten Arbeitermassen eigenhändig aus der Stadt zu entfernen.[44]

Unter diesen Umständen wuchs sich der Pogrom gegen die feindstaatlichen Handelsunternehmer in seiner zweiten Phase vermutlich zu einer Art Aufstand der von bolschewistischen Agitatoren angeführten Arbeitermassen gegen den internationalen Kapitalismus aus. Die ursprünglichen Organisatoren, Männer der nationalistischen russischen Rechten, denen die Führung der Massen entglitten und die deshalb über den Ausgang des Pogroms wenig glücklich waren, ließen in den darauffolgenden Tagen in den Schaufenstern der demolierten Geschäfte nicht feindstaatlicher Ausländer Plakate mit der Aufschrift anbringen: »Rasgromleno po oschibke« (Aus Versehen demoliert)![45]

Die Moskauer Stadtduma, die über die Vorgänge des 27. und 28. Mai 1915 höchst betroffen war, traf wenig später zu einer außerordentlichen Sitzung zusammen, auf der auch Generalgouverneur Fürst Jussupow anwesend war. Auf dieser Versammlung soll Fürst Jussupow – nach Mitteilung Lindemanns – den Ausspruch getan haben: »Ich wollte nur ein kleines Fensterchen öffnen, und siehe da, was geschehen ist!« Der kommandierende General des Moskauer Militärbezirks überhäufte Fürst Jussupow mit Vorwürfen und versprach der Versammlung, die Straßen Moskaus von nun ab durch Militärpatrouillen zu sichern. Am 10. Juni 1915 gab der Moskauer Generalgouverneur eine öffentliche Erklärung an die Bevölkerung der Stadt ab, in der er die fortbestehende antideutsche Hysterie durch den Hinweis auf die bevorstehende gesetzliche Liquidierung feindstaatlicher Handelsunternehmen zu dämpfen suchte:

> »Die Frage, die den Menschen von Moskau so sehr am Herzen liegt, ist durch das Gesetz, das vom 1. Juli an durchgeführt werden wird, vollständig gelöst worden ... Diese Verordnung wird in Moskau ohne Nachsicht und Gnade auf die Angehörigen feindlicher Mächte angewendet werden.«[46]

Dem Moskauer Wirtschaftspogrom folgten kleinere Ausschreitungen in anderen Städten und Teilen des Reichs. Während die Anführer des Moskauer Pogroms die Massen tatsächlich auf ausländische Niederlassungen dirigierten, wurde in den Provinzstädten häufig kein Unterschied zwischen Ausländern mit fremder Staatsangehörigkeit oder feindstaatlichen Volkszugehörigen gemacht, die die russische Untertanenschaft erlangt hatten. Vor den aufgebrachten Massen der Provinzstädte verschwammen die Grenzen zwischen Reichsdeutschen und naturalisierten russischen Deutschen. General Denikin berichtete, daß in der Periode des »großen Rückzugs«

> »eine Woge des Ingrimms gegen unsere Deutschen über das Land schlug, die doch seit langen Zeiten russifiziert waren, und häufig nur ihre deutschen Familiennamen zurückbehalten hatten. An vielen Stellen verdichtete sie sich zu Demonstrationen, Beleidigungen von Personen deutscher Herkunft und Pogromen.«[47]

Allerdings wurden diese Ausschreitungen nun schnell und effektiv von der russischen Polizei niedergeschlagen, die für solche Fälle in Alarmbereitschaft gehalten wurde.[48] Dennoch sah sich die russische Regierung unter dem Eindruck dieser Erregung genötigt, weitere Sanktionen gegen Wirtschaftsunternehmen feindstaatlicher Ausländer zu erlassen. Diese betrafen nun neben den Handelsniederlassungen auch die Industrieetablissements deutscher und österreichischer Staatsangehöriger.

Das Gesetz vom 11. Januar 1915 hatte Industrieunternehmen in feindstaatlicher Hand nicht berührt. Allerdings war die Vergabe der Lizenzen für das Jahr 1915 unter der Bedingung der doppelten Steuerhöhe der betroffenen

Unternehmen erfolgt. Als gegen Ende des Jahres 1915 wiederum die Frage der Vergabe der Lizenzen für das Jahr 1916 gelöst werden mußte, entschied man sich für eine Angleichung der feindstaatlichen Industrieunternehmen an die für die Handelsunternehmen feindstaatlicher Ausländer geltenden Gesetze. Das Gesetz vom 17. Dezember 1915 hob die Handelslizenzen für Industrieunternehmen auf, die sich in deren Händen befanden oder mit ihrer Beteiligung operierten, und ordnete ihre Liquidierung an. Innerhalb eines Monats nach Bekanntgabe des Gesetzes sollten die örtlichen Vertretungen des Finanzministeriums den lokalen Gerichten Listen der betreffenden feindstaatlichen Unternehmen vorlegen. Allerdings räumte das neue Gesetz die Möglichkeit des Ausscheidens von feindstaatlichen Ausländern aus den Unternehmen nicht mehr ein. Mit Inkrafttreten des Gesetzes am 1. Januar 1916 unterlag grundsätzlich jedes Industrieunternehmen, dessen Besitzer, Partner oder Teilhaber einer feindlichen Nation angehörte, der Liquidierung. Die Regierung war sich der Tragweite dieser Maßnahme wohl bewußt und darum bemüht, auf dem Weg zahlreicher Ausnahmeregelungen ihre Bedeutung für die russische Wirtschaft zu verringern. So konnten beispielsweise deutsche Firmen, die unter dem Namen von Ehepartnern oder Familienangehörigen slawischer oder anderer Herkunft geführt wurden, fortbestehen. Alle Industrieunternehmen, die für die Kriegswirtschaft, Verteidigungs- und Sicherheitsbelange des Russischen Reichs von Bedeutung waren, durften ungehindert weiteroperieren. Diese Regelung betraf auch alle Firmen, die als Lieferanten für die Krone, die Semstwo- und Städteverbände und die Kriegsindustriekomitees arbeiteten. Sie bezog sich auch auf Firmen, die für die Kriegsdauer aufgrund besonderer Bestimmungen von der Regierung übernommen und verwaltet wurden, Firmen also, die sich unter Sequestrierung befanden, für die die eingesetzten Verwalter aber keine Überstellung in die Kategorie der zu liquidierenden Unternehmen beantragt hatten. Dies waren in der Regel Firmen von großer Bedeutung für die russische Volkswirtschaft. Je stärker allerdings die Kriegsopfer zunahmen, und je mehr sich die Katastrophensymptome in der russischen Wirtschaft häuften, desto geringer wurde auch der Wille, Ausnahmefälle bestehen zu lassen. Im Dezember 1916 wurde ein neues Gesetz formuliert, das den Ministern die Möglichkeit einräumte, auch die Liquidierung der bis dahin ausgenommenen Industrieunternehmen zu beantragen.

Obwohl sich die Kriegsgesetzgebung im Zuge der Kriegsgeschehnisse zweifellos verschärfte, wurde ihre tatsächliche Durchführung nicht immer konsequent betrieben. Einerseits bemühten sich deutsche Unternehmer, die Maschen der Gesetze auszunützen; andererseits war der Druck der kriegswirtschaftlichen Anforderungen so groß, daß keiner Seite an einer konsequenten Durchführung der Gesetze auf Kosten der Leistungsfähigkeit der russischen Wirtschaft gelegen war. Charakteristisch für die erste Tendenz war ein Gesetz vom 2. Januar 1916, das »Maßnahmen zur Verhinderung der Umgehung« der Liquidierung von Industrie- und Handelsunternehmen durch die feindstaatlichen Besitzer formulierte. Das Ziel dieses Gesetzes bestand darin, die Praxis der fiktiven Besitzübertragungen einzudämmen. Kennzeichnend für die zweite Tendenz war die Tatsache, daß zahlreiche Zusatzverordnungen zu dem Gesetz auf eine Erhaltung der russischen Wirtschaftskapazität abzielten. So wurden den vom Finanzministerium eingesetzten Inspektoren, die für die Liquidierung der entsprechenden Unternehmen zuständig waren, immer wieder die Interessen des Gesamtunternehmens ans Herz gelegt. Die Inspektoren sollten die Unternehmen so lang im vollen Umfang weiterführen, bis sie einen Käufer fänden, der bereit wäre, das Unternehmen als Ganzes oder in seinen Teilen zu kaufen. Von einer Verschrottung der deutschen Industrieunternehmen konnte insofern nicht die Rede sein.

In der Praxis wurde die gesetzliche Liquidierung eher zu einer Ausnahme als zur Regel. Dies traf besonders auf Firmen mit deutsch-russischem Grundkapital zu, die unter Zugrundelegung des russischen *ustav* arbeiteten. Die entscheidenden Anstöße zur Einbeziehung dieser Unternehmen in die Liquidationsgesetzgebung ging wiederum von Moskau aus. Zu einem Stein des Anstoßes war die mächtige Moskauer Allgemeine Elektrizitätsgesellschaft von 1886 geworden, die auch in Petrograd Niederlassungen besaß. Senator Iljaschenko, ein prominenter Befürworter des »Kampfes gegen die deutsche Vergewaltigung«, hatte diesen Fall aufgegriffen. Schon im Frühjahr 1915 war es ihm gelungen, der Regierung die Zustimmung zur Bildung einer besonderen Untersuchungskommission unter seinem Vorsitz abzuringen. Nach anfänglichen Mißerfolgen, die darin bestanden, daß Aktionäre der Allgemeinen Elektrizitätsgesellschaft sich als Schweizer Staatsbürger erwiesen, nahm der Ministerrat einen Gesetzentwurf der Kommission Iljaschenko an, der am 1. Juli 1915 auch die Bestätigung des Zaren erlangte. Das Gesetz sah vor, daß Kompanien mit gemeinsamem Grundkapital, aber russischem *ustav*, die von feindstaatlichen Angehörigen kontrolliert wurden, in allen Fällen, in denen ihre Tätigkeit dem öffentlichen Interesse Schaden zufügte, geschlossen oder von einem eingesetzten Verwalter zeitweilig geleitet werden sollten. Tatsächlich war diese Schließung eine bloße Drohung, da sie in der Praxis undurchführbar war. Zwar hat eine Sonderkommission des Ministeriums für Handel und Industrie bis Ende 1915 eine Liste von 2000 in Frage kommenden Kompanien zusammengestellt, wobei in 364 Fällen der Verdacht bestand, daß sie mit »feindlichen« Kapitalien arbeiteten. In der Praxis ließ sich jedoch der Beweis für die »Kontrolle durch feindstaatliche Angehörige« nicht erbringen. Aus diesem Grund wurde anstelle der Schließung die Einsetzung temporärer Verwalter verordnet. Nur elf große deutsche Unternehmen wurden durch Verweigerung der Neuausstellung ihrer Lizenzen faktisch zur Liquidierung gezwungen. Dies waren unter anderem die folgenden Firmen mit deutschem Grundkapital, die auf der Basis des russischen Wirtschafts-*ustav* arbeiteten: Gewerkschaft Deutscher Kaiser, Badische Anilin- und Soda-Fabriken, Aktiengesellschaft Vereinigte Chemische Fabriken, S. T. Morozoff, Krell, Offmann, Russische Eisenindustrie AG und Elektrische Aktiengesellschaft vormals Lahmeier & Co. Diese Firmen besaßen Verträge mit der russischen Regierung, in denen sich diese grundsätzlich das Recht zu neuen Entscheidungen vorbehalten hatte. Mit der Verweigerung der Lizenzen für diese Firmen wurden zugleich auch zeitweilige Verwalter eingesetzt, die das Betriebsvolumen aufrechterhalten sollten.

Ungeklärt war bis dahin die Frage des ausländischen Aktienkapitals geblieben. Anfang 1917 wurde das Ministerium für Handel und Industrie beauftragt, ein Gesetz auszuarbeiten, das die Zwangsveräußerung von Aktien verordnete, die sich in der Hand feindstaatlicher Angehöriger befänden. Wiederum protestierte der Ständige Industrie- und Handelsrat gegen die geplante Maßnahme. Er stützte sich dabei auf das Argument, daß diese Maßnahme auch dann die Börse mit Wertpapieren überfluten und in ein Chaos versetzen werde, wenn – wie dies geplant war – die Schatzkammer die meisten dieser Aktien aufkaufen würde. Trotz dieser Proteste aus den liberalen russischen Wirtschaftskreisen erlangte die Vorlage auf Ministerratsbeschluß und Bestätigung des Zaren vom 8. Februar 1917 noch Gesetzeskraft. Das Schema der vorgesehenen Zwangsveräußerung war einfach, doch war es außerordentlich schwer, die entsprechenden Aktionäre nachweislich zu bestimmen. So hatte die Kommission für Zwangsveräußerung feindlichen Kapitals, die mit der Bekanntmachung des Gesetzes am 8. Februar 1917 unter Leitung des Ministeriums für Handel und Industrie gebildet wurde, größte Schwierigkeiten bei ihren Versuchen, den Verwaltungsräten der betreffenden Aktiengesellschaften ausreichend gesicherte Listen feindlicher Aktionäre vorzulegen.

Bis zur Februarrevolution hat das Gesetz kaum noch Anwendung gefunden. Auch die Provisorische Regierung hatte keine Eile bei der Anwendung dieses Gesetzes, das auf unzählige praktische und rechtliche Schwierigkeiten stieß. Doch blieb auch in dieser Frage der Fall der Allgemeinen Elektrizitätsgesellschaft von 1886, der die nationalistische Öffentlichkeit seit den ersten Kriegsjahren erregt hatte, weiterhin ein Stein des Anstoßes. So sah sich die Provisorische Regierung genötigt, das Gesetz vom 8. Februar 1917 auf besonderen Erlaß vom 22. Juni 1917 zur Anwendung zu bringen, tat dies jedoch mit der charakteristischen Einschränkung, daß die Wertpapiere großer Kompanien, die sich im Besitz Angehöriger feindlicher Staaten befänden, unter Kreditierung ihres Gegenwerts für die Besitzer an die Schatzkammer beziehungsweise die Städte Petrograd oder Moskau abgetreten werden müßten. Die Allgemeine Elektrizitätsgesellschaft von 1886 war das erste Unternehmen, das von diesem Regierungserlaß betroffen war. Wenige Monate später hat die Sowjetregierung die Enteignung aller Aktionäre ohne Unterschied ihrer Nationalität angeordnet.

Der deutsche Landbesitz

Die Wirtschaftskriegsgesetzgebung zur Einschränkung des Landbesitzes in den Händen von Angehörigen feindlicher Nationen unterschied sich in einem Punkt grundsätzlich von den Gesetzen zur Einschränkung von Handel und Industrie in den Händen feindstaatlicher Ausländer: Sie erstreckte sich auch auf Personen, die zwar ihrer Herkunft nach zu den feindstaatlichen Nationen gehörten, aber die russische Untertanenschaft besaßen. Allerdings hat die russische Regierung auch diese Gesetze mit kaum geringeren Vorbehalten erlassen und in Anwendung gebracht, als dies für die Gesetze zur Einschränkung von Handel und Industrie galt. Ein russischer Kritiker dieser Gesetzgebung, W. G. Korolenko, hat dies mit den folgenden Worten zum Ausdruck gebracht:

> »Aus der Geschichte dieser Gesetze ist ersichtlich, daß sich im Prinzip niemand entschloß, offen die Verantwortung für diese unerhörten Maßnahmen zu tragen. Alle haben sie wenigstens eingeschränkt und gemildert, sogar die Herren Schtscheglowitow und Maklakow. Aber die Übergangssituation, in der Rußland sich befindet, bringt es mit sich, da sie alle verantwortungslos handeln.«[49]

In der Bodengesetzgebung, die im Rahmen des Wirtschaftskriegs erlassen wurde, sind zwei Phasen zu unterscheiden.

In der ersten Phase wurden Beschränkungen im Hinblick auf Erwerb und Pacht für die Angehörigen der gegen Rußland kriegführenden Staaten gesetzlich verankert. Der Ukas vom 22. September 1914[50] untersagte es Angehörigen der gegen Rußland kriegführenden Staaten für die Dauer des Krieges, neues Land käuflich zu erwerben oder zu pachten. Das erste der drei Landgesetze, die am 2. Februar 1915 erlassen wurden, das Gesetz »Über Landbesitz und Landverfügung (Pacht) von österreichischen, ungarischen, deutschen und türkischen Staatsangehörigen in den ländlichen Bezirken des Russischen Reiches«[51], verfolgte das Ziel, die Grenzgouvernements, die in den vorausgegangenen Jahrzehnten einen besonders starken Zustrom einwandernder reichsdeutscher Siedler verzeichnet hatten, genauer kontrollieren und überwachen zu können. Diese beiden Gesetze, die sich auf Staatsangehörige der feindlichen Nationen – und unter ihnen besonders auf die Reichsdeutschen – bezogen, stellten einen integralen Teil der gesetzlichen Maßnahmen des russischen Wirtschaftskriegs gegen die in Rußland lebenden Angehörigen von Feindstaaten dar.

Demgegenüber weiteten zwei weitere Gesetze vom 2. Februar 1915 sowie die ihnen folgenden Zusätze und Neuverordnungen die Landbeschränkungen auch auf Angehörige des österreichischen, ungarischen und deutschen Volks aus, die seit längerer Zeit russische Untertanenschaft besaßen. Das zweite Gesetz vom 2. Februar 1915[52] verfügte die »Aufhebung von Landbesitz und Landverfügung (Pacht) von Personen österreichischer, ungarischer und deutscher Herkunft in den Grenzgebieten«. Und das dritte der Landgesetze vom 2. Februar 1915[53] betraf »Landbesitz und Landverfügung (Pacht) einiger Kategorien von Personen ehemals österreichischer, ungarischer und deutscher Herkunft, die die russische Staatsbürgerschaft besitzen«. Mit diesen beiden Gesetzen setzte infolgedessen die Einschränkung beziehungsweise Liquidierung von Ländereien ein, die sich im Besitz von deutschrussischen Kolonisten oder deutschrussischen Gutsbesitzern russischer Staatsangehörigkeit befanden. Allerdings waren nicht alle deutschrussischen Landbesitzer in den entsprechenden Gebieten von diesem Gesetz betroffen: Als eine Art politischer Zuverlässigkeitsgrenze wurde der Stichtag des 1. Januar 1880 festgelegt. Alle deutschen Landbesitzer, die vor diesem Stichtag die russische Staatsangehörigkeit erworben hatten, unterlagen nicht der Gesetzgebung. Demgegenüber wurden Landbesitzer, die den Feindnationen angehörten und sich nach diesem Stichtag mit oder ohne Erfolg um die Zuerkennung der russischen Staatsbürgerschaft bemüht hatten, von diesen Gesetzen betroffen. Dieser Stichtag wies eher Unbeholfenheit als Willkür des Gesetzgebers auf und war aus diesem Grund in der Debatte, die diese Gesetzgebung begleitete, wiederholt Gegenstand hitziger Debatten.

Neben diesen Gesetzen galten für alle reichsdeutschen Landbesitzer, die im Russischen Reich wohnhaft waren, auch alle die privatrechtlichen Beschränkungen, die in den ersten Kriegsmonaten im Hinblick auf feindstaatliche Angehörige erlassen worden waren; zu ihnen gehörten auch die Aufhebung des Residenzrechts sowie die Versagung gerichtlichen Schutzes in Streitfällen, wann immer sich diese Maßnahmen als notwendig erweisen sollten. Darüber hinaus standen große Teile der stark von deutschen Landbesitzern besiedelten Gebiete der Grenzgouvernements jetzt unter Militärverwaltung. Mit den anderen Einwohnern fielen auch die deutschen oder deutschstämmigen Einwohner dieser Gebiete unter militärische Befehlsgewalt. Diese Vielschichtigkeit der Kompetenzen und Maßnahmen hat nicht selten zu Mißverständnissen und Chaos geführt.

Der Gang der Landgesetzgebung verdeutlicht, zu welchen Rücksichtnahmen sich der russische Gesetzgeber veranlaßt sah. Die Idee einer detaillierten Gesetzgebung zur Eindämmung des deutschen Landbesitzes in Rußland war auf der Ministerratssitzung vom 7. Oktober 1914 zur Sprache gekommen und ging auf den Vorschlag des Außenministers Sasonow zurück. In dieser

Sitzung hatte sich Sasonow gegen eine Beschränkung deutschen Kapitals in Rußland ausgesprochen, statt dessen aber auf die Notwendigkeit der seit langem anstehenden Lösung des Problems deutschen Landbesitzes in den Grenzgebieten hingewiesen. Sein Hinweis war auf die Ablehnung der übrigen Minister gestoßen. Demgegenüber forderte die Volksstimmung immer stärker nach einer gesetzlichen Lösung dieses Problems. Besonders die russische Bevölkerung der Randgebiete bewegte sich unter dem Eindruck des Krieges mehr und mehr auf die Positionen der nationalistischen Rechten zu. Diese Stimmung faßte N. Simbirskij in den Worten zusammen:

> »Der große Krieg beginnt nun, das ganze Geheimnis dieser Geschichte der deutschen Übersiedlung nach Rußland aufzudecken: Man möchte glauben, daß nun der Moment gekommen ist, um diese Frage an der Wurzel aufzudecken, um sich endlich radikal der deutschen Gewaltherrschaft zu entledigen... Die deutsche Landherrschaft bei uns ist ein gordischer Knoten. Man muß ihn zerschlagen, denn der Prozeß seiner Auflösung droht die Frage mehr und mehr zu verschleiern.«[54]

In den Augen der gemäßigt konservativen Nationalisten bot – und hier trat eine Nützlichkeitserwägung in die Landdebatte ein – die Lösung der deutschen Landfrage zugleich einen Testfall für die Lösung der sozialen und Agrarfrage auf dem Land an; die seit langem für notwendig befundene Zuteilung freiwerdender Ländereien an verarmte russische Bauern konnte hier zum ersten Mal in einem überschaubaren und kontrollierbaren Rahmen erprobt werden; denn der Landhunger des russischen Bauern, der in den revolutionären Unruhen von 1905/06 nach Sättigung geschrien hatte, drohte während des Fronteinsatzes vieler Millionen russischer Bauernsöhne noch zu wachsen. Die Gefahren massenweisen Desertierens von den Fronten und der Agrarrevolten im Hinterland hingen wie ein Damoklesschwert über der Regierung. Spätestens bei der Rückkehr des Vielmillionenheers russischer Bauernsöhne aus dem Feld mußte es in den landarmen Gouvernements zu wilden Landnahmen von Massenausmaß kommen. Einige Befürworter der Landenteignungsgesetzgebung sahen in der Enteignung des deutschen Landbesitzes und seiner Aufteilung an russische Bauern den ersten Schritt zur Lösung dieser brennenden Fragen.

Demgegenüber warnten Kenner der russischen Bauernfrage, wie etwa Pawel Miljukow und Baron Nolde, die Regierung vor derartigen Zweckmäßigkeitserwägungen: Wer den Stein ins Rollen brächte, würde schließlich selbst von ihm überrollt werden. In der Dumadebatte über die Februargesetze warnte Miljukow die Anhänger dieses Zweckmäßigkeitskalküls:

> »Meine Herren, Sie täuschen sich selbst. Das Land der Kolonisten reicht nicht aus. Und wer immer mit ihrem Land beginnt, wird mit Ihrem Land aufhören!«[55]

Und als Spezialist der russischen Landwirtschaft erinnerte Professor Karl E. Lindemann Innenminister A. N. Chwostow, der ebenfalls strenge Maßnahmen gegen den deutschen Landbesitz befürwortete, mit eindringlichen Worten daran, daß auch seine eigenen Bauern Landhunger litten und nur darauf warteten, sich nach dem Präzedenzfall des deutschen Gutslandes an seinem eigenen Gutsbesitz zu sättigen.[56]

Noch wirkungsvoller aber als soziale und Nützlichkeitserwägungen waren die alldeutschen Ansprüche auf das »deutsche Bauernland auf russischem Boden«, die in zahlreichen Artikeln und Proklamationen über die umkämpften Grenzen drangen. Sie lösten immer wieder den erbitterten Ruf nach Gegenmaßnahmen aus. Es war jedoch – wie Baron B. E. Nolde zutreffend sagte – »keine einfache Aufgabe, das Kriegsgeschrei der Demagogen in gesetzlichen Definitionen zu verankern«.

Noch im Herbst 1914 wurde eine Kommission unter dem Vorsitz des Senators Iljaschenko eingesetzt, die in Zusammenarbeit mit dem Innen- und Justizministerium eine Gesetzesvorlage ausarbeiten sollte. Da die beiden gesetzgebenden Kammern, Staatsduma und Staatsrat, nicht tagten, sollte dieses Gesetz unter Anwendung des Paragraphen 87 erlassen werden. Dies entsprach durchaus dem außerordentlichen Charakter dieser Kriegsmaßnahme, sollte aber sofort Proteste in der Öffentlichkeit auslösen; denn diese Maßnahme wich in beträchtlichem Maße vom russischen Grundgesetz ab und stellte darüber hinaus die Rechte einer großen Anzahl von Personen, die in ihrer Mehrzahl als loyale russische Staatsbürger galten, in Frage. Zudem berührte sie die Nationalitätenfrage der russischen Randgebiete, die man in Kriegszeiten lieber nicht angetastet hätte. Noch während der Ausarbeitung der Gesetzesvorlage waren die Meinungen im Ministerrat gespalten, vorwiegend aber kritisch und negativ.

Eine Delegation der Semstwo-Abgeordneten und Adelsmarschälle des Gouvernements Taurien, die in der Zeit vom 1. bis 4. November 1914 in der Regierungsmetropole weilte und wichtige Gespräche führte, konnte sich von dem Unbehagen überzeugen, das die Mitglieder des Ministerrats im Hinblick auf diese Vorlage empfanden. Diese Delegation war auf Beschluß der Kreis-Semstwo-Versammlung von Simferopol vom 25. Oktober 1914 nach Petrograd entsandt worden, um Sondierungsgespräche über diese in Entstehung befindliche Gesetzesvorlage zu führen. Die Mitglieder dieser Delegation waren Salomon Salomonowitsch Krym, früher Dumaabgeordneter der Kadetenfraktion und jetzt Mitglied des Staatsrates, der Dumaabgeordnete W. S. Winberg, der Vorsitzende des Taurischen Gouvernement-Semstwo-Rates, J. T. Chartschenko sowie A. A. Nestrojew und E. W. Rybakow.[57] In seinen Gesprächen mit dieser Delegation äußerte der Vorsitzende des Ministerrates I. L. Goremykin die Ansicht, daß die Sorge der deutschen Siedler und ihrer

Sprecher unbegründet sei. Die in Ausarbeitung befindliche Gesetzesvorlage stelle lediglich ein Verbot für weitere Expansion der deutschen Kolonien dar, das den privaten Landbesitz nicht beträfe und darüber hinaus in seiner Endfassung noch entschieden gemildert würde. Der Landwirtschaftsminister A. W. Kriwoschein versicherte, daß die Einbeziehung des Gouvernements Taurien in den Wirkungsbereich des geplanten Gesetzes bisher ebenso zweifelhaft sei wie die Personengruppen, die es betreffen sollte. Der neuernannte Innenminister N. A. Maklakow bestätigte die Notwendigkeit, das geplante Gesetz auf dem Weg der Ausnahmegesetzgebung zu erlassen. Er sprach auch über die sozialen Hintergründe dieses Gesetzes. So betonte er, daß beispielsweise das Gouvernement Jekaterinoslaw nur deshalb in die Gesetzesvorlage eingeschlossen werde, weil A. P. Strukow, Mitglied des Staatsrates und Adelsmarschall des Gouvernements Jekaterinoslaw, überzeugend dargelegt habe, daß dies den russischen Landadel für ein Jahrhundert vor allen Agrarunruhen der Bauern und vor der Enteignungsgesetzgebung der Kadetenpartei bewahren werde.[58]

Maklakow selbst äußerte Zweifel an der Zweckmäßigkeit dieses Gesetzes und nahm die Denkschrift, die ihm die Delegation überreichte, mit Dank und unter dem Versprechen entgegen, daß der Ministerrat sie einer aufmerksamen Erörterung unterziehen werde. Justizminister I. G. Schtscheglowitow, ein Vertreter der harten Linie, wollte das Gesetz auf all jene Personen angewendet wissen, die nach dem 1. Januar 1870, dem Jahr der deutschen Reichsgründung, die russische Staatsbürgerschaft erworben hatten. Finanzminister P. L. Bark stimmte den Befürchtungen und Schlußfolgerungen der Delegation in allen Punkten zu und äußerte sein volles Unverständnis gegenüber der Tatsache, daß dieses wichtige Gesetz auf dem Weg der Ausnahmegesetzgebung erlassen werden sollte. Staatskontrolleur P. A. Charitonow wies die Pressekampagne von seiten des linken und rechten Lagers gegen diese Gesetze als pure Übertreibung von sich und unterstützte im übrigen die Position Schtscheglowitows. In Anbetracht der ansteigenden chauvinistischen Wogen bröckelte jedoch die Front der Ablehnung dieses Gesetzes nicht nur im Ministerrat, sondern auch in den gemäßigten Parteien ab, die sich noch vor Kriegsausbruch konsequent gegen derartige Enteignungsgesetze ausgesprochen hatten.

Die erste Partei, die ihre frühere, prokolonistische Position verwarf, war der Oktoberverband. Noch im Oktober 1914 war auf Wunsch von Professor Lindemann das Zentralkomitee des Oktoberverbands zusammengetreten, um eine gemeinsame Position in dieser Frage zu erarbeiten. Es gelang Lindemann nicht mehr, die entstehenden Risse zu kitten. Die Mehrheit des oktobristischen Zentralkomitees distanzierte sich nun von den prokolonistischen Stellungnahmen, die noch in den Sitzungen vom 20. Januar und 10. Februar

1913 festgelegt worden waren. Selbst der Versuch Lindemanns, das ZK zu einer Presseverlautbarung zu bewegen, scheiterte am Protest einiger Mitglieder. Die Stimme des einzigen bewährten Verteidigers des deutschen Landbesitzes, des nunmehrigen Staatsratsmitglieds P. W. Kamenskij, ging in der Flut antideutscher Argumente unter. Die Sprecher der Kolonisten empfanden diesen Wandel in der Oktobristenführung als einen offenen Treuebruch. Die Oktobristen unter ihnen, wie etwa der Dumaabgeordnete Ludwig Lutz, nahmen ihn zum Anlaß, um sich allmählich vom Oktoberverband zu distanzieren. In den folgenden Jahren trat eine Parteienverschiebung der aktiven Oktobristen unter den Kolonisten ein, die sie zum überwiegenden Teil der Kadetenpartei nahebrachte, in einigen Fällen aber auch zu den Trudowiki und Sozialrevolutionären führte.

Der Führer der Kadetenfraktion in der Vierten Duma, Pawel Miljukow, sowie der Führer der Trudowiki, Alexander F. Kerenskij, wurden nun im Parlament und in der Presse zu den Verteidigern der deutschen Kolonisten. Lindemann, der trotz seiner Erbitterung über den Oktoberverband dieser Bewegung nach links nicht folgte, machte die repressive Regierungspolitik für diese Suche nach neuen, natürlichen Verbündeten der Kolonisten verantwortlich. Als schließlich im Frühjahr 1916 auf Anordnung der Regierung die sogenannte Deutsche Gruppe des Verbands des 17. Oktober, Moskauer Sektion, geschlossen wurde, brach auch das organisatorische Band, das Lindemann bisher an den Oktoberverband gebunden hatte.

Lindemann protestierte gegen diese Schließung der Deutschen Gruppe als einen politisch unnötigen Akt, der ihr eine staatsbürgerliche Gefahr unterstelle, die in ihr doch niemals vorhanden gewesen sei. Aber er war nicht bereit, sich anderen Gruppierungen anzuschließen. Seine alte, oktobristische Kampfstellung gegen die Kadetenpartei und ihre Führer war auch durch die neue Bündnisgruppierung nicht aufzuweichen. Die russischen Liberalen kadetischer Prägung litten in seinen Augen an der Krankheit der »Verjudung«, und besonders die Liberalen deutschrussischer Herkunft, die engagierte liberale Presse »mit deutschen Familiennamen«, »die Herren A. A. Kiesewetter (›Russkije Wedomosti‹) und P. B. Struve (›Birshewye Wedomosti‹)«, galten ihm in besonders hohem Maß von diesem Übel angekränkelt. Sie seien auf völlig unverdiente, aber bezeichnende Weise von der gegen jede »deutsche Herkunft« wütenden Regierung bevorzugt und geschont worden. In den Augen des nationalistisch-deutschen Oktobristen versäumte es die »finanziell und geistig verjudete« liberale Presse deutschstämmiger Assimilanten, sich für ihre deutschen Landsleute, deutsche Bauern und Gutsbesitzer auf dem Land, in gebührender Weise einzusetzen. In dem nationalistischen Haß auf Juden, Liberale und Assimilanten, den der späte Lindemann in den Kriegsjahren entwickelte, übersah er, daß gerade von dieser Presse die stärksten Impulse zur Mäßigung der nationalistischen russischen Bestrebungen ausgingen.

Der Linksrutsch der deutschen Abgeordneten in der Duma verstärkte sich dadurch, daß die Parteien der Rechten nun fast geschlossen für die Enteignung des deutschen Landbesitzes eintraten. Schon in den ersten Dumasitzungen des neuen Jahres, den Sitzungen vom 27. und 28. Januar 1915, forderten die Abgeordneten der Rechtsparteien, Lewaschow (Odessa) und Markow-II (Kursk) unter Hinweis auf das Sicherheitsrisiko, das die reichsdeutschen und die doppelte Staatsangehörigkeit besitzenden Siedler in der deutsch-österreichischen Vormarschzone darstellten, mit großer Entschiedenheit eine beschleunigte Enteignung des feindstaatlichen Landbesitzes. M. E. Markow (Markow-II), ein Großgrundbesitzer aus dem Gouvernement Kursk, Abgeordneter der Dritten und Vierten Staatsduma, war Mitglied des Zentralkomitees des Bundes des Russischen Volkes und Führer des Bundes des Heiligen Erzengels Michael. Markow, der auch auf den Konferenzen der Vereinigten Adelsgesellschaft die Position der extremen Rechten einnahm, zeichnete sich in den Dumadebatten durch sein unsachlich-aggressives Verhalten gegenüber deutschen und jüdischen Abgeordneten aus. Mit den großrussischen Nationalisten stimmten auch die Führer anderer nationaler Gruppen in den Ruf nach »Kampf gegen die deutsche Übermacht« auf dem Land ein. Für die ukrainische Nationalbewegung brachte S. P. Scheluchin, Mitglied des Odessaer Kreisgerichts und der Kiewer Juristischen Gesellschaft, die langjährige Demütigung ukrainischer Bauern durch den deutschen Gutsbesitz zum Ausdruck und forderte die Überwindung der deutschen Gewaltherrschaft in den südrussischen Gouvernements. Scheluchin verlangte die Enteignung des deutschen Landbesitzes und seine Vergabe an die örtliche ukrainische Bevölkerung. Seine Initiativen riefen Spannungen zwischen Teilen der deutschen und der ukrainischen Bevölkerung Odessas wach, die selbst in der Zeit der Provisorischen Regierung trotz beiderseitiger Anstrengungen nicht gelöst werden konnten.

Das erste der Landgesetze vom 2. Februar 1915[59] verordnete die Enteignung des Landbesitzes und die Aufhebung aller Arten von Landpacht von Staatsangehörigen der gegen Rußland kriegführenden Nationen. Nach diesem Gesetz wurde deren Landbesitz und Landpacht in den ländlichen Gebieten (Immobilien in Ortschaften oder Städten waren ausgenommen) der folgenden Gouvernements aufgehoben: Petrograd, Finnland, dem baltischen Generalgouvernement, den weißrussischen Gouvernements Kowno, Grodno, Wilna und Minsk, den zehn Gouvernements des Königreichs Polen, den westlichen Gouvernements Podolien und Wolhynien, den südrussischen Gouvernements Taurien, Cherson und Jekaterinoslaw, dem Donkosakengebiet und dem gesamten Amurgebiet. In dieser Grenzzone des europäischen und asiatischen Rußland unterlagen die Ländereien feindstaatlicher Ausländer diesem Gesetz; betroffen waren Individuen, Gesellschaften und Korporationen, die in ihren Heimatstaaten registriert waren, sowie alle Gesellschaften mit oder ohne beschränkte Haftung, die dem russischen Recht unterlagen, zu deren Mitgliedern aber Angehörige feindlicher Staaten gehörten. Erste Schätzungen gingen davon aus, daß das Gesetz auf ca. 300000 Desjatinen Land anwendbar sei. Darüber hinaus sollte eine interministerielle Kommission unter Leitung des Kriegsministeriums und Vorsitz des Generalstabschefs »aus Erwägungen nationaler Sicherheit« auf vereinfachtem Weg auch die Enteignung von Landbesitz feindlicher Staatsangehöriger in anderen Teilen des Landes verfügen. Allerdings mußten die Entscheidungen dieser Kommission einen langen Kontrollgang durchlaufen: Sie sollten dem Kriegsminister unterbreitet, von diesem an den Ministerrat weitergeleitet und von hier dem Zaren zur Bestätigung vorgelegt werden, bevor sie durch die Exekutive ausgeführt werden konnten.

Im Hinblick auf die praktische Durchführung sah das Gesetz vom 2. Februar 1915 vor, daß die örtlichen Verwaltungsbeamten innerhalb von zwei Monaten nach Bekanntgabe des Gesetzes Listen des betroffenen Landbesitzes anfertigen sollten; innerhalb eines weiteren Monats konnten Klagen an den regierenden Senat gerichtet werden, und innerhalb von sechs Monaten nach Bekanntgabe des Gesetzes sollten die betroffenen Besitzungen von ihren Eigentümern veräußert werden. War dies in der vorgegebenen Frist nicht geschehen, so konnten diese ländlichen Immobilien auf einer öffentlichen Auktion versteigert werden.

Das zweite der Februargesetze verordnete das Ende von Landbesitz und Landpacht durch Personen deutscher, österreichischer und ungarischer Herkunft in den Grenzgebieten. Russische Untertanen feindstaatlicher Herkunft sollten ihre außerhalb von Ortschaften gelegenen Anwesen in einem Grenzgürtel, der sich um die westlichen und südlichen Gouvernements des Russischen Reichs zog, nach freiwilliger Abmachung veräußern. Dieser Grenzgürtel war an der Grenze des Russischen Reichs mit Deutschland und Österreich-Ungarn 150 Wersta (1 Wersta = 1,066 Kilometer), in Finnland und den baltischen Gouvernements, an den Ufern des Schwarzen und Asowschen Meeres, im Kaukasus und am Kaspischen Meer 100 Wersta breit. Für die 150-Wersta-Zone war eine Verkaufszeit bis zu 10 Monaten, für die 100-Wersta-Zone eine Verkaufszeit von 16 Monaten nach Bekanntgabe der Listen der dem Gesetz unterliegenden Immobilien bestimmt. Nach Ablauf dieser Frist sollte unverkaufter Landbesitz der betreffenden Kategorie auf einer öffentlichen Auktion versteigert werden.

Dieses Gesetz betraf den Landbesitz von Dorfgemeinden ebenso wie individuellen Landbesitz von Landbewohnern, die Mitglied einer Dorfgemeinde waren oder nach dem 1. Januar 1880 die russische Untertanenschaft angenommen hatten. Alle Anteilsländereien der Gemeinden und Einzelpersonen waren vom Gesetz ausgenommen. Damit unterlagen der Zwangsveräußerung nur die von Gemeinden oder Einzelpersonen gekauften Ländereien, nicht aber die Landanteile, die ihnen die russische Krone zur Kultivierung überlassen hatte. Von der Wirkung des Gesetzes ausgenommen waren alle Personen orthodoxen Glaubens oder slawischer Herkunft. Personen, die persönlich oder deren männliche Familienmitglieder in steigender und fallender Linie in den Kampfeinheiten der russischen Armee und Flotte im Rang eines Offiziers oder als Freiwillige am Krieg teilnahmen sowie die Witwen solcher Personen, waren ebenfalls ausgenommen.

Das dritte der Gesetze vom 2. Februar 1915 sollte die Ausweitung von Landbesitz und Landpacht durch die Angehörigen feindlicher Nationen in der Zukunft verhindern. Es untersagte deshalb den weiteren Erwerb von Land außerhalb von Ortschaften durch Kauf und Pacht. Das Gesetz betraf Siedler oder Siedlergemeinden und -gesellschaften, wenn diese oder ihre Mitglieder nach dem 1. Januar 1880 russische Untertanen geworden waren. Alle Siedler, die nicht zu deutschen Dorfgemeinden gehörten und vor dem 1. Januar 1880 russische Untertanen waren, konnten demzufolge auch weiterhin Immobilien auf dem Land kaufen oder pachten. Dieses Gesetz zeigte sehr deutlich die Furcht vor einer kollektiven Unterwanderung Rußlands durch deutsche Kolonistengruppen, die von den alldeutschen Verlautbarungen dieser Jahre genährt wurde.

Während der kolonistische Land- und Gutsbesitz in den entsprechenden Gebieten von diesen Gesetzen betroffen werden konnte, blieb der Landbesitz des deutschbaltischen Adels grundsätzlich unberührt. Die russische Untertanenschaft des deutschbaltischen Adels reichte unbestreitbar Jahrhunderte zurück. Diese Tatsache alarmierte jene Kreise in der russischen Öffentlichkeit, die gerade im deutschbaltischen Nationalismus einen gefährlichen Verbündeten des Deutschen Reichs auf seinem Vormarsch nach Osten sahen. Die Enteignung des baltischen Großgrundbesitzes und seine Aufteilung an die russische Bauernschaft waren aber auch für den nationalliberalen Flügel der russischen Öffentlichkeit von gewissem Interesse. In der Argumentation des Senators G. A. Jewreïnow, der nach Erlaß der Februargesetze für ihre Ausweitung auf den deutschbaltischen Grundbesitz »ohne jede Verzögerung und vor Kriegsende« plädierte, trafen sich beide Erwägungen.[60] In der Sicht Jewreïnows hatte die Enteignung des Kolonistenlands bei weitem nicht eine so vitale staatspolitische Bedeutung wie die des deutschbaltischen Großgrundbesitzes. Jewreïnow schrieb:

»Unter den deutschen Kolonisten mag man Spionage befürchten; es mag sehr wohl wünschenswert erscheinen, den Elementen, die dem russischen

Volke fremd sind, den russischen Boden abzunehmen, den die russische Bevölkerung aufgrund ihres natürlichen Wachstums in Kürze bereits benötigen wird. Auch läßt sich aufgrund der zweideutigen Untertanenschaft dieser Kolonisten schwerlich die gerechte Grundlage dieser Enteignung bestreiten – aber mit Politik beschäftigen sich diese Kolonisten überhaupt nicht, sondern sie ordnen sich dem russischen Gesetz und der staatlichen Ordnung widerspruchslos unter.«

Ganz anders sah Senator Jewreïnow die Rolle des deutschbaltischen Adels:

»Bei der Bedeutung, die heute der Nationalismus in der Geschichte der Menschheit spielt, bringt der Krieg, den uns Deutschland aufgezwungen hat, unsere (baltischen) Deutschen in die folgende Lage: Ob sie es wollen oder nicht, ist der Sieg Deutschlands über Rußland für sie von Nutzen. Wenn dieser Sieg möglich wäre, könnte sich ihr politisches Ideal von ihrer Herrschaft als Deutsche in unserem estnisch-lettischen Gebiet in vollem Maße verwirklichen lassen.«

Aus diesem Grund hielt Jewreïnow die vorsorgliche Enteignung des deutschbaltischen Großgrundbesitzes für eine weit dringlichere Maßnahme als die Zwangsveräußerung des Kolonistenlandes. Jewreïnow befürwortete deshalb die Enteignung der deutschbaltischen Adelsländereien unter Zahlung einer dem Prestige des russischen Staats angemessenen Entschädigung und ihre Übergabe an die russischen Bauern. Neben den Bauern sollten auch die gebildeten russischen Schichten sowie der russische Klerus stärker als bisher in die Ostseeprovinzen eindringen und dieses Grenzland durch Verbreitung ihres kulturellen Einflusses gegen den deutschen Vormarsch sichern. Vorübergehend konnte und sollte zu diesem Zweck auch der Nationalismus der Esten und Letten von offizieller russischer Seite unterstützt werden – »bei Nationalitäten, die keine eigenstaatliche Existenz haben, ist das keine Gefahr«.

Senator Jewreïnow sprach für den nationalliberalen und in sozialer Hinsicht auf Reformen bedachten Flügel der hohen russischen Bürokratie. Dieser hatte, seit den Revisionsreisen des Senators N. A. Manasseïn durch die Gouvernements Livland und Kurland in den Jahren 1882 bis 1883 und der Bekanntgabe ihrer Ergebnisse in den sozialen Anachronismen der Ostseeprovinzen, eine Herausforderung für seine sozialen und Gerechtigkeitsempfindungen gesehen, die auch durch die nachfolgenden Reformen nicht ganz beseitigt war. Sein Bewußtsein der notwendigen Einheit aller führenden Kräfte des Russischen Reichs hatte diese inneren Gegensätze jedoch mit Blick auf die wachsenden innenpolitischen und sozialen Spannungen sowie auf die Rolle, die der deutschbaltische Adel während der revolutionären Monate gespielt hatte, bis zum Kriegsausbruch notdürftig überbrückt. Unter dem Eindruck des Krieges und des Zweifels an der Loyalität der Deutschbalten kam diese soziale Kritik nun zum Durchbruch. Die tiefe Kluft, die das nationalbewußte Deutschbaltentum in seiner ständischen Abgeschlossenheit zwischen sich und den einheimischen Bauernmassen geschaffen hatte, widersprach sowohl den nationalen als auch den sozialen Überzeugungen des nationalliberalen russischen Adels. Die junge Russin Lydia Prinzessin Wjasemskaja, deren Vater dem gleichen nationalliberalen Flügel des Adels und Beamtentums entstammte, war 1915 auf dem Weg des Lazarettdiensts nach Riga gekommen und beobachtete zum ersten Mal die für sie beunruhigende Kluft zwischen deutschbaltischen Grundbesitzern und örtlichen Bauern; in ihren Aufzeichnungen notierte sie:

> »Wir schrieben diese Kluft, die zwischen den ›Baronen‹ und ihren Bauern zu liegen schien, der Überheblichkeit und Reserviertheit auf seiten der Gutsbesitzer und dem niedrigen Bildungsniveau der Bauern zu.«[61]

So überzeugend auch die Schlußfolgerungen klingen mochten, die Senator Jewreïnow aus seinen Beobachtungen der unhaltbaren sozialen und politischen Lage in den Ostseeprovinzen zog, seine Stimme fand bei Hofe und in der Regierung kein Gehör. Der Landbesitz des deutschbaltischen Adels durfte nicht angetastet werden.

Wesentlich erfolgreicher waren jene nationalistischen und nationalliberalen Kritiker der Regierungspolitik, die auf dem Hintergrund der unendlichen Leiden und Verluste der russischen Bauernschaft in den Frühjahrsoffensiven des Jahres 1915 die baldige Überführung des deutschen Kolonistenlands in die Hände der bedürftigen russischen Bauern verlangten. K. K. Arsenjew, Mitbegründer der Partei der Demokratischen Reformen im Jahr 1906, formulierte diese Ansicht folgendermaßen:

> »Die Bestimmungen der Gesetze vom 2. Februar 1915 haben nichts geleistet, um die Konzentration des veräußerten Landes in den Händen jener sozialen Gruppen zu bewirken, die seiner besonders bedürfen und die in ihrem eigenen Interesse und im Interesse des Staates den größten Nutzen aus ihm ziehen werden: das wären die landlosen und landarmen Bauern, und besonders die von dem gegenwärtigen Krieg am unmittelbarsten Betroffenen.«[62]

Mit diesen Erwägungen arbeitete Landwirtschaftsminister A. W. Kriwoscheïn zu dieser Zeit eine Denkschrift aus, in der er die bäuerliche Landbank zum Hauptkäufer des frei werdenden Kolonistenlandes erklärte. Am 1. Mai 1915 wurde das von ihm vorgeschlagene Gesetz[63] erlassen, das die Bauernbank berechtigte, Landbesitz und Landgüter aus den Händen der Personen aufzukaufen, die den gegen Rußland kämpfenden Nationen angehörten und nach dem 1. Januar 1880 russische Staatsbürgerschaft angenommen hatten. Gleichzeitig war die Kommission unter Vorsitz des Senators Iljaschenko beauftragt worden, eine Vorlage über die genaueren gesetzlichen Modalitäten dieser Überführung des Privatlandes in die Verfügungsgewalt der bäuerlichen

Landbanken auszuarbeiten. Am 2. Mai 1915 legte die Kommission dem Ministerrat diese Vorlage in erster Fassung vor. Nach Gerüchten, die in Petrograd zirkulierten, sollten einige Mitglieder des Ministerrates, unter ihnen A. N. Naumow, S. D. Sasonow, Graf I. N. Ignatjew und A. F. Trepow, diese Vorlage mit Entschiedenheit abgelehnt haben, da sie den Grundsätzen der russischen Rechtsordnung in bezug auf das Recht auf Eigentum widerspreche. Die Vorlage der Iljaschenko-Kommission ruhte daraufhin bis zum Herbst 1915, als sie der frisch ernannte Innenminister Chwostow erneut in Umlauf brachte. Bis dahin sollte aber eine Reihe von Ereignissen die Diskussion über die Enteignung des deutschen Landbesitzes verschärfen.

Unter dem Eindruck der schweren russischen Niederlagen und des tiefen Pessimismus, der sich im russischen Hauptquartier ausbreitete, trat der Ministerrat Mitte Juli 1915 zu einer Geheimsitzung zusammen. Kriegsminister Suchomlinow klärte die anwesenden Minister über die militärische Lage Rußlands auf und erklärte: »Das Vaterland ist in Gefahr.«[64] Unter dem Eindruck dieser Notstandserklärung gründete die Staatsduma eine interfraktionelle Kommission zum »Kampf gegen die deutsche Übermacht auf allen Gebieten des russischen Lebens«.[65] Damit griff sie nunmehr eine Idee auf, die seit Anfang des Kriegs bereits vielerorts praktiziert wurde: Gebildete hauptstädtische Kreise hatten die »Gesellschaft des Jahres 1914« gegründet, die auch »Gesellschaft zum Kampf gegen die deutsche Vergewaltigung«, »gegen die deutsche Übermacht« oder »gegen die deutsche Fremdherrschaft in Rußland« genannt wurde. Das Haupt dieser nationalistischen gelehrten Gesellschaft befand sich in Petrograd, von wo aus auch der aktive Kampf gegen die »deutsche Gewaltherrschaft« auf historischem, literarischem, rechtlichem und künstlerischem Gebiet koordiniert wurde. Auch das Landproblem hatte für diese Gesellschaft seit den ersten Tagen ihres Bestehens besonderes Gewicht besessen.

Die Konstitutionellen Demokraten traten der neugegründeten Dumakommission mit der ironischen Bemerkung bei, daß es ihnen in der Kommission vielleicht gelingen werde zu verstehen, was denn das vielzitierte »deutsche Joch« in Rußland sei. Als die Kommission sich der Frage über den deutschen Landbesitz in Rußland zuwandte, verteidigten die Kadeten L. K. Welichow und P. Miljukow die deutschen Kolonisten als »treue Söhne Rußlands« und wiesen immer wieder darauf hin, daß »alle russischen Deutschen, zusammen mit dem ganzen russischen Volk am Kampf gegen deutschen Imperialismus und preußischen Militarismus aktiv teilnehmen«. Auch der Zar konnte sich offenbar mit der Existenz dieser Dumakommission nicht befreunden; erst am 1. Januar 1916 bestätigte er sie offiziell. Desungeachtet setzten sich in der Dumakommission die Stimmen durch, die eine radikalere Enteignungspolitik befürworteten. So sprach sich unter anderem Fürst Mansyrjew für eine Zurückverlegung des Stichdatums auf den 1. Juli 1870 aus, den Tag, an dem der preußische Reichstag zum ersten Mal ein Gesetz über die Möglichkeit der doppelten Staatsangehörigkeit deutscher Bürger erlassen hatte. Damit sollten lediglich die deutschen Kolonisten, die vor der Reichsgründung die russische Untertanenschaft erworben hatten, von dem Verdacht freigesprochen werden, planmäßig und zielstrebig für die Herstellung einer deutschen Oberschicht in den russischen Grenzgebieten gearbeitet zu haben.

Zur gleichen Zeit betrieb die Militärverwaltung die Aussiedlung der Zivilbevölkerung aus den umkämpften Frontabschnitten, die wiederum den Fürsprechern der deutschen Kolonisten neue Argumente lieferte. Schon im August und September 1914 waren die in den russisch-polnischen Frontgebieten lebenden deutschen Siedler aufgefordert worden, diese Zonen zu verlassen.[66] Es war ihnen freigestellt, wohin sie sich wenden wollten. Die meisten von ihnen wählten das Gouvernement Wolhynien, um dort in den Häusern von Verwandten Unterschlupf zu finden. Die Deutschen Wolhyniens aber hatten sich als wenig gastfrei erwiesen; sie benachteiligten die deutschpolnischen Bauern, die sie als arbeitsscheue »Poler« bezeichneten. Nach Einsetzen der deutschen Frühjahrsoffensive sah sich die russische Militärverwaltung gezwungen, die verbleibenden deutschen Siedler aus den polnischen Gouvernements zu evakuieren.[67] Die deutschpolnischen Siedler wurden in verschiedene Teile Zentralrußlands, und hier vor allem die südöstlichen Gouvernements des europäischen Rußland, sowie nach Sibirien und Zentralasien evakuiert.

Die nächste Evakuierungswelle betraf das Gouvernement Wolhynien. Mitte Juni 1915 hatten sich in einigen Teilen Wolhyniens, unter anderem im Kreis Nowograd-Wolynsk, die deutsch-österreichischen und die russischen Truppen zum Teil auf Rufweite genähert. Am 14. Juni gab die russische Militärverwaltung den Befehl zur Aussiedlung von Deutschen und Juden. In beiden Fällen waren sowohl Sicherheits- als auch rein militärische Erwägungen ausschlaggebend für die Evakuierung. Bekanntlich hatte Bismarck schon 1879 jede Erkundung der russischen Truppenaufstellung an der Westgrenze durch militärische Sachverständige mit den Worten von sich gewiesen: »Ach was, ... wir bekommen dies ganz genau durch die Juden.«[68] Und Thomas Woodrow Wilson, Präsident der Vereinigten Staaten seit 1913, ließ in seinem Kommentar zum Durchbruch der Hindenburg-Armee an der wolhynischen Front keinen Zweifel daran bestehen, daß die deutsche Armee ihre strategische Stärke in seinen Augen auch der Nachrichtenüberbringung der wolhynischen Juden verdankte. Juden und Kolonisten im wolhynischen Grenzgebiet, die untereinander deutsch sprachen, stellten infolgedessen in der Sicht der russischen Militärverwaltung eine potentielle Gefahrenquelle dar. Am 14. Juni (nach Lindemann, der zur Dramatisierung dieser Ereignisse neigt, am

28. Juni 1915) fanden die Kolonisten des Kreises Nowograd-Wolynsk die folgenden Bekanntmachungen vor:

»Alle Deutschen, Kolonisten, Nichtorthodoxen des Kreises Nowograd-Wolynsk, die nicht in geschlossenen Ortschaften leben, unterliegen der Aussiedlung. Sie haben bis zum 10. Juli des Jahres Zeit, ihren Landbesitz aufzulösen. An ihren Wohnorten können verbleiben: Frauen der Kolonisten, die sich in unserem aktiven Heer befinden, ihre Kinder, Mütter und Familienoberhäupter. Auszusiedelnde dürfen ihre Besitztümer mit sich nehmen. In den deutschen Siedlungen werden vorübergehend Flüchtlinge aus Galizien einquartiert, denen entsprechende Gebäude zur Verfügung gestellt werden. Sie werden auch mit der Einbringung der Ernte sowie der Aufsicht über den Besitz der Auszusiedelnden beauftragt, der aus irgendwelchen Gründen am Orte zurückgelassen werden muß. Für Gewaltakte, die die Kolonisten an den Flüchtlingen verüben, wird der Schuldige dem Kriegsgericht überstellt. Für die Ausführung dieses Aussiedlungsbefehls... werden Bürgen für die Kolonisten einstehen. Die Bürgen werden für alle ordnungswidrigen Handlungen ihrer kolonistischen Glaubensgenossen bis hin zur Todesstrafe verantwortlich gemacht und bis zur Beendigung der Aussiedlung in Gewahrsam gehalten. Die gesamte Bevölkerung des Kreises wird gewarnt, daß diejenigen, die sich durch eine ungesetzliche Benutzung eines von den auszusiedelnden Kolonisten vorübergehend zurückgelassenen Gegenstandes schuldig machen, in Übereinstimmung mit den Kriegsgesetzen den strengsten Strafen unterzogen werden.«[69]

Innerhalb weniger Wochen wurden daraufhin die entsprechenden Gruppen der deutschen bäuerlichen Bevölkerung des Kreises Nowograd-Wolynsk und bis zum 20. Juli 1915 die ländliche deutsche Bevölkerung des gesamten Gouvernements Wolhynien ausgesiedelt. Etwa 70000 Deutsche waren von der Aussiedlung betroffen. Die evakuierten Bauern hinterließen eine Landfläche von etwa 72000 Desjatinen. Nach Angaben des Vorsitzenden des Ministerrates in der Sitzung der Staatsduma vom 30. März 1916[70] wurde diese Landfläche wie folgt aufgeteilt: Etwa 50000 Desjatinen Land wurden 200000 Flüchtlingen aus Ostgalizien überlassen, die vor dem deutschen Vormarsch nach Osten geflohen waren; weitere 10000 Desjatinen Land wurden der örtlichen bäuerlichen Bevölkerung auf der Basis kurzfristiger Pachtverträge zugeteilt, und 12000 Desjatinen wurden vorübergehend zu gemeinsamem Weideland erklärt.

In den nachfolgenden Wochen und Monaten wurde aufgrund des deutschen Vormarschs die weitere Ausdehnung dieser Zonen der Evakuierung ins tiefere Hinterland des Russischen Reichs notwendig. Aus dem Gouvernement Kiew wurden auf Anordnung der Militärbehörden ca. 10000 deutsche Siedler ausgesiedelt. Bis Ende 1915 sollen etwa 20000 deutsche Siedler aus dem

Gouvernement Podolien sowie dem nördlichen Bessarabien ausgesiedelt worden sein. Aus dem Gouvernement Tschernigow wurden bis Februar 1916 11 540 Personen deutscher Herkunft evakuiert. Als die russische Armee Ende Juni 1916 die Kreise Luzk, Dubno und Kremenez in Wolhynien zurückeroberten, traf sie dort weitere 3000 deutsche Kolonisten an, die zur Aussiedlung vorgesehen waren, den Aussiedlungsbefehl aber nicht befolgt hatten. Sie wurden in den darauffolgenden Wochen ebenfalls ausgesiedelt.[71] Diese Aussiedlungen vollzogen sich häufig in größter Eile und zum Teil unter chaotischen Bedingungen. Als erschwerender Umstand kam hinzu, daß in vielen Fällen mit den Evakuierungen zugleich der Befehl zur Veräußerung des Landbesitzes ausgeführt werden sollte. Da dies unter den gegebenen Umständen häufig nicht möglich war, entstand bei den evakuierten Kolonisten der Eindruck einer kompensationslosen Enteignung. Gegen diese protestierten die Sprecher der Kolonisten und ihre Fürsprecher im russischen Parlament mit Vehemenz.

Im Februar 1916 wurde der Befehl zur Evakuierung der deutschen Siedler im Gouvernement Livland gegeben. Er betraf lediglich die deutsche Kolonie Hirschenhof bei Kokenhusen. Auf Befehl der Militärverwaltung wurden 85 deutsche Hofwirte mit ihren Familien nach Ostrußland evakuiert. Ein Teil dieser Familien hat sich auf dem Weg in Moskau niedergelassen.[72] Nach Informationen der Zeitschrift »Kolokol« wurden nur die volljährigen männlichen Kolonisten aus der Kolonie Hirschenhof sowie Hirschenhofer Kolonisten ausgesiedelt, die in anderen Teilen Livlands lebten und arbeiteten. Alle livländischen Kolonisten wurden »aus den Gebieten der kriegerischen Handlungen« ausgesiedelt. Ihnen wurde die vom Gesetz eingeräumte Liquidationsfrist von zehn Monaten garantiert. Sie hatten infolgedessen bis zum Dezember 1916 Zeit, ihre Ländereien und Wirtschaften zu veräußern. Die Zeitschrift »Kolokol« wußte zu berichten, daß zahlreiche dieser deutschen Kolonisten sich an die Kreditunternehmen des örtlichen livländischen Adels gewandt hatten, um die Verpfändung ihrer Ländereien zum Höchstpreis durchzuführen.

Allerdings mußte die Militärverwaltung schon im August 1916 aus Gründen der herannahenden deutschen Front 18 der insgesamt etwa 85 Höfe der Kolonie aus militärischen Gründen sequestrieren. Diese Höfe wurden der Baltischen Landwirtschafts- und Staatsdomänenverwaltung unterstellt. Alle diese Kolonistengüter wurden vorübergehend lettischen Flüchtlingen aus Kurland zur Verfügung gestellt. Zu jener Zeit wurden auch die deutschbaltischen Nationalisten in größerer Zahl zwangsverschickt. Alexander Baron Meyendorff, Mitglied der Vierten Staatsduma und heftiger Ankläger der Regierung in den Fragen der Aussiedlung, schrieb später in der Emigration:

»Während prodeutsche Tendenzen genauestens überwacht wurden, wurden zahlreiche Deutschbalten deportiert, meist aufgrund phantastischer Denunziationen. Die Tatsache, daß eine große Zahl von ihnen in Hofkreisen und in führenden Positionen aktiv war, verstärkte die Gerüchte, ... daß machtvolle prodeutsche Einflüsse am Werke waren, die mit der gebieterischen Persönlichkeit der Zarin im Bunde standen.«[73]

Die Evakuierten konnten sich ebenso wie die aus politischen Gründen verschickten Deutschen aus den baltischen Provinzen in der Regel den Ort ihrer Bestimmung auswählen. Viele von ihnen zogen es vor, in Moskau zu bleiben, wo speziell eingerichtete Fürsorgeinstitutionen sich der Flüchtlinge annahmen. Violetta Thurstan, die zu dieser Zeit in Moskau weilte, hat das Schicksal dieser Flüchtlinge und deutschen Aussiedler beschrieben:

»Unter all diesen Flüchtlingen war auch eine große Zahl von Deutschen versprengt: Einige von ihnen waren Kolonisten und Untertanen des Deutschen Reiches, viele hingegen loyale russische Untertanen, die allerdings unfähig waren, eine andere Sprache als die deutsche Sprache zu sprechen. Die Kolonisten deutscher Staatsangehörigkeit waren ins Innere des Russischen Reiches verschickt worden, und da sie unter Polizeiaufsicht standen, konnten sie schwerlich unter der Kategorie von Flüchtlingen geführt werden. Die Deutschen mit russischer Untertanenschaft hingegen waren beim deutschen Vormarsch in großen Zahlen geflohen und hatten viel Schweres ertragen müssen, da sie permanent und sehr oft zu Unrecht unter dem Verdacht standen, ihre Sympathien auf der deutschen zu Seite zu haben.«[74]

Die Aussiedlung der Kolonisten aus den russischen Grenzgouvernements rief heftige Proteste in der liberalen Öffentlichkeit hervor. So warnte Baron Meyendorff vor unnötiger Eile bei der Durchführung der Landenteignung im Zuge dieser Evakuierung. In der Sitzung der Staatsduma vom 8. März 1916 stellte er die Frage, ob Regierung und Militärverwaltung ihre Ziele nicht auf humanerem Weg erreichen könnten. Er klagte die Regierung in scharfen Worten an:

»Muß denn die Gefahr, die bestimmte Parteien sehen, unbedingt auf dem Wege der Kriegsmaßnahmen beseitigt werden? Kann man denn hier nicht von unmenschlichen zu gerechteren Mitteln und Wegen übergehen? Selbst wenn man zugäbe, daß sich unter den der Aussiedlung unterliegenden deutschen Kolonisten der Grenzbezirke unzuverlässige Elemente befänden, so berechtigt dies noch nicht dazu, daß man die Gesamtheit der Evakuierten einem Aussiedlungsverfahren aus der Etappe unterzieht, wie es normalerweise nur Kriminellen zugemutet wird.«[75]

Der Abgeordnete Baron Meyendorff forderte bessere Unterbringungsmöglichkeiten und eine angemessene Unterstützung für die Evakuierten. Er betonte dabei allerdings auch die aufopferungsvolle Hilfe und Sympathie, mit der diese deutschen Evakuierten an vielen Orten von der russischen Bevölkerung aufgenommen, gepflegt und beköstigt wurden.

Als Meyendorff vor der Staatsduma sprach, dürfte er noch keine Vorstellung von den gewaltigen Zahlen der Flüchtlinge und Evakuierten besessen haben, die der Hilfe und Fürsorge der russischen Regierung bedurften. Das Allrussische Büro zur Registrierung der Flüchtlinge hatte bis zum 15. September 1916 bereits 2,3 Millionen Zählkarten von Flüchtlingen aus den russischen Grenzgebieten erhalten. Bis zu diesem Zeitpunkt hatte es bereits 1,8 Millionen Personen bearbeitet. Unter ihnen befanden sich 292160 Polen, 125310 Juden, 118781 Letten, 68881 Deutsche, 47459 Litauer, 14525 Armenier, 2173 Esten sowie 79267 Personen anderer Nationalitäten.[76] Darüber hinaus wurden auch 1,1 Millionen Russen, Ukrainer und Weißrussen, evakuiert. Diese nationalen Gruppen waren aus den Gouvernements Grodno (27,7 Prozent), Wolhynien (15 Prozent), Cholm (9,9 Prozent), Kowno (6,4 Prozent), Minsk (6,2 Prozent), Wilna (5,6 Prozent), Kurland (5,5 Prozent), Livland (4,7 Prozent), Łomża (3 Prozent), Warschau (2,7 Prozent), Witebsk (2 Prozent), Suwałki und Lublin (je 1,7 Prozent) sowie aus anderen Gouvernements (weniger als 10 Prozent) ausgesiedelt worden. Es bedurfte also eines erheblichen Maßes an Ethnozentrismus, wenn man – wie es etwa Lindemann tat – die Aussiedlung der deutschen Kolonisten als eine »Vergeltungsmaßnahme gegen das Deutschtum« betrachten wollte.

Während die Aussiedlung der deutschen Kolonisten aus den westlichen Grenzgouvernements stattfand, beriet in Petrograd die Staatsduma über die auf dem Weg der Notverordnung erlassenen Enteignungsgesetze. Die Wellen des Unmuts und der gegenseitigen Anschuldigungen schlugen hoch. In der Sitzung vom 3. August 1915, die den Höhepunkt der Dumadebatte über die Enteignungsgesetzgebung bildete, hatten sich die gegensätzlichen Positionen verfestigt. Der liberale Flügel um Miljukow sah in der Landenteignungsgesetzgebung nur einen Ersatz für eine politische Lösung des Problems der Sonderstellung der Deutschen im Russischen Reich. Die Linke, die vorwiegend durch Kerenskij vertreten wurde, vertrat die Ansicht, daß der russische Staat den deutschen Bauern und Landbesitzer zum Sündenbock seiner eigenen Versäumnisse auf dem Agrarsektor machen wolle; zur Sättigung des landhungrigen russischen Bauerntums und Landproletariats sollte das Land der zu Kriegszeiten vogelfreien russischen Deutschen verwendet werden. Hinter dieser Argumentation der Linken stand die Furcht, daß es der russischen Regierung während des Krieges tatsächlich gelingen könnte, das Landproblem zu lösen. Die nationalistische russische Rechte schließlich, die in Markow-II ihren passioniertesten und erbarmungslosesten Befürworter der Enteignung hatte, klagte die Deutschen wie die Juden der Grenzgebiete der Unterwühlung der öffentlichen Ordnung, der gezielten Unterwanderung und Konzentration aller Macht in ihren Händen sowie der Zusammenarbeit mit dem Feind an.

Während die Duma noch über die Februargesetze stritt, bereitete, der Ministerrat bereits die Zusatzgesetze vor. Die Vorlage, die von der Iljaschenko-Kommission ausgearbeitet, aber vom Ministerrat in seiner Sitzung vom 2. Mai 1915 nicht bestätigt worden war, hatte – so erfuhr man – an allerhöchster Stelle Gefallen gefunden; der Zar hatte diese Vorlage mit der folgenden Randglosse versehen:

> »Eine notwendige und gute Sache. Ich billige sie vollkommen. Das ganze Wesen des Problems liegt im weiten Ankauf der kolonistischen Ländereien durch die Landbank. Man muß das sofort in Angriff nehmen und zur Ergänzung des zu bildenden Landvorrats schon jetzt die Anweisung zur Vorbereitung der Staatsländereien geben.«[77]

So überraschend diese Marginalien aus allerhöchster Feder nun erfolgten, nach ihnen war es nicht mehr erstaunlich, wenn der Ministerrat in seiner Sitzung vom 13. Dezember 1915 nunmehr geschlossen für diese Gesetzesvorlage stimmte. Am 20. Dezember 1915 wurde sie in Umgehung der gesetzgebenden Kammern, das heißt wiederum unter Anwendung des Notstandsparagraphen 87, durch Allerhöchste Bestätigung zum Gesetz erhoben.[78] Dieses Gesetz vom 13. beziehungsweise 20. Dezember 1915 »Über einige Veränderungen und Zusätze zu den Gesetzen vom 2. Februar 1915 über Landbesitz und Landbenutzung (Pacht) von Untertanen der gegen Rußland kriegführenden Staaten sowie von Siedlern österreichischer, ungarischer und deutscher Herkunft« brachte eine erhebliche Präzisierung und Verschärfung der Februargesetze.[79]

Es weitete das Territorium, das von der Enteignung betroffen sein sollte, aus: der Grenz- und Gefahrengürtel, der in den Februargesetzen festgelegt worden war, wurde in diesem Gesetz nicht mehr erwähnt. An seine Stelle trat der volle Raum der betroffenen Grenzgouvernements sowie der östlich anschließenden Gouvernements Nowgorod, Pskow und Witebsk. Entscheidend war, daß das Gesetz den Empfänger der zu enteignenden Ländereien definierte: Die Ländereien der Angehörigen feindlicher Staaten sowie der Siedler von ebensolcher Herkunft sollten zugunsten der russischen Bauern enteignet werden. Das enteignete Land sollte von der Bauernbank aufgekauft und auf dem Weg der Kreditierung an bedürftige russische Bauern verteilt werden. Der frühere Besitzer sollte, sofern er das Land nicht eigenhändig verkaufte, von der Bauernbank 4,5prozentige Obligationen erhalten, die dem Schätzwert des Objekts entsprechen und nach 25 Jahren einlösbar sein sollten. Um zu verhindern, daß das Land nicht in die Hände landloser russischer Bauern fiele, wurde der Hauptnotar des jeweiligen örtlichen Gerichts beauftragt, Verkauf und Aufkauf zu kontrollieren.

In den Januartagen 1916 schickte Innenminister Chwostow Zirkulare an die Gouverneure der betroffenen Gouvernements, in denen er sie zur energischen und schnellen Durchführung dieser Enteignungsmaßnahmen aufforderte. Diese seien nötig, um »die patriotische Pflicht einer angemessenen Hilfe für unsere heldenhaften Krieger zu erfüllen, die sich auf dem Schlachtfelde mit dem Feinde schlagen«. Die liberale Presse warnte die Regierung vor dieser Form von »Belohnungspolitik«; mit ihr begebe sich die Regierung auf die schiefe Ebene des sozialen Ausgleichs, die in den Abgrund der Agrarrevolte und der totalen Enteignung führen könne.[79] Bald wurden aber auch aus der nationalistischen Rechten Stimmen der Kritik und des Zweifels an der Durchführbarkeit dieser Gesetze wach. Graf A. A. Bobrinskij, der Vorsitzende des Rates des Vereinigten Adels und Befürworter einer harten Linie gegenüber dem deutschen Landbesitz, sprach mit Skepsis von den praktischen Möglichkeiten, einen staatlichen Landfonds aus enteigneten Kolonistenländereien zu bilden, um diese verdienten russischen Kriegern zu übergeben:

> »Wenn man solches Land auch nur den Trägern des Georgsordens und anderer hoher Verdienstkreuze zuteilen würde, so wäre schon allein zu diesem Zwecke das Land der deutschen Kolonisten nicht ausreichend. Man müßte darüber hinaus noch weitere Landstücke aus den ferneren Grenzgebieten aufteilen. Und hier entsteht die Frage: Wird ein Georgsritter, der aus dem Gouvernement Tschernigow oder Poltawa stammt, zufrieden sein, wenn man ihm drei Desjatinen Land im Gebiete Akmolinsk vorschlägt?«[80]

Auch in den betroffenen Gouvernements wurde Kritik laut. So gab beispielsweise die Semstwo-Versammlung des Gouvernements Taurien eine öffentliche Stellungnahme ab, in der sie auf die katastrophalen Folgen verwies, die die Enteignung von etwa 300000 Desjatinen deutschen Farmlands auf die Ernte im dritten Kriegsjahr haben würde. In einer Denkschrift forderte sie die Regierung zu einer Verzögerung der Enteignung auf.[81] Eine Denkschrift gleichen Inhalts richtete die Semstwo-Versammlung des Kreises Simferopol am 12. November 1916 an die Regierung.[82] Die multinationale, liberale und deutschfreundliche Tradition der taurischen Semstwo-Aktivisten, unter denen die karäische Bankiers- und Gutsbesitzerfamilie Krym und die ebenfalls der Kadetenpartei nahestehende deutsche Familie Falz-Fein hervortraten, war auch durch die Kriegsereignisse nicht verändert worden.

Anders verhielt es sich im Gouvernement Jekaterinoslaw. Hier war das Semstwo vom konservativen russischen Landadel geprägt, der seit Jahrzehnten vom expandierenden deutschen Landbesitz in die Defensive gedrängt wurde. Die Semstwo-Versammlung des Gouvernements Jekaterinoslaw sprach sich in der Sitzung vom 15. Januar 1916 dafür aus, die Regierung um Ausdehnung der Liquidationsgesetze auf das gesamte Russische Reich zu ersuchen. Vergeblich bemühte sich G. A. Bergmann, Gutsbesitzer und Abgeordneter des Gouvernements Jekaterinoslaw in der Dritten und Vierten Staatsduma sowie Mitglied der Gouvernement-Semstwo-Versammlung, ein einigendes Band gemeinsamer Interessen zwischen deutschem und russischadligem Grundbesitz herzustellen. Er erinnerte noch einmal daran, daß die deutschen Landbesitzer in der Vorkriegszeit und insbesondere in der Zeit der revolutionären Wirren »die russischen nationalen Interessen« immer verteidigt hatten, doch diese Argumente hatten in der nun bestehenden Lage endgültig ihre Kraft eingebüßt. Die Mehrheit der Versammlung sprach sich für eine diesbezügliche Bittschrift an die Regierung aus. Und nach etwa einem Jahr, auf Entscheidung des Ministerrates vom 6. Februar 1917, erlangten diese Vorschläge Gesetzeskraft.

Nach siebenmonatiger Unterbrechung traten im Februar 1916 die beiden gesetzgebenden Kammern, Staatsduma und Staatsrat, erneut zusammen. Auf der Tagesordnung standen wiederum die im Verlauf des Jahres 1915 auf dem Weg der Notstandsgesetzgebung erlassenen Enteignungsgesetze. Die Verteidiger des deutschen Landbesitzes hatten gut vorgearbeitet. Schon einige Tage vor der Eröffnung der Duma und des Staatsrates hatte Karl E. Lindemann in einer Protestnote an die Mitglieder der beiden Häuser sowie an den neuernannten Vorsitzenden des Ministerrates, B. W. Stürmer, der als Mitarbeiter des früheren Innenministers von Plehwe den Ruf eines Germanophilen besaß, seine Hoffnung auf eine baldige Revision der Enteignungsgesetze ausgedrückt. Die Initiative Lindemanns fiel auf günstigen Boden. Mit der Bildung des Progressiven Blocks hatte sich das Duma-Zentrum unter einem gewissen Linksrutsch zu einer aktiveren Politik entschlossen. Die Gruppe der Semstwo-Oktobristen war dabei zu stärkerem Eigengewicht gelangt und nun bereit, unter Führung ihrer deutschrussischen Abgeordneten Bergmann und Lutz entschieden gegen die Zustimmung des Parlaments zu den Enteignungsgesetzen zu opponieren. Die Semstwo-Gruppe der Oktobristenfraktion legte in einer Sitzung im Februar 1916 die Leitlinien ihrer Verhinderungsstrategie fest; P. W. Kamenskij, langjähriger und erklärter Freund der deutschen Kolonisten und Mitglied des russischen Staatsrates, wirkte auf dieser Sitzung massiv auf die Stimmung der Semstwo-Oktobristen ein. So nahm die Konferenz schließlich einen Beschluß an, der die Unangemessenheit des Dezembergesetzes in rechtlicher und agrartechnischer Hinsicht betonte und die »Dumakommission zum Kampf gegen die deutsche Übermacht« zu einer Revision dieses Gesetzes aufforderte. Darüber hinaus faßte die Versammlung den Beschluß, eine eigene Kommission zur Ausarbeitung einer kritischen Neufassung der Enteignungsgesetze zu gründen; ihr gehörten P. W. Kamenskij, einige oktobristische Fraktionsmitglieder und eine Reihe geladener Fachspezialisten an. Diese Kommission legte den Semstwo-Oktobristen schon Ende Februar 1916 eine Vorlage vor, die die Zustimmung der Gruppe fand und nun den Dumamitgliedern zugeleitet wurde. Ziel dieser Vorlage war es in erster Linie, die praktische Durchführung der Gesetze zu verhindern und Zeit zur Ausarbeitung gemilderter Gesetze zu gewinnen.

Die Mehrheit der Mitglieder des Progressiven Blocks brachte in den Sitzungen der Staatsduma vom 29. Februar, 4. und 8. März 1916, die dem Dezembergesetz gewidmet waren, starken Unwillen gegen die Form des Kampfes gegen das deutsche Joch zum Ausdruck, die sich in der Zwischenzeit durchgesetzt hatte. Sie wurde zum großen Teil dem inzwischen seines Amtes enthobenen Innenminister Chwostow angelastet, während dem neuernannten Ministerpräsidenten Stürmer die Bereitschaft unterstellt wurde, die unter Chwostow erlassenen Notstandsgesetze einer grundsätzlichen Revision zu unterziehen. So beschuldigte der Führer der Kadetenfraktion, Pawel Miljukow, die Chwostow-Regierung der nationalen Ungerechtigkeit und der Vergewaltigung des Rechts auf Eigentum. Baron Meyendorff wies die Methoden des Kampfes gegen die deutsche Übermacht, die sich unter Chwostow durchgesetzt hatten, als unvereinbar mit den wirklichen Aufgaben der staatlichen Lenkung und Führung zurück. Graf D. P. Kapnist deckte die »Ungeheuerlichkeiten« auf, die sich unter dem Deckmantel des populären Schlagworts vom Kampf gegen die deutsche Vergewaltigung vollzögen:

> »Ein Teil der Bevölkerung wird auf den anderen gehetzt! Der deutsche Boden wird für die Zukunft den grauen Helden versprochen – aber in der Zwischenzeit sehen die Bewohner der Nachbardörfer den deutschen Boden mit großem Appetit an, und der Innenminister tut alles, um diesen Appetit noch zu reizen!«

P. W. Sinaïdow verwarf die »demagogischen Methoden«, mit denen der Kampf gegen die deutsche Übermacht geführt werde: das Innenministerium peitsche die negativen Instinkte der Massen auf und wende genau die Form der Zwangsenteignung von Grund und Boden in großem Maßstab an, von der sich die Kadeten, die diese ursprünglich auf ihr Programm gesetzt hatten, unter dem Einfluß der Regierung gerade um einige Schritte entfernt hätten. I. S. Schidlowskij warnte die Regierung vor der einschneidenden Verletzung ihrer eigenen staatspolitischen Prinzipien, wie sie im sogenannten Kampf gegen die deutsche Übermacht immer mehr um sich greife. In keinem Fall, so betonte er, dürften die Emotionen, die in diesem Kampf entfesselt würden, die rechtlichen Fundamente der russischen Staatlichkeit selbst in Mitleidenschaft ziehen. Aber auch aus der Duma-Rechten trat den deutschen Landbesitzern nun ein vertrauter Verteidiger zur Seite; W. W. Schulgin, der Sohn des früheren Herausgebers des »Kiewljanin«, W. J. Schulgin, Abgeordneter der russischen Rechten in der Zweiten bis Vierten Duma, führte die Verdächtigungsmanie der russischen Gesellschaft im Hinblick auf den deutschen Bauern Rußlands *ad absurdum;* seine Forderung war: »Hände weg!« *(Ruki protsch!)* vom Landbesitz der deutschen Kolonisten, solange diese als treue Soldaten und Offiziere in der aktiven Armee den russischen Staat verteidigten.[83] Den wohlplazierten Argumenten des Abgeordneten der Rechten, Schulgin, versagte auch die liberale russische Presse nicht ihre Zustimmung.[84] Schließlich brachten die Mitglieder des Progressiven Blocks eine Eingabe in die Duma ein, die mit 128 gegen 72 Stimmen angenommen wurde und die folgende Empfehlung aussprach:

»Die ungeeigneten Methoden des Kampfes gegen die deutsche Übermacht haben lediglich zu einer Verringerung der Aussaatfläche und zur Verwüstung des landwirtschaftlichen Lebens an einigen Orten geführt... Außerdem ist die Duma der Ansicht, daß im Falle der Ergreifung irgendwelcher ordnungsgemäße legislative Maßnahmen zur Enteignung der Ländereien, die Personen deutscher Herkunft gehören, vorausgehende Maßnahmen notwendig sind, um diese Ländereien unter Bewirtschaftung zu halten, bis sie eventuell späteren Landwirten aus den Reihen der aktiven Kämpfer übergeben werden.«

Gleichzeitig richteten die Mitglieder des Progressiven Blocks die Anfrage an die Regierung, welche Maßnahmen diese gegen die drohende Verringerung der Aussaatfläche im Hinblick auf die neue Ernte zu ergreifen gedenke. In der geschlossenen Dumasitzung vom 30. März 1916 gab der neue Innenminister und Ministerpräsident Stürmer dem Parlament über die geplanten Regierungsmaßnahmen Auskunft. Die Regierung plane den massiven Ankauf von Saatgetreide, den Einsatz von Kriegsgefangenen und Flüchtlingen auf den südrussischen Ländereien und andere Maßnahmen, die geeignet seien, die in Kürze anlaufende Enteignung des deutschen Landbesitzes auf agrartechnischem Sektor auszubalancieren.

Auch der Staatsrat setzte dem Dezembergesetz Widerstand entgegen. Am 18. März 1916 hatten die drei Staatsratsmitglieder Fürst A. D. Golizyn, P. W. Kamenskij und S. S. Krym den Vorsitzenden des Ministerrates, Stürmer, aufgesucht, um ihre schwerwiegenden Bedenken gegen die Anwendung der Enteignungsgesetze zum Ausdruck zu bringen. Gleichzeitig richtete Fürst N. B. Schtscherbatow eine Anfrage von 53 Staatsratsmitgliedern an den neuernannten Landwirtschaftsminister A. N. Naumow, der Kriwoschein abgelöst hatte; Naumow wurde gefragt, welche Maßnahmen er zur Aufrechterhaltung des landwirtschaftlichen Produktionsniveaus in den Kriegsjahren zu ergreifen beabsichtige. Diese Anfrage enthielt neben anderen kritischen Anmerkungen auch eine Warnung vor der Durchführung der Enteignungspolitik. So lautete Absatz VII der Anfrage:

»Die gegenwärtig mit dem Ziele des Kampfes gegen die deutsche Übermacht anlaufende Liquidierung des kolonistischen Landbesitzes birgt... die Gefahr in sich, daß in diesem Jahre bedeutende Landflächen unbestellt und unbearbeitet bleiben. Die Verwandlung von mehr als 100000 getreideproduzierenden Personen in Getreidekonsumenten ist eine Tatsache, die ernste Aufmerksamkeit verdient. Unerwünscht wäre eine Liquidierung aller Getreidemühlen in den Dorfbezirken des südlichen Rußland, die eine Produktionskapazität von einigen Millionen Pud *per annum* besitzen, sowie die Schließung landwirtschaftlicher Maschinenfabriken, die für die Verteidigung arbeiten und eine Jahresproduktivität von mehr als 23 Millionen Rubel besitzen.«

In zwei geschlossenen Sondersitzungen des Staatsrates am 21. und 24. März 1916 wurden diese Fragen diskutiert und zahlreiche Argumente gegen eine baldige Liquidierung des deutschen Landbesitzes und der deutschen Immobilien angeführt. Auch gegen die Schließung deutscher Schulen, deutscher kultureller Einrichtungen sowie Fabriken in den betroffenen Gebieten wandten sich die Staatsratsmitglieder P. W. Kamenskij und Fürst N. B. Schtscherbatow mit Entschiedenheit. Ihre Forderung bestand darin, die Liquidationsverfahren – wenn möglich – aufzuheben, zumindest aber zu verschieben. In seiner Antwort an den Staatsrat versprach der Vorsitzende des Ministerrates, Stürmer, daß »die betreffenden Gesetze in dem Sinne abgewandelt werden, daß sich die Liquidierung nicht auf Industrieunternehmen und Bildungseinrichtungen ausdehnen wird und daß den deutschen Siedlern die Benutzung ihrer Ländereien bis einschließlich Winter 1916 gewährt wird«. Ende März 1916 stand es für die russische Öffentlichkeit fest, daß die geplante Liquidierung des deutschen Landbesitzes in eine neue Phase eingetreten war, in der die Bedürfnisse und Wünsche der betroffenen Kolonisten im Interesse der russischen Kriegswirtschaft berücksichtigt wurden.[85]

Die Verschiebung der Enteignungsfrage auf Kriegsende – und das hieß mit großer Wahrscheinlichkeit: ihre Aufhebung – war in Sicht, als sie durch eine unzeitgemäße Einschaltung von seiten des Deutschen Reiches erneut kompliziert wurde. Der Deutsche Reichstag hatte der Frage der Liquidierung des deutschen Bauernlands in Rußland sowie der Evakuierung der deutschen Kolonisten in seinen Frühjahrssitzungen Aufmerksamkeit gewidmet. In der Sitzung vom 5. Mai 1916 protestierte der Reichskanzler Bethmann Hollweg gegen die Enteignung und Deportation deutscher Bauern in Rußland und machte die russische Regierung für diese Verletzung der Menschenrechte voll verantwortlich. Das Deutsche Reich, so versprach er, werde für die geschädigten Kolonisten eintreten und Wiedergutmachung verlangen. Die Stellungnahme Bethmann Hollwegs, der selbst bis zur Mitte der neunziger Jahre der alldeutschen Bewegung nahegestanden hatte, löste nun auf russischer Seite verschärft die Frage aus, wie weit die alldeutsche Expansions- und Annexionspolitik bereits in höchsten deutschen Regierungssphären Fuß gefaßt habe. Eine Stellungnahme zu dieser Frage, wie sie beispielsweise der Befehlshaber der Sechsten russischen Armee, W. J. van der Vliet, noch 1915 in den Nachrichten des Außenministeriums unter dem Titel »Die alldeutsche Bewegung als Faktor des europäischen Krieges« veröffentlicht hatte, schien auf dem Hintergrund der Verlautbarungen Bethmann Hollwegs und der Stimmung des Deutschen Reichstags bereits obsolet.[86] Van der Vliet hatte hier eine klare Linie zwischen den eigentlichen Theoretikern, Strategen und politischen Philosophen des deutschen Kaiserreiches, wie etwa Treitschke, einerseits und den Streitern des Alldeutschen Verbands andererseits, gezogen. Die eigentlichen Strategen des deutschen Ostfeldzugs neigten seiner Ansicht nach dazu, die Häufungsgebiete der deutschen Siedlungen in Rußland als zu weit verstreut und die deutschen Siedlungen selbst als nicht hinreichend organisiert zu betrachten, um auf die deutsche Bevölkerung Rußlands für die Zukunft irgendwelche politische Hoffnungen setzen zu können. Damit unterschied sich nach seiner Ansicht der deutsche Generalstab grundsätzlich von den Proponenten der alldeutschen Ostexpansion, die in den deutschen Siedlungen Rußlands die deutsche Vormarschlinie bis zum Persischen Golf vorgezeichnet sahen.

Allerdings hatten die zuvor vom Generalstab des Deutschen Reiches veröffentlichten ethnisch-geographischen Karten der russischen Grenzgebiete tiefe Zweifel an der Richtigkeit und Aktualität der Darlegungen van der Vliets im Frühjahr des dritten Kriegsjahrs aufkommen lassen.[87] Allzu deutlich schien die Zielrichtung, die schon die alldeutsche Rußland-Kartographie gezeichnet hatte. Vor diesem Hintergrund sah sich selbst Lindemann zum ersten Mal genötigt, zur Frage der alldeutschen Expansionswünsche Stellung zu nehmen; er schrieb:

> »Wenn man diese tendenziös und unwahr zusammengestellte Landkarte betrachtet, denkt man unwillkürlich: Wie kann ein kleiner Haufen von Chauvinisten durch seine phantastischen Verlautbarungen eine derartige gegenseitige Aufreizung von Bürgern benachbarter Staaten auslösen, die schließlich zu diesem blutigen Aufeinanderprallen und der tiefen Zerrüttung des wirtschaftlichen Zustandes dieser Reiche führt. Die Alldeutschen, die eine derartig plumpe und verlogene Karte herausgeben, ähneln den Panslawisten, die auf den berühmten ›slawischen Festmählern‹ (1912–1913) ihre Pappschwerter schwenkten und in den Nachbarstaaten (Marmaros Sziget) gegen ihre Regierung hetzten.«[88]

Zu spät hatten die Sprecher der deutschen Kolonisten jedoch die Gelegenheit genützt, sich öffentlich und auf wirkungsvolle Weise von jenem militanten Pangermanismus zu distanzieren, in dessen langfristigem politischen Kalkül sie ungefragt einen so wichtigen Stellenwert besaßen.

Wiederum schlugen die Wellen der antideutschen Verdächtigungen hoch. Noch im April 1916 legte die »Dumakommission zum Kampf gegen die deutsche Übermacht« dem Parlament einen Bericht vor, in dem sie neue und schwerwiegende Beweise für eine von Berlin gesteuerte pangermanische Unterwanderung Rußlands lieferte. Als im Mai 1916 die Kriegsmarinekommission und die Landwirtschaftskommission in der Duma den Antrag stellten, die Durchführung der Enteignungsgesetze auf einen späteren Zeitpunkt zu verschieben und den deutschen Siedlern das Pachtrecht auf die Dauer von weiteren zwei Jahren zu gewähren, verurteilte die »Dumakommission zum Kampf gegen die deutsche Übermacht« diese Vorschläge als ein faktisches Abweichen von der Liquidationsgesetzgebung kategorisch. Dennoch beschloß der Ministerrat auf Veranlassung des Landwirtschaftsministers Naumow, die Enteignung der deutschen Höfe und Güter auf das nächste Jahr zu vertagen, die im Sommer 1916 Wintersaatgetreide aussäten. Erst nach Einbringung der Ernte 1917 sollte die Liquidierung dieser großen Zahl von landwirtschaftlichen Betrieben in Angriff genommen werden.[89]

Die Duma-Rechte, die eine kategorische Lösung der deutschen Landfrage anstrebte und keine agrartechnischen Nützlichkeitserwägungen berücksichtigen wollte, machte nun einen letzten Versuch, um die Verabschiedung der Enteignungsgesetze durch die Duma herbeizuführen. Am 15. Juni 1916, sechs Tage vor Entlassung des Parlaments in die Sommerferien, brachten die Rechtsfraktionen in die bereits halbleere Duma (nur 195 Abgeordnete befanden sich noch in Petrograd) den Antrag auf kurzfristige Abstimmung über die Gesetze vom 2. Februar und 13. Dezember 1915 ein. Die endgültige Abstimmung sollte in der Morgensitzung des 16. Juni 1916 stattfinden. Ein Aufschrei der Mißbilligung ging durch die liberale Presse. Erst in den späten Abendstunden des Vortags war es dem Dumavorsitzenden Rodsjanko gelungen, die Führer des Progressiven Blocks in Kenntnis zu setzen. Die Mitglieder des Progressiven Blocks, denen es gelang, in der Morgensitzung zu erscheinen, antworteten auf diese zweckgerichtete Eile mit einer Eingabe, die die Vertagung der Abstimmung auf die Herbstperiode des Parlaments zum Ziel hatte.

Vor der schwach besetzten Duma traten der Kadet Miljukow und der Trudowik Kerenskij für die Vertagung der Abstimmung ein. Zum ersten Mal fanden sie nun auch bei der sozialdemokratischen Fraktion Unterstützung: Im Namen seiner Fraktion protestierte M. N. Skobeljew gegen die Demagogie der Rechten, die in patriotischer Pose die niedrigen Leidenschaften der dunklen Bauernmassen entfachen und eine Gruppe arbeitsamer Bürger gegen eine andere mobilisieren wolle. Die turbulenten Auseinandersetzungen fanden in einer Abstimmung ein Ende, in der sich 124 (gegen 87) Abgeordnete für die Vertagung der Entscheidung über die Enteignungsgesetze auf die Herbstperiode der Duma aussprachen. Alle Mitglieder des Progressiven Blocks mit Ausnahme der Progressisten unter der Führung von Fürst Mansyrjew hatten für die Verschiebung der Abstimmung gestimmt. Die Fraktionen der Rechten, der konservativen Nationalisten und Progressisten stimmten für die sofortige Endabstimmung. Die nationalistische Presse, die ihre Initiative massiv gestützt hatte, beklagte diese Vertagung als das »Begräbnis der antideutschen Gesetzesvorlage«.[90] Die liberale Presse hingegen feierte sie als den Sieg über die »rechtsgerichteten Demagogen« und gab der Hoffnung Ausdruck, daß die russische Presse in den nächsten Monaten alles Erdenkliche tun werde, um die breite Bevölkerung zu einem richtigen Verständnis der dunklen Ziele dieser rechtsgerichteten Agitatoren zu führen. Die kadetische »Retsch« sprach den Wunsch aus, daß es den politischen Pogromhelden der Rechten nach einer breit angelegten Aufklärungskampagne im Herbst nicht mehr gelingen werde, die Duma für ihre Zwecke zu mobilisieren.[91] K. E. Lindemann bemühte sich, die Semstwo-Oktobristen davon zu überzeugen,

> »daß nur ein Weg zur schnellsten Beruhigung der Meere von Schmerz, Verzweiflung und Ungerechtigkeit in Tausenden von Siedlungen russischer Bürger existierte, ... daß man sofort die weitere Anwendung dieser Gesetze zur Enteignung des deutschen Landbesitzes aufhalten und die Beratung über sie in den gesetzgebenden Kammern auf Kriegsende verschieben sollte.«[92]

Die Zeit arbeitete jedoch gegen diese Versuche.

Die Iljaschenko-Kommission benutzte die Sommerwochen, um den Ministerrat von der Notwendigkeit der größeren territorialen Ausweitung des Anwendungsbereichs der Enteignungsgesetze zu überzeugen. Laut Entscheidung vom 2. August 1916 billigte der Ministerrat die Einbeziehung des gesamten Gouvernements Charkow, des Kreises Kaïnsk im Gouvernement Tomsk und der Kreise Tjukalinsk und Ischim im Gouvernement Tobolsk in die Zonen der Enteignung des deutschen Landbesitzes. Eile war geboten, und es war insofern nur folgerichtig, wenn die Semstwo-Oktobristen nach Wiedereröffnung des Parlaments im Oktober 1916 die Abstimmung über die Enteignungsgesetze zum ersten Tagesordnungspunkt erklärten. Die baldige Abstimmung sei notwendig geworden – so argumentierte Lutz –, weil die Anwendung der Gesetze in der Praxis »abscheuliche Formen« anzunehmen drohte.[93] Die Abgeordneten Kerenskij und Miljukow stimmten im Namen ihrer Fraktionen zu, und auch der Ältestenrat der Duma billigte die Forderung der alsbaldigen Abstimmung.

Die »Ungeheuerlichkeiten«, die sich nach Angaben der Gegner der Enteignungsgesetze in den Grenzgouvernements ereigneten, bestanden darin, daß potente Gutsbesitzer die gegen den deutschen Grundbesitz schwebenden Enteignungsverfahren ausnutzten, um zu billigen Preisen gut bewirtschaftete Ländereien aufzukaufen. So entschädigte sich angeblich General Rennenkampff nach seiner schmählichen Beurlaubung aus dem Heeresdienst durch aufsehenerregende Landkäufe auf der Krim und in anderen südrussischen Gebieten.[94] Aber auch Graf Tatischtschew, Fürst Apraksin und andere Großgrundbesitzer sollten im Gouvernement Cherson wertvolles deutsches Gutsland zu Schleuderpreisen aufgekauft haben. Und selbst die während des Krieges entlassenen Minister Kriwoscheïn und Gurko hatten sich offenbar auf diese Weise bereichert. Die Sensationspresse griff diese Nachrichten mit Begierde auf und verbreitete, daß »die Scheremetjew, A. W. Kriwoscheïn, Rimskij-Korsakow und andere... gewaltige Landgüter erworben haben«.[95]

Die vorübergehend im Regierungslager eintretende Unsicherheit wurde von den Sprechern der deutschen Mennoniten geschickt ausgenützt, um ihr Anliegen erneut vor den Justizminister N. A. Dobrowolskij zu tragen. Insgesamt hatten die Mennoniten während des Kriegs nicht weniger als 5200 Bittschriften verfaßt und an hoher Stelle vorgelegt, in denen sie unter anderem um die Ausnahme des Mennonitenbesitzes von der Enteignungsgesetzgebung baten. Ihr Hauptargument bestand darin, daß ein großer Teil der russischen Mennoniten holländischer Herkunft sei (dies waren bei genauer Betrachtung weniger als zehn Prozent) und daß selbst die deutschstämmigen Mennoniten den preußischen Militarismus immer als ihren Erbfeind betrachtet hätten, da er ihnen untragbare Gewissensqualen auferlegt und sie zur Auswanderung nach Rußland gezwungen habe.

Die Mennoniten publizierten in Windeseile eine Reihe historischer Pamphlete, in denen sie die holländische Herkunft der Danziger und westpreußischen Mennoniten nachwiesen. Das Bestreben, möglichst viele russische Mennoniten als Holländer zu qualifizieren, das innerhalb der Mennonitensiedlungen als »Holländerei« gebrandmarkt und abgelehnt wurde, hatte dennoch auf höchster Regierungsebene sein Ziel erreicht. Die Mennonitendelegationen aus den südrussischen Gouvernements, die Ende 1916 in Petrograd Sondierungsgespräche führten, erhielten weitreichende Zusicherungen. Auf persönliche Vorstellung des Justizministers N. A. Dobrowolskij beim Zaren am 9. Januar 1917 erhielt seine Empfehlung der Ausnahme des Mennonitenlands allerhöchste Zustimmung. Wie die liberale Presse mitzuteilen wußte, würde der mennonitische Landbesitz nicht mehr in die Kategorie des zu enteignenden Lands fallen.[96] Die nationalistische russische Presse erging sich in düsteren Vermutungen.[97]

Bald erlebten die nationalistischen russischen Befürworter der harten Linie der Enteignung jedoch einen letzten Triumph: Unter dem Druck der Mitglieder der Iljaschenko-Kommission erklärte sich der Ministerrat mit Allerhöchster Bestätigung vom 6. Februar 1917 bereit, den Anwendungsbereich der Gesetze zur Aufhebung von Landbesitz und Landpacht feindlicher Ausländer auf das Gesamtterritorium des Russischen Reichs auszudehnen.[98] Auf dem Hintergrund der drohenden russischen Niederlage und unter dem Druck der öffentlichen Meinung hatte sich die russische Regierung dazu verleiten lassen, von einer legislativen Maßnahme von politisch-strategischer Bedeutung zu einer Notgesetzgebung der Vergeltung und des Volkswillens überzugehen. Obgleich das russische Staatsrecht Enteignung von Privatbesitz im Interesse der Nation in Grenzfällen einräumte, war nun von dieser Möglichkeit ein Maximalgebrauch ohne Präzedenz gemacht worden. Die *salus rei publicae* siegte über das *jus privatum*[99] – ein Zustand, der ebenso an das mittelalterliche Bodenrecht der russischen Selbstherrscher erinnerte, wie er ein Vorzeichen der totalen Enteignung von Grund und Boden unter der bolschewistischen Herrschaft zu sein schien.

Nach dem Sturz der Zarenherrschaft setzte die Provisorische Regierung laut gesetzlicher Verfügung vom 11. März 1917 die Gesetze zur Enteignung des Landbesitzes russischer Untertanen feindstaatlicher Herkunft außer Kraft. Nicht aufgehoben wurden hingegen alle gesetzlichen Bestimmungen, die die Enteignung des Landbesitzes von Reichsdeutschen verfügten. Bis zu diesem Zeitpunkt hatte sich die Enteignung in Grenzen gehalten. Im Juli 1916 hatte der Innenminister eine Erhebung veröffentlicht, in der die Fläche des der Enteignung unterliegenden Lands mit 2950000 Desjatinen beziffert war.[100]

Eine Schätzung des Finanzministeriums vom Februar 1917 sprach von 3,5 Millionen Desjatinen Land.[101] Diese Zahlen schlossen die deutschen Ländereien, die in den von deutschen Truppen besetzten Randgebieten, einschließlich Polen, lagen, nicht ein. Sie bezogen sich ausschließlich auf die süd- und zentralrussischen Gouvernements. In der Praxis ging jedoch schon die Erfassung und Registrierung des deutschen Landbesitzes nur schleppend voran. Mitte 1916 hatte die Bauernbank Kenntnis von 630 Gütern mit einem Landbesitz von insgesamt 146941 Desjatinen erlangt. Von diesem kaufte die Bäuerliche Landbank die größten, nämlich 144 Güter mit insgesamt 132222 Desjatinen auf.[102] Diese Zahl schloß die Güter von Reichsdeutschen ein. Gegen Ende des Jahres 1916 und in den ersten Wochen des Jahres 1917 schien allerdings in den südrussischen Gouvernements die Enteignung in stärkerem Umfang anzulaufen. Im Dezember 1916 erklärte der Gouverneur von Cherson, daß in seinem Gouvernement bereits 100000 Desjatinen ihren Besitzer gewechselt hätten.[103]

Gleichzeitig gab der Gouverneur von Taurien für sein Gouvernement die Zahl von 60000 Desjatinen bekannt.[104] Der »Prawitelstwennyj Westnik« (Regierungsbote) veröffentlichte am 24. und 27. Dezember 1916 die Zahl von 44678 Desjatinen enteigneten Landes im Gouvernement Taurien. Am 7. Februar 1917 sollten in Bessarabien bereits 80000 Desjatinen ehemaligen deutschen Landes ihren Besitzer gewechselt haben.[105] Hitzig in die Debatte geworfene Zahlen, die allerdings jeder offiziellen Grundlage entbehrten, haben dazu geführt, daß deutsche Schätzungen von 500 000 bis 600 000 Desjatinen zwangsveräußerten deutschen Landes ausgegangen sind.[106] Außer Zweifel steht, daß nur ein minimaler Bruchteil des immensen Landbesitzes in deutschrussischer Hand, der bei Ausbruch des Ersten Weltkriegs zwischen 12 und 14 Millionen Desjatinen lag, faktisch von der Enteignung betroffen wurde. Zu diesem Schluß gelangte auch Baron B. E. Nolde, der die Unterlagen der russischen Regierung zu diesen Vorgängen aus eigener Ansicht kannte. Nolde schrieb:

> »Bei dem mäßigen Tempo ihrer Durchführung hatte die Operation der Besitzübertragung kaum begonnen, als die Provisorische Regierung sie ganz und gar einstellte.«[107]

XI.
Atempause im demokratischen Rußland Zwischen Februarrevolution und Oktoberputsch

In den ersten Wochen des vierten Kriegsjahrs, des Jahres 1917, zerbrach die Einheit zwischen Monarch und Volk, die Einheitsfront der russischen Parteien, die zu Kriegsbeginn bestanden hatte, endgültig. Mitte Februar 1917 war die Regierungshauptstadt paralysiert. Die Zeitungen stellten ihr Erscheinen ein, die Versorgung brach zusammen, das hungernde Volk ging mit dem Ruf nach Brot auf die Straßen. Ein einigendes, organisatorisches Zentrum war nicht mehr vorhanden. Im Hauptquartier war der Zar von den Fragen der Kriegführung überfordert. Die Duma war entlassen, und ihre Sitzungen waren auf den 27. Februar vertagt. Die Institutionen, die von den Semstwo- und Städteverbänden, den verantwortungsvollen Organen der Bevölkerung, in eigener Regie geschaffen waren, wurden geschlossen. Die Mitglieder des zentralen Munitionskomitees waren verhaftet. Die Zarin, die bisher so viel, wenn auch fehlgeleitete Initiative entfaltet hatte, hatte sich in tiefer Resignation in Zarskoje Selo eingeschlossen. Die Versorgung stand still. Die Petrograder Garnison verhielt sich passiv, und es gab erste Anzeichen von Fraternisierungen zwischen den Soldaten und den streikenden Arbeitern und ihren hungernden Frauen.

Am 25. Februar beziehungsweise 10. März erteilte Zar Nikolaus II. der Petrograder Garnison den Schießbefehl. Er wurde befolgt. Gespenstische Szenen des in innerer Auflösung befindlichen Petrograder Lebens spielten sich ab. Fürstin Radziwiłł hatte zu einem Gala-Abend eingeladen. Die »Gesellschaft« kam dieser Einladung ohne jede Bedenken nach. Als der französische Botschafter, Maurice Paléologue, sich dem Palais Radziwiłł im Zentrum von Petrograd näherte, standen dort die ihm wohlbekannten Prachtlimousinen der Großfürsten. Vor dem Hintergrund des von Festbeleuchtung erhellten Palais Radziwiłł wälzten sich Massen hungernder Arbeiter, fielen die ersten Schüsse, lagen Leichname russischer Arbeiter, von russischen Gewehren erschossen, auf dem Pflaster. Niemand schien Anstoß hieran zu nehmen.

Der Duma-Vorsitzende Rodsjanko richtete einen beschwörenden Appell zur Bildung eines der Duma verantwortlichen Ministerkabinetts an den Zaren. Der Zar war jedoch handlungsunfähig und nicht in der Lage, die Dringlichkeit dieser Anfrage zu erkennen. Er würdigte sie nicht einmal einer Antwort. In der Nacht zum 27. Februar beziehungsweise 12. März erfolgte der Umschwung. Er wurde durch Hunger und Zermürbung der Petrograder Arbeiter und Kleinbürger, Kriegsmüdigkeit und Kampfunwilligkeit der Bauern im Soldatenrock und mangelnde Organisation und Mannhaftigkeit der russischen Regierung begünstigt.

Am Morgen des 27. Februar beziehungsweise 12. März trat die Staatsduma zu ihrer seit langem anberaumten Sitzung zusammen. Die Abgeordneten fanden die Stadt im Zustand der inneren Auflösung und Agonie. Das Wolhynische Garderegiment hatte sich mit den Arbeitermassen, die die Straßen belagerten, verbrüdert. Die Petrograder Garnison, die aus annähernd 160000 Mann bestand, verhielt sich passiv. Aus allen Stadtteilen gingen dem Dumapräsidenten Nachrichten von den Geschehnissen in der Stadt zu: Das Arsenal war von den Truppen geöffnet und der Stadtbevölkerung freigegeben worden; die Menge hatte die Gefängnisse geöffnet und die Gefangenen befreit; das Hauptquartier der Politischen Polizei war angezündet worden. Wenige regierungstreue Truppen, die bereit waren zu kämpfen, sahen sich einem Chaos gegenüber, in dem jeder Schuß sinnlos erscheinen mußte. Selbst die Revolutionäre, die sich unter das Volk mischten, mußten erkennen, daß die Bewegung aus sich selbst heraus wuchs und keine Führung ermöglichte. Auch die Staatsduma, die als einzige politische Körperschaft über die Vorgänge in vollem Ausmaß informiert war, wußte keinen Rat. Es war der konservative Abgeordnete aus Kiew, W. W. Schulgin, der nun erkannte, daß jedes Abwarten einer legalen Entscheidung fatale Folgen haben würde. Er drängte die Mitglieder der Duma, die Leitung der politischen Geschehnisse in die Hand zu nehmen; würde es die Volksvertretung nicht tun, so würden es andere tun, »jene, die in den Fabriken bereits einige Schurken gewählt haben«.

Dies war ein Hinweis auf die Räte (Sowjets), die unter der Führung der Sozialrevolutionäre und Sozialdemokraten, und hier wiederum vor allem der Menschewiki, vielerorts gebildet worden waren. Ein letztes Mal versuchte der Dumapräsident, den Zaren durch eine dringliche telegraphische Nachricht zum Eingreifen zu bewegen; seine Nachricht enthielt die Worte: »Die letzte Stunde, in der sich das Geschick des Landes und der Dynastie entscheidet, ist gekommen.« Auch dieser Appell blieb ohne Antwort. Um drei Uhr nachmittags beschloß die Staatsduma, aus Vertretern aller Parteien des Progressiven Blocks sowie der Menschewiki und der Trudowiki ein provisorisches Dumakomitee zu bilden. Dieses bezeichnete es als seine Aufgabe, die staatliche und öffentliche Ordnung wiederherzustellen und eine Regierung zu bilden. Als erste Maßnahme ernannte das Provisorische Dumakomitee den deutschstämmigen Oberst von Engelhardt zum Militärkommandanten der Hauptstadt; mit Hilfe einiger jüngerer Generalstabsoffiziere, die zuvor für das Kriegskomitee der Duma gearbeitet hatten, bemühte sich Oberst Engelhardt, Einfluß auf die Offiziere der Garnison zu gewinnen und diese zur Rückführung ihrer Regimenter in die Kasernen zu bewegen.

Unterdessen wurde bekannt, daß auf dem Winterpalast als Zeichen der Solidarisierung mit der Revolution (oder sollte es Unterwerfung signalisieren?) eine Flagge gehißt worden war. Der Mann, der sie hißte, Großfürst Kyrill Wladimirowitsch, gilt der monarchistischen russischen Emigration aus diesem Grunde bis heute als der »Verräter aus den eigenen Reihen der kaiserlichen Familie«. Der älteste überlebende Sohn der Herzogin von Mecklenburg-Schwerin, Mitglied des Familienrates, der Nikolaus II. zur Einberufung eines dem Volk genehmen Ministerkabinetts aufgefordert hatte, und Gemahl der Prinzessin Viktoria von Coburg, war erst vor wenigen Jahren in die russische Residenz zurückgekehrt. Sein um acht Jahre älterer Neffe, Zar Nikolaus II., hatte ihn für Jahre vom russischen Hof verwiesen, weil er eine geschiedene Frau und Cousine ersten Grades geehelicht hatte. Diese Jahre der Verbannung in Coburg hatten die Sensibilitäten des geheimen Gegenspielers des Zaren geschärft und die auf seiten der »Wladimirowitsche« bestehende kritische Distanz gegenüber dem kaiserlichen Paar vertieft. Als einziges Mitglied des Hauses Romanow begrüßte Großfürst Kyrill Wladimirowitsch nun die Petrograder Geschehnisse mit offener Sympathie. Noch am Abend teilte er dem Dumavorsitzenden und Präsidenten des Provisorischen Dumakomitees, Rodsjanko, telephonisch mit, daß er seine Maßnahmen in jeder Hinsicht zu unterstützen gedenke. Am Morgen des folgenden Tags, des 1. März 1917, führte er das ihm unterstehende Preobrashensker Marinegarderegiment unter den Hurra-Rufen der begeisterten Menschenmengen zum Taurischen Palast, dem Sitz der Duma; dort stellte er sich selbst und sein Regiment der Volksvertretung zur Verfügung. Die revolutionären Massen feierten ihn als den »Ersten der Romanows, der auf die Seite des aufständischen Volkes übergegangen ist«. Am 8. April 1917 veröffentlichte sogar der Helsingforser Rat der Deputierten der Armee, Flotte und Arbeiter die Einzelheiten dieses Ereignisses:

> »Im Taurischen Palast erschien am 1. März Großfürst Kyrill Wladimirowitsch. Er führte das Garderegiment an, rief nach Erreichen des Taurischen Palastes den Vorsitzenden der Duma Rodsjanko heraus und erklärte: ›Ich habe die Ehre, hier vor Euer Hochwohlgeboren zu erscheinen. Ich stehe zu Ihrer Verfügung. Wie das ganze Volk, so wünsche auch ich das Wohl Rußlands. Ich habe mich heute morgen an die Matrosen des Garderegiments gewendet, ihnen die Bedeutung der gegenwärtigen Ereignisse klargemacht und kann jetzt erklären, daß die gesamte Gardemarineequipage zur vollen

Verfügung der Staatsduma steht.‹ Die Worte des Großfürsten gingen im ›Hurra!‹ unter. M. V. Rodsjanko dankte dem Großfürsten und wandte sich mit den Worten an die Matrosen: ›Ich bin sehr froh über die Worte des Großfürsten. Ich war sicher, daß die Marineequipage wie auch alle anderen Regimenter ihre Pflicht in vollster Ordnung erfüllen wird, helfen wird, den gemeinsamen Feind zu besiegen und Rußland auf den Weg des Sieges zu führen.‹ Die Worte des Vorsitzenden gingen ebenfalls im ›Hurra‹ unter. Rodsjanko, der sich nun an den Großfürsten wandte, fragte ihn, ob es ihm beliebe, in der Staatsduma zu bleiben. Der Großfürst antwortete, daß die gesamte Gardemarineequipage im vollen Aufmarsch auf dem Wege zur Staatsduma sei und daß er sie dem Vorsitzenden der Staatsduma vorstellen wolle.«[1]

Wenig später ging dem Zaren die telegraphische Nachricht zu, daß Großfürst Kyrill Wladimirowitsch den Wunsch ausgesprochen habe, »in Verhandlungen mit dem Vollzugskomitee einzutreten«.[2] Es bleibt offen, ob in diesem Telegramm eine begriffliche Verwechslung vorlag oder ob der Großfürst tatsächlich neben dem Provisorischen Dumakomitee auch mit dem Provisorischen Vollzugskomitee (Exekutivkomitee) des Rates (Sowjets) der Arbeiterdeputierten Kontakt aufgenommen hatte, das ebenfalls am 12. März alten Stils gebildet worden war. Dieses Provisorische Exekutivkomitee der Arbeiterdeputiertenräte stand unter der Führung des georgischen Menschewiken Tschcheïdse und des Trudowiken Kerenskij.

Unter dem Druck der Ereignisse unterzeichnete Zar Nikolaus II. am 2. März beziehungsweise 15. März neuen Stils die Abdankungsurkunde. Die Dumaabgeordneten Schulgin und A. I. Gutschkow hatten sich persönlich zu ihm begeben, um ihn über die ausweglose Situation der Monarchie in Kenntnis zu setzen. Damit hatte die Februarrevolution ihr Ziel erreicht. Die Mehrheit der russischen Deutschen, die unter den Verunsicherungen ihrer Existenz in der letzten Phase der Zarenherrschaft gelitten hatten, begrüßten den revolutionären Umsturz und die aus ihm hervorgegangene Provisorische Regierung mit Jubel und neuer Zuversicht. Tatsächlich war auch die Zusammensetzung dieser sich selbst auf die Rolle einer »zeitweiligen« Regierung bescheidenden Männer geeignet, große Hoffnungen unter den Deutschen zu wecken. Unter dem Vorsitz des Ministerpräsidenten, Fürst G. J. Lwow, gehörte die Mehrheit dieser Regierung den gemäßigten und liberalen Kräften an, die zur Konstitutionell-Demokratischen Partei und ihrem Programm neigten, dem nun auch die Mehrheit der russischen Deutschen nahestand. Der einzige exponierte Vertreter der russischen Linken, der der neuen Regierung angehörte, der jetzige Justizminister Kerenskij, war der eifrigste Verteidiger ihrer Rechte in der Staatsduma gewesen. Daneben war auch der deutschrussische Anteil im Zentralkomitee der nun sehr einflußreichen Kadetenpartei gestiegen. Neben die langjährigen Mitglieder, wie A. A. Kiesewetter und P. B. Struve, traten nun auch die früheren Dumaabgeordneten Baron F. Steinheil aus Kiew, A. N. von Rutzen aus Kursk sowie der Philosoph und Naturwissenschaftler S. F. Oldenburg. Baron Boris E. Nolde war in den Monaten März und April 1917 als Vizeminister für Äußeres, S. F. Oldenburg in den Monaten Juli und August 1917 als Erziehungsminister der Provisorischen Regierung tätig. Die Deutschen Rußlands hatten folglich allen Grund, der Provisorischen Regierung mit größtem Vertrauen entgegenzusehen. Die Tatsache, daß die Provisorische Regierung trotz gewisser innerer Gegensätze und Meinungsverschiedenheiten an der alten Bündnispolitik und an der Kriegführung gegen Deutschland festhielt, war für die Mehrheit der russischen Deutschen keine Überraschung. Die deutschrussischen oder deutschbaltischen Nationalisten, die auf eine Änderung dieses außenpolitischen Kurses gehofft oder ohnedies in ihrem Innern mit Rußland gebrochen hatten, waren längst nach Deutschland abgereist oder setzten sich jetzt, nachdem sie die Provisorische Regierung aus ihrer sibirischen Verbannung befreite, ins Land ihrer Vorväter ab. Unter ihnen befand sich zum Beispiel der Deutschbalte Silvio Broedrich, der nun in Deutschland eine lautstarke Diffamierungskampagne gegen die Provisorische Regierung anstimmte.

In Rußland hingegen nutzte der langjährige Kämpfer für die deutschrussischen Interessen, Lindemann, die Zeichen der Zeit. Schon am 4. März 1917 wandte er sich in einem persönlichen Schreiben an Justizminister Kerenskij und an Kriegsminister Gutschkow, seinen langjährigen Parteivorsitzenden, um die sofortige Aufhebung der gegen die Deutschen gerichteten Kriegsgesetzgebung zu fordern. Lindemann schrieb:

»Die Vorsehung meine Herren, hat in Ihre Hände das Schicksal von einigen Hunderttausend russischen Bürgern ›deutscher Herkunft‹, ihren Wohlstand, ihr Glück und selbst ihr Leben gelegt... Tun Sie ein gerechtes Werk! Führen Sie unverzüglich durch den zeitweiligen Ministerrat die Aufhebung oder Aussetzung des Gesetzes vom 2. Februar 1915 und aller Zusätze durch, die unter Anwendung von Paragraph 87 des russischen Grundgesetzes erlassen worden sind. Halten Sie sofort die in den Augen aller Bürger empörende Ungerechtigkeit auf, bis diese Gesetze in den gesetzgebenden Kammern revidiert werden. Tun Sie für die deutschen Siedler das, was die gestürzte Regierung für die landbesitzenden Mennoniten getan hat. Sie werden ein großes, menschliches Werk vollbringen und die Dankbarkeit einer Million russischer Bürger erwerben.«[3]

Zwar blieb dieser Brief unbeantwortet, doch erwies er sich bald als überholt. Am 8. März 1917 berichtete die »Russkaja Wolna« auf der Titelseite:

»Um die Tätigkeit von Ernte und Aussaat zu verstärken, hat die Provisorische Regierung den Beschluß gefaßt, jede weitere Liquidierung deutschen Grundbesitzes einzustellen.«

Am 11. März 1917 verfügte die Provisorische Regierung dann auch in einem offiziellen Akt die Einstellung der Gesetze vom 2. Februar und 13. Dezember 1915 und sistierte mit sofortiger Wirkung jede weitere Ausführung der Kriegsgesetzgebung. In den deutschrussischen Siedlungen und Kolonien breitete sich Jubelstimmung aus. Diese verstärkte sich dadurch, daß die Provisorische Regierung etwa gleichzeitig eine Verfügung erließ, derzufolge alle von der Aussiedlung und Evakuierung betroffenen deutschen Siedler an den Ort ihrer Aussiedlung zurückkehren durften. Tausende deutscher Siedler, die in die ostrussischen Gouvernements ausgesiedelt worden waren und hier zu einem beträchtlichen Teil in den deutschen Kolonien des Wolgagebiets Unterschlupf gefunden hatten, strömten in ihre Heimatorte zurück.

Mitte März bereitete die Provisorische Regierung ein Gesetz über die Gleichheit aller Nationen und Glaubensbekenntnisse vor. Am 18. März 1917 hatte die von Justizminister Kerenskij ausgearbeitete und der Provisorischen Regierung zur Zustimmung vorgelegte Vorlage des geplanten Ukas bereits Eingang in die Presse gefunden.[4] Absatz 10 dieser Vorlage enthielt eine Klausel, die besagte, daß sich die Aufhebung aller nationalen und konfessionellen Schranken nicht auf russische Bürger deutscher, österreichischer und ungarischer Herkunft erstrecke. Ein Rückfall in die Kriegsgesetzgebung der alten Regierung schien sich anzubahnen. Umgehend, nämlich am 19. März 1917, richtete Lindemann einen Protestbrief an die Minister Kerenskij, Gutschkow, Miljukow, I. W. Godnew sowie an den Dumaabgeordneten Lutz; Lindemann drückte seine Besorgnis darüber aus, daß

»das Justizministerium (nach dem Beispiel der früheren Regierung) eine Sorte von Bürgern zweiter Klasse schaffen und eine himmelschreiende Ungerechtigkeit einer Gruppe von Bürgern gegenüber sanktionieren will, die dies in keiner Weise verdient. Im Namen der Gerechtigkeit und der Menschenliebe bitte ich ergebenst, den angezeigten Punkt 10 aus dem Projekt zu streichen und gleiche Rechte für die russischen Bürger aller Nationalitäten ohne Ausnahme festzulegen. Nur in diesem Falle wird die geplante Neuordnung unbedingt gerecht und ehrenhaft sein!«[5]

Am 20. März 1917 trug der Dumaabgeordnete Lutz Justizminister Kerenskij in einem persönlichen Gespräch, bei dem offenbar auch Lindemann anwesend war, seine Bedenken über die Aufnahme von Punkt 10 in den geplanten Regierungsakt vor. Kerenskij versicherte Lutz und Lindemann, »daß er als Justizminister eine derartige Ungerechtigkeit nicht zulassen werde«.[6] Am Abend des 20. März behandelte die Provisorische Regierung die Gesetzesvorlage. Am nächsten Morgen teilte die kadetische Zeitung »Retsch« mit, daß es notwendig geworden sei, das geplante Gesetz noch einer Reihe redaktioneller Überarbeitungen und Berichtigungen zu unterziehen; aus diesem Grund könne erst am 22. März mit seiner Bekanntgabe gerechnet werden. Als die »Retsch« am 22. März 1917 das Gesetz über die Gleichheit der Nationen und Konfessionen veröffentlichte, war der in der Vorlage vorhandene Punkt 10 gestrichen worden. Die Sprecher der Kolonisten begrüßten das Gleichheitsedikt als einen edlen Akt, durch den die neue Regierung den Beweis angetreten habe, daß sie auf immer mit der Tradition der willkürlichen Ukasse, die zur Knechtung von Millionen russischer Bürger und zur Verwüstung ihrer Wirtschaft geführt hätten, gebrochen habe.

Der Gleichheitsakt der Provisorischen Regierung vom 21. März 1917[7] hob alle gesetzlichen Beschränkungen der Rechte von Bürgern des russischen Staates mit sofortiger Wirkung auf, die nicht orthodoxen Glaubens und russischer Volkszugehörigkeit waren. Für die deutschen Bürger des russischen Staates besaßen besonders die folgenden Bestimmungen des Gleichheitsaktes Bedeutung: Es wurde jegliche Art der Beschränkung im Hinblick auf Ansiedlung, Wohnort und Freizügigkeit der Bewegung aufgehoben. Der Gleichheitsakt sprach allen Angehörigen der auf dem Boden des Russischen Reichs lebenden Nationen gleiche Rechte beim Erwerb von beweglichem und unbeweglichem Eigentum zu und räumte volle Freizügigkeit bei Kauf und Pacht von Immobilien ein. Er sprach den Angehörigen aller Nationalitäten des Russischen Reichs gleiche Rechte bei der Beteiligung an Aktien-, Handels- und Industriegesellschaften zu. Er garantierte volle Gleichheit bei der Aufnahme in den zivilen und militärischen Staatsdienst sowie bei der Erhebung in höhere Ränge. Und er räumte schließlich allen Nationalitäten neben der Benutzung der russischen Sprache auch die Verwendung ihrer Sprachen und Dialekte im Gerichtswesen, im Handel und in jeglicher Art von Lehranstalten ein. Dieser Gleichheitsakt der Provisorischen Regierung löste im ganzen Russischen Reich eine Welle der nationalen Begeisterung aus und leitete eine Phase des Völkerfrühlings ein. Alles sprach vom Selbstbestimmungsrecht der Völker.

Vom Sturm dieser Begeisterung wurden auch die deutschen Bürger Rußlands erfaßt. Im Moment der Bekanntgabe des Gleichheitsakts der Provisorischen Regierung schwanden Zögern und Zweifel, die in den Gruppen und Siedlungen der russischen Deutschen noch bestanden hatten. Die deutschrussischen Verlage und Redaktionen, deren Arbeit seit 1915 geruht hatte, begannen, neue Zeitschriften und Zeitungen herauszugeben. Die ersten Nummern dieser neuen deutschsprachigen Blätter veröffentlichten unter triumphalen Begleitkommentaren den Gleichheitsakt der Provisorischen Regierung. Die deutschen Organe versicherten die Provisorische Regierung in patriotisch-enthusiastischer Tonlage ihrer uneingeschränkten Unterstützung. An ihre Spitze trat das ab Mitte April 1917 in Odessa veröffentlichte »Wochenblatt«

(»Jeshenedelnik«), das Organ des Allrussischen Verbands der Russischen Deutschen. In seinen ersten, noch in russischer Sprache veröffentlichten Nummern begrüßte es die Deutschen Rußlands nach Bekanntmachung des Gleichheitsaktes:

»Bürger! Die neue Regierung unserer erneuerten Heimat ist jetzt mit den schwierigen Problemen des Aufbaus beschäftigt und braucht unsere Hilfe. Sie hat uns von dem Joch der Gewalt befreit, hat viele von uns vor der Verarmung bewahrt, und ihr Appell muß in unserer Mitte ein freundschaftliches Echo finden.

Der Krieg forderte gewaltige Mittel – Millionen unserer Brüder in den Schützengräben erwarten von uns Brot und Munition für den Kampf mit dem Feind, das Hinterland unserer Armee muß mit allem Notwendigen versorgt werden, das Land braucht Hunderte von Millionen für seine Erneuerung auf den Grundlagen von Recht und Freiheit.

Möge jeder von uns das geben, was ihm die Umstände erlauben. Aus diesen Groschen des Volkes werden die Milliarden entstehen, die die Provisorische Regierung für die Schaffung des Großen Freien Rußland benötigt.«[8]

Wenige Tage nach Veröffentlichung des Gleichheitsaktes erließ die Provisorische Regierung eine weitere Verfügung, die neues Leben in den deutschrussischen Gruppen und Siedlungen auslöste: die neue Bekräftigung der Freiheit von Versammlungen und Verbänden, die in den Kriegsjahren aufgehoben gewesen war.[9] Auch die neu gewährte Versammlungsfreiheit wurde von den Deutschrussen mit Jubel begrüßt. Besonders diejenigen, die durch ihre Teilnahme an der Arbeit der russischen Parteien in der Vorkriegs- und Kriegszeit organisatorische Erfahrungen gewonnen hatten, nutzten den Augenblick, um nun auch die deutschen Gruppen Rußlands in gesonderten Verbänden zusammenzufassen und zu organisieren. Diese Organisationsarbeit erfolgte auf verschiedenen Ebenen und unter unterschiedlichen nationalen und parteipolitischen Zielsetzungen. Ein langjähriger Oktobrist wie Karl E. Lindemann in Moskau, der während der Kriegsjahre zunehmend nationale Tendenzen entwickelt hatte, arbeitete nun für eine große umfassende deutsche nationale Einigungsbewegung. Demgegenüber ging es den südrussischen deutschen Liberalen, die ihre politischen Erwartungen seit Anfang der Parteiengründung im Russischen Reich von den Konstitutionellen Demokraten formuliert sahen, nun um eine liberale Bildungs- und Verbandsarbeit auf stärker dezentralisierter Ebene. Daneben entstanden in einigen Teilen Rußlands, insbesondere im Wolgagebiet, sozialistische Splittergruppen, die zu Bündnissen mit den russischen Parteien der Sozialrevolutionäre oder Sozialdemokraten neigten. Und schließlich entschieden sich nun einige der religiösen Sektierergruppen unter den Deutschrussen, und unter ihnen besonders die Mennoniten, für eine zunehmend autonome, politische Rolle.

Unmittelbar nach Wiedereinführung der Versammlungsfreiheit rief Professor Lindemann die Vertreter der deutschen Kolonisten und des deutschen Gutsbesitzes aus vielen Teilen Rußlands zu einer Besprechung nach Moskau zusammen. In der Zeit vom 20. bis 22. April 1917 fand in Moskau die »Verhandlung der grundbesitzenden Siedler und deutschen Landbesitzer« statt.[10] An dieser ersten überregionalen deutschrussischen Versammlung nach dem Sturz der russischen Monarchie nahmen 86 Vertreter aus 15 Gouvernements teil, nämlich Samara, Saratow, Stawropol, Tiflis, Jelisawetpol, Baku, Taurien, Jekaterinoslaw, Cherson, Wolhynien, Charkow, Livland, Petrograd sowie aus dem Kuban- und Dongebiet. Zum Vorsitzenden der Versammlung wurde einstimmig K. E. Lindemann, zum Beisitzer der Dumaabgeordnete L. G. Lutz gewählt. Unter den Versammelten befanden sich Männer einer mehr oder minder nationalen Richtung, die unter dem Einfluß der russischen Kriegsgesetze in eine zunehmend antirussische und antimonarchistische Einstellung getrieben worden waren und nun unter dem Motto »Stärke durch Einheit!« eine straffe Zentralisierung aller deutschrussischen Gemeinden befürworteten; zu den Vertretern dieser Richtung gehörten neben Lindemann und Lutz unter anderem der Sprecher der kaukasischen Kolonisten Theodor Hummel sowie der soeben aus sibirischer Verbannung zurückgekehrte protestantische Pastor Johannes Schleuning aus dem Wolgagebiet. Unter den Anwesenden befanden sich aber auch jene Vertreter deutschrussischer Gruppen, die ohne eine explizit nationale Einstellung die Rechte und Freiheiten dieses nationalen Frühlings wahrnehmen und in organisatorische Form umsetzen wollten. Zu ihnen gehörte etwa der katholische Priester Josef Baumtrog aus dem Wolgagebiet, der Industrielle Friedrich Schmidt aus Saratow und der Sprecher der südrussischen Mennoniten, Benjamin Unruh.

Auf der Tagesordnung dieser Versammlung standen wichtige Fragen: Es sollte die organisatorische Vereinigung aller Deutschen in Rußland geplant und vorangetrieben werden. Ferner sollte das Verhalten der Deutschen in den künftigen Wahlen zur Konstituierenden Versammlung festgelegt werden. Schließlich sollte ein politisches Minimalprogramm formuliert werden, das flexibel genug war, um die verschiedenen parteipolitischen Bindungen und Sympathien der Deutschen Rußlands zu integrieren und als Orientierungshilfe für die Zukunft zu dienen. Organisation und Programm sollten die beiden Grundpfeiler der künftigen deutschrussischen Aktivität bilden, auf die gestützt die anstehenden praktischen Fragen des Tages gelöst werden sollten; zu ihnen gehörte vor allem der Kampf für die Beseitigung der letzten Überreste der Kriegsgesetzgebung und die Wiederbelebung der deutschrussischen Wirtschaft.

Der erste Schritt auf dem Weg der organisatorischen Vereinigung der Deutschen Rußlands war die Wahl eines Zeitweiligen Komitees zur Vertretung der

Interessen der russischen Bürger deutscher Nationalität und der Mennoniten, das seinen Sitz in Petrograd haben sollte. Mitglieder dieses Zeitweiligen Komitees waren die drei deutschrussischen Dumaabgeordneten L. G. Lutz, A. F. Baron Meyendorff und P. P. Schroeder sowie die Herren Lindemann, J. F. Propp und A. A. Hubertus. Dieses Zeitweilige Komitee hatte die Aufgabe, die deutschrussischen Interessen so lange zu vertreten, bis ein Allrussisches Zentralkomitee der Bürger deutscher Nationalität und Mennoniten gebildet werden würde. Dieses künftige Zentralkomitee sollte die Aufgabe haben:

»a) Die Interessen aller russischen Bürger deutscher Nationalität und Mennoniten zu verteidigen,
b) die so machtvoll durchbrechenden Meinungsverschiedenheiten zwischen den einzelnen Gruppen zu versöhnen,
c) die Vermittlung zwischen russischen Bürgern deutscher Nationalität und Mennoniten einerseits und zwischen diesen und der Regierung und Presse andererseits herzustellen;
d) vom Zentralkomitee soll die Organisation eines juristisch-statistischen Zentralorgans ausgehen, das entsprechendes Material, welches ihm aus den Ortschaften zugehen wird, sammeln und verbreiten soll.«[11]

Das künftige Zentralkomitee war als eine repräsentative Versammlung aller russischen Bürger deutscher Nationalität und der Mennoniten – insbesondere der Kolonisten und Landbesitzer unter ihnen – konzipiert. In allen Dörfern und Städten eines gegebenen Bezirks sollten örtliche Komitees gebildet werden. Das Bezirkskomitee vertrat auf der zentralen Ebene des jeweiligen Gebiets die örtlichen Komitees. Aus Vertretern der Bezirkskomitees wiederum sollte das Zentralkomitee zusammengesetzt werden.

Das politisch-ökonomische Programm, das die Moskauer Versammlung »im Interesse der Vereinigung der Ansichten der Wähler vor den Wahlen in die konstituierende Versammlung« ausarbeitete, enthielt eine Mischung aus den Agrarforderungen der KD-Partei und den Forderungen nach nationaler Kulturautonomie, wie sie die deutschbaltischen Nationalisten und deutschrussischen Oktobristen bis dahin gefordert hatten; so hieß es unter anderem:

»1) Die Versammlung erkennt einstimmig die Republik als die allein wünschenswerte politische Ordnung für Rußland an.
2) Die Versammlung erkennt einstimmig an:
   a) die Notwendigkeit der Erhaltung von privatem Besitz,
   b) das Recht des Staates auf entschädigungslose Enteignung der Staats-, Kron- und Klosterländereien,
   c) das Recht auf Enteignung des Bodens privater Grundbesitzer aus

staatlicher Notwendigkeit heraus, aber nicht anders, als auf gesetzlicher Grundlage in jedem einzelnen Fall und für einen gerechten Preis.

3) Die Versammlung erkennt einstimmig an:
   a) Das Recht einer breiten privaten und gesellschaftlichen Initiative bei der Eröffnung von Lehranstalten jeden Typus,...
   b) das Recht, in diesen Lehranstalten in deutscher Sprache zu unterrichten, wobei die russische Sprache Pflichtfach sein soll,
   c) das Recht der Wahl des Lehrpersonals ohne Einschränkung für Personen deutscher Nationalität und Mennoniten.«

Darüber hinaus beschlossen die Mitglieder der Versammlung, aktiv die Neuherausgabe der deutschen Zeitungen zu fördern, die seit Sommer 1915 eingestellt worden war, sowie eine umfangreiche und langanhaltende Flugblatt- und Broschürenaktion in Gang zu setzen, die die russischen Deutschen unter anderem über die Zielsetzungen dieses soeben festgelegten politisch-ökonomischen Programms aufklären sollte. Daneben verpflichteten sich die Mitglieder der Versammlung, auch in allen einflußreichen russischen Zeitungen Artikel erscheinen zu lassen, die die russische Öffentlichkeit über die wirklichen Absichten und Pläne ihrer deutschen Mitbürger in Kenntnis setzen sollten.

Die letzten Debatten der Versammlung waren den Folgen von Enteignung und Evakuierung gewidmet. Es wurde beschlossen, daß das neugewählte Zeitweilige Petrograder Komitee bei der Regierung vorstellig werden sollte, um die volle Aufhebung aller Verfügungen und Ukase der russischen Kriegsgesetzgebung zu bewirken; die Suspendierung dieser Maßnahmen bis zum Zusammentreten der Konstituierenden Versammlung allein schien den in Moskau Anwesenden keine ausreichende Garantie der deutschen Rechte zu sein. Das Zeitweilige Komitee sollte ferner die Wiederherstellung der Besitzrechte jener Personen fordern, deren Landbesitz bereits unter die Wirkung der Enteignungsgesetze gefallen war; für Verluste und Schäden sollten den früheren Eigentümern entsprechende Entschädigungen zugehen. Das Zeitweilige Komitee sollte sich ferner mit dem Landwirtschaftsminister in Verbindung setzen, um die Rückgabe des vorübergehend in Pacht gegebenen deutschen Kolonistenlandes in Wolhynien, Livland und Polen an die evakuierten deutschen Siedler zu veranlassen. Die Moskauer Versammlung schloß mit dem Wunsch, daß eine zweite Versammlung der Vertreter der deutschen Dörfer und des deutschen Gutsbesitzes Mitte August wiederum in Moskau stattfinden sollte.

Wenige Tage nach Ablauf dieser ersten Moskauer Allrussischen Versammlung der russischen Deutschen fand in Saratow die Versammlung der Kreisbevollmächtigten der Wolgakolonien statt (25.–27. April 1917). Auf ihr trafen sich Vertreter der Bauernschaft der Wolgakolonien und der wolgadeutschen Intelligenz. Die deutschrussische Intelligenz des Wolgagebiets hatte die Wiederherstellung des Rechts auf Versammlungsfreiheit nicht abgewartet, um die Organisationsarbeit in Angriff zu nehmen. Unmittelbar nach der Februarrevolution war in Saratow der Verein der studierenden Wolgakolonisten entstanden, dessen Aufgabe darin bestand, aus »Volksmännern« eine zukünftige Intelligenz deutscher Nationalität in Rußland zu entwickeln. Gleichzeitig hatte die linksgerichtete deutschrussische Lehrerschaft in Katherinenstadt, der ältesten deutschen Kolonie des Wolgagebiets, einen Lehrerverein gegründet; die Mitglieder dieses Vereins sahen es als ihre Aufgabe an, das revolutionäre Gedankengut in die Organisationsarbeit der Wolgadeutschen hineinzutragen. Daneben war ebenfalls in den ersten Wochen der Provisorischen Regierung in Katherinenstadt ein Verband Wolgadeutscher Sozialisten gebildet worden, dessen Mitgliedschaft aus Lehrern, einigen Küster-Lehrern sowie aus ländlicher und kleinbürgerlicher Intelligenz und aus politisch bewußten und aktiven Teilen der wolgadeutschen Arbeiterschaft von Katherinenstadt und Umgebung bestand. Die Nachrichten von diesem Verband, der in der Zeit der Provisorischen Regierung aktiv politisch tätig war, versiegen in den macht- und parteipolitischen Kämpfen des Winters 1917/18 und sind auch in der sowjetischen Forschung über die Wolgadeutschen nicht weiter verfolgt worden. Dies legt die Vermutung nahe, daß diese wolgadeutschen Sozialisten vorwiegend der sozialrevolutionären und vielleicht auch menschewistischen Richtung angehörten. Sozialistische Arbeiter und Lehrer der deutschen Wolgakolonien versuchten auch, auf die Saratower Versammlung der Kreisbevollmächtigten im April 1917 Einfluß zu nehmen. Unter den Gästen und Delegierten der Versammlung, die explizit sozialistische Forderungen vertraten, befanden sich A. Emich und Jäger. Ihre Interventionen und Stellungnahmen wurden jedoch von der Mehrheit der Versammlung der Kreisbevollmächtigten abgewehrt und abgewiesen. Diese nahm nämlich eine Richtung ein, die im Spektrum der russischen Parteien etwa der der linken Kadeten gleichkam. Eine bolschewistisch organisierte Gruppe entstand unter den Wolgadeutschen erst zu Beginn des Jahres 1918 unter dem Einfluß der im Wolgagebiet eingesetzten USPD-Mitglieder und der Agitation ehemaliger kommunistischer Kriegsgefangener, die vor allem deutscher, aber auch österreichischer oder ungarischer Herkunft waren. Den »Bund der deutschen Sozialisten an der Wolga«, der in den ersten Monaten des Jahres 1918 auf dem Hintergrund der zunehmenden Stabilisierung der Macht der Sowjets im Wolgagebiet gegründet wurde, leitete eine leninistische Führungsgruppe; sie wurde von Lenin mit Aufmerksamkeit und zeitweilig sogar mit Interesse behandelt und als Stütze der künftigen bolschewistischen Macht im Wolgagebiet herangebildet.

Neben diesen wolgadeutschen Gruppierungen und Organisationen, die unmittelbar nach der Februarrevolution entstanden, existierten in den Wolgakolonien noch Kerne älterer Organisationen. So war beispielsweise in den Vorkriegsjahren ein Organisationskomitee gebildet worden, das die Vorbereitungen für die Feiern des 150jährigen Jubiläums der Wolgakolonien im Jahr 1913 übernommen hatte. Darüber hinaus bestand seit Februar 1917 ein Büro von Kolonistensöhnen, das nach Veröffentlichung des Zusatzerlasses zur Enteignungsgesetzgebung, der die Ausweitung der Liquidationszone auf die Wolgagouvernements vorausahnen ließ, mit dem Ziel gebildet worden war, die Anwendung dieser Maßnahmen auf die Wolgagouvernements zu verhindern. Einen Monat später, nach dem Sturz der Monarchie, schlossen sich diesem Büro zahlreiche andere junge Kolonisten an, das Büro wurde zum Saratower Zeitweiligen Deutschen Komitee ausgeweitet. Unmittelbar nach Erlaß des Gleichheitsaktes hatte dieses Saratower Komitee ein Flugblatt in deutscher Sprache verteilt, in dem die wolgadeutsche Bevölkerung auf die Existenz dieses Komitees aufmerksam gemacht und in mitreißenden Worten zur Zusammenarbeit mit der Provisorischen Regierung in der Zeit des russischen Völkerfrühlings aufgerufen wurde. Es war dieses Komitee, das auch die Vorbereitungen für die Versammlungen der Bevollmächtigten aller deutschen Kreise des Wolgagebiets durchgeführt und die Versammlung einberufen hatte. Das Ziel der Versammlung war, die neue politische Situation auszuloten und eine einigende politische Stellungnahme zu entwickeln. Dieses Einheitsprogramm sollte zugleich die Basis für eine feste Organisation der Wolgadeutschen schaffen. Mit der Einberufung dieser Delegiertentagung betrachtete das Zeitweilige Saratower Komitee seine Arbeit als abgeschlossen.

Die Versammlung der Kreisbevollmächtigten in Saratow unterschied sich deutlich von der Moskauer Versammlung.[12] Während die Moskauer Versammlung von früheren Angehörigen des Oktoberverbands – dem Linksoktobristen Baron Meyendorff, dem Semstwo-Oktobristen Lutz bis hin zum nationalen Rechtsoktobristen Lindemann – dominiert wurde, distanzierten sich die Saratower Kreisbevollmächtigten ausdrücklich vom Oktoberverband; und sie protestierten gegen das Fortleben oktobristischer Haltungen und Ansichten unter der Provisorischen Regierung. So machten sie beispielsweise den früheren Oktobristen und jetzigen Kriegsminister Gutschkow persönlich für die doppelzüngige Haltung der Provisorischen Regierung in der Frage der Beförderung der Deutschen in die höheren Offiziersränge der russischen Armee verantwortlich.

Schon die Wahl des Vorstands der Kreisbevollmächtigtenversammlung verdeutlichte, daß die Versammlung eine Mitte-Links-Position bezog. Von den 386 Bevollmächtigten aller wolgadeutschen Siedlungen (neben ihnen waren etwa 1000 Gäste erschienen) sprachen sich 312 für die Wahl von Friedrich Schmidt, des bisherigen Vorsitzenden des Zeitweiligen Saratower Organisationskomitees, zum Vorstandsvorsitzenden aus; zu Beisitzern wurden Hermann Schellhorn (281 Stimmen), H. Kling (268 Stimmen) und zu Mitgliedern des Vorstands A. Bier, K. Justus, Pastor A. Schneider, J. Schmidt, K. Dorsch, Pater Baumtrog, Pastor Seib und G. Grünwald gewählt. Eine ähnliche parteipolitische Verteilung ergab sich auch bei der Wahl des Zentralkomitees der Deutschen Wolgakolonisten mit Sitz in Saratow. Das Komitee bestand aus 12 Mitgliedern sowie jeweils einem Vertreter der Kreise und Städte aus allen Gebieten der deutschen Wolgakolonien. Zu Mitgliedern des Zentralkomitees wurden gewählt: H. Kling und H. Schellhorn (mit je 281 Stimmen), K. Justus (276 Stimmen), F. Schmidt (270 Stimmen), J. Schmidt (260 Stimmen), A. Bier (249 Stimmen), J. Siebenhaar (212 Stimmen), J. Borell (202 Stimmen), W. Chevalier (186 Stimmen), S. Schulz (182 Stimmen), J. Staub (158 Stimmen) und F. Scheidt (94 Stimmen).

Das Zentralkomitee der Wolgakolonisten sollte die »Gemeinsamkeit der materiellen wie der geistigen Interessen aller Deutschen« des Wolgagebiets repräsentieren und verteidigen. Zu diesem Zweck sollte es über alle Nöte und Bedürfnisse der Kolonisten informiert werden, um ihnen auf wirkungsvolle Art Rat und Schutz bieten zu können. Auf wirtschaftlichem Gebiet sollte das Zentralkomitee die bestehenden Genossenschaften, Kreditanstalten und andere Einrichtungen der Wolgakolonien neu beleben beziehungsweise solche Gemeinschaftsorganisationen gründen. Das Zentralkomitee der Wolgakolonisten war der Versammlung der Kreisbevollmächtigten verantwortlich. Es sollte aber auch mit den an allen Orten entstehenden neuen Organen der deutschen Gruppen in Kontakt bleiben und zu den einzelnen Kolonien ständige Verbindungen aufrechterhalten. Zentraler Koordinationspunkt dieser Arbeit sollte ein Hauptbüro des ZK sein, das in Saratow eröffnet werden sollte.

In ihren politischen Beschlüssen ging die Versammlung der Kreisbevollmächtigten – nach den Worten ihres Vorsitzenden – »in einigen Punkten mit der Kadettenpartei (sic!) zusammen, in anderen aber weichen wir links ab und neigen mehr zu den Sozialdemokraten: in der nationalen Frage weicht unser Standpunkt von den Kadetten (sic!), in der Landfrage von dem der Sozialdemokraten ab. Wir nehmen somit eine Zwischenstellung ein.«

Aus diesem Grund – so fuhr der Vorsitzende fort – sei es für die Wolgakolonisten am ratsamsten, »unseren eigenen politischen Interessen entsprechend, eine *republikanische Kolonistenpartei* zu bilden«.

Allerdings konnte sich die Delegiertenkonferenz in dieser Frage nicht endgültig einigen. Die Diskussion wurde auf den zweiten Kongreß der Wolgakolonisten im September 1917 vertagt; und auf diesem Kongreß, der im Dorf Schillings stattfand, kam es über dieser Frage zur offenen Spaltung der Versammlung: Eine sozialdemokratische Gruppe, in der sich radikale Vertreter der jungen linksgerichteten Intelligenz durchzusetzen begannen, trennte sich vom starken Block der parteilosen deutschen Kolonisten, die für sich den Namen »nationaler Block« in Anspruch nahmen. Zur Bildung einer gesonderten Kolonistenpartei kam es selbst in der vorbereitenden Wahlkampagne für die Konstituierende Versammlung im Wolgagebiet nicht.

In ihren Forderungen nach Kulturautonomie und Gewissensfreiheit folgte die Versammlung wiederum der sozialdemokratischen und der kadetischen Plattform:

> »Wir bestehen darauf, daß der Gebrauch der deutschen Sprache in Wort und Schrift sowohl in privaten als auch in amtlichen Verhandlungen offiziell anerkannt wird... Wir verlangen, daß unsere Kinder und Jugend in deutscher Sprache und Art herangebildet werden... Wir verlangen unbeschränkte Religionsfreiheit und Gewissensfreiheit.«

Neben dieser allgemein gebilligten Forderung nach Kulturautonomie wurde in den Debatten der Versammlung auch die Forderung nach einer föderativen demokratischen Republik des Wolgagebiets erhoben. Es war der radikalsozialistische Lehrer Jäger aus der Kolonie Balzer, der der Versammlung diesen Vorschlag unterbreitete. Während diese Forderung nach Abtrennung des Wolgagebiets vom Russischen Reich in Form einer föderativen demokratischen Republik unter den Wolgakolonisten in der Zeit der Provisorischen Regierung auf keinerlei Resonanz und fruchtbaren Boden traf, wurde dieser Vorschlag nach der Machtergreifung der Sowjets und Auflösung der deutschen Komitees wiederaufgenommen und weiter ausgearbeitet. Die Autonome Deutsche Wolgarepublik, die 1924 gegründet wurde, entstand als Endresultat dieser Forderungen.

Auch das politische Bekenntnis zur Provisorischen Regierung, das die Versammlung der wolgadeutschen Kreisbevollmächtigten ablegte, war radikaler republikanisch als das der Moskauer Versammlung. Einerseits erkannte die Versammlung »die demokratische Republik mit einem Einkammersystem als diejenige Regierungsform an, die die beste Garantie für das Gedeihen unseres Reiches bieten und unsere wirtschaftliche und nationale Entwicklung sichern wird«. Andererseits aber versprach sie, die Provisorische Regierung nur »insofern und so lange« zu unterstützen, wie »sie die gegebenen und versprochenen Freiheiten aufrechterhalten und verwirklichen wird«.

Eine gleichermaßen radikale Stimmung sprach auch aus den Beschlüssen zur Landfrage. Während die Versammlung die letzten Entscheidungen in der Landfrage ausdrücklich der künftigen Konstituierenden Versammlung überließ, setzte sie doch bereits unumstößliche Prioritäten, die mit dem Agrarprogramm der linken Kadeten identisch waren. Sie bestanden in der Enteigung von Kron-, Domänen-, Kabinett-, Kirchen- und Klosterländereien ohne jede Entschädigung sowie in ihrer Verwandlung in Staatseigentum, das den »landlosen und landarmen Bauern zugeteilt wird«. Daneben sollten auch »größere Privatlandbesitze enteignet und dem Staatslandfonds einverleibt werden«. Bei der Enteignung sollten große Privatgüter, die »auf unrechtmäßige Weise oder durch Allerhöchsten Schenkungsakt an die Besitzer gelangt sind«, unentgeltlich, »wohlerworbene große Landgüter« aber gegen gerechte Entschädigung auf der Grundlage entsprechender Schätzungen enteignet werden. Die Versammlung erkannte das Institut des Privatbesitzes von Grund und Boden ausdrücklich mit den Worten an: »Wir halten es für recht und billig, daß das Land Privateigentum sein kann«, unterstrich dabei aber ihre Forderung, daß »im Interesse der großen Massen der Landbevölkerung, die sich der Landwirtschaft widmet«, möglichst viel Land in Staatseigentum verwandelt und den bedürftigen Bauern zugeteilt werden sollte.

Die Mischung von liberaleren und sozialdemokratischen Elementen, die das politische Meinungsbild der Versammlung charakterisierte, kam auch in dem Grußtelegramm zum Ausdruck, das die Versammlung entsandte. Symptomatischerweise richtete die Versammlung ihre Glückwünsche an Justizminister Kerenskij, an die Dumaabgeordneten Lindemann und Lutz, denen sie für ihre unerschrockene prokolonistische Tätigkeit dankten, sowie »an den Rat der Soldaten- und Arbeiterdeputierten in Petersburg (sic!)«.

Große Aufmerksamkeit widmete die Versammlung dem Schul- und Pressewesen der Wolgadeutschen. Sie beschloß, daß die »Saratower Deutsche Volkszeitung« die erste deutschsprachige Zeitung werden sollte, die im erneuerten Rußland neugegründet würde. Neben ihr entstand bald die sozialdemokratische Zeitung »Der Kolonist« sowie die katholische Zeitung »Die Deutschen Stimmen«.

Ab Mitte März 1917 hatten die Sprecher der südrussischen Deutschen in Odessa die Einberufung eines Allrussischen Deutschen Kongresses vorbereitet. Am 18. März war ein Organisationskomitee gegründet worden. Es bestand aus Dr. O. K. Walter, E. F. Krause, Pastor F. F. Merz, Ingenieur W. G. Reissig, L. G. Reichert, G. I. Tauberger und Dr. J. M. Flemmer. Auf seiner ersten Sitzung hatte das Zeitweilige Organisationskomitee die Herren Reichert zum Vorsitzenden und Reissig zum Beisitzer des Komitees ernannt. Aufgabe des Organisationskomitees war es, durch aufklärerische und propagandistische Tätigkeit in allen Kolonien die Wahlen für die Gebietsbevollmächtigten vorzubereiten. Es sollte diese Gebietsbevollmächtigten dann zu dem Ersten Allrussischen Kongreß der russischen Deutschen nach Odessa einladen und damit den ersten Schritt zur Konstituierung des Allrussischen Verbands der Russischen Deutschen tun. Das Organ »Jeshenedelnik« (Wochenblatt) sollte die Arbeit des Organisationskomitees sowie auch des späteren Allrussischen Verbandes begleiten und eine Tribüne aller wichtigen Ereignisse in der deutschrussischen Welt darstellen. Die Gründe für die Bildung dieses Organisationskomitees wurden mit folgenden Worten beschrieben:

»Die Regierung des Zaren hatte alle Details für die Zerstörung der Wirtschaften unserer Kolonisten festgelegt, das Innenministerium beraubte uns des Rechtes, in unserer Muttersprache zu beten (weil der deutsche Feind diese Sprache benutzt), das Bildungsministerium hat einen Feldzug gegen unsere Schulen organisiert; man dachte schlecht über uns, man hielt uns für verdächtig; es galt als ›Patriotismus‹, gewisse Beweise für unseren Verrat zu besitzen; es wurde zu einer alltäglichen, für den normalen Verstand allzu plausiblen Erscheinung, alles, was im Lande und an der Front geschah, dem ›inneren Deutschen‹ anzulasten... Das ist es, Mitbürger, ... was wir in den letzten Jahren unter dem Zepter des letzten Zaren ertragen haben. Und was haben wir in dieser Zeit getan? Besaßen wir eine Organisation zu unserer Verteidigung? Nein. Vereinzelte Persönlichkeiten, wie zum Beispiel Professor Lindemann, bemühten sich, uns zu Hilfe zu kommen, wir aber erstarrten in Passivität, bei uns gab es keine Einigkeit. Und wenn die Selbstherrschaft nicht unter den Schlägen der Demokratie gefallen wäre, würden wir russischen Deutschen noch immer unter diesen schweren Zeiten leiden.«[13]

Für die deutschrussische städtische und technische Intelligenz Südrußlands formulierte V. G. Reissig den Weg von der Assimilation in die Einigungsbewegung der Deutschen mit den folgenden Worten:

»Unser Verband entsteht in dem Augenblick, in dem sich das ganze Land organisiert, in dem die Vereinigung in Verbänden nicht ein Recht, sondern die Pflicht des Bürgers ist. Das Schicksal hat uns in alle Teile des Landes zerstreut, und bis zum Ausbruch des gegenwärtigen Krieges bestand zwischen uns keinerlei Verbindung... Viele von uns haben in Städten gelebt, haben sich mit der örtlichen Bevölkerung vermischt und ihre Muttersprache verlernt. Dann aber kam der Krieg, und wir alle bekamen unsere Herkunft zu spüren.«[14]

Die Behandlung, die die südrussischen Deutschen während des Kriegs erfahren hatten, weckte dieses Bedürfnis nach Einigung und Organisation. Der Geist des allgemeinen Völkerfrühlings – und weit weniger tiefliegende nationale Gefühle oder gar Instinkte – führten diese Deutschen unter der friedlichen Losung ›Einer für alle, alle für einen!‹ zusammen. Dieses Bekenntnis zur Demokratie und die unbedingte Loyalität gegenüber der Provisorischen Regierung kamen auch in anderen Verlautbarungen des Organisationskomitees der südrussischen Deutschen zum Ausdruck. So schrieb der »Jeshenedelnik«:

»Die Regierung ruft alle Völkerschaften des Landes zum Neuaufbau des Staates auf – deshalb sollen auch wir ans Werk gehen. Die Erziehung unserer Kinder, die Programme unserer Schulen, die Ausbildung unserer Jugend, der zukünftigen Bürger unserer großen Heimat, die Fragen unserer Landwirtschaft – hier liegen die Grundlagen, die uns alle verpflichten zusammenzugehen, Glieder einer Familie zu sein und mit vereinten Kräften der Heimat zu helfen.«[15]

Die politischen Zielsetzungen des Organisationskomitees entsprachen weitgehend der Plattform der Kadetenpartei. Von Anfang an strebte das Organisationskomitee daher auch die Zusammenarbeit mit den örtlichen Führern der Kadetenpartei an. Der Gebietskommissar der Provisorischen Regierung, L. K. Welichow, ein Kadet, war auf den Versammlungen des Organisationskomitees ein ebenso gern gesehener Gast, wie der Odessaer Verleger S. F. Stern, ein weiterer Kadet und altbewährter Freund der Deutschrussen aus der Zeit der Kriegsgesetzgebung. Stern war nun Vorsitzender des örtlichen KD-Komitees von Odessa. In öffentlichen Stellungnahmen verfocht das Organisationskomitee die Idee der »Liquidation der Liquidationen«; es verlangte die volle Aufhebung der Enteignungsgesetze anstelle der von der Provisorischen Regierung bis zur Einberufung der Konstituierenden Versammlung eingeräumten Sistierung, setzte sich für die Klärung der Rechtsverhältnisse der bereits enteigneten Ländereien ein und forderte Kompensation für enteignetes Land. Es richtete ferner ein Bittschreiben an Kriegsminister Gutschkow, in dem es sich für »die Liquidierung der Überreste des alten Regimes« auf dem Sektor der Annahme und Promotion deutschrussischer Fähnriche und Offiziere einsetzte. Und es arbeitete schließlich ein umfassendes Organisationsprogramm für den künftigen Allrussischen Verband aus, das der Organisationsstruktur der großen, zentralistischen allrussischen Parteien folgte und später vom Kongreß in allen Grundzügen angenommen wurde. Das Organisationskomitee bemühte sich auch um eine Bestimmung der deutschrussischen Positionen und grenzte seine Auffassung scharf von jeder nationalistischen deutschen Auffassung, aber auch von bösen Erwartungen der russischen Mitbürger ab. Der Konstitutionelle Demokrat Reissig definierte deutschrussische Geschichte und Kultur ausschließlich als die Tradition, die Personen deutscher Herkunft auf russischem Boden entwickelt haben. Diese stehe mit deutscher Kultur außerhalb der russischen Reichsgrenzen in keinerlei Zusammenhang.

»Wir haben unsere eigene Geschichte, die mit dem Augenblick beginnt, in dem unsere Vorfahren wüste Stellen unserer großen Heimat besiedelt haben, in dem aus diesen ein lebendiges Bollwerk gegen die Nomaden geschaffen wurde. Über ein Jahrhundert hinweg haben wir ehrenhaft unsere Pflicht denjenigen gegenüber erfüllt, die uns als russisches Volk auf ihrem

Boden aufgenommen haben. Wir haben Kulturwirtschaften geschaffen, an vielen Orten Gewerbeindustrie entwickelt, Fabriken und Werke gegründet, viele von unseren Brüdern dienten und dienen der Heimat mit Glauben und Treue, Tausende sind in Erfüllung ihrer Ehrenpflicht gegenüber der Heimat gefallen – dies ist unsere Geschichte.«[16]

Diese Geschichte solle und müsse von nun an der Stolz eines jeden Deutschrussen sein. Und worin – so fragte Reissig weiter – würde die Zukunft der deutschen Kolonien im befreiten Rußland bestehen?

»... Herde der Kultur und mustergültige Bildungseinrichtungen, mit einem vernünftig organisierten Leben auf allen Gebieten ... Die Arbeit eines jeden Kolonisten wird wert sein, mit Kulturgütern belohnt zu werden ... Haben wir denn nicht das Recht, die Felder zu lieben, die in sechs Generationen unserer Kolonisten bearbeitet wurden – die Gärten und Weinberge, die durch unsere Arbeit geschaffen wurden? Wir brauchen nur zu wollen, und wir finden Interesse an unserer Vergangenheit und einen Kraftquell für die Zukunft.«

Im gleichen Geist eröffnete Reissig schließlich auch den Kongreß der südrussischen Deutschen, als er betonte, daß

»diese Erde uns ebenso teuer ist wie auch der einheimischen Bevölkerung. Wir lieben dieses Stückchen Erde grenzenlos. Wir haben sie mit dem Tau unseres Blutes getränkt. Unsere Kinder sind auf ihr geboren. Unsere Großeltern erhielten auf ihr die letzte Ölung, und wir hoffen, daß diese Erde unsere sterblichen Überreste aufnehmen wird. Wir lieben dieses Land. Und niemand kann uns das Recht darauf nehmen.«[17]

Unter dem Leitwort »Deutsche Bürger, organisiert Euch und tragt Euch schnell als Mitglieder des Verbandes ein!« hat das Organisationskomitee die Deutschen zur Teilnahme am Allrussischen Kongreß der Russischen Deutschen in Odessa eingeladen. Der Kongreß tagte in der Zeit vom 14. bis 16. Mai 1917. Danach berichtete das »Wochenblatt« der südrussischen Deutschen von dem unglaublichen Wunder, das sich nach Jahren der Not und Furcht vor aller Augen vollzogen habe. Ein vielzähliges Auditorium von Menschen »deutscher Herkunft« habe sich in der überfüllten weiten Zirkushalle versammelt, die verschiedenartigsten, in Besitz, politischer Meinung und sozialer Zugehörigkeit so unterschiedlichen deutschrussischen Menschen seien hier zum ersten Mal zusammengekommen.

Zu seinem Vorsitzenden wählte der Allrussische Kongreß der Russischen Deutschen den Leiter des Organisationskomitees L. Reichert, zu seinen Beisitzern die Herrn A. Mauch und N. Hilfer. Zu Ehrenmitgliedern des Präsidiums wurden der evangelische Pastor D. Steinwand und der ehrwürdige katholische Bischof a. D. Anton Johannes Zerr gewählt. In seiner einführenden Rede legte L. Reichert als Vorsitzender den Tenor dieser Konferenz fest:

Er ging auf die Leiden der südrussischen Siedler während des Kriegs ein und formulierte die Hoffnung, daß diese für immer der Vergangenheit angehören. Mit großem Enthusiasmus sprach Reichert von den Aufgaben der Provisorischen Regierung und gab seiner Überzeugung Ausdruck, daß von nun an nicht »mehr Hellene noch Jude« existiere und das russische Volk mit offener Seele den Hoffnungen aller Nationalitäten entgegengehe. Reichert betonte die Notwendigkeit, von der neuen Freiheit und Gleichheit auf allen Gebieten des Lebens Gebrauch zu machen und die letzten Überreste von Ungleichheit, wie sie etwa auf dem Gebiet der militärischen Beförderung bestanden, zu beseitigen.

Diesen Ausführungen Reicherts folgten die ersten antioktobristischen Manifestationen des Kongresses. Der ehemalige Oktobrist Lindemann, der zum Kongreß eingeladen worden war, hatte telegraphisch sein Fehlen in Odessa entschuldigt. Kriegsminister Gutschkow, der wenige Tage vor Beginn des Kongresses in Odessa weilte, wies die Bitte Reicherts um Gewährung einer Audienz ab. »Das ist keine Zufälligkeit«, rief Reichert dem Kongreß zu, »das ist offenbar System. Denn Gutschkow ist Oktobrist.«

Wie auch die vorausgegangenen Treffen der Deutschrussen, so sah dieser stärkste aller deutschen Delegiertenkongresse, auf dem 2000 Abgeordnete anwesend waren, seine Hauptaufgaben in der Lösung der Organisationsfrage und in der Ausarbeitung einer politischen Plattform.

Das umfangreiche Organisationsprogramm, das V. G. Reissig ausgearbeitet hatte, bestätigte einerseits die Struktur des Allrussischen Verbands der Russischen Deutschen, die dem Moskauer Kongreß vorgeschwebt hatte, erweiterte sie aber andererseits durch ein Netz von örtlichen und Gebietsvertretungen, das geeignet sein sollte, Träger einer geistigen Verbindung aller Deutschen Rußlands »über die unumfaßbare Weite unserer Heimat von Odessa bis Wladivostok, von Archangelsk bis Taschkent hinweg« zu werden. Auf dieser Grundlage wurde die Einrichtung des Allrussischen Verbandes der Russischen Deutschen und Mennoniten mit einem Zentralkomitee an seiner Spitze beschlossen. Das Zentralkomitee sollte aus vier Sektionen bestehen: einer Organisationssektion, einer politischen Sektion, einer landwirtschaftlich-ökonomischen und einer aufklärend-kulturellen Sektion. Alle russischen Deutschen und Mennoniten sollten sich ab sofort in Orts- und Bezirkskomitees organisieren, die auch die Vorbereitung der deutschen Gruppen auf die Wahlen für die Konstituierende Versammlung in energischer Weise fördern sollten. Es war vorgesehen, auf einem zweiten im August tagenden Allrussischen Delegiertenkongreß das Zentralkomitee des Allrussischen Verbands zu wählen und seinen Sitz zu bestimmen. Bis zu diesem Zeitpunkt sollten die Deutschen der neurussischen Gouvernements sowie der an diese anschließenden südlichen Gebiete in Bezirkskomitees organisiert sein; das vom Moskauer Kongreß gegründete Zeitweilige Zentralkomitee, das seinen Sitz in Petrograd hatte, wurde gebeten, die gleiche Organisationsarbeit auch in den übrigen Gebieten des Russischen Reichs in Angriff zu nehmen.

Obgleich der Allrussische Delegiertenkongreß in Odessa formell den Moskauer Gründungskongreß und das in Petrograd arbeitende Zeitweilige Zentralkomitee anerkannte, war es doch – wie schon sein Name anzeigte – deutlich, daß der in Odessa entstehende Allrussische Verband der Russischen Deutschen darauf abzielte, Südrußland als den zahlenmäßigen und ökonomischen Schwerpunkt der deutschen Siedlungsgebiete Rußlands auch zum organisatorischen Zentrum der allrussischen deutschen Bewegung zu machen. Tatsächlich entstand in den folgenden Monaten eine Art Dichotomie zwischen den deutschrussischen Organisationszentren Odessa und Moskau. Während das Moskauer beziehungsweise Petrograder Organisationszentrum, von deutschbaltischen und nationalistischen Kräften gestützt, aus dem Oktoberverband hervorgegangen war und noch immer stärker zentralistische Positionen mit national deutschen Tendenzen verband, wies die südrussische Gruppe eine breite Parteienstreuung auf. Das Organ der Odessaer Delegierten, das »Wochenblatt«, öffnete seine Spalten den Sozialrevolutionären, den nationalen Sozialisten, den Menschewiki, den verschiedenen Richtungen der Trudowiki sowie vor allem den Konstitutionellen Demokraten und verschloß sie allein dem bolschewistischen Zweig der russischen Sozialdemokratie. Der nationalistische, antiliberale und von starker Xenophobie gekennzeichnete Kampfstil des alternden Professors Lindemann fand, so sehr man auch seine Interventionen zugunsten des kolonistischen Landbesitzes zu schätzen wußte, in der südrussischen Gruppe schlechterdings kein Echo. Dieser schwelende, durch die unterschiedliche politische und soziale Herkunft der Gruppen bedingte Konflikt zwischen dem Moskauer beziehungsweise Petrograder und dem Odessaer Zentrum wurde allerdings in den kurzen Monaten der Provisorischen Regierung nicht mehr offen ausgetragen. Auch das Gesamtzentralkomitee des Allrussischen Verbands, das, nach einer im August 1917 getroffenen Vereinbarung, seinen Sitz in Petrograd haben sollte, trat nicht mehr zusammen. Ebensowenig kam es zu einer Einigung über die Verbandssatzungen. Der Allrussische Verband der Russischen Deutschen scheint trotz der Eile, mit der in den verschiedenen Landesteilen örtliche und Bezirkskomitees gebildet wurden, von der Regierung nicht mehr als eine öffentliche Körperschaft anerkannt worden zu sein. Die Tage der Provisorischen Regierung waren gezählt.

Die politischen Sitzungen des Allrussischen Delegiertenkongresses zu Odessa verliefen erwartungsgemäß turbulent. Einen dramatischen Akzent setzte die »Beichte des Abgeordneten« L. G. Lutz und die endgültige Distanzierung der Versammlung vom Oktoberverband. Unter dem deutlichen Bestreben der Selbstrechtfertigung stellte Lutz seinen Weg als Abgeordneter des Oktoberverbands in der Staatsduma als einen einsamen Weg des Leidens und der Überwachung dar, in dem »nur zwei Menschen, Miljukow und Kerenskij«, ihm zur Seite gestanden hätten; er schloß seine Beichte mit den Worten:

»Für uns existiert die Partei des 17. Oktober nicht mehr. Sie hatte ihre Verpflichtung nicht erfüllt. Sie hat unsere Interessen verraten (Stimme vom Platz: ›Sie waren dort, Sie haben dort gesessen!‹). Jetzt kann man nur noch von Parteien sprechen, die weiter links stehen.«

Links vom Oktoberverband stand die Partei der Volksfreiheit, das heißt die Konstitutionellen Demokraten. Symptomatisch für den Wandel der gemäßigt-liberalen Kräfte war der Wechsel von Ludwig Lutz vom Oktoberverband zur Kadetenpartei. Er nahm ihr Programm der Gewissens-, Rede-, Presse- und Vereinsfreiheit an und empfahl nun auch ihr Agrarprogramm als die Plattform, die den deutschen Interessen am nächsten kam.

Die Delegiertenkonferenz sprach sich für eine demokratische Republik auf streng parlamentarischen Grundlagen aus und forderte das proportionale Wahlsystem auf der Grundlage der allgemeinen, freien, gleichen und geheimen Wahl (die nach diesen ihren vier Bestandteilen sogenannte Vier-End-Forderung). Sie begrüßte zwar das freie Selbstbestimmungsrecht aller Völker, war aber zugleich fest davon überzeugt, daß sich im großen, freien, demokratischen Rußland keine Nation – und am wenigsten die deutschrussische Volksgruppe – von den Vorzügen der Einheit und Gemeinsamkeit trennen und nach Selbständigkeit streben werde. Demgegenüber sprach sich auf der zweiten Tagung des Verbands der Deutschrussen Südrußlands, die in der Zeit vom 1. bis zum 3. August 1917 in Odessa stattfand, eine Reihe von Abgeordneten für eine föderative Republik aus; dieser Vorschlag wurde von der Mehrheit der Versammlung mit dem Argument zurückgewiesen, daß eine Föderation den deutschen Interessen nicht gerecht werde. Die deutschen Siedlungen, so argumentierte man, würden auseinandergerissen und fielen in die verschiedenen autonomen Einheiten, »wodurch wir notwendig geschwächt werden würden«. So befürchteten manche, daß etwa weite Teile der Siedlungen an eine autonome Ukraine als Teil einer Staatenföderation fallen könnten. Auch auf dieser zweiten Tagung stimmte die Mehrheit weiterhin für eine republikanische Verfassung.[18]

In der Agrarfrage sprach sich die Versammlung für die »Erhaltung des Prinzips des Rechts auf Eigentum« aus, forderte aber zugleich die Versorgung der Landarmen und Landlosen mit Land aus einem künftigen staatlichen Landfonds, der aus Kabinetts-, Staats-, Kron-, Klöster- und Kirchenländereien zu bilden sei. Dieser Landfonds sollte durch Enteignung privater Ländereien gegen Entschädigung aufgefüllt werden. Dies waren die klassischen Formulierungen des Agrarprogramms der Kadetenpartei, dem auch die folgenden Forderungen des Delegiertenkongresses entsprachen:

»Die Festsetzung einer Höchstnorm für privaten Landbesitz, jedoch unter der Erhaltung der Kulturwirtschaft, die Bedeutung für die staatliche Volkswirtschaft besitzt, und der Erweis allseitiger Unterstützung des Staates für die Arbeiterklasse, den landwirtschaftlichen Kleinbesitz, die Handwerker und Gewerbetreibenden.«

Ein weiterer Diskussionspunkt dieser Konferenz gibt Aufschluß darüber, wie sich die Situation der Deutschen in Rußland nach den Jahren der Angst und Existenzkrise verändert hatte. Auf einer der vorbereitenden Sitzungen dieses Kongresses hatte L. G. Reichert in Anwesenheit von S. F. Stern und dem Sozialdemokraten W. N. Tschechowskij, der die demokratischen ukrainischen Organisationen vertrat, Anklage gegen S. Scheluchin und seine »verzweifelte Jagd auf die deutschen Kolonisten« seit Ausbruch des Kriegs erhoben:

»...Uns, die entfernten Nachkommen deutscher Einwanderer, die wir nicht einmal in der Lage sind festzustellen, woher sie stammten, und die wir unsere Muttersprache nahezu verlernt haben, wagt dieser Herr der doppelten Staatsbürgerschaft zu bezichtigen. Wir werden die Aktionen des Herrn Scheluchin niemals vergessen. Ich rufe ihn zum Ehrengericht, hierher soll er kommen, um uns allen öffentlich die Richtigkeit seiner Ansichten zu beweisen. Wir garantieren ihm Unantastbarkeit der Person, volle Redefreiheit, und ich werde ihm mit Fakten in den Händen beweisen, daß alles, was er in seiner Broschüre geschrieben hat, nackte Verleumdung ist.«[19]

Scheluchin, Autor eines Buches über die »Deutsche Kolonisation« (Odessa 1914), Beisitzer des Odessaer Bezirksgerichts und ukrainischer Nationalist mit virulent antideutschen Vorurteilen, nahm diese Einladung nie an. Selbst die Vermittlung von Dr. Flemmer, einem in Odessa angesehenen deutschen Arzt, der Mitglied des vorbereitenden Komitees gewesen war, hatte Scheluchin nicht veranlassen können, sich dem Ehrengericht der deutschen Kolonisten zu stellen. Der Triumph Reicherts und der deutschen Kolonisten war vollkommen, als sie auf dem Kongreß in der »Sache zwischen L. G. Reichert und S. P. Scheluchin« die folgenden Beschlüsse faßten:

»Mit dem Ausdruck des Bedauerns über die Tatsache, daß Herr S. P. Scheluchin sich nicht dem Ehrengericht gestellt hat, das die vitalen Interessen und den guten Ruf von Hunderttausenden russischer Deutscher betrifft, versichern wir, ... daß die russischen Deutschen jeden Gedanken daran zurückweisen, die Auftritte S. P. Scheluchins gegen uns... mit der Meinung des ukrainischen Volkes gleichzusetzen.«

Der Kongreß versicherte, daß die russischen Deutschen auch weiterhin bemüht sein werden, ihre Söhne zum pfleglichen Zusammenleben mit allen Nationalitäten zu erziehen und empfahl, das gesamte Anklagematerial Scheluchins gegen die deutschen Kolonisten einer Sonderkommission zur Veröffentlichung und Widerlegung zu übergeben.[20]

Dieses Ehrengericht wäre sicher ein wenig adäquates Forum zur Wiederherstellung der angetasteten deutschrussischen Ehre gewesen. Und Scheluchin war nur einer jener antideutschen Propagandisten, die die Loyalität der Deutschrussen im Krieg in Zweifel gezogen hatten. In diesem Versuch, dem das Bedürfnis nach Wiederherstellung der in Frage gestellten Ehre zugrunde lag, kam jedoch eine Stärkung des Selbstbewußtseins der russischen Deutschen auf dem Hintergrund der einigenden Organisation zum Ausdruck.

Der Organisationsplan des Allrussischen Verbandes der Russischen Deutschen, den die Delegiertenkonferenz in Odessa angenommen hatte, sah die Bildung von zahlreichen Orts- sowie von 17 genauestens umschriebenen Bezirks- oder Gebietskomitees vor, die die deutschen Bürger im gesamten europäischen und asiatischen Rußland vertreten sollten.[21]

Die südrussischen Deutschen, die diesen Plan ausgearbeitet hatten, waren sich sehr wohl der Tatsache bewußt, daß eine solche allumfassende Organisation der Deutschen in Rußland ein hohes Maß an politischer, Bildungs- und organisatorischer Arbeit erforderte; sie waren jedoch davon überzeugt, daß nur durch diese Zentralisierung die Interessen aller russischen Deutschen zusammengefaßt und vertreten werden konnten. Dabei sollte es der politischen Sektion des Verbands zufallen, die Arbeit der politischen Bewußtwerdung in den einzelnen Orts- und Gebietskomitees zu kontrollieren und voranzutreiben. Es bestand nämlich Einigkeit darüber, daß »unsere Kolonisten in ihrer Mehrheit auf das politische Leben des Landes vollkommen unvorbereitet sind«. Eine erste und wichtige Aufgabe dieser Art kam der politischen Sektion des Verbands bei der Vorbereitung der Kolonistengemeinden auf die Wahlen zur Konstituierenden Versammlung zu. Die Direktiven der Organisationsgruppe um Reissig gingen davon aus,

> »daß die Masse der Kolonisten im Hinblick auf ihre Entwicklung und ihre soziale Lage als mehr oder minder homogen betrachtet werden darf, daß sie sich zweifellos unter einer politischen Losung zusammenfassen lassen, daß das (örtliche und Bezirks-)Komitee aber dennoch verpflichtet ist, allen seinen Mitgliedern die Möglichkeit einzuräumen, im Kampf der Parteien eine eigene Orientierung zu gewinnen und bei den Wahlen vollkommen bewußt zu den Urnen zu schreiten... Aufgrund unserer reichsweiten Zerstreuung wird es nur in wenigen Kreisen möglich sein, unsere eigenen Kandidaten zu entsenden. In der großen Mehrzahl der Fälle aber werden wir genötigt sein, Wahlbündnisse mit anderen Parteien einzugehen. Wenn wir uns darauf nicht vorbereiten, werden Fehler möglich sein, wie sie bereits bei den Wahlen für die letzte Staatsduma begangen worden sind.«[22]

Der Verrat, der von den russischen Nationalisten des Gouvernements Bessarabien begangen worden war, die mit deutschen Kolonistenstimmen in die Duma gesandt wurden, um dort nach Ausbruch des Weltkriegs für die Liquidationsgesetzgebung zu votieren, hatte tiefe Wunden im politischen Bewußtsein der Deutschen hinterlassen.

Mit diesen Direktiven ausgestattet, kehrten die Delegierten dieses größten allrussischen deutschen Kongresses in ihre Heimatorte zurück. Dort nahmen sie schnell und energisch die Arbeit der Gründung von Orts- und Bezirkskomitees in Angriff.

Am 17. Mai 1917 trafen sich in der sibirischen Stadt Slawgorod 1500 deutschrussische Delegierte der westsibirischen Kolonisten, um hier das westsibirische Bezirkskomitee zu konstituieren. Die Delegierten gehörten dem evangelischen, mennonitischen und römisch-katholischen Bekenntnis an. Pastor Jakob Stach, der seit 1915 hier in Verbannung lebte und mit den evangelischen Gemeindemitgliedern so sehr verwachsen war, daß er trotz Aufhebung des Verbannungsurteils durch die Provisorische Regierung nicht nach Südrußland zurückgekehrt war, hielt zur Einführung der Versammlung einen ökumenischen Gebetsgottesdienst. Während der Versammlung wurde er gebeten, einen Vortrag über die föderativen Staatsverfassungen der Schweiz und der Vereinigten Staaten von Amerika zu halten, da den sibirischen Deutschen eine vergleichbare Staatsform für das künftige demokratische Rußland vorschwebte. Die Versammlung wählte schließlich das deutsche Bezirkskomitee mit Sitz in Omsk, das die beiden großen deutschen Gruppen in Slawgorod und Omsk vereinigte »und sehr rasch alle Deutschen in ganz Sibirien und Mittelasien unter seine Obhut brachte«.[23] Kurz nach Gründung des Komitees entstand auch die einzige deutsche Zeitung Sibiriens, der »Sibirische Bote«; sie wurde in Omsk von dem Mennoniten Wiebe unter Mitwirkung von Adolf Rutz herausgegeben. Das Omsker Bezirkskomitee bestand aus je drei Vertretern der Lutheraner, Katholiken und Mennoniten. Ein Abgeordneter des Bezirkskomitees sollte in das Zeitweilige Deutsche Zentralkomitee nach Petrograd entsandt werden.

Ende Mai fand auch in Tiflis ein Gebietskongreß der transkaukasischen deutschen Kolonisten statt; die Versammlung gründete einen Verband Aller Russischen Bürger Deutscher Nationalität im Nordkaukasus, dessen Bezirkskomitee seinen Sitz in der Kolonie Welikoknjashesk im Kubangebiet hatte.

Am 1. Juni 1917 trafen sich die Vertreter der inzwischen gegründeten Ortskomitees der Kreise Akkerman, Bender und Ismail des Gebiets Bessarabien in der Kolonie Sarata, um ein gemeinsames Bezirkskomitee mit Sitz in Tarutino zu bilden. Zum Vorsitzenden des bessarabischen Bezirkskomitees wurde Pastor Basea, zu seinen Beisitzern wurden die Herren A. A. Wittmer (auch: Widmer) – der Abgeordnete der bessarabischen Kolonisten in der Ersten

Staatsduma –, I. Fichtner, M. Erdmann, der Schöffe Hassert, G. Schinke, G. Haase, Lerer, Pastor Volleit, A. Mauch, J. Mauch, R. Jundt, Pastor W. Meyer, J. Keller, J. Meyer und Chr. Schetle gewählt.

Am 14. Juni 1917 versammelten sich die Vertreter von neun Ortskomitees des Allrussischen Verbands der Russischen Deutschen und Mennoniten des Gouvernements Jekaterinoslaw in Alexandrowsk, um hier das Bezirkskomitee zu bilden. Zum Vorsitzenden dieses Komitees wurde Pastor Rat, zum zweiten Vorsitzenden Pater Kuhn und zum dritten Vorsitzenden ein Mennonit gewählt; unter diesem ökumenischen Vorsitz bildeten jeweils zwei Vertreter der insgesamt neun Ortskomitees das Bezirkskomitee des Gouvernements Jekaterinoslaw. Zu Sekretären dieses Bezirkskomitees wurden die Herren Fenior und von Kampen, zu Kassierern die Herren F. Kehler und E. Link gewählt.

In Odessa häuften sich die Zusammenkünfte des neurussischen Bezirkskomitees, das seine Mitglieder aus dem früheren Zeitweiligen Organisationskomitee der südrussischen Deutschen rekrutierte.

Jede dieser Gründungen wurde vom Organ der südrussischen deutschen Kolonisten, das in den Sommermonaten auch zur deutschen Sprache überging, mit Freude und Begeisterung registriert. Das in Odessa ausgearbeitete Organisationsschema setzte sich mit erstaunlicher Schnelligkeit durch.

Bald erkannte auch die Moskauer Gruppe um Karl E. Lindemann, daß die vorwiegend kadetische Odessaer Gruppe ihren Führungsanspruch in wachsendem Maß anmeldete. Die Moskauer Gruppe berief daraufhin die Zweite Moskauer Konferenz ein, auf der das Gravitationszentrum der neuen Organisationsarbeit stärker auf Moskau verschoben werden sollte. Auch die Moskauer Gruppe hatte gute Vorarbeit geleistet. Unmittelbar nach Abschluß der Vorbereitungen zur Moskauer Aprilkonferenz, nämlich am 12. März 1917, war das Moskauer Gebietskomitee gegründet worden, das engstens mit Lindemann zusammenarbeitete. Ihm gehörten mit den Herren Kurt von Jarmerstädt, Herbert Kolbe und dem Sekretär Harald Zschaul Personen an, die den südrussischen Deutschen unbekannt waren. Die Mitglieder dieses Komitees, die ihre Rundschreiben »Mit Deutschem Gruß« zeichneten, versuchten die Verbandsarbeit auf eine nationale Grundlage zu stellen, die in den Augen der südrussischen Deutschen einem deutschen Nationalismus verdächtig nahestand; ihr Programm lautete: »Der Verband steht auf streng nationaler Grundlage, ohne dabei parteipolitische Ziele zu verfolgen.«[24]

Auch dieses Moskauer Gebietskomitee arbeitete schnell und effektiv; am 9. August, dem Vorabend der zweiten Moskauer Delegiertenkonferenz, wurde es beim Moskauer Bezirksgericht unter der Nummer 116/151 als »Moskauer Verband russischer Staatsbürger deutscher Nationalität« registriert. Dieser war nun auch Gastgeber des Moskauer Delegiertenkongresses, der vom 10. bis 12. August tagte und zu dem wiederum Delegierte aller deutschen Siedlungen und Gruppen in Rußland eingeladen waren. Schon die Einladung war so formuliert, daß die südrussischen Deutschen den Eindruck gewannen, die Moskauer Gruppe erkenne die von ihnen geleistete Organisationsarbeit nicht voll an und wolle nun endgültig ihren Führungsanspruch über die gesamte deutschrussische Bewegung etablieren. So enthielt beispielsweise die Tagesordnung des Moskauer Delegiertenkongresses den Punkt »Gründung eines Allrussischen Verbands der Deutschrussen«, was in den Augen der südrussischen Deutschen eine offene Ignorierung der bereits geleisteten Organisationsarbeit darstellte. Das südrussische Bezirkskomitee trat daraufhin zu einer Sitzung zusammen, auf der es den Beschluß faßte:

> »Der Moskauer Allrussische Delegiertenkongreß soll beschickt werden, jedoch nicht in der Weise, die von Professor Lindemann vorgeschlagen wird, sondern mit gewissen Abänderungen und Zusätzen.«[25]

Ein weiterer Beschluß sah vor:

> »Professor Lindemann ist mitzuteilen, daß die Organisation im Süden, das heißt in den Gouvernements Cherson, Bessarabien, Jekaterinoslaw und Taurien, schon als vollzogen betrachtet werden kann, dasselbe ist der Fall an der Wolga, im Kaukasus und in Sibirien; ebenso ist die Gründung einer Hauptzentrale in Petrograd beschlossene Sache... Daher darf auf der Tagesordnung des Kongresses in Moskau die Gründung des Allrussischen Verbands der Deutschrussen nicht in dem Sinne verstanden werden, daß man jetzt an die Gründung eines solchen Verbands herantreten will, sondern im Sinne eines weiteren Ausbaus des Verbands.«[26]

Der Moskauer Kongreß war mit seinen etwa 50 Delegierten schlecht besucht. Die Ostseeprovinzen und die südkaukasischen Siedlungsgebiete waren nicht vertreten. Daher sahen sich die Moskauer Organisatoren nicht in der Lage, die bereits im Gang befindliche Organisationsarbeit in ihren Händen zu konzentrieren und ihren Führungsanspruch sichtbar zu etablieren. Sie nahmen aber auch das in Odessa ausgearbeitete Organisationsmodell, das sich bereits vielerorts in der Praxis durchsetzte, nicht an, sondern empfahlen eine weitere Überarbeitung. Erst nach Überarbeitung dieser Satzung sollte auch das Gesamtzentralkomitee in Petrograd gebildet werden. Diese Verzögerung brachte es mit sich, daß die Satzung des Allrussischen Verbands der Russischen Deutschen erst im Juni 1918 registriert, dann aber »schon infolge der bolschewistischen Wirren«[27] nicht mehr in die Praxis umgesetzt werden konnte.

Auch in der Frage der deutschrussischen Beteiligung an den Wahlen zur Konstituierenden Versammlung unterschied sich der Moskauer Delegiertenkongreß von den Beschlüssen der südrussischen und wolgadeutschen Komitees. Der Moskauer Kongreß faßte den Beschluß, daß sich die russischen Deutschen keiner der bestehenden Parteien anschließen, mithin kein Wahlbündnis eingehen sollten, sondern geschlossen die Kandidaten der eigens aufzustellenden deutschen Kandidatenlisten wählen sollten. Alle Gebiete sollten in den nächsten Wochen Listen deutscher Kandidaten bekanntmachen, deren Wahl für alle organisierten Deutschrussen verbindlich sei. Für einige Gouvernements stellte der Moskauer Kongreß bereits verbindliche Kandidaten auf: die Deutschen des Gouvernements Cherson sollten Baron Meyendorff, die Deutschen des Gouvernements Jekaterinoslaw Ludwig Lutz und die Mennoniten des Gouvernements Taurien den Oberlehrer Benjamin Unruh wählen. Dieser Beschluß der Moskauer Delegiertenkonferenz wurde von den südrussischen Gruppen nur bedingt anerkannt, während er im Wolgagebiet eine Spaltung des Gebietskomitees auslöste. Um alle Deutschrussen über die Beschlüsse der Moskauer Delegiertenkonferenz in Kenntnis zu setzen, ließ Pastor Johannes Schleuning, ein Vertreter des nationalistischen Kurses, im »Wochenblatt« der südrussischen Deutschen einen Artikel unter dem beschwörenden Titel »Gedenke, daß Du ein Deutscher bist (Eindrücke vom zweiten Moskauer Delegiertenkongreß)« erscheinen.[28]

Am 20. September 1917 fand in Odessa eine Sitzung des südrussischen Bezirkskomitees unter dem Vorsitz von W. G. Reissig statt, auf der die Moskauer Beschlüsse diskutiert wurden. Pastor Winkler, der Delegierte des südrussischen Gebietskomitees auf der Moskauer Delegiertenkonferenz, der zugleich der südrussische Vertreter im Zeitweiligen Zentralkomitee in Petrograd war, unterrichtete das Komitee über die Moskauer Geschehnisse. Seine Nachrichten wurden mit Zurückhaltung aufgenommen. Das Protokoll der Sitzung hielt fest, daß »die Beschlüsse des Moskauer Kongresses… zwar keine direkten Widersprüche hervor(riefen)«[29], daß sie aber zahlreicher Korrekturen bedürften. Tatsächlich übertrug das südrussische Gebietskomitee der Organisationssektion die Verbandssatzung mit der Bitte, gewisse redaktionelle Änderungen vorzunehmen. Zugleich empfahl es aber, in die neue Fassung des Verbandsstatuts eine Klausel aufzunehmen, die besagte, daß Bezirks- und Gouvernementkomitees dort erhalten oder aber neu gegründet werden sollten, wo dies aufgrund der örtlichen Verhältnisse geboten schien. Nicht ohne Diskussion erfolgte auch die Abstimmung zur Frage geschlossener nationaler Kandidatenlisten bei den Wahlen für die Konstituierende Versammlung. Die Moskauer Empfehlungen wurden aufgenommen, doch wurden auf die nationale Kandidatenliste die Namen von Reichert, Pastor I. I. Winkler und Rechtsanwalt K. G. Hassert zusätzlich gesetzt. Damit enthielt die deutsche Wahlliste für das Gouvernement Cherson als ersten Kandidaten Baron Meyendorff, als zweiten Kandidaten den Kadeten Reichert und als dritten Kandidaten Pastor Winkler. Die Nominierung von Ludwig Lutz auf der Wahlliste des Gouvernements Jekaterinoslaw wurde einstimmig angenommen. Für das taurische Gouvernement wurde die Kandidatur von Benjamin Unruh auf dem ersten Platz akzeptiert, auf den zweiten Platz der deutschen Wahlliste jedoch noch Baron Meyendorff gesetzt. Für Bessarabien wurde Pastor Winkler als erster Kandidat und K. G. Hassert als zweiter Kandidat aufgestellt. Das südrussische Gebietskomitee machte es diesen nationalen Kandidaten zur Pflicht, in den betreffenden Gebieten Wahlversammlungen abzuhalten. Das Verbot, Wahlbündnisse mit russischen Parteien einzugehen, erhielt das südrussische Gebietskomitee nicht aufrecht. Allerdings legte es eine zeitliche Grenze fest: Wenn es nötig sein werde, Kartelle zu schließen, so müsse dies bis zum 25. Oktober geschehen.

Der zweite Delegiertenkongreß der Wolgadeutschen, der im September 1917 in der Kolonie Schillings stattfand, war fast ausschließlich der Frage der Wahlen für die Konstituierende Versammlung gewidmet. Hier verwahrte sich eine starke sozialdemokratische Gruppe gegen die Moskauer Beschlüsse und forderte freie Wahlbündnisse mit den geeigneten russischen Parteien. Nach langen und kämpferischen Debatten gelang es jedoch, eine Einigung auf eine allgemein annehmbare Kandidatenliste zu erreichen. Unmittelbar vor den Wahlen lösten sich jedoch die Sozialdemokraten von dieser Einheitsliste und stellten ihre eigene Kandidatenliste auf. Dies tat dann notgedrungen auch die parteilose Gruppe; der unvermeidbare Bruch war vollzogen.

Eine Sonderstellung nahmen in diesem Prozeß der Bildung eines Allrussischen Verbands der Russischen Deutschen die Mennoniten ein. Zur ersten Moskauer Delegiertenversammlung im April 1917 hatten sie J. Willms und Benjamin Unruh aus dem Bezirk Halbstadt geschickt. Die Mennoniten wollten gern eine Interessenvertretung in der Konstituierenden Versammlung haben; diese sollte ein Garant für die weitere Aufrechterhaltung des waffenlosen Kriegsdiensts sein. Allerdings gab es zahlreiche Vorbehalte gegen eine enge Zusammenarbeit mit den deutschen Kolonisten protestantischen und katholischen Glaubens. Wie Benjamin Unruh auf der Moskauer Delegiertenkonferenz darlegte, wollten sich die Mennoniten nicht länger als »russische Bürger deutscher Herkunft« verstanden wissen. Ihr Name, so forderte er, müßte getrennt im Verbandsnamen erscheinen, und ihre Siedlungen müßten innerhalb des neuen Verbands Autonomie besitzen. Unruh stützte sich dabei auf folgende Argumente:

»1. Das Gros der russischen Mennoniten kommt aus den Niederlanden.
2. Die Mennoniten standen jahrhundertelang unter dem Einfluß der deutschen Kultur und sind verdeutscht, dieses Wort kulturell, nicht politisch verstanden.
3. Die Mennoniten müssen mit den übrigen Kolonisten kooperieren, aber unter unbedingter Wahrung ihrer Autonomie.«[30]

Obwohl man den Mennoniten den gewünschten Sonderstatus einräumte, herrschte in den Mennonitengemeinden allgemeines Unbehagen über diesen Zusammenschluß. Auf zahlreichen separaten Treffen und Kongressen der russischen Mennoniten in den Sommermonaten 1917 wurde dies immer wieder laut. Ihre besonderen Widerstände richteten sich gegen die evangelisch-lutherische Pastorenschaft der deutschen Kolonien, die nicht selten einer nationalen bis nationalistischen Orientierung anhingen, die Mennoniten unbedingt als Teil des »russischen Deutschtums« sehen wollten und ihre holländische Herkunft als eine rein opportunistische Erfindung abtaten. Lindemann schrieb später:

> »Es haben einige lutherische Pastoren ihre Aufgabe darin gesehen, die öffentliche Meinung in ihren Gemeinden gegen die Stellung der Mennoniten aufzureizen. Dabei spielte ›Holland‹ die Aufgabe des roten Tuchs.«

In die Defensive gedrängt, distanzierten sich die Mennoniten in einem offenen Protestschreiben von ihren Gemeindemitgliedern Heinrich Braun und Johann Tissen, die im Januar 1917 als Bevollmächtigte der Mennonitengemeinden in Petrograd den Ausnahmestatus der Mennoniten von der Enteignungsgesetzgebung mit dem Argument erwirkt hatten, daß so gut wie alle Mennoniten holländischer Herkunft seien – ein unzutreffendes Argument, das in den Gemeinden selbst mit dem bösen Wort »Holländerei« bezeichnet wurde.

Auf Mennonitenversammlungen in Halbstadt (6.–8. Juni 1917) und Georgiewka (28. Juli 1917) faßten die Mennoniten den Beschluß, dem Allrussischen Verband beizutreten, sich in diesem aber die »Sonderstellung« zu bewahren, »die wir Mennoniten als Erbgut unserer Vorfahren einnehmen.«[31]

In der Zeit vom 14. bis 18. August 1917 fand der Allgemeine Kongreß der Mennoniten in Orlow statt. Den Vorsitz führte Benjamin Unruh, als seine Beisitzer fungierten N. Andres und Dr. R. Dück. Der Mennonitenkongreß wies – ähnlich wie die wolgadeutschen Delegiertenkonferenzen – ein breites politisches Spektrum auf. Das gemeinsame Bekenntnis half jedoch, die politischen Divergenzen zu überwinden. Während der Beitritt zum Allrussischen Verband unter strikter Wahrung der Autonomie noch einmal geschlossen bestätigt wurde, traten in der politischen und Agrardiskussion starke Fraktionsbildungen zutage. Eine breite Mehrheit folgte der zentralen kadetischen Linie. Daneben formulierten starke Randgruppen ihre Forderungen. So vertraten beispielsweise die Brüder Fröse die »sozialistische Weltanschauung«. In der Landfrage legten sie auf geschickte Weise die negativen volkswirtschaftlichen Effekte des privaten Landbesitzes dar und forderten, daß »die Agrarfrage nach dem bekannten sozialistischen Rezept gelöst« werde.[32] Die Überzeugungskraft von F. Fröse war so groß, daß »selbst prinzipielle Gegner der sozialistischen Theorien... seinen Ausführungen mit Interesse lauschten.« Im Namen der sozialistischen Mennoniten forderte diese Gruppe lediglich eine »einstweilige« Aufrechterhaltung des Rechts auf privaten Landbesitz; zu einem späteren Zeitpunkt sollte das gesamte Land sozialisiert werden. Dieser Forderung traten die konservativen Vertreter des mennonitischen Großgrundbesitzes entgegen; sie wandten sich zunächst gegen die Idee der Enteignung des Großgrundbesitzes, wurden aber von der Mehrheit des Kongresses überstimmt. Schließlich erkannten die Delegierten dem Staat das Recht auf Enteignung privaten Großgrundbesitzes zu, da es vom politischen, ökonomischen und auch moralischen Standpunkt aus gerechtfertigt sei.

Nicht zufällig fanden die Vertreter einer sozialistischen Lösung der Agrarfrage in den Sommermonaten des Jahres 1917 weites Gehör. Die Agrarunruhen, die allerorts aufflackerten, das örtliche Chaos in Verkehr, Kommunikation und Versorgung und die propagandistische Tätigkeit der Sozialrevolutionäre und Sozialdemokraten auf dem Land zwangen die Landbesitzer, die Agrarfrage in einem neuen Licht zu betrachten. Tatsächlich hatten sich die deutschrussischen Landbesitzer und Bauern in ihrer Mehrzahl nach allzulangem Ringen und Festhalten an oktobristischen Positionen der kadetischen Lösung der Enteignung des Großgrundbesitzes für eine gerechte Entschädigung erst zu dem Zeitpunkt angeschlossen, als der Einfluß der Kadeten bereits von den Agrarsozialisten ausgeschaltet wurde. Während die kadetischen Minister in der Provisorischen Regierung noch immer darum bemüht waren, die Soldaten an der Front und die Agrarunruhen auf dem Land in Schach zu halten, riefen die sozialistischen Agitateure die Soldaten zu Befehlsverweigerung und die Bauern zur eigenmächtigen Aneignung des Gutsbesitzerlandes auf. Die Doppelherrschaft der legitimen Provisorischen Regierung und der selbsternannten Führerschicht der Arbeiter-, Soldaten- und Bauernräte, deren Exekutivkomitee zunehmend unter den eisernen Griff der sozialdemokratischen Kader geriet, erreichte ihre vollen Auswirkungen. Mit der sozialrevolutionären Mobilisierung der Massen wurden die liberalen Kräfte der Provisorischen Regierung auch von unten unter Druck gesetzt. So hatte beispielsweise der Landwirtschaftsminister A. I. Schingarjow, ein führender Konstitutioneller Demokrat, auf dem Kongreß der Frontdelegierten im Mai versprochen, daß die Regierung alles tun werde, um »unsere Heimat aus diesem Kriege frei von jedem deutschen Joch« hervorgehen zu lassen.[33] Da die Frontdelegierten in erster Linie Land für die erschöpften und hungrigen Frontsoldaten forderten, konnte dieses Versprechen als eine Preisgabe des deutschrussischen Landbesitzes an die Frontkämpfer verstanden werden. Unter dem Druck der Massen schien die Provisorische Regierung von ihrem Versprechen an die deutschrussische Bevölkerung abzuweichen, daß sie die »Sistierung« der Wirtschaftskriegsmaßnahmen in der Tat als eine »vollständige Einstellung« *(polnoe prekraščenie)* verstehe.[34] Die Tatsache, daß die Kadeten weit mehr aus Ohnmacht gegenüber dem Druck der Sowjets und der Massen als aufgrund mangelnder Prinzipientreue von ihren Grundsätzen abrückten, war für die deutschrussischen Bauern schwer begreiflich. Sie erwarteten von der Provisorischen Regierung noch immer absolute Entscheidungen, wie sie nur der Autokratie anstanden.

So mischten sich in den Sommermonaten des Jahres 1917 in den noch immer bestehenden republikanischen Enthusiasmus der Deutschrussen bald Resignation und böse Vorahnungen. Gleichzeitig begannen Kolonisten dort, wo die Regierung, die staatliche Verwaltung oder ihre Ordnungstruppen der Lage nicht mehr Herr wurden, Maßnahmen der Selbsthilfe zu ergreifen. So begannen wolhynische Kolonisten, die aus den Orten ihrer Evakuierung zurückkehrten und vergebens auf die Erlaubnis zur Wiederansiedlung auf ihrem alten Besitz warteten, diesen früheren Besitz eigenhändig zu räumen und zu bebauen. Die hier provisorisch angesiedelten Flüchtlinge wurden von ihnen unter Androhung von Waffengewalt vertrieben.[35] Dabei kam es beispielsweise im Kreis Shitomir zu heftigen Zusammenstößen zwischen den zurückgekehrten Kolonisten und den russischen beziehungsweise ukrainischen Bauern, die nun hier siedelten.[36] In einigen Fällen beantworteten die betroffenen örtlichen Bauern das Eindringen der deutschen Kolonisten mit Vergeltungsmaßnahmen: Dörfer, Wälder und Saatkulturen der deutschen Kolonisten wurden zerstört.[37] Aber auch die südrussischen Kolonisten, deren Landstücke in den Grenzgebieten bereits enteignet worden waren, warteten ihre offizielle Rückgabe in vielen Fällen nicht ab; im Kreis Jewpatorija auf der Halbinsel Krim gingen die von der Liquidationsgesetzgebung betroffenen Landbesitzer mit Gewehren bewaffnet an die Bestellung ihrer früheren Felder.[38] In anderen Gebieten, wo der Widerstand der inzwischen angesiedelten slawischen Bauern besonders stark war, richteten die deutschen Kolonisten die Bitte um bewaffneten Schutz an die Provisorische Regierung. Diese kam der Bitte in den Grenzen ihrer Möglichkeiten nach. So rollten beispielsweise in Bessarabien geschlossene Waffenlieferungen in die deutschen Dörfer ein. Die örtliche Miliz unterstützte die deutschen Kolonisten bei der Wiedereroberung ihrer Felder. Und die verängstigte Bevölkerung der umliegenden Dörfer vermutete, daß sich hier bestimmte Kräfte auf einen bewaffneten Bürgerkrieg vorbereiteten.[39] In anderen Gebieten des Landes ergriff die umliegende Bevölkerung, die die reichen, blühenden deutschen Kolonien ungeschützt vor sich liegen sah, die Gelegenheit, sich auf ihre Weise zu bereichern. So berichtete beispielsweise ein kaukasischer Kolonist:

> »Obwohl in den ersten Tagen der Revolution den Deutschen gleiche Rechte und gleicher Schutz versprochen war, wurde ihre Lage von Tag zu Tag bedenklicher. Die Landfrage erregte auch in verschiedenen Kolonien große Besorgnisse. Die vielen russischen sowie von den Wolgakolonien

hergekommenen Arbeiter verlangten Land. Besonders brennend wurde die Frage in den Kolonien Alexandrodar und Welikoknjashesk, wo außer den Landarbeitern... 150... Fabrikarbeiter nach Land schrien. Die Landbesitzer suchten nach Möglichkeiten, den Arbeitern entgegenzukommen, man gab ihnen zu sehr günstigen Pachtbedingungen... Land. Immer verhängnisvoller wurde die Lage der Terekkolonien des Kreises Chasaw-Jurt im Tereggebiet. Sie wurden von den Gebirgsvölkern bedrängt. Die Kolonisten sandten zwei Delegierte an die Regierung nach Petersburg (sic!), es wurde Regelung versprochen, aber statt Regelung fanden sich Raubüberfälle. Die Gebirgsvölker überfielen die Kolonisten, raubten ihre Herden, ihr Vermögen wurde angetastet, und eine Reihe von Ermordungen fanden statt. Nach wiederholten Vorstellungen bei der Regierung wurden einige Gewehre und auch etwas russische Kavallerie zur Verfügung gestellt, aber bei weitem nicht genug zur Verteidigung der Kolonien. Die Überfälle wurden immer häufiger, täglich neue Ermordungen berichtet. Die Kolonisten mußten in verschiedenen Kolonien ihr Land unbearbeitet liegenlassen... Die Gebirgsvölker blieben nicht beim Rauben und Morden, sondern griffen die ganzen Kolonien an. Die Kolonie Romanowka mußte als erste unter Deckung von Maschinengewehren ihre rechtmäßig erworbenen Schollen verlassen, und zwar im Herbst 1917.«[40]

Nicht nur die Landfrage und der Agrarterror bereiteten den Deutschrussen große Sorgen. Auch der erste Gang der Wahlen zur Konstituierenden Versammlung, auf die sich die Deutschrussen so emsig vorbereiteten, zeitigte nicht die erhofften Erfolge. Nur in wenigen Gebieten war es Deutschrussen gelungen, Eingang in die regionalen Vorversammlungen der Konstituierenden Versammlung zu finden. So mißlang ihnen dies auch in Moskau, wo alle größeren Nationalitäten des Russischen Reichs in der Versammlung vertreten waren. Ludwig Lutz, der sich mit großer Energie an der Wahlkampagne des Gebiets Moskau beteiligt hatte, schrieb diese Tatsache vor allem der noch immer latent vorhandenen antideutschen Stimmung zu und verlangte

> »eine autoritative Erklärung der Regierung über die Ursachen dieses Verhaltens gegenüber den russischen Bürgern deutscher Nationalität. Während des ganzen Krieges haben wir im russischen Heer gekämpft, während unsere Familien im Hinterland gleichzeitig ausgeraubt worden sind. Seit der Revolution schöpfen wir neue Hoffnung. Sollten wir uns getäuscht haben und auch im erneuerten Rußland keine gleichen Rechte für alle Nationalitäten existieren?«[41]

Selbst in jenen Gebieten, in denen es Deutschrussen gelungen war, in die Vorversammlungen delegiert zu werden, mußte man bald feststellen, daß ihr Handlungsspielraum aufgrund der heftigen Parteienkämpfe außerordentlich eng war. So waren beispielsweise die deutschen Abgeordneten Pastor J. Stach und Waslowskij in die Vorversammlung der Völker Sibiriens in der Stadt Tomsk gewählt worden. Die Versammlung wurde nach Angaben Stachs von der Partei der Sozialrevolutionäre dominiert. Die Kadeten, denen sich nun einige frühere Rechte angeschlossen hatten, »kamen kaum zu Worte«.[42] Die sozialrevolutionären Losungen der Nationalisierung von Grund und Boden und des Verbots der Lohnarbeit wurden zum unwidersprochenen Programm der Versammlung. »Gegen die Deutschen als Hauptvertreter des Privateigentums war man äußerst mißtrauisch.« Trotz spürbarer »Feindseligkeit von seiten der ausschlaggebenden Partei« wurde Pastor Stach eingeräumt, eine zehnminütige Ansprache zu halten. Er sprach von den Leiden, die die Deutschen unter der alten Regierung erlitten hatten, und unterstrich ihre Loyalität gegenüber dem neuen Regime. Einigkeit bestand in der sibirischen Vorversammlung allein in der Frage der zukünftigen Staatsform. Sie sollte föderativ sein und Sibirien volle Autonomie einräumen. Die Losung »Sibirien für die Sibirier« fand die Zustimmung aller Anwesenden.

In den Sommermonaten 1917, in denen die deutschen Kolonisten unter Waffenschutz den Boden bestellten, an den sie – nach ihren eigenen Worten – »ein mythisches Blutband« gebunden hatte, und in denen ihre Sprecher eine gute Arbeitsbeziehung zu der neuen russischen Regierung herzustellen versuchten, bereitete man im Deutschen Reich ihre Aussiedlung vor. Der Ausschuß für deutsche Ostpolitik, der der alldeutschen Orientierung General Ludendorffs folgte und sich auf die Thesen der deutschbaltischen Nationalisten in deutscher Emigration stützte, verbreitete seine Lösung des »Kolonistenproblems« in der deutschen Öffentlichkeit. Die deutschbaltischen Siedlungspolitiker vom Schlage Silvio Broedrichs sahen nun den Zeitpunkt gekommen, die in der Vorkriegszeit von ihnen begonnene Besiedlung der russischen Ostseeprovinzen mit deutschen Kolonisten unter der Schutzherrschaft des Oberbefehlshabers Ost, General Ludendorff, in großem Maßstab fortzusetzen. Ihre Planung sah vor, daß bei Kriegsende alle deutschrussischen Kolonisten in die baltischen Provinzen verpflanzt werden sollten. Dadurch, so versprachen sie der deutschen Reichsführung, würde eine ständige Reibungsfläche zwischen Deutschland und Rußland entfernt werden, »die mehr als alles andere den deutschen Namen in Rußland unbeliebt gemacht« hätte.[43] Diese Reibungsfläche könne nur durch den chirurgischen Gewaltakt des »Herausziehens aller deutschen Bauernkolonisten … beseitigt werden«. Die »ca. zwei Millionen deutschen Bauernkolonisten und sieben Millionen Hektar Land« in den schönsten und besten Teilen des Russischen Reichs bildeten eine allzu große Verlockung für diese alldeutsch orientierten Kolonisationsplaner. Unter dem Vorwand, daß es nicht gut sei, »bei Neuregelung der deutsch-russischen Verhältnisse einen derartigen Konfliktstoff zurückzulassen«, wurde der Austausch des Kolonistenlandes gegen weite Gebiete des Baltikums und der Austausch der kolonistischen Bevölkerung gegen die baltischen Völkerschaften gefordert.

»Die sieben Millionen Hektar besten Ackerlandes wären ein treffliches Kompensationsobjekt, um sich im Osten (Litauen, baltische Provinzen) gutes Siedlungsland dafür einzutauschen... Die zwei Millionen deutsche (sic!) Bauern würden dank ihrer Arbeitskraft und ihrem Kinderreichtum (durchschnittlich zehn bis zwölf Kinder) eine bedeutende Kriegsentschädigung darstellen. Denn lebendiges Kapital hat stets größeren Wert als totes.«

Die deutschrussischen Landwirte sollten zu einem politischen Handelsobjekt jenes Landes werden, von dem sie sich in ihrer Mehrheit seit Generationen losgesagt hatten und das sie durch seine militante Ostpolitik in tiefe existentielle Krisen gestürzt hatte.

Niemals in ihrer Geschichte waren die russischen Deutschen so isoliert wie im Herbst 1917. Von der russischen Krone, ihrer jahrhundertelangen Patrona, waren sie in ihrer schwersten Existenzprobe im Stich gelassen und den üblen nationalistischen Volksaufwieglern preisgegeben worden. Die oppositionellen Kräfte der Konstitutionellen Demokraten und Trudowiki, die sie in den schweren Stunden des russischen Wirtschaftskriegs mit Nachdruck verteidigt hatten, waren nun in der Provisorischen Regierung zur Wirkungslosigkeit verurteilt. Auch das Verhältnis zu den benachbarten russischen Gutsbesitzern war, sofern diese der nationalistischen und konservativen russischen Rechten angehörten, nachhaltig gestört; die Kolonisten konnten ihnen nicht verzeihen, daß sie ihre Abgeordneten mit Unterstützung der Kolonisten in die russische Staatsduma geschickt hatten, wo sie die russische Wirtschaftskriegsgesetzgebung befürwortet, ihr Mandat veruntreut und das in sie gesetzte Vertrauen gebrochen hatten. Und schließlich schien die Politik der militärischen Expansion des Deutschen Reiches, das seine Truppen unter der Leitung des Oberbefehlshabers Ost, General Ludendorff, weit in die russischen Ostseeprovinzen vorgeschoben hatte, die Vermutung zu bestätigen, daß der alldeutsche Gedanke auch in der Obersten Heeresleitung Fuß gefaßt hatte. Die Hilferufe der deutschen Bewohner der Gouvernements Estland und Livland, die im Herbst 1917 nach einer kurzen, aber verheerenden Erfahrung der bolschewistischen Herrschaft in Riga die Oberste Heeresleitung des Deutschen Reiches um Fortsetzung des Vormarsches ersuchten, schienen anzuzeigen, daß die langjährigen deutschrussischen Loyalitätserklärungen gegenüber der kaiserlichen und nun Provisorischen Regierung lediglich den Stellenwert eines opportunistischen Anpassungsmanövers besessen hatten. Nach allen Seiten hin isoliert und im täglichen Land- und Überlebenskampf auf die nackte Selbstwehr verwiesen, sahen die russischen Deutschen dem vierten Kriegswinter mit wachsender Unruhe entgegen.

XII.
Ratlosigkeit
Zwischen der bolschewistischen Machtergreifung und dem Frieden von Brest-Litowsk

Ein Mann verfolgte die allgemeine Desorganisation, die aufgrund der massenweisen Desertionen von den Fronten und der eigenmächtigen Aneignung des Landes entstand und auf den absoluten inneren Zusammenbruch des Russischen Reichs hinauslief, mit wachsendem Interesse: Wladimir Iljitsch Uljanow, mit dem Decknamen der Partei »Lenin« genannt. Der buntgemischte ethnische Hintergrund dieses Mannes mit dem scharfgeschnittenen tatarischen Kopf wies auch eine deutsche Großmutter auf. Anna Blank hieß mit ihrem Mädchennamen Großschopf. Ihre Familie war, aus Deutschland kommend, über Finnland in Rußland eingewandert. Die kleine, schlanke, aber drahtige Kleinbürgerin mit einem runden, intelligenten Gesicht und hoher Stirn sowie ihrem streng nach hinten gekämmten und zu einem kleinen tiefsitzenden Knoten zusammengezogenen weißen Haar, hatte Disziplin und praktischen Verstand in die Familie Uljanow gebracht. Mit ihren strengen, protestantischen, moralischen Maßstäben und ihrer zielstrebigen erzieherischen Art übte sie einen starken Einfluß auf die Enkel Uljanow aus. Ob und inwieweit dieses deutsche Erbe, das mit einem großrussischen, einem tatarischen und einem jüdischen Erbteil konkurrieren mußte, in Lenin und seinem älteren, nach dem Attentat auf die Zarenfamilie hingerichteten Bruder gewisse prodeutsche und antizaristische Dispositionen schuf, bleibt unbekannt. Zu denken gibt die Tatsache, daß Lenin den Bund mit dem Teufel, der ihn und seinen revolutionären Kaderstab nach Rußland zurückführte und die finanzielle Grundlage für den Umsturz sicherte, in Gestalt der deutschen Reichsregierung – dem Erbfeind der Provisorischen Regierung und des russischen Frontsoldaten – schloß. Dabei war ihm durchaus bewußt, daß die »destruktive Rußlandpolitik« des deutschen Generalstabs, in dessen Kalkül er selbst und sein professionelles Umstürzler-Team einen so bevorzugten Platz einnahmen, nicht nur die gegenwärtige russische Regierung stürzen und damit jede Chance einer Restauration des *ancien régime* aus dem Weg räumen würde, sondern auch dem russischen Volk und Land, dem Bauern und dem Soldaten eine beträchtliche Demütigung zufügen mußte.

Im April 1917 war Lenin in den bekannten versiegelten Waggons auf dem Finnischen Bahnhof in Petrograd eingetroffen. Im Juli sprach es sich herum, daß dieser Führer des bolschewistischen Zentralkomitees, der immer stärkeren Einfluß auf das Exekutivkomitee der Arbeiter- und Bauernräte in Petrograd gewann, mit finanzieller Unterstützung des deutschen Feindes in Rußland eingeschleust worden war. Daraufhin schlug die Stimmung der Bevölkerung, die soeben im Begriff war, den bolschewistischen Versprechungen von Frieden, Land und Brot ihre Aufmerksamkeit zuzuwenden, drastisch um. Einige bolschewistische Führer wurden verhaftet, die Roten Garden entwaffnet. Lenin selbst, der sich angeblich zunächst einem Gericht stellen wollte, zog sich auf Parteibeschluß in den Untergrund zurück und verbarg sich fortan in einem Heuschober auf finnischem Territorium unweit der russisch-finnischen Grenze. Als der letzte Versuch des Generals Kornilow, unter Zusammenfassung aller regierungstreuen Verbände die Ordnung wiederherzustellen, scheiterte, sah der auf eine günstige Gelegenheit wartende Lenin seine Zeit gekommen. Er forderte von den Mitgliedern des bolschewistischen Zentralkomitees den sofortigen bewaffneten Aufstand und drohte mit Alleingang. Unter Aufbietung demagogischer Argumente zwang er seine zögernden Genossen zum Handeln. Unter Führung des Strategen Trotzkij erfolgte der sogenannte Sturm auf den Winterpalast, die Verhaftung der Minister der Provisorischen Regierung mit Ausnahme des geflohenen Kerenskij und die Übernahme der Staatsgewalt (25. Oktober beziehungsweise 7. November 1917). Diese zunächst wenig beachteten Ereignisse, die sich auf eine Handvoll fanatisierter Sozialdemokraten zu beschränken schienen, erlangten weltgeschichtliche Bedeutung.

Unter den wenigen Personen in Petrograd, die umgehend die Gefahr der Lage erkannten, befanden sich die beiden Dumaabgeordneten der russischen Rechten, Purischkewitsch und Markow-II. Purischkewitsch hatte zur Rettung des alten Rußland die Ermordung Rasputins mitinszeniert und war nun bereit, zur Erhaltung des neuen Rußland einen zweiten sibirischen Fanatiker zu beseitigen, der die Zukunft Rußlands bedrohte. Zusammen mit einer kleinen Zahl von Verschwörern, unter denen sich die Deutschrussen Oberst F. W. Winberg und Rittmeister M. O. Graf befanden, unternahm er den Versuch, die bolschewistische Führungsgruppe zu stürzen. Der Putschversuch, über den wenig bekannt ist, schlug fehl. Die beteiligten Männer wurden in der Peter-und-Pauls-Festung eingesperrt, konnten aber entkommen und schlugen sich zu den weißen Bürgerkriegsarmeen durch. Fjodor Wiktorowitsch Winberg, dem zu Beginn der zwanziger Jahre die Flucht nach Berlin gelang, nahm aus Entsetzen über das Miterlebte kurzzeitig Kontakt zu den frühen nationalsozialistischen Kreisen in Deutschland auf. Bei ihnen galt er als der Überbringer der »Protokolle der Weisen von Zion«.[1]

Die ersten Maßnahmen, die der selbsternannte Führer des russischen Proletariats im Namen eines imaginären Sowjetkongresses erließ, stürzten die russischen Deutschen in tiefste Beunruhigung und Ratlosigkeit. Die drei Dekrete, die in der Nacht vom 26. auf den 27. Oktober beziehungsweise 8./9. November 1917 erlassen wurden, zeichneten den Weg vor, den das neue Regime zu gehen beabsichtigte.

Das Dekret über den Frieden dokumentierte den Feindmächten die Bereitschaft der Kommissare zu einem »sofortigen Frieden ohne Annexionen und Kontributionen«. Die Definition des Begriffs »Annexion«, die Lenin vornahm, machte deutlich, daß die baltischen Provinzen, die nunmehr – vor die Alternative einer bolschewistischen Regierungsform oder eines Anschlusses an das Deutsche Reich gestellt – mit aller Kraft nach einer autonomistischen Lösung unter deutschem Militärschutz strebten, bei einem künftigen Friedensvertrag zu einem Spielball der bolschewistischen Interessen werden könnten: Annexion, so Lenin, liege vor, »wenn eine beliebige Nation mit Gewalt in den Grenzen eines Staates festgehalten wird, wenn ihr entgegen dem von ihrer Seite ausgesprochenen Wunsch... nicht das Recht zugestanden wird, in freier Wahl bei völligem Abzug des Heeres der annektierenden oder überhaupt der stärkeren Nation ohne die geringste Nötigung die Frage der Form ihrer staatlichen Existenz zu entscheiden«.

Die Deutschbalten, die nun neben dem Druck der radikalisierten lettisch-estnischen Volksmassen auch die ersten Vergeltungsakte für ihre Herbeirufung der deutschen Truppen zu spüren bekamen (567 deutschbaltische Adlige wurden nach dem Osten deportiert), mußten die politische Bedrohung erkennen, die mit diesem Dekret über den Frieden auf sie zukam.

Die deutschen Kolonisten und Landbesitzer erfuhren mit dem Dekret über den Boden einen Vernichtungsschlag. Das Dekret verfügte die entschädigungslose Enteignung des privaten Landbesitzes und übertrug die Verwaltung des enteigneten Landes »bis zur Konstituierenden Versammlung« dem Kreis-Landkomitee sowie den Kreis-Sowjets der Bauerndeputierten. Damit war die Kontrolle über Grund und Boden den Sozialrevolutionären und nach ihrer Ausschaltung den Bolschewisten übertragen. Wer seinen Boden nicht freiwillig hergab, verfiel einem erbarmungslosen Terror.

Das dritte Dekret ernannte eine dem Namen nach Provisorische Arbeiter- und Bauernregierung, den »Rat der Volkskommissare« unter dem Vorsitz von Lenin, »bis zur Einberufung der Konstituierenden Versammlung« zur rechtmäßigen Verwalterin des Landes. Die hauptstädtische deutschrussische Intelligenz, die diesen Vorgängen aus allernächster Nähe folgte, mußte nicht nur erkennen, daß dieser sogenannte Rat der Volkskommissare ausschließlich mit Bolschewisten besetzt war und die anderen, in den Sowjets vertretenen sozialistischen Parteien unberücksichtigt blieben; sie wurde auch bald in allzu spürbarer Weise mit der Tatsache konfrontiert, daß es Lenin mit der Einberufung der Konstituierenden Versammlung keineswegs ernst war.

Die Wahlen zur Konstituierenden Versammlung, die am 25. November beziehungsweise 8. Dezember 1917 stattfanden, brachten den Bolschewiki mit 183 (oder 25 Prozent) der 715 Sitze eine verheerende Niederlage. 62 Prozent der Sitze fielen den anderen sozialistischen Parteien zu, von denen die Sozialrevolutionäre unter Führung Viktor Tschernows nun die Mehrheitspartei bildeten. Die bürgerlichen Parteien hatten 13 Prozent der Sitze erworben und waren, das konnte vorausgesehen werden, in einer Reihe von Fragen bereit, mit den gemäßigten Sozialisten zusammenzugehen. Dieses Wahlergebnis gab Lenin Anlaß, endgültig mit diesem »parlamentarischen Kretinismus« aufzuräumen. Am 13. beziehungsweise 26. Dezember bereitete das Organ der Leninschen Führungsgruppe, »Prawda«, seine Leser unter Hinweis auf das »zwischen den Wahlen zur Konstituierenden Versammlung und dem Volkswillen bestehende Mißverhältnis« auf einen Staatsstreich gegen die gewählte Nationalversammlung vor. Ende Dezember setzte eine Verhaftungswelle ein. Ihre Opfer waren die führenden Kräfte der demokratischen Parteien. Mit der Verhaftung von Pawel Dolgorukow, Fjodor Kokoschkin und Andrej Schingarjow büßten die Konstitutionellen Demokraten einige ihrer brillantesten Köpfe ein. Am 5. beziehungsweise 18. Januar 1918 durfte die Konstituierende Versammlung endlich zusammentreten. Als sich die gewählten Volksvertreter dieser Nationalversammlung am Taurischen Palast einfanden, stellten sie fest, daß dieser von schwerbewaffneten Truppen belagert war. Im Taurischen Palast, der als Sitz der Staatsduma, der Provisorischen Regierung und auch des Exekutivkomitees der Petrograder Arbeiter-und Soldatenräte gedient hatte, teilte ihnen Lenins Mitarbeiter J. M. Swerdlow in unmißverständlicher Klarheit mit, daß die Bolschewiki auf der »vorbehaltlosen Anerkennung der Sowjetmacht« bestünden. Wer nicht verstand, was diese Drohung bedeutete, erkannte dies spätestens am nächsten Morgen, als die Tore des Taurischen Palastes verschlossen blieben und sich Gewehrmündungen auf die heraneilenden Parlamentarier richteten. Zwei Tage später wurde bekannt, daß die Konstitutionellen Demokraten Kokoschkin und Schingarjow brutal ermordet worden waren. Die Bolschewiki hatten der Demokratie den Krieg erklärt.

Der Liquidierung der von ihnen meistgehaßten Liberalen folgte die Isolierung und Vernichtung aller anderen Parteien, die Menschewiki und Sozialrevolutionäre eingeschlossen. Schon im Januar 1918 wurde die Pressefreiheit in Petrograd spürbar eingeengt. Die ständischen und bürgerlichen Rangbezeichnungen wurden abgeschafft. Der Akt der Trennung der Kirche vom

Staat und der Schulen von der Kirche wurde am 20. Januar beziehungsweise 2. Februar 1918 dekretiert. Die Behörden, die in Windeseile ihren Namen und ihren Personalstab änderten, proklamierten die »Expropriierung der Expropriateure«. Dieser abrupt inszenierte und rücksichtslos durchgeführte Klassenkampf löste eine totale Zerrüttung der wirtschaftlichen Infrastruktur, den Zusammenbruch von Produktion und Versorgung, Massenarbeitslosigkeit und Hunger aus. Wo immer noch Reserven vorhanden waren, nahmen die bedenkenlosesten Formen von Zwangsrequirierung bald das Ausmaß eines blutigen Wirtschaftsterrors an. Auch die Kirchen waren nicht ausgenommen. Am 22. Januar 1918 wurde das Dekret über die Sozialisierung des Grundbesitzes und des Vermögens der Kirchen erlassen. Damit verloren auch die deutschen Schulen, die zum großen Teil an Kirchengemeinden angegliedert waren, ihre institutionelle und finanzielle Grundlage. Die Leitung der Kirchenschulen sah sich gezwungen, die Schulen zu schließen. Wenig später wurden sie in »russische Sowjetschulen mit russischer Unterrichtssprache« verwandelt.

Beschlagnahmte Bankguthaben, enteignete und zerstörte Fabriken, demolierte Warenlager und Privathäuser und die deutlichen Anzeichen des politisch-kulturellen Terrors, der alle Kräfte traf, die sich der Einparteienherrschaft der Bolschewiki entgegenstellten, veranlaßten viele in den Großstädten lebende Deutschrussen, den Weg der Flucht in die Emigration einzuschlagen. Der Kampf gegen den *burshuj* (eine Verballhornung des Wortes *bourgeois*, das schlechterdings jeden etwas besitzenden Bürger zum Staatsfeind deklarierte) hatte bereits die ganze Palette seiner zukünftigen Möglichkeiten aufgedeckt.

Auf dem Lande setzte sich die bolschewistische Einparteienherrschaft langsamer durch als in Petrograd und in Moskau. Die Zeit des Widerstands zugunsten anderer Alternativen war hier länger als in den Großstädten. Besonders in den Randgebieten des Russischen Reichs wurden vielerorts kurzzeitige Versuche unternommen, von dem Recht auf nationale Selbstbestimmung Gebrauch zu machen, das die Räteregierung den Völkern Rußlands schon am 2. beziehungsweise 15. November 1917 zuerkannt hatte. Die »Deklaration der Rechte der Völker Rußlands« verkündete den unterdrückten Völkern Rußlands, daß auch sie – wie Bauern, Soldaten und Arbeiter – nun »unverzüglich, entschieden und in nicht wieder rückgängig zu machender Weise« ihre Befreiung erwartete. Die Deklaration formulierte die »Politik eines freiwilligen und ehrenhaften Bundes der Völker Rußlands« in den folgenden vier Grundsätzen:

»1. Gleichheit und Souveränität der Völker Rußlands;
2. Das Recht der Völker Rußlands auf freie Selbstbestimmung bis zur Abtrennung und Bildung selbständiger Staaten;

3. Die Beseitigung aller und jeglicher nationalen und national-religiösen Privilegien und Beschränkungen;
4. Die freie Entwicklung der nationalen Minderheiten und ethnographischen Gruppen, die das Territorium Rußlands bewohnen.«

Dabei konnten die Deutschrussen in den verschiedenen Gebieten Rußlands nach den Erfahrungen, die sie bereits mit russischen Bolschewiki gemacht hatten, nicht daran zweifeln, daß deren Endziele in krassem Gegensatz zu jedem »kleinbürgerlichen Nationalismus« standen. So galt es, unter Inanspruchnahme dieser ausdrücklich zuerkannten Rechte auf nationale Selbstbestimmung die möglicherweise kurze Anlaufzeit des bolschewistischen Machtaufbaus sowie die noch allerorts bestehenden Wirren und Widerstände auszunutzen, um von diesem Recht auf Selbstbestimmung schnellstens Gebrauch zu machen. Als günstig erwies sich dabei die Tatsache, daß es in der deutschrussischen Bevölkerung so gut wie keine Bolschewiki gab, die die nationalen Bestrebungen unterlaufen und eine stärkere Hinwendung zu den Moskauer Bolschewiki angestrebt hätten. Als ungünstig aber erwies sich die Tatsache, daß die russischen Deutschen, obgleich mit etwa 2,4 Millionen eine durchaus stattliche nationale Minderheit, über das ganze Reich verteilt waren und somit eine territoriale Autonomielösung nur im Zusammenschluß mit anderen nationalen Gruppen ihrer Gebiete erreichen konnten.

Darüber hinaus wurde bald spürbar, daß das nationale Streben nach territorialer Autonomie nur dort von Erfolg gekrönt war, wo es der Roten Armee mit einer ausreichend starken militärischen Kraft abgetrotzt wurde. Die Selbstschutzorganisationen der deutschen Kolonisten, die in diesen Monaten wiederum vielerorts gebildet wurden, waren schwerlich ein ausreichend schlagkräftiges Militärinstrument, um die deutschen Siedlungsgebiete auf lange Zeit wirksam gegen die Eroberungszüge der Roten Armee-Trupps zu verteidigen.

Während die in die Konstituierende Nationalversammlung nach Petrograd entsandten Delegierten unverrichteterdinge in ihre Heimatbezirke zurückkehrten, setzten die Bolschewiki die ersten Maßnahmen zur Gleichschaltung der deutschen Siedlungsgebiete durch. Die deutschen Zeitungen, die die Provisorische Regierung mit großem Enthusiasmus ihrer Unterstützung versichert hatten, wurden eingestellt. Die Selbstverwaltungsorgane, die Kooperativen und Wirtschaftsgremien, die unter der Führung des Allrussischen Verbands der Russischen Deutschen an vielen Orten aus dem Boden sprossen, wurden aufgelöst. An ihre Stelle traten Kommissionen, die – mangels einer örtlichen deutschrussischen Bolschewistengruppe – in ihrer Mehrzahl aus Männern der deutschen USPD gebildet wurden, die entweder in den Kriegsgefangenenlagern rekrutiert oder aus Deutschland herbeigerufen wurden. Diese Aufhebung der politischen und Verwaltungsorgane der deutschen Kolonienbezirke war insofern besonders gravierend, als gleichzeitig ein forcierter Terror gegen die sogenannten Grundbesitzer und Kapitalisten auf dem Land entfesselt wurde, der an vielen Orten die offenen Formen des Bürgerkriegs annahm. Ihrer Organisationszentren beraubt, konnten viele deutsche Kolonien kaum noch einheitliche und durchdachte Maßnahmen gegen den Agrarterror ergreifen.

Jetzt bewährten sich die interne Organisation und der Zusammenhalt zwischen den Kolonien, wie er besonders im Wolgagebiet nach anderthalb Jahrhunderten intakter innerer Selbstverwaltung existierte. In der Hauptstadt des Wolgagebiets, Saratow, hatten die durch rote Truppenverbände unterstützten Leninisten bereits am 28. Oktober 1917 die Macht errungen. Eine wirksame Gegenwehr war dadurch erschwert, daß die Bevölkerung der Wolgagouvernements und besonders die wolgadeutschen Bauern ab November 1917 »von der ganzen Welt abgeschnitten... wie auf einer Insel (wohnten), auf der sich wilde Menschen gegenseitig vernichteten«.[2]

Während Monate bürgerkriegsähnlicher bewaffneter und ideologischer Kämpfe einsetzten, beschlossen die Wolgadeutschen, die ihrer eigenen Organe beraubt waren, ihre organisatorische Arbeit für einen stärkeren Zusammenschluß aller Deutschen auf die noch bestehenden Semstwo-Organe zu konzentrieren. Am 17. Januar 1918 erließ ein dreigliedriger Organisationsausschuß der wolgadeutschen Vertreter der Kreis-Semstwo-Versammlung von Nowousensk einen Aufruf an alle wolgadeutschen Abgeordneten der Semstwo-Versammlungen der Kreise Nowousensk, Nikolajewsk, Kamyschin, Atkarsk und Saratow. In diesem Aufruf formulierten sie zum ersten Mal die deutsche Autonomieforderung:

»Die Menschheit steht unter dem Zeichen des nationalen Gedankens. Die einzige Grundlage für eine normale Entwicklung eines Volkes ist vor allem der feste Zusammenschluß aller seiner Angehörigen. Das ist eine Hauptlosung der russischen revolutionären Demokratie geworden. Fast alle Völker Rußlands haben sich schon organisiert und treten an die Verwirklichung dieser hohen Idee der Selbstbestimmung heran. Es ist höchste Zeit, daß wir Deutschen unser Schicksal in die Hand nehmen; von verschiedenen Seiten her wird das entschieden verlangt. Die innere bedrohliche Lage der Republik fordert gebieterisch rasches, entschlossenes Vorgehen. Eine Versammlung aller deutschen Kreis-Semstwo-Abgeordneten ist unaufschiebbar. Die deutschen Abgeordneten des Kreises Nowousensk haben am 16. Januar 1918 den Beschluß gefaßt, eine solche Zusammenkunft sofort zu veranstalten. Wir fordern Sie als Abgeordneten Ihres Kreis-Semstwo dringend auf, am 11. Februar 1918 in Warenburg einzutreffen zwecks Ausarbeitung eines praktischen Plans zur allseitigen Vereinigung aller Deutschen an der Wolga. Es lebe die Selbstbestimmung aller freien Völker Rußlands!«[3]

Hinter der Organisation dieser Vereinigungskonferenz stand die Idee, vom Recht auf Autonomie Gebrauch zu machen, um eine einheitliche Organisation auf kadetisch-sozialrevolutionärer Basis herzustellen und die Angriffe der leninistischen Führungsgruppen abzuwenden.

Unmittelbar nach Verkündung dieses Aufrufs regte sich allerdings bereits von zwei Seiten Widerstand: Die Bauern- und Soldatenräte, die nun zu Pfeilern der bolschewistischen Macht wurden, hatten sich bereits in vielen Teilen des Wolgagebiets fest etabliert und zogen jetzt alle Register einer agitatorischen Tätigkeit, um das geplante Unternehmen zu vereiteln; die organisierten sozialistischen Randgruppen der wolgadeutschen Arbeiterschaft und Intelligenz, die massiv durch USPD-Leute aus den Reihen der deutschen Kriegsgefangenen in Rußland verstärkt wurden, wollten sich den Rang ihrer eigenen Pläne von einer bürgerlichen Autonomie der Wolgadeutschen nicht ablaufen lassen. In wenigen Wochen gelang es ihnen, das Semstwo als die Organisationsbasis der wolgadeutschen Bewegung zu zerschlagen. Am 2. Februar 1918 ging ein zweiter Aufruf an alle deutschrussischen Semstwo-Angehörigen, der von zwei Mitgliedern des Kreis-Semstwo-Amtes von Nowousensk gekennzeichnet war. Er lautete:

»An alle deutschen Wolost-Ämter des Kreises Nowousensk!

Am 25. Januar berief des Exekutivkomitee der Soldaten-, Arbeiter- und Bauernräte in Nowousensk die Vertreter der Wolosten ein, um die Beziehungen zum Kreis-Semstwo endgültig zu klären. Von den 87 Wolosten des Kreises Nowousensk waren die Vertreter von 35 Wolosten erschienen, darunter ein Deutscher aus Hoffenthal, der nicht von seiner Wolost delegiert war. Diese, nicht einmal die Hälfte der Gesamtbevölkerung vertretende Versammlung beschloß, das Kreis-Semstwo-Amt von Nowousensk zu stürzen und ihre Kommissare an dessen Stelle zu setzen. Man wählte acht Kommissare, die am 1. Februar 1918 mit Hilfe von bewaffneten Soldaten das Semstwo-Amt verdrängten. Wir deutschen Mitglieder erklärten den Eindringlingen, daß wir schon deshalb das Recht nicht haben, sie als Vertreter des Volkes anzuerkennen, weil wir von den deutschen Wolosten, die 46 Prozent der Bevölkerung ausmachen, gewählt worden sind, die sich an der Wahl der Kommissare nicht beteiligt haben. Auf diese Erklärung antwortete man uns, wir sollten zu unseren Deutschen gehen. Darauf wurden wir mit Waffengewalt aus dem Semstwo-Amt entfernt. Dieses Ereignis weist uns abermals mit Bestimmtheit darauf hin, daß es höchste Zeit ist, uns auf uns selbst zu besinnen und baldmöglichst unsere wirtschaftlich-kulturellen Angelegenheiten auf der Grundlage der nationalen Selbstbestimmung in neue, unabhängige Bahnen zu leiten.«[4]

Der Übernahme des Kreis-Semstwo-Amtes von Nowousensk durch bewaffnete Bolschewiki folgten bald auch bewaffnete Überfälle auf einzelne Kolonien, die als Hochburgen des deutschen Besitzes und der deutschen Autonomiebewegung an der Wolga galten. Das erste Opfer solcher Überfälle war bereits im Dezember 1917 die große und reiche Kolonie Balzer gewesen. Die gutbewaffneten Kolonisten hatten zunächst die Vorhut des angreifenden Trupps in der Kolonie verhaftet, mußten aber nach einigen Tagen der nachstürmenden Übermacht weichen, bis sich die Rotarmisten des Dorfes bemächtigten. Anfang 1918 schon hatten diese zunächst sporadischen Überfälle auf einzelne Kolonien eine vielpraktizierte organisierte Form angenommen. Die Methode war einfach. Nach der Nationalisierung der Banken befand sich die noch erhaltene Barschaft mancher Kolonisten in den Häusern. In den frühen Morgenstunden brachen Rotgardisten-Abteilungen, zum Teil in Begleitung der gutinformierten sozialistischen Arbeiter oder Lehrer der Wolgadeutschen, in die reichen Kolonien ein, entwaffneten den überrumpelten Selbstschutz, verhafteten den Gemeinderat sowie führende Gemeindemitglieder nach einer mitgeführten Liste, verhängten den »Kriegszustand« über die Kolonie und erlegten sogenannte Kontributionen auf. Diese Kontributionen waren sehr hoch, sie beliefen sich etwa im Fall von Katherinenstadt bis auf zwei Millionen Rubel. In vielen Fällen waren die Kontributionen geeignet, eine Kolonie wirtschaftlich vollständig zu ruinieren. Wurden die Kontributionen nicht in der gesetzten Frist von wenigen Stunden oder Tagen entrichtet, so kam es zu militärischen Repressivmaßnahmen. Wurden sie bezahlt, so konnten weitere Kontributionen erhoben werden. Setzten sich die betroffenen Kolonien zur Wehr, so konnte bei dem zu erwartenden Vergeltungsschlag das System der »Requisitionen« angewandt werden. Blutige Zusammenstöße waren an der Tagesordnung; Metzeleien blieben nicht aus. So wurde zum Beispiel die Kolonie Schaffhausen, Gouvernement Samara, mit ihren 5000 deutschen und deutschschweizerischen Einwohnern am Sonntag, dem 7. April 1918, überfallen. Der Selbstschutz erschoß 19 Rotgardisten, während unter den Kolonisten zwei Kinder und eine Frau umkamen. Am darauffolgenden Tag rückte eine zweite, stärkere Einheit von Rotgardisten unter Maschinengewehrfeuer gegen die Kolonie an. Dem kolonistischen Selbstschutz gelang es einige Tage lang, die Kolonie zu verteidigen. Dann aber ersannen die Rotgardisten unter dem Vorwand, eine Delegation zur Aushandlung der »Friedensbedingungen« in die Kolonie zu entsenden, eine List, die bald dazu führte, daß die gesamte Truppe in die Kolonie einfiel. Am 10. April wurde die Kolonie Schaffhausen von Hunderten schwerbewaffneter Rotarmisten heimgesucht. Die Kolonie wurde vollständig ausgeraubt, die Bewohner wahllos niedergemetzelt.

Die Situation auf dem Land wurde dadurch verschärft, daß auch in der Hauptstadt Saratow alle deutschen Kräfte, die – und sei es nur durch Information oder Handlungsanweisung – einen Einfluß hätten ausüben können, isoliert und ausgeschaltet wurden. Mit allen anderen deutschsprachigen Zeitungen wurde auch die »Saratower Deutsche Volkszeitung«, die den breitesten Leserkreis ansprach, gewaltsam geschlossen, ihr Vermögen im Wert von 32000 Rubel konfisziert. In allen politischen und Verwaltungsinstitutionen der Stadt fanden über den Januar 1918 hinweg die großen Machtproben zwischen Bolschewiki und Anhängern der bürgerlichen Parteien und Sozialrevolutionäre statt. Überall gelang es den Anhängern der Bolschewiki, unter dem Waffenschutz der Rotgardisten die Kontrolle über die städtischen Einrichtungen zu erringen.

Die Warenburger Einigungskonferenz, die ihre Beschlüsse – die Autonomieforderung der Wolgadeutschen – der neuen Regierung überbringen wollte, wurde unter diesen Umständen zur letzten Hoffnung der Deutschen des Wolgagebiets. Am 16. Februar riefen die früheren Semstwo-Abgeordneten deutscher Herkunft aus Nowousensk »alle Deutschen an der Wolga« mit den Worten auf:

> »Zerstörerische Kräfte haben in der letzten Zeit begonnen, auch in unseren deutschen Dörfern ihr böses Wesen zu treiben. Es droht uns der Zusammenbruch. Wir stehen in Gefahr, unsere teuersten Güter zu verlieren. Es ist an der Zeit, das, was wertvoll ist, zu retten und an eine aufbauende schöpferische Arbeit zu gehen. Was tun? Das soll die Warenburger Konferenz sagen. Dort wollen wir den schon oft versuchten Zusammenschluß erreichen, die Grundlagen unserer Selbstbestimmung und Selbstverwaltung ausarbeiten, auf denen wir unser nationales und kulturelles Leben aufbauen wollen. Jedem deutschen Mann, jeder deutschen Frau muß dieses Werk teuer sein.«

Die Warenburger Konferenz, die noch vor Kriegsende, in der Zeit vom 24. bis 28. Februar 1918 tagte, beschloß die Errichtung einer autonomen »Föderation der Deutschen an der Wolga«.

Ähnlich wie im Wolgagebiet verliefen die Wintermonate in den südrussischen Kolonien. Auch hier waren die Selbstverwaltungsorgane aufgelöst und durch eingesetzte örtliche Sowjets von Bauern und Arbeitern ersetzt worden. Wie im Wolgagebiet, so bemühte man sich auch im Schwarzmeerraum darum, deutschsprachige Elemente in diese Sowjets einzusetzen. Auch hier griff man zum großen Teil auf die zur Kooperation bereiten Sozialisten unter den deutschen Kriegsgefangenen, auf speziell herbeigeholte USPD-Leute sowie im Klassenkampf geübte russische Bolschewisten zurück.

Auch in Südrußland wurde die Herstellung der neuen Ordnung durch Kontributionen in Millionenhöhe, wie dies im Mennonitenkreis Chortiza der Fall war, durch Geiselnahme und durch gewaltsame Requirierungen eingeleitet. Wo immer noch privater Gutsbesitz oder größere Bauernländereien bestanden, wurden unangemessen hohe Besteuerungen vorgenommen. So mußten die Mennoniten der Gebiete Chortiza und Halbstadt auf größere Güter einen Steuerbetrag von 2000 Rubel entrichten.

Besonders wild tobte der Agrarterror im Kaukasusgebiet. Nach der bolschewistischen Machtergreifung wurden hier innerhalb weniger Monate 41 Kolonien vollständig zerstört.

> »Die Einwohner, die lange Jahre harter Arbeit, schwerer Mühsalen gebraucht hatten, eine Menge von Entbehrungen erlitten, bis sie das unfruchtbare Land durch kunstvolle Bewässerungskanäle in fruchtbares Land umwandelten, waren obdachlos, sozusagen nackt. Die Kolonisten zogen nach dem Norden, um Obdach zu suchen, das sie in anderen Kolonien fanden, und zwar im Kuban- und Dongebiet, Stawropol-Gouvernement; einzelnen Personen gelang es, nach der Ukraine zu gelangen.«[5]

Eine gewisse, wenn auch zeitlich begrenzte Sonderentwicklung nahmen die deutschen Siedlungen im weit entfernten Sibirien. Gegen Kriegsende hatte sich ihre soziale Struktur leicht verändert. Einerseits waren aus den Kriegsgefangenenlagern, die sich in Sibirien unter dem Schutz des schwedischen Roten Kreuzes befanden, viele deutsche und österreichische Kriegsgefangene abgewandert, um sich in den deutschrussischen Gemeinden niederzulassen; von dort begaben sich einige auf abenteuerlichsten Fußwegen nach Westen. Die Kriegsgefangenen, die mit den Bolschewiki oder den Linksparteien sympathisierten, waren nach der bolschewistischen Machtergreifung aus den Lagern gezogen und politisch-agitatorisch eingesetzt worden. Zurück blieben die stärker national, ja nationalistisch orientierten Kriegsgefangenen. Sie hatten häufig den Anschluß an die deutschen Gemeinden gesucht. Durch ihre Berichte und Erzählungen über das Deutsche Reich bewirkten sie unter den wenig orientierten deutschsibirischen Kolonisten eine Stimmungsänderung zugunsten Deutschlands. Aber auch Teile der evakuierten wolhynisch-deutschen Bauern hatten sich in den deutschen Siedlungen Sibiriens niedergelassen; sie waren häufig Reichsdeutsche, die noch intakte Beziehungen zu Deutschland unterhielten und durch Kriegsgeschehen und Evakuierung zunehmend antirussisch und nationalistisch-deutsch eingestellt waren. Auch sie bewirkten eine zunehmend nationale Orientierung der deutschen Siedler. Und schließlich waren hier jene evangelischen Pastoren deutschrussischer Herkunft aktiv, die aus den baltischen, wolhynischen und Wolgagebieten aus politischen Gründen präventiv zwangsverbannt worden waren. Johannes Schleuning aus dem Wolgagebiet und Jakob Stach aus Südrußland waren Repräsentanten dieser national orientierten deutschen Pastorenschaft, die unter dem Einfluß von Krieg und Revolution in eine zunehmend nationalistische Richtung getrieben wurden. So hatte sich beispielsweise Jakob Stach bei der

Gründung des sibirischen Gebietskomitees des Allrussischen Verbands der Russischen Deutschen stark um eine organisatorische Erfassung der sibirischen Deutschen im Sinne der Moskauer Direktiven von Professor Lindemann bemüht. Dennoch war das politische Meinungsbild der sibirischen Deutschen breit gefächert und auch teilweise von den politischen Forderungen der anderen in Sibirien wohnenden Nationalitäten mitbestimmt. Charakteristisch war, daß das deutsche Gebietskomitee in Slawgorod eine »exterritoriale« und wenig später in Omsk eine »personell-kulturelle Autonomie« für die etwa 100 000 in Sibirien lebenden Deutschen gefordert hatte. Zuerst richteten sich die Hoffnungen auf Verwirklichung dieser Autonomie auf die Konstituierende Versammlung. Der »Kalender der deutschen Kolonien in Rußland für 1918« hat den Katalog der deutschsibirischen Forderungen veröffentlicht. An erster Stelle stand die Forderung nach Sicherheit und Unantastbarkeit der Person. Sie schloß die Befriedigung der persönlichen Ansprüche der Personen ein, die durch den Krieg (Kriegsinvaliden, Kriegerwitwen, Eltern und Geschwister gefallener Soldaten usw.) und durch die Revolution (Mord, Totschlag, Vergewaltigung, Kämpfe) geschädigt worden waren. An der zweiten Stelle dieses Katalogs stand die Forderung nach Sicherung des Besitzes und des Erwerbs. Sie schloß eine gerechte Entschädigung für alle Einschränkungen an Besitz und Freiheit, Geld und Gut, Haus und Hof, Inventar und Land ein, die Deutsche infolge der Kriegs- und Revolutionsgeschehnisse erlitten hatten. Die dritte Forderung bezog sich auf die »personell-kulturelle Autonomie«. Unter diesem Ausdruck wurde verstanden:

> »Volle Selbstverwaltung der Kirche und Schule. Selbstverwaltung der Gemeinden und des Gebietes (Wolost), wo die Deutschen mindestens 50 Prozent der Bevölkerung ausmachten, Anschluß der Minoritäten an die benachbarten deutschen Selbstverwaltungsorgane. An der Spitze eine freie, nationale Verbandsorganisation mit Vertretungskörper und freier Leitung, die alle Angelegenheiten mit den Staatsbehörden ordnet.«[6]

Über diese Verwaltungsautonomie in weitem Sinne hinaus forderten Sprecher der sibirischen Deutschen viertens noch die freie persönliche Selbstbestimmung, die individuelle Wahl, welchem Staat die deutschen Kolonisten ohne Rücksicht auf ihren Wohnort angehören wollten, »entsprechend dem Selbstbestimmungsrecht der Völker«. Dieses individuelle Selbstbestimmungsrecht sollte für den Fall die Option offenlassen, daß sich die territoriale Selbstverwaltung als ungenügend oder bedroht erwies. Obgleich die Durchsetzung eines solchen individuellen Selbstbestimmungsrechts auf schwere praktische Probleme gestoßen wäre, war es doch »für die im ganzen Osten unter den Völkern herrschende politische Atmosphäre charakteristisch, daß das Bestreben, Anschluß an Deutschland zu finden oder sich unter deutsche Oberhoheit zu stellen, keinem Deutschen allzusehr verargt (wurde)«.

Darüber hinaus baten die Vertreter der sibirischen Deutschen dann, einen »Selbstschutz zur Abwehr von räuberischen und bolschewistischen Überfällen organisieren zu dürfen«. Und schließlich verlangten sie die »volle Garantie und Sicherstellung dieser Rechte durch den Völkerbund«. Einer derartigen Sondergarantie bedurften ihrer Ansicht nach die von den Zentren Rußlands so weit abgelegenen Deutschen Sibiriens und Mittelasiens noch weit mehr als alle anderen Völkergruppen Rußlands.

Schon wenige Wochen nach Erscheinen dieses Kalenders der sibirischen Deutschen für das Jahr 1918 wurde bekannt, daß die Bolschewiki in Petrograd die Konstituierende Versammlung aufgehoben und die Volksvertreter nach Hause geschickt hatten. Andere unheilvolle Nachrichten aus Moskau und Petrograd verdeutlichten, daß ein Frieden mit dem Sowjetsystem schwer zu erreichen war. Wie die anderen russischen Deutschen, so begannen auch die sibirischen Deutschen, ihre Hoffnungen auf den deutsch-russischen Friedensvertrag zu setzen. Im weiteren internationalen vertraglichen Rahmen, so erwarteten sie, würde auch ihre schwierige Lage berücksichtigt und geregelt werden. Um für alle Eventualitäten, Gebietsaustausch und Umsiedlung einbezogen, gewappnet zu sein, veranlaßten die Mitglieder des Zentralen Gebietskomitees des Verbandes der Russischen Bürger Deutscher Nationalität mit Sitz in Omsk die Durchführung einer Gesamterhebung des Besitzes von ca. 100000 sibirischen Deutschen. Der Plan dieser Besitzerhebung war von den Vorstandsmitgliedern Johannes Wiebe aus Omsk, dem Präsidenten der Butterbörse, Hennig, und anderen prominenten sibirischen Deutschen ausgearbeitet worden; die Erhebung sollte auch den Beweis der wirtschaftlichen Macht und Geschlossenheit der sibirischen Deutschen erbringen. Während die Friedensverhandlungen zwischen der deutschen Reichsregierung und dem Rat der Volkskommissare anliefen, beschloß die Omsker Gruppe, der deutschen Regierung Pläne für die künftige Stellung der sibirischen Deutschen zu unterbreiten.

Eine Abordnung, die aus den Herren Wiebe und Hennig bestand, wurde nach Berlin entsandt, um dort die gesamte Vermögenserhebung sowie sämtliche individuellen Vermögenserklärungen vorzulegen. Tatsächlich wurde diese Delegation beim deutschen Auswärtigen Amt und anderen Behörden des Reiches vorstellig, um diese für das Schicksal der sibirischen Bürger deutscher Nationalität zu interessieren.[7] Soweit aus den Akten des Auswärtigen Amtes ersichtlich, ist es den beiden Omsker Delegierten während ihrer Gespräche mit Angehörigen des Auswärtigen Amtes nicht gelungen, sie von der Wichtigkeit ihrer Mission zu überzeugen. Erst zwanzig Jahre später, im Jahre 1938, erinnerten sich Mitglieder der Ostabteilung des Auswärtigen Amtes unter neuer, aktueller Fragestellung dieser Akten; wieder wandte man dem deutschen Besitz in Rußland große Aufmerksamkeit zu, und auch die Akten der sibirischen Deutschen wurden nun zum ersten Mal ernsthaft herangezogen.[8] Die Delegation der Omsker Deutschen, die die für sie zutiefst enttäuschenden Ergebnisse des Friedensschlusses von Brest-Litowsk noch in Deutschland erfuhr, wagte nicht mehr, die Heimreise anzutreten. Es gelang ihr jedoch, die Vorstandsmitglieder des Omsker Zentralen Gebietskomitees über die Ergebnisse ihrer Demarchen zu informieren; dies veranlaßte auch einige andere Mitglieder des Verbands, wie etwa A. Butz, den Weg in die deutsche Emigration anzutreten.

Viel stärker als die Vertreter der deutschrussischen Kolonisten konnten die Vertreter der Deutschbalten auf deutsche Unterstützung rechnen. Es war bekannt, daß die Oberste Heeresleitung – gestützt auf die Empfehlungen des Oberbefehlshabers Ost, General Ludendorff, und auf die Mitteilungen der deutschbaltischen Emigrantengruppe, die sich unter der Leitung von Paul Rohrbach um den Ausschuß für deutsche Ostpolitik konzentrierte – immer stärker zu einer Annexion der baltischen Provinzen tendierte. Bekannt war auch, daß nun selbst der Kaiser Livland und Estland, wie bereits früher Litauen und Kurland, unter den Schutz des Deutschen Reiches stellen wollte; die Ostseeprovinzen sollten als selbständige Staaten in Personalunion mit der preußischen Krone stehen.[9] Und auch Hindenburg hatte in seinem Gespräch mit dem deutschbaltischen Historiker Johannes Haller versichert, daß »das baltische Land... deutsch werden (muß) – das muß und wird kommen, aber es braucht Zeit«.[10] Mit dieser deutschen Rückendeckung ausgestattet und konfrontiert mit der wenig wünschenswerten Alternative der bolschewistischen Herrschaft im Baltikum, setzte sich der deutschbaltische Adel für die Loslösung der Ostseeprovinzen von Rußland ein.

Am 27. Januar 1918 unterzeichneten die Vertreter der Ritterschaften Livlands und Estlands die Unabhängigkeitserklärung. Der Bevollmächtigte der Livländischen Ritterschaft, Heinrich von Stryk, übergab dem russischen Geschäftsträger in Stockholm am 28. Januar die Unabhängigkeitserklärung; am selben Tag ging sie auch der deutschen Reichsregierung zu.[11] Unter Bezugnahme auf das Recht auf Selbstbestimmung, das die Sowjetregierung den Nationalitäten in ihrer Deklaration vom 2. beziehungsweise 15. November 1917 zuerkannt hatte, erklärten die Vertreter der Ritterschaften »als die verfassungsmäßigen Vertreter der Länder«, deren Geschick ihnen seit dem mit Peter dem Großen geschlossenen Nystader Frieden (1721) anvertraut sei, »im Namen des ganzen Landes« die Loslösung von Rußland und das Begehren, unter dem Schutz des Deutschen Reiches zu stehen. Einen Monat später, am 24. Februar 1918, in der kurzen Zeit zwischen dem Abzug der roten Truppen und der Besetzung Revals durch die deutschen Verbände, proklamierte auch Estland die Unabhängigkeit als Republik. Diese wurde zwar von den Entente-Mächten anerkannt, aber nicht vom Deutschen Reich. Auch die Letten suchten die staatsrechtliche Autorität zu unterlaufen, die der deutschbaltische Adel in seiner Unabhängigkeitserklärung für sich in Anspruch genommen hatte; doch blieben auch ihre Bemühungen vorerst erfolglos.

Als am 3. März 1918 in Brest-Litowsk der Friedensvertrag zwischen dem Deutschen Reich und dem Rat der Volkskommissare geschlossen wurde, wurden Kurland, Riga und Oesel von Rußland abgetrennt. Estland und Livland sollten unter deutscher Polizeibesatzung bleiben, die die Sicherheit der deutschbaltischen Landeseinrichtungen gewährleisten sollte, bis die staatliche Ordnung hergestellt sei. Im Ergänzungsvertrag vom 27. August 1918 verzichtete Rußland auch auf die Staatshoheit über Estland und Livland. Damit hatten sich die Erwartungen der Deutschbalten zunächst erfüllt.

Weit weniger zufriedenstellend fielen die Bestimmungen des Friedens von Brest-Litowsk für die deutschrussische Bevölkerung in Stadt und Land aus. Besonders die deutschen Kolonisten hatten auf den Friedensvertrag große Hoffnungen gesetzt. Sie hatten Garantien für Hab und Gut sowie Schutz für ihre persönliche Sicherheit erwartet. »Die Wirklichkeit aber faßte sie ganz anders an: hart und herzlos.«[12] Die Bestimmungen des Friedensvertrags von Brest-Litowsk über das zukünftige Schicksal der deutschen Kolonisten in Rußland berücksichtigten kaum die eigentliche Interessenlage der deutschrussischen Bauern, während die Vorarbeiten, die die deutschbaltischen Nationalisten im deutschen Exil geleistet hatten, deutlich Berücksichtigung fanden. Mitte Januar 1918 trug der Ausschuß für deutsche Ostpolitik ein letztes Mal seinen Vorschlag zur Lösung des Kolonistenproblems in die Öffentlichkeit.[13] Die Informationen über das Schicksal der deutschen Kolonisten nach der Machtergreifung der Bolschewiki waren bereits in ihn eingegangen; dadurch erhielt der Vorschlag, das gesamte bäuerliche Deutschtum aus den russischen Gebieten herauszuziehen, nunmehr einen völkisch-humanitären Anstrich. Die Nachrichten über die Sozialisierung von Grund und Boden, die im Herrschaftsbereich des Rats der Volkskommissare allerorten durchgeführt wurde, geboten größte Eile, da der Landbesitz der deutschen Bauern als Haupthandelsobjekt der vorgeschlagenen Lösung gedacht war. Der neue Vorschlag des Ausschusses für Ostpolitik ging davon aus, daß die großrussischen Bauern dank ihrer »einmütigen Habgier« niemals und unter Druck keiner Regierung bereit sein würden, die enteigneten und im Zustand der Sozialisierung befindlichen Kolonistenländereien zurückzugeben. Er ging ferner davon aus, daß den russischen Bauern Livlands und Estlands an ihren dortigen Besitzungen nichts gelegen sei, da sie das baltische Land als »das deutsche«, nicht als das ihre ansahen.

Mit der unabhängigen Ukraine, auf deren Territorium ein großer Teil der deutschen Kolonistenländereien lagen, glaubte man ein leichteres Spiel zu haben als mit dem Rat der Volkskommissare. Die Ukraine erklärte ihre Unabhängigkeit am 22. Januar 1918, der deutsch-ukrainische Friedensvertrag von Brest-Litowsk wurde am 9. Februar 1918 unterzeichnet. Die zukünftige ukrainische Regierung, die Zentralrada, würde es – nach Ansicht der Mitarbeiter des Ausschusses für deutsche Ostpolitik – »mit großer Freude begrüßen, wenn die Kolonisten abzögen, und sie damit das Land für innere Kolonisation frei bekämen«. Darüber hinaus habe die Ukraine auch kein Interesse daran, daß Livland und Estland »unter großrussischem Joch verbleiben«. Aufgrund dieser Voraussetzungen forderte der Ausschuß den »Austausch der Kolonistenländereien gegen Est- und Livland«. Er schlug vor, daß die deutsche Reichsregierung in Brest-Litowsk auf den folgenden Bedingungen bestehen sollte: Die Regierung der Volkskommissare solle für Großrußland und die Rada für die Ukraine den freien Abzug aller deutschen Kolonistenbauern mit ihrer beweglichen Habe innerhalb von drei Jahren garantieren. Die zurückbleibenden sowie bereits enteigneten Ländereien sollten in den Besitz des jeweiligen Staates übergehen. Als Entschädigung für den abgetretenen Landbesitz der deutschen »Volksgenossen in Rußland« solle Rußland dem Deutschen Reich die unbesetzten Teile von Livland und Estland abtreten und »der Bevölkerung dieses alten deutschen Kulturgebietes die Möglichkeit (geben), unter deutschem Schutze ihre Verhältnisse befriedigend zu ordnen«.

Bei der Aufrechnung der Bodenflächen ergab sich das folgende Bild:

> »Der gesamte Flächeninhalt des unbesetzten Gebietes von Livland und Estland beträgt wenig über 6,5 Millionen Hektar zu einem Durchschnittswert von höchstens 500 Mk. pro Hektar, während der Kolonistenbesitz in Rußland weit über sieben Millionen Hektar beträgt, zu einem Werte von wenigstens 700 Mk. pro Hektar. Es würde also der Wert von Liv- und Estland noch nicht 3,5 Milliarden Mark erreichen, während der Besitz der deutschen Kolonistenländereien fünf Milliarden Mark bei weitem übersteigen würde. Das Selbstbestimmungsrecht sowohl der deutschen Kolonistenbauern als auch der unbesetzten Gebiete Liv- und Estlands würde die Sicherheit deutschen Schutzes haben, und Sache der deutschen Regierung wäre es, in den von Rußland abgetrennten großen Gebieten mit ihrer dünnen Bevölkerung den deutschen Kolonistenbauern zu neuen Wohnsitzen zu verhelfen, was unbeschadet der Rechte der kleinen Fremdvölker sicher möglich ist.«[14]

Die Ängste, die »die kleinen Fremdvölker«, nämlich die baltischen Völker, auf ihrem eigenen nationalen Boden seit langem gegenüber einer solchen völkerrechtlichen Regelung gehegt hatten, waren in der internationalen Diskussion schon seit 1917 vielfach thematisiert worden.[15] Die »Ausblicke«, die diesen Vorschlägen nachgestellt waren, zeigten besonders deutlich die redaktionelle Hand Silvio Broedrichs. Der Verfasser war keineswegs unglücklich darüber, daß

»eine Rückkehr der deutschen Kolonisten auf ihre Ländereien... so gut wie ausgeschlossen (sei), da die von den Maximalisten betriebene *Sozialisierung des Grunds und Bodens* dem dem Deutschen innewohnenden Drang nach Individualbesitz widerspricht«.

Er setzte ferner voraus, daß sich die in den baltischen Provinzen lebenden russischen Bauern im Baltikum aufgrund des dort vorherrschenden Protestantismus und Individualismus immer fremd gefühlt hätten, daß sie also einen Austausch von Estland und Livland gegen die Kolonistenländereien mit Freude begrüßen würden. Allerdings ließe sich – so der Autor – eine Verletzung der Rechte von Esten und Letten dadurch vermeiden, daß die Ansiedlung der deutschrussischen Kolonisten lediglich auf dem Grund und Boden des deutschbaltischen Großgrundbesitzes erfolge; der kurländische Großgrundbesitz habe dazu bereits ein Drittel seiner Landflächen zur Verfügung gestellt. Mit der Durchführung dieses Vorschlags wäre jenes Besiedlungsmodell des Baltikums verwirklicht worden, das Broedrich, Baron Manteuffel und andere deutschbaltische Nationalisten in der relativ liberalen Periode des konstitutionellen Rußland eingeleitet hatten. Für die im Kaukasus lebenden deutschen Kolonisten, die dem rauhen Klima der baltischen Provinzen wohl kaum standhalten würden, empfahlen sie eine Ansiedlung in den deutschen überseeischen Kolonien.

Die Bestimmungen des Friedensvertrags von Brest-Litowsk nahmen diese Vorschläge nicht auf; doch ließen die vertraglichen Vereinbarungen über die Zukunft der baltischen Provinzen durchaus Raum, um derartig weitflächige Siedlungspläne zu einem späteren Zeitpunkt durchzuführen. Den in diesen Gebieten lebenden Völkern wurde zwar ausdrücklich das Selbstbestimmungsrecht zuerkannt, aber dies offenbar in der Annahme, daß der deutschbaltische Adel mit Unterstützung des Deutschen Reiches die Verwaltung bereits in einem solchen Maß in seinen Händen hielt, daß eine deutsche Lösung und nicht etwa eine lettische oder estnische Republik am Ende dieser Entwicklung stehen würde. Da der deutschbaltische Adel in interner Regelung bereits etwa ein Drittel des deutschen Landbesitzes der Ostseeprovinzen zur künftigen Bauernkolonisation freigegeben hatte, mußte man dann zu einem späteren Zeitpunkt auch interessiert sein, ein starkes Kontingent osterfahrener deutscher Kolonisten anzusiedeln. Da ferner der Friedensvertrag von Brest-Litowsk die Demarkationslinie zwischen dem deutschen und dem russischen Interessengebiet bereits von der Düna- an die Peipus-Linie verschoben hatte, war den national orientierten deutschbaltischen Kräften daran gelegen, das damit gewonnene Land durch Ansiedlung starker deutscher Bauernkontingente national zu festigen und zu homogenisieren. Die Idee der Kolonisierung zum Zweck der Errichtung eines nationalen Bollwerks, eines »Ostwalls« aus dem »lebendigen Material« des kraftvollen deutschen Ostbauerntums, nahm 23 Jahre später, in Himmlers Ostplanung, eine konkrete Form an. Die Männer, die sie einst ausgearbeitet hatten, unter ihnen vor allem Silvio Broedrich aus Kurland und Baron Manteuffel aus Livland, wandten sich dann mit Schrecken von dieser Form der Ostkolonisierung ab. Der Gebrauch, den die nationalsozialistischen Stäbe, vor allem die SS, von ihren Ideen machten, gereichte den Urhebern nicht zur Ehre.

Die Optionen, die den deutschrussischen Bauern und Kolonisten offenstehen sollten, wurden in einem Zusatzvertrag zum Friedensvertrag von Brest-Litowsk festgelegt. Diese Bestimmungen betrafen »die Angehörigen jedes vertragsschließenden Teiles, die aus dem Gebiete des anderen Teiles stammen«, und unter ihnen vor allem die russischen Staatsangehörigen deutscher Nationalität beziehungsweise Herkunft. Kapitel 5, Artikel 21 des Zusatzvertrags sah vor, daß es russischen beziehungsweise sowjetischen Staatsangehörigen deutscher Herkunft

> »während einer Frist von zehn Jahren nach der Ratifikation des Friedensvertrages freistehen (sollte), im Einvernehmen mit den Behörden dieses Teiles nach ihrem Stammland auszuwandern. Die zur Rückwanderung berechtigten Personen sollen auf Antrag die Entlassung aus ihrem bisherigen Staatsverband erhalten. Auch soll ihr schriftlicher und mündlicher Verkehr mit den diplomatischen und konsularischen Vertretern in keiner Weise behindert werden.«

Die Fürsorge für diese Rückwanderer fiel den deutschen Kommissionen zu, die auch den Austausch der Kriegsgefangenen durchführten. Auch an eine Entschädigung für die während des Krieges erlittenen Vermögensverluste war gedacht; Kapitel 5, Artikel 2 des Zusatzvertrags legte fest:

> »Die Rückwanderer sollen für die ihnen während des Krieges wegen ihrer Abstammung zugefügten Unbilden eine billige Entschädigung erhalten, auch durch die Ausübung des Rückwanderrechts keinerlei vermögensrechtliche Nachteile erleiden. Sie sollen befugt sein, ihr Vermögen zu liquidieren und den Erlös sowie ihre sonstige bewegliche Habe mitzunehmen; ferner dürfen sie ihre Pachtverträge unter Einhaltung einer Frist von sechs Monaten kündigen, ohne daß der Verpächter wegen vorzeitiger Auflösung des Pachtvertrages Schadensersatzansprüche geltend machen kann.«

Analoge Bedingungen, wie sie hier ausgehandelt wurden, wurden auch in den Zusatzvertrag zum Friedensvertrag zwischen dem Deutschen Reich und der Ukraine aufgenommen. Dabei trat allerdings das Problem auf, daß die Ukraine nicht der Rechtsnachfolger des kaiserlichen Rußland war, mithin von der freien ukrainischen Republik keine Entschädigung für die den deutschen Bauern in der Kriegszeit zugefügten Leiden verlangt werden konnte. Die Grenzgebiete des ehemaligen Russischen Reichs, in denen die Enteignungsgesetzgebung ansatzweise durchgeführt wurde, lagen aber vorwiegend auf dem

Boden der nunmehrigen Ukraine und nicht im russischen Stammland, das nun zur Russischen Sozialistischen Föderativen Sowjetrepublik (RSFSR) erklärt worden war. An die Ukraine fiel auch die Mehrheit der im westlichen europäischen Rußland gelegenen deutschen Siedlungen. Über sie sollte sich bald der Schutz der deutschen Militärmacht ausbreiten, so daß zunächst an einer Massenauswanderung wenig Interesse bestand.

Demgegenüber haben die deutschen Kommissionen in anderen Teilen des ehemaligen Russischen Reichs, so zum Beispiel im Wolgagebiet, sehr wohl in gewissem Umfang die Registrierung von Anträgen zur Aussiedlung nach Deutschland in Angriff genommen; die deutschen Kolonisten, die an einer Aussiedlung interessiert waren, wurden mit Schutzscheinen des deutschen Staates ausgestattet, die sie berechtigten, ihre Ausreise in der vertraglich festgelegten Frist von zehn Jahren vorzunehmen. Vielerorts, besonders im Wolgagebiet, regte sich Interesse und wurden Vorbereitungen zur Aussiedlung getroffen. Die interessierten deutschen Kolonisten sahen sich jedoch bald in ihren Hoffnungen betrogen, denn »der deutsche Zusammenbruch im November 1918 bereitete diesem Beginnen ein schnelles Ende«.[16] Für viele deutschrussische Bauern sollte der Besitz des deutschen Schutzscheins später zum Verhängnis werden.

Neben der deutschbaltischen und der deutschrussischen Bevölkerung waren auch die auf russischem Boden verbliebenen Reichsdeutschen Gegenstand der Bestimmungen des Friedensvertrags von Brest-Litowsk. Anlage 2 zum Hauptvertrag zwischen dem Deutschen Reich und der RSFSR legte in Artikel 2 die »freie Ausfuhr... des Eigentums und Vermögens unter Beachtung der Landesgesetze für Angehörige der beiden Parteien« fest. Damit war aber die Frage der in der Zwischenzeit verstaatlichten Bankguthaben, Wertpapiere usw. ebensowenig berücksichtigt, wie die gegenseitige Anerkennung von Aktien-, Handels-, Industrie- und Finanzgesellschaften »nach den Gesetzen des Landes, in dem sie etabliert sind«, die in Absatz 4 der Anlage 2 ausgesprochen wurde, die im Zug der Wirtschaftskriegsbestimmungen durchgeführten Enteignungen berücksichtigte. Erst Kapitel 3. Artikel 12 des mit der RSFSR geschlossenen Zusatzvertrags machte die Sowjetregierung für alle Besitzschäden verantwortlich, die Angehörigen des Deutschen Reiches »infolge von Kriegsgesetzen« zugefügt worden waren. Die Nationalisierung, die die Räte-Regierung seit der Machtergreifung durchgeführt hatte, wurde jedoch als eine unwiderrufliche Tatsache anerkannt. Artikel 12 des Zusatzvertrages lautet:

»Grundstücke oder Rechte an einem Grundstück, Bergwerksgerechtsame sowie Rechte auf Benutzung oder Ausbeutung von Grundstücken, Unternehmungen oder Beteiligung an einem Unternehmen, insbesondere Aktien, die infolge von Kriegsgesetzen veräußert oder dem Berechtigten sonst durch Zwang entzogen worden sind, sollen dem früheren Berechtigten auf einem innerhalb eines Jahres nach der Ratifikation des Friedensvertrags zu stellenden Antrag gegen Rückgewährung der ihm aus der Veräußerung oder Entziehung etwa erwachsenen Vorteile frei von allen inzwischen begründeten Rechten Dritter wieder übertragen werden.

Die Bestimmungen des Absatzes eins finden keine Anwendung, soweit die veräußerten Vermögensgegenstände aufgrund einer für alle Landeseinwohner und für alle Gegenstände der gleichen Art geltenden Gesetzgebung inzwischen vom Staat oder von den Gemeinden übernommen worden sind und in deren Besitz verbleiben.«

Damit waren die unter dem Druck der Kriegsgesetzgebung zwangsveräußerten Ländereien nun, nach Verkündigung des Dekrets über den Boden, ebensowenig einklagbar wie die zwangsveräußerten Aktienbesitze nach der Nationalisierung der Großindustrie und die ehemals gesperrten Bankguthaben nach der inzwischen erfolgten Verstaatlichung der Banken. Die deutschen Unterhändler von Brest-Litowsk, die so erfolgreich über die Loslösung der baltischen Provinzen aus der russischen Interessensphäre verhandelt hatten, waren kaum daran interessiert, zugunsten der enteigneten Reichsdeutschen eine Bresche in die kommunistischen Grundsätze des Gemeineigentums zu schlagen.

Die Frage der Kriegsgefangenen und Zivilinternierten wurde dahingehend gelöst, daß diese »tunlichst bald unentgeltlich heimbefördert werden, soweit sie nicht mit Zustimmung des Aufenthaltsstaates in dessen Gebiet zu bleiben oder sich in ein anderes Land zu begeben wünschten«.[17]

Wie viele Personen in der relativ kurzen Zeit bis zum Zusammenbruch des Deutschen Reiches im November 1918 von diesen vertraglichen Regelungen Gebrauch machen konnten, ist nicht bekannt. Nach dem uns zugänglichen Zahlenmaterial haben etwa 120000 Deutschrussen ihre Heimat in den Zeiten der Revolution, des Bürgerkriegs und der deutschen Besatzung der Ukraine verlassen. Von ihnen ging etwa die Hälfte nach Nord- und Südamerika. In Deutschland waren bis 1925 die folgenden Gruppen verblieben: 35000 Deutsche aus Wolhynien, 10000 Deutsche aus Polen, 5000 Deutschbalten, 2000 Deutsche des Wolga- und Schwarzmeergebiets, 5000 Deutsche aus Moskau und Petrograd sowie 400 Deutsche aus dem Kaukasus.[18]

XIII.
Ausblick – Der Bürgerkrieg und das Ende der deutschen Sonderstellung in Rußland

Der Friedensschluß von Brest-Litowsk beendete einen modernen Massenkrieg, in dem unter der Vielzahl russischer Nationalitäten auch die russischen Deutschen gegen die Soldaten des Deutschen Reiches gekämpft hatten. Der Friedensschluß brachte den Deutschrussen aber keine spürbare Erleichterung. Das Deutsche Reich, das diesen Friedensvertrag aus einer militärisch wie politisch außerordentlich günstigen Situation heraus geschlossen hatte, setzte sich kaum für die auf russischem Boden lebenden Deutschen ein. Selbst das Schicksal der Zarenfamilie, die der Rat der Volkskommissare in ihrer Jekaterinburger Gefangenschaft als Handelsobjekt des deutsch-russischen Friedensvertrags am Leben gelassen hatte, wurde von der deutschen Reichsregierung keiner Beachtung für würdig befunden. Zwar hatte der Bruder der Zarin, Ernst-Ludwig von Hessen, durch Anfragen bei der deutschen Reichsregierung versucht, Einfluß auf das Schicksal seiner Schwester und ihrer Kinder zu nehmen. Auch der russische Großfürst Kyrill Wladimirowitsch, dem die Flucht über Finnland gelungen war, hatte einen gewissen Druck ausgeübt, als er mehrfach in Berlin und insbesondere beim Auswärtigen Amt vorstellig wurde, um eine massive Demarche zur Rettung der Zarenfamilie in die Wege zu leiten. Die deutsche Reichsregierung sah es aber weder als opportun noch als erfolgversprechend an, die russische Regierung zur Klärung des Schicksals der deutschen Prinzessin von Hessen-Darmstadt und ihrer Kinder zu zwingen. Nachdem der Friedensvertrag unter Dach und Fach war, sah auch die Sowjetregierung keinen Grund mehr, die Zarenfamilie weiter am Leben zu lassen; am 16. Juli 1918 wurde Zar Nikolaus II., offenbar zusammen mit seinem Sohn Alexej, in der Nähe des sibirischen Jekaterinburg, wo die kaiserliche Familie über Monate hin im Haus des Kaufmanns Ipatjew festgehalten wurde, auf militärische Weise exekutiert. Die Zarin und ihre Töchter wurden von bolschewistischer Hand vermutlich noch einige Monate zwischen den wechselnden sibirischen Fronten hin- und herbewegt, bis auch sie schließlich vor dem Herannahen der russischen Bürgerkriegsarmee unter Admiral Koltschak erschossen wurden. Nur einer Tochter, Anastasija, ist es vielleicht gelungen, mit Hilfe eines Rotgardisten der Erschießung zu entgehen und sich nach Rumänien und später nach Berlin durchzuschlagen. Ihr Seelenzustand war wenig geeignet, um über die vorausgegangenen, zutiefst traumatischen Ereignisse Auskunft zu geben.

Weder die Deutschbalten noch die Deutschrussen haben aus dem Frieden von Brest-Litowsk nennenswerte und andauernde Vorteile ziehen können. Der deutsch-russische Friedensvertrag berücksichtigte sie lediglich am Rande und vorwiegend unter humanitären Aspekten. Ihre Existenz in dem in tiefgreifender Zerrüttung und Wandlung befindlichen Rußland mußten sie selbst sichern. Hoffnung auf ein freieres und gesichertes Dasein wurde nur in den deutschen Gruppen jener Randgebiete des Russischen Reichs wach, die ihre Unabhängigkeit erklärten und einen Nationalstaat bildeten. In diesen Gebieten, nämlich dem früheren Russisch-Polen und dem früheren Bessarabien, bildeten die Deutschen jedoch eine nationale Minderheit, deren Bewegungsmöglichkeiten von vornherein gewissen Einschränkungen unterlagen.

Das ehemalige Russisch-Polen, in dem etwa 500000 Personen deutscher Herkunft lebten, war bereits im März 1917 von der Provisorischen Regierung und vom Exekutivkomitee der Sowjets als unabhängiger Staat anerkannt worden. Zu dieser Zeit stand es freilich unter deutscher Besatzung. Als sich die deutschen Truppen 1918 zurückzogen, konnte das polnische Volk seine nationale und staatliche Wiedergeburt in Angriff nehmen. Im Friedensvertrag von Versailles (1919) wurde Polen offiziell als ein freier Staat anerkannt. Die Sowjetregierung war jedoch nicht geneigt, ein freies Polen ungehindert aus seinem Machtbereich ausscheren zu lassen. Anfang 1920 erfolgte ein sowjetisches Friedensangebot an Polen. Die polnische Regierung wies dieses zurück und startete statt dessen eine militärische Offensive gen Osten, die auf die Wiederherstellung der alten polnischen Grenzen gerichtet war. Kiew, die Hauptstadt der Ukraine, wurde im Mai 1920 vorübergehend von den Truppen Piłsudskis eingenommen. Der Gegenschlag führte die Rote Armee unter Tuchatschewskij bis vor die Tore der polnischen Hauptstadt Warschau. Nur das sogenannte Wunder an der Weichsel rettete die Polen vor der Einverleibung ihres Landes in den Verband der Sowjetrepubliken. Die von der Sowjetregierung vorgezeichnete Perspektive bestand jedoch weiter. Die sogenannte Vierte Teilung Polens, die der Molotow-Ribbentrop-Pakt 1939 vornahm, machte die Unabhängigkeit Polens zunichte und degradierte die Deutschpolen als sogenannte polnische Volksdeutsche zu einer ethnographischen Masse.

Die zweite Gruppe deutschrussischer Bewohner der ehemaligen Grenzprovinzen des Russischen Reichs, die in einen neuen, zunächst unabhängigen Staat eingingen, waren die Deutschen Bessarabiens. Im Dezember 1917 wurde in Kischinjow die demokratische Moldaurepublik ausgerufen. Sie erklärte im Januar 1918 ihre Unabhängigkeit. 79 000 deutschrussische Bauern, die einen Landbesitz von etwa 354 000 Hektar hatten, wurden Einwohner der Moldaurepublik. Schon im März 1918 marschierten jedoch rumänische Truppen ein, und wenig später fiel der soeben selbständig gewordene Staat an Rumänien. Die bessarabischen Deutschen wurden zu rumänischen Staatsbürgern. Die Agrarreform, die der rumänische Staat im März 1920 durchführte, verringerte den Landbesitz dieser deutsch-rumänischen Bauern um ein Sechstel. Das verbliebene Land wurde in den Jahren 1939/40 von den Umsiedlungskommissionen des nationalsozialistischen Deutschland registriert, die die rumänischen »Volksdeutschen« in Ausführung des Zusatzvertrags des Molotow-Ribbentrop-Paktes »heim ins Reich« holen sollten. Die versprochene Besitzkompensation trat niemals ein. Unfreiwillig und unter tragischen Bedingungen verließen diese bessarabischen Deutschen die seit 130 Jahren bearbeitete Scholle. Es erwartete sie ein Inferno von Um- und Ansiedlungen, bis sie sich schließlich bei Ende des Zweiten Weltkriegs völlig verarmt auf deutschem oder aber sowjetischem Boden wiederfanden.

Die dritte Gruppe ehemaliger deutscher Untertanen der russischen Krone, die den Weg in die Unabhängigkeit beschritten, waren die ca. 165 500 Deutschbalten. Bis November 1918 lebten sie unter dem Schutz der deutschen Truppen. In dieser Zeit versuchten ihre politischen Führer, eine politisch-administrative Struktur zu schaffen, die auch nach Abzug der deutschen Truppen Bestand haben würde. Ein vereinigter Landesrat, der von den deutschbaltischen Ritterschaften geleitet wurde, gründete am 7. November 1918 vereint mit konservativen Letten und Esten eine provisorische Landesregierung; ihr Vorsitzender war der frühere livländische Landmarschall Baron A. Pilar von Pilchau. Die Novemberrevolution in Deutschland und der Zusammenbruch des deutschen Kaiserreiches brachte den national denkenden Deutschbalten eine herbe Enttäuschung. Als der deutsche Oberbefehlshaber Ost seine Truppen Mitte November abzuziehen begann, wurde deutlich, daß die nationalistischen und demokratischen Kräfte Lettlands und Estlands die politische Zukunft ihrer Länder mit Unterstützung der Entente-Mächte besser vorbereitet hatten. Am 18. November wurde in Riga die Republik Lettland ausgerufen. Ihr politisches Programm sah eine Vertretung der nationalen Minderheiten auf der Grundlage des proportionalen Wahlrechts vor, das dem deutschbaltischen Adel und der bürgerlichen deutschen Stadtbevölkerung nur ganz unwesentliche Mitspracherechte eingeräumt hätte. Der Vormarsch der Roten Armee schweißte jedoch die deutschbaltische und die örtliche Bevölkerung für eine fast zweijährige Zeit des erbitterten Widerstands fest zusammen. In Estland traten den soeben in Aufstellung begriffenen schwachen estnischen Regimentern das deutschbaltische »Baltenregiment« sowie finnische Freiwilligenbataillone zur Seite. Mit vereinter Schlagkraft warfen sie die Verbände der Roten Armee über die Narowa zurück. In Riga entstanden neben der deutsch-baltischen »Baltischen Landwehr« auch reichsdeutsche Freiwilligenabteilungen. Die deutschen Freiwilligenverbände und reguläre, ins Baltikum verlegte deutsche Truppen standen unter der Führung von General Rüdiger Graf von der Goltz. Sie nahmen, in Aktionseinheit mit lettischen Formationen sowie einer kleinen russischen Abteilung, den Kampf mit der Roten Armee auf. Nach bravourösen und verbissenen Kämpfen nahm ein Teil des Baltenregiments zusammen mit der weißen Bürgerkriegsarmee des Generals Judenitsch am Vormarsch auf Petrograd teil. Im Gebiet von Ingermanland wurden diese Truppeneinheiten von der Roten Armee aufgehalten und zum Rückzug gezwungen. Der vereinte militärische Abwehrkampf aller baltischen Nationalitäten, unterstützt durch finnische und reichsdeutsche Freiwilligenverbände, sicherte diesen ehemals russischen Ostseeprovinzen 1920 die Unabhängigkeit: im Februar 1920 erkannte die Sowjetregierung die Unabhängigkeit Estlands und Lettlands an.

In diesen unabhängigen Republiken wurde der deutschbaltischen Minderheit nunmehr eine politisch-soziale Rolle zuerkannt, die ihren numerischen Verhältnissen, nicht aber ihrem historischen und kulturellen Anspruch gerecht wurde. Die Bodenreformen, die zu Beginn der zwanziger Jahre durchgeführt wurden, nahmen dem deutschbaltischen Adel den Landbesitz, der ein Garant für seine politische und wirtschaftlich-soziale Unabhängigkeit gewesen war. Wie die bessarabischen Deutschen, so wurden auch die Deutschbalten später zu einem ethnischen Nebenprodukt der Aufteilung fremder Gebiete zwischen Hitler-Deutschland und dem stalinistischen Rußland. Auch sie wurden 1939 »heim ins Reich« geholt.

Mit Ausnahme der baltischen, polnischen und bessarabischen Deutschen, die etwa zwanzig Jahre lang unabhängigen Republiken angehörten, verblieben alle anderen Gruppen der deutschen Bevölkerung des ehemaligen Zarenreichs nach den wechselvollen Jahren und Leiden des russischen Bürgerkriegs im Verband der Sowjetrepubliken.[1]

Die Deutschen des Schwarzmeergebiets, deren Zahl sich wie die der Wolgadeutschen bei Ende des Ersten Weltkrieges auf über 600 000 belief, erlebten am 6. beziehungsweise 19. November 1917 die Proklamation der Ukrainischen Volksrepublik. Der Rat der Volkskommissare, der sich der Tatsache bewußt war, daß ein künftiges Rußland ohne die Naturschätze der Ukraine ein kaum lebensfähiges Gebilde sein würde, übte sofort militärischen Druck aus. Diesem entzog sich die ukrainische Rada durch ein Bündnis mit dem Deutschen Reich, dem bald – im Frühjahr 1918 – der Einmarsch deutscher Truppen in die befreite Ukraine folgte. Ein halbes Jahr lang standen deutsche Truppen im gesamten Schwarzmeerraum, von Wolhynien bis Rostow am

Don. Die Deutschrussen hatten Grund, die neue Situation zu begrüßen. Auf Druck der deutschen Reichsregierung wurde die ukrainische Rada unter dem Nationalisten Symon Petljura aufgelöst und die gemäßigte deutschfreundliche Regierung des Hetmans Skoropadskij eingesetzt. Der von den deutschen Kolonisten gefürchtete ukrainische Nationalist Scheluchin übernahm zwar das Amt des Justizministers in der Skoropadskij-Regierung, konnte aber in dieser stark prodeutsch ausgerichteten Regierung seinen Einfluß nicht geltend machen. Der frühere deutschrussische Dumaabgeordnete Fjodor Baron Steinheil wurde zum Botschafter der Skoropadskij-Regierung in Berlin ernannt.

Wie die einheimische ukrainische Bevölkerung, so empfingen auch die Deutschrussen des Schwarzmeerraums freudig die Truppen der – wie sie es nannten – »Deutschländer«. Unter ihrem Schutz gelangte das Land, das bereits von den ersten Wogen des Agrarterrors und der bürgerkriegsähnlichen Ausschreitungen überspült worden war, wieder in einen geordneten Zustand. Für die deutschen Bauern war es insbesondere wichtig, daß die unbestellten und verwilderten Felder nunmehr unter deutschem Militärschutz bestellt und abgeerntet werden konnten. Dabei ließ die Wehrmacht den deutschrussischen Kolonisten ihren besonderen Schutz angedeihen; sie ernannte Vertrauensmänner, die in den deutschen Orten wieder Ordnung herstellten, die aus der Verbannung oder von der Front heimkehrenden Deutschen in ihre Rechte einsetzte und mit Lebensmitteln und Saatgetreide versorgten. Darüber hinaus nutzten die deutschen Militärbehörden aber auch die Möglichkeit, landlose deutschrussische Kolonisten aus Wolhynien zu Landarbeiterkolonnen zu formieren, die im Deutschen Reich arbeiten sollten. In Absprache mit der deutschen Militärverwaltung stellte die ukrainische Regierung die frühere Selbstverwaltungsstruktur der deutschen Siedlungsgebiete im Schwarzmeerraum wieder her. Die deutschrussischen Bauern und Gutsbesitzer der Ukraine dankten der deutschen Militärmacht für den Schutz und die neuerworbene Autonomie durch Zeichnung einer beträchtlichen Kriegsanleihe; sie stellten dem Deutschen Reich 30 Millionen Rubel (ca. 60 Millionen Goldmark) zur Verfügung. Die Reichsschuldenverwaltung in Berlin bewahrte das aus dieser Kriegsanleihe resultierende, aufgewertete Guthaben von 1,33 Millionen Mark bis zu Beginn des Zweiten Weltkriegs für die südrussischen Deutschen auf.[2]

Unter dem Schutz der deutschen Militärmacht hatten die Sprecher der südrussischen Deutschen zum letzten Mal die Möglichkeit, die Weichen für die zukünftige Entwicklung der deutschen Siedlungen im Schwarzmeerraum zu stellen. Auf zwei Kongressen – in Odessa (9. und 10. April 1918) und in Prischib (7. März 1918) wurden die Möglichkeiten diskutiert, die sich für die südrussischen Deutschen aus den Vereinbarungen des Friedensvertrags von

Brest-Litowsk ergaben. In Odessa trafen sich 700 Delegierte aus den früheren Gouvernements Cherson und Bessarabien (jetzt Rumänien) und in Prischib 700 Abgeordnete aus den früheren Gouvernements Taurien, Jekaterinoslaw, Charkow, Woronesh und dem Dongebiet. Auf beiden Kongressen wurden recht unterschiedliche Meinungen über die Zukunft der südrussischen Deutschen vertreten, die nur allzu deutlich die chaotischen Lebensbedingungen der vorausgegangenen Übergangszeit widerspiegelten.

Der Delegiertenkongreß in Odessa war vom südrussischen Gebietskomitee des Verbands der Russischen Deutschen organisiert worden. Die Vorstandsmitglieder Pastor Winkler und Pater Glaser verfochten nun mit großem Nachdruck die Idee, vom Recht auf Rückwanderung ins Deutsche Reich Gebrauch zu machen, um der höchst unsicheren politischen Zukunft dieses von Revolution, Anarchismus und Agrarterror erschütterten Landes zu entgehen. Demgegenüber lehnten die Vorstandsmitglieder Reichert und Lutz die Idee der Rückwanderung grundsätzlich ab und hielten an ihrer, seit der Februarrevolution eingenommenen Position fest. Die gemeinsame Resolution, die als Ergebnis der beiden Versammlungen veröffentlicht wurde, vereinigte diese beiden Orientierungen. Sie sah einerseits die Option für die deutsche Staatsangehörigkeit, andererseits aber die Bildung eines deutschrussischen Gebietsverbands vor, der wohl im Sinn der verschiedenen Gebietsregierungen unter kadetisch-demokratischer Führung gedacht war. Im Falle widriger politischer Veränderungen sollte den Deutschrussen der Weg der Rückwanderung ins Deutsche Reich offenstehen. In diese Resolution gingen daher die folgenden Beschlüsse ein:

»1. Seine Majestät den deutschen Kaiser und die deutsche Reichsregierung zu bitten, die deutschen Kolonisten und alle anderen deutschen Bewohner dieser Gebiete tunlichst rasch in den Reichsverband aufzunehmen und unter den Schutz der deutschen Gesetze zu stellen. Zugleich erklären sie sich bereit, alle mit der deutschen Staatsbürgerschaft verbundenen Pflichten mit Freuden zu tragen, und erlauben sich, die Bitte auszusprechen, ihre und ihrer Vorfahren hundertjährige Kulturarbeit zu verwerten und aus dem Taurischen Gouvernement zusammen mit der Krim ein Deutschland unterstelltes Staatswesen zu bilden und sie hier als Vorposten und Pioniere Deutschlands zu belassen. Sollte dies nicht möglich sein, dann bitten sie, die Rückwanderung in das Mutterland unter deutschem Schutz einzuleiten.

2. Seiner Majestät dem deutschen Kaiser und der Obersten Heeresleitung den tief gefühlten Dank für die Befreiung aus schwerer Gefahr und für den gewährten militärischen Schutz auszusprechen, und zu bitten, diesen Schutz zu belassen, bis unser Schicksal endgültig ent-

schieden ist. Wir stellen dagegen uns und unsere Söhne völlig zur Verfügung der Obersten Heeresleitung, wo es auch immer sei.

3. Die Oberste Heeresleitung Deutschlands und das Kriegsministerium dringend zu bitten, die kriegsgefangenen Kolonistensöhne sofort militärisch zu organisieren, um sie als Schutz für die deutschen Kolonien möglichst rasch in ihre Heimat zurückzubefördern.
4. Die Oberste Heeresleitung Deutschlands zu bitten, die wirtschaftliche Kraft der Kolonisten und die noch vorhandenen Vorräte an Getreide, Pferden, Schlachtvieh, Butter, Eiern, Wolle usw. auszunutzen, die durch unsere Vertrauensmänner den Vertretern des Mutterlandes zugängig gemacht werden sollen.«[3]

Während die südrussischen Deutschen diese Bitte um Bildung einer Gebietsregierung unter deutschem militärischem Schutz formulierten, war auf der Krim bereits eine solche Gebietsregierung im Entstehen. Unter dem Schutz der deutschen Militärverwaltung, die General Sulkewitsch zum Befehlshaber der Krim ernannt hatte, arbeiteten die Semstwo-Liberalen der Krim unter dem Vorsitz von Salomon Salomonowitsch Krym, dem langjährigen liberalen Dumaabgeordneten Maxim Winawer und anderen, in Zusammenarbeit mit den aus dem Norden geflohenen Kadeten, wie zum Beispiel Wladimir D. Nabokow, die Grundsätze einer selbständigen Krim-Regierung aus; sie wurde mit Recht als die »Modell-Lösung« der kadetischen Gebietsregierungen bezeichnet.

Die relativ ruhigen Sommermonate des Jahres 1918 unter deutscher Besatzung wurden allerorts zur Sicherung der deutschen Siedlungen und zum Aufbeziehungsweise Ausbau des deutschen Selbstschutzes benutzt. Auch die Mennoniten mußten sich notgedrungen den neuen Umständen anpassen. Schon in den Wintermonaten waren in den Mennonitendörfern Tiegerweide und Alexanderkrone im Molotschnagebiet zur spontanen Abwehr der angreifenden Rotarmisten Selbstschutzeinheiten entstanden. In Halbstadt hatten sich junge Mennoniten, vorwiegend Studenten der mennonitischen Handelsschule, zu einer Partisanenabteilung zusammengeschlossen. So notwendig der Wille zur Selbstverteidigung auch war, so stießen diese spontan gebildeten militärischen Einheiten doch auf den Widerstand der mennonitischen Bevölkerung. Prediger, Presse und Ortsvorsteher forderten die jungen Männer auf, nach Art der Väter auf den Gebrauch der Waffe zu verzichten. Der deutsche Gebietsbefehlshaber von Berdjansk, der den kolonistischen Selbstschutz in Südrußland organisierte, forderte die Mennoniten zu einer definitiven Stellungnahme auf.

Eine allmennonitische Konferenz, die vom 30. Juni bis 2. Juli 1918 in der Kolonie Lichtenau an der Molotschna abgehalten wurde, behandelte die Frage des Waffendienstes für Mennoniten unter diesen veränderten Umständen. Benjamin H. Unruh war bemüht, die Versammlung auf den traditionellen mennonitischen Standpunkt festzulegen. Zahlreiche Mitglieder dieser Konferenz plädierten jedoch für größere Toleranz in der Frage des Waffendienstes und für eine Kompromißlösung. Schließlich ernannte die Konferenz eine Kommission für Kirchenangelegenheiten, die eine Lösung dieser Frage ausarbeiten sollte. Die Kommission faßte zwei Beschlüsse: der erste Beschluß befürwortete das Recht auf persönliche Auslegung des Gebots, auf jegliche Waffengewalt zu verzichten. Der zweite Beschluß bestätigte den Gewaltverzicht als das höchste christliche Ideal. Beide Beschlüsse wurden von einer großen Mehrheit der Versammlung angenommen. Mit dieser Beschlußfassung war das Dilemma der Sicherung von Leib und Leben in den Zeiten des revolutionären Terrors zwar nicht behoben, aber den jungen mennonitischen Kräften, die für den Aufbau eines militärischen Verteidigungssystems plädierten, war der Weg geebnet. Wenige Monate später trafen sich Vertreter der meisten Dörfer des Bezirks Halbstadt in Rückenau, um die Mobilisierung aller Mennoniten zwischen 30 und 37 Jahren zu beschließen. Abweichende Meinungen wurden nicht mehr toleriert. Kurz darauf faßte auch der Mennonitenbezirk Gnadenfeld einen analogen Beschluß. Unter dem Zwang der Ereignisse warfen die Mennonitenkolonien das Hauptdogma, das sie nach Rußland geführt hatte, über Bord.

Der Abzug der deutschen Truppen im November und Dezember 1918 verursachte ein politisches Vakuum, in dem sich der Bürgerkrieg schnell ausbreitete. Die Truppen der weißen Bürgerkriegsarmee unter General Denikin stießen zwar bald in den ukrainischen Raum vor, aber selbst mit der Besetzung der ukrainischen Hauptstadt war die Lage auf dem Land noch keinesfalls stabilisiert. Besonders hohe Verluste fügten die »grünen Abteilungen« des Bauernführers Nestor Iwanowitsch Machno den deutschen Siedlungen zu. Machno war als Sohn eines armen ukrainischen Bauern aus dem Dorf Guljaj Polje, etwa 40 km nordöstlich der Molotschna, geboren. Als Kind hatte Machno bei deutschen Gutsbesitzern im Gouvernement Jekaterinoslaw als Hirt gearbeitet. Aus dieser Zeit datierte sein erbitterter Haß gegen den deutschen Großgrundbesitz. 1905 hatte er sich der anarchistisch-kommunistischen Bewegung angeschlossen. 1908 war er für seine revolutionäre Tätigkeit zum Tod verurteilt worden, das Todesurteil für den Jugendlichen war jedoch zu lebenslänglicher Haft abgemildert worden. Die Oktoberrevolution befreite ihn aus der Haft. Im Frühsommer 1918 formierte er eine kleine, aus Bauern und Arbeitern bestehende militärische Truppe, die im Gebiet des Asowschen Meeres den Kampf gegen die deutsche Besatzungsarmee aufnahm. Seine militärischen Erfolge trieben ihm bald verarmte und verwilderte Bauern zu, die nunmehr in wachsendem Maß in anarchistischen Raubzügen gegen die Gutsbesitzer, und unter ihnen den deutschen Grundbesitz, zu Felde zogen. Einige hundert deutsche Selbstschutzangehörige, unter ihnen zahlreiche Mennoniten der Bezirke Chortiza und Halbstadt, verloren in den Kämpfen gegen Machnos »Grüne« ihr Leben; zahlreiche Frauen und Jugendliche in den Ortschaften wurden auf sinnlose Weise niedergemetzelt. Einige Dörfer, wie zum Beispiel das Dorf Munsterberg am Ingulez-Knie, wurden vollständig niedergemacht, ausgeraubt und ausgelöscht.

Die weiße Bürgerkriegsarmee des Generals Denikin, die im Frühjahr und Sommer 1919 vorübergehend weite Teile der Ukraine kontrollierte, fand in den auf mehrere tausend Mann angewachsenen deutschen Selbstschutzeinheiten willkommene Verbündete. Die Waffenarsenale des deutschen Selbstschutzes wurden mit Hilfe der aus Sewastopol herbeigeführten Munition neu aufgefüllt; und die Denikin-Armee beteiligte den deutschen Selbstschutz, der sich nun unter einem Exekutivkomitee organisiert hatte, an ihren militärischen Unternehmungen. Einige Abteilungen dieses deutschen Selbstschutzes schlossen sich fest der Denikin-Armee an. Dies führte schon im Sommer 1919, nach Wiedereroberung ihrer Gebiete durch die Rote Armee, zu schweren Vergeltungsschlägen der Bolschewiki.

In den ersten Monaten des Jahres 1919 stieß die Rote Armee nach Süden vor. Im östlichen Schwarzmeerraum verbündete sich Machno mit der Roten Armee, so daß der deutsche Selbstschutz nunmehr gegen einen zweifachen Feind zu kämpfen hatte. In den ersten Märztagen fielen die Mennonitenkolonien Blumenthal, Hochheim, Heidelberg und Friedrichsdorf im Molotschnagebiet an die Machno-Abteilungen. Der Befehlshaber der Weißen Armee, Oberst Malakow, ließ in den deutschen Dörfern die Nachricht verbreiten: »Bürger! Alles ist verloren; jeder rette sich selbst, so gut er kann!«[4] Am 9. März setzte eine Massenflucht der Mennoniten nach Süden ein. Viele Fluchtwege waren jedoch bereits von der Roten Armee versperrt worden. Die geistlichen Vorsteher der Gemeinden riefen die Mennoniten zum Gebet. Unter ihrem Einfluß wandten sich einige Mennoniten an General Dobenko, Chef der 33. Division der Roten Armee, die soeben Gnadenfeld eingenommen hatte, um die Vernichtung und Ausplünderung der Dörfer zu verhindern. Seine Antwort war aber entmutigend: »Verdammte Verräter! Vierhundert Jahre lang habt ihr den Waffendienst abgelehnt, und nun dient ihr dem verfluchten Kaiser Wilhelm!«

Dobenko ordnete die Erschießung aller gefangenen Selbstschutzleute an. In Melitopol wurde ein Revolutionstribunal eingerichtet, das dem Klassenfeind den Krieg erklärte. Unter etwa 100 Personen, die in den nachfolgenden Monaten erschossen wurden, befanden sich zahlreiche Mennoniten, unter anderem der Sekretär des Menno-Zentrums in Halbstadt, Peter Wiens.

Der Vormarsch der Roten Armee im Schwarzmeerraum löste gewaltige Flüchtlingsströme nach Süden aus. Im Sommer 1919 konzentrierte sich der

Widerstand auf das Gouvernement Taurien und die Krim. Im Gebiet von Odessa führte der ehemalige Großliebenthaler Oberschulz Johann Lauer deutsche Selbstschutzeinheiten von einer Stärke von ca. 3000 Mann an. Mit ihnen kämpfte ein deutschrussisches Jägerbataillon, das sich der Denikin-Armee angeschlossen hatte. Vorübergehend bestand auch ein Kontakt zwischen dem Bauernführer Johann Lauer und dem englischen Stab, der auf der Krim an Land gegangen war. Zur Diskussion stand die Rolle der südrussischen Deutschen bei der Gründung eines Freistaats unter englischer Schutzherrschaft. Lauer befürwortete diesen Plan in seinen Gesprächen mit den Vertretern der südrussischen Gruppe des Allrussischen Verbands der Russischen Deutschen. Darüber hinaus setzte er den Roten Armeeverbänden bei der Verteidigung der Liebenthaler und Kutschurganer Kolonien spürbaren und kostspieligen Widerstand entgegen. Er selbst verlor in diesem sogenannten deutschen Bauernaufstand gegen die Rote Armee 83 Selbstschutzmänner. Als die Sowjetregierung sich genötigt sah, auf den Kopf Lauers eine Summe von vier Millionen Rubel zu setzen, entzog er sich der Verfolgung durch die Flucht in die ehemals bessarabischen Kolonien im nunmehr benachbarten Rumänien.

Während die Denikin-Armee in den Herbstmonaten 1919 ihrer sicheren Niederlage entgegensah, sammelte der deutschstämmige Generalleutnant P. M. Baron Wrangell auf der Krim das letzte Aufgebot der gegenrevolutionären Kräfte. Anders als Denikin, der ein Zusammengehen mit den Entente-Mächten befürwortete, arbeitete Wrangell für eine Annäherung an Deutschland und die Unterstellung der Krim-Regierung unter den deutschen Schutz. Für die in Nord- und Südtaurien lebenden Deutschen stellte die Regierung Wrangell für mehrere Monate einen letzten Hoffnungsanker dar. Als reichsdeutscher Offizier, der für die militärische Organisierung der südrussischen Deutschen eintrat, hinterließ Oberst von Hohmeyer den folgenden Bericht:

> »Das deutsche Element, das durch Zustrom von Flüchtlingen in der Krim und Nordtaurien eine Million übersteigt, befindet sich in der größten Not. Das Hin und Her des Bürgerkrieges, das willkürliche Rauben der Soldateska auf beiden Seiten hat nicht nur landwirtschaftliche Maschinen, Gebäude und Viehbestand vollständig vernichtet, sondern auch durch Zerstörung von Schulgebäuden und Lehrmitteln, zur Einstellung fast des ganzen deutschen Schulunterrichts geführt. Augenblicklich stehen die Kirchen zum großen Teil vor der Schließung, da es an Mitteln zur Besoldung der Küster fehlt. Kurz vor meiner Abfahrt aus der Krim erreichte mich noch die Nachricht, daß im Kreise Melitopol vier deutsche Dörfer mit der gesamten Einwohnerschaft von den Bolschewiki verbrannt worden sind, abgesehen von den übrigen, noch zu verzeichnenden Gewalttaten. Die deutschen Kolonisten Südrußlands … richten heute ihr Auge auf Deutschland, von dem sie die Rettung aus ihrer unerträglichen Lage erwarten.«[5]

Die Hoffnungen der südrussischen Deutschen erfüllten sich nicht. Dem verzweifelten Ausbruch der Armee Wrangells aus der Krim im Juni 1920 folgte der Vormarsch der Roten Armee auf die Krim. In den Dörfern und Siedlungen, die von der Roten Armee erobert wurden, erfolgten sofort auch wirtschaftliche und zivile Repressalien. Darüber hinaus wurden die wehrfähigen Männer nun zwangsrekrutiert. Die Sommermonate des Jahres 1920 verbrachten die Männer der deutschen Siedlungen im Versteck; um Terror und Zwangsaushebung zu entgehen, verbargen sie sich in den mannshohen Maisfeldern. Nach dem russischen Namen für Mais *(kukuruza)* wurden diese Männer von der Bevölkerung in dieser Zeit die *kukuruzniki* genannt. Andere Männer, besonders die Angehörigen des Selbstschutzes und die Kämpfer der Denikin- und Wrangell-Armee, die physische Repressalien zu erwarten hatten, versuchten, in die bessarabischen deutschen Siedlungen in Rumänien zu fliehen. Mit dem Fall der Regierung Wrangell, der letzten weißen Regierung der Bürgerkriegszeit in Südrußland, setzte auch in den deutschrussischen Siedlungen der Prozeß der Sowjetisierung auf dem Land ein.

Südlich des Schwarzmeerbeckens erlebten etwa 121 000 Deutsche des Kaukasusgebiets (100 000 Deutsche lebten im Nordkaukasus, 21 000 Deutsche im Südkaukasus) die Wirren des Bürgerkriegs und der bolschewistischen Machtergreifung. Die drei Mehrheitsnationalitäten des Kaukasus, Georgier, Armenier und Aserbajdshaner, unter denen die deutsche Bevölkerung lebte, waren bemüht, vom Recht auf Sezession Gebrauch zu machen. Im April 1918 entstand unter türkischem Druck die von Rußland unabhängige Transkaukasische Föderative Republik. Schon im Mai 1918 endete jedoch der gemeinsame politische Wille der Kaukasusvölker. Georgien unterstellte sich dem deutschen Protektorat und nahm unter deutscher, später unter britischer Besatzung als eine sozialistische, menschewistisch geführte nationale Republik einen kurzzeitigen Aufschwung. Er fand ein Ende, als die Rote Armee im Februar 1921 unter offenem Bruch der völkerrechtlichen Abkommen in Georgien einmarschierte und das Land zwang, Teil der neugeschaffenen Transkaukasischen Sowjetrepublik zu werden. Wenige Monate zuvor waren die aserbajdshanischen und armenischen Gebiete des Kaukasus – nach wechselweisen Einflußnahmen von seiten Englands und der Türkei – an die Sowjetregierung gefallen, wobei die inneren Verfeindungen der nationalen Gruppen eine ebenso große Rolle gespielt hatten wie die Wirksamkeit bolschewistischer Kerntrupps in diesen Nationalitäten.

Die über Nord- und Transkaukasien verstreuten Kolonisten überlebten die Frontenwechsel sowie die Maßnahmen der weißen und roten Bürgerkriegsarmeen unter schweren Verlusten und Leiden. Die Sommermonate 1918, die Zeit bis zum Zusammenbruch des Deutschen Reiches und zum Abzug der deutschen Schutztruppen aus der Ukraine, verbrachten die Kolonisten des

Nordkaukasusgebiets noch in der Hoffnung, daß ihnen Hilfe von deutscher Seite zuteil werden würde. Der Bericht eines deutschen Kolonisten des Nordkaukasusgebiets aus diesen Monaten liefert die folgenden Details:

»Mit dem Frühling 1918 gewann der Bolschewismus in verschiedenen deutschen Kolonien vollkommen die Herrschaft. In der großen Not, nahe am Verfall, sammelte sich eine Gruppe Reichsdeutscher und russisch-deutscher Kolonisten der Kolonien Welikoknjashesk und Alexandrodar, die einen Notschrei verfaßten und an den deutschen Kaiser richteten. Es gelang nicht, den Notschrei über die damaligen verschiedenen Grenzen zu bringen... Es blieb den Kolonien nichts anderes übrig, als die Bolschewistenverwaltung anzunehmen, die ihnen von landlosen Wolgadeutschen und russischen Arbeitern aufgezwungen wurde. Die Bolschewisten mobilisierten zum Kampf gegen die Konterrevolutionäre Mannschaften, Pferde und Wagen... Der Unterricht in den Schulen mußte eingestellt werden. Von den Bolschewisten waren die Kolonien sehr bedrückt worden und von dem Vormarsch der Freiwilligenarmeen wurden sie es noch mehr.... Außerdem drangen die Kosaken, die zur Freiwilligenarmee gehörten, in Wohnungen und verlangten unter Drohungen Kleider.... Kolonisten wurden mit Lieferungsforderungen überlastet, trotzdem es klar auf der Hand lag, daß sie nichts haben konnten, denn im Laufe der letzten drei Monate hatten die Bolschewisten in besagten Kolonien ihren Stab, 10000 Mannschaften und eine Menge mit den Bolschewisten zurückziehende Flüchtlinge. Die Kolonisten der Kolonie Eugenfeld hatten ihre Wohnungen infolge der Plünderungen in der damit verbundenen Lebensgefahr verlassen müssen. Den Kolonisten der Kolonie Johannesdorf bei Stawropol, die sich nur mit Milchwirtschaft und Viehzucht beschäftigten... wurde das Heu gewaltsam genommen von den Truppen der Freiwilligenarmee. Außerdem mußten sie täglich 40–50 Wagen mit Mannschaften und Pferden liefern und ihre jungen Männer wurden ein Teil von den Bolschewisten mobilisiert und der Rest von der Freiwilligenarmee. In einigen Kolonien war schon eine Behörde eingesetzt von der Freiwilligenarmee, und das Leben ging etwas geregelter... In dem Ort Romanowskij Chutor, wo schon eine einigermaßen organisierte Parteiregierung der Kubaner Kosaken war, wurde die Privatschule des Lehrers Johann Heimann... von der Behörde erworben. ...In den letzten Tagen meines Aufenthaltes im Nordkaukasus, dem 14. November 1918, war an ein Zusammenwirken der deutschen Kolonien noch nicht zu denken. Viele befanden sich in den Händen der Bolschewisten, andere lagen in der Frontlinie... von verschiedenen wußte man gar nicht, wo die Kolonisten geblieben waren...«[6]

In Tiflis, der Hauptstadt Georgiens, waren 1918 die deutschen Truppen unter General Kress von Kressenstein eingezogen. Unter ihrem Schutz hatte sich kurzzeitig eine Stabilisierung der deutschen Gemeinden sowie eine Belebung des kulturellen und sozialen Lebens der deutschen Stadtbevölkerung von Tiflis vollzogen. Sie hielten unter wechselhaften Vorzeichen bis zur Einverleibung der Republik Georgien in die Transkaukasische Sowjetrepublik an. 1922 erfolgte »der Todesstoß aus eigenem Blute...: die *deutsche* Sektion der Kommunistischen Partei, die aus ehemaligen reichsdeutschen und einigen ungarischen Staatsbürgern sich zusammensetzte, entfaltete ihre Tätigkeit im Herbst 1922. Sie schob einen Keil nach dem anderen in die deutsche kulturelle Entwicklung.«[7]

Die deutsche Bevölkerung des Wolgagebiets mußte am schnellsten ihren Willen zur Unabhängigkeit aufgeben, und dies durch den Erhalt einer Pseudo-Unabhängigkeit. Die Allgemeine Deutsche Kolonistenversammlung, die im Februar 1918 in Warenburg tagte, entschied sich schließlich für den Versuch, eine Föderation der Deutschen an der Wolga zu gründen. Im Auftrag der Versammlung war nach der Unterzeichnung des Friedensvertrags von Brest-Litowsk eine wolgadeutsche Delegation nach Moskau gefahren, um die Wünsche der Wolgadeutschen an höchster Stelle bekanntzugeben. Der Rat der Volkskommissare war zwar nicht geneigt, diese wolgadeutsche Delegation zu empfangen, doch nahm der deutsche Botschafter, Graf Mirbach, die Beschwerden dieser Männer über die ungesetzlichen Überfälle auf deutsche Dörfer entgegen, um sie der Sowjetregierung vorzutragen. Im April 1918 fuhr eine kleine Delegation wolgadeutscher Sozialisten nach Moskau, um dem Volkskommissar für nationale Angelegenheiten, J. W. Stalin, ihr Anliegen vorzutragen. Stalin entließ die drei wolgadeutschen Sozialisten mit den Worten: »Empfehlen Sie uns sofort einen zeitweiligen Kommissar für die Angelegenheiten der Deutschen in Rußland. Wir werden ihm eine Kanzlei einräumen, und er kann mit uns zusammenarbeiten.« Wenige Wochen später stand aber fest, daß Stalin nicht willens war, wolgadeutsche Vorschläge zu berücksichtigen. Er ernannte zwei kriegsgefangene deutsche Sozialdemokraten, Ernst Reuter und Petin, zu Leitern des neugeschaffenen Kommissariats für die Wolgadeutschen. Im Oktober 1918 wurde ein dritter kommunistischer Kriegsgefangener, Gustav Klinger, berufen, um die Deutsche Abteilung im Kommissariat für nationale Angelegenheiten zu leiten. Das aus Reuter und Petin bestehende Kommissariat für deutsche Angelegenheiten mit Sitz in Saratow wurde durch Erlaß vom 29. Mai 1918 offiziell eingesetzt. Diesem Kommissariat fiel es nun zu, die sogenannten bürgerlichen Institutionen und Parteien der Wolgadeutschen aufzulösen und die Sowjetisierung der deutschen Gemeinden einzuleiten. Ein Erlaß Lenins vom 28. Juli 1918 erteilte dem Kommissariat die Vollmacht, die wirtschaftliche und zivile Abrechnung mit dem »deutschen Klassenfeind« zentral zu leiten und durchzuführen. Der Ukas lautete:

»Der Rat der Volkskommissare hat bestimmt: Jegliche Kontributionen, Konfiskationen und Requisitionen von Getreide unter den deutschen Kolonisten können nur mit Einverständnis des Kommissariats für die deutschen Angelegenheiten in Saratow stattfinden. Vom Standpunkt der allgemeinen staatlichen Interessen können eigenmächtige Handlungen der örtlichen Räte gegenüber den deutschen Kolonisten zu äußerst traurigen Folgen führen. Daher ist von uns zum Kampf mit den Großbauern und Konterrevolutionären das Rätekommissariat für Angelegenheiten der deutschen Wolgakolonisten berufen, an dessen Spitze die erprobten Kommunisten – Genosse Petin und Reuter – stehen, welche zu derjenigen Richtung der deutschen Sozialdemokratie gehören, an deren Spitze Karl Liebknecht steht. Daher ersuchen wir den Saratowschen Gouvernementsrat und alle Bezirks- und Kreisräte der Saratowschen und Samaraschen Gouvernements, im engen Kontakt mit dem deutschen Kommissariate zu handeln; im Falle von Meinungsverschiedenheiten jedoch unbedingt den Rat der Volkskommissare anzugehen.

Unterzeichnet: Uljanow, Vorsitzender des Rates der Volkskommissare.«[8]

Mit dem deutschen Kommissariat in Saratow und der deutschen Sektion im Kommissariat für nationale Angelegenheiten in Moskau waren schlagkräftige Führungsinstrumente geschaffen, die auch die Wirren des Bürgerkriegs im Wolgagebiet überlebten.[9] Unter ihrem Einfluß wurde im Oktober 1918 die sogenannte Deutsche Arbeiterkommune an der Wolga und schließlich 1924 die Autonome Deutsche Wolgarepublik geschaffen. Nach dem Einmarsch der deutschen Truppen in die Sowjetunion im Juni 1941 wurde die deutsche Wolgarepublik aufgelöst und ihre mittlerweile auf 400 000 Personen zurückgegangene Bevölkerung nach Sibirien und Mittelasien deportiert.

Auch die Deutschen Sibiriens, deren Zahl sich auf etwa 102 000 belief, wurden nach den wechselvollen Geschehnissen des Bürgerkriegs schließlich in den Verband der Sowjetrepubliken einbezogen. In der Stadt Tomsk war im November 1918 soeben eine zweite deutschrussische Delegiertenkonferenz in Vorbereitung, als die Stadt vorübergehend von den Bolschewiki eingenommen wurde. Die Versammlung, der der Zentrallehrer Fröse eine von der Slawgoroder deutschen Gruppe ausgearbeitete »Verfassung« der Deutschrussen in einem freien Sibirien vorlegen wollte, sollte gerade zusammentreten, als sie von den anrückenden Rotarmisteneinheiten mit Gewalt auseinandergetrieben wurde. In dieser ersten Periode der Herrschaft der Bolschewiki in Sibirien – vor Errichtung der weißen Regierung unter Admiral Koltschak – waren in den deutschrussischen Gemeinden einige bolschewistische Stimmen wach geworden. Diese bolschewistische Agitation war jedoch – nach dem Zeugnis von Pastor Stach – »lediglich Sache zweier bolschewistischer Agenten unter der Maske der Küster-Lehrer«.[10] Der wolgadeutsche Küster-Lehrer

Jakob Wagner erschien nämlich, nach Angaben Stachs, bald nach der Februarrevolution als Abgesandter Lenins auf den sibirischen Landstraßen. Er verband die Kenntnis der verschiedenen deutschen Kolonistengruppen Rußlands mit einer seltenen rhetorischen Begabung: Er »konnte politisch, kirchlich, stundenbrüderlich und baptistisch reden, je nach den Ohren seiner Zuhörer«. Als erklärter Bolschewik ließ sich Wagner »hinter dem Rücken des Pastors von Podsosnowa« von der deutschrussischen Gemeinde zum Küster-Lehrer wählen. Dies war ihm gelungen, nachdem er die chiliastische Pietistengemeinde davon überzeugt hatte, daß das tausendjährige Gottesreich auf Erden mit bestimmten Inhalten der bolschewistischen Lehre identisch sei. Über den nachfolgenden Streit zwischen dem Pastor und dem neuernannten Küster-Lehrer kam es zur Spaltung der Gemeinde. Der Teil, der dem Küster-Lehrer treu geblieben war, wurde von diesem nach Errichtung der Koltschak-Regierung zum Kampf gegen die Konterrevolution aufgefordert. Durch seine Agitation machte Wagner die Gemeinde reif zur Teilnahme an einem bewaffneten Aufstand. Die Gemeinde Podsosnowa

> »und ein benachbartes reiches Dorf ukrainischer Russen (nahmen) die Führung aller Bauern des Umkreises von Slawgorod in die Hand... Eine Bauernregierung sollte eingesetzt werden. Wer keine Schießwaffe hatte, sollte mit einer Sense oder Gabel erscheinen. Podsosnowa hatte mit Stimmenmehrheit einen Gemeindebeschluß gefaßt, laut welchem Pastor Stach, Stadtoberhaupt Frey, die Kirchenräte Waslowskij und Renner, sowie verschiedene andere deutsche Männer hingerichtet werden sollten... Von allen Seiten strömten an diesen Tagen Scharen von bewaffneten Bauern, darunter auch die von Wagner betörten Deutschen, in die Stadt herein und verbreiteten einen furchtbaren Schrecken. Nicht wenige der Bauern hatten scharfe Waffen aus dem Krieg mit heimgebracht, die nun ihre Anwendung fanden. Wagner hatte es zuwege gebracht, daß die Städter von dem im geheimen vorbereiteten Bauernaufstand nicht das Geringste erfahren hatten, sie waren vollständig unvorbereitet. So mußten sie sich retten und zu schützen suchen, wie es eben ging: der eine versteckte sich, der andere zog Bauernkleider an, um nicht erkannt zu werden, der dritte ergriff die Flucht; keiner der Beamten war auf seinem Posten geblieben, so fehlte auch die Polizei... August Frey wurde auf der Straße ermordet.«

Dieser von deutschen Kommunisten organisierte Bauernaufstand wurde von der Koltschak-Regierung niedergeschlagen. Wagner ging in den Untergrund.

Nach dem Ende der Koltschak-Regierung nahm er, nach den Worten Stachs, »in den (deutschsibirischen) Kolonien in der Umgebung von Omsk seine umstürzlerische Tätigkeit unter dem Schutz der Roten unverfroren wieder auf«. Einen zweiten wolgadeutschen Bolschewiki, der parallel zu Wagner in den deutschsibirischen Kolonien agitierte, erwähnte Stach nur flüchtig.

Im Heer des Admirals Koltschak sowie in der von ihm gegründeten Gebietsregierung des freien Sibirien haben mehrere bekannte Deutschrussen ihren letzten Einsatz zur Restauration des demokratischen Rußland geleistet. Der Deutschbalte Roman Fjodorowitsch Baron Ungern-Sternberg ging in die Geschichte des russischen Bürgerkriegs als der »blutige Baron« ein. Ungern-Sternberg hatte in der zweiten Hälfte des Jahres 1920 in der Äußeren Mongolei aus Teilen der Weißen Armee die Asiatische Kavalleriedivision gebildet. Dieser Division gelang es, in erbitterten Kämpfen innerhalb weniger Wochen die Rotarmisten aus dem Umkreis der Hauptstadt Urga zu vertreiben. Von seinem Hauptquartier in Troizkosawsk aus unternahm Ungern-Sternberg einen weiteren Vorstoß gegen die von den Bolschewiki kontrollierten Gebiete Sibiriens. Seine Division war jedoch der Übermacht der roten Truppenverbände nicht gewachsen und wurde aufgerieben. Baron Ungern-Sternberg selbst wurde gefangengenommen und im September 1921 von den Bolschewiki erschossen. Eine umfangreiche, meist mehr an Dichtung als an Wahrheit orientierte, mehrsprachige Literatur hat Ungern-Sternberg zu einer Art mythischer Figur des russischen Bürgerkriegs gemacht.

Generalleutnant Wladimir Oskarowitsch Kappel, ein früherer Offizier des Zaren, der während der Provisorischen Regierung zu einem Führer der Sozialrevolutionäre geworden war, führte 1918 in Samara die »Volksarmee der Sozialrevolutionäre« und bereitete mit ihr den Vormarsch der Koltschakschen Armee-Einheiten aus Sibirien ins Wolgagebiet vor. Kappel fiel 1920 in einer Schlacht gegen Einheiten der Roten Armee.

In der sibirischen Gebietsregierung unter Admiral Koltschak arbeitete der sibirische Kadet G. G. Telberg, ein Rechtswissenschaftler der Universitäten Tomsk und Samara, als Minister für Justiz und Verwaltung die »Grundverfassung« der Koltschak-Regierung aus. In den Wirren des sibirischen Bürgerkriegs etablierte er in seiner Eigenschaft als Justizminister das Komitee für »Gesetzlichkeit und Ordnung«.

Als treuer Anhänger der Zarenfamilie verfolgte Generalleutnant M. K. Dieterichs in den von der Koltschak-Regierung freigekämpften Gebieten um Jekaterinburg die letzten Spuren der Zarenfamilie. Seine Berichte über das Ende der Familie Nikolaus' II., die er nach der Flucht in die Emigration auch der Kaiserinmutter, Marja Fjodorowna, zuleitete, bildeten die ersten Grundsteine der Geschichte des Zarenmords, die später durch weitere Augenzeugenberichte ergänzt werden sollte.

Die deutschrussische Stadtbevölkerung, die zu dieser Zeit etwa 106000 Personen zählte, erlebte die ersten Jahre nach der Machtergreifung der Bolschewiki in Wirtschaftschaos und Hunger. Die Männer, die früher Offiziere im Heer der Zaren gewesen waren, wurden nun unter Zwang in die Armee Trotzkijs berufen. Industrielle, führende Techniker und Wirtschaftler fanden vorübergehend ein Auskommen, als die im April 1918 von Lenin verkündete Politik des »Kriegskommunismus« dazu zwang, im Prozeß der Ankurbelung der Wirtschaft auch fähige Fachkräfte aus den bürgerlichen Schichten einzusetzen. An anderen Personenkreisen entlud sich die ganze Heftigkeit des Kampfes gegen den »burshuj«. Ein Moskauer Deutscher, dem es im Sommer 1920 gelang, in die Schweiz auszureisen, berichtete:

»Die Zustände in Rußland, besonders in Moskau, waren geradezu fürchterlich... Wer all die Schrecken nicht miterlebt hat, kann nicht an sie glauben. Die täglichen Arreste und Hinrichtungen von Bekannten, die Todesfälle von Verwandten, die ewigen Haussuchungen..., die Jagd nach Lebensmitteln in Form von Brot und Kartoffeln, bei der als Vorbote stets Verhaftungen drohten, haben mich und meine Frau zum moralischen und physischen Kollaps geführt... Angestellt war ich in der letzten Zeit im Chimosnow, das heißt der Zentrale aller zusammengestohlenen chemischen Fabriken... Mit mir zusammen waren angestellt (es folgen die Namen von bekannten Moskauer Großkaufleuten und Industriellen, die vor dem Krieg in glänzenden Verhältnissen lebten, I. F.), die um all ihr Hab und Gut gekommen sind. Wir wurden von der Verwaltung, die aus Kommunisten bestand, wie die dummen Jungen behandelt... Die Bolschewiki haben verstanden, alle zu Bettlern zu machen, die Arbeiter einbegriffen... Ich hoffe, daß die deutschen Arbeiter eine vernünftigere Politik treiben, als es ihre russischen Kollegen taten, da ich Ihnen die Schrecknisse, welche ich erleben und ansehen mußte, nicht wünschen möchte.«[11]

In der alten Reichshauptstadt Moskau hatte die deutschrussische Stadtbevölkerung in der petrinischen Zeit ihre erste wirtschaftliche und kulturelle Blüte erlebt. In der neuen Hauptstadt des bolschewistischen Rußland sah sie ihrer wirtschaftlichen und kulturellen Vernichtung entgegen. Die zwanziger und dreißiger Jahre brachten für die deutschrussische Bevölkerung in Moskau wie auch in den Städten Petrograd (ab 1924: Leningrad), Saratow und Odessa, Tiflis und Baku, Omsk und Tomsk bis hin nach Wladiwostok eine zunehmende wirtschaftliche Verarmung, eine zwangsläufige kulturelle Anpassung und eine soziale Proletarisierung. Nach dem Angriff der deutschen Wehrmacht auf die Sowjetunion im Juni 1941 wurde auch die deutschrussische Bevölkerung in den Städten des europäischen Rußland binnen weniger Stunden evakuiert und in die Gebiete jenseits des Urals deportiert. Die Deutschen Rußlands, einst eine der privilegiertesten nationalen Gruppen im Zarenreich, waren nun in ihrem Bestand stark reduziert und hatten in der Sowjetunion ihre ehemals sichtbare Präsenz weithin verloren.

Nachwort

Die Leser, die in dieser Darstellung die Bestätigung einer These zu finden hofften, nach der die Deutschen im Zarenreich entweder einseitig der erzreaktionären Rechten oder aber dem skrupellos unternehmerischen Liberalismus oder schließlich der »vaterlandslosen« umstürzlerischen Intelligenz zuzurechnen seien, sind bei der Lektüre dieses Buches nicht auf ihre Kosten gekommen. Die Gründe dafür liegen in der außergewöhnlich breiten wirtschaftlichen, gesellschaftlichen und politischen Streuung der Deutschen in der Gesellschaft des Zarenreichs. Diese Streuung spiegelt den nicht minder breiten Fächer an Motivationen wider, die diese Deutschen einst nach Rußland geführt und zu einem integralen Bestandteil des Russischen Reichs gemacht haben. Zweifellos lassen sich schwerpunktartige Massierungen der Deutschen unter dem Doppeladler im nachhinein als geschichtsträchtige Kräfte erkennen: Die Diebitsch, Benckendorff, Kaulbars, Plehwe als erzkonservative Stützen einer bereits dem ersten Ansturm der Befreiungsidee ausgesetzten Autokratie haben dem Zarenreich ebenso ihren Stempel aufgedrückt wie die Kankrin, Reutern, Bunge, Witte, die die Liberalisierung des russischen Wirtschaftssystems anstrebten, und die Klinger, Korsch, Heyden, Meyendorff, die die geistigen und bürgerlichen Freiheiten nach den bewährten Modellen wohlfunktionierender Verfassungen beleben wollten. Und Männer wie Pestel, Haass, die beiden Schmi(d)t, Steinheil und Dietz zeigten auf ihre Weise, daß die Deutschen in Rußland nicht bereit waren, ihr moralisches Bewußtsein, ihr Eintreten für die geistig und physisch Leidenden durch das Übermaß an Privilegien ersticken zu lassen, das ihnen in ihrer Wahlheimat zuteil wurde. Neben ihnen stand die Masse der emsigen deutschen Bauern, die große Gruppe der selbstlosen Gelehrten, Lehrer und Erzieher, das strebsame Handwerker- und Kleinbürgertum und die freie künstlerische Intelligenz, die ihren festumschriebenen Platz im Gesamtbild der russischen Deutschen haben. Dieses Bild, das konturenreich und widerspruchsvoll, vielschichtig und dynamisch war, würde durch einseitige ideologische Schlüsse seine soziale und geschichtliche Vielfalt verlieren. Die unzähligen kreativen Tendenzen, die sich zu diesem Gesamtbild zusammenfügten, auf klassenbedingte Dominanten und gesellschaftspolitische Antagonismen zurückzuführen, hieße: der Gesellschaft als einem vitalen Organismus und dem Individuum in seiner sich selbst determinierenden, ethisch-schöpferischen Triebkraft Abbruch zu tun.

Und gerade das auf einen fremden Boden verpflanzte Individuum läßt – auf dem Hintergrund seiner neuen, wie in einem Laborversuch objektivierbaren Umgebung – die ganze Bandbreite seines vitalen Elans erkennen, und dies um so mehr im europäischen Osten, wo dem deutschen Element verdienter- und unverdientermaßen *per se* ein so hohes Maß an Achtung und Anerkennung entgegengebracht wurde. Wenn sich unter diesen Umständen die Zwänge zur Unterordnung unter Fürstengewalt, zur Einordnung in das zwingende Gefüge des deutschen Ständestaates und zum Aufgehen in der amorphen Masse des deutschen Klein- und Mittelbürgertums lösten, konnten freie Individuen auf freier Erde ihr Haupt erheben.

Goethe hat diese Tendenz seiner deutschen Zeitgenossen ebenso einzigartig verstanden wie bewundert. Er hat in ihr zu Recht eine tiefe Verwandtschaft des Deutschen und des Juden erkannt. Auf dem multiethnischen russischen Boden hat diese Verwandtschaft zweier nationaler Gruppen, in denen das individualistische Prinzip dominierte, zu zahlreichen Berührungspunkten und gutem Verständnis geführt. Zwischen der am wenigsten privilegierten, aber durch hohen Individualismus bestechenden Gruppe der russischen Juden und den am meisten privilegierten russischen Deutschen schloß sich an vielen Nahtstellen der sozialen Existenz der Kreis der Interessenidentität.

Als individualistische Randgruppen der Gesellschaft waren beide Minderheiten in vergleichbarer Weise von den kollektivistischen Tendenzen betroffen, die das nach einer freiheitlichen Ordnung drängende moderne Rußland in zunehmendem Maße lähmten: dem nationalistischen Wirtschafts- und Agrarkonservativismus und dem sich als internationalistisch verstehenden, und doch endemisch in vornationale Barbarei absinkenden, dogmatischen Sozialismus. Während der erste die Frage der deutschen Sonderstellung im Russischen Reich aufwarf, sah sich der zweite veranlaßt, sie radikal, das heißt durch Liquidierung des Systems der Privilegien bis hin zur physischen Liquidierung, zu lösen.

Nicht zu bestreiten ist die Tatsache, daß es die russischen Deutschen bei der Zuspitzung dieser Meinungskämpfe an der Sensibilität mangeln ließen, die es ihnen erlaubt hätte, diese Tendenzen rechtzeitig einer verantwortungsvollen Diagnose und Prognose zu unterziehen. Die Gründe dafür lagen ebensosehr in ihrer Stärke wie in ihrer Schwäche: Ihre Stärke bestand darin, daß sie sich in erster Linie als integralen Teil und Ferment der allrussischen Gesamtgesellschaft verstanden; und als solche galt ihr Kampf nicht ihrer nationalen Erhaltung, sondern der Erhaltung ihres Reichs und selbstgewählten Vaterlands. Ihre Schwäche bestand genau in jener individuellen Zerstreuung, die es selbst in den Zeiten der Gefahr nicht ermöglichte, eine einheitliche Strategie der Abwehr und Selbsterhaltung festzulegen. Diese ihre nationale »Schwäche« war jedoch genau der Grund, auf dem die genialsten Leistungen der schöpferischen Selbstbehauptung des Einzelnen im Meer einer andersethnischen Umgebung gewachsen waren. Und nicht zufällig hat die überwiegende Mehrheit der auf allrussischem Boden lebenden Deutschen die vergleichsweise geringen Versuche einer nationalen Einheitsbewegung souverän zurückgewiesen. Sie war sich des Wertes des individuell Erreichbaren auf dem Hintergrund des Opfers kollektiver Sicherheiten wohl bewußt. Zu denken gibt die Tatsache, daß diese Angebote von Sicherheit durch nationale Einheit ausgerechnet von jenen Gruppen ausgingen, die auch die Volkswut am meisten erregten und durch ihr anmaßend ethnozentrisches Verhalten den Boden für die Endabrechnung mit »dem russischen Deutschen« bestellten. Das Strafgericht, das eine wirtschaftlich und politisch chauvinistische Gruppe über die Gesamtheit der russischen Deutschen heraufbeschwor, dauert nach tiefsten, über ein halbes Jahrhundert währenden Kataklysmen noch heute an.

Anhang

Anmerkungen

I. Zur Vorgeschichte der deutschen Präsenz im Zarenreich

1 Die deutschen Quellen sind in Auszügen wiedergegeben in: N. M. Karamzin, Istorija Gosudarstva Rossijskago (Geschichte des Russischen Staates), Buch I, Bd. I, St. Petersburg 1842, Col. 110 der Anmerkungen zu Bd. I.

2 Bericht des deutschen Chronisten Dietmar von Merseburg, vgl. Karamzin, Istorija... Bd. II, Col. 1 und Anmerkungen Col. 5.

3 Nach G. Stökl (Russische Geschichte von den Anfängen bis zur Gegenwart, Stuttgart 1965, 2. Aufl., S. 89) waren es drei Söhne.

4 »Oda infinitam pecuniam in opportunis locis sepeliri fecit, et in Saxoniam rediit cum filio et parte pecuniae, et sepultores occide fecit...«; (vgl. alle einschlägigen Textstellen sowie die Textkritik bei Karamzin, Istorija, Anmerkungen zu Band 2, Col. 22–23).

5 Karamzin, Istorija, Bd. 2, Kap. IV, S. 87; nach Lambert von Aschaffenberg: »Tantum regi deferens auri et argenti, et vestium preciosarum, ut nulla retro memoria tantum regno Teutonico uno tempore illatum referatur.«

6 Vgl. Grekov, B. D.: Kievskaja Rus' (Die Kiewer Rus), Moskau 1949, S. 483.

7 Karamzin, Istorija, 3.7, Col. 125.

8 Johansen, P.: »Der Hansische Rußlandhandel, insbesondere nach Nowgorod, in kritischer Betrachtung«, in: Die großdeutsche Hanse als Mittler zwischen Ost und West, Köln 1963, S. 39f.

9 Vgl. Herberstein, S. v.: Moscouiter wunderbare Historien, Basel 1567, Neuaufl. 1984 unter dem Titel »Das alte Rußland«, Manesse Bibliothek der Weltgeschichte. Vgl. hierzu auch Sommer, E. F. »Die Anfänge der Moskauer Deutschen Sloboda« in: Deutsches Archiv für Landes- und Volksforschung 5, 1941, S. 421–44.

10 Rüssow, B.: Chronika der Provintz Lyfflantt, Barth 1584, S. 48.

11 Vgl. Schnurr, J.: Die Kirchen und das religiöse Leben der Rußlanddeutschen, Evangelischer Teil, Stuttgart 1978, S. 2ff.

12 Akty Archeologičeskoj Ėkspedicii (Akten der Archäologischen Expedition), Band I, Nr. 301, S. 367.

13 Vgl. ebd., Nr. 358, S. 436.

14 Vgl. dazu die schöne Zusammenstellung der Erwähnung Deutscher in russischen historischen und Gesetzesquellen, die P. Köppen, Mitglied der Kaiserlichen Russischen Akademie der Wissenschaften, angefertigt hat: Keppen, P.: Chronologičeskij ukazatel'

materialov dlja istorii inostrancev v Rossii. Nemcy, Gamburcy, Anburcy, Anburgskie Nemcy. (Chronologisches Materialregister zur Geschichte der Deutschen in Rußland. Deutsche, Hamburger, Anburger, Anburger Deutsche). St. Petersburg 1861, S. 390ff.

15 Olearius, A.: Vermehrte Newe Beschreibung Der Muscowitischen vnd Persischen Reise, Schleswig 1656, S. 148ff.

16 Ebd., S. 149, 206.

17 Ebd., S. 183f.

II. Zar Peter I. – Die Errichtung der deutschen Sonderstellung im Russischen Reich

1 Die biographische Literatur über Peter den Großen und seine Epoche ist umfangreich. Aus der älteren deutschen Forschung zeichnet sich aus: Brückner, A.: Peter der Große, Berlin 1879, aus der neueren: Wittram, R.: Peter I. Czar und Kaiser. Zur Geschichte Peters des Großen in seiner Zeit. Bd. 1 u. 2, 1964; zum jungen Peter: Sommer, E. F. »Der junge Zar Peter in der Moskauer Deutschen Sloboda«, in: Jahrbücher für Geschichte Osteuropas NF 5, 1957, S. 67–105.

2 Vgl. »Peter der Große und die Deutschen«, in: Heigel, K. Th. v., Zwölf Charakterbilder aus der neueren Geschichte, München 1913, S. 50f.

3 Stökl: Geschichte, S. 349.

4 Über ihn schrieben: N. S. Tichonravov in: Russkij Vestnik (Russischer Bote), 1867, Nr. 1, 2 (deutsche Übersetzung der ergänzten Monographie: Pastor Fechner, Riga 1873), sowie, einschließlich der gesamten Untersuchungsmaterialien, D. Cvetaev in: Čtenija Obščestva Istorii i Drevnostej Rossii (Vorträge der Gesellschaft für russische Geschichte und Altertümer), 1883, Buch 3 sowie Dietze, W.: Quirinus Kuhlmann. Ketzer und Poet. Versuch einer monographischen Darstellung von Leben und Werk, Berlin (Ost), 1963.

5 Gedruckt in: Ustrjalov, N.: Istorija carstvovanija Petra Velikago (Geschichte der Herrschaft Peters des Großen), Bd. I–IV, VI, 1858–1863, hier: Bd. II, S. 467–77.

6 Brückner: Peter, S. 106f.

7 Korb, J. G.: Tagebuch der Reise nach Rußland, Hrg. v. G. Korb, Graz 1968, S. 202.

8 Korb, Tagebuch, S. 120.

9 Vgl. Bogojavlenskij, S. K. »Moskovskaja Nemeckaja Sloboda« (Die Moskauer »Nemezkaja Sloboda«), in: Izvestija AN SSSR. Serija istorii i filosofii (Mitteilungen der Akademie der Wissenschaften der UdSSR. Historisch-philosophische Reihe), 1947, Band 4, Nr. 3.

10 Korb, Tagebuch, S. 177.

11 Blumentrost wurde zum Stammvater einer deutschen Ärztedynastie in Rußland. Sein Sohn war an der Gründung der Akademie der Wissenschaften beteiligt; vgl. Winter, E.: »L. Blumentrost der Jüngere und die Anfänge der Petersburger Akademie der Wissenschaften. Nach Aufzeichnungen von K. F. Svenske« in: Jahrbücher für Geschichte 8 (1964), S. 247–69.

12 Korb, Tagebuch, S. 101 sowie S. 201–5: »Deutsche Offiziere, Kaufleute und Fachleute, so in Moskau leben«.

13 Den Prozeß dieser kulturellen Assimilation an die Deutschen hat E. Amburger beschrieben (»Mischehen im städtischen Deutschtum Altrußlands«, in: Auslandsdeutsche Volksforschung, 1. Bd., Stuttgart 1937, S. 266–73).

14 Korb, Tagebuch, S. 109.
15 Ebd., S. 93.
16 Ebd., S. 203 und 109.
17 Ebd., S. 58.
18 Ebd., S. 165.
19 Ebd., S. 203.
20 Polnoe Sobranie Zakonov (abgekürzt: PSZ), Bd. 1, Nr. 1910 sowie Amburger, E.: Die Anwerbung ausländischer Fachkräfte für die Wirtschaft Rußlands vom 15. bis ins 19. Jahrhundert, Wiesbaden 1968.
21 Erdmann, Y.: Der livländische Staatsmann Johann Reinhold von Patkul, Berlin 1970.
22 Vgl. Grau, C.: »Russisch-sächsische Beziehungen auf dem Gebiet des Berg- und Hüttenwesens in der 1. Hälfte des 18. Jahrhunderts«, in: Jahrbuch für Geschichte 4, 1960, S. 302–330, und Beck, L.: Die Geschichte des Eisens in technischer und kulturgeschichtlicher Hinsicht, Band IV, Braunschweig 1897 (über Rußland).
23 Vgl. Amburger, E.: Beiträge zur Geschichte der deutsch-russischen kulturellen Beziehungen, Gießen 1961, S. 9–45.
24 Vgl. Winter, E.: »Die russische und die deutsche Frühaufklärung und die Erforschung Sibiriens, insbesondere durch Messerschmidt«, in: Jahrbuch für Geschichte, 1962, S. 189–202.
25 Vgl. Pekarskij, P. P.: Nauka i literatura v Rossii pri Petre Velikom (Wissenschaft und Literatur in Rußland unter Peter dem Großen), 2 Bde., St. Petersburg, 1862.
26 Vgl. Belokurov, S. A.: O nemeckoj škole v Moskve (Über die deutsche Schule in Moskau), 1701–1715, Moskau 1907.
27 Die Literatur über die Kaiserliche Akademie der Wissenschaften ist reich. Verwiesen sei hier nur auf: Stieda, W.: »Die Anfänge der Kaiserlichen Akademie der Wissenschaften in St. Petersburg«, in: Jahrbücher zur Kultur und Geschichte der Slaven NF 2, 1926, S. 133–68; Winter: »L. Blumentrost der Jüngere…« (s. Anm. 11), sowie die zweibändige Ausgabe der Akademie, die seit 1958 in Moskau erschien (Istorija Akademii Nauk SSSR, d. i. Geschichte der Akademie der Wissenschaften der UdSSR).
28 Vgl. Geyer, D.: »Vom Weltbezug zur Tübinger Provinz: Bilfinger in Petersburg«, in: Literatur in der Demokratie. Für Walter Jens zum 60. Geburtstag, Tübingen 1983, S. 285–93.
29 sine loco 1704 sowie Altona 1705[2].
30 Vgl. Petschauer, P.: »In Search of Competent Aides: Heinrich van Huyssen and Peter the Great«, in: Jahrbücher für die Geschichte Osteuropas, 26, 1978, H. 4, S. 481 bis 502.
31 Band 1, Hannover 1721 und 1729 sowie Frankfurt und Leipzig 1738 und 1744, Band 2 und 3, Hannover 1739 und 1740.
32 Vgl. Meehan-Waters, B.: »Social and career characteristics of the administrative élite, 1689–1761«, in: Pintner, W. et al.: Russian Officialdom. The Bureaucratization of Russian Society from the Seventeenth to the Twentieth Century, Chapel Hill/ N. C., S. 76–105.
33 Die Rangtafel, eingeführt am 24. Januar 1722, ist enthalten in: PSZ I, 6 Nr. 3890
34 Die späteren Veränderungen in der Rangtafel sind beschrieben von Amburger, E.: Geschichte der Behördenorganisation Rußlands von Peter dem Großen bis 1917, Leiden 1966, S. 54ff., und Bennett, H. »The Evolution of the Meanings of Chin: An Introduction to the Russian Institution of Rank Ordering and Niche Assignment from the Time

of Peter the Great's Table of Ranks to the Bolshevik Revolution«, in: California Slavic Studies, 10, 1977, S. 1–43.

35 Vgl.: Lemmerich, C.: Geschichte der evangelisch-lutherischen Gemeinde St. Petri in St. Petersburg, 2 Bände, 1862, Die St.-Petri-Gemeinde. Zwei Jahrhunderte evangelischen Gemeindelebens in St. Petersburg, 1710–1910, St. Petersburg 1910.

36 Vgl. Walter, C.: »Die evangelische Kirche in St. Petersburg«, in: Pantenius, H. et al., Hrg.: Deutsches Leben im alten Petersburg, Riga 1930, S. 21–67.

37 Vgl. Stupperich, R.: »Zur Heiratspolitik des russischen Herrscherhauses im 18. Jahrhundert. Die Frage des Glaubenswechsels deutscher Prinzessinnen«, in: Kyrios 5, 1940/1, S. 214–39.

38 Vgl. Miljukov, P.: Gosudarstvennoe chozjajstvo Rossii v pervoj četverti XVIII stoletija i reforma Petra Velikogo (Die staatliche Wirtschaft Rußlands im ersten Viertel des 18. Jahrhunderts und die Reform Peters d. Großen), St. Petersburg 1892.

39 PSZ Nr. 1683 sowie Amburger, E.: Fremde und Einheimische im Wirtschafts- und Kulturleben des neuzeitlichen Rußland, Wiesbaden 1982.

40 Vgl. Woltner, M.: »Zur Frage der Untertanenschaft von Westeuropäern in Rußland bis zur Zeit Peters des Großen einschließlich«, in: Jahrbücher für Geschichte Osteuropas 3, 1938, S. 47–60.

41 Vgl. Amburger, E.: Die van Brienen und ihre Sippe in Archangel. Aus dem Leben einer Kolonie, Berlin 1936.

42 Vgl. Kiesewetter, A.: »Heinrich Fick in russischen Diensten«, in: Germanoslavica 1, 1931/2, S. 593–601.

43 Die Ukasse Peters I. an Lüberas wurden veröffentlicht in: Syn Otečestva, 1829, Nr. 23 und 24.

44 Vgl. Wittram, R.: Baltische Geschichte. Die Ostseelande Livland, Estland, Kurland 1180–1918, München 1954, S. 106.

45 Die Deutschbalten, die eine umfangreiche eigene Geschichtsschreibung und -darstellung besitzen, können in dieser Studie nur insofern berücksichtigt werden, als sie in den allrussischen Institutionen eine Rolle spielten und sich vornehmlich für die Gesamtentwicklung des Russischen Reiches einsetzten. Aus der reichen Literatur sei verwiesen auf: Tobien A. v.: Die Livländische Ritterschaft in ihrem Verhältnis zum Zarismus und russischen Nationalismus, 2 Bde. Riga 1925 f. Wrangell, W. Baron v.: Die Estländische Ritterschaft, ihre Ritterschaftshauptmänner und Landräte, Limburg 1967, sowie Dellingshausen, E. Freiherr v.: Die Baltischen Landesstaaten unter russischer Herrschaft 1710–1918, Langensalza 1926. Zu den einzelnen Persönlichkeiten, vgl.: Deutschbaltisches Biographisches Lexikon 1710–1960. Im Auftrag der Historischen Kommission hrsg. v. Lenz, W., Köln/Wien 1970.

46 Wittram, R.: »Peter der Große und Livland«, in: Deutschland und Europa. Festschrift für H. Rothfels, Düsseldorf 1951, S. 233–69.

47 Osten-Sacken, P. v. Zur Kapitulation der estländischen Ritter und Landschaften 1710, Reval 1910.

48 Vgl. Armstrong, J. A.: »Mobilized Diaspora in Tsarist Russia: The Case of the Baltic Germans«, in: Soviet Nationality Policies and Practices, Hrg. J. Azrael, New York 1979.

III. Der deutsche Drang zur Macht über Rußland – Von der »Fremdenherrschaft« Anna Ioannownas zur Ermordung Peters III.

1 Vgl. Miljukov, P.: »Verchovniki i šljachetstvo« (Die Obersten und der Adel), in: Iz Istorii Russkoj Intelligencii (Aus der Geschichte der russischen Intelligenz) St. Ptb. 1903, S. 1–51.

2 Puškarev, S. G.: Obzor russkoj istorii (Übersicht über die russische Geschichte), New York 1953, S. 322.

3 Vgl. dazu: Stroev, V.: Bironovščina i kabinet ministrov (Die »Bironowschtschina« und das Ministerkabinett), Moskau 1909. Die neuere historische und belletristische Literatur hat der »dunklen Zeit« der »Bironowschtschina« unter Anna Ioannowna Interesse und etwas mehr Wohlwollen entgegengebracht, als dies früher der Fall war: Lipski, A. »A Re-Examination of the ›Dark Era‹ of Anna Ioannovna«, in: American Slavonic and East European Review, 15, 1956, Nr. 4, S. 477–88, und von sowjetischer Seite der Roman des Balten Pikul: Slovo i delo (Das Wort und die Tat), der 1977 erschien.

4 Herzen, A. (Hrsg.): Memoiren der Kaiserin Katharina II. Von ihr selbst geschrieben. Nebst einer Vorrede von A. Herzen, Hannover 1879, S. VIf.

5 Vgl. Amburger, E.: Der russische Staatsmann Heinrich Ostermann, seine westfälischen Ahnen und russischen Nachkommen, Berlin 1961.

6 Vgl. Vischer, M.: Münnich. Ingenieur, Feldherr, Hochverräter. Frankfurt 1938.

7 Einige der Projekte Münnichs, unter ihnen »Ébauche pour donner une idée de la forme du gouvernement de l'empire de Russie«, wurden in den: Zapiski fel'dmaršala grafa Minicha (Aufzeichnungen des Feldmarschalls Graf Münnich) veröffentlicht, in: Zapiski inostrancev o Rossii v XVIII st. (Aufzeichnungen von Ausländern über Rußland im 18. Jahrhundert). St. Ptb. 1874, Bd. 2.

8 Vgl. Kessel, E.: »Tottlebens Verrat«, in: Forschungen zur Brandenburgischen und Preußischen Geschichte, 49, 1937, S. 371–8.

9 Vgl. Fleischhacker, H.: »Porträt Peters III.«, in: Jahrbücher für Geschichte Osteuropas, 5, 1957. Eine Neuinterpretation Peters III., unter Betonung seiner Außenpolitik, erarbeitet zur Zeit die amerikanische Historikerin Carol Leonhard (Harvard University).

10 Sočinenija Imperatricy Ekateriny II. na osnovanii podlinnych rukopisej (Werke der Kaiserin Katharina II. auf der Grundlage der Originalhandschriften), Pypin, A. N., Hrg., Bd. 12: Avtobiografičeskija Zapiski (Autobiographische Aufzeichnungen), St. Ptb. 1907, S. 12.

11 Ebd., S. 376.

12 Ebd., S. 624.

13 Ebd., S. 703.

IV. Katharina II. – Massiver Zuzug deutscher Fachkräfte ins Russische Reich

1 Die Literatur über Katharina II. ist reich. Vermerkt seien hier nur die neueren Arbeiten: Grey, I.: Catherine the Great, Autocrat and Empress of all Russia, London 1961; Almedingen, M. E.: Catherine the Great. A portrait. London 1963; Dukes, P.: Catherine the Great and the Russian Nobility, Cambridge 1967; Fleischhacker, H.: Mit Feder und

Zepter. Katharina II. als Autorin, Stuttgart 1978, und Madariaga, I. de: Russia in the Age of Catherine the Great London 1981.

2 Sočinenija Imperatricy Ekateriny II., Bd. 12, S. 615.

3 Ebd., S. 626.

4 Ebd., S. 614.

5 Ebd., S. 616.

6 Die historische Forschungsgruppe der Akademie der Wissenschaften zu Berlin (Ost) um Prof. E. Winter hat dem Einfluß, den Pallas und andere deutsche Wissenschaftler in diesen Jahren auf die Entwicklung der russischen Wissenschaft und Infrastruktur nahmen, große Aufmerksamkeit gewidmet; so entstanden unter anderem die Aufsätze: Winter, E.: »Zur Geschichte der deutsch-russischen Wissenschaftsbeziehungen im 18. Jahrhundert«, in: Zeitschrift für Geschichtswissenschaft 8, 1960, S. 844–55, ders.: »Über die Bedeutung der Geschichte der deutsch-russischen Wissenschaftsbeziehungen«, in: Jahrbücher für Geschichtswissenschaft 7, 1963, S. 321–24, Hoffmann, P.: »Deutsch-russische Wissenschaftsbeziehungen in der zweiten Hälfte des 18. Jahrhunderts« (Tagungsbericht), in: Zeitschrift für Geschichtswissenschaft 8, 1960, S. 1428–36.

7 Vgl. Keppen, F. P., in: Žurnal Ministerstva Narodnago Prosveščenija (Zeitschrift des Ministeriums für Volksbildung) 1895, April, S. 386–437.

8 Vgl. Winter, E. (Hrg.): August Ludwig von Schlözer und Rußland, Berlin (Ost) 1961 (= Quellen und Studien zur Geschichte Osteuropas, Bd. 9), Čerepnin, L. V.: »A. L. Šlecer i ego mesto v razvitii russkoj istoričeskoj nauki«, in: Beskrovnyj, L. G.: Meždunarodnye svjazi Rossii v XVII–XVIII vv. (Internationale Beziehungen Rußlands im 17. und 18. Jh.), Moskau 1966, S. 183–219.

9 Vgl. Schlözer: Unschädlichkeit, S. 120.

10 Vgl. Wollheim, G.: Die deutsche Ostkolonisation der Neuzeit. Eine siedlungsgeschichtliche Studie auf dem Wege zur Schematologie, Freiburg/Br. 1957, und Bartlett, R. P.: Human Capital. The Settlement of Foreigners in Russia 1762–1804, Cambridge University Press 1979.

11 Vgl. PSZ, V, S. 893, Nr. 11416.

12 In Deutschland unter anderem veröffentlicht in: Staats- und Gelehrtenzeitung der Hamburger unparteiischen Korrespondenten, 15. 2. 1763, Nr. 26.

13 Vgl. PSZ, XVI, Nr. 11880.

14 Vgl. PSZ, XVI, Nr. 12095.

15 Vgl. Pavlovskij, I. Ja.: Russko-nemeckij slovar', Riga 1900^3, S. 152.

16 Vgl. PSZ, I, XVI, Nr. 1181.

17 Vgl. PSZ, I, XVII, Nr. 12630, vom 28. April 1766.

18 Briefe über die Auswanderung der Untertanen, besonders nach Rußland, Frankfurt/Leipzig 1768.

19 Die Literatur über die Wolgakolonien ist reich; vgl. unter anderem Bauer, G.: Geschichten der deutschen Ansiedlung an der Wolga... (1762–1874), Saratov 1908, Beratz, G.: Die deutschen Kolonien an der unteren Wolga in ihrem Entstehen... 1764–1914, Saratov 1915, und Bonwetsch, E.: Geschichte der deutschen Kolonien an der Wolga, Stuttgart 1919.

20 Vgl. Praetorius, M. J.: Galka, eine deutsche Ansiedlung an der Wolga, Inauguraldissertation, Leipzig 1912.

21 Abgedruckt bei: Stumpp, K.: Die Auswanderung aus Deutschland nach Rußland, 1763–1862, Tübingen o. J. (1977), S. 77ff.

22 Vgl. PSZ, XIX, S. 523, Nr. 13819.
23 Vgl. Hafa, H.: Die Brüdergemeinde Sarepta. Ein Beitrag zur Geschichte des Wolgadeutschtums, Breslau 1936.
24 Cattaneo, J. B.: Eine Reise durch Deutschland und Rußland, seinen Freunden beschrieben von J. B. Cattaneo aus Bünden, gegenwärtigem Pfarrer einer reformierten deutschen Kolonie zu Norka in der Saratowischen Statthalterschaft an der Wolga in der russischen Tatarei in Asien, Chur 1787.
25 Vgl. Schnurr, J.: Die Kirchen und das religiöse Leben der Rußlanddeutschen. Katholischer Teil, Stuttgart 1980, S. 11ff.
26 Vgl. Pisarevskij, G.: Iz istorii inostrannoj kolonizacii v Rossii v XVIII v. (Aus der Geschichte der ausländischen Kolonisation in Rußland im 18. Jh.) Moskau 1909, S. 73.
27 Teil 3 des Buches, der diese Berichte enthält, bezieht sich auf die Jahre 1772 und 1773 und ist in St. Petersburg im Jahr 1776 erschienen; siehe S. 618, 610, 614, 615.
28 Klaus, A.: Naši kolonii. Opyti i materialy po istorii i statistike inostrannoj kolonizacii v Rossii, Vypusk 1, St. Petersburg 1869, 1875[2], und Klaus, A.: Unsere Kolonien. Studien und Materialien zur Geschichte und Statistik der ausländischen Kolonisation in Rußland, Odessa 1887, S. 182.
29 Vgl. Puškin, A.: Istorija Pugačevskogo Bunta, St. Petersburg 1834 (Die Geschichte des Pugatschow-Aufstandes) aufgenommen in die Gesamtausgabe: Puškin, A. S.: Polnoe Sobranie Sočinenij v desjati tomach, Moskau 1965[3], Bd. 8, S. 252, 262, 264.
30 Vgl. Mavrodin, V.: »Die Teilnahme deutscher Ansiedler des Wolgagebiets am Pugatschow-Aufstand«, in: Jahrbücher für Geschichte 7, 1963, S. 189–99, und Hoffmann, P., Schützler, H.: »Der Pugatschow-Aufstand in zeitgenössischen deutschen Berichten«, in: Jahrbücher für Geschichte 6, 1962, S. 337–65.
31 Vgl. PSZ, I, XXI, Nr. 15383.
32 Vgl. J. E. (nur Initialen genannt): »Wann ist in unseren Wolgakolonien der russische Gemeindebesitz mit seinem Seelensystem eingeführt worden?«, in: Unsere Wirtschaft, Nr. 12, 30. Juni 1924, Jg. 3, S. 345ff. sowie zum allgemeinen Hintergrund der Frage: Goehrke, C.: Die Theorien über Entstehung und Entwicklung des »Mir«, Wiesbaden 1964 (= Schriften der Arbeitsgemeinschaft für Osteuropaforschung der Universität Münster).
33 Gedruckt in: Velicyn, A. A. (Pseudonym): Nemcy v Rossii. Očerki istoričeskogo razvitija i nastojaščego, položenija nemeckich kolonij na juge i vostoke Rossii (Die Deutschen in Rußland. Skizzen der historischen Entwicklung und gegenwärtigen Lage der deutschen Kolonien im Süden und Osten Rußlands). St. Petersburg 1893, S. 269ff.
34 Vgl. Koeppen, P. v.: Über die Deutschen im St. Petersburger Gouvernement, St. Petersburg 1850.
35 Vgl. Conze, W.: Hirschenhof. Die Geschichte einer deutschen Sprachinsel in Livland, Berlin 1934[1], Hannover-Döhren 1963[3], sowie ders.: »Die deutsche Volksinsel Hirschenhof im gesellschaftlichen Aufbau des baltischen Deutschtums«, in: Auslandsdeutsche Volksforschung, 1, 1937, S. 152–63.
36 Vgl. Quiring, H.: »Die Auswanderung der Mennoniten aus Preußen 1788–1870«, in: Auslandsdeutsche Volksforschung, 2, 1938, S. 66–71.
37 Vgl. Adamczyk, T.: »Die Reise Katharinas II. nach Südrußland im Jahre 1787«, in: Jahrbücher für Kultur und Geschichte der Slaven NF 6, 1930, S. 25–53.
38 Der österreichische Handelsreisende Johann Philipp Balthasar Weber hat Südrußland im gleichen Jahr besucht und Cherson und seine Umgebung ausführlich beschrieben:

Weber, J. P. B.: Die Russen oder Versuch einer Reisebeschreibung nach Rußland und durch das russische Reich in Europa (1787). Innsbruck 1960, S. 107ff.

39 Ebd., S. 147f.

40 Vgl. Pallas, P. S.: Bemerkungen auf einer Reise in die südlichen Statthalterschaften des Russischen Reiches in den Jahren 1793 und 1794, Leipzig 1799, S. 46f.

41 Vgl. hierzu Leontovitsch, V.: Geschichte des Liberalismus in Rußland, Frankfurt/Main 1974², S. 21f.

42 Vgl. Katharina die Zweite, Instruktion, Riga und Mitau 1769.

V. Zwischen Reform und Repression – Deutsche unter Paul I.

1 Vgl. Winkelmann, E.: »Zur Geschichte Kaiser Pauls«, in: Historische Zeitschrift 58, 1887, S. 38–54; Šil'der, N. K.: Imperator Paul I. Istoriko-biografičeskij očerk (Kaiser Paul I. Historisch-biografische Skizze), St. Petersburg 1901; Šiman, I.: K istorii carstvovanija imp. Pavla I i Nikolaja I (Zur Geschichte der Regierung Paul I. und Nikolaus I., Moskau 1908); Waliszewski, K.: Le Fils de la Grande Cathérine Paul I., Paris 1912, und Zubow, W.: Zar Paul I. Mensch und Schicksal, Stuttgart 1963.

2 Vgl. Amburger, E.: Geschichte des Protestantismus in Rußland, Stuttgart 1961.

3 Aus russischer Sicht: Petuchov, E. V. »Vozniknovenie i pervonačal'naja organizacija derptskago universiteta v načale XIX v.« (Entstehung und ursprüngliche Organisation der Universität Dorpat zu Beginn des 18. Jh. s), in: Žurnal Ministerstva Narodnago Prosveščenija, 1901, Nr. 10–12, 1902, Nr. 1.

4 Vgl. Brikner A.: Smert' Pavla I. (Der Tod Pauls I.) St. Petersburg 1907, und Šiman, I.: Smert' Pavla I. (Der Tod Pauls I.) Moskau 1910.

5 »Istoričeskij obzor kolonizacii kazennych zemel' v Rossii inostrancami« (Historischer Überblick über die Kolonisation von Staatsländereien in Rußland durch Ausländer), in: Žurnal Ministerstva Gosudarstvennych Imuščestv 1870 (Journal des Staatsdomänenministeriums 1870); Central'nyj Gosudarstvennyj Istoričeskij Archiv (Zentrales Staatliches Historisches Archiv Leningrad, in Abkürzung: CGIA), f. 1181, o. 1, d. 71, S. 1–70, hier: S. 53.

6 Vgl. PSZ I, XXIV, Nr. 18021.

7 Vgl. ebd. I, XXIV, Nr. 18006.

8 Ebd., Nr. 17865.

9 Vgl. PSZ I, XXVI, Nr. 19372.

10 Instrukcija o Kontore Opekunstva Novorossijskich inostrannych poselencev (Instruktion an das Vormundschaftskontor der Neurussischen ausländischen Siedler), in: CGIA, f. 383, o. 29, d. 426.

11 PSZ, I, XXVI, Nr. 1956 sowie Zusätze vom 16. Mai 1801 (PSZ Nr. 19873) und vom 16. Juni 1802 (PSZ Nr. 20897).

12 Vgl. Klaus: Kolonien, S. 186–189, sowie Matthäi, Fr.: Die deutschen Ansiedlungen in Rußland. Ihre Geschichte und ihre volkswirtschaftliche Bedeutung für die Vergangenheit und Zukunft. Studien über das russische Kolonisationswesen und über die Herbeiführung fremder Kulturkräfte nach Rußland, Gera 1865, S. 250–253: »Die Gemeindeverfassung«.

13 Vgl. Pervoe Tridcatiletie Istorii Goroda Odessy 1793–1823 (Die ersten drei Jahrzehnte der Geschichte der Stadt Odessa, 1793–1823), Odessa 1837, S. 60f.

14 Vgl. Schumann, H.: Blick nach Osteuropa. Gestalten und Ereignisse, Stuttgart 1982, S. 32–43 (» ›Sturm und Drang‹ in Rußland«), sowie Schmidt, E.: Lenz und Klinger, zwei Dichter der Geniezeit, Berlin 1878.
15 Kotzebue hat auch dieses Erlebnis umgehend in literarische Münze umgesetzt: Kotzebue, A.: Das merkwürdigste Jahr meines Lebens, Berlin 1801.
16 Schubert, F. v., in: Unter dem Doppeladler. Erinnerungen eines Deutschen im russischen Offiziersdienst 1787–1814. (Hrg. E. Amburger), Stuttgart 1961, S. 79.
17 Schumann, H.: Blick, ebd.
18 Ebd.

VI. Liberaler Aufbruch unter Alexander I.

1 Vgl. Šil'der, N. K.: Imperator Aleksandr Pervyj. Ego žizn' i carstvovanie (Kaiser Alexander der Erste. Sein Leben und seine Herrschaft), 4 Bde., St. Petersburg 1904/05, (Großfürst) Nicolaj Michajlovič (Romanov): L'empereur Alexandre Ier, 2 Bde., St. Petersburg 1912, Fateev, A.: Le problème de l'individu et de l'homme d'état dans la personalité historique de Alexandre Ier, Prag 1838, Strakhovsky, L. I.: Alexander I of Russia, New York 1947, London 1949, Almedingen, M. E.: The Emperor Alexander I. London 1964.
2 Vgl. Šil'der, N. K.: Taganrog v 1825 g. (Taganrog im Jahre 1825), St. Petersburg 1897 (gibt die von der Zarenfamilie autorisierte und kanonisierte Version des Todes Alexanders I. wieder), Strakhovsky, L. I.: »Alexander I's death and destiny (Whether he died 1825 or in 1864 in Siberia)«, in: American Slavonic and East European Review, Bd. IV, Nr. 1, S. 33–50, wirft Licht auf die Fragen und Fakten, die informierte russische Kreise damals und bis zu einem gewissen Grad noch heute bewegen.
3 Vgl. Pfuel, Ernst v.: Der Rückzug der Franzosen bis zum Niemen, sine loco 1813.
4 Vgl. Tantzen, R.: »Das Schicksal des Hauses Oldenburg in Rußland«, in: Oldenburgisches Jahrbuch 58 (1959), S. 160–195.
5 Vgl. Württemberg, Herzog Eugen v.: Erinnerungen aus dem Feldzuge des Jahres 1812 in Rußland, Breslau 1846.
6 Vgl. Josselson, M. und D.: The Commander. A Life of Barclay de Tolly, Oxford 1980.
7 Schubert, F. v.: Unter dem Doppeladler, S. 84ff.
8 Vgl. Wrangell, Baron G.: Baltische Offiziere im Feldzug von 1812, Reval 1912, S. 15.
9 Vgl. Venzky, G.: Die russisch-deutsche Legion in den Jahren 1811–1815, Wiesbaden 1966.
10 Vgl. (Arndt, E. M., anonym) Zwei Worte über die Entstehung und Bestimmung der deutschen Legion, sine loco 1813, und ders. Katechismus für den deutschen Kriegs- und Wehrmann, sine loco 1 1814.
11 Veröffentlicht in: Hubatsch, W., Hrg.: Karl Heinrich Friedrich vom Stein. Briefe und amtliche Schriften, Band 3, Stuttgart 1961, Nr. 461 und 463.
12 Vgl. Stach, J.: Očerki iz istorii i sovremennoj žizni južnorossijskich kolonistov (Skizzen aus der Geschichte und dem gegenwärtigen Leben der südrussischen Kolonisten), Moskau 1916, S. 73, sowie Velicyn: Nemcy (Die Deutschen), S. 119.
13 Vgl. Holzhausen, P.: Die Deutschen in Rußland 1812, Leben und Leiden auf der Moskauer Heerfahrt, 2 Bände, Berlin 1912, Gerhardt, O.: Die Württemberger in Rußland. Ihr Leidensweg und tragisches Ende. Auf Grund von Aufzeichnungen württembergi-

scher Feldzugsteilnehmer und sonstigen Quellen geschildert, Stuttgart 1937, S. 82ff., und Stumpp, K.: »Die vom russischen Feldzug 1812–1813 nicht zurückgekehrten Einwohner der Provinz Hannover«, in: Deutsche Post aus dem Osten, Jg. 12, 1940, 4, S. 19–21.

14 Schubert, Doppeladler, S. 316ff.

15 Vgl. Raeff, M.: Michael Speransky, Statesman of Imperial Russia, 1772–1839, The Hague 1957, sowie Scheibert, P.: »Marginalien zu einer neuen Speranskij-Biographie«, in: Jahrbücher für die Geschichte Osteuropas, 6, 1958.

16 Vgl. Eynard, Ch.: La Vie de Madame de Kruedener, Paris 1849 und Pypin, A. M.: »Gospoža Kridener«, in: Vestnik Evropy, 1869, Heft 8 und 9.

17 Vgl. Fuks, V.: »Iz istorii misticisma. Tatarinova i Golovin« (Aus der Geschichte des Mystizismus. Die Tatarinova und Golovin), in: Russkij Vestnik, 1892, Heft 1.

18 Vgl. Miltner, E.: Dichtungen von Elisabeth Kuhlmann, Heidelberg 1875.

19 Vgl. PSZ, Nr. 21164.

20 Kirchner, W.: »Emigration to Russia«, in: American Historical Review, Bd. LV, Nr. 1 (Okt. 1949), S. 552–566, 555.

21 Vgl. CGIA, f. 383, o. 29, d. 191: Schriftwechsel des Herzogs Richelieu mit den Agenten Klüpffel und Ziegler über die Transporte süddeutscher Kolonisten nach Neurußland sowie über die Einrichtung von Quarantänelagern in Dubossary.

22 Vgl. ebd., e. 207.

23 CGIA, f. 383, o. 29, e. 362.

24. 23. Feb. 1809, CGIA, f. 383, o. 29, e. 327.

25 CGIA, f. 383, o. 29, e. 367.

26 Schreiben der Saratower Pastorenschaft an die Kaiserin aus dem Jahre 1806, in: CGIA, f. 821, o. 6, d. 3.

27 Vgl. CGIA, f. 383, o. 29, e. 298.

28 CGIA, f. 383, o. 29, e. 284.

29 Vgl. CGIA, f. 383, o. 29, e. 332.

30 Vgl. Brauner, H.: »Die deutschen Tuchmacherkolonien im Poltawaer Gebiet (1808–1867)«, in: Deutsche Monatshefte, Jg. 9 (19), 1942, 3–5, S. 150–160, sowie Ohloblin, O.: »Die deutschen Industriekolonien im Poltawaer Gebiet«, in: Nove Ukrainske Slovo (Kiev), Nr. 32, 7. Februar 1943.

31 Vgl. Ohloblin, O.: »Die deutschen Industriekolonien im Tschernigow-Gebiet«, in: Nove Ukrainske Slovo (Kiev), Nr. 33, 9. Februar 1943.

32 Quiring: Auswanderung, S. 70.

33 Vgl. Stumpp, K.: »Weiterwanderung deutscher Kolonisten aus Ungarn (Batschka) und dem Banat nach Südrußland in den Jahren 1804 bis 1816«, in: Südostdeutsches Archiv (München) 19/20 (1976/77), S. 70–85.

34 Vgl. Keller, K.: »Die Beresaner deutschen Kolonien in Südrußland. Zu ihrem hundertjährigen Jubiläum 1809/10–1909/10«, in: Deutsche Erde, Heft 8 (1909), S. 206–212, Heft 9 (1910), S. 104–108 und ders.: »Die Kutschurganer deutschen Kolonien in Südrußland. Zum hundertjährigen Jubiläum ihres Bestehens«, in: Deutsche Erde, Heft 7 (1908), S. 213–217.

35 Vgl. Wagner, I.: Zur Geschichte der Deutschen in Bessarabien, Stuttgart 1958, Mutschall, W.: Geschichte der Gemeinde Tarutino von 1814 bis 1934, Hannover 1966, Becker, J.: Bessarabien und sein Deutschtum, Bietigheim/Württ. 1966.

36 Vgl. Busch, E. H.: Beiträge zu Geschichte und Statistik des Kirchen- und Schulwesens

der Evangelisch-Augsburgischen Gemeinde im Königreich Polen, St. Petersburg und Leipzig 1867.

37 Vgl. CGIA, f. 383, o. 29, e. 418 sowie im folgenden 423, 442, 453, 426 und anderswo

38 Vgl. Des russischen Reichskanzlers Grafen Nesselrode Selbstbiographie, Berlin 1866.

39 Vgl. CGIA, f. 383, o. 29, d. 453: »Im Namen des Herrn Jesu«, Brief und Ansiedlungsverpflichtungen der Württembergischen Chiliasten.

40 Vgl. PSZ I, 36, Nr. 27.822.

41 Vgl. ebd., Nr. 27.312.

42 5. August 1819, PSZ, Bd. 36, Nr. 27.818, Art. 210ff., 25. Oktober 1819, PSZ Nr. 27.954 sowie 2. Juni 1831, Nr. 4.617.

43 Vgl. CGIA f. 383, o. 29, e. 471.

44 Vgl. PSZ, Nr. 22.418.

45 Amburger, E.: »Zur Geschichte des Großhandels in Rußland: Die ›gosti‹ «, in: Vierteljahresschrift zur Sozial- und Wirtschaftsgeschichte 46 (1959), S. 248–261.

46 Vgl. CGIA, f. 18, o. 4.

47 Ahrens, W. (Hrsg.): Briefwechsel zwischen C. G. J. Jacobi und M. H. Jacobi, Leipzig 1907, S. 37, 46.

VII. Die deutsche Dominanz im Rußland der Restauration unter Nikolaus I.

1 Vgl. (Großfürst) Nikolaj Michajlovič (Romanov) (Hrg.): Correspondence de l'empereur Alexandre Ier avec sa sœur la Grande-Duchesse Cathérine, Princesse d'Oldenbourg, puis Reine de Wurttemberg, 1805–1818, St. Petersburg 1910 sowie Firsov, P.: Imperator Aleksandr i ego duševnaja drama (Kaiser Alexander und seine seelische Tragödie), Moskau 1910.

2 Vgl. Vosstanie dekabristov. Bibliografija (Der Aufstand der Dekabristen. Eine Bibliographie) Hrg. Čencov, N. M. Moskau/Leningrad 1929, Dviženie dekabristov. Bibliografija (Die Dekabristenbewegung. Eine Bibliographie) 1960 sowie: Gronskij, P.: L'idée fédérative chez les décabristes, Paris 1926, Wolkonskij, M.: Die Dekabristen, Zürich 1946 und Raeff, M.: The Decembrist Movement, Englewood 1966.

3 Vgl. Pavlov-Sil'vanskij, N. P.: »P. I. Pestel'«, in: ders.: Očerki po russkoj istorji XVIII i XIX v. (Skizzen zur russischen Geschichte des 18. und 19. Jh.), 1910.

4 Pestel', P. I.: »Russkaja Pravda«, in: Vosstanie dekabristov. Materialy (Der Dekabristenaufstand. Materialien), 11 Bände, hier: Band 7 und Schwarz-Sochor, J.: »P. I. Pestel: The beginnings of Jacobin Thought in Russia«, in: International Review of Social History, 3, 1 (1958), S. 71–96.

5 Vgl. Lorer, N. I.: Zapiski dekabrista (Aufzeichnungen eines Dekabristen), Moskau 1984.

6 In Übersetzung von Bruno Tutenberg, in: Düwel, W. i. a. (Hrg.): Geschichte der klassischen russischen Literatur, Berlin (Ost)/Weimar, 1965, S. 175.

7 Nekrolog in: Kavkaz (Kaukasus), 1872, Nr. 120 und 143.

8 Vgl. Rosen, A. E. (Baron): Aus den Memoiren eines russischen Dekabristen, Leipzig 1861, sowie ders.: Odisseja nedavnich dnej. Zapiski dekabrista (Die Odyssee jüngst vergangener Tage. Aufzeichnungen eines Dekabristen), St. Petersburg 1907. Zapiski dekabrista, Moskau/Leningrad 1984.

9 Wiedergabe des Gesprächs nach: Ėnciklopedičeskij Slovar' Brokgauz-Evron, Band 49 A, S. 887–888 sowie: Nikolaj I.: Otryvok iz zapisok (o dekabristach) (Nikolaus I.: Auszug aus den Aufzeichnungen [über die Dekabristen]), in: Byloe, 1907, Nr. 10; Schiemann, T.: »Kaiser Nikolaus in der Krisis des Dezembers 1825«, in: Zeitschrift für Ostforschung, 1 (1911), S. 246–9 und Obščestvennye dviženija v Rossii v pervuju polovinu XIXV., T. I. Dekabristy M. fon-Vizin, kn. Obolenskij i bar. V. Štejngel', Sostavili: V. Semevskij... (Semevskij, V. et al.: Gesellschaftliche Bewegungen in Rußland in der 1. Hälfte des 19. Jh. s. Teil I: Die Dekabristen M. von Vizin, Fürst Obolenskij und Baron V. Steinheil) St. Petersburg 1905.

10 Monas, S.: The Third Section: Police and Society in Russia under Nicholas I., Cambridge/Mass. 1961.

11 PSZ II, 1 (1830) Nr. 409, S. 665: Gesetz über die Gründung der Dritten Abteilung vom 3. Juli 1826.

12 Vgl. Monas, S.: »Bureaucracy in Russia under Nicholas I.«, in: Cherniavsky, M. M.: The Structure of Russian History. Interpretive Essays, New York 1970, S. 269–281.

13 Gesetz vom 2. Juni 1831, PSZ II, 1, Nr. 4617.

14 Gesetz vom 6. Mai 1831, PZS, II, 1, Nr. 4539, vom 26. Dezember 1837, PZS II, 1, Nr. 10834, vom 31. März 1832, PZS II, 1, Nr. 5404, vom 18. Oktober 1832, PSZ II, 1, Nr. 5684 u. a.

15 PSZ, II, 1, Nr. 10303, § 49 mit Anmerkung, bestätigt im Gesetz Nr. 19283, Artikel 19, Beilage 80, vom 15. August 1845.

16 Gesetz vom 10. April 1832, PSZ, II, 1, Nr. 5284, § 6, das bis zu Beginn des 20. Jahrhunderts in Kraft blieb.

17 Sementkovskij, R.: E. F. Kankrin, ego žizn' i obščestvennaja dejatel'nost' (J. F. Kankrin, sein Leben und seine gesellschaftliche Tätigkeit), St. Petersburg 1893.

18 Vgl. Pintner, W.: Russian Economic Policy under Nicolas I., Ithaca, N. Y., 1967.

19 Vgl. Korkunov, N. M.: Russkoe Gosudarstvennoe Pravo (Russisches Staatsrecht), Band I, St. Petersburg 1904, S. 286–291.

20 Klibanskij, H. O.: Handbuch des gesamten russischen Zivilrechts, Berlin 1911, S. 427.

21 Vgl. CGIA, Tretij Departament Senata, f. 1343, o. 39, 1830–1890 gg. Delo o potomstvennych početnych graždanach. Opis' del Pravitel'stvujuščego Senata po departamentam Gerol'dii i Tret'emu o potomstvennych početnych graždanach (Drittes Senatsdepartment, Fond 1343, Nr. 39, für die Jahre 1830–1890. Die Angelegenheit der erblichen Ehrenbürger. Zusammenstellung der Angelegenheiten des Dirigierenden Senats über das Heraldische und Dritte Departement in der Frage der erblichen Ehrenbürger).

22 Laqueur, W.: Deutschland und Rußland, Berlin 1965, S. 49.

23 Vgl. Riasanovsky, N. V.: Nicholas I. and Official Nationality in Russia, 1825–1855, University of California Press 1959.

24 Vgl.: Des russischen Reichskanzlers Grafen Nesselrode Selbstbiographie, Berlin 1866, sowie Nesselrode, A. de (Hrsg.): Lettres et papiers du Chancelier Comte de Nesselrode 1760–1850. Extraits de ses archives. Band 3–5, Paris 1905–1907.

25 Wimmer, H.: Die Deutschen in Rußland. Eine patriotische Zeitskizze, Leipzig 1847, S. 3.

26 Vgl. Armstrong: »Mobilized Diaspora...«

27 Vgl. Pintner, W. M.: »Evolution of Civil Officialdom«, in: Pintner (Hrg.): Russian Officialdom..., S. 190–226.

28 Vgl. Stein, F. v.: Geschichte des russischen Heeres, 1825–1885, Krefeld 1975.
29 Vgl. Luig, L.: Zur Geschichte des russischen Innenministeriums unter Nikolaus I., Wiesbaden 1968.
30 Vgl.: Ministerstvo Financov, 1802–1902 (Das Finanzministerium, 1802–1902), St. Petersburg, S. 651 ff.
31 Mandt, M.: Ein deutscher Arzt am Hofe Kaiser Nikolaus I. von Rußland, München/Leipzig 1917, sowie Erichsen, F. C.: Martin Wilhelm Mandt, 1799–1858, Berlin 1936 (Abhandlungen zur Geschichte der Medizin und der Naturwissenschaft, Heft 10).
32 Vgl. Dal', V. I.: Ob ubivanii evrejami christjanskich mladencev (Über die Tötung von christlichen Knaben durch die Juden), St. Petersburg 1844.
33 Vgl. Koni, A. F.: »Fedor Petrovič Gaaz«, in: Sobranie Sočinenij (Gesammelte Werke), Band 5, Moskau 1968, S. 288–422, und Müller-Dietz, H.: »Zur Biographie des ›heiligen Doktors‹ Friedrich Joseph Haass«, in: Sudhoffs Archiv der Geschichte der Medizin und Naturwissenschaften, Band 47, Heft 4, Dez. 1963, S. 479–488.
34 Vgl. CGIA, f. 1287, o. 16, e. 1148, 1391 sowie f. 733, o. 10, d. 236.
35 Vgl. Stricker, W.: Deutsch-russische Wechselwirkungen oder die Deutschen in Rußland und die Russen in Deutschland. Ein geschichtlicher Versuch, Leipzig 1849, S. 273 f.
36 Vgl. Avineri, S.: »A Note: Moses Hess on Alexander Herzen's Vision on Russia's Future Emancipatory Role in European History«, in: Government and Opposition, Bd. 18, Nr. 4, Herbst 1983, S. 482–490.
37 Gercen, A.: »Russkie nemcy i nemeckie russkie«, in: Sobranie Sočinenij (Gesammelte Werke), Moskau 1958, Bd. 14, S. 148–189.
38 Vgl. PSZ, I, 37, Nr. 28519.
39 Zum allgemeinen Rahmen, vgl. Zablockij – Desjatovskij, A.: Graf P. D. Kiselev i ego vremja (Graf P. D. Kisseljow und seine Zeit), 4 Bde., St. Petersburg 1882.
40 Velicyn, Nemcy, S. 220.
41 Vgl. Stach, Očerki, S. 170 f.
42 Vgl. Velicyn, Nemcy, S. 131.
43 Vgl. CGIA, f. 958, o. 1, e. 707, Fond Grafa P. D. Kiseleva.
44 Der sogenannte Kolonialkodex (Svod učreždenij i ustavov o kolonijach inostrancev v Imperii), der in die Gesetzessammlung des Jahres 1857 aufgenommen wurde, enthält die Erlasse zur Förderung der Getreidewirtschaft (§§ 310–326), Viehwirtschaft (§§ 327–331), des Gartenbaus (§§ 332–334), des Weinbaus (335–359), der Maulbeerbaum- und Seidenraupenzucht (§§ 340–345) und der Forst- und Landwirtschaft (§§ 346–348).
45 Vgl. Stach, Ǒcerki, S. 170.
46 Pravochenskij, R. B.: »Ovcevodstvo v Rossii« (Die Schafzucht in Rußland), in: Glavnoe Upravlenie Zemleustrojstva i Zemledelija. Departament Zemledelija. 1909, Ežegodnik, God Tretij (Hauptverwaltung der Landzuweisung und Landwirtschaft. Abteilung für Landwirtschaft. 1909, Jahrbuch. Drittes Jahr), St. Petersburg 1910, S. 459–484.
47 Vgl. Matthäi, T.: Ansiedlungen, »Die Entwicklung in und aus den Kultur-Kolonien«, S. 258–271 und Stach, Očerki »Uspechi promyšlennosti« (Die Erfolge der Industrie), S. 181–199.
48 Vgl. Elk, J.: Die jüdischen Kolonien in Rußland. Kulturhistorische Studie und Beitrag zur Geschichte der Juden in Rußland, Frankfurt/Main 1886.
49 Namenslisten und Auszeichnungen, in: Stach, Očerki, S. 168–172.

50 Nach Mitteilung von Tatjana Fürstin Metternich, geb. Prinzessin Wassiltschikow, befahl er in seiner Sterbestunde dem Thronfolger Alexander Nikolajewitsch: »Derži!« (»Halte [die Macht unvermindert] fest!«).
51 Wiedergabe der Stimmen der Kolonisten, in: Stach: Očerki, S. 75–78.

VIII. Der deutsche Anteil an der Modernisierung des Russischen Reiches (1855–1905)

1 »Aleksandr II« (Alexander II.) in: Enciklopedičeskij Slovar' Brokganz-Efron (Enzyklopädisches Wörterbuch Brockhaus-Efron), Bd. I, St. Petersburg 1890, S. 402ff. sowie Tatiščev, S. S.: Imperator Aleksandr II, ego žizn' i carstvovanie (Kaiser Alexander II., sein Leben und seine Regierung), St. Petersburg 1903, Graham, S.: The Tsar of Freedom. The life and reign of Alexander II, London 1935, Mosse, W. E.: Alexander II and the Modernisation of Russia, London 1958 und Grunwald, C. de: Le Tsar Alexandre II et son temps, Paris 1963.
2 Denkwürdigkeiten des Botschafters General von Schweinitz, 2 Bände, Berlin 1927, Bd. 1, S. 410 sowie unten 410/1.
3 Ebd., Bd. 2, S. 95 sowie S. 329.
4 Ebd., Bd. 1, S. 183.
5 Vgl. Švarc, K. J.: Baron Ferdinand Petrovič Vrangel' (Baron Ferdinand Petrowitsch Wrangell), in: Russkaja Starina, Bd. V, 1872 und Engelhardt, L. v.: Ferdinand von Wrangell und seine Reise längs der Nordküste von Sibirien und auf dem Eismeere, Leipzig 1885.
6 Denkwürdigkeiten... Schweinitz, Bd. 2, S. 183 sowie unten auf S. 151.
7 (Kornilov, A. A.) Obščestvennoe dviženie pri Aleksandre II. (Die gesellschaftliche Bewegung unter Alexander II.), Paris 1905, S. 160.
8 Vgl. Erdmann, A. von: »Nikolaj Karlovič Giers, russischer Außenminister 1882 bis 1895«, in: Zeitschrift für Osteuropäische Geschichte 9 (1935), S. 495ff.
9 Gesetz vom 7. Juni 1860, PSZ Nr. 35880.
10 Gesetz vom 10. Februar 1864, PSZ Nr. 40588.
11 Vgl. Reutern-Nolcken, W.: Die finanzielle Sanierung Rußlands nach der Katastrophe des Krimkrieges 1862 bis 1878 durch den Finanzminister Michael von Reutern, Berlin 1914. Zum Neuzuzug deutscher Wirtschaftskräfte in dieser Zeit: Ischchanian, B.: Die ausländischen Elemente in der russischen Volkswirtschaft, Berlin 1913; Amburger: Anwerbung; ders.: Fremde und Einheimische.
12 Vgl. Matthäu, F.: Die Industrie Rußlands, 2 Bände, Leipzig 1872–1873.
13 Geyer, D.: Der russische Imperialismus, Göttingen 1977, S. 104.
14 Vgl. Vitte, S. J.: Vospominanija (Erinnerungen), 3 Bände, Moskau 1960. Vgl. Laue, T. von: Sergei Witte and the Industrialization of Russia, New York 1963.
15 Vgl. Kirrinis, H.: »Vor hundert Jahren begründete ein Deutscher die Dampfschiffahrt auf der Wolga«, in: Zeitschrift für Erdkunde, Jg. 11, 1943, 5/6. S. 280f.
16 Otčet po issledovaniju Volžskoj chlebnoj torgovli, proizvedennomu po poručeniju Ministrov Finansov i Gosudarstvennych Imuščestv v 1886 i 1888 g. (Bericht über die Untersuchung des Wolga-Getreidehandels, im Auftrag der Ministerien für Finanzen und Staatsdomänen in den Jahren 1886 und 1888), St. Petersburg 1887 und Tver' 1889.

17 Vgl. Schulze-Gaevernitz, G. v.: Volkswirtschaftliche Studien aus Rußland, Leipzig 1899.

18 Als Beispiel: Sieveking, H.: »Die Hamburgische Firma Kunst & Albers in Wladiwostok 1864–1914«, in: Vierteljahresschrift für Sozial- und Wirtschaftsgeschichte, Bd. 34, 1941, 3/4, S. 268–299.

19 Vgl. Jenny, E.: Die Deutschen im Wirtschaftsleben Rußlands, nebst Anhang: Die künftigen Beziehungen der deutschen Kolonisten in Rußland zu ihrem Stammland, Berlin 1920, S. 16f.

20 Vgl. (Eckhardt, J. v.): Neue Bilder aus der Petersburger Gesellschaft, Leipzig 1874, sowie Pantenius et al.: Deutsches Leben, Anhang.

21 Vgl. Dépouillement des donnés sur la nationalité et classification des peuples de l'Empire russe d'après leur langue, St. Petersburg 1899 und: Relevé général pour tout l'Empire de Russie des résultats du dépouillement des donnés du premier recensement de la population en 1897, St. Petersbourg 1905 sowie: Kabuzan, V. M.: Zahl und Siedlungsgebiete der Deutschen im Russischen Reich, in: Zeitschrift für Geschichtswissenschaft, 32, 1984, H. 10, S. 866–74.

22 Žurnal Kommissii ob Ustrojstve Obščestvennogo Upravlenija Inostrannych Poseljan (Journal der Kommission zur Einrichtung der gesellschaftlichen Verwaltung der ausländischen Siedler), in: CGIA f. 1181, o 1, d. 71.

23 Istoričeskij obzor kolonizacii kazennych zemel' v Rossii inostrancami (Historische Übersicht über die Kolonisierung der Staatsländereien in Rußland durch Ausländer), in: CGIA, f. 1181, o. 1, d. 71.

24 Vgl. CGIA, f. 1181, o. 1, e. 47, Schriftstück Nr. 155 vom 8. Mai 1870.

25 Vgl. ebd., d. 71, Delo glavnogo komiteta ob ustrojstve sel'skogo sostojanija. Po proektam položenija ob ustrojstve inostrannych poseljan-kolonistov (Angelegenheit des Hauptkomitees zur Einrichtung des ländlichen Standes. Zu den Gesetzesentwürfen über die Einrichtung der ausländischen Siedler-Kolonisten).

26 »Pravila ob ustrojstve poseljan-sobstvennikov (byvšich kolonistov), vodvorennych na kazennych zemljach v gubernijach: St. Peterburgskoj, Novgorodskoj, Samarskoj, Saratovskoj, Voronežskoj, Černigovskoj, Poltavskoj, Ekaterinoslavskoj, Chersonskoj, Tavričeskoj i Bessarabskoj«, in: Položenie o Sel'skom Sostojanii, Osob. Priloženie k tomu IX., Nr. XV, S. 553–563 des: Svod Zakonov Rossijskoj Imperii (= SZRI) von 1876. In deutscher Übersetzung: Sammlung der Gesetze und Verordnungen der Staatsregierung bezüglich der Organisation der Lebensverhältnisse der auf Kronländereien angesiedelten Landbesitzer (bisher Kolonisten), St. Petersburg 1871.

27 J. E. (nur Initialen genannt): »Eine hinterlassene Denkschrift unserer Kolonistenväter«, in: Unsere Wirtschaft, Nr. 3 (15. 2. 1923), S. 93–95, Nr. 4 (28. 2. 1923), S. 125–127 und Nr. 5 (15. 3. 1923), S. 157–159, S. 126.

28 Vgl. Langhans-Ratzeburg: Die Wolgadeutschen. Ihr Staats- und Verwaltungsrecht in Vergangenheit und Gegenwart, Berlin 1929, S. 35ff.

29 Vgl. Novoe Vremja Nr. 13953 sowie Sergeev, I. I.: Mirnoe zavoevanie Rossii nemcami (Die friedliche Eroberung Rußlands durch die Deutschen), Petrograd 1915, S. 63.

30 Velicyn: Nemcy, S. 176.

31 Bittschreiben dieser Art sind enthalten in: CGIA, f. 381, o. 11, d. 20.964.

32 Otčet o dejatel'nosti Ministerstva Gosudarstvennych Imuščestv s 1862 po 1872 g. (Tätigkeitsbericht des Staatsdomänenministeriums für die Zeit von 1862 bis 1872), St. Petersburg 1872, S. 23ff.

33 Očerk pjatidesjatiletija dejatel'nosti Ministerstva Gosudarstvennych Imuščestv (Abriß

der fünfzigjährigen Tätigkeit des Staatsdomänenministeriums) 1837–1887, St. Petersburg 1887, S. 143.

34 In deutscher Übersetzung: Das Russische Gesetz vom 1. 1. 1864 (Über die Gouvernement- und Kreislandschaftsinstitutionen). Mit Ergänzungen in der Kodifikation von 1876 sowie einem die Motive betreffenden Anhang. Mitau 1878.

35 Vgl. »Zemskie učreždenija« (Die Zemstvo-Einrichtungen) in: Ėnciklopedičeskij Slovar' Brokgauz-Efron, Bd. XII A, St. Petersburg 1894, S. 533–42, hier S. 35.

36 Skalon, V. J.: Zemskie voprosy; očerki i obozrenija (Landschaftliche beziehungsweise Zemstvo-Fragen; Skizzen und Betrachtungen), Moskau 1882, ders.: Zemskie vzgljady na reformu mestnogo upravlenija; obzor zemskich otzyvov i proektov (Landschaftliche Ansichten zur Reform der örtlichen Verwaltung; Übersicht der landschaftlichen Stellennahmen und Projekte), Moskau 1884 sowie ders. (ohne Namen): Mnenija zemskich sobranij o sovremennom položenii v Rossii (Meinungen der Zemstvo-Versammlungen über die gegenwärtige Lage in Rußland), Berlin 1883. Zum allgemeinen Verlauf: Fischer, G. Russian Liberalism. From Gentry to Intelligentsia, Cambridge/Mass. 1958.

37 Vgl. Veselovskij, B.: Istorija Zemstva za 40 let (40 Jahre Semstwo-Geschichte), St. Petersburg 1909–1911, 4 Bände, hier Bd. 4, S. 213ff.

38 Vgl. Long, J. B.: »The Volga-Germans and the Zemstvos 1865–1917«, in: Jahrbücher für Geschichte Osteuropas 30 (1982), H. 3, S. 336–361.

39 Vgl. St.-Petersburgskie Vedomosti, 27. Januar 1866, S. 1.

40 Peter Karlowitsch Haller hat diesen Umbruch in seinen Erinnerungen beschrieben (Galler, P. K.): Vospominanija P. K. Gallera. Byt nemcev-kolonistov 60-ch godov XIX veka. (Erinnerungen von P. K. Haller. Die Lebensweise der deutschen Kolonisten in den sechziger Jahren des 19. Jahrhunderts), Saratov 1927.

41 Rennikov, A. M. (Pseud. für Selitrennikov): Zoloto Rejna. O nemcach v Rossii (Rheingold. Über die Deutschen in Rußland), Petrograd 1915, S. 172ff.

42 Vgl. Arndt, N.: Die Shitomirer Arndts. Eine Familienchronik auf dem Hintergrund hundertfünfzigjähriger Geschichte der westlichen Ukraine, Würzburg 1970.

43 Vgl. Rennikov: Zoloto, S. 338.

44 Vgl. Ustav o voinskoj povinnosti (Militärdienstpflichtordnung), Moskau 1874, mit Zusätzen aufgenommen in: SZRI, Bd. 4, 1897, S. 7–104.

45 Vgl. Velicyn: Nemcy, S. 163–171.

46 Lindemann, K. E.: Von den deutschen Kolonisten in Rußland. Ergebnis einer Studienreise, 1919–1921, Stuttgart 1922, S. 27.

47 Ebd., S. 37.

48 Velicyn: Nemcy, S. 173.

49 Matthäi, F.: Ansiedlungen, S. 171.

50 Materialy dlja geografii i statistiki Rossii, sobrannye oficerami general'nogo štaba. Bessarabskaja oblast' (Materialien zur Geographie und Statistik Rußlands, gesammelt von Offizieren des Generalstabs. Gebiet Bessarabien), St. Petersburg 1862, S. 159ff.

51 Materialy dlja geografii i statistiki Rossii, sobrannye oficerami general'nogo štaba. Chersonskaja Gubernija, Čast' 2-aja (Materialien zur Geographie und Statistik Rußlands... Gouvernement Cherson, Teil 2), St. Petersburg 1863, S. 349ff.

52 Materialy dlja geografii i statistiki Rossii, sobrannye oficerami general'nogo štaba. Ekaterinoslavskaja Gubernija (Materialien zur Geographie und Statistik Rußlands, gesammelt von Offizieren des Generalstabs. Gouvernement Jekaterinoslaw), St. Petersburg 1862, S. 207ff.

53 Danilevskij, G. P.: Sočinenija (Werke), St. Petersburg 1902, Bd. 2, S. 123, sowie: Rohan, A.: »Die Deutschen als ethnische Gruppe in Rußland«, in: Österreichische Begegnung (Wien) 3, 1962, 2, S. 13–23.

54 Schmidt, E.: Die Deutschen Bauern in Südrußland, Berlin 1917, S. 15 ff.

55 Vgl. Ekonomičeskoe sostojanie gorodskich poselenij Evropejskoj Rossii v 1861–1862 gg. (Der wirtschaftliche Zustand der städtischen Siedlungen des Europäischen Rußland in den Jahren 1861–1862), 2 Teile, St. Petersburg 1883.

56 Vgl. Moračevskij, V. V.: »Uspechi chrestjanskogo chozjajstva v Rossii« (Erfolge der bäuerlichen Wirtschaft in Rußland), in: Gosudarstvennoe Upravlenie Zemleustrojstva i Zemledelija. Departament Zemledelija. Ežegodnik Glavnogo Upravlenija 1909, St. Petersburg 1910, S. 707–825.

57 Vgl. Klaus: Unsere Kolonien, S. 34 ff., sowie Velicyn: Kolonizacija, S. 142 ff.

58 Schmidt: Bauern, S. 31.

59 Vgl. Drücke, A.: Askania Nova. Geschichte einer Kolonie Anhalts in Rußland, Halle 1906, sowie in literarischer Form: Heiss, L.: Das Paradies in der Steppe. Der abenteuerliche Weg nach Askania Nova, Stuttgart 1970.

60 Vgl. Berlin, I.: »Russia and 1848«, in: Slavonic and East European Review, 26 (April 1948), S. 341–60.

61 Vgl. hierzu meinen Aufsatz: »Zur psychohistorischen Genese des modernen Nationalismus im Zarenreich«, in: Geschichte und Gesellschaft 8 (1982) Heft 2, S. 258–279.

62 Vgl. Kirchner, W.: The Rise of the Baltic Question, New York 1954, sowie Duchanov, M. W.: Ostzejcy. Jav' i vymysel (Balten. Wahres und Erfundenes), Riga 1970.

63 Vgl. Samarin, J. F.: »O samounictoženii dvorjanstva kak soslovija« (Über die Selbstvernichtung des Adels als Stand), in: Den' (Der Tag), 6. 1. 1862.

64 Leipzig 1869. Am selben Ort und im selben Jahr erschien zuvor in der deutschen Übersetzung von J. Eckardt auch J. Samarins erster Band der »Grenzgebiete Rußlands«: J. Samarin: Anklage gegen die Ostseeprovinzen Rußlands. Es folgte: Pogodin, M. P.: Ostzejskij vopros; pis'mo M. P. Pogodina k professoru Širrenu, Moskau 1869 sowie in deutscher Übersetzung: Pogodin, M. P.: Offener Brief an Herrn Professor Schirren über dessen Buch »Livländische Antwort«, Berlin 1870.

65 Dukmeyer, F.: Zur Freiheit aus Deutschland und Rußland, Berlin 1893, S. 18/19.

66 Denkwürdigkeiten... Schweinitz, Bd. 2, S. 394.

67 Vgl. Lundin, C. L.: »The Road from Tsar to Kaiser. Changing Loyalties of the Baltic Germans«, in: Journal of Central European Affairs, 10, 1950, S. 223–255.

68 Rede Bismarcks vor dem Deutschen Reichstag über Deutschlands Stellung zu Rußland und zur orientalischen Frage vom 5. Dezember 1876. Aus deutschbaltischer Sicht: Schaudinn, H.: Das baltische Deutschtum und Bismarcks Reichsgründung, Leipzig 1932, sowie Wittram, R.: Meinungskämpfe im baltischen Deutschtum während der Reformepoche des 19. Jahrhunderts, Riga 1934.

69 Seraphim, E.: Aus der Arbeit eines baltischen Journalisten (1892–1910), Riga 1911, S. 119–123.

70 Vgl. Seraphim, E.: Baltische Schicksale. Im Spiegel einer livländischen Familie. 1756–1919, Stuttgart 1935, S. 161.

71 Vgl. Danilov, N. P.: Buduščnost' Rossii v zavisimosti ot sovremennogo rasrešenija voprosov russko-polskogo i russko-nemeckogo putem nacional'noj politiki russkogo pravitel'stva i patriotičeskoj dejatel'nosti russkich graždan (Die Zukunft Rußlands in Abhängigkeit von der gegenwärtigen Lösung der russisch-polnischen und russisch-

deutschen Fragen mittels einer nationalen Politik der russischen Regierung und der patriotischen Tätigkeit der russischen Bürger), St. Petersburg 1866.

72 Vgl. Vasil'čikov, A. I.: Zemlevladenie i zemledelie v Rossii i drugich Evropejskich gosudarstvach (Landbesitz und Ackerbau in Rußland und in anderen europäischen Staaten), 2 Bde., St. Petersburg 1876[1] und 1881[2], hier Bd. 2, Kap. 15.

73 Vgl. Kludt, S.: »Die Sache der landlosen deutschen Ansiedler«, in: Odessaer Zeitung, 1878, Nr. 156, 1879, Nr. 267–269, ders.: »Über Ansiedlung landloser Colonisten im Süden Rußlands«, in: St. Petersburger Zeitung, Juli 1878.

74 Wiedergegeben von A. Klaus, zitiert nach K. Stumpp: »Aus der Geschichte der rußlanddeutschen Kolonisten«, in: German Records (Mikrofilme der National Archives, Washington D. C.) T-81, R. 623, F. 418748 ff., hier »Die Landlosenfrage« (418759 ff.).

75 Vgl. Kohls, W. A.: »Beitrag zur Geschichte der deutschen Kolonisten in Rußland. Eine Untersuchung russischer Pressepolemik und der deutschen diplomatischen Berichte aus der St. Petersburger Amtszeit des Botschafters von Schweinitz«, in: Krüger, H. I. (Hrsg.), Archivalische Fundstücke zu den deutsch-russischen Beziehungen. Berlin 1973, S. 147–183.

76 Keup, E.: »Die deutschrussischen Kolonisten im Wandel der russischen Politik und Gesetzgebung«, in: Archiv für innere Kolonisation, 1916, S. 181–197, 213–216.

77 Vgl. Glasenapp, G. v.: »Die Stundistensekte vor russischen Gerichten«, in: Preußische Jahrbücher 147, 1912, S. 516–526.

78 Dostoevskij, F. M.: Dnevnik pisatelja za 1877 god (Tagebuch eines Schriftstellers für das Jahr 1877) Berlin 1922, S. 14 ff.

79 Vgl. Politisches Archiv des Auswärtigen Amts, Ru 78, Bericht aus Kiew vom Februar 1890, Nr. 611 und 627, AZ 3650 und 3651.

80 Gesetz vom März 1887, Art. 830, Anm. 2 des Ständegesetzes im SZRI 1899, IX.

81 Vgl. Klibanski, H. O.: Handbuch des gesamten russischen Zivilrechts, Bd. 1, Anhang: Rechtliche Stellung der Ausländer in Rußland, S. 417–472, Berlin 1911, S. 460 ff.

82 Vgl. Politisches Archiv des Auswärtigen Amts, Ru 78, Eintragungen vom 5. 1. 1894, A 132 ff.

83 Löw, R.: Deutsche Bauernstaaten auf russischer Steppe, Berlin 1916.

84 Vgl. Nadolny, R.: Germanisierung oder Slawisierung? Eine Entgegnung auf Masaryks Buch »Das neue Europa«, Berlin o. J., S. 63.

85 Aus deutscher Sicht: Schulze-Gaevernitz, G. v.: »Der Nationalismus in Rußland und seine wirtschaftlichen Träger«, in: Preußische Jahrbücher, 75 (1894), S. 1–31, 337–64, 494–528, Stählin, K.: »Die Entstehung des Panslawismus«, in: Germanoslavica, 4 (1936), S. 1–25, 237–62.

86 Lamzdorf, V. N. Graf: Dnevnik (Tagebuch), Bd. 1, S. 30 Eintragung vom 5. 1. 1887).

87 Denkschrift S. J. Wittes an Zar Nikolaj II. vom 22. 3. 1899, veröffentlicht in: Materialy po istorii SSSR (Materialien zur Geschichte der UdSSR), Bd. 6, Moskau 1959, S. 159–222, hier 176 f. Zum Verhältnis Wittes zum Zaren: Seraphim, E.: »Zar Nikolaus II. und Graf Witte. Eine historisch-psychologische Studie«, in: Historische Zeitschrift 161 (1940), S. 277–308.

88 Masaryk, T.: Das neue Europa. Der Slavische Standpunkt, Berlin 1922, S. 6 f. Über die Einstellung des Alldeutschen Verbandes zu den deutschen »Kolonien« an der Wolga und in Südrußland, vgl. Kruck, A.: Geschichte des Alldeutschen Verbandes, 1890–1939, Wiesbaden 1954, S. 34 ff. Eine detaillierte Studie dazu steht noch aus.

IX. Die Deutschen im politischen Leben des konstitutionellen Rußland (1905–1914)

1 Vgl. Ol'denburg, S. S.: Carstvovanie Imperatora Nikolaja II. (Die Regierung des Kaisers Nikolaus II.), 2 Bde., Belgrad 1939–41, Gurko, V. I.: Features and Figures of the Past. Governement and Opinion in the Reign of Nicholas II., Stanford 1939.
2 Vgl. Der russisch-japanische Krieg. Amtliche Darstellung des Russischen Generalstabs, Hrg. Frhr. von Tettau, 11 Bde., Berlin 1910–1912. Zu den beteiligten deutschrussischen Militärs: vgl. Saper: General Stessel v Port-Arture (General Stössel in Port-Arthur), St. Petersburg 1906 sowie Baumgarten, v.: V osaždennom Port-Arture. Dnevnik (Im belagerten Port-Arthur. Tagebuch) St. Petersburg 1906 und: Pomni vojnu! Sbornik statej na sovremennye temy (Gedenke des Krieges! Sammlung von Aufsätzen zu aktuellen Themen) Mit Beiträgen von A. von Schwarz und anderen. Redaktion V. Novickij, Moskau 1911.
3 Vgl. Žizn' lejtenante Šmidta (Das Leben von Leutnant Schmidt), St. Petersburg 1906.
4 Vgl. Lenin, V. I.: »Nikolaj Ernestovič Bauman«, in: Proletarij, Nr. 24, 7. November (25. Oktober) 1905.
5 Vgl. Andrikanis, E.: Chozjain čertova gnezda (Der Herr des Teufelsnestes), Moskau 1975.
6 Vgl. Geyer, D.: Kautskys russisches Dossier, Frankfurt/M. 1981.
7 Vgl. Sinner, P.: Aus meinem Leben, Manuskript 1928, und ders.: Nemcy Nižnego Povolž'ja (Die Deutschen des unteren Wolgagebietes), Saratov 1925.
8 Reichert, A.: »Der Revolutionskampf in den Wolgakolonien«, in: Unsere Wirtschaft, 19. 8. 1923, S. 608–610.
9 Vgl. Reichert, A.: »Drei Bilder aus dem Revolutionsleben des ältesten deutschen Kommunisten der Wolgakolonien«, in: Unsere Wirtschaft, 19. 8. 1923, S. 599–601.
10 Zitiert nach: Monatsblätter für die Deutschen in Rußland, 1908, 2, S. 45.
11 Zweiundzwanzigster Bericht über die Wirksamkeit des evangelischen Hospitals in Moskau, pro 1905, Moskau 1906, S. 1.
12 Stach, J.: »Warum wandern die deutschen Kolonisten Südrußlands nach Nordamerika aus?«, in: Der deutsche Auswanderer, 5, 1906, 3/4, S. 19–24.
13 Lindeman, K. E.: Prekraščenie zemlevladenija i zemlepolzovanija poseljan-sobstvennikov. Ukazy 22./13. dekabrja 1915 (Die Einstellung des Landbesitzes und Landgebrauchs der Siedler-Eigentümer. Die Ukasse vom 22./13. 12. 1915), Moskau 1917, S. 281ff.
14 Vgl. Odessaer Zeitung vom 27. 8. 1905, Nr. 194.
15 Vgl. Monatsblätter für die Deutschen in Rußland, 1909, S. 171f.
16 Vgl. Politisches Archiv des Auswärtigen Amts, I A Ru 78, Bericht aus Odessa vom 14. 9. 1907, Nr. 87, AZ 14571.
17 Vgl. hierzu und zum folgenden: Sommer, E. F.: Die Einigungsbestrebungen der Deutschen im Vorkriegsrußland (1905 bis 1914), Leipzig 1940, S. 28ff.
18 Vgl. Rechenschaftsbericht des Südrussischen Deutschen Vereins für das Jahr 1906, Odessa 1906, S. 8.
19 Vgl. Hötzsch, O.: P. v. Kügelgen und die St. Petersburger Zeitung, Riga 1928.
20 Vgl. Meyer v. Waldeck, G.: Unter dem russischen Zepter, Heidelberg 1894, und Eichhorn, C.: Die Geschichte der St. Petersburger Zeitung (1727–1902), St. Petersburg 1902.

21 Vgl. Monatsblätter für die Deutschen in Rußland, 1908, 1, S. 31 ff.
22 Vgl. Erster Jahresbericht des Deutschen Bildungs- und Hilfsvereins 1907/08, St. Petersburg 1908.
23 Vgl. Handbuch des Deutschtums im Ausland, 2. Aufl., Berlin 1906, S. 192.
24 Vgl. Ortsgruppenverzeichnis des Hauptverbandes deutscher Flottenvereine im Ausland, München 1912, S. 52–56.
25 Vgl. Stackelberg-Sutlem, E. Freiherr v.: Ein Leben im baltischen Kampf, München 1927, S. 127.
26 Vgl. Kalender der Deutschen Vereine in Liv-, Est- und Kurland, Riga 1906–1914.
27 Vgl. Jahresbericht des Vereins der Deutschen in Kurland 1906/07, S. 28 ff.
28 Vgl. Erster Jahresbericht des Deutschen Vereins in Estland 1906/07, S. 108.
29 Stackelberg: Leben, S. 149.
30 »E. v. Stackelberg«, in: Deutsche Post aus dem Osten, 3, 1929, S. 49 f.
31 Sommer: Einigungsbestrebungen, S. 60.
32 Tornius, V.: »Baltisches Studentenleben« (Ms. 1934), in: German Records, T-81, R. 428, F. 5176336–8.
33 Vgl. Bassler, Th.: Das Deutschtum in Rußland, München 1912.
34 Zum russischen Parteienspektrum: Vodovozov, V. V. Hrg.: Sbornik programm političeskich partij v Rossii (Sammlung der Programme der politischen Parteien in Rußland), St. Petersburg 1906, Velichov, L.: Sravnitel'naja tablica russkich političeskich partij (Vergleichende Tafel der russischen Parteien), St. Petersburg 1906 und: Polnyj sbornik platform vsech russkich političeskich partij (Vollständige Sammlung der Plattformen aller russischen politischen Parteien), St. Petersburg 1906. Auf deutsch: Scheibert, P. (Hrg.): Die russischen politischen Parteien von 1905 bis 1917, Darmstadt 1974.
35 Vgl. Eiffe, C. C.: Zwei Millionen Deutsche in Rußland. Rettung oder Untergang. Eine Denkschrift, München 1915, S. 55 f.
36 Blessig, E.: »Die deutsche Gruppe des ›Verbandes vom 17. Oktober‹«, in: Pantenius et al.: Leben, S. 110–113.
37 Birth, E.: Die Oktobristen 1905–13. Zielvorstellungen und Struktur, Stuttgart 1974.
38 Zimmermann, J. E.: Between Revolution und Reaction: The Russian Constitutional Democratic Party (1905–1917), Ph. D. Diss. Columbia University 1967 und Rosenberg, W. G.: Liberals in the Russian Revolution. The Constitutional Democratic Party, 1917–1921, Princeton/N.J. 1974.
39 Vgl. Frank, S. L.: Biografija P. B. Struve, 1870–1944 (Biographie P. B. Struve), New York 1956 und Pipes, R.: Liberal on the left. 1870–1905, Cambridge/Mass. 1970.
40 Vgl. unter anderem: Struve, P. B.: »V čem že istinnyj nacionalizm? (Worin besteht denn der echte Nationalismus?)«, in: Na raznye temy, 1893–1901, Sbornik statej (Zu verschiedenen Themen, 1893–1901, Aufsatzsammlung), St. Petersburg 1902, S. 526–55.
41 Vgl. unter zahlreichen anderen Schriften seine Erinnerungen an die Duma-Arbeit der Kadeten, unter anderem ihre Auseinandersetzungen mit den Oktobristen: Kisevetter, A. A.: Na rubeže dvuch stoletii (An der Wende zweier Jahrhunderte), Prag 1929.
42 Sommer: Einigungsbestrebungen, S. 21.
43 Anonymus: Am Scheidewege, Riga 1906, S. 3.
44 Vgl. Zalevskij, K.: »Baltijskaja Konstitucionnaja Partija« (Die Baltisch-Konstitutionelle Partei), in: Martov, L., Maslov, P., Potresov, A. (Hrsg.): Obščestvennoe dviženie v Rossii v načale XXogo veka (Die gesellschaftliche Bewegung in Rußland zu Beginn des 20. Jahrhunderts), 4 Bde., St. Petersburg 1901–1911, hier: Bd. 3, S. 227–344.

45 Lokot', G. V.: Pervaja Duma (Die Erste Duma), Moskau 1906; ders.: Političeskie partii v Gosudarstvennoj Dume (Die politischen Parteien in der Staatsduma), Moskau 1907.
46 Vgl. Borodin, N. A.: Gosudarstvennaja Duma v cifrach (Die Staatsduma in Ziffern), St. Petersburg 1906, Dumskij Sbornik. Gosudarstvennaja Duma Pervogo Sozyva (Duma-Sammelband. Die Staatsduma der ersten Sitzungsperiode), St. Petersburg 1906, Bojovič, M. M.: Členy Gosudarstvennoj Dumy. Pervyj Sozyv (Die Mitglieder der Staatsduma der ersten Sitzungsperiode), Moskau 1906, Členy Pervoj Gosudarstvennoj Dumy (Die Mitglieder der Ersten Staatsduma), Moskau 1906.
47 Vgl. Astrov, N. I., Kokoškin, F. F.: Zakonodatel'nye proekty i predpoloženija partii narodnoj svobody 1905–1907 (Die Gesetzesentwürfe und Vorschläge der Partei der Volksfreiheit 1905–1907), St. Petersburg 1907.
48 Vgl. Gosudarstvennaja Duma. Stenografičeskie Otčety, Pervyj Sozyv (Staatsduma. Stenographische Mitschriften. Erste Sitzungsperiode), S. 495 ff., 1036 ff.
49 Vgl. (Vinaver, M. M.): Kadety i evrejskij vopros (Die Kadeten und dic jüdische Frage), Odessa 1912.
50 Obninskij, V. P.: Novyj stroj (Die neue Ordnung), Moskau 1909, S. 178.
51 Gerje, V. I.: Vtoraja Gosudarstvennaja Duma (Die Zweite Staatsduma), Moskau 1907, Maklakov, V. A.: Vtoraja Gosudarstvennaja Duma, Paris 1942, Miljukov, P.: Vtoraja Duma (Die Zweite Duma), St. Petersburg 1908, ders.: »The case of the Second Duma«, in: Contemporary Review, XCII (Oktober 1907), S. 457–67 und: Členy Vtoroj Gosudarstvennoj Dumy (Die Mitglieder der Zweiten Staatsduma), St. Petersburg 1907.
52 Monatsblätter für die Deutschen in Rußland, 1908, Heft 2, S. 24.
53 Aus deutscher Sicht: Preyer, W. D.: Die Russische Agrarreform, Jena 1914 und Dietze, C. von: Stolypin'sche Agrarreform und Feldgemeinschaft, Breslau 1920 (= Quellen und Studien des Ost-Europa-Instituts in Breslau).
54 Gosudarstvennaja Duma. Stenografičeskie Otčety, Tretij Sozyv (Staatsduma. Stenographische Berichte. Dritte Sitzungsperiode), 2. Sitzung, 1. Band, Kolumnen 1192, 1531, 894–902, 1884–1886, 2318.
55 Vgl. Avrech, A. J.: Stolypin i Tret'ja Duma (Stolypin und die Dritte Duma), Moskau 1968 sowie Pinchuk, B. C.: The Octobrists in the Third Duma 1907–1912, Seattle 1974 und Hagen, M.: »Die Deutschbalten in der III. Duma. Zwischen nationalem Abwehrkampf, Autonomiestreben und Klassenkampf«, in: Zeitschrift für Ostforschung 23, 1974, S. 577–597.
56 Deutsche Wochenzeitschrift. Eženedel'nik, Nr. 1 (1917), S. 5.
57 Vgl. Kamenskij, P. B.: Vopros ili nedorazumenie? (Frage oder Mißverständnis?), 1895.
58 Vgl. Naši deputaty (Unsere Deputierten), Moskau 1913.
59 Sitzung vom 7. 12. 1907.
60 Gosudarstvennaja Duma... (Staatsduma...) III, II, 1., Kol. 2665.
61 Ebd. I, 1, S. 494.
62 Brusilov, A. A.: Moi vospominanija (Meine Erinnerungen), Riga s. d. (ca. 1928), S. 45 f. In der sowjetischen Ausgabe (Moskau 1963, S. 52 f.) ist der letzte Absatz weggelassen.
63 Vgl. Vitte: Vospominanija... (Erinnerungen...), Bd. 3, S. 131.
64 Nacionalisty v Tretej Gosudarstvennoj Dume (Die Nationalisten in der Dritten Staatsduma), St. Petersburg 1912, S. 79.
65 Gosudarstvennaja Duma... (Staatsduma...) III, I, 1, Kol. 1564 f.
66 Monatsblätter für die Deutschen in Rußland, 1912, Heft 1, S. 36 f.
67 Die Deutsche Botschaft St. Petersburg berichtete über diese »antikolonistische Kampa-

gne« in der Duma nach Berlin; Politisches Archiv des Auswärtigen Amts, I A Ru 78, Bericht aus St. Petersburg vom 2. 4. und 4. 4. 1909, AZ: 6011.

68 Vgl. Lindeman, Prekraščenie... (Einstellung...), S. 9.

69 Vgl. Lindemann, K. E.: Von den deutschen Kolonisten in Rußland. Ergebnis einer Studienreise 1919–1921, Stuttgart 1924, S. 66.

70 Vgl. Politisches Archiv des Auswärtigen Amts, Ru 78, Bericht aus St. Petersburg vom 31. 1. 1911, AZ: 189,2/2: »Unsere Demarche wegen des russischen Kolonistengesetzes (antideutsch) und Stolypins Antwort.«

71 Gosudarstvennaja Duma... (Staatsduma...) IV, I, 7., Kol. 260–281.

72 Vgl. Otčet central'nogo komiteta Sojuza 17-ogo Oktjabrja o ego dejatel'nosti s 10-ogo sentjabrja 1912 po oktjabr' 1913 (Rechenschaftsbericht des ZK des Verbandes vom 17. Oktober für die Zeit vom 10. 9. 1912 bis Oktober 1913), Moskau 1913, S. 17–24.

73 Lindeman: Prekraščenie... (Einstellung...), S. 13.

74 Lindemann: Kolonisten, S. 6.

75 Gosudarstvennaja Duma... (Staatsduma...), IV, I, 8.

76 Als Separatdruck: Fel'kerzam, Baron G. G. Političeskaja Izpoved' Baltijskogo Nemca. Reč' člena Gosudarstvennoj Dumy barona G. G. Fel'kerzama proiznesennaja v zasedanii Gosudarstvennoj Dumy 28-ogo maja 1914 g. Priloženo pis'mo Kurljandskogo Gubernatora v redakciju gazety »Večernee Vremja« ot 20-ogo maja 1914 g. (Politische Beichte eines baltischen Deutschen. Rede des Mitglieds der Staatsduma Baron G. G. Völkersam auf der Dumasitzung vom 28. Mai 1914...), Venden 1914.

77 Vgl. Die russische Revolution, Mitteilungen aus der russischen Presse. Herausgegeben vom Ausschuß für deutsche Ostpolitik, Berlin, 23. Juni 1917, Beilage VIII, S. 3.

78 Vgl. Broedrich, S.: »Die Ansiedlung der wolhynischen Bauern in Kurland von 1907 bis 1913«, in: Ruf des Ostens, 1940, 5, S. 181–187 und Kügelgen, C. v.: »Das Siedlungswerk des Freiherrn von Manteuffel-Katzdangen und die rußlanddeutschen Kolonisten«, in: Deutsche Post aus dem Osten, 14 (1942), V, S. 7–10.

X. Existenzprobe Erster Weltkrieg

1 Paley, O.: Erinnerungen an Rußland und die Macht des Bolschewismus, Hamburg 1925, S. 7f. und 12f.

2 Metternich, T. (Hrg.): Verschwundenes Rußland. Die Memoiren der Fürstin Julia Wassiltschikow, 1886–1919, Wien 1980, S. 262, 281.

3 Eženedel'nik, 1917, Nr. 2, S. 7.

4 Lindeman: Prekraščenie... (Einstellung...), S. 233.

5 Ebd., S. 247.

6 Daniloff, J.: Rußland im Weltkriege. 1914–1915, Jena 1925, S. 161.

7 Pantenius, H.: »Die deutschen Schulen, der Weltkrieg und die Revolution«, in: Pantenius et al. (Hrg.): Deutsches Leben..., S. 61f.

8 Vgl. aus nationalistischer russischer Sicht: (Selit-)Rennikov, A.: V strane čudes. Pravda o Pribaltijskich nemcach (Im Lande der Wunder. Die Wahrheit über die baltischen Deutschen), Petrograd 1915 sowie, mit Ausweitung auf die deutschstämmigen Kräfte in der russischen Verwaltung, Wesselitsky, G. de: Russia and democracy: the German Cancer in Russia, New York und London 1916.

9 Stackelberg-Sutlem, E. Frhr. von: Aus meinem Leben; die Kriegsjahre 1914–1918; Verschickung nach Sibirien, Hannover–Döhren 1964, S. 11, 13ff. Vgl. auch: Sera-

phim, E.: Nach Sibirien verschleppt. Persönliche Erinnerungen eines aus Dorpat Fortgeführten, Dorpat und Riga 1918.

10 Vgl. Wrangell, F. v,: Wofür kämpfen wir?, Zürich 1914.

11 Vgl. Bontsch-Brujewitsch, M. D.: Petrograd. Erinnerungen eines Generals, Berlin (Ost) 1959 und 1977, S. 71 ff.

12 Vgl. Denikin, A. I.: Put' russkogo oficera (Der Weg eines russischen Offiziers), New York 1953, S. 126.

13 Dukmeyer, F.: Die Deutschen in Rußland, München 1916, S. 103.

14 Vgl. Borchardt, A.: »Deutschrussische Rückwanderung«, in: Preußische Jahrbücher, 162, Oktober–Dezember 1915, S. 133–150 und Weder, H. S.: »Deutsch-russische Rücksiedlung«, in: Bibliothek für Volks- und Weltwirtschaft, Heft 32, Dresden und Leipzig 1917, S. 1–66.

15 Zweiter Bericht über die Tätigkeit des Komitees des Evangelischen Feldlazaretts im Weltkrieg 1914. 1. Oktober–30. November. Erstattet vom Geschäftsführer Dr. Ernst Gelderblom, Pastor, Petrograd 1915.

16 Lindemann: Kolonisten..., S. 102, 106.

17 Lindeman: Prekraščenie... (Einstellung...), S. 8.

18 Lindemann, K.: »Die Unterdrückung der deutschen Bürger Rußlands durch die zarische Regierung«, in: Wolgadeutsche Monatshefte, Jahrgang II (1923), Berlin.

19 Vgl. Denikin: Put'... (Der Weg...), S. 324–29. Zum allgemeinen Hintergrund, vgl. Golovine, N. N.: The Russian Army in the World War, New Haven 1931 sowie Kohn, S. und Meyendorff, A.: The Costs of the War, New Haven 1932 und New York 1973.

20 Vgl. den Offiziellen Reisebericht des Generalmajors Dubenskij, Petrograd 1915, zitiert in Dukmeyer, Die Deutschen, S. 101.

21 Vgl. Nietzki, lic. theol. (Hrsg.): Was wir in der Russennot erlebten. 17 Berichte ostpreußischer Pfarrer, Königsberg 1915.

22 Denikin: Put'... (Der Weg...), S. 327f., 336.

23 Bontsch-Brujewitsch: Petrograd, S. 89.

24 Vgl. Denikin: Put'... (Der Weg...), S. 326.

25 Vgl. Kratkij Otčet o Dejatel'nosti Voennogo Ministerstva za 1916 g. (Kurzer Tätigkeitsbericht des Kriegsministeriums für das Jahr 1916), S. 180.

26 Vgl. Spravki o Glavnokomandujuščich Frontami, Komandirach Armijami, Komandirach Korpusov i pročich. Dekabr' 1916–Janvar' 1917 (Angaben über die Oberbefehlshaber der Fronten, die Befehlshaber der Armeen, die Kommandeure der Armeekorps usw. Dezember 1916–Januar 1917). Handgeschriebenes Original, Hoover Institution, Stanford, Archiv.

27 Politisches Archiv des Auswärtigen Amts, IV. Rußland, Po. 5 A. Innere Politik. Russische Emigranten und Monarchisten im Ausland, Band 12, Oktober 1930 bis Juni 1932, Geheimakten 1920–1936, 1912/2.

28 Vgl. Lindemann, K.: »Die deutschen Kolonisten Rußlands im russischen Kriegsdienst«, in: Deutsches Leben in Rußland, Jahrgang II (1924), sowie ders.: Kolonisten... S. 91–98.

29 Was sollte jeder Deutsche von unseren deutschen Volksgenossen in Rußland wissen? Merkworte, herausgegeben vom Fürsorgeverein der deutschen Rückwanderer, Berlin 1917, S. 4.

30 Löbsack, G.: Einsam kämpft das Wolgaland. Ein Bericht aus sieben Jahren Krieg und Revolution, Leipzig 1935, S. 7.

31 Lindemann: Kolonisten, S. 28 ff., und ders.: Prekraščenie (Einstellung), S. 250 ff.:

Kolonie oder Gebiet	Zahl der Männer im Alter über 19 Jahren	Einberufen	In Prozenten	Gefallen	Verwundet	Befördert zum Unteroffizier oder Feldwebel	Befördert zu Offizieren	Mit Medaillen oder Orden ausgezeichnet	Bemerkungen
Kr. Melitopol:									
Eugenfelder Wolost	1110	450	45	30			5		
Kaisertal	100	82	50	7					
Marienfeld	75	50	67	4					
Kronsfeld		73		8					60 Wirte
Neu-Kronsfeld	21	10	50	1			3	2	8 Familien
Prischiber Wolost							15	2	
Cherson, Gouv. (3 Kreise): Odessa, Tiraspol, Ananjew		2088		108	339			7	
Charkow, Gouv., Kr. Isjum:									
Grigorjewka	115	70	60						
Krim:									
Totanajer Wolost	1000	380	38	35					
Kongrat	26	16	61			3	6	2	15 Wirtsch.
Zürichtal	130	78	60	8	2		1	1	
Ablesch	65	40	60	1	1		3	1	
Tschongraw	20	13	60						12 Wirte
Byten	64	43	67	6	5			3	
Kijabak	42	25	66					2	
Bulatschi	39	20	51	6					
Spat		60							
Neusatz	129	67	52	7	5		2		
Friedental	95	56	42						
Rosenfeld	136	86	63	9	3	3			
Djamin	56	31	55						
Kronental	405	113	28	15	7	58	3	56	
Moinaki	49	33	67		6	1			
Smail Abai	20	10	50	2			3		
Usbek	19	14	70	1	5	4	6		16 Familien

Kolonie oder Gebiet	Zahl der Männer im Alter über 19 Jahren	Einberufen	In Prozenten	Gefallen	Verwundet	Befördert zum Unteroffizier oder Feldwebel	Befördert zu Offizieren	Mit Medaillen oder Orden ausgezeichnet	Bemerkungen
Transkaukasien (in 15 Dörfern)		400							
Kubangebiet	530	148	33						
Stawropol, Gouv.	930	209	67						
Orenburg, Gouv. (in 22 Dörfern)		657		14					
Kr. Taganrog, in 21 Dörfern		512		15					
Ostheim	110	67	67	7		7		5	
Korntal	38	25	67						20 Wirtsch.
Jekaterinoslaw, Gouv. Kr. Mariupol:									
Rundewiese	53	35	69	7		3		1	
Reichenberg	98	51	50	12					
Schönbaum	108	72	67	11		9	2	1	
Tiegenhof	141	89	63					4	
Neu-Jamburg	200	137	68	13		27		12	
Grunau	150	111	61	27					
Tiefenbrunn	51	35	70	6				1	25 Wirtsch.
Wickerau		72		14		13		1	
Nord-Taurien, Kr. Berdjansk:									
Gnadenfelder Wolost	5850	1095+60 Freiwillige	20						

32 Schleuning, J.: Die deutschen Kolonien im Wolgagebiet, Berlin 1919, S. 28f.

33 Schleuning, J.: Die deutschen Siedlungsgebiete in Rußland, Würzburg 1970, S. 61.

34 Prikaz Glavnokomandujuščego Kavkazkoj Armii, 5 maja 1916, Tiflis (Befehl des Oberbefehlshabers der Kaukasusarmee vom 5. Mai 1916) Tiflis; Original in: Hoover Institution, Stanford, Archiv.

35 Löw: Bauernstaaten, S. 49ff.

36 Zitiert nach Lindemann: Kolonisten..., S. 32.

37 Nolde, B. E.: Russia in the Economic War, New Haven 1928, S. 10–12.

38 Vgl. Klibanski, H.: »Rußlands Kriegsgesetze gegen die feindlichen Ausländer«, in: Zeitschrift für Völkerrecht (Breslau) Band X, 1917, S. 62–88, XI, S. 329–349.

39 Vgl. Listen und Fragebögen aus Rußland ausgewanderter Reichsdeutscher, angelegt durch das Deutsche Auslandsinstitut Stuttgart; in Mikrofilm: German Records, National Archives, Washington, D. C. T-81, R. 630–632.
40 Vgl. Nolde: Russia, S. 76.
41 Vgl. A. v. (Hrg.): Der Wirtschaftskrieg, herausgegeben vom Königlichen Institut für Seeverkehr und Weltwirtschaft der Universität Kiel, Teil II: Rußland, Jena 1918, S. 56–58.
42 Vgl. Lindemann: Kolonisten, S. 107.
43 Put' k Oktjabrju. Sbornik Vospominanij, Statej i Dokumentov (Der Weg zum Oktober. Sammlung von Erinnerungen, Aufsätzen und Dokumenten), Moskau 1923, Vypusk II, S. 131. Ich verdanke diesen Hinweis Herrn Prof. M. S. Frenkin, Jerusalem.
44 Vgl. ebd., Moskau/Leningrad 1926, Vypusk V, S. 113.
45 Russkie Vedomosti, 11. Juni 1915, Nr. 133.
46 Kuzmin-Karavaev, V. D.: »Voprosy vnutrennej žizni« (Fragen des inneren Lebens), in: Vestnik Evropy„ 1915, Juli, S. 384–386.
47 Denikin: Put'... (Der Weg...), S. 324.
48 Vgl. Birževye Vedomosti, 9. November 1916, Nr. 15.913.
49 V. G. Korolenko an K. E. Lindemann, zitiert in: Lindeman: Prekraščenie... (Einstellung...), S. 16.
50 Vgl. Sobranie Uzakonenij (Gesetzessammlung, kurz: SU) 1914, Art. 2421.
51 SU 1915, Art. 349.
52 Vgl. SU 1915, Art. 350.
53 Vgl. ebd., Art. 351.
54 Simbirskij, N.: »Nemcy na juge« (Die Deutschen im Süden), in: Istoričeskij Vestnik (Historischer Bote) 1914, Okt.–Dez., S. 904–918, sowie Sergeev, I. I.: Mirnoe zavoevanie Rossii nemcami (Die friedliche Eroberung Rußlands durch die Deutschen), Petrograd 1915. Zu den allgemeinen Hintergründen vgl. Antsiferov, A. N., Bilimovich, A. D. et al.: Russian Agriculture during the War, New Haven 1930.
55 Gosudarstvennaja Duma... (Staatsduma...), IV, V, S. 497–508. Im selben Geiste und zur Verteidigung der deutschen Kolonisten schrieb, unter Betonung ihrer mustergültigen Wirtschaft, Isaev, A.: »Zametki o nemeckich kolonijach v Rossii« (Bemerkungen über die deutschen Kolonien in Rußland), in: Russkaja Mysl' (Der Russische Gedanke), Nr. 15, Dezember 1914.
56 Vgl. Lindeman: Prekraščenie... (Einstellung...), S. 41.
57 Vgl. ebd., S. 15.
58 Berichtet von P. Miljukov, in: Gosudarstvennaja Duma... (Staatsduma...), IV, V., S. 497f.
59 Vgl. Antipa, E. I. (Hrg.): Zemlevladenie i zemlepolzovanie po zakonu 2-ogo fevralja 1915 g. (...) i normirovka pravootnošenij k poddannym vraždebnych nam deržav (Landbesitz und Landnutzung nach dem Gesetz vom 2. Februar 1915 (...) und die Normierung der rechtlichen Beziehungen zu den Untertanen uns feindlicher Staaten), Odessa 1916, Ivanov, N. I.: Zemlevladenie i zemlepolzovanie inostrancev, poddannych vojujuščich deržav i sostojaščich v russkom poddanstve vychodcev (...). Zakon 2-ogo fevralja 1915 g. (Landbesitz und Landnutzung von Ausländern, die Angehörige der kriegführenden Mächte sind, und der in russischer Untertanenschaft stehenden Abkömmlinge solcher Staaten (...). Das Gesetz vom 2. Februar 1915), Odessa 1915, Lindeman, K. E.: Zakony 2-ogo fevralja i 13-ogo dekabrja 1915 g. (Ob ograničenii

nemeckogo zemlevladenija v Rossii) (Die Gesetze vom 2. Februar und 13. Dezember 1915 [Über die Einschränkung des deutschen Landbesitzes in Rußland], Moskau 1916, sowie Lindeman: Prekraščenie… (Einstellung…), Moskau 1917.

60 Vgl. Evreinov, G. A.: Rossijskie nemcy (Die Deutschen des Russischen Reiches), Petrograd 1915, S. 33–35.

61 Metternich: Rußland, S. 263.

62 Arsenev, K.: »Na temy dnja« (Zu den Tagesthemen), in: Vestnik Evropy (Bote Europas), April 1915, S. 342–344.

63 SU 1915, Art. 1116.

64 Jachontov: Tjaželye Dni (Sekretnye Zasedanija Soveta Ministrov 16. ijulja–2. septjabrja 1915 g.), Archiv Russkoj Revoljucii (Schwere Tage. Geheimsitzungen des Ministerrates vom 16. Juli bis 2. September 1915. Archiv der Russischen Revolution), Berlin 1926, S. 15–17.

65 Gosudarstvennaja Duma… (Staatsduma…) IV, V., S. 360 und 497f.

66 Vgl. G. S., in: Wochenblatt vom 16. September 1917, Nr. 22, S. 4.

67 Vgl. Birževye Vedomosti (Börsennachrichten) vom 26. August 1916, Nr. 15.765.

68 Denkwürdigkeiten… von Schweinitz, Bd. 2, S. 80.

69 Vgl. Lindeman: Prekraščenie… (Einstellung…), S. 20f.

70 Gosudarstvennaja Duma… (Staatsduma…) IV, IV., S. 658.

71 Vgl. Novoe Vremja (Neue Zeit) vom 27. 6. 1916, Nr. 14.478 und Kolokol (Die Glocke) vom 5. 8. 1916, Nr. 3.064.

72 Vgl. Kolokol (Die Glocke) vom 6. 6. 1916, Nr. 3.069 und Russkie Vedomosti (Russische Nachrichten) vom 31. 8. 1916, Nr. 201.

73 Meyendorff, A. F.: Social Cost of the War, in Kohn/Meyendorff, Costs, S. 193.

74 Thurstan, V.: The People Who Run, Being the Tragedy of the Refugees in Russia, London 1916, S. 86f.

75 Gosudarstvennaja Duma… (Staatsduma…) IV, IV., 33, S. 2935–2956.

76 Vgl. »Die evakuierten Fremdvölker«, in: Korrespondenz der Nationalitäten Rußlands, Bern, Nr. 9, 23. November 1916.

77 Lindeman: Prekraščenie… (Einstellung…), Priloženie 8-oe (8. Beilage), S. 373.

79 Vgl. Birževye Vedomosti (Börsennachrichten) vom 26. 1. 1916, Nr. 26, Pravo (Das Recht), Nr. 4 (1916), S. 277 und Reč' (Die Rede) vom 26. 1. 1916, Nr. 25.

80 Interview A. A. Bobrinskij vom 6. 8. 1916, in: Russkie Vedomosti (Russische Nachrichten) vom 8. 8. 1916, Nr. 162, Beilage.

81 Vgl. Južnyj Kraj (Südgebiet) vom 23. 11. 1916, Nr. 13.166.

82 Vgl. Russkie Vedomosti (Russische Nachrichten) vom 14. 11. 1916.

83 Kievljanin vom 1. 7. 1916, Nr. 180.

84 Birževye Vedomosti (Börsennachrichten) vom 5. 7. 1916, Nr. 15.659.

85 Vgl. Kolokol (Die Glocke) vom 23. März 1916.

86 Vgl. Van-der-Flit, V. J.: »Vse-nemeckoe dviženie kak faktor Evropejskoj vojny« (Die alldeutsche Bewegung als ein Faktor des europäischen Krieges), in: Izvestija Ministerstva Inostrannych Del (Mitteilungen des Außenministeriums) 1915, Buch IV.

87 Vgl. Die Völkerverteilung in West-Rußland. Verlag der Kownoer Zeitung, hergestellt in der Druckerei des Oberbefehlshabers Ost, 1916.

88 Lindeman: Prekraščenie… (Einstellung…), S. 129f.

89 Vgl. Reč' (Die Rede) vom 21. Mai 1916, Nr. 138.

90 Novoe Vremja (Neue Zeit) vom 20. 6. 1916.

91 Vgl. Rec' (Die Rede) vom 21. 5. 1916, Nr. 138.
92 Vgl. Lindeman: Prekraščenie... (Einstellung...), S. 118.
93 Vgl. Birževye Vedomosti (Börsennachrichten) vom 29. 10. 1916, Nr. 15.891.
94 Vgl. Russkie Vedomosti (Russische Nachrichten) vom 21. Dezember 1916.
95 Russkaja Volna (Russische Bewegung) vom 25. Januar 1917, Nr. 24.
96 Vgl. Reč' (Die Rede) vom 24. 1. 1917, Nr. 22, »Kolokol« (Die Glocke) vom 26. 1. 1917, Nr. 3.199 sowie vom 28. 1. 1917, Nr. 3.201, »Russkie Vedomosti« (Russische Nachrichten) vom 27. 1. 1917, Nr. 22 und andere.
97 Vgl. Novoe Vremja (Neue Zeit) vom 24. 1. 1917, Nr. 14.687 und 25. 1. 1917, Nr. 14.688.
98 Vgl. SU 1917, Art. 208.
99 Vgl. Ivanenko: »Po povodu zakona 13-ogo dekabrja 1915 g.«, in: Žurnal Ministerstva Justicii, 1916, Nr. 4, S. 209–219, hier S. 217.
100 Vgl. Nolde: Russia, S. 114. Die Birževye Vedomosti (Börsennachrichten) vom 1. 8. 1916 erwähnen 2.950.852 Desjatinen Land.
101 Vgl. Novoe Vremja (Neue Zeit) vom 22. 2. 1917, S. 3.
102 Vgl. Vestnik Financov (Finanzenbote) 1916, Nr. 27.
103 Vgl. Russkie Vedomosti (Russische Nachrichten) vom 31. 1. 1917.
104 Vgl. ebd., vom 9. 12. 1916.
105 Vgl. Novoe Vremja (Neue Zeit) vom 9. 2. 1917.
106 Vgl. Rempel, D. G.: »The expropriation of the German colonists in South Russia during the Great War«, in: The Journal of Modern History, 4, 1932, 1, S. 59–67.
107 Nolde: Russia, S. 114.

XI. Atempause im demokratischen Rußland – Zwischen Februarrevolution und Oktoberputsch

1 »Revoljucionnyj Perevorot v Petrograde« (Der revolutionäre Umsturz in Petrograd), in: Izvestija Gel'singforsskogo Soveta Deputatov Armii, Flota i Rabočich Svenborgskogo Porta v gorode Gel'singfors (Nachrichten des Helsingforser Sowjets der Deputierten der Armee, Flotte und Arbeiter des Hafens Svenborg in der Stadt Helsingfors), Nr. 20, 8. April 1017.
2 Danilov, J. N.: Dem Zusammenbruch entgegen, Hannover 1928, S. 172f.
3 Lindeman: Prekaščenie... (Einstellung...), S. 368. Zur Nationalitätenpolitik der Provisorischen Regierung, vgl. Kerensky, A. F. und Browder, R. P. (Hrg.): The Russian Provisional Government 1917, Stanford, Calif. 1967, S. 317–433.
4 Vgl. Russkie Vedomosti (Russische Nachrichten) vom 18. 3. 1917, Nr. 63.
5 Lindeman: Prekaščenie... (Einstellung...), S. 372.
6 Verhandlungen der Versammlung der Kreis-Bevollmächtigten der Wolgakolonien in Saratow. Herausgegeben vom Zentralkomitee der deutschen Wolgakolonisten in Saratow. Saratow: Schellhorn 1917, S. 10.
7 Vgl. Sobranie uzakonenij i razporjaženij pravitel'stva (Sammlung der Gesetze und Verordnungen der Regierung) 1917, Nr. 70 (29. März), S. 40.
8 Eženedel'nik (Wochenblatt), Nr. 1, 16.–22. April 1917, S. 1.
9 Vgl. »O sojuzach i sobranijach. Official'no« (Über Vereine und Versammlungen. Offiziell), in: Eženedel'nik (Wochenblatt), Nr. 2, 23.–29. April 1917, S. 1.

10 Das Protokoll wurde veröffentliche in: Eženedel'nik (Wochenblatt), Nr. 4, S. 5 f.
11 Protokol Zasedanij Soveščanija poseljan-sobstvennikov i zemlevladel'cev nemcev, sostojaščegosja 20.–22. aprelja v Moskve (Protokoll der Sitzungen der Beratung der Siedler-Eigentümer und Gutsbesitzer der Deutschen, vom 20.–22. April in Moskau), in: Eženedel'nik (Wochenblatt), Nr. 4, S. 5–7.
12 Vgl. Verhandlungen... Saratow, 1917.
13 Eženedel'nik (Wochenblatt), Nr. 1, S. 3.
14 Ebd., Nr. 2, S. 2.
15 Ebd., Nr. 1, S. 3.
16 Ebd., Nr. 4, S. 3.
17 Ebd., Nr. 5, S. 2.
18 Vgl. Bericht über den Zweiten Delegierten-Kongreß des Verbandes der deutschen Kolonisten im Schwarzmeergebiet vom 1. bis 3. August 1917. Verfaßt von der Schriftleitung des Kongresses und herausgegeben vom Zentralkomitee des Gebietsverbandes, Odessa 1917.
19 Ežnedel'nik (Wochenblatt), Nr. 2, S. 7.
20 Vgl. »Protokol Soveščanija Vserossijskogo S-ezda russkich nemcev, sostojaščegosja 14-ogo, 15-ogo i 16-ogo maja 1917 g. v gorode Odesse (Protokoll der Beratung des Allrussischen Kongresses der russischen Deutschen vom 14.–16. 5. 1917 in der Stadt Odessa«), in: Eženedel'nik (Wochenblatt), Nr. 5, S. 3 f.
21 Vgl. Eženedel'nik (Wochenblatt) Nr. 4, S. 2.
22 Eženedel'nik (Wochenblatt) Nr. 2, S. 2.
23 Stach, J.: Das Deutschtum in Sibirien, Mittelasien und dem Fernen Osten. Von seinen Anfängen bis zur Gegenwart, Stuttgart, 1938, S. 118.
24 Wochenblatt, Nr. 22, S. 7.
25 Wochenblatt, Nr. 20, S. 5.
26 Ebd., S. 4.
27 Schleuning: Kolonien, S. 34.
28 Vgl. Wochenblatt, Nr. 24, S. 4 f.
29 »Protokoll über die Sitzung des Süd-Russischen Zentralkomitees am 20. September 1917«, in: Wochenblatt, Nr. 24, S. 7.
30 Lindemann: Kolonisten, S. 43.
31 Eženedel'nik (Wochenblatt), Nr. 18, S. 4.
32 Eženedel'nik (Wochenblatt), Nr. 24, S. 5.
33 Reč' (Die Rede) vom 10. 5. 1917.
34 Entscheidung des Justizministeriums vom 27. März 1917, Nr. 11601; »Eženedel'nik« (Wochenblatt) Nr. 4, S. 4.
35 Vgl. Russkoe Slovo (Russisches Wort) vom 13. 5. 1917.
36 Vgl. Russkie Vedomosti (Russische Nachrichten) vom 11. 5. 1917.
37 Vgl. Russkoe Slovo (Russisches Wort) vom 17. 5. 1917 und Russkie Vedomosti (Russische Nachrichten) vom 16. 5. 1917.
38 Vgl. Novoe Vremja (Neue Zeit) vom 8. 5. 1917.
39 Eženedel'nik (Wochenblatt) Nr. 11, S. 7. Polizeiliche Untersuchung vom 3. Juni 1917.
40 Radtke, E.: »Über die Deutschen im Nordkaukasus.« Akten des ehemaligen Deutschen Auslandsinstituts, Stuttgart, im Mikrofilm, National Archives, Washington, D. C. German Records, T-81, R-428, F. 5176229–41.
41 Novaja Žizn' (Neues Leben) vom 31. 8. 1917.

42 Stach: Sibirien, S. 121 f.
43 Die russische Revolution..., 23. Juni 1917, S. 8.

XII. Ratlosigkeit – Zwischen der bolschewistischen Machtergreifung und dem Frieden von Brest-Litowsk

1 Vgl. Laqueur: Deutschland, S. 129–131.
2 Schleuning: Kolonisten, S. 35.
3 Ebd.
4 Langhans-Ratzeburg: Die Wolgadeutschen, S. 41–43.
5 Radtke: »Über die Deutschen«, T-81, R-428, F. 5173231 f.
6 Stach: Sibirien, S. 119–121.
7 Vgl. Politisches Archiv des Auswärtigen Amts, Inland II C 2: »Förderung des Deutschtums im Ausland«, Bd. 4, 1937–1944, Schreiben A. Butz an Frl. Dr. Klante vom 28. November 1935.
8 Vgl. ebd., 1938, Vorgänge: 8678 und 11271.18, ferner II Fr. 889, II W. K. Ukr. 78 und 195.
9 Vgl. Der Frieden von Brest-Litowsk, Band aus dem Werk des Untersuchungsausschusses der Deutschen Verfassungsgebenden Nationalversammlung... Düsseldorf 1971 (Quellen zur Geschichte des Parlamentarismus und der politischen Parteien, I, 8), S. 96 f.
10 Ebd., S. 97.
11 Vgl. Die Russische Revolution... 20. April 1918, Beilage XLIX, S. 1 f.
12 Schleuning: Not, S. 28.
13 Vgl. »Die deutschen Kolonisten Rußlands und der Frieden von Brest-Litowsk«, in: Die Russische Revolution..., 19. Januar 1918, Beilage XXXVII, S. 1–3.
15 Vgl. A. Osolin: Le droit de la Russie et le droit de l'Allemagne sur les côtes de la Baltique?, Olten 1917.
16 Langhans-Ratzeburg: Die Wolgadeutschen, S. 46.
17 Zusatzvertrag mit der RSFSR, in: Der Frieden..., Kapitel 5, Absatz 18.
18 Vgl. Kredel, O.: »Die Rußlanddeutschen im Reich«, in: Der Wanderweg der Rußlanddeutschen, Stuttgart 1935, S. 271, sowie Flüchtlings- und Auswandererlisten der Deutschen aus Rußland, die in der Zeit von 1917 bis 1939 vom ehemaligen Deutschen Auslandsinstitut Stuttgart angelegt wurden, in Mikrofilm: National Archives, Washington, D. C., German Records, T-81, R-625.

XIII. Ausblick – Der Bürgerkrieg und das Ende der deutschen Sonderstellung in Rußland

1 Die Geschichte dieser deutschen beziehungsweise ursprünglich deutschen Bevölkerung, ist Gegenstand der demnächst erscheinenden Darstellung: Pinkus, B. und Fleischhauer, I.: Die Deutschen in der Sowjetunion. Geschichte einer nationalen Minderheit im 20. Jahrhundert, Hrg. K.-H. Ruffmann.
2 Vgl. Maurer, H.: »Leistung und Schicksal der deutschen Bauern im Ostraum«, in Mikrofilm in: National Archives, Washington D. C., German Records, T-454, R-20, F.... 085.

3 Vaatz, A.: Deutsche Bauernarbeit im Schwarzmeergebiet, Berlin 1942, S. 61 f.
4 Toews, J. B.: Lost Fatherland. The Story of the Mennonite Emigration from Soviet Union, 1921–1927, Scottdale, Penn. 1967, S. 33 f.
5 Manuskript, in Mikrofilm: National Archives, Washington, D. C. German Records: T-81, R-428, F. 5176428-37.
6 Radtke: »Über die Deutschen«.
7 Jaeckel, M., in: Deutsches Leben in Rußland, Nr. 2, 12, Berlin 1926.
8 Zitiert nach Schleuning: Siedlungsgebiete, S. 65 f.
9 Zum Bürgerkrieg in den Wolgakolonien, vgl. Eisfeld, A.: Deutsche Kolonien an der Wolga 1917–1919 und das Deutsche Reich, Wiesbaden 1985.
10 Stach: Sibirien, S. 123–125.
11 Brief vom 17. 6. 1920 aus Genf, in: National Archives, Washington, D. C., German Records: T-81, R-428.

Bibliographie

Von der umfangreichen Literatur, die dieser Geschichte zugrunde liegt, konnte aus Raumgründen nur der Teil angeführt werden, der im unmittelbaren Zusammenhang mit dem Text stand. Auch eine ausführliche Bibliographie der hier herangezogenen oder verwendeten Werke würde den Rahmen des Möglichen sprengen. Werke zur allgemeinen russischen Geschichte erübrigen sich in diesem Zusammenhang. Arbeiten, die sich speziell mit der Geschichte der Deutschen im Russischen Reich beschäftigen, sind zum überwiegenden Teil in den folgenden Bibliographien und Nachschlagewerken angeführt:

Giesinger, A.: Bibliography of the AHSGR archives and historical library Greeley, Colorado, Lincoln Nebrasca. American Historical Society of Germans from Russia 1976.

Long, J. W.: Russian language sources relating to the Germans from Russia. Fort Collins. Colorado State University 1976.

Long, J. W.: The German Russians. A Bibliography of Russian Materials. Clio Books, Santa Barbara California 1979.

Olson, M. M.: A Bibliography on the Germans from Russia. Material found in the New York Public Library. Lincoln, Nebrasca. American Historical Society of Germans from Russia 1976.

Olson, M. M.: Bibliography of materials in the collection of the American Historical Society of Germans from Russia. Greeley, Colorado 1973.

Schiller, F.: Literatur zur Geschichte und Volkskunde der deutschen Kolonien in der Sowjet-Union für die Jahre 1764–1926. Staatsverlag der ASRR der Wolgadeutschen, Pokrowsk 1927.

Stumpp, K.: Das Schrifttum über das Deutschtum in Rußland. Eine Bibliographie, Selbstverlag des Verfassers, Tübingen 1971.

Lenz, W. (Hrsg.): Deutschbaltisches Biographisches Lexikon 1710–1960, Köln und Wien 1970.

Quellen

Die Quellen, die über die Geschichte der Deutschen im Zarenreich Auskunft geben, sind weit verstreut. Erwähnen möchte ich hier vor allem die folgenden Fundorte:

Centralnyj Gosudarstvennyj Istoričeskij Archiv Akademii Nauk SSSR (Zentrales Historisches Staatsarchiv der Akademie der Wissenschaften der UdSSR), Leningrad;

Library of Congress, einschließlich der Handschriftenabteilung (Captured German Documents);

Hoover Institution on War, Revolution and Peace, Stanford California;

Institut für Auslandsbeziehungen, Stuttgart;

Politisches Archiv des Auswärtigen Amts, Bonn;

National Library der Hebrew University, Jerusalem;

National Archives, Washington D.C., Modern Military Branch;

Bundesarchiv Koblenz.

Personenregister

Ortsregister

Sachregister